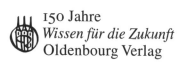

Grundzüge der Betriebswirtschaftslehre

Studienausgabe

von

Dr. Dres. h.c. Henner Schierenbeck

o. Professor der Betriebswirtschaftslehre
Universität Basel/Schweiz

und

Dr. Claudia B. Wöhle

Univ.-Professorin der Betriebswirtschaftslehre
Universität Salzburg/Österreich

17., völlig überarbeitete und aktualisierte Auflage

Oldenbourg Verlag München

Bibliografische Information der Deutschen Nationalbibliothek

Die Deutsche Nationalbibliothek verzeichnet diese Publikation in der Deutschen
Nationalbibliografie; detaillierte bibliografische Daten sind im Internet über
<http://dnb.d-nb.de> abrufbar.

© 2008 Oldenbourg Wissenschaftsverlag GmbH
Rosenheimer Straße 145, D-81671 München
Telefon: (089) 45051-0
oldenbourg.de

Das Werk einschließlich aller Abbildungen ist urheberrechtlich geschützt. Jede Verwertung außerhalb der Grenzen des Urheberrechtsgesetzes ist ohne Zustimmung des Verlages unzulässig und
strafbar. Das gilt insbesondere für Vervielfältigungen, Übersetzungen, Mikroverfilmungen und
die Einspeicherung und Bearbeitung in elektronischen Systemen.

Lektorat: Wirtschafts- und Sozialwissenschaften, wiso@oldenbourg.de
Herstellung: Anna Grosser
Coverentwurf: Kochan & Partner, München
Gedruckt auf säure- und chlorfreiem Papier
Gesamtherstellung: Druckhaus „Thomas Müntzer" GmbH, Bad Langensalza

ISBN 978-3-486-58772-2

„Ökonomie ist die Kunst, das Beste aus unserem Leben zu machen."

GEORGE BERNARD SHAW

Inhaltsübersicht

Einleitung: Wirtschaften und Wirtschaftswissenschaften   **1**

1   Der Begriff des Wirtschaftens 3

2   Das ökonomische Prinzip 5

3   Disziplinäre Arbeitsteilung in den Wirtschaftswissenschaften 7

Erster Teil: Betrieb und Unternehmung

Erstes Kapitel: **Betriebe und Haushalte als Träger des arbeitsteiligen Wirtschaftsprozesses**   **19**

1.1   Hauptmerkmale moderner marktwirtschaftlicher Systeme 21

1.2   Schema der gesamtwirtschaftlichen Güter- und Geldströme 26

1.3   Die Unternehmungen im Brennpunkt des Wirtschaftskreislaufs.................29

Zweites Kapitel: **Typologie der Unternehmungen**   **33**

2.1   Wesen und Sinn der Typenbildung 35

2.2   Rechtsformen der Unternehmung 36

2.3   Gliederung der Unternehmungen nach Branchen und Größenklassen 44

2.4   Merkmale der technisch-ökonomischen Struktur von Industriebetrieben...47

2.5   Räumliche Strukturmerkmale der Unternehmenstätigkeit 51

2.6   Unternehmensverbindungen und verbundene Unternehmen......................58

Zweiter Teil: Der Wirtschaftsprozess der Unternehmung

Einführung 67

Drittes Kapitel: Unternehmungsziele 69

3.1 Entstehung von Unternehmungszielen..71

3.2 Ökonomische, soziale und ökologische Dimensionen
von Unternehmungszielen...76

3.3 Berücksichtigung von ökonomischen Hebeleffekten in Zielsystemen 89

3.4 Systematische Kennzahlenverknüpfung zur Generierung
integrierter Zielsysteme 97

3.5 Die formale Struktur des Zielplanungsprozesses 104

Viertes Kapitel: Unternehmungsführung 111

4.1 Hauptfunktionen des Managements...113

4.2 Elemente und Strukturen von Managementsystemen...............................132

4.3 Management-Techniken..188

Fünftes Kapitel: Betriebliche Leistungsprozesse 231

5.1 Güterwirtschaftliches Gleichgewicht im Leistungsprozess 233

5.2 Bereitstellungsplanung 237

5.3 Produktionsplanung...262

5.4 Marketingplanung...302

Sechstes Kapitel: Betriebliche Finanzprozesse 363

6.1 Komponenten und Grundmaximen betrieblicher Finanzprozesse.............365

6.2 Investitionskalküle 384

6.3 Finanzierung und Finanzierungsrechnungen 490

Dritter Teil: Das Rechnungswesen der Unternehmung

Siebtes Kapitel: Grundbegriffe und Systematik des Rechnungswesens 585

7.1	Gliederung des Rechnungswesens	587
7.2	Buchhalterische Systeme und Grundzusammenhänge	588
7.3	Kontenrahmen und Kontenplan	597
7.4	Abgrenzung rechnungstheoretischer Strom- und Bestandsgrößen	602

Achtes Kapitel: Externe Unternehmungsrechnung 607

8.1	Grundlagen der Bilanzierung	609
8.2	Der Jahresabschluss nach HGB und IFRS	650
8.3	Bilanzanalyse und Bilanzpolitik	737

Neuntes Kapitel: Interne Unternehmungsrechnung 797

9.1	Aufgaben und Systeme der internen Unternehmungsrechnung	799
9.2	Betriebsabrechnung und Kalkulation	807
9.3	Plankostenrechnung	847

Abkürzungsverzeichnis	863
Literaturverzeichnis	869
Stichwortverzeichnis	903

Inhaltsverzeichnis

Einleitung: Wirtschaften und Wirtschaftswissenschaften   **1**

1   **Der Begriff des Wirtschaftens** 3

2   **Das ökonomische Prinzip** 5

3   **Disziplinäre Arbeitsteilung in den Wirtschaftswissenschaften**..............7

         Fragen und Aufgaben zur Wiederholung (Einleitung: S. 3 – 13) 14

Erster Teil:
Betrieb und Unternehmung

Erstes Kapitel: **Betriebe und Haushalte als Träger des arbeitsteiligen Wirtschaftsprozesses**   **19**

1.1   **Hauptmerkmale moderner marktwirtschaftlicher Systeme** 21

1.2   **Schema der gesamtwirtschaftlichen Güter- und Geldströme** 26

1.3   **Die Unternehmungen im Brennpunkt des Wirtschaftskreislaufs**..........29

         Fragen und Aufgaben zur Wiederholung (Erstes Kapitel: S. 21 – 32)................................32

Zweites Kapitel: **Typologie der Unternehmungen**   **33**

2.1   **Wesen und Sinn der Typenbildung** 35

2.2   **Rechtsformen der Unternehmung** 36

2.3   **Gliederung der Unternehmungen nach Branchen und Größenklassen**..44

2.4   **Merkmale der technisch-ökonomischen Struktur von Industriebetrieben**...47

2.5   **Räumliche Strukturmerkmale der Unternehmenstätigkeit** 51

2.6   **Unternehmensverbindungen und verbundene Unternehmen**..............58

         Fragen und Aufgaben zur Wiederholung (Zweites Kapitel: S. 35 – 62) 62

Zweiter Teil:

Der Wirtschaftsprozess der Unternehmung

Einführung   **67**

Drittes Kapitel: **Unternehmungsziele**   **69**

3.1   Entstehung von Unternehmungszielen 71

3.2   Ökonomische, soziale und ökologische Dimensionen
von Unternehmungszielen 76

3.3   Berücksichtigung von ökonomischen Hebeleffekten in
Zielsystemen 89

3.4   Systematische Kennzahlenverknüpfung zur Generierung
integrierter Zielsysteme 97

3.5   Die formale Struktur des Zielplanungsprozesses 104

    Fragen und Aufgaben zur Wiederholung (Drittes Kapitel: S. 71 – 109) 109

Viertes Kapitel: **Unternehmungsführung**   **111**

4.1   Hauptfunktionen des Managements 113

4.1.1   Begriff und Merkmale des Managements 113

4.1.2   Phasenstruktur des Managementprozesses 114

4.1.3   Koordinieren als Managementfunktion 122

4.1.4   Führung und Management 126

    Fragen und Aufgaben zur Wiederholung (4.1: S. 113 – 130) 131

4.2   Elemente und Strukturen von Managementsystemen 132

4.2.1   Bestandteile des Managementsystems der Unternehmung 132

4.2.2   Organisationssysteme 133

4.2.3   Planungs- und Kontrollsysteme 147

4.2.4   Informationssysteme 164

4.2.5   Personal-(Führungs-)Systeme 170

4.2.6   Controlling-Systeme 177

4.2.7   Analyse ausgewählter „Management-by"-Konzepte 180

    Fragen und Aufgaben zur Wiederholung (4.2: S. 132 – 184) 185

4.3	Management-Techniken	188
4.3.1	Übersicht über wichtige Management-Techniken	188
4.3.2	Brainstorming als Kreativitätstechnik	191
4.3.3	Punktbewertungsverfahren (Scoring-Modelle)	192
4.3.4	Szenariotechnik	198
4.3.5	Netzplantechnik	202
4.3.6	Extrapolierende Prognoseverfahren	211
4.3.7	Entscheidungstabellentechnik	214
4.3.8	Entscheidungsregeln bei Ungewissheit	217
4.3.9	Lineare Programmierung als analytische Optimierungstechnik	220
4.3.10	Spieltheoretische Modelle	225
	Fragen und Aufgaben zur Wiederholung (4.3: S. 188 – 228)	228

Fünftes Kapitel: Betriebliche Leistungsprozesse   231

5.1	Güterwirtschaftliches Gleichgewicht im Leistungsprozess	233
5.1.1	Grundphasen des betrieblichen Leistungsprozesses	233
5.1.2	Begriff des güterwirtschaftlichen Gleichgewichts	235
5.1.3	Phasenbezogene Gestaltungsprobleme eines optimalen güterwirtschaftlichen Gleichgewichts	236
	Fragen und Aufgaben zur Wiederholung (5.1: S. 233 – 236)	236
5.2	Bereitstellungsplanung	237
5.2.1	Gegenstand der Bereitstellungsplanung	237
5.2.2	Personalbereitstellung	237
5.2.3	Betriebsmittelbereitstellung	243
5.2.4	Materialbereitstellung	249
	Fragen und Aufgaben zur Wiederholung (5.2: S. 237 – 259)	260
5.3	Produktionsplanung	262
5.3.1	Gegenstand der Produktionsplanung	262
5.3.1.1	Die Teilpläne betrieblicher Produktionspolitik	262
5.3.1.2	Kostendeterminanten und Kostenkategorien im Rahmen der Produktionsplanung	267
	Fragen und Aufgaben zur Wiederholung (5.3.1: S. 262 – 271)	271
5.3.2	Produktionsaufteilungsplanung	271
5.3.2.1	Produktionstheoretische Grundlagen	271
5.3.2.2	Produktionsaufteilungsplanung auf der Basis einer substitutionalen Produktionsfunktion	280

| 5.3.2.3 | Produktionsaufteilungsplanung auf der Basis einer limitationalen Produktionsfunktion | 284 |

5.3.2.3 Produktionsaufteilungsplanung auf der Basis einer limitationalen
Produktionsfunktion 284

Fragen und Aufgaben zur Wiederholung (5.3.2: S. 271 – 292) 293

5.3.3 Operative Produktionsprogrammplanung **294**

5.3.3.1 Problemstrukturen der operativen Produktionsprogrammplanung 294

5.3.3.2 Programmplanung ohne Kapazitätsbeschränkung 295

5.3.3.3 Programmplanung bei Bestehen eines Kapazitätsengpasses 296

Fragen und Aufgaben zur Wiederholung (5.3.3: S. 294 – 300) 301

5.4 Marketingplanung **302**

5.4.1 Gegenstand der Marketingplanung **302**

5.4.1.1 Marketing als integrierendes Konzept der Absatzplanung 302

5.4.1.2 Instrumente und Einsatzbereiche des Marketings 304

5.4.1.3 Marketing-Forschung zur Unterstützung der Absatzplanung 308

5.4.1.4 Das Problem der Optimierung des Marketingmix 313

Fragen und Aufgaben zur Wiederholung (5.4.1: S. 302 – 319) 320

5.4.2 Erlösplanung bei gegebener Preis-Absatz-Funktion **321**

5.4.2.1 Das preispolitische Entscheidungsfeld 321

5.4.2.2 Klassische Preistheorie 324

5.4.2.3 Praxisorientierte Preisfestlegung 331

Fragen und Aufgaben zur Wiederholung (5.4.2: S. 321 – 340) 340

5.4.3 Planung des präferenzpolitischen Mitteleinsatzes **341**

5.4.3.1 Produkt- und sortimentspolitische Entscheidungen 342

5.4.3.2 Konditionenpolitische Entscheidungen 348

5.4.3.3 Distributionspolitische Entscheidungen 351

5.4.3.4 Kommunikationspolitische Entscheidungen 355

Fragen und Aufgaben zur Wiederholung (5.4.3: S. 341 – 361) 361

Sechstes Kapitel: Betriebliche Finanzprozesse 363

**6.1 Komponenten und Grundmaximen betrieblicher
Finanzprozesse** **365**

6.1.1 Finanzielle Bestands- und Stromgrößen **365**

6.1.2 Determinanten des Kapital-, Finanz- und Geldbedarfs **369**

6.1.3 Begriff und Wesen von Investitionen **373**

6.1.4 Finanzierung und finanzielles Gleichgewicht **376**

6.1.5 Teilpläne der Finanzpolitik **378**

Fragen und Aufgaben zur Wiederholung (6.1: S. 365 – 382) 383

6.2	**Investitionskalküle**	**384**
6.2.1	**Investitionsrechnungen als Entscheidungshilfe**	**384**
6.2.1.1	Bedeutung von Investitionsrechnungen für Investitionsentscheidungen	384
6.2.1.2	Arten und Merkmale von Investitionsrechnungen	385
6.2.1.3	Einsatz von Investitionsrechnungen für alternative Fragestellungen	390
	Fragen und Aufgaben zur Wiederholung (6.2.1: S. 384 – 392)	392
6.2.2	**Verfahren der Wirtschaftlichkeitsrechnung**	**393**
6.2.2.1	Fundierung von Investitionsentscheidungen mithilfe statischer Kalküle	393
6.2.2.2	Fundierung von Investitionsentscheidungen mithilfe dynamischer Kalküle	407
6.2.2.3	Ansätze zur Bewältigung der Unsicherheit bei Wirtschaftlichkeitsrechnungen	445
6.2.2.4	Wirtschaftlichkeitsrechnung im Rahmen der wertorientierten Unternehmenssteuerung	462
	Fragen und Aufgaben zur Wiederholung (6.2.2: S. 393 – 468)	468
6.2.3	**Verfahren der Unternehmensbewertung**	**471**
6.2.3.1	Überblick über die Anlässe und Funktionen der Unternehmensbewertung	471
6.2.3.2	Traditionelle Verfahren der Unternehmensbewertung	472
6.2.3.3	Moderne Verfahren der Unternehmensbewertung	479
	Fragen und Aufgaben zur Wiederholung (6.2.3: S. 471 – 488)	489
6.3	**Finanzierung und Finanzierungsrechnungen**	**490**
6.3.1	**Finanzierungsformen**	**490**
6.3.1.1	Systematik der Finanzierungsformen	490
6.3.1.2	Die Beteiligungsfinanzierung emissionsfähiger und nicht-emissionsfähiger Unternehmen	492
6.3.1.3	Grundtypen und Mischformen der Kreditfinanzierung	501
6.3.1.4	Leasing und Factoring als Kreditsubstitute	518
6.3.1.5	Subventionsfinanzierung	523
6.3.1.6	Überschussfinanzierung und Finanzierung aus Vermögensumschichtung	526
	Fragen und Aufgaben zur Wiederholung (6.3.1: S. 490 – 531)	531
6.3.2	**Finanzierungsmodelle**	**534**
6.3.2.1	Arten und Gegenstand von Finanzierungsmodellen	534
6.3.2.2	Effektivzinskalküle	535
6.3.2.3	Kapitalstrukturmodelle	554
	Fragen und Aufgaben zur Wiederholung (6.3.2: S. 534 – 566)	566
6.3.3	**Liquiditätssteuerung**	**568**
6.3.3.1	Kriterien und Modelle der Liquiditätssteuerung	568
6.3.3.2	Kassenhaltungsmodelle	569
6.3.3.3	Inhalt und Struktur des Finanzplans	571
6.3.3.4	Finanzieller Mobilitätsstatus	576
	Fragen und Aufgaben zur Wiederholung (6.3.3: S. 568 – 580)	581

Dritter Teil:

Das Rechnungswesen der Unternehmung

Siebtes Kapitel:	Grundbegriffe und Systematik des Rechnungswesens	585

7.1	Gliederung des Rechnungswesens	587
7.2	Buchhalterische Systeme und Grundzusammenhänge	588
7.3	Kontenrahmen und Kontenplan	597
7.4	Abgrenzung rechnungstheoretischer Strom- und Bestandsgrößen	602

Fragen und Aufgaben zur Wiederholung (Siebtes Kapitel: S. 587 – 605) 605

Achtes Kapitel:	Externe Unternehmungsrechnung	607

8.1	Grundlagen der Bilanzierung	609
8.1.1	Bilanzarten und Bilanzauffassungen	609
8.1.1.1	Übersicht über wichtige Bilanzarten	609
8.1.1.2	Bilanztheoretische Auffassungen im Überblick	613

Fragen und Aufgaben zur Wiederholung (8.1.1: S. 609 – 615) 616

8.1.2	Rechtsquellen zur Rechnungslegung	616
8.1.2.1	Gesetzliche Vorschriften zu Bilanzierungs-, Prüfungs- und Offenlegungspflichten nach HGB	616
8.1.2.2	Grundsätze ordnungsmäßiger Buchführung und Bilanzierung (GoB)	628
8.1.2.3	Entwicklung, Ziele, Aufbau und Grundsätze der Rechnungslegung nach IFRS	633
8.1.2.4	Angloamerikanische und kontinentaleuropäische Bilanzierungspraxis im Vergleich	641

Fragen und Aufgaben zur Wiederholung (8.1.2: S. 616 – 648) 648

8.2	Der Jahresabschluss nach HGB und IFRS	650
8.2.1	Der Jahresabschluss nach HGB	650
8.2.1.1	Aufbau des Jahresabschlusses nach HGB	650
8.2.1.2	Bilanzierung von Vermögensgegenständen und Schulden nach HGB	672
8.2.1.3	Bewertung von Vermögensgegenständen und Schulden nach HGB	675

Fragen und Aufgaben zur Wiederholung (8.2.1: S. 650 – 687) 687

8.2.2	**Der Jahresabschluss nach IFRS** **689**
8.2.2.1	Vermögensmessung nach IFRS 689
8.2.2.2	Erfolgsmessung nach IFRS 695
8.2.2.3	Elemente des Jahresabschlusses nach IFRS 699
	Fragen und Aufgaben zur Wiederholung (8.2.2: S. 689 – 712) 712

8.2.3	**Besonderheiten des konsolidierten Jahresabschlusses** **713**
8.2.3.1	Grundlagen der Konzernrechnungslegung 713
8.2.3.2	Konsolidierung der Einzelbilanzen zur Konzernbilanz 719
8.2.3.3	Erstellung der Konzern-Gewinn- und Verlustrechnung 729
8.2.3.4	Der Pyramideneffekt im Konzern 731
	Fragen und Aufgaben zur Wiederholung (8.2.3: S. 713 – 736) 736

8.3	**Bilanzanalyse und Bilanzpolitik** **737**
8.3.1	**Die Bilanz als Instrument unternehmenspolitischer Analyse und Gestaltung** **737**
8.3.1.1	Zum Begriff Bilanzanalyse und Bilanzpolitik 737
8.3.1.2	Wechselseitige Abhängigkeiten zwischen Bilanzanalyse und Bilanzpolitik 739
	Fragen und Aufgaben zur Wiederholung (8.3.1: S. 737 – 739) 739

8.3.2	**Bilanzpolitik** **740**
8.3.2.1	Ziele der Bilanzpolitik 740
8.3.2.2	Instrumente der Bilanzpolitik 746
8.3.2.3	Die optimale Kombination bilanzpolitischer Instrumente 758
	Fragen und Aufgaben zur Wiederholung (8.3.2: S. 740 – 759) 759

8.3.3	**Bilanzanalyse** **761**
8.3.3.1	Erkenntnisziele, Grenzen und Stufen der Bilanzanalyse 761
8.3.3.2	Aufbereitung des bilanzanalytischen Zahlenmaterials 762
8.3.3.3	Bildung und Berechnung von Bilanzkennzahlen 774
8.3.3.4	Durchführung von Kennzahlenvergleichen 790
	Fragen und Aufgaben zur Wiederholung (8.3.3: S. 761 – 795) 795

Neuntes Kapitel: Interne Unternehmungsrechnung   797

9.1	**Aufgaben und Systeme der internen Unternehmungsrechnung** **799**
9.1.1	**Gegenstand der internen Unternehmungsrechnung** **799**
9.1.2	**Kostenrechnungssysteme und Kostenrechnungsgrundsätze** **800**
	Fragen und Aufgaben zur Wiederholung (9.1: S. 799 – 805) 806

9.2	**Betriebsabrechnung und Kalkulation** **807**
9.2.1	**Traditionelle Betriebsabrechnung auf Vollkostenbasis** **807**
9.2.1.1	Grundstruktur der periodischen Betriebsabrechnung 807
9.2.1.2	Kostenartenrechnung 809
9.2.1.3	Kostenstellenrechnung 814

| 9.2.1.4 | Kostenträger-(ergebnis-)rechnung | 823 |

9.2.1.4 Kostenträger-(ergebnis-)rechnung 823

Fragen und Aufgaben zur Wiederholung (9.2.1: S. 807 – 826) 827

9.2.2 Moderne Betriebsabrechnung auf Teilkostenbasis 828

9.2.2.1 Arten von Teilkostenrechnungen 828

9.2.2.2 Das System des Direct Costing 828

9.2.2.3 Das System der stufenweisen Fixkostendeckungsrechnung 832

9.2.2.4 Das System der relativen Einzelkostenrechnung 833

Fragen und Aufgaben zur Wiederholung (9.2.2: S. 828 – 836) 836

9.2.3 Verfahren der Kalkulation 837

9.2.3.1 Wesen und Aufgaben der Kalkulation 837

9.2.3.2 Divisionskalkulationen 840

9.2.3.3 Zuschlagskalkulationen 843

9.2.3.4 Kuppelkalkulationen 844

Fragen und Aufgaben zur Wiederholung (9.2.3: S. 837 – 846) 846

9.3 Plankostenrechnung 847

9.3.1 Aufgaben und Arten der Plankostenrechnung 847

9.3.2 Voll- und Grenzplankostenrechnung 849

9.3.3 Prozesskosten- und Standard-Einzelkostenrechnung 856

9.3.4 Zielkostenrechnung 859

Fragen und Aufgaben zur Wiederholung (9.3: S. 847 – 861) 862

Abkürzungsverzeichnis 863

Literaturverzeichnis 869

Stichwortverzeichnis 903

Vorworte

Vorwort zur 17. Auflage

Die nun vorliegende Neuauflage der „Grundzüge" erscheint in einem komplett neu gestalteten „Gewand", das gleichzeitig die Gelegenheit gab, die originäre didaktische Struktur der Texte optisch aufzubereiten und damit auch wieder ein Stück sichtbarer zu machen. Darüber hinaus gibt es zahlreiche Neuerungen. Das Wichtigste zuerst: Im Sinne eines langfristig geplanten, geordneten Generationenwechsels tritt Frau Prof. Dr. CLAUDIA B. WÖHLE neu als Mitautorin der „Grundzüge" auf. Des Weiteren gibt es erstmalig auch zwei Versionen des Lehrbuchs: Zum einen eine Hardcover-Ausgabe für Dozentinnen und Dozenten mit beiliegender CD, auf der sämtliche Abbildungen des Buches in PowerPoint-Qualität enthalten sind; zum anderen eine spezielle Softcover-Ausgabe für die Studierenden.

Neben den obligaten Fehlerkorrekturen sind inhaltliche Überarbeitungen vor allem im Sechsten Kapitel (Betriebliche Finanzprozesse) und im Achten Kapitel (Externe Unternehmungsrechnung) vorgenommen worden. Was Letzteres angeht, sind notwendige Aktualisierungen an die geltenden Rechtsvorschriften erfolgt und die IFRS stärker einbezogen worden. Im Abschnitt zur Investitionsrechnung sind die DCF-Ansätze in ihrem Einsatz sowohl für die Unternehmensbewertung als auch allgemein für die Bewertung von Investitionsprojekten umfassender beleuchtet. Auch hat die in der Praxis verbreitete Form der relativen Unternehmensbewertung mithilfe von Multiplikatoren erstmals Eingang gefunden.

Alles in allem hoffen wir, dass die neu gestalteten „Grundzüge" am Markt gut aufgenommen werden und wir sind gespannt auf die Reaktionen unserer Nutzerinnen und Nutzer. Für Ihre Anmerkungen, Ratschläge und Fehlerhinweise sind wir sehr dankbar und für diesen Zweck ist beim Oldenbourg Wissenschaftsverlag unter http://www.oldenbourg-wissenschaftsverlag.de (und Suchfeldeingabe „Schierenbeck Wöhle") eine entsprechende Webseite zu diesem Buch eingerichtet worden.

Für die Mitwirkung an der Neuauflage haben wir zahlreichen Personen zu danken. Das sind an der Universität Basel als Assistenten die Herren Dr. MICHAEL POHL, Dipl.-Kfm. SIMON ZABY und Dipl.-Kfm. JENS SAFFENREUTHER und als Hilfsassistent cand.rer.pol. THOMAS EULAU, an der Universität Salzburg als Dissertant Mag. ANDREAS PACHER und als Studienassistent B.iur.oec. SEBASTIAN RATHNER. Last but not least möchten wir unsere „gute Fee" dieses Projektes, Frau MARIANNE RYSER vom Sekretariat der Abteilung Bankmanagement und Controlling am Wirtschaftswissenschaftlichen Zentrum der Universität Basel, ausdrücklich erwähnen. Ihnen allen gebührt unser herzlicher Dank.

HENNER SCHIERENBECK und CLAUDIA B. WÖHLE

Vorwort zur 15. Auflage

Nachdem in der 14. Auflage nur kleinere Korrekturen und Änderungen vorgenommen wurden, ist die nun vorliegende Neuauflage wieder gründlich überarbeitet und in Teilen auch erweitert worden.

In früheren Auflagen war das Controlling unter der Rubrik „Planungs- und Kontrollsysteme" abgehandelt worden. Angesichts der immer größer werdenden Bedeutung des Controllings für die Unternehmenssteuerung und vor dem Hintergrund seiner übergreifenden Querschnittsfunktion werden Controlling-Systeme nunmehr in einem gesonderten Gliederungspunkt beleuchtet. Bei den Management-Techniken ist der zunehmenden Bedeutung der „Spieltheorie" für Management-Entscheidungen Rechnung getragen worden, indem ein entsprechender Gliederungspunkt eingefügt wurde. Ebenfalls erstmals aufgenommen worden ist die Methode der „Balanced Scorecard".

Das „Marketing" wurde in Teilen neu bearbeitet und insbesondere auch die neuere Literatur berücksichtigt. Geblieben bin ich jedoch aus didaktischen Gründen bei der grundsätzlichen Zweiteilung des Marketing-Instrumentariums in Preispolitik einerseits und Präferenzpolitik andererseits.

Überarbeitet wurde ferner das System betriebswirtschaftlicher Erfolgsbegriffe. Gleichzeitig sind in Anpassung an die zunehmende Verwendung angelsächsischer Fachbegriffe in der Betriebswirtschaftslehre die entsprechenden englischen Begriffe aufgenommen worden. Ähnliches gilt für die Rentabilitätskennzahlen, die in ihrer Gesamtsystematik neu abgegrenzt und zusätzlich ebenfalls mit den üblichen englischen Fachbegriffen belegt wurden. Die Kennzahlensystematik wurde darüber hinaus in der Weise erweitert, daß nunmehr auch der arithmetische Zusammenhang zwischen Eigenkapitalrentabilität und dem Marktwert des Eigenkapitals einer Unternehmung und damit die geschäftspolitischen Stellgrößen für das in jüngster Zeit vermehrt diskutierte Wertorientierte Management sichtbar werden. Die hier eigentlich auch einzubindende Diskussion zum Zusammenhang zwischen Risiko und Rentabilität wird allerdings wie bisher im Rahmen der „Investitionsrechnung unter Ungewissheit" behandelt. Dort folgt erstmals auch ein Verweis auf das moderne Value at Risk-Konzept, das ein wichtiges Element für die Bewertung von risikobehafteten Geschäftspositionen darstellt.

Eine bisherige Schwachstelle im Kapitel „Unternehmensbewertung" war die nicht einheitliche Verwendung des Begriffs Unternehmenswert. Zum Teil wurde er als Brutto-Unternehmenswert (einschließlich Schulden) und zum Teil als Netto-Unternehmenswert (im Sinne von Wert des Eigenkapitals) interpretiert. Diese Unschärfen habe ich nunmehr konsequent bereinigt.

Natürlich sind auch wieder vielfältige Korrekturen, Datenanpassungen und kleinere Textumstellungen vorgenommen worden. Nur angemerkt sei, daß ein „Update" ursprünglich auch für die Angaben in den „Grundzügen" zur (deutschen) Steuersystematik und den Steuersätzen geplant war. Angesichts des bei Drucklegung völlig unübersichtlichen Standes der sogenannten Steuerreform habe ich mich entschlossen, weitergehende Anpassungen im Text vorläufig zu unterlassen. Lediglich die weggefallene Vermögen- und Gewerbekapitalsteuer ist dort, wo sie noch angesprochen worden war, gestrichen worden.

Besonderen Wert habe ich im übrigen auch auf die Neubearbeitung des Stichwortverzeichnisses und der Literaturangaben gelegt. Ich hoffe, daß mir das zufriedenstellend gelungen ist.

Mitgewirkt an den umfangreichen Arbeiten haben zahlreiche Personen, denen ich allen in vielfacher Weise zu Dank verpflichtet bin. An erster Stelle ist hier meine Oberassistentin Frau Dr. CLAUDIA B. WÖHLE zu nennen, die mir stets eine kritische Gesprächspartnerin war und viele Verbesserungen angeregt hat. Ausdrücklich erwähnen möchte ich auch das große Engagement meines Oberassistenten Herrn Ass.-Prof. Dr. MICHAEL LISTER, Universität Basel, sowie das von Herrn Prof. Dr. REINHOLD HÖLSCHER, Universität Kaiserslautern, von denen ich manche wichtige Anregung erhielt. Dies gilt auch für Frau Dipl.-Kffr. ANJA ZIMMERMANN, Assistentin am Lehrstuhl für Marketing und Unternehmensführung von Herrn Prof. Dr. MANFRED BRUHN hier an der Universität Basel, die mir wertvolle Hinweise für das Kapitel „Marketingplanung" gegeben hat.

Für die Aufsicht über die technische Umsetzung und insbesondere die Koordination aller Arbeiten hat sich wiederum meine Oberassistentin Frau Dr. CLAUDIA B. WÖHLE verdient gemacht. Nicht unerwähnt bleiben sollten auch die Korrekturleistungen von Herrn lic. rer. pol. MARC SCHWARZ und die mühevolle Arbeit meiner Hilfsassistenten bei diesem Projekt, Frau cand. rer. pol. KAIDA-ANDREA THEEN, Herr stud. rer. pol. FELIX KOHLERMANN und Herr cand. rer. pol. OLIVER RIBERZANI, die für die technische Erstellung der Druckvorlagen mitverantwortlich waren. Nicht zuletzt möchte ich auch meine Sekretärin Frau MARIANNE RYSER erwähnen, die meine Manuskriptvorlagen zum Teil in Papierform, zum Teil im Diktat für die Weiterverarbeitung umgesetzt hat. Meine besondere Bewunderung gilt ihrer Fähigkeit, speziell meine schlecht leserlichen Manuskripte zu entziffern und meine Diktate in ein kohärentes Gesamtsystem von Aussagen zu überführen.

Allen Beteiligten an dieser Neuauflage gebührt mein ganz herzlicher Dank.

HENNER SCHIERENBECK

Vorwort zur 10. Auflage

Für die vorliegende Neuauflage habe ich insbesondere das sechste Kapitel „Finanzprozesse" einer Überarbeitung unterzogen. Neben der Ergänzung und Vertiefung von Passagen zur Subventionsfinanzierung, zum Leasing und zum Factoring, habe ich den Abschnitt „Effektivzinskalküle" neu formuliert und dabei stärker auf die Belange der Praxis abgestellt. Ferner habe ich mich nach langem Zögern entschlossen, zentrale Basiselemente der „Portfolio Selection-Theorie" sowie des darauf aufbauenden CAPM („Capital Asset Pricing Model") in das Lehrbuch zu übernehmen. Wesentliche Teile der modernen Kapitalmarkttheorie sind ohne diese beiden theoretischen Konstrukte nicht denkbar, so daß ich ihre völlige Nichtbeachtung in den „Grundzügen" zunehmend als Mangel empfunden habe.

Wie stets in allen vorherigen Auflagen sind zahlreiche Korrekturen und Verbesserungen im Detail vorgenommen worden, deren Aufzählung sich hier verbietet. Danken möchte ich an dieser Stelle aber allen, die mich auf Druckfehler oder Inkonsistenzen hingewiesen haben. Namentlich gebührt mein besonderer Dank Frau Dipl.-Kfm. U. ERDMANN, sowie den Herren Dipl.-Kaufleuten A. WIEDEMANN, H. ECHTERBECK, J. MEHL und B. KÖNIG, die mir bei der Neuauflage tatkräftig zur Seite standen. Speziell Herr KÖNIG und Herr WIEDEMANN haben sich dabei um die überfällige Neubearbeitung des Stichwortverzeichnisses verdient gemacht.

HENNER SCHIERENBECK

Vorwort zur 5. Auflage

„Das Wissen um betriebswirtschaftliche Grundtatbestände ist eine notwendige Voraussetzung für jeden, der in Betrieben an verantwortlicher Stelle tätig ist oder sich als Studierender auf eine solche Tätigkeit vorbereitet. Dabei kommt es häufig nicht so sehr auf ein spezifisches Detailwissen, als vielmehr auf die Fähigkeit an, betriebswirtschaftliche Zusammenhänge konzeptionell zu erfassen und betriebliche Probleme in ihrem spezifisch ökonomischen Wesenskern zu begreifen.

Aufbau und Inhalt des vorliegenden Lehrbuchs sind von dieser Grundüberlegung geprägt. Das unter einer einheitlichen Konzeption entwickelte Lernprogramm ist auf prinzipielle Fragestellungen der Betriebswirtschaftslehre beschränkt und wird – ohne in jeder Hinsicht Vollständigkeit anzustreben – systematisch gegliedert dargestellt. Hinzu treten Kontrollfragen und Übungsaufgaben, durch die das Denken in ökonomischen Kategorien schrittweise geschult wird. Zugleich ergibt sich die Möglichkeit zur Kontrolle des eigenen Lernerfolgs und zur Vertiefung des Gelernten, wozu auch entsprechende Literaturhinweise am Schluß eines jeden Gliederungspunktes dienen ...“ (aus dem Vorwort zur 1. Auflage).

Nachdem der 1. Auflage 1974 drei weitere, im wesentlichen unveränderte Auflagen folgen konnten, liegt nun mit der 5. Auflage eine vollständig überarbeitete und erweiterte Fassung der „Betriebswirtschaftlichen Grundzüge“ vor. Eine Reihe von Teilgebieten sind neu aufgenommen worden, andere wurden wesentlich vertieft und auf den neuesten Stand gebracht. Ferner ist die Zahl der Abbildungen und Übersichten gegenüber den ersten Auflagen erheblich vergrößert worden, was zusammen mit dem verstärkten Einsatz typographischer Mittel dazu beitragen möge, die Darstellung insgesamt gefälliger und leichter lesbar zu machen. Konsequent beibehalten wurde jedoch die Gesamtkonzeption des Lehrbuchs, die sich im ganzen gesehen didaktisch bewährt hat.

Ein Werk wie das vorliegende ist stets in einem weiteren Sinn das Produkt einer Vielzahl von Personen, Quellen und Anregungen. Besonderen Dank schulde ich in diesem Sinne meinen Münsteraner Kollegen, denen ich manche Einsicht verdanke und deren wissenschaftliches Werk an zahlreichen Stellen verarbeitet wurde. Das gleiche gilt für meine verehrten akademischen Lehrer, die mich persönlich und wissenschaftlich geprägt haben, wovon viele Kapitel Zeugnis ablegen. In der Phase der umfangreichen Vorarbeiten zur vorliegenden 5. Auflage hat mich Herr Dr. KLAUS NEUBÜRGER, Essen, maßgeblich unterstützt. Ihm schulde ich ebenso Dank wie meinen Assistenten, Herrn Dipl.-Kfm. FERDINAND ALLERKAMP und Herrn Dipl.-Kfm. MICHAEL PRILL, die die technische Abwicklung der Drucklegung mit großer Umsicht und Geduld erledigten. Darüber hinaus waren sie mir stets kompetente Gesprächspartner. Dank gebührt auch meiner Sekretärin Frau HELGARD SCHERER, die mit großer Einsatzbereitschaft und Zuverlässigkeit die Umsetzung des nicht immer leicht zu entziffernden umfangreichen Manuskripts in die maschinenschriftliche Form besorgte. Schließlich möchte ich es nicht versäumen, meiner Frau Dank für ihre wichtigen Verdienste um meine wissenschaftliche Arbeit abzustatten. Denn, um EUGEN SCHMALENBACH (aus dem Vorwort von „Kapital, Kredit und Zins“, Leipzig 1933) zu zitieren: „Diese Arbeit kann nur gedeihen in einem Hause, in dem liebevolle Fürsorge den Verfasser und seine Arbeitsstätte umgibt.“

HENNER SCHIERENBECK

Einleitung

Wirtschaften und Wirtschaftswissenschaften

1	Der Begriff des Wirtschaftens.. 3	
2	Das ökonomische Prinzip 5	
3	Disziplinäre Arbeitsteilung in den Wirtschafts- wissenschaften 7	
	Fragen und Aufgaben zur Wiederholung (Einleitung: S. 3 – 13) 14	

1 Der Begriff des Wirtschaftens

Jeder Mensch ist auf die vielfältigste Weise mit dem Phänomen verbunden, das wir gemeinhin „die Wirtschaft" nennen. Ob als Unternehmer, Arbeitnehmer, Hausfrau, Student oder Rentner, ob als Produzent, Konsument oder Sparer, keiner kann sich den Einflüssen entziehen, die hier wirksam werden.

Die Wirtschaft ist sprichwörtlich unser Schicksal, denn sie bestimmt in fast totaler Weise unsere Lebensbedingungen. Sie ist zugleich aber auch unsere Chance, denn mit ihrer Hilfe lässt sich unser Wohlstand mehren, werden wir zunehmend befreit von der Angst um das tägliche Brot, können wir unser Leben mehr und mehr auch Dingen widmen, die über die Befriedigung unserer existentiellen Grundbedürfnisse (wie Nahrung, Kleidung, Unterkunft) hinausgehen.

Dass dies für die überwiegende Mehrheit der Bevölkerung in den entwickelten Industrieländern gilt, wird einem nur selten bewusst. Denn es entspricht der Psyche des Menschen, sich sehr schnell an verbesserte Lebensbedingungen zu gewöhnen und sie dann als selbstverständlich hinzunehmen. Ein Blick in die Chroniken lässt aber zumindest erahnen, in welch unvergleichlich kärglichen und dumpfen Verhältnissen die Masse der Bevölkerung vor noch nicht allzu langer Zeit in den jetzigen hoch entwickelten Industriestaaten gelebt hat. Dass wirtschaftlicher Fortschritt und Wohlstand auch in der Gegenwart nicht selbstverständlich sind, mag besonders krass die Situation vieler Entwicklungsländer zeigen, in welchen bis heute für viele Menschen die Versorgung selbst mit den einfachsten Gütern des existentiellen Grundbedarfs nicht zufrieden stellend gewährleistet ist. Hier scheinen also die Faktoren, die den Industriestaaten wirtschaftlichen Wohlstand und Fortschritt gebracht haben, noch unterentwickelt oder nur begrenzt wirksam zu sein. Zu diesen (erst in ihrer wechselseitigen Verstärkung voll wirksamen) **Wohlstandsfaktoren** zählen in erster Linie:

- das Potenzial an **menschlichen und natürlichen Ressourcen,**
- die Nutzung einer produktivitätsfördernden (internationalen, regionalen, nationalen, betrieblichen, personellen) **Arbeitsteilung,**
- das Niveau der **Mechanisierung und Automatisierung** in den Produktionsprozessen,
- die **Standardisierung von Werkstoffen und Produkten,**
- die Entwicklungsrate des **technisch-wissenschaftlichen Fortschritts** und
- die **Effizienz des Wirtschaftssystems,** das die unzähligen Gestaltungskräfte der Wirtschaft optimal anreizt und koordiniert.

Motor der Wirtschaft ist der Mensch mit seinen (unerfüllten) Wünschen, die in den Wirtschaftswissenschaften **Bedürfnisse** genannt werden. Diesen prinzipiell unbegrenzten Bedürfnissen stehen (weil wir bekanntlich nicht in einem Paradies leben) grundsätzlich aber nur begrenzte Möglichkeiten gegenüber, diese Bedürfnisse zu befriedigen. Es ist also der Tatbestand der **Güterknappheit,** der den Kern des Wirtschaftens ausmacht: Ohne Güterknappheit gäbe es für die Menschen keine unerfüllten Wünsche und somit auch nicht die Notwendigkeit oder den Anreiz, besondere Anstrengungen in Kauf zu nehmen, um in den Besitz dieser Güter zu kommen.

Dass dieser Motor des Wirtschaftens dabei nicht nur in Bezug auf die Güter des menschlichen Grundbedarfs wirksam ist, sondern weit darüber hinausgeht, belegt die Erfahrung.

Wirtschaften kann also umschrieben werden als Disponieren über **knappe Güter**, soweit sie als Handelsobjekte (= Waren) Gegenstand von Marktprozessen sind (oder zumindest potenziell sein können). Voraussetzung für den Warencharakter eines knappen Gutes ist dabei, dass es überhaupt Gegenstand von marktlichen Austauschbeziehungen sein kann (also verfügbar und übertragbar ist) und dass es eine bestimmte Eignung zur Befriedigung menschlicher Bedürfnisse aufweist.

Güter, die diese Eigenschaften aufweisen, werden auch als **Wirtschaftsgüter** bezeichnet. Sie lassen sich dabei nach den verschiedensten Merkmalen weiter unterteilen:

- **Input- (oder Einsatz-)güter und Outputgüter.** Diese Unterscheidung knüpft an der unterschiedlichen Stellung von Wirtschaftsgütern in wirtschaftlichen Produktionsprozessen an. Inputgüter (z.B. Rohstoffe, Maschinen, menschliche Arbeit) werden benötigt um andere Güter (z.B. Nahrungsmittel) zu produzieren, die als Outputgüter insofern das Ergebnis dieser Produktionsprozesse darstellen.

- **Produktionsgüter und Konsumgüter.** Diese Unterscheidung hebt darauf ab, ob die Wirtschaftsgüter nur indirekt oder direkt ein menschliches Bedürfnis befriedigen. Güter der letzteren Kategorie (z.B. Schuhe, Genussmittel, Touristikreisen) sind stets Outputgüter und dienen als solche unmittelbar dem Konsum, während Produktionsgüter (z.B. Werkzeuge, Maschinen) nicht nur Outputgüter darstellen, sondern zugleich auch Inputgüter für nachgelagerte Produktionsprozesse, an deren Ende dann schließlich auch grundsätzlich Konsumgüter stehen.

- **Verbrauchsgüter und Gebrauchsgüter.** Hier werden die Wirtschaftsgüter nach ihrer Beschaffenheit in solche gegliedert, die bei einem einzelnen (produktiven oder konsumtiven) Einsatz verbraucht werden, d.h. hierbei wirtschaftlich gesehen untergehen (z.B. Material, Energie) und in solche, die einen wiederholten Gebrauch, eine längerfristige Nutzung erlauben (z.B. Elektrogeräte, Kraftfahrzeuge). Das Begriffspaar Verbrauchs- und Gebrauchsgüter wird in der Praxis vor allem für Konsumgüter verwendet. Für den Bereich produktiver Inputgüter verwendet man nach einem Vorschlag von HEINEN (1983) häufig die Begriffe **Repetierfaktoren** (was auf den Verbrauchscharakter hinweist, da die Beschaffung dieser Güter „repetiert", also laufend wiederholt werden muss) und **Potenzialfaktoren** (was auf ihre spezielle Eigenschaft hindeutet, ein bestimmtes Leistungspotenzial zu verkörpern).

- **Materielle und immaterielle Güter.** Diese Unterscheidung ist höchst augenfällig, wenngleich im technisch-physikalischen Sinne durchaus Zweifelsfälle auftreten können. Immaterielle Güter haben im Gegensatz zu den erstgenannten keine materielle Substanz, kommen also vor allem in zwei Ausprägungen vor, als Dienste und als Rechte (z.B. Dienstleistungen jeglicher Art, die Arbeitskraft des Menschen, Lizenzen).

- **Realgüter und Nominalgüter.** Diese Unterscheidung erlangt nur in einer Geldwirtschaft Bedeutung, da es sich bei den Nominalgütern um Geld und Rechte auf Geld handelt. Sie sind stets immaterieller Natur. In einer reinen Tauschwirtschaft beinhalten Wirtschaftsgüter dagegen ausschließlich materielle und immaterielle Real- oder Sachgüter.

Weitere Unterscheidungsmerkmale von Wirtschaftsgütern ließen sich mühelos finden. Entscheidend ist dabei nur, dass sie stets sauber abgegrenzt werden von den so genannten **freien Gütern**, die wegen fehlender Knappheit aus der Kategorie der Wirtschaftsgüter ausscheiden. Freie Güter brauchen nicht bewirtschaftet zu werden, weil sie ohne Mühe in beliebiger Menge zur Verfügung stehen, also kein Mangelempfinden auslösen. Sie haben wirtschaftlich gesehen keinen Preis, d.h. es gibt keinen Menschen, der bereit wäre, für ihren Besitz Wirtschaftsgüter einzutauschen oder – anders ausgedrückt – für sie zu bezahlen. Zur Vermeidung von Missverständnissen sei allerdings darauf hingewiesen, dass die Frage, ob ein bestimmtes Gut ein freies Gut oder ein Wirtschaftsgut darstellt, nur situativ sowie räumlich und zeitlich gebunden beantwortet werden kann. Was an einem Ort, zu einer bestimmten Zeit ein freies Gut ist, kann an einem anderen Ort, zu einer anderen Zeit ein Wirtschaftsgut von höchstem Wert darstellen.

2 Das ökonomische Prinzip

Wirtschaftliche Untersuchungen und Aussagen berühren durch ihre spezifische Betrachtungsweise stets unmittelbar oder mittelbar die Frage nach dem optimalen Einsatz bzw. der optimalen Verwendung von Wirtschaftsgütern. Warum dies so ist, wird deutlich, wenn man sich das eingangs beschriebene Spannungsverhältnis von knappen Ressourcen einerseits und prinzipiell unbegrenzten menschlichen Bedürfnissen andererseits vergegenwärtigt: Es erscheint bei Güterknappheit nämlich vernünftig (= **rational**), stets **so zu handeln**, dass

- mit einem gegebenen Aufwand an Wirtschaftsgütern ein möglichst hoher Ertrag (= Nutzen) erzielt wird (**Maximumprinzip**),
- der nötige Aufwand, um einen bestimmten Ertrag zu erzielen, möglichst gering gehalten wird (**Minimumprinzip**),
- ein möglichst günstiges Verhältnis zwischen Aufwand und Ertrag realisiert wird (**Extremumprinzip**).

Alle drei Formulierungen sind Ausdruck des so genannten **ökonomischen Prinzips**, wobei letztere die allgemeine Version ist und die ersten beiden als Spezialfälle einschließt: **Wirtschaftlich optimal handeln** heißt also nichts anderes, als Extremwerte zu realisieren und zwar generell im Sinne eines möglichst günstigen Verhältnisses zwischen Aufwand und Ertrag.

MÜLLER-MERBACH (1998) hat den **Inhalt des ökonomischen Prinzips** in seinen drei Formulierungen sehr anschaulich beschrieben:

„Studenten, denen es nicht auf die Note, sondern nur auf das Bestehen des Examens ankommt, handeln unabhängig davon, ob dieses Verhalten den Professoren gefällt, ökonomisch, wenn sie ihren Lerneifer auf ein Minimum begrenzen. Denn bei ihrer Interessenlage ist es vernünftig, nur die für ein ausreichendes Examen unbedingt notwendige Menge an Arbeit zu leisten. Auf der anderen Seite gibt es auch Studenten, die – aus welchen Motiven auch immer – ihre ganze Arbeitskraft auf das Studium konzentrieren und ein möglichst gutes Examen machen wollen. Auch sie handeln ökonomisch, da sie mit gegebenem Bestand an Zeit und Intellekt ein maximales Ergebnis zu realisieren suchen. Zwischen diesen beiden extremen Typen von Studenten gibt es natürlich noch viele andere, die weder ihren Arbeitseinsatz minimieren, noch ihre Arbeitskraft voll dem Studium widmen wollen. Sofern sie aber zumindest ein möglichst günstiges Verhältnis von Einsatz und Ergebnis zu erreichen trachten, handeln sie auch ökonomisch."

Versteht man unter **Aufwand (bzw. Kosten)** den wertmäßigen Ausdruck für das, was an Wirtschaftsgütern für einen bestimmten Zweck eingesetzt werden muss bzw. eingesetzt wird, und unter **Ertrag (bzw. Leistung)** das bewertete Ergebnis dieses Einsatzes, so beinhaltet das ökonomische Prinzip also (alternativ) das Streben nach:

- Ertrags- bzw. Leistungs-Maximierung,
- Aufwands- bzw. Kosten-Minimierung,
- Ertrags- bzw. Leistungs- und Aufwands- bzw. Kosten-Optimierung.

Dabei wird natürlich nicht behauptet, dass Menschen generell nach diesen Kriterien handeln. Das ökonomische Prinzip ist seiner Natur nach vielmehr ein **normatives Prinzip**, indem es postuliert: Es ist vernünftig (rational), bei Güterknappheit nach diesem Prinzip vorzugehen!

Das ökonomische Prinzip darf nicht mit dem Begriff der **Wirtschaftlichkeit** verwechselt werden. Hier handelt es sich in der Regel um eine einfache Kennzahl, die das Verhältnis von Ertrag (Leistung) und Aufwand (Kosten) zum Ausdruck bringt, ohne aber eine Aussage darüber zu machen, ob dieses Verhältnis im Sinne des ökonomischen Prinzips auch optimal ist. Sie lässt nur die Aussage zu, ob (und in welchem Maße) Wirtschaftlichkeit im Sinne eines Ertrags- oder Leistungsüberschusses gegeben ist. Verfeinerungen dieser Kennzahl

$$\text{Wirtschaftlichkeit} = \frac{\text{Ertrag (bzw. Leistung)}}{\text{Aufwand (bzw. Kosten)}} \qquad [1]$$

können ihre **Aussagefähigkeit** allerdings **erhöhen**, indem

- eine Soll-Wirtschaftlichkeit bestimmt und der Ist-Wirtschaftlichkeit gegenüber gestellt wird;
- die (wertmäßige) Wirtschaftlichkeit in eine mengenmäßige Wirtschaftlichkeit (Technizität im Sinne von KOSIOL) und in eine Preiskomponente aufgespalten wird.

Der Realisierung des ökonomischen Prinzips steht in der Realität eine Reihe von Problemen entgegen. In erster Linie ist das Problem der **unvollkommenen Information** zu nennen. Damit ist gemeint, dass der wirtschaftende Mensch in aller Regel nicht mit Sicherheit weiß, ob

- die von ihm verfolgten (Nah-)Ziele sich später als richtig oder falsch gewählt herausstellen werden,
- er auch alle möglichen Handlungsalternativen zur Erreichung dieser Ziele in seinem Kalkül berücksichtigt hat und schließlich
- er im Rahmen der formulierten Ziele und berücksichtigten Handlungsalternativen auch tatsächlich die im Sinne des ökonomischen Prinzips bestmögliche Entscheidung getroffen hat.

In den Fällen unvollkommener Information lässt sich das ökonomische Prinzip nur schwer exakt realisieren. Nichtsdestoweniger behält es aber seine Bedeutung als Verhaltensmaxime für wirtschaftliches Handeln. Allerdings ist es dahingehend zu modifizieren, als nunmehr „lediglich" gefordert wird, das **Optimum bei gegebenem Informationsstand** zu suchen, wobei jedoch die **Risikoneigung** (das Sicherheitsstreben) des Entscheiders als eine zusätzliche Variable eingeführt werden muss, um zu einer Lösung zu kommen. Da der Informationsstand in der Regel keine Konstante, sondern eine Variable ist, entsteht zusätzlich das Problem, den Informationsstand selbst unter Kosten-Nutzenaspekten zu optimieren.

Ein weiteres, mit dem ökonomischen Prinzip zusammenhängendes Problem ist die Frage der **Bewertung von Aufwand (Kosten) und Ertrag (Leistung)**. Die Bewertung eines Handlungsergebnisses wie des dazu erforderlichen Mitteleinsatzes ist zunächst ein höchst subjektiver Vorgang. Ob das ökonomische Prinzip im Einzelfall als realisiert angesehen wird oder nicht, wäre damit abhängig von den jeweiligen individuellen Kosten- und Nutzenvorstellungen des Entscheiders. Wird allerdings den Märkten die Aufgabe der Bewertung von Wirtschaftsgütern übertragen (wie das in marktwirtschaftlichen Systemen der Fall ist), so erfährt dieser Vorgang der Bewertung eine Quasi-Objektivierung. Der **Markt** bestimmt, was Rohstoffe, Dienstleistungen usw. wert sind, und Marktpreise sind es entsprechend, aus denen der Wert von wirtschaftlichen Handlungsergebnissen und Mitteleinsätzen abgeleitet wird.

In marktwirtschaftlichen Systemen ist das ökonomische Prinzip also generell erfüllt, wenn ein möglichst günstiges Verhältnis zwischen marktmäßig bewertetem Aufwand und Ertrag realisiert wird. Definiert man die Differenz zwischen Ertrag und Aufwand vereinfacht als Gewinn, so läuft das ökonomische Prinzip demnach auf die Forderung nach Gewinnmaximierung hinaus.

Das **Gewinnmaximierungsprinzip** als spezifische Konkretisierung des ökonomischen Prinzips in marktwirtschaftlichen Gesellschaftssystemen unterliegt häufig der Kritik. Abgesehen von der Kritik am marktwirtschaftlichen System als solchem und der aus Unverständnis den marktwirtschaftlichen Mechanismen gegenüber geäußerter Kritik, konzentriert sich die (ernst zu nehmende) Kritik vor allem auf **zwei Problemkreise**:

- Auf monopolistischen oder administrierten Märkten verlieren die Preise der Wirtschaftsgüter leicht ihre Funktion als Knappheitsindikatoren, so dass das Gewinnmaximierungsprinzip „Ausbeutungsprozesse" begünstigt.
- Es werden einerseits nicht alle Wirtschaftsgüter marktmäßig gehandelt und andererseits gehen zwangsläufig nur solche Aufwendungen bzw. Erträge in den Wirtschaftlichkeitskalkül der Wirtschaftssubjekte ein, die der Markt von ihnen fordert bzw. ihnen vergütet. Dadurch, dass z.B. bestimmte kollektive (öffentliche) Güter genutzt werden können, ohne dafür direkt zu bezahlen oder dadurch, dass z.B. die „Social Costs" einer wirtschaftlichen Entscheidung nicht automatisch auch von dem Verursacher getragen werden müssen, führt das Gewinnmaximierungsprinzip möglicherweise zu schwerwiegenden Fehlallokationen: Der Einzelne handelt nicht mehr unbedingt so, wie es auch gesamtwirtschaftlich von Vorteil ist.

3 Disziplinäre Arbeitsteilung in den Wirtschaftswissenschaften

Die **Wirtschaftswissenschaften** gehören zu den Geistes- und Sozialwissenschaften. Ihr spezifisches Untersuchungs- bzw. Erkenntnisobjekt ist das wirtschaftliche Handeln des Menschen, wobei sie ihre normative Basis aus dem ökonomischen Prinzip ableiten. Dies gilt, da das ökonomische Prinzip einen im Sinne GUTENBERGS (1990) systemindifferenten Tatbestand umschreibt, unabhängig vom zugrunde liegenden Wirtschafts- und Gesellschaftssystem, wenngleich natürlich der konkrete Inhalt der wirtschaftswissenschaftlichen Forschung ganz erheblich hiervon beeinflusst wird.

Im Folgenden wird vom **Modell einer Marktwirtschaft** mit überwiegend privatwirtschaftlicher Güterproduktion, aber hoher staatlicher Aktivität ausgegangen, wie sie für die westlichen Industriestaaten und speziell für die Bundesrepublik Deutschland typisch ist.

Die Wirtschaftswissenschaften lassen sich nach verschiedenen Kriterien gliedern. Eine erste Aufgliederung lässt die drei Dimensionen sichtbar werden, in denen sich die **wirtschaftswissenschaftliche Forschung** abspielt und deren saubere Trennung – wenngleich im Einzelfall schwierig – wissenschaftlich geboten erscheint (vgl. auch CHMIELEWICZ 1994):

(1)   **Wirtschaftstheorie,**

(2)   **Wirtschaftstechnologie** und

(3)   **Wirtschaftsphilosophie.**

Zu (1)   Wirtschaftstheorie:

Die Wirtschaftstheorie analysiert Ursachen und Wirkungen wirtschaftlicher Prozesse und bemüht sich, allgemein gültige Aussagen (Gesetzmäßigkeiten) hierüber zu formulieren. Sie
strebt damit eine **Erklärung und Prognose** wirtschaftlicher Sachverhalte an. Eine theoretische Erklärung z.B. weist typischerweise folgendes Grundmuster auf: **Wenn** die Situation z_i
eintritt, **dann** verändert sich der Wert x nach der Gleichung $x = a + b \cdot z_i$.

Theoretisch gehaltvolle Aussagen mit empirischem Wahrheitsanspruch sind wegen der Komplexität wirtschaftlicher Phänomene äußerst schwierig zu gewinnen. Häufig bleibt es daher
bei der im ersten Stadium der Theoriebildung üblichen **systematisierenden Beschreibung**
dessen, was in der Realität vorgefunden wird.

Zu (2)   Wirtschaftstechnologie:

Die Wirtschaftstechnologie analysiert Ziele und Instrumente bzw. Mittel wirtschaftlichen
Handelns, wobei sie sich wie die Theorie um empirische Regel- bzw. Gesetzmäßigkeiten bemüht. Ihre Ausrichtung ist aber anders als die Theorie unmittelbar praxeologisch geprägt, was
folgende **beispielhafte Fragestellungen** verdeutlichen mögen:

- Unter welchen Bedingungen sind wirtschaftlich relevante Ziele miteinander vereinbar oder
  nicht vereinbar?
- Welches sind die möglichen Instrumente, um diese Ziele zu erreichen?
- Welche Wirkungsbeziehungen bestehen zwischen den einzelnen Instrumenten sowie zu
  den Zielen?
- Welches sind die Möglichkeiten und Bedingungen einer Zusammenfassung dieser Instrumente zu optimalen Handlungsprogrammen?
- Welche Maßnahmen können die Effizienz wirtschaftlicher Entscheidungsprozesse erhöhen, und welche Faktoren vermindern sie?

Die Wirtschaftstechnologie ist das eigentliche Kernstück der wirtschaftswissenschaftlichen
Forschung, die sich ausdrücklich als anwendungsbezogene (pragmatische) Wissenschaft versteht. Dabei ist die bereits erwähnte Wirtschaftstheorie systematisch gesehen der Unterbau der
Technologie, die sich der Theorie bedient, indem sie die theoretischen Ursachen-Wirkungs-
aussagen instrumental umformt und in ihr wissenschaftliches Ziel-Mittel-System einbaut.

Zu (3)   Wirtschaftsphilosophie:

Die Wirtschaftsphilosophie schließlich untersucht wirtschaftliche Abläufe auf ihren ethischen
Gehalt und auf ihre Vereinbarkeit mit übergeordneten Grundsätzen und Normen, wie sie z.B.
in allgemeinen Menschenrechtskonventionen, im Grundgesetz usw. verankert sind. Darüber
hinaus gibt sie selbst (explizit oder implizit) nicht wahrheitsfähige, aber als normativ gültig
akzeptierte **Werturteile** ab, und zwar im Einzelnen

- über die mit dem wirtschaftlichen Handeln zu verfolgenden Ziele,
- über die Priorität einzelner Zielvorstellungen im Rahmen einer Mehrheit verfolgter Ziele sowie
- über den Einsatz bestimmter Mittel zur Zielerreichung, insbesondere wegen damit verbundener Nebenwirkungen.

Ihre systematische Basis erhält die Wirtschaftsphilosophie naturgemäß aus der Wirtschaftstheorie und -technologie, obwohl es häufig umgekehrt so ist, dass zuerst spezielle oder generelle Normen vorliegen, um die herum dann erst Theorien und/oder Technologien entwickelt werden.

Wirtschaftstheorie, -technologie und -philosophie können wirtschaftliche Sachverhalte aus gesamtwirtschaftlicher und aus einzelwirtschaftlicher Sicht analysieren. Entsprechend lassen sich die zwei Teildisziplinen der Wirtschaftswissenschaften, die **Volkswirtschaftslehre** (Nationalökonomie) und die **Betriebswirtschaftslehre** unterscheiden:

- Die **Volkswirtschaftslehre** untersucht primär gesamtwirtschaftliche Zusammenhänge. Sie ist durch eine makroskopische, auf das Ganze oder zumindest wesentliche Teile hiervon, gerichtete Betrachtungsweise charakterisiert. Nicht so sehr die einzelnen Wirtschaftssubjekte selbst stehen im Vordergrund des Interesses, sondern das übergeordnete Ganze wird analysiert und dabei nur soweit in Segmente aufgespalten, wie dies notwendig erscheint, um die wesentlichen Wirtschaftsgruppen in ihrer wirtschaftlichen Verflechtung und Wirkung auf das Ganze einer Volkswirtschaft untersuchen zu können. Das wissenschaftliche Interesse an den einzelnen Wirtschaftssubjekten korreliert mit ihrer Bedeutung für die Gesamtwirtschaft. Die Nationalökonomie versucht also aus der übergeordneten Perspektive eines Volkes, Staates oder Staatsverbandes das Wesen der Wirtschaft zu erfassen und ihre Strukturen sowie Abläufe zu gestalten.
- Die **Betriebswirtschaftslehre** ist in Umkehrung zur Nationalökonomie einzelwirtschaftlich orientiert. Sie betrachtet die Wirtschaft in erster Linie aus mikroskopischer Perspektive. Ihr Interessenfeld sind die einzelnen Wirtschaftseinheiten (Betriebe, Haushalte), deren Strukturen und Prozesse, die hier ablaufen. Das übergeordnete gesamtwirtschaftliche Ganze oder Teile hiervon finden nur soweit Berücksichtigung, als sie aus der Sicht der einzelnen Wirtschaftseinheiten Relevanz besitzen. Die Betriebswirtschaftslehre versucht also, die Wirtschaft von ihren Zellen zu begreifen und zu gestalten.

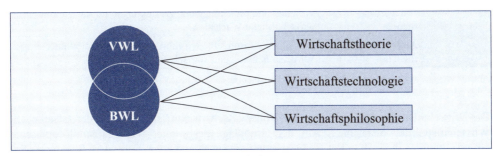

Abb. 1   Gliederung der Wirtschaftswissenschaften

Bei allen Unterschieden im spezifischen Untersuchungsfeld der beiden wirtschaftswissenschaftlichen Teildisziplinen gibt es, wie die Ausführungen angedeutet haben mögen, einige

Berührungspunkte und sogar teilweise Überschneidungen. Abb. 1 verdeutlicht das unter Einbeziehung der für die Betriebswirtschaftslehre (BWL) wie für die Volkswirtschaftslehre (VWL) geltenden drei Dimensionen wirtschaftswissenschaftlicher Forschung.

Die Schnittflächen, welche die Volkswirtschaftslehre mit der Betriebswirtschaftslehre aufweist, zeigen sich deutlich, wenn die einzelnen Teilgebiete der Nationalökonomie näher betrachtet werden. Traditionell wird in der Volkswirtschaftslehre nämlich zwischen **Mikro- und Makroökonomie** unterschieden, wobei die Grundlagen der Mikroökonomie in einer Zeit entstanden sind, als es die Betriebswirtschaftslehre als wissenschaftliche Disziplin noch gar nicht gab. Die Mikroökonomie ist also eine Art volkswirtschaftlicher Betriebswirtschaftslehre, deren sachgerechte Rezipierung für die mittlerweile eigenständige Betriebswirtschaftslehre das bleibende Verdienst ERICH GUTENBERGS ist.

Betrachtet man zunächst die **Volkswirtschaftslehre** aus der Sicht der Wirtschaftstheorie, so lassen sich im Wesentlichen die in Abb. 2 (in Anlehnung an WOLL 2007, S. 5) genannten Hauptgebiete unterscheiden.

Mikro-ökonomie	**Haushalts-theorie**	Warum und in welcher Menge werden bestimmte Güter nachgefragt?
	Unternehmens-theorie	Nach welchen Kriterien werden Güter angeboten und wovon hängt die Wahl des Produktionsverfahrens ab?
	Preistheorie	In welcher Menge werden Güter zu einem bestimmten Preis – oder zu welchem Preis bestimmte Mengen – verkauft und wovon hängt die Zusammensetzung der volkswirtschaftlichen Produktion ab?
	Verteilungs-theorie	Was bestimmt die Verteilung des Produktionsergebnisses auf die Anbieter produktiver Leistungen (Arbeit, Boden, Kapital)?
Makro-ökonomie	**Geldtheorie**	Welche Aufgaben kann das Geld übernehmen und welche Wirkungen gehen von ihm aus?
	Finanztheorie	Welche Einflüsse gehen von der Staatstätigkeit aus?
	Beschäftigungs-theorie	Wodurch ist die Beschäftigung der Anbieter produktiver Leistungen bestimmt?
	Konjunktur-theorie	Welche Größen beeinflussen die gesamtwirtschaftlichen Aktivitäten?
	Wachstums-theorie	Welches sind die Gründe und Bedingungen für das gesamtwirtschaftliche Wachstum?
	Außenhandels-theorie	Zu welchen Besonderheiten führt die Existenz autonomer Wirtschaftsräume und Wirtschaftseinheiten?

Abb. 2   Hauptgebiete der Volkswirtschaftstheorie

Die Wirtschaftstechnologie wird in der Volkswirtschaftslehre als „Theorie der (staatlichen) Wirtschaftspolitik" bezeichnet. Auf der Grundlage bestimmter wirtschaftsphilosophischer Grundhaltungen, die sich in der Bundesrepublik Deutschland etwa hinter dem Stichwort „Soziale Marktwirtschaft" verbergen, kommt der Wirtschaftstechnologie die Aufgabe zu, Ziele und Instrumente staatlicher Wirtschaftspolitik wissenschaftlich zu durchleuchten. Um welche Instrumente es sich hier vor allem handelt, verdeutlicht die Systematik in Abb. 3 (entnommen aus LEIPOLD 1988, S. 126).

3 Disziplinäre Arbeitsteilung in den Wirtschaftswissenschaften

	Ordnungspolitik	Ablaufspolitik
Einzel-steuerung	**Einzelordnungspolitik** • Produktionsverfassung (Unternehmensverfassung, Arbeitsrecht, Gewerbeordnung) • Marktverfassung (Gesetz gegen Wettbewerbsbeschränkungen, Börsengesetz)	**Einzelablaufspolitik** • Preispolitik (Mindest-, Höchst-, Fixpreise, Zölle, Subventionen) • Mengenpolitik (Absatzgarantien, Kontingente)
Struktur-steuerung	**Strukturordnungspolitik** • Raumordnungsgesetz • Ordnungsrahmen für Infrastruktur-, Regionalstruktur-, Branchenstruktur-planung • Finanzausgleich	**Strukturablaufspolitik** • Regional- und Branchenstruktur-politik (Infrastrukturvorleistungen, Anpassungs- und Erhaltungsmaß-nahmen, Preis- und Mengenpolitik)
Niveau-steuerung	**Niveauordnungspolitik** • Geldverfassung (Währungssystem, Bundesbankgesetz) • Finanzverfassung (Steuersystem, Haushaltsgesetz)	**Niveauablaufspolitik** • Geldpolitik (Diskontsatz-, Mindest-reserve- und Offenmarktpolitik) • Finanzpolitik (Einnahmen- und Aus-gabenpolitik öffentlicher Haushalte)

Abb. 3   Instrumente staatlicher Wirtschaftspolitik

Die staatliche Wirtschaftspolitik beeinflusst das Wirtschaftsleben nach dieser Systematik, indem sie einerseits den Rahmen für das Handeln der Wirtschaftssubjekte fixiert (**Ordnungspolitik**), andererseits Einfluss auf die wirtschaftlichen Prozesse selbst nimmt (**Ablaufspolitik**). Sie bezieht sich als **Einzelsteuerung** auf bestimmte Personengruppen, Wirtschaftszweige und Märkte, als **Struktursteuerung** auf die Gestalt und das Verhältnis der Wirtschaftsregionen, Branchen und Sektoren zueinander sowie als **Niveausteuerung** auf makroökonomische Kreislaufgrößen.

Neben die im **traditionellen wirtschaftspolitischen Zielbündel** enthaltenen Ziele der Preis-niveau-Stabilität, der Vollbeschäftigung, des angemessenen Wirtschaftswachstums und des Zahlungsbilanzgleichgewichts treten zunehmend einkommens- und sozialpolitisch orientierte Zielsetzungen, über die eine Korrektur der vom Markt vorgenommenen „Zuweisung" von Einkommens- und Lebenschancen bestimmter Bevölkerungsteile angestrebt wird. Die Formulierung bzw. Kritik der die Wirtschaftspolitik bestimmenden allgemeinen Wertungen seitens der Wissenschaft ist Aufgabe der Wirtschaftsphilosophie, deren Aussagen allerdings höchstenfalls normativ gültig, nicht jedoch wahrheitsfähig sind. Stellvertretend für die Wirtschaftsphilosophie als wissenschaftliche Disziplin seien zwei ihrer herausragenden Vertreter genannt: F.A. v. HAYEK (als kompromissloser Verfechter marktwirtschaftlicher Ideen) und G. MYRDAL (als Vertreter einer stärker sozialistischen Wirtschaftskonzeption).

Die gleiche Unterscheidung in Theorie, Technologie (Politik) und Philosophie, wie sie für die Volkswirtschaftslehre gilt, ist auch für die **Betriebswirtschaftslehre** relevant. Allerdings bestehen gewisse Nuancen:

• Die Betriebswirtschaftstheorie und die (Theorie der) Betriebswirtschaftspolitik sind in vielen Bereichen fast untrennbar miteinander verquickt, wobei die technologische, anwendungsorientierte Sichtweise dominiert. Diese Betonung findet sich bereits bei SCHMALEN-BACH (1911/12), der von der Betriebswirtschaftslehre als einer **Kunstlehre**, einer technologisch ausgerichteten Wissenschaft sprach.

- Im Gegensatz zur Situation in der Nationalökonomie, die auf eine lange wirtschaftsphilosophische Tradition blicken kann, haben solche Versuche in der Betriebswirtschaftslehre vergleichsweise nur ein Schattendasein geführt. Zwar sind schon in den Anfängen Wissenschaftler (vor allem NICKLISCH und KALVERAM) mit dem Gedanken einer normativen Wirtschaftslehre hervorgetreten, aber eigentlich ist erst in neuester Zeit die Notwendigkeit, sich wissenschaftlich mit den Wertprämissen einzelwirtschaftlicher Entscheidungen zu beschäftigen, stärker ins Bewusstsein gedrungen. Die wachsende Literatur zu Fragen der Management- oder Unternehmensphilosophie sowie zum Thema *Corporate Responsibility* (*Corporate Social Responsibility* (*CSR*), *Corporate Governance* und *Corporate Citizenship*) zeugt hiervon.

Die Betriebswirtschaftslehre gliedert sich als wissenschaftliche Disziplin traditionell in die Allgemeine Betriebswirtschaftslehre und in Besondere Betriebswirtschaftslehren. Die **Allgemeine Betriebswirtschaftslehre** beschränkt sich von der Idee her auf die Untersuchung von Tatbeständen, die für alle Wirtschaftseinheiten (Betriebe und Haushalte) gleichermaßen Gültigkeit haben. Sie ist damit das Fundament, auf dem die **Besonderen Betriebswirtschaftslehren** aufbauen. Letztere werden vor allem nach zwei Kriterien gebildet,

- nach der Zugehörigkeit der Wirtschaftseinheiten zu bestimmten Wirtschaftszweigen und -sektoren (**institutionelle Gliederung** der Besonderen Betriebswirtschaftslehren) und
- den wirtschaftlich relevanten Funktionen bzw. Aspekten, die in den verschiedenen Wirtschaftseinheiten zu beobachten sind (**funktionelle bzw. aspektorientierte Gliederung** der Besonderen Betriebswirtschaftslehren).

Abb. 4 veranschaulicht mögliche Gliederungen betriebswirtschaftlicher Forschungs- und Lehrgebiete, wobei in letzter Zeit eine zunehmende Hinwendung zu funktionalen Gliederungen festzustellen ist, nachdem lange Zeit die „Institutionenlehre" vorherrschend war.

Die vorliegende Schrift ist als Lehrbuch der Allgemeinen Betriebswirtschaftslehre konzipiert. Dort, wo der Bezug auf bestimmte Betriebstypen sachlich notwendig ist, wird vom Modell einer (größeren) **Industrieunternehmung** ausgegangen. Diese Sichtweise hat sich nicht nur didaktisch bewährt, es darf auch nicht vergessen werden, dass das Wesen der modernen Wirtschaft entscheidend durch die Industrie und ihre Unternehmungen geprägt wird (vgl. auch S. 47ff.).

Noch ein letztes Wort zur Bedeutung der Betriebswirtschaftslehre (bzw. allgemein der Wirtschaftswissenschaften). Gemäß ihrem spezifischen Erkenntnisobjekt werden menschliche Handlungsweisen, Vorgänge und Entwicklungen jeglicher Art unter dem Aspekt des ökonomischen Prinzips betrachtet und analysiert. Dem Ökonomen, der in dieser Weise (nach einer gewissen Zeit der Übung häufig schon unbewusst) an Probleme und Problemlösungen herangeht, muss dabei allerdings stets klar sein, dass ein Sachverhalt nicht nur unter ökonomischen, sondern auch unter technischen, sozialen, rechtlichen und sonstigen Aspekten betrachtet werden kann. Man wird sogar so weit gehen dürfen zu behaupten, dass für ein umfassendes Problemverständnis keine disziplinäre Betrachtungsweise allein ausreicht, sondern letztlich ein interdisziplinärer Ansatz notwendig ist, der die Erkenntnisse verschiedenster Fachdisziplinen integriert.

3 Disziplinäre Arbeitsteilung in den Wirtschaftswissenschaften

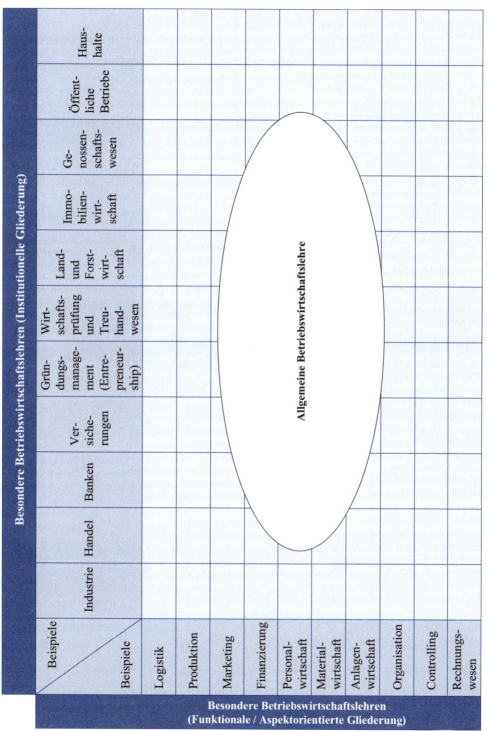

Abb. 4   Gliederung in Allgemeine BWL und Besondere BWL

Fragen und Aufgaben zur Wiederholung (Einleitung: S. 3 – 13)

1. Welches sind wichtige Faktoren des wirtschaftlichen Wohlstands in einer Gesellschaft?

2. Was versteht man a) unter Wirtschaftsgütern und b) unter freien Gütern?

3. Nennen Sie drei Ausprägungen des ökonomischen Prinzips!

4. Was heißt wirtschaftlich optimal handeln?

5. Was sind die möglichen Gründe dafür, dass Menschen ihr Handeln nicht dem ökonomischen Prinzip unterwerfen?

6. Wie lässt sich die Wirtschaftlichkeit messen?

7. Welche Probleme stehen der Umsetzung des ökonomischen Prinzips in der Realität entgegen?

8. Diskutieren Sie den Satz: Wirtschaften heißt Bewerten! Welche Probleme sind hiermit angesprochen?

9. Welche Dimensionen wirtschaftswissenschaftlicher Forschung lassen sich unterscheiden? Charakterisieren Sie sie kurz!

10. Worin unterscheiden sich Volkswirtschaftslehre und Betriebswirtschaftslehre? Was sind die Gemeinsamkeiten, wo ergeben sich Berührungspunkte und Überschneidungen?

11. Welches sind die Hauptgebiete der Volkswirtschaftstheorie?

12. Nennen Sie wichtige Instrumente staatlicher Wirtschaftspolitik!

13. In welche Teilgebiete lässt sich die Betriebswirtschaftslehre gliedern?

Erster Teil

Betrieb und Unternehmung

Erstes Kapitel

Betriebe und Haushalte als Träger des arbeitsteiligen Wirtschaftsprozesses

1.1	Hauptmerkmale moderner marktwirtschaftlicher Systeme 21
1.2	Schema der gesamtwirtschaftlichen Güter- und Geldströme 26
1.3	Die Unternehmungen im Brennpunkt des Wirtschaftskreislaufs 29
	Fragen und Aufgaben zur Wiederholung (Erstes Kapitel: S. 21 – 32).................... 32

1.1 Hauptmerkmale moderner marktwirtschaftlicher Systeme

In jeder **Wirtschaftsordnung** stehen drei grundsätzliche Fragen im Vordergrund:

- **Was soll produziert werden?**
- **Wie soll produziert werden?**
- **Für wen soll produziert werden?**

In marktwirtschaftlichen Systemen werden diese Fragen grundsätzlich nicht von einer zentralen Behörde geregelt, sondern ihre Beantwortung wird prinzipiell den **Märkten** überlassen, die sich – je nach Art und Intensität der staatlichen Eingriffe in das Wirtschaftssystem – im Wesentlichen frei bilden können. Auf den Märkten konkretisieren sich das Angebot und die Nachfrage nach Wirtschaftsgütern, wobei die Vielzahl der wirtschaftlichen Entscheidungen dezentral über den **Preismechanismus** koordiniert wird. Märkte sind insofern auch die Bindeglieder des **arbeitsteiligen Wirtschaftsprozesses**, dessen reibungsloses Funktionieren wesentlich durch das **Geld** als allgemein anerkanntes Tauschmittel und Recheneinheit begünstigt wird.

In diesem Sinne stellt ein **marktwirtschaftliches Ordnungssystem**, so wie wir es – bei allen Unterschieden im Detail – in der Realität vorfinden, im Kern also stets

(1)   eine auf dem **Prinzip der Arbeitsteilung** beruhende
(2)   **Geldwirtschaft**
(3)   mit prinzipiell **freien Märkten**
(4)   und **staatlicher Aktivität**

dar.

Zu (1)   Prinzip der Arbeitsteilung:

Die Arbeitsteilung umschreibt allgemein eine bestimmte Form der Spezialisierung von Wirtschaftssubjekten auf beschränkte Teilaufgaben innerhalb des gesamtwirtschaftlichen Leistungsprozesses. Bereits die Herausbildung spezieller **Produktionsbetriebe** gegenüber den **Haushalten**, die damit auf eine autonome Selbstversorgung verzichten, ist der erste Schritt zu einer solchen Arbeitsteilung, geht in den entwickelten Industriestaaten aber weit darüber hinaus. Mindestens **drei Ebenen der Arbeitsteilung** sind hier zu beobachten:

- Die **internationale** (**regionale**) Arbeitsteilung, bei der sich die einzelnen Volkswirtschaften (Regionen) jeweils auf die Produktion derjenigen Güter spezialisieren, für die jeweils im internationalen (regionalen) Vergleich die günstigsten Bedingungen vorherrschen.

- Die **zwischenbetriebliche** Arbeitsteilung, bei der sich die einzelnen (Produktions-)Betriebe insoweit spezialisieren, als sie nur in einem (mehr oder weniger) begrenzten Segment der Gesamtwirtschaft tätig sind und daraus resultierende Wettbewerbsvorteile optimal nutzen.

- Die **innerbetriebliche** Arbeitsteilung, bei der die Arbeitsprozesse insoweit aufgespalten und zerlegt werden, als die Arbeitskräfte somit gemäß ihren speziellen Fähigkeiten und Fertigkeiten eingesetzt, hieraus resultierende Spezialisierungseffekte also weitgehend genutzt werden können.

Die **produktivitätsfördernde Wirkung der Arbeitsteilung** hat bereits im Jahre 1776 der Nationalökonom ADAM SMITH in seinem berühmt gewordenen **Stecknadelbeispiel** beschrieben (zitiert aus: SMITH, A.: Der Wohlstand der Nationen − Eine Untersuchung seiner Natur und seiner Ursachen, London 1789, aus dem Englischen übertragen von H.C. RECKTENWALD, 11. Aufl., München 2005):

„Wir wollen daher als Beispiel die Herstellung von Stecknadeln wählen, ein recht unscheinbares Gewerbe, das aber schon häufig zur Erklärung der Arbeitsteilung diente. Ein Arbeiter, der noch niemals Stecknadeln gemacht hat und auch nicht dazu angelernt ist (erst die Arbeitsteilung hat daraus ein selbständiges Gewerbe gemacht), so dass er auch mit den dazu eingesetzten Maschinen nicht vertraut ist (auch zu deren Erfindung hat die Arbeitsteilung vermutlich Anlass gegeben), könnte, selbst wenn er sehr fleißig ist, täglich höchstens eine, sicherlich aber keine zwanzig Nadeln herstellen. Aber so, wie die Herstellung von Stecknadeln heute betrieben wird, ist sie nicht nur als Ganzes ein selbständiges Gewerbe. Sie zerfällt vielmehr in eine Reihe getrennter Arbeitsgänge, die zumeist zur fachlichen Spezialisierung geführt haben. Der eine Arbeiter zieht den Draht, der andere streckt ihn, ein dritter schneidet ihn, ein vierter spitzt ihn zu, ein fünfter schleift das obere Ende, damit der Kopf aufgesetzt werden kann. Auch die Herstellung des Kopfes erfordert zwei oder drei getrennte Arbeitsgänge. Das Ansetzen des Kopfes ist eine eigene Tätigkeit, ebenso das Weißglühen der Nadel, ja, selbst das Verpacken der Nadeln ist eine Arbeit für sich. Um eine Stecknadel anzufertigen, sind somit etwa 18 verschiedene Arbeitsgänge notwendig, die in einigen Fabriken jeweils verschiedene Arbeiter besorgen, während in anderen ein einzelner zwei oder drei davon ausführt. Ich selbst habe eine kleine Manufaktur dieser Art gesehen, in der nur 10 Leute beschäftigt waren, so dass einige von ihnen zwei oder drei solcher Arbeiten übernehmen mussten. Obwohl sie nun sehr arm und nur recht und schlecht mit dem nötigen Werkzeug ausgerüstet waren, konnten sie zusammen am Tage doch etwa 12 Pfund Stecknadeln anfertigen, wenn sie sich einigermaßen anstrengten. Rechnet man für ein Pfund über 4000 Stecknadeln mittlerer Größe, so waren die 10 Arbeiter imstande, täglich etwa 48000 Nadeln herzustellen, jeder also ungefähr 4800 Stück. Hätten sie indes alle einzeln und unabhängig voneinander gearbeitet, noch dazu ohne besondere Ausbildung, so hätte der einzelne gewiss nicht einmal 20, vielleicht sogar keine einzige Nadel am Tag zustande gebracht. Mit anderen Worten, sie hätten mit Sicherheit nicht den zweihundertvierzigsten, vielleicht nicht einmal den vierhundertachtzigsten Teil von dem produziert, was sie nunmehr infolge einer sinnvollen Teilung und Verknüpfung der einzelnen Arbeitsgänge zu erzeugen imstande waren.“

Zu (2)   Geldwirtschaft:

Die Arbeitsteilung führt zwangsläufig zur Tauschwirtschaft, denn die über den Eigenbedarf hinausgehende Produktion von Gütern bringt nur dadurch einen Nutzen für den Produzenten, dass sie gegen andere benötigte Güter eingetauscht werden kann. Dabei spielt das Geld in der modernen Wirtschaft eine so erhebliche Rolle, dass man sie ihrem Wesen nach zutreffend auch als **Geldwirtschaft** kennzeichnen kann.

Das **Geld** verkörpert in der modernen Wirtschaft gleichzeitig **zwei Funktionen** (DEPPE 1973):

(2a) Geld wird zum einen als **Recheneinheit** verwendet, was gleichbedeutend ist mit der Funktion des Wertmessers der ausgetauschten Güter und Dienste.

(2b) Geld wird zum anderen als allgemeines **Tauschmittel (Zahlungsmittel)** verwendet, was besagt, dass man mit Geld Verpflichtungen begleichen oder Leistungen erbringen kann, ohne unmittelbar reale Güter oder Leistungen hinzugeben.

1.1 Hauptmerkmale moderner marktwirtschaftlicher Systeme 23

Zu (2a) Funktion des Geldes als Recheneinheit:

Die Funktion des Geldes als Recheneinheit wird deutlich, wenn man sich das Geld „weg-denkt". Gäbe es kein Geld, so müsste man den Wert der zu tauschenden Güter bzw. Leistungen in Einheiten der Gegenleistung ausdrücken. Dies hätte zur Konsequenz, dass die Zahl der zu bestimmenden **Austauschverhältnisse** um ein Erhebliches höher läge als im Fall einer Geldwirtschaft. DEPPE (1973) erhellt dies an einem plastischen Beispiel:

„Die Zahl der Austauschverhältnisse für eine bestimmte Anzahl von Gütern lässt sich nach einer Formel der Kombinatorik ermitteln. Bei n Gütern erhalten wir zunächst $n \cdot n = n^2$ Austauschverhältnisse. Dieses Produkt ist um die Austauschverhältnisse der einzelnen Güter mit sich selbst zu reduzieren: $n^2 - n$. Vernachlässigen wir darüber hinaus noch die reziproken Werte, dann beträgt die Zahl der Austauschverhältnisse:

$$\text{Anzahl der Austauschverhältnisse} = \frac{n^2 - n}{2} = \frac{n \cdot (n-1)}{2} \qquad [1\text{-}1]$$

Beispiel zur Anzahl der Austauschverhältnisse eines Warenhauses und Folgerungen: Als Ergebnis halten wir fest, dass sich bei der Vielzahl von Gütern, die in einer modernen Wirtschaft produziert und gehandelt werden, eine große Anzahl von Austauschverhältnissen ergäbe, die kein Mensch mehr überblicken könnte. Betrachten wir zur Illustration nur das Sortiment eines modernen Kaufhauses in einer westdeutschen Großstadt, dessen Sortiment 1970 mit ca. 70.000 Artikeln angegeben wurde. 70.000 Artikel bedeuten

$$\text{Anzahl der Austauschverhältnisse} = \frac{70.000 \cdot (70.000 - 1)}{2} = 2.449.965.000$$

Austauschverhältnisse. Diese Größenordnung bedarf keiner näheren Interpretation und demonstriert die Funktion des Geldes als Recheneinheit mit nur 70.000 Preisen nachhaltig. Der Wirtschaftswissenschaftler zieht daraus die Folgerung, dass jeder denkende Mensch angesichts dieser Schwierigkeiten das Geld als Recheneinheit erfinden würde. Er könnte ein Standardgut wählen und bei z.B. 70.000 Gütern eines Warenhauses die anderen 69.999 Güter in Einheiten des Standardgutes ausdrücken und dadurch die etwa 2,5 Mrd. Wertverhältnisse auf 69.999 Preise reduzieren. Sobald ein Gut als Bezugseinheit gewählt würde, erübrigt es sich, die gesamten Austauschrelationen zu ermitteln. Es genügen lediglich die $(n-1)$ Austauschrelationen, die durch die Wahl einer Bezugseinheit in $(n-1)$ Preise übergehen. Der Preis des ausgewählten Gutes wäre als 1 anzusetzen.

Dass solche Überlegungen nicht nur reine Theorie sind, zeigt das Beispiel der deutschen Wirtschaft in der Nachkriegszeit bis zur Währungsreform von 1948, als Güter auf den schwarzen Märkten gehandelt wurden. Das offizielle Geld – die Deutsche Reichsmark – erschien als Recheneinheit und Wertmesser ungeeignet, da die Reichsmark durch inflationistische Aufblähung des Geldvolumens nicht mehr als Zahlungsmittel anerkannt wurde. Am Kriegsende bedeutete eine Reichsmark lediglich einen mehr oder weniger wertlosen Papierlappen. Die Praxis schuf sich daher zum Ausgleich auf dem Schwarzmarkt als „Geldeinheit" reale Güter. Vielfach wurde die sogenannte „Ami"-Zigarette als Recheneinheit verwendet. Die Schwarzhändler legten den Wert des von ihnen angebotenen Gutes in Zigaretteneinheiten fest, z.B. 1 Fahrrad für 1.000 Zigaretten, 1 Radio für 1.000 Zigaretten und entsprechend 1 Fahrrad für 1 Radio. Dadurch entstanden feste Wertrelationen für die einzelnen Tauschobjekte, ohne dass man das reale Austauschverhältnis eines bestimmten Gutes zu allen Gütern zu kennen brauchte. Man sprach in diesem Zusammenhang auch direkt von der „Zigarettenwährung". Die amerikanische Zigarette war das Standardgut, das als Recheneinheit verwendet wurde."

Zu (2b) Geld als allgemeines Tauschmittel (Zahlungsmittel):

Würde man das Geld nur als Recheneinheit verwenden, könnte man von einer Geldwirtschaft im eigentlichen Sinne noch nicht sprechen, denn die Wirtschaft bliebe letztlich noch auf der Stufe des Naturaltausches. Erst in dem Augenblick, wo sich die Beteiligten am Wirtschaftsprozess auf Geld als allgemeines Tauschmittel einigen, erfolgt der Übergang zur Geldwirtschaft. Deren Kennzeichen besteht nämlich darin, dass die Wirtschaftssubjekte sich generell bereit erklären, das als Geld definierte Medium für ihre Leistungen in Zahlung zu nehmen, auch wenn es in keiner Weise direkt als Ware verwendet werden kann oder soll. Es muss aber natürlich jederzeit in andere Güter und Dienstleistungen eingetauscht werden können, also eine bestimmte Kaufkraft verkörpern. Durch die Verwendung von Geld als allgemeinem Tauschmittel werden somit **Käufe und Verkäufe in voneinander unabhängige Transaktionen zerlegt**, worin letztlich der entscheidende Fortschritt gegenüber der Naturalwirtschaft zu sehen ist.

In der modernen Wirtschaft fallen die beiden Funktionen des Geldes als Recheneinheit und als Zahlungsmittel zusammen. Dies bedeutet, dass jeder Preis eines Gutes in Einheiten der Währung des Landes angegeben ist. Gleichzeitig wird im Barverkehr in diesen Geld-Einheiten durch Hingabe von Noten und Münzen in der Währung bezahlt. In der Bundesrepublik Deutschland ist die Einheit des Geldes als Tauschmittel (d.h. Geld in der Zahlungsmittelfunktion) seit dem 1. Januar 2002 – wie in derzeit 15 europäischen Ländern – der Euro. Gleichzeitig ist der Euro auch im Sinne einer Recheneinheit der Wertmesser in der Wirtschaft. In diesem Zusammenhang ist nochmals DEPPE (1973, S. 13) zu zitieren:

„Trotzdem erscheint es nützlich und wichtig, den hier behandelten Unterschied zwischen Zahlungsmittel und Recheneinheit zu beachten. Geld ist als Zahlungsmittel etwas Konkretes (Münzen, Banknoten oder Sichtguthaben), dagegen als Recheneinheit etwas Abstraktes. Geld als Zahlungsmittel wirft technisch-organisatorische Probleme auf, von denen die Frage der Automation des bargeldlosen Zahlungsverkehrs besonders aktuell ist. Geld als Recheneinheit wirft Währungsprobleme auf, von denen hier nur das alle Ökonomen der westlichen Welt beschäftigende Fragengebiet der internationalen schleichenden Geldentwertung erwähnt sei.“

Zu (3) Freie Märkte:

Wirtschaftliche Transaktionen, die rechtlich als Kauf-, Miet-, Werk-, Arbeits- oder Dienstverträge gekennzeichnet werden können, sind in einer Marktwirtschaft stets das Resultat aus dem **Zusammentreffen von Angebot und Nachfrage** auf den dafür existierenden Märkten.

Es gibt die unterschiedlichsten **Arten von Märkten**, und im Allgemeinen kann man so weit gehen, für jedes Gut einen besonderen Markt zu definieren, auf dem eben das Angebot und die Nachfrage für dieses Gut zusammentreffen. Entsprechend lassen sich z.B. unterscheiden:

- Konsumgütermärkte,
- Investitionsgütermärkte,
- Rohstoffmärkte,
- Arbeitsmärkte,
- Finanzmärkte und
- Informationsmärkte.

1.1 Hauptmerkmale moderner marktwirtschaftlicher Systeme

Funktionierende (freie) Märkte werden dezentral über den **Preismechanismus** gesteuert. Der Preis hat dabei die Aufgabe, Angebot und Nachfrage mengenmäßig aufeinander abzustimmen. Abb. 1 - 1 verdeutlicht diesen Mechanismus einmal für den Fall eines anfänglichen Angebotsüberhangs und einmal für den Fall eines anfänglichen Nachfrageüberhangs. Dabei wird der Normalfall unterstellt, dass nämlich die Nachfrage nach einem Gut umso höher ist, je niedriger der Preis ist, und dass für das Güterangebot der umgekehrte Zusammenhang gilt, die angebotene Menge bei einem höheren Preis also größer ist als bei einem niedrigeren.

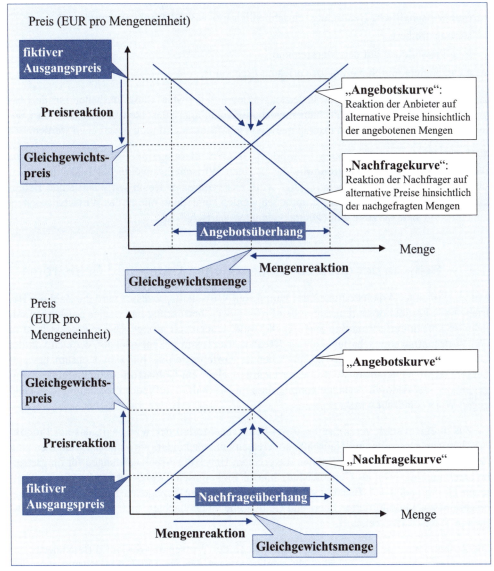

Abb. 1 - 1   Preisreaktion bei anfänglichem Angebots- bzw. Nachfrageüberhang

26   Erstes Kapitel: Betriebe und Haushalte als Träger arbeitsteiliger Wirtschaftsprozesse

Zu (4)   Staatliche Aktivität:

Moderne marktwirtschaftliche Systeme existieren nicht in einem staatsfreien Raum. Wirtschaftliches Handeln ist hier vielmehr stets begrenzt durch einen von **Staatsgewalt, Verfassung und Rechtsordnung** gezogenen Rahmen. Der staatliche Einfluss geht dabei teilweise recht weit, wie auch die Aufzählung der **Instrumente staatlicher Wirtschaftspolitik** von Abb. 3 gezeigt haben mag.

Aber solange bestimmte **marktwirtschaftliche Grundprinzipien**, wie

- freie wirtschaftliche Betätigung (einschließlich freier Berufswahl und -ausübung),
- Vertragsfreiheit,
- freie Preisbildung auf den Märkten und
- Anerkennung und Sicherung des privaten Eigentums,

zumindest in ihrer Substanz gewährleistet werden und der Staat diese Freiheiten nur dort begrenzt, wo der Wettbewerbsmechanismus zu allgemein unerwünschten Ergebnissen führt, solange kann noch von einer im Prinzip marktwirtschaftlichen Ordnung gesprochen werden.

Wenn diese (zugegebenermaßen fließenden) Grenzen allerdings überschritten werden, etwa dann, wenn die **Planungsautonomie** der privaten Wirtschaftssubjekte durch staatliche Ge- und Verbote so erheblich beeinträchtigt wird, dass von einer freien wirtschaftlichen Betätigung schlechterdings nicht mehr gesprochen werden kann, dann nimmt das Wirtschaftssystem zunehmend Charakterzüge einer zentral gelenkten Wirtschaft an.

1.2   Schema der gesamtwirtschaftlichen Güter- und Geldströme

Mit zunehmender Arbeitsteilung des komplexen Wirtschaftsprozesses wird die Zahl der Betriebe bzw. Produktionsstufen, die in den Prozess der Überführung natürlicher Existenzgrundlagen in konsumreife Produkte eingeschaltet sind, tendenziell größer. Dieser Prozess wird in den Wirtschaftswissenschaften auch als **(Real-)Güterstrom** gekennzeichnet, der sich von der Urproduktion (z.B. Erzabbau) in zunehmender Differenzierung bis zum Konsum bewegt. Diesem (Real-)Güterstrom steht in einer Geldwirtschaft ein **Geldstrom** (Nominalgüterstrom) gegenüber, der dadurch zustande kommt, dass im Normalfall auf jeder Produktionsstufe Geld gegen Ware getauscht wird.

Bereits in einem stark vereinfachten **Zwei-Sektoren-Modell** der Wirtschaft, das nur Produktionsbetriebe einerseits und Haushalte andererseits unterscheidet, wird dieser Zusammenhang deutlich. Wie Abb. 1 - 2 zeigt, stellen die privaten Haushalte Arbeitsleistungen für die Betriebe bereit und beziehen als Gegenleistung hierfür Einkommen. Dieses verwenden die Haushalte im Grundmodell zur Bezahlung der von den Betrieben bezogenen Konsumgüter, sodass insgesamt zwei kombinierte Güter- und Geldströme zu beobachten sind. Sie bilden einen **einfachen Wirtschaftskreislauf**.

Die Zusammenhänge werden realitätsnäher, wenn der Wirtschaftskreislauf differenzierter betrachtet wird. Dazu ist es erforderlich, zumindest noch den Staat und das Ausland zusätzlich als am Wirtschaftsprozess Beteiligte einzuführen und auch die Realgüter- und Geldströme zwischen diesen Sektoren artmäßig noch weiter als in Abb. 1 - 2 geschehen aufzuspalten. Abb. 1 - 3 auf S. 28 zeigt ein solches **erweitertes Schema des Wirtschaftskreislaufs**, in dem jedoch aus Gründen der Übersichtlichkeit nur die Geldströme (nicht jedoch die gegenläufigen Realgüterströme) Berücksichtigung gefunden haben.

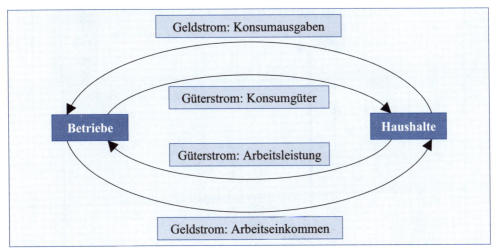

Abb. 1 - 2   Einfaches Schema des Wirtschaftskreislaufs

Die Kenntnis der Ergebnisse aus dem **volkswirtschaftlichen Rechnungswesen** ist unerlässlich für die wirtschaftliche Entscheidungsfindung. Dabei wird häufig das Nationaleinkommen (bzw. Sozialprodukt) verwendet, um in zusammengefasster Form ein Bild der wirtschaftlichen Leistungsfähigkeit einer Volkswirtschaft zu erhalten.

Das **Nationaleinkommen** soll Wohlstandsindikator und Maßstab für die produktiven Leistungen einer Volkswirtschaft sein. Abb. 1 - 4 zeigt die Zusammenhänge zwischen den verschiedenen Größen des Nationaleinkommens bzw. Sozialproduktes mit den Zahlen (in Mrd. EUR) für die Bundesrepublik Deutschland für das Jahr 2007 auf.

	Bruttoinlandsprodukt zu Marktpreisen	2.302,70
+	Saldo der Primäreinkommen mit der übrigen Welt	10,19
=	**Bruttonationaleinkommen** (Bruttosozialprodukt zu Marktpreisen)	2.312,89
−	Abschreibungen	334,37
=	**Nettonationaleinkommen (Nettosozialprodukt zu Marktpreisen)**	1.978,52
−	Produktions- und Importabgaben abzüglich Subventionen	250,81
=	**Volkseinkommen (Nettosozialprodukt zu Faktorkosten)**	1.727,71

Abb. 1 - 4   Zusammenhang zwischen Bruttoinlandsprodukt zu Marktpreisen und Volkseinkommen (Zahlen für die Bundesrepublik Deutschland für 2007 in Mrd. EUR; Quelle: Statistisches Bundesamt, www.destatis.de)

Bei der Berechnung des Volkseinkommens bzw. Sozialprodukts muss zwischen der **Entstehungs-, Verteilungs- und Verwendungsseite** unterschieden werden. Abb. 1 - 5 zeigt die Zusammenhänge am Beispiel des Bruttonationaleinkommens für die Bundesrepublik Deutschland für 2007 und verdeutlicht, auf welche Weise die Wertschöpfung der einzelnen Unternehmungen in das gesamtwirtschaftliche Rechnungswesen einfließt.

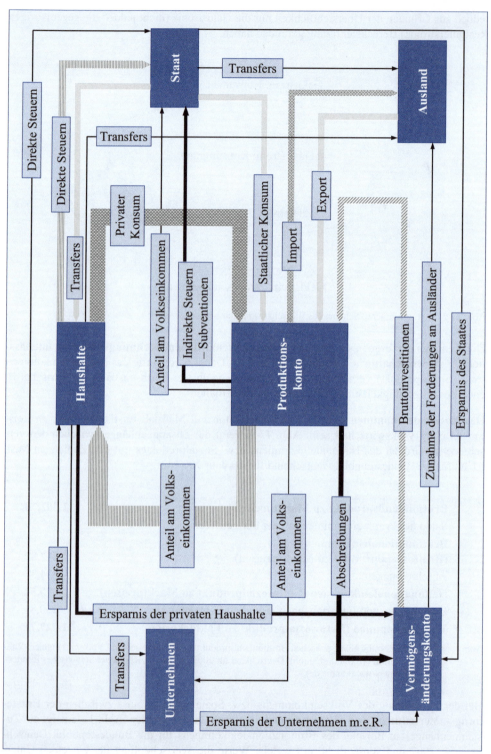

Abb. 1 - 3   Darstellung des erweiterten Wirtschaftskreislaufs

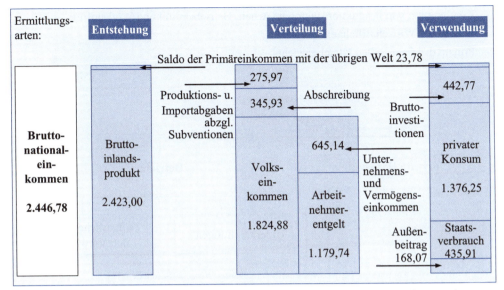

Abb. 1 - 5   Ermittlung des Bruttonationaleinkommens von der Entstehungs-, Verwendungs- und Verteilungsseite (Zahlen für die Bundesrepublik Deutschland für 2007 in Mrd. EUR; Quelle: Statistisches Bundesamt, www.destatis.de)

1.3 Die Unternehmungen im Brennpunkt des Wirtschaftskreislaufs

Die Unternehmungen spielen in marktwirtschaftlichen Ordnungssystemen eine herausragende Rolle bei der Produktion und marktlichen Verwertung von Sachgütern und Dienstleistungen. Auch die Betriebswirtschaftslehre beschäftigt sich seit jeher zu Recht mit ihnen besonders intensiv. Es ist demnach abschließend zu fragen, welche besonderen **Merkmale** das Wesen einer Unternehmung ausmachen und wie sie insbesondere zu den privaten Haushalten einerseits und den von staatlichen Einflüssen geprägten öffentlichen Betrieben und Verwaltungen andererseits abzugrenzen sind.

Gemeinsam ist allen drei Gruppen, dass es sich bei ihnen aus betriebswirtschaftlicher Sicht um **Wirtschaftseinheiten** handelt, die (im Regelfall unter einheitlicher Leitung stehend) als Marktparteien oder Kontrahenten am arbeitsteiligen Wirtschaftsprozess beteiligt sind. Die privaten Haushalte bilden dabei insofern eine eigenständige Kategorie, als sie im Gegensatz zu den Unternehmungen sowie den öffentlichen Betrieben und Verwaltungen primär konsumieren. Soweit private Haushalte Sachgüter produzieren und Dienstleistungen vollziehen, geschieht dies regelmäßig nur für den Eigenbedarf, während es für Betriebe konstitutiv ist, dass sie im Sinne arbeitsteiligen Vollzugs des Wirtschaftsprozesses Sachgüter und Dienstleistungen überwiegend für den Bedarf anderer Betriebe und der privaten Haushalte erzeugen bzw. bereitstellen (vgl. Abb. 1 - 6).

Nach GUTENBERG (1983) gibt es **Betriebe** sowohl in marktwirtschaftlichen Systemen als auch in einer zentral geleiteten Wirtschaft. Denn in allen Wirtschaftssystemen müssen fremdbedarfsdeckende Wirtschaftseinheiten (= Betriebe) bestimmte – vom konkreten Wirtschaftssystem unabhängige – **Merkmale** erfüllen (vgl. Abb. 1 - 7):

- Kombination von Produktionsfaktoren (Arbeit, Betriebsmittel und Werkstoffe),
- Prinzip der Wirtschaftlichkeit und
- Prinzip des finanziellen Gleichgewichts.

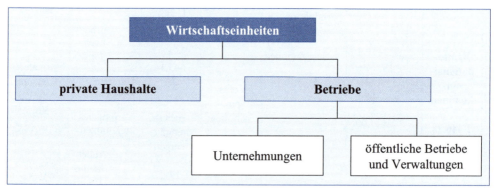

Abb. 1 - 6   Abgrenzung betriebswirtschaftlich relevanter Wirtschaftseinheiten

Eine **Unternehmung** als spezieller Betriebstyp ist für GUTENBERG ein Phänomen marktwirtschaftlicher Systeme. Denn nur hier können die für Unternehmungen **konstitutiven Merkmale** erfüllt sein (vgl. Abb. 1 - 7):

- Autonomieprinzip,
- erwerbswirtschaftliches Prinzip und
- Prinzip des Privateigentums (und des daraus abgeleiteten Anspruchs auf Alleinbestimmung).

Auch für KOSIOL (1972b) ist die **Unternehmung** ein ökonomisches Gebilde, das mit der Marktwirtschaft begriffsnotwendig verbunden ist. Allerdings bestehen Unterschiede zu GUTENBERG vor allem darin, dass KOSIOL das erwerbswirtschaftliche Prinzip und das Prinzip des Privateigentums nicht zu den konstitutiven Merkmalen einer Unternehmung zählt. Für ihn gibt es also Unternehmen, die nicht nach Gewinnmaximierung streben und die nicht in Privateigentum stehen. KOSIOL zählt hierzu die öffentlichen Unternehmen, die er insofern von den **privaten Unternehmungen** (im Sinne GUTENBERGS) abgrenzt.

Damit kommt er auch zwangsläufig zu einem **Unternehmungsbegriff**, der weiter gefasst ist und dem er entsprechend folgende **Merkmale** zuordnet:

- Fremdbedarfsdeckung über den Markt,
- wirtschaftliche Selbstständigkeit (im Sinne finanzieller Eigenständigkeit und unternehmerischer Entscheidungsfreiheit) und
- Übernahme eines Marktrisikos.

Den gedanklichen Gegensatz zu den Unternehmungen bilden die **öffentlichen Betriebe und Verwaltungen**, die als Organe der Gesamtwirtschaft vom Staat getragen werden und als Wirtschaftseinheiten besonderer Prägung den (gesellschaftlichen) Bedarf nach bestimmten Gütern (z.B. öffentliche Straßen) und nach Dienstleistungen (z.B. Aufrechterhaltung der öffentlichen Ordnung) kollektiv oder über den Markt befriedigen. Was die kollektive Art der Bedarfsdeckung betrifft, die sich zum Teil aus historischen Gründen, zum Teil aus Zweckmä-

1.3 Die Unternehmungen im Brennpunkt des Wirtschaftskreislaufs

ßigkeitserwägungen heraus ergibt, so werden die Leistungen der Allgemeinheit ohne direkte Gegenleistung und zum Teil auch zwangsweise zur Verfügung gestellt. Soweit öffentliche Betriebe und Verwaltungen die Nachfrage nach ihren Leistungen über den Markt befriedigen, ähneln sie von hierher den Unternehmungen, ohne in der Regel aber deren konstituierende Merkmale zu besitzen.

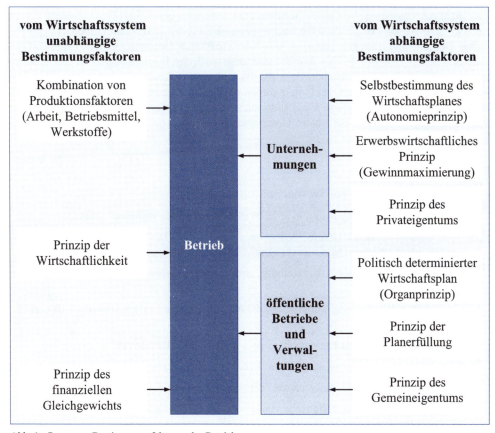

Abb. 1 - 7   Bestimmungsfaktoren des Betriebes

Öffentliche Betriebe und Verwaltungen existieren als besondere Wirtschaftseinheiten grundsätzlich auch in marktwirtschaftlichen Ordnungssystemen. Sie haben hier aber gegenüber den Unternehmungen systemimmanent eine vergleichsweise nur untergeordnete Bedeutung. Dies ist anders in einer zentral geleiteten (Plan-)Wirtschaft, wo sie zusätzlich auch die Funktionen übernehmen, die in einer Marktwirtschaft den Unternehmen zukommen. Ihre **konstitutiven Merkmale** sind aber in einer zentral geleiteten Wirtschaft denen der Unternehmungen nach GUTENBERG diametral (vgl. Abb. 1 - 7):

- Organprinzip,
- Prinzip plandeterminierter Leistungserstellung und
- Prinzip des Gemeineigentums (und eines daraus abgeleiteten gesellschaftlichen Anspruchs auf politische Mitbestimmung).

32 Erstes Kapitel: Betriebe und Haushalte als Träger arbeitsteiliger Wirtschaftsprozesse

Diesen konstitutiven Merkmalen von öffentlichen Betrieben und Verwaltungen steht keineswegs entgegen, dass nicht auch in diesen Wirtschaftseinheiten betriebswirtschaftliche Management-Techniken Einzug gehalten haben, wofür sich der Begriff des „**New Public Management**" durchgesetzt hat (vgl. REICHARD 1987; THOM/RITZ 2006).

Abschließend noch ein Wort zum deutschen **Steuerrecht**, das eine Anzahl unterschiedlicher Betriebs- und Unternehmensbegriffe verwendet. Hier bestehen unterschiedliche Bezeichnungen nicht nur von Gesetz zu Gesetz, sondern auch innerhalb eines einzelnen Gesetzes werden verschiedene Ausdrücke für dieselbe Sache verwendet werden (z.B. Gewerbebetrieb, gewerblicher Betrieb, gewerbliches Unternehmen, wirtschaftlicher Geschäftsbetrieb) (vgl. ausführlich SCHEFFLER 2006a). In der Abgabenordnung wird der Betriebsbegriff dem Unternehmensbegriff untergeordnet. Gleiches gilt für das Umsatzsteuerrecht. Nach § 2 Abs. 1 Umsatzsteuergesetz (UStG) umfasst das Unternehmen die gesamte gewerbliche oder berufliche Tätigkeit des Unternehmers. Diese muss selbstständig ausgeübt werden. Fehlt das Merkmal der Selbstständigkeit, so wird aus einem Unternehmen im Sinne des UStG ein Betrieb (Organschaft).

Fragen und Aufgaben zur Wiederholung (Erstes Kapitel: S. 21 – 32)

1. Welche drei Grundfragen sind in jeder Wirtschaftsordnung zu lösen?

2. Was sind – bei allen Unterschieden im Detail – die vier Hauptmerkmale moderner marktwirtschaftlicher Ordnungssysteme?

3. Was versteht man unter Arbeitsteilung, und welche verschiedenen Ebenen sind hier zu beobachten?

4. Beschreiben Sie die zwei Funktionen, die das Geld in der modernen Wirtschaft verkörpert!

5. Welche Rolle spielt der Preismechanismus in einer Marktwirtschaft?

6. Welches sind wichtige marktwirtschaftliche Grundprinzipien?

7. Skizzieren Sie das Grundschema des Wirtschaftskreislaufs!

8. Worin unterscheiden sich Betriebe von den privaten Haushalten?

9. Welches sind die Merkmale (a) eines Betriebs und (b) einer Unternehmung nach GUTENBERG?

10. Wie definiert KOSIOL die Unternehmung?

11. Wie sind die öffentlichen Betriebe und Verwaltungen in das Gliederungsschema von GUTENBERG und KOSIOL einzuordnen?

Zweites Kapitel

Typologie der Unternehmungen

2.1	Wesen und Sinn der Typenbildung	35
2.2	Rechtsformen der Unternehmung	36
2.3	Gliederung der Unternehmungen nach Branchen und Größenklassen	44
2.4	Merkmale der technisch-ökonomischen Struktur von Industriebetrieben	47
2.5	Räumliche Strukturmerkmale der Unternehmenstätigkeit	51
2.6	Unternehmensverbindungen und verbundene Unternehmen	58
	Fragen und Aufgaben zur Wiederholung (Zweites Kapitel: S. 35 – 62)	62

2.1 Wesen und Sinn der Typenbildung

Ein Begriff dient allgemein als sprachliches Hilfsmittel, um einen bestimmten Sachverhalt zu erfassen. Dazu werden **Merkmale** herangezogen, die sich nach ihrer Art in diskrete (klassifikatorische) und stetige (quantitative und komparative) unterscheiden lassen. Letztere misst man mithilfe von Kardinalskalen, erstere mit Ordinalskalen.

Typen sind besondere komparative Begriffe. Sie enthalten stetige Merkmale und sind messbar in dem Sinne, dass die Merkmale abstufbar sind und so mit einer Skala eine Ordnung hergestellt werden kann.

In der Auswahl der Merkmale kommt zugleich der jeweilige Untersuchungszweck zum Ausdruck. Denn bei typologischem Vorgehen werden nicht alle möglichen, sondern nur die im Hinblick auf den Untersuchungszweck erforderlichen Merkmale erfasst. Entsprechend lassen sich auch unterschiedliche **Arten von Typen** bilden (KOSIOL 1972b):

- **Realtypen**, die sich auf empirisch nachweisbare Erscheinungen beziehen, und **Idealtypen**, die gedachte, empirisch nicht nachweisbare Gebilde erfassen.
- **Individualtypen**, bei denen nur ein einziger Gegenstand angesprochen wird, und **Allgemeintypen**, die eine Klasse von Erscheinungen umfassen.
- **Eindimensionale Typen**, die lediglich ein abstufbares Merkmal verwenden, und **mehrdimensionale Typen**, die gleichzeitig eine Mehrzahl typologisierender Merkmale zur Kennzeichnung von Gegenständen heranziehen.

Fragt man allgemein nach dem **Sinn der Typenbildung**, so treten vor allem zwei Aspekte in den Vordergrund,

- die Durchführung einer logischen Analyse von Erscheinungen bei schwerpunktartiger Fallbildung und
- die ordnende (systematische) Beschreibung der Realität bzw. gedanklicher Gebilde.

Diese Vorzüge des typologischen Verfahrens sollen im Folgenden für die verschiedenen Erscheinungsformen der **Unternehmungen** als „dezentrale Schaltstellen" des arbeitsteiligen Wirtschaftsprozesses genutzt werden. Von der Art der Typenbildung her gesehen sind Unternehmungen dabei grundsätzlich als **allgemeine Realtypen mehrdimensionaler Art** einzustufen.

Um die vielfältigen Erscheinungsformen der Unternehmungen möglichst von verschiedenen Seiten her zu erschließen, wird die folgende **Differenzierung der Typenbildung** vorgenommen:

- Typologie der Rechtsformen von Unternehmen,
- Branchen- und Größenklassentypologie,
- Typen von Industriebetrieben,
- Typologie der Standortcharakteristika von Unternehmen,
- Typen von Unternehmensverbindungen und verbundenen Unternehmen.

2.2 Rechtsformen der Unternehmung

Unter dem Begriff „Rechtsform" lassen sich alle diejenigen rechtlichen Regelungen zusammenfassen, die einen Betrieb über seine Eigenschaft als Wirtschaftseinheit hinaus auch zu einer rechtlich fassbaren Einheit machen. Die Rechtsform ist also gleichsam das „**juristische Kleid**" einer Wirtschaftseinheit und bindet in dieser Funktion deren Handeln in die bestehenden Rechtsnormen ein.

Abb. 2 - 1 gibt eine **Übersicht über die Rechtsformen**, wobei privatrechtliche und öffentlich-rechtliche Formen unterschieden werden können. Mit Ausnahme einiger privatrechtlicher Mischformen (z.B. GmbH & Co. KG), die von der Wirtschaft entwickelt wurden, handelt es sich dabei um gesetzlich geregelte Formen, die den Betrieben von der Rechtsordnung ausdrücklich zur Verfügung gestellt werden.

Privatrechtliche Formen
- **Einzelunternehmungen**
- **Personengesellschaften**
  - Gesellschaft des Bürgerlichen Rechts
  - Offene Handelsgesellschaft (OHG)
  - Kommanditgesellschaft (KG)
  - Stille Gesellschaft
- **Kapitalgesellschaften**
  - Aktiengesellschaft (AG)
  - Societas Europaea (SE)
  - Gesellschaft mit beschränkter Haftung (GmbH)
  - Private Limited Company (Ltd.)
- **Mischformen**
  - Kommanditgesellschaft auf Aktien (KGaA)
  - AG & Co. KG
  - GmbH & Co. KG
  - Doppelgesellschaft
- **Genossenschaften**
- **Versicherungsvereine auf Gegenseitigkeit (VVaG)**

Öffentlich-rechtliche Formen
- **ohne eigene Rechtspersönlichkeit**
  - Regiebetriebe
  - Eigenbetriebe
  - Sondervermögen
- **mit eigener Rechtspersönlichkeit**
  - Öffentlich-rechtliche Körperschaften
  - Anstalten
  - Stiftungen

Abb. 2 - 1   Rechtsformen der Betriebe

Speziell für die Unternehmungen spielen natürlich in erster Linie die privatrechtlichen Rechtsformen eine Rolle. Von diesen seien im Folgenden die **fünf wichtigsten Arten** näher betrachtet:

2.2 Rechtsformen der Unternehmung   37

- Einzelfirma
- Offene Handelsgesellschaft (OHG)
- Kommanditgesellschaft (KG)
- Gesellschaft mit beschränkter Haftung (GmbH)
- Aktiengesellschaft (AG)

In Abb. 2 - 2 sind diese fünf Rechtsformen anhand der folgenden **Merkmale** näher beschrieben:

(1)   Gesetzliche Grundlage

(2)   Bezeichnung der (Mit-)Eigentümer

(3)   Mindestanzahl bei Gründung

(4)   Vorgeschriebenes Haftungskapital bei Gründung

(5)   Regelung der Haftung

(6)   Ertragsteuerliche Belastung

(7)   Finanzierungspotenzial

(8)   Leitungsbefugnis

(9)   Bedeutung der Rechtsformen

Anmerkungen zu Abb. 2 - 2:

*   Das Bundeskabinett hat am 23.05.2007 den Regierungsentwurf des Gesetzes zur Modernisierung des GmbH-Rechts und zur Bekämpfung von Missbräuchen (MoMiG) beschlossen. Eine Zustimmung des Deutschen Bundestags stand zum Redaktionsschluss der 17. Auflage dieses Lehrbuchs noch aus.

**   Ab der ersten Hälfte des Jahres 2008 sieht das reformierte GmbH-Gesetz u.a. eine neue GmbH-Variante mit dem Rechtsformzusatz „Unternehmergesellschaft (haftungsbeschränkt)" vor, welche ohne Stammkapital gegründet werden kann; dafür unterliegt diese aus Gründen des Gläubigerschutzes strengen Transparenzvorschriften und darf ihre Gewinne jährlich nur zu drei Vierteln ausschütten, um eine Ansparung des Stammkapitals (bis zur Erreichung eines Stammkapitals i.H.v. 10.000 EUR und damit des möglichen Status einer „normalen" GmbH) vorzunehmen.

***   Quelle: Statistisches Bundesamt, Auswertung aus dem Unternehmensregister, Stand: 30.10.2006; die Anteilsangaben gelten für alle Arten von Einzelunternehmern bzw. Personengesellschaften bzw. Kapitalgesellschaften insgesamt.

	Einzelfirmen	Personengesellschaften		Kapitalgesellschaften	
		OHG	KG	GmbH	AG
(1) Gesetzliche Grundlage	§§ 1 – 104a HGB	§§ 105 – 160 HGB	§§ 161 – 177a HGB	GmbHG	AktG
(2) Bezeichnung der (Mit-) Eigentümer	Inhaber	Gesellschafter	Komplementäre, Kommanditisten	Gesellschafter	Aktionäre
(3) Mindestanzahl bei Gründung	1 (höchstens, sonst Gesellschaft)	2	2	1 (ab der ersten Jahreshälfte 2008* werden bei der Gründung von 1-Mann-GmbHs keine besonderen Sicherheitsleistungen mehr verlangt)	1 (bei einer Einpersonen-AG besteht eine Sicherungspflicht bzgl. nicht eingezahltem Grundkapital)
(4) Vorgeschriebenes Haftungskapital bei Gründung	-	-	-	25.000 EUR, ab der ersten Jahreshälfte 2008 *: 10.000 EUR ** (Stammkapital bzw. gezeichnetes Kapital), davon mind. 50 % eingezahlt	50.000 EUR (Grundkapital bzw. gezeichnetes Kapital); bei einer Einpersonen-AG davon mind. 50 % eingezahlt
(5) Regelung der Haftung	unbeschränkt persönlich	unbeschränkt, persönlich und solidarisch	Komplementäre: unbeschränkt persönlich Kommanditisten: beschränkt auf die Kapitaleinlage	beschränkt auf die Stammeinlage; es kann aber eine Nachschusspflicht im Gesellschaftsvertrag vereinbart sein	beschränkt auf die Kapitaleinlage
(6) Ertragsteuerliche Belastung (ohne SolZ und GewSt)	Gewinn der Einzelunternehmer bzw. der Mitunternehmer von Personengesellschaften unterliegt der Einkommensteuer; Steuersatz je nach Höhe des zu versteuernden Einkommens 15 – 45 %; ein Steuersatz auf einbehaltene Gewinne von 28,25 % gilt auf Antrag einerseits für bilanzierende Einzelunternehmer, andererseits für Mitunternehmer von Personengesellschaften, deren Gewinnanteil mehr als 10 % beträgt oder 10.000 EUR übersteigt; kommt in Folgejahren mehr als ein Jahresgewinn zur Ausschüttung, muss dies aus der bisherigen Gewinnthesaurierung erfolgen und wird mit einer Abgeltungsteuer von 25 % nachversteuert.			Gewinn unterliegt der Körperschaftsteuer mit einem einheitlichen Steuersatz von 15 %. Besteuerung auf (privater) Anteilseignerebene (Dividendenbesteuerung): Halbeinkünfteverfahren (Einbezug der Hälfte der Dividende in die Bemessung der Einkommensteuer); ab 2009: Abgeltungsteuer für die vollen Einkünfte aus Kapitalvermögen von 25 %; Entfall der Steuerfreiheit für Gewinne aus der Veräußerung von Wertpapieren nach einer Haltedauer von einem Jahr für ab 2009 erworbene Kapitalanlagen	

Abb. 2 - 2   Merkmale der fünf wichtigen Rechtsformen im Überblick – Teil 1

2.2 Rechtsformen der Unternehmung

		Einzelfirmen	Personengesellschaften		Kapitalgesellschaften	
			OHG	KG	GmbH	AG
(7) Finanzierungspotenzial	**Zuführung von Haftungskapital**	begrenzt durch Privatvermögen, darüber hinaus allenfalls durch Aufnahme stiller Gesellschafter	begrenzt durch die (notwendigerweise geringe) Zahl der Gesellschafter und ihr Privatvermögen	begünstigt durch Haftungsbeschränkung beim Kommanditkapital, aber begrenzt durch dessen geringe Fungibilität und das vergleichsweise hohe Anlagerisiko	vergleichsweise wie bei der KG; teilweise etwas besser wegen der stärkeren Rechtsstellung der Gesellschafter	relativ die günstigsten Voraussetzungen aufgrund der Emissionsfähigkeit der AG, der hohen Fungibilität der Anteile und dem typischem Kapitalanlagecharakter von Aktien sowie dem weitgehenden Aktionärsschutz
	Kreditaufnahme	Kreditwürdigkeit relativ groß durch die unbeschränkte Haftung der (Mit-)Eigentümer		Kreditwürdigkeit relativ gering aufgrund der beschränkten Haftung (bei der KG abhängig vom Privatvermögen des Komplementärs)	Kreditwürdigkeit größer, da dem Gläubigerschutz mehr Beachtung geschenkt wird	
(8) Leitungsbefugnis		liegt allein beim Inhaber	liegt je nach Gesellschaftsvertrag bei allen oder einzelnen Gesellschaftern	liegt beim Komplementär (i. a. nicht bei den Kommanditisten)	liegt (mit unterschiedlichen Schwerpunkten) bei den dafür gesetzlich vorgesehenen Organen: a) Geschäftsführer/Vorstand (brauchen nicht unbedingt aus dem Kreis der Anteilseigner zu kommen) b) Aufsichtsrat (Mitbestimmungsrecht der Arbeitnehmer bei AGs und GmbHs nur bei mehr als 500 Beschäftigten) c) Gesellschafterversammlung/Hauptversammlung	
(9) Bedeutung der einzelnen Rechtsformen in Deutschland (Stand 2006 *)**		64,3 % aller Unternehmungen; 13,7 % aller sozialversicherungspflichtig Beschäftigten	11,8 % aller Unternehmungen; 18,4 % aller sozialversicherungspflichtig Beschäftigten		16,4 % aller Unternehmungen; 50,3 % aller sozialversicherungspflichtig Beschäftigten	

Abb. 2 - 2   Merkmale der fünf wichtigen Rechtsformen im Überblick – Teil 2

Wenngleich mit der Übersicht von Abb. 2 - 2 die fünf wichtigsten Rechtsformen genannt und charakterisiert sind, so ist es doch nicht ohne Reiz, zumindest kurz auch auf die übrigen in Abb. 2 - 1 genannten **privatrechtlichen Unternehmensformen** einzugehen. Die Ausführungen müssen sich dabei allerdings jeweils auf einzelne charakteristische Merkmale beschränken:

- **Gesellschaft des Bürgerlichen Rechts (BGB-Gesellschaft)**: Vertraglicher Zusammenschluss von natürlichen oder juristischen Personen zur Förderung eines gemeinsamen Zwecks. Häufig in Form der Gelegenheitsgesellschaft (Arbeitsgemeinschaften, Kartelle, Konsortien).

- **Stille Gesellschaft**: Beteiligung an einem Unternehmen durch Vermögenseinlage, ohne dass der stille Gesellschafter nach außen hin als Gesellschafter in Erscheinung tritt. Der stille Gesellschafter ist am Gewinn der Firma beteiligt (Verlustbeteiligung kann ausgeschlossen werden). Die Haftung des stillen Gesellschafters ist auf seine Einlage beschränkt. Er besitzt gewisse Kontrollrechte (wie Einsichtnahme in die Bücher, Anspruch auf Erhalt der Jahresbilanz).

- **Societas Europaea (SE)**: Mit der Societas Europaea (SE), der Europäischen Aktiengesellschaft (auch „Europa-AG" genannt), wurde eine Rechtsform für in verschiedenen EWR-Staaten tätige Unternehmen geschaffen. Umstrukturierungen und Expansionen sind damit in einer rechtlich einheitlichen Organisation, ohne komplizierte und zeitaufwändige Gründung ausländischer Tochtergesellschaften – für welche die verschiedenen nationalen Gesetze gelten würden – möglich. Die Gründung einer SE beruht stets auf der grenzüberschreitenden Umwandlung bzw. Neuorganisation bereits bestehender Gesellschaften. Das dabei notwendige Mindestkapital in Höhe von 120.000 EUR wird in Aktien zerlegt. Es kann zwischen einem dualistischen Leitungssystem (Vorstand und Aufsichtsrat) und einem monistischen Verwaltungsrat nach angelsächsischem Modell gewählt werden. Fragen der Arbeitnehmermitbestimmung sind durch ein so genanntes besonderes Verhandlungsgremium, welches die Arbeitnehmer aller unmittelbar an der SE-Gründung beteiligten Gesellschaften vertritt, gemeinsam mit den zuständigen Organen der Unternehmensleitungen zu erörtern und festzulegen. Wird dabei nach sechs Monaten keine rechtmäßige Vereinbarung erzielt, werden die Arbeitnehmer automatisch kraft Gesetzes beteiligt (Auffangregelung): Im Grundsatz gilt dann das von allen beteiligten Gesellschaften weitest reichende Mitbestimmungsmodell. Die bisherigen „großen" Gründungen Europäischer Aktiengesellschaften mit Sitz in Deutschland erfolgten mit einem paritätisch besetzen Aufsichtsrat (2006: Allianz SE, 2007: Porsche SE). Zwei Rechtsakte des Rates der Europäischen Union (Verordnung Nr. 2157/2001 über das Statut der Europäischen Gesellschaft und Richtlinie 2001/86/EG betreffend die Beteiligung der Arbeitnehmer) sowie die diesbezüglichen nationalen Ausführungsnormen bilden die rechtlichen Grundlagen der SE. Im Übrigen gelten die gesetzlichen Vorschriften des jeweiligen EWR-Sitzstaats, wobei insbesondere das Körperschaftsteuer- und Insolvenzrecht Relevanz erlangt. Die Sitzverlegung einer SE in andere Länder des EWR ist ohne Auflösung oder Neugründung möglich.

- **Private Limited Company (Ltd.)**: Vergleichbar mit der deutschen GmbH ist die noch recht junge britische Limited, die sich durch das geringe Gründungskapital von nur einem Britischen Pfund (= 1,50 EUR) auszeichnet. Zusätzlich sind die Gründungskosten dadurch geringer, dass im Vergleich zur GmbH die notarielle Beurkundung nicht erforderlich ist. Allerdings unterliegt diese Rechtsform grundsätzlich dem britischen Recht (mit Unterhalt eines „Registered Office" in England), sodass in Verbindung mit der Unterstellung der Zweigniederlassung in Deutschland (als Kapitalgesellschaft mit eigener Rechtspersönlichkeit) unter das deutsche Handels- und Steuerrecht ein höherer laufender, rechtsformbeding-

2.2 Rechtsformen der Unternehmung 41

ter Aufwand entsteht. Obwohl es sich um eine Kapitalgesellschaft handelt, ist nach britischem Recht in Krisenzeiten die Haftung nicht nur auf das Gesellschaftsvermögen beschränkt. Falls der Geschäftsführer nicht entsprechende Maßnahmen zur Vermeidung einer Insolvenz durchgeführt hat, haftet er mit seinem Privatvermögen.

- **Kommanditgesellschaft auf Aktien (KGaA)**: Eine Kombination von KG und AG, wobei die KGaA als juristische Person der AG näher steht als der KG (und entsprechend auch im AktG geregelt ist). Das Kommanditkapital ist in Aktien verbrieft, mindestens ein Gesellschafter haftet aber als Komplementär unbeschränkt persönlich und ist damit auch zur Geschäftsführung und Vertretung der Gesellschaft befugt. Die KGaA verbindet die Vorteile der AG (insbesondere was die Finanzierungsmöglichkeiten betrifft) mit der starken Stellung der persönlich haftenden Gesellschafter einer KG.

- **AG & Co. KG bzw. GmbH & Co. KG**: Spezialform der KG, bei der eine juristische Person (AG, GmbH) die Funktion des Komplementärs übernimmt. Dabei können die Gesellschafter der AG oder GmbH gleichzeitig auch Kommanditisten der KG sein. Durch die spezielle Konstruktion dieser Rechtsform ist einerseits die Haftung aller natürlichen Personen, die an einer solchen Unternehmung beteiligt sind, auf ihre Kapitaleinlage beschränkt, andererseits gelten für die Kommanditisten die gesetzlichen Vorschriften zur KG als Personengesellschaft, was insbesondere aus steuerlichen Gründen vorteilhaft sein kann. Spezielle Unterschiede zwischen den beiden Formen AG & Co. KG und GmbH & Co. KG sind in den Unterschieden der beiden Grundformen AG bzw. GmbH zu suchen.

- **Doppelgesellschaft**: Besteht aus zwei rechtlich selbstständigen Gesellschaften, die in der Regel durch gemeinsame Anteilseigner verbunden sind. Üblich ist die Trennung in eine Personen- und eine Kapitalgesellschaft, von denen z.B. die eine als Produktionsgesellschaft, die andere als Vertriebsgesellschaft fungiert oder von denen die eine eine Art Besitzgesellschaft ist, die ihre Produktionsmittel an die eigentliche Betriebsgesellschaft verpachtet. Hierdurch wird häufig eine insgesamt geringere Steuerbelastung erreicht. Auch spielen Haftungsaspekte sowie das Moment der Risikobegrenzung und Vermögenssicherung eine Rolle.

- **Genossenschaft**: Gesellschaft mit offener, wechselnder Zahl von Mitgliedern (Genossen), die einen wirtschaftlichen Zweck verfolgen und sich dazu eines gemeinsamen Geschäftsbetriebes bedienen. Genossenschaften sind ein wirtschaftlicher Verein, dessen Kapital sich aus den Einlagen der Mitglieder zusammensetzt. Die Statuten bestimmen, ob die Mitglieder beschränkt mit ihrer effektiven Einlage, mit einer bestimmten Haftsumme oder unbeschränkt haften. Genossenschaften werden steuerlich ähnlich wie Kapitalgesellschaften behandelt, genießen aber eine Reihe steuerlicher Privilegien. Genossenschaften treten vor allem auf als
  - Einkaufsgenossenschaften,
  - Baugenossenschaften,
  - Kreditgenossenschaften und
  - Landwirtschaftliche Verwertungsgenossenschaften.

- **Versicherungsvereine auf Gegenseitigkeit (VVaG)**: Unternehmensform der Versicherungswirtschaft, die sowohl Merkmale der Genossenschaft wie der BGB-Gesellschaft aufweist. Der „Gründungsstock" (das Haftungskapital) wird von Vereinsmitgliedern oder anderen Personen als Darlehen oder Schenkung eingebracht. Mitglieder des Vereins sind die Versicherungsnehmer, die auch das wirtschaftliche Risiko des Vereins tragen und etwaige Überschüsse aus der Geschäftstätigkeit in der Regel in Form der Beitragsrückgewähr erhalten. Entsprechend besteht bei Auftreten von Verlusten (je nach Satzung) eine beschränkte oder unbeschränkte Nachschusspflicht, deren Folgen jedoch üblicherweise durch den Abschluss einer Rückversicherung aufgefangen werden.

Nach dieser kurzen Charakterisierung der nicht in der Übersicht von Abb. 2 - 2 enthaltenen privatrechtlichen Unternehmensformen ist abschließend noch auf ein Sonderproblem einzugehen, nämlich das des **Wechsels der Rechtsform** einer Unternehmung. Diesen Vorgang bezeichnet man auch als **Umwandlung**. Ein Wechsel der Rechtsform kann **vielfältige Ursachen** haben. Wichtige Faktoren sind u.a.

- das Wachstum oder die Schrumpfung des Unternehmens,
- veränderte Steuergesetze,
- Veränderung des Kreises oder der Zahl der Gesellschafter,
- Auflagen der Kreditgeber.

Der Gesetzgeber hat die Möglichkeiten und Bedingungen eines Wechsels der Rechtsform sehr weitgehend geregelt. Das gilt natürlich insbesondere für die steuerrechtliche Seite der Umwandlungsvorgänge, geht aber weit darüber hinaus. Abb. 2 - 3 gibt eine Übersicht über die verschiedenen rechtlichen Formen der Umwandlung und der dabei anzuwendenden gesetzlichen Vorschriften.

Nur erwähnt sei, dass die rechtliche Form der Umwandlung nicht zuletzt auch von erheblicher ökonomischer Bedeutung ist. Die Umwandlung im Wege der Gesamtrechtsnachfolge oder durch Satzungsänderung ist kostenmäßig und insbesondere auch steuerlich in aller Regel wesentlich vorteilhafter als eine Umgründung, also die formelle Liquidation und Einzelübertragung der Vermögensteile auf die neue Rechtsform. Ist letzteres vorgeschrieben, so führen diese Belastungen nicht selten dazu, dass eine wirtschaftlich an sich zweckmäßige Umwandlung unterbleibt oder zumindest hinausgezögert wird.

2.2 Rechtsformen der Unternehmung

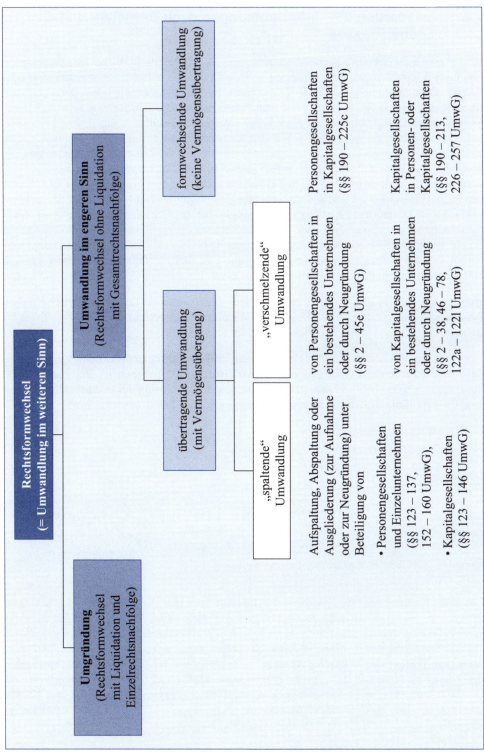

Abb. 2 - 3   Formen der Umwandlung

2.3 Gliederung der Unternehmungen nach Branchen und Größenklassen

In der modernen arbeitsteiligen Wirtschaft wird der volkswirtschaftliche Leistungsprozess von einer Vielzahl von Unternehmungen vollzogen, die alle entweder in unmittelbarer oder aber zumindest in mittelbarer Weise für den menschlichen Konsum tätig sind. Der wirtschaftliche Gesamtprozess findet in der Versorgung menschlicher Bedürfnisse zwar seinen „letzten" Sinn, nicht jede Unternehmung ist hieran aber unmittelbar beteiligt. Vielmehr wird es Unternehmungen geben, die nur mittelbar mit dem menschlichen Konsum verbunden sind, indem sie lediglich „Vorprodukte", also noch nicht konsumreife Produkte erzeugen, die bis zu ihrer konsumptiven Verwendbarkeit noch weitergehend be- oder verarbeitet werden müssen. Verfolgt man den gesamtwirtschaftlichen Leistungsprozess in dieser Weise über die verschiedenen Produktionsstufen zurück, so kann er schließlich bis auf die Naturgrundlagen der menschlichen Existenz zurückgeführt werden. Ausgangspunkt des Wirtschaftsprozesses sind damit die mineralischen, pflanzlichen oder tierischen Naturvorkommen oder die Naturkräfte. Angefangen von ihrem Abbau bzw. ihrer Nutzbarmachung bis hin zum konsumreifen Erzeugnis erstreckt sich der volkswirtschaftliche Leistungsprozess; und die Träger dieses Prozesses, die Unternehmungen, sind in diesen Prozess eingespannt.

Je nach Art ihrer Produkte oder Leistungen bzw. ihrer Funktion im gesamtwirtschaftlichen Leistungsprozess lassen sich die Unternehmungen dementsprechend einteilen. Das Ergebnis ist zugleich eine erste grobe Branchengliederung.

Abb. 2 - 4 unterscheidet zunächst **Sachleistungsunternehmungen** (= Unternehmungen, die Sachgüter erzeugen und anbieten) und **Dienstleistungsunternehmen** (= Unternehmungen, die Dienste bereitstellen und anbieten). Die weitere Aufgliederung der Sachleistungsbetriebe lässt die **drei Hauptstufen der Erzeugung** sichtbar werden (MELLEROWICZ 1968):

- Gewinnung des Urproduktes,
- Veredlung (Aufbereitung) zum Zwischenprodukt,
- Verarbeitung zum Endprodukt.

Sachleistungsbetriebe			Dienstleistungs-betriebe
Gewinnungs-betriebe	Veredlungs-betriebe	Verarbeitungs- bzw. Fertigungsbetriebe	

Abb. 2 - 4   Beispiel einer (groben) Branchengliederung

Um einen Eindruck über die Struktur der Wirtschaft nach Branchen bzw. Wirtschaftszweigen zu erhalten, ist auf **statistische Auswertungen** zurückzugreifen. Zum Zwecke der einheitlichen Erfassung der wirtschaftlichen Tätigkeiten von Unternehmen, Betrieben und anderen statistischen Einheiten in allen amtlichen Statistiken der Bundesrepublik Deutschland dient die **Klassifikation der Wirtschaftszweige** (WZ 2003), die auf der statistischen Systematik der Wirtschaftszweige in der Europäischen Gemeinschaft (NACE Rev. 1.1) abgestimmt ist. Die WZ 2003 ist eine hierarchisch gegliederte Wirtschaftszweigklassifikation mit 17 Abschnitten, 31 Unterabschnitten, 60 Abteilungen, 222 Gruppen, 513 Klassen und 1.041 Unterklassen.

2.3 Gliederung der Unternehmungen nach Branchen und Größenklassen   45

In Abb. 2 - 5 sind die Anzahl der in 2004 aktiven Unternehmen sowie deren **Beschäftigten-zahlen nach Größenklassen** für die zwölf Abschnitte der Klassifikation der Wirtschafts-zweige, für die das Unternehmensregister geführt wird (Abschnitte A. Land- und Forstwirt-schaft, B. Fischerei und Fischzucht und L. Öffentliche Verwaltung sind ausgenommen). Be-züglich der Abbildung der Unternehmen nach Wirtschaftszweigen in Deutschland ist aller-dings einschränkend anzumerken, dass im statistischen Unternehmensregister nur die Unter-nehmen als rechtlich selbstständige Einheiten erfasst werden, die im Jahr 2004 der Umsatz-steuerpflicht unterlagen und/oder sozialversicherungspflichtige Beschäftigte hatten.

| Wirtschaftsabschnitt gemäß Klassifikation der Wirtschaftszweige (WZ 2003) | In 2004 aktive Unternehmen | | | | |
| | davon mit ... bis ... sozialversicherungspflichtig Beschäftigten 2004 | | | | |
	ins-gesamt	0 – 9	10 – 49	50 – 249	250 u. mehr
C. Bergbau und Gewinnung von Steinen und Erden	3.050	2.308	594	125	23
D. Verarbeitendes Gewerbe	300.262	232.238	48.678	15.429	3.917
E. Energie- und Wasserversorgung	11.164	9.569	816	577	202
F. Baugewerbe	350.670	316.557	31.168	2.760	185
G. Handel; Instandhaltung und Reparatur von Kraftfahrzeugen und Gebrauchsgütern	758.318	699.799	49.366	7.866	1.287
H. Gastgewerbe	274.118	261.858	10.862	1.273	125
I. Verkehr und Nachrichtenübermittlung	142.433	124.993	14.375	2.578	487
J. Kredit- und Versicherungsgewerbe	49.745	45.855	1.758	1.362	770
K. Grundstücks- und Wohnungs-wesen, Vermietung beweglicher Sachen, Erbringung von wirt-schaftlichen Dienstleistungen, anderweitig nicht genannt	916.318	871.660	36.073	7.282	1.303
M. Erziehung und Unterricht	59.022	47.995	8.974	1.662	391
N. Gesundheits-, Veterinär- und Sozialwesen	236.030	206.214	21.462	6.746	1.608
O. Erbringung von sonstigen öffentlichen und persönlichen Dienstleistungen	325.482	309.304	12.883	2.718	577
Zusammen	**3.426.612**	**3.128.350**	**237.009**	**50.378**	**10.875**

Abb. 2 - 5   Unternehmen nach Wirtschaftsabschnitt und Beschäftigtengrößenklassen (Quelle: Statistische Ämter des Bundes und der Länder, Auswertungen aus dem Unternehmensregister, Stand: 31.12.2006)

Die alleinige Verwendung von Beschäftigtenzahlen zur Messung der Unternehmensgröße ist nicht unproblematisch. Denn die Beschäftigtenzahl, die in einem Wirtschaftszweig als typisch für einen Großbetrieb angesehen wird, mag in einer anderen Branche noch für einen eher klei-nen Betrieb charakteristisch sein. Auch besteht nicht notwendigerweise eine direkte Korrela-tion zwischen der Beschäftigtenzahl und anderen Maßgrößen, wie etwa dem Umsatz, der

46   Zweites Kapitel: Typologie der Unternehmungen

Wertschöpfung oder der Höhe des investierten Kapitals, die ebenfalls grundsätzlich zur Messung der Unternehmensgröße in Frage kommen. Deshalb verwendet man im Allgemeinen einen **mehrdimensionalen Maßstab**, dessen Bildung durch die notwendige Auswahl und Gewichtung der einzelnen Maßgrößen zwangsläufig nicht frei von Willkür ist und eine entsprechende Konvention voraussetzt.

Beispielsweise verwendet das **Publizitätsgesetz** (PublG) zur Messung der Unternehmensgröße einen dreidimensionalen Maßstab. Nach diesem Gesetz müssen Unternehmen unabhängig von ihrer Rechtsform grundsätzlich dann **öffentlich Rechenschaft** ablegen, wenn für einen Bilanzstichtag und in der Regel für die zwei darauffolgenden Stichtage jeweils mindestens zwei der drei folgenden Merkmale zutreffen:

- Bilanzsumme übersteigt 65 Mio. EUR,
- Umsatzerlöse übersteigen 130 Mio. EUR,
- Beschäftigtenzahl übersteigt 5.000 Arbeitskräfte.

Da in der Begründung zum Publizitätsgesetz von der Notwendigkeit einer Erweiterung der Publizitätspflicht auf Großunternehmen ohne Rücksicht auf deren Rechtsform gesprochen wird, sind obige Merkmale also nach dem Willen des Gesetzgebers kennzeichnend für eine **Großunternehmung**.

Erheblich restriktiver werden im „Bilanzteil" des **Handelsgesetzbuches** (HGB) die großen Kapitalgesellschaften definiert. Da hierbei gleichzeitig auch der Begriff der kleinen und mittleren Kapitalgesellschaft festgelegt wird, sei dieses Schema als Beispiel für eine dreidimensionale Größengliederung dargestellt(vgl. Abb. 2 - 6). Für die Zuordnung zu einer Größenklasse reicht dabei die Erfüllung von zwei der drei genannten Kriterien gemäß § 267 HGB aus. Die in Klammern angegebenen Werte sind die im Referentenentwurf des Gesetzes zur Modernisierung des Bilanzrechts (BilMoG-RefE) des Bundesministeriums der Justiz (BMJ) vom 8. November 2007 vorgeschlagenen Kriterien, durch die eine größere Anzahl an kleineren und mittleren Unternehmen in den Informationspflichten entlastet werden soll.

Größenklassen von Kapital- gesellschaften	Merkmale		
	Arbeitnehmer	**Bilanzsumme**	**Umsatzerlöse**
Kleinbetrieb	≤ 50	≤ 4,015 Mio. EUR (≤ 4,84 Mio. EUR)	≤ 8,03 Mio. EUR (≤ 9,86 Mio. EUR)
Mittelbetrieb	51 – 250	4,015 – 16,06 Mio. EUR (4,84 – 19,25 Mio. EUR)	8,03 – 32,12 Mio. EUR (9,86 – 38,50 Mio. EUR)
Großbetrieb	> 250	> 16,06 Mio. EUR (> 19,25 Mio. EUR)	> 32,12 Mio. EUR (> 38,50 Mio. EUR)

Abb. 2 - 6   Bildung von Unternehmensgrößenklassen für Kapitalgesellschaften gemäß § 267 HGB
               (Werte in Klammern gemäß BilMoG-RefE)

In die entsprechende Richtung geht auch die **Definition der Europäischen Union (EU)** bei der Abgrenzung des Mittelstands von den großen Unternehmen (vgl. Abb. 2 - 7), die insbesondere für die Eingrenzung des Empfängerkreises für EU-Förderprogramme relevant ist. Zu erwähnen ist in diesem Zusammenhang noch, dass als zusätzliches Kriterium für kleine und mittlere Unternehmen (KMU) eine weitgehende Unabhängigkeit verlangt wird, d.h. dass kein anderes Unternehmen einen Anteil von mehr als 25 % daran halten darf.

2.3 Gliederung der Unternehmungen nach Branchen und Größenklassen   47

Größenklassen	Merkmale		
	Anzahl der Mitarbeiter und …	Bilanzsumme/Jahr oder …	Umsatz/Jahr
Kleinstunternehmen	bis 9	bis 2 Mio. EUR	bis 2 Mio. EUR
Kleinunternehmen	bis 49	bis 10 Mio. EUR	bis 10 Mio. EUR
Mittleres Unternehmen	bis 249	bis 43 Mio. EUR	bis 50 Mio. EUR
Großes Unternehmen	ab 250	ab 43 Mio. EUR	ab 50 Mio. EUR

Abb. 2 - 7   Unternehmensgrößenklassen der EU mit KMU-Schwellenwerten (seit 01.01.2005)

2.4 Merkmale der technisch-ökonomischen Struktur von Industriebetrieben

Eine bedeutsame Kategorie der Unternehmungen sind die Industriebetriebe. Ihre Bedeutung zeigt sich schon in der Verwendung der Worte „Industriestaaten" oder „Industriegesellschaft", die darauf hindeuten, dass das Wesen der modernen Wirtschafts- und Gesellschaftsformen entscheidend durch die Industrie und ihre Unternehmungen geprägt wird.

Durch welche **Merkmale** lässt sich ein Industriebetrieb generell charakterisieren und von anderen Unternehmensformen abgrenzen? Nach JACOB (1990a) erzeugt ein Industriebetrieb **Sachgüter**, ist also gemäß Abb. 2 - 4 entweder ein Gewinnungs-, Veredelungs- oder Verarbeitungsbetrieb. Nicht alle Sachleistungsbetriebe sind aber einfach gleichzusetzen mit einem Industriebetrieb. Als **weitere Merkmale** werden entsprechend genannt:

- Industriebetriebe verwirklichen in besonders weitgehender Weise das Prinzip der **Arbeitsteilung**, und zwar nicht nur im Hinblick auf die Zerlegung ausführender Tätigkeiten, sondern auch hinsichtlich der Trennung von ausführenden und leitenden Tätigkeiten.
- Die industrielle Erzeugung ist durch einen relativ hohen **Mechanisierungsgrad** gekennzeichnet, der Anteil individueller Handarbeit ist entsprechend gering.
- Industriebetriebe produzieren für einen **größeren Markt** und treten damit auch nur selten als ausgesprochener Kleinbetrieb in Erscheinung.

Nicht zu den industriellen Unternehmen zählen in der Regel die Betriebe der Land- und Forstwirtschaft, auch wenn sie im Einzelfall obige Merkmale erfüllen sollten. Schwierig ist die Abgrenzung zwischen Industrie- und **Handwerksbetrieb**. Allgemein gilt hier, dass Handwerksbetriebe typischerweise weniger arbeitsteilig organisiert sind, einen geringeren Mechanisierungsgrad aufweisen und im Durchschnitt kleiner sind als Industriebetriebe.

Geht man von dieser Abgrenzung zunächst aus, so fragt sich weiterhin, welche Arten von Industrieunternehmen denn im Einzelnen unterschieden werden können. Hierzu ist es zweckmäßig, die speziellen typologischen **Merkmale der technisch-ökonomischen Struktur** eines Industriebetriebs darzulegen. SCHÄFER (1979, S. 371ff.) verwendet dazu einen sehr umfangreichen Katalog von Merkmalen mit den dazugehörigen Merkmalsausprägungen, der in der Übersicht von Abb. 2 - 8 etwas abgewandelt und verkürzt wiedergegeben wird. Die Mehrzahl der dort genannten Merkmale ist nicht nur strukturbildend für die unterschiedlichen Erscheinungsformen industrieller Unternehmungen, sondern wirken auch als relevante Einflussgrö-

48 Zweites Kapitel: Typologie der Unternehmungen

ßen auf deren Kosten und Erträge, auf deren wirtschaftliche Stabilität ebenso wie auf deren Anpassungsfähigkeit.

I. Allgemeine Merkmale			
1.	Stellung im gesamtwirtschaftlichen Leistungszusammenhang	1.1	Natur- bzw. Konsumnähe
		1.2	Produktionstiefe (vertikaler Integrationsgrad)
		1.3	Grad der Verflechtung mit Vor- und Nachstufen
2.	Art der Stoffverwertung	2.1	analytische Stoffverwertung
		2.2	durchlaufende Stoffverwertung (veredelnd/verformend)
		2.3	synthetische Stoffverwertung
3.	Vorherrschende Technologie	3.1	mechanische Technologie
		3.2	chemische Technologie
4.	Produktionstyp (Programmtyp)	4.1	Massenfertigung(-programm)
		4.2	Sortenfertigung(-programm)
		4.3	Serienfertigung(-programm)
		4.4	Partie- und Chargenfertigung(-programm)
		4.5	Einzelfertigung (-programm)
5.	Repertoire	5.1	Tiefe (tiefes/flaches Sortiment)
		5.2	Breite (breites/schmales Sortiment)
		5.3	Konturen (konturiertes/unkonturiertes Sortiment)
		5.4	Produkt- und Sortimentsänderungen (ständig/von Zeit zu Zeit/selten/nie)
6.	Art der produktionsrelevanten Marktbeziehung	6.1	Produktion auf Bestellung
		6.2	Produktion nach (Mengen-, Sorten- oder Muster-) Vordisposition
		6.3	Produktion auf Verdacht
7.	Spezialisierung	7.1	Grad der Spezialisierung (stark/gering)
		7.2	Richtung der Spezialisierung (Material-/Verfahrens-/ Bedarfsspezialisierung)
8.	Vermögens-, Kosten- und Ertragsstruktur	8.1	anlagenintensiv (abschreibungsintensiv)
		8.2	personalintensiv (lohnintensiv)
		8.3	materialintensiv
		8.4	wertschöpfungsintensiv

Abb. 2 - 8   Merkmale der technisch-ökonomischen Struktur von Industriebetrieben – Teil 1

Insofern wird auf sie noch wiederholt einzugehen sein. An dieser Stelle seien lediglich **drei Merkmale** etwas näher betrachtet:

(1)   der **Produktionstyp (bzw. Programmtyp)** einer Industrieunternehmung,

(2)   ihre **Produktionstiefe bzw. ihr vertikaler Integrationsgrad**,

(3)   die **Breite ihres Repertoires**.

Zu (1)   Produktionstyp (bzw. Programmtyp):

Der in einem Industriebetrieb vorherrschende Programmtyp lässt sich zunächst anhand des **Homogenitätsgrades** der Produkte im Leistungsprogramm kennzeichnen. Homogen in diesem Sinne sind Produkte immer dann, wenn sie einem einheitlichen, allenfalls geringfügig differenzierten Produktionsprozess entstammen und auch in den Augen der Nachfrager als gleichartig und austauschbar angesehen werden. Liegt kein homogenes Leistungsprogramm vor, so spricht man von einem heterogenen Programm.

2.4 Merkmale der technisch-ökonomischen Struktur von Industriebetrieben 49

Ein **homogenes Leistungsprogramm** kann nun weiterhin danach unterschieden werden, ob es sich um ein undifferenziertes Massenprogramm mit einem einzigen Massenprodukt und kontinuierlicher, für einen gegebenen Zeitraum auch unbegrenzter Auflage handelt, oder aber um ein so genanntes differenziertes Massenprogramm. Letzteres liegt vor, wenn im Rahmen eines Massenprogramms Sortenleistungen hergestellt werden, die im Gegensatz zum undifferenzierten Massenprodukt nach äußeren Merkmalen wie Farbe, Ausstattung, Abmessung usw. differenziert werden können. Die Unterschiede zwischen den Produkten sind dabei aber noch so geringfügig, dass die Homogenitätsbedingung im Wesentlichen nicht verletzt wird.

II. Merkmale des Fertigungsaufbaus und -ablaufs		
1.	**Standortverhältnisse**	1.1 ortsgebunden/frei
		1.2 vorstufen-/nachstufenorientiert
		1.3 offen/geschlossen
2.	**Art der Anlagen (Fertigungs-/ Produktionsmittel)**	2.1 modern/veraltet
		2.2 langlebig/kurzlebig
		2.3 beweglich/unbeweglich
		2.4 multipel/dimensioniert
		2.5 isolierte/integrierte Fertigungseinheiten
		2.6 betriebs-/repertoire-/produkt-/ auftragsbezogene Fertigungsmittel
		2.7 Vielzweck-/Mehrzweck-/Einzweckanlagen
		2.8 material-/verfahrens-/erzeugnis-spezialisierte Produktionsmittel
3.	**Mechanisierungsgrad**	3.1 reine Handarbeit
		3.2 maschinell unterstützte Handarbeit
		3.3 handwerkliche Maschinenarbeit
		3.4 Maschinenarbeit
		3.4.1 mit menschlicher Steuerung
		3.4.2 mit mechanischer Steuerung
4.	**Zuordnung von Mensch und Aggregat**	4.1 Einzel-Aggregatbedienung
		4.2 Mehr-Aggregatbedienung
		4.3 aggregatbezogene Gruppenarbeit
5.	**Arbeitskräftestruktur**	5.1 männliche/weibliche Arbeitskräfte
		5.2 gelernte/angelernte/ungelernte Arbeitskräfte
		5.3 einheimische/auswärtige Arbeitskräfte
6.	**Fertigungssystem**	6.1 Werkstattfertigung
		6.2 Baustellenfertigung
		6.3 Fließfertigung (Straßenfertigung)
		6.3.1 mit/ohne Taktzwang
		6.3.2 mit/ohne automatisierten Teiletransport
		6.3.3 mit/ohne parallelen, konvergierenden oder divergierenden Fertigungssträngen
7.	**Körperliche Eigenschaften des Fertigungsobjektes**	7.1 ungeformt/geformt
		7.2 klein/groß
		7.3 leicht/schwer
		7.4 kompakt/sperrig
8.	**Beherrschbarkeit der Fertigungsabläufe**	8.1 quantitative Dosierbarkeit (hoch/gering)
		8.2 qualitative Beherrschbarkeit (hoch/gering)
9.	**Dauer und Rhythmus der Fertigung**	9.1 lange/kurze Fertigungsdauer
		9.2 gleichförmiger/ungleichförmiger Fertigungsrhythmus
		9.3 kontinuierliche/diskontinuierliche Beschickung
10.	**Anpassung bei Beschäftigungs-schwankungen**	10.1 Anpassung über Lager- und Auftragsbestände
		10.2 intensitätsmäßige Anpassung
		10.3 zeitliche Anpassung
		10.4 quantitative Anpassung
		10.5 kombinierte Anpassung

Abb. 2 - 8   Merkmale der technisch-ökonomischen Struktur von Industriebetrieben – Teil 2

50   Zweites Kapitel: Typologie der Unternehmungen

Heterogene Leistungsprogramme können unterteilt werden in Serien- und Individualpro-
gramme. Beim Serienprogramm werden innerhalb heterogener Produktgattungen homogene
Gruppierungen zu Serien zusammengefasst. Zwischen den homogen gruppierten Serienpro-
dukten bestehen dabei so große Unterschiede, dass man nicht mehr von homogenen Sortenleistungen sprechen kann. Auch das Individualprogramm ist wie das Serien- ein Mehrpro-
duktprogramm. Allerdings besteht der wesentliche Unterschied darin, dass die Auflagehöhe
typischerweise bei eins liegt, wobei allerdings Wiederholungen möglich sind. Den Serienpro-
dukten steht also die Individualleistung gegenüber, die keinerlei homogene Gruppierungen
mehr ermöglicht. Abb. 2 - 9 gibt einen Überblick über das Gesagte.

homogenes Leistungsprogramm		heterogenes Leistungsprogramm	
undifferenziertes Massenprogramm	differenziertes Sortenprogramm	Serienprogramm	Individualprogramm
Einproduktprogramm	Mehrproduktprogramm		
Auflagenhöhe > 1			Auflagenhöhe = 1

Abb. 2 - 9   Programmtypologie

Zu (2)   Produktionstiefe bzw. vertikaler Integrationsgrad:

Die Produktionstiefe bzw. der vertikale Integrationsgrad einer Industrieunternehmung drückt
ihren relativen Anteil am wirtschaftlichen Gesamtprozess der Überführung natürlicher Existenzgrundlagen in konsumreife Produkte aus. Anders ausgedrückt zeigt sich die Produktionstiefe einer Unternehmung an der Anzahl der von ihr übernommenen Produktionsstufen, und
eine Zunahme der **vertikalen Integration** erfolgt entsprechend durch Angliederung produktionstechnischer Vor- oder Nachstufen.

Eine **Rückwärtsintegration** führt zu den Bezugsquellen der Unternehmung und wird im Allgemeinen zur besseren Kontrolle der Preise und Qualitäten sowie zur Sicherung der Versorgung auch in Krisenzeiten betrieben.

Bei einer **Vorwärtsintegration** werden hingegen Weiterverarbeitungs- und Handelsstufen
angegliedert. Dabei ergibt sich typischerweise eine zunehmende Differenzierung der Produkte
und Spezialisierung der Fertigungsverfahren, was vom Effekt her einer Art Risikostreuung
entspricht, wenngleich die Produktpalette stets im Bereich der vorgegebenen Schwerpunktin-
dustrie bleibt. Auch verringert sich mit zunehmender Verarbeitungstiefe erfahrungsgemäß
häufig die Konjunkturempfindlichkeit der Nachfrage, und zudem nimmt wegen der mit fortschreitender Vorwärtsintegration einhergehenden Produkt- und Verfahrensdifferenzierung in
aller Regel auch der Wettbewerbsdruck ab, wodurch nicht zu unterschätzende Stabilitätsak-
zente gesetzt werden.

Zu (3)   Breite des Repertoires:

Die Breite des Repertoires eines Industriebetriebs wird entweder von dem Wunsch bestimmt,
den so genannten Sortimentsverbund von Erzeugnissen zu nutzen oder durch Diversifikation
die schicksalhafte Abhängigkeit von einem Produkt bzw. Tätigkeitsfeld zu mildern.

2.4 Merkmale der technisch-ökonomischen Struktur von Industriebetrieben   51

Der **Sortimentsverbund** von Erzeugnissen beschreibt zwei Kategorien von Effekten: Zum einen lassen sich durch eine gezielte Kombination von Erzeugnissen unter Umständen spezifische Kostenvorteile in der Fertigung realisieren, zum anderen besteht die Möglichkeit einer Nutzung komplementärer Ertragseffekte dadurch, dass den Kunden ein komplettes Sortiment in einem Gesamtbereich angeboten wird, wobei der Absatz des einen Produkts dann gleichzeitig den Verkauf der anderen Erzeugnisse fördert und umgekehrt.

Ein effizient **diversifiziertes Produktprogramm** wird insbesondere als Mittel verstanden, die Gewinnentwicklung über Konjunkturschwankungen hinweg zu verstetigen. Dazu macht man sich die Existenz gespaltener Konjunkturen nutzbar, indem

- die Strukturierung des Produktprogramms betont in Richtung auf vergleichsweise konjunkturstabile Branchen oder Märkte erfolgt und/oder
- eine Ausdehnung auf spezielle Geschäftsbereiche vorgenommen wird, die eine möglichst entgegengesetzte Konjunkturentwicklung zu den vorhandenen Tätigkeitsfeldern aufweisen.

Abb. 2 - 10 zeigt (neben der bloßen Markterweiterung, hier als Strategie 1 bezeichnet) beispielhaft unterschiedliche Arten von Diversifikationsstrategien (2 – 7), wobei in Abwandlung des Prinzips der „reinen" Risikostreuung von organischer Diversifikation dann gesprochen wird, wenn die Verbreiterung des Repertoires um ein zentrales, wettbewerbsfähiges Knowhow (in Technologie und Distribution) vorgenommen wird (vgl. hierzu auch ANSOFF 1957).

		alte Märkte und Abnehmergruppen	neue Märkte und Abnehmergruppen
zweck-homogene Produkte	alte Technologie	angestammtes Tätigkeitsfeld	1
	neue Technologie	7	2
zweck-heterogene Produkte	alte Technologie	6	3
	neue Technologie	5	4

Abb. 2 - 10   Markterweiterungs- und Diversifikationsstrategien

2.5   Räumliche Strukturmerkmale der Unternehmenstätigkeit

Ein Unternehmen hat in der Regel einen „Sitz" (Hauptniederlassung) als ihren rechtlichen Mittelpunkt, ihre Unternehmenstätigkeit ist aber zumeist auf mehrere Standorte verteilt. Die räumliche Struktur der Unternehmenstätigkeit hängt damit weniger mit der Unternehmung als abstraktem Rechtsgebilde als in erster Linie mit ihren konkret wirtschaftenden Teileinheiten zusammen. Die Festlegung dieser räumlichen Struktur ist aufgrund der damit (meistens) verbundenen räumlichen und zeitlichen Bindung hoher Kapitalbeträge eine Entscheidung von erheblicher Tragweite und gehört somit zu den **konstitutiven unternehmerischen Führungsentscheidungen**. Innerhalb dieses Themenkomplexes ergeben sich dabei für ein Unternehmen Entscheidungen bezüglich

(1)   des **Grades der geographischen Zentralisierung/Dezentralisierung der Unternehmenstätigkeiten** und

(2)   der **Bestimmung der spezifischen topographischen Lage der Betriebsstätten einer Unternehmung**.

Zu (1)   Grad der geographischen Zentralisierung/Dezentralisierung der Unternehmenstätigkeiten:

Zur Festlegung der räumlichen Struktur der Unternehmenstätigkeit gehört zunächst eine Entscheidung über den Grad ihrer geographischen Zentralisierung bzw. Dezentralisierung. Dabei lassen sich mindestens **drei Dimensionen** unterscheiden,

- ein Unternehmen kann nur inländische Stützpunkte haben oder aber diese sind über verschiedene Länder/Kontinente verteilt (**nationale/internationale/multinationale Unternehmen**),
- ein Unternehmen kann innerhalb eines Landes mehrere Produktions-/Vertriebsstätten haben oder aber nur in einer Region dieses Landes tätig sein (**regionale Unternehmen**) oder
- ein Unternehmen kann in dieser Region nur einen Betrieb in einer Stadt/Gemeinde haben (**lokale Unternehmen**).

Aufgrund der zunehmenden Internationalisierung bis hin zur Globalisierung der Unternehmenstätigkeit gewinnt die geographische Dezentralisierung der Unternehmenstätigkeit auf internationalen Märkten (**Internationalisierung**) zunehmend an Bedeutung. Sie wird aus diesem Grund im Folgenden näher betrachtet.

Motive für diese verstärkte **Auslandsdiversifikation** der Unternehmenstätigkeit sind im Wesentlichen:

- Absatzsicherung durch größere Marktnähe,
- Senkung der Lohn- und Lohnnebenkosten,
- Umgehung von Importrestriktionen,
- Realisierung von Transportkostenvorteilen,
- Investitionsförderung der Gastgeberländer sowie die
- Unabhängigkeit von der unsicheren Entwicklung der Devisenkurse.

Unterschieden werden können dabei nationale, internationale und multinationale Unternehmen, wobei als wesentliches Abgrenzungskriterium die **räumliche Struktur von „Produktion" und „Absatz"** verwendet werden kann (vgl. zu weiteren möglichen Abgrenzungskriterien ausführlich KUTSCHKER/SCHMID 2008, S. 249ff.). Während die **nationale Unternehmung** ihre Produkte im Inland produziert und absetzt, weitet die **internationale Unternehmung** den Absatz ihrer im Inland produzierten Güter bereits auf die Auslandsmärkte aus. **Multinationale Unternehmungen** schließlich besitzen ein internationales Produktionsstättensystem und vertreiben ihre Produkte auf den verschiedensten Auslandsmärkten. Diese Grenzen sind naturgemäß fließend und bedürfen daher noch einer zusätzlichen Abgrenzung durch weitere Merkmale. Beispielsweise wird eine Unternehmung mit geringfügiger Exporttätigkeit sicher noch als nationale Unternehmung, eine Unternehmung mit einer oder zwei ausländischen Produktionsstätten noch nicht als multinationale Unternehmung zu klassifizieren sein. Für eine Abgrenzung eignet sich damit ein Polaritätsprofil, mit dem die unterschiedlichen Schwerpunkte der genannten Unternehmenstypen verdeutlicht werden können (vgl. Abb. 2 - 11).

Als **Vorteile internationaler/multinationaler Unternehmungen** gegenüber nationalen Unternehmungen werden besonders häufig genannt:

- verbesserter Zugang zu den internationalen **Faktormärkten** (Arbeit, Kapital, Rohstoffe, ausländische Technologien),
- Möglichkeit der internationalen **Produkt- und Prozessspezialisierung** durch die Ausnutzung komparativer Kostenvorteile in verschiedenen Ländern,
- Produktion für einen **größeren Markt** zur Realisierung von „Skaleneffekten",
- Minimierung der internationalen **Steuerbelastung** durch die Möglichkeit des konzerninternen Im- und Exports von Zwischenprodukten zu Transferpreisen, um etwa dadurch Gewinne statt in Hoch- in Niedrigsteuerländern anfallen zu lassen.

Abb. 2 - 11   Polaritätsprofil zur Abgrenzung von nationaler, internationaler und multinationaler Unternehmung

Natürlich sind internationale/multinationale Unternehmungen auch mit zusätzlichen Problemen gegenüber nationalen Unternehmungen belastet. Im Vordergrund stehen dabei vier zentrale **Problemfelder internationaler/multinationaler Unternehmungen**,

- die notwendige Berücksichtigung unterschiedlicher politischer und rechtlicher Gegebenheiten in den verschiedenen Ländern,
- das teilweise starke **Niveaugefälle** im technologischen **Know-how** und der wirtschaftlichen/technischen **Infrastruktur** zwischen einzelnen Ländern,

- die erhöhte **Schwierigkeit bei der Koordination der Unternehmensaktivitäten** unter dem Gesichtspunkt einer (konzernweiten, alle Länder einschließenden) Liquiditäts- und Rentabilitätsoptimierung,
- die erhöhten **Anforderungen an das Führungssystem**, um die Integration der aus unterschiedlichen Kulturen stammenden Mitarbeiter zu gewährleisten und ein gemeinsames Leistungsverhalten zu generieren.

Im Regelfall entstehen internationale/multinationale Unternehmen aus nationalen Unternehmen. Innerhalb des Problemkomplexes „Internationalisierung der Unternehmenstätigkeit" ergibt sich für ein Unternehmen dabei die **Form der internationalen Betätigung** als ein wesentliches Entscheidungsproblem.

Die Betätigungsform hängt von der jeweiligen Situation (z.B. Aufnahmefähigkeit des Auslandsmarktes, Größe und Finanzkraft des Unternehmens) sowie den strategischen Zielvorstellungen und der daraus formulierten Internationalisierungsstrategie des Unternehmens ab. Dabei versteht man allgemein unter **Internationalisierungsstrategie** einen längerfristigen, bedingten Verhaltensplan zur Erreichung unternehmerischer Zielsetzungen auf Auslandsmärkten. Eine Möglichkeit zur Strukturierung der sich hier bietenden Alternativen bildet das Stufenkonzept zur Internationalisierung, das hypothetisch die Entwicklung eines Unternehmens, das bislang nur auf dem Inlandsmarkt tätig ist, zum internationalen Unternehmen darstellt (vgl. hierzu auch KUTSCHKER/SCHMID 2008, S. 247ff.). In Abhängigkeit von den notwendigen Kapital- und Managementleistungen im Stamm- bzw. Gastland zeigt Abb. 2 - 12 (entnommen aus MEISSNER/GERBER 1980, S. 224) die einzelnen **Internationalisierungsstufen** eines Unternehmens.

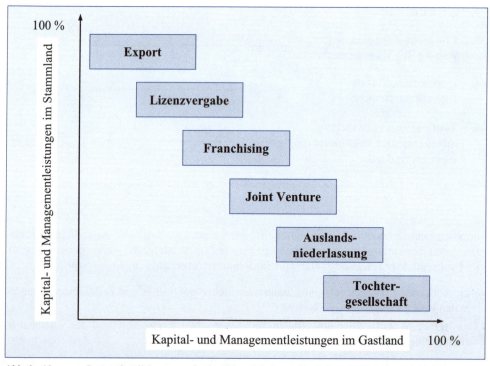

Abb. 2 - 12   Internationalisierungsstufen in Abhängigkeit von Kapital- und Managementleistungen

2.5 Räumliche Strukturmerkmale der Unternehmenstätigkeit   55

Während der **Export** den ausländischen Absatz der im Inland hergestellten Produkte bezeichnet, beinhaltet die **Lizenzvergabe** an ausländische Unternehmen die Erlaubnis zur (entgeltlichen) Nutzung der gewerblichen Schutzrechte des Lizenzgebers, insbesondere Patente und Warenzeichen und/oder der nicht schutzrechtsfähigen Betriebsgeheimnisse (Know-how in Form von Kenntnissen, Erfahrungen, Zeichnungen etc.) zur Herstellung und zum Absatz der Produkte. Eine Sonderform der Lizenzvergabe ist das **Franchising-System**, bei dem die Übertragung der Schutzrechte und der Betriebsgeheimnisse zusätzlich die Verpflichtung des Franchise-Nehmers umfasst, sich nach den geschäftspolitischen Vorgaben des Franchise-Gebers (z.B. bezüglich Werbemaßnahmen, Produktqualitäten, Lieferungs- und Zahlungsbedingungen bis hin zur Ausstattung der Geschäftsräume) zu richten.

Werden in der Entwicklung zur Internationalisierung Direktinvestitionen im Ausland vorgenommen, lassen sich drei weitere Stufen aufzeigen. Bei **Direktinvestitionen** im Ausland handelt es sich um solche Investitionen, die nicht allein auf die Erzielung von Kapitalerträgen im Ausland ausgerichtet sind, sondern zusätzlich auf die Geschäftspolitik des ausländischen Unternehmens Einfluss zu nehmen beabsichtigen (vgl. PERLITZ 2004). Im Einzelnen handelt es sich bei internationalen **Joint Ventures** um Kooperationsformen, an denen zwei oder mehrere Unternehmen beteiligt sind, um Geschäftsführung, Risiko und Ertrag der Unternehmenstätigkeit teilen zu können, wobei häufig einer der Kooperationspartner im betreffenden Ausland ansässig ist. Befinden sich die ausländischen Produktions- und Absatzstätten des Unternehmens hingegen im Alleineigentum, lassen sich die Errichtung rechtlich unselbstständiger **Auslandsniederlassungen** oder rechtlich selbstständiger **Tochtergesellschaften** unterscheiden.

Zu (2)   **Bestimmung der spezifischen topographischen Lage der Betriebsstätten einer Unternehmung:**

Die im Rahmen einer geplanten geographischen Zentralisierung/Dezentralisierung getroffene Entscheidung über die räumliche Struktur der Unternehmenstätigkeit ist durch die Bestimmung der spezifischen topographischen Lage der Betriebsstätten zu konkretisieren. Hierbei geht es somit um die **Wahl eines „optimalen" Standortes**, die sich in einer Hierarchie der Standortentscheidung in folgende **Entscheidungsstufen** einteilen lässt:

- **In welchem Land** sollen die geplanten Unternehmungstätigkeiten durchgeführt werden,
- innerhalb des Landes **in welcher Region** und
- innerhalb der Region **in welcher Stadt/Gemeinde** soll der Aufbau/Kauf der Produktions- und/oder Absatzstätten erfolgen?

Von Bedeutung bei jeder Standortentscheidung ist zunächst der **Freiheitsgrad** bei der Wahl eines betrieblichen Standorts. Hier wird üblicherweise zwischen **gebundenen** und **freien Standorten** unterschieden. An bestimmte Standorte gebunden sind vor allem die Betriebe der Urproduktion (z.B. Bergbau, Forstwirtschaft), während die Mehrzahl der verarbeitenden Betriebe, Handelsbetriebe usw. relativ frei sind in der Wahl ihres Standortes.

Unternehmen mit einer gewissen Freiheit bei der Wahl ihres Standortes können sich (zumindest theoretisch) einen optimalen Standort suchen. Was dabei unter „optimal" zu verstehen ist, hängt im Wesentlichen von den Unternehmungszielen einer Unternehmung ab. Für erwerbswirtschaftlich orientierte Unternehmen ist der optimale Standort durch die Bedingung definiert, dass dort die Differenz zwischen standortabhängigen Erträgen und standortbedingten Aufwendungen größtmöglich ist.

Entscheidungskriterien für die Auswahl eines optimalen Standortes sind die so genannten **Standortfaktoren**, die für diese Unternehmen (ausschließlich oder mit anderen Faktoren kombiniert) jeweils von besonderer Bedeutung sind. Sie tragen, als die an einem Ort anzutreffenden Gegebenheiten und Gestaltungskräfte mit positiver/negativer Wirkung auf die unternehmerische Tätigkeit, wesentlich zur Zielerreichung der Unternehmung bei. Die Standortfaktoren können mithilfe ausgewählter Merkmale systematisiert werden (vgl. ZINK 1971):

(2a) Standortfaktoren nach dem Stellenwert in der Hierarchie der Standortentscheidung,

(2b) Standortfaktoren nach dem Ausmaß ihrer Entscheidungsrelevanz,

(2c) Standortfaktoren nach der finanziellen Wirksamkeit.

Zu (2a) Standortfaktoren nach dem Stellenwert in der Hierarchie der Standortentscheidung:

Entsprechend ihrem Stellenwert in der Hierarchie der Standortentscheidung sind **nationale, regionale und lokale Standortbedingungen** zu differenzieren, die in Abb. 2 - 13 (in Anlehnung an TESCH 1980) zusammengefasst worden sind.

Zu (2b) Standortfaktoren nach dem Ausmaß ihrer Entscheidungsrelevanz:

Entsprechend dem Ausmaß ihrer Entscheidungsrelevanz bei der Standortwahl lassen sich allgemein limitationale und substitutionale Standortfaktoren (vgl. KÜPPER 1982) unterscheiden. **Limitationale Standortfaktoren** (so genannte Muss-Kriterien) kennzeichnen dabei Standortanforderungen, die von einem gewählten Standort auf jeden Fall erfüllt werden müssen. Sie dienen der Vorauswahl potenzieller Standortalternativen. **Substitutionale Standortfaktoren** (so genannte Soll- oder Kann-Kriterien) sind dadurch gekennzeichnet, dass ungünstige Ausprägungen eines Faktors durch günstige Ausprägungen anderer Faktoren kompensiert werden können. Diese Faktoren dienen der relativen Bewertung der in die engere Wahl gezogenen alternativen Standorte.

Konkret lassen sich die folgenden Standortfaktoren aufzeigen, wobei der angesprochene Charakter der Limitationalität bzw. Substitutionalität der einzelnen Faktoren von der speziellen Entscheidungssituation des jeweiligen Unternehmens abhängt. Bei der Standortentscheidung eines Unternehmens können z.B. die folgenden Aspekte vorherrschend sein:

- **Materialorientierung**: Standort richtet sich nach den minimalen Kosten der gesamten Materialbereitstellung;
- **Arbeitsorientierung**: Standort in „Niedriglohn-Gebieten", in Landesteilen mit ausreichendem Arbeitskräftepotenzial oder mit hohem Freizeitwert sowie guter Infrastruktur;
- **Abgabe- und Subventionsorientierung**: Standort in Kommunen mit niedrigen „Hebesätzen", in internationalen Steueroasen oder in Gebieten mit hoher staatlicher Förderung;
- **Energieorientierung**: Standort richtet sich nach den Orten mit entsprechendem Energievorkommen oder nach den minimalen Energiepreisen;
- **Verkehrsorientierung**: als Standort werden Umschlagplätze, Verkehrsknotenpunkte sowie allgemein Gebiete mit guter Verkehrsanbindung bevorzugt;
- **Absatzorientierung**: Standort des Betriebes richtet sich nach den Standorten seiner Kunden.

2.5 Räumliche Strukturmerkmale der Unternehmenstätigkeit 57

nationale Komponenten der Standortbedingungen

1. Durch die Nationalstaatlichkeit geschaffene länderspezifische, d.h. im nationalen Rahmen einheitliche und sich von anderen Ländern unterscheidende Standortbedingungen

= Standortbedingungen aufgrund der im nationalen Rahmen einheitlichen Gesetzgebung und staatlichen Politik sowie der länderorientierten Organisation von Unternehmensverbänden, Gewerkschaften und wettbewerbsbeschränkenden Absprachen

- Staatsgebiet, Personen, die als Inländer gelten, „nationaler" Markt
- Rechts-, Wirtschafts- und Gesellschaftsordnung
- die wirtschaftliche Tätigkeit betreffende allgemeine Gesetzgebung und staatliche Politik
- allgemeine Wirtschaftspolitik u.a.
- Wettbewerbspolitik
- Sozialpolitik
- Geld- und Kreditpolitik
- im nationalen Rahmen einheitliche (z.B. sektorale) Förderpolitik
- Steuerpolitik
- Währung, Wechselkurs
- Außenwirtschaftspolitik
- Außenhandelspolitik
- Politik gegenüber Direktinvestitionen
- Devisenpolitische Maßnahmen
- Entwicklungs- und Außenpolitik
- Unternehmensverbände, wettbewerbsbeschränkende Absprachen
- Gewerkschaften

2. Durch die Nationalstaatlichkeit geschaffene intranationale Standortbedingungen

- regionale staatliche Förderpolitik
- lokale staatliche Förderpolitik

3. Durch die Nationalstaatlichkeit beeinflusste, entwicklungsabhängige regionale Standortbedingungen

= Standortbedingungen, die aufgrund ihrer Entwicklungsabhängigkeit sowie aufgrund der durch die Einheitlichkeit der Gesetzgebung und der staatlichen Politik im nationalen Rahmen größeren Interdependenzen der wirtschaftlichen Entwicklung häufig – vor allem bei größeren Unterschieden von Land zu Land – einen „länderspezifischen" Charakter erhalten, bei denen aber auch regionale und lokale Einflüsse wirksam sind und bei denen deswegen in bestimmten Fällen – und nicht selten – die regionalen bzw. lokalen Komponenten dominant werden können.

- Verfügbarkeit und Preise von Geldkapital, Produktionsmitteln und Vorleistungen
- Qualifikation der Arbeitskräfte
- Löhne
- Infrastruktur (materielle und immaterielle)
- Nachfrage
- Kaufkraft (Pro-Kopf-Einkommen, Einkommensverteilung)
- Bedürfnisse (produktivkraftentwicklungsbedingte Komponente)

regionale / lokale Komponenten der Standortbedingungen

4. Mit dem Staatsgebiet zum Teil korrespondierende Standortbedingungen

- Sprache
- Kultur
- Bedürfnisse (kulturelle Komponente)

5. Aufgrund des Staatsgebietes – trotz ihres regionalen bzw. lokalen Charakters – als „national" bezeichnete natürliche Bedingungen, u.a.

- Klima
- Rohstoffvorkommen
- Bodenbeschaffenheit
- Entfernungen

Abb. 2 - 13   Nationale, regionale und lokale Standortbedingungen

Zu (2c)   Standortfaktoren nach der finanziellen Wirksamkeit:

Anhand der finanziellen Wirksamkeit lassen sich finanzielle und nicht-finanzielle Standortfaktoren unterscheiden. Die finanziellen Auswirkungen der einzelnen Standortfaktoren haben dabei wesentlichen Einfluss auf die möglichen **Bewertungsmethoden** zur Beurteilung der Vorteilhaftigkeit einzelner Standorte und der sich daran anschließenden Entscheidung für einen Standort.

Handelt es sich dabei um Standorteigenschaften, deren finanzielle Konsequenzen von vornherein abschätzbar sind (**finanzielle Standortfaktoren**) (vgl. KÜPPER 1982), wie z.B. die Kosten für die Errichtung von Produktions- und Absatzstätten, eignen sich die **Verfahren der Wirtschaftlichkeitsrechnung** (vgl. S. 393ff.) zur Auswahl des Standortes. Betrachtet man zusätzlich die Standortfaktoren, bei denen entweder die Abschätzbarkeit der finanziellen Auswirkungen ex ante nicht möglich ist oder deren Entscheidungsrelevanz in der Standortwahl aus den nicht-finanziellen Zielen der Unternehmung resultiert (**nicht-finanzielle Standortfaktoren**), wie z.B. Rechtssicherheit, politische Stabilität etc., werden bei der Standortwahl **qualitative Entscheidungstechniken** eingesetzt. In diesem Zusammenhang seien speziell **Scoring-Modelle** erwähnt, die an anderer Stelle ausführlich behandelt werden (vgl. S. 192ff.).

2.6   Unternehmensverbindungen und verbundene Unternehmen

Einzelne Unternehmungen sind häufig, ohne dass sie hierbei ihre rechtliche Selbstständigkeit unbedingt aufgeben, Teil oder Mitglied größerer Wirtschaftseinheiten, die durch **Unternehmungszusammenschlüsse** gebildet worden sind. Hierbei unterschieden werden müssen Vorgänge der Kooperation und Konzentration.

Unter **Kooperation** versteht man allgemein die (freiwillige) Zusammenarbeit selbstständiger Unternehmen mit dem Ziel, bei grundsätzlicher Aufrechterhaltung ihrer wirtschaftlichen Selbstständigkeit gewisse Vorteile aus der Zusammenarbeit zu ziehen.

Solche **Kooperationen** treten vornehmlich in **drei Gruppen** auf:

(1)   Kartelle,
(2)   Arbeitsgemeinschaften (Konsortien) und
(3)   Unternehmensverbände.

Zu (1)   Kartelle:

Hier handelt es sich um (vornehmlich horizontale) **Zusammenschlüsse auf vertraglicher Basis**, bei denen die Zusammenarbeit sich wettbewerbsbeschränkend auswirkt bzw. sie als Ziel hat. Kartelle, insbesondere solche, die Preisabsprachen beinhalten, sind grundsätzlich verboten. Es werden aber Ausnahmen gemacht. So sind

- Konditionenkartelle,
- Rabattkartelle,
- Normungs- und Typungskartelle,
- Spezialisierungskartelle und
- Exportkartelle

unter bestimmten Bedingungen nur anmeldepflichtig. Andere Kartelle, wie z.B. Strukturkrisenkartelle, können vom Bundeskartellamt auf Antrag erlaubt werden.

Zu (2)   Arbeitsgemeinschaften (Konsortien):

Im Unterschied zu den Kartellen handelt es sich hier um **Zusammenschlüsse ohne wettbewerbsrechtliche Relevanz**, die zur Durchführung genau abgegrenzter Aufgaben (im allgemeinen Großprojekte) gebildet werden und sich nach Erfüllung der Aufgaben wieder auflösen. Beispiele sind Bauarbeitsgemeinschaften, Banken- und Versicherungskonsortien.

Zu (3)   Unternehmensverbände:

Sie umfassen solche Zusammenschlüsse, die zum Zwecke der **Vertretung gemeinsamer Interessen** gegenüber der Öffentlichkeit, dem Staat usw. gebildet werden. Daneben erfüllen sie häufig auch Koordinierungs- und Informationsaufgaben gegenüber den angeschlossenen Unternehmen (vgl. GROCHLA 1959). Die Unternehmensverbände gliedern sich in

- Wirtschaftsfachverbände,
- Kammern und
- Arbeitgeberverbände.

Ebenfalls zur **Gruppe der Kooperationen** wird die Gründung eines **Gemeinschaftsunternehmens (Joint Venture)** durch mindestens zwei Gesellschaftsunternehmen gezählt. Bestimmendes Merkmal ist auch hier die (freiwillige) Zusammenarbeit mehrerer Unternehmen, die sich in der Gründung eines rechtlich selbstständigen Unternehmens unter gemeinsamer Leitung dokumentiert. Ziel ist die Ausführung von Aufgaben im gemeinsamen Interesse aller Gesellschafterunternehmen (vgl. SCHUBERT/KÜTING 1981).

Im Gegensatz zu den drei erstgenannten Gruppen der Kooperation, die allein auf vertraglichen Regelungen basieren, wird bei Joint Ventures die Zusammenarbeit allerdings durch Kapitalbeteiligungen der Gesellschafterunternehmen zusätzlich verstärkt und auch nach außen verdeutlicht. Typisch ist die gleichmäßige Beteiligung aller Gesellschafterunternehmen am Kapital des gemeinsam gegründeten, neuen Unternehmens (z.B. bei zwei Gesellschafterunternehmen eine Kapitalverteilung von 50 : 50 beim Gemeinschaftsunternehmen).

Neben die Kooperation treten Vorgänge der **Konzentration**. Hier erfolgt eine Angliederung bestehender Unternehmen an eine andere Wirtschaftseinheit, wobei die wirtschaftliche Selbstständigkeit des angegliederten Unternehmens zugunsten der übergeordneten Einheit verloren geht oder zumindest eingeschränkt wird.

Konzentrationsfälle treten grundsätzlich in **zwei Arten** auf:

(a)   **Fusion (Verschmelzung)** und

(b)   **Bildung eines wirtschaftlichen Verbunds rechtlich selbstständig bleibender Unternehmen**.

Zu (a) Fusion (Verschmelzung):

Hier erfolgt ein Zusammenschluss zweier oder mehrerer Unternehmen in der Weise, dass sie danach eine rechtliche Einheit bilden. Man unterscheidet grundsätzlich zwei Gestaltungsformen der Verschmelzung:

- Sofern bei der Fusion von zwei Unternehmen das Vermögen des einen in das andere Unternehmen eingeht, liegt die **Verschmelzung durch Aufnahme** vor.
- Bei der **Verschmelzung durch Neubildung** gehen die Vermögen von beiden Fusionsunternehmen auf ein neu zu gründendes Unternehmen über.

Zu (b) Bildung eines wirtschaftlichen Verbunds rechtlich selbstständig bleibender Unternehmen:

In einem Unternehmensverbund sind die einzelnen Unternehmen über die Grenzen der Kooperation hinaus durch kapitalmäßige Verflechtung (möglich auch nur durch Vertrag) miteinander verbunden. Dabei drückt sich die Intensität der kapitalmäßigen Verflechtung in der Höhe der jeweiligen Beteiligungsquoten aus, die von den angegliederten Unternehmen gehalten werden (vgl. Abb. 2 - 14).

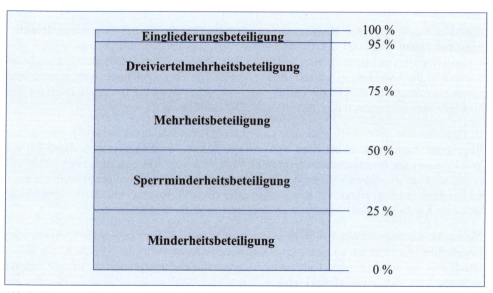

Abb. 2 - 14   Abstufungen kapitalmäßiger Verflechtung (Beteiligungsquoten)

Auskunft über die in der Realität vorkommenden Beteiligungsstrukturen liefern so genannte „**Beteiligungsstammbäume**", die besonders bei stark verschachtelten Besitzverhältnissen dazu beitragen, die Zusammenhänge zu erhellen. Wie Abb. 2 - 15 zeigt, enthält ein solcher Beteiligungsstammbaum Informationen über

- die gehaltenen Beteiligungsquoten,
- die Art der Beteiligungsverhältnisse (einseitige/wechselseitige Beteiligungen) und
- den vertikalen (hierarchischen) Aufbau des Unternehmensverbundes.

2.6 Unternehmensverbindungen und verbundene Unternehmen

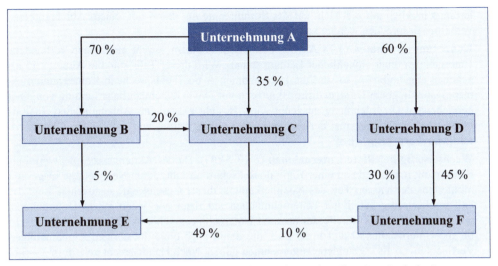

Abb. 2 - 15 Beispiel für den „Beteiligungsstammbaum" eines mehrstufigen (verschachtelten) Unternehmensverbundes

Der Begriff des **verbundenen Unternehmens** findet sich sowohl im HGB als auch im AktG, wobei die jeweiligen Definitionen allerdings nicht deckungsgleich sind.

Im **Handelsgesetzbuch** verweist § 271 Abs. 2 HGB zur näheren Begriffsbestimmung auf § 290 HGB, der den Einbezug von Mutter- oder Tochterunternehmen in einen Konzernabschluss regelt. Es werden zwei Fälle unterschieden. Der Tatbestand des verbundenen Unternehmens liegt zum einen vor, wenn eine Beteiligung unter einheitlicher Leitung steht (§ 290 Abs. 1 HGB) und zum anderen, wenn **konzerntypische Merkmale** erfüllt sind (§ 290 Abs. 2 HGB). Hinsichtlich der konzerntypischen Merkmale werden im Gesetz **drei Fälle** präzisiert:

- Mehrheit der Stimmrechte (§ 290 Abs. 2 Nr. 1 HGB),
- Recht, als Gesellschafter die Mehrheit der Organmitglieder zu bestimmen (§ 290 Abs. 2 Nr. 2 HGB),
- beherrschender Einfluss (§ 290 Abs. 2 Nr. 3 HGB).

Demgegenüber unterscheidet das **Aktiengesetz** in den §§ 15ff. AktG (klammert man den rein vertraglich begründeten Unternehmensverbund, der in §§ 291, 292 AktG geregelt ist, aus) **vier verschiedene Arten von verbundenen Unternehmen**:

- **Im Mehrheitsbesitz stehende Unternehmen und mit Mehrheit beteiligte Unternehmen** (§ 16 AktG). Gemäß Abb. 2 - 15 trifft dies direkt für die Unternehmen A, B, D zu. Hinzu treten aber in einer weiteren Betrachtung auch die Unternehmen C, E, F, da sich nämlich bei Kumulierung der einzelnen Beteiligungsquoten zeigt, dass diese sich auch zumindest indirekt im Mehrheitsbesitz von A befinden.
- **Abhängige und herrschende Unternehmen** (§ 17 AktG). Für das Vorliegen eines Abhängigkeitsverhältnisses genügt die Möglichkeit der beherrschenden Einflussnahme, wie sie in der Regel durch Kapitalmehrheit gegeben ist. In diesem Sinne sind in Abb. 2 - 15 die Unternehmen B, C, D, E, F von der herrschenden Unternehmung A abhängig. Bei einem (möglichen) Auseinanderfallen von Kapitalmehrheit und Stimmenmehrheit kommt es al-

lerdings letztlich auf die Mehrheit der Stimmrechte an, damit von einem Abhängigkeitsverhältnis gesprochen werden kann.

- **Konzernunternehmen** (§ 18 AktG). Von einem Konzern spricht man, wenn verbundene
Unternehmen unter einheitlicher Leitung stehen. Wird dieser Tatbestand in Abb. 2 - 15 als
gegeben angenommen, so sind die Unternehmen A bis F entsprechend Konzernunternehmen. Dabei liegt ein **Unterordnungskonzern** vor, wenn die einheitliche Leitung von einer
herrschenden Unternehmung ausgeübt wird. Besteht ein solches Abhängigkeitsverhältnis
nicht, ist aber das Merkmal der einheitlichen Leitung erfüllt, wird von einem **Gleichordnungskonzern** gesprochen.

- **Wechselseitig beteiligte Unternehmen** (§ 19 AktG). Da das Aktiengesetz im Zweifel als
Beteiligung nur Anteile an einer Kapitalgesellschaft ansieht, deren Nennbeträge insgesamt
mindestens den vierten Teil des Nominalkapitals dieser Gesellschaft ausmachen, liegt der
Fall wechselseitig beteiligter Unternehmungen nur dann vor, wenn jedem Unternehmen
mindestens 25 % der Anteile des anderen Unternehmens gehören. Dies ist in Abb. 2 - 15
für die Unternehmen D und F der Fall, die damit auch ohne die übrigen kapitalmäßigen
Verflechtungen als verbundene Unternehmen gelten. Nach Handelsrecht gelten im Zweifel
bereits Anteile an einer Kapitalgesellschaft, deren Nennbeträge insgesamt 20 % des Nenn-
kapitals überschreiten, als Beteiligung (§ 271 Abs. l HGB).

Konzentrationsfälle fallen nach ähnlichen Kriterien wie Kooperationen unter bestimmte Verbote (oder zumindest Anzeigepflichten). Von Verboten betroffen werden vor allem **horizontale Konzentrationsvorgänge** (Zusammenschlüsse von Unternehmen der gleichen Produkti-
ons- oder Handelsstufe), wenn durch den Zusammenschluss eine marktbeherrschende Stellung entsteht oder verstärkt wird. **Vertikale Zusammenschlüsse** sowie **Diversifikationsvor-
gänge** sind dagegen weitgehend zulässig, sofern der Wettbewerb hierdurch nicht beeinträchtigt wird. Zunehmend eingeengt wird aber auch hier die Möglichkeit gerade großer Unternehmen, serienweise kleine Unternehmen aufzukaufen.

Fragen und Aufgaben zur Wiederholung (Zweites Kapitel: S. 35 – 62)

1. Was ist das Wesen und der Sinn der Typenbildung?

2. Nennen Sie wichtige privatrechtliche und öffentlich-rechtliche Rechtsformen von Betrieben!

3. Charakterisieren Sie die Einzelfirma, die OHG, die KG, die GmbH und die AG anhand
   ausgewählter Merkmale!

4. Was ist eine stille Gesellschaft, eine Gesellschaft des Bürgerlichen Rechts, eine Doppelgesellschaft, eine Genossenschaft?

5. Charakterisieren Sie die Rechtsform der Societas Europaea (SE)!

6. Was sind die wesentlichen Motive für die Gründung einer Kommanditgesellschaft auf
   Aktien (KGaA) und einer GmbH & Co. KG?

7. Skizzieren Sie die verschiedenen rechtlichen Formen der Umwandlung (= des Wechsels der Rechtsform)!

2.6 Unternehmensverbindungen und verbundene Unternehmen 63

8. Nach welchen (leistungswirtschaftlichen) Merkmalen lassen sich die Unternehmungen grob einteilen? Welche Wirtschaftszweige bzw. -abschnitte unterscheidet das Statistische Bundesamt?

9. Welche Merkmale lassen sich zur Bildung von Unternehmensgrößenklassen heranziehen? Wann liegt nach dem Publizitätsgesetz eine Großunternehmung vor?

10. Was sind die Hauptmerkmale eines Industriebetriebs?

11. Nennen Sie ausgewählte Merkmale der technisch-ökonomischen Struktur von Industriebetrieben!

12. Was versteht man unter dem Produktionstyp (bzw. Programmtyp) einer Unternehmung? Welche Typen können unterschieden werden?

13. Wodurch lässt sich die Produktionstiefe einer Unternehmung kennzeichnen? Was heißt in diesem Zusammenhang Vorwärts- und Rückwärtsintegration?

14. Welche Überlegungen sind bezüglich der optimalen Breite des Repertoires eines Industriebetriebs anzustellen?

15. Charakterisieren Sie nationale, internationale und multinationale Unternehmen anhand ausgewählter Merkmale!

16. Was versteht man unter einer Internationalisierungsstrategie, und welche Internationalisierungsstufen eines Unternehmens lassen sich unterscheiden?

17. Nennen Sie die wichtigsten Faktoren, die die Standortwahl eines Unternehmens bestimmen können! Systematisieren Sie die genannten Faktoren mithilfe verschiedener Kriterien!

18. Was versteht man unter Kooperation, und in welcher Weise können Unternehmungen kooperieren?

19. Was ist das Wesen einer Fusion, und in welchen Formen kann sie auftreten?

20. Welche vier Arten kapitalmäßig verbundener Unternehmen unterscheidet das Aktiengesetz?

21. Welche Abstufungen kapitalmäßiger Verflechtung (Beteiligungsquoten) sind in der Praxis von Bedeutung?

Zweiter Teil

Der Wirtschaftsprozess der Unternehmung

Einführung

Das Wirtschaften in den Unternehmungen vollzieht sich als ein Komplex von Prozessen oder Handlungsabläufen, die nach verschiedenen Aspekten analysiert werden können. Die nachfolgende graphische Darstellung verdeutlicht dies in einem Vorstellungsmodell, das **vier „Bausteine"** enthält:

- Wirtschaftliches Handeln ist im Kern eine spezifische Form **zielgerichteten Handelns**. Daraus folgt, dass das Wirtschaften in den Unternehmungen sich zumindest bei „rationalem" Vorgehen an klar umrissenen **Zielen** orientieren sollte.
- Der Wirtschaftsprozess ist in Richtung auf die verfolgten Ziele bewusst zu lenken. Das heißt, es bedarf des Einsatzes schöpferischer und dynamischer Gestaltungskräfte, damit die Unternehmungsprozesse zielgerecht in Gang gesetzt werden und koordiniert ablaufen. Ob und inwieweit dies erfolgreich gelingt, hängt von der Qualität des **Managementsystems** einer Unternehmung ab.
- Den Gegenstandsbereich des Wirtschaftens bilden die sich in der Unternehmung real vollziehenden Prozesse der (technischen) Leistungserstellung und (marktlichen) Leistungsverwertung. Die betrieblichen **Leistungsprozesse** gliedern sich dabei genetisch in drei Grundphasen (Beschaffung, Produktion, Absatz).
- In einer Geldwirtschaft schlagen sich die realen Güterprozesse (gleichsam spiegelbildlich) regelmäßig auch in den **Finanzprozessen** nieder, in deren Problembereiche aber weitergehend auch solche finanziellen Sachverhalte fallen, die losgelöst von den realen Güterprozessen auftreten, und die insoweit allgemein die Prozesse der Kapitalbindung, Kapitalfreisetzung, Kapitalzuführung und Kapitalentziehung beinhaltet.

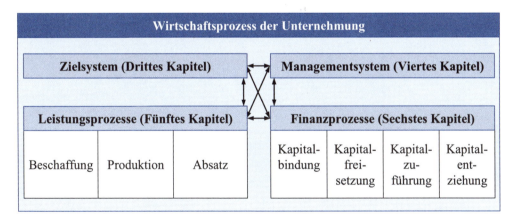

Im nun folgenden **zweiten Teil** schlägt sich die hier vorgenommene Differenzierung insoweit nieder, als die Gliederung ebenfalls vier Hauptpunkte vorsieht, wobei die Zuordnung zu den entsprechenden Kapiteln aus der graphischen Darstellung hervorgeht.

Drittes Kapitel

Unternehmungsziele

3.1	Entstehung von Unternehmungszielen	71
3.2	Ökonomische, soziale und ökologische Dimensionen von Unternehmungszielen	76
3.3	Berücksichtigung von ökonomischen Hebeleffekten in Zielsystemen	89
3.4	Systematische Kennzahlenverknüpfung zur Generierung integrierter Zielsysteme	97
3.5	Die formale Struktur des Zielplanungsprozesses	104
	Fragen und Aufgaben zur Wiederholung (Drittes Kapitel: S. 71 – 109)	109

3.1 Entstehung von Unternehmungszielen

Die Ziele der Unternehmung, auf die sich ihre gesamten zielerreichenden Maßnahmen auszurichten haben und anhand derer die Zielerreichung der Unternehmung als wirtschaftliche Einheit beurteilt wird, sind keine von vornherein vorgegebenen, festen Größen. Vielmehr sind sie regelmäßig das Ergebnis eines (vor allem in größeren Unternehmungen multipersonalen und multioperationalen) Zielentscheidungsprozesses, in dem die unterschiedlichen **Ziele der Unternehmungsträger und gesellschaftlicher Gruppen für die Unternehmung** zu einem Ausgleich gebracht werden.

Eine zentrale Rolle spielt dabei die **Machtverteilung** zwischen den verschiedenen Unternehmensträgern(-gruppen). Denn es ist leicht einzusehen, dass es hierfür letztlich darauf ankommt, die Willensbildung in der Unternehmung im Sinne der individuellen oder kollektiven Ziele zu beeinflussen und diese Ziele auch gegenüber konfliktären Interessenlagen durchzusetzen. Je mehr es einzelnen Personen bzw. Personengruppen gelingt, ihre Individual- bzw. Gruppenziele zu Zielen der Unternehmung zu machen und andere Personen oder Personengruppen zur Akzeptanz und Verfolgung dieser Ziele zu veranlassen, desto umfassender kann die Unternehmung von ihnen zur Erfüllung individueller oder kollektiver Ziele instrumentell genutzt werden.

Die hinter diesen Aussagen stehende These von der **Instrumentalfunktion** der Unternehmung (SCHMIDT, R.-B. 1977) verknüpft also die Unternehmungsziele (als **Ziele der Unternehmung**) mit den Zielen der Unternehmungsträger und gesellschaftlichen Gruppen **für die Unternehmung**, wobei der Erklärungszusammenhang von der so genannten **Anreiz-Beitrags-Theorie** bzw. **Koalitionstheorie** (vgl. CYERT/MARCH 1963 und MARCH/SIMON 1977) wie folgt hergestellt wird:

Individuen oder Gruppen besitzen stets Werte und Ziele, die sie über ihre Mitwirkung am Wirtschaftsprozess erfüllt sehen möchten. Als Gegenleistung unterwerfen sie sich der „Organisationsgewalt" und leisten die erforderlichen Beiträge zumindest solange, wie dies unmittelbar oder mittelbar die eigenen Ziele fördert.

Die „Organisation" befindet sich im Gleichgewicht, wenn die Anreize für jeden „Organisationsteilnehmer" dessen Beiträge gerade übersteigen. Wird dieses Anreiz-Beitrags-Gleichgewicht gestört, so versucht der Organisationsteilnehmer wieder zu einem Gleichgewicht zurückzufinden. Er kann sich dabei zum einen als Anpasser verhalten, indem er die Ursachen der Gleichgewichtsstörung als Datum hinnimmt und sein Anspruchsniveau variiert. Er kann jedoch auch versuchen, die Ursachen selbst zu ändern, indem er Ziele formuliert, die zum Ausdruck bringen, wie der zukünftige Zustand der Organisation sein müsste, damit sein Anreiz-Beitrags-Gleichgewicht wieder hergestellt ist.

Damit ein Ziel für die Organisation zu einem Ziel der Organisation wird, muss das Ziel „autorisiert" werden, d.h. die Zielformulierung muss von der hierzu **legitimierten Person oder Gruppe (Kerngruppe)** beschlossen und für die Organisation als verbindlich erklärt werden. Die Unternehmungsziele sind somit die durch die Kerngruppe autorisierten Zielformulierungen. Die individuellen Ziele für die Unternehmung stellen demgegenüber allenfalls Forderungen an die Kerngruppe dar, bestimmte Ziele zu autorisieren. Deren „Konzessionsbereitschaft" wird dabei allerdings ganz erheblich durch den Umstand beeinflusst, dass sie ihre eigenen Ziele durch die Organisation nur insoweit erreichen kann, wie sie die Beiträge der anderen Teilnehmer durch das Angebot hinreichender Anreize erhält.

Als Ausgangsgröße für die Beschreibung (und Erklärung) von Zielbildungsprozessen sind also zunächst die jeweils dominierenden Interessenlagen respektive **Motive (Bedürfnisse) der**

Unternehmungsträger (vor allem Unternehmensleiter, Anteilseiger, Arbeitnehmer) anzusehen (vgl. Abb. 3 - 1).

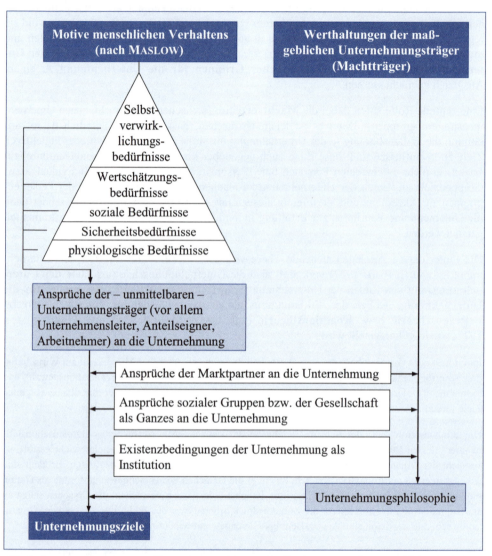

Abb. 3 - 1 Entstehung von Unternehmungszielen aus den Bestimmungsgrößen menschlichen Verhaltens und den Existenzbedingungen der Unternehmung

Nach MASLOW (1970), an dessen Motiv-Klassifikation hier angeknüpft wird, können die vielfältigen Motive menschlichen Handelns in **fünf hierarchisch angeordnete Motivklassen** eingeteilt werden, wobei sich die Hierarchie der Bedürfnisse aus der unterschiedlichen Dringlichkeit ihrer Befriedigung ergibt (vgl. Abb. 3 - 1):

Die unterste Stufe bilden die **physiologischen Motive**, wie z.B. die Bedürfnisse nach Nahrung und Schlaf, von denen der stärkste Verhaltenseinfluss ausgeht. Bei dauerhafter Deprivation dieser – für das

3.1 Entstehung von Unternehmungszielen 73

Überleben des Menschen entscheidenden – Bedürfnisse werden nämlich die übrigen Motive verdrängt, und alle Aktivitäten sind nur noch auf die Befriedigung dieses Motivs ausgerichtet, solange der Mangelzustand nicht behoben ist. Nun ist es insbesondere für die physiologischen Bedürfnisse charakteristisch, dass sie immer wieder – teilweise in regelmäßigen zeitlichen Abständen – auftreten, sodass sie auch ständig innerhalb kürzerer Zeitspannen befriedigt werden müssen. Dennoch können sie aber – aus der Sicht des Individuums – dann als dauerhaft „quasi-befriedigt" angesehen werden, wenn ihre Befriedigung bzw. „Gratifikation" auch in der Zukunft als sicher betrachtet werden kann.

Wenn die physiologischen Motive in dieser Sichtweise hinreichend befriedigt sind, wird die nächst höhere Motivklasse, die die **Sicherheitsbedürfnisse** umfasst, für das Verhalten dominant. Zur Kategorie der Sicherheitsmotive gehören beispielsweise das Verlangen nach Schutz vor physischen Gefahren, das Bedürfnis nach Arbeitsplatzsicherheit und Altersvorsorge, sowie das allgemeine Verlangen nach geregelten und vorhersehbaren Lebensverhältnissen, mit denen das Individuum konfrontiert wird.

Sind auch die Sicherheitsbedürfnisse befriedigt, so verlieren sie ihre dominante Verhaltenswirksamkeit und **soziale Motive** treten auf, die nun die Verhaltensorientierung bestimmen. Die sozialen Motive umfassen z.B. das Bedürfnis nach Gruppenzugehörigkeit, nach persönlichem Kontakt und Freundschaft.

Erst wenn auch die Befriedigung dieser Motive sichergestellt ist, werden die **Wertschätzungsmotive**, die auf der nächst höheren Stufe der Motivhierarchie angesiedelt sind, verhaltenswirksam. Zu diesen Wertschätzungsmotiven gehören zum einen die Bedürfnisse nach Fremdwertschätzung bzw. Achtung durch andere, wie beispielsweise das Verlangen nach Anerkennung, Status, Prestige und Respekt, zum anderen gehört hierzu das Bedürfnis nach Selbstwertschätzung bzw. Selbstachtung, wie es in dem Streben nach Kompetenz, Nützlichkeit, Wichtigkeit und Leistung zum Ausdruck kommt. In diese Bedürfnisklasse kann also auch das Leistungsmotiv eingeordnet werden, das im Mittelpunkt zahlreicher Untersuchungen steht (vgl. beispielsweise MCCLELLAND 1969; ATKINSON 1974; HECKHAUSEN 1967).

Wenn auch diese Wertschätzungsmotive befriedigt sind, werden die **Selbstverwirklichungsbedürfnisse**, die die oberste Motivklasse bilden, für das Verhalten dominant. Die Selbstentfaltungsmotive umfassen die Bedürfnisse nach Realisierung und Weiterentwicklung der individuellen Kenntnisse und Fähigkeiten und damit der Verwirklichung auch der nur latent vorhandenen Potenziale. Die Voraussetzung dafür, dass die Selbstverwirklichungsmotive, die auch als „Wachstums-Motive" bezeichnet werden, für das Verhalten die höchste Priorität erlangen, ist also, dass die Bedürfnisse der vier unteren Bedürfnisklassen, die auch „Defizit-Motive" genannt werden, hinreichend befriedigt sind. Während diese „Defizit-Motive" mit fortschreitender Befriedigung an relativer Dringlichkeit verlieren, weisen die Selbstverwirklichungsbedürfnisse insofern eine Besonderheit auf, als sie auch bei ständig zunehmender Befriedigung das dominante Handlungsmotiv bleiben.

Der von der erreichten Bedürfnisbefriedigung abhängige Dominanzwechsel bedeutet aber nicht, dass das jeweils dominierende Bedürfnis allein das Verhalten bestimmt. Der Übergang von einer Motivklasse zur anderen vollzieht sich nämlich graduell und nicht etwa durch einen abrupten Sprung. Das Verhalten eines Individuums kann demnach zu einem bestimmten Zeitpunkt durch mehrere Motivklassen beeinflusst werden. Doch immer spielt eine Bedürfnisklasse die dominierende Rolle. Folglich üben auch die bereits weitgehend befriedigten niedrigeren Bedürfnisse wie auch die allmählich aktivierten – in der Hierarchie oberhalb der dominanten Motivklasse angeordneten – Bedürfnisse Verhaltenseinflüsse aus, wenn auch von vergleichsweise viel geringerer Intensität.

Die unterschiedlichen Motive menschlichen Handelns, deren erlebte Dringlichkeit und Intensität im Einzelfall natürlich auch von der **MASLOWschen Prioritätenordnung** abweichen kann, haben als persönlichkeitsspezifische Verhaltensdeterminanten der jeweiligen Unternehmungsträger ohne Zweifel maßgeblichen Einfluss auf die Wahl der Unternehmungsziele. Denn dominante Verhaltensmotive von Unternehmungsleitern, Anteilseignern und Arbeitnehmern (etwa der Wunsch nach angemessener Entlohnung bzw. Kapitalverzinsung, nach sicheren Arbeitsplätzen, Aufstiegsmöglichkeiten u.Ä.) lassen sich gleichsam als Ansprüche an die Unternehmung interpretieren, die damit in den Zielen respektive bei der Zielerreichung der Unternehmung entsprechende Berücksichtigung verlangen.

Ansprüche, die sich in dieser Weise in den Unternehmungszielen niederschlagen können, sind regelmäßig nicht beschränkt auf die unmittelbaren Unternehmungsträger. Zusätzliche Einflüsse kommen auch von den Marktpartnern (Lieferanten, Kunden) sowie sozialen Gruppen bzw. der Gesellschaft als Ganzes (vgl. Abb. 3 - 1). So erwarten **Lieferanten** beispielsweise angemessene Erlöse und pünktliche Bezahlung, während für die **Kunden** der Unternehmung gelten wird, dass ihre Anforderungen etwa darauf gerichtet sind, preisgünstige Leistungen für die gewünschte Qualität fristgerecht zu erhalten. Auch der **Staat** und die **Öffentlichkeit** stellen Ansprüche an die Unternehmung, indem etwa erwartet wird, dass (Wirtschafts-, Umweltschutz- und sonstige) Gesetze eingehalten werden, dass ein angemessener Beitrag zur Finanzierung des gesellschaftlichen Lebens durch Spenden und Steuern geleistet wird oder dass die Ziele der staatlichen Wirtschaftspolitik unterstützt werden.

Von besonderer Bedeutung sind schließlich noch die **Existenzbedingungen der Unternehmung als Institution**, die sichergestellt werden müssen, damit die Unternehmung überhaupt zur Erfüllung der an sie gerichteten vielfältigen Ansprüche instrumentell genutzt werden kann (vgl. Abb. 3 - 1). Zu solchen Existenzbedingungen zählen in erster Linie:

- **Liquidität** (als Fähigkeit, fällige Zahlungsverpflichtungen uneingeschränkt erfüllen zu können):
  Die Liquidität ist eine Existenzbedingung „sine qua non", die jederzeit auch kurzfristig gesichert werden muss, wenn Illiquidität mit der daraus folgenden Konkurskonsequenz vermieden werden soll.

- **Rentabilität** (als Fähigkeit, die aus dem Wirtschaftsprozess erwachsenden Aufwendungen respektive Kosten durch entsprechende Erträge – mindestens – abzudecken):
  Eine Unternehmung muss zumindest langfristig (und im Durchschnitt) rentabel arbeiten, da sie sonst keine Kapitalgeber findet bzw. das vorhandene Eigenkapital sich durch die Verluste verzehrt, was schließlich auch zur Illiquidität oder zur Überschuldung mit daraus folgender Konkurskonsequenz führt.

- **Wachstum** (gemessen an Größen wie Gewinn, Umsatz, Wertschöpfung, Bilanzsumme, Beschäftigtenzahl u.Ä.):
  In einer prinzipiell wachsenden Gesamtwirtschaft ist ein zumindest durchschnittliches „Mitwachsen" für eine Unternehmung existenznotwendig, um im Wettbewerb bestehen zu können und Rentabilität sowie Liquidität zu sichern.

Die in der bisherigen (exemplarischen) Aufzählung zum Ausdruck gekommenen vielfältigen Interessenlagen lassen sich häufig nur schwer auf einen Nenner bringen. Denn einerseits muss regelmäßig von der Existenz **konfliktärer Interessenverknüpfungen** ausgegangen werden und andererseits liegt wegen der unterschiedlichen persönlichen oder finanziellen Bindung der einzelnen Träger(-gruppen) an die Unternehmung regelmäßig eine unterschiedliche **Bereitschaft** vor, persönliche Ziele vor übergeordneten Gesamtzielen oder kurzfristige Ziele im Interesse langfristiger Ziele zurücktreten zu lassen.

3.1 Entstehung von Unternehmungszielen 75

Insoweit ist es von zentraler Bedeutung,

1. wer in einer Unternehmung die rechtlichen, satzungsmäßigen und tatsächlichen Möglichkeiten hat, die eigenen Ziele oder die als richtig für die Unternehmung als Institution erkannten Ziele gegebenenfalls gegen andere Ziele durchzusetzen, und

2. wie hierbei auftretende Interessenkonflikte bewältigt werden.

Was 1. betrifft, so gilt für die Marktwirtschaft der Grundsatz, dass dem **Eigentümer-Unternehmer bzw.** dem von den Eigentümern (bzw. den Anteilseignern) eingesetzten **Management** die dominierende Stellung zukommt. Sie haben gegenüber allen anderen Trägergruppen umfassende Einflussrechte auf die Zielsetzung der Unternehmung und besitzen die Legitimation, Akzeptanz dieser Ziele für die Zielerreichung der Unternehmung zu fordern. Lediglich in den von den **Mitbestimmungsgesetzen** betroffenen Kapitalgesellschaften wird diese Machtstellung in bestimmter Weise eingeschränkt (vgl. ausführlicher S. 83ff.).

Was 2. betrifft, so sind zwei grundlegende **Durchsetzungsstrategien** zu unterscheiden:

• Strategien, die auf einseitige Interessendurchsetzung zielen, und
• Strategien, die auf gegenseitige Interessenberücksichtigung zielen.

Welche hiervon gewählt werden, ist nicht zuletzt eine Frage der dominierenden **Werthaltungen** bei den Machtträgern der Unternehmung. Diese Werthaltungen sind dabei zugleich als Bestimmungsgrößen für die jeweils vorherrschende Unternehmungsphilosophie anzusehen, die insofern ebenfalls in engem Zusammenhang zu den Unternehmungszielen stehen (vgl. Abb. 3 - 1).

Als **Unternehmungsphilosophie** wird nach ULLRICH (1977) ein System von Leitmaximen verstanden, deren Ausprägungen von ethischen und moralischen Werthaltungen bestimmt werden. Damit dient sie als eine Art „moralischer und ethischer Unterbau" für den Wirtschaftsprozess der Unternehmung. In ihr manifestieren sich insbesondere solche Grundeinstellungen, die das Verhältnis der Kerngruppen (Machtträger) zu Mitarbeitern, Aktionären, Kunden, Lieferanten sowie allgemein das Verhältnis der Unternehmung zur Gesellschaft zum Ausdruck bringen. Definiert werden können in einer Unternehmungsphilosophie demnach beispielsweise

• das Bekenntnis zur Wirtschaftsordnung und zur gesellschaftlichen Funktion der Unternehmung,
• die Einstellung zu Wachstum, Wettbewerb und technischem Fortschritt,
• die Rolle des Gewinns für die Unternehmung und Gesellschaft,
• die Verantwortung gegenüber den Mitarbeitern und Aktionären,
• die akzeptierten Spielregeln und Verhaltensnormen im Rahmen der wirtschaftlichen Tätigkeit der Unternehmung.

3.2 Ökonomische, soziale und ökologische Dimensionen von Unternehmungszielen

Eine von ethischen und moralischen Werthaltungen bestimmte Unternehmungsphilosophie berührt in erster Linie die **nicht-ökonomische Dimension** von Unternehmungszielen, wirkt sich aber natürlich auch in mannigfaltiger Weise auf deren **ökonomische Dimension** aus. Das bedeutet zwangsläufig, dass beide Dimensionen bei der Formulierung von Unternehmungszielen angemessen zu berücksichtigen sind.

Nicht-ökonomische Aspekte von Unternehmungszielen finden sich insbesondere in den **sozialen Aspekten** und – in den letzten Jahren immer dringender – **ökologischen** (Umwelt) **Aspekten** des Wirtschaftens, sodass ein umfassendes Modell der Unternehmungsziele (mindestens) diese drei Dimensionen in ihrem wechselseitigen (Spannungs-)Verhältnis abzubilden hat (vgl. Abb. 3 - 2).

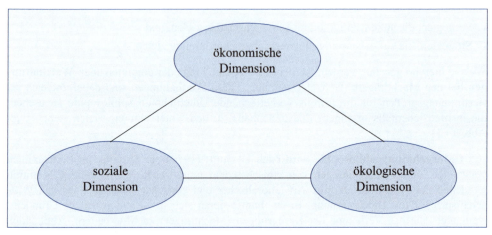

Abb. 3 - 2   Dimensionen von Unternehmungszielen

Dabei ist natürlich zu konstatieren, dass eine Unternehmung in erster Linie ein **Wirtschaftsbetrieb** ist und in dieser Eigenschaft vorrangig

(1)   **ökonomische Ziele** verfolgt. Dadurch stellen die
(2)   **nicht-ökonomischen Ziele**, hier also die
    (2a)   **sozialen Aspekte** und
    (2b)   **ökologischen Aspekte**

„lediglich" Nebenbedingungen der ökonomischen Dimension von Unternehmungszielen dar.

Diese drei Dimensionen von Unternehmenszielen greift auch die Idee der „**Corporate Responsibility**" auf, bei der es um die Ausgewogenheit von ökonomischen, ökologischen und sozialen Zielen, also insgesamt um eine verantwortungsbewusste Unternehmensführung nicht nur im Umgang mit den Anteilseignern, sondern auch den übrigen Anspruchsgruppen (Stakeholdern), also den Mitarbeitern (einschließlich der Manager im Falle von Kapitalgesellschaften), den Kunden und Lieferanten, den Fremdkapitalgebern sowie dem Staat und der Öffentlichkeit geht. Unter diesem Begriff, lassen sich im Einzelnen „Corporate Governance", „Corporate Social Responsibility" und „Corporate Citizenship" zusammenfassen.

Die Notwendigkeit von Regelungen und Maßnahmen zur **Corporate Governance** ergibt sich aus dem Wesen von Kapitalgesellschaften, in denen die Verfügungsmacht über das Vermögen der Aktionäre beim Management der Unternehmung liegt, woraus sich naturgemäß Interessenkonflikte im Sinne der Prinzipal-Agenten-Problematik ergeben (vgl. BERLE/MEANS 1932). Vor diesem Hintergrund kann Corporate Governance als die Gesamtheit der auf die Interessen der Eigentümer ausgerichteten Grundsätze zur Unternehmensführung beschrieben werden. Im engeren Sinne geht es um Fragen der Organisation der obersten Führungsorgane der Unternehmung und um deren Kontrolle im Sinne eines ausgewogenen und effizienten Systems von „Checks and Balances" sowie Transparenz in der Unternehmensführung.

Die Umsetzung erfolgt einerseits durch gesetzliche Vorschriften, wie beispielsweise den „Sarbanes-Oxley-Act" in den USA oder das Gesetz zur Kontrolle und Transparenz im Unternehmensbereich (KonTraG) in Deutschland. Andererseits beinhalten ergänzende Vorschriften, wie beispielsweise der Deutsche Corporate Governance Kodex (DCGK), Empfehlungen und Anregungen zur Organisation der Unternehmensleitung. Der DCGK wurde im Übrigen über das Transparenz- und Publizitätsgesetz (TransPuG) von 2002 an das Aktiengesetz angebunden, indem Vorstand und Aufsichtsrat einer börsennotierten Aktiengesellschaft jährlich zu erklären haben, ob und inwieweit den Vorschriften des Kodex entsprochen wurde (§ 161 AktG). Schließlich sind noch die unternehmensindividuellen Regelungen zu nennen, die sich stark auf die Anreizsteuerung sowie die unternehmensinterne Kontrolle konzentrieren und von daher einen engen Bezug zum Controlling aufweisen. Allerdings darf nicht vernachlässigt werden, dass auch Marktmechanismen des Kapitalmarktes bzw. des Marktes für Unternehmenskontrolle, des Arbeitsmarktes für Managementleistungen sowie des Produktmarktes – wenn auch nur bedingt – zur effizienten Unternehmensführung im Sinne der Eigentümer beitragen können.

Im Rahmen der „**Corporate Social Responsibility**" (CSR) wird die soziale Verantwortung in der Unternehmensführung betont. Die Europäischen Kommission definiert CSR als ein „Konzept, das den Unternehmen als Grundlage dient, auf freiwilliger Basis soziale Belange und Umweltbelange in ihre Unternehmenstätigkeit und in die Wechselbeziehungen mit den Stakeholdern zu integrieren" (EUROPÄISCHE KOMMISSION 2001). Um entsprechende Aktivitäten sichtbar werden zu lassen werden Ökobilanzen für Produkte, Umwelt- bzw. Nachhaltigkeitsberichte sowie Corporate Responsibility-Berichte in die Unternehmensberichterstattung integriert (vgl. S. 754ff.). In eine ähnliche Richtung geht die Bedeutung des Begriffs „**Corporate Citizenship**". Allerdings wird auf die Rolle der Unternehmung in der Gesellschaft abgestellt, indem diese auch Aufgaben von öffentlichem Interesse wahrnimmt und quasi als „guter Bürger" fungieren soll. Dabei liegt die Betonung auf standortbezogenen Engagements, die außerhalb der eigentlichen Geschäftstätigkeit des Unternehmens liegen, wie beispielsweise Spendentätigkeit, Stiftungsgründungen und -finanzierung sowie gemeinnützige Aktionen auch unter Einbeziehung der Mitarbeiter.

Zu (1) Ökonomische Ziele:

Die Gesamtheit der Ziele einer Unternehmung wird auch als ihre **Zielkonzeption** (SCHMIDT, R.-B. 1977) bezeichnet, die aus ökonomischer Sicht grundsätzlich aus **drei Zielkategorien** besteht (vgl. Abb. 3 - 3):

78 Drittes Kapitel: Unternehmungsziele

- **Leistungsziele** (Beschaffungs-, Lagerhaltungs-, Produktions- und Absatzziele)
- **Finanzziele** (Liquiditäts-, Investitions- und Finanzierungsziele)
- **Erfolgsziele** (Umsatz-, Wertschöpfungs-, Gewinn- und Rentabilitätsziele)

trinitäre ökonomische Zielkonzeption der Unternehmung			
	Leistungsziele	**Erfolgsziele**	**Finanzziele**
exemplarisch ausgewählte Zielparameter	• Art und Struktur des Produktions- und Absatzprogramms • Marktanteile • Produktions- und Lagerkapazitäten • Produktions- und Absatzmengen • Faktor- und Produktqualitäten • Produktionsstandorte • Absatzwege • usw.	• Umsatzvolumen und -struktur • betriebliche Wertschöpfung • Kostenstruktur • Gewinn • Rentabilität • Unternehmenswertsteigerung • ökonomischer Gewinn • usw.	• Zahlungsfähigkeit • Umfang und Struktur der Liquiditätsreserve • Kapitalstruktur • Gewinnreservierung • Ausschüttungshöhe/-quote • Struktur und Volumen des Investitions- und Finanzierungsprogramms • usw.

Abb. 3 - 3   Exemplarisch ausgewählte Zielparameter der drei Zielkategorien einer trinitären ökonomischen Zielkonzeption der Unternehmung

Leistungs- und Finanzziele bilden als wirtschaftliche **Sachziele** den Gegenstandsbereich des Wirtschaftens in der Unternehmung ab, während Erfolgsziele als wirtschaftliche **Formalziele** den Umfang der angestrebten Wirtschaftlichkeit bei der Verfolgung wirtschaftlicher Sachziele zum Ausdruck bringen. Auf die wirtschaftlichen Formalziele sei dabei ihrer besonderen Bedeutung wegen im Folgenden noch näher eingegangen.

Für die Formulierung spezifischer Erfolgsziele bedarf es naturgemäß einer genauen Kenntnis der verschiedenen **Erfolgsbegriffe**, die sich vor allem dadurch unterscheiden,

- welche Erträge und Aufwendungen (Kosten) im Einzelfall einander gegenübergestellt werden und
- ob sie als absolute Erfolgsgröße (etwa im Sinne einer absoluten Gewinngröße) oder als relative Erfolgsgröße (im Sinne von Rentabilität) definiert werden.

Abb. 3 - 4 veranschaulicht die diesbezüglichen **Zusammenhänge zwischen alternativen Erfolgsbegriffen**. Hierzu ist Folgendes zu bemerken:

- In der zweiten Spalte ist die ausführliche Erfolgsspaltung ausgehend von den Umsatzerlösen – im Sinne von Netto-Erlösen (= Brutto-Erlöse abzüglich Rabatte, Skonti ect.) – bis hin zum Reingewinn nach Steuern aufgeführt. Sie bildet den Ausgangspunkt für die weiteren Erfolgsbegriffe, die in den benachbarten Spalten abgeleitet werden. Je nachdem, ob das finanzielle Rechnungswesen nach HGB, IFRS oder US-GAAP ausgerichtet ist (vgl. ausführlicher S. 616ff.), gibt es im Detail unterschiedliche Abgrenzungen in den Erfolgsbegriffen. Infolgedessen ist ein gewisser Kompromiss erforderlich, will man sich nicht von vorneherein nur auf eines der Systeme abstützen (vgl. hierzu auch ausführlich COENENBERG 2005, S. 1047ff.).

3.2 Ökonomische, soziale und ökologische Dimensionen von Unternehmungszielen

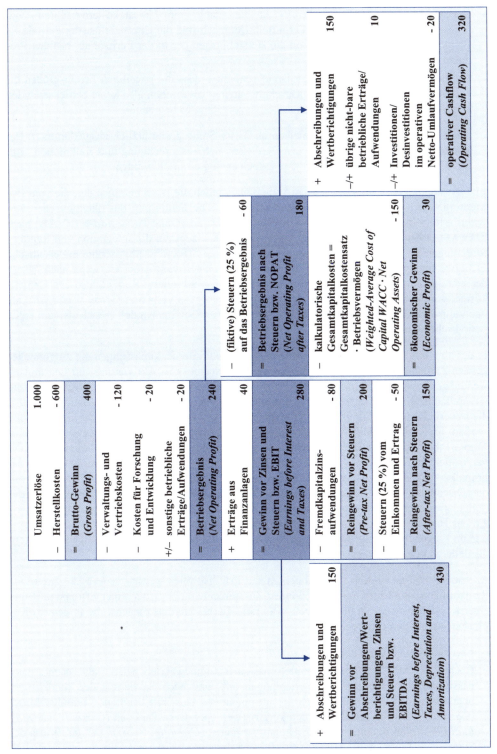

Abb. 3-4   Alternative Erfolgsbegriffe

- Der Brutto-Gewinn (*Gross Profit*) ist hier nach dem Umsatzkostenverfahren (vgl. S. 661ff., S. 705ff. und S. 824ff.) ermittelt. Demnach sind die Umsatzerlöse der Periode als Periodenleistung erfasst und davon die Herstellkosten der in der Periode abgesetzten Produkte abgezogen.

- Die Bezeichnung „operativ" lässt darauf schließen, dass die jeweiligen Erfolgsgrößen direkt oder indirekt aus der (Kern-)Geschäftstätigkeit resultieren, also keine betriebsfremden Komponenten bzw. Komponenten des Finanzergebnisses beinhalten.

- Kalkulatorische Erfolgsgrößen bleiben an dieser Stelle grundsätzlich ausgeklammert. Bei Verwendung interner Daten aus den Bereichen Betriebsabrechnung und Kalkulation (vgl. S. 797ff.) können diese Erfolgsgrößen jedoch analog ermittelt werden.

Eine Ausnahme bezüglich der letzten Anmerkung stellen die Berechnungen dar, die vom Betriebsergebnis zum **ökonomischen Gewinn** führen. Die Ermittlung des ökonomischen Gewinns erfolgt hier in Orientierung an das Konzept des *Economic Value Added* (EVA®) nach STEWART (1991). Grundsätzlich geht es bei diesem Konzept um die Integration von Renditeforderungen als wichtiges Element der wertorientierten Steuerungsphilosophie in periodische Erfolgsrechnungen. Demnach wird erst dann Unternehmenswert generiert, wenn nach Abzug der von den Kapitalgebern geforderten Rendite auf das investierte Kapital, also den Kapitalkosten, vom periodischen Gewinn ein positiver Überschuss verbleibt. Genau dieser wird als ökonomischer Gewinn bezeichnet. Beim ökonomischen Gewinn handelt es sich also um einen periodischen Unternehmenswertsteigerungsbeitrag.

In der hier dargestellten einfachen Berechnung, die auf interne Anpassungen der zugrundeliegenden Zahlen des externen Rechnungswesens verzichtet (z.B. Aktivierung von Leasingaufwendungen), wird das Betriebsergebnis nach fiktiven Steuern auf das Betriebsergebnis um die Gesamtkapitalkosten reduziert, um den ökonomischen Gewinn zu erhalten. Damit wird also die steuerliche Abzugsfähigkeit der Fremdkapitalzinsaufwendungen nicht in der Gewinngröße sondern im Gesamtkapitalkostensatz, den so genannten WACC (= *Weighted-Average Cost of Capital*), berücksichtigt. Diese berechnen sich als mit den Marktwerten von Eigenkapital und verzinslichem Fremdkapital gewichteten Eigen- und Fremdkapitalkostensätzen, wobei der Fremdkapitalkostensatz steuerlich reduziert ist (vgl. hierzu ausführlich im Zusammenhang mit den Discounted Cash Flow-Verfahren S. 462ff. und S. 479ff.). Um den absoluten Betrag der (kalkulatorischen) Gesamtkapitalkosten zu erhalten, ist der Gesamtkapitalkostensatz (WACC) auf das Betriebsvermögen (*Net Operating Assets, Invested Capital, Capital Employed*), das – wie im Folgenden gezeigt wird – auch Bezugsgröße für ausgewählte Rentabilitätskennziffern darstellt, zu beziehen.

Aufbauend auf die in Abb. 3 - 4 abgegrenzten Erfolgsgrößen werden in Abb. 3 - 5 zentrale Rentabilitätskennziffern, die generell einen Zusammenhang zwischen einer Erfolgsgröße und einer Kapitaleinsatzgröße beschreiben, definiert. Hierbei werden zunächst die folgenden **Kapitaleinsatzgrößen** differenziert:

- **Eigenkapital** (*Equity*) und
- **Gesamtkapital** (*Net Assets*) ermittelt aus einer kompensierten Bilanz, also nach Abzug passivisch ausgewiesener Wertberichtigungen u.Ä. und nach Saldierung der kurzfristigen operativen Aktiven einschließlich der im operativen Geschäft benötigten liquiden Mittel (*Current Operating Assets*) mit den kurzfristigen operativen Passiven (*Current Operating Liabilities*) zum operativen Netto-Umlaufvermögen (*Operating Working Capital*), das der Summe aus Eigenkapital (*Equity*) und Finanzschulden (*Debt*) entspricht. Sofern zusätzlich

3.2 Ökonomische, soziale und ökologische Dimensionen von Unternehmungszielen 81

die totalen liquiden Mittel mit den Finanzverbindlichkeiten verrechnet werden, ergibt sich das Gesamtkapital aus der Summe von Eigenkapital und Netto-Finanzschulden (*Net Debt*).

Für den Fall, dass ein Teil des Gesamtvermögens in Finanzanlagen investiert ist und somit Erträge aus Finanzanlagen existieren, ist das Gesamtkapital weiter zu differenzieren, damit in Verbindung mit den jeweils passenden Erfolgsgrößen die Kennzahlen zu sinnvollen Rentabilitätsaussagen führen:

- **zu Betriebszwecken eingesetztes Kapital** (*Net Operating Assets, Invested Capital, Capital Employed*), das dem Betriebsvermögen entspricht (wobei es hier auch möglich ist, den Wert betrieblich genutzter, nicht aktivierter Gegenstände wie Miet- oder Leasing-Objekte einzubeziehen) und

- **in Finanzanlagen investiertes Kapital** (*Financial Assets*) einschließlich der liquiden Mittel, die nicht im operativen Geschäft benötigt werden.

Nenner	Zähler	Rentabilitätskennzahl	
Eigenkapital (*Equity*)	Reingewinn vor Steuern (*Pre-tax Net Profit*)	Eigenkapitalrentabilität vor Steuern (*Pre-tax Return on Equity*)	EKR v. St. (*ROE*)
	Reingewinn nach Steuern (*After-tax Net Profit*)	Eigenkapitalrentabilität nach Steuern (*After-tax Return on Equity*)	EKR n. St. (*ROE*)
Gesamtkapital (*Net Assets*)	Gewinn vor Zinsen und Steuern (*EBIT*)	(Brutto-)Gesamtkapitalrentabilität (*Gross Return on Assets*)	GKR$_{Brutto}$ (*ROA$_{Gross}$*)
	Reingewinn vor Steuern (*Pre-tax Net Profit*)	Netto-Gesamtkapitalrentabilität (*Net Return on Assets*)	GKR$_{Netto}$ (*ROA$_{Net}$*)
	Gewinn vor Abschreibungen/Wertberichtigungen, Zinsen und Steuern (*EBITDA*)	EBITDA-Gesamtkapitalrentabilität (*Cash Flow Return on Assets*)	EBITDA-GKR (*CFROA*)
Betriebsvermögen (*Net Operating Assets, Invested Capital, Capital Employed*)	Betriebsergebnis (*Net Operating Profit*)	Betriebsvermögensrentabilität v. St. (*Operating Return on Invested Capital*)	BVR v. St. (*Pre-tax ROIC, Pre-Tax-ROCE*)
	Betriebsergebnis nach Steuern (*Net Operating Profit after Taxes, NOPAT*)	Betriebsvermögensrentabilität n.St. (*After-tax Operating Return on Invested Capital*)	BVR n. St. (*ROIC, ROCE*)
	Operativer Cashflow (*Operating Cash Flow*)	Cashflow-Gesamtkapitalrentabilität (*Cash Flow Return on Invested Capital*)	CF-GKR (*CFROCE, CFROIC*)
Finanzanlagen (*Financial Assets*)	Erträge aus Finanzanlagen (*Gross Income on Financial Assets*)	Brutto-Finanzanlagenrentabilität (*Gross Return on Financial Assets*)	FAR$_{Brutto}$ (*ROFA$_{Gross}$*)

Abb. 3 - 5   Auswahl wichtiger (Kapital-)Rentabilitätskennzahlen

Zu (2)   Nicht-ökonomische Ziele:

Unternehmungsziele haben stets (implizit oder explizit) auch eine nicht-ökonomische Dimension. Sie wird deutlich, wenn man sich noch einmal vergegenwärtigt, aus welchen verschiedenen Interessenlagen und Ansprüchen Unternehmerziele entstehen und damit auch verdeutlicht, dass wirtschaftliche Prozesse sowohl von den Motiven wie von den (beabsichtigten und unbeabsichtigten) Wirkungen her weit über das Moment des reinen Geldverdienens, der Kapitalakkumulation, der Versorgung mit Konsumgütern u.Ä. hinausgehen.

Eine besondere Rolle spielen in diesem Zusammenhang – wie bereits einleitend abgegrenzt – (2a) soziale Aspekte des Wirtschaftens und (2b) ökologische Aspekte des Wirtschaftens. Auf sie sei im Folgenden etwas ausführlicher eingegangen.

Zu (2a)   Soziale Aspekte des Wirtschaftens:

Soziale Aspekte des Wirtschaftens finden sich in fast allen Problemen, mit denen sich die Betriebswirtschaftslehre beschäftigt, nicht zuletzt deshalb, weil im Wirtschaftsprozess der Unternehmungen letztlich stets Menschen agieren und von den Aktionen auch stets Menschen betroffen werden. Damit stehen **Probleme** wie die folgenden im Mittelpunkt sozialökonomischer Analysen:

- gerechte Entlohnung für die im Interesse der Unternehmung geleistete Arbeit,
- Menschenwürdige Arbeitsbedingungen,
- Arbeitsplatzsicherheit,
- Beteiligung der Arbeitnehmer am Gewinn und Vermögen,
- Mitspracherechte bei der Formulierung und Verfolgung der Unternehmungsziele
- u.a.

In einer strikt ökonomischen Analyse würden diese Aspekte natürlich auch dem ökonomischen Kalkül von Kosten und Nutzen zu unterwerfen sein. Ihnen käme also insofern Mittelcharakter im Hinblick auf die ökonomischen Ziele zu. Betont man jedoch die soziale Dimension der Unternehmungsziele, so ist die Blickrichtung eine etwas andere: Die Organisationsmitglieder werden nicht lediglich als „Werkzeuge" zur Erreichung der Unternehmungsziele betrachtet, sondern sie werden als Menschen mit individuellen Zielen und Bedürfnissen anerkannt. Das bedeutet, dass den sozialen Aspekten des Wirtschaftsprozesses insofern auch nicht mehr nur und ausschließlich Mittelcharakter zukommt, sondern dass sie – wenn möglich – gleichrangig neben ökonomische Überlegungen gestellt werden.

Im Zweifel wird für eine Unternehmung natürlich auch hier das „**Primat des Ökonomischen**" gelten müssen, denn letztlich handelt es sich bei den Unternehmungen ja um Wirtschaftsbetriebe mit Erwerbscharakter. Dass dies kein Hindernis für eine stärkere Beachtung sozialer Ziele ist, wird aber deutlich, wenn man bedenkt,

- dass die Möglichkeiten zur Befriedigung materieller Bedürfnisse, wie sie den Organisationsmitgliedern ökonomisch erfolgreicher Unternehmungen geboten werden können, eine ganz wichtige (wenn nicht die wichtigste) soziale Funktion erfüllen und
- dass umgekehrt der ökonomische Erfolg einer Unternehmung erst die materiellen Voraussetzungen dafür schafft, sozialen Aspekten stärkeres Gewicht geben zu können.

3.2 Ökonomische, soziale und ökologische Dimensionen von Unternehmungszielen

Zu den Rahmenbedingungen für eine stärkere Betonung sozialbezogener Unternehmungsziele gehört es, dass die Kerngruppen (Machtträger) in einer Unternehmung auch entsprechende (ethische und moralische) Werthaltungen aufweisen und diese in einer praktizierten, betont sozialbezogenen Unternehmungsphilosophie (vgl. S. 75) zum Ausdruck bringen. Dabei ist es natürlich von Bedeutung, wie die Führungsgremien einer Unternehmung zusammengesetzt sind, denn diese bestimmen maßgeblich das „Wertklima" dieser Unternehmung.

Bei der in Deutschland praktizierten **Mitbestimmung** wird diesem Grundgedanken insofern Rechnung getragen, als in den hiervon betroffenen Kapitalgesellschaften **drei Zentren der betrieblichen Willensbildung** unterschieden werden (vgl. Abb. 3 - 6):

- die Eigentümer (bzw. Anteilseigner) als Vertreter des Faktors „Kapital" im Aufsichtsrat der Unternehmung,
- die Arbeitnehmer (direkt oder über ihre Repräsentanten) als Vertreter des Faktors „Arbeit" im Aufsichtsrat der Unternehmung,
- der Vorstand (bzw. die Geschäftsführung) als eigentliches Leitungsorgan der Unternehmung.

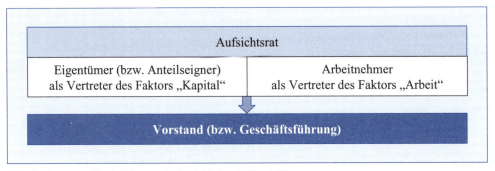

Abb. 3 - 6   Die drei Zentren der betrieblichen Willensbildung

Dadurch, dass nach den Mitbestimmungsgesetzen den Arbeitnehmern respektive ihren Repräsentanten ein institutionalisiertes Einflussrecht auf die Unternehmungspolitik eingeräumt wird, findet also eine Art Macht- und Arbeitsteilung statt. Die Arbeitnehmervertreter im Aufsichtsrat sind zuständig für die Einbringung sozialer Argumente in die Unternehmungspolitik, wohingegen die „Kapitalinteressen" von der Eigentümerseite artikuliert werden. Der Vorstand bzw. die Geschäftsführung schließlich hat die Aufgabe, etwaige Spannungen zwischen sozialer und ökonomischer Dimension der unternehmungspolitischen Entscheidungen zum Wohle der Unternehmung und aller Beteiligten auszugleichen.

Die existierenden Mitbestimmungsgesetze – es gibt deren drei – unterscheiden sich in ihrem Geltungsbereich und in der organisatorischen Ausgestaltung. Abb. 3 - 7 (in Anlehnung an CHMIELEWICZ et al. 1977, S. 116f.) gibt eine Übersicht über diese Unterschiede.

84 Drittes Kapitel: Unternehmungsziele

		Betriebsverfassungsgesetz 1952 **1**	Mitbestimmungsgesetz **2**	Montan-Mitbestimmungsgesetz **3**
Vollständiger Name des Gesetzes		Betriebsverfassungsgesetz vom 11. Oktober 1952 (§§ 76ff, 81, 87 bleiben gemäß § 129 I BetrVG 1972 in Kraft) – BetrVG 1952 –	Gesetz über die Mitbestimmung der Arbeitnehmer vom 4. Mai 1976 – MitbestG –	Gesetz über die Mitbestimmung der Arbeitnehmer in den Aufsichtsräten und Vorständen der Unternehmen des Bergbaus und der Eisen und Stahl erzeugenden Industrie vom 21. Mai 1951 – Montan-MitbestG –
		Paragrafen ohne Kennzeichnung beziehen sich auf das Gesetz der betreffenden Spalte		

			Betriebsverfassungsgesetz 1952	Mitbestimmungsgesetz	Montan-Mitbestimmungsgesetz
Grundsätzliche Stimmenverteilung im Aufsichtsrat (AR)		1	Unterparität (1/3) der Arbeitnehmer- (AN-) Repräsentanten im AR	Parität (1/2) der AN-Repräsentanten im AR	Parität (1/2) der AN-Repräsentanten, zusätzlich ein „Neutraler" im AR
Kopfzahl des Aufsichtsrats	Mindestens	2	3	12	11
	Höchstens	3	21	20	21
	Abhängig von	4	Grund- bzw. Stammkapital	Beschäftigtenzahl	Grund- bzw. Stammkapital

Kopfzahlverhältnis der Anteilseigner-Repräsentanten zu Arbeitnehmer- (AN-) Repräsentanten		5	Grund- bzw. Stammkapital
			a) ≤ 1,5 Mio. EUR:
			  2 : 1 oder 4 : 2 oder 6 : 3
			b) > 1,5 Mio. bis 10 Mio. EUR:
			  wie a) oder 8 : 4 oder 10 : 5
			c) > 20 Mio. EUR:
			  wie b) oder 12 : 6 oder 14 : 7
			
			[§§ 76 I, 77 I in Verbindung mit § 95 AktG]
				Beschäftigtenzahl
				a) > 2.000 bis 10.000:
				  6 : 6 oder 8 : 8 oder 10 :10
				b) > 10.000 bis 20.000:
				  8 : 8 oder 10 : 10
				c) > 20.000:
				  10 : 10
				
				[§§ 1 I, 7 I]
					Grund- bzw. Stammkapital (jeweils bis zu 2 „weitere Mitglieder" und ein „Neutraler")
					a) ≤ 10 Mio. EUR:
					  (4 + 1) : (4 + 1) : 1
					b) > 10 Mio. bis 25 Mio. EUR:
					  wie a) oder (6 + 1) : (6 + 1) : 1
					c) > 25 Mio. EUR:
					  wie b) oder (8 + 2) : (8 + 2) : 1
					[§§ 4 I, II, 9]

Verteilung der AN-Gruppen im AR					BetrVG 1952							MitbestG			Montan-MitbestG		
	AN-Repräsentanten in AR insgesamt		6	[§§ 76 II, 77 I] 1	2	3	4	5	6	7	[§§ 7 II, 15II] 6	8	10	[§§ 4 I, II, 6, 9] 5	7	10
Intern (in der Unternehmung beschäftigt)	Arbeiter	7	1	1	≥ 1	≥ 1	≥ 1	≥ 1	≥ 1	≥ 1	≥ 1	≥ 1	1	2	3
	Angestellte	8		1	≥ 1	≥ 1	≥ 1	≥ 1	≥ 1	≥ 1	≥ 1	≥ 1	1	1	1
	Leitende Angestellte	9	0	0						≥ 1	≥ 1	≥ 1			
Intern oder extern	Arbeiter o. Angestellte	10	0	0	≥ 1	≥ 2	≥ 3	≥ 4	≥ 5						
	Gewerkschaftsvertreter	11	0	0						2	2	3	2	3	4
Extern	Sonstige („weiteres Mitglied")	12											1	1	2

Beschlüsse des AR				BetrVG 1952	MitbestG	Montan-MitbestG
	Beschlussfähigkeit		13	Hälfte der Soll-Mitgliederzahl mindestens aber 3 [§ 108 II AktG; § 77 I in Verb. mit § 108 II AktG]	Hälfte der Soll-Mitgliederzahl [§§ 28, 25 I in Verbindung mit § 108 II AktG]	Hälfte der Soll-Mitgliederzahl [§ 10]
Mehrheitserfordernisse bei	Wahl des AR-Vorsitzenden		14	einfache Stimmenmehrheit	1. Wahlgang: 2/3-Mehrheit der Soll-Mitgliederzahl 2. Wahlgang: einfache Mehrheit der abgegebenen Stimmen der Anteilseigner-Repräsentanten [§ 27]	einfache Stimmenmehrheit
	Vorstandsbestellung/ -abberufung (nicht bei KGaA)		15	einfache Stimmenmehrheit AG: je AR-Mitglied 1 Stimme; GmbH (Gesellschafter, nicht AR); je 50 EUR Geschäftsanteil 1 Stimme [§§ 46 Nr. 5, 47 GmbHG]	1. Wahlgang: 2/3-Mehrheit der Mitgliederzahl 2. und 3. Wahlgang: einfache Mehrheit der Mitgliederzahl [§ 31]	einfache Stimmenmehrheit, aber Vetorecht bei AN-Vertreter bei Bestellung bzw. Abberufung des Arbeitsdirektors [§ 13 I]
	Sachentscheidungen		16	einfache Stimmenmehrheit	1. und 2. Abstimmung: einfache Mehrheit der abgegebenen Stimmen [§ 29]	einfache Stimmenmehrheit
Auflösung der Pattsituation			17	nicht geregelt: Patt tritt wegen fehlender Parität und ungerader Mitgliederzahl in der Regel nicht auf	Wahl durch Anteilseigner-Repräsentanten; Wahl des stellvertretenden AR-Vorsitzenden durch AN-Repräsent. Ggf. hat AR-Vorsitzender Zweitstimme. [§§ 27 I, 29 I, 31 IV]	im Sollkonzept Auflösung durch neutrales Mitglied

Abb. 3 - 7 Wesentliche Unterschiede der Mitbestimmung nach BetrVG 1952, MitbestG und Montan-MitbestG (nur AG, KGaA, GmbH; ohne Konzern)

3.2 Ökonomische, soziale und ökologische Dimensionen von Unternehmungszielen   85

Zu (2b)   Ökologische Aspekte des Wirtschaftens:

Ökologische Aspekte des Wirtschaftens treten ebenso wie die sozialen Aspekte in zahlreichen Problemen, mit denen sich die Betriebswirtschaftslehre beschäftigt, auf. Allerdings ist zu konstatieren, dass sich der klassische betriebswirtschaftliche Ansatz mit Fragen des Umweltschutzes im weitesten Sinne kaum auseinander setzte und man sie dort, wo etwa staatliche **Umweltschutzauflagen** zu beachten waren, lediglich als Teil des jedem Wirtschaften immanenten Datenkranzes (bestehend aus natürlichen, technischen und restlichen Restriktionen) betrachtete.

Diese verengte Sicht des Wirtschaftens wird in letzter Zeit zunehmend in Frage gestellt. Maßgebend dafür ist zum einen die objektiv messbare, strukturell zunehmende Überforderung der natürlichen Umwelt durch industrielle Produktionsprozesse und Massenkonsum, zum andern die auf allen Ebenen der Gesellschaft zu beobachtende wachsende Sensibilität für die Notwendigkeit des Umweltschutzes als Garant für Lebensqualität und Erhalt der zukünftigen Lebensgrundlagen schlechthin.

Die Überforderung der natürlichen Umwelt findet ihren Niederschlag dabei in zwei zentralen **ökologischen Problembereichen**,

- in der **Ressourcenerschöpfung**, hervorgerufen durch ein strukturelles Ungleichgewicht von Ressourcenabbau und ihrer natürlichen Regeneration und
- in der **Umweltverschmutzung**, d.h. der Belastung der Umwelt mit Schadstoffen, die in ökologischen Prozessen nicht mehr vollständig aufbereitet oder abgebaut werden können.

Beide Problembereiche können sich noch gegenseitig potenzieren und in letzter Konsequenz zur Zerstörung ganzer ökologischer Systeme (wie Wasserkreislauf, Nahrungskette, Mensch-Pflanzensymbiose) führen und damit die Lebensgrundlagen des Menschen insgesamt zerstören. Es ist deshalb auch nur folgerichtig, dass im Einklang mit der gewachsenen Einsicht in diese Gefährdungspotenziale die Zahl und Intensität staatlicher Eingriffe in das Wirtschaftsgeschehen in Form von **Umweltschutzgesetzen** stark zugenommen hat.

Für die Unternehmungen entstehen aber nicht nur hieraus höchst bedeutsame **ökologische Herausforderungen**. Denn allgemein muss es angesichts der Bedeutung des Umweltschutzes darum gehen, die ökonomische Dimension der Unternehmungsziele durch eine explizite ökologische Komponente zu erweitern. Dies bedeutet aber, dass die **möglichen Konflikte** bei einer Verbindung ökonomischer Ansprüche an die Unternehmung mit entsprechenden ökologischen Forderungen in den Mittelpunkt betriebswirtschaftlicher Analyse gestellt werden müssen. Abb. 3 - 8 verdeutlicht das hierbei entstehende Problemfeld (vgl. auch MEFFERT/KIRCHGEORG 1998).

Grundsätzlich wird es **verschiedene Strategien** geben, diese Probleme in Form möglicher Konflikte zwischen Ökologie und Ökonomie im Zielsystem der Unternehmungen zu berücksichtigen. Zu nennen sind hier

(1)   die **ökologische Defensivstrategie** und

(2)   die **ökologische Offensivstrategie**.

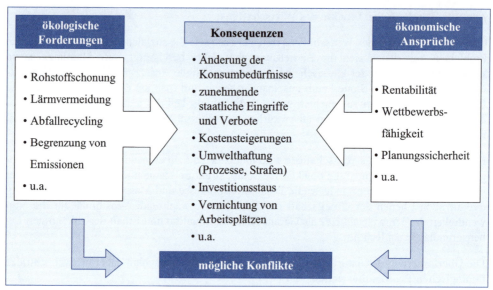

Abb. 3 - 8   Mögliche Konflikte zwischen „Ökonomie" und „Ökologie"

Zu (1)   Ökologische Defensivstrategie:

Ein erster Ansatz betont die **Dominanz der ökonomischen Zieldimension**, sodass die ökologischen Ansprüche nur so weit berücksichtigt werden, wie staatliche Gebote und Verbote sie einfordern. Eine solche ökologische Defensivstrategie entspricht der klassischen betriebswirtschaftlichen Sichtweise, bei der der Umweltschutz lediglich als eine von außen gesetzte Restriktion gilt.

Abgesehen davon, dass hier dem Staat die alleinige Verantwortung für die Lösung ökologischer Probleme übertragen wird, sind mit einer solchen Strategie aus Unternehmersicht nicht überschaubare Risiken und Nachteile verbunden. So nimmt bei stets voller Ausnutzung gesetzlicher Spielräume und Lücken im Umweltschutz die Gefahr von Imageverlusten, aber auch die von gerichtlichen Auseinandersetzungen zu; ganz abgesehen davon, dass sich solche Unternehmungen der Chancen berauben, die in einer stärker antizipativen und freiwilligen Berücksichtigung von Umweltbelangen begründet sind.

Zu (2)   Ökologische Offensivstrategie:

Damit ist ein zweiter Ansatz angesprochen, der als ökologische Offensivstrategie bezeichnet werden kann. Hier wird nun bewusst eine Änderung der Zielbeziehungen von ökonomischen und ökologischen Zielen herbeizuführen versucht. Dabei lassen sich im Einzelnen **zwei** (häufig miteinander verbundene) **Varianten** unterscheiden.

Im ersten Fall wird die vorherrschende Dominanz der ökonomischen Ziele über ökologische Belange praktisch umgekehrt, sodass nunmehr ökonomische Anforderungen die Funktion von Restriktionen einnehmen, wohingegen die ökologische Zieldimension dominiert. Probleme einer solchen **ökologie-dominanten Strategie** sind in einem marktwirtschaftlichen Wettbewerbssystem evident und können wohl allenfalls in Nischenpositionen dauerhaft durchgehalten werden.

3.2 Ökonomische, soziale und ökologische Dimensionen von Unternehmungszielen 87

Erfolgsversprechender ist dagegen eine **Komplementaritätsstrategie**. Sie besteht darin, den postulierten Gegensatz von Ökonomie und Ökologie quasi zu versöhnen, indem Umweltschutzmaßnahmen als Chance wahrgenommen werden, Produkte und betriebliche Leistungsprozesse so zu verändern, dass eine Komplementarität zwischen ökologischen und ökonomischen Zielen erreicht wird. Diese Sichtweise, dass für den Umweltschutz auch aus Unternehmenssicht handfeste ökonomische Gründe sprechen, setzt sich zunehmend durch.

B.A.U.M.-Ehrenkodex

Wir verstehen die Natur, die Gesellschaft, die Wirtschaft und jedes einzelne Unternehmen als Teile eines globalen ökologischen Systems, dessen Gleichgewicht und Artenvielfalt entscheidend für den Fortbestand allen Lebens sind.

Wir bekennen uns als Wirtschaftsunternehmen zu unserer besonderen Mitverantwortung für die Bewahrung der natürlichen Lebensgrundlagen.

Wir sind überzeugt, dass der schonende Umgang mit den öffentlichen Gütern Wasser, Luft und Boden sowie Flora und Fauna mit marktwirtschaftlichen Instrumenten gesichert werden muss, dass dafür eine enge Zusammenarbeit zwischen Wirtschaft und Politik erforderlich ist, und dass in gemeinsamer Anstrengung das allgemeine Bewusstsein für den Umweltschutz durch Information und Ausbildung zu verstärken ist.

Wir sehen große unternehmerische Chancen in einer umweltorientierten, frei verfassten und vom Markt gesteuerten Wirtschaftsordnung, die nachhaltigen Wohlstand auch für künftige Generationen sichert. Eine solche Ordnung bietet die Möglichkeit, die Konflikte zwischen Ökonomie und Ökologie zu lösen.

Aus dieser Erkenntnis verpflichten wir uns auf den folgenden Kodex unternehmerischen Verhaltens:

1. Wir ordnen den Umweltschutz den vorrangigen Unternehmenszielen zu und nehmen ihn in die Grundsätze zur Führung des Unternehmens auf. Ihn zu verwirklichen, ist ein kontinuierlicher Prozess.

2. Wir sehen Umweltschutz als wichtige Führungsaufgabe an und stellen sicher, dass er in allen betrieblichen Funktionen und auf allen Ebenen in konkrete Ziele und Verhaltensregeln umgesetzt wird.

3. Wir betrachten Umweltschutz als Teil der Linienverantwortung. Die Fachkompetenz wird durch Einsetzung von Umweltschutzbeauftragten oder Umweltausschüssen so organisiert, dass eine umfassende Information und Einbeziehung in alle Entscheidungen sichergestellt ist.

4. Wir integrieren Umweltschutz als eigenständiges Kriterium in das Planungs-, Steuerungs- und Kontrollsystem, nach Möglichkeit in quantifizierter Form.

5. Wir geben uns periodisch detaillierte Rechenschaft über den Stand des Umweltschutzes im Unternehmen, um Schwachstellen zu erkennen, die notwendigen Maßnahmen zu veranlassen und erreichte Fortschritte zu dokumentieren.

6. Wir informieren unsere Mitarbeiter ausführlich über Umweltaspekte, motivieren sie zu umweltbewusstem Verhalten auch im privaten Bereich, und legen in unseren Bildungsmaßnahmen einen besonderen Schwerpunkt auf den Umweltschutz.

7. Wir nutzen die Forschung und Entwicklung verstärkt zur ständigen Verbesserung der Umweltverträglichkeit unserer Produkte und Verfahren. Wir setzen dabei Rohstoffe, Energie, Wasser und sonstige Güter so sparsam wie möglich ein und berücksichtigen die gesamte Lebenszeit der Produkte einschließlich ihrer Entsorgung.

8. Wir beziehen alle Marktpartner in unsere Bemühungen um verbesserten Umweltschutz ein. Wir erarbeiten mit unseren Lieferanten spezielle Umweltstandards, informieren und beraten den Handel und klären unsere Verbraucher über den umweltschonenden Umgang mit unseren Produkten und deren Entsorgung auf.

Abb. 3 - 9   Beispiel für ökologische Unternehmensgrundsätze

Unmittelbar einsichtig ist dies beispielsweise im Hinblick auf den **Markt für Umweltschutz**, der sich im Gefolge umweltpolitischer Gesetzesmaßnahmen zu einem großen und stark wachsenden Geschäftsfeld entwickelt hat. Aber auch bei den Unternehmungen, die Umweltschutz nicht als Geschäftszweck betreiben, lässt sich zeigen, dass sie zusätzliche Markterfolge realisieren und sogar Kosten einsparen können, wenn sie umweltgerechtere Produkte und Produktionsprozesse entwickeln oder Recycling-Programme zur Abfallvermeidung respektive -wiedernutzung und andere Maßnahmen der Umweltpolitik gezielt einsetzen.

Wichtige flankierende Maßnahmen für solche ökologischen Offensivstrategien sind in diesem Zusammenhang freiwillige Branchenabkommen in Form kollektiver Selbstverpflichtungen, um der Gefahr von zunehmenden staatlichen Regulierungen zu begegnen. Wichtig ist auch, dass in den einzelnen Unternehmungen selbst **Grundsätze ökologieorientierter Unternehmensführung** erarbeitet werden, die als System von Leitmaximen das Umweltverhalten im Wirtschaftsprozess der Unternehmung zu steuern in der Lage sind. Ein Beispiel für solch einen Verhaltenskodex liefert Abb. 3 - 9 (Quelle: BUNDESDEUTSCHER ARBEITSKREISES FÜR UMWELTBEWUSSTES MANAGEMENT E. V. [B.A.U.M. e.V.], www.baumev.de).

Die wohl bedeutendste Konkretisierung einer Komplementaritätsstrategie stellt das Konzept der „**Nachhaltigen Entwicklung**" oder auch „**Sustainable Development-Konzept**" dar. Kernelemente dieses Konzeptes sind drei hierarchisch anzuordnende und aufeinander aufbauende Prinzipien (vgl. Abb. 3 - 10, in Anlehnung an WAGNER 1997). Zuerst stellt das **Verantwortungsprinzip** auf eine sorgsame Achtung der Umwelt ab und steht für die Bereitschaft, freiwillig auf eigene Vorteile zur Wahrung der Rechte anderer zu verzichten. Dieser Grundsatz ist als intragenerative Gerechtigkeit innerhalb lebender Generationen und als intergenerative Gerechtigkeit zwischen einander folgenden Generationen zu beachten. Das sich daran anschließende **Kreislaufprinzip** basiert auf Ansätzen, die der Ökosystemtransformation entstammen und versucht, durch den steten Wiedereinsatz zurück gewonnener Ressourcen, den Verbrauch neuer zu minimieren. Das **Kooperationsprinzip** schließlich zielt auf eine enge Interaktion der beteiligten Institutionen einer stark arbeitsteilig organisierten Volkswirtschaft ab, um funktionsfähige Wertschöpfungskreisläufe aufzubauen und so einer übermäßigen Ressourcenverschwendung Einhalt zu gebieten.

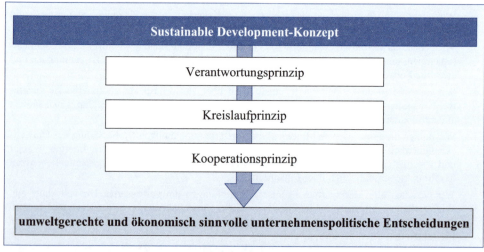

Abb. 3 - 10   Das „Sustainable Development"-Konzept in der Unternehmung

Die Ausrichtung der Unternehmung auf diese drei Prinzipien soll dazu führen, dass letztlich stets umweltgerechte und gleichzeitig ökonomisch sinnvolle Entscheidungen getroffen werden. Bei der konkreten Umsetzung des „Sustainable Development"-Konzepts bedarf es einer gleichzeitigen Berücksichtigung aller drei Kernelemente. Dabei kann dieses Konzept nur dann zu einer sinnvollen ökologischen Neuausrichtung führen, wenn sämtliche Unternehmensbereiche – Marketing, Produktion, Rechnungswesen, Controlling etc. – in diesen Transformationsprozess eingebunden sind (vgl. hierzu ausführlich WAGNER 1997 und MEFFERT/KIRCH-GEORG 1998).

3.3 Berücksichtigung von ökonomischen Hebeleffekten in Zielsystemen

Hebel- bzw. Leverage-Effekte entstehen im Zusammenhang mit der Kostenstruktur und der Kapitalstruktur der Unternehmung und beschreiben

(1) den Einfluss des Beschäftigungsgrades bzw. der Kapazitätsauslastung auf umsatzbezogene Rentabilitäten, wie die Umsatzrentabilität oder die EBITDA-Marge (**Operating Leverage**) sowie

(2) den Einfluss des Verschuldungsgrades (bzw. des Finanzierungskoeffizienten) auf die Eigenkapitalrentabilität bzw. allgemein auf Kapitalrentabilitäten, bei denen der Gewinn oder der Cashflow nach Abzug der Fremdkapitalzinsen im Zähler steht (**Financial Leverage**).

Für die Berücksichtigung dieser Hebeleffekte in den Zielsystemen sind die hier auftretenden ökonomischen Wirkungsbeziehungen und die Determinanten für das sich hieraus ergebende Risiko-Chancen-Profil unterschiedlicher Kosten- bzw. Kapitalstrukturen heraus zu arbeiten.

Zu (1)   Operating Leverage:

Der **Operating Leverage** ist eine Funktion der Kostenstruktur, ausgedrückt als das Verhältnis von fixen und variablen Betriebskosten:

- **Fixkosten** sind beschäftigungsunabhängige Kosten, die unabhängig von der Kapazitätsauslastung anfallen (in der Regel entstehen sie durch bloßen Zeitablauf).
- **Variable Kosten** sind dagegen beschäftigungsabhängig und damit eine Funktion der Leistungsmenge bzw. der Kapazitätsauslastung (vgl. ausführlicher hierzu S. 267ff. und S. 802f.).

Der Operating Leverage beantwortet dabei die Frage nach den Auswirkungen, die eine mengenbedingte Umsatzänderung (bzw. präziser eine Absatz- bzw. Produktionsmengenänderung bei gegebenen Preisen) auf die Umsatzrentabilität (oder EBITDA-Marge) hat. In diesem Zusammenhang sind zwei **zentrale Kennzahlen** zu definieren.

Die erste Kennzahl ist der **Perioden-Deckungsbeitrag im Verhältnis zum Umsatz** (*DBU* bzw. auch Grenzumsatzrentabilität genannt), wobei in den nachfolgenden Formeln mit k_v die variablen Kosten pro Stück und mit M die Produktions- bzw. Absatzmenge pro Periode bezeichnet werden:

$$DBU = \frac{\text{Perioden - Deckungsbeitrag } (DB)}{\text{Erlös bzw. Umsatz pro Periode } (U)}$$

$$= \frac{(p - k_v) \cdot M}{p \cdot M} \qquad\qquad [3-1]$$

Bei linearem Kosten- und Umsatzverlauf gilt für den *DBU* gleichermaßen:

$$DBU = \frac{\text{Deckungsbeitrag pro Stück bzw. Deckungsspanne } (db)}{\text{Erlös bzw. Umsatz pro Stück } (p)}$$

$$= \frac{(p - k_v)}{p} \qquad\qquad [3-2]$$

Die zweite Kennzahl ist die **Fixkostenbelastung des Umsatzes** (*FKU*):

$$FKU = \frac{\text{fixe Betriebskosten pro Periode } (K_f)}{\text{Erlös bzw. Umsatz pro Periode } (U)} \qquad\qquad [3-3]$$

Während die Kennzahl *FKU* verdeutlicht, welcher Anteil des Periodenumsatzes zur Deckung der Fixkosten nötig ist, drückt der *DBU* als Kennzahl aus, welche prozentuale Auswirkungen auf den Periodengewinn sich bei einer absoluten Umsatzänderung einstellen. Letztere ist ihrem Kern nach also eine Grenzumsatzrentabilität. Das folgende Beispiel (vgl. Abb. 3 - 11) zeigt diese Zusammenhänge auf: Bei einem *DBU* von 40 % erhöht sich bzw. verringert sich der Periodengewinn stets um 40 % der Umsatzänderung.

		A	B	C
Menge M	[1]	500	1.000	1.500
Erlös pro Stück p	[2]	5 GE	5 GE	5 GE
variable Stückkosten k_v	[3]	3 GE	3 GE	3 GE
Fixkosten K_f	[4]	1.000 GE	1.000 GE	1.000 GE
Betriebsergebnis der Periode G_{BE}	[5] = [1] · ([2] – [3]) – [4]	0 GE	1.000 GE	2.000 GE
Gewinnänderung gegenüber Situation A	[6]	–	+ 1.000 GE	+ 2.000 GE
Umsatzänderung gegenüber Situation A	[7]	–	+ 2.500 GE	+ 5.000 GE
Deckungsbeitrag zu Umsatz DBU	[8] = ([2] – [3]) / [2]	40 %	40 %	40 %

Abb. 3 - 11   Zusammenhang zwischen *DBU*, Umsatzänderung und resultierender Gewinnänderung

Ein wichtiger Zusammenhang ist des Weiteren darin zu sehen, dass aus dem Saldo von *DBU* und *FKU* stets die Brutto-Umsatzrentabilität (*UR_{Brutto}*) resultiert. Dies lässt sich wie folgt herleiten:

3.3 Berücksichtigung von ökonomischen Hebeleffekten in Zielsystemen

$$UR_{Brutto} = \frac{Betriebsergebnis}{Erlös\ bzw.\ Umsatz\ pro\ Periode}$$

$$= \frac{DB - K_f}{U} = \frac{DB}{U} - \frac{K_f}{U}$$

$$= DBU - FKU \qquad [3-4]$$

Das in Abb. 3 - 12 wiedergegebene Zahlenbeispiel veranschaulicht diese Zusammenhänge und verdeutlicht zudem eine weitere Erkenntnis: Bei gegebenem Kostenvolumen und gegebenen Erlösen ist der *DBU* umso größer (umso niedriger), je niedriger (je höher) die variablen Kosten an den Gesamtkosten sind bzw. je höher (je niedriger) der Fixkostenanteil und damit die Fixkostenbelastung des Umsatzes *FKU* ist. Das bedeutet also, dass bei den genannten Prämissen hohe DBU-Werte stets mit hohen Werten für die *FKU* einhergehen (und vice versa).

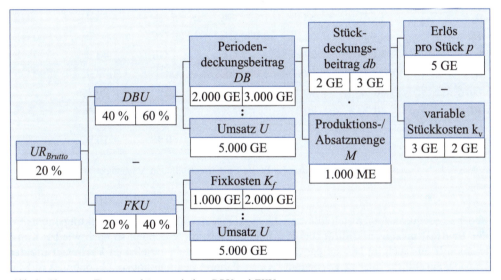

Abb. 3 - 12   Zusammenhänge zwischen *DBU* und *FKU*

Bezüglich der Rentabilitätseffekte des **Operating Leverage-Effekte** lassen sich **zwei Aussagen** formulieren:

- Je höher der *DBU* (je höher also auch die *FKU* bei gegebener Brutto-Umsatzrentabilität) ist,
  - desto stärker verbessert sich die Umsatzrentabilität bei steigenden Produktions- bzw. Absatzmengen bzw. steigendem Mengenumsatz und
  - desto stärker fällt die Umsatzrentabilität aber auch bei sinkendem Mengenumsatz.
- Das Niveau der erzielbaren Umsatzrentabilität durch „Economies of Scale" wird bei sinkenden Fixkostenanteilen nach unten verschoben (solange zumindest das Kostenvolumen insgesamt sich bei gegebenen Mengen – hier gerechnet für die Break Even-Menge – nicht verringert).

Die beiden Aussagen lassen sich anhand des Beispiels von Abb. 3 - 13 illustrieren. Gegeben sind zwei Konstellationen mit jeweils unterschiedlichen Fixkostenanteilen, wobei diese Unterschiede genau durch die Höhe der variablen Kosten (gemessen an der Gewinnschwelle bzw. dem **Break Even-Punkt**, bei der bzw. dem die Kosten durch die Erträge genau gedeckt werden) kompensiert werden: Während bei Konstellation I der Fixkostenanteil an den Gesamtkosten im Break Even-Fall 40 % ausmacht, ist er bei Konstellation II durch die Strategie der Kosten-Flexibilisierung lediglich halb so hoch, also 20 %. Dafür sind bei Konstellation II die variablen Stückkosten um ein Drittel höher, d.h. statt 3 GE sind es 4 GE.

	Konstellation I Fixkostenanteil: 40 % bei M = 500 Stück (Break Even), variable Kosen pro Stück: 3 GE			Konstellation II Fixkostenanteil 20 % bei M = 500 Stück (Break Even), variable Kosten pro Stück: 4 GE		
	A	**B**	**C**	**A**	**B**	**C**
M	500	1.000	2.000	500	1.000	2.000
p	5 GE	5 GE	5 GE	5 GE	5 GE	5 GE
U	2.500 GE	5.000 GE	10.000 GE	2.500 GE	5.000 GE	10.000 GE
k_v	3 GE	3 GE	3 GE	4 GE	4 GE	4 GE
K_f	1.000 GE	1.000 GE	1.000 GE	500 GE	500 GE	500 GE
DBU	40 %	40 %	40 %	20 %	20 %	20 %
FKU	40 %	20 %	10 %	20 %	10 %	5 %
UR_{Brutto}	0 %	20 %	30 %	0 %	10 %	15 %

Abb. 3 - 13   Schwankungen und Niveau der Brutto-Umsatzrentabilität in Abhängigkeit von DBU und FKU

In der Konsequenz zeigen sich relevante Unterschiede sowohl in der **Schwankungsintensität der Brutto-Umsatzrentabilität** (bei Konstellation I ist diese doppelt so hoch wie bei Konstellation II) als auch im Niveau der durch Mengenausweitung erzielbaren **Verbesserung der Umsatzrentabilität** (hier zeigt ebenfalls Konstellation I deutlich höhere „Economies of Scale" als Konstellation II).

Diese unterschiedlichen Effekte können **graphisch gut veranschaulicht** werden (vgl. Abb. 3 - 14). Der DBU bestimmt den Winkel zwischen der Umsatz- und Kostenfunktion, der umso größer ist, je höher der DBU ausfällt. Bei gegebener Ausgangslage, was z.B. durch eine gleiche Gewinnschwelle (hier: 500 Stück) ausgedrückt werden könnte, sind dadurch die Veränderungsraten und die Niveaus der Gewinne bzw. Umsatzrentabilitäten zwangsläufig immer dort am höchsten, wo die höchsten DBU-Werte – und damit einhergehend die höchsten FKU-Werte – zu beobachten sind.

3.3 Berücksichtigung von ökonomischen Hebeleffekten in Zielsystemen

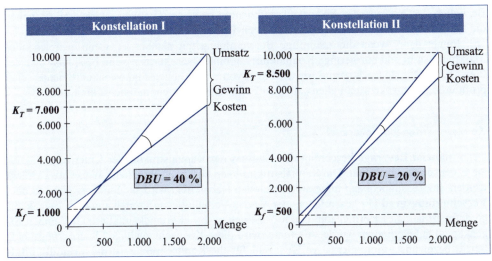

Abb. 3 - 14 DBU im Gewinnschwellendiagramm

Die **betriebswirtschaftliche Entscheidung** für eine Erhöhung oder Senkung des Fixkostenkoeffizienten bzw. der Grenzumsatzrentabilität durch entsprechende Maßnahmen ist in Abhängigkeit von den situationsspezifischen Erwartungen bezüglich der Beschäftigung zu treffen:

- Ist davon auszugehen, dass die Beschäftigung in Zukunft eher steigen wird, kann ein entsprechend hohes Niveau der Gewinn- und Rentabilitätssituation erreicht werden, wenn der Fixkostenkoeffizient möglichst hoch ist (Konstellation I im Beispiel).
- Ein möglichst niedriger Fixkostenkoeffizient ist vor allem dann zielführend, wenn eine rückläufige Beschäftigung zu erwarten ist, weil dann die Rückgänge im Ergebnis geringer ausfallen (Konstellation II im Beispiel).

Abb. 3 - 15 Polaritätenprofil für Risiken und Chancen einer hohen DBU bzw. FKU

Bezüglich des Niveaus des Fixkostenkoeffizienten bzw. der Grenzumsatzrentabilität geben die spezifischen **Determinanten des Chancen-Risiko-Profils** Anhaltspunkte (vgl. Abb. 3 - 15). Immer dann, wenn die zukünftige Beschäftigung gut planbar ist, wenn ausreichendes Marktwachstum und nur geringe Konjunkturreagibilität besteht oder wenn beispielsweise der Preis- bzw. Margendruck gering ist, wird man von einem hohen Fixkostenkoeffizienten eher profitieren, in umgekehrten Fällen sollte der Fixkostenkoeffizient möglichst klein sein.

Zu (2)   Financial Leverage:

Der **Financial Leverage** beschreibt den Einfluss der Kapitalstruktur der Unternehmung auf die Eigenkapitalrentabilität. Die Kapitalstruktur kann auf unterschiedliche Weise ausgedrückt werden. Im Zusammenhang mit dem finanziellen Hebeleffekt wird sie üblicherweise mit dem **Verschuldungsgrad** (*V*) beschrieben, der als das Verhältnis von Fremdkapital zu Eigenkapital definiert ist. Dieser bringt somit zum Ausdruck, wie viel Fremdkapital pro Geldeinheit Eigenkapital aufgenommen wurde. Alternativ wird diese Kennzahl auch als Finanzierungskoeffizient bezeichnet. Eine alternative Kennzahl für die Kapitalstruktur ist die **Fremdkapitalquote** (*FKQ*), die den Anteil des Fremdkapitals am Gesamtkapital als Summe aus Eigen- und Fremdkapital angibt. Entsprechend lässt sich die Kapitalstruktur auch durch den Anteil des Eigenkapitals am Gesamtkapital, also die **Eigenkapitalquote** (*EKQ*), beschreiben. Schließlich ist noch der **Kapitalhebel** (*KH*) (*Financial Leverage*) als Kehrwert der Eigenkapitalquote als Kapitalstrukturkennzahl zu nennen. Ist eine dieser Kennzahlen gegeben, so lassen sich daraus jeweils die drei anderen Kennzahlen zur Kapitalstruktur – ohne Kenntnis der absoluten Beträge für Eigen- und Fremdkapital – herleiten, wie in Abb. 3 - 16 für ein einfaches Beispiel gezeigt wird.

Für das Fremdkapital ist in aller Regel eine feste, gewinnunabhängige Verzinsung zu leisten, die den als Restgröße den Eigenkapitalgebern zustehenden Reingewinn belastet. Um nun den Zusammenhang zwischen Verschuldungsgrad und Eigenkapitalrentabilität sichtbar zu machen, kann die so genannte **Financial Leverage-Formel** abgeleitet werden.

Ausgangspunkt ist die Kennzahl *EBIT* (*Earnings Before Interest and Taxes*) und die damit gebildete Brutto-Gesamtkapitalrentabilität (*GKR_Brutto*). Es gilt (mit *EK* = Eigenkapital und *FK* = Fremdkapital):

$$EBIT = GKR_{Brutto} \cdot \left(EK + FK\right) \qquad [3 - 5]$$

Der Reingewinn (*Net Profit*) *G* lässt sich einerseits mit der Eigenkapitalrentabilität *EKR* bezogen auf das Eigenkapital *EK* ausdrücken:

$$G = EKR \cdot EK \qquad [3 - 6]$$

Andererseits ergibt dieser sich, indem vom *EBIT* der Fremdkapitalzinsaufwand, der aus der multiplikativen Verknüpfung von Fremdkapitalzins *FKZ* und Fremdkapital *FK* resultiert, abgezogen wird:

$$G = EBIT - FK \cdot FKZ \qquad [3 - 7]$$

Setzt man die Gleichungen [3 - 6] und [3 - 7] gleich, so ergibt sich:

$$EKR \cdot EK = EBIT - FK \cdot FKZ \qquad [3 - 8]$$

3.3 Berücksichtigung von ökonomischen Hebeleffekten in Zielsystemen   95

Gegeben:	V	FKQ	EKQ	KH
V		$FKQ = \dfrac{V}{1+V}$	$EKQ = \dfrac{1}{1+V}$	$KH = V+1$
Beispiel: $V = 1,5$		$FKQ = \dfrac{1,5}{1+1,5}$ $= 60\%$	$EKQ = \dfrac{1}{1+1,5}$ $= 40\%$	$KH = 1,5+1$ $= 2,5$
FKQ	$V = \dfrac{FKQ}{1-FKQ}$		$EKQ = 1-FKQ$	$KH = \dfrac{1}{1-FKQ}$
Beispiel: $FKQ = 60\%$	$V = \dfrac{60\%}{1-60\%}$ $= 1,5$		$EKQ = 1-60\%$ $= 40\%$	$KH = \dfrac{1}{1-60\%}$ $= 2,5$
EKQ	$V = \dfrac{1-EKQ}{EKQ}$	$FKQ = 1-EKQ$		$KH = \dfrac{1}{EKQ}$
Beispiel: $EKQ = 40\%$	$V = \dfrac{1-40\%}{40\%}$ $= 1,5$	$FKQ = 1-40\%$ $= 60\%$		$KH = \dfrac{1}{40\%}$ $= 2,5$
KH	$V = KH-1$	$FKQ = 1 - \dfrac{1}{KH}$	$EKQ = \dfrac{1}{KH}$	
Beispiel: $KH = 2,5$	$V = 2,5-1$ $= 1,5$	$FKQ = 1 - \dfrac{1}{2,5}$ $= 60\%$	$EKQ = \dfrac{1}{2,5}$ $= 40\%$	

Abb. 3 - 16   Kennzahlen zur Kapitalstruktur

Gleichung [3 - 5] in Gleichung [3 - 8] eingesetzt, führt zu

$$EKR \cdot EK = GKR_{Brutto} \cdot (EK + FK) - FKZ \cdot FK$$

und nach der Eigenkapitalrentabilität *EKR* aufgelöst, erhält man die **Financial Leverage-Formel**:

$$\text{EKR} = GKR_{Brutto} + (GKR_{Brutto} - FKZ) \cdot \frac{FK}{EK} \qquad [3-9]$$

Die Eigenkapitalrentabilität ergibt sich mit anderen Worten als Resultante aus Brutto-Gesamtkapitalrentabilität, Fremdkapitalzinssatz und Verschuldungsgrad (= *FK/EK*). Die *EKR* unterscheidet sich dabei umso mehr von der GKR_{Brutto}, je größer der (positive oder negative) Klammerausdruck und je höher der Verschuldungsgrad ist.

Wie Abb. 3 - 17 zeigt, bewirkt ein positiver Klammerausdruck ($GKR_{Brutto} > FKZ$), dass sich die Eigenkapitalrentabilität mit zunehmender Verschuldung gegenüber der Brutto-Gesamtkapitalrentabilität immer stärker erhöht, während ein negativer Klammerausdruck ($GKR_{Brutto} < FKZ$) eine entgegengesetzte Wirkung hat. Der Verschuldungsgrad wirkt sich also als eine Art „Hebel" auf die Eigenkapitalrentabilität aus. Man spricht daher auch vom „Leverage"-Effekt, der die eigenkapitalrentabilitätssteigernde Wirkung wachsender Verschuldung im Falle eines positiven Klammerausdrucks ($GKR_{Brutto} - FKZ$) umschreibt. Allerdings wirkt sich dieser Verschuldungshebel auch im umgekehrten Fall aus, wenn der Klammerausdruck nega-

tiv wird ($GKR_{Brutto} < FKZ$), wenn also die Gesamtkapitalrentabilität kleiner als der Fremdkapitalzinssatz ist. Die Eigenkapitalrentabilität sinkt dann unter die Gesamtkapitalrentabilität
und kann bei hoher Verschuldung sehr schnell negativ werden, bis hin zum vollständigen
Verzehr des Eigenkapitals (EKR = - 100 %) oder noch darüber hinaus (Tatbestand der Überschuldung).

$V = FK/EK$		0	1	2	3	8	10	20
positiver Leverage-Effekt	GKR_{Brutto}	10 %	10 %	10 %	10 %	10 %	10 %	10 %
	FKZ	5 %	5 %	5 %	5 %	5 %	5 %	5 %
	EKR	10 %	15 %	20 %	25 %	50 %	60 %	110 %
$EKR = GKR_{Brutto} + (GKR_{Brutto} - FKZ) \cdot FK/EK$								
negativer Leverage-Effekt	GKR_{Brutto}	3 %	3 %	3 %	3 %	3 %	3 %	3 %
	FKZ	8 %	8 %	8 %	8 %	8 %	8 %	8 %
	EKR	3 %	- 2 %	- 7 %	- 12 %	- 37 %	- 47 %	- 97 %

Abb. 3 - 17   Rentabilitäts-Leverage-Effekt der Verschuldung

Damit wird deutlich, dass der richtigen Abschätzung von GKR_{Brutto} und FKZ eine entscheidende Bedeutung bei der Verschuldungsentscheidung zukommt. Dabei liegt auf der Hand,
dass das spezifische **Verschuldungsrisiko** stets umso größer ist,

- je niedriger die GKR_{Brutto} gemessen an den durchschnittlichen Fremdkapitalzinssätzen im
  Durchschnitt ist,
- je stärker die GKR_{Brutto} im Zeitablauf um den Durchschnittswert streut (je größer also die
  Geschäftszyklizität ist) und
- je stärker also die Wahrscheinlichkeit ist, dass der FKZ nachhaltig die GKR_{Brutto} übersteigt.

Abb. 3 - 18 veranschaulicht diesen Sachverhalt anhand eines einfachen Beispiels, bei dem angenommen wird, dass die GKR_{Brutto} zwischen 3 % und 20 % schwankt und der durchschnittliche FKZ bei 8 % liegt.

Zusammenfassend gilt, dass ein hoher Verschuldungsgrad sowohl Chancen als auch Risiken
einer stark gehebelten Eigenkapitalrentabilität aufweist. Es kommt also stets auf den Einzelfall an, wenn es darum geht einen angemessenen Verschuldungsgrad zu bestimmen (vgl. ausführlicher S. 534ff. und S. 793ff.).

3.3 Berücksichtigung von ökonomischen Hebeleffekten in Zielsystemen

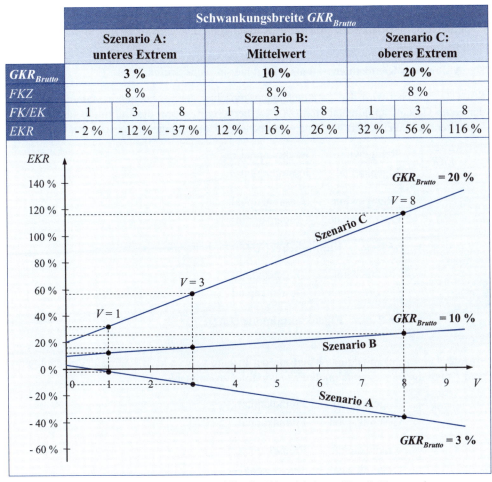

Abb. 3 - 18   Streuung der Eigenkapitalrentabilität in Abhängigkeit vom Verschuldungsgrad

3.4 Systematische Kennzahlenverknüpfung zur Generierung integrierter Zielsysteme

Die anhand der beiden Leverage-Effekte untersuchten Zusammenhänge sind von größter Bedeutung für die Formulierung von Rentabilitäts-Zielgrößen, seien es nun Eigenkapital-, Gesamtkapital- oder Umsatzrentabilitäten. Denn für die Generierung eines konsistenten Zielsystems sind stets auch die inneren Beziehungen zwischen den Rentabilitätsgrößen zu beachten. Darüber hinaus ist zu fordern, dass deren arithmetische Beziehungen zueinander lückenlos erfasst werden. Im Folgenden wird dies unter Verwendung der bisherigen Ergebnisse dadurch vorgenommen, dass folgende **vereinfachende Annahmen** getroffen werden:

- Es existieren keine Erträge aus Finanzanlagen und kein außerordentliches Ergebnis, damit ist die EBIT-Kennziffer identisch mit dem Betriebsergebnis (vgl. Abb. 3 - 4).

- Im Einklang damit wird davon ausgegangen, dass das Gesamtkapital und das für den eigentlichen Betriebszweck investierte Kapital (*Invested Capital* bzw. *Capital Employed*) identisch sind.

Der **Aufbau des Kennzahlensystems** erfolgt hier in **sechs Stufen**:

Stufe 1: Zunächst wird der Zusammenhang zwischen der Eigenkapitalrentabilität *EKR* und der Netto-Gesamtkapitalrentabilität GKR_{Netto} hergestellt, indem die Definition für die Eigenkapitalrentabilität erweitert wird und entsprechende Umstellungen vorgenommen werden:

$$EKR \;=\; \frac{\text{Reingewinn}}{\text{Eigenkapital}} \cdot \frac{\text{Gesamtkapital}}{\text{Gesamtkapital}}$$

$$=\; \frac{\text{Reingewinn}}{\text{Gesamtkapital}} \cdot \frac{\text{Gesamtkapital}}{\text{Eigenkapital}}$$

$$=\; GKR_{Netto} \cdot \textbf{Kapitalhebel (\textit{KH})}$$

$$\text{bzw. } =\; \frac{\text{Reingewinn}}{\text{Gesamtkapital}} : \frac{\text{Eigenkapital}}{\text{Gesamtkapital}}$$

$$=\; GKR_{Netto} : \textbf{Eigenkapitalquote (\textit{EKQ})}$$

Stufe 2: Die Eigenkapitalquote hängt mit der bislang verwendeten Kennzahl Verschuldungsgrad *V* über die Fremdkapitalquote *FKQ* wie folgt zusammen:

$$EKQ \;=\; \frac{\text{Eigenkapital}}{\text{Gesamtkapital}} \cdot \frac{\text{Fremdkapital}}{\text{Fremdkapital}}$$

$$=\; \frac{\text{Fremdkapital}}{\text{Gesamtkapital}} : \frac{\text{Fremdkapital}}{\text{Eigenkapital}}$$

$$=\; \textbf{Fremdkapitalquote (\textit{FKQ})} : \textbf{Verschuldungsgrad (\textit{V})}$$

Stufe 3: Zwischen der Netto- und der Brutto-Gesamtkapitalrentabilität besteht folgende Beziehung:

$$GKR_{Netto} \;=\; GKR_{Brutto} - \frac{\text{Fremdkapitalzinsaufwand}}{\text{Gesamtkapital}}$$

$$=\; GKR_{Brutto} - \textbf{Zinsbelastung zu Gesamtkapital (\textit{ZB/GK})}$$

Stufe 4: Die Kennzahl *ZB/GK* steht wiederum in einer eindeutigen Beziehung zum durchschnittlichen Fremdkapitalzins *FKZ*:

$$ZB/GK \;=\; \frac{\text{Fremdkapitalzinsaufwand}}{\text{Gesamtkapital}} \cdot \frac{\text{Fremdkapital}}{\text{Fremdkapital}}$$

$$= \frac{\text{Fremdkapitalzinsaufwand}}{\text{Fremdkapital}} \cdot \frac{\text{Fremdkapital}}{\text{Gesamtkapital}}$$

$$= \textbf{Fremdkapitalzins } (\textbf{\textit{FKZ}}) \cdot \textbf{Fremdkapitalquote } (\textbf{\textit{FKQ}})$$

Stufe 5: Die Beziehungen zwischen der Brutto-Gesamtkapitalrentabilität und der Brutto-Umsatzrentabilität werden deutlich, wenn die Formel GKR_{Brutto} im Nenner und im Zähler mit der Größe Umsatz multipliziert und die Formelelemente anders gruppiert werden:

$$GKR_{Brutto} = \frac{\text{Betriebsergebnis} (= EBIT)}{\text{Gesamtkapital}} \cdot \frac{\text{Umsatz}}{\text{Umsatz}}$$

$$= \frac{\text{Betriebsergebnis} (= EBIT)}{\text{Umsatz}} \cdot \frac{\text{Umsatz}}{\text{Gesamtkapital}}$$

$$= \textbf{Brutto-Umsatzrentabilität } (\textbf{\textit{UR}}_{\textbf{\textit{Brutto}}}) \cdot \textbf{Kapitalumschlag } (\textbf{\textit{KU}})$$

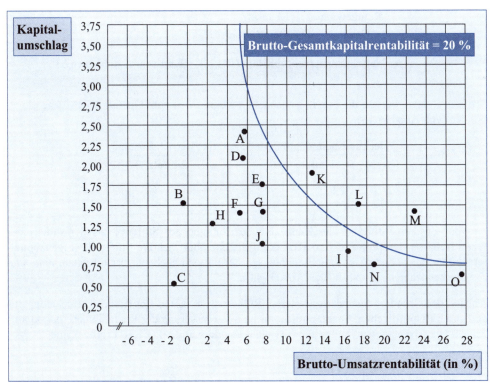

Abb. 3 - 19 Zusammenhänge zwischen Kapitalumschlag, Brutto-Umsatzrentabilität und Brutto-Gesamtkapitalrentabilität

Das Verhältnis vom Umsatz zu Gesamtkapitaleinsatz wird als **Kapitalumschlag(-häufigkeit)** bezeichnet, weil von der Kapitalbindungsdauer der betrieblichen Umsatzprozesse (vgl. S. 370ff.) auf die Häufigkeit der Freisetzung gebundenen Kapitals durch Umsatzerlöse geschlossen werden kann (Beispiel: Bei einem Jahresumsatz von 1.000 GE und einem Kapitaleinsatz von 500 GE wäre der Kapitalumschlag 2 mal pro Jahr!). Das bedeutet zugleich, dass der Kapitalumschlag auch angibt, wie viel Umsatz pro Einheit Kapitaleinsatz im Durchschnitt pro Jahr finanziert werden kann (im Beispiel: 2 GE Umsatz pro 1 GE Kapitaleinsatz!).

Wie der Kennzahlenzusammenhang der Stufe 5 zeigt, gilt bei einer gewünschten GKR_{Brutto} (als Zielgröße in der Zielkonzeption der Unternehmung), dass UR_{Brutto} umso kleiner sein kann (bzw. UR_{Brutto} umso größer sein muss) je höher (niedriger) der Kapitalumschlag KU ist. Abb. 3 - 19 verdeutlicht diese Zusammenhänge, wobei von einer Standard-GKR_{Brutto} von 20 % ausgegangen wird und die einzelnen Punkte verschiedene Produktgruppen, Geschäftszweige oder Unternehmungen darstellen mögen.

Erwähnt sei, dass der Zusammenhang zwischen GKR und UR nur dann sinnvoll interpretiert werden kann, wenn das gesamte Kapital der Unternehmung umsatzbezogen eingesetzt wurde. Ist ein Teil des Kapitals in Finanzanlagen investiert, wird für diesen Teil des investierten Kapitals natürlich eine ergänzende Aufspaltung erforderlich (vgl. S. 776ff.). Ferner ist der **Zusammenhang zwischen UR und KU** selbstverständlich auch für Zielgrößen nach Abzug von Fremdkapitalzinsen herzustellen, sodass Folgendes gilt:

$$GKR_{Netto} \ = \ \frac{\text{Reingewinn}}{\text{Umsatz}} \ \cdot \ \frac{\text{Umsatz}}{\text{Gesamtkapital}}$$

$$= \ \textbf{Netto-Umsatzrentabilität } (\textbf{\textit{UR}}_{\textbf{\textit{Netto}}}) \ \cdot \ \textbf{Kapitalumsachlag } (\textbf{\textit{KU}})$$

Stufe 6: Zuletzt werden die bereits behandelten Kennzahlen zum Operating Leverage eingebunden (vgl. Abb. 3 - 13):

$$UR_{Brutto} \ = \ \frac{\text{Deckungsbeitrag pro Periode}}{\text{Umsatz}} \ - \ \frac{\text{fixe Betriebskosten}}{\text{Umsatz}}$$

$$= \ \textbf{\textit{DBU}} \ - \ \textbf{\textit{FKU}}$$

Aus der Zusammenführung der Kennzahlenbeziehungen der Stufen 1 bis 6 resultiert das **Grundschema der (erweiterten) ROI-Analyse**, das über mehrere Stufen die Eigenkapitalrentabilität (als oberste Ziel- und Steuerungsgröße) mit den nachgelagerten Rentabilitäts- und Strukturkennzahlen verknüpft (vgl. Abb. 3 - 20).

Anhand des Grundschemas der erweiterten ROI-Analyse lassen sich nun die verschiedenartigen **geschäftspolitischen Ansatzpunkte** für eine Verbesserung der Rentabilitätssituation aufzeigen. Die so genannten Treiber für die Eigenkapitalrentabilität (**EKR-Treiber**) sind

(1) die **Brutto-Umsatzrentabilität,**

(2) der **Kapitalumschlag,**

(3) der **Fremdkapitalzins** und

(4) die **Kapitalstruktur.**

3.4 Systematische Kennzahlenverknüpfung zur Generierung integrierter Zielsysteme

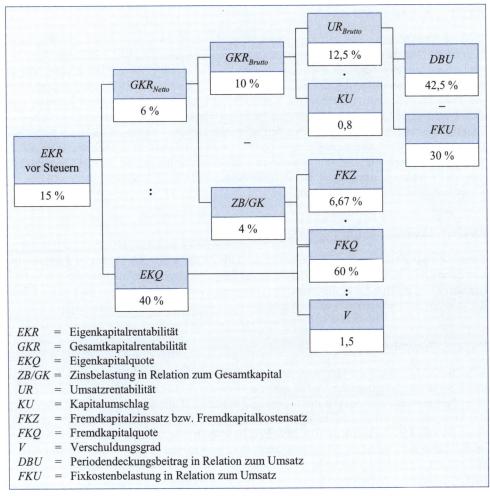

Abb. 3 - 20   Grundschema der erweiterten ROI-Analyse

Zu (1) Brutto-Umsatzrentabilität:

Eine Verbesserung der Brutto-Umsatzrentabilität lässt sich allgemein formuliert durch sämtliche Maßnahmen des **Kosten- und Ertragsmanagements** erreichen. Während das Kostenmanagement bei den Beschaffungspreisen für Arbeitsleistungen, Betriebsmittel und Werkstoffe sowie bei den Produktivitäten der fixen und variablen Betriebskapazitäten ansetzt, wird durch den gezielten Einsatz der Marketinginstrumente im Marketingmix (vgl. S. 302ff.) die Ertragsseite positiv beeinflusst. Des Weiteren gehen von der Umsetzung einer **ertragsorientierten Wachstumspolitik** (vgl. SCHIERENBECK 2003) positive Impulse auf die Eigenkapitalrentabilität aus. Inhaltlich geht es hier um die Formulierung von Wachstumszielen (z.B. Umsatzwachstum), die auf eine Steigerung oder aber zumindest auf eine Sicherung der angestrebten (Eigenkapital-)Rentabilität ausgerichtet sind.

102   Drittes Kapitel: Unternehmungsziele

Zu (2)   Kapitalumschlag:

Positive Auswirkungen auf den Kapitalumschlag, der angibt, wie häufig sich das eingesetzte
Kapital im Umsatz umschlägt (bzw. in einer anderen Interpretation, wie viel Umsatz sich pro
Einheit eingesetzten Kapitals erwirtschaften lässt), sind durch gezielte **Maßnahmen zur finanziellen Rationalisierung** zu erreichen. Wichtige Impulse liefert regelmäßig die Straffung
des Produktionsprogramms, ferner die Kontrolle der kapitalbindenden Aktiva. Letztere kann
sich einerseits auf das Anlagevermögen beziehen, indem beispielsweise nicht betriebsnotwendige Vermögensteile veräußert werden oder vermehrt das Leasing anstelle des Kaufs von
Gegenständen des Anlagevermögens eingesetzt wird. Andererseits reduzieren Maßnahmen
wie die Vorratsoptimierung, die Optimierung des Materialflusses, die Just-in-Time-Produktion, das Factoring, eine engere Debitorenkontrolle und die Optimierung der Liquidität die
Kapitalbindung im Umlaufvermögen.

Zu (3)   Fremdkapitalzinssatz bzw. -kostensatz:

Zur positiven Gestaltung der Zinsbelastung sind die Maßnahmen des **Financial Engineering**
anzuführen, die sich vom optimalen Timing der Finanzierungsentscheidungen über den intel-
ligenten Einsatz neuer Finanzinstrumente (Optionen, Genussrechte, Swaps) bis hin zur Pflege
der Investor Relations erstrecken.

Zu (4)   Kapitalstruktur:

Schließlich stellt die Kapitalstruktur den vierten Werttreiber für die Eigenkapitalrentabilität
dar. Über die Reduzierung der Eigenkapitalquote lässt sich, wie bereits beschrieben, einerseits
unter bestimmten Bedingungen die Eigenkapitalrentabilität steigern, andererseits erhöht sich
das Verschuldungs-(bzw. Leverage-)Risiko. Aufgrund dieser gegenläufigen Effekte, die Ausdruck für den **klassischen Konflikt zwischen Rentabilität und Risiko** sind, ist die Eigenkapitalquote in dem Sinne zu optimieren, dass das Eigenkapital unter Ausnutzung des Hebel-
effektes bis auf das unter Sicherheits- und Bonitätsaspekten erforderliche unternehmensspezifische Mindestmaß reduziert wird.

Wird das ROI-Analyse-Schema zur **Aufstellung des Zielsystems** der Unternehmung verwendet, ist zunächst von der Ziel-Eigenkapitalrentabilität auszugehen. Über die Höhe der im Einzelfall anzustrebenden Eigenkapitalrentabilität selbst lassen sich naturgemäß keine allgemeinen Aussagen machen. Immerhin könnte man den Grundsatz anerkennen, dass sich die **Ziel-
rentabilität**

- an der Gleichgewichtsrentabilität, als der Rentabilität, die notwendig ist, um Gewinnausschüttung und notwendige Investitionen aus eigener Kraft finanzieren zu können (vgl.
  S. 376f.),
- an den Rentabilitätsanforderungen des Marktes, beispielsweise über das Capital Asset Pricing Model (CAPM) ermittelt (vgl. S. 458ff.) und/oder
- an den Rentabilitäten der „Best practice"-(Konkurrenz-)Unternehmen

orientieren sollte. Diese auf Unternehmensebene geplante Eigenkapitalrentabilität lässt sich
mit Hilfe des Kennzahlenschemas in ein konsistentes Zielsystem überführen, indem gemäß
der hierarchischen Kennzahlenverknüpfung die untergeordneten Zielgrößen abgeleitet werden. Dabei werden einerseits in differenzierter Weise die Grenzen für realisierbare Rentabili-

3.4 Systematische Kennzahlenverknüpfung zur Generierung integrierter Zielsysteme

tätsziele aufgezeigt, andererseits lassen sich Effekte, die von Kennzahlenveränderungen auf die Eigenkapitalrentabilität ausgehen, in ihrem kumulativen Durchschlageffekt verdeutlichen (vgl. hierzu auch Planung nach dem Gegenstromverfahren, S. 148f.).

In den vergangenen Jahren hat der **Shareholder Value-Ansatz** als Konzept moderner Unternehmensführung etabliert. Er umfasst ein stark angelsächsisch geprägtes und auf ein einheitliches Ziel hin fokussiertes Konzept der Unternehmensführung, in dessen Mittelpunkt die nachhaltige Steigerung des Unternehmenswerts (= Value) bzw. der Anlegerrendite (= Performance) für die Aktionäre (= Shareholder) steht (vgl. RAPPAPORT 1998). Aufgrund der Fokussierung auf den Unternehmungswert wird auch von dem Paradigma der **wertorientierten Unternehmensführung** gesprochen. Dieser Entwicklung Rechnung tragend lässt sich das **Grundschema der erweiterten ROI-Analyse** bis hin zum Marktwert des Eigenkapitals erweitern (vgl. Abb. 3 - 21) (vgl. hierzu auch SCHIERENBECK/LISTER 2002).

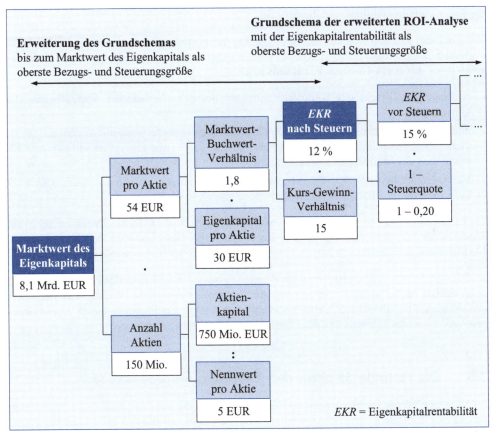

Abb. 3 - 21 Verknüpfung der Eigenkapitalrentabilität (nach Steuern) mit dem Marktwert des Eigenkapitals

Zunächst gilt, dass sich aus der multiplikativen Verknüpfung von Eigenkapitalrentabilität und dem vom Markt zugestandenen **Kurs-Gewinn-Verhältnis** (*Price/Earnings Ratio*) das **Marktwert-Buchwert-Verhältnis** ergibt. Durch diese Kennzahl kommt zum Ausdruck, mit welchem Faktor das Eigenkapital zu Buchwerten am Markt bewertet wird.

In der nächsten Stufe berechnet sich der **Marktwert pro Aktie** aus dem Marktwert-Buchwert-Verhältnis multipliziert mit dem Eigenkapital pro Aktie. Aus dem Marktwert pro Aktie vervielfältigt mit der Anzahl Aktien resultiert schließlich der **Marktwert des Eigenkapitals** bzw. der Shareholder Value.

Aus den geschilderten Zusammenhängen wird deutlich, dass es zwei Größen sind, die den **entscheidenden Einfluss** auf den Marktwert pro Aktie und damit auf den Marktwert des Eigenkapitals insgesamt ausüben,

- das Eigenkapital pro Aktie und
- das Marktwert-Buchwert-Verhältnis, in das die Eigenkapitalrentabilität und das Kurs-Gewinn-Verhältnis eingehen.

Neben dem positiven Zusammenhang zwischen Eigenkapital pro Aktie und Marktwert pro Aktie gilt, dass letzterer umso höher ist, je höher das Kurs-Gewinn-Verhältnis und je höher die Eigenkapitalrentabilität nach Steuern ist.

Während die Einflussfaktoren auf die Eigenkapitalrentabilität im erweiterten ROI-Schema (vgl. Abb. 3 - 20) unmittelbar ersichtlich sind, ergeben sich die folgenden positiven **Determinanten für das Kurs-Gewinn-Verhältnis** implizit:

- nachhaltig erwirtschaftete Kapitalrentabilitäten deutlich oberhalb der Kapitalkosten des Unternehmens,
- überdurchschnittliches und stabiles Gewinnwachstum (höhere Wachstumsraten und geringere Gewinnvolatilitäten als die Wettbewerber) in der Vergangenheit und begründete Erwartungen des Marktes, dass dies so bleibt,
- Vertrauen der Investoren in die Fähigkeit des Unternehmens, neue Investitionschancen zur Sicherung des profitablen Wachstums in der Zukunft zu nutzen.

Im Zusammenhang mit der Unternehmensbewertung nach dem *Stable Dividend Discount Model* (bzw. *Gordon Growth Model*) lassen sich die Determinanten des Kurs-Gewinn-Verhältnisses auch analytisch herleiten, wie dies auf den S. 487f. dargestellt ist.

Auf die genannten Größen ist damit der Steuerungsansatz des **Shareholder Value-Konzepts** auszurichten, wobei es zu den interessantesten Fragen der modernen Betriebswirtschaftslehre gehört, geschäftspolitische Strategien für eine nachhaltige Optimierung dieses Marktwertes pro Aktie bzw. des Marktwertes des Eigenkapitals insgesamt zu generieren.

3.5 Die formale Struktur des Zielplanungsprozesses

Im Vordergrund der Überlegungen zur Zielplanung steht die Einsicht, dass in der Praxis stets gleichzeitig mehrere Ziele verfolgt werden, wobei die Ziele zueinander in bestimmten Beziehungen stehen. Die Zielplanung kann also nur im Rahmen eines **Zielsystems** erfolgen.

In normativer Sicht und ausgehend von ihrer Funktion, den Wirtschaftsprozess der Unternehmung in die gewünschte Richtung zu lenken, sind Zielsysteme zu entwickeln, die bestimmten Anforderungen genügen. Als **wichtigste Anforderungen** sind nach WILD (1982, S. 55ff.) zu nennen:

3.5 Die formale Struktur des Zielplanungsprozesses 105

- **Realistik**: Ziele sollten realisierbar sein, d.h. die verfügbaren Mittel sollten im Rahmen der gegebenen Bedingungen eine Verwirklichung der verfolgten Ziele erlauben.

- **Operationalität**: Ziele sollten nach Zielinhalt, -ausmaß, Zeitbezug und Zuständigkeit so genau wie möglich und notwendig definiert werden, um Schwierigkeiten bei der Zielerreichung zu vermeiden.

- **Ordnung**: Die Beziehung der Ziele zueinander sowie ihr unterschiedliches Gewicht sollten klar definiert sein. Insbesondere ist die Einordnung der Ziele in eine Hierarchie über-, unter- und gleichgeordneter Ziele und die Festlegung von Prioritäten zu fordern.

- **Konsistenz**: Ziele sollten darüber hinaus widerspruchsfrei und aufeinander abgestimmt sein, was die Existenz zumindest partieller Zielkonflikte jedoch nicht ausschließt.

- **Aktualität**: Das Zielsystem sollte keine bereits aufgegebenen oder überholten Ziele enthalten, was eine entsprechende Anpassung im Zeitablauf erfordert.

- **Vollständigkeit**: Das Zielsystem sollte zumindest alle wichtigen Ziele enthalten, also möglichst keine Leerstellen aufweisen, die zu falschen Prioritäten, verdeckten Konflikten und dergleichen mehr führen können.

- **Durchsetzbarkeit**: Ziele sollten auch Durchsetzungserfordernisse erfüllen, also so beschaffen sein, dass sie von den für die Zielerreichung zuständigen Stellen akzeptiert werden können und auch entsprechende Motivationskraft haben.

- **Organisationskongruenz**: Da Ziele in einem bestimmten Zusammenhang zur Organisation stehen, die vor allem eine Aufgaben-, Kompetenz- und Verantwortungsverteilung liefert (vgl. S. 143f.), ist zu fordern, dass

  - alle wichtigen Ziele durch Aufgabenträger (Organisationseinheiten) abgedeckt sind und umgekehrt,
  - das Zielsystem und die Einzelziele nicht gegen organisatorische Gegebenheiten verstoßen und
  - Ziele so gebildet werden, dass eine hinreichend eindeutige Zuordnung zu den Aufgabenträgern (Organisationseinheiten) möglich ist.

- **Transparenz und Überprüfbarkeit**: Das Zielsystem sollte schließlich übersichtlich und verständlich, einheitlich gegliedert und überprüfbar sein. Letzteres ist dabei wesentlich davon abhängig, ob das Zielsystem schriftlich dokumentiert wird.

Die **Idealvorstellung** eines Zielsystems, das allen diesen Anforderungen genügt, ist schwer realisierbar. Denn die Entwicklung eines solchen Zielsystems stellt eine äußerst komplexe Führungsaufgabe dar, zu deren Bewältigung nur begrenzt leistungsfähige Hilfsmittel und Techniken verfügbar sind. Die Zielsysteme, die in den Unternehmungen heute vorherrschen, sind demzufolge unvollständig, zum Teil ungeordnet, weisen Widersprüche, Unklarheiten usw. auf und sind in der Regel auch nicht allen Beteiligten bekannt oder sind nur teilweise schriftlich fixiert. Solche Mängel beeinträchtigen ohne Zweifel – objektiv gesehen – die Steuerungseignung von Zielsystemen, obwohl sie nicht selten bewusst oder unbewusst in Kauf genommen oder gar herbeigeführt werden.

KIRSCH (1971a) hat als eine Erklärung für letzteres eine Hypothese formuliert, die vor allem die Mittelentscheidungen der obersten Instanzen betrifft: Je mehr eine Mittelentscheidung die Machtverteilung beeinflusst, desto weniger sind die Kerngruppen (Machtträger) bereit, sich aus Anlass und zum Zwecke der Bestimmung dieser Mittelentscheidungen auf ein Zielsystem der Unternehmung zu einigen.

Dieses Phänomen hängt damit zusammen, dass ein zu vereinbarendes Zielsystem der Unternehmung von der **herrschenden Machtverteilung** (wie auf S. 71f. dargestellt) abhängig ist.

Eine Mittelentscheidung, abgeleitet aus einem solchen Zielsystem, hätte Rückwirkungen auf diese Machtverteilung, die das Zielsystem wieder in Frage stellen würden. Da diese Entwicklung unschwer zu antizipieren ist, werden es die Beteiligten am Entscheidungsprozess vorziehen, direkt über die zu treffende Mittelentscheidung zu verhandeln, ohne zuerst eine Einigung über ein Zielsystem der Unternehmung herbeizuführen. Dies wird allenfalls nachträglich festgelegt, um die Entscheidungsergebnisse gegenüber Außenstehenden zu erklären und zu rechtfertigen sowie sicherzustellen, dass die nachfolgenden Detail- und Vollzugsentscheidungen im gewünschten Sinne getroffen werden.

Erst für die Ebenen unterhalb der Unternehmungsspitze entsteht in der Praxis folglich das Bedürfnis, Zielsysteme zu entwickeln, die den genannten Anforderungen bestmöglich entsprechen.

Nach WILD (1982, S. 57ff.) lassen sich die einzelnen **Prozessstufen der Entwicklung von Zielen (Zielsystemen)** wie folgt gliedern und beschreiben (vgl. Abb. 3 - 22). Der Gesamtprozess selbst muss natürlich keineswegs immer in der bezeichneten strengen Folge ablaufen. Vielmehr sind in praktischen Planungssituationen Rückkopplungen, Verzweigungen und Auslassungen einzelner Prozessstufen möglich.

Abb. 3 - 22   Prozessstufen der Zielplanung

3.5 Die formale Struktur des Zielplanungsprozesses

Zu (1)   Zielsuche:

Das Problem besteht darin, die **„richtigen" Ziele** zu finden. Denn wer falsche Ziele verfolgt, löst bei der Zielerreichung auch die falschen Probleme. Um sicherzustellen, dass „richtige" Ziele gefunden werden, geht es zunächst darum, mögliche oder denkbare Ziele zu suchen. Letzteres ist ein kreativer Prozess, bei dem es vor allem auf die Quantität der Ideen, also auf die Erfassung möglichst aller denkbaren Ziele ankommt.

Zu (2)   Operationalisierung der Ziele:

Voraussetzung für die Eignung der Unternehmungsziele zur Steuerung des Wirtschaftspro-zesses ist, dass sie in ihren **wesentlichen Bestimmungselementen**,

- Zielinhalt(-richtung),
- Zielausmaß(-betrag),
- Zieltermin(-zeitraum),
- Zielerreichungsrestriktionen,
- Zuständigkeiten für die Zielverwirklichung und
- verfügbare Ressourcen (Finanzmittel, Personal, Sachmittel) für die Zielerreichung

hinreichend präzise formuliert sind.

Zu (3)   Zielanalyse und Zielordnung:

Sind mögliche Ziele gefunden und operationalisiert, so muss eine Ordnungsstruktur herge-stellt werden, die die Einzelziele aufgrund ihrer Beziehungen zueinander in eine Hierarchie einfügt. An **Zielbeziehungen** sind zu unterscheiden:

(a)   Zweck-Mittel-Beziehungen:

Die Erreichung eines untergeordneten Ziels ist Mittel zur Erreichung des übergeordneten Ziels. Als Unterfall zählen hierzu auch Zeitraum-Beziehungen zwischen lang-, mittel- und kurzfristigen Zielen, da längerfristige praktisch nur über kürzerfristige Ziele erreicht werden können. Beispiele für ökonomisch relevante Zweck-Mittel-Hierarchien sind aus dem bereits vorgestellten (erweiterten) ROI-Schema (vgl. Abb. 3 - 20 und Abb. 3 - 21) abzuleiten.

(b)   Ziel-Prioritäten:

Sie drücken eine Rangfolge der Wichtigkeit oder Dringlichkeit der Ziele (auf einer Ebene der Zielhierarchie) aus. Die Setzung von Prioritäten ist bei einer Mehrheit von Zielen immer dann notwendig, wenn es sich um miteinander in Konflikt stehende Ziele handelt, die eine spezielle Ausprägung von Zielbeziehungen der Kategorie (c) repräsentieren.

(c)   Zielkonkurrenzen(-konflikte), Zielindifferenzen und Zielkomplementaritäten:

Sie drücken aus, ob Maßnahmen zur Erreichung eines Zieles positive (unterstützende), nega-tive (einschränkende) oder keinerlei Wirkungen auf die Erreichung anderer Ziele haben (vgl. für ein Beispiel Abb. 3 - 23).

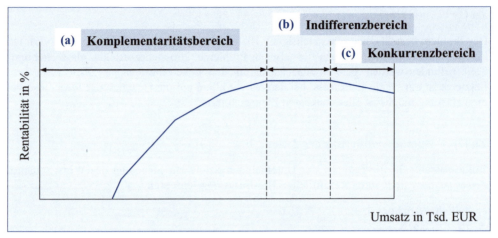

Abb. 3 - 23   Beziehungen zwischen Rentabilitäts- und Umsatzzielen

Neben den genannten Ordnungsbeziehungen ist ferner die Unterscheidung von **(Haupt-) Zielen und Nebenbedingungen(-zielen)** sowie die **Zuordnung der Ziele zu den einzelnen Managementebenen** bedeutsam. Unter dem letzten Aspekt lassen sich etwa unterscheiden:

- Gesamtziele der Unternehmung,
- Bereichsziele (einzelner Funktionsbereiche oder Sparten),
- Abteilungsziele,
- Stellenziele (Aufgabenträgerziele).

Zu (4)   Prüfung auf Realisierbarkeit:

Hierzu gehört einmal, dass Ziele realistisch, also weder zu hoch noch zu niedrig gesetzt werden, wobei allgemein zu beachten wäre, dass Ziele den Charakter einer „**Herausforderung**" als Leistungsansporn haben sollten. Die Prüfung auf Realisierbarkeit muss darüber hinaus Fragen wie die Folgenden beantworten:

- Sind die zwecks Erreichung der einzelnen Ziele erforderlichen Maßnahmen im Rahmen der insgesamt verfügbaren Ressourcen innerhalb der geplanten Zeiträume durchführbar?
- Reichen das Leistungspotenzial und die organisatorische Kompetenz der mit der Durchführung beauftragten einzelnen Stellen aus, um die Maßnahmen zeitgerecht zu realisieren?
- Sind die einzelnen Ziele innerhalb des Zielsystems miteinander verträglich oder treten Zielkonflikte auf?

Zu (5)   Zielentscheidung(-selektion):

Sofern der bisherige Entwurf des Zielsystems noch Alternativen enthält, ist nun abschließend eine Entscheidung über die letztlich **konkret angestrebten Ziele** zu treffen.

3.5 Die formale Struktur des Zielplanungsprozesses   109

Zu (6)   Durchsetzung der Ziele:

Die Durchsetzung der Ziele setzt voraus, dass die Ziele den einzelnen Organisationseinheiten, die für die Zielrealisierung verantwortlich sein sollen, bekannt gemacht und zugeordnet werden. Dabei ist anzustreben, dass sich diese möglichst weitgehend mit den Zielen identifizieren, was dadurch erleichtert werden kann, dass die betreffenden Organisationseinheiten bereits an der Zielplanung mitwirken.

Zu (7)   Zielüberprüfung und Zielrevision:

Ziele respektive Zielsysteme müssen laufend (periodisch) überprüft und gegebenenfalls korrigiert werden. Zielrealisierungen, Planabweichungen, Umwelt- und Prämissenänderungen sind Anstöße hierzu.

Fragen und Aufgaben zur Wiederholung (Drittes Kapitel: S. 71 – 109)

1. Was beinhaltet die These von der Instrumentalfunktion der Unternehmung? Welchen Erklärungszusammenhang bietet diesbezüglich die Anreiz-Beitrags-Theorie respektive Koalitionstheorie?

2. Welche Motiv-Klassifikation wählt MASLOW für seine Motivationstheorie und welche Aussagen werden hieraus abgeleitet?

3. Skizzieren Sie die Entstehung von Unternehmungszielen aus den Bestimmungsgrößen menschlichen Verhaltens und den Existenzbedingungen der Unternehmung!

4. Was ist unter einer Unternehmungsphilosophie zu verstehen und welche Funktion hat sie zu erfüllen?

5. Nennen Sie wichtige Dimensionen von Unternehmungszielen, geben Sie jeweils Beispiele und nennen Sie ausgewählte Spannungsfelder zwischen den Dimensionen!

6. Erläutern Sie die Idee der „Corporate Responsibility"! Nehmen Sie dabei auch eine Abgrenzung der Begriffe „Corporate Governance", „Corporate Social Responsibility" und „Corporate Citizenship" vor!

7. Welche Maßnahmen und Mechanismen dienen der Durchsetzung der „Corporate Governance"?

8. Beschreiben Sie die Elemente einer trinitären ökonomischen Zielkonzeption!

9. Definieren Sie folgende Erfolgsbegriffe: Bruttogewinn, Betriebsergebnis, EBIT, Reingewinn und EBITDA!

10. Erklären Sie, wie der ökonomische Gewinn definiert ist, und in welcher Weise diese Kennzahl im Rahmen der wertorientierten Unternehmenssteuerung eingesetzt wird!

11. Wie werden (Kapital-)Rentabilitätskennziffern gebildet? Unterscheiden Sie wichtige (Kapital-)Rentabilitätskennziffern!

12. Welche Blickrichtung steht im Vordergrund, wenn die soziale Dimension der Unternehmungsziele betont wird?

13. Was versteht man unter der Mitbestimmung im Vorstand und Aufsichtsrat? Welche gesetzlichen Regelungen bestehen in Deutschland und was ist deren Inhalt?

14. Was sind die Gründe für eine stärkere Berücksichtigung ökologischer Gesichtspunkte in der Betriebswirtschaftslehre?

15. Wo liegen mögliche Konflikte zwischen „Ökonomie" und „Ökologie"? Erarbeiten Sie die verschiedenen Strategien, wie diese Probleme im Zielsystem der Unternehmung berücksichtigt werden können!

16. In welchen Bereichen lassen sich spezielle Hebel- bzw. „Leverage"-Effekte sichtbar machen? Welche Problemstellung wird dabei jeweils angesprochen?

17. Welcher Zusammenhang existiert zwischen der DBU-Kennziffer, einer Umsatzänderung und resultierender Gewinnänderung?

18. Welchen Einfluss hat die Fixkostenbelastung des Umsatzes (*FKU*) auf die Brutto-Umsatzrentabilität bei schwankender Beschäftigung?

19. Unter welchen Voraussetzungen könnte man die Chancen eines hohen Fixkostenanteils nutzen? Wann wären die Risiken dominant?

20. Wie lautet die Formel für den „Financial Leverage"-Effekt? Interpretieren Sie die Aussage dieser Formel!

21. Stellen Sie den Hebeleffekt mit seinen beiden Komponenten graphisch dar!

22. Was sind die hauptsächlichen Determinanten des Verschuldungsrisikos?

23. Leiten Sie den Aufbau des Grundschemas der erweiterten ROI-Analyse her!

24. Interpretieren Sie die Zusammenhänge zwischen (Brutto-)Gesamtkapitalrentabilität und (Brutto-)Umsatzrentabilität!

25. Was sind die hauptsächlichen Treiber der Eigenkapitalrentabilität? Nennen Sie Beispiele für gezielte Verbesserungsmaßnahmen im Bereich der Eigenkapitalrentabilität!

26. Stellen Sie die Verknüpfung der Eigenkapitalrentabilität mit dem Marktwert des Eigenkapitals in Form eines Kennzahlenschemas dar und erläutern Sie die aufgeführten Kennzahlen!

27. Welchen Anforderungen sollte das Zielsystem der Unternehmung idealerweise genügen?

28. Skizzieren Sie die einzelnen Prozessstufen der Zielplanung!

29. Was sind Zielkonkurrenzen(-konflikte), Zielindifferenzen und Zielkomplementaritäten?

Viertes Kapitel

Unternehmungsführung

4.1	**Hauptfunktionen des Managements**	**113**
4.1.1	Begriff und Merkmale des Managements	113
4.1.2	Phasenstruktur des Managementprozesses	114
4.1.3	Koordinieren als Managementfunktion	122
4.1.4	Führung und Management	126
	Fragen und Aufgaben zur Wiederholung (4.1: S. 113 – 130)	131
4.2	**Elemente und Strukturen von Managementsystemen**	**132**
4.2.1	Bestandteile des Managementsystems der Unternehmung	132
4.2.2	Organisationssysteme	133
4.2.3	Planungs- und Kontrollsysteme	147
4.2.4	Informationssysteme	164
4.2.5	Personal-(Führungs-)Systeme	170
4.2.6	Controlling-Systeme	177
4.2.7	Analyse ausgewählter „Management-by"-Konzepte	180
	Fragen und Aufgaben zur Wiederholung (4.2: S. 132 – 184)	185
4.3	**Management-Techniken**	**188**
4.3.1	Übersicht über wichtige Management-Techniken	188
4.3.2	Brainstorming als Kreativitätstechnik	191
4.3.3	Punktbewertungsverfahren (Scoring-Modelle)	192
4.3.4	Szenariotechnik	198
4.3.5	Netzplantechnik	202
4.3.6	Extrapolierende Prognoseverfahren	211
4.3.7	Entscheidungstabellentechnik	214
4.3.8	Entscheidungsregeln bei Ungewissheit	217

4.3.9 **Lineare Programmierung als analytische Optimierungstechnik**.........220

4.3.10 **Spieltheoretische Modelle**..225

Fragen und Aufgaben zur Wiederholung (4.3: S. 188 – 228)..............................228

Der Wirtschaftsprozess der Unternehmung bedarf – wie bereits eingangs erwähnt – entsprechender Gestaltungskräfte, damit er zielgerecht in Gang gesetzt wird und koordiniert abläuft. Die hierfür erforderlichen Impulse und Steuerungsmaßnahmen machen den Kern dessen aus, was als „Unternehmungsführung" oder „Management" bezeichnet wird. Welche **Hauptfunktionen** des Managements damit im Einzelnen angesprochen werden, verdient nun eine etwas nähere Betrachtung. Hieran anschließend werden dann wesentliche Elemente und Strukturen von **Managementsystemen sowie ausgewählte Management-Techniken** zu erörtern sein.

4.1 Hauptfunktionen des Managements

4.1.1 Begriff und Merkmale des Managements

Der Begriff „Management" kann auf zweifache Art verwendet werden: als Institution und als Funktion.

Als **Institution** beinhaltet das Management alle leitenden Instanzen, d.h. alle Aufgaben- bzw. Funktionsträger, die Entscheidungs- und Anordnungskompetenzen haben. Je nach der Stellung in der Unternehmungshierarchie lassen sich dabei grundsätzlich drei Managementebenen unterscheiden:

- **Top Management** (Oberste Unternehmungsleitung: Vorstand, Geschäftsführer)
- **Middle Management** (Mittlere Führungsebene: Werksleiter, Abteilungsdirektoren)
- **Lower Management** (Unterste Führungsebene: Büroleiter, Werkmeister)

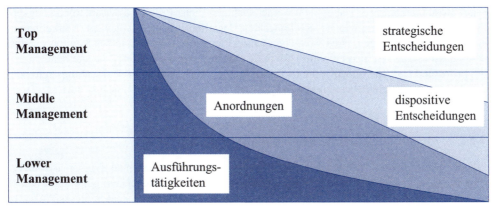

Abb. 4.1 - 1   Ausgewählte Tätigkeits-(Aufgaben-)schwerpunkte des Top, Middle und Lower Management

Den Versuch einer Abgrenzung dieser drei Managementebenen nach ausgewählten Tätigkeitsschwerpunkten zeigt Abb. 4.1 - 1 (GROCHLA 1983).

Als **Funktion** umfasst das Management im weitesten Sinne alle zur Steuerung einer Unternehmung notwendigen Aufgaben; negativ formuliert also alle Aufgaben, die nicht rein ausführender Natur sind. Besteht diesbezüglich Einigkeit in der Literatur, so gehen die Meinungen allerdings auseinander, wenn es darum geht, die einzelnen Funktionen des Managements konkret zu bezeichnen und voneinander abzugrenzen.

Ausgehend von der Erkenntnis, dass Wirtschaften im Kern stets Entscheidungen bedingt, die dann zielgerichtet durchgesetzt werden müssen, umschreibt „**Entscheiden und Durchsetzen**" also die umfassendste Managementfunktion. Damit sind aber viele spezifische Eigenschaften des Managements noch nicht hinreichend präzise erfasst. Insofern erscheint es sinnvoll, etwas stärker detailliert folgende **Hauptfunktionen** des Managements zu unterscheiden:

- **Planen und Kontrollieren**,
- **Koordinieren** und
- **Führen**.

Warum gerade diese und keine anderen Funktionen hier in den Vordergrund gestellt werden, wird deutlich, wenn eine **dimensionale Aufspaltung** des komplexen Phänomens „Management" vorgenommen wird. Hier zeigen sich nämlich Ansatzpunkte für eine Systematisierung, indem

- eine **prozessuale Dimension**,
- eine **strukturelle Dimension** und
- eine **personelle Dimension**

des Managements unterschieden werden. Planung und Kontrolle komplettieren dabei „Entscheidung und Durchsetzung" zum Managementprozess. Die Strukturdimension von Management wird sichtbar, wenn es darum geht, das zielorientierte Zusammenwirken von Menschen, Aufgaben und Sachmitteln mittels Koordinationsmaßnahmen (in Gestalt genereller und fallweiser Regelungen) sicherzustellen. Führung im Sinne von „Menschenführung" betont demgegenüber die spezifisch personelle Komponente dieses Managementprozesses.

Auf diese Abgrenzung wird in den weiteren Ausführungen zum Kapitel „Unternehmungsführung" Bezug genommen. Dabei bleiben aber sachinhaltliche Probleme der unternehmungspolitischen Zielerreichung, wie sie sich hinter den Begriffen Finanzmanagement, Marketingmanagement u.Ä. verbergen, noch weitgehend ausgeklammert. Gegenstand des Kapitels „Unternehmungsführung" ist also eine mehr **formale Darstellung** allgemeiner Managementkonzepte, -prinzipien und -instrumente, die unabhängig von der Branche, Größe, Leistungsstufe oder dem konkreten Tätigkeitsbereich anwendbar sind.

4.1.2 Phasenstruktur des Managementprozesses

Mit der Hervorhebung der prozessualen Dimension von Managementaktivitäten ist die Erkenntnis verknüpft, dass das Fällen von Entscheidungen in aller Regel kein punktueller Wahlakt ist, sondern als Entscheidungsprozess zu deuten ist. Die einzelnen Phasen dieses Prozesses zeigen dabei einen logisch-genetischen Zusammenhang und bilden so einen komplexen, sich ständig wiederholenden **Managementzyklus**, der durch Vor- sowie Rückkopplungsbeziehungen gekennzeichnet ist (vgl. Abb. 4.1 - 2, entnommen aus WILD 1982, S. 37).

4.1 Hauptfunktionen des Managements

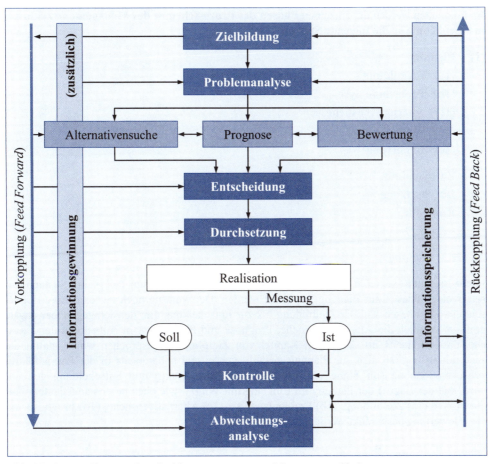

Abb. 4.1 - 2   Phasenstruktur des Managementprozesses (Managementzyklus)

Die in Abb. 4.1 - 2 dargestellte Phasenfolge beschreibt einen **Grundablauf** als Soll-Vorstellung. Sie kann nur andeuten, dass die einzelnen Phasen nicht immer linear, sondern eher zyklisch verlaufen (worauf auch empirische Forschungsergebnisse hindeuten). So sind z.B. Ziele Voraussetzung für die Problemerkenntnis und damit auch für die Planung, andererseits werden die Ziele oft erst in der Planung konkretisiert, sodass Rückläufe im Phasenschema unvermeidlich sind. Umgekehrt können auch einzelne Prozessstufen übersprungen werden, etwa bei ausgeprägten Routineaufgaben oder um im Sinne einer Vorkopplung (*Feed Forward*) rechtzeitig mögliche Störungen des Prozessablaufs vorherzubestimmen.

Bedingt durch den **zyklischen Charakter des Managementprozesses** kann sich die in Abb. 4.1 - 2 **Makrostruktur** grundsätzlich auch als **Mikrostruktur** innerhalb der einzelnen Phasen teilweise oder vollständig wiederholen. Dies bedeutet, dass sich jede Phase wieder in Unterphasen zerlegen lässt, die einen formal gleichen Aufbau wie das Gesamtschema aufweisen.

Im Folgenden werden die einzelnen **Phasen des Prozesschemas des Managementszyklusses** in Orientierung an die folgende Struktur beschrieben:

(1) Planung

    (1a) Zielbildung,

    (1b) Problemanalyse,

    (1c) Alternativensuche,

    (1d) Prognose und

    (1e) Bewertung

(2) Entscheidung

(3) Durchsetzung

(4) Kontrolle

Zu (1) Planung:

In der Literatur existieren zahlreiche **Planungsdefinitionen**, die zum Teil nicht erkennen lassen, welche Phasen zur Planung gerechnet werden. Der weiteste noch zweckmäßige Begriff schließt alle Phasen von der Zielbildung bis zur Entscheidung ein, der demgegenüber engste umfasst lediglich die Alternativensuche, Prognose und Bewertung. In Anbetracht der Tatsache, dass einerseits im vorherigen Kapitel von **Zielplanung** gesprochen wurde, damit die Zielbildung implizit also zur Planung gezählt wurde, und andererseits in der Praxis häufig zwischen Planung (im Sinne von Entscheidungsvorbereitung) und Entscheidung getrennt wird, soll der Begriff der Planung im Einklang mit WILD – wie oben bereits angedeutet – auf die Phasen (1a) Zielbildung, (1b) Problemanalyse, (1c) Alternativensuche, (1d) Prognose und (1e) Bewertung beschränkt werden.

Zu (1a) Zielbildung:

Auf den Prozess der Zielbildung wurde bereits im vorherigen Kapitel ausführlich eingegangen (vgl. S. 71ff.).

Zu (1b) Problemanalyse:

Geplant wird, weil Probleme gelöst werden sollen. Sind diese nicht bereits klar definiert, in allen Bestandteilen bekannt und systematisch strukturiert, ist eine Problemanalyse erforderlich. Um mit ihrer Hilfe zu einer frühzeitigen und umfassenden Problemerkenntnis zu kommen, sind folgende **Schritte** angezeigt (WILD 1982):

(1ba)   Feststellung des Ist-Zustands durch Diagnose (Lageanalyse)

(1bb)   Prognose der wichtigsten Faktoren der Lageanalyse (Lageprognose)

(1bc)   Gegenüberstellung von Zielen und den Ergebnissen der Lageanalyse und -prognose (Problembestimmung)

(1bd)   Auflösung der Probleme in Teilprobleme oder Problemelemente (Problemfeldanalyse)

(1be)   Ordnung der Teilprobleme nach Abhängigkeiten und Prioritäten (Problemstrukturierung)

Zu (1c) Alternativensuche:

Der Problemerkenntnis genetisch nachgelagert ist die Alternativensuche, in der es darum geht, solche Handlungsmöglichkeiten zu finden und inhaltlich zu konkretisieren, die geeignet erscheinen, das erkannte Problem zu lösen. Hierbei kann eine Reihe von **Schwierigkeiten** auftreten:

- Alternativen können unabhängig voneinander realisierbar sein, sie können aber auch aus einem gemeinsam zu realisierenden Paket möglicher Teilmaßnahmen bestehen oder einen Verbund sachlich untergeordneter und zeitlich nachgeordneter Teilalternativen aufweisen. Letzteres führt zu möglicherweise komplexen Alternativenhierarchien und -folgen.

- Das Möglichkeitsfeld der Alternativen ist in vielen Fällen nicht konstant, sondern ändert sich im Zeitablauf, was auch die bedeutende Rolle der Kreativität für die Alternativensuche begründet.

- Alternativen sind ferner hinsichtlich ihrer Realisierbarkeit und ihrer Wirkungen in aller Regel vom Eintritt bestimmter Bedingungen oder Ereignisse abhängig, was speziell problematisch ist, wenn diese nicht eindeutig voraussagbar sind.

Die **Prozessstufen der Alternativensuche** lassen sich analog zur Problemanalyse wie folgt charakterisieren (WILD 1982):

(1ca)	Sammlung von Einzelvorschlägen(-ideen) durch kreative Suche
(1cb)	Gliederung, Ordnung und Zusammenfassung der Einzelvorschläge zu Alternativen
(1cc)	Nähere Beschreibung (Konkretisierung) der Alternativen hinsichtlich erforderlicher Maßnahmen, Ressourcen, Termine und Träger
(1cd)	Analyse der Alternativenbeziehungen und -bedingtheiten
(1ce)	Vollständigkeitsprüfung dahingehend, ob die Alternativpläne das Möglichkeitsfeld hinreichend vollständig erfassen, sämtliche Problembestandteile abdecken und inhaltlich hinreichend vollständig bestimmt sind
(1cf)	Zulässigkeitsprüfung dahingehend, ob die erarbeiteten Alternativen gegen zwingende Nebenbedingungen oder allgemeine Prämissen der Problemlösung verstoßen

Zu (1d) Prognose:

Der Alternativensuche schließt sich die Prognose der (zukünftigen) Wirkungen dieser Alternativen an. Im Gegensatz zu den weiter oben erwähnten Lageprognosen handelt es sich hier um Wirkungsprognosen, die die Frage beantworten sollen, welche Konsequenzen bei Verwirklichung der verschiedenen Handlungsalternativen (unter gleichzeitiger Geltung bestimmter Randbedingungen) zu erwarten sind. Das **Vorgehen bei der Aufstellung solcher Prognosen** lässt sich dabei wie folgt umreißen (WILD 1982):

(1da)	Abgrenzung des Prognoseproblems insbesondere hinsichtlich der erforderlichen Präzision und zeitlichen Reichweite der Prognosen sowie hinsichtlich deren Informationsgehalt, Wahrheit, Bestätigungsgrad, Prüfbarkeit, Wahrscheinlichkeit und anderer Gütekriterien
(1db)	Klärung der Rahmendaten und Analyse des Ursachensystems
(1dc)	Aufstellung (Auswahl) eines Prognosemodells, Prüfung auf Anwendbarkeit, Beschaffung und Auswertung der Informationen, Ableitung der Prognose und Angabe der Bedingungen, unter denen die Prognose gelten soll

(1dd) Aufstellung von Alternativprognosen, Beurteilung der Alternativen anhand von Gütekriterien unter Berücksichtigung vorliegender Evidenzen, Auswahl der Prognosen, die die Gütekriterien am besten erfüllen

(1de) Abschätzung der Prognosewahrscheinlichkeiten

(1df) Prüfung der (Einzel-)Prognosen auf Verträglichkeit und Widerspruchsfreiheit (Konsistenzprüfung)

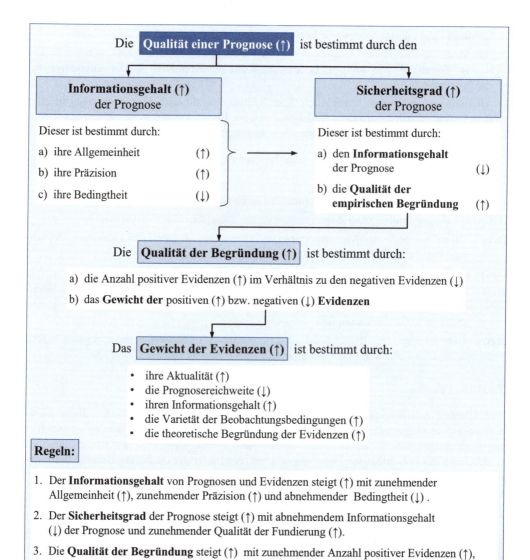

Abb. 4.1 - 3   Determinanten der Prognosequalität

4.1 Hauptfunktionen des Managements   119

Nur erwähnt sei, dass die **Hauptprobleme bei der Ableitung von Prognosen** eine Folge des (faktisch wie logisch) unauflösbaren Widerspruchs sind, der zwischen den einerseits in der Regel hohen Anforderungen an die Qualität der Prognosen (vgl. zu den Determinanten der Prognosequalität Abb. 4.1 - 3, entnommen aus WILD 1982, S. 138) und den andererseits stets beschränkten Möglichkeiten, zugleich sichere und informative Prognosen abzuleiten, besteht.

Zu (1e) Bewertung:

Die (in der Regel wahrscheinlichkeitsgewichteten) Aussagen über die voraussichtlichen Auswirkungen der geprüften Handlungsalternativen werden schließlich im Rahmen der Bewertungsphase auf ihre Zielwirksamkeit hin verglichen. Dazu werden schrittweise die zugrunde liegenden Ziele in (direkt oder indirekt messbare) Bewertungskriterien umgesetzt, deren relative Bedeutung zueinander festgelegt, die gewünschten bzw. möglichen (Nominal-, Ordinal- oder Kardinal-)Skalen zur Messung von Zielwirksamkeitsunterschieden ausgewählt sowie schließlich die Bewertung selbst durchgeführt. Für einen solchen **Bewertungsprozess** ist dabei vor allem dreierlei kennzeichnend:

- Da in der Regel mehrere Ziele gleichzeitig verfolgt werden, ist eine so genannte **Wertsynthese** erforderlich. Hierbei geht es darum, die Alternativen in Bezug auf alle Ziele respektive Kriterien zu beurteilen und für sie eine konsistente Rangordnung zu ermitteln, wobei zwangsläufig die Notwendigkeit entsteht, die Einzelurteile zu einem Gesamtalternativenurteil zu aggregieren. Besondere Schwierigkeiten treten hier auf, wenn die Kriterienwerte und -gewichte nicht alle quantitativ (und mit gleichem Maßstab) bestimmt sind.

- Sofern die Planung sich nur auf einen Teilbereich der Unternehmungspolitik bezieht, ist auch eine Abstimmung mit den Zielen und Instrumenten der **anderen Unternehmungsbereiche** notwendig. Es handelt sich hier ebenfalls formal um eine Wertsynthese, wobei allerdings das Spektrum der Kriterienwerte und Kriteriengewichte entsprechend umfassender ausgelegt ist.

- Da die Bewertung von Handlungsalternativen sich stets auf prinzipiell unsichere Wirkungsprognosen über deren zielrelevante Eigenschaften stützt, muss der (Un-)Sicherheitsgrad respektive die Wahrscheinlichkeit solcher Prognosen mit in die Alternativenbewertung einfließen. Dieses läuft letztlich darauf hinaus, dass eine Alternativenbewertung ohne Einbezug einer entsprechenden **Risikoanalyse** grundsätzlich nicht auskommen kann und besonders dann unerlässlich ist, wenn relativ große Prognoseunsicherheiten bestehen (vgl. auch S. 445ff.).

Nachdem nunmehr die einzelnen Phasen der Planung näher charakterisiert worden sind, können auch deren **Merkmale** präzisiert werden:

- Planung ist ein komplexer, mehrstufiger **Denk- und Informationsprozess** ohne definitiven Beginn und Abschluss, der aus den oben genannten Teilprozessen besteht.

- Planung ist in dem Sinne **rational**, als im Gegensatz zum rein intuitiven Handeln oder der so genannten Ad-hoc-Entscheidung bewusstes zielgerichtetes Denken und methodisch-systematisches Vorgehen dominieren.

- Planung ist der Versuch einer zieladäquaten **Beherrschung zukünftigen Geschehens**.

- Planung ist stets zukunftsbezogen und fußt demnach auf **Prognosen**, die mehr oder weniger unsicher sind.

Aus den genannten Merkmalen ergibt sich schließlich folgende **Definition der Planung** (WILD 1982): Planung ist ein systematisch-methodischer Prozess der Erkenntnis und Lösung von Zukunftsproblemen.

Zu (2) Entscheidung:

Der Planung, die mit der Phase der Bewertung ihren Abschluss findet, folgt die endgültige Auswahl der Problemlösungsvorschläge (= Entscheidung). Die Positionierung der Entscheidung an das Ende der Planung schließt dabei natürlich nicht aus, dass zahlreiche **Vorentscheidungen** schon im Zuge der Planungsphasen getroffen werden müssen. Allerdings schrumpft die Entscheidungsphase, wenn die Alternativenbewertung eine eindeutige Rangordnung geschaffen hat und hierbei möglicherweise sogar schon die Kombination verschiedener Einzelalternativen zu Maßnahmenprogrammen berücksichtigt worden ist, im Grenzfall dann auf den abschließenden Auswahlakt und auf die Akzeptanz der Entscheidungsprämissen zusammen.

Dies ist auch der Grund, weswegen die Entscheidung neben der Planung nicht als eigenständige Hauptfunktion des Management betrachtet wird, wenngleich diese Phase prozessgenetisch natürlich unerlässlich ist, um den Prozess der Willensbildung abzuschließen.

Dieser eingeschränkten Bedeutung der Entscheidung – wenn man sie lediglich als Auswahlakt definiert – steht die Verwendung des oft erheblich weiter gefassten **Entscheidungsbegriffs in der Literatur** gegenüber. Hier werden nämlich spezifische Planungsmerkmale, organisatorische Tatbestände u.Ä. mit einbezogen, um relevante Entscheidungstypen gegeneinander abzugrenzen. Genannt seien beispielsweise folgende Begriffspaare:

- Routineentscheidungen und innovative Entscheidungen,
- delegierbare und nicht delegierbare Entscheidungen,
- komplexe und einfach strukturierte Entscheidungen,
- Einzel- und Gruppenentscheidungen,
- Grundsatz- und Einzelentscheidungen,
- Gesamt- und Bereichsentscheidungen,
- flexible und starre Entscheidungen,
- autonome Entscheidungen und Anpassungsentscheidungen.

GUTENBERG (1962) hat aus der Verwendung einiger dieser Entscheidungsmerkmale die „**echten Führungsentscheidungen**" gekennzeichnet, d.h. diejenigen Entscheidungen, die von den obersten Führungsorganen (vom Top Management) der Unternehmung zu treffen sind. Folgende **Merkmale** werden von ihm hervorgehoben:

- Echte Führungsentscheidungen betreffen den Bestand und die Entwicklung des Unternehmens, sie heben sich in ihrer Bedeutung qualitativ von den anderen Entscheidungen ab.
- Echte Führungsentscheidungen werden aus dem Ganzen des Unternehmens heraus getroffen.
- Echte Führungsentscheidungen können nicht delegiert werden.

Aufgrund dieser Merkmale nennt GUTENBERG einen **Katalog echter Führungsentscheidungen**:

4.1 Hauptfunktionen des Managements   121

- Festlegung der Unternehmenspolitik auf weite Sicht,
- Koordinierung der großen betrieblichen Teilbereiche,
- Beseitigung von Störungen im laufenden Betriebsprozess,
- geschäftliche Maßnahmen von außergewöhnlicher betrieblicher Bedeutsamkeit,
- Besetzung der Führungsstellen im Unternehmen.

Zu (3)   Durchsetzung:

Der Entscheidung folgt die Durchsetzung der beschlossenen Maßnahmen. Sie tritt als **eigenständiger Problemkreis** zwischen Entscheidung und Realisation (als dem technischen Vollzug der Entscheidung) immer dann in Erscheinung, wenn

- die Realisationsphase von der Entscheidungsphase personell (genauer: aufgabenmäßig/organisatorisch) getrennt ist und/oder
- eine (personelle) Arbeitsteilung zwischen den Entscheidungsträgern in der Unternehmung besteht und gleichzeitig bereichsübergreifende Entscheidungsinterdependenzen zu beachten sind und/oder
- die Entscheidungsträger nicht identisch sind mit denjenigen unternehmungsexternen Personen und Institutionen (z.B. Banken), die das Realisationsergebnis als von den Entscheidungen „Betroffene" beeinflussen können.

Liegen solche Gründe für ein eigenständiges Durchsetzungsproblem vor, geht es vor allem um die **Minimierung von etwaigen Durchsetzungsschwierigkeiten**. Als ein herausragendes Instrument hierfür wird dabei im Allgemeinen die (vorherige) Einbeziehung der von den Entscheidungen dann später betroffenen Personen und Gruppen in den Prozess der Planung und Entscheidungsfindung angesehen. Für die Durchsetzung selbst sind dann vor allem folgende Mittel zu nennen:

- Anordnungen/Vorgaben,
- Verhandlungen,
- Stellenbildung/Stellenbesetzung,
- Information/Instruktion,
- Motivation.

Wie ersichtlich handelt es sich primär um führungs- und organisationsspezifische Instrumente, deren komplexer Wirkungszusammenhang erst bei Hervorhebung der **strukturellen und personellen Komponente des Managementprozesses** voll sichtbar wird (vgl. S. 122ff. und S. 126ff.). Bereits hier lässt sich aber sagen, dass diese Instrumente darauf ausgerichtet sind, die **Realisation getroffener Entscheidungen** sicherzustellen. Denn um dies zu erreichen, ist insbesondere dreierlei erforderlich:

- Die mit der Ausführung beauftragten Personen (Organisationseinheiten) müssen über die beschlossenen Maßnahmen (die angestrebten Sollzustände) Bescheid wissen (**Kennen**).
- Sie müssen die zur sachgerechten Ausführung notwendigen Fähigkeiten, Fertigkeiten und persönlichen Eigenschaften besitzen sowie die entsprechenden Ressourcen und Kompetenzen zugewiesen bekommen (**Können**).
- Sie müssen die notwendige Leistungsbereitschaft aufweisen, was zugleich eine gewisse Akzeptanz der getroffenen Entscheidungen impliziert (**Wollen**).

122 Viertes Kapitel: Unternehmungsführung

Zu (4)   Kontrolle:

Der Durchsetzung und Realisation folgt die Kontrolle. Sie dient prozessual gesehen als Bindeglied zu nachfolgenden Planungs-, Entscheidungs- und Durchsetzungsprozessen und zugleich als deren Impulsgeber. Dabei beinhaltet die Kontrolle (im weitesten Sinne) nicht nur einen **Soll-Ist-Vergleich**, sondern schließt auch die **Abweichungsanalyse** ein, in der die Ursachen für etwaige Soll-Ist-Abweichungen untersucht werden. In beiden Fällen sind also Rückkopplungen in die vorgelagerten Phasen des Managementprozesses (bis gegebenenfalls zurück in die Zielplanung) erforderlich.

Diese Überlegungen zeigen im Übrigen den engen Zusammenhang zwischen Planung und Kontrolle, der auch bewirkt, die Kontrolle neben der Planung zu den Hauptfunktionen des Managements zu zählen. Denn: **Planung ohne Kontrolle ist sinnlos, Kontrolle ohne Planung unmöglich** (WILD 1982); eine Sichtweise, die sich auch das Controlling als modernes Managementkonzept zu eigen macht (vgl. S. 177ff.).

Grundsätzlich lassen sich drei **Typen von Kontrollen** unterscheiden:

- **Prämissenkontrollen**: Sie dienen dem Zweck zu prüfen, ob und inwieweit die Entscheidungsgrundlagen, wie sie im Rahmen der Planung erarbeitet bzw. zugrunde gelegt waren, noch zutreffen, d.h. mit dem gegenwärtigen Zustand noch vereinbar sind.
- **Ergebniskontrollen**: Sie knüpfen (lediglich) an den angestrebten Sollzuständen und den realisierten Ist-Zahlen an und stellen etwaige Abweichungen fest. Sie schließen begriffssystematisch auch so genannte Planfortschrittskontrollen ein, die als eine Art zwischenzeitlicher Ergebniskontrollen charakterisiert werden können.
- **Verfahrens-/Verhaltenskontrollen**: Sie sind primär prozessorientiert und konfrontieren die im Planungsprozess verwendeten Techniken und Verfahren, aber auch die Entscheidungs-, Durchsetzungs- und Ausführungsvorgänge mit den ursprünglich erwarteten bzw. vorgesehenen Verhaltens- und Verfahrensweisen.

4.1.3   Koordinieren als Managementfunktion

Wurde bislang Management als komplexer Prozess der Planung, Entscheidung, Durchsetzung und Kontrolle gedeutet, geht es nunmehr um eine andere Sichtweise: Management wird nun als Koordinationszentrum mit integrativer, strukturbildender Kraft betrachtet, das aber umgekehrt selbst auch strukturdeterminiert ist, also sich in bestimmte Strukturen fügt. **Struktur** ist dabei gleichzusetzen mit **Ordnung**. Koordinieren als Managementfunktion bedeutet somit die ordnende Gestaltung der (hierarchischen) Aufgabenverteilung einschließlich der Regelung von Zuständigkeiten und Verantwortlichkeiten sowie die Strukturierung von Arbeitsabläufen; dies alles mit dem **Ziel**, ein abgestimmtes, **integriertes System der Aufgabenerfüllung und Arbeitsausführung** zu erhalten.

Die Koordinationsfunktion vollzieht sich über generelle und fallweise Regelungen. Mit ersterem ist der Begriff der Organisation, mit letzterem der der Disposition verbunden:

Organisation als Funktion ist als Strukturieren von Daueraufgaben (von Vorgängen mit Wiederholungscharakter) zu kennzeichnen. Es werden also **generelle Regelungen** getroffen, nach denen sich diese Vorgänge jetzt und in der Zukunft vollziehen sollen. Im Ergebnis ergibt sich ein Gebilde, das gleichfalls als Organisation bezeichnet wird.

Disposition als Funktion kennzeichnet **fallweise verfügende Anordnungen**, die nur für den Einzelfall getroffen werden. Individuelle Dispositionen ersetzen stets eine fehlende Organisation bzw. treten dort an deren Stelle, wo jene nicht realisiert werden kann oder soll.

Die Möglichkeit und zugleich **Zweckmäßigkeit generell regelnder Organisation** ist insbesondere in zwei Ursachen begründet:

- Viele **Aufgaben wiederholen** sich in überschaubaren Zeitabständen in gleicher oder zumindest ähnlicher Form. In solchen Fällen erweist es sich als sinnvoll, einen Sachverhalt exemplarisch so zu regeln, dass die betreffende Anordnung grundsätzlich auch für zukünftige Wiederholungsvorgänge gilt. Ohne Organisation wäre jedes Mal eine Einzelentscheidung notwendig.
- Der **Wirtschaftsprozess** der Unternehmung vollzieht sich normalerweise **arbeitsteilig**. Daher müssen allgemein gültige Regelungen der Zusammenarbeit gefunden werden, nach denen sich jeder zu richten hat. Ohne solche Regeln ist die Gefahr eines Zerfalls der organisatorischen Einheit gegeben, und es besteht die für instabile Verhältnisse typische Tendenz, dass vor lauter Diskussion, wer welche Aufgaben zu erledigen hat, keine Zeit für ihre eigentliche Erledigung bleibt.

Organisation führt zu einer Vereinheitlichung in der Aufgabenerfüllung und bewirkt damit **Stabilität**, indem gleiche Fälle – im Ergebnis wie im Verfahren – immer gleich behandelt werden. Als weitere Vorteile der Organisation sind u.a. zu nennen:

- Erhöhung der Management-Kapazität, Vereinfachung der laufenden Führungsaufgaben,
- Tendenz zur Rationalisierung der Betriebsabläufe,
- Ermöglichung großbetrieblicher, arbeitsteiliger Wirtschaftsformen.

Organisation kann aber auch – insbesondere, wenn sie zu weit getrieben wird – negative Wirkungen entfalten. Dazu zählt die Einschränkung der **Elastizität** (Anpassungsfähigkeit) durch

- Routinisierung und Schematisierung der Betriebsabläufe,
- Einschränkung des individuellen Gestaltungs- und Entscheidungsspielraums und
- Entpersönlichung des Managementprozesses und Ersatz natürlicher Autoritätsbeziehungen durch organisatorisch bedingte Sachzwänge.

Dieser Tendenz zur Erstarrung (Bürokratisierung) als Nachteil einer (zu weitgehenden) Organisation stehen die Nachteile gegenüber, die eintreten, wenn zu wenig organisiert ist, also zu viel der fallweisen Disposition überlassen bleibt.

Für das Management ergibt sich damit die schwierige Aufgabe, ein ausgewogenes Verhältnis von organisatorisch geregelten und fallweise entschiedenen Tatbeständen zu finden und sowohl den Zustand der **Überorganisation** wie den der **Unterorganisation** zu vermeiden. Gelingt dies, so spricht man davon, dass der Betrieb sich in einem **organisatorischen Gleichgewicht** befindet, d.h. dass er sowohl die notwendige Stabilität besitzt als auch zugleich die Fähigkeit aufweist, sich elastisch an veränderte Bedingungen einer dynamischen und komplexen Umwelt anpassen zu können.

Organisation als Management-Funktion beinhaltet nicht nur Entscheidungen über das zweckmäßige Ausmaß organisatorischer Regelungen, sondern natürlich in erster Linie die **gestaltende Tätigkeit des Organisierens** selbst. Hierzu erscheinen zu den folgenden Aspekten Bemerkungen angebracht:

(1)   Analyse-Synthese-Konzept als Ausgangspunkt der Organisationsgestaltung

(2)   Gestaltung von Aufbau- und Ablauforganisation

(3)   Organisationsprozess und Organisationszyklus

Zu (1)   Analyse-Synthese-Konzept als Ausgangspunkt der Organisationsgestaltung:

Der klassische Ansatz der organisatorischen Gestaltung ist das **Analyse-Synthese-Konzept** von KOSIOL (1976a). Nach ihm ist Ausgangspunkt jeglicher organisatorischer Tätigkeit die von der Unternehmung im Wirtschaftsprozess zu erfüllende (Produktions-, Distributions- oder sonstige) Aufgabe. Diese ist zunächst zu **analysieren**, d.h. in ihre elementaren Teile zu zerlegen, um sich eine vollständige und systematische Übersicht über den zu organisierenden Tatbestand zu verschaffen. Darüber hinaus ist es erforderlich, auch die sonstigen organisatorisch relevanten Elemente

- Menschen,
- Sachmittel und
- Informationen

zu erfassen und hinsichtlich möglicher Beziehungen zu analysieren. Denn in der anschließenden **Synthese** benötigt der Organisator diese Elemente, um sie so miteinander zu verknüpfen, dass organisatorische Strukturen entstehen. Dies geschieht, indem beispielsweise bestimmte Aufgaben auf Menschen übertragen, Sachmittel zur Unterstützung eingesetzt und Informationskanäle geschaffen werden.

Die speziell durch personenbezogene Zuordnung organisatorischer Elemente entstehenden **Stellen** bilden die kleinsten Aktionseinheiten einer Unternehmung. Sie werden deshalb auch als organisatorische Basissysteme bezeichnet. Durch ihre Verknüpfung entstehen höhere Einheiten (**Abteilungen**), aus denen wiederum Einheiten höherer Ordnung gebildet werden können, bis sich zuletzt die organisatorische Gestalt des Gesamtsystems der Unternehmung ergibt.

Zu (2)   Gestaltung von Aufbau- und Ablauforganisation:

Die eigentliche Tätigkeit des Organisierens umfasst die Zusammenfassung organisatorisch relevanter Elemente zu arbeitsteiligen Aktionseinheiten und die Herstellung von Beziehungen zwischen diesen Einheiten. Letzteres ist notwendig, um sicherzustellen, dass der arbeitsteilige Gesamtprozess koordiniert im Sinne der Unternehmungsziele abläuft.

In Theorie und Praxis wird üblicherweise zwischen **Aufbau-** und **Ablauforganisation** unterschieden. Dabei dient als Differenzierungsmerkmal die Art der organisatorischen Beziehungen zwischen den Aktionseinheiten. Aufbaubeziehungen werden als **Bestandsphänomen**, Ablaufbeziehungen als **Prozessphänomen** angesehen. Beide Sachverhalte sind eng miteinander verknüpft, denn Veränderungen beispielsweise im Rahmen der Aufbauorganisation haben grundsätzlich Konsequenzen auch für die Regelung der Ablaufbeziehungen und umgekehrt. Dennoch empfiehlt sich eine getrennte Betrachtung wegen des unterschiedlichen Charakters dieser beiden organisatorischen Phänomene.

Aufbauorganisatorische Beziehungen als Bestandsphänomene lassen sich am besten beispielhaft verdeutlichen:

- Zusammenfassung von Teilaufgaben und ihre Übertragung auf Personen (sachlogische Beziehungen zwischen Aufgaben sowie personale Zuordnungsbeziehungen)
- Einsatz von Sachmitteln (instrumentale Beziehungen zwischen Stellen und Sachmitteln)
- Verbindung von Stellen (weisungsgebundene Beziehungen = Instanzenwege; weisungsungebundene Beziehungen = allgemeine Kommunikationskanäle und Transportwege)

Ablauforganisatorische Beziehungen regeln als spezifisches Prozessphänomen die räumlichen und zeitlichen Vollzugsbedingungen der Aufgabenerfüllung. Denn die Erfüllung von Aufgaben spielt sich stets in **Raum und Zeit** ab. Bildlich gesprochen sind Aufbaubeziehungen also vergleichbar mit den Straßen einer Stadt, während die Ablaufbeziehungen die zeitliche und räumliche Nutzung dieser Straßen regeln. Entsprechend geht es in der Ablauforganisation beispielsweise um

- die Bestimmung von Arbeitsgängen,
- Maßnahmen der Takt- und Rhythmenabstimmung von Arbeitsabläufen und
- Reihenfolge-, Terminierungs- und Standortprobleme.

Zu (3)   Organisationsprozess und Organisationszyklus:

Organisieren tritt grundsätzlich in zwei Formen auf. Im ersten Fall wird eine Organisation völlig neu geschaffen (= **Neuorganisation**), im zweiten Fall werden an einer bestehenden Organisation Veränderungen vorgenommen (= **Reorganisation**). In beiden Fällen wird ein **Organisationsprozess** in Gang gesetzt, der aus **verschiedenen Stufen** besteht (SCHMIDT, G. 2003):

- In der **Vorstudie** wird der Organisationsauftrag präzisiert und geprüft, ob das Vorhaben wirtschaftlich sinnvoll ist.
- Mit der **Hauptstudie** werden vom Groben ins Detail vorausschreitend isoliert zu bearbeitende, integrationsfähige Problemfelder in ihren Abhängigkeiten bestimmt und grobe Lösungskonzepte entwickelt.
- Anschließende **Teilstudien** ergeben Lösungen für Teilbereiche und Basissysteme.
- Mit dem **Systembau** werden die Konzepte verwirklicht, indem Organigramme, Stellenbeschreibungen, Zeitpläne usw. aufgestellt werden.
- Die mit entsprechender Schulung und Information der Betroffenen einherzugehende **Einführung** beinhaltet die Umsetzung der Lösung in die Praxis, wobei drei Variationen in Frage kommen: schlagartige Einführung, stufenweise Einführung oder parallele Einführung, bei der die alte und neue Lösung für eine bestimmte Zeit nebeneinander bestehen.
- Während der Laufzeit einer organisatorischen Lösung treten Aufgaben der **Erhaltung** auf, zu der Überwachung und Pflege (= Aktualisierung und Anpassung der Lösung) zählen.

Die ersten drei Stufen des so gekennzeichneten Organisationsprozesses weisen im Wesentlichen eine Struktur auf, die der Ablaufstruktur des Willensbildungsprozesses im Rahmen des bereits beschriebenen allgemeinen Managementzyklus (vgl. S. 114ff.) entsprechen. Mit der gleichen Begründung wie dort wird deshalb auch vom **Organisationszyklus** gesprochen. Den Zusammenhang von Organisationsprozess und -zyklus zeigt Abb. 4.1 - 4 (vgl. SCHMIDT, G. 2003).

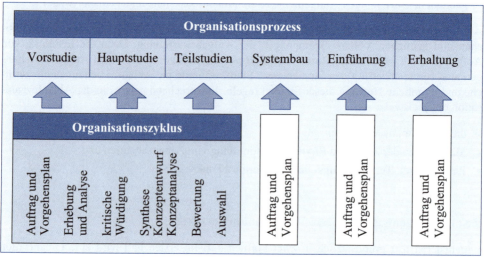

Abb. 4.1 - 4   Zusammenhang zwischen Organisationsprozess und Organisationszyklus

4.1.4   Führung und Management

Bei arbeitsteiliger Aufgabenerfüllung ist Management stets auch immer mit Führung gleichzusetzen. Das gilt für Organisation und Disposition ebenso wie für die hierauf bezogenen Planungs-, Entscheidungs-, Durchsetzungs- und Kontrollprozesse. Allerdings liegen Führungsschwerpunkte prozessual gesehen wohl in der Durchsetzungsphase, wenn es darum geht, sicherzustellen, dass vom Management getroffene Entscheidungen von den dafür zuständigen bzw. beauftragten Mitarbeitern zielgerecht ausgeführt werden.

Von den bisher behandelten **Fachfunktionen** des Management (Planung, Organisation und Kontrolle) unterscheidet sich Führung demnach – vereinfacht ausgedrückt – durch die Betonung der personalen Komponente von Managementaktivitäten (Führung also als **Personalfunktion** im engeren Sinn von „Menschenführung").

Abb. 4.1 - 5 verdeutlicht diesen **besonderen Charakter der Führungsfunktion**, indem zum Ausdruck gebracht wird, dass Führungsaspekte wegen der Bedeutung des Faktors „Mensch" im arbeitsteiligen Wirtschaftsprozess grundsätzlich alle Fachfunktionen des Managements durchdringen und damit zugleich relativieren.

Führung lässt sich aus der Sicht des einzelnen Vorgesetzten prinzipiell wie folgt charakterisieren (vgl. ULRICH/FLURI 1995):

- Führen heißt einerseits, Einfluss auf die Mitarbeiter auszuüben, der sie veranlasst, die erwarteten Beiträge zur Erreichung der Unternehmungsziele zu erbringen (**Produktivitäts-/Leistungsaspekt**).
- Führen heißt andererseits, Bedingungen zu schaffen, die es zugleich ermöglichen, dass die Mitarbeiter auch ihre persönlichen Ziele zu realisieren in der Lage sind (**Zufriedenheitsaspekt**).

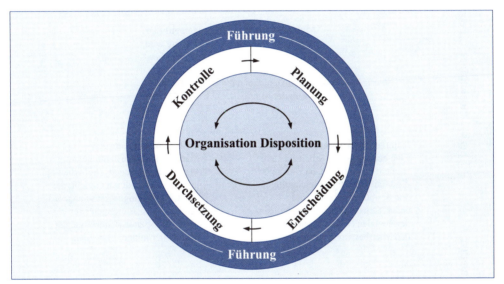

Abb. 4.1 - 5   Personal- und Fachfunktionen in der Managementspirale

Das **eigentliche Führungsproblem** ist in der Regel in der Integration dieser beiden Aspekte zu sehen. Die Notwendigkeit, nicht nur einseitig Leistungsaspekte sondern auch Zufriedenheitskriterien zu berücksichtigen, ergibt sich für die Führung dabei namentlich aus **zwei Gründen**,

- dem von der Motivationstheorie konstatierten Wirkungszusammenhang von Leistung und Zufriedenheit und
- der „ethisch-sozialen" Verpflichtung der Unternehmung als Institution, ihre Mitarbeiter nicht nur als Wirtschaftsgut, sondern auch als Menschen mit eigenen Zielen, Motiven und Erwartungen zu behandeln (vgl. auch S. 71ff.).

Eine der bekanntesten Darstellungen zur Verdeutlichung dieser zweidimensionalen Betrachtungsweise des Führungsproblems stammt von BLAKE/MOUTON (1986), denen mit ihrem so genannten Verhaltensgitter („**Managerial Grid**") eine diesbezügliche Klassifikation alternativen Führungsverhaltens gelingt (vgl. Abb. 4.1 - 6).

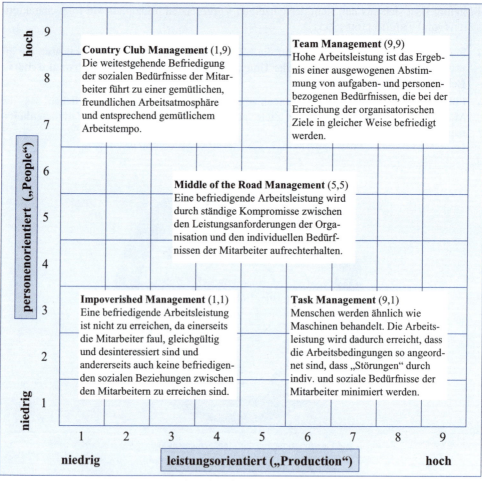

Abb. 4.1 - 6   Verhaltensgitter („Managerial Grid") von BLAKE/MOUTON

Mit dieser Klassifikation eng verknüpft ist die **Unterscheidung alternativer Führungsstile**, in denen sich Art und Weise, in der Führung ausgeübt wird, ausdrücken.

Die **möglichen Ausprägungen eines Führungsstils**, die üblicherweise durch die Begriffe „kooperativ", „partizipativ", „laissez-faire" und „autoritär" charakterisiert werden, unterscheiden sich darin, in welchem Umfang Mitarbeiter „von oben" gelenkt werden („Self-Controlling" versus „Fremd-Controlling") und welche Wertschätzung diese dabei erfahren (hoch bzw. niedrig). Abb. 4.1 - 7 zeigt beispielhaft die Zuordnung der Führungsstile zu diesen zwei Dimensionen (vgl. auch S. 176ff.).

Der in einer Unternehmung oder in Teilbereichen praktizierte Führungsstil wird in starkem Maße geprägt von der Persönlichkeitsstruktur des Managements. Unter den Gesichtspunkten von Effizienz und Zufriedenheit darf der Führungsstil aber dessen ungeachtet nicht allein als „Privatsache" der jeweiligen Vorgesetzten angesehen werden. Vielmehr ist der **Führungsstil situativ** an die jeweils herrschenden Führungsbedingungen anzupassen, um optimale Ergebnisse zu erzielen. Die Übersicht in Abb. 4.1 - 8 zeigt diesbezüglich beispielhaft einige Bedingungen auf, die nach einem mehr autoritären und solche, die nach einem mehr partizipativen Führungsstil verlangen.

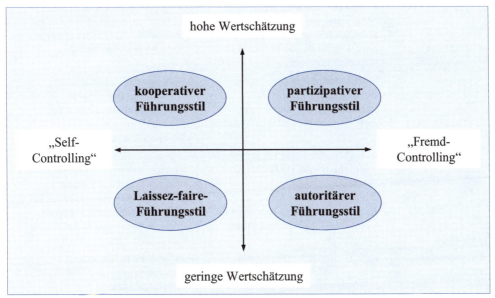

Abb. 4.1 - 7   Ausprägungen alternativer Führungsstile

Unter Beachtung dieser Rahmenbedingungen (vgl. Abb. 4.1 - 8) können dann die spezifischen **Vorteile** des mehr autoritären respektive partizipativen Führungsstils genutzt werden. Zu diesen wird beim **autoritären Führungsstil** gezählt:

- rasche Entscheidungen,
- klare und eindeutige Rollenverteilung,
- erleichterte Koordination aller Aktivitäten,
- höhere Zufriedenheit bei autoritätsangepassten Mitarbeitern,
- bestmögliche Nutzung von Spezialkenntnissen und Fachbegabungen bei den Mitarbeitern.

Beim stärker **partizipativen Führungsstil** sind hingegen folgende **Vorteile** zu nennen:

- qualifizierte Entscheidungen durch Einbezug des Sachverständnisses der Mitarbeiter,
- höhere Innovationsrate bei engagierten Mitarbeitern,
- höhere Zufriedenheit bei Mitarbeitern, die nach produktiver Selbstentfaltung streben,
- Ausschöpfung sowie Förderung des betrieblichen Kreativitäts- und Problemlösungspotenzials,
- Förderung des Führungsnachwuchses.

	Rahmenbedingungen für den mehr autoritären Führungsstil	Rahmenbedingungen für den mehr partizipativen Führungsstil
Person	• starkes Niveaugefälle zwischen Vorgesetzten und Mitarbeitern • Mitarbeiter mit überwiegenden autoritären Wertvorstellungen, ohne Eigeninitiative und stark sicherheitsmotiviert	• geringes Niveaugefälle zwischen Vorgesetzten und Mitarbeitern • Mitarbeiter mit hoher Leistungs- motivation, Aufgeschlossenheit, Kreativität und Initiative
Situation	• Situationen, die rasche Entscheidungen verlangen • stabile Umweltverhältnisse mit geringer Komplexität und Dynamik	• Situationen, die ideenreiche Entscheidungen erfordern • hohe Umweltkomplexität und -dynamik mit starken Innovationszwängen
Aufgabe	• Aufgaben, die wenig Eigeninitiative erfordern, sondern schlicht Pflichtbewusstsein und Zuverlässigkeit • Aufgaben mit hohem Routinegehalt (repetitive und programmierbare Tätigkeiten)	• Aufgaben, die schöpferische Eigengestaltung, Flexibilität und unkonventionelles Vorgehen erfordern • nicht-standardisierte Aufgaben, deren Schwerpunkt in der Lösung innovativer Probleme liegt
Organisations- struktur	• strenge Hierarchie (Direktorial- prinzip) mit Betonung vertikaler Informationskanäle (Befehle und Meldungen) • hoher Organisationsgrad (geringer Dispositionsspielraum)	• aufgelockerte Hierarchie (Tendenz zum Kollegialprinzip) mit freier Kommunikation • geringer Organisationsgrad (Beschränkung auf Rahmen- regelungen)

Abb. 4.1 - 8   Rahmenbedingungen autoritärer und partizipativer Führung

4.1 Hauptfunktionen des Managements 131

Fragen und Aufgaben zur Wiederholung (4.1: S. 113 – 130)

1. Was versteht man unter dem Begriff „Management" (a) als Institution und (b) als Funktion?

2. Skizzieren Sie die Phasenstruktur des Managementprozesses! Warum spricht man in diesem Zusammenhang von einem Managementzyklus?

3. Was sind die Hauptmerkmale der Planung?

4. Welche Prozessstufen lassen sich im Rahmen der Planung (a) bei der Problemanalyse, (b) bei der Alternativensuche und (c) bei der Prognose unterscheiden?

5. Was sind die Determinanten der Prognosequalität?

6. Welche Rolle spielt die Phase der Bewertung für die Planung?

7. Was sind die Merkmale einer „echten Führungsentscheidung"? Nach welchen Merkmalen lassen sich Entscheidungen sonst noch systematisieren?

8. Unter welchen Bedingungen tritt die Durchsetzung als eigenständiger Problemkreis zwischen Entscheidung und Realisation?

9. Was beinhaltet die Kontrolle und welche Funktion hat sie im Managementprozess? Welche Typen von Kontrollen lassen sich unterscheiden?

10. Was versteht man unter Koordinieren als Managementfunktion und was sind dessen Voraussetzungen?

11. Was sind die Vorteile und Nachteile der Organisation? Wann befindet sich die Unternehmung in einem organisatorischen Gleichgewicht?

12. Skizzieren Sie das organisatorische Analyse-Synthese-Konzept von KOSIOL!

13. Was ist der Unterschied zwischen Aufbau- und Ablauforganisation? Welche Verknüpfungen bestehen?

14. Beschreiben Sie die Stufen des Organisationsprozesses! Was versteht man in diesem Zusammenhang unter Organisationszyklus?

15. Wie lässt sich Führung von Planung, Organisation und Kontrolle abgrenzen?

16. Was sind die Hauptmerkmale und -probleme der Führung?

17. Skizzieren Sie den Grundgedanken des „Managerial Grid" von BLAKE/MOUTON!

18. Was versteht man unter einem Führungsstil, und welche alternativen Ausprägungen lassen sich unterscheiden?

19. Was sind wichtige Rahmenbedingungen für einen mehr autoritären und einen mehr partizipativen Führungsstil?

132   Viertes Kapitel: Unternehmungsführung

4.2   Elemente und Strukturen von Managementsystemen

4.2.1   Bestandteile des Managementsystems der Unternehmung

Unter einem **Managementsystem** kann man mit WILD (1982) die Gesamtheit des Instrumentariums, der Regeln, Institutionen und Prozesse verstehen, mit denen Managementfunktionen erfüllt werden. Entsprechend lassen sich als wichtigste Bestandteile eines solchen Managementsystems unterscheiden:

- **Organisationssystem,**
- **Planungs- und Kontrollsystem,**
- **Informationssystem,**
- **Personal-(Führungs-)System,**
- **Controlling-System.**

Diese Teilsysteme weisen **engste Interdependenzen** auf und überschneiden sich auch teilweise. Ihre inhaltliche, prozessuale und strukturelle Abstimmung ist deshalb für das Managementsystem als Ganzes eine unerlässliche Forderung, wenn es den ständig zunehmenden Ansprüchen an seine Funktionsfähigkeit bei gleichzeitiger Gewährleistung humaner Rahmenbedingungen genügen soll.

Die **Funktionsfähigkeit** des Managementsystems ist dabei natürlich eine höchst schillernde Anforderungskategorie. Präzisiert werden kann diese aber, indem die jeweils spezifischen Anforderungen an das Management einer Unternehmung herausgestellt werden. Beispielsweise werden die Effizienzkriterien eines **innovativ-strategieorientierten Managementsystems** anders aussehen (müssen) als diejenigen eines mehr bürokratisch-administrativen Managementsystems. Die Gegenüberstellung in Abb. 4.2 - 1 mag diesen wichtigen Grundgedanken verdeutlichen.

innovativ-strategieorientiertes Management	**bürokratisch-administratives Management**
- auf Stärken konzentrieren - offensiv agieren - die richtigen Dinge tun (strategisch konzentrieren) - Bedarfs- und Verhaltensorientierung - die eigene Alternative zum entwicklungsbestimmenden Parameter der Umwelt machen - die vorhandene Lösung überflüssig machen - Erträge vorbereiten, investieren - qualitativer Zuwachs - dynamische Sicherheit - „Navigate a Ship"	- Schwachstellen ausmerzen - defensiv reagieren - die Dinge richtig tun (perfektionieren) - Material-, Produkt- und Verfahrensorientierung - Stabilität gegenüber Störungen aus der Umwelt bewahren - die vorhandene Lösung verbessern, modifizieren - Erträge ernten, Kosten senken - quantitatives Wachsen - statische Sicherheit - „Run a Ship"

Abb. 4.2 - 1   Merkmale von innovativ-strategieorientierten und bürokratisch-administrativen Managementsystemen

4.2 Elemente und Strukturen von Managementsystemen 133

Bei dem Versuch einer Klassifizierung von in der Praxis praktizierten Managementsystemen kann sich die Analyse natürlich nicht auf die beispielhaft genannten Unterschiede in den Effizienzkriterien zweier Kategorien von Management beschränken. Vielmehr sind hierfür ganz allgemein alle Merkmale, die den Charakter eines Managementsystems bestimmen, in ihren jeweiligen Ausprägungen anzugeben. Hierauf bezugnehmend werden im Folgenden wichtige Elemente und Strukturen von Managementsystemen erörtert. Grundlage hierfür ist die Aufspaltung solcher Systeme in ihre **sechs Teilsysteme** bzw. Bestandteile (Organisationssystem, Planungs- und Kontrollsystem, Informationssystem, Personal-(Führungs-)System, Controlling-System). Ausgeklammert bleiben (weil bereits behandelt) Erörterungen zum Zielsystem und (wegen ihrer Bedeutung unter einem eigenen, nachfolgenden Gliederungspunkt behandelt) Ausführungen zu den Management-Techniken.

4.2.2   Organisationssysteme

Die theoretische Grundlage bei der Gestaltung von Organisationssystemen liefern die verschiedenen **Ansätze der Organisationstheorie**. Von Bedeutung sind dabei:

- der bürokratisch-soziologische Ansatz (Begründer: MAX WEBER),
- der Ansatz der (traditionellen) betriebswirtschaftlichen Organisationslehre (wichtigster Vertreter: ERICH KOSIOL),
- der Ansatz der neoklassischen (soziologischen, sozialpsychologischen, psychologischen) Organisationstheorie (wichtige Vertreter: ARGYRIS, LIKERT, MCGREGOR),
- Entscheidungs- und systemtheoretische Ansätze (wichtige Vertreter: SIMON, MARCH, CYERT, KIRSCH).

Da keiner dieser Ansätze allein für sich genommen voll zu befriedigen vermag, ist ein umfassender **situativer Ansatz** entwickelt worden, der die theoretisch fruchtbaren und empirisch überprüfbaren Bestandteile der vier genannten Ansätze in ein umfassendes Konzept der Organisationsstruktur zu integrieren versucht (vgl. hierzu und zum Folgenden KIESER/WALGENBACH 2007). Dieses Konzept arbeitet mit **fünf Hauptdimensionen**, die die wichtigsten Aspekte von Organisationsstrukturen umfassen, wobei jede dieser fünf Dimensionen selbst wiederum aus mehreren Teildimensionen besteht, mit deren Hilfe sich dann aber ein differenziertes Bild realer Organisationsstrukturen(-systeme) ergibt:

(1)   Spezialisierung

(2)   Koordination

(3)   Leitungssystem (Konfiguration)

(4)   Entscheidungsdelegation (Kompetenzverteilung)

(5)   Formalisierung

Zu (1)   Spezialisierung:

Generelle Regeln zur Spezialisierung bilden den einen Eckpfeiler von Organisationssystemen. Spezialisierung ist dabei gleichzusetzen mit artmäßiger Arbeitsteilung (vgl. auch S. 21f.), bei der Teilaufgaben unterschiedlicher Art mehr oder weniger ausschließlich von verschiedenen Organisationseinheiten (Stellen, Abteilungen, Kollegien u.Ä.) wahrgenommen werden. Unterschiede in der Spezialisierung zeigen sich entsprechend hinsichtlich

- des **Umfangs (bzw. Ausmaßes) der Spezialisierung** (Frage: Wie hoch ist die Anzahl der in einer Unternehmung existierenden spezialisierten organisatorischen Einheiten?) und
- der **Art der Spezialisierung** (Frage: Liegt eine Spezialisierung auf Verrichtung bzw. Verrichtungszentralisation oder eine Spezialisierung auf Objekte bzw. Objektzentralisation vor, und worin besteht diese im Einzelnen?).

Nach dem Kriterium der Spezialisierungsart werden üblicherweise auch zwei idealtypische Organisationsstrukturen unterschieden: Von einer **funktionalen Organisationsstruktur** wird gesprochen, wenn unterhalb der obersten Leitungsinstanz (Geschäftsführung, Vorstand) die Hauptorganisationseinheiten nach dem Verrichtungsprinzip gebildet werden. Dagegen liegt eine **divisionale Organisationsstruktur** oder **Spartenorganisation** vor, wenn sie nach dem Objektprinzip gebildet werden. Im ersten Fall heißen die Hauptorganisationseinheiten **Funktionsbereiche,** im zweiten Fall **Sparten** (vgl. Abb. 4.2 - 2, in Anlehnung an KIESER/WALGENBACH 2007, S. 98).

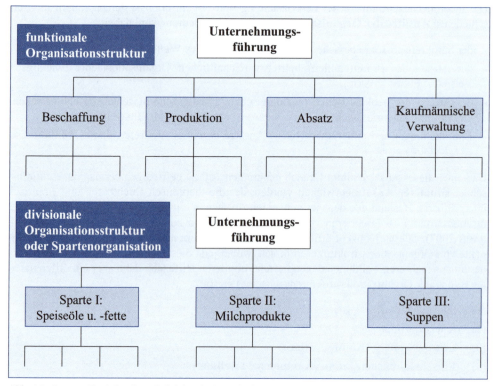

Abb. 4.2 - 2   Funktionale und divisionale Organisationsstruktur

Eine generelle Beurteilung dieser Strukturtypen ist schwierig, weil in der Praxis Organisationsstrukturen höchst selten in reiner Form auftreten, vielmehr dominieren **Mischtypen**. Hinzu kommt, dass spezifische Vor- und Nachteile solcher Strukturtypen nur in Verbindung mit der jeweiligen situativen Komponente des organisatorischen Umfeldes zur Geltung kommen. Gewisse Tendenzaussagen zu den **Vor- und Nachteilen der divisionalen Struktur** gegenüber der funktionalen scheinen dennoch möglich (vgl. für eine Übersicht Abb. 4.2 - 3, entnommen aus HILL/FEHLBAUM/ULRICH 1994).

	Vorteile der divisionalen Struktur	Nachteile der divisionalen Struktur
Kapazitäts-aspekt	• Entlastung der Leitungsspitze • Entlastung der Kommunikations-struktur (zwischen den Sparten)	• größerer Bedarf an qualifizierten Leitungskräften
Koordinations-aspekt	• geringe Interdependenz der Subsysteme • klar getrennte Verantwortungs-bereiche • Transparenz der Struktur • leichte Anpassung der Subsysteme	• Bedarf nach aufwendigen Koordinationsmechanismen • Notwendigkeit zusätzlicher zentraler Koordinationsstellen • Notwendigkeit getrennter Erfolgskontrollen
Aspekt der Entscheidungs-qualität	• nach Produkten, Abnehmern oder Regionen spezifisch angepasste Entscheidungen • Kenntnis der spezifischen Umwelt-bedingungen • schnellere Anpassungsentschei-dungen an Marktveränderungen • mehr integrierte, problemorientierte Entscheidungen	• Mehrfachaufwand in Bezug auf Funktionsbereiche • Gefahr des Verlustes einer einheitlichen Politik des Gesamtsystems • Gefahr der Suboptimierung der Subsysteme (Eigeninteresse, kurzfristiger Erfolgsausweis)
personen-bezogener Aspekt	• bessere Entfaltungsmöglichkeiten für Nachwuchskräfte, da weniger funktional spezialisiert • ganzheitliche Leitungsaufgaben, direktere Beziehung zum eigenen Beitrag • personelle Autonomie der Subsysteme	• geringere Integration des Gesamtpersonals • geringere Beziehung zum Gesamtsystem und seinen Zielen

Abb. 4.2 - 3   Vor- und Nachteile der divisionalen gegenüber der funktionalen Organisationsstruktur

Zu (2)   Koordination:

Aus der Arbeitsteilung resultiert die Notwendigkeit der Koordination, d.h. der Abstimmung der arbeitsteiligen Aktivitäten im Hinblick auf das Gesamtziel. **Spezialisierung und Koordination** bilden damit Grundprinzipien, auf denen alle realen Organisationssysteme beruhen.

Durch die prinzipiell bestehende Totalinterdependenz aller arbeitsteiligen Aktivitäten in einer Unternehmung müsste streng genommen eine Koordination zwischen allen Stellen (= kleinste, auf einzelne gedachte oder real existierende Personen zugeschnittene organisatorische Einheiten) erfolgen. Eine entscheidende **Vereinfachung der Koordination** wird jedoch in der Regel durch zwei eng zusammenhängende Maßnahmen bewirkt:

- Durch **Abteilungsbildung**, also durch Zusammenfassung bestimmter Stellen zu größeren Organisationseinheiten werden Stellen voneinander getrennt („entkuppelt") und somit die Zahl der notwendigen Koordinationsbeziehungen reduziert. Zugleich entsteht die Notwendigkeit, zwischen einer abteilungsübergreifenden und einer abteilungsinternen Koordination zu differenzieren.

- Dadurch, dass **spezielle Leitungsstellen** (= Instanzen, ausgestattet mit Entscheidungs-, Weisungs- und Kontrollbefugnissen) für die Wahrnehmung von Koordinationsaufgaben eingerichtet werden, verringert sich das Koordinationsproblem erheblich, und es können zugleich – durch die Trennung von Entscheidungs- und Ausführungsaufgaben – Spezialisierungsvorteile genutzt werden.

In beiden Fällen ist die Vereinfachung der Koordination ein Resultat der **Hierarchisierung** der Organisationsstruktur, die Hierarchie also auch eine entscheidende Voraussetzung für das Funktionieren komplexer arbeitsteiliger Wirtschaftsprozesse.

Koordination sowohl im Sinne vorausschauender Abstimmung (**Vorauskoordination**) als auch im Sinne einer Reaktion auf Störungen (**Feedback-Koordination**) kann mithilfe unterschiedlicher organisatorischer Regelung bewirkt werden (KIESER/WALGENBACH 2007):

(2a) Koordination durch persönliche Weisungen:

Die Organisationsstruktur bildet hier nur den Rahmen, in dem die einzelnen Koordinationsprozesse ablaufen. Diese sind durch einen prinzipiell vertikalen Kommunikationsfluss (Anordnungen und Prämissen für die delegierten Entscheidungen von oben, Meldungen von unten) gekennzeichnet.

(2b) Koordination durch Selbstabstimmung:

Die Koordinationsaufgaben werden hier von den jeweils Betroffenen als Gruppenaufgabe wahrgenommen. Dabei kann die Selbstabstimmung der Initiative der Gruppenmitglieder überlassen werden, häufiger sind aber bestimmte strukturelle Regelungen, die sich etwa auf die Einrichtung von Kommunikationskanälen, auf die Ausstattung von bestimmten Gremien mit Entscheidungskompetenzen, auf die Vorgabe abstimmungsbedürftiger Fragen u.Ä. erstrecken.

(2c) Koordination durch Programme:

Die Koordination erfolgt hier auf der Basis festgelegter Verfahrensrichtlinien bzw. genereller Handlungsvorschriften, die Anweisungen von Vorgesetzten ersetzen oder zumindest verringern können. Programme können zwar auch lediglich das Ergebnis eingeübter Verhaltensmuster sein, aber im Wesentlichen handelt es sich doch wohl um explizit vorgegebene Richtlinien, die mehr oder weniger flexibel formuliert oft in so genannten Handbüchern (*Manuals*) fixiert sind.

(2d) Koordination durch Pläne:

Die Abstimmung erfolgt hier bereits im Rahmen der Planung, die systematisch erarbeitete Sollvorgaben (Handlungsziele, Budgets) für die zukünftigen Aktivitäten bestimmt.

(2e) Koordination durch organisationsinterne Märkte

Durch interne Märkte lassen sich die Koordinationseffekte und die Anreizwirkungen von Märkten auch innerhalb von Organisationen nutzen. Während bei realen internen Märkten eine gewisse Flexibilität in der Wahl der internen Transaktionspartner besteht, ist diese bei fiktiven internen Märkten sehr stark eingeschränkt. Die zentralen Elemente zur Einrichtung interner Märkte sind die Bildung von Profit Centern (= Organisationseinheiten mit Ergebnisverantwortung) sowie Verrechnungspreise, deren Koordinationswirkung bereits bei SCHMALENBACH (1948) unter dem Stichwort der pretialen Lenkung zu finden ist.

(2f) Koordination durch Organisationskultur:

Durch eine hohe Identifikation aller Entscheidungsträger auf gemeinsame Werte und Normen, welche die gemeinsame Unternehmens- bzw. Organisationskultur bilden, lassen sich Aktivitäten in einem gewissen Umfang aufeinander abstimmen.

4.2 Elemente und Strukturen von Managementsystemen 137

Abb. 4.2 - 4 zeigt einige **Vor- und Nachteile**, die mit den sechs genannten Koordinationsinstrumenten verbunden sind.

	Vorteile	Nachteile
(2a) Koordination durch persönliche Weisungen	• ohne große organisatorische Vorkehrung leicht zu handhaben • äußerst flexibel einsetzbar	• Überlastung der Instanzen und „Dienstwege" • hohe Qualifikation der Vorgesetzten erforderlich
(2b) Koordination durch Selbstabstimmung	• Entlastung der hierarchischen Koordination • erhöhte Motivation bei den Mitarbeitern	• in der Regel höherer Zeitbedarf als bei (2a) • setzt entsprechend qualifizierte Mitarbeiter voraus
(2c) Koordination durch Programme	• Informationsaustausch erheblich vermindert • Reduzierung von Unsicherheit für die vom Programm betroffenen Mitarbeiter	• nur geeignet für Routinefälle • Bequemlichkeit führt leicht zur Anwendung auf eigentlich nicht programmadäquate Fälle
(2d) Koordination durch Pläne	• flexibler einsetzbar als (2c) • Vorteile von (2c) ohne die Nachteile	• hoher Informationsbedarf in quantitativer und qualitativer Hinsicht • erfordert ein ausgebautes, funktionsfähiges Planungssystem
(2e) Koordination durch organisationsinterne Märkte	• autonome Anpassung an veränderte Umweltbedingungen möglich • keine aufwändigen, organisationsinternen Abstimmungsprozesse, dadurch geringere Kosten • Preismechanismus als Anreiz zum effizienten Ressourceneinsatz	• interne Transaktionspartner sind in der Wahl der Transaktionspartner und bezüglich der Bedingungen des Leistungsaustauschs durch Arbeits- und Gesellschaftsverträge eingeschränkt • Problematik der Wahl der „richtigen" Verrechnungspreise • Gefahr des „Bereichsegoismus" in der Profit Center-Organisation
(2f) Koordination durch Organisationskultur	• Einsatz bei Aufgabenstellungen mit hoher Ungewissheit und Komplexität	• Gefahr der zu starken Verhaltensbeeinflussung durch die Organisationskultur

Abb. 4.2 - 4   Mögliche Vor- und Nachteile alternativer Koordinationsinstrumente

Zu (3)   Leitungssystem (Konfiguration):

Mit dem Leitungssystem wird die dritte Hauptdimension (formaler) Organisationssysteme angesprochen. Sie rückt in den Mittelpunkt, wenn man bei der **Analyse der äußeren Form des Stellengefüges** den mit spezifischen

• Entscheidungsbefugnissen,
• Weisungskompetenzen,
• Aufsichtspflichten und
• Kontrollrechten

ausgestatteten **Instanzen** besondere Beachtung schenkt. Wichtige **Merkmale eines Leitungssystems** sind dabei (vgl. KIESER/WALGENBACH 2007):

(3a) die **Struktur der Weisungsbeziehungen**,
(3b) die **Gliederungstiefe des Stellengefüges** und
(3c) die **Gliederungsbreite der einzelnen organisatorischen Ebenen (Leitungsspanne)**.

Zu (3a) Struktur der Weisungsbeziehungen:

Die Analyse der Struktur der Weisungsbeziehungen zwischen Instanzen sowie zwischen Instanzen und Ausführungsstellen lässt verschiedene **Ausprägungen von Leitungssystemen** erkennen:

(3aa) Idealtypische Grundformen eines Leitungssystems
(3ab) Kombination idealtypischer Grundformen von Leitungssystemen
(3ac) Einbau von Stabstellen in das Organisationssystem
(3ad) Weiterentwicklung von Mehrliniensystemen durch die Matrix-Organisation

Zu (3aa) Idealtypische Grundformen eines Leitungssystems:

Zunächst können zwei idealtypische Grundformen eines Leitungssystems unterschieden werden (vgl. Abb. 4.2 - 5, entnommen aus KIESER/WALGENBACH 2007, S. 139):

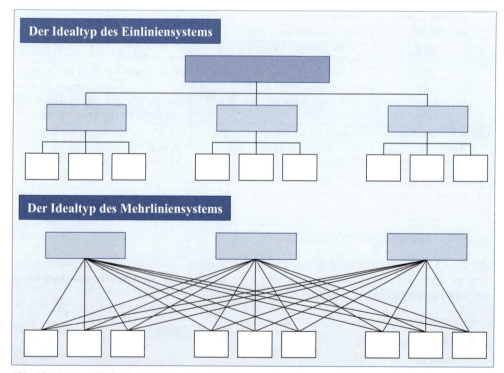

Abb. 4.2 - 5   Idealtypische Strukturen von Leitungssystemen

- Der Idealtyp des **Einliniensystems**. Es beruht auf dem Prinzip der Einheit der Auftragserteilung. Die Vorgesetzten sind im Rahmen ihrer Leitungsfunktion für alles zuständig, was sie und die ihnen unterstellten Stellen betrifft. Damit soll eine klare Zuordnung von Verantwortlichkeiten und eine reibungslose Koordination bewirkt werden. Als Nachteil gilt die starke Beanspruchung der Instanzen, da der hierarchische Dienstweg sowohl bei abteilungsinternen als auch bei abteilungsübergreifenden Problemen stets einzuhalten ist.
- Der Idealtyp des **Mehrliniensystems**. Dieser Typ beruht auf dem Prinzip der Mehrfachunterstellung. Weisungsbefugnisse und Verantwortlichkeiten der einzelnen Vorgesetzten sind auf bestimmte Sachgebiete begrenzt (funktionales Weisungsrecht). Dadurch soll eine Spezialisierung der Vorgesetztentätigkeit ermöglicht und die Qualität der Entscheidungen und Weisungen verbessert werden. Zugleich hilft das Mehrliniensystem, das Prinzip des kürzesten Weges zu realisieren. Als Nachteil muss gesehen werden, dass es wegen der Gefahr von Funktionsüberschneidungen leicht zu Kompetenzstreitigkeiten und unklaren Verantwortlichkeitsbeziehungen kommen kann.

Zu (3ab) Kombination idealtypischer Grundformen von Leitungssystemen:

In der Praxis kombiniert man häufig die Idealtypen des Ein- und Mehrliniensystems miteinander. In der Regel wird dabei allerdings auf eindeutige **disziplinarische Unterstellungsverhältnisse** geachtet. Auch die Gesamtverantwortung wird nicht aufgegliedert, sondern jeweils einer Instanz übertragen. Um aber die genannten Vorteile des Mehrliniensystems zu nutzen, kommt es zu einer **zusätzlichen fachlichen oder funktionalen Unterstellung** (vgl. für ein Beispiel Abb. 4.2 - 6, entnommen aus KIESER/WALGENBACH 2007, S. 144).

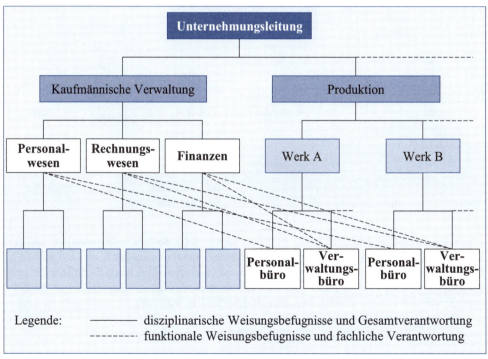

Abb. 4.2 - 6   Disziplinarische und funktionale Weisungsbefugnisse

Zu (3ac) Einbau von Stabstellen in das Organisationssystem:

Eine andere Modifikation erfahren Leitungssysteme in der Praxis durch den Einbau so genannter Stabstellen in das Organisationssystem. Stäbe sind **Leitungsassistenzstellen**: Sie beraten und unterstützen Instanzen bei der Erfüllung ihrer Leitungsfunktion, haben aber selbst keine (originären) Entscheidungs- und Weisungsbefugnisse gegenüber den Linienstellen (Instanzen und Ausführungsstellen). Je nach der Art der von Stäben geleisteten Assistenz werden üblicherweise generalisierte Stabstellen (Beispiel: Direktionsassistent) und spezialisierte Stabstellen (Beispiel: Justitiar) unterschieden.

Stäbe spielen eine wichtige Rolle vor allem im Einliniensystem, wo man dann entsprechend von einer **Stab-Linien-Organisation** spricht (vgl. für ein Beispiel Abb. 4.2 - 7, entnommen aus KIESER/WALGENBACH 2007, S. 148). Mit ihrer Hilfe sollen die Vorteile der klaren Kompetenz- und Verantwortungsabgrenzung des Einliniensystems verbunden werden mit den Vorteilen der Spezialisierung, wie sie sonst im Mehrliniensystem möglich sind. Die Effizienz der Stab-Linien-Organisation wird allerdings durch eine Reihe von Konfliktmöglichkeiten beeinträchtigt. Eine besondere Gefahr sind Stäbe als „Graue Eminenzen" (Macht ohne Verantwortung) bzw. wenn sie sich als Konkurrenz zur Linie aufbauen. Aus der Stabsperspektive selbst entstehen häufig Spannungen und Frustrationen, weil Vorschläge des Stabes oft nicht anerkannt werden und Stabsmitarbeiter wegen ihrer fehlenden Entscheidungskompetenzen, ungeachtet ihrer nicht selten hohen Fachkompetenz, nur als Mitarbeiter zweiter Klasse angesehen werden.

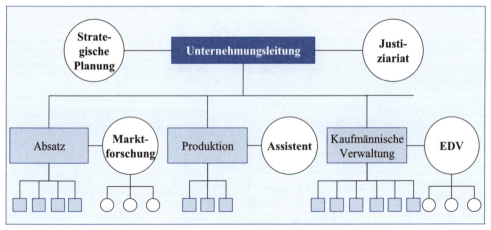

Abb. 4.2 - 7   Darstellung von Stabs- und zentralen Dienststellen(-abteilungen)

Fließende Übergänge bestehen in der Praxis zwischen der Stab-Linien-Organisation und dem Einliniensystem mit **zentralen Dienststellen**. Letztere unterscheiden sich von den Stäben lediglich dadurch, dass sie hinsichtlich der von ihnen zu lösenden Sachaufgaben nicht nur einer Instanz zugeordnet sind, sondern grundsätzlich mehreren oder im Grenzfall sogar allen Instanzen zur Verfügung stehen. Typische Einsatzgebiete für solche zentralen Dienststellen (Zentralabteilungen) sind Planung, betriebs- und volkswirtschaftliche Analyse, Berichtswesen, Statistik, Rechnungswesen, automatische Datenverarbeitung u.Ä. (vgl. Abb. 4.2 - 7).

Zu (3ad) Weiterentwicklung von Mehrliniensystemen durch die Matrix-Organisation:

Eine Fortentwicklung erfährt der Gedanke des Mehrliniensystems durch die Matrixorganisation. Grundlage ist dabei die Unterscheidung in funktionale und divisionale Organisation (vgl. S. 133f.), deren Vorteile man zu kombinieren versucht. Das **Matrix-Prinzip** besteht darin, eine zweidimensionale Struktur zu schaffen, indem die traditionellen vertikalen Funktionssäulen von einer horizontalen produktorientierten Struktur überlagert werden (vgl. Abb. 4.2 - 8).

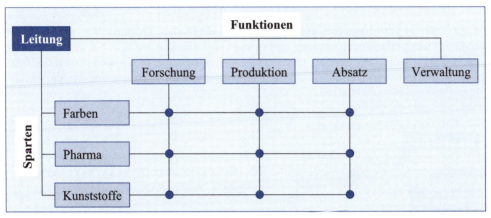

Abb. 4.2 - 8   Beispiel einer Matrix-Organisation

Der Gedanke der Matrix-Organisation beruht auf Erkenntnissen der **verhaltenswissenschaftlichen Organisationstheorie**, nach denen sich Konflikte zwischen den Instanzen in einem Mehrliniensystem nicht unbedingt nachteilig auswirken müssen. Vielmehr können Konflikte auch zu positiven Ergebnissen führen, wenn sie bei den Beteiligten einen stärkeren Einsatz hervorrufen und Leistungsreserven mobilisieren. Dazu sind allerdings bestimmte Voraussetzungen notwendig, so z.B. eine klare Abgrenzung der Kompetenzen und Verantwortlichkeiten. Da dies bei Mehrfachunterstellungen aber praktisch nicht befriedigend gelöst werden kann, existieren die in der Praxis entwickelten Matrix-Strukturen (Projektmanagement, Produktmanagement) nur in mehr oder minder abgeschwächter Form.

Beim **Produktmanagement** beispielsweise hat der Produktmanager ein funktionelles Weisungsrecht häufig nur gegenüber wenigen Stellen (etwa gegenüber den Service-Abteilungen des Marketingbereichs). Er muss seine Aufgabe der Querschnittskoordination also im Wesentlichen durch Überzeugung und persönliche Autorität erfüllen und kann sich nur begrenzt auf eine organisatorisch geregelte „Amtsautorität" stützen. Nicht zuletzt deshalb sind für den Produktmanager die modernen **Management-Techniken** (vgl. S. 188ff.) unverzichtbare Hilfsmittel zur Erfüllung seiner Aufgabe: den Produktstandpunkt in einer ansonsten funktionsorientierten Organisationsstruktur zu vertreten.

Zu (3b) und (3c)   Gliederungstiefe und Leitungsspanne:

Neben der durch Ein- oder Mehrlinienbeziehungen, Stabstellen und dergleichen charakterisierten Struktur der Weisungsbeziehungen sind, wie eingangs erwähnt, auch die Gliederungstiefe des Stellengefüges sowie die Leitungsspanne auf den einzelnen organisatorischen Ebenen wesentliche Merkmalskategorien eines Leitungssystems.

In Abhängigkeit von der **Gliederungstiefe**, also der Anzahl der hierarchischen Ebenen, wird das pyramidenförmige Stellengefüge einer Unternehmung steiler oder flacher. Da mit der Einordnung einer Stelle in die Hierarchie zugleich ihr organisatorischer Rang (Entscheidungs-, Weisungsrechte, Verantwortung) festgelegt wird und in der Praxis damit auch in aller Regel der Status des Stelleninhabers verbunden ist, werden die rang- und statusmäßigen Unterschiede zwischen den Stellen(-inhabern) um so größer, je mehr Ebenen das Stellengefüge aufweist.

In der Literatur wird besonders auf die **Vorteile einer flachen Organisationspyramide** mit möglichst wenigen Hierarchieebenen hingewiesen (vgl. GROCHLA 1983). Sie liegen vornehmlich in der Sicherung der Spontanität des Organisationssystems, in der Verkürzung des vertikalen Kommunikationsflusses sowie ganz allgemein in der Eindämmung von dysfunktionalen Bürokratisierungserscheinungen.

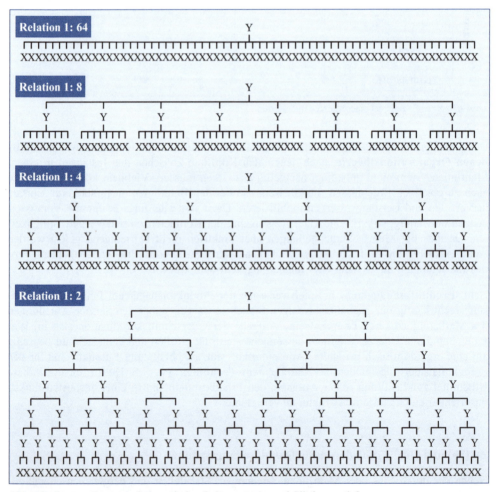

Abb. 4.2 - 9   Zusammenhang zwischen Leitungsspanne und Gliederungstiefe
(mit: Y = Instanz, X = Ausführungsstelle)

4.2 Elemente und Strukturen von Managementsystemen 143

Als Nachteile einer sehr flachen Organisationspyramide sind die dann notwendigerweise großen Leitungsspannen anzusehen. Denn wenn als **Leitungsspanne** allgemein die Anzahl der einer Instanz direkt untergeordneten Stellen bezeichnet wird, besteht bei gleicher Organisationsgröße offensichtlich eine Beziehung zwischen Gliederungstiefe und Leitungsspanne: Je größer die Leitungsspannen sind, umso weniger Ebenen müssen gebildet werden (vgl. Abb. 4.2 - 9, entnommen aus KIESER/WALGENBACH 2007, S. 162).

Der **Nachteil zu großer Leitungsspannen** besteht allgemein darin, dass die Instanzen schlicht überfordert werden und daher ihre Leitungsfunktion nur noch unvollkommen erfüllen können. Die Festlegung der Leitungsspanne wird damit zu einem **Optimierungsproblem**: Sie muss auf jeder Ebene im Sinne einer flachen Organisationspyramide möglichst groß sein, allerdings höchstens so groß, dass die Vorgesetzten von ihrer – quantitativen und qualitativen – Leitungskapazität her nicht überfordert werden. Die Lösung dieses Optimierungsproblems wird dabei von sehr vielfältigen **Faktoren** determiniert. Zu ihnen zählen:

- Art der Aufgaben,
- Struktur der Weisungsbeziehungen,
- Art der Koordinationsinstrumente,
- Entscheidungsdelegation,
- Führungsstile,
- Formalisierungsgrad,
- Art und Nivcau des Planungs-, Kontroll- und Informationssystems,
- persönliche Eigenschaften von Vorgesetzten und Untergebenen.

Zu (4)   Entscheidungsdelegation (Kompetenzverteilung):

Die Ausführungen zum Leitungssystem, insbesondere zur Struktur der Weisungsbeziehungen, haben den inhaltlichen Umfang der Entscheidungsbefugnisse auf den verschiedenen Ebenen der Organisationshierarchie noch nicht berücksichtigt. Daher ist als eine vierte Dimension eines Organisationssystems der Aspekt der Entscheidungsdelegation herauszustellen.

Unter Entscheidungsdelegation wird die umfangmäßige Verteilung der Entscheidungsbefugnisse in einer Hierarchie verstanden. Eine solche **Delegation** beinhaltet im Einzelnen (vgl. KIESER/WALGENBACH 2007):

- Zuweisung von Aufgaben,
- Vorgabe von erwarteten Ergebnissen,
- Ausstattung mit den zur Aufgabenerfüllung notwendigen Rechten,
- Zuweisung von Verantwortung (Handlungsverantwortung und Führungsverantwortung).

Dabei wird die Beachtung von folgenden **Prinzipien** als wichtig angesehen:

- Das **Kongruenzprinzip**. Es fordert in seiner einfachsten Form, dass Aufgaben, Kompetenzen und Verantwortung sich decken müssen. Niemand soll bei Entscheidungsdelegation zur Verantwortung gezogen werden für Sachverhalte, die er mangels Kompetenzen nicht beeinflussen kann.

144　　　　　　　　　　　　　　　　　　　　　　　　　　　Viertes Kapitel: Unternehmungsführung

- Das **Operationalitätsprinzip**. Es fordert, dass die Entscheidungsdelegation so operational zu erfolgen hat, dass im Regelfall tatsächlich feststellbar ist, ob die erwarteten Ergebnisse eingetreten sind, eine Verantwortung zu tragen ist usw.

- Das **Minimal-Ebenen-Prinzip**. Hiermit ist der Grundsatz angesprochen, dass Entscheidungsdelegation so zu erfolgen hat, dass möglichst wenige Management-Ebenen zur Koordination und zur Lösung auftretender Konflikte benötigt werden.

- Das Prinzip des „**Management by Exception**". Hiernach wird gefordert, dass Entscheidungen von der untersten Stelle gefällt werden, die dazu noch über den nötigen Überblick verfügt. Damit verbunden ist allerdings die Notwendigkeit, hierfür klare Kriterien zu definieren und insbesondere Ausnahmefälle genau zu kennzeichnen (vgl. S. 180ff.).

Abb. 4.2 - 10 (entnommen aus HILL/FEHLBAUM/ULRICH 1994) gibt einen kurz gefassten Überblick über Vor- und Nachteile einer zunehmenden Entscheidungsdelegation, die umso größer ist, je mehr Entscheidungsbefugnisse aufgrund genereller Regelungen offiziell auf die unteren Hierarchieebenen verteilt werden.

Zu (5)　　Formalisierung:

Als letzte Hauptdimension einer Organisationsstruktur ist deren Formalisierung anzusprechen, worunter Art und Umfang des Einsatzes **schriftlich fixierter organisatorischer Regeln** in Form von Schaubildern, Handbüchern, Stellenbeschreibungen usw. verstanden wird.

Anknüpfend an PUGH et al. (1968) und KIESER/WALGENBACH (2007) kann der Aspekt der Formalisierung grundsätzlich in **drei Teildimensionen** aufgegliedert werden:

(5a)　　Strukturformalisierung:

Sie bezieht sich auf den Umfang, in dem organisatorische Regeln schriftlich fixiert sind. Wichtige Instrumente der Strukturformalisierung sind dabei:

- **Organigramme** oder Organisationsschaubilder, in denen die Art der Spezialisierung der größten organisatorischen Einheiten, die Struktur der generellen Weisungsbefugnisse, die Leitungsspanne u.a.m. zum Ausdruck kommt.

- **Stellenbeschreibungen**. Sie legen die Unter- und Überstellungsverhältnisse fest, spezifizieren einzelne Rechte und Pflichten des Stelleninhabers und nennen häufig auch die gestellten Anforderungen an den Stelleninhaber (etwa als Grundlage für die Entlohnung).

- **Richtlinien** (Durchführungsverordnungen) für die Abwicklung von Anträgen, Beschaffung von Investitionsgütern, Behandlung von Kündigungen u.Ä.

(5b)　　Formalisierung des Informationsflusses:

Unter diesem Aspekt werden diejenigen Regelungen zusammengefasst, die vorsehen, dass bestimmte Informationsprozesse schriftlich zu erfolgen haben und damit aktenmäßig gemacht werden. Eine solche Formalisierung dient vor allem zu Kontrollzwecken sowie zur Sicherung der Kontinuität bei einem allfälligen Personalwechsel.

4.2 Elemente und Strukturen von Managementsystemen

	Vorteile der Entscheidungsdelegation	Nachteile der Entscheidungsdelegation
Kapazitäts-aspekt	• Entlastung der übergeordneten Stellen von jenen Entscheidungen, die ihrer Leitungsfunktion nicht entsprechen • vermehrte Delegation macht eine wasserkopfartige Stabstruktur überflüssig • Entlastung der Kommunikations-kanäle durch Reduktion der notwendigen Anrufungen und Anordnungen	• Vergrößerung des gesamthaften „Entscheidungsvolumens" in der Unternehmung • Bedarf an qualifizierten Mitarbeitern auf unteren Ebenen steigt (kann auch als Vorteil interpretiert werden)
Koordinations-aspekt	• Relativ autonome Handlungs-fähigkeit der unteren Stellen durch Übereinstimmung von Aufgaben und Kompetenzen • „Selbstkoordination" der unteren Stellen durch Selbstverantwortung • Zwang zur sorgfältigen Analyse des „Entscheidungshaushaltes" im gesamten sozialen System • ermöglicht „Management by Exception"	• Abbau der autonomen Entscheidungsfähigkeit der Leitungsspitze (kann auch als Vorteil interpretiert werden) • erhöhtes Konfliktpotenzial • Notwendigkeit vermehrter Ergebniskontrolle
Aspekt der Entscheidungs-qualität	• Konzentration der Leitungsspitze auf wichtige politische und strategische Entscheidungen • Ausnützung des vorhandenen „Human Capital" • Entscheidungen dort, wo ihre Folgen unmittelbar wirksam werden • frühzeitiges Entscheidungstraining des Führungsnachwuchses	• Homogenität zwischen den verschiedenen Entscheidungen kann verloren gehen (Gefahr der Suboptimierung)
personen-bezogener Aspekt	• Entfaltungsraum für die persönliche Entwicklung nicht nur an der Spitze, sondern auch auf unteren Ebenen • positiver Lernprozess durch erhöhte Anforderungen an den Stelleninhaber stärkt Leistungsfähigkeit und Leistungsbereitschaft • Ermöglichung psychologischer Erfolgserlebnisse fördert Sicherheit, Selbstvertrauen, Arbeitsbefriedigung	• Gefahr der Überforderung einzelner Stelleninhaber, was zu Misserfolgs-erlebnissen, Frustration und damit Reduktion der Leistungsbereitschaft führen kann (negativer Lernprozess) • erhöhter psychischer Leistungsdruck auf unteren Ebenen (Stress durch Verantwortung)

Abb. 4.2 - 10   Mögliche Vor- und Nachteile der Entscheidungsdelegation

(5c) Leistungsdokumentation:

Diese Teildimension der Formalisierung erstreckt sich auf den Umfang der Regelungen, die eine schriftliche Leistungserfassung und Leistungsbeurteilung der Mitarbeiter als Teil der disziplinarischen Rechte von Vorgesetzten vorsehen. Die schriftliche Leistungsdokumentation hat dabei den Zweck, in diesen sehr delikaten Bereich der Personalpolitik eine gewisse Versachlichung einzubringen. Als Instrumente hierfür dienen beispielsweise:

- Arbeitszeitkarten,
- Schemata für die analytische Arbeitsbewertung,
- Fragebögen für die periodische Leistungsbeurteilung der Mitarbeiter
- u.a.m.

Nachdem nunmehr in enger Anlehnung an KIESER/WALGENBACH (2007) die fünf Hauptdimensionen formaler Organisationssysteme mit ihren verschiedenen Teildimensionen erörtert und im Überblick dargestellt worden sind, soll zum Abschluss noch kurz auf den Tatbestand der **situativen Bedingtheit realer Organisationssysteme** hingewiesen werden. Denn die beschriebenen alternativen Ausprägungen struktureller Teilmerkmale einer Organisation treten in der Realität in den verschiedensten Kombinationen auf, sodass sich zwangsläufig die Frage nach den relevanten Einflussgrößen für die zu konstatierende Vielfalt und Komplexität existierender Organisationssysteme stellt.

KIESER/WALGENBACH (2007, S. 218ff.) nennen in diesem Zusammenhang die in Abb. 4.2 - 11 genannten **Hauptkomponenten von Einflussgrößen der Organisationsstruktur** (zu denen noch das **Verhalten der Organisationsmitglieder** als eine indirekte Einflussgröße hinzuzurechnen wäre) und unterziehen die wesentlichsten hiervon einer ausführlichen theoretischen wie empirischen Analyse.

Abb. 4.2 - 11 Hauptkomponenten von Einflussgrößen der Organisationsstruktur

4.2.3 Planungs- und Kontrollsysteme

Zu den Hauptbestandteilen eines Managementsystems zählen neben dem Organisationssystem auch das Planungs- und Kontrollsystem. Wegen der für die Planung unabdingbaren Ergänzungsfunktion der Kontrolle wird häufig auch nur von einem Planungssystem gesprochen. **Begrifflich gekennzeichnet** werden kann ein **Planungssystem** (in Anlehnung an WILD 1982) dabei wie folgt: Eine geordnete und integrierte Gesamtheit verschiedener Teilplanungen (Pläne), die zwecks Erfüllung bestimmter Planungs- und Kontrollfunktionen nach einheitlichen Prinzipien aufgebaut und miteinander verknüpft sind.

Als eine wesentliche Determinante eines Planungs- und Kontrollsystems ist das **Organisationssystem** einer Unternehmung anzusehen (das aber natürlich auch wiederum selbst Objekt der Planung und Kontrolle sein kann). Denn die Organisation regelt die Verteilung der Planungs- und Kontrollfunktionen ebenso, wie sie Einfluss auf den Ablauf von Planungs- und Kontrollprozessen nimmt. So ist es unter organisatorischen Gesichtspunkten beispielsweise von Bedeutung, ob die Planung von Linien- oder Stabsstellen durchgeführt wird und wie stark Planungsaufgaben delegiert sind.

Die **organisatorische Bedingtheit eines Planungs- und Kontrollsystems** drückt sich allgemein darin aus, dass die Organisationsstruktur vorgibt,

- welche Stellen auf den einzelnen Hierarchieebenen,
- in welcher Reihenfolge,
- wie (Teilfunktionen, Kompetenzen),
- an den verschiedenen Teilprozessen der Planung und Kontrolle

mitwirken sollen, wie also über die verschiedenen Hierarchieebenen hinweg Pläne in einer Unternehmung entstehen, koordiniert, durchgesetzt und kontrolliert werden.

Das System der **hierarchischen Unternehmensplanung** (vgl. KOCH 1977) hat sich in der Unternehmenspraxis weitgehend durchgesetzt. Es bestehen zwar unterschiedliche Varianten im Detail, aber gemeinsam ist ihnen die Integration des Planungs- und Kontrollsystems in das hierarchische Stellengefüge der Unternehmungsorganisation und damit verbunden das Betreiben von Teilplanungen bzw. Aufstellen von Teilplänen.

Die **Charakterisierung und inhaltliche Differenzierung solcher Teilpläne** erfolgt dabei durch eine kombinierte Anwendung von (mindestens) **vier Merkmalen**:

- Der **Umfang** der Teilpläne ergibt sich aus der Anzahl und Größe der betrieblichen Bereiche, die sie umfassen. Es können beispielsweise Beschaffungs-, Produktions-, Vertriebs- und Lagerpläne ebenso wie Kapitalbedarfs-, Kredit-, Liquiditäts- und Erfolgspläne unterschieden werden. Diese Pläne können beliebig weiter aufgespalten werden, wodurch sich der Planungsumfang dementsprechend verringert.

- Die **Dimension** eines Plans bestimmt sich danach, ob es sich um reine Arten-, Mengen- oder Werteplanung handelt. So können beispielsweise Produktartenpläne, Absatzmengenpläne und Kostenpläne unterschieden werden. Daneben kann man gegebenenfalls auch noch eine spezifische Raum- bzw. Zeitplanung unterscheiden. Eine ausgesprochene Raumplanung ist beispielsweise die Standortplanung und die innerbetriebliche Transportplanung, während es sich bei der Ablauf- und Terminplanung von Fertigungsaufträgen um eine typische Zeitplanung handelt.

148   Viertes Kapitel: Unternehmungsführung

- Die **Tiefe** eines Planes drückt den Detaillierungsgrad der durch die Planung fixierten Vorgabewerte aus. In diesem Sinne kann eine mehr oder weniger ausgeprägte Grob- bzw. Rahmenplanung einerseits und eine Detail- bzw. Feinplanung andererseits unterschieden werden. In der Rahmenplanung werden nur die generellen Maßnahmen der Zielerreichung festgelegt bzw. nur die grundsätzlichen Daten gesetzt. Grobpläne gehen nicht so sehr auf die differenzierten Einzelheiten ein, sondern bestimmen nur den Rahmen, innerhalb dessen sich die Detailpläne bewegen müssen. Erst die Detailpläne sind realisationsreif in dem Sinne, dass sie die Realisation der Zielerreichung eindeutig und bis in die letzten Einzelheiten festlegen. Während also ein Grobplan beispielsweise das Investitionsbudget vorgibt, bestimmen Detailpläne, welche speziellen Anlagenkäufe vorzunehmen sind,

- Die **zeitliche Reichweite** eines Plans ergibt sich aus dem Zeitraum, den die Planung explizit umfasst. Dementsprechend können Kurz-, Mittel- und Langfristpläne unterschieden werden. Die Planungsperiode bei Langfristplänen hängt ab vom jeweiligen Planungshorizont, der in den verschiedenen Branchen und bei den einzelnen Unternehmungen sehr unterschiedlich sein kann. So kann eine langfristige Planung fünf, aber auch 20 Jahre umfassen. Kurzfristpläne können sich im Extremfall auf unmittelbar anstehende Maßnahmen und somit auf einen Zeitraum von beispielsweise einer Stunde und weniger beziehen. Häufig wird man aber bei einer Planungsperiode bis zu einem Jahr von kurzfristigen Plänen sprechen und erst danach von mittelfristigen Plänen sprechen.

Was die organisatorischen Varianten der hierarchischen Planung im Einzelnen betrifft, so lassen sich **drei Haupttypen** unterscheiden (vgl. WILD 1982):

(1)   Retrograde Planungsverfahren

(2)   Progressive Planungsverfahren

(2)   Gegenstromverfahren

Zu (1)   Retrograde Planungsverfahren:

In diesem Fall erfolgt die Planung hierarchisch von oben nach unten (***Top-down Approach***). Dabei werden durch die Führungsspitze der Unternehmung die (obersten) Unternehmungsziele festgelegt, die generelle Unternehmungspolitik fixiert sowie übergeordnete Rahmenpläne aufgestellt. Den nachgeordneten Management-Ebenen obliegt es dann, diese globalen Vorgaben speziell für ihren Verantwortungsbereich stufenweise in detaillierte Teilpläne umzusetzen.

Zu (2)   Progressive Planungsverfahren:

Die Entwicklung der Pläne erfolgt hier im Gegensatz zur retrograden Planung von „unten nach oben" (***Bottom-up Approach***). Die untersten noch mit Planungsaufgaben betrauten Organisationseinheiten stellen zunächst für ihre Bereiche Detailpläne auf und reichen sie an die übergeordneten Instanzen weiter. Diese fassen die Teilpläne zusammen, koordinieren sie und reichen sie ihrerseits nach oben weiter, bis die Pläne schließlich an der Unternehmensspitze endgültig zu einem Gesamtplan geformt werden.

Zu (3)   Gegenstromverfahren:

Diese dritte Variante stützt sich auf eine **kombinierte Anwendung** der beiden erstgenannten Verfahren. Zunächst werden vorläufige Oberziele gesetzt, die wie im Fall der retrograden

4.2 Elemente und Strukturen von Managementsystemen

Planung von oben nach unten zunehmend konkretisiert und detailliert werden. Nachdem dieser Prozess die unterste Planungsebene erreicht hat, setzt in umgekehrter Richtung ein progressiver Rücklauf ein, der auf jeder Managementstufe die unmittelbar nachgeordneten Pläne schrittweise koordiniert und zusammenfasst. Erst wenn dieser Rücklauf vollständig beendet ist (was unter Umständen ein mehrmaliges Durchlaufen von Unterzyklen erfordert), trifft die Unternehmensleitung eine endgültige Entscheidung über das Gesamtsystem der Pläne.

Im Vergleich zu den beiden erstgenannten Varianten vermeidet das Gegenstromverfahren das logische **Zirkelproblem**, dass man über untergeordnete Ziele/Pläne/Alternativen nicht ohne Kenntnis der übergeordneten Ziele/Pläne/Alternativen entscheiden kann und umgekehrt. Dadurch ist das Gegenstromverfahren schon aus logischen Gründen den beiden anderen überlegen. Hinzu kommt, dass es **drei zentralen Führungsgrundsätzen** Rechnung trägt (vgl. WILD 1982):

- Jede Führungskraft sollte die Aktivitäten in ihrem unmittelbaren Verantwortungsbereich aus Motivationsgründen selber planen und zugleich die Planung nachgeordneter Instanzen steuern und integrieren.
- Die Planung sollte arbeitsteilig erfolgen und so delegiert werden, dass das im Betrieb vorhandene Planungswissen optimal genutzt wird.
- Es sollte strikt unterschieden werden zwischen der Aufgabe der Entwicklung und Konkretisierung von Plänen einerseits und der Koordination/Integration sowie der Entscheidung und Durchsetzung der Pläne andererseits.

Das Gegenstromverfahren kann als weitestgehende Annäherung einer hierarchisch strukturierten Unternehmungsplanung an das System der **totalen Simultanplanung** angesehen werden, die ansonsten das genaue Gegenstück einer hierarchisch angelegten Sukzessivplanung darstellt. Denn bei der totalen Simultanplanung werden alle Unternehmungsvariablen in einem einstufigen Totalmodell festgelegt und so optimiert. Dieses Vorgehen wird zwar wegen der stets vorhandenen **Interdependenzen** zwischen allen Variablen auch letztendlich als theoretisch geboten angesehen, hat sich aber in der Praxis (abgesehen von Anwendungen in begrenzten Teilbereichen) als nicht sinnvoll und praktikabel erwiesen. Insbesondere scheitern Ansätze zur simultanen Totalplanung an den damit verbundenen Informationsgewinnungs- und -verarbeitungsproblemen, speziell an den hohen Anforderungen an die Prognosegenauigkeit.

Neben dem in der Praxis dominierenden Prinzip der hierarchischen Unternehmensplanung mit der Betonung in der organisatorischen Umsetzung wird das Planungs- und Kontrollsystem einer Unternehmung noch durch **weitere Prinzipien** gekennzeichnet. Auf einige wichtige soll im Folgenden kurz eingegangen werden:

(1) **Prinzip der Dominanz der strategischen Planung**

(2) **Prinzip der revolvierenden Planung**

(3) **Prinzip flexibler und elastischer Planung**

(4) **Prinzip der Budgetierung**

(5) **Prinzip der Manipulationsabwehr in Planungs- und Kontrollsystemen**

Zu (1)   Prinzip der Dominanz der strategischen Planung:

Die **Merkmale der strategischen Planung** und auch zu ihrem Gegenstück – der **operativen Planung** – werden in Abb. 4.2 - 12 (in Anlehnung an ULRICH/FLURI 1995) genannt.

Merkmale	strategische Planung	operative Planung
1. Hierarchische Stufe	Schwerpunkt bei der obersten Führungsebene der Unternehmung	Involvierung aller Stufen mit Schwerpunkt auf mittleren Führungsstufen
2. Unsicherheit	wesentlich größer	kleiner
3. Art der Probleme	meistens unstrukturiert	relativ gut strukturiert und oft repetitv
4. Zeithorizont	Akzent langfristig, jedoch auch kurz- und mittelfristige Aspekte möglich	Akzent kurz- bis mittelfristig
5. Informations-bedürfnisse	primär Richtung Umwelt	primär nach innen
6. Alternativen	Spektrum der Alternativen grundsätzlich weit	Spektrum eingeschränkt
7. Umfang	Konzentration auf einzelne wichtige Problemstellungen	umfasst alle funktionellen Bereiche und integriert alle Teilpläne
8. Grad der Detaillierung	globaler und weniger detailliert	relativ groß

Abb. 4.2 - 12   Merkmale der strategischen und der operativen Planung

Das Prinzip der Dominanz der strategischen Planung (gegenüber der operativen Planung) ergibt sich direkt aus dem Zielcharakter der strategischen Planung für die operative Planung. Indirekt ist es eine Folge des von GUTENBERG formulierten „**Ausgleichsgesetzes der Planung**“:

Da ein koordinierter Ablauf des betrieblichen Geschehens die ständige wechselseitige Abstimmung von Absatzmöglichkeiten, Herstellungskapazitäten, Beschaffungs- und Lagerungsgegebenheiten sowie von Finanzierungsinstrumenten und -konditionen erfordert, wird man stets auf – im Zeitablauf durchaus wechselnde – Bereiche stoßen, die als „Engpasssektor“ die übrigen betrieblichen Teilbereiche wegen der bestehenden Verflechtungen an ihrer vollen quantitativen und/oder qualitativen Entfaltung hindern. Für die Planung bedeutet dies, dass sich die Teilpläne durch Abstimmungsmaßnahmen auf diesen **Minimumsektor** „einzunivellieren“ haben, da sich sonst zielschädliche, ja sogar existenzgefährdende Folgen für die Gesamtunternehmung ergeben können.

Das so charakterisierte „Ausgleichsgesetz der Planung“ gilt grundsätzlich, aber mit besonderer Eindringlichkeit in kurzfristiger Sicht, da in Kurzfristplänen die meisten der planungsrelevanten betrieblichen Tatbestände – vor allem auch die Größen, die den Minimumsektor bewirken – Daten darstellen, die kurzfristig nicht beeinflussbar sind. So müssen in einem kurzfristigen Plan beispielsweise die Maschinenkapazität, der Personalbestand oder das Leistungsprogramm als gegeben angesehen werden, während diese Größen in längerfristigen Plä-

4.2 Elemente und Strukturen von Managementsystemen

nen durchaus einer möglichen Veränderung durch entsprechend geplante Maßnahmen unterliegen. Kurzfristig bewirkt das „Ausgleichsgesetz der Planung" also ein Einpendeln der Gesamtplanung auf den Minimumsektor, wohingegen es langfristig gesehen in Richtung auf einen Abbau oder sogar auf eine Beseitigung betrieblicher Engpasssituationen hinwirkt.

Hieraus resultiert der eine zentrale Vorteil langfristiger Planungen gegenüber ausschließlich kurzfristigen Abstimmungsmaßnahmen. Der andere Vorteil besteht darin, dass Langfristpläne durch die Wirkungen des „Ausgleichsgesetzes der Planung" prinzipiell auf den Markt ausgerichtet sind, da marktliche Engpässe bei abnehmender Relevanz innerbetrieblicher Engpässe zunehmend an Bedeutung gewinnen. Langfristpläne werden sich daher tendenziell stets auf den Markt mit seinen überhaupt nicht oder nur mittelbar beeinflussbaren Gegebenheiten, die letztlich den Minimumsektor darstellen, einpendeln.

Im Rahmen der strategischen Planung werden die wichtigsten Merkmale eines Unternehmens relativ global für einen längerfristigen Zeitraum fixiert. Es sollen Konzepte und Strategien entwickelt werden, mit denen die Existenz der Unternehmung dauerhaft gesichert werden kann.

Ausgangspunkt des strategischen Planungs- und Kontrollprozesses bilden Unternehmens- und Umweltanalysen, mit denen Stärken und Schwächen der Unternehmung und ihrer Konkurrenten sowie die strategisch bedeutenden Veränderungen der Umwelt im Sinne von Chancen und Gefahren erfasst werden. Auf der Basis der Erkenntnisse der **SWOT-Analyse** (S = *Strengths*, W = *Weaknesses*, O = *Opportunities*, T = *Threats*) (vgl. hierzu ausführlich BRUHN 2007) kann geprüft werden, ob die Unternehmung die gesetzten Ziele mit den gegenwärtigen Strategien erreicht (vgl. Abb. 4.2 - 13).

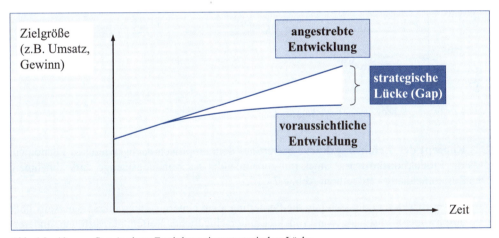

Abb. 4.2 - 13   Gap-Analyse: Ermittlung einer strategischen Lücke

Ausgehend von der strategischen Lücke sind nun neue Strategien zu entwickeln bzw. vorhandene zu modifizieren, damit die gesetzten Ziele erreicht werden können. Dafür sind insbesondere zwei Zusammenhänge von Bedeutung:

- die Vorstellung von einem **Produktlebenszyklus** sowie
- das **Konzept der Erfahrungskurve**.

Die **Lebenszyklus-Hypothese** besagt, dass der Absatz von Produkten durch einen typischen zeitlichen Verlauf gekennzeichnet ist. Analog zur Absatzentwicklung verläuft die Höhe des Einnahmeüberschusses: in der Einführungs- und Wachstumsphase übersteigen die finanziellen Mittel für Investitionen, Marktbearbeitung die Umsatzerlöse. Bei Eintritt in die Reifephase liegen dann die erzielbaren Umsätze über den eingesetzten finanziellen Mitteln. Diese Zusammenhänge verdeutlicht Abb. 4.2 - 14 (in Anlehnung an DUNST 1982).

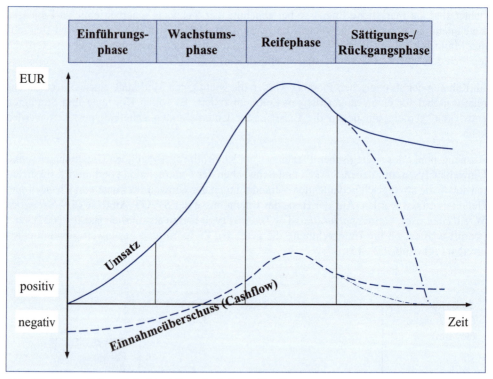

Abb. 4.2 - 14   Schematische Darstellung des Lebenszyklus-Konzeptes

Das **Konzept der Erfahrungskurve** basiert auf dem empirisch nachgewiesenen Phänomen, dass die Produktionskosten je Stück mit zunehmender Ausbringungsmenge stark abnehmen. Den Zusammenhang verdeutlicht Abb. 4.2 - 15.

Aus beiden Effekten ergibt sich nun die Forderung, eine Unternehmung müsse einerseits über eine ausgewogene Mischung von Produkten unterschiedlicher Reifegrade verfügen, andererseits sollte sie bemüht sein, hohe Marktanteile zu gewinnen, um aufgrund des Erfahrungskurveneffektes gegenüber Mitbewerbern einen relativen Kostenvorteil zu erzielen.

Diese strategischen Empfehlungen werden auch von der **Portfoliotechnik** aufgegriffen. Da sie eine in der Unternehmenspraxis weit verbreitete strategische Planungsmethode darstellt, sei auf sie im Folgenden beispielhaft näher eingegangen.

Grundlage der Portfoliotechnik ist die Bildung **strategischer Geschäftsfelder** (SGF). Ein SGF stellt eine Produkt-Markt-Kombination dar, für das eine eigenständige, abgrenzbare Strategie entwickelt werden kann. In Anlehnung an das Portfolio von Wertpapieren interpretiert die Portfoliotechnik ein Unternehmen als Menge einzelner SGF, die in ihrem Zusammenwirken unter Berücksichtigung dynamischer Aspekte auf ihre Zielwirkung hin analysiert werden.

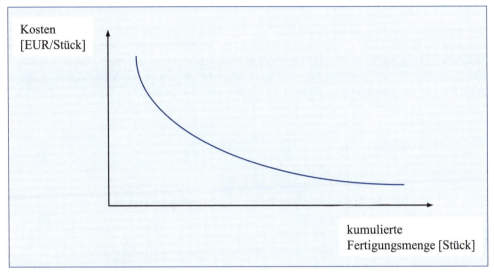

Abb. 4.2 - 15   Erfahrungskurve

Die Vorgehensweise sämtlicher Varianten der Portfoliotechnik zielt dabei darauf ab, die Chancen und Risiken von SGF durch ein System von Bestimmungsfaktoren zum Ausdruck zu bringen. Gruppiert man diese Bestimmungsfaktoren in zwei Kategorien, so lässt sich unabhängig von ihrer konkreten Ausprägung eine zweidimensionale Matrix aufstellen, in die sich die SGF des Unternehmens einordnen lassen. Eine Achsendimension wird hierbei regelmäßig von solchen Faktoren bestimmt, die weitgehend am Markt orientiert sind und von der Unternehmensleitung nicht bzw. nur indirekt beeinflusst werden können (z.B. Marktwachstum, Ressourcenversorgung). Die zweite Dimension repräsentiert dagegen in erster Linie vom Unternehmen direkt beeinflussbare Faktoren wie Marktanteile oder Qualifikation der Führungskräfte. Je nach Auswahl der Erfolgsfaktoren lassen sich nun aus der Positionierung der SGF innerhalb der jeweiligen Portfolio-Matrix strategische Tendenzaussagen ableiten.

Die verschiedenen Varianten der Portfoliotechnik unterscheiden sich im Wesentlichen in dem zugrunde gelegten **Einflussfaktorensystem**. Zu nennen sind hier vor allem

- das **Marktwachstums-/Marktanteils-Portfolio**,
- das **Marktattraktivitäts-/Wettbewerbsstärken-Portfolio**,
- das **Marktlebenszyklus-/Produktlebenszyklus-Portfolio** sowie
- das **Geschäftsfeld-/Ressourcen-Portfolio**.

Eines der bekanntesten und anschaulichsten Portfolios, das von der BOSTON CONSULTING GROUP entwickelte **Marktwachstums-/Marktanteils-Portfolio** soll beispielhaft kurz umrissen werden. Es basiert auf dem Erfahrungskurven- und dem Lebenszyklus-Konzept und geht von der Überlegung aus, dass das Wachstum eines Marktes einen Indikator für seine Stellung im Lebenszyklus, und daraus abgeleitet, für seinen Investitionsbedarf darstellt. Hohe Marktwachstumsraten werden dementsprechend frühen Lebenszyklus-Phasen und hohem Investitionsbedarf zugeordnet. Der Marktanteil als zweite Determinante gilt als Indikator für die kumulierte Fertigungsmenge und damit verbundene Kostenvorteile im Wettbewerb. Ein hoher relativer Marktanteil ist hier als Indiz für besondere Stärken des Unternehmens in Form von komparativen Kostenvorteilen zu werten.

Als wesentliche Erfolgsfaktoren der SGF werden dementsprechend das Marktwachstum und der relative Marktanteil (= eigener Marktanteil im Verhältnis zum Marktanteil des größten Wettbewerbs) gewählt. Stellt man die beiden Faktoren einander in einer Matrix gegenüber und unterscheidet auf jeder Achse grob zwei Bereiche, so ergibt sich eine Matrix in der in Abb. 4.2 - 16 (in Anlehnung an HEDLEY 1977) dargestellten Form.

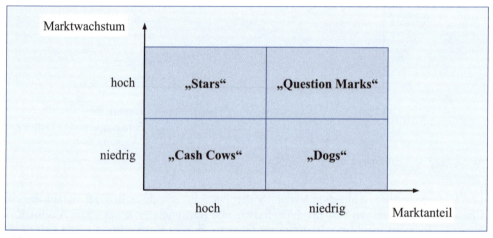

Abb. 4.2 - 16   Marktwachstums-/Marktanteils-Portfolio

Die einzelnen SGF eines Unternehmens lassen sich nun anhand der zwei Kriterien bewerten und in die Matrix einordnen, wobei die Definition der vier Felder Rückschlüsse auf **strategische Erfolgspotenziale und strategische Erfordernisse** zulässt:

- „Stars" sind SGF mit überdurchschnittlichem Marktwachstum und dem Potenzial zu dominierender Marktposition bis in die Reifephase. Sie beanspruchen meist sehr große finanzielle Ressourcen und erwirtschaften in der Zeit des starken Wachstums in der Regel kaum Finanzmittelüberschüsse. „Stars" bilden die wichtigsten Geschäftsfelder im Hinblick auf die Zukunft und erfordern somit die sofortige Reinvestition der erwirtschafteten Finanzmittel zum Halten des hohen Marktanteils bzw. zur Marktanteilsausweitung. Die Positionierung eines Geschäftsfeldes als Star spricht tendenziell für eine Investitionsstrategie.
- „Cash Cows" sind SGF auf kaum noch wachsenden oder gar stagnierenden Märkten, für die sich das Unternehmen jedoch eine gute Marktposition aufbauen konnte. „Cash Cows" bedingen im Allgemeinen einen deutlich niedrigeren Investitionsbedarf als „Stars", liefern allerdings aufgrund der starken Wettbewerbsposition hohe Erfolgsbeiträge, sodass SGF in diesem Matrixfeld meist die Hauptquelle für Gewinn und Liquidität eines Unternehmens darstellen.
- „Question Marks" verzeichnen nur einen geringen Marktanteil, dafür aber in einem Markt mit hohen Wachstumsraten. Sie bewirken aufgrund ihres starken Wachstums einen hohen Finanzmittelbedarf, ohne dass dieser durch Kostenvorteile aufgrund von Erfahrungskur-

veneffekten kompensiert würde. Eindeutige strategische Empfehlungen sind für diese SGF in der Regel nicht möglich. Die Unternehmen müssen vielmehr von Fall zu Fall prüfen, ob es möglich ist, die „Question Marks" durch gezielten Ausbau des Marktanteils in eine Position der „Stars" zu manövrieren bevor das Marktwachstum zurückgeht (Investitionsstrategie). Erscheint dies nicht erreichbar, so empfiehlt es sich in der Regel, das betreffende SGF aufzugeben und so den Finanzmittelbedarf zu verringern (Desinvestitionsstrategie).

- **Dogs** bilden schließlich die SGF, die sowohl durch ein niedriges Marktwachstum als auch durch einen niedrigen relativen Marktanteil gekennzeichnet sind. Sie sind für das Unternehmen tendenziell weniger interessant, da sie einerseits kein großes Marktpotenzial mehr aufweisen, es andererseits auch nicht gelungen ist, in ihnen besondere strategische Wettbewerbsvorteile zu erarbeiten. Da „Dogs" außerdem meist nur durch einen unverhältnismäßig hohen Einsatz von Ressourcen in günstigere strategische Positionen zu bringen sind, empfehlen sich für solche SGF tendenziell Desinvestitionsstrategien.

In Umsetzung der Hypothesen des Erfahrungskurven- und des Lebenszyklus-Konzeptes zielt das Marktwachstums-/Marktanteils-Portfolio auf die Sicherung einer **strategischen Ausgewogenheit** des Portfolios ab. Diese Ausgewogenheit gilt immer dann als gewährleistet, wenn einerseits die gegenwärtige und die zukünftige Ertragskraft des Unternehmens sichergestellt ist, und andererseits durch eine gleichgewichtige Mischung von finanzmittelfreisetzenden und finanzmittelverbrauchenden SGF das finanzielle Gleichgewicht des Unternehmens dauerhaft gewährleistet werden kann. Entsprechend sollte ein Unternehmen

- einen genügend großen Anteil an Produkten im „Cash Cow"-Quadranten haben, da die hier erwirtschafteten Finanzierungsüberschüsse zur Finanzierung der „Stars" benötigt werden,
- eine ausreichende Menge von SGF in „Star"-Positionen als Grundlage für das Zukunftsgeschäft sowie
- möglichst wenige SGF in der „Dog"-Position haben, da diese in der Regel nur einen Hemmschuh für die strategische Gesamtposition des Unternehmens bedeuten.

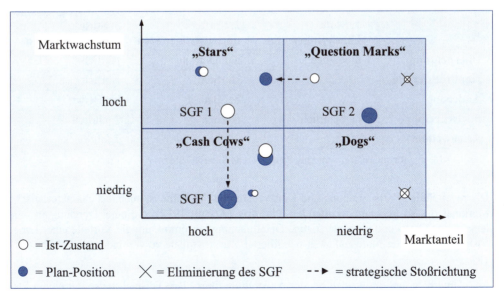

Abb. 4.2 - 17   Beispiel eines Ist- und Plan-Portfolios

156 Viertes Kapitel: Unternehmungsführung

Signalisiert die Verteilung der SGF nun Unausgewogenheiten in der Geschäftsstruktur eines Unternehmens, so bildet diese Erkenntnis Stimulanz und Ausgangspunkt für die Suche nach Strategien zur Herbeiführung einer Ausgewogenheit, wobei die in der Matrix aufgezeigten Positionen bereits wesentliche Hinweise auf zu ergreifende Strategien liefern (vgl. Abb. 4.2 - 17).

Zu (2)   Prinzip der revolvierenden Planung:

Das Prinzip revolvierender Planung verbindet **zwei wichtige Teilprinzipien** der Unternehmensplanung:

- Wegen der grundlegenden informatorischen Probleme einer (an sich notwendigen) langfristigen Planung wird das **Prinzip des minimalen Prognosebedarfs** formuliert HANSSMANN (1978): Die Planung ist so auszugestalten, dass Prognosen nur in dem Umfang benötigt werden, als sie gegenwärtige Entscheidungen beeinflussen bzw. soweit alternative Zukunftsentwicklungen unterschiedliche gegenwärtige Entscheidungen erfordern.
- Wegen der Interdependenzen zwischen den Teilplänen und ihrer damit erforderlichen Integration in ein Gesamtsystem ist das **Schachtelprinzip** (WILD 1982) zu verwirklichen: Jeder längerfristige Plan übergreift stets den kürzerfristigen Plan in vollem Umfang, impliziert also auf diese Weise mehrere Teilpläne mit unterschiedlicher zeitlicher Reichweite.

Aus diesen beiden Teilprinzipien ergibt sich das Konzept einer revolvierenden Planung als einer bestimmten Form der Anpassung in mehrstufigen Planungs- und Kontrollsystemen, die periodisch (in festen regelmäßigen Zeitabständen) im Wege der Überprüfung, Konkretisierung, Änderung und Fortschreibung erfolgt und dabei auch eine Überarbeitung vorgelagerter Planungsstufen einschließt. Abb. 4.2 - 18 (entnommen aus WILD 1982, S. 180) verdeutlicht die so entstehende **Rhythmik eines Planungs- und Kontrollsystems** an einem Beispiel.

Prozesse	Planungssystem		
	1. Stufe kurzfristiger Plan	**2. Stufe mittelfristiger Plan**	**3. Stufe langfristiger Plan**
Überprüfung	monatlich	halbjährlich	jährlich
Konkretisierung	–	jährlich	jährlich
Änderung	–	bei Bedarf	bei Bedarf
Fortschreibung	halbjährlich	jährlich	2 jährlich
Reichweiten	1 Jahr	3 Jahre	7 Jahre

Abb. 4.2 - 18   Rhythmendiagramm eines Planungs- und Kontrollsystems

Die regelmäßige Fortschreibung und Konkretisierung der Pläne ist auch das charakteristische Merkmal der so genannten **rollenden Planung** (AGTHE 1972), die eine Trennung in eine langfristige Grob- und eine kurzfristige Detailplanung vornimmt, um die Vorteile einer Langfristplanung mit der Notwendigkeit detaillierter Kurzfristpläne zu verbinden (vgl. Abb. 4.2 - 19).

Eine Unternehmung möge sich bei der Aufstellung ihrer Pläne beispielsweise mit einem Planungshorizont von fünf Jahren begnügen müssen. Da eine realisationsreife Detailplanung nur

4.2 Elemente und Strukturen von Managementsystemen

für jeweils ein Jahr im Voraus erstellt werden kann, muss der verbleibende Planungszeitraum durch eine Grob- oder Rahmenplanung ausgefüllt werden. Mit fortschreitender Planerfüllung wird der zunächst nur grob fixierte Rahmenplan nun beispielsweise quartalsweise detailliert, womit eventuell auch eine Planänderung verbunden ist, wenn zwischenzeitlich weitere, genauere und/oder sicherere Informationen eingegangen sind. Mit fortschreitender Detaillierung und Planerfüllung erfolgt zugleich eine Anpassung der Grobplanung an den Planungshorizont, indem die Grobplanung – beispielsweise einmal pro Jahr – um jeweils diesen Zeitraum verlängert wird. Die Koordination der Teilpläne erfolgt bei der rollenden Planung also zweifach: Einerseits liefert die langfristige Grobplanung den Rahmen für die kurzfristigen Detailpläne, andererseits wirkt sich die fortschreitende Detaillierung der Pläne kombiniert mit einem Planänderungssystem auch gestaltend auf die Grobplanung aus.

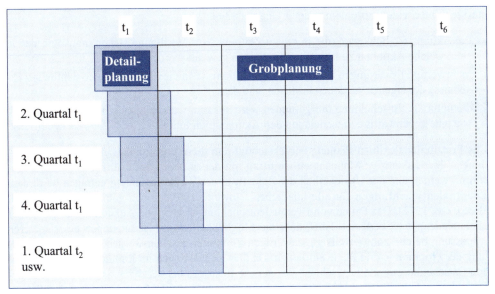

Abb. 4.2 - 19   Konzept der rollenden Planung

Zu (3)   Prinzip flexibler und elastischer Planung:

Der Begriff der Flexibilität wird in der Literatur üblicherweise von dem der Elastizität getrennt. Während **Flexibilität** dort die Eigenschaft eines Planungsverfahrens bezeichnet, kennzeichnet Elastizität die Existenz eines für die Zukunft verbleibenden **Anpassungsspielraumes** bzw. auch den Grad der Anpassungsfähigkeit, der nach Plandurchführung noch verbleibt. Gemeinsam ist beiden Begriffen, dass sie eine bestimmte Form der Bewältigung von Planungsungewissheit umschreiben.

Das Prinzip **elastischer Planung** schlägt sich in dem Aspekt der Reservenhaltung und in der Berücksichtigung elastischer **Planalternativen** nieder. So ist etwa unter dem Gesichtspunkt der Elastizität eine Universalmaschine einer Spezialmaschine wegen ihrer größeren Verwendungsbreite vorzuziehen. Ähnliches gilt für Entscheidungen, die im Nachhinein noch (zumindest teilweise) reversibel sind, gegenüber solchen, die ein hohes Maß an Irreversibilität aufweisen.

Letztere sind damit ceteris paribus stets risikoreicher. Wo solche Entscheidungen aber unumgänglich sind, sind zumindest Vorsorgemaßnahmen zu treffen, die eine Art Sicherungsfunktion gegenüber den zu tragenden Risiken beinhalten. Dazu zählt an herausragender Stelle die **Reservenhaltung**, die in den verschiedensten Varianten auftritt. Von Bedeutung sind aber vor allem Liquiditätsreserven, die unvorhergesehene Zahlungsverpflichtungen oder Einnahmerückgänge auffangen helfen, Rücklagen, die als Ertragspolster zur Abdeckung von Verlusten dienen, Auftragsreserven, die bei Nachfragerückgängen dazu beitragen, die Beschäftigung der Unternehmung zu sichern sowie schließlich auch Kapazitäts- und Vorratsreserven, die auftretende Beschaffungsengpässe überwinden helfen.

Das Prinzip **flexibler Planung** ist von dem der Elastizität zu trennen. Allgemein hat es die Aufgabe, die „dynamische Rationalität" **mehrstufiger Entscheidungssequenzen unter Ungewissheit** zu sichern. Theoretischer Ausgangspunkt ist dabei die Feststellung, dass bei mehrstufigen Entscheidungsproblemen unter Ungewissheit

- die Aktionsmöglichkeiten, die in einem Zeitpunkt zur Verfügung stehen, abhängig davon sind, welche Aktionen zu früheren Zeitpunkten gewählt worden sind,
- mehrwertige Erwartungen über zukünftige Ereignisse sowie über die voraussichtlichen Ergebnisse der eigenen Aktionen bestehen, und dass
- die optimale Entscheidung nur gefunden werden kann, wenn zugleich berücksichtigt wird, wie eine gegenwärtige Entscheidung den Aktionsspielraum späterer Zeitpunkte beeinflusst.

Das Prinzip der flexiblen Planung berücksichtigt nun diese drei Punkte, indem die Entscheidungen über zukünftige Maßnahmen **simultan** mit denen über gegenwärtige Aktionen abgestimmt werden und der Unsicherheit der Zukunft in der Weise Rechnung getragen wird, dass **Eventualentscheidungen** für alle möglichen Umweltkonstellationen getroffen werden (vgl. HAX/LAUX 1972). Das Fällen von Eventualentscheidungen bzw. die Aufstellung so genannter „Schubladenpläne" bedeutet dabei, dass die Möglichkeiten und Bedingungen einer späteren Anpassung bereits zum jeweils gegenwärtigen Zeitpunkt gesehen werden und in die Gestaltung der Programme und Pläne einfließen. Da dies grundsätzlich im Rahmen eines mehrstufigen Entscheidungsmodells geschieht, das auf der Basis des bei der dynamischen Programmierung verwendeten **Rollback-Verfahrens bzw. Rekursionsprinzips** arbeitet, wird auf diese Weise zugleich die optimale Entscheidung für die Gegenwart (und auf der Basis des gegenwärtigen Informationsstandes auch die optimale Entscheidungssequenz im Zeitablauf) fixiert (vgl. hierzu auch die Technik der Entscheidungsbaumanalyse S. 451ff.).

Zu (4)   Prinzip der Budgetierung:

Gemäß dem Prinzip der **Budgetierung** sind für alle Unternehmensteilbereiche Zielgrößen zu ermitteln, die diesen als Richtschnur für ihr Handeln dienen. Ein Budget stellt demzufolge eine vorgegebene oder vereinbarte Mengen- oder Wertgröße dar, die vom Budgetverantwortlichen eingehalten werden soll.

Die Budgetierung ist eine Planungsmethode, die schwerpunktmäßig im operativen Planungs- und Kontrollsystem eingesetzt wird. Sie erfüllt im Einzelnen folgende **Funktionen**:

- **Planungsfunktion**: Mit der Erstellung des Budgets wird die Zukunft des Unternehmens im Vorhinein festgelegt.
- **Koordinationsfunktion**: Durch die Erstellung von Budgets für verschiedene Organisationseinheiten werden die Teilbereiche aufeinander abgestimmt.

4.2 Elemente und Strukturen von Managementsystemen 159

- **Bewilligungsfunktion**: Im Rahmen seines Budgets kann jeder eigenverantwortlich entscheiden.
- **Motivationsfunktion**: Durch die Budgetierung werden Leistungsanforderungen und -ergebnisse sichtbar.
- **Kontrollfunktion**: Durch den Vergleich zwischen Plan und Ist werden Abweichungsanalysen möglich.

Budgetsysteme können unter verschiedenen Gesichtspunkten näher differenziert werden (vgl. dazu auch die Ausführungen zur Plankostenrechnung, S. 847ff.):

- **Starre Budgets** sind Größen, die während einer Budgetperiode unbedingt einzuhalten sind, **flexible Budgets** enthalten Größen, die sich unter geänderten Bedingungen z.B. bei Beschäftigungsschwankungen, verändern lassen.
- Die **Inhalte** der Budgets können erhebliche Unterschiede aufweisen: man unterscheidet z.B. Umsatz-, Absatz-, Kosten-, Investitionsbudgets etc.
- Gemäß den unterschiedlichen organisatorischen **Verantwortungsbereichen** lassen sich z.B. Abteilung-, Kostenstellen- oder Projektbudgets unterscheiden.

Grundgedanke des Budgetprinzips ist die Überlegung, aus der **Vorgabe von Soll-Größen** und der **Gegenüberstellung mit dem Ist-Zustand**

- frühzeitig Planabweichungen zu erkennen und zu analysieren,
- Gegensteuerungsmaßnahmen rechtzeitig einleiten zu können,
- das Verhalten der Mitarbeiter „vor"-zusteuern und
- einen organisatorisch einheitlich verankerten und akzeptierten Maßstab für ihren Erfolg zu haben.

Dieser Erfolgsmaßstab kann sich trotz der Dominanz von finanziellen Kriterien nicht ausschließlich auf diese beschränken, sondern muss systematisch auch nicht-finanzielle, insbesondere leistungswirtschaftliche Kriterien berücksichtigen. Ein modernes Instrument, das diesen mehrdimensionalen Kriterienkatalog zum Inhalt hat und das zugleich die Planung und Kontrolle von aus den gesamtunternehmensbezogenen Strategien abgeleiteten konkreten Aktivitäten ermöglicht, ist die „**Balanced Scorecard**" (vgl. KAPLAN/NORTON 1996a, 1996b und 1997). Dabei wird bei der Operationalisierung der für das gesamte Unternehmen bzw. einzelne Geschäftseinheiten entwickelten **Visionen und Strategien** ausdrücklich der Ausgleich zwischen den verschiedenen Messgrößen betont. Diese „Balance" soll verhindern, dass bestimmte, aus der Gesamtbetrachtung heraus unbedingt zu beachtende Teilaspekte vernachlässigt und somit gegebenenfalls kontraproduktive Schwerpunkte gelegt werden. So gilt es, die **Balance** herzustellen

- zwischen extern orientierten Messgrößen für Teilhaber und Kunden und internen Messgrößen für kritische Geschäftsprozesse, Innovationen, Lernen und Wachstum,
- zwischen vergangenheits- und zukunftsbezogenen Messgrößen und
- zwischen objektiven, leicht zu quantifizierenden Ergebniskennzahlen und subjektiven, urteilsabhängigen Leistungstreibern dieser Kennzahlen.

Die ursprünglich von KAPLAN und NORTON (1996a) entwickelte Balanced Scorecard unterscheidet die vier in Abb. 4.2 - 20 (in Anlehnung an KAPLAN/NORTON 1997, S. 9) skizzierten, teilweise interdependenten **Perspektiven**:

- Finanzwirtschaftliche Perspektive,
- Kundenperspektive,
- Interne Prozessperspektive,
- Lern- und Entwicklungsperspektive.

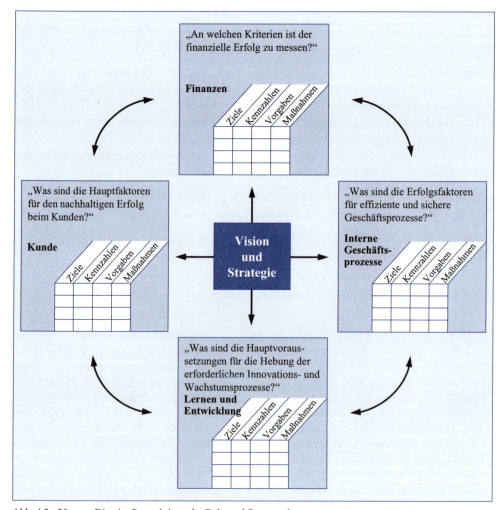

Abb. 4.2 - 20   Die vier Perspektiven der Balanced Scorecard

Die damit vorgegebene Abgrenzung ist keineswegs zwingend. Vielmehr sind vor dem Hintergrund individueller strategischer Ausrichtungen **Modifikationen** denkbar oder sogar notwendig. So erfordert beispielsweise das wertorientierte Management die Integration von Risiko- und Rentabilitätsaspekten bei der Beurteilung des finanziellen Erfolgs. Dazu bietet es sich an, die finanzwirtschaftliche gegen eine höher aggregierte, **wertorientierte Perspektive** auszutauschen, in der sowohl Rentabilitäts- als auch Risikostrukturen erfasst werden (vgl. SCHIERENBECK/LISTER 2002).

4.2 Elemente und Strukturen von Managementsystemen 161

Trotz der im Rahmen des Konzepts der Balanced Scorecard vorgenommenen Erweiterung der budgetierten Erfolgsgrößen, weisen Budget-Systeme, insbesondere die traditionelle Budgetierung, die sich auf finanzielle Erfolgsgrößen konzentriert, **zentrale Mängel** auf. Derartige Systeme gelten gemeinhin als schwerfällig und als zu aufwändig und damit zu teuer. Zudem verlieren sie in einem dynamischen Unternehmensumfeld schnell an Aussagekraft für das Management. Des Weiteren sind traditionelle Budget-Systeme im Falle starrer Handhabung stark manipulationsgefährdet, woran die nachfolgenden Ausführungen zum Prinzip der Manipulationsabwehr anknüpfen.

Das Konzept des „**Beyond Budgeting**" (HOPE/FRASER 2003) versucht, diese Kritikpunkte zu überwinden, indem die Leistungsbeurteilung nicht durch einen Vergleich von erzielten Ist- mit geplanten Soll-Größen erfolgt, sondern anhand von an (externen und internen) Wettbewerbern ausgerichteten „Benchmarks" bzw. Vergleichsgrößen. Dafür werden so genannte „**Key Performance Indicators**" (KPI) definiert, die bei dezentralen Entscheidungsstrukturen in einem dynamischen Marktumfeld die konsequente Ausrichtung auf Wertschöpfungspotenziale ermöglichen.

Zu (5) Prinzip der Manipulationsabwehr in Planungs- und Kontrollsystemen:

Bei organisatorischer Einbindung des Planungs- und Kontrollsystems in die Unternehmungshierarchie besteht grundsätzlich die Gefahr, dass untergeordnete Stellen (Instanzen, Stäbe) durch Beeinflussung von Planungs- und Kontrollinformationen ihre persönlichen Interessenlagen durchzusetzen versuchen.

Der Zweck solcher als **Manipulation** zu bezeichnenden Einflussaktivitäten kann dabei sein,

- gewünschte Genehmigungen zu erhalten (z.B. Lieblings-Investitionsprojekte),
- den Leistungs- und Verantwortungsdruck zu lockern,
- die (lästige) Einmischung von Vorgesetzten und ihren Stäben auf ein Mindestmaß zu reduzieren,
- einen positiven Eindruck bei den Vorgesetzten zu erzeugen und daran anknüpfende Belohnungen (Beförderung, Gehaltserhöhung) zu erhalten oder zumindest negative Sanktionen zu vermeiden.

Die verschiedenen Einflussmöglichkeiten, die untergeordnete Stellen bei Arbeitsteiligkeit des Managementprozesses auf Verlauf und Ergebnis von Planungs- und Kontrollaktivitäten haben, verdeutlicht beispielhaft das nachfolgende **Flussdiagramm** (vgl. Abb. 4.2 - 21, in Anlehnung an SCHMIDT, R.-B. 1973, S. 152f.).

Die Hauptflussrichtung des Diagramms verläuft von oben nach unten und von links nach rechts. Die rechteckigen Symbole beinhalten Operationen, die rhombenförmigen Symbole charakterisieren Ja-Nein-Abfragen (Entscheidungen). Die Nein-Alternative geht immer nach rechts heraus. Die einzelnen Prozessstufen sind nummeriert (z.B. Anregung und Problemerkennung = 1, Durchsetzung = 6).

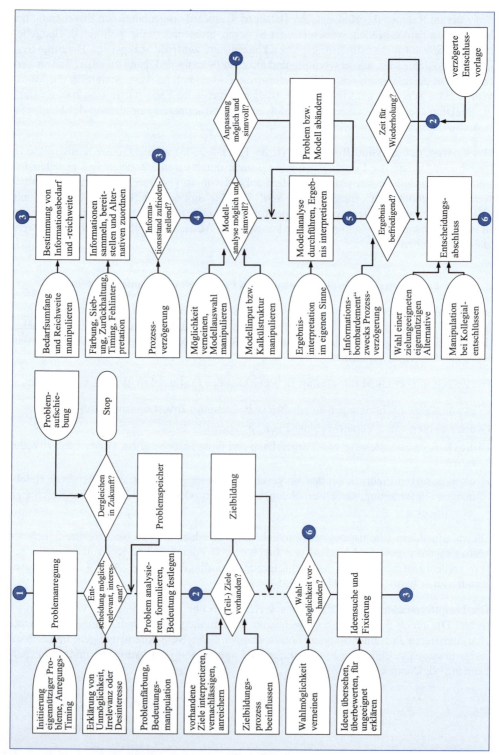

Abb. 4.2 - 21   Einflussmöglichkeiten im Management-Prozess – Teil 1

4.2 Elemente und Strukturen von Managementsystemen

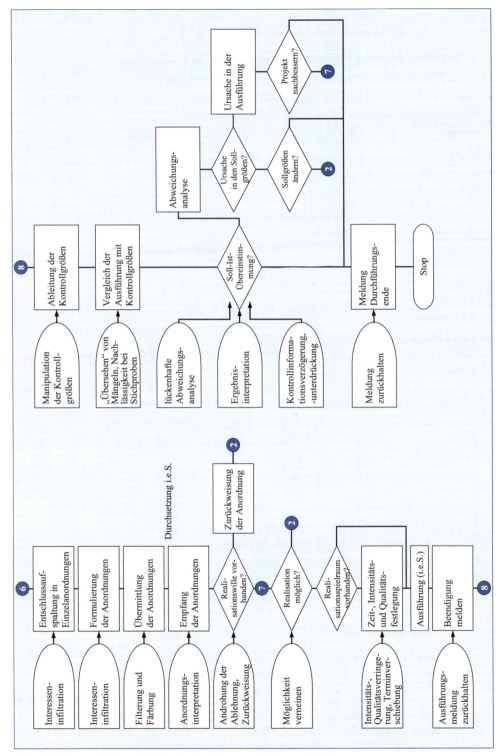

Abb. 4.2 - 21   Einflussmöglichkeiten im Management-Prozess – Teil 2

In der Regel sind die Wirkungen solcher von persönlichen Ambitionen getragenen Einfluss-aktivitäten untergeordneter Stellen **dysfunktional:**

- zu späte Erkenntnis von Risiken und Chancen durch die Führungsspitze
- übermäßige Reservebildung auf den einzelnen Managementebenen
- falsche Zuteilung von Ressourcen (z.B. aufgrund zu optimistischer Absatzpläne)
- falsche Beurteilung des vorhandenen Managementpotenzials
- u.a.m.

Daher gilt die Manipulationsabwehr allgemein als ein wichtiges Prinzip in Planungs- und Kontrollsystemen. Als mögliche **Maßnahmen zur Manipulationsabwehr** lassen sich dabei nennen (vgl. KORMANN 1974):

- Analyse der Interessenlage untergeordneter Stellen und der bevorzugten Ansatzpunkte manipulationsgefährdeter Bereiche
- Festlegung der Berichtsinhalte (Standardisierung und Formalisierung des Planungs- und Kontrollsystems)
- Durchführung von (Soll-Ist-, Branchen-, Zeit-)Vergleichen
- Ausarbeitung von Alternativplänen (mit expliziter Kennzeichnung von Prämissen und Schätzungen)
- Einschaltung von Personenmehrheiten in die Prognose von Prämissen
- Betonung von Berichten, die Informationen über Ursachen und nicht nur über Wirkungen liefern
- Getrennte Budgetierung der Aufwendungen zur Zukunftssicherung und Genehmigungs-vorbehalte bei ihrer Änderung
- Budgetierung von Abweichungen und Schaffung transparenter Reserven
- Fortlaufende Prognose der voraussichtlichen Budgetabweichungen zum Jahresende und für das Folgejahr
- Schaffung dezentraler Controlling-Instanzen mit Unterstellung unter eine zentrale Controller-Instanz
- Eingehende Analysen des Leistungspotenzials aller Unternehmungsbereiche
- Einsatz der internen Revision zur Prüfung „vor Ort" (*Management Audit*)
- Sicherung des Prinzips der Gegenkontrolle durch Verteilung von Planungs- und Kontroll-kompetenzen auf verschiedene voneinander unabhängige und fachlich spezialisierte Stellen
- Ergänzung der schriftlichen Fakten-Information durch verbale Kommunikation.

4.2.4   Informationssysteme

Mit den bisher behandelten Bestandteilen eines Managementsystems in engstem Zusammen-hang steht das betriebliche Informationssystem:

- Der komplexe Managementprozess, der inhaltlich auch als Planungs- und Kontrollprozess interpretiert werden kann, (vgl. auch S. 114ff.) besteht so gut wie ausschließlich aus Tätig-keiten, deren gemeinsamer Zweck die Gewinnung, Verarbeitung, Speicherung und Über-tragung von Informationen ist. Planungs- und Kontrollsysteme sind damit stets auch als In-formationssysteme zu deuten.

4.2 Elemente und Strukturen von Managementsystemen

- Informationssysteme sind auch Teil des Organisationssystems, und zwar einmal dadurch, dass Stellen geschaffen werden, denen die Gewinnung, Verarbeitung, Speicherung und Übertragung von Informationen obliegt, und zum anderen dadurch, dass Informationsbeziehungen (Kommunikationsbeziehungen) zwischen den Stellen zu den zentralen (aufbau-) organisatorischen Phänomenen zählen (vgl. auch S. 126f.).

Informationen werden als „**zweckorientiertes Wissen**" (WITTMANN 1959) definiert. In dieser pragmatischen Betrachtung sind sie begrifflich von Nachrichten (semantische Ebene) und Signalen (syntaktische Ebene) zu unterscheiden.

Die unterste Ebene der Betrachtung von Informationen ist die **syntaktische Dimension**: Betrachtet werden lediglich Signale, Symbole oder Zeichen als materielle Ausprägung von Informationen, ohne dass diesen bereits eine irgendwie geartete Bedeutung beigemessen wird. Dies erfolgt erst auf der **semantischen Ebene**, wo man sich mit den Beziehungen zwischen den Symbolen und Zeichen befasst und ihre Bedeutung festlegt: Signale mit einer bestimmten Bedeutung werden als Nachrichten bezeichnet. Erst dann, wenn solche Nachrichten für einen beliebigen (Management-)Zweck Verwendung finden, spricht man von Informationen.

Mit der syntaktischen und semantischen Ebene beschäftigt sich die **(mathematisch-physikalische) Informationstheorie**. Ein Beispiel ist die **binäre Codierung**, das in allen EDV-Systemen verwendet wird (vgl. Abb. 4.2 - 22, entnommen aus MEFFERT 1975, S. 12):

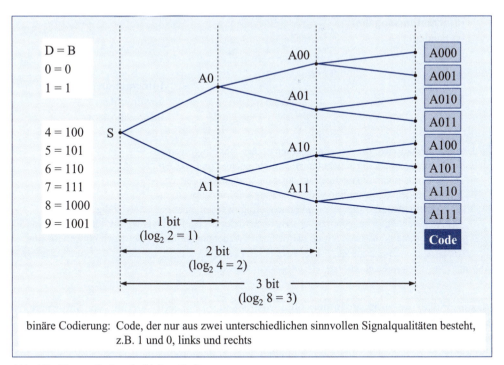

binäre Codierung: Code, der nur aus zwei unterschiedlichen sinnvollen Signalqualitäten besteht, z.B. 1 und 0, links und rechts

Abb. 4.2 - 22   System der binären Codierung

Die betriebswirtschaftliche Informationstheorie hat ihren Schwerpunkt auf der pragmatischen Ebene des Nutzens von Informationen für Zwecke der betrieblichen Steuerung. Als **Quali-**

tätskategorien (Gütekriterien) für Informationen kommen demnach in Betracht (vgl. BERTHEL 1975):

- Problemrelevanz (Zweckorientiertheit),
- Informationsgehalt (mit seinen drei Bestimmungsgrößen: Allgemeinheit, Präzision und Bedingtheit der Aussage),
- Wahrscheinlichkeit (Grad der Sicherheit, wahr zu sein),
- Bestätigungsgrad (Glaubwürdigkeit aufgrund verfügbaren Erfahrungswissens),
- Überprüfbarkeit (Möglichkeit, einen Wahrheitsbeweis zu führen),
- Aktualität (Alter bzw. Neuheitsgrad von Informationen).

Die Qualität betrieblicher Informationssysteme ist in der Realität davon bestimmt, inwieweit es gelingt, **Informationsangebot**, **Informationsnachfrage** und **Informationsbedarf** zur Deckung zu bringen. Dabei stellt sich die Situation in der Regel etwa so dar, wie in Abb. 4.2 - 23 (in Anlehnung an BERTHEL 1975, S. 30) wiedergegeben.

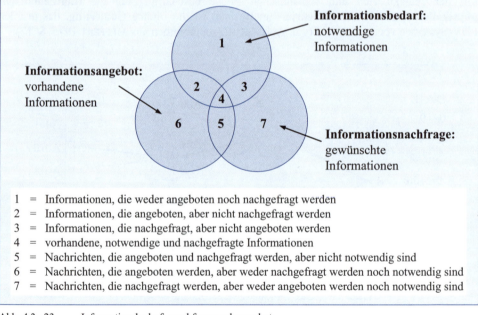

Abb. 4.2 - 23   Informationsbedarf, -nachfrage und -angebot

Ansatzpunkte, die zu einer (prinzipiell anzustrebenden) höheren Deckung von Informationsbedarf, -angebot und -nachfrage beitragen, sind einmal die betrieblichen **Informationsprozesse** selbst und zum anderen die **Träger** dieser Prozesse. Was Letzteres betrifft, so geht es um die bestmögliche Ausnutzung des bei den Mitarbeitern vorhandenen respektive aktivierbaren Informationspotenzials sowie um einen möglichst effektiven Einsatz von EDV-technischen Hilfsmitteln. Ihr produktives Zusammenwirken bei den betrieblichen Informationsprozessen ist dabei jedoch zwangsläufig verbunden mit der Aufgabe, diese Prozesse selbst in ihren verschiedenen Aktionsphasen,

4.2 Elemente und Strukturen von Managementsystemen

(1) Informationsbeschaffung,

(2) Informationsspeicherung,

(3) Informationsübermittlung und

(4) Verarbeitung von Informationen,

optimal zu gestalten (vgl. zu Folgendem BERTHEL 1975).

Zu (1) Informationsbeschaffung:

Alle bedarfsnotwendigen Informationen müssen, soweit sie nicht bereits vorhanden (im Betrieb gespeichert) sind, beschafft werden. Gelingt dies nur unzureichend, wird der **Informationsbedarf** nur unzureichend gedeckt. Als **mögliche Gründe** dafür kommen in Frage:

- unzureichende **Kenntnis** adäquater Verfahren der Informationsgewinnung bzw. in Anspruch zu nehmender Informationsquellen,
- unzureichende **Möglichkeiten**, bestimmte Informationen zu beschaffen und
- unzureichender **Wille**, bestimmte Informationen zu beschaffen.

Zu (2) Informationsspeicherung:

Fallen Informationsverwendung und Informationsverfügbarkeit zeitlich auseinander, wird eine Speicherung erforderlich. Sie kann grundsätzlich in zwei **unterschiedlichen Formen** erfolgen: In natürlichen Speichern (menschliches Gedächtnis) oder in künstlichen Speichern (Festplatten, DVD, Magnetbänder u.a.m.). Maßgebliche **Kriterien** speziell **für die Wahl künstlicher Speicherformen** sind dabei:

- zu speichernder Informationsumfang,
- voraussichtliche Speicherdauer der Information,
- Häufigkeit und notwendige Schnelligkeit des Zugriffs zu gespeicherten Informationen,
- Häufigkeit der Änderung (Aktualisierung) des gespeicherten Informationsmaterials,
- Notwendigkeit der Sicherung gespeicherter Informationen vor ungewolltem und unerlaubtem Zugriff.

Zu (3) Informationsübermittlung (Kommunikation):

Die Notwendigkeit der **innerbetrieblichen Kommunikation** ergibt sich aus der Arbeitsteilung. Dementsprechend sind Kommunikationsvorgänge zusammengesetzte Tätigkeiten, die mindestens aus der Informationsabgabe und der Informationsaufnahme bestehen und an denen mindestens zwei Partner beteiligt sind: Ein Sender von Informationen und ein Empfänger von Informationen. Beide können Menschen oder maschinelle Anlagen sein.

Als **Hauptproblem der Kommunikation** ist anzusehen, dass alles im Betrieb vorhandene Informationsmaterial auch (unverfälscht) an die Stellen des Bedarfs gelangt. Von den Gründen, dass dies häufig nicht der Fall ist, kann man folgende hervorheben:

- Dem Informationsproduzenten oder der Speicherstelle ist unbekannt, dass die Informationen woanders benötigt werden. Den Stellen, die bestimmte Informationen benötigen, ist unbekannt, dass bzw. wo diese Informationen in der Unternehmung existieren.

- Es fehlt an der Initiative, dem Willen und/oder dem Können der Beteiligten, dass die Information dorthin gelangt, wo sie (bekanntermaßen) benötigt wird.

Zu (4) Informationsverarbeitung:

Hier werden Informationen durch Kombinations- oder Verknüpfungsvorgänge in inhaltlich neue Informationen umgewandelt (umgeformt, verdichtet oder spezifiziert). Dass **Schwierigkeiten** im Zusammenhang mit der Informationsverarbeitung auftreten, kann dabei verschiedene Gründe haben:

- Die verfügbaren Informationen haben nicht die für eine sinnvolle Verarbeitung erforderliche Qualität oder werden wegen mangelnder Kenntnis hinsichtlich ihrer Qualität falsch eingeschätzt.
- Es stehen keine problemadäquaten Verfahren der Informationsverarbeitung zur Verfügung oder sie können nicht richtig eingesetzt werden.
- Es fehlt an der Bereitschaft, bedarfsgerechte Informationen mit problemadäquaten Methoden zu verarbeiten.

Betrachtet man die Gesamtheit der **Informationsprozesse in einem Informationssystem**, so lassen sich über die bisher genannten Teilaspekte hinaus ganz generell noch zwei **charakteristische Merkmale** hervorheben:

- **Grad der Integration** des betrieblichen Informationssystems in die übrigen Bestandteile eines Managementsystems (namentlich in das Planungs- und Kontrollsystem)

  Hier lassen sich zwei grundsätzliche Typen eines Informationssystems unterscheiden: Solche, die man auch als reine **Berichts- und Auskunftssysteme** bezeichnet und deren charakteristisches Merkmal darin besteht, dass ihr Informations-Output nur potenziell und in zunächst nicht spezifizierter Form für die alternativen Managementfunktionen Verwendung findet, sowie solche, deren Output unmittelbar als Entscheidungsprämisse im Managementprozess eingeht und die deshalb auch als spezifische **Management-Informations-Systeme (MIS)** bezeichnet werden.

- **Mechanisierungs- bzw. Automatisierungsgrad** betrieblicher Informationsprozesse (namentlich die Verwendung der EDV für das Informationssystem)

  Hier lassen sich graduell drei Grundformen von Informationssystemen unterscheiden: Manuelle, teilautomatisierte und vollautomatisierte Informationssysteme. Letztere sind mit der Entwicklung und den Möglichkeiten der elektronischen Datenverarbeitung verbunden und existieren gegenwärtig in Form unterschiedlicher Dialogsysteme (Mensch-Maschine- sowie Maschine-Maschine-Kommunikation). In diesem Zusammenhang haben vor allem das World Wide Web (WWW) sowie Intranet-Systeme so an Bedeutung gewonnen, dass sie aus dem betrieblichen Alltag, in nahezu allen Branchen, nicht mehr wegzudenken sind.

Moderne Informationssysteme sind ihrem Anspruch nach Management-Informationssysteme auf EDV-Basis bzw. **Computergestützte Management-Informations-Systeme** (kurz: CIS). Sie sind gekennzeichnet durch folgende Grundkomponenten (vgl. GROB/REEPMEYER 1996).

- Die **Hardware**. Sie umfasst die maschinentechnische Ausstattung eines CIS. Dazu zählen:
  - **Zentraleinheit** (*Central Processing Unit* = CPU) mit Steuer- und Rechenwerk
  - **Hauptspeicher** (er dient der Aufnahme von Programmen und Daten, die in binärer Form gespeichert werden)

4.2 Elemente und Strukturen von Managementsystemen   169

- **Kanäle** (sie stellen das Bindeglied zwischen Zentraleinheit und E/A-Peripherie dar; ihre Aufgabe ist die Steuerung und Kontrolle der gesamten E/A-Operationen)
- **Ein-/Ausgabeperipherie** (E/A-Peripherie) (Steuereinheiten, Eingabeeinheiten (z.B. Scanner), Ausgabeeinheiten (z.B. Drucker), kombinierte E/A-Einheiten mit oder ohne direkten Zugriff zu gespeicherten Daten)

- Die **Software**. Sie ermöglicht erst den Einsatz eines Computers für Zwecke eines Management-Informations-Systems und kann in zwei Bereiche unterteilt werden:
  - **Systemprogramme** stellen eine Zusammenfassung aller programmierten Hilfsmittel zum Betrieb eines Computers dar. Es handelt sich hierbei um eine Vielzahl von standardisierten Arbeits- und Steuerprogrammen, die der Erleichterung der Systembedienung und der Erhöhung der Effektivität des Computereinsatzes dienen. Beispielsweise sind hier Programme einzuordnen, die Programmierhilfen darstellen oder der Wartung und Pflege von extern gespeicherten Datenbeständen dienen.
  - **Anwendungsprogramme** dienen der Lösung definierter Aufgabenstellungen im Rahmen eines CIS. Im Vordergrund steht hierbei die so genannte **Methoden- und Modellbank**, die alle verfügbaren quantitativen Modelle und Methoden, die zur Lösung von Managementproblemen eingesetzt werden können, in Form spezifizierter Programme enthält.

- Die **Datenbasis** (*Data Warehouse*). Sie umfasst alle dem Manager zu den verschiedenen Problemkreisen verfügbaren, in Dateien oder **Datenbanken** gespeicherten Informationen. **„Data Warehouse"-Konzepte** sehen nicht nur vor, die Informationen aus verschiedenen Quellen zu integrieren, sondern diese auch für unterschiedliche Auswertungszwecke zu separieren (vgl. KEMPER/MEHANNA/UNGER 2006).

Eine Kombination aus integrierter Datenbasis und Anwendungsprogrammen zur Management-Unterstützung stellen so genannte **ERP-(*Enterprise Resource Planning*-)Systeme** dar. Sie integrieren von der Beschaffung über die Produktion bis hin zum Absatz sämtliche Funktionsbereiche der Unternehmung in einem abgestimmten System von EDV-Anwendungsmodulen. Der Vorteil liegt darin, dass sich Unternehmensprozesse abteilungs- und funktionsübergreifend abbilden lassen und damit die Schnittstellenproblematik vermieden wird.

Eine Übersicht über die verschiedenen **Informationsarten**, die dafür prinzipiell in Frage kommen, enthält Abb. 4.2 - 24 (in Anlehnung an WILD 1982, S. 123).

Informationsart	Aussagen-Typ	besagt etwas über die ...
1. faktische	Ist-Aussage	Wirklichkeit (Vergangenheit)
2. prognostische	Wird-Aussage	Zukunft
3. explanatorische	Warum-Aussage	Ursachen von Sachverhalten
4. konjunktive	Kann-Aussage	Möglichkeit
5. normative	Soll-Aussage	Ziele/Werturteile/Normen
6. logische	Muss-Aussage	logische Beziehungen (Notwendigkeit)
7. explikative	–	Definitionen (Sprachregelungen)
8. instrumentale	–	methodologische Beziehungen

Abb. 4.2 - 24   Informationsarten

Zu den entscheidenden Merkmalen solcher Datenbanken zählt die **Möglichkeit direkten Zugriffs** auf problembezogen zueinander gehörende Datenbestände. Denn nur so können Dateien den besonderen Informationswünschen des Managements gerecht werden. Weitere diesbezügliche Anforderungen sind:

- kurze Zugriffzeiten,
- Datensicherheit,
- Datenaktualität,
- Integration von Einzeldaten zu Datenbanksystemen.

Das zentrale Problem bei der Gestaltung von CIS liegt nicht im technischen Bereich, sondern in der Frage, welche Informationen für welche Probleme welchen Personen in welcher Form zugänglich gemacht werden sollen. Dabei besteht eine große Gefahr darin, dass nicht zu wenige, sondern eher zu viele Informationen erfasst, verarbeitet, gespeichert und weitergegeben werden. Notwendig ist daher eine **sinnvolle Begrenzung der Informationsflut** durch Verdichtung von Detailinformationen zu komplexen, aussagekräftigen Management-Informationen.

4.2.5 Personal-(Führungs-)Systeme

Als letzter wichtiger Bestandteil eines Managementsystems ist das Personal – bzw. im engeren Sinne – Führungssystem der Unternehmung zu nennen. Besonders hervorzuheben ist es wegen der spezifischen Bedeutung des Faktors Arbeit im Wirtschaftsprozess und wegen der Managementprobleme, die zu einem großen, wenn nicht größten Teil stets auch Führungsprobleme sind.

Zu den **Grundelementen eines Personal-(Führungs-)Systems** zählen nach WILD (1971) mindestens

(1) **konstitutive Führungsprinzipien,**
(2) **Motivationskonzepte und Anreizsysteme** und
(3) **Personalentwicklungssysteme.**

Zu (1)   Konstitutive Führungsprinzipien:

Konstitutive Führungsprinzipien (Wertrahmen und Grundorientierung der Führung) stellen Leitmaximen dar, nach denen sich Führung zu vollziehen hat bzw. vollzieht. Sie beruhen auf bestimmten Leitbildern vom Menschen und drücken zugleich bestimmte **grundlegende Zielsetzungen und Werthaltungen der Führung** aus. So findet etwa die Grundsatzentscheidung für oder gegen betont mitarbeiterbezogene oder auch ausdrücklich leistungsorientierte Führungsformen ihren Niederschlag in solchen allgemeinen Führungsprinzipien.

Ein bekanntes Beispiel für ein auf bestimmten Leitbildern beruhendes Führungssystem ist die von MCGREGOR (1960) entworfene **„Theorie X und Y".**

Nach der **„Theorie X"** hat der Mensch eine angeborene Abneigung gegen Arbeit und versucht ihr möglichst aus dem Wege zu gehen. Auch günstige Arbeitsbedingungen, gute Löhne u.Ä. ändern hieran prinzipiell nichts. Um mehr als nur ein Minimum an Leistung zu erhalten und den Menschen aus seiner Trägheit und Verantwortungsscheu zu reißen, muss man folglich die „Zuckerbrot und Peitsche"-Strategie einsetzen.

Demgegenüber postuliert die „**Theorie Y**" ein optimistischeres Bild vom Menschen. Es ist dem der „Theorie X" diametral entgegengesetzt und insofern gekennzeichnet durch Merkmale, wie sie auch die Grundlage für moderne Führungskonzeptionen bilden, die auf den Prinzipien der Selbstverantwortung, Integration und Partizipation beruhen.

Zu (2) Motivationskonzepte und Anreizsysteme:

Um dem Leitbild der „Theorie Y" gerecht zu werden, bedürfen moderne Führungsmodelle eines entsprechenden Motivationskonzeptes. Es beruht vornehmlich auf **zwei Thesen** (vgl. STEINLE 1978):

*   Menschliches Verhalten ist auf die Befriedigung von Motiven gerichtet. Eine mangelnde Befriedigung wie auch eine lang anhaltende Behinderung der Befriedigung von Motiven werden als unangenehm oder bedrohlich empfunden und begünstigen Störungen im Managementprozess. Führung ist demnach auf die **Befriedigung gewünschter Motivklassen** auszurichten.
*   Menschliche Motive können nach MASLOW in fünf Teilklassen hierarchisch geordnet werden (vgl. S. 72ff.). Gerade den „höheren" Motiven kommt in der modernen Arbeitswelt große Bedeutung zu. Für ihre Erfüllung muss der Führungsprozess daher schwergewichtig Chancen bereitstellen.

Anreize aktivieren Motive und richten das Verhalten auf eine Erfüllung dieser Bedürfnisse. Damit rufen sie zugleich ein bestimmtes Ausmaß an Leistung und Zufriedenheit hervor. Insofern ist das betriebliche Anreizsystem mit dem Motivationskonzept der Führung eng verbunden.

Elemente eines Anreizsystems sind monetäre und nicht-monetäre Anreize. Entsprechend sind u.a. zu nennen:

*   Entlohnung,
*   Aufstiegsmöglichkeiten,
*   Anerkennung,
*   allgemeine Arbeitsbedingungen,
*   Mitsprache- und Mitgestaltungsrechte,
*   Betriebsklima.

Für den konkreten **Einsatz solcher Anreizfaktoren** ist zweierlei wichtig:

*   Zu erkennen ist zum einen, dass die verschiedenen **Anreizfaktoren** in ihren Motivationswirkungen nur **situativ zu beurteilen** sind und insbesondere sehr stark von dem konkreten Vorgesetzten-Mitarbeiterverhältnis geprägt werden.
*   Zum anderen zeigen Erkenntnisse der Führungsforschung, dass Mitarbeiter in hohem Umfang aus sich selbst heraus motiviert sind, wenn sie in ihrer Arbeit Chancen für die Verwirklichung persönlicher Ziele sehen. Das bedeutet also, dass Führungssysteme danach beurteilt werden sollten, inwieweit sie die **Motivationskräfte der Mitarbeiter nutzen**. Erfolgreiche Führung wäre in diesem Sinne darin zu sehen, vorhandene Motivationsbarrieren

zu beseitigen, also nicht so sehr zu versuchen, Mitarbeiter mit teuren „Incentives" zu motivieren, sondern sie eher **weniger zu demotivieren** (vgl. SPRENGER 2002).

Bei alledem ist die „**richtige Entlohnung**" natürlich eine wesentliche Geschäftsgrundlage für die Erbringung von Arbeitsleistungen im wirtschaftlichen Alltag. Dies ist zu betonen, da monetäre Anreize gemeinhin lediglich den „niederen" Motivklassen zugeordnet werden. Aber dabei wird leicht übersehen, dass Geld wegen der Universalität seiner Einsatzmöglichkeiten auch für die so genannten „höheren" Motive von erheblicher Bedeutung ist. Wegen dieser „Macht des Geldes" ist die betriebliche Lohnpolitik zu Recht als zentraler Bestandteil eines jeden Personal-(Führungs-)Systems anzusehen.

Betriebswirtschaftlich gesehen geht es bei Fragen der Lohnfestsetzung primär nicht um die Bestimmung der **absoluten Lohnhöhe**, sondern um die Festsetzung der **relativen Lohnhöhe**, also um das Verhältnis der Löhne zueinander. Die relative Lohnhöhe wird dabei im Wesentlichen durch **drei Faktoren** bestimmt:

- physische und psychische Arbeitsanforderungen,
- Quantität und Qualität des Arbeitsergebnisses,
- soziale Einflussgrößen, wie Lebensalter, Familienstand, kulturelles Existenzminimum usw.

Diese Faktoren sind wiederum Ausgangspunkt von **drei Grundproblemen der betrieblichen Lohnpolitik**:

Das **erste Problem** besteht in der **Gewichtung der sozialen Faktoren**, die die relative Lohnhöhe bestimmen. Dieses Problem berührt die Frage, ob es sich um einen stärker **leistungsbetonten** oder um einen stärker **sozialbetonten Lohn** handeln soll. Dazu sei hier lediglich die betriebswirtschaftlich bedeutsame Tatsache vermerkt, dass – worauf empirische Untersuchungen hindeuten – ein leistungsgerechter Lohn, der einen direkten Bezug von Lohn und Leistung herstellt, tendenziell zu höheren Leistungsergebnissen führt als eine Kopplung der Entlohnung an Kriterien der Sozialgerechtigkeit.

Das **zweite Problem** offenbart sich in der Schwierigkeit, die leistungsbezogenen **Arbeitsanforderungen** und Arbeitsergebnisse bei konkreten Tätigkeiten **zu messen** und die Entlohnungshöhe hieran auszurichten (vgl. hierzu ADAM 2001). Um dieses Problem zu lösen

- müssen die Arbeitsplätze nach der Höhe ihrer Anforderungen (ihrer Arbeitswertigkeit) geordnet werden und
- muss die Spannweite der Entlohnung von der niedrigst bezahlten bis zur höchstbezahlten Tätigkeit fixiert werden.

Eine anforderungs- respektive leistungsgerechte Entlohnung gilt in diesem Sinne immer dann als realisiert, wenn mit steigender Arbeitswertigkeit ein steigender Lohnsatz gewährt wird und die Spannweite der Entlohnung („Lohnhierarchie") eine als leistungsgerecht empfundene Lohnsatzdifferenzierung zulässt.

Wichtige Instrumente für eine anforderungs- respektive leistungsgerechte Entlohnung sind die **Methoden der Arbeitsbewertung**, deren Aufgabe darin besteht, die Arbeitsplätze entsprechend ihren Anforderungen zu klassifizieren. Unterschieden werden können die analytische und die summarische (globale) Arbeitsbewertung (vgl. ADAM 2001).

4.2 Elemente und Strukturen von Managementsystemen 173

Bei der **analytischen Arbeitsbewertung,** die in Großbetrieben vorherrschend ist, werden für jeden Arbeitsplatz einzelne Anforderungsarten, z.B.

- geistige Anforderungen (Fachkenntnisse, geistige Beanspruchung),
- körperliche Anforderungen (Geschicklichkeit, Muskelbelastung, Aufmerksamkeit),
- Verantwortung (für Betriebsmittel, Produkte, Sicherheit, Arbeitsablauf) und
- Arbeitsbedingungen (Temperatur, Nässe, Schmutz u.Ä.)

unterschieden, die einzeln bewertet und dann zu einer Ziffer, dem **Arbeitswert**, zusammengefasst werden. Als zentrales Problem der analytischen Arbeitsbewertung gelten die Gewichtung der einzelnen Anforderungsarten und ihre Zusammenfassung zu einem komplexen Arbeitswert, denn dafür existieren keine logisch begründbaren Ansätze.

Bei der **summarischen (globalen) Arbeitsbewertung** wird auf eine Aufspaltung der Arbeitsplätze in einzelne Anforderungsarten verzichtet. Die Arbeitsplätze werden vielmehr als Ganzes betrachtet und – etwa durch globalen Vergleich der Schwierigkeitsgrade – in eine bestimmte Abstufung oder Reihung gebracht.

Das **dritte Grundproblem** einer betrieblichen Lohnpolitik ergibt sich schließlich durch die Möglichkeiten und Grenzen einer betriebswirtschaftlich sinnvollen **Lohnformdifferenzierung**. Grundsätzlich können **drei Lohnformen** unterschieden werden (vgl. KOSIOL 1962):

(a) **Zeitlohn**
(b) **Akkordlohn**
(c) **Prämienlohn**

Zu (a)   Zeitlohn:

Beim Zeitlohn wird für eine feste Zeiteinheit (Stunde, Woche, Monat) ein bestimmter Lohnsatz festgelegt. Lohnkosten entstehen damit bereits durch Zeitablauf, also durch die Bereitstellung von Arbeitskraft, ohne dass eine Arbeitsleistung in jedem Fall erbracht worden sein müsste. Die **Zeit** ist also der **gewählte Maßstab für die Arbeitsleistung**. Daher wird der Zeitlohn immer dann von **Vorteil** sein, wenn solche Tätigkeiten entlohnt werden,

- die sich nicht im Voraus bezüglich Inhalt, Reihenfolge, Ergebnis oder Dauer bestimmen lassen,
- die besondere Vorsichtsmaßnahmen erfordern,
- die schwer messbare Tätigkeiten geistig-schöpferischer Art voraussetzen oder
- deren Ablauf durch nicht direkt beeinflussbare Faktoren bestimmt wird.

Der Zeitlohn ist seiner Natur nach nicht in der Lage, individuelle Leistungsschwankungen im Entgelt zu berücksichtigen, da stets eine **Normalleistung** entlohnt wird. Ebenso wenig liegt in ihm ein Anreiz zur quantitativen Leistungssteigerung. Dafür bewirkt der Zeitlohn aber eine tendenzielle Förderung der qualitativen Arbeitsleistung sowie der Leistungskontinuität, da ein Anreiz für schnelles, nachlässiges Arbeiten und für Überanstrengungen fehlt.

Zu (b)   Akkordlohn:

Beim Akkordlohn (Stücklohn) wird für die Erstellung einer festgelegten Leistungseinheit ein bestimmter Lohnsatz angesetzt. Dabei geht man von einem Normallohnsatz aus, der bei einer **Normalleistung**, also bei einer Leistung, die der arbeitende Mensch bei voller Übung und Einarbeitung auf Dauer ohne Gesundheitsschädigung erreichen kann (REFA), gewährt wird. Im Gegensatz zum Zeitlohn sinkt und steigt der Verdienst entsprechend der Anzahl der pro Zeiteinheit erstellten Leistungseinheiten, während die Lohnkosten wiederum im Gegensatz zum Zeitlohn zeitunabhängig sind.

Zur **Kennzeichnung von Akkordlohnsystemen** lassen sich vier Merkmale verwenden (vgl. JUNG 2008):

- nach der **Zusammensetzung des Stundenverdienstes**: reiner Akkord (ausschließlich leistungsabhängig) und gemischter Akkord (kombiniert mit einem garantierten Mindestlohn pro Zeiteinheit),
- nach der **Anzahl der beteiligten Personen**: Einzelakkord (die Leistung wird dem einzelnen Mitarbeiter zugerechnet und entlohnt) und Gruppenakkord (bei dem ein Team die Leistung erbringt und entlohnt wird),
- nach der **Form der Entlohnungskurve**: proportionaler Akkord (mit einem konstanten Lohnsatz pro Leistungseinheit) mit Akkord-Sonderformen (mit einem variablen Lohnsatz pro Leistungseinheit),
- nach der **Form der Akkordlohnberechnung**: Geldakkord (vorgegeben wird ein bestimmter zu verdienender Geldbetrag pro Zeiteinheit) und Zeitakkord (vorgegeben wird ein bestimmter Soll-Zeitwert je Leistungseinheit, dem seinerseits ein bestimmter Geldfaktor zugeordnet wird).

Der Akkordlohn findet dort seine **Anwendungsfälle**, wo es sich um die Entlohnung ausgeprägt „mechanischer" Tätigkeiten handelt, die regelmäßig wiederkehren und sowohl vom Ergebnis als auch von ihrer Dauer eindeutig bestimmbar sind. Da der Akkordlohn eine Tendenz zur quantitativen Leistungssteigerung bewirkt, ist sowohl die Gefahr einer Vernachlässigung der Arbeitsqualität als auch die einer psychophysischen Überanstrengung gegeben, die die Leistungskontinuität in Frage stellt. Der Akkordlohn ist aus diesen Überlegungen her immer dann von Vorteil, wenn es einerseits auf eine hohe Qualität der Arbeit nicht ankommt und andererseits eine Leistungserhöhung nicht primär über eine erhöhte Anstrengung, sondern vor allem über erhöhte Übung und verbesserte Fertigkeiten bewirkt werden kann.

Zu (c)   Prämienlohn:

Beim Prämienlohn wird zu einem vereinbarten Grundlohn ein zusätzliches Entgelt (Prämie bzw. Bonus) gewährt, dessen Höhe von einer definierten Mehr- oder Besserleistung abhängt. Folgende **Arten von Prämien** können unterschieden werden (vgl. hierzu auch JUNG 2008):

- **Mengenleistungsprämien**: Sie werden gezahlt, wenn die erreichte Leistungsmenge eine vorgegebene Sollmenge überschreitet.
- **Qualitätsprämien**: Sie werden für eine überdurchschnittliche Leistungsqualität gezahlt.
- **Ersparnisprämien**: Sie werden für die Senkung von Fehlzeiten, Materialverbrauch, Instandhaltungskosten u.Ä. gezahlt.

4.2 Elemente und Strukturen von Managementsystemen

- **Terminprämien**: Sie werden für die Einhaltung oder Unterschreitung vereinbarter Termine gewährt.

- **Nutzungsgradprämien**: Honoriert wird hier eine verbesserte Nutzung von Kapazitäten.

- **Sorgfaltsprämien**: Sie werden für die Einhaltung von Vorschriften, Senkung der Unfallzahlen u.Ä. gewährt.

- **kombinierte Prämien**: Es wird nicht nur eine, sondern mehrere Bezugsgrößen für die Prämienbestimmung herangezogen, sodass diese Prämien auch Mehrfaktorprämien genannt werden.

Allen Prämienlohnsystemen ist gemeinsam, dass sie – wie Akkordlohnsysteme – einen Leistungsanreiz bewirken. **Zum Akkordlohn** bestehen allerdings die folgenden **Unterschiede**:

- Während der Prämienlohn aus zwei Teilen besteht, dem Grundlohn und der Prämie, ist der Akkordlohn eine Lohngröße.

- Der Akkordlohn ist lediglich abhängig von der quantitativen Mehrleistung. Dagegen kann der Prämienlohn nicht nur quantitative, sondern auch qualitative Mehrleistungen honorieren. Das bedeutet, dass er auch für solche Tätigkeiten geeignet ist, bei denen Intelligenz- oder Charakterleistungen für die Beurteilung der Arbeitsleistung herangezogen werden sollen.

- Da die Prämie beim Prämienlohn von der Mehrleistung abhängt, die zusätzlich zum Grundlohn gezahlt wird, und bei Minderleistung kein Abzug erfolgt, ist das Verdienstrisiko bei dieser Lohnform für die Arbeitnehmer geringer.

- Während der Akkordlohn sich stets auf die Normalleistung bezieht, kann der Prämienlohn auch auf einer anderen Leistung basieren, z.B. der Ist-Leistung vor Einführung des Prämienlohnsystems.

In der Praxis existieren auch Systeme, die Elemente des Akkord- und des Prämienlohns kombinieren. Als Beispiel hierfür sei der so genannte **Pensumlohn** genannt (vgl. JUNG 2008). Wie der Prämienlohn wird als erste Komponente ein Grundlohn gezahlt. Zu diesem kommt als zweite Komponente das periodenfixe Pensumentgelt, das – wie der Akkordlohn – vom Arbeitsvolumen abhängig ist, hinzu. Allerdings wird das Pensumentgelt für die erwartete Leistung der zukünftigen Abrechnungsperiode vereinbart. Abweichungen der erbrachten von der erwarteten Leistung haben dann einen Einfluss auf die zukünftige Festlegung des Pensumentgelts.

Eine gewisse Ähnlichkeit mit Prämienlohnsystemen weisen die vielfältigen Formen der **Erfolgs- oder Gewinnbeteiligung** auf, die ebenfalls als Prämie zum Grundlohn interpretiert werden können. Im Gegensatz zu den anderen Prämiensystemen stehen Erfolgsprämien aber im Allgemeinen nicht in einem festen Verhältnis zur jeweils individuellen Arbeitsqualität oder -quantität des Einzelnen, sondern werden auf der Basis der Gesamtleistung aller prämienberechtigten Mitarbeiter und in Abhängigkeit vom erzielten Gewinn der Unternehmung gewährt.

Erfolgsbeteiligungssysteme lassen sich nach mindestens drei Merkmalen kennzeichnen:

- nach der **Bemessungsgrundlage** (hier kommt der Steuerbilanzgewinn, das Betriebsergebnis, der Bilanzgewinn o.ä. in Betracht),

- nach der **Auszahlungsform** (die Prämie kann den Mitarbeitern zur freien Verwendung ausgezahlt werden oder ihnen gegen Ausgabe von Anteils- oder Gläubigerpapieren gutge-

schrieben werden. Möglich ist auch die Abführung der Prämie – bar oder in Form von An-
teilswerten/Gläubigerpapieren – an einen überbetrieblichen Fonds),

- nach dem **Verteilungsmodus** (Verteilung des Gewinns nach Köpfen oder nach der Jahres-
lohnsumme; bei Ausgabe von Anteilsrechten oder Gläubigerpapieren Regelung der Eigen-
beteiligung, Sperrfristen, Verlustbeteiligung u.Ä.).

Zu (3)   Personalentwicklungssysteme:

Das Personalentwicklungssystem (**„Management Development"-System**) als drittes Grund-
element eines Personal-(Führungs-)Systems ist eng mit den bereits behandelten Aspekten verknüpft. So ist etwa ein funktionsfähiges Personalentwicklungssystem unbestritten auch wesentlicher Bestandteil eines umfassenden Motivationskonzepts und Anreizsystems der Führung. Desgleichen schlagen sich Führungsprinzipien nicht zuletzt auch in der Existenz respektive Ausgestaltung des Personalentwicklungssystems einer Unternehmung nieder.

Personalentwicklungssysteme verfolgen vornehmlich folgende **Zielsetzungen** (vgl. ULRICH/
FLURI 1995):

- Besetzung aller Leitungsstellen mit Führungskräften, die sowohl das entsprechende Fach-
können und spezifische Führungs-Know-how besitzen als auch so motiviert sind, dass sie
ihr Potenzial voll einzusetzen gewillt sind,
- Sicherung der Kontinuität des Managements, indem rechtzeitig die Neubesetzung neuer
oder frei werdender Positionen geplant und eine systematische Vorbereitung der dafür in
Frage kommenden Nachwuchskräfte betrieben wird,
- Berücksichtigung der Mitarbeiterbedürfnisse nach Aufstieg und Entfaltung durch ein entsprechendes Angebot von Aufstiegsmöglichkeiten und Entwicklungschancen,
- Erhöhung der Beförderungsgerechtigkeit durch eine transparente Beförderungspolitik so-
wie durch eine leistungsgerechte Auswahl der zu fördernden Nachwuchskräfte.

Die (systematische) **Vorgehensweise im Prozess der Personalentwicklung** (vgl. ausführlich
BERTHEL/BECKER 2007) lässt sich dabei verkürzt wie folgt charakterisieren (vgl. Abb. 4.2 -
25, in Anlehnung an ULRICH/FLURI 1995). In der Ist-Analyse geht es darum, einen Überblick
über das vorhandene und das entwicklungsfähige Potenzial an Führungskräften zu gewinnen.
Dem steht die Soll-Analyse des zukünftig erwarteten Führungskräftebedarfs gegenüber. Hierbei ist zwischen einem Bruttobedarf und einem Nettobedarf (= Bruttobedarf abzüglich vor-
handenes und entwicklungsfähiges Führungskräftepotenzial) zu unterscheiden. Der Nettobedarf ist rechtzeitig am Markt zu decken (= Beschaffungsplanung), während das Potenzial an
entwicklungsfähigen Nachwuchskräften entweder durch „Training on the Job" oder im Wege
von Kursen und dergleichen („Training off the Job") auf die zukünftigen Aufgaben vorzube-
reiten ist (= Entwicklungsplanung mit den beiden Varianten Einsatz- und Fortbildungspla-
nung). Aus der Kombination von betrieblichen Einsätzen und dazwischenliegenden Ausbildungsmaßnahmen ergeben sich schließlich individuelle Laufbahnpläne. Sie sind – wie alle
übrigen Phasen des „Management Development" – periodisch zu überprüfen und gegebenenfalls fortzuschreiben, um die notwendige Dynamik des Personalentwicklungssystems zu sichern.

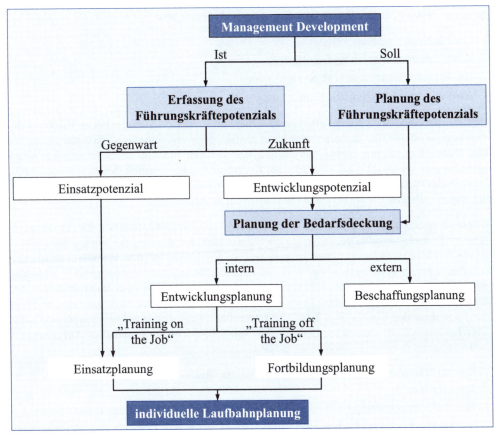

Abb. 4.2 - 25   Ebenen eines Personalentwicklungssystems

4.2.6 Controlling-Systeme

Das Controlling, obgleich in der modernen Betriebswirtschaftslehre in aller Munde, ist begrifflich nur schwer präzise zu fassen. In der direkten Übersetzung von „to control" (= **steuern, lenken, überwachen**) wird zunächst die unmittelbare Verbindung zum Planungs- und Kontrollsystem der Unternehmung deutlich: Controlling wäre in diesem Sinne als Funktion gleichzusetzen mit „Steuerung durch Planung und Kontrolle" und insoweit auch **keine eigenständige Management-Funktion** (vgl. auch S. 147ff.).

Der besondere Fokus des Controlling wird allerdings deutlich, wenn es in seiner **Beziehungsdynamik zum Manager** als dem eigentlichen „Agens" des Unternehmensgeschehens in der Praxis betrachtet wird: Manager entscheiden und ordnen an und ihr Denken ist ergebnisorientiert (oder sollte es zumindest sein). Die um diese Kernfunktion vor-, nach- und gegebenenfalls parallel gelagerten Funktionen, wie

- planen und kontrollieren,
- Informationen sammeln, auswerten und interpretieren,
- strukturieren und koordinieren

bzw. die Systeme, in denen sich diese Funktionen abspielen, also

- das Planungs- und Kontrollsystem (vgl. S. 147ff.),
- das Informationssystem (vgl. S. 164ff.),
- das Organisationssystem (vgl. S. 133ff.) und
- das Führungssystem (vgl. S. 170ff.).

sind aus der Sicht der verantwortlichen Entscheidungsträger (= Manager) eher **Hilfsfunktionen bzw. -systeme**, die diese Kernfunktion „entscheiden und anordnen" zu unterstützen haben. Controlling soll nun diese Unterstützung systematisch und strukturiert leisten, was naturgemäß um so wichtiger wird, je größer die Komplexität und Dynamik der zu lösenden Problemstellung ist und je weniger die Manager zeitlich und/oder intellektuell in der Lage sind, die angesprochenen Hilfsfunktionen selbst effizient zu erfüllen.

Controlling-Systeme sind also durch diese spezifische Unterstützfunktion für das Management zu kennzeichnen, wobei ihnen zugleich die **Aufgabe** zukommt, den komplexen und dynamischen Managementprozess **zu integrieren, zu objektivieren (d.h. vor allem zu quantifizieren) und zu systematisieren**. In diesem Sinne sollen Controlling-Systeme Transparenz durch klare Zahlen und Fakten schaffen und so ein **Gegengewicht zum Irrationalen** in den Manager-Entscheidungen bilden. Inwieweit dies jedoch gelingt, ist nicht zuletzt eine Frage der Akzeptanz des Controllings bzw. der Controller-Tätigkeiten durch die verantwortlichen Entscheidungsträger. Denn diese definieren letztlich die Breite der **Controller-Aufgaben**, die sich

- von der Verantwortung für das Zahlenmaterial des Rechnungswesens (Controller als „Zahlenlieferanten")
- über die Verantwortung für Planung und Kontrolle im Rahmen der Organisationshierarchie
- bis hin zur Funktion des betriebswirtschaftlichen Beraters („Coach"), des gleichwertigen Gesprächspartners und des akzeptierten Kritikers für strategische und operative Entscheide erstrecken können.

In dieser großen Spannbreite möglicher Controller-Aufgaben verbunden mit einem häufig anzutreffenden **Missverhältnis**

- von Rollenerwartungen und Selbstverständnis des Controllings sowie
- von Funktion und Kompetenzen des Controllings

sind auch viele **Konflikte und Probleme** begründet, welche die Wirksamkeit des Controllings in der Praxis beeinträchtigen. Beispiele hierfür sind (vgl. ausführlich STAMM 1991, S. 126ff.):

- Kooperation trotz Abhängigkeitsverhältnis (einerseits fachlich, andererseits hierarchisch),
- inhärenter Widerspruch von Hilfestellung und Kontrolle,
- Machtverlust und Statusprobleme der Manager durch wirksames Controlling,
- Controlling im Kraftfeld divergierender Manager-Interessen.

Um diese Probleme und Konfliktfelder der Zusammenarbeit von Controller und Manager zu reduzieren, ist eine – zumindest teilweise – personelle Verschmelzung beider Funktionen in dem Sinne anzustreben, dass „der Manager sein eigener Controller ist". Dieses Konzept des **„Self Controlling"** als Ausdruck einer betont dezentralen Controlling-Philosophie setzt allerdings – neben entsprechenden Controlling-Fähigkeiten der Manager selbst – voraus, dass gleichsam als Gegengewicht ein zentrales Controlling existiert, das seine übergreifende **Koordinationsfunktion** unter Wahrung des Prinzips der Dezentralität wahrnimmt. Insoweit können die beiden Kreise in Abb. 4.2 - 26 trotz anzustrebender Überlappungszonen letztlich nie deckungsgleich sein.

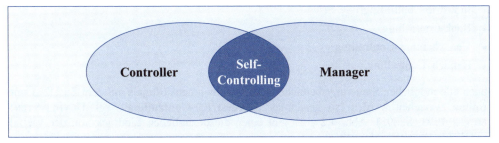

Abb. 4.2 - 26   Überschneidung und Abgrenzung von Controller- und Manager-Aufgaben

Jenseits des Konzepts „Self Controlling" trägt das Controlling im Rahmen seiner zentralen **Koordinationsfunktion** Verantwortung für:

- Die Funktionsfähigkeit des **Rechnungswesens** sowie generell die Einrichtung und Pflege von **Management-Informationssystemen** (MIS), mit deren Hilfe u.a.
  - Probleme frühzeitig erkannt werden können,
  - entscheidungsrelevante Ergebnisinformationen bei Bedarf zur Verfügung gestellt werden,
  - Ergebnis- und Verantwortungstransparenz auf allen Ebenen sichergestellt werden kann
- Die Institutionalisierung eines integrierten Systems „vermaschter" **Regelkreise von Planung und Kontrolle („Controlling-Zyklus")**, wodurch
  - zentrale und dezentrale Planungsaktivitäten in einem ausgewogenen Gesamtplan systematisch koordiniert und
  - eine regelmäßige Zielerreichungskontrolle sowie systematische Abweichungsanalyse sichergestellt werden.

Indem das Controlling die notwendige Wissensbasis für Unternehmensentscheidungen und die Funktionstätigkeit des Planungs- und Kontrollsystems sicherstellt, ermöglicht es zugleich die Verantwortung für die Wahrnehmung **controlling-spezifischer Fachfunktionen**, wie

- die vorausschauende Ziel- und Mittelplanung
- die Erarbeitung von Entscheidungsvorlagen, insbesondere die Analyse von Alternativen, Prämissen und Konsequenzen betrieblicher Entscheidungen,
- die Erfassung und Interpretation von Kontrollinformationen (z.B. in Form von Budgetabweichungen, Frühwarnsignalen u.a.),
- das Einbringen von Erkenntnissen aus dem Kontrollprozess in nachgelagerte Planungsprozesse (z.B. in Form von Vorschlägen für Kurskorrekturen).

Zusammenfassend dient Controlling also der systematischen Unterstützung von Management-Entscheidungen (bzw. -Anordnungen) und bildet insoweit ein **integratives Konzept einer betont ergebnisorientierten Unternehmenssteuerung**. Wegen dieses umfassenden Anspruchs ist es daher auch nicht verwunderlich, dass es praktisch alle Teilbereiche einer modernen Betriebswirtschaftslehre durchdringt.

Dies wird auch in der Tatsache deutlich, dass in Einklang mit der zu stark zugenommenen Bedeutung des Controlling in Theorie und Praxis neben der Entwicklung zahlreicher **branchenspezifischer Controlling-Systeme**, wie etwa

- Industrie-Controlling,
- Bank-Controlling,
- Versicherungs-Controlling,
- Handels-Controlling,

auch alle möglichen Steuerungsbereiche eines Unternehmens oftmals mit dem Zusatz „Controlling" versehen werden (so genanntes **„Bindestrich-Controlling"**, vgl. DEYHLE/STEIG-MEYER 1993, S. 205). Abb. 4.2 - 27 gibt einen diesbezüglichen Eindruck von der Vielfalt möglicher Begriffsbildungen.

Organisationsbereiche	Konzern-Controlling Unternehmens-Controlling	Geschäftsfeld-Controlling Profit Center-Controlling Abteilungs-Controlling
Input	Personal-Controlling Material-Controlling	Informations-Controlling Anlagen-Controlling
Prozess	Beschaffungs-Controlling Produktions-Controlling Marketing-/Vertriebs-Controlling F/E-Controlling Logistik-Controlling	Investitions-Controlling Projekt-Controlling Kosten-Controlling Qualitäts-Controlling
Output	Rentabilitäts-Controlling Risiko-Controlling Finanz-Controlling	(Shareholder) Value-Controlling

Abb. 4.2 - 27   Bindestrich-Controlling

4.2.7   Analyse ausgewählter „Management-by"-Konzepte

Zum Abschluss dieses Kapitels soll nun noch in aller Kürze auf ausgewählte Managementmodelle eingegangen werden, die in der Praxis eine nicht unerhebliche Bedeutung haben. Es handelt sich hierbei um Konzepte, die eine mehr oder minder komplexe Soll-Vorstellung darüber entwickeln, wie Management sich vollziehen sollte. Während aber aus theoretischer Sicht anzustreben wäre, dass diese Modelle ein möglichst vollständiges und präzises Abbild vom angestrebten Aufbau und der Funktionsweise aller Management-Teilsysteme und deren Verknüpfung liefern, sind die heute bekannten Managementmodelle mehr oder weniger nur als Partialkonzepte zu verstehen. Sie beziehen sich stets nur auf einzelne Teilaspekte des Managementproblems und lassen andere, mindestens ebenso wichtige Gesichtspunkte außer

4.2 Elemente und Strukturen von Managementsystemen

Acht. Man kann sie deshalb auch für sich genommen nicht als umfassende Modelle des Managements auffassen.

Solche in der Praxis **als „Management-by"-Konzepte bekannte Modelle** sind (beschränkt auf die wichtigsten):

- Management by Exception (MbE)
- Management by Delegation (MbD; bekannteste Ausprägung: Harzburger Modell)
- Management by Objectives (MbO)
- Management by System (MbS)

In Abb. 4.2 - 28 (entnommen aus WILD 1972b, S. 62f.) ist der Versuch unternommen, diese vier Konzepte in Kurzform darzustellen und kritisch zu würdigen. Dabei zeigt sich tendenziell eine Entwicklung des Modellniveaus, die vom MbE und MbD über MbO zum MbS führt. Das Modell des MbS wird von WILD als „reale Utopie" bezeichnet und kommt vom Anspruch her noch am ehesten der theoretischen Sollvorstellung eines umfassenden Modells des Managements entgegen.

182   Viertes Kapitel: Unternehmungsführung

	Management by Exception	Management by Delegation	Management by Objectives	Management by System
Kurz-definition	Führung durch Abweichungskontrolle und Eingriff im Ausnahmefall	Führung durch Aufgabendelegation (Harzburger Modell; Führung im Mitarbeiterverhältnis)	Führung durch Zielvereinbarung	Führung durch Systemsteuerung bzw. Führung mit Delegation und weitestgehender Selbstregelung auf der Grundlage computergestützter Informations- und Steuerungssysteme
Hauptziele	• Entlastung der Vorgesetzten von Routineaufgaben (Vermeidung von „Herzinfarkt-Management") • Systematisierung der Informationsflüsse und Regelung der Zuständigkeiten, so dass Störeinflüsse rasch behoben werden • Entscheidungen sollen an gewisse Richtlinien gebunden werden	• Abbau der Hierarchie und des autoritären Führungsstils, Ansatz zur partizipativen Führung • Entlastung der Vorgesetzten (wie bei MbE) • Förderung von Eigeninitiative, Leistungsmotivation und Verantwortungsbereitschaft • Entscheidungen sollen auf der Führungsebene getroffen werden, wo sie vom Sachverstand her am ehesten hingehören • Mitarbeiter sollen lernen, wie man eigenverantwortlich Entscheidungen trifft	• Entlastung der Führungsspitze • Förderung der Leistungsmotivation, Eigeninitiative, Verantwortungsbereitschaft und Selbstregelungsfähigkeit der Mitarbeiter • partizipative Führung, Identifikation der Mitarbeiter mit Unternehmungszielen • Mitarbeiter sollen ihr Handeln an klaren Zielen ausrichten, objektiv beurteilt, leistungsgerecht bezahlt und nach Fähigkeiten gefördert werden • bessere Planung und Zielabstimmung, bessere Organisation • systematische Berücksichtigung von Verbesserungsmöglichkeiten	wie bei MbO, zusätzlich: • quasi-automatische Steuerung der Routine-Managementprozesse durch Computereinsatz • bessere Informationsversorgung aller Führungsebenen • abteilungsübergreifende Wirkungen von Entscheidungen sollen schnell erkennbar sein • Beschleunigung aller Managementprozesse

Abb. 4.2 - 28   Die vier wichtigsten „Management-by"-Konzepte – Teil 1

4.2 Elemente und Strukturen von Managementsystemen

	Management by Exception	Management by Delegation	Management by Objectives	Management by System
Wichtigste Bestandteile/ Instrumente	• Festlegung von Sollergebnissen • Informationsrückkopplung • Abweichungskontrolle (-analyse) • Vorgesetzter greift nur bei Abweichungen und in Ausnahmefällen ein • Richtlinien für Normal- und Ausnahmefälle mit Kompetenzabgrenzung	• Delegation von Aufgaben (mit Kompetenzen und Handlungsverantwortung) • Verbot der Rückgabe und Rücknahme der Delegation • Stellenbeschreibung Regelung für Ausnahmefälle • Regelung für die Dienstaufsicht und Erfolgskontrolle • Regeln für den Informationsverkehr	• organisatorisch institutionalisierter Zielbildungs- und Planungsprozess, Einzelziele werden durch „Herunterbrechen" aus Unternehmungszielen abgeleitet • periodische Wiederholung eines kybernetischen Management-Zyklus • Zielbilder, Stellenbeschreibungen (MbD) und Ausnahmeregelungen (MbE) • Präzisierung der vereinbarten Ziele durch Leistungsstandards und Kontrolldaten • regelmäßige Ziel-Ergebnis-Analysen (ZEA) • objektivierte, zielorientierte Leistungs- bzw. Personalbeurteilung • leistungsorientierte Bezahlung • Förderungsinterview und Vereinbarung persönlicher Entwicklungsziele • Management-Development-System, das an die ZEA anknüpft und in den Management-Zyklus integriert ist • partizipativer Führungsstil/ Delegation • regelmäßige Überprüfung der Kongruenz von Zielsystem und Organisation	wie bei MbO, zusätzlich: • IMPICS (Integriertes Management-Planungs-, -Informations- und -Control-System) • Integration der Management-Techniken, -Methoden und -Instrumente in das IMPICS • weitestgehende Entscheidungsdezentralisation und Delegation
Voraussetzungen	• Anwendungsbereich auf programmierbare Entscheidungsprozesse beschränkt • alle Beteiligten müssen Ziele, Abweichungstoleranzen und Definition der Ausnahmefälle kennen • entsprechendes Kontroll- und Berichtssystem • klare Regelung der Zuständigkeiten	• Delegationsbereitschaft der Vorgesetzten und Delegationsfähigkeit der Mitarbeiter (müssen eigenständig handeln können) • Klärung delegierbarer und nicht delegierbarer Aufgaben, Kompetenzen und Verantwortung • entsprechendes Kontroll- und Berichtssystem • ausreichende Information der Mitarbeiter (auch Querschnittsinformation)	• Delegation wie bei MbD, Entscheidungsdezentralisierung • zielorientierte Organisation (Kongruenz von Zielsystem und Organisationsstruktur) • gut organisiertes, leistungsfähiges Planungs-, Informations- und Kontrollsystem • entsprechende Informationsversorgung und Ausbildung der Mitarbeiter • weitere Instrumente wie oben genannt	wie bei MbO, zusätzlich: • leistungsfähiges IMPICS (sehr problematisch) • Feststellbarkeit des wirklichen Informationsbedarfs der Manager

Abb. 4.2 - 28   Die vier wichtigsten „Management-by"-Konzepte – Teil 2

	Management by Exception	Management by Delegation	Management by Objectives	Management by System
Kritik	• einseitig (Beschränkung auf Abweichungsfälle) und fehlendes Feed Forward (Vorkopplung) • Tendenz zum "Management by Surprise" • über Ziele und Pläne als Grundlage für Sollgrößen und Kontrolle wird nichts gesagt • fördert nicht unbedingt Eigeninitiative und Verantwortungsfreude, Tendenz zur „Delegation nach oben" • unter Umständen negative Verhaltensmotivation (Misserfolgsvermeidung, Frustration durch fehlende Erfolgserlebnisse) • Lerneffekte bei Mitarbeitern beschränkt, da interessante Probleme Vorgesetzten vorbehalten bleiben	• Hierarchie wird nicht abgebaut, sondern unter Umständen gefestigt • Prinzip beruht auf statischem Denkansatz, ist zu stark aufgabenorientiert und vernachlässigt dynamische Prozessaspekte und Zielorientierung • partizipative Führung wird hiermit allein kaum erreicht (gemeinsame Entscheidungen von Vorgesetzten und Mitarbeitern?) • Motivationsaspekte ungenügend berücksichtigt • Vorgesetzte delegieren unter Umständen nur uninteressante Routineaufgaben • Prinzip berücksichtigt nur die vertikalen Hierarchiebeziehungen, vernachlässigt dagegen notwendige Querkoordination und übergreifende Zielabstimmungen	• bei unsachgemäßer Anwendung: Gefahr überhöhten Leistungsdrucks (Folge: Misserfolgsmotivierung, Frustration) • partizipativer Planungs- und Zielbildungsprozess ist zeitaufwendig • Zielidentifikation nicht ohne weiteres erreichbar • Tendenz zur Konzentration auf messbare Ziele (Leistungsstandards), obwohl qualitative Ziele unter Umständen wichtiger sind • relativ hohe Einführungskosten (kein echtes Argument: bei konsequenter Anwendung von MbE und MbD ähnlich) • Schwierigkeiten bei Zielabhängigkeiten über Abteilungsgrenzen hinweg (Ziel-Pooling) nicht immer lösbar	• bisher nicht realisierbar wegen fehlender IMPICS (MIS) • hohe Kosten der Entwicklung und Einführung • stärkere Störanfälligkeit • unter Umständen negative Effekte auf menschliches Arbeitsverhalten und zwischenmenschliche Beziehungen (Enthumanisierung, Entfremdung) • psychologische Widerstände zu erwarten: Wollen Manager tatsächlich solche Systeme oder werden sie ihnen von Systemplanern und EDV-Herstellern „aufgezwängt"?
Gesamturteil	• kein eigenständiges Modell, lediglich einfaches generelles Prinzip • löst nur kleinen Teil der Management-Probleme, geht aber in andere Modelle ein	• als einfaches Prinzip allgemeingültig verwendbar, aber nur begrenzt wirksam • in Form des Harzburger Modells zwar leistungsfähiger, aber zu statisch und daher stark erweiterungsbedürftig • im Vergleich zum MbO bleibt Vieles offen	• mehr als nur Schlagwort oder Prinzip • modernste, umfassende und am weitesten entwickelte Management-Konzeption • berücksichtigt den Stand moderner Führungstheorie und die zentrale Rolle der Ziele für die Steuerung sozialer Systeme	• heute nur „reale Utopie", zeigt aber die Entwicklungsrichtung • so wird im Prinzip die zukünftige Unternehmungsführung aussehen, wobei MbE, MbD und MbO hierin integriert sind

Abb. 4.2 - 28   Die vier wichtigsten „Management-by"-Konzepte – Teil 3

Fragen und Aufgaben zur Wiederholung (4.2: S. 132 – 184)

1. Welche drei Grundfragen sind in jeder Wirtschaftsordnung zu lösen?

2. Was sind die wichtigsten Bestandteile eines Managementsystems?

3. Nennen Sie charakteristische Merkmale eines innovativ-strategieorientierten Managementsystems und eines demgegenüber mehr bürokratisch-administrativen Managementsystems!

4. Welche verschiedenen Ansätze zur Gestaltung von Organisationssystemen sind von der Organisationstheorie entwickelt worden?

5. Was sind die fünf Hauptdimensionen, mit denen sich Organisationsstrukturen charakterisieren lassen?

6. Welche Unterschiede bestehen zwischen einer funktionalen und einer divisionalen Organisationsstruktur?

7. Was sind spezifische Vor- und Nachteile einer divisionalen Struktur?

8. Wie lässt sich durch organisatorische Maßnahmen das Problem der Koordination arbeitsteiliger Aktivitäten in einer Unternehmung vereinfachen?

9. Welche organisatorisch relevanten Formen der Koordination lassen sich im Einzelnen unterscheiden? Was sind deren Vor- und Nachteile?

10. Was sind die Hauptmerkmale eines idealtypischen Einlinien- und Mehrliniensystems?

11. Was versteht man (a) unter einer Stab-Linien-Organisation und (b) einer Matrix-Organisation?

12. Worin bestehen die Vorteile einer geringen Gliederungstiefe des Stellengefüges (einer flachen Organisationspyramide)?

13. Welche Beziehungen bestehen zwischen Gliederungstiefe und Leitungsspanne, und von welchen Faktoren wird die optimale Leitungsspanne determiniert?

14. Was wird unter Entscheidungsdelegation verstanden, und was beinhaltet sie im Einzelnen? Welche Prinzipien sind dabei zu beachten?

15. Nennen Sie mögliche Vor- und Nachteile der Delegation!

16. Welcher Aspekt wird mit der Formalisierung von Organisationsstrukturen angesprochen?

17. Skizzieren Sie die Hauptkomponenten von Einflussgrößen der Organisationsstruktur (nach KIESER/WALGENBACH)!

18. Was versteht man unter einem Planungs- und Kontrollsystem?

19. Skizzieren Sie das System der hierarchischen Unternehmensplanung! Welche organisatorischen Varianten lassen sich hauptsächlich unterscheiden?

20. Welches sind die Hauptmerkmale der strategischen und der operativen Planung?

21. Wie lautet das von Gutenberg formulierte „Ausgleichsgesetz der Planung", und in welcher Weise wirkt es sich auf die Unternehmensplanung aus?

22. Beschreiben Sie das Lebenszyklus-Konzept sowie das Konzept der Erfahrungskurve! Wie kann man mit ihrer Hilfe konkrete Marktstrategien entwickeln? Gehen Sie hierbei insbesondere auf die so genannte Portfoliotechnik ein!

23. Erläutern Sie das Konzept der revolvierenden Planung! Gehen sie dabei auch auf die zugrunde liegenden Prinzipien ein!

24. Was versteht man unter flexibler Planung? Welche Unterschiede bestehen zum Prinzip elastischer Planung?

25. Beschreiben Sie das Prinzip der Budgetierung in Planungs- und Kontrollsystemen!

26. Charakterisieren Sie das Konzept der „Balanced Scorecard"! Gehen Sie dabei auch auf die vier Perspektiven der „Balanced Scorecard" ein!

27. Charakterisieren Sie die zentralen Mängel der traditionellen Budgetierung und zeigen Sie auf, wie diese im Konzept des „Beyond Budgeting" überwunden werden!

28. Welche als Manipulation zu bezeichnenden Einflussmöglichkeiten besitzen unterge-ordnete Stellen bei Arbeitsteiligkeit des Managementprozesses auf Verlauf und Ergeb-nis von Planungs- und Kontrollaktivitäten?

29. Welche möglichen Maßnahmen zur Manipulationsabwehr in Planungs- und Kontroll-systemen lassen sich nennen?

30. Was versteht man unter einer Information? Welche sind die hauptsächlichen Gütekrite-rien für Management-Informationen?

31. Charakterisieren Sie die Qualität betrieblicher Informationssysteme anhand der Kate-gorien Informationsangebot, -bedarf und -nachfrage!

32. Skizzieren Sie die verschiedenen Aktionsphasen betrieblicher Informationsprozesse! Diskutieren Sie die Schwierigkeiten, die der optimalen Gestaltung von Informations-prozessen in den einzelnen Aktionsphasen entgegenstehen!

33. Welche Aspekte werden (a) mit dem Integrationsgrad und (b) mit dem Mechanisie-rungs- respektive Automatisierungsgrad von betrieblichen Informationssystemen ange-sprochen?

34. Was sind die Grundkomponenten eines computergestützten Management-Informations-systems?

35. Nennen Sie die Grundelemente eines Personal-(Führungs-)Systems!

36. Auf welchen Thesen beruht das Motivationskonzept moderner Führungsmodelle?

37. Welches sind die Hauptbestimmungsfaktoren der relativen Lohnhöhe?

38. Wozu dient die Arbeitsbewertung, und welche Methoden lassen sich unterscheiden?

39. Charakterisieren Sie (a) den Zeitlohn, (b) den Akkordlohn und (c) den Prämienlohn! Wo finden diese Lohnformen jeweils ihr Hauptanwendungsgebiet?

40. Nach welchen Merkmalen lassen sich die verschiedenen Systeme der Erfolgsbeteili-gung kennzeichnen?

41. Was sind die hauptsächlichen Zielsetzungen eines Personalentwicklungssystems? Wie lässt sich die (systematische) Vorgehensweise im Prozess der Personalentwicklung charakterisieren?

42. Charakterisieren Sie das Wesen des Controllings, indem Sie den Fokus auf die Bezie-hung zwischen dem Controller und dem Manager mit deren jeweiligen Funktionen und Aufgaben legen!

43. Worin sind in der Praxis Probleme und Konflikte begründet, welche die Wirksamkeit des Controllings beeinträchtigen?

44. Nennen Sie controlling-spezifische Fachfunktionen!

45. Wie erklärt sich der Ausdruck „Bindestrich-Controlling"?

46. Worin besteht das Wesen der so genannten „Management-by"-Konzepte, und welche konkreten Modelle haben in der Praxis eine gewisse Bedeutung erlangt?

47. Kennzeichnen Sie die Ziele und Instrumente (a) des Harzburger Modells, und (b) des „Management by Objectives"! Worin liegen deren Vorzüge und Schwächen?

188   Viertes Kapitel: Unternehmungsführung

4.3   Management-Techniken

4.3.1   Übersicht über wichtige Management-Techniken

Wenngleich eine eindeutige definitorische Abgrenzung des Begriffs „Management-Techniken" sich als schwierig erweist, sollen im Folgenden hierunter vereinfacht alle **Instrumente, Methoden, Modelle und Verfahren zur Lösung von typischen Managementproblemen** verstanden werden. Was dabei typische Managementprobleme sind, ist in den vorhergehenden Abschnitten, insbesondere im Rahmen der Erörterung der hauptsächlichen Managementfunktionen, dargelegt worden. In Modellen wird die Realität nach ausgewählten Merkmalen abgebildet; Methoden respektive Verfahren dienen der Informationsgewinnung und -verarbeitung im Rahmen eines Modells (z.B. ist ein Optimierungsalgorithmus eine Methode zur Lösung eines mathematischen Modells); Instrumente schließlich unterstützen bzw. ermöglichen erst den Einsatz von Methoden und Modellen im Managementprozess.

Soweit Management-Techniken als Hilfe zur Entscheidungsfindung eingesetzt werden, bedarf es zur Fundierung der nötigen Wahlvorgänge vielfach genauer Bewertungen. Der Einsatz von Management-Techniken ist damit in weiten Bereichen gleichbedeutend mit der Quantifizierung wirtschaftlicher Sachverhalte und insofern zugleich verbunden mit einem Problem, das GALILEI so ausdrückte (zitiert nach SCHMALENBACH 1963, S. 145):

„Was man messen kann, soll man messen; was man nicht messen kann, soll man messbar machen."

Eines der ehrwürdigsten und zugleich umfassendsten Modelle und Instrumente zur Unterstützung von Managemententscheidungen ist zweifellos das **Rechnungswesen** mit seinen Teilbereichen **Buchhaltung**, **Bilanz**, **Betriebsabrechnung** und **Kalkulation**. Es gehört zugleich zu den wichtigsten quantitativen „Informationslieferanten" für rationale Managemententscheidungen.

Darüber hinaus gibt es eine Vielzahl von Methoden und Techniken des Managements, die über den klassischen Ansatz des Rechnungswesens hinausgehen. Eine wichtige Rolle spielt in diesem Zusammenhang das **Operations Research (OR) bzw. Computational Management Science**. Dabei werden quantifizierbare Informationen unter Einbeziehung eines oder mehrerer operational formulierter Ziele, unter zu Hilfenahme von Modellen, EDV-technisch verarbeitet. Zur Formulierung und Lösung der Modelle wird auf mathematische Methoden zurückgegriffen (vgl. DOMSCHKE/DREXL 2007). Darüber hinaus, gibt es aber noch eine Vielzahl von Ansätzen die nicht, oder nur zum Teil, auf quantifizierbaren Informationen aufbauen. Ihre erschöpfende Aufzählung erscheint fast ebenso unmöglich wie eine befriedigende Systematisierung. Der Grund für die Schwierigkeit, eine allgemeingültige Klassifikation zu finden, ist dabei vornehmlich in der Komplexität und Dynamik der Managementprozesse selbst zu sehen.

Hieraus resultiert, dass trotz einer Vielzahl möglicher Ordnungsgesichtspunkte für eine Einteilung letztlich keine überschneidungsfreie Zuordnung der Techniken realisierbar erscheint. Ein (zweifellos unvollkommener) Versuch einer Systematisierung wird in Abb. 4.3 - 1 vorgenommen. Hier werden **acht Kategorien von Management-Techniken** unterschieden:

4.3 Management-Techniken

(1) **Erhebungstechniken**

(2) **Analysetechniken**

(3) **Kreativitätstechniken**

(4) **Prognosetechniken**

(5) **Bewertungstechniken**

(6) **Entscheidungstechniken**

(7) **Darstellungstechniken**

(8) **Argumentationstechniken**

Da nicht beabsichtigt ist, die Vielzahl existierender Management-Techniken im Einzelnen ab-zuhandeln, enthält Abb. 4.3 - 1 repräsentative Literaturhinweise, aufgrund derer eine vertiefte Beschäftigung mit den genannten Techniken möglich ist. Stellvertretend für andere werden im Folgenden lediglich **neun Arten von Management-Techniken** näher behandelt:

- Kreativitätstechniken am Beispiel des Brainstorming
- Punktbewertungsverfahren (Scoring-Modelle) als Bewertungstechnik
- Netzplantechnik als wichtige Analysetechnik
- Statistische Extrapolationsverfahren als ein Beispiel für Prognosetechniken
- Szenariotechnik als eine neue Form der Prognosetechnik
- Entscheidungstechniken am Beispiel der so genannten Entscheidungsregeln bei Ungewiss-heit und der Entscheidungstabellen
- Lineare Programmierung als analytische Optimierungstechnik
- Szenariotechnik als Form der Prognosetechnik
- Spieltheoretische Modelle

Management-Techniken	Literaturhinweise
(1) Erhebungstechniken	
- Interviewtechnik	SCHMIDT, G. (2003)
- Fragebogentechnik	
- Stichprobenverfahren	COCHRAN (1972)
(2) Analysetechniken	
- Systemanalyse	KOREIMANN (1972)
- Scenario-writing	JANTSCH (1967)
- Netzplantechnik*	GROSSE-OETRINGHAUS (1979)
- Kennzahlensysteme*	STAEHLE (1969)
- Check-list-Verfahren	WILD (1972)
- Wertanalyse	FULTON (1973)
(3) Kreativitätstechniken	
- Brainstorming*	CLARK (1972)
- Methode 653	ROHRBACH (1973)
- Synektik	GORDON (1961)
- Morphologische Methode	ZWICKY (1971)
(4) Prognosetechniken	
- Delphi-Methode	ALBACH (1970)
- statistische Extrapolationsverfahren*	LEWANDOWSKI (1974)
- Analogieverfahren	MARTINO (1983)
- Querschnittsanalyse	
- Indikatormethode	LEHNEIS (1971)
- Regressionsanalyse	ROGGE (1972)
- Ökonometrische Modelle	SCHNEEWEISS (1990)
- Verweilzeitverteilungen	GUHSE (1967)
- Input-Outputanalyse	LEONTIEF (1970)
- Simulationsmodelle	MERTENS (1982)
- Szenariotechnik	FINK/SCHLAKE/SIEBE (2000)
(5) Bewertungstechniken	
- Produkt-Status-Analyse	WILD (1972)
- Scoring-Modelle*	O'MEARA (1961)
- Relevanzbäume (Pattern)	TÖPFER (1976)
- Kosten-Nutzen-Analyse	RECKTENWALD (1971) (Hrsg.)
- Wirtschaftlichkeitsrechnung*	BLOHM/LÜDER/SCHAEFER (1991)
- Break-Even-Analyse*	TUCKER (1973)
- Risiko-Analyse*	MÜLLER-MERBACH (1971)
- Risiko-Chancen-Kalkül	NEUBÜRGER (1980)
(6) Entscheidungstechniken	
- (Lineare) Optimierungsmodelle*	MÜLLER-MERBACH (1973)
- Spieltheoretische Modelle*	BAMBERG/COENENBERG/KRAPP (2008)
- Entscheidungsregeln bei Ungewissheit*	SCHMIDT, R.-B. (1973)
- Entscheidungstabellentechnik	ELBEN (1973)
- Entscheidungsbaumtechnik*	BÜHLMANN et al. (1969)
(7) Darstellungstechniken	
- Funktionendiagramme	WILD (1972)
- Stellenbeschreibungen	HÖHN (1979)
- Flow Charts*	REICHARD (1987)
- Methode Jordt-Gscheidle (Rasterblattverfahren)	SCHMIDT, G. (2003)
(8) Argumentationstechniken	
- Präsentationstechnik	BIALAS et al. (2005)
- Verhandlungstechnik	LAY (2003)
Anmerkung: Mit * bezeichnete Techniken sind in diesem Buch näher erläutert (vgl. Stichwortverzeichnis).	

Abb. 4.3 - 1   Übersicht über wichtige Management-Techniken (mit Literaturhinweisen)

4.3 Management-Techniken 191

4.3.2 Brainstorming als Kreativitätstechnik

Bei der Lösung von Innovationsproblemen steht die Suche nach neuen Ideen naturgemäß im Vordergrund aller Bemühungen. Kreativitätstechniken haben hier den Zweck, den Prozess der **Ideengewinnung** zu fördern und zu kanalisieren. Ihr gemeinsames Kennzeichen ist:

- die Sammlung möglichst vieler Lösungsideen,
- die Betonung des spontanen und divergenten bzw. lateralen Denkens,
- die Förderung freier Assoziationen,
- die Nutzung gruppendynamischer Prozesse.

Das Brainstorming gehört zu den bekanntesten Kreativitätstechniken. Das Wesen dieser Methode besteht darin, in einer ad-hoc Gruppe von fünf bis zwölf Personen in kurzer Zeit (möglichst keine Sitzung über 30 Minuten) eine möglichst große Anzahl kreativer Lösungsvorschläge zu einem konkreten Problem zu finden. Hierbei gelten **vier Grundregeln**:

- Keine Kritik oder Bewertung.
- Quantität vor Qualität.
- Möglichst unorthodoxe Ideen jenseits üblicher Denkschablonen.
- Aufgreifen und Weiterentwickeln bereits vorgebrachter Ideen.

Als **wichtig für das Gelingen** einer Brainstorming-Sitzung ist anzusehen, dass

- keine allzu großen hierarchischen Unterschiede zwischen den Teilnehmern bestehen, um eine „Ideenblockierung" durch Konformität, Überbewertung von Sachverstand, Angst vor Fehlern u.Ä. zu vermeiden,
- ein eng und klar umrissenes Thema vorliegt, von dem aus ein konstruktives „Weiterspinnen" möglich ist,
- ein einfühlsamer und souveräner Moderator ohne „Killer"-Ambitionen die Sitzung leitet und
- alle Ideen ohne Namensnennung der Urheber sofort protokolliert werden und nach Sitzungsende systematisch ausgewertet werden (dabei keine „Killerphrasen" wie „das haben wir noch nie so gemacht").

Abb. 4.3 - 2 (entnommen aus REICHARD 1987) zeigt modellhaft die **Grundstruktur eines Brainstorming-Prozesses**, wobei drei Phasen (Vorbereitungs-, Such- und Selektionsphase) unterschieden werden. Nur erwähnt sei, dass zur Darstellung des Ablaufs eines Brainstorming-Prozesses eine weitere Management-Technik, die **Flussdiagramm-Technik** (Technik des „**Flow Charting**") Verwendung findet.

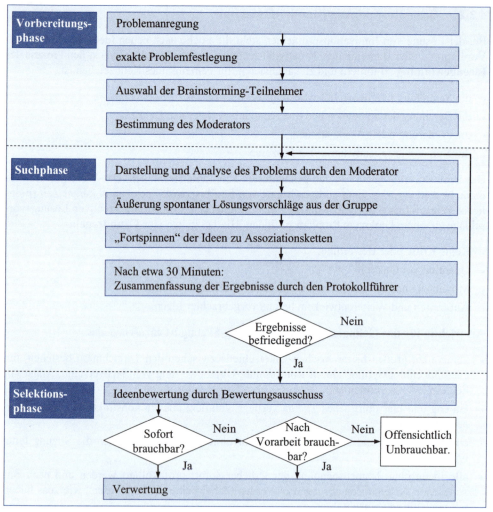

Abb. 4.3 - 2 Grundstruktur des Brainstorming-Prozesses (dargestellt mithilfe eines Flussdiagramms)

4.3.3 Punktbewertungsverfahren (Scoring-Modelle)

Punktbewertungsverfahren, auch **Scoring-Modelle** oder **Nutzwertanalysen** genannt, sind für Entscheidungsprobleme entwickelt worden, deren (optimale) Lösung nicht nur von Kosten- und Erlösaspekten sondern auch (oder sogar vorrangig) von **qualitativen Überlegungen** geprägt wird (z.B. Reparaturanfälligkeit und Servicequalität bei der Entscheidung über den Einsatz alternativer Computersysteme).

Die **Vorgehensweise** bei Scoring-Modellen ist durch **sechs Stufen** gekennzeichnet (SCHMIDT, G. 2003, S. 327):

(1) **Ermittlung der Ziele**
(2) **Gewichtung der Ziele**

4.3 Management-Techniken   193

(3)   **Vergabe von Punkten für die Varianten**

(4)   **Multiplikation von Gewichten mit zugehörigen Punkten**

(5)   **Ermittlung der gewichteten Punkttotale**

(6)   **Sensibilitätsanalyse**

Die einzelnen Stufen werden im Folgenden anhand eines **Beispiels** näher erläutert. Dabei soll es um die Auswahl einer neuen Digitalkamera gehen.

Zu (1)   Ermittlung der Ziele:

Die Ziele ermittelt man zweckmäßigerweise mithilfe von Kreativitätstechniken und einer möglichst vollständigen, noch ungeordneten **Zielsammlung**.

Für das Beispiel werden im Brainstorming die folgenden Ziele gesammelt:

- niedriger Preis für Kamera und Zubehör
- große Anzahl Pixel
- hohe Stoßfestigkeit
- hohe Qualität des Objektivs
- ansprechende Form
- Auswahlmöglichkeiten hinsichtlich der Farbe des Gehäuses
- lange Lebensdauer des Akkus
- Möglichkeit des Einsatzes gängiger Speicherkarten
- einfache Bedienung

Diese Ziele sind in einem zweiten Schritt zu ordnen, zu bereinigen, zu einer **Zielhierarchie** zu verdichten und auf Vollständigkeit zu prüfen (vgl. Abb. 4.3 - 3).

Diese Zielhierarchie muss schließlich operationalisiert werden, d.h. es sind Beurteilungsmaßstäbe für die Zielerreichung zu bestimmen und es ist zu bestimmen, welche Ziele Muss- und welche Kann-Ziele sind. Die **Muss-Ziele** bewirken, dass alle denkbaren Varianten, die diese Ziele nicht erfüllen, erst gar nicht in die Auswahl kommen. **Kann-Ziele** beinhalten die Anforderungen, die möglichst weitgehend erfüllt sein sollten.

Zu (2)   Gewichtung der Ziele:

Ausgehend von einer zu verteilenden (maximalen) **Zahl von Gewichtungspunkten** (meistens 100) können zur Gewichtung der Ziele zwei Wege beschritten werden:

- freihändige Vorgabe und
- Verwendung einer Präferenzmatrix.

Die **freihändige Vergabe von Gewichtungspunkten** verführt naturgemäß zu Manipulationen, indem solche Ziele besonders hoch gewichtet werden, die für die favorisierte Alternative sprechen. Daher ist die Verwendung einer **Präferenzmatrix** (vgl. SCHMIDT, G. 2003, S. 317f.) zu empfehlen, die zu einer wesentlich tieferen Auseinandersetzung mit den einzelnen Gewichten zwingt und weniger anfällig gegen Gewichtungsmanipulationen ist.

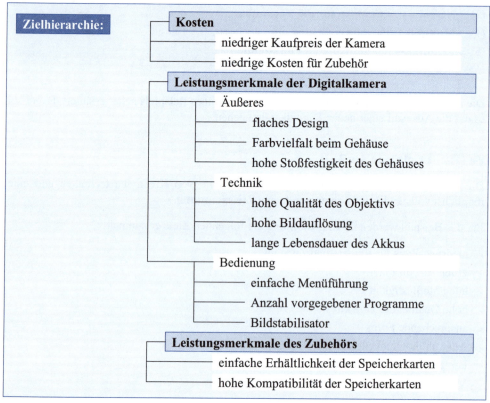

Abb. 4.3 - 3   Beispiel zum Punktbewertungsverfahren: Aufstellung der Zielhierarchie

Nennungen			
rel.	abs.		
12,1 %	8	a	Kaufpreis der Kamera
6,1 %	4	b	Kosten des Zubehörs
4,5 %	3	c	Design
3,0 %	2	d	Farbvielfalt beim Gehäuse
7,6 %	5	e	Stoßfestigkeit des Gehäuses
10,6 %	7	f	Qualität des Objektivs
12,1 %	8	g	Bildauflösung
1,5 %	1	h	Akkulebensdauer
-	-	i	Menüführung
16,7 %	11	j	Programmvielfalt
10,6 %	7	k	Erhältlichkeit der Speicherkarten
15,2 %	10	l	Kompatibilität der Speicherkarten
100 %	66		

Abb. 4.3 - 4   Beispiel zum Punktbewertungsverfahren: Präferenzmatrix zur Ermittlung der Zielgewichte

4.3 Management-Techniken   195

Abb. 4.3 - 4 zeigt das **Beispiel einer Präferenzmatrix**, in der alle Ziele (gekennzeichnet durch die Buchstaben a bis 1) paarweise miteinander verglichen werden. Im Schnittpunkt von jeweils zwei Zeilen wird stets der Buchstabe vermerkt, dem im direkten Vergleich zweier Ziele das höhere Gewicht zugewiesen wird. Die Gewichtungen für die einzelnen Kriterien ergeben sich dann aus der absoluten (besser: relativen) Zahl der Nennungen, die in den beiden linken Spalten der Matrix abzulesen sind.

Die so beschriebene Vorgehensweise führt jedoch häufig zu folgendem **Problem**: Lässt sich eine Faktorgruppe in sehr viele Einzelkriterien aufspalten, so erhält sie leicht ein insgesamt zu hohes Gewicht. Dies lässt sich allerdings vermeiden, indem zunächst mithilfe der Präferenzmatrix die einzelnen Faktorgruppen (Kosten, Leistungen des Produkts, Leistungen des Lieferanten) anhand der Nennungen gewichtet werden. Danach erfolgt eine isolierte Gewichtung der einzelnen Faktoren einer Faktorgruppe. Das bedeutet, dass auf den Vergleich von Einzelfaktoren verschiedener Faktorgruppen verzichtet wird.

Insbesondere das Verfahren der Faktorgruppengewichtung führt allerdings zu einem weiteren Problem. Da nur relativ wenige Vergleichsoperationen vorgenommen werden, ist gerade bei diesem Verfahren die Wahrscheinlichkeit, dass in der Präferenzmatrix eine Faktorgruppe keine Nennung erhält, ausgesprochen groß. Tritt ein solcher Fall ein, wird die entsprechende Faktorgruppe aus dem Entscheidungsprozess eliminiert, obwohl sie deshalb nicht zwingend von untergeordneter Bedeutung sein muss. So ist nicht auszuschließen, dass die eliminierte Faktorgruppe die Bedeutung der anderen Faktorgruppen nur geringfügig unterschreitet, oder dass einzelne Teilfaktoren dieser Gruppe bestimmte Teilfaktoren der anderen Gruppe dominieren. Kann man demgegenüber unterstellen, dass die ausgeschlossene Faktorgruppe tatsächlich ohne Bedeutung ist, so hätte man diesen Faktor a priori von der Bewertung ausschließen müssen, da seine Berücksichtigung das relative Gewicht der anderen Faktoren zueinander mit beeinflusst. In diesem Fall wäre der Gewichtungsvorgang ohne die eliminierte Faktorgruppe zu wiederholen.

Bei einer steigenden Zahl von Elementen in der Präferenzmatrix zeigt sich zudem ein den Paarvergleichen generell anhaftendes Transitivitätsproblem. Für den potenziellen Anwender stellt sich in diesem Zusammenhang die kognitive Schwierigkeit, sich während des gesamten Verfahrens aller vorausgegangen Entscheidungen bewusst zu sein.

Zu (3)   Vergabe von Punkten:

Als nächster Schritt folgt die Punktvergabe für die Varianten, um den jeweiligen **Grad der Zielerreichung** zu bestimmen. Dazu bedient man sich zweckmäßigerweise einer Matrixdarstellung (vgl. SCHMIDT, G. 2003, S. 329), wie sie in Abb. 4.3 - 5 für das Beispiel gegeben ist. In der Kopfzeile werden die Varianten grob beschrieben und darauf geprüft, ob sie die Muss-Ziele einhalten. Für die Kann-Ziele werden maximal 10, minimal 0 Punkte vergeben. Normalerweise erhält die Variante, die das Ziel am besten erfüllt, 10 Punkte, die Lösung, die aus der Sicht des Ziels als schlechteste abschneidet, erhält 0 Punkte. Denkbar ist aber auch der Weg, diese Extremwerte nicht zu vergeben, sondern für theoretisch denkbare Best- bzw. Schlechtestlösungen zu reservieren.

Stehen viele Varianten zur Auswahl, kann bei quantifizierbaren Zielen die **Punktverteilung** relativ zueinander **objektiviert** werden, indem in einem Koordinatensystem auf einer Koordinate die Punktzahl und auf der anderen das quantifizierbare Merkmal (Ziel) eingetragen werden. Verbindet man die maximale Punktzahl und die schlechtest mögliche Ausprägung einer

Zielgröße, so können anhand der Verbindungslinie Punktwerte aller anderen Varianten abgelesen werden (vgl. Abb. 4.3 - 6).

Varianten		A		B		C		D	
MUSS-Ziele									
Kaufpreis (maximal 250 GE)		190		250		150		220	
Bildstabilisator vorhanden?		Ja		Ja		Ja		Ja	
KANN-Ziele	Gewicht	Pkt.	Produkt	Pkt.	Produkt	Pkt.	Produkt	Pkt.	Produkt
Kosten									
• Preis Kamera	12	6	72	0	0	10	120	3	36
• Preis Zubehör	6	4	24	2	12	10	60	0	0
Leistungen Kamera									
• flaches Design	5	4	20	3	15	10	50	0	0
• Farbvielfalt	3	2	6	10	30	0	0	8	24
• Stoßfestigkeit	8	6	48	8	64	0	0	10	80
• Objektiv	11	2	22	10	110	0	0	6	66
• Bildauflösung	12	6	72	10	120	0	0	6	72
• Akkulebensdauer	1	0	0	4	4	6	6	10	10
• Programmvielfalt	17	6	102	8	136	0	0	10	170
Leistungen Zubehör									
• Erhältlichkeit	10	5	50	10	100	0	0	9	90
• Kompatibilität	15	7	105	6	90	0	0	10	150
Summe	**100**		**521**		**681**		**236**		**698**

Abb. 4.3 - 5   Beispiel zum Punktbewertungsverfahren: Punktvergabe

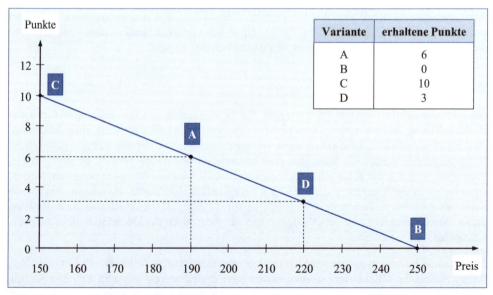

Abb. 4.3 - 6   Beispiel zum Punktbewertungsverfahren: Koordinatensystem zur „Objektivierung" der Punktverteilung für das Kriterium Preis

4.3 Management-Techniken 197

Zu (4) und (5)   Multiplikation und Ermittlung der gewichteten Punkttotale:

Die vergebenen Punkte müssen mit den Gewichten, die im Beispiel den auf- bzw. abgerunde-
ten Werten aus der Präferenzmatrix entsprechen, multipliziert werden. Die Summe der gewichteten Punkttotale errechnet man dann durch spaltenweise Addition der Produkte (vgl.
Abb. 4.3 - 5).

Das Bewertungsbeispiel ergibt somit die Reihenfolge:

- 1. Rang: D → 698 Punkte
- 2. Rang: B → 681 Punkte
- 3. Rang: A → 521 Punkte
- 4. Rang: C → 236 Punkte

Selbstverständlich ist dieses kein im engeren Sinne „objektives" Ergebnis. In drei Stufen gehen nämlich **subjektive Vorstellungen** in das Punktwertverfahren ein.

- **Bei der Festlegung der Ziele**: Hier kann es im Einzelfall durchaus strittig sein, ob ein Ziel
  aufzunehmen ist oder nicht.
- **Bei der Gewichtung der Ziele**: Über die Wertrelationen von Zielen dürften die heftigsten
  Meinungsverschiedenheiten auftreten.
- **Bei der Vergabe von Punktwerten**: Vor allem bei den nicht eindeutig quantifizierbaren
  Kriterien besteht ein Ermessensspielraum, den die Beteiligten nutzen können, um die eige-
  nen Vorstellungen durchzubringen.

Nur deutliche Punktabstände zwischen zwei Varianten lassen den Schluss zu, dass die höher
bepunktete Variante wirklich spürbar besser ist. Sollten Meinungsverschiedenheiten über die
Stichhaltigkeit einer Bewertung auftreten, empfiehlt sich eine Sensibilitätsanalyse.

Zu (6)   Sensibilitätsanalyse:

Unter einer Sensibilitätsanalyse (auch Sensitivitätsanalyse genannt) versteht man das Variieren von Zielen, Gewichten und Punktwerten und die Überprüfung der Auswirkungen auf die
bewertete Reihenfolge der Varianten. Wird beispielsweise ein Gewicht auf- und ein anderes
abgewertet, so errechnet man die punktmäßigen Auswirkungen auf das Gesamtergebnis. Diese Sensibilitätsanalyse kann verschiedenen **Zielen** dienen:

- dem Beweis, dass selbst bei veränderten Annahmen eine favorisierte Lösung standhält,
- der Demonstration, wie sich die Reihenfolge ändert, wenn bestimmte Teilbewertungen geändert werden und
- dem Versuch, eine erwünschte Lösung durch Manipulation der Zielgewichte und Punktvergabe zu erreichen. Dieses Vorgehen kann durchaus legitim sein, wird dem Manipulierer
  doch auf jeden Fall deutlich, wo Abstriche gemacht werden müssen, um auf ein Wunschergebnis zu kommen.

Abschließend sind als **Vorteile des Punktbewertungsverfahrens** zu nennen, dass es u.a.

- eine objektivere Bewertung ermöglicht, weil an alle Varianten die gleichen, gleichgewich-
  teten Kriterien angelegt werden,

- die Transparenz fördert, es also dem Entscheider ermöglicht, den Bewertungsvorgang nachzuvollziehen,
- konzeptionell ermöglicht, dass die Auswirkungen abweichender Wertvorstellungen durchgerechnet werden können und
- im Fall bewusster Manipulation deutlich macht, worauf man verzichten muss, um ein Wunschergebnis zu erhalten.

4.3.4 Szenariotechnik

Die Szenariotechnik versucht die Dynamik von Marktumfeldern durch systematisch erstellte Zukunftsalternativen – so genannte Szenarien – abzubilden. Im Vordergrund steht dabei nicht die mechanische Erstellung sondern ein Prozess des „Denkens in Szenarien" und des „Handelns auf Basis von Szenarien". Beide Aspekte basieren auf nachfolgenden **drei Grundprinzipien**:

- zukunftsoffenes Denken und Handeln,
- vernetztes Denken und Handeln,
- strategisches Denken und Handeln,

die in ihrer Verknüpfung schließlich zum Begriff des **Szenariomanagements** führen (vgl. Abb. 4.3 - 7, in Anlehnung an FINK/SCHLAKE/SIEBE 2000).

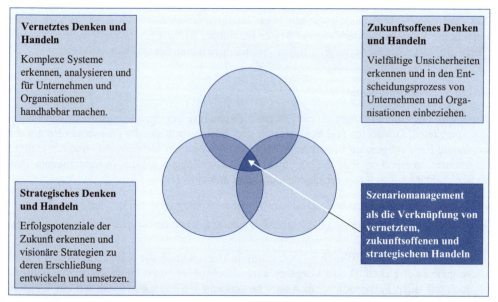

Abb. 4.3 - 7   Grundlagen des Szenariomanagements

Die Erstellung von Szenarien folgt dem Ziel, konkrete Handlungsempfehlungen für unternehmerische Entscheidungen abzuleiten, z.B. bei der Frage nach der zukünftigen Produktstrategie. Die Entscheidungen gelten dabei einer bestimmten Geschäftseinheit bzw. Unternehmung, die das Gestaltungsfeld für den Planungs- und Führungsprozess determiniert. Die Sze-

4.3 Management-Techniken

narien beschreiben die Entwicklungsmöglichkeiten des Gestaltungsfeldes aus dem unternehmensspezifischen Betrachtungsbereich heraus, der als **Szenariofeld** bezeichnet wird. Abb. 4.3 - 8 (in Anlehnung an FINK/SCHLAKE/SIEBE 2000) zeigt exemplarisch den Prozess der Szenarioerstellung.

Abb. 4.3 - 8   Der Prozess der Szenarioerstellung

Das Szenariofeld wird zunächst in einzelne Systemebenen und Einflussbereiche zerlegt. Ausgehend vom jeweiligen Gestaltungsfeld werden nun die externen Einflusspotenziale analysiert. Dazu gehören neben den Wettbewerbskräften vor allem auch das globale ökonomische und politische Umfeld. In einem zweiten Schritt werden die vernetzten Strukturen der Einflussfaktoren offen gelegt, um auf diesem Wege Schlüsselfaktoren zu identifizieren die zukünftige Entwicklungsmöglichkeiten des Szenariofeldes signifikant beschreiben können. Danach schließt sich die zentrale Transformationsleistung an. Für die ermittelten Schlüsselfaktoren werden alternative Zukunftsprojektionen beschrieben, die grundsätzlich qualitative Entwicklungsmöglichkeiten darstellen. Im vierten Schritt werden die Zukunftsprojektionen auf dem Wege einer Konsistenzanalyse zu zwei bis acht Rohszenarien verknüpft. Diese werden anschließend noch einmal analysiert und interpretiert, um schließlich über deren weitere Verwendung entscheiden zu können.

Auf Basis der möglichen Szenariofelder lassen sich, wie in Abb. 4.3 - 9 dargestellt, **fünf typische Formen einer szenariogestützten Strategieentwicklung** unterscheiden (vgl. FINK/ SCHLAKE/SIEBE 2000).

- **Auf erkennbare Trends reagieren**: Das Unternehmen orientiert sich an dem **Szenario mit der höchsten Wahrscheinlichkeit**. Der Vorteil gegenüber der traditionellen Planung ist darin zu sehen, dass hier ein Zukunftsbild vor dem Hintergrund denkbarer Alternativen entworfen wird. Diese Vorgehensweise setzt jedoch voraus, dass die Beteiligten ein grundsätzliches Einvernehmen über die erwartete zukünftige Entwicklung erzielen.
- **Zukünftige Gefahren handhaben**: Indem ein Unternehmen seine Strategie auf Basis des risikoreichsten Szenarios entwickelt, kann es Gefahren minimieren. Eine solche Vorgehensweise könnte auch als **Krisenstrategie** bezeichnet werden. Ebenso besteht die Möglichkeit des Versuchs, die den verschiedenen Strategien innewohnenden Gefahren insgesamt zu minimieren. Als mögliches Einsatzfeld sei hier das Risikomanagement genannt.

Beide Ansätze bergen jedoch die Gefahr, dass vorhandene Nutzenpotenziale nicht hinreichend erschlossen werden.

- **Zukünftige Chancen energisch nutzen**: Im Gegensatz dazu steht die Vorgehensweise die Unternehmensstrategie auf dem Szenario aufzubauen, das die **größten Nutzenpotenziale** verspricht. Den großen Möglichkeiten eines solchen präventiven Ansatzes stehen aber die Risiken gegenüber, die sich durch die Ausblendung riskanter Szenarien ergeben.

- **Flexibel bleiben**: Ein Mittelweg ist die **Konzentration auf mehrere Szenarien** bzw. einen Strategiekern. Das Unternehmen bleibt so wesentlich beweglicher da es auch seine Entscheidungen vom Eintreten einzelner Entscheidungen abhängig machen kann.

- **Eigene Visionen entwickeln und erreichen**: Zuletzt kann ein Unternehmen auch versuchen proaktiv Einfluss auf den Eintritt erwünschter Szenarien zu nehmen. Dies kommt vor allem bei **Lenkungsszenarien** in Frage die primär auf Schlüsselfaktoren beruhen welche nachhaltig beeinflussbar sind.

Die **Einsatzmöglichkeiten der Szenariotechnik** sind vielfältig. In der strategischen Unternehmensplanung können sie wesentlich dazu beitragen unternehmerische Entscheidungsprozesse zu fundieren. Dies umfasst Entscheidungshilfen bei Investitionsvorhaben oder der Produktpolitik ebenso wie die Bewertung bestehender und die Entwicklung neuer Unternehmensstrategien (vgl. Abb. 4.3 - 9, entnommen aus FINK/SCHLAKE/ SIEBE 2000). Einen wichtigen Beitrag vermag das Verfahren auch im Rahmen der Früherkennung relevanter Umfeldentwicklungen zu leisten. Aus einem Prozess der Früherkennung ergeben sich in der Regel immer neue Themen und Handlungsfelder. Werden solche „schwachen Signale" vom Unternehmen frühzeitig erkannt und in den Prozess der Szenarioentwicklung eingebunden, können unternehmensrelevante Chancen und Risiken in den strategischen Planungs- und Führungsprozess integriert und dieser damit valider gestaltet werden. Weitere Einsatzmöglichkeiten seien an dieser Stelle nur genannt (vgl. ausführlicher FINK/SCHLAKE/SIEBE 2000):

- Szenarien als Werkzeug im Wissensmanagement,
- Szenarien als Katalysator für partizipative Führung,
- Szenarien zum Aufbau von Orientierungswissen.

Erfolgskritisch an dem Verfahren der Szenariotechnik ist die Auswahl des richtigen Szenariofeldes. Dies wird in hohem Maße von der Marktmacht und die für das jeweilige Unternehmen relevanten Umfeldkräften determiniert. Während kleinere Unternehmen sich aufgrund ihrer Flexibilität eher auf Umfeldszenarien konzentrieren, also eine reaktive Position beziehen sollten, ist für Unternehmen mit großer Marktmacht das Arbeiten mit Lenkungsszenarien nahe liegend. In der Praxis werden in diesem Zusammenhang häufig **zwei Fehler** beobachtet (vgl. FINK/SCHLAKE/SIEBE 2000):

- **Festlegung auf ein Umfeldszenario**: Unternehmen die zunächst mehrere Umfeldszenarien entwickeln sind plötzlich, häufig auf Druck des Top Managements, nicht mehr entschlossen genug sich einer multiplen Zukunft zu stellen. Sie konzentrieren sich auf das erstrebenswerteste Szenario und maximieren so ihr Risiko.

- **„Verzettelung" bei alternativen Handlungsoptionen**: Unternehmen die Handlungsoptionen in Form von Lenkungsszenarien entwickelt haben versuchen anschließend alle Optionen parallel zu verfolgen. Dies verstößt gegen den Grundsatz der Bündelung der Kräfte und führt zu einer Verschwendung von Ressourcen sowie letztendlich zu einer schlechten Marktstellung gegenüber Wettbewerbern, die ihre Ressourcen ab einem bestimmten Zeitpunkt auf eine als richtig erkannte Option fokussieren.

4.3 Management-Techniken

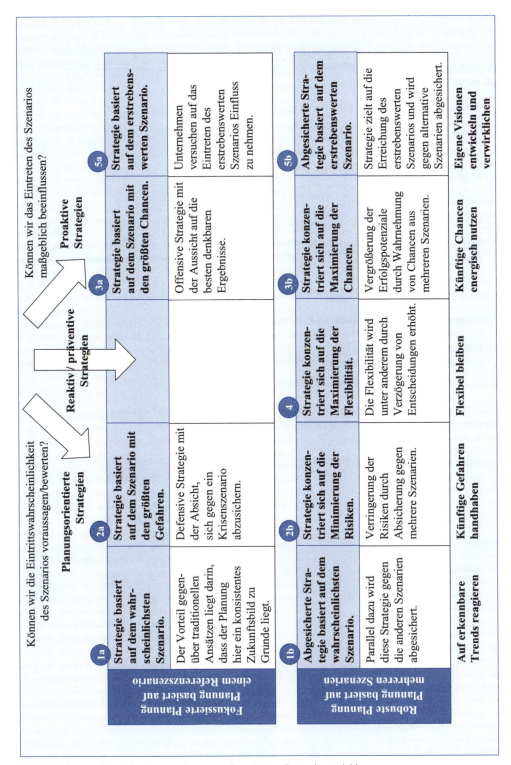

Abb. 4.3 - 9　Typische Formen einer szenariogestützten Strategieentwicklung

4.3.5 Netzplantechnik

Die Netzplantechnik ist ein Sammelbegriff für Verfahren zur Lösung von Projektablaufproblemen. Sie hilft, eine komplexe Folge von Projekttätigkeiten zu planen, durchzuführen und zu kontrollieren (vgl. ALTROGGE 1996b).

Als **Anwendungskriterien** für die Netzplantechnik werden genannt:

- hoher Projektwert,
- komplexe Ablaufstrukturen mit Terminvorgaben,
- einigermaßen determinierte Tätigkeitsfolgen.

Typische **Einsatzbereiche** der Netzplantechnik sind z.B. folgende:

- größere Bauvorhaben (z.B. Verwaltungsgebäude, Hotels, Straßen, Brücken),
- Großanlagenprojekte (z.B. Betriebserweiterungen, Stahlwerke, Schiffbauvorhaben),
- Planung und Durchführung von Großveranstaltungen (z.B. Messen, Sportveranstaltungen),
- größere Organisationsprojekte (z.B. Umstellung der EDV, Reorganisation des Außendienstes, Post-Merger-Aktivitiäten im Rahmen von Fusionen und Übernahmen).

Die drei wichtigsten **Methoden** der Netzplantechnik sind:

- *Critical Path Method* (CPM),
- *Metra Potential Method* (MPM),
- *Program Evaluation and Review Technique* (PERT).

Ihr gemeinsames Kennzeichen ist ein grundsätzlich **vierstufiges Vorgehen**, wie in Abb. 4.3 - 10 demonstriert (vgl. GROSSE-OETRINGHAUS 1979).

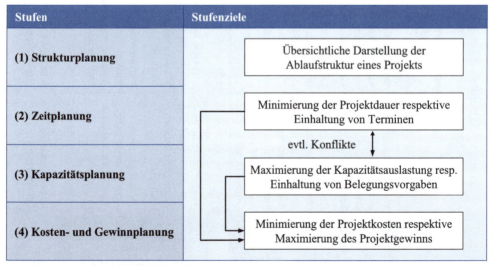

Abb. 4.3 - 10   Stufen der Netzplantechnik

4.3 Management-Techniken   203

Die **Unterschiede zwischen den verschiedenen Verfahren** äußern sich demgegenüber vor allem in den in Abb. 4.3 - 11 aufgeführten Merkmalen.

Unterschiede ...	CPM	MPM	PERT
in der Strukturdarstellung	Vorgangspfeil-Netzplan	Vorgangsknoten-Netzplan	Ereignisknoten-Netzplan
in den Anordnungs-beziehungen	Ende-Anfang Beziehung (Beispiel: Vorgang B kann erst beginnen, wenn A abgeschlossen ist)	Anfang-Anfang Beziehung (Beispiel: Vorgang B kann erst beginnen, wenn A begonnen hat)	Ende-Ende Beziehung (Beispiel: Ereignis A liegt vor dem Ereignis B)
in dem Charakter der Zeiteinschätzung	deterministisches Zeitmodell	deterministisches Zeitmodell	stochastisches Zeitmodell

Abb. 4.3 - 11   Differenzierende Merkmale der Techniken der Netzplantechnik

Im Folgenden soll das Wesen der Netzplantechnik am Beispiel der *Critical Path Method* (CPM) und der *Metra Potential Method* (MPM) erläutert werden. Dabei erfolgt eine Beschränkung auf die ersten beiden Stufen der Netzplantechnik:

(1)   die **Strukturplanung**, die im Wesentlichen aus vier Teilschritten, und

(2)   die **Zeitplanung**, die aus drei Teilschritten besteht.

Zu (1)   Strukturplanung:

(1a)   Erstellen einer Vorgangsliste

Im ersten Teilschritt der Strukturplanung werden die einzelnen Tätigkeiten des Projekts festgestellt und – unter Verwendung von Kurzzeichen für die Vorgänge – in einer Vorgangsliste aufgelistet.

(1b)   Ermittlung der strukturellen Anordnungs- respektive Folgebeziehungen dieser Vorgänge zueinander

Beispiel: Vorgang B hat A als Vorgänger sowie C und D als unmittelbare Nachfolger

(1c)   Zeichnen des Netzplans (Umsetzung der Vorgangsliste in eine graphische Übersicht)

Im dritten Teilschritt der Strukturplanung erfolgt die Umsetzung der Vorgangsliste in die graphische Übersicht des Netzplanes. Dabei unterscheidet sich die Darstellungsform bei MPM und CPM, wie in Abb. 4.3 - 12 skizziert ist: Bei CPM handelt es sich um einen Vorgangspfeil-Netzplan, d.h. die Vorgänge werden als Pfeile dargestellt, deren Anfang und Ende bzw. Anfangs- und Endereignisse jeweils durch Kreise markiert werden. MPM hingegen stellt sich als Vorgangsknoten-Netzplan dar, bei dem die Vorgänge die Knotenpunkte des Netzplans bilden, während die Pfeile zwischen den Knoten lediglich die Folgebeziehungen wiedergeben.

(1d)   Prüfen des Netzplans auf logische Fehler

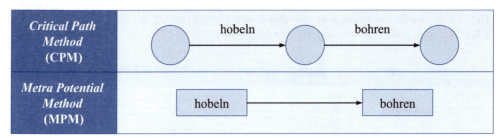

Abb. 4.3 - 12   Strukturdarstellungsform bei der *Critical Path Method* (CPM) und *Metra Potential Method* (MPM)

Zu (2)   Zeitplanung:

(2a)   Ermittlung des Zeitbedarfs für jeden Vorgang und Eintragung der Zeitangaben in den Netzplan

(2b)   Ermittlung der Anfangs- und Endtermine, und zwar im Einzelnen

bei der *Critical Path Method* (CPM)

- der frühest möglichen Zeitpunkte (FZ) sowie
- der spätest erlaubten Zeitpunkte (SZ) für die einzelnen Ereignisse

bzw. bei der *Metra Potential Method* (MPM)

- des frühest möglichen Starttermins (FA),
- des spätest erlaubten Starttermins (SA),
- des frühest möglichen Endtermins (FE) sowie
- des spätest zulässigen Endtermins (SE) für die einzelnen Vorgänge.

Die FZ-Ereignisse (bei CPM) bzw. die FA/FE-Termine (bei MPM) werden dabei durch Vorwärtsrechnung, die SZ-Ereignisse bzw. die SA/SE-Termine durch Rückwärtsrechnung durch den Netzplan ermittelt.

(2c)   Bestimmung der Pufferzeiten und des kritischen Pfades

Pufferzeiten geben an, um wie viel sich ein Vorgang bzw. ein Ereignis verzögern darf, ohne den Projektendtermin zu gefährden. Bei CPM unterscheidet man Vorgangs- und Ereignispuffer, während bei MPM nur Vorgangspuffer betrachtet werden.

Für einen Vorgang ergeben sich bei CPM Pufferzeiten dann, wenn die Differenz zwischen dem spätest erlaubten Zeitpunkt des Eintritts eines Ereignisses und der Summe von frühest möglichen Zeitpunkten des vorgelagerten Ereignisses und der Dauer des betrachteten Vorgangs größer als Null ist. Ein Vorgangspuffer ergibt sich also dann, wenn die Differenz zwischen den genannten Ereigniszeitpunkten größer ist als die Dauer des betrachteten Vorgangs. Ein Ereignispuffer liegt dann vor, wenn die Differenz zwischen dem frühest möglichen und dem spätest erlaubten Eintrittszeitpunkt eines Ereignisses größer als Null ist.

In Abb. 4.3 - 13 geben die Zahlen in den unteren Knotenhälften die frühest möglichen bzw. die spätest erlaubten Zeitpunkte des Eintritts der Ereignisse an. Die Zahl in der oberen Hälfte kennzeichnet die Nummer des Ereignisses. Wie ersichtlich, liegt bei Vorgang C ein Vorgangspuffer vor, da zwischen dem Eintritt des Ereignisses 6 (Abschluss der Vorgänge C und E) und Ereignis 4 (Abschluss von Vorgang B) eine größere Zeitspanne als die Dauer des Vorgangs von 10 Zeiteinheiten (Angabe unter dem entsprechenden Pfeil) liegt. Gleichzeitig verdeutlicht Abb. 4.3 - 13 auch, dass die Vorgänge D und E (sowie B und F) auf dem kritischen Weg liegen, ferner dass die Ereignisse 4, 5 und 6 kritisch sind, im betrachteten Netzplanausschnitt also kein Ereignispuffer vorliegt.

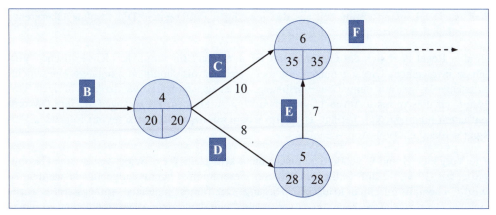

Abb. 4.3 - 13   Beispiel für verbundene CPM-Ereignisknoten

Für die *Metra Potential Method* sei im Folgenden eine detailliertere Analyse der Pufferzeiten durchgeführt. Grundsätzlich lassen sich vier verschiedene Pufferzeiten (Vorgangspuffer) unterscheiden:

- Gesamtpuffer GP,
- Freier Endpuffer FEP,
- Freier Anfangspuffer FAP,
- Unabhängiger Puffer UP.

Abb. 4.3 - 14 zeigt beispielhaft den Aufbau eines MPM-Vorgangsknoten. Es handelt sich hierbei um den Vorgang C aus dem Netzplanausschnitt von Abb. 4.3 - 13.

Nr.	Dauer	Anfang		Ende	
C	10	FA	20	FE	30
		SA	25	SE	35
Pufferzeit					
GP	FEP		FAP		UP
5	5		5		5

Abb. 4.3 - 14   Beispiel für einen MPM-Vorgangsknoten

Den **Gesamtpuffer GP** eines Vorganges erhält man, indem der SA-Termin vom FA-Termin bzw. der SE-Termin vom FE-Termin subtrahiert wird. Sämtliche Vorgänge, die einen Gesamtpuffer GP von Null aufweisen, liegen auf dem **kritischen Weg**. Sie werden als kritisch bezeichnet, da jede zeitliche Verzögerung bei ihrer Ausführung automatisch zu einer Verschiebung des angesetzten Projektendtermins führt.

Alle übrigen Vorgänge mit Gesamtpufferzeiten größer als Null gelten als unkritisch in dem Sinne, dass bei ihnen eine zeitliche Verschiebung oder Ausdehnung der Vorgangsdauer möglich ist. Der Umfang ergibt sich aus den jeweiligen Pufferzeiten. Die absolute Obergrenze wird durch den Gesamtpuffer GP bestimmt.

In aller Regel lässt sich der Gesamtpuffer GP aber nicht für sämtliche nicht-kritischen Vorgänge in gleichem Umfang nutzen, vielmehr steht er für sämtliche Vorgänge eines nicht-kritischen Weges nur einmal zur Verfügung. Ist er ausgenutzt, so werden alle übrigen Vorgänge auf diesem bis dahin nicht-kritischen Weg zu kritischen Vorgängen, da ihre Gesamtpufferzeit nunmehr Null beträgt. Diese **Interdependenzproblematik** sei am folgenden Beispiel verdeutlicht (vgl. Abb. 4.3 - 15).

Die Vorgänge B und C gehören zu einem nicht-kritischen Weg. Beide weisen eine Gesamtpufferzeit GP von 2 auf. Sollte bei B dieser Gesamtpuffer bereits aufgebraucht werden, so wird C ebenfalls zu einem kritischen Vorgang. Der frühest mögliche Anfangstermin würde sich bei C um zwei Tage nach hinten verschieben und damit dem spätest möglichen Anfangstermin entsprechen.

Aufgrund dieser mangelnden Eindeutigkeit der Gesamtpufferzeit für mögliche zeitliche Flexibilität von Vorgängen, bieten die folgenden **drei Pufferarten** weitere Erklärungshilfen.

Der **freie Endpuffer FEP** (in der Literatur auch als freier Puffer FP bezeichnet) ist insbesondere der Puffer am Ende eines nicht-kritischen Weges, der zur Verfügung steht, wenn sämtliche Vorgänge auf diesem Weg zum frühest möglichen Zeitpunkt beginnen und der sich anschließende Vorgang noch zum frühest möglichen Zeitpunkt beginnen kann. Unter diesen Voraussetzungen kann der letzte Vorgang auf einem nicht-kritischen Weg um die freie Endpufferzeit FEP ausgedehnt oder verschoben werden. Der frühest mögliche Beginn des Nachfolgers wird dadurch nicht gefährdet.

In Abb. 4.3 - 15 lässt sich dies an Vorgang C darstellen. Unter der Voraussetzung, dass B zum frühest möglichen Termin beginnt, ergibt sich für C ein freier Endpuffer von zwei Tagen. Dieser kann genutzt werden, ohne dass der frühest mögliche Beginn des Nachfolgers von C, Vorgang E, gefährdet ist.

Der **freie Anfangspuffer FAP** (in der Literatur auch als freier rückwärtiger Puffer FRP bezeichnet) bildet das Gegenstück zum freien Endpuffer FEP. Dieser stellt insbesondere die Zeit am Anfang eines nicht-kritischen Weges dar, wenn sämtliche nachfolgenden Vorgänge auf diesem Weg zum spätest möglichen Zeitpunkt beginnen und der Vorgänger zum spätest möglichen Zeitpunkt endet. Diese Pufferzeit gibt den Spielraum des nicht-kritischen Weges aus der Sicht der Rückwärtsrechnung mit den spätest möglichen Terminen an.

In Abb. 4.3 - 15 ergibt sich für Vorgang B ein freier Anfangspuffer von zwei Tagen. Dieser steht zur Verfügung, wenn der Vorgänger von B, Vorgang A, zum spätest möglichen Zeitpunkt endet und die Nachfolger von B, Vorgang C und E, zum spätest möglichen Zeitpunkt beginnen. Wiederum gilt, dass das geplante Projektende durch Ausnutzen des freien Anfangspuffers von Vorgang B nicht beeinflusst wird.

4.3 Management-Techniken

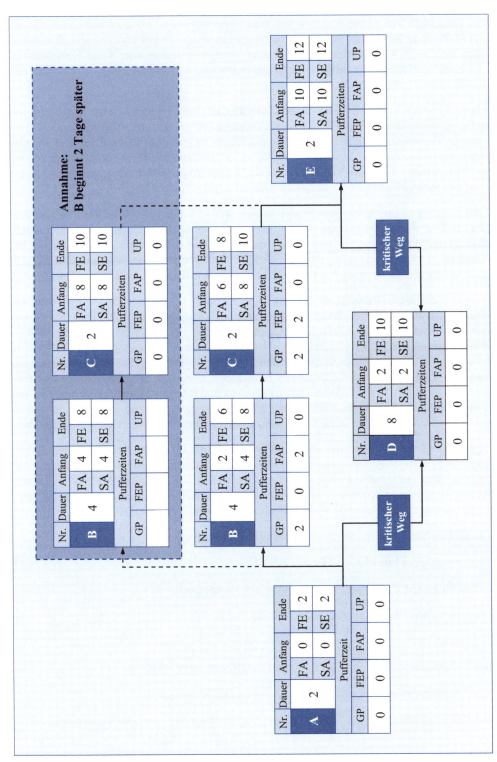

Abb. 4.3 - 15   Gesamtpufferzeit GP

Wie dargestellt, treten freie Anfangs- und freie Endpuffer stets zu Beginn und zum Ende von nicht-kritischen Wegen auf. Innerhalb von nicht-kritischen Wegen können sie sich ergeben, wenn sich diese Wege aufspalten und wieder zusammen finden oder wenn Überkreuzverzweigungen existieren. Derartige Pufferzeiten treten z.B. im komplexeren Netzplan von Abb. 4.3 - 15 auf.

Ebenfalls zu beachten sind die möglichen **Interdependenzen** zwischen freien Endpuffern und freien Anfangspuffern. Wird der freie Anfangspuffer FAP ausgenutzt, so können sich Konsequenzen für den am Ende des nicht-kritischen Weges befindlichen freien Endpuffer ergeben. Bestehen auf einem nicht-kritischen Weg keine Verzweigungen oder Verknüpfungen, so bewirkt die additive Kette der Vorgänge, dass der Verbrauch des freien Anfangspuffers zu einer entsprechenden Minderung der Möglichkeiten beim freien Endpuffer führt.

Eine derartige Konstellation besteht auch in Abb. 4.3 - 15. Der freie Anfangspuffer von Vorgang B (FAP = 2) sei ausgenutzt worden. Hierdurch beginnt B nicht mehr zum frühest möglichen Termin von 2, sondern zum spätest möglichen von 4. Die additive Verknüpfung der Vorgänge B und C führt dazu, dass der ehemals freie Endpuffer bei Vorgang C (FEP = 2) nicht mehr existiert. Vorgang C ist ebenfalls zu einem kritischen Vorgang geworden.

Völlige Freiheit zum Verschieben oder Ausdehnen von Vorgängen besteht lediglich beim **unabhängigen Puffer UP**. Er wird errechnet unter der Annahme, dass sämtliche Nachfolger zum frühest möglichen Zeitpunkt beginnen und sämtliche Vorgänger erst zum spätest möglichen Zeitpunkt enden. Wählt man aus den frühest möglichen Zeitpunkten der Nachfolger den minimalen Wert und subtrahiert hiervon den maximalen spätest möglichen Zeitpunkt für das Ende der Vorgänger sowie die Dauer des betrachteten Vorgangs, so ergibt sich die unabhängige Pufferzeit UP. Die restriktive Definition – maximales spätestes Ende der Vorgänger und frühest möglicher Beginn der Nachfolger – bewirkt, dass diese Zeitspanne unabhängig von allen anderen Vorgängen und ohne Konsequenzen auf den Projektablauf genutzt werden kann.

Abschließend seien die **mathematischen Formeln** für die Errechnung der Start- und Endtermine sowie der vier Pufferzeiten von MPM zusammengefasst dargestellt. Die Formeln basieren vereinfachend (und im Gegensatz zur ursprünglich allgemeineren MPM von Anfang-Anfang-Beziehungen wie bei CPM) auf dem Grundsatz, dass ein Vorgang erst dann beginnen kann, wenn sämtliche seiner Vorgänger abgeschlossen sind.

frühest möglicher Starttermin: $\text{FA} = \max [\text{FE(Vorgänger)}]$

frühest möglicher Endtermin: $\text{FE} = \text{FA} + \text{D}$

spätest zulässiger Endtermin: $\text{SE} = \min [\text{SA(Nachfolger)}]$

spätest erlaubter Starttermin: $\text{SA} = \text{SE} - \text{D}$

Gesamtpufferzeit: $\text{GP} = \text{SA} - \text{FA} = \text{SE} - \text{FE}$

freier Endpuffer: $\text{FEP} = \min [\text{FA(Nachfolger)}] - \text{FE}$

freier Anfangspuffer: $\text{FAP} = \text{SA} - \max [\text{SE(Vorgänger)}]$

unabhängige Pufferzeit: $\text{UP} = \min [\text{FA(Nachfolger)}] - \max [\text{SE(Vorgänger)}] - \text{D}$

4.3 Management-Techniken

Für ein einheitliches **Beispiel** eines Bauvorhabens werden im Folgenden die Netzpläne nach CPM und MPM dargestellt. Aufgrund der Teilschritte (1a), (1b) und (2a) im Rahmen der Struktur- und Zeitplanung liegen hierfür die Angaben gemäß Abb. 4.3 - 16 vor.

Tätigkeiten		Vorgänger	Dauer (in Wochen)
A	Planung und Projektierung des Bauvorhabens	–	3
B	Ausschreibung des Bauvorhabens	A	3
C	Genehmigung des Vorhabens	A	4
D	Einrichtung der Baustelle	B	2
E	Errichten der Bauarbeiterunterkünfte	B	4
F	Maurer- und Erdarbeiten	C	20
G	Konstruktion des Daches	D, E	3
H	Installationsarbeiten	D, E	5
I	Schreinerarbeiten	G	3
K	Maler-, Fußbodenverleger- und Verputzarbeiten	H	10
L	Abbau der Bauarbeiterunterkünfte und Erstellung der Außenanlagen	F, I, K	3

Abb. 4.3 - 16   Beispiel zur Netzplantechnik: Erfasste Daten

Abb. 4.3 - 17 und Abb. 4.3 - 18 zeigen die Strukturen der aus diesen Angaben erstellten Netzpläne nach CPM und MPM. Den Netzplänen entnimmt man, dass die Vorgänge A, C, F, L auf dem kritischen Pfad liegen. Die Gesamtdauer des Projekts beläuft sich auf 30 Wochen. Dem CPM-Netzplan entnimmt man außerdem, dass die Ereignisse 1, 2, 3, 9, 10 kritisch sind.

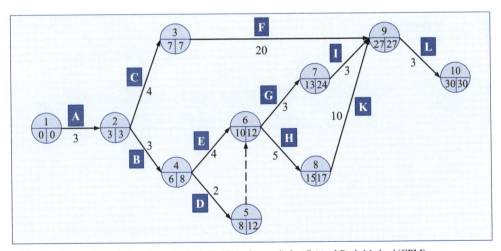

Abb. 4.3 - 17   Beispiel zur Netzplantechnik: Netzplan nach der *Critical Path Method* (CPM)

Im **CPM-Netzplan** (vgl. Abb. 4.3 - 17) verläuft von Ereignisknoten 5 zu Ereignisknoten 6 ein gestrichelter Pfeil. Dieser Pfeil stellt eine Scheinaktivität dar. Die Aufnahme von Scheinvorgängen ist bei CPM vor allem deshalb erforderlich, um die Eindeutigkeit von Netzplandarstellungen zu sichern. So dürfen bei CPM zwei Ereignisse nur durch einen Vorgangspfeil unmittelbar verbunden werden, da insbesondere bei maschineller Verarbeitung mehrere solcher Pfeile nicht als unterschiedliche Vorgänge identifizierbar sind. Des Weiteren kommt den Scheinvorgängen eine Differenzierungsfunktion im Rahmen der Abbildung von Vorgangsbeziehungen zu.

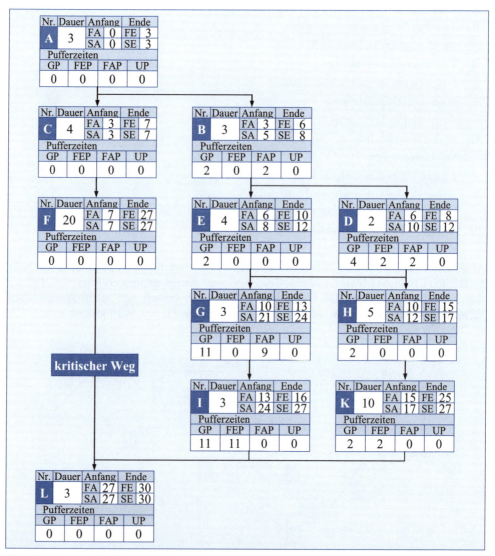

Abb. 4.3 - 18   Beispiel zur Netzplantechnik: Netzplan nach der *Metra Potential Method* (MPM)

Für den **MPM-Netzplan** (vgl. Abb. 4.3 - 18) sind zusätzlich zu den FA- und FE- sowie SA- und SE-Terminen die vier verschiedenen Pufferzeiten berechnet worden. Es zeigt sich, dass die nicht-kritischen Vorgänge so stark miteinander verwoben sind, dass kein Vorgang einen unabhängigen Puffer UP von größer als Null aufweist. Bezüglich der Puffer FEP und FAP

4.3 Management-Techniken   211

gilt, dass B als Beginn der nicht-kritischen Wege einen freien Anfangspuffer sowie I und K als Endvorgänge der nicht-kritischen Wege einen freien Endpuffer aufweisen. Die Überkreuzverschachtelung E, D und G, H führt dazu, dass hier ebenfalls freie Anfangs- und Endpuffer auftreten.

Wenngleich der CPM-Netzplan bei der Wiedergabe bestimmter Vorgangsbeziehungen übersichtlicher gestaltet ist, weist er doch im Verhältnis zum MPM-Netzplan einen wesentlichen Nachteil auf, der seine praktische Anwendung erschwert. Bei CPM kann mit einem neuen Vorgang grundsätzlich erst dann begonnen werden, wenn der vorherige Vorgang bzw. die vorherigen Vorgänge abgeschlossen sind. Zur Abbildung sich zeitlich überlappender Vorgänge (Vorgang B kann begonnen werden, bevor Vorgang A abgeschlossen ist) sowie zur Abbildung von Wartezeiten (Vorgang B kann erst eine bestimmte Zeit nach Abschluss von Vorgang A beginnen), ist bei CPM im Falle einer zeitlichen Überlappung ein Vorgang künstlich in Teile zu zerlegen bzw. im Wartezeitfall die Einführung zusätzlicher „Wartevorgänge" erforderlich, um die Anforderung des direkten zeitlichen Abschlusses formal zu erfüllen. Hierdurch erhöht sich die Zahl der zu berücksichtigenden und abzubildenden Vorgänge, sodass die Erstellung und Anwendung des Netzplans komplizierter wird. Bei MPM ist die Berücksichtigung derartiger Sachverhalte ohne zusätzliche Vorgänge möglich.

Als **Vorteile** der Netzplantechnik können insbesondere folgende Aspekte genannt werden:

- Die Netzplantechnik zwingt dazu, den Ablauf eines Projekts genau zu durchdenken.
- Die graphische Darstellung ermöglicht eine gute Übersicht über die Interdependenzen für alle Beteiligten.
- Die Projektdauer wird (gegebenenfalls unter Kosten- und Kapazitätsgesichtspunkten) minimiert, Termine werden besser eingehalten.
- Die Engpassaktivitäten werden deutlich hervorgehoben und Maßnahmen zur Engpassbeseitigung oder zumindest -kontrolle können frühzeitig ergriffen werden.
- Auswirkungen von Verzögerungen sind sofort überschaubar und in ihren Konsequenzen für den Projektendtermin genau abzuschätzen.

Probleme beim Einsatz der Netzplantechnik liegen vornehmlich

- in der Zeitschätzung der Vorgänge,
- in der Strukturplanung, wenn die Beteiligten unterschiedliche Auffassungen über den Projektablauf haben und
- im Parkinson-Phänomen (Pufferzeiten werden durch zeitliche Aufblähung von Aktivitäten verbraucht, sodass es im Verlauf des Projekts unter Umständen zu einer Verschiebung des kritischen Pfades kommt).

4.3.6   Extrapolierende Prognoseverfahren

Allen Verfahren der Extrapolation ist gemeinsam, dass Vergangenheitswerte mithilfe einer mathematischen Funktion, die den chronologischen Verlauf einer Zeitreihe abbildet, in die Zukunft projiziert werden. Dabei werden keine Kausalitätsüberlegungen angestellt. Es wird lediglich angenommen, dass die in der Vergangenheit wirksamen Einflüsse weitgehend unverändert auch in der Zukunft Geltung haben.

Damit Extrapolationsverfahren überhaupt **sinnvoll eingesetzt** werden können, ist **allgemein zu fordern**, dass

- die Umweltbedingungen eine gewisse Stabilität aufweisen,
- das verwendete Extrapolationsverfahren in der Lage ist, zufällige Schwankungen einer Zeitreihe auszuschalten oder zumindest zu glätten und
- die verfügbaren Vergangenheitsdaten möglichst weit in die Vergangenheit zurückreichen und mindestens den gleichen Informationsgehalt aufweisen wie die gewünschten Prognosewerte.

Allgemein werden folgende **Klassen von Extrapolationsverfahren** unterschieden (vgl. WITTE/KLEIN 1983):

(1)   Verfahren der konstanten Extrapolation

    (1a)   Einfache Mittelwertbildung

    (1b)   Gleitende Mittelwertbildung

    (1c)   Exponentielle Glättung erster Ordnung

Die Verfahren der konstanten Extrapolation sind anwendbar, wenn die Vergangenheitswerte einer Zeitreihe keinem erkennbaren Trend folgen und Abweichungen vom Mittelwert weder saisonal noch konjunkturell bedingt sind.

(2)   Verfahren der (linearen und nicht-linearen) Trendextrapolation

    (2a)   Methode der kleinsten Quadrate

    (2b)   Freihandmethode

Sind lineare oder nicht-lineare Trends vorhanden (d.h. ist die Entwicklung einer Zeitreihe durch Zuwachs- oder Abnahmeraten gekennzeichnet, die einer linearen oder nicht-linearen Funktion folgen), kommen dagegen die Verfahren der Trendextrapolation zum Einsatz. Auch hier gilt, dass Abweichungen vom Trend weder saisonal noch konjunkturell bedingt, sondern lediglich zufälliger Natur sein dürfen.

(3)   Verfahren der zyklischen Extrapolation

    (3a)   Saison-Indexverfahren

    (3b)   Konjunkturindikatoren-Methode

Um saisonale und konjunkturelle Einflüsse auszuschalten bzw. zu ermitteln, bedarf es nämlich gesonderter Verfahren der zyklischen Extrapolation, die besonders dann kompliziert sind, wenn derartige Zyklen einen linearen oder nicht-linearen Trend überlagern.

Ein einfaches **Beispiel zur linearen Trendextrapolation**, das auf der Methode der kleinsten Quadrate aufbaut und exemplarisch die spezifische Vorgehensweise von Extrapolationsverfahren kennzeichnet, sei im Folgenden vorgestellt (entnommen aus WITTE/KLEIN 1983).

4.3 Management-Techniken

Die zu bestimmende lineare Trendfunktion lautet allgemein:

$$Z_t = a + b \cdot t \qquad\qquad\qquad\qquad\qquad\qquad\qquad\qquad [4.3 - 1]$$

Zur Berechnung des y-Achsen-Abschnitts a und der Steigung der Trendfunktion b wird auf folgende Formeln zurückgegriffen:

$$\sum W_t = n \cdot a \qquad \rightarrow \qquad a = \frac{\sum W_t}{n} \qquad\qquad\qquad [4.3 - 2]$$

$$\sum W_t \cdot t = b \cdot \sum t^2 \quad \rightarrow \qquad b = \frac{\sum W_t \cdot t}{\sum t^2} \qquad\qquad [4.3 - 3]$$

mit:　W_t　=　Werte der Vergangenheit (z.B. saisonbereinigte Umsatzziffern)
　　　t　=　Zeitintervalle (z.B. Quartale)
　　　n　=　Zahl der Zeitintervalle

n	t	W_t	$W_t \cdot t$	t^2
	- 3	144	- 432	9
	- 2	145	- 290	4
	- 1	191	- 190	1
	0	186	0	0
	+ 1	228	228	1
	+ 2	243	486	4
	+ 3	287	861	9
7		1.424	662	28

Abb. 4.3 - 19　　Berechnung der Trendgeraden nach der Methode der kleinsten Quadrate

Die dem Beispiel zugrunde liegenden Daten für n, t, und W_t sind in Abb. 4.3 - 19 ebenso gegeben, wie die daraus berechneten Werte für $W_t \cdot t$ und t^2. Durch Einsetzen dieser Werte in die Formeln [4.3 - 2] und [4.3 - 3] erhält man:

a　=　203,4

b　=　23,6

Z_t　=　203,4 + 23,6 t

Somit ergeben sich für die Zeitintervalle $t = 8$ bis $t = 12$ folgende Prognosewerte:

$t = 8$:　203,4 + 23,6 · 4　=　298

$t = 89$:　203,4 + 23,6 · 5　=　321

$t = 10$:　203,4 + 23,6 · 6　=　345

$t = 11$:　203,4 + 23,6 · 7　=　369

$t = 12$:　203,4 + 23,6 · 8　=　392

214   Viertes Kapitel: Unternehmungsführung

4.3.7   Entscheidungstabellentechnik

Zu den Entscheidungstechniken zählen u.a. die Entscheidungstabellentechnik sowie die so
genannten Entscheidungsregeln bei Ungewissheit. Wegen ihrer völlig verschiedenen Aufgaben werden diese beiden Techniken in eigenen Abschnitten dargestellt. Zunächst wird die
Entscheidungstabellentechnik behandelt.

Entscheidungssituationen sind häufig durch eine Vielzahl von Voraussetzungen (Bedingungen) und Aktionen (Maßnahmen) gekennzeichnet, die ihre vollständige, widerspruchsfreie
und klare verbale Beschreibung nicht mehr ermöglichen. Entscheidungstabellen dienen deshalb zur **nachvollziehbaren Darstellung und logischen Durchdringung** komplexer, dabei
jedoch routinisierbarer Entscheidungssituationen. Sie zeigen an, welche Bedingungen erfüllt
oder nicht erfüllt sein müssen, um eine Aktion auszulösen oder nicht auszulösen.

Abb. 4.3 - 20 zeigt den **Grundaufbau einer Entscheidungstabelle**. Sie besteht formal aus
vier Feldern. Die beiden oberen Felder enthalten die Bedingungen der möglichen Entscheidungssituationen, während die beiden unteren Felder die Aktionen (bzw. Tätigkeiten der Entscheidungen) angeben. Des Weiteren stehen in den linken Feldern die Begriffe, die die Bedingungen und Aktionen beschreiben, die rechten Felder kennzeichnen spaltenweise die Entscheidungsregeln.

Beschreibung der Bedingungen (Bedingungteil)	Entscheidungsregeln (Bedingungsanzeigerteil)
Beschreibung der Aktionen (Aktionsteil)	(Aktionsanzeigerteil)

Abb. 4.3 - 20   Grundaufbau einer Entscheidungstabelle

In den Spalten wird im oberen Teil durch die Symbole „J" (Ja) und „N" (Nein) festgelegt,
welche Bedingungen für die betreffende Entscheidungsregel erfüllt bzw. nicht erfüllt sein
müssen, im unteren Teil wird durch das Symbol „X" festgelegt, welche Aktionen jeweils ausgelöst werden sollen.

Anhand eines einfachen **Beispiels** soll gezeigt werden, wie Entscheidungstabellen zu verwenden sind. Es ist ein Plan für die Feierabendgestaltung aufzustellen, wobei die **Problemstellung** folgendermaßen formuliert werden kann:

Wenn man Hochzeitstag hat, dann müssen Blumen gekauft werden und man geht nach Hause
zum Fernsehen, unabhängig vom Fernsehprogramm. Ist außerdem die Schwiegermutter zu
Besuch, dann werden zusätzlich noch Pralinen gekauft. Hat man keinen Hochzeitstag, und ist
das Fernsehprogramm interessant, dann geht man zum Fernsehen nach Hause oder zu Bekannten, je nachdem ob die Schwiegermutter zu Besuch ist oder nicht. Ist das Fernsehprogramm dagegen uninteressant, dann geht man in die Kneipe.

Die **Entscheidungstabelle** zu dieser Problematik zeigt Abb. 4.3 - 21. Die folgenden Beispiele
zeigen, wie die Entscheidungsregeln (R_1 bis R_8) gelesen werden:

Regel 1 (R_1): Wenn man Hochzeitstag hat und die Schwiegermutter zu Besuch da ist und das
Fernsehprogramm interessant ist, dann werden Blumen und Pralinen gekauft, und man geht
zum Fernsehen nach Hause.

4.3 Management-Techniken

Regel 3 (R$_3$): Ist am Hochzeitstag die Schwiegermutter nicht zu Besuch und das Fernsehprogramm interessant, so werden Blumen gekauft, und man geht zum Fernsehen nach Hause.

Regel 6 (R$_6$): Hat man keinen Hochzeitstag und ist die Schwiegermutter zu Besuch, so geht man in die Kneipe, wenn das Fernsehprogramm uninteressant ist.

Feierabend	R$_1$	R$_2$	R$_3$	R$_4$	R$_5$	R$_6$	R$_7$	R$_8$
Hochzeitstag	J	J	J	J	N	N	N	N
Schwiegermutter zu Besuch	J	J	N	N	J	J	N	N
Fernsehprogramm interessant	J	N	J	N	J	N	J	N
Blumen kaufen	X	X	X	X				
Pralinen kaufen	X	X						
Fernsehen zu Hause	X	X	X	X			X	
Fernsehen bei Bekannten					X			
Kneipe						X		X

Abb. 4.3 - 21   Beispiel für eine Entscheidungstabelle

Bereits dieses einfache Beispiel macht den **inhaltlichen und logischen Aufbau** von Entscheidungstabellen deutlich (vgl. BUECHI 1976):

- Die einzelnen (Entscheidungs-)Regeln stehen in einer „**Oder**"-**Beziehung** zueinander. Sie schließen sich insofern gegenseitig aus, als immer nur eine Regel gleichzeitig zutreffen kann.
- In einer Entscheidungstabelle werden die **Regeln sequentiell** von links nach rechts **abgeprüft**. Sind die vorgegebenen Bedingungen durch eine Regel erfüllt, dann werden die übrigen Regeln nicht weiter geprüft.
- Die Ja/Nein-Eintragungen in einer Regelspalte sind durch eine „**Und**"-**Beziehung** verknüpft (die Reihenfolge der Bedingungen spielt dabei keine Rolle).
- Die „**Wenn-Dann**"-**Beziehungen** sind durch die einzelnen Spalten eindeutig und übersichtlich festgelegt und bieten keinen Interpretationsspielraum.

Die bisherigen Ausführungen, insbesondere das verwendete Beispiel, stellten auf die einfachste Art von Entscheidungstabellen, die **begrenzte Entscheidungstabelle**, ab. Sie ist dadurch gekennzeichnet, dass der linke Teil der Tabelle sämtliche Bedingungen und Aktionen vollständig beschreibt. Die rechte Seite der Tabelle (= Anzeigerteil) enthält nur Ja/Nein-Indikatoren bzw. standardisierte Anzeiger für die verschiedenen Bedingungen und Aktionen.

Kann ein Entscheidungsprozess nur mithilfe einer Vielzahl von Bedingungen und/oder Aktionen beschrieben werden, so wird die begrenzte Entscheidungstabelle unübersichtlich und unhandlich. Man kann dies vermeiden, indem man Teile aus der linken Seite der Entscheidungstabelle auf die rechte Seite (= Anzeigerteil) verlagert. Hierdurch kann eine erhebliche Verkürzung von Bedingungs- und Aktionszeilen erreicht werden. Die Bedingungen und Aktionen sind dann (auf der linken Seite) zunächst nur unvollständig beschrieben; sie werden erst im Anzeigerteil näher determiniert. Diese Darstellungsform bezeichnet man als **erweiterte Entscheidungstabelle**. Von Vorteil ist diese Form der Entscheidungstabelle vor allem dann, wenn die im Bedingungsteil angegebenen Bedingungen viele Ausprägungen annehmen und sich gegenseitig ausschließen.

Eine dritte Form der Entscheidungstabelle ist die so genannte **gemischte Entscheidungstabelle**, die sich als Kombination der begrenzten und der erweiterten Entscheidungstabelle darstellt. Für die gemischte Entscheidungstabelle ist kennzeichnend, dass sie im linken Teil sowohl vollständige als auch unvollständige Beschreibungen von Bedingungen und/oder Aktionen enthält, die dann im rechten Teil durch genauere Beschreibungen ergänzt bzw. spezifiziert werden.

Bevor eine Entscheidungstabelle als Hilfsmittel zur Lösung von Entscheidungsproblemen Verwendung findet, ist sie noch den **folgenden Analyse- und Bearbeitungsverfahren** zu unterziehen:

- **Vollständigkeitstest:** Mithilfe eines Vollständigkeitstests muss zunächst geprüft werden, ob alle in der Realität vorkommenden Bedingungen mit den dazugehörigen Aktionen auch tatsächlich in der Tabelle erfasst sind; das heißt, es ist die maximale Zahl der theoretisch möglichen Entscheidungsregeln zu berechnen und mit den vorhandenen Regeln zu vergleichen.

- **Redundanztest:** Durch den Redundanz- und Widerspruchstest lassen sich in einer Entscheidungstabelle redundante und widersprüchliche Entscheidungsregeln aufdecken. Redundanz liegt dann vor, wenn

  - eine bestimmte Bedingungskonstellation mehrmals in der Entscheidungstabelle enthalten ist (trivialer Fall) und

  - verschiedene Entscheidungsregeln trotz einer Abweichung bei einer bestimmten Bedingung zur gleichen Aktion bzw. Aktionsfolge führen.

- **Widerspruchstest:** Eine Entscheidungstabelle enthält einen Widerspruch, wenn mindestens zwei Entscheidungsregeln inhaltlich gleiche Bedingungen enthalten, jedoch zu unterschiedlichen Aktionen führen.

  Um Redundanz und/oder Widerspruch festzustellen, muss jede Entscheidungsregel mit jeder anderen Entscheidungsregel verglichen werden. Stellt man Redundanzen fest, werden die entsprechenden Entscheidungsregeln zu einer neuen Entscheidungsregel zusammengefasst, bei der die für die Entscheidung unwesentliche Bedingung mit „–" (= irrelevant) gekennzeichnet wird. Im Falle eines aufgedeckten Widerspruchs wird die falsche Entscheidungsregel aus der Tabelle entfernt.

  Bei dem eingangs verwendeten Beispiel zur Feierabendplanung zeigt die Redundanzprüfung, dass die Regeln R_1 und R_2 sowie R_3 und R_4 zu jeweils einer Regel zusammengefasst werden können. In diesen Fällen beeinflusst die Qualität des Fernsehprogramms nicht die Entscheidung. Widersprüche liegen nicht vor.

- **Verdichtung (Konsolidierung):** Den letzten Schritt bildet schließlich die Verdichtung (Konsolidierung) der Tabelle. Hierbei ist das Ziel, die Tabelle möglichst optimal zu gestalten, und damit die Entscheidungssituationen durch möglichst wenig Entscheidungsregeln exakt darzustellen.

Abschließend können als wesentliche **Vorteile der Entscheidungstabellentechnik** genannt werden:

- genaue Problembeschreibung ohne verbale Erläuterung,

- wirksames Kommunikationsmittel, da Entscheidungstabellen leicht verständlich und einfach zu handhaben sind,

- die Logik von Abläufen wird unmittelbar anschaulich gezeigt,

- Redundanz, Widersprüchlichkeit und Unvollständigkeit werden eliminiert. Entscheidungstabellen zwingen zur exakten Aufgabenformulierung und zur Prüfung von Redundanz, Widersprüchlichkeit und Unvollständigkeit sowie
- Entscheidungstabellen stellen eine unmittelbare programmierfähige Formulierung eines Problems dar und führen somit zu Rationalisierungseffekten.

4.3.8 Entscheidungsregeln bei Ungewissheit

Entscheidungen unterliegen in der Realität prinzipiell der Ungewissheit, was sich vor allem darin äußert, dass weder alle Handlungsalternativen bekannt, noch die konkreten Zielwirksamkeiten der bekannten Handlungsmöglichkeiten in eindeutiger Weise belegt sind.

Es ergibt sich mithin das Problem, wie trotz der vorhandenen Ungewissheit eine zumindest relativ optimale Alternative aus den verschiedenen im Entscheidungszeitpunkt zur Verfügung stehenden Handlungsmöglichkeiten ausgewählt werden kann.

Für dieses Problem können so genannte **Entscheidungsregeln** angewandt werden, die in Ungewissheitssituationen zur Entscheidungsfindung insofern beitragen, als sie im Fall des Vorhandenseins **mehrwertiger Erwartungsstrukturen** bei den Zielwirksamkeiten der alternativen Handlungsmöglichkeiten eindeutige Auswahlvorschriften anbieten.

Mehrwertige Erwartungsstrukturen betreffen die Unsicherheitskomponente der vorhandenen sowie ausreichend präzise formulierten Informationen und liegen immer dann vor, wenn den einzelnen Handlungsmöglichkeiten mehr als ein mögliches Ergebnis zugeordnet werden kann. Dabei spielt es eine wichtige Rolle, ob bestimmte differenzierte **Eintrittswahrscheinlichkeiten** für die möglichen Handlungsergebnisse bestimmt werden können oder nicht. Sind wahrscheinlichkeitsgewichtete Aussagen möglich, so können diese ausschließlich auf der subjektiven Einschätzung der Entscheidungssituation, also auf Glaubwürdigkeiten beruhen, oder sie können – was aber bei ökonomischen Entscheidungen selten der Fall ist – auf statistischen Häufigkeitsverteilungen basieren.

Folgendes Beispiel sei zur Illustration des Gesagten herangezogen. Es handelt sich um das berühmte von SAVAGE formulierte „**Omelettenproblem**" (nach BÜHLMANN et al. 1969):

Eine Person beabsichtigt eine Omelette aus sechs Eiern zu backen. Bereits in einer Schüssel befindet sich der Inhalt von fünf Eiern. Daneben liegt ein ungeöffnetes sechstes Ei, dessen Zustand (faul oder gut) man nicht kennt. An zusätzlichen Informationen stehen dabei zur Verfügung:

- Vorhandene **Handlungsalternativen** (a_i). Es besteht die Möglichkeit, auch das sechste Ei in die Schüssel zu brechen, das Ei zuerst in eine Tasse zu brechen, um zu sehen, ob es gut ist oder das Ei gleich wegzuwerfen.
- Die **Wahrscheinlichkeit** (w_j) dafür, dass das Ei gut ist, betrage 90 %, dass es faul ist entsprechend 10 %.
- **Bewertung der Ergebnisse** (e_{ij}). Jedes gute Ei zu einer Omelette vereinigt erbringt einen Nutzen von 1 GE; Wert von einem guten Ei 0,20 GE; ein faules Ei habe keinen Wert; eine Tasse abzuwaschen verursache Kosten in Höhe von 0,50 GE.

In einer Entscheidungs- bzw. Ergebnismatrix lässt sich das so gestellte Problem verdeutlichen (vgl. Abb. 4.3 - 22).

218   Viertes Kapitel: Unternehmungsführung

Betrachtet man die Fülle der zur Lösung eines solchen Problems angebotenen Entscheidungsregeln (vgl. für eine Übersicht SCHMIDT, R.-B. 1973), fällt auf, dass diese zum Teil völlig unterschiedliche Auswahlvorschriften aufweisen, und dass selbst bei gleichem Entscheidungsproblem die Anwendung verschiedener Entscheidungsregeln zu teilweise erheblich abwei-
chenden Ergebnissen führt. Dies resultiert zu aller erst daraus, dass alle Entscheidungsregeln
unter Ungewissheit eine bestimmte, aber jeweils unterschiedliche Annahme über die Risikoeinstellung bzw. Risikobereitschaft des Anwenders solcher Regeln implizieren. Das ist notwendig, da Entscheidungen unter Ungewissheit stets insofern risikobehaftet sind, als prinzipiell die Gefahr falscher bzw. nicht optimaler Entscheidungen besteht. Ohne Annahme über
die Risikopräferenz des „Entscheiders" können Entscheidungen unter Ungewissheit nicht gefällt werden.

Entscheidungs-alternative a_i	Umweltzustand S_j	
	S_1 = sechstes Ei gut w_1 = 0,9	S_2 = sechstes Ei faul w_2 = 0,1
a_1: Sechstes Ei in die Schüssel brechen	e_{11}: Omelette aus sechs Eiern (= + 6,00 GE)	e_{12}: keine Omelette und fünf gute Eier zerstört (= - 1,00 GE)
a_2: Sechstes Ei zuerst in eine Tasse brechen	e_{21}: Omelette aus sechs Eiern und Tasse abzuwaschen (= + 5,50 GE)	e_{22}: Omelette aus fünf Eiern und Tasse abzuwaschen (= + 4,50 GE)
a_3: Sechstes Ei wegwerfen	e_{31}: Omelette aus fünf Eiern und ein gutes Ei zerstört (= + 4,80 GE)	e_{32}: Omelette aus fünf Eiern (= + 5,00 GE)

Abb. 4.3 - 22   Ergebnismatrix für das „Omelettenproblem"

Im Folgenden soll eine Auswahl von vier Entscheidungsregeln dargestellt und anhand des
„Omelettenproblems" demonstriert werden:

(1)   **Minimax-Kriterium**

(2)   **Minimax-Risiko-Kriterium**

(3)   **Kriterium der höchsten Wahrscheinlichkeit**

(4)   **Kriterium des maximalen Erwartungswertes**

Die ersten beiden Entscheidungsregeln gehen von der Annahme **gleichverteilter Wahrscheinlichkeiten** aus. Um ihre Anwendung zu zeigen, wird also auf die **differenzierten
Wahrscheinlichkeitsverteilungen** in Abb. 4.3 - 22 verzichtet. Ausschließlich die verschiedenen Ergebniswerte finden Berücksichtigung. Dagegen sind die zwei letzten Entscheidungsregeln für die Erfassung auch differenzierter Wahrscheinlichkeitsverteilungen, wie sie im Beispiel angenommen sind, geeignet.

4.3 Management-Techniken   219

Zu (1)   Minimax-Kriterium:

Die **Auswahlvorschrift** beim Minimax-Kriterium lautet:

> Wähle die Alternative, deren minimales Ergebnis größer ist als die minimalen Ergebnisse aller anderen Alternativen!

Diese Entscheidungsregel führt im Beispiel dazu, das sechste Ei gleich wegzuwerfen, da für den schlechtest möglichen Fall eines faulen sechsten Eies hier noch das relativ beste Ergebnis (+ 4,80 GE) erzielt werden könnte.

Die Minimax-Regel bringt einen starken Pessimismus und geringe Risikobereitschaft zum Ausdruck, weil man mit dem „schlimmsten" rechnet und hieran seine Entscheidung ausrichtet.

Zu (2)   Minimax-Risiko-Kriterium:

Die **Auswahlvorschrift** beim Minimax-Risiko-Kriterium, das auch als SAVAGE-**Regel** bekannt ist, lautet:

> Wähle die Alternative, bei der die maximal mögliche Enttäuschung, nicht die beste Alternative gewählt zu haben, am geringsten ist!

Die „Enttäuschung" ergibt sich für jede mögliche Umweltkonstellation, indem man in der Entscheidungsmatrix spaltenweise die Differenz zwischen dem jeder Alternative zugeordneten Ergebnis und dem maximal möglichen Ergebniswert bildet. Danach wird für jede Alternative, also zeilenweise, die maximal mögliche „Enttäuschung" gesucht und von diesen maximalen Werten der **minimale Enttäuschungswert** ausgewählt. In dem gegebenen Beispiel müsste man demnach die Alternative 2 (Ei zuerst in eine Tasse brechen) wählen, da hierbei die höchstmögliche Enttäuschung, gegebenenfalls nicht die beste Alternative ausgesucht zu haben, mit - 0,50 GE am geringsten ist.

Die SAVAGE-Regel impliziert einen nicht so ausgeprägten Pessimismus wie das Minimax-Kriterium. Die Risikobereitschaft, die im Kriterium zum Ausdruck kommt, ist aber weiterhin gering, sodass man sagen könnte, die SAVAGE-Regel wird von einem „vorsichtigen Pessimismus" getragen.

Zu (3)   Kriterium der höchsten Wahrscheinlichkeit:

Die **Auswahlvorschrift** beim Kriterium der höchsten Wahrscheinlichkeit lautet:

> Wähle die Alternative, die das höchste Ergebnis von allen vorhandenen wahrscheinlichkeitsgewichteten Ergebnissen aufweist!

Nunmehr werden also die in Abb. 4.3 - 22 angegebenen Wahrscheinlichkeiten bezüglich des Eintritts der einzelnen Umweltkonstellationen bei der Auswahl berücksichtigt. Man multipliziert die Wahrscheinlichkeiten mit den jeweils zugeordneten Ergebniswerten und wählt von den dabei errechneten Werten das **maximale wahrscheinlichkeitsgewichtete Ergebnis** aus. In dem gegebenen Beispiel ist das der Wert $0{,}9 \cdot 6 = 5{,}40$ GE, der zur Alternative 1 gehört. Diese wird demnach ausgewählt.

220   Viertes Kapitel: Unternehmungsführung

Das Kriterium drückt eine hohe Risikofreude und einen starken Optimismus aus, da die möglichen negativen Folgen der Wahl einer Alternative nicht beachtet werden. Die Gewichtung mit Wahrscheinlichkeiten bewirkt allerdings, dass die extrem unwahrscheinlichen Werte außer Betracht bleiben, sodass es nur bedingt als „optimistisches Gegenstück" zum extrem pessimistischen Minimax-Kriterium verstanden werden kann.

Zu (4)   Kriterium des maximalen Erwartungswertes:

Die **Auswahlvorschrift** beim Kriterium des maximalen Erwartungswertes (**BAYES-Regel**) lautet:

> Wähle die Alternative, deren wahrscheinlichkeitsgewichtete Ergebnissumme am größten ist!

Im Gegensatz zu allen bisher genannten Entscheidungsregeln werden bei diesem Kriterium nicht nur die möglichen Ergebnisse pro Alternative isoliert berücksichtigt, sondern es wird das gesamte Erwartungsspektrum einer jeden Alternative erfasst. Man multipliziert die einzelnen Ergebniswerte mit den ihnen jeweils zugeordneten Wahrscheinlichkeiten und summiert die errechneten Werte für jede Alternative. Ausgewählt wird dann die Alternative mit der höchsten **wahrscheinlichkeitsgewichteten Ergebnissumme** oder anders ausgedrückt mit dem höchsten Erwartungswert. In dem gegebenen Beispiel ist dies die Alternative 2 mit dem Erwartungswert 5,40 GE.

Das Kriterium des maximalen Erwartungswertes ist in seiner Grundstruktur durch Berücksichtigung des gesamten Erwartungsspektrums relativ risikoneutral formuliert, unterscheidet sich also erheblich von allen bisher genannten Kriterien. In betriebswirtschaftlichen Modellen findet es entsprechend auch verbreitete Anwendung, wenngleich es natürlich im Einzelfall durch zusätzliche Risikokriterien zu verfeinern ist. Vorbehaltlos ist seine Anwendung nur dort zu empfehlen, wo das Gesetz der großen Zahl gilt, also mit echten statistischen Wahrscheinlichkeiten gerechnet werden kann, und wo Fehlentscheidungen im Einzelfall hingenommen werden können (Qualitätskontrollen bei Massenfertigung, Versicherungsgeschäfte u.Ä.).

4.3.9   Lineare Programmierung als analytische Optimierungstechnik

Mathematische Entscheidungsmodelle arbeiten mit analytischen Verfahren zur Optimumsbestimmung. Eines hiervon ist die Technik der **linearen Programmierung**. Sie wird zusammen mit der **Differentialrechnung zur Marginalanalyse** gezählt, die sich von der **Totalanalyse** dadurch unterscheidet, dass sie bei der Lösung eines Problems auf Änderungsraten des Erfolgs bei einer Niveauänderung der Entscheidungsvariablen abstellt (vgl. hierzu und zum folgenden ADAM 1996). Während die Differentialrechnung ihre typische Anwendung in den klassischen Modellen der Produktions- und Kostentheorie (vgl. S. 262ff.) sowie der Preistheorie (vgl. S. 324ff.) findet, ist die lineare Programmierung ein auch von der Praxis akzeptiertes Instrument zur Lösung komplexer Entscheidungsprobleme. Als spezielle Voraussetzungen für den Einsatz dieser analytischen Optimierungstechnik sind dabei zu nennen:

- Die Zielsetzung der Entscheidungssituation kann durch eine lineare Funktion dargestellt werden. Variablen treten nur in der ersten Potenz auf und sind nicht muliplikativ miteinander verknüpft.

4.3 Management-Techniken   221

- Die das Entscheidungsproblem begrenzenden Nebenbedingungen können als lineare Gleichungen und Ungleichungen formuliert werden.
- Die Variablen des Problems dürfen ein bestimmtes unteres Niveau (im Normalfall null) nicht unterschreiten.
- Die Reellwertigkeit der Variablen muss gegeben sein.

Die **Entscheidungssituation** kann damit in allgemeiner Form wie folgt beschrieben werden:

Zielfunktion:
$$Z = \sum_{j=1}^{n} c_j \cdot x_j \ \rightarrow \ \text{max.}$$

Nebenbedingung:
$$\sum_{j=1}^{n} a_{ij} \cdot x_j \leq b_i \quad \text{für alle } i$$

Nicht-Negativitätsbedingung:
$$x_j \geq 0 \quad \text{für alle } j$$

mit: x_j = Variable j der Problemstellung
c_j = Zielbeitrag der Variablen j
a_{ij} = Koeffizient der Variablen j in der Nebenbedingung i
b_i = maximale Wertausprägung der Nebenbedingung i

Die Lösung eines derartigen Entscheidungsproblems mithilfe des **Simplex-Algorithmus** soll an folgendem **Beispiel** verdeutlicht werden:

Ein Unternehmen plant sein Produktionsprogramm, bestehend aus zwei Produkten x_1 und x_2 mit folgenden Gewinnbeiträgen und entsprechender Zielfunktion:

$$G = 10\,x_1 + 15\,x_2 \ \rightarrow \ \text{max.}$$

Die Zielfunktion ist unter Beachtung der Kapazitätsrestriktionen

$$5\,x_1 + 3\,x_2 \leq 50$$

$$3\,x_1 + 6\,x_2 \leq 72$$

sowie der Nicht-Negativitätsbedingungen

$$x_1 \geq 0$$

$$x_2 \geq 0$$

zu maximieren.

Zur Lösung des so formulierten mathematischen Problems wird im Allgemeinen der Simplex-Algorithmus verwendet. Im vorliegenden Fall lässt sich aber auch eine **graphische Lösung** darstellen, weil das Entscheidungsproblem nur aus zwei Strukturvariablen besteht. Diese graphische Lösung soll zunächst demonstriert werden, weil sie die Vorgehensweise der Simplex-Methode besser verstehen hilft (vgl. MÜLLER-MERBACH 1973).

In einem zweidimensionalen Koordinatensystem werden auf der Abszisse x_1 und auf der Ordinate x_2 aufgetragen (vgl. Abb. 4.3 - 23). Im ersten Schritt werden die Nebenbedingungen eingetragen. Da es sich in dem Zahlenbeispiel um Ungleichungen handelt, trennen sie den zulässigen Lösungsbereich von dem unzulässigen Bereich. In ihrer Kombination ergeben sie (zusammen mit den Nicht-Negativitätsbedingungen) den – in der Abbildung dunkel eingefärbten – zulässigen Lösungsraum, der alle Kombinationen von x_1 und x_2 enthält, die die Nebenbedingungen nicht verletzen.

Gesucht sind jedoch nicht alle möglichen Lösungen, sondern die optimale Lösung des Entscheidungsproblems. Um sie zu bestimmen, zeichnet man die Zielfunktion ein, wobei für den Gewinn G alternative Werte eingesetzt werden. Man erhält so genannte **Iso-Gewinnlinien**, die sich mit steigendem Gewinnniveau parallel vom Koordinatenursprung entfernen. Solange diese Gewinnlinien noch innerhalb des Lösungsraumes verlaufen, sind die dazugehörigen Gewinnwerte realisierbar. Will man nun den Gewinn maximieren, so ist damit natürlich eine möglichst weit vom Koordinatenursprung liegende, den Lösungsraum noch gerade tangierende Gewinnlinie zu realisieren. Die gewinnmaximale Mengenkombination liegt also im Regelfall in einem äußeren Eckpunkt des zulässigen Lösungsraumes. Im Beispiel ist das die Mengenkombination $x_1 = 4$ und $x_2 = 10$ mit einem Gesamtgewinn von 190 GE.

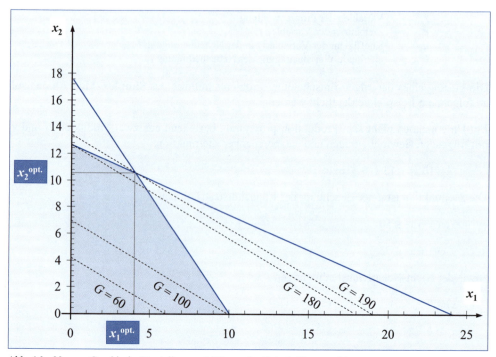

Abb. 4.3 - 23   Graphische Darstellung und Lösung des Entscheidungsproblems

Die allgemeine Lösung des Entscheidungsproblems mithilfe des Simplex-Algorithmus nutzt nun diese Erkenntnis, nämlich dass die optimale Lösung immer in einem Eckpunkt des zulässigen Lösungsraumes liegt, indem so genannte **Basis-Lösungen** konstruiert werden, die jeweils in den Eckpunkten des Lösungsraumes liegen. Existieren mehrere optimale Lösungen sind allerdings auch Lösungen denkbar, die nicht in einem Eckpunkt liegen. Ausgehend vom Koordinatenursprung wird in mehreren Rechenschritten (Iterationen) die Basislösung gesucht, welche die Zielfunktion maximiert.

4.3 Management-Techniken   223

Diese **Rechenschritte des Simplex-Algorithmus** sollen anhand des Zahlenbeispiels nun demonstriert werden (vgl. Abb. 4.3 - 24).

	Basis-variable	x_1	x_2	y_1	y_2	b_i	Minimum-sektor b_i / a_{ij}
1. Simplex-(Ausgangs-)tableau	y_1	5	3	1	0	50	$16^2/_3$
	y_2	3	6	0	1	72	12
		10	15	0	0	0	
2. Simplextableau	y_1	7/2	0	1	- 1/2	14	4
	x_2	1/2	1	0	1/6	12	24
		5/2	0	0	- 15/6	- 180	
3. Simplextableau	x_1	1	0	2/7	- 1/7	4	
	x_2	0	1	- 1/7	10/42	10	
		0	0	- 5/7	- 90/42	- 190	

Abb. 4.3 - 24   Beispiel zum Simplex-Algorithmus

1.   Bildung des Ausgangstableaus:

Zunächst werden Zielfunktion und Nebenbedingungen in eine Matrix – das Ausgangstableau – überführt. Dazu müssen die Nebenbedingungen durch die Einführung so genannter Schlupfvariablen (y_1 und y_2) in Gleichungen umgeformt werden:

$$5\,x_1 + 3\,x_2 + 1\,y_1 = 50$$

$$3\,x_1 + 6\,x_2 + 1\,y_2 = 72$$

Da dieses Gleichungssystem aus zwei Gleichungen mit vier Variablen unmittelbar so nicht lösbar ist, wird im Ausgangstableau eine der Zahl der Freiheitsgrade des Gleichungssystems entsprechende Anzahl von Variablen (und zwar zunächst alle Strukturvariablen, hier also x_1 und x_2) gleich null gesetzt, wodurch dann die restlichen Variablen des Problems (entsprechend also die Schlupfvariablen) durch die Gleichungen determiniert sind. Letztere werden **Basisvariablen**, die gleich null gesetzten Variablen **Nicht-Basisvariablen** genannt.

Das weitere Vorgehen nach dem Simplex-Algorithmus besteht nun darin zu prüfen, ob durch Austausch von Variablen, d.h. durch Nullsetzen einer bisherigen Basisvariablen und Aufnahme einer neuen (Nicht-Basis-)Variablen in die Basislösung, das Ergebnis (der Gewinn) erhöht werden kann.

2.   Rechenschritte im Ausgangstableau:

Um die ersten Basislösungen zu erhalten, werden im Ausgangstableau die auszutauschenden Variablen bestimmt. Dazu müssen die Pivotspalte und die Pivotzeile festgelegt werden.

- Festlegung der **Pivotspalte**. Es wird zunächst die neu in die Basislösung aufzunehmende Variable bestimmt; nach dem einfachen Simplex-Kriterium ist das die Variable mit dem höchsten Gewinnbeitrag pro Einheit, also im Beispiel x_2 mit 15 GE.

- Festlegung der **Pivotzeile**. Für die neu aufgenommene Variable muss eine alte Basisvariable gleich null gesetzt werden, sie wird durch Festlegung der Pivotzeile bestimmt. Da die alten Basisvariablen y_1 und y_2 den Umfang der freien Kapazität in den beiden Restriktionen anzeigen, ergibt sich die zu eliminierende Variable durch Ermittlung derjenigen Restriktion, die bei einer Vergrößerung von x_2 zuerst ausgelastet ist. Ein Vergleich der Quotienten b_j/a_{ij} zeigt, dass dies bei der Restriktion 2 der Fall ist, y_2 also die aus der Basislösung zu eliminierende Variable ist (aufgrund der Restriktion 1 können $16^2/_3$, gemäß Restriktion 2 dagegen maximal 12 Mengeneinheiten von x_2 hergestellt werden, wobei y_2 dann den Wert null annimmt). Für die Bestimmung der Pivotzeile dürfen bei positiven rechten Seiten b_i nur die positiven Koeffizienten $a_{ij} > 0$ der Pivotspalte verwendet werden.

- Der Koeffizient im Schnittpunkt von Pivotspalte und -zeile wird als **Pivotelement** ($\bar{a}_{ij}$) definiert. Mit seiner Hilfe wird das nächste Simplextableau gewonnen.

3. Bildung des neuen (2.) Simplextableaus:

Um die Werte der neuen Basisvariablen direkt aus dem Tableau ablesen zu können, ist es erforderlich, dies so umzuformen, dass die Spaltenvektoren der Basisvariablen außer einer „Eins" nur Nullen aufweisen. Der Wert der Basisvariablen ergibt sich dann aus den Gleichungen des Tableaus direkt als entsprechender Wert der rechten Seite b_i, da die übrigen auftretenden Nichtbasisvariablen gleich null gesetzt sind. Der Spaltenvektor der neuen Basisvariablen muss also in der ersten Zeile eine Null, in der zweiten eine „Eins" und in der dritten Zeile (der Zielfunktion) eine Null aufweisen. Zu diesem Zweck ist das Ausgangstableau durch folgende Rechenschritte umzuformen:

- Division der Pivotzeile durch das Pivotelement $\bar{a}_{ij}$ (im Beispiel $\bar{a}_{ij} = 6$). Hierdurch wird die „Eins" im Spaltenvektor von x_2 erzeugt und das Niveau dieser Variablen mit $x_2 = 12$ festgelegt. Die umgeformte Gleichung wird in die zweite Zeile des neuen Simplextableaus eingetragen.

- Erzeugung der „Nullen" in den übrigen Gleichungen des Tableaus durch Subtraktion eines geeigneten Vielfachen der neu gewonnenen Gleichung von den jeweiligen Zeilen des Ausgangstableaus. (Für die erste Zeile des Beispiel-Tableaus: Subtraktion des 3-fachen der neu erzeugten 2. Zeile des 2. Tableaus von der 1. Zeile des Ausgangstableaus; für die Zielfunktionszeile: Subtraktion des 15-fachen der neuen 2. Zeile von der Zielfunktionszeile des Ausgangstableaus). Die entsprechend umgeformten Gleichungen werden in die jeweiligen Zeilen des neuen Simplextableaus eingetragen.

Die neue (2.) Basislösung enthält y_1 mit dem Wert 14 sowie x_2 mit dem Wert 12. Das Produkt x_2 wird mit der gemäß Restriktion 2 maximal möglichen Menge produziert (72 : 6 = 12), wodurch gleichzeitig die Schlupfvariable y_2 den Wert Null annimmt. Dieses Produktionsvolumen von $x_2 = 12$ verursacht gleichzeitig eine Auslastung der 1. Restriktion von $12 \cdot 3 = 36$ Einheiten durch das Produkt x_2.

Wird diese Auslastung von der verfügbaren Kapazität in Höhe von 50 Einheiten abgezogen, ergibt sich eine Restkapazität und damit ein Niveau der Schlupfvariablen y_1 für die 1. Restriktion von $50 - 36 = 14$ Einheiten. Die produzierten 12 Mengeneinheiten von x_2 erbringen einen Erfolgsbeitrag von 15 GE pro Stück. Multipliziert mit der das Niveau von x_2 festlegenden

4.3 Management-Techniken   225

2. Zeile des 2. Simplextableaus sind das insgesamt im Beispiel $15 \cdot 12 = 180$ GE, ablesbar als Koeffizient in der Zielfunktionszeile (mit negativem Vorzeichen).

An den Koeffizienten der neuen Nicht-Basisvariablen (x_1 und y_2) in der Zielfunktion kann nun abgelesen werden, ob durch Hereinnahme einer dieser Variablen in die Basislösung im Austausch gegen eine bisherige Basisvariable der Zielfunktionswert noch erhöht werden kann. Positive Koeffizienten signalisieren eine Erhöhung, negative Koeffizienten eine Verringerung des Zielfunktionswertes bei Einführung der jeweiligen Variablen. Mithin ist durch Übernahme der bisherigen Nicht-Basisvariablen x_1 in die Basislösung noch eine Gewinnsteigerung möglich.

4.   Bildung des nächsten neuen Simplextableaus:

Es wird somit in der nächsten Iteration ein weiteres (3.) Simplextableau für die Ermittlung einer neuen Basislösung mithilfe der oben dargestellten Rechenschritte erzeugt. Neue Pivotspalte ist die 1. Spalte des 2. Tableaus, neue Pivotzeile die l. Zeile, die aus der Basis zu entfernende Variable also y_1. Die neue Basislösung enthält $x_1 = 4$ und $x_2 = 10$ als Basisvariablen und führt zu einem Gewinn von 190 GE. Da bei dieser dritten Basislösung keine positiven Koeffizienten in der Zielfunktionszeile mehr auftreten, ist die Optimallösung gefunden.

4.3.10 Spieltheoretische Modelle

Die Spieltheorie behandelt Entscheidungssituationen, in denen sich zwei oder auch mehr Entscheidungsträger gegenüberstehen, wobei die Konsequenzen von Entscheidungen der einen Seite von den Entscheidungen respektive Handlungen der übrigen Entscheidungsträger abhängen. Solche **interdependenten Entscheidungskonstellationen** sind in der Realität häufig zu beobachten. Beispiele in der Ökonomie sind etwa Preisentscheidungen der Akteure auf oligopolistischen Märkten, Tarifauseinandersetzungen zwischen Gewerkschaften und Unternehmern oder öffentliche Ausschreibungen und Auktionen, wo der Erfolg des eigenen Gebots von den Geboten der anderen Seite bestimmt wird.

Die in der Spieltheorie abgebildeten Entscheidungsstrukturen sind in gewisser Weise Sonderfälle von **Entscheidungen unter Unsicherheit**, die sich ja allgemein dadurch auszeichnen, dass der Entscheidungsträger die Konsequenzen seines Tuns oder Unterlassens nicht im Voraus bestimmen kann, weil diese von in der Zukunft liegenden Ungewissen Zuständen abhängen (vgl. S. 445ff.). Statt dieser Ungewissen Zustände treten in spieltheoretischen Modellen nun bewusst handelnde Gegenspieler auf, deren mögliche Aktionen oder Reaktionen auf die eigenen Entscheidungen zwar im Hinblick auf die Konsequenzen kalkulierbar, aber eben prinzipiell unsicher sind.

Als „Geburtsstunde" der Spieltheorie gilt die Publikation von NEUMANN/MORGENSTERN aus dem Jahr 1944. Seitdem ist sie von einem hoch abstrakten Forschungsgebiet zu einer Modelltechnik für die Evaluierung strategischer Entscheide in einer Vielzahl von Anwendungsgebieten – auch und gerade für strategische Management-Entscheide – weiterentwickelt worden (vgl. z.B. GARDNER 1995; JOST 1999).

In der Spieltheorie werden die Entscheidungsträger als **Spieler**, ihre Aktionen oder Reaktionen als **Strategien** und die Summe der Strategien (wenn mehrere Züge möglich sind) bis zu einem endgültigen Ergebnis als **Partie** bezeichnet. Die Ergebniswerte als Resultate der Strategien von Spieler und Gegenspieler werden in Nutzen- oder Geldeinheiten gemessen und bilden deren **Payoff-Funktionen**. Wesentlich ist auch die Form der Darstellung. Unterschieden wird eine sogenannte extensive Form in Gestalt eines **Entscheidungsbaums** (vgl. auch S. 451ff.) oder die Normalform einer **Matrix**. Letztere hat beispielsweise folgendes Aussehen (vgl. Abb. 4.3 - 25).

Spieler A	Spieler B	
	Strategie 1 (S_1)	Strategie 2 (S_2)
Strategie 1 (S_1)	Ergebnis 1, 1 ($e_{1,1}$)	Ergebnis 1, 2 ($e_{1,2}$)
Strategie 2 (S_2)	Ergebnis 2, 1 ($e_{2,1}$)	Ergebnis 2, 2 ($e_{2,2}$)

Abb. 4.3 - 25   Darstellungsform der Matrix in der Spieltheorie

Zwei Spieler A und B (z.B. Oligopolisten auf einem Markt) mögen zwei Aktionsmöglichkeiten haben (z.B. Strategie 1 (S_1): Preis beibehalten oder Strategie 2 (S_2): Preis senken). Wählt Spieler A beispielsweise Strategie 1 und Spieler B Strategie 2, ergibt sich für Spieler A das Ergebnis 1 und für Spieler B das Ergebnis 2 ($e_{1,2}$). In gleicher Weise sind die anderen Matrixfelder zu interpretieren. Eine mögliche Lösung für eine solche Entscheidungskonstellation kann sich natürlich nur ergeben, wenn die Payoff-Funktionen quantifiziert werden können. Wird beispielsweise angenommen, dass die in Abb. 4.3 - 26 aufgeführten Payoff-Funktionalitäten bestehen, dann wird deutlich, dass die kombinierte Strategie 2 der kombinierten Strategie 1 gegenüber für beide Akteure klar unterlegen ist. Zwar ist eine einseitige Preisreduzierung für die jeweils agierende Unternehmung deutlich günstiger, da aber die Situation der jeweils anderen Unternehmung sich gegenüber der Strategie Preisbehaltung verbessert, wenn sie auch ihren Preis senkt, kann keiner der Beteiligten hoffen, eine solche einseitige Preisherabsetzung ohne entsprechendes Mitziehen des Konkurrenten durchführen zu können. Damit ist die kombinierte Strategie 1 (Beibehaltung des gegenwärtigen Preises durch beide Akteure) allen anderen Möglichkeiten vorzuziehen.

Spieler A	Spieler B	
	S_1: Preis behalten	S_2: Preis senken
S_1: Preis behalten	7,7	1,12
S_2: Preis senken	12,1	3,3

Abb. 4.3 - 26   Beispiel für Payoff-Funktionalitäten

Das beschriebene Beispiel ist vom Typ „**Gefangenendilemma**", das eine breite Diskussion in der Spieltheorie erfahren hat:

Zwei Männer sind wegen gemeinschaftlichen Mordes verdächtigt und getrennt inhaftiert. Sie können bei den ebenfalls getrennten Verhören entweder gestehen (Strategie 1) oder nicht gestehen (Strategie 2). Für den Fall, dass beide gestehen, bekommen sie eine Haftstrafe von 10 Jahren, die wegen des Geständnisses unter den sonst üblichen 20 Jahren liegt. Gesteht nur einer, so wird er als Kronzeuge behandelt und erhält lediglich ein Jahr Haft, während der Nichtgeständige zu 20 Jahren verurteilt wird. Für den Fall, dass keiner der beiden gesteht, bekommen beide wegen unerlaubten Waffentragens zwei Jahre Haft. Jeder der beiden Männer muss sich für die für ihn optimale Strategie entscheiden.

4.3 Management-Techniken   227

Unter Verwendung der genannten Zahlen ergibt sich die „Payoff-Matrix" gemäß Abb. 4.3 -
27. Es zeigt sich, dass für beide Gefangene die Strategie „Nicht gestehen" am günstigsten ist,
vorausgesetzt sie verhalten sich rational und erwarten dasselbe Verhalten jeweils auch gegenseitig.

Spieler A	Spieler B	
	S_1: Gestehen	S_2: Nicht gestehen
S_1: Gestehen	10,10	1,20
S_2: Nicht gestehen	20,1	2,2

Abb. 4.3 - 27   Payoff-Matrix für das „Gefangenendilemma"

Die beschriebene **Entscheidungssituation** kann **allgemein charakterisiert** werden (vgl.
BAMBERG/COENENBERG/KRAPP 2008)

- als ein **Zwei-Personen-Spiel** (im Gegensatz zu Mehr-Personen-Spielen),
- als ein **Nicht-Nullsummen-Spiel** (Der Gewinn des einen Spiels ist nicht gleich dem Verlust des anderen Spiels, im Gegensatz zu einem Nullsummen-Spiel),
- als ein **nicht-kooperatives Spiel** (die Spieler setzen ihre Strategien unabhängig voneinander ein, im Gegensatz zu kooperativen Spielen, wo sich die Spieler auf eine gemeinsame
  Strategie einigen, also eine Koalition bilden),
- als ein **determiniertes Spiel**, bei dem die Spieler – rationales Verhalten vorausgesetzt –
  stets eine so genannte **Minimax-Strategie** (vgl. S. 219) verfolgen. Bei dieser Strategie
  können Spieler und Gegenspieler nämlich sicher sein, das relativ (zu möglichen anderen
  Strategien der Gegenseite) beste Ergebnis erzielen zu können. Eine solche Lösung wird als
  Gleichgewichtspunkt bzw. als so genanntes NASH-**Gleichgewicht** bezeichnet. Ein solches
  liegt vor, wenn es für keinen Spieler lohnend ist, von einer gewählten Strategie abzuweichen. Im Gegensatz dazu existiert bei indeterminierten Spielen ein solcher Gleichgewichtspunkt nicht, allenfalls ein Bereich, innerhalb dessen die Lösung zu suchen ist, wobei
  es dann von persönlichen Eigenarten und der Einschätzung über das wahrscheinliche Verhalten der Gegenspieler abhängt, welche Strategie verfolgt werden sollte.

Das kleine Beispiel zur „optimalen" Preispolitik im Oligopol vom Typ „Gefangenendilemma"
verdeutlicht bereits, welchen Vorteil **spieltheoretisch fundierte Management-Entscheide**
haben können. Allerdings sind die Anwendungsprobleme in der Praxis nicht immer so klar
strukturiert. Neben der Möglichkeit von kooperativen Spielen und der notwendigen Erweiterung zu Mehr-Personen-Spielen sind es insbesondere die indeterminierten Spielkonstellatio-
nen ohne eindeutige Lösung für ein strategisches Problem, die für die Theorie und ihre Anwendung in der Management-Praxis die großen Herausforderungen bilden. Aber auch in diesen Fällen, wo die Grenzen der spieltheoretischen Modellierung deutlich werden, ist der systematische Einbezug der möglichen Reaktionen von Gegenspielern wichtig, um zumindest die
zugrundeliegenden Problemstrukturen des strategischen Entscheids und eindeutig suboptima-
le Strategien von vornherein ausschließen zu können.

Vor diesem Hintergrund werden im Folgenden abschließend wichtige **Vorteile und Grenzen
des Einsatzes der Spieltheorie** für die Management-Praxis aufgeführt (nach VÖLKER 1998,
S. 358):

228   Viertes Kapitel: Unternehmungsführung

- Die Spieltheorie ist für alle interdependenten Entscheidungsprobleme anwendbar. Wichtige Anwendungen sind Fragen der strategischen Planung, aber auch Organisationsgestaltung, Vertragsverhandlungen, Aufzeigen von „Win-win"-Situationen mit Kunden, Lieferanten, Partnern usw.

- Sie zwingt zur rationalen Auseinandersetzung mit Strategien und Interessen der Wettbewerber, Geschäftspartner etc. und der Entscheidungssituation.

- Es kann ein hoher Erkenntnisgewinn durch spieltheoretische Strukturierung der Entscheidungssituation festgestellt werden. Hierzu ist der Spielbaum ein gutes Visualisierungsinstrument.

- Es werden prinzipiell die Optimalstrategien zur Erreichung von Zielen, wie z.B. Wertsteigerung usw., aufgezeigt.

- Nachteilig ist, dass häufig Datenprobleme bei der Ermittlung der relevanten Payoffs auftreten können. Dies zeigt aber auch wesentliche Informationsmängel auf, die im Rahmen der Entscheidungsfindung noch zu beheben wären (Kosten, Stand der Konkurrenten, Technologietrends usw.).

- Die Spieltheorie stößt an ihre Grenzen in sehr komplexen Entscheidungssituationen, die einer Lösung nicht mehr zugänglich sind.

- Die dauernde Anwendung für strategische Fragestellungen ist eher aufwendig, aber durch Gewinn von Routine mehr und mehr möglich.

Fragen und Aufgaben zur Wiederholung (4.3: S. 188 – 228)

1. Was sind Management-Techniken und wozu dienen diese?

2. Geben Sie eine Übersicht über die neun verschiedenen Kategorien von Management-Techniken!

3. Beschreiben Sie den Zweck und das Wesen des Brainstormings! Wie läuft ein Brainstorming-Prozess ab?

4. In welchen Stufen laufen Punktbewertungsverfahren typischerweise ab? Wozu dienen solche Verfahren und was sind ihre Vor- und Nachteile?

5. Erläutern Sie die Grundprinzipien der Szenario-Technik!

6. Beschreiben Sie die typische Form einer szenariogestützten Strategieentwicklung!

7. Diskutieren Sie kritisch mögliche Einsatzgebiete der Szenario-Technik!

8. Was versteht man unter Netzplantechnik? Welches sind die vier Stufen der Netzplantechnik?

9. Worin bestehen die Unterschiede zwischen (a) CPM, (b) PERT und (c) MPM?

10. Wie ermittelt man in einem Netzplan den kritischen Pfad, und wodurch ist er gekennzeichnet?

11. Was sind allgemein die Vorteile und die Probleme der Netzplantechnik?

12. Welche Klassen von Extrapolationsverfahren lassen sich unterscheiden, und was sind im Einzelnen deren Anwendungsvoraussetzungen?

13. Beschreiben Sie die Vorgehensweise einer linearen Trendextrapolation mithilfe der Methode der kleinsten Quadrate!

4.3 Management-Techniken

14. Erläutern Sie Zweck, Aufbau sowie das Vorgehen bei der Erstellung von Entscheidungstabellen!

15. Skizzieren Sie die Unterschiede zwischen begrenzten, erweiterten und gemischten Entscheidungstabellen!

16. Was sind Entscheidungsregeln bei Ungewissheit und welche Funktion haben sie?

17. Formulieren Sie die Auswahlvorschrift beim (a) Minimax-Kriterium, (b) Minimax-Risiko-Kriterium, (c) Kriterium der höchsten Wahrscheinlichkeit und (d) Kriterium des maximalen Erwartungswertes! Welche Risikoeinstellung des Entscheiders implizieren diese Regeln jeweils? Wann kann ihre Anwendung empfohlen werden?

18. Welche analytischen Verfahren der Optimumsbestimmung für mathematische Entscheidungsmodelle können unterschieden werden?

19. Unter welchen Voraussetzungen lässt sich ein lineares Programmierungsmodell formulieren und wann lässt es sich noch graphisch lösen?

20. Charakterisieren Sie die Vorgehensweise des Simplex-Algorithmus!

21. Charakterisieren Sie die Wesensmerkmale der Spieltheorie als Entscheidungstechnik!

22. Erklären Sie das Beispiel des „Gefangenendilemmas"! Wie kann die dort beschriebene Entscheidungssituation allgemein charakterisiert werden?

23. Nennen Sie Beispiele für die Anwendung der Spieltheorie für Management-Entscheide!

24. Worin liegen die Vorteile und Grenzen des Einsatzes der Spieltheorie in der Management-Praxis?

Fünftes Kapitel

Betriebliche Leistungsprozesse

5.1	**Güterwirtschaftliches Gleichgewicht im Leistungsprozess**	**233**
5.1.1	**Grundphasen des betrieblichen Leistungsprozesses**	233
5.1.2	**Begriff des güterwirtschaftlichen Gleichgewichts**	235
5.1.3	**Phasenbezogene Gestaltungsprobleme eines optimalen güterwirtschaftlichen Gleichgewichts**	236
	Fragen und Aufgaben zur Wiederholung (5.1: S. 233 – 236)	236
5.2	**Bereitstellungsplanung**	**237**
5.2.1	**Gegenstand der Bereitstellungsplanung**	237
5.2.2	**Personalbereitstellung**	237
5.2.3	**Betriebsmittelbereitstellung**	243
5.2.4	**Materialbereitstellung**	249
	Fragen und Aufgaben zur Wiederholung (5.2: S. 237 – 259)	260
5.3	**Produktionsplanung**	**262**
5.3.1	**Gegenstand der Produktionsplanung**	262
5.3.1.1	Die Teilpläne betrieblicher Produktionspolitik	262
5.3.1.2	Kostendeterminanten und Kostenkategorien im Rahmen der Produktionsplanung	267
	Fragen und Aufgaben zur Wiederholung (5.3.1: S. 262 – 271)	271
5.3.2	**Produktionsaufteilungsplanung**	**271**
5.3.2.1	Produktionstheoretische Grundlagen	271
5.3.2.2	Produktionsaufteilungsplanung auf der Basis einer substitutionalen Produktionsfunktion	280

5.3.2.3	Produktionsaufteilungsplanung auf der Basis einer limitationalen Produktionsfunktion	284
	Fragen und Aufgaben zur Wiederholung (5.3.2: S. 271 – 292)	293
5.3.3	**Operative Produktionsprogrammplanung**	**294**
5.3.3.1	Problemstrukturen der operativen Produktionsprogrammplanung	294
5.3.3.2	Programmplanung ohne Kapazitätsbeschränkung	295
5.3.3.3	Programmplanung bei Bestehen eines Kapazitätsengpasses	296
	Fragen und Aufgaben zur Wiederholung (5.3.3: S. 294 – 300)	301
5.4	**Marketingplanung**	**302**
5.4.1	**Gegenstand der Marketingplanung**	**302**
5.4.1.1	Marketing als integrierendes Konzept der Absatzplanung	302
5.4.1.2	Instrumente und Einsatzbereiche des Marketings	304
5.4.1.3	Marketing-Forschung zur Unterstützung der Absatzplanung	308
5.4.1.4	Das Problem der Optimierung des Marketingmix	313
	Fragen und Aufgaben zur Wiederholung (5.4.1: S. 302 – 319)	320
5.4.2	**Erlösplanung bei gegebener Preis-Absatz-Funktion**	**321**
5.4.2.1	Das preispolitische Entscheidungsfeld	321
5.4.2.2	Klassische Preistheorie	324
5.4.2.3	Praxisorientierte Preisfestlegung	331
	Fragen und Aufgaben zur Wiederholung (5.4.2: S. 321 – 340)	340
5.4.3	**Planung des präferenzpolitischen Mitteleinsatzes**	**341**
5.4.3.1	Produkt- und sortimentspolitische Entscheidungen	342
5.4.3.2	Konditionenpolitische Entscheidungen	348
5.4.3.3	Distributionspolitische Entscheidungen	351
5.4.3.4	Kommunikationspolitische Entscheidungen	355
	Fragen und Aufgaben zur Wiederholung (5.4.3: S. 341 – 361)	361

5.1 Güterwirtschaftliches Gleichgewicht im Leistungsprozess

5.1.1 Grundphasen des betrieblichen Leistungsprozesses

Das Management als Inbegriff aller schöpferischen und dynamischen Gestaltungskräfte steuert die in der Unternehmung sich real vollziehenden Prozesse der (technischen) Leistungserstellung und (marktlichen) Leistungsverwertung sowie die unmittelbar oder mittelbar hiermit zusammenhängenden Finanzprozesse der Kapitalbindung, Kapitalfreisetzung, Kapitalzuführung und Kapitalentziehung. Leistungs- und Finanzprozesse bilden damit den Gegenstandsbereich des Wirtschaftens in der Unternehmung.

Betrachtet man zunächst den Leistungsprozess mit den hiermit unmittelbar verknüpften Zahlungsvorgängen (als ein Element betrieblicher Finanzprozesse), so lassen sich am Beispiel eines gewerblichen oder industriellen Unternehmens die Zusammenhänge vereinfacht wie in Abb. 5.1 - 1 geschehen darstellen. Hiernach besteht der **betriebliche Leistungsprozess** dem Grunde nach aus **drei Phasen**:

- **Beschaffung** (Bereitstellung) **der Produktionsfaktoren**, was in einer Geldwirtschaft Zahlungsvorgänge (gegebenenfalls unter Einschluss von kreditorischen Vorgängen) auslöst.

  Die **betrieblichen Produktionsfaktoren** (Leistungsfaktoren) werden seit Gutenberg (1983) üblicherweise in drei Gruppen eingeteilt:

  - **Arbeitsleistungen** (= alle von Menschen im Betrieb erbrachten Tätigkeiten)
  - **Betriebsmittel** (= alle Sachgüter, die im Leistungsprozess genutzt werden, ohne mit ihrer Substanz Eingang in die Erzeugnisse zu finden)
  - **Werkstoffe** (= alle Roh-, Hilfs- und Betriebsstoffe, Halb- und Fertigerzeugnisse, die als Bestandteil in die Erzeugnisse eingehen oder, wie z.B. Energie und Schmiermittel, zum Betrieb von Betriebsmitteln erforderlich sind)
- **Kombination der Produktionsfaktoren** (= Be- oder Verarbeitung von Werkstoffen unter Einsatz von Arbeitsleistungen und Betriebsmitteln) zu Halb- und Fertigerzeugnissen.
- **Absatz** (= marktliche Verwertung) **der erstellten Erzeugnisse**, was wiederum Zahlungsvorgänge (gegebenenfalls zunächst kreditorische Vorgänge) auslöst.

Der Leistungsprozess läuft in aller Regel nicht ohne **Bestandsbildungen** ab. So kann sich im Falle von bestandsfähigen Einsatzgütern zwischen Beschaffung und Leistungserstellung eine **Einsatzlagerphase** schieben, in der die Einsatzgüter auf ihre Verwendung in der Herstellungsphase „warten". In gleicher Weise werden fertig gestellte Produkte, wenn sie nicht sofort Absatz finden und sofern sie bestandsfähig sind, in ein **Absatzlager** eingestellt. Ursachen für die Entstehung von Einsatz- und Absatzlagern liegen in der gestörten oder fehlenden Synchronisation von Beschaffungs- und Herstellungsprozessen einerseits sowie von Herstellungs- und Absatzprozessen andererseits. Auch innerhalb der Herstellungsphase können Lager entstehen. Solche **Zwischenläger** ergeben sich fast zwangsläufig bei mehrstufigen Produktionsprozessen.

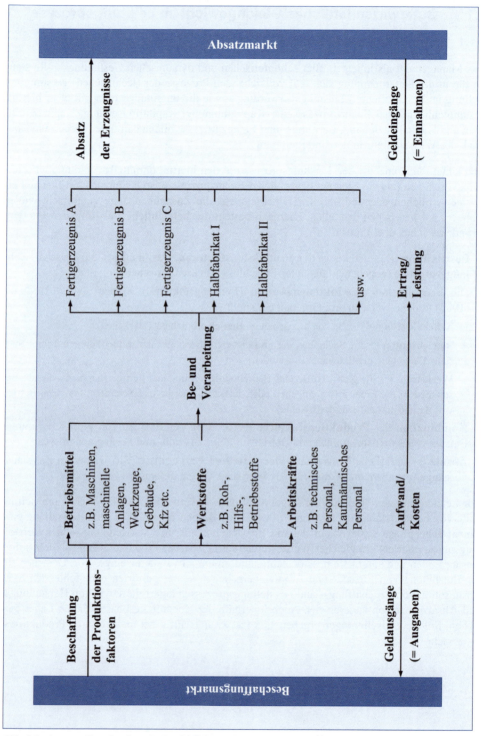

Abb. 5.1 - 1   Grundstruktur des betrieblichen Leistungs- und Finanzprozesses

5.1 Güterwirtschaftliches Gleichgewicht im Leistungsprozess

5.1.2 Begriff des güterwirtschaftlichen Gleichgewichts

Ausgangspunkt für die Analyse des Leistungsprozesses und seiner betriebswirtschaftlichen Gestaltungsprobleme ist die Tatsache, dass Leistungsprozesse sachlich mit den zugrunde liegenden **wirtschaftlichen Leistungszielen** verbunden sind. Letztere stellen nämlich den materialen Bezugspunkt für die Gestaltung des Leistungsprozesses dar, indem sie festlegen, was, wann, wo, in welcher Qualität und Menge produziert und abgesetzt werden soll. Damit ist zugleich das Sachproblem der Gestaltung des Leistungsprozesses angesprochen. Es besteht darin, die zur Erfüllung der Leistungsziele sachinhaltlich notwendigen Beschaffungs-, Herstellungs- und Vertriebsvorgänge aufeinander abgestimmt festzulegen.

Gelingt eine Lösung dieses Problems in dem Sinne, dass die Erfüllung der Leistungsziele gewährleistet ist, so liegt ein so genanntes **güterwirtschaftliches Gleichgewicht** (KOSIOL 1972b) im Leistungsprozess vor. Je nach Formulierung der zugrunde liegenden Leistungsziele kann es sich dabei um ein **stationäres Gleichgewicht** oder um ein **evolutionäres (Entwicklungs-)Gleichgewicht**, das bei Wachstums- und Schrumpfungsprozessen von Bedeutung ist, handeln.

Eine gütermäßige Gleichgewichtssituation im Leistungsprozess, die sich darin äußert, dass die Beschaffungsphase den Anforderungen der Herstellungsphase zu jedem Zeitpunkt entspricht und die Ausbringung der Herstellungsphase zu jedem Zeitpunkt mit den Anforderungen der Vertriebsphase übereinstimmt, braucht nun aber keineswegs auch zugleich der ökonomischen Optimalitätsbedingung zu genügen. Solche Bedingungen leiten sich zusätzlich aus den kosten- und ertragswirtschaftlichen Anforderungen zugrunde liegender **Erfolgsziele** ab. Diese stehen mit der Gestaltung eines stationären bzw. evolutionären Gleichgewichts insofern in Zusammenhang, als die Erträge langfristig mindestens zur Deckung der entstandenen Kosten ausreichen, in aller Regel aber entsprechende Gewinne erzielt werden müssen, um eine im Zeitablauf leistungszielgerechte Aufrechterhaltung bzw. Entwicklung betrieblicher Leistungsprozesse sicherzustellen.

Ein **optimales güterwirtschaftliches Gleichgewicht** liegt in diesem Sinne also erst dann vor, wenn der Leistungsprozess der Unternehmung zu Ergebnissen führt, die nicht nur in Einklang mit den Leistungszielen stehen, sondern auch als bestmöglich im Hinblick auf spezifische Erfolgskriterien (Kosten-, Ertrags-, Gewinn- und Rentabilitätskriterien) angesehen werden können (vgl. S. 76f.).

Die Schaffung und Aufrechterhaltung einer solchen optimalen Gleichgewichtssituation im Leistungsprozess stellt sich sowohl als ein **dynamisches als auch komplexes Gestaltungsproblem** dar. Dynamisch ist das Gestaltungsproblem insofern, als die internen und externen Bedingungen des Leistungsprozesses – einschließlich der zugrunde liegenden Zielsetzungen – typischerweise im Zeitablauf Wandlungen unterliegen, die nicht ohne Einfluss auf das güterwirtschaftliche Gleichgewicht sein werden. Das Gestaltungsproblem ist zudem insofern komplexer Natur, als sich die Abstimmungsmaßnahmen auf alle Phasenaktivitäten im Leistungsprozess zu beziehen haben und letztlich auch finanzielle Gesichtspunkte nicht unbeachtet bleiben dürfen.

236   Fünftes Kapitel: Betriebliche Leistungsprozesse

5.1.3 Phasenbezogene Gestaltungsprobleme eines optimalen güterwirtschaftlichen Gleichgewichts

Bei dem Versuch, die betriebswirtschaftlichen Grundprobleme der Gestaltung eines optimalen güterwirtschaftlichen Gleichgewichts zu erfassen und zu analysieren, ergeben sich – unbeschadet vielfältiger Interdependenzen – zwangsläufig **drei Schwerpunkte**, die mit der beschriebenen Phasengliederung des Leistungsprozesses zusammenfallen:

- Den ersten Schwerpunkt bildet die **Bereitstellung der Produktionsfaktoren**. Aufgabe dieser Phase ist es, die Produktionsfaktoren in der erforderlichen Art, Güte und Menge rechtzeitig und am richtigen Ort für den Kombinationsprozess bereitzustellen. Dabei ist gemäß dem Wirtschaftlichkeitsprinzip Sorge dafür zu tragen, dass die **Bereitstellungskosten** unter bestmöglicher Berücksichtigung der Bedingungen, die eine hohe **Produktivität** der anschließenden Faktorkombination gewährleisten, minimiert werden (vgl. S 237ff.).
- Den zweiten Schwerpunkt bildet die **Phase der betrieblichen Faktorkombination** selbst. Entsprechend sind hier aus betriebswirtschaftlicher Sicht die Ansatzpunkte zu diskutieren, die sich bei dem Bemühen ergeben, die **Minimalkostenkombination** unter den verschiedenen produktionstechnischen Bedingungen und Zielen zu realisieren (vgl. S 262ff.).
- Der dritte Schwerpunkt schließlich wird von der **Absatzphase** gebildet. Sie umfasst alle vertriebsbezogenen, absatzunterstützenden Maßnahmen. Ihre Aufgabe liegt darin, den Einsatz der absatzpolitischen Instrumente des Marketingmix unter Berücksichtigung der **Produkt- und Marketingkosten** sowie von **Umsatz-, Gewinn-, bzw. Rentabilitätszielen** zu optimieren (vgl. S 302ff.).

Die hiermit angedeuteten möglichen Schwerpunkte einer betriebswirtschaftlichen Analyse güterwirtschaftlicher Gleichgewichtsprobleme im Leistungsprozess liegen der weiteren Untersuchung zugrunde. Entsprechend ergibt sich ein **dreiteiliger Aufbau der Gliederung**:

- Bereitstellungsplanung,
- Produktionsplanung und
- Marketingplanung.

Fragen und Aufgaben zur Wiederholung (5.1: S. 233 – 236)

1. Skizzieren Sie Grundstruktur und Aufbau des betrieblichen Leistungs- und Finanzprozesses!

2. Erläutern Sie das System der betrieblichen Produktionsfaktoren nach GUTENBERG!

3. Wo und wodurch können im betrieblichen Leistungsprozess Läger entstehen?

4. Wann liegt ein optimales güterwirtschaftliches Gleichgewicht im Leistungsprozess vor? Wieso stellt sich die Gestaltung des güterwirtschaftlichen Gleichgewichts als ein dynamisches und komplexes Problem dar?

5. Worin liegen die Schwerpunkte einer betriebswirtschaftlichen Analyse güterwirtschaftlicher Gleichgewichtsprobleme?

5.2 Bereitstellungsplanung

5.2.1 Gegenstand der Bereitstellungsplanung

Wie aus der Phasengliederung des betrieblichen Leistungsprozesses sichtbar wird, ist als sachliche Voraussetzung für den eigentlichen Prozess der Leistungserstellung die Bereitstellung von entsprechenden Produktionsfaktoren anzusehen. Die Bereitstellungsplanung hat dabei **zwei Aufgaben**:

- Die **technische Aufgabe** der Bereitstellungsplanung besteht darin, dafür zu sorgen, dass die Produktionsfaktoren (Arbeit, Betriebsmittel, Werkstoffe) in der für den Produktionsprozess erforderlichen Art, Güte und Menge zur richtigen Zeit und am richtigen Ort zur Verfügung stehen. Die Lösung dieser Aufgabe äußert sich entsprechend in einer störungsfreien Produktion, in eingehaltenen Fertigstellungsterminen, in der Erfüllung von Qualitätsstandards u.Ä. mehr.

- Die **ökonomische Aufgabe** der Bereitstellungsplanung ist aus den Erfolgszielen der Unternehmung abzuleiten. So wäre etwa bei der Zielsetzung Gewinnmaximierung Sorge dafür zu tragen, dass die mit der Faktorbereitstellung verbundenen Erträge abzüglich der Kosten möglichst groß gehalten werden. Üblicherweise wird die ökonomische Aufgabe der Bereitstellungsplanung wegen der Schwierigkeiten einer Erlöszurechnung allerdings darauf beschränkt, die **Bereitstellungskosten zu minimieren**. Als Bereitstellungskosten gelten u.a.
  - die direkten und indirekten **Beschaffungskosten**, die mit der Planung und Abwicklung des Beschaffungsvorgangs verbunden sind,
  - die Kosten für das Halten von Faktorreserven (**Reservierungskosten**; insbesondere Lagerkosten bei Werkstoffen und Leerkosten bei Potenzialfaktoren) und
  - die **Fehlmengenkosten** (sie bestehen aus entgangenen Gewinnen, Konventionalstrafen u.Ä. infolge des Auftretens von Fehlmengen im Bedarfszeitraum).

5.2.2 Personalbereitstellung

Die Planung der Personalbereitstellung lässt sich in **drei Stufen** unterteilen (vgl. STREITFERDT o.J.):

1. Planung des Personalbedarfs

Die Personalbedarfsplanung soll ermitteln, wie viele **Arbeitskräfte** in welchem Zeitraum wo **benötigt werden** und welche Anforderungen diese Arbeitskräfte erfüllen müssen. Wichtige Einflussgrößen des Personalbedarfs sind Produktprogramm, Beschäftigungsniveau und Arbeitsproduktivität.

2. Planung der Personalbeschaffung

Die Personalbeschaffungsplanung ermittelt, wie viele **Arbeitskräfte** zu welchem Zeitpunkt **eingestellt oder abgegeben werden** sollen und welche Anforderungen die einzustellenden bzw. abzugebenden Arbeitskräfte besitzen sollen. Bei bekanntem Personalbedarf kommt es hier darauf an, die Entwicklung des Personalbestandes des Betriebes quantitativ und qualitativ zu prognostizieren. Quantitativ, weil z.B. durch Kündigung, Ruhestand, Urlaub, Unfall die Zahl der Arbeitskräfte im Laufe der Zeit gemindert wird. Qualitativ, weil die Arbeitskräfte im Betrieb durch Lernprozesse ihre Eignung, ihre Kenntnisse und Fähigkeiten verändern.

3. Planung des Personaleinsatzes

Die Personaleinsatzplanung ermittelt, welche der verfügbaren **Arbeitskräfte** welche der **zu erledigenden Arbeiten ausführen** sollen.

Eine zentrale Größe für die Personalbereitstellungsplanung spielt die **Produktivität** der menschlichen Arbeitskraft. Sie bestimmt den mengenmäßigen Personalbedarf ebenso wie sich Personalbeschaffung und Personaleinsatz an ihr orientierten bzw. aus betriebswirtschaftlich-normativer Sicht orientieren sollten (für sonstige Aspekte der Personalbereitstellung siehe S. 170ff.).

Die Arbeitsproduktivität wird üblicherweise durch die **Mengenrelation Arbeitsleistung zu Arbeitseinsatz** (vgl. S. 799) definiert. Eine häufig verwendete Kennziffer für die Arbeitsproduktivität ist in diesem Zusammenhang die **Wertschöpfung pro Mitarbeiter** (in konstanten Preisen). Sie kann angesichts der Vielfalt unterschiedlicher Arten von Arbeitsleistungen und Personalqualitäten allerdings höchstens als ein ersatzweiser Produktivitätsindikator angesehen werden; eine Einschränkung, die generell für alle Versuche exakter Produktivitätsmessungen gilt.

Die Produktivität bzw. Ergiebigkeit menschlicher Arbeit hängt von **drei Hauptdeterminanten** ab, die mit ihren Teilfaktoren in Abb. 5.2 - 1 wiedergegeben sind.

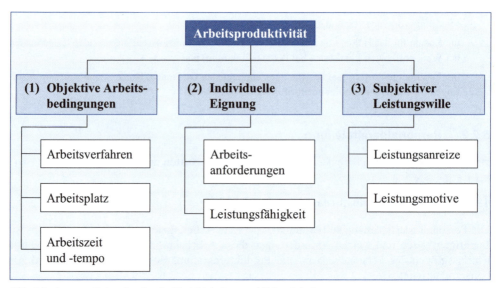

Abb. 5.2 - 1   Determinanten der Ergiebigkeit menschlicher Arbeit

Zu (1)   Objektive Arbeitsbedingungen:

Die objektiven Arbeitsbedingungen erstrecken sich vor allem auf die **drei Hauptkomponenten des Arbeitsvollzugs** (GUTENBERG 1983):

- Arbeitsverfahren (Art und Reihenfolge der Arbeitsverrichtungen),

5.2 Bereitstellungsplanung

- Arbeitsplatz (räumliche Bedingungen für den Arbeitsvollzug) und
- Arbeitszeit und Arbeitstempo.

Im Sinne einer möglichst hohen Arbeitsproduktivität gilt es, diese Komponenten des Arbeitsvollzugs so zu gestalten, dass die **Arbeitsbelastung für den arbeitenden Menschen möglichst gering ist**. Hierauf abzielende Maßnahmen der Arbeitsgestaltung basieren notwendigerweise auf arbeitswissenschaftlichen, d.h. vor allem auf arbeitspsychologischen sowie arbeitsphysiologischen Erkenntnissen (**REFA-Arbeitsstudien**) und beinhalten in aller Regel auch zugleich eine **Rationalisierung** der Arbeitsvorgänge.

Studien über die Verbesserung von Arbeitsverfahren haben beispielsweise die produktivitätssteigernde Zerlegung und Ordnung von Bewegungsabläufen zum Gegenstand, während die Gestaltung von Arbeitsplätzen sich u.a. auf den notwendigen Bewegungsspielraum des arbeitenden Menschen, auf die sinnvolle räumliche Anordnung der Arbeitsmittel sowie auf die erforderlichen Beleuchtungs- und Temperaturverhältnisse bezieht. Die Arbeitszeit- und Arbeitstempogestaltung schließlich bemüht sich u.a. darum, die Arbeitsproduktivität über ein angemessenes Arbeitstempo sowie durch Arbeitszeit- und Pausenregelungen zu beeinflussen.

Das von REFA (vgl. REFA 1988) entwickelte Schema zur **Bestimmung der Auftragszeit** (= Vorgabezeit für die Erledigung eines Auftrags) berücksichtigt systematisch solche Zeitfaktoren, die von den objektiven Arbeitsbedingungen ausgehen (vgl. Abb. 5.2 - 2). Eingesetzt wird es sowohl als Hilfsmittel zur Produktivitätsanalyse und -gestaltung als auch zur Sicherstellung einer leistungsgerechten, d.h. produktivitätsgerechten Entlohnung bei gegebenen Arbeitsbedingungen (vgl. zur Entlohnung S. 172ff.).

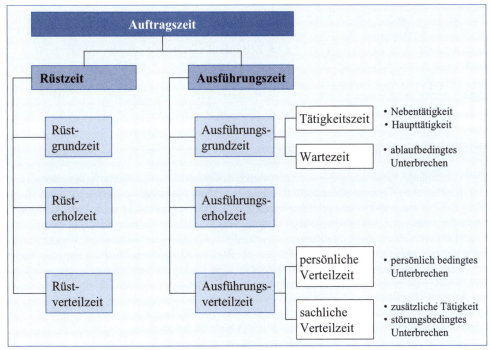

Abb. 5.2 - 2   Schematischer Aufbau der Auftragszeit (= Vorgabezeit für die Erledigung eines Auftrags) (nach REFA)

240 Fünftes Kapitel: Betriebliche Leistungsprozesse

Zu (2) Individuelle Eignung:

Die individuelle Eignung arbeitender Menschen bezieht sich stets auf das Verhältnis zwischen ihrer persönlichen Leistungsfähigkeit einerseits und den geforderten Arbeitsleistungen andererseits. Letztere gestalten sich in Abhängigkeit vom jeweiligen Arbeitsobjekt und den Arbeitsbedingungen zwar zum Teil sehr unterschiedlich, aber es lassen sich prinzipiell doch einzelne **typische Anforderungskategorien** nennen, mit deren Hilfe die Eignung arbeitender Menschen für alternative Tätigkeiten bestimmt werden kann:

- Begabung und intellektuelle Anlage,
- charakterliche Eigenschaften (Zuverlässigkeit, Sorgfalt, Verantwortungsgefühl u.Ä.),
- fachliche Fähigkeiten und Fertigkeiten,
- körperliche Verfassung (Gesundheitszustand, Belastbarkeit, Alter u.Ä.).

Im Grundsatz gilt, dass alle Arbeitskräfte mit solchen Arbeiten zu betrauen sind, die von den Anforderungen her ihrer Eignung gerade entsprechen. In diesem Sinne geht es also darum, das **betriebliche Eignungspotenzial** möglichst weitgehend **mit den Arbeitsanforderungen in Einklang** zu bringen. Zur näherungsweisen Lösung dieses Problems werden **zwei Ansätze** diskutiert. Sie lassen sich wie folgt beschreiben:

- **Der beste Mann auf jeden Platz**. Bei diesem Ansatz wird angestrebt, jedem Arbeitsplatz den Mitarbeiter zuzuordnen, der für diesen Arbeitsplatz am besten geeignet ist.
- **Spezialbegabungen auf ihren Platz**. Hier wird so vorgegangen, dass Arbeitsplätze mit denjenigen Mitarbeitern besetzt werden, die hierfür jeweils die höchste Spezialbegabung aufweisen.

Bei der Abstimmung des betrieblichen Eignungspotenzials mit den Anforderungen der betrieblichen Arbeitsplätze ist stets zu berücksichtigen, dass Eignungsstrukturen, aber auch Arbeitsanforderungen sich typischerweise **im Zeitablauf verändern** können. Von Bedeutung ist hier neben anderem, dass der Mensch generell Lernprozessen zugänglich ist. Hieraus ergibt sich auch die Rechtfertigung für Schulungs- und Ausbildungsmaßnahmen, die in aller Regel darauf gerichtet sind, latent vorhandene Eignungsreserven zu mobilisieren, um so das betrieblich nutzbare Eignungspotenzial mit den Arbeitsanforderungen besser in Einklang zu bringen.

Zu (3) Subjektiver Leistungswille:

Die individuelle Arbeitseignung wird erst durch den subjektiven Leistungswillen, der sich in der persönlichen Leistungsbereitschaft des arbeitenden Menschen äußert und durch Leistungsanreize ausgelöst wird, produktiv wirksam. **Leistungsanreize** – also Anreize, die den Menschen bewegen, seine Arbeitskraft in dem wirtschaftlichen Leistungsprozess einzusetzen – sind mannigfacher, individuell sehr unterschiedlicher Natur. Die produktiven Wirkungen ihres Einsatzes hängen daher stets von den jeweils zugrunde liegenden **Motiven** der Mitarbeiter in einem Unternehmen ab. Welche Motive dabei im Einzelnen verhaltensrelevant sein können, wurde bereits an anderer Stelle diskutiert (vgl. S. 71ff.).

Hier mag der Hinweis genügen, dass **Leistung** bei Mitarbeitern mit zumindest latenter Leistungsmotivation im Grundsatz dadurch **aktiviert werden kann**, dass

5.2 Bereitstellungsplanung 241

- ihre Entlohnung betont leistungsorientiert erfolgt,
- sie weitgehend eigenverantwortlich Arbeitsmethoden, Arbeitszeit und Arbeitstempo bestimmen können,
- sie Aufgaben übertragen bekommen, die Befriedigung „höherer" Motive (Macht, Anerkennung, Entfaltung) und damit Erfolgserlebnisse ermöglichen und
- attraktive Aufstiegsmöglichkeiten geschaffen werden und Aufstiegschancen leistungsgerecht verteilt werden.

Abb. 5.2 - 3 (entnommen aus KIESER/KUBICEK 1983, S. 443f.) zeigt in einer Übersicht exemplarisch verschiedene **Modelle der Fertigungsorganisation**, in denen sich in unterschiedlicher Art und Weise solche leistungsmotivationalen Bezüge widerspiegeln.

Nicht nur für Fragen speziell der Arbeitsorganisation, sondern allgemein für den gesamten Komplex der **Schaffung leistungsgerechter Arbeitsbedingungen** gilt der Grundsatz, die **Leistungsanreize** so zu gestalten, dass im Rahmen des vorhandenen und realisierbaren betrieblichen Eignungspotenzials die geforderten Arbeitsleistungen auch in entsprechender Qualität und Quantität erbracht werden. Dabei ist darauf zu achten, dass die gewährten Leistungsanreize den Menschen nicht dazu veranlassen, ständig an der oberen Grenze seiner Leistungsfähigkeit zu arbeiten. Eine solche Überbeanspruchung der Kräfte kann auf lange Sicht zu schwerwiegenden Störungen führen, da die menschliche Natur nicht so angelegt ist, dass sie dauernde Höchstleistungen zulässt ohne Schaden zu nehmen.

Die **Ergiebigkeit menschlicher Arbeitsleistungen** kann also zusammenfassend durch **drei Kategorien** von Maßnahmen, die wechselseitig aufeinander abzustimmen sind, erhöht und im Grenzfall optimiert werden:

- Verbesserung der objektiven Arbeitsbedingungen auf der Grundlage arbeitswissenschaftlicher Erkenntnisse,
- verbesserte Anpassung der Arbeitsanforderungen an die individuellen Eignungsstrukturen und
- wirksamer Einsatz von Leistungsanreizen zur Ausschöpfung des betrieblichen Eignungspotenzials.

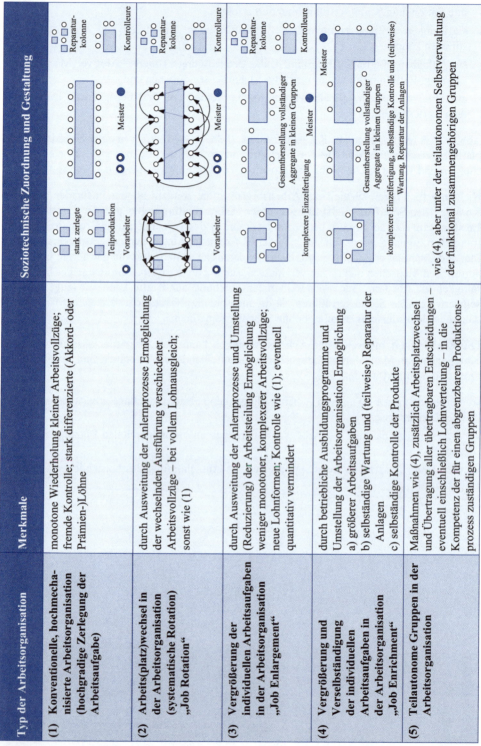

Abb. 5.2 - 3   Modelle der Arbeitsorganisation

5.2.3 Betriebsmittelbereitstellung

Die Planung der Betriebsmittelbereitstellung lässt sich zweckmäßigerweise in **vier Stufen** unterteilen:

1. Planung des Betriebsmittelbedarfs:

Da Betriebsmittel im Rahmen ihrer Eigenschaft als Potenzialfaktor (zusammen mit dem Faktor Arbeit) die Kapazität eines Betriebes determinieren, geht es hier darum, den Bedarf an quantitativer und qualitativer Kapazität (unter Mitberücksichtigung von Elastizitätsanforderungen) zu ermitteln. Dabei ist es zweckmäßig, zwischen einem Neubedarf (bei Gründung oder Umstrukturierung des Produktprogramms), einem Erweiterungsbedarf und einem Ersatzbedarf zu unterscheiden. Letzterer ist in der Regel gleichbedeutend mit einem Modernisierungsbedarf.

2. Planung der Betriebsmittelbeschaffung:

Hier geht es für den Fall, dass der Betriebsmittelbestand nicht dem gegenwärtigen oder zukünftigen Bedarf entspricht, um die Auswahl geeigneter Hersteller, um Entscheidung über Kauf oder Miete (Leasing), um das optimale Timing von Beschaffungsentscheidungen u.Ä. mehr.

3. Planung des Betriebsmitteleinsatzes:

In der Betriebsmitteleinsatzplanung stehen Entscheidungen über die Kombination von Einzelaggregaten zu fertigungstechnischen Einheiten (Produktionsstraßen, Werkstätten) und damit die Wahl der verfahrenstechnisch optimalen Prozessstruktur im Vordergrund.

4. Planung der Wartung und Instandhaltung des Betriebsmittelbestandes:

Die Sicherung der Einsatzbereitschaft vorhandener Betriebsmittel erfolgt durch Wartung und Instandhaltung. Der normale Verschleiß soll erkannt und überwacht, ein übernormaler Verschleiß verhindert werden. Reparaturen haben die Aufgabe, Anlagen wieder funktionsfähig zu machen, sofern das technisch möglich und wirtschaftlich vertretbar ist.

Bestimmte Aspekte der Betriebsmittelbereitstellung, wie etwa die Auswahl geeigneter Fabrikate respektive Hersteller, ähneln den Problemen der Materialbereitstellung und werden dort noch einmal aufgegriffen (S. 249ff.). Das gleiche gilt für den gesamten finanzwirtschaftlichen Komplex, der bei der Betriebsmittelbereitstellung deshalb eine so vorrangige Rolle spielt, weil der Betrieb durch den Einsatz von Betriebsmitteln große Geldbeträge typischerweise langfristig bindet. Dadurch erscheint es gerechtfertigt, die Mehrzahl der angesprochenen Problemkreise im Rahmen der Analyse des Finanzprozesses zu diskutieren (S. 365ff.). Hier sollen analog zur Personalbereitstellung lediglich die unmittelbaren Produktivitätsaspekte des Betriebsmitteleinsatzes betrachtet werden.

GUTENBERG (1983) nennt – wie in Abb. 5.2 - 4 dargestellt – **zwei Hauptgruppen von Determinanten**, die Einfluss auf die **Produktivität des Betriebsmitteleinsatzes** haben.

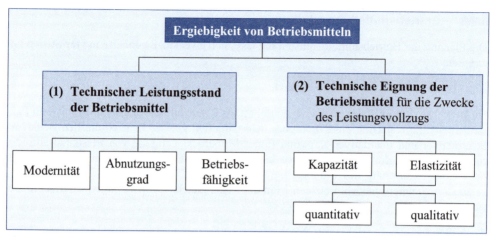

Abb. 5.2 - 4   Hauptdeterminanten der Ergiebigkeit von Betriebsmitteln

Zu (1)   Technischer Leistungsstand der Betriebsmittel:

Der technische Leistungsstand der Betriebsmittel ist ganz allgemein und ohne Bezugnahme auf die besonderen Verhältnisse des betrieblichen Leistungsvollzugs von folgenden Faktoren abhängig:

(1a)   dem **Grad der Modernität**,
(1b)   dem **technischen Abnutzungsgrad** und
(1c)   der **Betriebsfähigkeit**.

Zu (1a)   Grad der Modernität:

Die Modernität der Betriebsmittelausstattung bringt zum Ausdruck, inwieweit diese jeweils dem **neuesten Stand des technischen Fortschritts** entspricht. Unterstellt wird dabei, dass die Leistungsfähigkeit von Betriebsmitteln mit fortschreitender technischer Verbesserung ebenfalls ansteigt.

Zu (1b)   Technischer Abnutzungsgrad:

Betriebsmittel unterliegen – mit Ausnahme von Grund und Boden – prinzipiell der technischen Abnutzung. Sie ergibt sich vor allem durch den **Gebrauch des Betriebsmittelbestandes** bei der Leistungserstellung, zum Teil aber auch einfach durch den **natürlichen Verschleiß** (z.B. durch Witterungseinflüsse). Im Allgemeinen kann man davon ausgehen, dass bei Betriebsmitteln eine zunehmende Abnutzung mit einer fortschreitenden Verringerung ihrer quantitativen und/oder qualitativen Leistungsfähigkeit einhergeht und zugleich damit die Betriebskosten ansteigen.

Zu (1c)   Betriebsfähigkeit:

Wartungs- und Instandhaltungsmaßnahmen können den Prozess der technischen Abnutzung zwar verlangsamen, sind jedoch prinzipiell nicht in der Lage, ihn völlig aufzuhalten. Ihre Aufgabe besteht vor allem darin, die Betriebsfähigkeit der vorhandenen Betriebsmittel bestmöglich zu gewährleisten. Je weitgehender es durch entsprechende Instandhaltungs- und Wartungsmaßnahmen gelingt, unwirtschaftliche Arbeitsunterbrechungen infolge von Betriebsmittelausfällen zu vermeiden, desto größer sind die Betriebsfähigkeit und damit der technische Leistungsstand der vorhandenen Betriebsmittel.

Störungsbedingte Nutzungsunterbrechungen sind natürlich nicht die einzige Ursache für auftretende Stillstandszeiten bei Betriebsmitteln. Diese können z.B. auch arbeitsablaufbedingt oder durch den Faktor Arbeit bedingt sein, ihre Ursache also in der Organisation des Arbeitsablaufs oder in menschlichen Unzulänglichkeiten haben. Abb. 5.2 - 5 (vgl. REFA 1988) zeigt diesbezüglich eine mögliche **Einteilung der Belegungszeit**, worunter die Vorgabezeit für die Belegung eines Betriebsmittels durch einen Auftrag zu verstehen ist. Sie ist unter Produktivitätsgesichtspunkten grundsätzlich so zu gestalten, dass die Nutzungs-(haupt-)zeit von Betriebsmitteln zugunsten der Brachzeit möglichst groß ist.

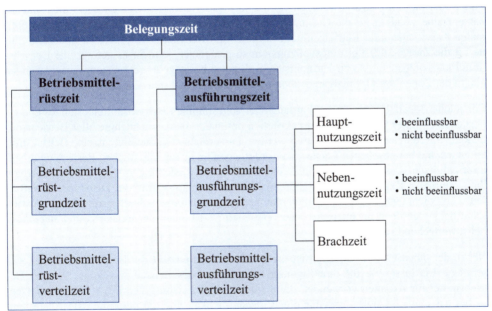

Abb. 5.2 - 5   Schematischer Aufbau der Belegungszeit (= Vorgabezeit für die Belegung des Betriebsmittels durch einen Auftrag) (nach REFA)

Zu (2)   Technische Eignung der Betriebsmittel für die Zwecke des Leistungsvollzugs:

Die technische Eignung des Betriebsmittelbestandes für die Zwecke des Leistungsvollzugs bezieht sich auf das **Verhältnis zwischen der verlangten und der mithilfe des Betriebsmittelbestandes tatsächlich erzielbaren Leistungen**.

Letzteres beinhaltet zunächst die Frage nach der Kapazität des Betriebsmittelbestandes bzw. einzelner Betriebsmittel. Darunter versteht man allgemein eine bestimmte **Leistungsfähigkeit**, die darin besteht, in einem Zeitabschnitt Leistungen in bestimmter Menge und Qualität zu erstellen. Das bedeutet zugleich, dass sich eine quantitative und eine qualitative Kapazität unterscheiden lassen.

Für die Auslastung der **quantitativen Kapazität** eines Betriebsmittels sind vor allem drei Begriffe von Bedeutung:

- Die **Maximalkapazität** gibt die technisch gesehen höchstmögliche Leistung an, die Betriebsmittel in einem Zeitabschnitt zu erstellen in der Lage ist.

- Die **Mindestkapazität** bezieht sich auf den Umstand, dass viele Betriebsmittel erst ab einer gewissen Mindestleistung einsatzfähig sind.

- Die **Optimalkapazität** liegt im Allgemeinen unter der Maximalkapazität und meint die Inanspruchnahme, bei der ein Betriebsmittel den günstigsten Wirkungsgrad hat, also am wirtschaftlichsten arbeitet.

Eine wesentliche Bedingung für die optimale Ergiebigkeit von Betriebsmitteln besteht darin, dass die durchschnittliche Inanspruchnahme ihrer Kapazität sich möglichst nahe um den Punkt oder die Zone ihrer jeweiligen Optimalkapazität herum bewegt. Dies gilt nicht nur für das einzelne, sondern für die Gesamtheit der Betriebsmittel, was eine Abstimmung der optimalen Kapazitäten aller Betriebsmittel erfordert. Ein Betriebsmittelbestand ist in diesem Sinne für die Zwecke des Leistungsvollzugs um so geeigneter, je mehr es gelingt, die Betriebsmittel kapazitätsmäßig so zu harmonisieren, dass sie bei gegebenen Leistungsanforderungen alle in der Zone ihrer Optimalkapazität, also am wirtschaftlichsten arbeiten.

Ein solcher Idealfall eines optimal aufeinander abgestimmten Betriebsmittelbestandes und einer jederzeit unter Wirtschaftlichkeitskriterien optimalen Inanspruchnahme aller Betriebsmittel kann allerdings nur selten realisiert werden. Es wird also regelmäßig einzelne Betriebsmittel geben, die bei gegebenen Leistungsanforderungen im unwirtschaftlichen Bereich unterhalb ihrer optimalen Ausnutzungszone oder auch im ebenfalls kostenungünstigen Bereich oberhalb ihrer optimalen Kapazität arbeiten müssen. Wenn solche **kapazitativen Disproportionalitäten** schon nicht gänzlich vermieden werden können, so sind die dadurch verursachten Unwirtschaftlichkeiten doch im Interesse einer optimalen Ergiebigkeit der Betriebsmittel stets möglichst weitgehend zu begrenzen.

Neben der quantitativen Kapazität ist die **qualitative Kapazität** der Betriebsmittel eine wesentliche Einflussgröße für ihre Eignung zu Zwecken des Leistungsvollzugs. Werden Betriebsmittel für Arbeiten verwendet, die ihr qualitatives Leistungsvermögen nicht ausnutzen, so hat das ähnliche Wirkungen für die Wirtschaftlichkeit wie die unteroptimale Auslastung der quantitativen Kapazität. Das gleiche gilt, wenn Betriebsmittel von den qualitativen Leistungsanforderungen her überbeansprucht werden.

Die **technische Eignung eines Betriebsmittelbestandes** ist in diesem Sinne also um so größer, je mehr es gelingt, nicht nur ihr quantitatives, sondern auch ihr qualitatives Leistungspotenzial optimal auszuschöpfen. Ebenso wie hinsichtlich der quantitativen Kapazität eines Betriebsmittelbestandes sind demnach auch in Bezug auf ihre qualitative Kapazität stets entsprechende Harmonisierungsmaßnahmen erforderlich, um eine optimale Ergiebigkeit des Faktoreinsatzes zu gewährleisten.

Solche **Harmonisierungsmaßnahmen** sind nun naturgemäß umso leichter zu realisieren, je breiter die Zonen optimaler Nutzung bei den einzelnen Betriebsmitteln sind. Dies ist vornehmlich eine Frage ihrer **Elastizität**.

Die **quantitative fertigungstechnische Elastizität** entspricht dem Mengenspielraum für Änderungen der Ausbringung, wird also durch das Intervall zwischen Mindest- und Maximalkapazität bestimmt. Dabei spielt es aus Wirtschaftlichkeitsgründen eine Rolle, wie sich die Kosten (pro Mengeneinheit der Ausbringung) bei Abweichungen von der Optimalkapazität verhalten. Eine Anlage weist eine hohe **wirtschaftliche Elastizität** auf, wenn Änderungen der Ausbringung nur zu einer geringfügigen Kostenerhöhung führen, was zu den oben erwähnten Erleichterungen bei Harmonisierungsmaßnahmen führt.

Abb. 5.2 - 6 (entnommen aus ADAM 2001) zeigt **beispielhaft zwei Aggregate**, die sich sowohl in ihrer fertigungstechnischen als auch in ihrer wirtschaftlichen Elastizität unterscheiden. Der Tatbestand der dabei auch gezeigten Gegenläufigkeit von hoher (geringer) wirtschaftlicher Elastizität und relativ geringer (hoher) Wirtschaftlichkeit bei optimaler Auslastung ist ein in der Praxis häufig zu beobachtendes Phänomen. Welche Anlage hier letztlich die vorteilhafteste ist, kann nur in Abhängigkeit von den erwarteten Anforderungen an die Elastizität der Anlage entschieden werden.

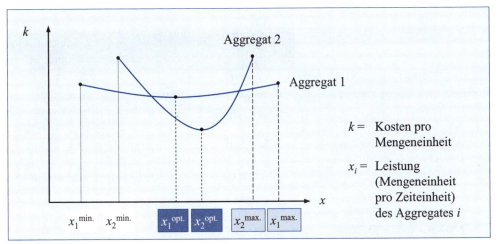

Abb. 5.2 - 6   Unterschiedliche fertigungstechnische Elastizität von Aggregaten

Ebenso wie die Kapazität weist auch die Elastizität stets eine qualitative Komponente auf. Die **qualitative fertigungstechnische Elastizität** ist nach RIEBEL (1954) dabei definiert als das Maß, in welchem sich ein Betriebsmittel an Änderungen in der Art und Güte von Erzeugnissen anpassen lässt. Treten Anforderungen auf, die solche Änderungen bedingen, so ist die qualitative Elastizität (Umstellungsfähigkeit) einer Anlage naturgemäß eine wesentliche Determinante für ihre (weitere) technische Eignung.

Als optimal gilt die (quantitative und qualitative) fertigungstechnische Elastizität eines Betriebsmittelbestandes allgemein, wenn dieser den für die Zwecke des betrieblichen Leistungsvollzuges günstigsten technischen Verfahren bestmöglich entspricht. Ein solcher Zustand wird als **verfahrenstechnisches Optimum** bezeichnet und ist immer dann gegeben, wenn die technischen Verfahren der Leistungserstellung so auf die Leistungsanforderungen abgestimmt sind, dass sich durch andere Verfahren oder Verfahrenskombinationen keine günstigeren Bedingungen für die Leistungserstellung erreichen lassen.

Technische Verfahren lassen sich nach verschiedenen **Merkmalen** kennzeichnen. Die drei für das Prinzip verfahrenstechnischer Entsprechung wichtigsten seien kurz beschrieben:

- Nach der **technologischen Basis** lassen sich mechanisch-technologische, chemisch-technologische oder biologisch-technologische Verfahren unterscheiden.
- Im Hinblick auf den Aspekt der **Mechanisierung/Automatisierung** lassen sich Verfahren danach charakterisieren,
  - welche Arten von Mechanismen Verwendung finden (Werkzeuge als einfache und Aggregate als komplexe Mechanismen; Aggregate mit Bewegungsvorgängen werden auch Maschinen, solche ohne Bewegungsvorgänge Apparate genannt),
  - auf welche Energiequellen zurückgegriffen wird und
  - wie groß der Mechanisierungs- bzw. Automatisierungsgrad ist (mit steigender Mechanisierung bedarf es für die Leistungserstellung bis zum Grenzfall der Vollautomatisierung immer weniger der Mitwirkung des Menschen).

Ein illustratives **Beispiel** für die kostenmäßigen Auswirkungen zunehmender Mechanisierung zeigt Abb. 5.2 - 7 (in Anlehnung an FUNKE/BLOHM 1969, S. 110).

auf die gleiche Leistung von 2.000 Stunden pro Jahr bezogener Faktoreinsatz	**Entwicklungsrichtung des Fortschritts**		
	a) konventionelle Drehmaschine	b) Einspindel-Halbautomat	c) Mehrspindel-Vollautomat
1. Abschreibung und Verzinsung des Kapitals als Ausdruck des Betriebsmitteleinsatzes	4.700 GE	13.400 GE	14.100 GE
2. Personalkosten	20.000 GE	4.300 GE	2.000 GE
3. Betriebsmittelkosten in Relation zu den Personalkosten	24 %	312 %	705 %
4. Kosten pro Arbeitsstunde	12,35 GE	8,85 GE	8,05 GE

Abb. 5.2 - 7   Substitution des Faktors Arbeit durch den Faktor Betriebsmittel

- Nach der **Prozessstruktur** können technische Verfahren schließlich danach unterschieden werden, ob bestimmte Arbeitsverrichtungen sachlich zentralisiert oder dezentralisiert sind (organisationstechnische Verfahrenstypen) und wie die einzelnen Teilprozesse der Leistungserstellung miteinander verknüpft sind (vergenztechnische Verfahrenstypen).
  - Aus organisatorischer Sicht führt die Zentralisation artgleicher Verrichtungen bei gleichzeitiger Dezentralisation der Arbeitsobjekte zur **Werkstattfertigung**. Dagegen ist die so genannte **Straßenfertigung** gekennzeichnet durch Dezentralisation der Verrichtungen, die nach den zentralisierten Objekten der Leistungserstellung, also entsprechend dem Objektdurchlauf, angeordnet sind. Der Begriff der **Fließfertigung** umreißt den Sonderfall der Straßenfertigung mit kontinuierlichem Objekttransport sowie mit Zeitzwang für die einzelnen Verrichtungen.

5.2 Bereitstellungsplanung

– Aus der Blickrichtung vergenztechnischer Verfahren können **Parallelprozesse, konvergieren-de** (synthetische, zusammenfassende) und **divergierende** (analytische, zerlegende) **Prozesse** unterschieden werden. Typische Beispiele für konvergierende Prozesse sind Montage- und Mischprozesse, während als Beispiel für divergierende Prozesse vor allem die Spaltprozesse in der chemischen Industrie zu nennen sind. Neben diesen reinen Grundformen treten in der Realität zahlreiche Mischformen auf, wie beispielsweise der Hochofenprozess, die sowohl konvergierende als auch divergierende Prozesselemente aufweisen.

Für die Frage nach dem **Grad der verfahrensmäßigen Entsprechung** eines Betriebsmittelbestandes ist auszugehen von den konkreten Leistungszielen und -bedingungen, aus denen sich die jeweiligen verfahrenstechnischen Anforderungen ableiten lassen. Aus der Vielzahl der Aspekte, die in diesem Zusammenhang zu erwähnen wären (z.B. die verfahrenstechnischen Anforderungen, die sich aus den erstrebten Produktqualitäten und den Eigenschaften der verwendeten Werkstoffe ergeben), sei im Folgenden lediglich der verfahrenstechnische Zusammenhang zwischen **Leistungsprogrammtyp** (vgl. S. 48ff.) einerseits und der organisatorischen Prozessstruktur sowie dem Aspekt der Mechanisierung/Automatisierung andererseits herausgegriffen:

Individual- und Kleinserienprogramme setzen wegen der im Zeitablauf häufig wechselnden Leistungsanforderungen ein hohes Maß an fertigungstechnischer Elastizität der Betriebsmittel voraus. Die Einzel- und Kleinserienfertigung ist damit der typische Anwendungsbereich der so genannten Universalwerkzeuge, -maschinen und -apparaturen, die vielseitig verwendbar und einsetzbar sind. Ihre verfahrenstechnische Entsprechung finden sie vorwiegend im Rahmen der mehr oder weniger handwerklich geprägten Werkstattfertigung. Im Allgemeinen gilt, dass Mehrzweckbetriebsmittel unwirtschaftlicher arbeiten als spezialisierte Einzweckbetriebsmittel (Spezialwerkzeuge, -maschinen und -apparaturen). Letztere können wegen ihrer geringeren fertigungstechnischen Elastizität aber nur dann optimal ausgelastet werden, wenn keine oder zumindest keine häufigen Umdispositionen der Fertigung notwendig sind. Dies ist vor allem bei **Massenprogrammen**, aber prinzipiell auch bei **Großserien- und Sortenfertigung** gegeben. Hier können die Vorteile der Straßenfertigung und Automatisierung in hohem Maße genutzt werden, sodass Einzweckbetriebsmittel vor allem bei diesen Programmtypen ihre verfahrenstechnische Entsprechung finden.

5.2.4   Materialbereitstellung

Die betrieblichen Potenzialfaktoren (menschliche Arbeit und Betriebsmittel) bilden in ihrem kombinierten Zusammenwirken gleichsam den Rahmen für den Einsatz der Werkstoffe in dem Leistungsprozess. Die **Werkstoffe** (= Material) gehen dabei als **Grundstoffe** (= Erzeugungshauptstoffe) oder **Hilfsstoffe** unmittelbar in die Erzeugnisse ein bzw. dienen als **Betriebsstoffe** (z.B. Energie, Büromaterial) der Aufrechterhaltung des betrieblichen Leistungsprozesses.

Die Werkstoffe (Materialien) beeinflussen die **Ergiebigkeit** und damit die Wirtschaftlichkeit betrieblicher Faktorkombinationen auf vielfältige Weise, wobei prinzipiell zwei Gruppen von **Bestimmungsgrößen**, die nicht unabhängig voneinander sind, unterschieden werden können:

- die Beschaffenheit der verwendeten Werkstoffe und
- die primär mengen-, ort- und zeitbezogene Verfügbarkeit der zur Leistungserstellung erforderlichen Werkstoffe.

Diesen beiden Einflussgrößen entsprechend kann von einem **materialwirtschaftlichen Optimum**, also von einem fertigungstechnischen Optimum des dritten Produktivfaktors dann gesprochen werden, wenn es gelingt,

- materialbedingte Unproduktivitäten zu minimieren und
- die Verfügbarkeit der zur Leistungserstellung benötigten Werkstoffe bei Minimierung der Materialbereitstellungskosten sicherzustellen.

Die Verwirklichung des materialwirtschaftlichen Optimums setzt die **Lösung einer Vielzahl von Teilproblemen** voraus. Zu den wichtigsten zählen (vgl. GROCHLA 1992):

- Das **Mengenproblem**. Damit sich der Produktionsablauf ohne Störungen vollziehen kann, müssen zum Zeitpunkt des Bedarfs die benötigten Mengen zur Verfügung stehen. Dies macht eine Abstimmung sowohl mit der Fertigung als auch mit den Zulieferern erforderlich.

- Das **Sortimentsproblem**. In der Regel liegen weder Art noch Qualität der zu verwendenden Materialen so eindeutig fest, dass keinerlei Entscheidungsspielraum verbleibt. Daher entsteht häufig ein Sortimentsproblem, dessen Lösung sowohl in der Festlegung anforderungsgerechter (Minimal-) Qualitäten für verwendete Werkstoffe als auch in einer möglichst weitgehenden Verringerung der Sortimentsbreite und -tiefe (bzw. in der Verhinderung einer notwendigen Ausweitung des vorhandenen Materialsortiments) gesehen werden muss.

- Das **Raumüberbrückungsproblem**. Dieses stellt sich im Wesentlichen als Transportaufgabe dar, die von der modernen Verkehrstechnik aus gesehen zwar als weitestgehend gelöst angesehen werden kann, mit der aber auch heute noch Risiken verbunden sein können (etwa die Gefahr von Verspätungen, Qualitätseinbußen durch den Transport u.Ä.).

- Das **Zeitproblem**. Dieses mit dem Transportproblem eng verbundene Teilproblem bezieht sich auf die Zeitspanne zwischen Materialbeschaffung und -verwendung und ist gekennzeichnet durch Problemstellungen wie das Timing von Materialeinkäufen bei schwankenden Preisen, den Ausgleich von unterschiedlichen Beschaffungs- und Produktionsrhythmen oder die Steuerung von Reifeprozessen während der Lagerung.

- Das **Kapitalproblem**. Bei Kapitalknappheit ergibt sich die Notwendigkeit, eine möglichst hohe Umschlagshäufigkeit des Materials zu erreichen. Dies erfordert eine präzise Planung und Überwachung der Materialbewegungen und -bestände.

- Das **Kostenproblem**. Alle genannten Teilprobleme berühren direkt oder indirekt Kostenaspekte, und ihre Lösung hat sich somit letztlich unter dem Aspekt der Kostenoptimierung bei Berücksichtigung der Sicherung eines kontinuierlichen Produktionsvollzugs zu vollziehen.

Die zur Erreichung des materialwirtschaftlichen Optimums erforderlichen Maßnahmen sind abhängig von den konkreten betrieblichen Gegebenheiten, die ihrerseits die Anwendung ganz unterschiedlicher Materialbereitstellungsprinzipien nahe legen. Weiterhin ist die Beachtung des Art-Mengen-Wert-Verhältnisses und der Verbrauchsstruktur der Materialien von Bedeutung (vgl. GROCHLA 1992).

Aus den grundsätzlich bestehenden Möglichkeiten, die **Deckung des Materialbedarfs** mit oder ohne Vorratshaltung durchzuführen, wobei im letzteren Fall noch zu differenzieren wäre, ob die Bereitstellung aufgrund eines speziellen Einzelbedarfs oder aufgrund eines irgendwie definierten Gesamtbedarfs vorgenommen wird, lassen sich **drei grundlegende Materialbereitstellungsprinzipien** ableiten:

5.2 Bereitstellungsplanung

(1) Prinzip der Einzelbeschaffung im Bedarfsfall:

Die Anwendung dieses Prinzips bedeutet, dass das erforderliche Material **fallweise jeweils bei Auftreten eines entsprechenden Bedarfs** beschafft wird. Es ist einsichtig, dass eine solche Lösung des Bereitstellungsproblems praktisch nur für die am Markt sofort beschaffbaren Güter sowie für den nicht vorhersehbaren und nicht zu planenden Materialbedarf in Frage kommen wird.

(2) Prinzip der Vorratshaltung:

Hier werden die Werkstoffe **auf Vorrat beschafft** und im eigenen Betrieb auf Abruf gehalten, um sie bei einem auftretenden Bedarf sofort greifbar zu haben. Vorratshaltung ist der materialwirtschaftliche Normalfall für Güter, die nicht sofort am Markt beschaffbar sind und damit eine gewisse Beschaffungszeit aufweisen. Ohne Hinnahme von Stockungen in den nachgelagerten Prozessphasen ist eine Einzelbeschaffung im Bedarfsfall dann nicht durchzuführen. Allerdings kommt eine Anwendung des Prinzips der Vorratshaltung naturgemäß nur für den zumindest in gewisser Weise vorhersehbaren Bedarf und auch nur für nicht verderbliche Güter, deren Qualität also durch die Lagerhaltung nicht wesentlich beeinträchtigt wird, in Betracht.

(3) Prinzip einsatzsynchroner Anlieferung:

Hier werden die Lieferanten mit Hilfe bindender Lieferverträge veranlasst, an festen Terminen, die sich durch den Produktionsablauf ergeben, das erforderliche Material zu liefern (**„Just-in-Time"-Lieferung**). Eine Vorratshaltung erübrigt sich damit weitgehend. Allenfalls werden noch Reservebestände für den Fall von Lieferungsengpässen gehalten. Es ist offensichtlich, dass die Anwendung des Prinzips fertigungssynchroner Anlieferung nur für den Teil des genau vorhersehbaren Güterbedarfs (also vornehmlich in der Großserien- und Massenfertigung) möglich ist und auch nur bedeutenden Unternehmungen offen steht, die in der Lage sind, ihre Lieferanten entsprechend zu binden.

Die im Rahmen der drei Bereitstellungsprinzipien zur Optimierung des materialwirtschaftlichen Problemkomplexes erforderlichen Maßnahmen sind zweckmäßigerweise nach Maßgabe

(a)   des **Art-Mengen-Wert-Verhältnisses** und

(b)   der **Verbrauchsstruktur**

der Materialien zu differenzieren (vgl. GROCHLA 1992):

Zu (a)   Art-Mengen-Wert-Verhältnis:

Das Art-Mengen-Wert-Verhältnis gibt Aufschluss über die Relation zwischen dem prozentualen Anteil einer Materialart(-gruppe) an der **Gesamtmenge** des bewirtschafteten Materials zu dem prozentualen Anteil des Verbrauchswertes dieser einen Materialart(-gruppe) am **Gesamtwert** des bereitgestellten Materials (bezogen auf eine bestimmte Periode).

Üblicherweise werden **drei Klassen** von Material (A, B, C) gebildet, wobei sich in der Regel zeigt, dass ein verhältnismäßig großer Wertanteil auf nur einen geringen Mengenanteil entfällt (A-Materialien) bzw. umgekehrt, dass ein relativ großer Mengenanteil von Materialien gestellt wird, die insgesamt nur einen geringen Wertanteil aufweisen (C-Materialien). Bei B-Materialien ist dagegen das Mengen-Wert-Verhältnis verhältnismäßig ausgeglichen.

Für diese Vorgehensweise der Materialklassifizierung hat sich in der Praxis die Bezeichnung **ABC-Analyse** durchgesetzt (vgl. für ein Beispiel Abb. 5.2 - 8, in Anlehnung an GÜNTHER/ TEMPELMEIER 2005, S. 178). Sie bildet eine wichtige Grundlage für eine sinnvolle Differenzierung von Materialbereitstellungsmaßnahmen. So wird z.B. der Einsatz von sehr präzisen, aber auch entsprechend aufwendigen Verfahren zur Planung und Kontrolle von Bereitstellungsprozessen im Wesentlichen wohl nur bei Materialien der Klasse A gerechtfertigt sein, wohingegen es etwa für C-Materialien ausreichen wird, möglichst einfache und kostengünstige Verfahren anzuwenden.

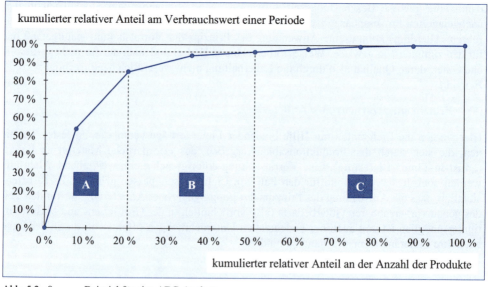

Abb. 5.2 - 8   Beispiel für eine ABC-Analyse

Zu (b)   Verbrauchsstruktur der Materialien:

Nach ihrer **zeitlichen Verbrauchsstruktur** lassen sich Materialien ebenfalls in **drei Gruppen** aufteilen:

- Materialien, die in relativ konstanter Menge pro Zeiteinheit verbraucht werden (**R-Material**)
- Materialien, deren Verbrauchsmuster einen saisonal und/oder konjunkturell schwankenden Verlauf um einen bestimmten Mittelwert oder Trend aufweist (**S-Material**)
- Materialien mit völlig unregelmäßigem, nicht vorhersehbarem Verbrauch (**U-Material**)

Bezogen auf die genannten Materialbereitstellungsprinzipien wird eine gewisse Tendenz bestehen, für U-Material das Prinzip der Einzelbeschaffung im Bedarfsfall anzuwenden, während für R-Material vor allem die einsatzsynchrone Anlieferung und für S-Material die Vorratshaltung in Frage kommt.

5.2 Bereitstellungsplanung 253

Nur erwähnt sei, dass es unter Umständen zweckmäßig sein kann, die genannten **Gliede-rungsmerkmale** (a) und (b) auch miteinander **zu kombinieren**, was dann zu insgesamt neun unterschiedlichen Materialklassen führt und eine differenzierte Feinanalyse des materialwirt-schaftlichen Problemkomplexes erlaubt.

Die **Planung der Materialbereitstellung** dient der Verwirklichung des materialwirtschaftli-chen Optimums. Sie lässt sich (analog zur Planung der Bereitstellung von Arbeitskräften und Betriebsmitteln) in **mehrere Stufen** unterteilen:

(1) Planung des Materialbedarfs

(2) Planung der Materialbeschaffung

(3) Planung der Materialvorratshaltung

Zu (1)   Planung des Materialbedarfs:

Ziel der Materialbedarfsplanung ist

(1a) die **Bestimmung des optimalen Material-Sortiments** (bei gegebenem Produktions-programm) sowie

(1b) die **Festlegung der** im Rahmen eines gegebenen Sortiments in der Planungsperiode **be-nötigten Materialmengen**.

Zu (1a)   Sortimentsoptimierung:

Die Sortimentsoptimierung umfasst generell Maßnahmen mit dem gemeinsamen Ziel, materi-albedingte „Unproduktivitäten" zu minimieren. Diese haben ihre Ursache in zwei Hauptfakto-ren:

- Unzweckmäßige **Materialeigenschaften** führen zu vermeidbaren Materialabfällen oder beschränken zumindest deren Verwertbarkeit als Nebenprodukte. Sie können auch einen vermehrten Ausschuss (= unbrauchbare Erzeugnisse) bewirken, was schon deshalb beson-ders ins Gewicht fällt, weil nicht nur die fehlerhaften Materialien, sondern auch die mit-verarbeiteten Werkstoffe und die im Zuge der Fertigung bereits eingesetzten Arbeitsleis-tungen und Betriebsmittelnutzungen verschwendet sind. Unzweckmäßige Materialeigen-schaften liegen aber auch vor, wenn eine ungünstige Formgebung die Bearbeitung des Werkstoffs erschwert. Das gleiche gilt für physikalische Eigenschaften, wie etwa ein unnö-tig hoher Material-Widerstand, der sich in der Regel negativ auf die Länge der Bearbei-tungszeit auswirkt.

- Eine zu weit getriebene **Materialvielfalt** wirkt sich ebenfalls störend auf die Wirtschaft-lichkeit betrieblicher Leistungsprozesse aus. Sie wird durch eine gezielte Sortimentsauslese beseitigt. Dazu zählt zum einen die möglichst weitgehende Verwendung genormten Mate-rials. Denn genormtes Material erfordert in der Regel eine geringere Bearbeitungszeit und geringeren Aufwand an Betriebsmittelnutzungen und Arbeitsleistungen als nicht genormte Sonderanfertigungen. **Materialnormen**, die vor allem als Typennormen (Abmessungs-normen) und/oder als Gütenormen vorkommen, wirken dabei umso zeit- und arbeitsspa-render, je mehr Objekte hiervon erfasst sind und je umfassender der Geltungsbereich ist. Sie fördern darüber hinaus die Spezialisierung und Automatisierung und wirken sowohl materialsparend als auch auf eine Verminderung der notwendigen Lagervorräte hin. Ähnli-che Rationalisierungseffekte ergeben sich durch eine **Typenbereinigung** im Produktions-programm. Hierunter versteht man eine entsprechende Reduzierung der Ausführungsfor-

254   Fünftes Kapitel: Betriebliche Leistungsprozesse

men von Erzeugnissen, wobei es weniger darum geht, die Produktarten zu beschränken, als vielmehr darum, eine Mehrfachverwendung der Einsatzstoffe zu erreichen. Das bei einer Typenbereinigung anzustrebende Ziel ist also letztlich in der Einführung des **Baukastensystems** zu sehen.

Zu (1b)   Festlegung der im Rahmen eines gegebenen Sortiments in der Planungsperiode benötigten Materialmengen:

Für die Ermittlung der **Materialbedarfsmenge** (bei gegebenem Sortiment) können grundsätzlich zwei verschiedene Verfahren angewandt werden (vgl. ausführlich GROCHLA 1992): die programmgebundene Bedarfsplanung als deterministisches Verfahren und die verbrauchsgebundene Bedarfsplanung als stochastisches Verfahren.

Die **programmgebundene Bedarfsplanung** leitet den Materialbedarf unmittelbar aus dem Produktionsprogramm der Planungsperiode ab.

Hilfsmittel hierfür sind Stücklisten und Rezepte. **Stücklisten** sind Verzeichnisse, in denen die genaue strukturelle und mengenmäßige Stoffzusammensetzung eines Erzeugnisses festgehalten wird. Das gleiche gilt für **Rezepte**, die als Fertigungsvorschrift speziell in Betrieben der chemischen Industrie die Materialzusammensetzung und den Herstellungsablauf der Produkte angeben.

Um den konkreten Materialbedarf einer Periode zu ermitteln, stehen verschiedene Verfahren zur Verfügung. Die **analytische Methode** geht von dem einzelnen Fertigungserzeugnis und der dazugehörigen Stückliste aus und ermittelt den Bedarf aus der Multiplikation der Erzeugnismengen mit den entsprechenden Materialmengenangaben der Stückliste. Im Gegensatz hierzu setzt die **synthetische Methode** an den einzelnen Bauteilen und Rohmaterialien an und prüft, in welchen Mengen diese in dem geplanten Produktionsprogramm enthalten sind. Eine Weiterentwicklung der analytischen und synthetischen Methode ist die Bedarfsermittlung nach der **Gozinto-Methode** (VAZSONYI 1962), bei der die Zusammensetzung eines oder mehrerer Erzeugnisse mittels Graphen bzw. Matrizen dargestellt wird (vgl. Abb. 5.2 - 9).

Die Knoten des Gozinto-Graphen stellen dabei die Rohmaterialien, Teile oder Fertigerzeugnisse dar, während die Pfeile den Bedarfszusammenhang kennzeichnen. Die numerische Darstellung erfolgt mithilfe einer Matrix, wobei eine Direktbedarfs-Matrix und eine Gesamtbedarfs-Matrix unterschieden werden. Letztere entsteht mathematisch durch Inversion der Matrix, die sich als Differenz zwischen Einheits-Matrix und Direktbedarfs-Matrix ergibt. Spaltenweise gelesen, zeigt die Gesamtbedarfs-Matrix den Mengenbedarf an Material für jeweils eine Mengeneinheit der verschiedenen Teil- und Fertigerzeugnisse. Die Zeilen der Gesamtbedarfs-Matrix stellen demgegenüber Teileverwendungsnachweise dar.

Die programmgebundene Bedarfsplanung erstreckt sich in der Praxis vorwiegend auf hochwertige Erzeugnishauptstoffe. Für Hilfs- und Betriebsstoffe sowie geringwertige Erzeugnishauptstoffe ist in der Regel die **verbrauchsgebundene Bedarfsplanung** vorteilhafter.

Voraussetzung für die verbrauchsgebundene Bedarfsplanung ist die genaue Kenntnis des Materialverbrauchs in der Vergangenheit einschließlich aller Einflussgrößen, die den Verbrauch quantitativ und qualitativ bestimmen. Denn nur so kann die Prognose des Materialbedarfs auf der Grundlage von Vergangenheitswerten einigermaßen zuverlässig erfolgen. Hilfsmittel der verbrauchsgebundenen Bedarfsplanung sind deshalb zum einen korrekt geführte Materialbestands- und -bewegungsrechnungen, aus denen der Materialverbrauch der

5.2 Bereitstellungsplanung

Vergangenheit hinreichend genau ermittelt werden kann. Zum anderen sind leistungsfähige Prognoseverfahren unentbehrlich, die aus den ermittelten Verbrauchswerten der Vergangenheit Bedarfswerte für die Zukunft extrapolieren (vgl. hierzu S. 211 ff.).

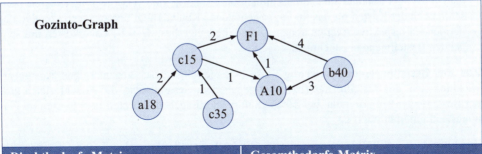

Abb. 5.2 - 9 Bedarfsermittlung nach der Gozinto-Methode

Zu (2) Planung der Materialbeschaffung:

Aufgabe der Materialbeschaffungsplanung ist es, den ermittelten Materialbedarf der Planungsperiode zum richtigen Zeitpunkt, beim richtigen Lieferanten zu günstigsten Konditionen einzukaufen. Bei Vorratshaltung wird diese Aufgabe, also den Beschaffungsvollzug zu planen, ergänzt durch die Beschaffungsmengenoptimierung, bei der es darum geht, den ermittelten Gesamtbedarf (nach Berücksichtigung von verwendbaren Lagerbeständen) in wirtschaftliche Einkaufslosgrößen aufzuteilen.

Im Folgenden werden diese beiden Aufgaben, die im Rahmen der Planung der Materialbeschaffung relevant sind,

(2a) die **Optimierung der Beschaffungs- bzw. Bestellmenge** und

(2b) die **Planung des Beschaffungsvollzugs**

näher beleuchtet.

Zu (2a) Optimierung der Beschaffungs- bzw. Bestellmenge:

Das Problem der Beschaffungs-(Bestell-)mengenoptimierung besteht in der Grundversion darin, **zwei gegensätzliche Kostenentwicklungen** auszugleichen:

- **Bestellfixe Kosten** fallen bei jeder Bestellung unabhängig von der Größe der Bestellung an. Zu solchen Bestellkosten zählen etwa Meldekosten, Kosten der Bestellabwicklung, Buchungs- und Schreibkosten, Kosten der Materialannahme usw. Bestellkosten wachsen im Planungszeitraum mit der Anzahl der Bestellungen.

- Je häufiger bestellt wird, umso kleiner sind die einzelnen Bestellmengen (bei einem gegebenen Gesamtbedarf pro Planungsperiode). Kleine Bestellmengen aber haben zur Folge, dass die Lagerbestände im Durchschnitt relativ niedrig sind. Da die **Lagerkosten** (einschließlich der Kosten für das im Lager gebundene Kapital) aber überwiegend von den Lagermengen respektive -werten abhängig sind, bedeutet dies, dass die Lagerkosten mit steigenden Bestellmengen zunehmen.

Ziel der Bestellmengenoptimierung muss es angesichts dieser gegenläufigen Kostenentwicklung sein, die Bestellmenge (bzw. bei gegebenem Gesamtbedarf die Anzahl gleich großer Bestellungen) zu ermitteln, bei der die Summe der Lager- und bestellfixen Kosten im Planungszeitraum minimiert ist.

Zur Lösung dieses Problems kann die klassische **Losgrößenformel** verwendet werden. Sie bestimmt sich aus folgenden Überlegungen (vgl. ADAM 2001):

Die Lagerkosten je Bestellung K_L belaufen sich auf:

$$K_L = \text{Ø Lagerbestand} \cdot \text{Lagerzeit} \cdot \text{Lagerkostensatz}$$

$$K_L = \frac{M}{2} \cdot \frac{M}{V} \cdot c_L \qquad\qquad [5.2 - 1]$$

mit: K_L = Lagerkosten je Bestellung [GE]
M = Bestellmenge [ME]
V = Lagerabgangsgeschwindigkeit [ME/ZE]
c_L = Lagerkostensatz [(GE/ME)/ZE]

Aus den Lagerkosten je Bestellung lassen sich die Lagerkosten je Stück k_L ableiten:

$$k_L = \frac{K_L}{M} = \frac{M}{2V} \cdot c_L \qquad\qquad [5.2 - 2]$$

mit: k_L = Lagerkosten je Sück [GE]

Bezeichnet man die bestellfixen Kosten mit C_B, so beträgt die Summe der bestellfixen Kosten je Stück sowie der Lagerkosten je Stück – in Abhängigkeit von der Bestellmenge M – entsprechend

$$k(M) = \text{bestellfixe Kosten pro Stück} + \text{Lagerkosten pro Stück}$$

$$k(M) = \frac{C_B}{M} + \frac{M}{2V} \cdot c_L \qquad\qquad [5.2 - 3]$$

mit: k = Gesamtkosten pro Stück [GE]
C_B = bestellfixe Kosten [GE]

Für die Ermittlung der optimalen Bestellmenge ist die Gleichung für die **Kosten pro Stück zu minimieren**. Dafür ist die Gleichung nach M zu differenzieren, die erste Ableitung gleich null zu setzen und nach M aufzulösen. Somit ergibt sich die Formel für die optimale Bestellmenge:

5.2 Bereitstellungsplanung

$$M_{\text{opt.}} = \sqrt{\frac{2V \cdot C_B}{c_L}} \quad [5.2-4]$$

Abb. 5.2 - 10 verdeutlicht die formal hergeleiteten Zusammenhänge **graphisch**: Die optimale Bestellmenge wird durch den Schnittpunkt der bestellfixen Kosten und der Lagerkosten je Stück bestimmt.

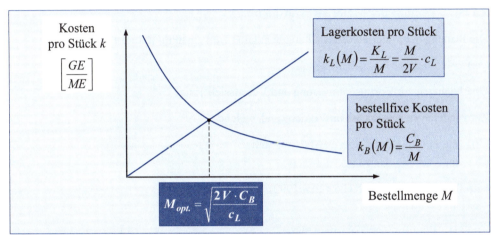

Abb. 5.2 - 10   Graphische Lösung des Grundmodells der optimalen Bestellmenge

Das Grundmodell arbeitet mit einer Reihe von **Prämissen**, die in der Realität häufig nicht gegeben sind:

- konstante Lagerabgangsgeschwindigkeit (keine Bedarfsschwankungen im Planungszeitraum),
- konstante Einstandspreise (keine Mengenrabatte und Transportkostenstaffelungen),
- frei wählbare Anlieferungszeitpunkte und
- keine Lagerungs- und Finanzierungsrestriktionen.

In der Literatur sind daher auch eine Vielzahl von Ansätzen entwickelt worden, die diese engen Prämissen des Grundmodells aufgeben und durch realistischere Annahmen ersetzen (vgl. die Übersicht bei GROCHLA 1992).

Zu (2b)   Planung des Beschaffungsvollzugs:

Bei der Planung des Beschaffungsvollzugs ist eine Vielzahl von **Teilfragen** zu klären. Zu den wichtigsten zählen:

- Die Wahl des **Beschaffungsweges** im Rahmen bestehender Wahlmöglichkeiten (Direktbezug vom Erzeuger, Bezug über den Handel, Bezug aus dem Ausland usw.).
- Die Wahl des **Lieferanten** (Kriterien hierfür sind u.a. Beschaffungskosten, Zuverlässigkeit, Produktqualität, Lieferzeiten, Standort, Sicherung der Unabhängigkeit u.Ä.). Die Lie-

ferantenauswahl ist häufig so eng mit der Wahl des Beschaffungsweges verknüpft, dass das eine häufig das andere determiniert.

- Die Planung der **Beschaffungszeit.** Hierbei ist der innerbetriebliche Zeitaufwand von der Bedarfsfeststellung bis zur Auftragserteilung ebenso zu berücksichtigen wie die anschließende Liefer- und Transportzeit des Materials. Ziel muss es sein, die Beschaffung so rechtzeitig einzuleiten, dass keine Materialengpässe auftreten.

Zu (3)   Planung der Materialvorratshaltung:

Die Planung der Materialvorratshaltung beinhaltet zum einen im Rahmen der

(3a) Planung der Vorratsmenge

Überlegungen zur Vorratsoptimierung und Vorratssicherung.

Zum anderen stehen Fragen im Vordergrund, welche

(3b) die Planung der Lagerausstattung und
(3c) die Planung des Lagerstandorts

betreffen (vgl. ausführlich GROCHLA 1992).

Zu (3a)   Planung der Vorratsmenge:

Die Planung der Vorratsmenge berührt grundsätzlich **zwei Problemkomplexe**: die Vorratsoptimierung und die Vorratssicherung.

Ersteres – die **Vorratsoptimierung** – ist bereits behandelt worden. Denn die Optimierung der Bestellpolitik mit Hilfe des Modells der optimalen Bestellmenge führt zwangsläufig zu einer gleichfalls optimalen Vorratspolitik, weil sich ja aus der Bestellmenge unmittelbar auch der (durchschnittliche) Lagerbestand herleitet (vgl. S. 256f.).

Was die **Vorratssicherung** betrifft, so äußert sich diese im Streben nach kontinuierlicher Versorgung der Fertigung mit Material bzw. nach Vermeidung von Materialengpässen. Gefordert wird demnach, im Einsatzlager stets genügend Material für die Fertigung auf Abruf zu halten. Eine solche Sicherung erfolgt häufig durch Einführung eines **Meldebestandes**, der eine bestimmte untere Bestandsgröße im Einsatzlager fixiert, bei der eine Meldung an den Einkauf zwecks Auffüllung des Lagers zu erfolgen hat. Die **Höhe** dieses Meldebestandes ist abhängig von (vgl. Abb. 5.2 - 11)

- der Lagerabgangsgeschwindigkeit,
- der Beschaffungszeit und
- dem Risiko, dass sich die durchschnittliche Abgangsgeschwindigkeit und/oder die Beschaffungszeit ändern.

Kein Meldebestand ist erforderlich, wenn entweder die Beschaffungszeit gegen null tendiert oder – bei nicht kontinuierlichem Lagerabgang – der Zeitraum zwischen zwei Lagerentnahmen größer ist als die Beschaffungszeit.

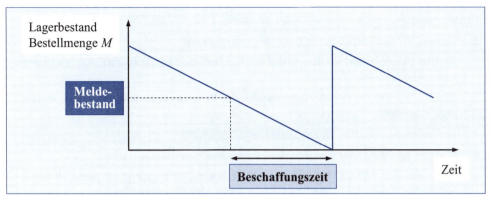

Abb. 5.2 - 11   Meldebestand bei kontinuierlicher Lagerentnahme sowie deterministischer Lagerabgangsgeschwindigkeit und Beschaffungszeit

Zu (3b)   Planung der Lagerausstattung:

Die Planung der Lagerausstattung hat sich in erster Linie an den stofflichen Eigenschaften der gelagerten Objekte zu orientieren. So muss etwa die **Lagerbauart** derart beschaffen sein, dass eine mögliche Qualitäts- und Quantitätsminderung der Lagergüter auf ein Mindestmaß beschränkt wird und zugleich etwaige Sicherheitsvorschriften erfüllt werden. Für die Wahl der **Lagereinrichtung** und der besonderen **Lagerhilfsmittel** gelten ähnliche Kriterien, wenngleich diese natürlich eingebettet sein sollten in übergeordnete Produktivitäts- und Kostenüberlegungen, wie sie für Betriebsmittel allgemein gelten (vgl. S. 243ff.).

Zu (3c)   Planung des Lagerstandorts:

Die Planung des Lagerstandorts berührt die räumliche Gesamtstruktur der betrieblichen Leistungserstellung. Ziel ist es in der Regel, die Materiallagerstandorte so zu fixieren, dass die gesamten **Transportkosten** (die als Funktion der Entfernung zwischen Lagerstandort und Verbrauchsort, der Transportmenge pro Planungsperiode sowie der Transportkosten pro Mengen- und Entfernungseinheit zu betrachten sind) minimiert werden. Zur Lösung dieser Problemstellung sind eine Vielzahl heuristischer und analytischer Verfahren entwickelt worden (vgl. die Übersicht bei GROCHLA 1992).

Nur erwähnt sei, dass im Bereich der Materialwirtschaft immer häufiger der Begriff der **Logistik** verwendet wird. Ursprünglich aus dem militärischen Bereich kommend, wird in der Praxis hierunter vor allem die physische Materialbereitstellung verstanden. Dazu zählen also insbesondere die Maßnahmen, die den Transport und die Lagerung der benötigten Materialmengen regeln (vgl. GÜNTHER/TEMPELMEIER 2005, S. 247f.). In einem weiteren Sinne wird allerdings teilweise sogar die gesamte Materialwirtschaft unter dem Begriff der (Beschaffungs-)Logistik subsumiert.

260 Fünftes Kapitel: Betriebliche Leistungsprozesse

Fragen und Aufgaben zur Wiederholung (5.2: S. 237 – 259)

1. Nennen Sie die Aufgaben der Bereitstellungsplanung!

2. Welche Bereitstellungskosten sollten in einer betriebswirtschaftlichen Analyse Berücksichtigung finden?

3. Beschreiben Sie die verschiedenen Stufen der Personalbereitstellung in ihren wesentlichen Aspekten!

4. Definieren Sie den Begriff der „Arbeitsproduktivität"!

5. Welches sind die Determinanten der Ergiebigkeit menschlicher Arbeit?

6. Unter welchen Umständen kann von einer optimalen Ergiebigkeit menschlicher Arbeitsleistung gesprochen werden?

7. Aus welchen Komponenten setzt sich die Auftragszeit (= Vorgabezeit für die Erledigung eines Auftrags) (nach REFA) für den Faktor „Arbeit" zusammen?

8. Welche Maßnahmen können ergriffen werden, um die Leistungsmotivation der Mitarbeiter zu erhöhen?

9. Skizzieren Sie ausgewählte Modelle der Arbeitsorganisation!

10. In welchen Phasen läuft die Planung der Betriebsmittelbereitstellung ab?

11. Welche Determinanten haben Einfluss auf die Produktivität des Betriebsmitteleinsatzes?

12. Zerlegen Sie die Belegungszeit (= Vorgabezeit für die Belegung eines Betriebsmittels durch einen Auftrag) (nach REFA) in ihre Komponenten!

13. Grenzen Sie Maximal-, Mindest- und Optimalkapazität sowie quantitative und qualitative Kapazität voneinander ab!

14. Diskutieren Sie Möglichkeiten und Probleme einer optimalen Harmonisierung der Kapazität des Betriebsmittelbestandes!

15. Inwiefern ist die (quantitative und qualitative) Elastizität des Betriebsmittelbestandes von Bedeutung für das verfahrenstechnische Optimum?

16. Nach welchen Merkmalen würden Sie technische Verfahren kennzeichnen?

17. Beschreiben Sie die Verfahrenstypen: Werkstattfertigung, Straßenfertigung, Fließfertigung!

18. Welche Einflussgrößen determinieren das materialwirtschaftliche Optimum, und welche wichtigen Teilprobleme sind im Zusammenhang damit zu lösen?

19. Welches sind die drei grundlegenden Materialbereitstellungsprinzipien? Erläutern Sie diese zudem!

20. Skizzieren Sie das Vorgehen bei einer ABC-Analyse!

21. Wie werden Materialien nach ihrer zeitlichen Verbrauchsstruktur klassifiziert, und welche Bereitstellungsprinzipien bieten sich jeweils an?

22. In welchen Stufen vollzieht sich die Materialbereitstellungsplanung?

23. Welche Vorgehensweisen bieten sich an bei der Ermittlung der Materialbedarfsmenge?

5.2 Bereitstellungsplanung

24. Skizzieren Sie die Überlegungen und Prämissen, die einer Beschaffungsmengenoptimierung zugrunde liegen, und leiten Sie die klassische Formel für die optimale Bestellmengen ab!

25. Welche Fragen stehen im Zusammenhang mit einer Planung des Beschaffungsvollzugs?

26. Welche verschiedenartigen Überlegungen beinhaltet die Planung der Materialvorratshaltung?

27. Wie kann man Materialengpässe vermeiden, und welche Komponenten sind dabei zu berücksichtigen?

28. Grenzen Sie den Begriff der Logistik ab!

5.3 Produktionsplanung

5.3.1 Gegenstand der Produktionsplanung

5.3.1.1 Die Teilpläne betrieblicher Produktionspolitik

Der Bereitstellung der Produktionsfaktoren schließt sich die Phase der eigentlichen betrieblichen Leistungserstellung an. Sie stellt ihrem Wesen nach einen **Kombinationsprozess** dar, in dessen Verlauf Produktionsfaktoren in absatzreife Produkte (Sach- und/oder Dienstleistungen) transformiert werden.

Ebenso wie die Bereitstellungsplanung lässt sich auch die Planung betrieblicher Produktionsprozesse in eine Reihe von **Teilplanungen** zerlegen, die jede ein spezifisches Teilproblem der Produktionsplanung ansprechen. Abb. 5.3 - 1 gibt einen diesbezüglichen Überblick (vgl. ADAM 2001), wobei sich die angegebenen Ziffern auf die folgenden Erläuterungen im Text beziehen.

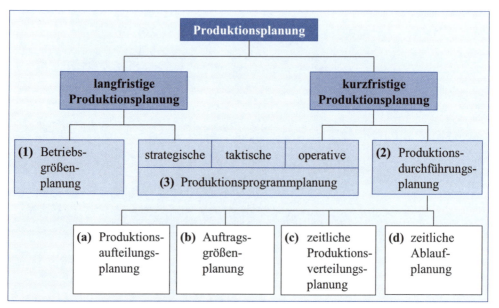

Abb. 5.3 - 1   Teilpläne betrieblicher Produktionspolitik

Von **kurzfristiger Produktionsplanung** wird gesprochen, wenn Entscheidungen die Kapazität des Betriebes als gegeben hinnehmen. Hierzu zählt die Produktionsdurchführungs- und die operative Programmplanung.

Dagegen liegt **langfristige Produktionsplanung** dann vor, wenn die Kapazität, also die Ausstattung eines Betriebes mit Betriebsmitteln und Arbeitskräften, auch zur Variablen wird. Mit der langfristigen Produktionsplanung werden damit gleichzeitig stets **Investitionsprobleme** angesprochen (vgl. auch S. 373ff.), die sich vor allem wegen

- der **nicht beliebigen Teilbarkeit** kapazitätsdeterminierender Potenzialfaktoren und
- der typischerweise **längerfristigen Bindung** des Betriebes an einmal getroffene Kapazitätsentscheidungen

5.3 Produktionsplanung   263

deutlich von den Problemen kurzfristiger Produktionsplanung unterscheiden. Das gilt sowohl
für die **(1) (langfristige) Betriebsgrößenplanung**, welche die Festlegung des **Kapazitätsvo-
lumens** zum Gegenstand hat, als auch für die langfristige Produktionsprogrammplanung, die
sich mit Fragen einer zielsetzungsgerechten (z.B. ausgewogen diversifizierten) **Produkt- und
Fertigungsstruktur** beschäftigt.

Zu (2)   Produktionsdurchführungsplanung:

Wie Abb. 5.3 - 1 zeigt, umfasst die (kurzfristige) Produktionsdurchführungsplanung **vier
Teilpläne** (vgl. ADAM 2001):

(2a) die **Produktionsaufteilungsplanung**,

(2b) die **Auftragsgrößenplanung**,

(2c) die **zeitliche Produktionsverteilungsplanung** und

(2d) die **zeitliche Ablaufplanung**.

Zu (2a)   Produktionsaufteilungsplanung:

Aufgabe der Produktionsaufteilungsplanung ist es festzulegen, welche Produktionsfaktoren in
welchen Mengen, wie lange und mit welcher Intensität einzusetzen sind, um eine gegebene
Produktionsmenge bzw. ein gegebenes Produktionsprogramm mit **minimalen Produktionskosten** zu erstellen (vgl. ausführlich S. 280ff.).

Zu (2b)   Auftragsgrößenplanung:

Wenn auf einer Produktionsanlage hintereinander unterschiedliche Produktarten hergestellt
werden sollen, kommt der Auftragsgrößenplanung die Aufgabe zu, die Größe und Reihenfolge der Fertigungsaufträge so festzulegen, dass die gegebene Bedarfsmenge aller Produktarten
im Planungszeitraum mit **minimalen Kosten** (zusammengesetzt aus Umrüstungs- und Lagerkosten) produziert wird.

Die **Problemstellung und -lösung** entspricht in etwa dem, was zur Bestellmengenoptimierung im Rahmen der Materialbereitstellungsplanung ausgeführt wurde (vgl. S. 256ff.). Nur
dass jetzt

- statt der bestellfixen Kosten **Rüstkosten** zu berücksichtigen sind, die bei jeder Umrüstung
  der Produktionsanlagen, die einem Erzeugniswechsel vorausgeht, entstehen und deren Höhe unabhängig von der Losgröße ist und

- die **Lagerkosten** zusätzlich abhängen vom Wiederauflagerhythmus der einzelnen Produktarten sowie der Verkaufspolitik.

Zu (2c)   Zeitliche Produktionsverteilungsplanung:

Aufgabe der zeitlichen Produktionsverteilungsplanung ist es, die Produktionsmengen in den
einzelnen Teilzeiträumen der Planungsperiode so mit den Absatzmöglichkeiten abzustimmen,
dass das Fertigungsprogramm mit **minimalen Kosten für Produktion und Lagerung** der
Fertigerzeugnisse bis zum Zeitpunkt ihres Absatzes durchgesetzt werden kann.

264   Fünftes Kapitel: Betriebliche Leistungsprozesse

Als **Alternativen der zeitlichen Verteilung** der Produktionsmengen kommen in Frage

- **Fall 1**: vollständige **Synchronisation** von Produktion und Absatz,
- **Fall 2**: teilweise oder vollständige **Emanzipation** der Produktion vom Absatz.

Bei schwankendem Absatz fallen im Fall 1 in der Regel höhere Produktionskosten an. Außerdem sind die Kapazitäten zur Befriedigung auch der Spitzennachfrage höher zu dimensionieren, was eine entsprechende Kapitalbindung bedeutet. Dafür entfallen jegliche Lagerkosten und die Kapitalbindung im Vorratsvermögen ist minimiert. Im Fall 2 können die Produktionskosten leichter minimiert werden und auch die Kapazität, die vorgehalten werden muss, ist geringer. Als Preis entstehen bei schwankender Nachfrage aber Lagerbestände an Fertigerzeugnissen, die Kosten verursachen und Kapital binden.

Zu (2d)   Zeitliche Ablaufplanung:

Gegenstand der zeitlichen Ablaufplanung schließlich ist es festzulegen, in welcher zeitlich durchsetzbaren Reihenfolge welche Aufträge auf welchen Anlagen unter Einsatz welcher Arbeitskräfte zu produzieren sind, damit im Rahmen eines mehrstufigen Produktionsprozesses die **Kosten für die Zwischenlagerung** der Erzeugnisse und **für die ablaufbedingten Stillstandszeiten** der Anlagen **minimiert** werden.

Die **Problemstellung** kann wie folgt umschrieben werden: Der Ablaufplan mit minimalen (ablaufbedingten) Stillstandszeiten der Aggregate auf den einzelnen Produktionsstufen weicht in der Regel von dem Plan ab, bei dem das Minimum der Durchlaufzeit erreicht wird. Der nach dem Kriterium minimaler Stillstandszeiten aufgestellte Maschinenbelegungsplan wird sich dabei regelmäßig durch höhere Zwischenlagerzeiten und -kosten auszeichnen als der nach dem Kriterium minimaler Durchlaufzeit aufgestellte Plan. Bei letzterem wird andererseits mit höheren Stillstandszeiten bei den verschiedenen Aggregaten zu rechnen sein. Aus dieser gegenläufigen Entwicklung von Durchlaufzeit und Stillstandszeit resultiert das **Dilemma der Ablaufplanung**.

Wie ersichtlich ist den einzelnen Teilplanungen der Produktionsdurchführung gemeinsam, dass **Optimierungsüberlegungen ausschließlich unter Kostengesichtspunkten** geführt werden. Für eine Optimierung der Produktionsprogrammplanung, gleich ob sie kurz- oder langfristig orientiert ist (vgl. Abb. 5.3 - 1), reichen Kostenüberlegungen allein allerdings grundsätzlich nicht aus. Es sind zusätzlich stets auch die Auswirkungen auf die Erlöse zu berücksichtigen, was den Übergang zu einer **gewinnorientierten Zielsetzung** bedingt. Dies gilt im Zweifel übrigens auch für entsprechende Optimierungsanalysen im Rahmen der (1) (langfristigen) Betriebsgrößenplanung, wo eine Beschränkung auf Kostengesichtspunkte die Problemstellung häufig unzulässig verkürzt.

Zu (3)   Produktionsprogrammplanung:

Die Aufgabe der insofern über die Produktionsdurchführungsplanung hinausgehenden Produktionsprogrammplanung ist es nun, im Einzelnen festzulegen (vgl. ADAM 2001),

- welche **Erzeugnisse**,
- in welchen **Mengen** und
- unter Einsatz welcher **Produktionsprozesse** (Aggregate und/oder Intensitätsstufen)

im Planungszeitraum zu produzieren sind, um den Gewinn (oder die Rentabilität) zu maximieren bzw. allgemein, um vorgegebene **Erfolgsziele** (vgl. S. 76ff.) **bestmöglich zu realisieren**. Dabei kann grundsätzlich zwischen

- **strategischer Programmplanung** (Auswahl der strategischen Produktfelder bzw. Geschäftsbereiche und Entscheidung über die Produktionstiefe),
- **taktischer Programmplanung** (Entscheidung über Produkt- und Anwendungsvarianten im Rahmen eines gegebenen Produktfelds und einer gegebenen Produktionstiefe) sowie
- **operativer Programmplanung** (Bestimmung des endgültigen Produktionsprogramms nach Art und Menge)

unterschieden werden (vgl. zur operativen Programmplanung ausführlich S. 294ff.).

Zwischen allen diesen Teilplänen bzw. Teilplanungen bestehen wichtige **Interdependenzen** (wechselseitige Beziehungen) (vgl. S. 147ff.). Sie erzwingen theoretisch eine **Simultanplanung**, die ihrer Komplexität wegen beim gegenwärtigen Stand der Erkenntnisse und Methoden aber nur bedingt realisierbar erscheint. Abb. 5.3 - 2 (in Anlehnung an ADAM 1990) verdeutlicht das Netz der Beziehungen zwischen den Teilbereichen der Produktionsplanung (ohne Betriebsgrößenplanung).

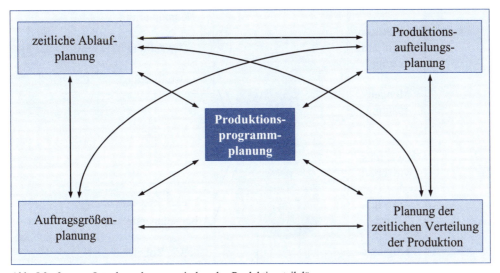

Abb. 5.3 - 2   Interdependenzen zwischen den Produktionsteilplänen

Die Planung und Steuerung der Produktionsteilpläne darf nicht nur unter Berücksichtigung betriebswirtschaftlicher, sondern muss auch unter Berücksichtigung technischer Aspekte gesehen werden. Dies ist der Inhalt des Systems des „**Computer Integrated Manufacturing**", kurz **CIM**. **CIM-Systeme** beschreiben allgemein den integrierten Computereinsatz für alle Unternehmensbereiche, die direkt oder indirekt mit den Teilplänen der Produktionsplanung und ihrer Realisierung zu tun haben. Dabei werden alle notwendigen Planungsinformationen vernetzt und für alle Beteiligten zugänglich gemacht.

CIM umfasst dabei im Einzelnen das **informationstechnologische Zusammenwirken** von

- Computer Aided Design (CAD),
- Computer Aided Planning (CAP),
- Computer Aided Manufacturing (CAM),
- Computer Aided Quality Assurance (CAQ) und
- Computer Aided Production Planning and Steering (PPS).

Abb. 5.3 - 3 verdeutlicht das so verstandene Konzept des CIM (entnommen aus HELBERG 1987): Auf der einen Seite sind die betriebswirtschaftlichen Funktionen des Produktionsplanungs- und -steuerungssystems PPS zusammengefasst, während auf der anderen Seite die technischen Funktionen CAD, CAP, CAM, CAQ berücksichtigt sind. Die Verknüpfung beider Seiten erfolgt über eine gemeinsame CIM-Datenbasis (ausführlich dazu BECKER 1991).

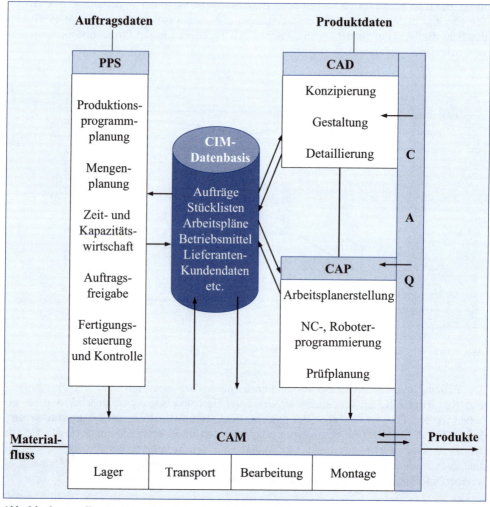

Abb. 5.3 - 3   Komponenten einer computergestützten Produktion

5.3 Produktionsplanung

5.3.1.2 Kostendeterminanten und Kostenkategorien im Rahmen der Produktionsplanung

Während die Erlöse nur bei der Produktionsprogrammplanung und gegebenenfalls bei der Betriebsgrößenplanung berücksichtigt werden müssen, spielen die Kosten in allen Produktionsteilplänen eine zentrale Rolle. Ohne zutreffende Kosteninformationen lassen sich hier grundsätzlich keine ökonomisch optimalen Entscheidungen fällen. Das mag rechtfertigen, einleitend kurz auf die für die Produktionsplanung relevanten Kostenkategorien einzugehen.

Ausgangspunkt ist das **System der Kostendeterminanten**, zu denen die vom Betrieb in der jeweiligen Situation nicht beeinflussbaren **Daten** sowie die durch Entscheidungen veränderbaren **Variablen** gehören. Dass letztere auf das Engste mit den Aktionsparametern der verschiedenen Produktionsteilpläne zusammenhängen, kann dabei nicht überraschen. Denn die Kosten der Faktorkombination bestimmen sich nach der hier vertretenen Auffassung in erster Linie nach der Effizienz, mit der die Produktionsplanung im Rahmen des Möglichen betrieben wird.

Abb. 5.3 - 4 (entnommen aus ADAM 2001, S. 262) gibt einen Überblick über die so verstandenen **Kostendeterminanten**. Unter der Rubrik „Beschäftigung" als Kostendeterminante sind dabei die Aktionsparameter der Produktionsaufteilungsplanung, der Programmplanung sowie der Betriebsgrößenplanung zusammengefasst. Die übrigen Determinanten ergeben sich mit Ausnahme der „technischen Daten" unmittelbar aus dem bisher Gesagten. Auf diese wird bei der Diskussion produktionstheoretischer Grundlagen noch näher eingegangen (vgl. S. 271ff.).

Neben anderen Möglichkeiten kommen vor allem die beiden folgenden **Unterscheidungsmerkmale von Kosten** in Betracht:

(1)   **Dispositionsbezogenheit der Kosten** und

(2)   **Dimension, in der die Kosten gemessen werden**.

Zu (1)   **Dispositionsbezogenheit der Kosten:**

Wenn Kosteninformationen als Grundlage für die Aufstellung optimaler Produktionspläne dienen sollen, müssen sie problembezogen, d.h. verursachungsgerecht erfasst werden. Das führt unmittelbar zu **zwei Kategorien von Kosten**:

- Kosten, deren Höhe durch die zu treffende Entscheidung beeinflusst wird, diese Kosten werden als **relevante, dispositionsabhängige** oder **variable Kosten** bezeichnet.
- Kosten, deren Höhe nicht durch die zu treffende Entscheidung beeinflusst wird, sie werden **nicht relevante, dispositionsunabhängige** oder **fixe Kosten** genannt.

Eine allgemeine Aussage darüber, welche Kosten relevant (bzw. variabel) oder nicht relevant (bzw. fix) sind, lässt sich nicht machen. Es kommt stets auf die Art des Entscheidungsproblems und die konkreten Bedingungen der Entscheidungssituation an. Generell gilt jedoch, dass zur **optimalen Lösung eines Entscheidungsproblems** grundsätzlich nur die jeweils dispositionsabhängigen, variablen und damit **relevanten Kosten** einzubeziehen sind!

Abb. 5.3 - 4   System der Kostendeterminanten

5.3 Produktionsplanung 269

Die variablen Kosten eines konkreten Problems der Produktionsplanung (oder eines beliebigen anderen Entscheidungsproblems) können unterschiedliche Verläufe aufweisen. Betrachtet man beispielsweise **Veränderungen in der Beschäftigung** (= Ausbringungsmenge bzw. Leistung pro Zeiteinheit) als die relevante Einflussgröße für Kostenveränderungen, können die **vier Ausprägungen variabler Kostenverläufe** wie folgt umschrieben werden:

- **proportionale Kosten:** Kostenveränderung verläuft proportional zur Beschäftigungsänderung,
- **progressive Kosten:** relative Kostenveränderung ist größer als der relative Beschäftigungsrückgang bzw. -zuwachs,
- **degressive Kosten:** relative Kostenveränderung ist kleiner als der relative Beschäftigungsrückgang bzw. -zuwachs,
- **regressive Kosten:** Beschäftigungserhöhung bewirkt absolut sinkende Kosten bzw. Beschäftigungsrückgang lässt die Kosten absolut zunehmen.

Abb. 5.3 - 5 stellt die verschiedenen Kostenverläufe unter Einbeziehung der fixen Kosten graphisch und anhand eines **Zahlenbeispiels** dar. Im Zahlenbeispiel sind den Kosten pro Zeiteinheit $K(x)$ noch zur Verdeutlichung der Kostenabhängigkeiten die Stückkosten $k(x)$ gegenübergestellt. Sie ergeben sich, wenn man die Kosten pro Zeiteinheit $K(x)$ durch die Ausbringung pro Zeiteinheit x dividiert.

Die durch **Ableitung der Stückkosten** (= Kosten pro Mengeneinheit) **aus den Kosten pro Zeiteinheit** vorgenommene Umdimensionierung der Kosten wird immer dann zum Problem, wenn es sich im Kern um fixe Kosten handelt. Denn in einem solchen Falle werden die Kosten pro Zeiteinheit auf eine Bezugsgröße (hier: Mengeneinheit) umdimensioniert, die keinen ursächlichen Bezug für die Höhe der (mengenunabhängigen) Kosten aufweist. Eine derartige „Proportionalisierung fixer Kosten" macht nämlich aus dispositionsunabhängigen Kosten keineswegs variable Kosten, und die Verwendung solcher „künstlich" proportionalisierten Kosten birgt somit stets die Gefahr von Fehlentscheidungen in sich, da die Kostenabhängigkeiten falsch dargestellt werden.

Zu (2)   Dimension, in der die Kosten gemessen werden:

Mit dem Sachverhalt der Umdimensionierung ist das zweite Unterscheidungsmerkmal von Kosten bereits angesprochen worden. Die betriebswirtschaftliche Theorie kennt **vier verschiedene Dimensionen**, in denen Kosten gemessen werden (vgl. ADAM 2001):

- **Gesamtkosten** K_T in der Planungsperiode (Dimension: GE),
- **Kosten pro Beschäftigungszeiteinheit** K (Dimension: GE/ZE),
- **Stückkosten** k (Dimension: GE/ME),
- **Grenzkosten** K' (Dimension: GE/ME).

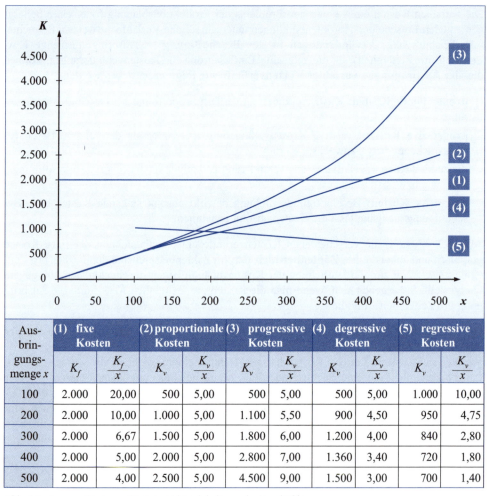

Abb. 5.3 - 5   Kostenverläufe in Abhängigkeit von der Beschäftigung

Die **Gesamtkosten** K_T ergeben sich alternativ aus der Multiplikation der Kosten K pro Zeiteinheit mit der Beschäftigungszeit t

$K_T = K \cdot t$ [5.3 - 1]

oder aus der Multiplikation der **Stückkosten** k und der Ausbringungsmenge M in der Planungsperiode.

$K_T = k \cdot M$ [5.3 - 2]

Da sich die **Kosten pro Beschäftigungszeiteinheit** K aus der Multiplikation der Stückkosten k mit der Leistung x pro Zeiteinheit ergeben, lässt sich auch schreiben

$K_T = k \cdot x \cdot t$ mit: $M = x \cdot t$ [5.3 - 3]

Die **Grenzkosten** K' entsprechen der ersten Ableitung der Gesamtkosten K_T nach der Ausbringung M. Sie drücken also die **Kostenveränderungen** bei Übergang von einem Ausbrin-

5.3 Produktionsplanung   271

gungsniveau zu einem anderen aus. Welchen Wert die Grenzkosten dabei konkret annehmen, hängt maßgeblich davon ab, wie, d.h. mittels welcher **Anpassungsform**, Veränderungen der Ausbringungsmenge M in der Planungsperiode bewirkt werden (vgl. hierzu S. 280ff.).

Fragen und Aufgaben zur Wiederholung (5.3.1: S. 262 – 271)

1. Aus welchen Teilplänen setzt sich die Planung der Produktion zusammen?

2. Grenzen Sie kurzfristige und langfristige Produktionsplanung voneinander ab!

3. Skizzieren Sie die Teilpläne der Produktionsdurchführungsplanung und zeigen Sie deren Interdependenzen auf!

4. Welche Aufgaben stellen sich der Produktionsprogrammplanung?

5. Aus welchen betriebswirtschaftlichen und technischen Funktionen setzt sich das CIM-Konzept zusammen? Erläutern Sie die zwischen diesen Funktionen bestehenden Beziehungen!

6. Welche Kostendeterminanten sind im Rahmen der Produktionsplanung zu berücksichtigen?

7. Welche Bedeutung hat der Begriff „verursachungsgerecht" im Rahmen der Produktionsplanung?

8. Welche Ausprägungen variabler Kostenverläufe lassen sich unterscheiden?

9. In welchen Dimensionen werden Kosten in der betriebswirtschaftlichen Theorie gemessen?

5.3.2   Produktionsaufteilungsplanung

5.3.2.1 Produktionstheoretische Grundlagen

Von den vier Teilplänen der Produktionsdurchführungsplanung (vgl. Abb. 5.3 - 1) soll im Folgenden exemplarisch die **Produktionsaufteilungsplanung** herausgegriffen und eingehender diskutiert werden. Ihre **Fragestellung** lautet: Welche Produktionsfaktoren sollen in welchen Mengen, wie lange und mit welcher Intensität eingesetzt werden, um eine gegebene Produktionsmenge bzw. ein gegebenes Produktionsprogramm mit minimalen Produktionskosten zu erstellen?

Soll diese Fragestellung der Produktionsaufteilungsplanung produktionstheoretisch fundiert behandelt werden, müssen Produktionsfunktionen abgeleitet und der Analyse zugrunde gelegt werden (vgl. zu Folgendem im Wesentlichen ADAM 2001 und die dort angegebene Literatur).

Eine **Produktionsfunktion** gibt den quantitativen Zusammenhang zwischen den zur Leistungserstellung einzusetzenden Produktionsfaktormengen und der Ausbringung M in der Planungsperiode an. So hat etwa für ein Einproduktunternehmen, das die Produktionsfaktoren h = 1, 2, …, n in der Menge r_h einsetzt, die Produktionsfunktion die allgemeine Form

$$M = f(r_1, r_2, ..., r_n) \qquad \text{mit} \ \ r_h > 0 \qquad\qquad [5.3 - 4]$$

Bezüglich der Beziehungen, die zwischen der Ausbringung und den Produktionsfaktoren bestehen, lassen sich nun verschiedene **Arten von Produktionsfunktionen** charakterisieren.

272 Fünftes Kapitel: Betriebliche Leistungsprozesse

- Je nachdem, ob für eine gegebene Ausbringung ein technisch bindendes Einsatzverhältnis der Faktoren vorgeschrieben ist oder nicht, lassen sich **limitationale und substitutionale** Produktionsfunktionen unterscheiden.

- Je nachdem, ob sich die Ausbringung linear, überlinear oder unterlinear verändert, wenn der Einsatz aller Produktionsfaktoren prozentual in gleichem Umfang erhöht bzw. gesenkt wird, lassen sich **linear-homogene, überlinear-homogene und unterlinear-homogene** Produktionsfunktionen unterscheiden. Liegt keiner dieser Fälle vor, spricht man von einer **inhomogenen** Produktionsfunktion.

Die betriebswirtschaftliche Produktionstheorie arbeitet üblicherweise auf der Basis linear-homogener Produktionsfunktionen, bei denen also eine gleichzeitige Verdopplung, Verdreifachung usw. der Einsatzmengen r_h aller Produktionsfaktoren h auch zu einer Verdopplung, Verdreifachung usw. der Ausbringungsmenge M führt.

Näher betrachtet werden sollen nun

(1) **substitutionale Produktionsfunktionen** und

(2) **limitationale Produktionsfunktionen**.

Zu (1) **Substitutionale Produktionsfunktionen:**

Substitutionale Produktionsfunktionen sind durch **zwei Eigenschaften** charakterisiert:

- Die Verringerung der Einsatzmenge eines Faktors kann bei Konstanz der Ausbringungsmenge durch verstärkten Einsatz eines anderen Faktors ausgeglichen werden.

- Die Ausbringungsmenge kann durch veränderte Einsatzmengen nur eines Faktors bei Konstanz der übrigen Faktoren beeinflusst werden.

Sofern der Austausch von Produktionsfaktoren nur in bestimmten Grenzen möglich ist (periphere Substitution), werden substitutionale Produktionsfunktionen auch als **ertragsgesetzliche Produktionsfunktionen** bezeichnet.

Wegen ihrer geringen Realitätsnähe gelten substitutionale bzw. ertragsgesetzliche Produktionsfunktionen in der Betriebswirtschaftslehre seit den Arbeiten GUTENBERGS auf diesem Gebiet als wenig geeignet für eine theoretisch fundierte Produktionsplanung, und man weist ihnen allgemein heute nur noch eine **didaktische Funktion** zu, um einige Grundbegriffe der Produktionstheorie zu klären. Als schwerwiegende **Einwände gegen ertragsgesetzliche Produktionsfunktionen** werden dabei genannt (vgl. ADAM 2001):

- Ertragsgesetzliche Produktionsfunktionen kennen nur Faktoren, deren Einsatz durch die Menge pro Planungsperiode gemessen wird. Die Einsatzdauer der Produktionsfaktoren ist also fest vorgegeben, die Möglichkeit einer zeitlichen Anpassung entfällt.

- Produktionsfaktoren können in beliebig kleinen Mengen vermehrt oder vermindert eingesetzt werden. Dies ist jedoch zumindest bei Betriebsmitteln und dem Faktor Arbeit in der Realität nicht möglich.

- Ertragsgesetzliche Produktionsfunktionen gelten für den Gesamtbetrieb. Die Betrachtung einzelner Aggregate und Berücksichtigung technischer Einflussgrößen ist damit nicht bzw. nur bedingt möglich.

5.3 Produktionsplanung

- Schließlich ist die (periphere) Substitutionalität der Produktionsfaktoren für industrielle Verhältnisse als nicht repräsentativ anzusehen. Vielmehr dominieren hier technisch determinierte limitationale Beziehungen zwischen den Produktionsfaktoren.

Ein **Beispiel für eine ertragsgesetzliche Produktionsfunktion** ist die Funktion:

$$M = \sqrt{c \cdot r_1 \cdot r_2} \qquad \text{mit} \quad c = \text{konstant} \qquad [5.3 - 5]$$

Diese Produktionsfunktion hat zwei unabhängige Variablen für den Input und eine abhängige Variable für den Output. Um die Zusammenhänge graphisch darstellen zu können, bedarf es also einer dreidimensionalen Analyse, wie sich dies mittels des so genannten „**Ertragsgebirges**" veranschaulichen lässt (vgl. Abb. 5.3 - 6).

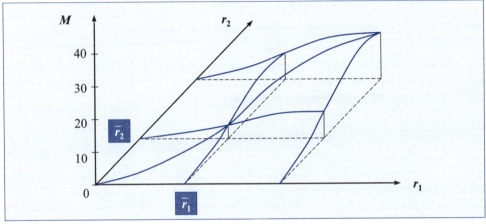

Abb. 5.3 - 6   „Ertragsgebirge" bei einer ertragsgesetzlichen Produktionsfunktion mit zwei Produktionsfaktoren

Um die Kompliziertheit dreidimensionaler Analysen zu vermeiden, erfolgt die **Analyse** ertragsgesetzlicher Produktionsfunktionen üblicherweise **in zwei getrennten Schritten**:

Schritt 1: Die Ausbringung wird konstant gesetzt, und es werden die Beziehungen analysiert, die zwischen den variablen Einsatzfaktoren bestehen. Man legt also praktisch einen **horizontalen Schnitt** durch das „Ertragsgebirge" parallel zur r_1- und r_2-Ebene der Einsatzfaktoren.

Schritt 2: Die Einsatzmenge eines der beiden Einsatzfaktoren wird konstant gesetzt, und es werden die Beziehungen zwischen der Einsatzmenge des variablen anderen Faktors und der Ausbringung analysiert. Hier erfolgt also ein **vertikaler Schnitt** durch das „Ertragsgebirge" parallel zur M- und r_1- (bzw. M- und r_2-)Ebene.

Zu Schritt 1:

Bei substitutionalen Faktorbeziehungen lässt sich eine **gegebene Ausbringungsmenge** (M = konstant) mit alternativen Faktorkombinationen realisieren. Alle diese Kombinationen liegen dabei auf einem Kurvenzug, den man als **Isoquante** bezeichnet (vgl. Abb. 5.3 - 7).

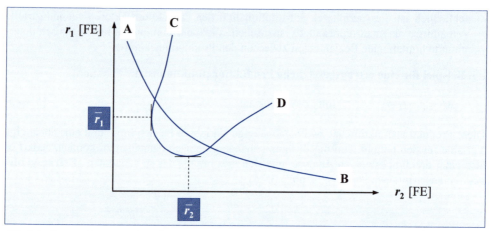

Abb. 5.3 - 7   Isoquantendarstellung einschließlich Grenzrate der Substitution (GRS)

Die Isoquante für ein bestimmtes Ausbringungsniveau ergibt sich durch Auflösung der Produktionsfunktion nach r_1 oder r_2. Die Produktionsfunktion [5.3 - 5] beispielsweise nach r_1 aufgelöst führt zu folgender Isoquantengleichung:

$$r_1 = \frac{M^2}{c \cdot r_2} \qquad \text{mit} \quad M = \text{konstant} \qquad [5.3 - 6]$$

Wie ersichtlich, liegt bei dieser Produktionsfunktion periphere Substitution vor, denn selbst bei unendlich großen Einsatzmengen von r_2 (bzw. r_1) lässt sich der jeweilig andere Produktionsfaktor nicht völlig verdrängen. Die Produktionsfunktion [5.3 - 5] führt somit zu Isoquanten des Typs AB in Abb. 5.3 - 7. Dieser Typ ist zugleich dadurch gekennzeichnet, dass im gesamten Substitutionsbereich für r_1 und r_2 der erhöhte Einsatz eines Faktors zu Einsparungen beim anderen Produktionsfaktor führt. Für die Isoquante des Typs CD wird der ökonomisch sinnvolle Substitutionsbereich dagegen durch die Einsatzmengen $\bar{r}_1$ bzw. $\bar{r}_2$ begrenzt, weil außerhalb dieser Grenzen der verstärkte Einsatz beider Faktoren nötig ist, um eine vorgegebene Ausbringung zu realisieren.

Anhand der Isoquantengleichung lässt sich noch ein anderer Zusammenhang darstellen. Die Substitutionsbeziehungen auf einer Isoquante können mathematisch exakt durch die so genannte **Grenzrate der Substitution (GRS)** gekennzeichnet werden. Sie beschreibt die Faktormengen, die an den verschiedenen Stellen der Isoquante notwendig sind, um eine infinitesimal kleine Einheit eines Produktionsfaktors durch einen anderen Faktor zu ersetzen.

Die Grenzrate der Substitution lässt sich bestimmen als erste Ableitung einer Isoquante nach einem Produktionsfaktor (= Steigung der Isoquante). Für die Isoquantengleichung [5.3 - 6] beispielsweise lautet die Beziehung:

$$\text{GRS} = \frac{dr_1}{dr_2} = -\frac{M^2}{c \cdot r_2^2} \qquad [5.3 - 7]$$

5.3 Produktionsplanung   275

Ist der absolute Wert der GRS gemäß Gleichung [5.3 - 7] groß, so bedeutet dies, dass viele Einheiten des Faktors 1 notwendig sind, um den Wegfall einer Einheit des Faktors 2 zu kompensieren. Die Grenzproduktivität des Faktors 1 ist hier also entsprechend gering.

Zu Schritt 2:

Die **Ertragsfunktion** gibt an, wie die Ausbringungsmenge M von Veränderungen des einen Produktionsfaktors abhängt, wenn das Einsatzniveau des zweiten Faktors konstant ist. Sie wird aus der Produktionsfunktion abgeleitet, indem ein Faktor auf ein konstantes Einsatzniveau fixiert wird, sodass M allein als Funktion des anderen, variablen Faktors erscheint. Für die Produktionsfunktion [5.3 - 5] ergibt sich beispielsweise bei Fixierung des Faktors 2 auf das Einsatzniveau b folgende Ertragsfunktion:

$$M = \sqrt{b \cdot c \cdot r_1} \qquad \text{mit } r_2 = b = \text{konstant} \qquad\qquad [5.3 - 8]$$

Für die Analyse von Ertragsfunktionen wird die Entwicklung der Durchschnittsproduktivität und der Grenzproduktivität des variablen Faktors in Abhängigkeit von seiner Einsatzmenge herangezogen.

- Die **Durchschnittsproduktivität** m ist der Quotient aus der durch alle Faktoren erzielten Ausbringung M und der Einsatzmenge r_h des variablen Faktors h. Für die Ertragsfunktion [5.3 - 8] gilt entsprechend:

$$m = \frac{M}{r_1} = \sqrt{\frac{b \cdot c}{r_1}} \qquad\qquad [5.3 - 9]$$

- Die **Grenzproduktivität** dM/dr_h ergibt sich aus der ersten Ableitung der Ertragsfunktion nach dem variablen Faktor h. Für die Ertragsfunktion [5.3 - 8] bedeutet dies:

$$\frac{dM}{dr_1} = \sqrt{\frac{b \cdot c}{4 r_1}} \qquad\qquad [5.3 - 10]$$

Die Art des Zusammenhangs zwischen der Entwicklung der Ausbringung M, der Durchschnittsproduktivität und der Grenzproduktivität ist abhängig vom **Typ der Ertragsfunktion**. Unterschieden werden können insbesondere Ertragsfunktionen

- mit zunächst zunehmenden, später abnehmenden Grenzerträgen,
- mit ständig zunehmenden Grenzerträgen,
- mit ständig abnehmenden Grenzerträgen sowie
- mit zunächst abnehmenden, später zunehmenden Grenzerträgen.

Die Ertragsfunktion [5.3 - 8] ist z.B. eine vom Typ mit ständig abnehmenden Grenzerträgen. Für die anderen Fälle lassen sich ohne weiteres Beispiele finden. In der Produktionstheorie vorherrschend ist der Typ mit zunächst zunehmenden, später abnehmenden Grenzerträgen (so genannter **s-förmiger Ertragsverlauf**), die wie folgt ausgedrückt werden kann:

$$M = a r_1 + b r_1^2 - c r_1^3 \qquad\qquad [5.3 - 11]$$

Eine solche Ertragsfunktion gemäß Gleichung [5.3 - 11] wird der folgenden Analyse zugrunde gelegt (vgl. ADAM 2001, S. 306ff.). Die s-förmige Ertragsfunktion lässt sich in **vier Phasen** unterteilen (vgl. Abb. 5.3 - 8, in Anlehnung an ADAM 2001, S. 308).

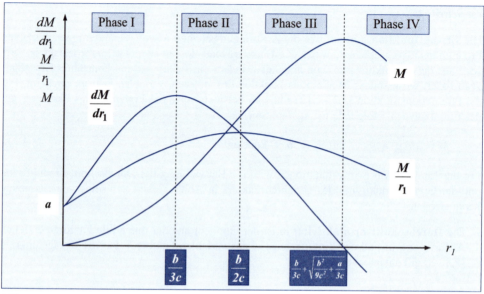

Abb. 5.3 - 8   Analyse der s-förmigen Ertragsfunktion

In der **Phase I** steigen Gesamtausbringung, Durchschnitts- und Grenzproduktivität mit wachsendem Einsatzniveau des variablen Faktors an. Diese Phase endet, wenn die Grenzproduktivität ihr Maximum erreicht. Dort hat die Ertragsfunktion zugleich ihren Wendepunkt.

Das **Maximum der Grenzproduktivität** errechnet sich durch Nullsetzen der zweiten Ableitung der Ertragsfunktion [5.3 - 11] bzw. der ersten Ableitung der Grenzproduktivitätsfunktion nach r_1.

$$\frac{d\left(\frac{dM}{dr_1}\right)}{dr_1} = \frac{d(a + 2br_1 - 3cr_1^2)}{dr_1} = 2b - 6cr_1 \stackrel{!}{=} 0$$

$$\rightarrow r_1 = \frac{b}{3c} \qquad [5.3 - 12]$$

Die **Phase II** ist gekennzeichnet durch sinkende Grenzerträge, aber noch steigende Durchschnittsproduktivität. Sie wird folglich durch das Maximum der Durchschnittsproduktivität begrenzt. Hier liegt gleichzeitig der Schnittpunkt mit der Grenzproduktivität.

Das **Maximum der Durchschnittsproduktivität** errechnet sich durch Nullsetzen der ersten Ableitung der Durchschnittsproduktivitätsfunktion:

5.3 Produktionsplanung

$$\frac{d\left(\frac{M}{r_1}\right)}{dr_1} = \frac{dm}{dr_1} = \frac{d\left(a + br_1 - cr_1^2\right)}{dr_1} = b - 2cr_1 \overset{!}{=} 0$$

$$\rightarrow r_1 = \frac{b}{2c} \qquad\qquad\qquad\qquad [5.3 - 13]$$

Dass die Grenzproduktivitätsfunktion die Kurve der Durchschnittsproduktivität in ihrem Maximum schneidet, lässt sich wie folgt beweisen:

$$\text{Grenzproduktivität} \quad - \quad \text{Durchschnittsproduktivität} \quad \overset{!}{=} 0$$

$$a + 2br_1 - 3cr_1^2 \quad - \quad \left(a + br_1 - cr_1^2\right) \quad \overset{!}{=} 0 \quad \text{mit} \quad r_1 = \frac{b}{2c}$$

In der **Phase III** sinken Grenz- und Durchschnittsproduktivität, während die Gesamtausbringung M noch zunimmt. Dort, wo sie ihr Maximum erreicht, endet die Phase III. Dies ist zugleich die Stelle, an der die Grenzproduktivität den Wert 0 erreicht.

Das **Maximum der Ausbringung** M ist aus der gleich null gesetzten ersten Ableitung der Ertragsfunktion [5.3 - 11] bzw. Grenzproduktivitätsfunktion zu ermitteln:

$$\frac{dM}{dr_1} = a + 2br_1 - 3cr_1^2 \overset{!}{=} 0$$

$$\rightarrow r_1 = \frac{b}{3c} + \sqrt{\frac{b^2}{9c^2} + \frac{a}{3c}} \qquad\qquad\qquad [5.3 - 14]$$

In der **Phase IV** schließlich entwickeln sich sowohl Ausbringung, Durchschnittsproduktivität als auch Grenzproduktivität rückläufig. Die Grenzproduktivität ist negativ.

Zu (2) Limitationale Produktionsfunktionen:

Von substitutionalen Produktionsfunktionen zu unterscheiden sind limitationale Produktionsfunktionen. Bei ihnen sind die **Einsatzverhältnisse technisch determiniert**, was z.B. darin zum Ausdruck kommt, dass die Grenzproduktivität eines Faktors null ist. Solche „Limitationalitäten" werden als typisch für industrielle Erzeugungsprozesse angesehen.

Die technisch determinierten Abhängigkeiten zwischen Faktoreinsatz und erstellter Leistung, die sich in so genannten „**technischen Produktionskoeffizienten**" für jeden Leistungsfaktor ausdrücken, können sowohl konstant als auch variabel sein. **Konstante Produktionskoeffizienten** kennzeichnen den Typ der LEONTIEF-Produktionsfunktion. Diese Funktionen sind dadurch charakterisiert, dass sie völlig unabhängig von der Inanspruchnahme betrieblicher Potenzialfaktoren eine unmittelbare, lineare Beziehung zwischen Faktoreinsatzmenge und Ausbringungsmenge (z.B. Reifenverbrauch bei der PKW-Produktion) herstellen. Demgegenüber sind **variable Produktionskoeffizienten** merkmalsbestimmend für den Typ der GUTENBERG-**Produktionsfunktion**.

Variable Produktionskoeffizienten liegen dabei vor, wenn bei einer ansonsten limitationalen Faktorkombination der Verbrauch einzelner Faktormengen nicht nur unmittelbar von der Ausbringungsmenge abhängig ist, sondern auch von der Arbeitsintensität der Aggregate bestimmt wird.

Aus der Klasse limitationaler Produktionsfunktionen soll im Folgenden lediglich die GUTENBERG-**Produktionsfunktion** näher betrachtet werden. Sie weist anerkanntermaßen eine gegenüber ertragsgesetzlichen Produktionsfunktionen erheblich höhere Realitätsnähe auf,

- weil sie aggregatbezogen formuliert ist und damit detaillierte Aussagen über Anpassungsprozesse an den einzelnen Aggregaten erlaubt,
- weil sie die für industrielle Verhältnisse unrealistische Prämisse der Substitutionalität von Produktionsfaktoren aufgibt und
- weil sie neben den Faktoreinsatzmengen auch die Einsatzdauer der Produktionsfaktoren als variable Größe enthält und über die variablen Produktionskoeffizienten auch die Möglichkeit einer intensitätsmäßigen Anpassung der Aggregatleistung berücksichtigt.

Die GUTENBERG-Produktionsfunktion lässt sich als eine **dreistufige Beziehung** zwischen dem Faktoreinsatz r_h in der Planungsperiode und der Ausbringung M beschreiben (vgl. Abb. 5.3 - 9, in Anlehnung an ADAM 2001, S. 320).

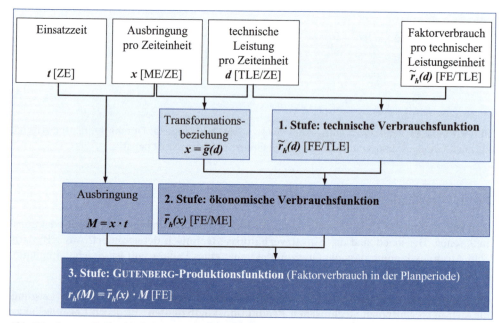

Abb. 5.3 - 9   Stufen der GUTENBERG-Produktionsfunktion

Die **erste Stufe** bildet die Ableitung der **technischen Verbrauchsfunktion.** Sie stellt den Zusammenhang zwischen dem Faktorverbrauch $\tilde{r}_h$ pro technischer Leistungseinheit TLE (z.B.

5.3 Produktionsplanung

gemessen als Energiemenge pro Schnittmillimeter) und der technischen Leistung d (z.B. gemessen in Schnittmillimeter pro Minute) bei gegebener z-Situation (als komplexer Ausdruck der spezifischen technischen, für den Faktorverbrauch bedeutsamen Daten eines Aggregates) her. Eine technische Verbrauchsfunktion, die für jedes Aggregat und für jeden Produktionsfaktor existiert, mag beispielsweise das Aussehen wie in Abb. 5.3 - 10 dargestellt haben.

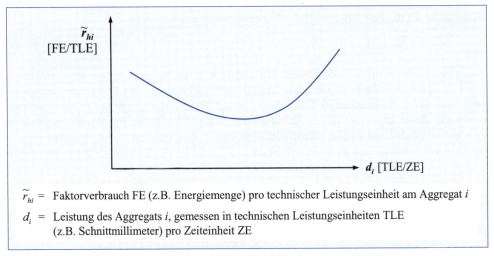

$\tilde{r}_{hi}$ = Faktorverbrauch FE (z.B. Energiemenge) pro technischer Leistungseinheit am Aggregat i

d_i = Leistung des Aggregats i, gemessen in technischen Leistungseinheiten TLE (z.B. Schnittmillimeter) pro Zeiteinheit ZE

Abb. 5.3 - 10   Beispiel für eine technische Verbrauchsfunktion

Aus der technischen Verbrauchsfunktion wird auf der **zweiten Stufe** die **ökonomische Verbrauchsfunktion** abgeleitet. Dies geschieht, indem die technische Leistung d (z.B. Schnittmillimeter) in die ökonomische Leistung x (gemessen in Mengeneinheiten der jeweiligen Produktart, z.B. Bolzen) transformiert wird. Zwei Arbeitsgänge sind dazu notwendig:

- Die Umdimensionierung von $\tilde{r}_h$ in $\bar{r}_h$ (statt der technischen Leistungseinheit – z.B. Schnittmillimeter – ist nunmehr von einer ökonomischen Leistungseinheit – z.B. Bolzen – auszugehen).
- Die Substitution der Variable d durch die Variable x mithilfe einer Transformationsbeziehung $d = g(x)$.

Im Ergebnis gibt die ökonomische Verbrauchsfunktion des Faktors h an dem entsprechenden Aggregat den Faktorverbrauch $\bar{r}_h$ für eine Mengeneinheit der ökonomischen Leistung in Abhängigkeit von der Leistung x an diesem Aggregat an. Sie existiert – wie die technische Verbrauchsfunktion – für jedes Aggregat und für jeden Produktionsfaktor.

In der **dritten Stufe** wird schließlich die eigentliche **Produktionsfunktion** entwickelt. Diese stellt die Beziehung zwischen der Ausbringung M des Aggregates und dem Faktorverbrauch $\bar{r}_h$ an diesem Aggregat in einer bestimmten Planungsperiode her, wobei dieser Faktorverbrauch von der ökonomischen Verbrauchsfunktion, der ökonomischen Leistung x pro Zeiteinheit sowie der Einsatzzeit des Aggregats abhängig ist.

Für das Aggregat i kann der Zusammenhang zwischen der Einsatzmenge r_h des Faktors h und der Ausbringungsmenge M_i auch allgemein wie folgt geschrieben werden:

$$M_i = f_i\left[\bar{r}_{hi}\,(x_i)\cdot x_i \cdot t_i\right] = x_i \cdot t_i \qquad\qquad [5.3 - 15]$$

mit: $\bar{r}_{hi}\,(x_i)$ = ökonomische Verbrauchsfunktion des Faktors h am Aggregat i

x_i = ökonomische Leistung pro Zeiteinheit des Aggregats i

t_i = Einsatzzeit des Aggregats i

Will man den gesamten Faktorverbrauch der Faktoren $h = 1, 2, ..., n$ am Aggregat i berücksichtigen, so ist die Formulierung [5.3 - 15] entsprechend zu ergänzen.

$$M_i = f_i\left[\bar{r}_{1i}\,(x_i)\cdot x_i \cdot t_i,...,\bar{r}_{ni}\,(x_i)\cdot x_i \cdot t_i\right] = x_i \cdot t_i \qquad\qquad [5.3 - 16]$$

Das gleiche gilt, wenn auch noch weitere Aggregate in die Betrachtung einbezogen werden ($i = 1, 2, .., m$). Des Weiteren sind in einer umfassenden Formulierung Verbrauchsmengen zu berücksichtigen, die unabhängig von x_i sind, also allein von der Länge der Planungsperiode abhängen. Bezeichnet man diesen leistungsunabhängigen Faktorverbrauch mit G_h, so lässt sich eine Produktionsfunktion entwickeln, welche die Ausbringung M zur Einsatzmenge r_h der Faktoren $h = 1, 2, ..., n$ in Beziehung setzt:

$$M = f_i\left[\sum_{i=1}^{m}\left(\bar{r}_{1i}\,(x_i)\cdot x_i \cdot t_i + G_1\right),...,\sum_{i=1}^{m}\left(\bar{r}_{ni}\,(x_i)\cdot x_i \cdot t_i + G_n\right)\right] = \sum_{i=1}^{m} x_i \cdot t_i \qquad [5.3 - 17]$$

Wie aus Gleichung [5.3 - 17] ersichtlich, sind die Aktionsparameter der GUTENBERG-Produktionsfunktion, über die Einfluss auf den Faktorverbrauch respektive auf die Ausbringung genommen werden kann,

- die Leistung x der einzelnen Aggregate (= **intensitätsmäßige Anpassung**),
- die Einsatzzeit t der Aggregate (= **zeitliche Anpassung**) und
- die Menge der eingesetzten funktionsgleichen Aggregate i mit gleichen (= **quantitative Anpassung**) oder unterschiedlichen Verbrauchsfunktionen (= **selektive Anpassung**).

5.3.2.2 Produktionsaufteilungsplanung auf der Basis einer substitutionalen Produktionsfunktion

Die bisher abgeleiteten produktionstheoretischen Grundlagen sind nunmehr das Fundament, auf dem eine Analyse des Problems einer **optimalen (= kostenminimalen) Produktionsaufteilung** vorzunehmen ist (vgl. zur spezifischen Fragestellung der Produktionsaufteilungsplanung S. 271ff.). Dabei wird zunächst die Vorgehensweise für den Fall untersucht, dass eine **ertragsgesetzliche Produktionsfunktion** existiert.

Für die Produktionsaufteilungsplanung auf der Basis substitutionaler Produktionsfunktionen sind **zwei Fragestellungen** typisch:

(1) Totale Anpassung

Es soll eine bestimmte Ausbringung M produziert werden. Gefragt ist nach der Faktorkombination, bei der die Kosten insgesamt minimiert werden. Dieser Fall wird auch als totale Anpassung bezeichnet, weil die **Einsatzmengen aller Faktoren als beeinflussbar** unterstellt werden.

5.3 Produktionsplanung   281

(2)   Partielle Anpassung

Die **Einsatzmenge des einen Faktors wird variiert**, während die Einsatzmengen der anderen Produktionsfaktoren konstant gesetzt, bzw. als gegeben angenommen werden (= partielle Anpassung). Gefragt ist nach der Entwicklung der Gesamtkosten, Durchschnitts- und Grenzkosten in Abhängigkeit der variablen Faktoreinsatzmenge.

Zu (1)   Totale Anpassung:

Es sei angenommen, dass der Produktionsprozess durch die folgende **ertragsgesetzliche Produktionsfunktion** beschrieben werden kann:

$$M = c \cdot r_1 \cdot \sqrt{r_2} \qquad\qquad\qquad [5.3 - 18]$$

Die **Produktionskosten** des Planungszeitraums T ergeben sich durch Multiplikation der Faktoreinsatzmengen mit den Preisen. Die zu minimierende Kostenfunktion lautet demnach

$$K_T(r_1;r_2) = p_1 \cdot r_1 + p_2 \cdot r_2 \qquad\qquad\qquad [5.3 - 19]$$

Mithilfe eines Lagrange-Multiplikators wird die Funktion [5.3 - 18] zur Kostenfunktion [5.3 - 19] hinzugefügt.

$$K_T = p_1 \cdot r_1 + p_2 \cdot r_2 + \lambda \left[M - c \cdot r_1 \cdot \sqrt{r_2} \right] \qquad\qquad [5.3 - 20]$$

Für die **kostenminimale Faktorkombination** bei totaler Anpassung gilt, dass durch eine Substitution der Faktoren keine weiteren Kosteneinsparungen (bei gegebener Ausbringung) mehr erzielt werden können. Dies bedeutet nichts anderes, als dass die Grenzkosten beider Faktoren gleich hoch sein müssen.

Die **Grenzkosten der Einsatzfaktoren** lassen sich bestimmen, indem die Funktion [5.3 - 20] partiell nach r_1 und r_2 differenziert und jede Ableitung gleich null gesetzt wird.

$$\frac{\partial K}{\partial r_1} = p_1 - \lambda c \cdot \sqrt{r_2} \overset{!}{=} 0 \qquad\qquad\qquad [5.3 - 21a]$$

$$\frac{\partial K}{\partial r_2} = p_2 - \frac{\lambda \cdot c \cdot r_1}{2 \cdot \sqrt{r_2}} \overset{!}{=} 0 \qquad\qquad\qquad [5.3 - 21b]$$

Die nach λ aufgelösten Gleichungen ergeben die Grenzkosten des ersten bzw. zweiten Faktors in Bezug auf die Ausbringung.

$$\lambda = p_1 \cdot \frac{1}{c \cdot \sqrt{r_2}} \qquad\qquad\qquad [5.3 - 22a]$$

$$\lambda = p_2 \cdot \frac{2 \cdot \sqrt{r_2}}{c \cdot \sqrt{r_1}} \qquad\qquad\qquad [5.3 - 22b]$$

Wie ersichtlich, stellt der zweite Term von [5.3 - 22a] bzw. [5.3 - 22b] die reziproke Grenzproduktivität $\partial r_1 / \partial M$ des ersten Faktors bzw. die reziproke Grenzproduktivität $\partial r_2 / \partial M$ des zweiten Faktors dar. Die Grenzkosten des ersten (zweiten) Faktors entsprechen damit also dem Preis des ersten (zweiten) Faktors dividiert durch die Grenzproduktivität des ersten (zweiten) Faktors.

Da nun die Grenzkosten beider Faktoren bei kostenminimaler Faktorkombination gleich hoch sein müssen, sind die Gleichungen [5.3 - 22a] und [5.3 - 22b] gleichzusetzen. Umgeformt ergibt sich hieraus die Beziehung, die das **allgemeine Optimum** definiert.

$$\frac{p_1}{p_2} = \frac{\partial M}{\partial r_1} : \frac{\partial M}{\partial r_2} \qquad [5.3 - 23]$$

In Worten: Die Minimalkostenkombination ist erreicht, wenn das Verhältnis der Faktorpreise dem Verhältnis der Grenzproduktivitäten der Faktoren entspricht.

Graphisch ist die Bedingung für das Optimum in Abb. 5.3 - 11 dargestellt. Für jedes Ausbringungsniveau lässt sich im $r_1;r_2$-Koordinatensystem eine Isoquante gemäß Abb. 5.3 - 7 zeichnen. Gesucht ist auf einer gegebenen **Isoquante**, die die gewünschte Ausbringung repräsentiert, das kostenminimale Faktoreinsatzverhältnis. Zu diesem Zweck wird die Kostenfunktion [5.3 - 19] für verschiedene Kostenniveaus K durch eine Schar von Geraden dargestellt, deren Steigung – unabhängig vom jeweiligen Kostenniveau – allein durch die Relation der Faktorpreise definiert wird. Kostengeraden unterschiedlichen Kostenniveaus verlaufen also parallel, wobei sie sich mit steigendem Kostenniveau vom Koordinatenursprung entfernen.

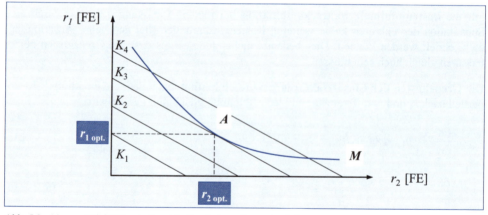

Abb. 5.3 - 11   Minimalkostenkombination bei gegebener Ausbringung

Das **optimale Faktoreinsatzverhältnis** lässt sich nun bestimmen, indem man eine Kostengerade mit der Steigung, die sich aus dem Verhältnis der Faktorpreise ergibt, vom Koordinatenursprung aus so lange parallel verschiebt, bis sie die Isoquante, die die gegebene Ausbringung repräsentiert, erstmals berührt. In diesem Punkt (A in Abb. 5.3 - 11) gilt die Beziehung [5.3 - 23], die die Bedingung für das optimale Faktoreinsatzverhältnis definiert.

Aus dieser Bedingung wie aus der allgemeinen Kostenfunktion [5.3 - 19] lässt sich im Übrigen erkennen, dass **Faktorpreisänderungen bei substitutionalen Produktionsfaktoren** eine zweifache Wirkung auf die Kosten haben:

5.3 Produktionsplanung   283

- Eine **direkte Wirkung**, indem jede Preisveränderung sich mit dem Produkt aus Verbrauchsmenge und Preisdifferenz auf die Kosten auswirkt.

- Eine **indirekte Wirkung**, indem Preisveränderungen sich bei Optimalverhalten auch auf die Einsatzverhältnisse der Produktionsfaktoren und damit auf die Kosten auswirken; und zwar bestimmt sich dieser kostenwirksame „Substitutionseffekt" durch Multiplikation der induzierten Verbrauchsmengenänderung mit den (alten) Faktorpreisen.

Zu (2)   Partielle Anpassung:

Bei partieller Anpassung wird nur **ein Faktor variiert**, während die anderen konstant gehalten werden. Der hier angesprochenen kostentheoretischen Fragestellung liegt also eine Ertragsfunktion – etwa des in der Produktionstheorie vorherrschenden Typs mit zunächst zunehmenden, später abnehmenden Grenzerträgen – zugrunde (vgl. S. 272ff.).

Aus einer Ertragsfunktion lässt sich unmittelbar die dazugehörige **Gesamtkostenfunktion** ableiten. Notwendig ist lediglich die Multiplikation der bei den einzelnen Ausbringungsniveaus einzusetzenden Faktormengen mit ihren Faktorpreisen. Dabei ergeben sich gegenüber dem Verlauf der Ertragsfunktion allerdings zwei entscheidende Veränderungen (vgl. Abb. 5.3 - 12, in Anlehnung an ADAM 2001, S. 313):

- Da bei der Darstellung der Kostenfunktion die Abszisse und die Ordinate vertauscht werden, ergibt sich die Gesamtkostenfunktion als **Spiegelbild der Ertragsfunktion**.

- Ferner ist zu berücksichtigen, dass die konstant gesetzten Produktionsfaktoren bei einer Einsatzmenge des variablen Faktors von null zwar keinen Ertrag bringen (periphere Substitution), dass sie aber nichtsdestoweniger Kosten in Höhe des Produkts aus Faktorpreis und (konstanter) Faktoreinsatzmenge verursachen. Die Gesamtkostenfunktion beginnt also nicht im Nullpunkt des Koordinatensystems, sondern ist **um die fixen Kosten** der konstanten Faktoren **nach oben verschoben**.

Ebenso wie bei der s-förmigen Ertragsfunktion lassen sich auch bei der hieraus abgeleiteten Kostenfunktion **vier Phasen** unterscheiden. Sie lassen sich abgrenzen hinsichtlich der Entwicklung:

- der **Gesamtkosten** K_T in der Planungsperiode,

- der **Grenzkosten** K'_T pro Mengeneinheit,

- der **variablen Stückkosten** k_v und

- der **totalen Stückkosten** k_t (sie umfassen neben den variablen Stückkosten anteilige Fixkosten in Höhe von K_f/M).

In der **Phase I** sinken die Grenzkosten, da die Gesamtkosten zunächst einen degressiven Verlauf haben. In dieser Phase ist der produktive Beitrag des variablen Faktors so groß, dass die Kosten insgesamt relativ geringer steigen als die Ausbringung zunimmt. Die totalen Stückkosten sinken in der Phase I aus zwei Gründen: Zum einen durch die mit steigender Ausbringungsmenge wachsende Fixkostendegression und zum anderen durch die sinkenden variablen Stückkosten. Letzteres ist der Fall, weil die Grenzkosten (noch) kleiner sind als die variablen Stückkosten. Die Phase I reicht bis zum Wendepunkt der Gesamtkostenfunktion bzw. bis zum **Minimum der Grenzkostenfunktion**.

Ab der **Phase II** steigen die Gesamtkosten progressiv an, da der produktive Beitrag des variablen Faktors infolge zunehmender „Sättigung" nunmehr relativ abnimmt. Die Grenzkosten nehmen daher wieder zu, während die (variablen und totalen) Stückkosten noch sinken. Die **variablen Stückkosten** erreichen ihr **Minimum** dann im Schnittpunkt mit der Grenzkostenkurve. Hier endet auch die Phase II.

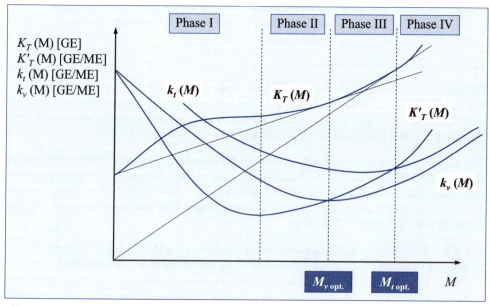

Abb. 5.3 - 12   Kostenverläufe bei partieller Anpassung und s-förmiger Ertragsfunktion

In der **Phase III** steigen die Grenzkosten über die variablen Stückkosten, die deshalb nun ebenfalls ansteigen. Die totalen Stückkosten sinken jedoch noch weiter. Dieser Effekt ist naturgemäß nur solange zu beobachten, wie die zunehmende Fixkostendegression noch nicht von der Progression der variablen Stückkosten überkompensiert wird. In dem Punkt, wo sich Progressions- und Degressionswirkungen gerade ausgleichen – im so genannten **Betriebsoptimum** – liegt das **Minimum der totalen Stückkosten**. Hier liegt folglich auch deren Schnittpunkt mit der Grenzkostenkurve.

Die Phase IV schließlich ist gekennzeichnet durch steigende Gesamt-, Stück- und Grenzkosten.

5.3.2.3 Produktionsaufteilungsplanung auf der Basis einer limitationalen Produktionsfunktion

Entsprechend der Vorgehensweise bei Existenz substitutionaler Produktionsfunktionen soll nunmehr die Problemstellung der Produktionsaufteilungsplanung auf der Basis der (für industrielle Verhältnisse realitätsnäheren) limitationalen GUTENBERG-Produktionsfunktion diskutiert werden.

Wie erinnerlich existiert in der GUTENBERG-Produktionsfunktion für jeden Produktionsfaktor h an jedem Aggregat i eine ökonomische Verbrauchsfunktion (vgl. S. 272ff.). Die zu **minimierenden Kostenfunktionen** in der Produktionsaufteilungsplanung sind mit diesen Ver-

5.3 Produktionsplanung 285

brauchsfunktionen nun zwangsläufig verbunden. Dabei lassen sich die folgenden **Kosten-funktionen** unterscheiden:

(1) **Mengen-Kosten-Leistungsfunktion** $k_i(x_i)$

(2) **Zeit-Kosten-Leistungsfunktion** $K_i(x_i)$

(3) **Gesamtkostenfunktion** $K_T(x_i; t_i)$

(4) **Grenzkostenfunktion**

      (4a) bei **zeitlicher Anpassung** $K'^{Z}_{T_i}$

      (4b) bei **intensitätsmäßiger Anpassung** $K'^{I}_{T_i}$

Zu (1)   Mengen-Kosten-Leistungsfunktion:

Die Mengen-Kosten-Leistungsfunktion (kurz: **MKL-Funktion**) wird in zwei Schritten aus den ökonomischen Verbrauchsfunktionen abgeleitet.

Durch Bewertung des Verbrauchs $\bar{r}_h$, mit dem Preis p_h des Faktors h entsteht für jeden Faktor eine **bewertete Verbrauchsfunktion**:

$$k_{1i} = p_1\left(a_1 - b_1 x_i + c_1 x_i^2\right) \qquad\qquad [5.3 - 24\text{a}]$$

$$k_{2i} = p_2\left(a_2 - b_2 x_i + c_2 x_i^2\right) \qquad\qquad [5.3 - 24\text{b}]$$

mit der ökonomischen Verbrauchsfunktion $\bar{r}_h = a_h - b_h x_i + c_h x_i^2$

Durch Summierung der bewerteten Verbrauchsfunktionen über alle Produktionsfaktoren, die am Aggregat i eingesetzt werden, erhält man die **MKL-Funktion**:

$$k_i(x_i) = p_1\left(a_1 - b_1 x_i + c_1 x_i^2\right) + p_2\left(a_2 - b_2 x_i + c_2 x_i^2\right) \qquad\qquad [5.3 - 25]$$

Die MKL-Funktion $k_i(x_i)$ gibt die Kosten pro Mengeneinheit eines bestimmten Erzeugnisses an, welches am Aggregat i mit der Intensität x_i (gemessen in ME pro ZE) produziert wird.

Ob in die MKL-Funktion beschäftigungszeitabhängige, von x_i unabhängige Kosten einzubeziehen sind oder nicht, hängt im Übrigen davon ab, ob die Beschäftigungszeit eine Variable des Planungsproblems ist oder ob sie als konstant angenommen wird. Im ersten Fall sind die beschäftigungszeitabhängigen (fixen) Kosten auf die Mengeneinheit umdimensioniert in die MKL-Funktion einzubeziehen, im zweiten Fall wegen fehlender Relevanz für die Problemlösung nicht.

Zu (2)   Zeit-Kosten-Leistungsfunktion:

Die Zeit-Kosten-Leistungsfunktion (kurz: **ZKL-Funktion**) ist definiert als Produkt der MKL-Funktion [5.3 - 25] und der Leistung x_i (gemessen in ME pro ZE).

$$K_i(x_i) = k_i(x_i) \cdot x_i \qquad\qquad [5.3 - 26]$$

Sie beschreibt die Kosten pro Zeiteinheit eines bestimmten Erzeugnisses in Abhängigkeit von der Leistung x_i am Aggregat i.

Zu (3) Gesamtkostenfunktion:

Die Gesamtkostenfunktion repräsentiert die Kosten in der Planungsperiode und ist definiert als Produkt der ZKL-Funktion und der Beschäftigungszeit t_i des Aggregates i.

$$K_T(x_i; t_i) = K_i(x_i) \cdot t_i = k_i(x_i) \cdot x_i \cdot t_i \qquad\qquad [5.3 - 27]$$

Diese Gesamtkostenfunktion ist im Rahmen der Produktionsaufteilungsplanung unter der folgenden Bedingung zu minimieren:

$$x_i \cdot t_i = M_i \qquad \text{mit:} \quad x_i \in [x_{i\,min.};\, x_{i\,max.}] \quad \text{und} \quad t_i \in [0;\, t_{i\,max.}] \qquad [5.3 - 28]$$

Zu (4) Grenzkostenfunktion:

Da die Gesamtkostenfunktion [5.3 - 27] **zwei Aktionsparameter**, nämlich x und t aufweist, ist die daraus abzuleitende Grenzkostenfunktion abhängig davon, ob intensitätsmäßige Anpassung (x als Aktionsparameter) oder zeitliche Anpassung (t als Aktionsparameter) betrieben wird.

(4a) Bei **zeitlicher Anpassung** entsprechen die Grenzkosten $K'^Z_{T_i}$ in Bezug auf die Ausbringung M, den Stückkosten $k_i(x_i)$ der MKL-Funktion bei konstanter Intensität $\bar{x}_i$ (vgl. zum Beweis ADAM 2001). Optimales Verhalten vorausgesetzt, wird der Betrieb bei zeitlicher Anpassung mit der kostenminimalen Intensität $x_{i\,opt.}$ arbeiten.

(4b) Bei **intensitätsmäßiger Anpassung** (und konstanter Beschäftigungszeit) sind die Grenzkosten $K'^I_{T_i}$ in Bezug auf die Ausbringungsmenge M_i dagegen gleich der ersten Ableitung der ZKL-Funktion nach der Intensität x_i (vgl. zum Beweis ADAM 2001).

Für die folgende **Mengen-Kosten-Leistungsfunktion** (MKL-Funktion)

$$k_i(x_i) \quad = \quad (a - bx_i + cx_i^2) \qquad\qquad [5.3 - 29]$$

und die folgende **Zeit-Kosten-Leistungsfunktion** (ZKL-Funktion)

$$K_i(x_i) \quad = \quad (a - bx_i + cx_i^2) \cdot x_i \qquad\qquad [5.3 - 30]$$

sind die Grenzkosten bei zeitlicher und bei intensitätsmäßiger Anpassung in Abhängigkeit von x_i in Abb. 5.3 - 13 (entnommen aus ADAM 2001, S. 345) dargestellt.

Zur Berechnung der **Grenzkosten bei zeitlicher Anpassung**, wenn Optimalverhalten unterstellt wird, ist die MKL-Funktion [5.3 - 29] nach x_i abzuleiten und null zu setzen.

$$K'^Z_{T_i}(x_i) \quad = \quad \frac{dk_i(x_i)}{dx_i} \quad = \quad -b + 2cx_i \overset{!}{=} 0 \qquad \rightarrow \qquad x_{i\,opt.} = \frac{b}{2c} \qquad [5.3 - 31]$$

Wird $x_{i\,opt.}$ in die MKL-Funktion [5.3 - 29] eingesetzt, so ergeben sich die Grenzkosten bei zeitlicher Anpassung im Minimum der MKL-Funktion.

$$K'^Z_{T_i}(x_{i\,opt.}) \quad = \quad k_i(x_{i\,opt.}) \quad = \quad a - bx_{i\,opt.} + cx_{i\,opt.}^2 \quad = \quad a - \frac{b^2}{4c}$$

5.3 Produktionsplanung

Die **Grenzkosten bei intensitätsmäßiger Anpassung** lassen sich durch die 1. Ableitung der ZKL-Funktion [5.3 - 30] bestimmen.

$$K'^{I}_{T_i}(x_i) = \frac{dK_i(x_i)}{dx_i} = a - 2bx_i + 3cx_i^2 \qquad [5.3 - 32]$$

Wie Abb. 5.3 - 13 zeigt, schneiden sich die beiden Grenzkostenfunktionen bei $x_{i\ opt.}$. Für $x_i < x_{i\ opt.}$ sind die Grenzkosten (bei nicht optimaler) zeitlicher Anpassung höher als bei intensitätsmäßiger Anpassung, während für $x_i > x_{i\ opt.}$ der umgekehrte Sachverhalt gilt.

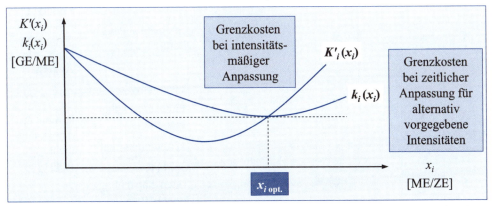

Abb. 5.3 - 13   Grenzkosten bei intensitätsmäßiger und zeitlicher Anpassung für alternativ vorgegebene Intensitäten

Wie anhand des Verlaufs der Grenzkostenfunktion bei zeitlicher und intensitätsmäßiger Anpassung deutlich geworden ist, spielt die Art der Anpassung eine zentrale Rolle für die Ableitung von Kostenfunktionen, die der Bedingung kostenminimaler Faktorkombinationen genügen. Es ist daher nun zu fragen, für welche **Form des Anpassungsprozesses** der Betrieb sich bei Optimalverhalten entscheiden wird bzw. wie die hieraus abgeleitete **optimale Kostenfunktion** aussieht.

Zunächst sind die verschiedenen **Typen produktionstechnischer Anpassung** zu bestimmen. Aus der Kombination der Möglichkeiten intensitätsmäßiger und zeitlicher Anpassung sowie in Abhängigkeit davon, ob der Betrieb nur ein Aggregat oder mehrere funktionsgleiche (aber kostenverschiedene) Aggregate besitzt, lassen sich alternative Prozesstypen der Anpassung unterscheiden (vgl. Abb. 5.3 - 14).

Der Lösungsweg bei der **Ableitung optimaler Kostenfunktionen** ist abhängig vom zugrunde liegenden Anpassungsprozesstyp. So lassen sich für den Typ 2 sowie für den Typ 3 (hier allerdings nur, wenn beschäftigungszeitabhängige Kosten auftreten und/oder die Leistung eines Aggregats nicht stufenlos bis auf null gesenkt werden kann) wegen des Auftretens **sprungfixer Kosten** keine marginalanalytischen Überlegungen anstellen. Auf der Basis von Grenzkostenanalysen sollen im Folgenden aber die optimalen Kostenfunktionen abgeleitet werden, sodass folgende **Prozesstypen für die weitere Diskussion** ausgewählt worden sind:

Typ 1: zeitliche/intensitätsmäßige Anpassung eines Aggregats
Typ 4: kombinierte zeitliche/quantitative Anpassung mehrerer Aggregate
Typ 5: kombinierte zeitliche/intensitätsmäßige/quantitative Anpassung mehrerer Aggregate

Nr. des Typs	x_i variabel	x_i konst.	t_i variabel	t_i konst.	Anzahl Aggregate i 1	Anzahl Aggregate i >1	Bezeichnung des Prozesstyps	
1	x		x		x		intensitätsmäßig/ zeitlich	Produktions-technische-Anpassung eines Aggregats
2		x		x		x	quantitativ	kombinierte Anpassung mehrerer Aggregate
3	x			x		x	intensitätsmäßig/ quantitativ	
4	x	x				x	zeitlich/quantitativ	
5	x		x			x	zeitlich/ intensitätsmäßig/ quantitativ	

Abb. 5.3 - 14   Prozesstypen der Anpassung

Zu Typ 1: zeitliche/intensitätsmäßige Anpassung eines Aggregats

Für die zeitliche/intensitätsmäßige Anpassung eines Aggregats möge die MKL-Funktion [5.3 - 29] bzw. die ZKL-Funktion [5.3 - 30] gelten. Dann kann die Gesamtkostenfunktion K_{T_i} wie in Abb. 5.3 - 15 (in Anlehnung an ADAM 2001, S. 348) beschrieben werden.

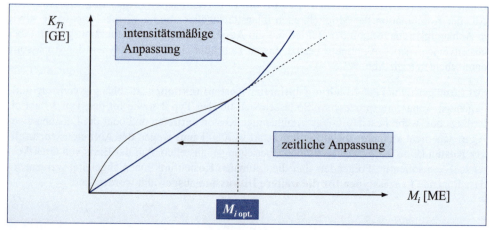

Abb. 5.3 - 15   Gesamtkostenverlauf bei optimaler zeitlicher und intensitätsmäßiger Anpassung

5.3 Produktionsplanung

Bei **zeitlicher Anpassung** mit der optimalen Intensität ($x_{i\,opt.}$) gilt eine im Koordinatenursprung beginnende linear ansteigende Kostenkurve, denn die Grenzkosten $k_i(x_{i\,opt.})$ sind konstant. Die Kostenkurve endet dort, wo eine weitere zeitliche Anpassung nicht mehr möglich ist ($t_{i\,max.}$). Die Ausbringungsmenge M_i ist an diesem Punkt $x_{i\,opt.} \cdot t_{i\,max.} (= M_{i\,opt.})$.

Bei **intensitätsmäßiger Anpassung** mit der maximalen Beschäftigungszeit ($t_{i\,max.}$) und dem zulässigen Intensitätsintervall $x_i \in [0; x_{i\,max.}]$ beginnt die Kostenkurve wiederum im Koordinatenursprung und entwickelt sich dann s-förmig mit zunächst degressivem, später progressivem Verlauf. Sie berührt die Kostenfunktion bei zeitlicher Anpassung im Punkt $M_{i\,opt.} (= x_{i\,opt.} \cdot t_{i\,max.})$, wo für beide Anpassungsformen die gleichen Grenzkosten, die gleiche Intensität ($x_{i\,opt.}$) und die gleiche Beschäftigungszeit ($t_{i\,max.}$) gelten.

Die optimale **Gesamtkostenfunktion** K_T erklärt sich wie folgt: Nach dem ökonomischen Prinzip wird sich der Betrieb zunächst bis $t_{i\,max.}$ die zeitliche Anpassung vornehmen. Soll dann weiterhin die Menge gesteigert werden, wird die Intensität des Aggregats i über die optimale Intensität $x_{i\,opt.}$ hinaus erhöht. Formal kann sich die Kostenfunktion bei Optimalverhalten wie folgt beschrieben werden:

$$K_{T_i}(M_i) = \begin{cases} \left(a - \dfrac{b^2}{4c}\right) \cdot x_{i\,opt.} \cdot t_i & \text{für } x_{i\,opt.} \cdot t_i = M_i \text{ und } t_i \in [0; t_{i\,max.}] \\ (ax_i - bx_i^2 + cx_i^3) \cdot t_{i\,max.} & \text{für } x_i \cdot t_{i\,max.} = M_i \text{ und } x_i \in [x_{i\,opt.}; x_{i\,max.}] \end{cases}$$

Zu Typ 4: kombinierte zeitliche/quantitative Anpassung mehrerer Aggregate

Für die kombinierte zeitliche/quantitative Anpassung mehrerer Aggregate mit konstanter Intensität existiert eine einfache Entscheidungsregel. Da die Intensität nicht variiert werden kann, existiert für jedes Aggregat ein konstantes Grenzkostenniveau, d.h. $k_i(\bar{x}_i) = $ konstant. Dem ökonomischen Prinzip entspricht es daher, die Aggregate in der Reihenfolge steigender Grenzkosten einzusetzen und zeitlich bis t_i max. anzupassen. Wenn ein Aggregat seine maximale Ausbringung ($\bar{x}_i \cdot t_{i\,max.} = M_{i\,max.}$) erreicht hat und die Ausbringung noch gesteigert werden soll, kommt das Aggregat mit den nächst höheren Grenzkosten zum Einsatz.

Abb. 5.3 - 16 (entnommen aus ADAM 2001, S. 379) zeigt die hierdurch bewirkte sprunghafte Entwicklung der Grenzkosten und die Gesamtkostenkurve K_T, die bei Optimalverhalten nach jedem Intervall immer steiler verläuft.

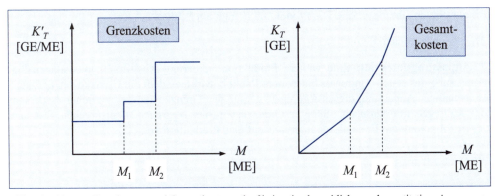

Abb. 5.3 - 16 Grenzkosten- und Gesamtkostenverlauf bei optimaler zeitlicher und quantitativer Anpassung

Zu Typ 5: kombinierte zeitliche/intensitätsmäßige/quantitative Anpassung mehrerer Aggregate

Der optimale Anpassungsprozess bei kombinierter zeitlicher/intensitätsmäßiger/quantitativer Anpassung mehrerer Aggregate weist eine Reihe charakteristischer Intervalle auf. Um diese zu beschreiben, ist zunächst für jedes Aggregat die Grenzkostenfunktion für die optimale zeitliche und intensitätsmäßige Anpassung abzuleiten. Für die Aggregate 1 und 2 möge diesbezüglich gelten, was in Abb. 5.3 - 17 wiedergegeben ist.

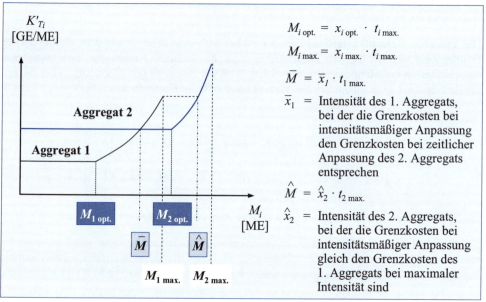

Abb. 5.3 - 17   Grenzkosten zweier (kostenverschiedener) Aggregate bei optimaler zeitlicher und intensitätsmäßiger Anpassung

Mithilfe der Zusammenhänge in Abb. 5.3 - 17 lässt sich der **optimale Anpassungsprozess** bei zwei Aggregaten nun allgemein wie folgt darstellen:

1. Anpassungsintervall: Zunächst wird das Aggregat mit den niedrigsten Grenzkosten (hier Aggregat 1) eingesetzt und dessen Ausbringung durch Ausdehnung der Beschäftigungszeit bis zur oberen Grenze erhöht. Die Produktion beträgt am Schluss:

$M_1 = x_1 \text{ opt.} \cdot t_1 \text{ max.}$

2. Anpassungsintervall: Eine weitere Produktionssteigerung wird durch intensitätsmäßige Anpassung des ersten Aggregats bis zu dem Punkt bewirkt, an dem die Grenzkosten bei intensitätsmäßiger Anpassung dieses Aggregats gerade den Grenzkosten bei zeitlicher Anpassung des Aggregats mit den nächst höheren Grenzkosten (hier Aggregat 2) entsprechen. Das erste Aggregat kommt am Ende dieses Intervalls auf eine Produktion von

$\overline{M} = \overline{x}_1 \cdot t_1 \text{ max.}$

5.3 Produktionsplanung

3. Anpassungsintervall: Soll die Produktion noch gesteigert werden, wird nunmehr das Aggregat 2 mit den nächst höheren Grenzkosten mit optimaler Intensität in Betrieb gesetzt und zeitlich bis zur oberen Grenze der möglichen Einsatzzeit dieses Aggregats angepasst. Die beiden bisher eingesetzten Aggregate produzieren entsprechend am Ende des dritten Anpassungsintervalls zusammen

$$\sum M_i = \bar{x}_1 \cdot t_{1\,max.} + x_{2\,opt.} \cdot t_{2\,max.}$$

4. Anpassungsintervall: Eine weitere Produktionssteigerung kann nun nur noch durch intensitätsmäßige Anpassung beider Aggregate über $\bar{x}_1$ bzw. $x_{2\,opt.}$ hinaus bewirkt werden. Dabei ist die Intensität beider Anlagen so einzustellen, dass die Grenzkosten bei intensitätsmäßiger Anpassung beim jeweils gewünschten Ausbringungsniveau stets gleich groß sind. Am Ende dieses vierten Intervalls, das dadurch gekennzeichnet ist, dass eine der beiden Anlagen ihre maximale Intensität erreicht (hier Aggregat 1), beträgt die Gesamtproduktion

$$\sum M_i = x_{1\,max.} \cdot t_{1\,max.} + \hat{x}_2 \cdot t_{2\,max.}$$

5. Anpassungsintervall: Soll die Ausbringung noch einmal gesteigert werden, steht hierfür nur noch das Aggregat 2 zur Verfügung. Es kann intensitätsmäßig angepasst werden, bis auch es seine maximale Produktion erreicht. Die maximale Gesamtproduktion beläuft sich damit auf

$$\sum M_i = x_{i\,max.} \cdot t_{i\,max.} + x_{2\,max.} \cdot t_{2\,max.}$$

Abb. 5.3 - 18 (entnommen aus ADAM 2001, S. 382) verdeutlicht noch einmal den hier skizzierten optimalen Anpassungsprozess und die sich hieraus ergebende optimale Grenzkostenfunktion K'_T in Bezug auf die Ausbringung M.

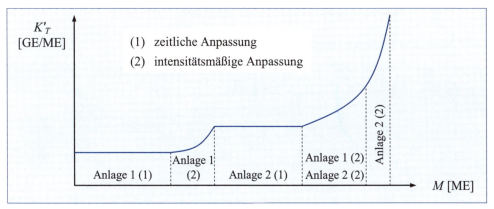

Abb. 5.3 - 18 Anpassungsprozess und Grenzkostenverlauf bei optimaler zeitlicher, intensitätsmäßiger und quantitativer Anpassung zweier Aggregate

Ein **Zahlenbeispiel** möge zur Verdeutlichung des beschriebenen Anpassungsprozesses dienen (in Anlehnung an ADAM 2001, S. 382ff.). Ein Betrieb verfügt über zwei Aggregate, die folgende Daten aufweisen:

[1]	**ZKL-Funktion**	$K_1(x_1) = 15x_1 - 0{,}4x_1^2 + 0{,}04x_1^3$ $K_2(x_2) = 19x_2 - 0{,}4x_2^2 + 0{,}02x_2^3$
[2]	**MKL-Funktion**	$k_1(x_1) = 15 - 0{,}4x_1 + 0{,}04x_1^2$ $k_2(x_2) = 19 - 0{,}4x_2 + 0{,}02x_2^2$
[3]	**Minima der MKL-Funktionen [2]**	$x_{1\,opt.} = 5$ $x_{2\,opt.} = 10$
[4]	**Grenzkosten bei optimaler zeitlicher Anpassung**	$K_1^{'Z} = k_1(x_{1\,opt.}) = 14$ $K_2^{'Z} = k_2(x_{2\,opt.}) = 17$
[5]	**Ableitung der ZKL-Funktionen [1]**	$K_1^{'I}(x_1) = 15 - 0{,}8x_1 + 0{,}12x_1^2$ $K_2^{'I}(x_2) = 19 - 0{,}8x_2 + 0{,}06x_2^2$
[6]	$\overline{x}_1$ Intensität des 1. Aggregats, bei der die Grenzkosten bei intensitäts- mäßiger Anpassung den Grenzkosten bei zeitlicher Anpassung des 2. Aggregats entsprechen $\hat{x}_2$ Intensität des 2. Aggregats, bei der die Grenzkosten bei intensitätsmäßiger Anpassung gleich den Grenzkosten des 1. Aggregats bei maximaler Intensität sind	$\overline{x}_1 = 8{,}6$ und $\hat{x}_2 = 13{,}87$ errechnet aus den Bedingungen $k_2(x_{2\,opt.}) = K_1^{'I}(\overline{x}_1)$ und $K_1^{'I}(\hat{x}_1) = K_2^{'I}(x_{2\,max.})$
[7]	**Intervalle der Variablen x_i und t_i:**	$5 \leq x_1 \leq 25$ und $0 \leq t_1 \leq 10$ $5 \leq x_2 \leq 20$ und $0 \leq t_2 \leq 10$

Abb. 5.3 - 19   Beispiel zur kombinierten zeitlichen/intensitätsmäßigen/quantitativen Anpassung mehrerer Aggregate – gegebene Daten und Zwischenergebnisse

Die Lösung ist in folgender Tabelle zusammengefasst:

Intervall	maximale Ausbringung am Ende des Intervalls	Grenz- kosten	Art der Anpassung
1	$x_{1\,opt.} \cdot t_{1\,max.} = 5 \cdot 10 = 50$	14	zeitlich 1. Aggregat
2	$\overline{x}_1 \cdot t_{1\,max.} = 8{,}6 \cdot 10 = 86$	$14 - 17$	intensitätsmäßig 1. Aggregat
3	$\overline{x}_1 \cdot t_{1\,max.} + x_{2\,opt.} \cdot t_{2\,max.}$ $= 8{,}6 \cdot 10 + 10 \cdot 10 = 186$	17	zeitlich 2. Aggregat
4	$\hat{x}_1 \cdot t_{1\,max.} + x_{2\,max.} \cdot t_{2\,max.}$ $= 13{,}87 \cdot 10 + 20 \cdot 10 = 338{,}7$	$17 - 27$	intensitätsmäßig 1. und 2. Aggregat
5	$x_{1\,max.} \cdot t_{1\,max.} + x_{2\,max.} \cdot t_{2\,max.}$ $= 25 \cdot 10 + 20 \cdot 10 = 450$	$27 - 70$	intensitätsmäßig 1. Aggregat

Abb. 5.3 - 20   Beispiel zur kombinierten zeitlichen/intensitätsmäßigen/quantitativen Anpassung mehrerer Aggregate – Lösung

5.3 Produktionsplanung

Fragen und Aufgaben zur Wiederholung (5.3.2: S. 271 – 292)

1. Mit welchen Fragen beschäftigt sich die Produktionsaufteilungsplanung?

2. Definieren Sie allgemein den Begriff der „Produktionsfunktion"!

3. Welche Eigenschaften sind charakteristisch für eine substitutionale Produktionsfunktion?

4. Welche Kritikpunkte lassen sich gegen die Anwendung der substitutionalen Produktionsfunktion vorbringen?

5. Stellen Sie eine substitutionale Produktionsfunktion mit zwei unabhängigen Variablen dreidimensional dar! Wie kann man die Kompliziertheit dreidimensionaler Analysen vermeiden?

6. Erläutern Sie anhand einer Isoquantendarstellung die Grenzrate der Substitution!

7. Leiten Sie aus einer Ertragsfunktion die Durchschnittsproduktivität sowie die Grenzproduktivität ab!

8. Diskutieren Sie den Verlauf einer s-förmigen Ertragsfunktion!

9. Worin unterscheiden sich die LEONTIEF- und GUTENBERG-Produktionsfunktion?

10. Woraus ergibt sich die höhere Realitätsnähe der GUTENBERG-Produktionsfunktion im Vergleich zur ertragsgesetzlichen Produktionsfunktion?

11. Erläutern Sie die Mehrstufigkeit der GUTENBERG-Funktion!

12. Welche unterschiedlichen Dimensionen verwenden technische und ökonomische Verbrauchsfunktionen?

13. Über welche Aktionsparameter der GUTENBERG-Produktionsfunktion kann Einfluss auf die Ausbringung genommen werden?

14. Wodurch ist die kostenminimale Faktorkombination bei totaler Anpassung definiert?

15. Stellen Sie die direkte und indirekte Wirkung von Faktorpreisänderungen auf die Kosten bei substitutionalen Produktionsfunktionen dar!

16. Leiten Sie aus einer s-förmigen Ertragsfunktion die dazugehörige Gesamtkostenfunktion bei partieller Anpassung sowie die Funktionen der Grenzkosten, variablen und totalen Stückkosten pro ME ab, und erläutern Sie deren Verläufe!

17. Wie werden Zeit-Kosten-Leistungsfunktionen und Gesamtkostenfunktionen aus einer Mengen-Kosten-Leistungsfunktion abgeleitet?

18. Wie werden die Grenzkostenfunktionen in Bezug auf die Ausbringung bei zeitlicher und intensitätsmäßiger Anpassung aus der Gesamtkostenfunktion abgeleitet?

19. Welche Prozesstypen der Anpassung kennen Sie?

20. Beschreiben Sie allgemein den Gesamtkostenverlauf bei optimaler zeitlicher und intensitätsmäßiger Anpassung eines Aggregates!

21. Bei welcher Produktionsmenge wird bei optimaler zeitlicher/intensitätsmäßiger/quantitativer Anpassung ein zweites Aggregat erstmals zugeschaltet?

22. Stellen Sie allgemein den Anpassungsprozess bei zeitlicher/intensitätsmäßiger/quantitativer Anpassung dar! Wie verlaufen die Grenzkosten bei Optimalverhalten?

294 Fünftes Kapitel: Betriebliche Leistungsprozesse

5.3.3 Operative Produktionsprogrammplanung

5.3.3.1 Problemstrukturen der operativen Produktionsprogrammplanung

Für eine Optimierung der Produktionsprogrammplanung (kurz: Programmplanung) ist die Verwendung eines **gewinnorientierten Kriteriums** erforderlich. Im Gegensatz zur bisher analysierten Produktionsaufteilungsplanung reichen Kostenüberlegungen allein also nicht mehr aus, sondern es sind zusätzlich auch die Auswirkungen einer Entscheidung auf die Erlöse zu berücksichtigen (vgl. S. 262ff.). Die Programmplanung verbindet damit zugleich augenfällig die Sphäre der innerbetrieblichen Leistungserstellung mit dem Absatzbereich der Unternehmung, und sie zeigt deutlicher als die anderen Teilpläne der Produktionspolitik die engen **Interdependenzen zwischen Produktion und Absatz**. Denn es muss natürlich nicht betont werden, dass mit Produktions- und Absatzprogrammplanung lediglich zwei verschiedene Sichtweisen des gleichen Grundtatbestandes angesprochen werden, die letztlich einen einheitlichen Problemkomplex darstellen (vgl. zur Absatz- bzw. Marketingplanung S. 302ff.).

Von den drei Ebenen der (Produktions-)Programmplanung (vgl. S. 262ff.) soll hier lediglich die **operative Programmplanung** einhergehender behandelt werden. Ihre **Aufgabe** ist es, das endgültige Produktionsprogramm nach Art und Menge festzulegen. Dabei geht sie von

- gegebenen Preisen der Erzeugnisse,
- gegebenen Kostenfunktionen für die Produktion der Erzeugnisse,
- bekannten Kapazitätsbelastungen je Erzeugniseinheit sowie
- bekannter Fertigungskapazität aus (ADAM 2001).

Die spezifische Problemstruktur der Programmplanung wird in erster Linie von der Art und Zahl der **Engpässe** im Fertigungsbereich sowie von der Art und Zahl alternativ möglicher **Produktionsprozesse** (einsetzbarer Aggregate und/oder realisierbarer Intensitätsstufen) beeinflusst. Aus diesen Einflussgrößen lassen sich bestimmte ausgewählte Konstellationen der Programmplanung ableiten (vgl. Abb. 5.3 - 21). Dabei ist der Fall „ein Engpass und alternative Produktionsprozesse" noch zusätzlich untergliedert worden, um die unterschiedlichen Lösungsansätze der Programmplanung differenziert herausarbeiten zu können.

Bei den in Abb. 5.3 - 21 gekennzeichneten **sechs Entscheidungssituationen** der Programmplanung sind grundlegend zwei Hauptgruppen zu unterscheiden:

In den **Fällen (1) bis (4)** ist eine **Sukzessivplanung** möglich, d.h. das optimale Programm kann schrittweise zusammengestellt werden. Voraussetzung hierfür ist dabei die Möglichkeit, konkrete, von der endgültigen Zusammensetzung des Programms unabhängige **Deckungsspannen** für die verschiedenen Erzeugnisse zu berechnen, denn dann lässt sich das optimale Programm nach bestimmten, noch zu definierenden Deckungsspannenkriterien sukzessiv zusammenstellen.

Die **Fälle (5) und (6)** dagegen sind dadurch gekennzeichnet, dass die Deckungsspannen für die verschiedenen Erzeugnisse von der (noch unbekannten) Zusammensetzung des Programms abhängen. Dies führt zu der Notwendigkeit, einen **simultanen Planungsansatz** – etwa in Gestalt eines **linearen Planungsmodells** (vgl. S. 220ff.) – zu wählen.

Im Folgenden werden nur Lösungswege diskutiert, die keinen simultanen Ansatz erfordern. Grundlage hierfür ist ADAM (2001). Der am simultanen Ansatz für die Fälle (5) und (6) interessierte Leser wird besonders auf ADAM (2001, S. 233ff.) und JACOB (1972) verwiesen.

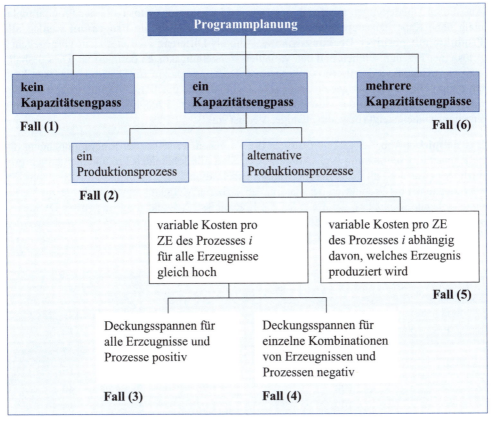

Abb. 5.3 - 21   Ausgewählte Konstellationen der Produktionsprogrammplanung

5.3.3.2 Programmplanung ohne Kapazitätsbeschränkung

Die als **Fall (1)** bezeichnete Entscheidungssituation ist gekennzeichnet durch das **Fehlen eines Kapazitätsengpasses**, d.h. alle an sich gewinnbringenden Produkte können auch in den maximal absetzbaren Mengen produziert werden. Zusätzlich wird angenommen, dass für jedes Erzeugnis nur ein Fertigungsprozess definiert ist, d.h. dass die variablen Stückkosten der Erzeugnisse nicht durch Einsatz alternativer Aggregate und/oder intensitätsmäßige Anpassung veränderbar sind und dass sie damit für jede Erzeugnisart als konstant angenommen werden können.

Grundsätzlich gilt für die Programmplanung – wie für ökonomische Entscheidungen schlechthin –, dass zur Lösung des Planungsproblems nur die Kosten und Erlöse in die Betrachtung einzubeziehen sind, die **Einfluss auf das Planungsergebnis** haben. Das sind hier zum einen die erzeugnisabhängigen Erlöse pro Stück und zum anderen die für jede Erzeugnisart als konstant angenommenen variablen Stückkosten. Nur letztere sind als relevante Kosten in die Formulierung des Planungsproblems einzubeziehen und nicht etwa auch die fixen, kalenderzeitabhängigen Kosten, die ja bei gegebener Kapazität in jedem Fall und unabhängig von der endgültigen Zusammensetzung des Programms anfallen.

296   Fünftes Kapitel: Betriebliche Leistungsprozesse

Aus diesen Überlegungen leitet sich das Entscheidungskriterium im Falle der Programmplanung ohne Kapazitätsengpass ab: Aufgenommen in das **optimale Programm** werden **alle
Produkte mit positiver Deckungsspanne** – die als Differenz zwischen dem vorgegebenen
Erlös einer Erzeugniseinheit und den variablen Herstellungskosten definiert ist. Dies deshalb,
weil ohne Engpass jedes Produkt mit positiver Deckungsspanne zur Deckung der fixen Kosten beiträgt bzw. weil bei gegebenem Fixkostenblock eine positive Deckungsspanne den Betrag bezeichnet, um den der Gewinn bei Aufnahme dieser Erzeugnisart in das Programm je
Erzeugniseinheit steigt (bzw. ein etwaiger Verlust sinkt).

Das **Beispiel** in Abb. 5.3 - 22 verdeutlicht die Vorgehensweise bei der Programmplanung ohne Kapazitätsbeschränkung (vgl. ADAM 2001). Sind alle lohnenden Produktalternativen pro-
duzierbar (was der Fall ist, wenn die Kapazitätsbelastung aller Erzeugnisse mit positiven Deckungsspannen bei Produktion der maximal absetzbaren Mengen kleiner ist als die zur Verfügung stehende Kapazität), dann werden die Erzeugnisse 2, 6 und 8 mit negativen Deckungsspannen nicht in das Programm aufgenommen. Von den Erzeugnissen l, 3, 4, 5 und 7 werden
die maximal absetzbaren Mengen produziert.

Erzeugnis	Nettoerlös pro ME	variable Kosten pro ME	Deckungsspanne pro ME
[1]	[2]	[3]	[4] = [2] – [3]
1	120	110	10
2	105	112	- 7
3	140	124	16
4	190	150	40
5	390	335	55
6	120	140	- 20
7	155	145	10
8	270	305	- 35

Abb. 5.3 - 22   Beispiel zur Programmplanung ohne Kapazitätsbeschränkung

5.3.3.3 Programmplanung bei Bestehen eines Kapazitätsengpasses

Die Existenz eines einzelnen Engpasses kann grundsätzlich **zwei Gründe** haben: Entweder es
liegt eine **einstufige Produktion** vor und die Kapazität reicht nicht aus, um von allen Erzeugnissen mit positiver Deckungsspanne die maximal absetzbare Menge zu produzieren; oder es
ist zwar die Situation einer **mehrstufigen Produktion** gegeben, aber aufgrund der Relation
der Kapazitätsbeanspruchung je Erzeugniseinheit und der vorhandenen Kapazität in den einzelnen Produktionsstufen liegt der Engpass nur in einer Stufe. Dies ist der Fall, wenn die relative Beanspruchung der Kapazität pro Erzeugniseinheit und Stufe (wie in Abb. 5.3 - 23 demonstriert) in einer Stufe stets größer ist als in allen anderen Produktionsstufen.

5.3 Produktionsplanung

Erzeugnis	Produktionszeit je ME		relative Kapazitätsbeanspruchung	
	Stufe 1	Stufe 2	Stufe 1	Stufe 2
1	5,0	6,0	2,5 %	2,0 %
2	6,0	7,5	3,0 %	2,5 %
3	10,0	12,0	5,0 %	4,0 %
Kapazität	200	300		

Abb. 5.3 - 23   Bestimmung potenzieller Engpassbereiche bei mehrstufiger Produktion

Für den Fall **eines Kapazitätsengpasses** sollen **drei Konstellationen** betrachtet werden (vgl. Abb. 5.3 - 21):

Fall (2): Es steht nur ein Produktionsprozess (ein Aggregat mit einer Intensitätsstufe) je Erzeugnis zur Verfügung.

Fall (3): Es besteht die Möglichkeit, alternative Produktionsprozesse einzusetzen. Deren variable Kosten pro Zeiteinheit sind dabei jeweils unabhängig von den Produkten, die produziert werden, und die Deckungsspannen für alle Erzeugnisse und Aggregate sind positiv.

Fall (4): Wie Fall (3), nur dass für einzelne Kombinationen von Erzeugnissen und Prozessen die Deckungsspannen negativ sind.

Zu Fall (2):

Statt von der absoluten Deckungsspanne je Erzeugniseinheit muss in Überlegungen zur Optimierung des Produktionsprogramms nun von der **relativen Deckungsspanne** ausgegangen werden, die pro Zeiteinheit des Engpasses erzielt werden kann. Die relative Deckungsspanne ist dabei definiert als Quotient aus der absoluten Deckungsspanne je Erzeugniseinheit und des Zeitbedarfs je Erzeugniseinheit im Engpass.

Das **Entscheidungskriterium** lässt sich wie folgt formulieren: Die Erzeugnisse werden nach ihrer relativen Deckungsspanne geordnet und zwar beginnend mit dem Produkt, das die höchste relative Deckungsspanne aufweist, wobei Erzeugnisse mit negativen Deckungsspannen gleich ausgeschieden werden. Entsprechend der gebildeten Rangfolge werden nun so lange neue Erzeugnisse (jeweils mit ihren maximalen Absatzmengen) in das Produktionsprogramm aufgenommen, bis die gesamte Kapazität der Engpassabteilung verplant ist oder keine Erzeugnisse mit positiven Deckungsspannen mehr vorhanden sind.

Das Beispiel in Abb. 5.3 - 24 mag diese Vorgehensweise erläutern. In das optimale Programm gehen die Erzeugnisse 1, 2 und 3 ein. Die Kapazität der Engpassabteilung – sie beträgt 2.800 ZE – wird voll verplant. Es wird ein **Deckungsbeitrag** – definiert als Produkt aus Deckungsspanne der Erzeugnisse und Absatzmenge – in Höhe von 25.600 GE erzielt (vgl. ADAM 2001).

Er-zeugnis	maximale Absatz-menge	Deckungs-spanne	Produk-tionszeit pro ME	relative Deckungs-spanne	optimale Menge	Zeit-bedarf	Deckungs-beitrag
	[ME]	[GE/ME]	[ZE/ME]	[GE/ZE]	[ME]	[ZE]	[GE]
[1]	[2]	[3]	[4]	[5] = [3] : [4]	[6]	[7]	[8] = [3] · [6]
1	400	30	3	10	400	1.200	12.000
2	240	45	5	9	240	1.200	10.800
3	100	35	5	7	80	400	2.800
4	150	48	8	6	–	–	–
5	200	50	10	5	–	–	–
Summe	–	–	–	–	–	**2.800**	**25.600**

Abb. 5.3 - 24   Beispiel zur Programmplanung mit einem Engpass und einem Produktionsprozess je Erzeugnis

Zu Fall (3):

Auch für den Fall, dass der Betrieb alternative Produktionsprozesse für jedes Erzeugnis einsetzen kann (wobei allerdings vorausgesetzt werden muss, dass die variablen Kosten pro Zeiteinheit eines Produktionsprozesses für jedes alternativ produzierte Erzeugnis gleich hoch sind), ist mit dem Instrument der relativen Deckungsspanne zu arbeiten. Diese ist jedoch nunmehr anders zu definieren, weil die Höhe der **Deckungsspanne abhängig vom eingesetzten Produktionsprozess** (Aggregat, Intensität) ist.

Wenn, was im Fall (3) unterstellt wird, jedes Erzeugnis – gleichgültig mit welchem Produktionsprozess es hergestellt wird – immer positive Deckungsspannen erzielt, kann davon ausgegangen werden, dass die Engpasskapazität in jedem Fall voll ausgenutzt wird. In der Engpassabteilung fallen damit zwangsläufig unabhängig von der Lösung des Planungsproblems für jedes Aggregat i Kosten in Höhe von

$$K_{T_i} = K_i \cdot t_{i\,max.} = \text{konstant}$$

an, wobei K_i die Kosten pro Zeiteinheit des Prozesses i und t_i max. die maximale Dauer des Prozesses i beschreiben.

Nach dieser Überlegung können die Produktionskosten pro Mengeneinheit im Engpass folgerichtig nicht als für die Entscheidung relevante Kosten angesehen werden. Vielmehr ist als **Kriterium für die Rangordnung** der Erzeugnisse deren **relative Brutto-Deckungsspanne** zu bestimmen. Sie ist definiert als Quotient aus der Brutto-Deckungsspanne (= Differenz des Preises und der variablen Produktionskosten pro Mengeneinheit mit Ausnahme der Engpassstufe) und dem Zeitbedarf im Engpass für eine Erzeugnisart (vgl. ADAM 2001).

Das **Entscheidungskriterium** für die Zusammenstellung des optimalen Produktionsprogramms ist – nach Prüfung, ob auch für alle Erzeugnisse und Prozesse positive Deckungsspannen gelten – ansonsten das gleiche wie im Fall (2): Es wird nach der Höhe der relativen Brutto-Deckungsspannen entschieden, welche Erzeugnisse in das Programm aufgenommen werden.

5.3 Produktionsplanung

Folgendes **Beispiel** mag zur Erläuterung des Falles (3) dienen (entnommen aus ADAM 2001, S. 228ff.): Ein Betrieb verfügt über drei Aggregate, die jeweils nur mit einer Intensitätsstufe betrieben werden können und zusammen eine Kapazität von 1.800 ZE besitzen. Fünf Erzeugnisse werden produziert. Die Angaben zu den Kosten, Erlösen und Kapazitäten sind dem oberen Teil von Abb. 5.3 - 25 zu entnehmen. Wie durch die Berechnungen im unteren Teil derselben Abbildung gezeigt wird, setzt sich das optimale Produktionsprogramm bei einer Gesamtkapazität von 1.800 ZE aus den Erzeugnissen 3, 1 und 2 (mit jeweils maximalen Mengen) sowie Erzeugnis 5 (mit 20 Mengeneinheiten) zusammen.

Erzeugnis		E1	E2	E3	E4	E5	Σ
maximale Absatzmenge [ME]		150	100	100	50	150	
Preis pro ME [GE/ME]		710	260	280	180	230	
variable Kosten pro ME ohne Engpass [GE/ME]		150	80	120	100	105	
Zeitbedarf pro ME im Engpass [ZE/ME]		8	3	2	4	5	
Kapazitätsbedarf bei maximaler Absatzmenge [ZE]		1.200	300	200	200	750	2.650
variable Kosten pro ME im Engpass [GE/ME]	Aggregat A1 (bei variablen Kosten von 8 pro ZE)	64	24	16	32	40	
	Aggregat A2 (bei variablen Kosten von 10 pro ZE)	90	30	20	40	50	
	Aggregat A3 (bei variablen Kosten von 12 pro ZE)	96	36	24	48	60	
Deckungs- spanne [GE/ME]	Aggregat A1	496	156	144	48	85	
	Aggregat A2	480	150	140	40	75	
	Aggregat A3	464	144	136	32	65	
Brutto-Deckungsspanne [GE/ME]		560	180	160	80	125	
relative Brutto-Deckungsspanne [GE/ZE]		70	60	80	20	25	
Rangfolge		2.	3.	1.	5.	4.	
optimale Menge [ME]		150	100	100		20	
Deckungsbeitrag [GE]		**74.400**	**15.600**	**14.400**		**1.700**	**106.100**

Abb. 5.3 - 25   Beispiel zur Programmplanung mit einem Engpass, alternativen Produktionsprozessen und ausschließlich positiven Deckungsspannen

Zu Fall (4):

Im Gegensatz zum Fall (3) ist hier wegen des Auftretens negativer Deckungsspannen nicht sichergestellt, dass der Betrieb die Kapazität aller Aggregate voll beansprucht. Denn die Ausnutzung der vollen Kapazität auch dann, wenn dadurch im Endeffekt Produkte mit negativen Deckungsspannen produziert werden müssen, kann allenfalls bei Produkten empfohlen werden, die einen gewissen **Sortimentsverbund** aufweisen. Ist dies aber nicht der Fall, so lässt eine Beschränkung auf Produkte mit positiven Deckungsspannen und damit unter Umständen ein Verzicht auf die volle Beschäftigung aller Aggregate die Kosten stärker sinken als die Erlöse, sodass der Gewinn insgesamt steigt.

Wenn jedoch die Möglichkeit besteht, dass die Kapazität aller Aggregate nicht voll in Anspruch genommen wird, dann können die Produktionskosten der Engpassabteilung in der Planungsperiode nicht mehr als fix angesehen werden. Ihre Höhe hängt nunmehr von der Lösung des Planungsproblems ab, und sie sind daher als relevante Kosten in die Vorteilhaftigkeitsanalyse mit einzubeziehen.

Zur **Lösung des Optimierungsproblems** ist im Einzelnen wie folgt vorzugehen (vgl. ADAM 2001, S. 229ff.): Zunächst wird anhand der relativen Brutto-Deckungsspanne D eine Rangfolge der Erzeugnisse wie im Fall (3) entwickelt. Hieraus wird eine Funktion abgeleitet, die den Zusammenhang zwischen der relativen Brutto-Deckungsspanne und dem **Kapazitätsbedarf** angibt. In Abb. 5.3 - 26 (in Anlehnung an ADAM 2001, S. 231) ist eine solche Funktion, die auf den Zahlen des Beispiels von Abb. 5.3 - 25 basiert, durch die von links oben nach rechts unten abfallende Treppenkurve gekennzeichnet. In gleicher Weise werden die Aggregate (Prozesse) entsprechend den variablen Kosten pro Zeiteinheit K geordnet und in eine von links nach rechts steigende Treppenkurve eingefügt (vgl. Abb. 5.3 - 26). Diese Kurve stellt gleichsam eine Funktion der **Kapazitätsbereitstellung** in Abhängigkeit von den Kosten pro Zeiteinheit dar. In Abb. 5.3 - 26 entsprechen die Angaben zu den Aggregaten 1 und 2 dem Beispiel aus Abb. 5.3 - 25. Dagegen weist das Aggregat 3 nunmehr Kosten pro Zeiteinheit in Höhe von 28 GE auf, wodurch einzelne Kombinationen mit negativen Deckungsspannen auftreten.

Das **optimale Programm** ist nun dadurch gekennzeichnet, dass es lediglich Produkte enthält, deren relative Brutto-Deckungsspanne D größer ist als die Kosten der Aggregate pro Zeiteinheit K im Engpass. Das bedeutet für die abgewandelte Problemstellung in Abb. 5.3 - 26, dass lediglich die Erzeugnisse 3, 1 und 2 in das Programm aufgenommen werden. Obwohl damit nur eine Kapazität von 1.700 ZE verbraucht ist, wird das nachfolgende Erzeugnis 5 nicht mehr produziert, da dessen relative Brutto-Deckungsspanne um 3 GE/ZE niedriger ist als die zusätzlichen Kosten pro Zeiteinheit im Engpass und eine Vollauslastung der Kapazität damit den Gewinn um insgesamt 300 GE sinken lassen würde.

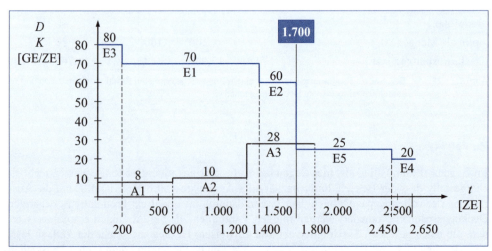

Abb. 5.3 - 26   Beispiel zur Programmplanung mit einem Engpass, alternativen Produktionsprozessen und Auftreten negativer Deckungsspannen

5.3 Produktionsplanung

Fragen und Aufgaben zur Wiederholung (5.3.3: S. 294 – 300)

1. Diskutieren Sie, ob Kostenüberlegungen für eine Optimierung der Programmplanung ausreichen!

2. Welche innerbetrieblichen Gegebenheiten bestimmen die Anzahl möglicher Konstellationen der Programmplanung?

3. Warum ist bei einigen Konstellationen der Programmplanung ein simultaner Planungsansatz notwendig?

4. Definieren Sie (a) Deckungsspanne und (b) Deckungsbeitrag!

5. Nach welchem Entscheidungskriterium wird das optimale Produktionsprogramm bei freier Kapazität bestimmt? Begründen Sie ihre Antwort!

6. Wodurch unterscheidet sich die Problemstellung, wenn ein Kapazitätsengpass besteht und nur ein Produktionsprozess je Erzeugnis zur Verfügung steht? Welches Entscheidungskriterium ist nunmehr zu verwenden?

7. Erläutern Sie den Begriff „relative Brutto-Deckungsspanne"! Bei welcher Konstellation der Programmplanung ist dieses Entscheidungskriterium anzuwenden?

8. Wie planen Sie das optimale Produktionsprogramm für den Fall eines Kapazitätsengpasses, wenn für einzelne Kombinationen von Erzeugnissen und Prozessen die Deckungsspannen negativ sind?

5.4 Marketingplanung

5.4.1 Gegenstand der Marketingplanung

5.4.1.1 Marketing als integrierendes Konzept der Absatzplanung

Der Absatz der erstellten Leistungen beschließt genetisch den betrieblichen Leistungsprozess, der somit durch die Leistungsabgaben an den Absatzmarkt gleichsam seine „Erfüllung" findet. Auf die Phase des Absatzes kann eine Unternehmung in einem marktwirtschaftlichen System nicht verzichten, weil sie „ex definitione" Fremdbedarfsdeckung über den Markt betreibt. Das damit auch übernommene Marktrisiko ergibt sich dadurch, dass letztlich der Markt darüber entscheidet, ob und inwieweit der Leistungsprozess der Unternehmung durch Abnahme der Absatzleistung „honoriert" wird.

Die Absatzphase ist also notwendiges und zugleich bedeutsames **Bindeglied zwischen der Produktion einerseits und dem Absatzmarkt andererseits**. Konkrete absatzpolitische Maßnahmen können daher auch nicht unabhängig von marktlichen Überlegungen getroffen werden. Vielmehr haben sie an den beeinflussbaren oder auch nicht beeinflussbaren Marktgegebenheiten anzusetzen, denen sich die Unternehmung auf ihrer Absatzseite gegenübersieht.

Ein erstes Merkmal von Absatzentscheidungen ist also ihre unbedingte **Marktorientierung**, wobei die Intensitätsstufen im Einzelfall natürlich unterschiedlich sein können. Von Bedeutung ist hier vor allem, ob auf den relevanten Absatzmärkten der Unternehmung eine Verkäufer- oder Käufermarktsituation besteht.

Auf einem **Verkäufermarkt** ist es für die anbietende Unternehmung leichter möglich, ihre absatzbezogenen Ziele durchzusetzen als auf einem Käufermarkt, da ein knappes Angebot einer im Prinzip ungesättigten Nachfrage gegenübersteht und somit ein Nachfrageüberhang existiert. Auf einem **Käufermarkt** dominieren dagegen die Abnehmer, was mit Angebotsüberhängen und daraus häufig resultierendem Wettbewerbsdruck zusammenhängt. Während bei einer Verkäufermarktsituation der Leistungsprozess in seinem Charakter durch die Leistungserstellung geprägt wird und die Leistungsverwertung ein zwar notwendiges, aber im Verhältnis unbedeutendes „Anhängsel" bildet, ist es bei einer Käufermarktsituation gerade umgekehrt. Der Absatz wird zum Engpass und dominiert gegenüber den anderen Phasen des Leistungsprozesses, was bedeutet, dass die Gestaltungsmaßnahmen an den spezifischen Anforderungen des Marktes zu orientieren sind. Der Leistungsprozess ist also in all seinen Phasen auf den Absatzmarkt ausgerichtet, der damit zum Bezugspunkt für die unternehmungspolitische Zielerreichung wird. Eine solche marktbezogene Ausrichtung der Unternehmungsprozesse wird im Allgemeinen als **Marketing** bezeichnet. Sie ist bei den inzwischen typisch gewordenen Absatzbedingungen der Unternehmungen in der „Überflussgesellschaft" heutzutage vorherrschend.

Nach außen hin dokumentiert sich dieser **marktorientierte Denkstil** eines Unternehmens nicht nur im Reagieren auf veränderte Marktbedingungen, sondern in besonderem Maße auch durch vorausschauendes Agieren im Hinblick auf erwartete Veränderungen. Gezielte Maßnahmen zur Erschließung, Ausweitung und Sicherung des Marktes sind Kennzeichen einer solchen aktiven unternehmerischen Einflussnahme:

- **Markterschließung** bezeichnet dabei die zielgerichtete Suche nach Möglichkeiten zur Befriedigung von bislang nur latent vorhandenen menschlichen Bedürfnissen. Sie setzt eine systematisch betriebene Erforschung dieser Bedürfnisse durch das betreffende Unternehmen voraus und hat die Erschließung bzw. Schaffung gänzlich neuer Märkte zur Konsequenz (z.B. im Nahrungsmittel-Sektor: Backmischungen, Fertiggerichte oder Komplett-Menüs).

- Neben der Markterschließung steht als zweite Zielrichtung die **Marktausweitung** im Mittelpunkt des Marketings. Je nachdem, ob sie mittels alter oder neuer Produkte bzw. auf alten oder neuen Märkten erfolgt, existieren unterschiedliche Ansatzpunkte für eine Ausweitung des Marktvolumens. Durch Erhöhung der Verbrauchsintensität bzw. Forcierung des Ersatzbedarfs gelingt es, bereits im Markt befindliche Produkte verstärkt an einen unveränderten Kundenkreis abzusetzen. Differenziertere Zielgruppenansprache ermöglicht dagegen den Vertrieb alter Produkte an neue Abnehmergruppen (z.B. Ausland). Stammkunden verlangen dann nach neuen Produkten, wenn sich ihre Bedürfnisstruktur geändert hat oder der technische Fortschritt geänderte Produkteigenschaften ermöglicht. Die konsequenteste Form der Marktausweitung besteht sicherlich darin, neue Produkte auf neuen Märkten anzubieten. Aufgrund mangelnder Erfahrung birgt sie aber auch die größten Risiken.

- Marktausweitung muss insofern immer durch das Bemühen um Sicherung der bislang erworbenen Marktstellung begleitet werden. Durch das Angebot von aufeinander abgestimmten Systemen (z.B. bei Möbeln, Personal-Computern etc.) gelingt es, Kunden langfristig an ein Unternehmen zu binden. Durch extreme Niedrigpreispolitik oder unverhältnismäßig massive und damit teure Werbekampagnen können dagegen finanzschwache Unternehmen vom Markt verdrängt werden. Solch einer **Marktsicherung** über mehr oder weniger starken Druck auf Abnehmer und Konkurrenten, die unter Umständen moralische oder rechtliche Probleme aufwerfen könnte, vorzuziehen, ist sicherlich die Zielsetzung, die eigene Marktposition über Zuverlässigkeit sowie über die Qualität und Preiswürdigkeit angebotener Leistungen zu erhalten. Zufriedene Kunden bieten letztlich den besten Schutz vor aggressiver Konkurrenz.

Mit dieser konsequenten Ausrichtung unternehmerischen Handelns an den Bedürfnissen des Marktes bzw. der Nachfrager kann der Begriff **Marketing als Unternehmensfunktion** umschrieben werden. Sie umfasst die „Analyse, Planung, Umsetzung und Kontrolle sämtlicher interner und externer Unternehmensaktivitäten, die durch eine Ausrichtung der Unternehmensleistungen am Kundennutzen im Sinne einer konsequenten Kundenorientierung darauf abzielen, absatzmarktorientierte Unternehmensziele zu erreichen" (BRUHN 2007a). In diesem Sinne ist Marketing sehr viel umfassender zu verstehen, als nur mit dem Verkauf der Produktion zu möglichst guten Preisen und Konditionen gleichzusetzen, wie das der traditionelle Begriff „Absatz" nahelegen könnte. Nur am Rande sei erwähnt, dass sich in den letzten Jahren der Marketing-Begriff von der strikten Kundenorientierung auch auf andere Bereiche (Mitarbeiter, Kapitalgeber, Staat, Gesellschaft usw.) ausgeweitet hat.

Unbedingte Voraussetzung für die erfolgreiche Umsetzung der marktorientierten Unternehmensführung ist die unternehmensspezifische **Marketingkonzeption** als Ergebnis eines iterativen und dynamischen Planungsprozesses (vgl. hierzu auch ausführlich BECKER 2006). Auf Basis der Ergebnisse der strategischen Unternehmensanalyse konkretisiert sich diese auf drei Ebenen (vgl. Abb. 5.4 - 1, entnommen aus MEFFERT 2000, S. 62): An der Spitze stehen die langfristigen Unternehmens- und Marketingziele, welche die strategische Ausrichtung des Unternehmens bestimmen. Deren Umsetzung erfordert die Formulierung von Marketingstrategien im Sinne von strukturierenden Maßnahmen. Der Grad der Konkretisierung nimmt weiter zu, wenn man die operative Ebene betrachtet, in deren Rahmen die verschiedenen Marketinginstrumente in einem integrierten Ansatz, dem so genannten Marketingmix zusammengestellt werden, worauf sich die folgenden Ausführungen fokussieren.

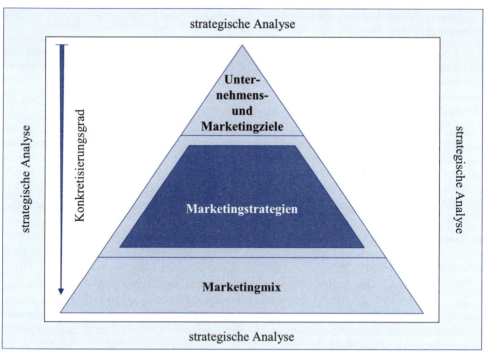

Abb. 5.4 - 1   Aufbau und Inhalt der Marketingkonzeption

5.4.1.2 Instrumente und Einsatzbereiche des Marketings

Der weiten Interpretation des Marketings als spezifischer Denkstil und Inbegriff einer konsequent marktorientierten Unternehmungsführung entspricht das umfassende **System der Marketinginstrumente**. Hierunter versteht man nämlich die Gesamtheit möglicher Marketingaktivitäten, die darauf ausgerichtet sind, das (Kauf-)Verhalten der Marktteilnehmer zur Erreichung der Marketingziele zu beeinflussen.

Die Vielzahl möglicher absatzpolitischer Maßnahmen wird dabei in der Regel auf **vier Hauptbereiche** (nach den 4 P's, *Product, Price, Place* und *Promotion*, MCCARTHY 1960) mit zahlreichen Unterformen systematisierend reduziert:

- **Produktpolitik**,
- **Kontrahierungspolitik**,
- **Distributionspolitik** und
- **Kommunikationspolitik**.

Welche Entscheidungsfelder sich im Einzelnen hinter diesen vier Bereichen verbergen, wird in Abb. 5.4 - 2 (in Anlehnung an BRUHN 2007a, S. 30) angedeutet. So schließt die **Produktpolitik** die Entwicklung neuer Produkte und Verbesserung bestehender Produkte ebenso ein, wie die Markenpolitik, den Kundenservice, die Verpackung und die Sortimentsgestaltung. Die **Kontrahierungspolitik** ist natürlich in erster Linie Preispolitik (einschließlich Rabatt- und Bonuspolitik), berührt aber auch Lieferungs- und Zahlungskonditionen. Für die **Kom-**

munikationspolitik gilt, dass sie neben der klassischen Werbung – Mediawerbung genannt – eine Vielzahl von Instrumenten entwickelt hat, die gemeinsam darauf ausgerichtet sind, über eine geeignete Leistungsdarstellung auf Meinungen, Verhaltensweisen und Einstellungen von Marktteilnehmern einzuwirken. Schließlich stehen im Mittelpunkt der **Distributionspolitik** Entscheidungen über Absatzwege, Verkaufsorgane und Logistik-Systeme. Gefragt wird hier also danach, an wen und auf welchen Wegen der Vertrieb erfolgen soll.

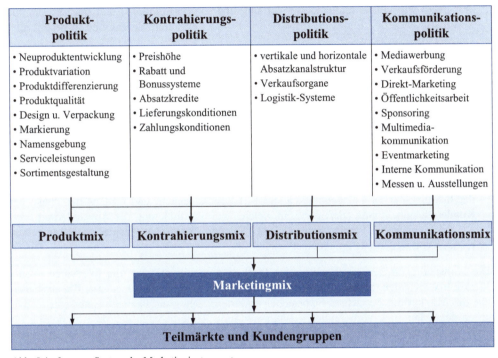

Abb. 5.4 - 2   System der Marketinginstrumente

Der in Abb. 5.4 - 2 ebenfalls verwendete Begriff des **Marketingmix** entsteht dabei im übrigen aus der Notwendigkeit, sowohl die einzelnen Instrumente jedes Hauptbereichs untereinander wie auch die vier Bereiche selbst aufeinander abgestimmt so einzusetzen, dass die Marketingziele bestmöglich erreicht werden können (vgl. ausführlich S. 341 ff.). Ein solcher „**optimaler Marketingmix**" ist dabei natürlich nur situativ und im Kontext konkreter Kundengruppen bzw. Teilmärkte herzuleiten, sodass es angesichts der Heterogenität von Rahmenbedingungen und Marketingzielstellungen in der Realität keine allgemeingültigen Empfehlungen für den Einsatz der Marketinginstrumente geben kann.

Die skizzierten Marketinginstrumente, auf die im Einzelnen noch einzugehen sein wird (vgl. S. 341 ff.), können neben ihrer Zugehörigkeit zu einem der **vier Submixe** zusätzlich wie folgt klassifiziert werden:

- Im Hinblick auf die **Zwangsläufigkeit des Einsatzes** lassen sich obligatorische und dispositive Instrumente unterscheiden. Obligatorische Instrumente sind beispielsweise Produkt- und Preisgestaltung. Dispositive Instrumente, die nicht unbedingt eingesetzt werden müssen, werden entsprechend etwa durch die Verkaufsförderung oder die Rabattpolitik repräsentiert.

- Nach dem **Grad ihrer Beeinflussung** lassen sich Marketinginstrumente einteilen in solche, die kurzfristig variierbar sind (z.B. Verkaufsförderung oder in der Regel der Preis) und in solche, bei denen Veränderungen nur langfristig möglich sind (z.B. Absatzwege).

- In Bezug auf die **Fristigkeit ihrer Wirkung** ist zu unterscheiden zwischen Marketinginstrumenten, die (obwohl unter Umständen kurzfristig beeinflussbar) sich in ihrer Wirkung erst langfristig voll entfalten (z.B. Werbung und *Public Relations*) und solchen, die nur kurzfristig wirkende Elemente aufweisen (z.B. die Verkaufsförderung und in bestimmten Grenzen die Preispolitik).

- Nach ihrer **Bedeutung im Marketingmix** lassen sich Kern- und Zusatzinstrumente unterscheiden. Kerninstrumente dominieren im Marketingmix (so etwa die Preispolitik beim Discounter oder die Werbung bei Waschpulver), während Zusatzinstrumente eine diesbezüglich nur ergänzende Funktion haben.

- Im Beziehungsmarketing (*Customer Relationship Management*), das sich auf die Gestaltung der Kundenbeziehung fokussiert (vgl. PECK et al. 1999), werden die Instrumente des Marketingmix den verschiedenen **Phasen der Geschäftsbeziehung** zugeordnet. Danach werden erstens die Phase der Kundenakquisition (*Recruitment*), in welcher der Dialog mit dem Kunden betont wird, zweitens die Phase der Kundenbindung (*Retention*), in welcher die Instrumente zur Kundenbindung im Mittelpunkt stehen, und drittens die Phase der Kundenrückgewinnung (*Recovery*), in welcher zur Verhinderung der Abwanderung bzw. zur Rückgewinnung bereits abgewanderter Kunden die direkte Ansprache des einzelnen Kunden von Bedeutung ist, unterschieden.

Die Notwendigkeit der Abstimmung der Marketinginstrumente auf die relevanten (Teil-) Märkte bzw. Kundengruppen wird auch deutlich, wenn man die verschiedenen **Einsatzbereiche des Marketings** betrachtet. So bestehen erklärtermaßen grundsätzliche Unterschiede zwischen dem Marketing vornehmlich gewinnorientierter Unternehmen und dem Marketing für nicht kommerzielle Einrichtungen und öffentliche Anliegen. Während beim kommerziellen Marketing sämtliche absatzpolitischen Entscheidungen auf einen möglichst hohen Gewinn bzw. Wertsteigerung und eine stetige und harmonische Unternehmensentwicklung abstellen, stehen beim **nicht-kommerziellen Marketing** vornehmlich die Vermarktung nicht-kommerzieller Leistungen im Mittelpunkt.

Das **Marketing für Nonprofit-Organisationen** (vgl. hierzu ausführlich BRUHN 2005) richtet sich demnach auf die Besonderheiten von nicht-kommerziellen Einrichtungen wie etwa Theatern, Museen, Universitäten, Parteien, Verbänden, Hilfsorganisationen, gemeinnützigen Vereinen und Behörden. Da sich diese Einrichtungen grundsätzlich nach denselben Prinzipien wie erwerbswirtschaftlich geführte Betriebe steuern lassen, liegt der Versuch nahe, die Marketingkonzeptionen kommerzieller Unternehmen auch auf öffentliche Institutionen zu übertragen. Unterschiede bestehen insofern vornehmlich in den Zielsetzungen beider Unternehmensarten. Denn an erster Stelle des Marketings für Nonprofit-Organisationen stehen nicht Gewinnziele, sondern andere, höchst unterschiedliche und nicht primär gewinnorientierte Beweggründe, wie z.B. Kostendeckung, Kapazitätsauslastung, Versorgung von Minderheiten oder Verbreitung kultureller Angebote.

Ähnlich wie beim nicht-kommerziellen Marketing lassen sich auch beim **kommerziellen Marketing** verschiedene Varianten unterscheiden. Auch wenn sich die absatzpolitischen Zielsetzungen der erwerbswirtschaftlich orientierten Unternehmen in erster Linie auf die drei wichtigsten Gradmesser des Absatzerfolgs, nämlich Marktanteil, Umsatz- bzw. Absatzvolumen sowie Gewinn bzw. Rentabilität oder Unternehmenswertsteigerung beziehen, so erfordern doch die Unterschiede in den Leistungsangeboten der einzelnen Unternehmen einen grundsätzlich anderen Instrumenteneinsatz und damit auch stark differierende Marketingkonzeptionen. Zieht man die Eigenschaften der zu vermarktenden Produkte als Differenzierungsmerkmal heran, so lassen sich folgende Marketingarten unterscheiden: Konsum- und Investitionsgütermarketing sowie Handelsmarketing und Dienstleistungsmarketing. Die genannten Formen besitzen jeweils andere Schwerpunkte und unterscheiden sich insofern vor allem durch ihren Marketingmix.

Konsumgüter sind kurzlebige Produkte, die von Einzelpersonen und größeren Haushalten für den persönlichen Ge- oder Verbrauch gekauft werden. Im Rahmen des **Konsumgüter-Marketings** wird der Produkt- und Kommunikationspolitik mit der Zielsetzung, Emotion der potenziellen Käufer – insbesondere über die Markenpolitik – zu beeinflussen, ein starker Stellenwert eingeräumt. In der Distributionspolitik ist der Besonderheit des mehrstufigen Vertriebs mit dem parallelen Einsatz von konsumenten- und handelsgerichteten Aktivitäten Rechnung zu tragen.

Investitionsgüter besitzen demgegenüber einen Interessentenkreis mit gänzlich anderem Profil. Es handelt sich hierbei um Käufer, die ihre Entscheidungen in der Regel sorgfältig vorbereiten und erst nach Abwägung aller Vor- und Nachteile treffen. Beim **Investitionsgüter-Marketing** (vgl. hierzu ausführlich BACKHAUS/VOETH 2007) muss dementsprechend die Informations- und Beratungskomponente besondere Berücksichtigung finden, wohingegen Sonderaktionen und umfangreiche Werbemaßnahmen eine vergleichsweise geringe Rolle spielen.

Die Besonderheiten des **Dienstleistungsmarketings** (vgl. hierzu ausführlich MEFFERT/BRUHN 2006) ergeben sich aus den Eigenschaften von Dienstleistungen als abstrakte und nicht präsentationsfähige Leistungen, die vom Kunden nur sehr schwer hinsichtlich Qualität und Preiswürdigkeit zu beurteilen sind. Er ist hierbei angewiesen auf Art und Umfang der Beratung ebenso wie auf Mund-zu-Mund-Propaganda. Diese fehlende Darstellbarkeit von Dienstleitungen führt dazu, dass sich der Einsatz der klassischen Marketinginstrumente vor große Herausforderungen gestellt sieht. Beispielsweise spielt die Produktpolitik nur eine vergleichsweise geringe Rolle, da sich Dienstleistungen kaum durch besondere Gestaltungsmerkmale von Konkurrenzprodukten abheben können und echte Innovationen in diesem Bereich sehr selten sind. Aber auch der Kommunikationspolitik sind Grenzen gesetzt. Eine werbliche Darstellung der Leistungsangebote ist nur verbal (durch Aufzählen der Vor- und Nachteile) oder indirekt über die Konsequenzen der Inanspruchnahme (kreditfinanziertes Auto; sorgloses, weil versichertes Leben) möglich. Dagegen kommt der Öffentlichkeitsarbeit, die das Image der Gesamtunternehmung mitbestimmt, eine vergleichsweise wichtigere Rolle zu.

Obwohl Handelsunternehmungen dem Dienstleistungssektor zuzurechnen sind, ist das **Handelsmarketing** (vgl. hierzu ausführlich AHLERT/KENNING 2007; MÜLLER-HAGEDORN 2005) aufgrund der besonderen Funktion des Handels gesondert hervorzuheben. Unter dem Handelsmarketing sind sämtliche Marketingmaßnahmen des Handels in Bezug auf die Kunden – im Falle des Einzelhandels auf die Endverbraucher, im Falle des Großhandels auf die nachgelagerten Handelsstufen – zusammengefasst. Die spezifische Funktion des Handels, nämlich die Weitergabe vieler verschiedener Leistungsarten an die Kunden hat zur Konsequenz, dass sich in seinem Sortiment sowohl Produkte ganz unterschiedlicher als auch stark konkurrierender Hersteller befinden. Dementsprechend muss seine Marketingkonzeption vielfältigste Interessen berücksichtigen. Von entscheidender Bedeutung für den Erfolg eines Produktes und damit auch des Händlers ist dabei eine abgestimmte Marketingkonzeption von Hersteller und Handel. Ein vom Hersteller als exklusiv positioniertes Produkt, welches vom Handel ständig zu Sonderkonditionen offeriert wird, schädigt beispielsweise das Produktimage und macht auf Exklusivität ausgerichtete Werbemaßnahmen langfristig wirkungslos. Umgekehrt bleiben absatzfördernde Maßnahmen des Handels ohne Erfolg, wenn die dadurch absetzbare Menge vom Hersteller nicht zur Verfügung gestellt werden kann.

5.4.1.3 Marketingforschung zur Unterstützung der Absatzplanung

Eine wichtige Unterstützung für die Erarbeitung, Implementierung und Prüfung von Marketingkonzeptionen stellt die **Marketingforschung** dar. Sie beinhaltet die Beschaffung und Aufbereitung solcher Informationen, die für die Identifikation und Lösung von Marketingproblemen relevant sein können. Sie unterscheidet sich von dem in diesem Zusammenhang ebenfalls häufig verwendeten Begriff der **Marktforschung** dadurch, dass in ihr Untersuchungsobjekt nur die Absatzmärkte der Unternehmung eingehen, dafür aber zusätzlich auch die Wirkungen von Marketingaktivitäten und die Erforschung innerbetrieblicher Sachverhalte in die Analyse mit einbezogen werden (vgl. Abb. 5.4 - 3, entnommen aus MEFFERT 1992, S. 16).

Marketingforschung (Absatzforschung)

Marketingaktivitäten	Absatzmarkt	Beschaffungsmarkt
• Distributionsforschung	• Marktpotenzial	• Arbeitsmarkt
• Preisforschung	• Absatzpotenziale einer Unternehmung	• Kapitalmarkt
• Kommunikationsforschung		• Rohstoffmarkt
• Konsumentenverhaltensforschung	• Marktvolumen	
	• Markentreue	
Innerbetriebliche Sachverhalte	• Produkttest	
• EDV-Planung		
• Vertriebskostenanalyse		
• Kapazitätsprogramme		
• Lagerplanung		

Marktforschung

Abb. 5.4 - 3   Abgrenzung zwischen Marketingforschung und Marktforschung

Im Mittelpunkt der **Marketingforschung** steht also die Gewinnung, Analyse, Auswertung und Interpretation solcher Daten, die zur Fundierung von Entscheidungen über den optimalen Einsatz der Marketinginstrumente erforderlich sind. Hierbei handelt es sich überwiegend um Informationen über

(1)   die **volkswirtschaftlichen Rahmenbedingungen**,

(2)   die **Absatzmöglichkeiten für bestimmte Produkte**,

(3)   das **Verhalten der Käufer, Konkurrenten und Absatzmittler**,

5.4 Marketingplanung

(4)   die **Wirkungen der Marketinginstrumente** sowie

(5)   die **interne Unternehmenssituation**.

Zu (1)   Volkswirtschaftliche Rahmenbedingungen:

Informationen über volkswirtschaftliche Rahmenbedingungen beziehen sich auf den **Trend** der wirtschaftlichen Entwicklung, den **Konjunkturverlauf** sowie auf spezifische **saisonale Faktoren**. Interessierende Größen sind hier die (zukünftige) Entwicklung des Bruttoinlandsprodukts, der Sparquote, des Zinsniveaus, des Geldwerts, der Beschäftigung und verschiedene mehr. Solche hochaggregierten wirtschaftlichen Globalgrößen sind dabei natürlich – soweit möglich – **branchenmäßig und sektoral aufzuspalten**, denn nur so ergibt sich ein differenziertes Bild von den Rahmenbedingungen, die Bedeutung für die Absatzplanung der einzelnen Unternehmung haben.

Zu (2)   Absatzmöglichkeiten bestimmter Produkte:

Informationen über die Absatzmöglichkeiten bestimmter Produkte sind das Ergebnis spezieller Absatzprognosen. Deren Gegenstand bilden vor allem die zukünftige Entwicklung von Markt- und Absatzpotenzial, Markt- und Absatzvolumen sowie des Marktanteils einer Unternehmung (vgl. MEFFERT/BURMANN/KIRCHGEORG 2008, S. 53ff.):

- Das **Marktpotenzial** umschreibt die Aufnahmefähigkeit eines Marktes (Gesamtheit möglicher Absatzmengen) für ein bestimmtes Produkt.

- Das **Marktvolumen** bestimmt sich aus der realisierten (prognostizierten) Absatzmenge bzw. dem Umsatz einer Branche oder einer Produktart.

- Das **Absatzvolumen** ist die Gesamtheit des getätigten (prognostizierten) Absatzes bzw. Umsatzes einer Unternehmung.

- Der **Marktanteil** errechnet sich aus dem Verhältnis des Absatzvolumens des Unternehmens zum Marktvolumen.

- Für die Ermittlung des **relativen Marktanteils** wird der Marktanteil des eigenen Unternehmens ins Verhältnis zum Marktanteil des stärksten Konkurrenten (oder auch der drei wichtigsten Konkurrenten) gesetzt.

Aus Abb. 5.4 - 4 (entnommen aus MEFFERT/BURMANN/KIRCHGEORG 2008, S. 54) lässt sich erkennen, dass **auf stark wachsenden Märkten** ($t = 1$) Marktpotenzial und Marktvolumen noch erheblich auseinanderklaffen. Infolge des nicht ausgeschöpften Marktpotenzials ist es für die einzelne Unternehmung möglich, hohe Steigerungsraten des Absatzvolumens auch dann zu erzielen, wenn sich die Marktanteile nur unwesentlich verändern. Anders ist dies dagegen **auf gesättigten, stagnierenden Märkten**, wo Marktpotenzial und Marktvolumen eng zusammen liegen und wesentliche Zuwachsraten im Absatz oder Umsatz der einzelnen Unternehmung grundsätzlich nur noch durch Erhöhung der Marktanteile realisierbar sind.

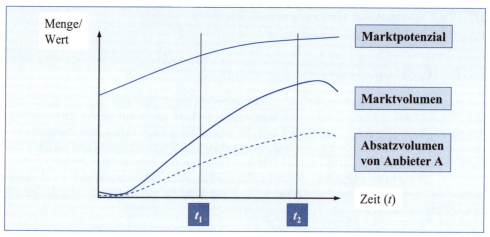

Abb. 5.4 - 4   Entwicklung von Absatzvolumen, Marktvolumen und Marktpotenzial

Zu (3) Verhalten der Käufer, Konkurrenten und Absatzmittler:

Die Erforschung des Käufer-, Konkurrenten- und Absatzmittlerverhaltens ist der zentrale Ausgangspunkt aller Überlegungen im Rahmen der Absatzplanung. Denn optimale Entscheidungen über den Einsatz der Marketinginstrumente können nur getroffen werden, wenn die möglichen Verhaltensreaktionen der Marktparteien vorhergesagt werden können. GUTENBERG (1984) unterscheidet hier **drei Fälle**:

- **Reaktionen der Käufer** auf Aktionen oder Reaktionen der Unternehmung,
- **Reaktionen der Wettbewerber** auf Aktionen oder Reaktionen der Unternehmung oder auf Aktionen der Käufer,
- **Reaktionen der Unternehmung** auf Aktionen oder Reaktionen der Wettbewerber oder auf Aktionen der Käufer.

Die **Analyse des Käuferverhaltens** spielt besonders auf Konsumgütermärkten eine entscheidende Rolle. Fragen, die hier gestellt (und beantwortet) werden müssen, sind etwa:

- Welche Formen des Konsumentenverhaltens (Rationalverhalten, Gewohnheitsverhalten, Impulsverhalten) sind für die Produkte der Unternehmung merkmalstypisch?
- Welche charakteristischen Eigenschaften weisen Käuferstruktur, Einkaufshäufigkeit und -intensität auf?
- Welche Motive und Einstellungen sind dominierend für die Kaufentscheidung?

Die verschiedenen **Modellansätze der Käuferverhaltensforschung** (vgl. hierzu ausführlich KROEBER-RIEL/WEINBERG 2003), denen unterschiedliche Menschenbilder zugrunde liegen, lassen sich grob in behavioristische, neobehavioristische und kognitive Forschungsansätze einteilen (vgl. Abb. 5.4 - 5, entnommen aus MEFFERT/ BURMANN/KIRCHGEORG 2008, S. 101).

Die **behavioristischen Ansätze** greifen im Rahmen ihrer Analysen lediglich auf beobachtbare und messbare Variablen des Käuferverhaltnes zurück. Da die psychischen Kaufprozesse des Konsumenten als nicht beobachtbar gelten, werden die S-R-Modelle, die ausschließlich auf die Stimuli (S) – wie etwa die Marketingaktivitäten – und die Reaktion (R) des Menschen darauf – zum Beispiel ein Impulskauf – abstellen, auch als Black-Box-Modelle bezeichnet. Bei den **neobehavioristischen Ansätzen** werden zusätzlich so genannte „intervenierenden Variablen" einbezogen, die nur indirekt über Indikatoren empirisch erfasst werden können. Im Rahmen dieser Modelle wird versucht, auch die im Organismus (O) nicht beobachtbaren Vorgänge zur Erklärung des Kaufverhaltens – wie zum Beispiel die Einstellung des Konsumenten zum Produkt – einzubeziehen. Diese echten Verhaltensmodelle werden auch als „Stimulus-Organism-Response"- bzw. S-O-R-Modelle bezeichnet. Aus der Kritik heraus, dass die neobehavioristischen Ansätze nicht den Prozess der Informationsverarbeitung beim Konsumenten einbeziehen, sind die **kognitiven Erklärungsansätze** entwickelt worden, die zusätzlich die Variablen „Lernen", „Denken" und „Wissen" einbeziehen.

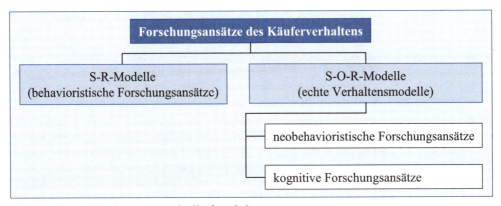

Abb. 5.4 - 5   Forschungsansätze des Käuferverhaltens

Für die **Konkurrenzanalyse** sind entsprechend **drei Fragenkomplexe** von besonderer Bedeutung:

- Über welche sachlichen und personellen Ressourcen verfügt der Konkurrent?
- Welche Ziele, Marketingstrategien und taktischen Pläne verfolgt der Konkurrent?
- In welchem Ausmaß werden die Produkte der Unternehmung durch Konkurrenzprodukte substituiert?

Für die **Analyse des Verhaltens der Absatzmittler** (des Handels) stehen ebenfalls Fragen nach deren Ressourcen, Zielen und Strategien im Vordergrund. Hinzu treten aber noch **handelsspezifische Fragestellungen**, wie etwa:

- Welche Marketingfunktionen werden vom Handel übernommen?
- Welche Kooperationsbereitschaft zeigt der Handel bzw. welche Konflikte bestehen im Distributionskanal?

Zu (4)   Wirkung der Marketinginstrumente:

Im Sinne eines möglichst zielgerichteten Einsatzes des Marketingbudgets ist im Rahmen der Marketingforschung nicht nur ex post die Effektivität der eingesetzten Marketinginstrumente zu analysieren, sondern auch ex ante eine Abschätzung bezüglich der beabsichtigten Wirkungen vorzunehmen.

Zu (5) Interne Unternehmenssituation:

Informationen über die interne Unternehmenssituation schließlich betreffen die Liquiditätslage, die Höhe und Struktur der Vertriebs- und Produktionskosten, die Kapazitäten, Lagerbestände u.v.a. mehr. Solche Informationen sind z.B. erforderlich, um zu wissen, was in welcher Menge verkauft werden kann, welche Erlöse mindestens zu erzielen sind oder welche finanziellen Mittel für das Marketingbudget zur Verfügung gestellt werden können.

Zur **Beschaffung erforderlicher Informationen** kommen grundsätzlich primäre und sekundäre Informationsquellen in Betracht. **Primärforschung** bezeichnet die Erhebung originärer problembezogener Daten zum Zeitpunkt der Entscheidungsfindung. Methoden zur Gewinnung solcher unmittelbar für eine Problemlösung relevanten Daten stellen Befragungen, Beobachtungen und Experimente sowie Panel-Erhebungen als Spezialform der Datenerhebung dar:

- **Befragungen** können sich an Mitarbeiter, Kunden, den Handel oder potenzielle Abnehmer richten und durch Mitarbeiter des eigenen Hauses wie auch durch extern Beauftragte (z.B. Meinungsforschungsinstitute) durchgeführt werden. Als Formen der Befragung sind die schriftliche, die persönliche, die telefonische und die Online-Befragung zu unterscheiden.

- **Beobachtungen** beziehen sich darauf, wie aktuelle und potenzielle Abnehmer auf eigene oder auf absatzpolitische Maßnahmen der Konkurrenz reagieren oder sie betreffen Verhaltensweisen der wichtigsten Wettbewerber. Die verschiedenen Formen von Beobachtungen lassen sich nach zwei Kriterien einteilen: Feld- versus Laboratoriumsbeobachtungen sowie persönliche Beobachtungen versus Beobachtungen unter Einsatz apparativer Verfahren.

- Zielsetzung von **Experimenten** ist die Erforschung von Ursache-Wirkungsbeziehungen unter Ausschluss von alternativen Erklärungsmöglichkeiten. Im Rahmen der Versuchsanordnung werden Experimentalgruppen gebildet, die unterschiedlichen Behandlungen ausgesetzt werden, wobei äußere Einflusse weitestgehend eliminiert werden. Es erfolgt eine Auswertung variierender Stimuli und der dadurch begründeten möglichen Wirkungseffekte auf ihre statistische Signifikanz.

- **Panel** stellen eine spezifische Form der Datenerhebung durch Befragungen oder Beobachtungen dar, die über einen längeren Zeitraum bei ausgewählten Gruppen oder Organisationen wiederholt durchgeführt wird. Dabei ist der Gegenstand der Erhebung, der im Allgemeinen konsumrelevante Verhaltensweisen betrifft, im Zeitablauf gleich. Als Beispiele sind Handelspanel (Erhebungen bei Handelsunternehmen) und Verbraucherpanel (Erhebungen bei Verbrauchern) zu nennen

Im Gegensatz zur Primärforschung handelt es sich bei der **Sekundärforschung** um die Aufbereitung bereits vorhandener Informationen. Diese werden nicht für die jeweilige Problemstellung erhoben, sondern sind entweder im Unternehmen bereits für andere Zwecke vorhanden oder wurden von Organisationen, Verbänden und Behörden gesammelt und veröffentlicht.

Die wichtigste **interne Informationsquelle** stellt dabei das innerbetriebliche Rechnungswesen dar. Darüber hinaus kommen Absatzstatistiken, Außendienstberichte und Kundenbeschwerden als interne Informationsquellen in Frage. Externes sekundärstatistisches Material erhält man aus amtlichen Statistiken von Bund, Ländern und Gemeinden sowie aus Veröffentlichungen der Wirtschaftsverbände und wirtschaftswissenschaftlichen Institute. Branchenspezifischer fallen demgegenüber Artikel in Fachzeitschriften, Verbandsmitteilungen und Branchenberichte aus.

5.4 Marketingplanung 313

Die Marketingforschung beschränkt sich aber nicht nur auf die Beschaffung der relevanten Informationen. Denn die Interpretation der Untersuchungsergebnisse setzt eine **Analyse der vorhandenen Daten** voraus. Insofern gehört es ebenfalls zu ihren Aufgaben (vgl. NIESCHLAG/DICHTL/HÖRSCHGEN 2002, S. 469),

- die gewonnene Fülle von Einzeldaten auf das Wesentliche zu reduzieren,
- Zusammenhänge zwischen den Daten aufzudecken,
- die Repräsentativität der Ergebnisse zu überprüfen und
- von den vorliegenden Daten auf zukünftige Entwicklungen zu schließen.

Als Methoden zur Aufbereitung und Auswertung vergangenheitsorientierter Daten kommen zahlreiche **statistische Verfahren** (z.B. Regressionsanalyse, Diskriminanzanalyse, Clusteranalyse etc.) in Frage (vgl. ausführlich BACKHAUS/ERICHSON/PLINKE/WEIBER 2006). Primäres Anliegen der Marketingforschung ist es allerdings, zukunftsbezogene Entscheidungen mit Informationsmaterial zu unterstützen. Insofern reicht eine Analyse historischer Daten allein nicht aus. Vielmehr ist es erforderlich, von vergangenheitsorientierten Informationen auch auf zukünftige Ereignisse zu schließen. Als **Prognosemethoden** kommen hierfür Entwicklungsprognosen, Kausalprognosen oder Projektionen in Betracht.

- **Entwicklungsprognosen** projizieren vorhandene Zeitreihen in die Zukunft und begnügen sich dabei mit der Zeit als alleinige Erklärungsgröße für die Einflüsse der Umwelt.
- **Kausalprognosen** unterstellen dagegen, dass die diagnostizierte Wirkung bestimmter Marketinginstrumente auch für die Zukunft gilt.
- Demgegenüber bezeichnen **Projektionen** qualitative Schlussfolgerungen aus primärstatistischen Datenmaterial. Sie basieren auf Erfahrungen und subjektiven Einschätzungen der beteiligten Personen.

5.4.1.4 Das Problem der Optimierung des Marketingmix

Auf der Grundlage einer effizienten Marketingforschung können die verschiedenen **Marketinginstrumente gezielt eingesetzt** werden. Mit dem Zusatz „gezielt" ist dabei zweierlei gemeint:

- Die zur Verfügung stehenden Instrumente sind so aufeinander abgestimmt einzusetzen, dass vorgegebene Marketingziele bestmöglich realisiert werden (**Optimierungsproblem**).
- Die Instrumente sind gezielt auf bestimmte Marktsegmente hin einzusetzen. Marktsegmente sind dabei homogen definierte Käuferschichten, die nach sozioökonomischen, geographischen und psychologischen Kriterien gruppiert sein können (**Marktsegmentierungsproblem**).

Die Ermittlung eines optimalen Marketingmix erweist sich im Allgemeinen als außerordentlich schwierig, da folgende **Probleme** ein Optimum verhindern (vgl. NIESCHLAG/DICHTL/HÖRSCHGEN 2002, S. 330ff.):

- **Vielzahl von Kombinationsmöglichkeiten**: Beispielsweise gibt es schon bei Vorliegen von fünf absatzpolitischen Maßnahmen mit jeweils drei Ausprägungen $3^5 = 243$ verschiedene Kombinationsmöglichkeiten.
- **Interdependenzen zwischen den einzelnen absatzpolitischen Instrumenten**: Die Beziehungen zwischen den Marketinginstrumenten können zum einen substitutiver Art sein, in-

dem sich die Instrumente vollständig oder teilweise ersetzen, zum anderen können komplementäre Beziehungen auftreten, wenn sich die Wirkungen der Instrumente gegenseitig ergänzen. Die Schwierigkeit hierbei besteht in der Erfassung der Interdependenzen und in der Quantifizierung ihrer Wirkungen.

- **Ausstrahlungseffekte**: Die Durchführung einer absatzpolitischen Maßnahme beeinflusst nicht nur den beabsichtigten Bereich, sondern auch gleichzeitig andere Produktmärkte, Unternehmensbereiche oder Zielgruppen, genauso wie sich die Wirkungen auch auf nachgelagerte Perioden ausdehnen können (beispielsweise gewinnt man durch gezielte Anstrengungen auf dem Jugendmarkt die Stammkundschaft von morgen).

- **Die Prognose der Wirkung absatzpolitischer Maßnahmen**: Die Umweltreaktionen unterliegen im Entscheidungszeitpunkt prinzipiell der Ungewissheit. Von daher können lediglich mehrwertige unscharfe Erwartungen formuliert werden.

- **Praktische Restriktionen**: Zu den exogenen Restriktionen zählen in Engpasssituationen Zeit- und Ressourcenbeschränkungen. Zudem sind beim konkreten Einsatz von Marketinginstrumenten zahlreiche Umweltfaktoren zu berücksichtigen.

Modelle, die den Einsatz der Marketinginstrumente (bezogen auf einzelne Marktsegmente) insgesamt zu optimieren suchen, sind von GUTENBERG, KOTLER, DORFMANN-STEINER, KRELLE u.a. entwickelt worden. Ohne auf diese Ansätze nun eingehen zu wollen, mag es hier genügen, die Grundgedanken einer **Optimierung des Marketingmix** vorzutragen.

Um die Gedankenführung übersichtlich zu halten, erfolgt die Analyse in **drei Stufen**:

Stufe 1: **Ermittlung des gewinnmaximalen Preises**

Es wird zunächst nach dem Absatzpreis gefragt, bei dem der Gewinn der Unternehmung in der Planungsperiode bei gegebener Preis-Absatz-Funktion und gegebener Kostenfunktion maximiert ist (= **optimale Preispolitik**).

Stufe 2: **Ermittlung des gewinnmaximalen Volumens des Marketingbudgets**

Die übrigen Marketinginstrumente werden unter dem gemeinsamen Begriff „präferenzpolitische Instrumente" (vgl. S. 341ff.) zusammengefasst. Die Ausgaben für den Einsatz dieser Instrumente werden im Marketingbudget zusammengefasst, und gefragt wird nach dem gewinnmaximalen Volumen des Marketingbudgets.

Stufe 3: **Ermittlung der optimalen Kombination der Marketinginstrumente**

Mit der Fixierung der optimalen Höhe der Gesamtausgaben für den Marketingmix (mit Ausnahme der Preise als Aktionsparameter) noch nicht gelöst ist die optimale Aufteilung des Marketingbudgets auf die verschiedenen Instrumente des Marketingmix. Gefragt wird nach der optimalen Kombination der Marketinginstrumente bei gegebenem Budgetvolumen.

Durch diese schrittweise Behandlung des Problems der Optimierung des Marketingmix werden natürlich eine Reihe wichtiger Interdependenzen zerschnitten. Letztlich müssten alle drei Fragestellungen **simultan** (und wenn möglich, im Rahmen einer **dynamischen Analyse**) gelöst werden.

Zu Stufe 1: Ermittlung des gewinnmaximalen Preises

Zur Ermittlung des gewinnmaximalen Preises wird von der **Preis-Absatz-Funktion** ausgegangen, die für ein einheitliches Marktsegment und einen gegebenen Planungszeitraum definiert ist. Sie stellt eine funktionale Beziehung zwischen dem Absatzpreis p und der erzielbaren Absatzmenge M in der Planungsperiode dar. Im „Normalfall" wird von einer fallenden Preis-Absatz-Funktion auszugehen sein, die zum Ausdruck bringt, dass die erzielbare Absatzmenge umso kleiner (größer) ist, je größer (kleiner) der Preis ist.

Abb. 5.4 - 6 gibt eine solche Preis-Absatz-Funktion

$$p = f(M) = a - bM \qquad [5.4 - 1]$$

wieder. p_{max} repräsentiert dabei den so genannten **Prohibitivpreis** und M_{max} die **Sättigungsmenge**.

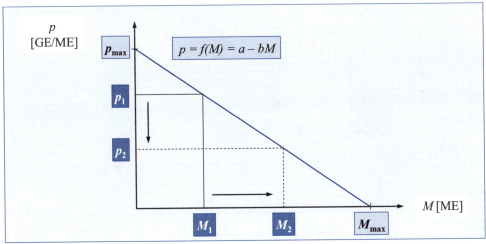

Abb. 5.4 - 6   „Normalfall" einer linear sinkenden Preis-Absatz-Funktion

Da der Umsatz U_T in der Planungsperiode das Produkt aus Absatzmenge und Preis ist, hat der Preis eine zweifache Wirkung auf diesen Umsatz, wie das in der folgenden Gleichung skizziert ist:

$$U_T(M) = \boxed{p(M)} \cdot M \qquad [5.4 - 2]$$

Das Umsatzmaximum lässt sich nun wie immer bestimmen, indem die erste Ableitung der Umsatzfunktion [5.4 - 2] gleich null gesetzt wird. Der dazugehörige umsatzmaximale Preis ergibt sich graphisch aus dem Schnittpunkt der Grenzumsatzfunktion mit der Abzisse (vgl. Abb. 5.4 - 7).

Der umsatzmaximale Preis ist aber in aller Regel nicht gleich dem gewinnmaximalen Preis. Um diesen zu bestimmen, muss die **allgemeine Optimumsbedingung**

Grenzumsatz (U'_T) = Grenzkosten (K'_T)

$$\frac{dU_T(M)}{dM} = \frac{dK_T(M)}{dM} \qquad [5.4 - 3]$$

erfüllt sein. Denn es ist einsichtig, dass es sich nur solange lohnt, den Preis zu senken, bis der Mehrumsatz noch nicht von den zusätzlichen Kosten dieses Mehrumsatzes kompensiert wird. Analytisch ergibt sich der Zusammenhang gemäß Gleichung [5.4 - 3] bekanntlich aus der gleich null gesetzten, ersten Ableitung der Gewinnfunktion

$$G_T = U_T(M) - K_T(M) \qquad [5.4 - 4]$$

Abb. 5.4 - 7 veranschaulicht die Unterschiede zwischen dem umsatzmaximalen Preis p_{Umax} und dem gewinnmaximalen Preis p_{Gmax} für den Fall, dass die Grenzkosten K'_T [GE/ME] konstant sind.

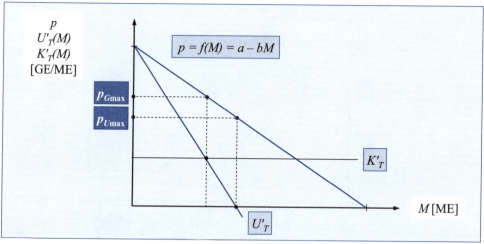

Abb. 5.4 - 7   Bestimmung des umsatz- und gewinnmaximalen Preises bei gegebener Preis-Absatz- und gegebener Kostenfunktion

Zu Stufe 2: Ermittlung des gewinnmaximalen Volumens des Marketingbudgets

Die bisherige Analyse ging von einer gegebenen Preis-Absatz-Funktion aus. Das bedeutet – und darüber sollte man sich stets bewusst sein –, dass die übrigen Marketinginstrumente (und natürlich auch alle sonstigen Einflussgrößen) konstant gesetzt sind. Verändert man nun diese Parameter, d.h. betreibt eine Unternehmung aktiv Präferenzpolitik, so verändert sich in der Regel auch die Preis-Absatz-Funktion. Und zwar ist der **erfolgreiche Einsatz präferenzpolitischer Instrumente** dadurch gekennzeichnet (vgl. Abb. 5.4 - 8), dass

- sich die Preis-Absatz-Funktion nach rechts verschiebt (in Abb. 5.4 - 8 von $f_A(M)$ nach $f_B(M)$), sodass die Unternehmung bei gleichem Preis mehr verkaufen kann bzw. den gleichen Absatz bei einem höheren Preis erzielt und/oder
- die Preis-Absatz-Funktion steiler verläuft (in Abb. 5.4 - 8 $f_B(M)$), sodass die Nachfrage gegenüber Preiserhöhungen unelastischer wird.

5.4 Marketingplanung

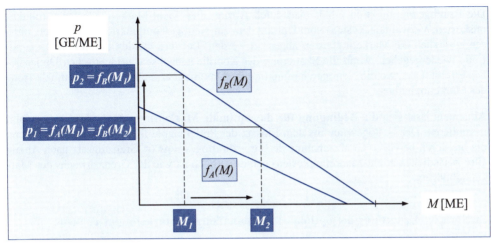

Abb. 5.4 - 8   Veränderung der Preis-Absatz-Funktion durch Präferenzpolitik

Überlegungen zur optimalen Höhe des Marketingbudgets, das die Ausgaben für den Einsatz der präferenzpolitischen Instrumente (Werbung, Kundendienst usw.) enthält, sollen nun in Anlehnung an KOTLER/KELLER/BLIEMEL (2007) dargestellt werden.

Analog zum Konzept der Preis-Absatz-Funktion wird unterstellt, dass eine Beziehung zwischen der Höhe des Marketingbudgets pro Planungsperiode und dem erzielbaren Umsatz (bei gegebenem Absatzpreis) hergestellt werden kann. Eine solche Beziehung wird als **Umsatzreaktionsfunktion** bezeichnet. In Abb. 5.4 - 9 wird angenommen, dass nach Überwindung eines unteren Schwellenwerts für das Budget ein ertragsgesetzlicher (s-förmiger) Verlauf der Umsatzreaktionsfunktion existiert.

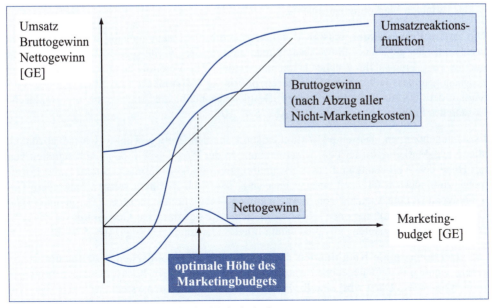

Abb. 5.4 - 9   Bestimmung des optimalen Marketingbudgets

Die Bruttogewinnfunktion erhält man durch Abzug aller Nicht-Marketingkosten (Produktionskosten, Verwaltungskosten) vom Umsatz. Um zur Nettogewinnfunktion zu kommen, müssen zusätzlich die Marketingkosten abgesetzt werden. Letztere werden durch eine 45 Grad-Linie wiedergegeben, wenn die Skalierung der Koordinatenachsen in identischen Dimensionen erfolgt. Dort, wo die Nettogewinnfunktion ihr Maximum erreicht, liegt die optimale Höhe des Marketingbudgets.

Allgemein lässt sich die **Bedingung für das optimale Marketingbudgetvolumen** wie folgt formulieren: Der Nettogewinn aus dem Einsatz der Präferenzpolitik ist dann maximal, wenn die hierdurch bewirkte Grenzzunahme des Grenzbruttogewinns (= Grenzumsatz nach Abzug aller zusätzlichen Nicht-Marketingkosten) gerade so hoch ist wie der Grenzzuwachs des Marketingbudgets.

Zu Stufe 3: Ermittlung der optimalen Kombination der Marketinginstrumente

Mit der Optimierung des Budgetvolumens ist das Problem der optimalen Kombination der Marketinginstrumente noch nicht gelöst. Hierzu bedarf es ergänzender Überlegungen, die jedoch in ihrem Wesenskern nicht neu sind. Denn geht man von der bereits angesprochenen (zumindest partiellen) Substituierbarkeit der verschiedenen Marketinginstrumente aus, d.h., wird angenommen, dass alternative Marketingmix-Kombinationen zum gleichen Ergebnis führen können, lässt sich diese dritte Problemstellung des optimalen Marketingmix grundsätzlich mit dem Instrumentarium lösen, das bereits bei der Produktionsaufteilungsplanung auf der Basis substitutionaler Produktionsfaktoren verwendet wurde (vgl. S. 280ff.). Ebenso wie dort lassen sich **zwei Fragestellungen** unterscheiden:

- Das **Volumen des Marketingbudgets** ist vorgegeben und gefragt wird nach der Kombination der Marketinginstrumente, die den Gewinn insgesamt maximiert.
- Der **Einsatz eines Marketinginstruments wird variiert**, während alle anderen konstant gesetzt sind. Gefragt ist nach der Entwicklung des Umsatzes und Gewinns in Abhängigkeit des variablen Marketinginstruments.

Die **zweite Fragestellung** entspricht derjenigen, die im Zusammenhang mit der optimalen Preispolitik bei gegebener Preis-Absatz-Funktion diskutiert wurde (vgl. S. 314ff.). Daher soll nur die erste Fragestellung näher betrachtet werden. Zur Vereinfachung wird von dem Fall ausgegangen, dass lediglich **zwei präferenzpolitische Instrumente** (z.B. Werbung und Verkaufsförderung) zur Disposition stehen. Desgleichen bleibt die Analyse auf die graphische Lösung des Problems beschränkt (vgl. Abb. 5.4 - 10).

Es sei angenommen, dass eine Funktion existiert, die den Bruttogewinn (= Umsatz abzüglich aller Nicht-Marketingkosten) der Unternehmung in der Planungsperiode in Abhängigkeit von der Höhe des Werbeetats und des Verkaufsförderungsbudgets definiert. Sofern beide Instrumente zumindest in Grenzen austauschbar sind, lässt sich in einem solchen Fall jedem Gewinnniveau G_i eine Vielzahl von Marketingmix-Kombinationen zuordnen. Der geometrische Ort aller dieser Kombinationen wird bekanntlich als Isoquante (**Iso-Gewinnkurve**) bezeichnet, und solche Isoquanten existieren dann für jedes Gewinnniveau (vgl. Abb. 5.4 - 10).

Die **gewinnmaximale Kombination der beiden präferenzpolitischen Instrumente** ist gegeben, wenn mit dem gegebenen Marketingbudgetvolumen ein höchstmöglicher Bruttogewinn erzielt wird. Dazu wird eine **Budgetlinie** in das Koordinatensystem (vgl. Abb. 5.4 - 10) eingezeichnet, die die bei gegebenem Budgetvolumen möglichen Kombinationen von Wer-

5.4 Marketingplanung

bung und Verkaufsförderung repräsentiert. Diejenige Kombination, die nun die am weitesten vom Koordinatenursprung entfernt liegende Iso-Gewinnkurve gerade berührt, kann als optimal bezeichnet werden.

Da für die gewinnmaximale Kombination der Marketinginstrumente gelten muss, dass durch eine Substitution der Instrumente keine weiteren Gewinnzuwächse erzielt werden können, müssen deren Grenzbruttogewinne im Optimum gleich hoch sein. Allgemein gilt also als **Bedingung für den optimalen Marketingmix**: Bei gegebenem Budgetvolumen sind die finanziellen Mittel so auf die Marketinginstrumente aufzuteilen, dass mit allen Instrumenten der gleiche Grenzbruttogewinn erzielt wird.

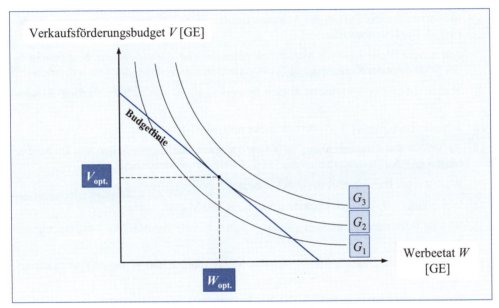

Abb. 5.4 - 10   Ermittlung des optimalen präferenzpolitischen Marketingmix

Ausgehend von der nunmehr erfolgten grundsätzlichen Analyse des Optimierungsproblems in der Absatzplanung, stehen im Folgenden die einzelnen Marketinginstrumente mit ihren individuellen Charakteristika im Vordergrund. Dazu wird – wie bisher schon geschehen – das **Marketingmix-Instrumentarium** in die **Preispolitik einerseits und in die Präferenzpolitik andererseits** eingeteilt (letztere bestehend aus den Restelementen der Produkt- und Sortimentspolitik, ferner der Kontrahierungspolitik, der Distributionspolitik sowie der Kommunikationspolitik).

320   Fünftes Kapitel: Betriebliche Leistungsprozesse

Fragen und Aufgaben zur Wiederholung (5.4.1: S. 302 – 319)

1. Welche Bedeutung hat das Bestehen einer Verkäufer- bzw. Käufermarktsituation für Absatzentscheidungen einer Unternehmung?

2. Wie konkretisiert sich der marktorientierte Denkstil in den verschiedenen Strategien der Marktbearbeitung?

3. Charakterisieren Sie die Unternehmensfunktion Marketing!

4. Beschreiben Sie den Aufbau und den Inhalt der Marketingkonzeption!

5. Inwiefern kann ein Unternehmen aktiv auf veränderte Marktbedingungen Einfluss nehmen?

6. Skizzieren Sie das System der Marketinginstrumente! Nehmen Sie dabei eine Gliederung in vier Hauptbereiche vor!

7. Auf welche Weise kann die Marketingkonzeption eines Unternehmens dazu beitragen, ein Eindringen der Konkurrenz in bestehende Geschäftsverbindungen zu verhindern?

8. Welche Marketinginstrumente finden besonders im Konsumgütermarketing Anwendung?

9. Kennzeichnen Sie die Besonderheiten des Investitionsgütermarketings!

10. Stellen Sie den Zusammenhang zwischen den speziellen Eigenschaften von Dienstleistungen und den Besonderheiten des Dienstleistungsmarketings her!

11. Was ist unter Handelsmarketing zu verstehen?

12. Worin unterscheiden sich Marketingforschung und Marktforschung?

13. Welche Informationen müssen einem gezielten Einsatz der Marketinginstrumente zugrunde liegen?

14. Grenzen Sie die Begriffe Marktpotenzial, Marktvolumen und Marktanteil voneinander ab!

15. Welche Fragen hat eine Analyse des Käuferverhaltens zu beantworten?

16. Welche Informationen sollen im Rahmen der Konkurrenzanalyse gewonnen werden?

17. Bietet die Primär- oder die Sekundärforschung bessere Marketinginformationen?

18. Beschreiben Sie die Formen der Datenerhebung im Rahmen der Primärforschung!

19. Welche Methoden kommen zur Datenanalyse in Betracht?

20. Welche Probleme hat eine Planung des optimalen Marketingmix zu lösen?

21. Wie wird bei gegebener Preis-Absatz- und Kostenfunktion eine optimale Preispolitik festgelegt? Unterscheiden Sie dabei einen umsatz- und gewinnmaximalen Preis!

22. Wodurch ist der erfolgreiche Einsatz präferenzpolitischer Mittel gekennzeichnet?

23. Erläutern Sie den Begriff „Umsatzreaktionsfunktion", und diskutieren Sie deren s-förmigen Verlauf!

24. Welche Bedingung gilt für das Optimum des Marketingbudgetvolumens?

25. Erläutern Sie die Begriffe „Budgetlinie" und „Iso-Gewinnkurve"! Wie lässt sich graphisch die gewinnmaximale Kombination zweier präferenzpolitischer Instrumente bestimmen?

5.4.2 Erlösplanung bei gegebener Preis-Absatz-Funktion

5.4.2.1 Das preispolitische Entscheidungsfeld

Erlösplanung ist bei gegebener Preis-Absatz-Funktion gleichbedeutend mit **Preispolitik**. Der präferenzpolitische Mitteleinsatz, der auf eine Veränderung der Preis-Absatz-Funktion gerichtet ist, bleibt dabei zunächst außer Betracht.

Wenn hier die Preispolitik aus dem System der Marketinginstrumente **herausgehoben** wird, dann zwar deshalb,

- weil der **Preismechanismus** in einer marktwirtschaftlichen Ordnung das fundamentale Koordinierungsinstrument ist und
- weil preispolitische Entscheidungen für die einzelne Unternehmung nie zweitrangig sein können, da der Preis sowohl die **Wert- als auch die Mengenkomponente des Umsatzes** berührt,

aber gleichzeitig wird sehr wohl gesehen, dass der Preis nur eine Aktivität in einem Spektrum von Instrumenten darstellt. Die Preispolitik ist insofern nicht individuell zu optimieren, sondern möglichst wirkungsvoll in den Marketingmix einzuordnen.

Anlässe für Preisentscheidungen sind nach KOTLER/KELLER/BLIEMEL (2007)

- die **erstmalige Festlegung eines Preises**, welche bei Neuprodukten, Eintritt in neue Märkte und bei Ausschreibungen für öffentliche oder private Aufträge notwendig ist,
- **Preismodifizierungen und Preisabstufungen**, die programmmäßig in die Preispolitik eingebunden werden (wie beispielsweise Sonderaktionen zur Stützung der Nachfrage oder die Ermittlung des optimalen Preisverhältnisses von Produkten innerhalb einer Produktionslinie) sowie
- **Preisanpassungen** aufgrund von Nachfrage- und/oder Kostenänderungen, initiiert durch die Unternehmung oder die Konkurrenz.

Preispolitische Überlegungen, die in solchen und ähnlichen Anlässen angestellt werden, haben sich in erster Linie am Markt zu orientieren, wenngleich man in der Regel ohne die Ergebnisse der **Kostenrechnung und Kalkulation** (vgl. S. 797ff.) gewiss nicht ganz auskommen wird. Diese **spezifische Marktorientierung der Preispolitik** schlägt sich dabei etwa in Fragen folgender Art nieder (vgl. NIESCHLAG/DICHTL/HÖRSCHGEN 2002):

- Wie schätzt der Abnehmer das Produkt ein?
- Welchen Ruf besitzt der Anbieter, wie hoch ist sein akquisitorisches Potenzial?
- Welchen Preis ist der Käufer (oder auch Mieter) zu zahlen bereit?
- Welche Spannen fordert der Handel, damit er das Produkt in sein Sortiment aufnimmt und sich für dessen Absatz einsetzt?
- Welcher autonome (reaktionsfreie) preispolitische Spielraum besteht für den Anbieter?
- Empfiehlt es sich, einen psychologischen Preis (z.B. 1,99 EUR statt 2 EUR) zu wählen?
- Haben sich auf dem fraglichen Markt bestimmte Preisklassen herausgebildet, in die das Produkt zweckmäßigerweise einzuordnen ist?
- Empfiehlt es sich, eine neue Preislage zu schaffen, in die das Produkt unter Berücksichtigung von Qualität und Image besser hineinpassen würde?

| 322 | Fünftes Kapitel: Betriebliche Leistungsprozesse |

Wie aus diesen Fragen abzuleiten ist, besteht das preispolitische Entscheidungsfeld der Unternehmung aus den Handlungsmöglichkeiten, die bei gegebener Situation zur Verfügung stehen. Die **Entscheidungssituation** bestimmt sich dabei aus den preispolitischen **Zielen**, dem **Datenkranz** sowie den **Erwartungen**, die bezüglich der Konsequenzen alternativer Preisfestsetzungen gehegt werden.

Für die Preispolitik ist das Entscheidungsfeld in der Regel durch die Preis-Absatz-Funktion definiert. Sie zeigt – um es noch einmal zu wiederholen – an, welche Mengen eines betrachteten Produkts in der Planungsperiode bei jeweils verschieden hohen Preisforderungen absetzbar sind.

In der Regel sind **Preis-Absatz-Funktionen statisch** formuliert, d.h. der Preis p und die Absatzmenge M beziehen sich auf die gleiche Planungsperiode.

$$p = f(M) \hspace{8cm} [5.4 - 5]$$

Immer dann, wenn die Erwartungen der Nachfrager über die zukünftige Preisentwicklung eine Rolle spielen, ist jedoch eine **dynamische Preis-Absatz-Funktion** zu definieren (vgl. ausführlich SIMON 1992, S. 237ff.).

$$p_{t+1} = f(M_t) \hspace{8cm} [5.4 - 6]$$

Bei dynamischer Betrachtung können sich im Fall steigender Preise die nachgefragten Mengen erhöhen, wenn die Nachfrager mit weiteren Preiserhöhungen rechnen. Im umgekehrten Fall brauchen Preissenkungen nicht unbedingt auch zu einer Absatzerhöhung führen, wenn die Abnehmer für die Zukunft mit weiteren Preissenkungen rechnen.

Die **dynamische Preis-Absatz-Funktion** umschreibt also einen Ausnahmefall vom üblichen Typ der linear sinkenden Preis-Absatz-Funktion. Aber auch bei statischen Funktionen können sich **Ausnahmefälle** ergeben, und zwar bei **psychologischen Funktionsverläufen** (vgl. SIMON 1992, S. 591ff.; DILLER 2000) und dann, wenn die Vermutung eines Preis-Qualitäts-Zusammenhangs besteht (so genannter **Snob-Effekt**).

Diese verschiedenen Preis-Absatz-Funktionstypen lassen sich durch die für sie jeweils geltende **Preiselastizität der Nachfrage** η präzisieren. Sie ist ein Zentralbegriff der Preispolitik und misst die Reaktion der Nachfrage auf Änderungen des Preises (vgl. SIMON 1992).

Die (direkte) Preiselastizität der Nachfrage ist definiert als das Verhältnis der relativen (prozentualen) Änderung der Nachfrage M nach einem Produkt i zu der sie auslösenden relativen (prozentualen) Änderung des Preises p dieses Produktes i. Bei infinitesimaler Betrachtung also:

$$\eta_{p_i; M_i} = \frac{dM_i}{M_i} : \frac{dp_i}{p_i} = \frac{dM_i}{dp_i} \cdot \frac{p_i}{M_i} \hspace{5cm} [5.4 - 7]$$

Für den Normalfall einer linear sinkenden Preis-Absatz-Funktion der Form

$$p_i = f(M_i) = a - bM_i \hspace{6cm} [5.4 - 8]$$

ist die Preiselastizität

$$\eta_{p_i;M_i} = -\frac{p_i}{b \cdot M_i} \qquad [5.4\text{-}9]$$

stets negativ.

Sie bezieht sich zudem immer auf einen bestimmten Punkt der Preis-Absatz-Funktion (**Punktelastizität**) und kann grundsätzlich alle Werte zwischen null und minus unendlich annehmen (- $\infty \leq \eta \leq 0$). Abb. 5.4 - 11 (entnommen aus MEFFERT/BURMANN/KIRCHGEORG 2008, S. 488) veranschaulicht dies für den Normalfall der linearen Preis-Absatz-Funktion. Diese verdeutlicht auch den bereits an anderer Stelle angesprochenen Zusammenhang zwischen Preisänderung und bewirkter Umsatzveränderung (vgl. S. 314ff.). So zeigt sich, dass die Umsatzänderung bei einer Preisveränderung davon abhängt, ob

- $\eta > -1$: Umsatzrückgang aufgrund der Preissenkung bzw. Umsatzsteigerung bei einer Preiserhöhung,

- $\eta < -1$: Umsatzsteigerung aufgrund der Preissenkung bzw. Umsatzrückgang bei einer Preiserhöhung oder

- $\eta = -1$: Umsatz bleibt konstant, da sich die Mengenkomponente und die Preiskomponente der Preisveränderung in ihrer Wirkung auf den Umsatz gerade ausgleichen.

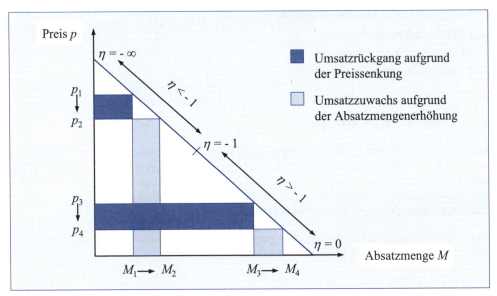

Abb. 5.4 - 11   Preis-Absatz-Funktion und Preiselastizität der Nachfrage für den Normalfall einer linear sinkenden Preis-Absatz-Funktion

Die beiden **Grenzfälle** einer vollkommen unelastischen Nachfrage ($\eta = 0$) und einer vollkommen elastischen Nachfrage ($\eta = -\infty$) sind in Abb. 5.4 - 12 dargestellt.

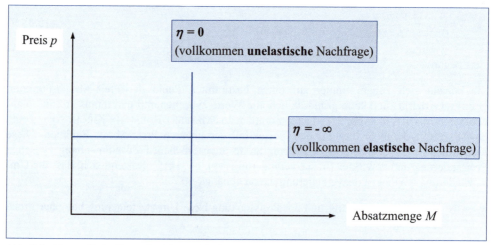

Abb. 5.4 - 12   Preis-Absatz-Funktion und Preiselastizität der Nachfrage für die beiden Grenzfälle der vollkommen elastischen und der vollkommen unelastischen Nachfrage

Als **Bestimmungsfaktoren für die verschiedenen Ausprägungen der Nachfrageelastizität** gelten u.a.:

- Verfügbarkeit von Substitutionsgütern
- Dringlichkeit der Bedürfnisse
- Dauerhaftigkeit des Gutes
- Preislage eines Produktes

5.4.2.2 Klassische Preistheorie

Preis-Absatz-Funktionen und Nachfrageelastizität werden in der klassischen Preistheorie verwendet, um die Bedingungen für optimale (= gewinnmaximale) Preise abzuleiten. „Optimal" bezieht sich dabei allerdings nur auf die durch das preistheoretische Modell beschriebenen Zusammenhänge, welche mit zum Teil stark vereinfachenden Prämissen (z.B. Einproduktunternehmen, statische Preis-Absatz-Funktion, vollkommener Markt) arbeiten.

Zentrale Grundlage der klassischen Preistheorie ist die **Klassifikation von Märkten**. Sie erfolgt im Wesentlichen nach folgenden Gesichtspunkten:

(1)   **Vollkommenheitsgrad des Marktes**,
(2)   **Anzahl und Größe der Marktteilnehmer**,
(3)   **Intensität der Konkurrenzbeziehungen** und
(4)   **Verhalten der Marktteilnehmer**.

Zu (1)   Vollkommenheitsgrad des Marktes:

Hiernach werden unvollkommene und vollkommene Märkte unterschieden. Ein Markt wird als vollkommen bezeichnet, wenn folgende **Merkmale** gegeben sind, bzw. als unvollkommen, wenn mindestens eines davon nicht vorliegt (vgl. GUTENBERG 1984, S. 185):

- Alle Marktteilnehmer handeln nach dem Maximumprinzip (**Nutzenmaximierung, Gewinnmaximierung**).
- Anpassungen an Datenänderungen erfolgen ohne zeitliche Verzögerung (**unendlich große Reaktionsgeschwindigkeit**).
- Weder auf der Angebots- noch auf der Nachfrageseite bestehen irgendwelche Präferenzen, die zu einer nicht vom Preis allein determinierten Entscheidung führen könnten (**Homogenitätsbedingung**).
- Schließlich herrscht vollkommene Markttransparenz, d.h. die Marktparteien sind stets vollkommen informiert (**keine Informationsasymmetrien**).

Zu (2) Anzahl und Größe (gemessen als Marktanteil) der Marktteilnehmer:

Unterscheidet man für die Anbieter- und Nachfrageseite je **drei Ausprägungen**,

- viele Kleine,
- wenige Mittelgroße,
- ein Großer,

ergibt sich das bekannte **morphologische Marktformenschema** für vollkommene Märkte (vgl. Abb. 5.4 - 13). Für unvollkommene Märkte lässt sich dieses Schema entsprechend abwandeln. Die wichtigste Änderung ist die Verwendung des Begriffs **polypolistische** oder **monopolistische Konkurrenz** für den Fall „vieler kleiner Anbieter und Nachfrager auf einem unvollkommenen Markt" (vgl. MEFFERT/BURMANN/KIRCHGEORG 2008, S. 502f.).

	Angebot		
Nachfrage	viele Kleine	wenige Mittelgroße	ein Großer
viele Kleine	atomistische Konkurrenz	Angebots-Oligopol	Angebots-Monopol
wenige Mittelgroße	Nachfrage-Oligopol	bilaterales Oligopol	beschränktes Angebots-Monopol
ein Großer	Nachfrage-Monopol	beschränktes Nachfrage-Monopol	bilaterales Monopol

Abb. 5.4 - 13 Morphologisches Marktformenschema für vollkommene Märkte

Zu (3) Intensität der Konkurrenzbeziehungen:

Sie wird in der Preistheorie mit Hilfe der **Kreuzpreiselastizität** (= **TRIFFINscher Koeffizient *T***) ausgedrückt. Sie ist definiert als das Verhältnis zwischen der relativen Änderung der Nachfrage nach einem Gut zu der sie bewirkenden relativen Änderung des Preises eines anderen Gutes.

$$T = \frac{dM_B}{M_B} : \frac{dp_A}{p_A}$$

326 Fünftes Kapitel: Betriebliche Leistungsprozesse

Folgende Fälle lassen sich für **konkurrierende Produkte** $T \geq 0$ unterscheiden:

$T = 0$: Preisänderungen von A haben keinen Einfluss auf den Absatz von B. Es liegt eine so genannte **Substitutionslücke** vor.

$T = \infty$: Schon bei minimalen Preisänderungen von A verändern sich die Absatzmengen von B erheblich. Dieser Fall ist also gekennzeichnet durch äußerst enge und intensive Konkurrenzbeziehungen und wird als **homogene Konkurrenz** bezeichnet.

$0 < T < \infty$: Preisänderungen von A beeinflussen den Absatz von B nicht übermäßig stark, aber spürbar. TRIFFIN spricht hier von **heterogener Konkurrenz**.

Zu (4) Verhalten der Marktteilnehmer:

Hier lassen sich **drei grundsätzliche Ausprägungen** unterscheiden, wobei sich gewisse Verbindungen zu den bisher genannten Merkmalen ergeben:

- Der Anbieter muss sich an den Marktpreis anpassen, d.h. er kann keine eigene aktive Preispolitik betreiben (= Mengenanpasser beim Polypol auf vollkommenem Markt).
- Der Anbieter hat die Möglichkeit, unabhängig von einer Konkurrenz allein mit Rücksicht auf die Reaktionen der Nachfrager seinen Preis zu fixieren (= Monopolsituation sowie auf unvollkommenen Märkten in Grenzen im Polypol und Oligopol).
- Der Anbieter rechnet mit Reaktionen der Konkurrenz auf seine Preispolitik (= konjekturale Preispolitik, typisch für Oligopole auf unvollkommenen Märkten).

In den **preistheoretischen Modellen** wird üblicherweise die Klassifikation der Märkte zur Einteilung der verschiedenen Lösungsansätze verwendet. Entsprechend lassen sich etwa Monopol-, Oligopol- und Polypolmodelle der Preisbildung unterscheiden.

Die preistheoretischen **Modelle des Oligopolfalls** sind relativ am kompliziertesten. Dies rührt daher, dass die Preispolitik auf oligopolistisch strukturierten Märkten sich nur schwer in ein starres, einheitliches Schema einfügen lässt und weil oligopolistische Verhaltensweisen in der Regel nach einem dynamischen Modell der Preisbildung verlangen. Zudem sind solche Modelle auch nur von begrenztem Erklärungswert, da es für oligopolistische Märkte typisch ist, dass der Wettbewerb nicht vorrangig über den Preis, sondern über die Präferenzpolitik ausgetragen wird.

Aus diesen Gründen sollen im Folgenden lediglich **drei Modellvarianten der klassischen Preistheorie** etwas näher betrachtet werden:

(1) Preispolitik bei monopolistischer Angebotsstruktur

(2) Preispolitik bei atomistischer Konkurrenz (Polypol auf vollkommenen Märkten)

(3) Preispolitik bei polypolistischer bzw. monopolistischer Konkurrenz
(Polypol auf unvollkommenen Märkten)

5.4 Marketingplanung

Zu (1)   Preispolitik bei monopolistischer Angebotsstruktur:

Der Monopolfall ist gekennzeichnet durch eine **linear sinkende Preis-Absatz-Funktion**, wie sie der Analyse auf S. 314ff. zugrunde gelegen hat. Damit gelten die dort abgeleiteten Ergebnisse auch hier. Die **allgemeine Optimumsbedingung** für den Monopolisten lautet entsprechend

Grenzkosten = Grenzumsatz,

d.h. der monopolistische Anbieter verändert seinen Preis solange, bis der Mehrumsatz noch nicht von den zusätzlichen Kosten dieses Mehrumsatzes (bzw. der Minderumsatz noch nicht von den eingesparten Kosten dieses Minderumsatzes) kompensiert wird. Mit dem gewinnmaximalen Preis ist gleichzeitig die gewinnmaximale Absatzmenge und damit insgesamt der gewinnmaximale Gesamterlös in der Planungsperiode festgelegt. Nach COURNOT (1838), der diese Zusammenhänge zum ersten Mal analytisch abgeleitet hat, wird diese Konstellation auch als COURNOT-**Optimum** bezeichnet. Abb. 5.4 - 14 verdeutlicht seine Ermittlung an einem **Zahlenbeispiel** (entnommen aus MEFFERT/BURMANN/KIRCHGEORG 2008, S. 534), das auch der folgenden algebraischen Ableitung des Gewinnmaximums zugrunde liegt:

Preis-Absatzfunktion: $\quad p = 10 - M$

Kostenfunktion: $\quad K_T(M) = 10 + 2M$

Umsatzfunktion: $\quad U_T(M) = (10 - M)\, M$

Die erste Ableitung der Kosten- und der Umsatzfunktion nach M ermitteln die **Grenzkosten bzw. den Grenzumsatz**:

Grenzkosten: $\quad K'_T(M) = \dfrac{dK_T}{dM} = 2$

Grenzumsatz: $\quad U'_T(M) = \dfrac{dU_T}{dM} = 10 - 2M$

Im COURNOT-**Optimum** (Punkt S in Abb. 5.4 - 14) sind die Grenzkosten gleich dem Grenzumsatz, wobei deutlich wird, dass in diesem Fall die fixen Kosten K_f keinen Einfluss auf die Lage dieses Optimums haben:

$$K'_T(M_C) = U'_T(M_C)$$

$$2 = 10 - 2M_C \quad \rightarrow \quad M_C = 4$$

Der dazugehörige COURNOT-**Preis** ergibt sich durch Einsetzen von M_C in die Preis-Absatz-Funktion (Punkt C in Abb. 5.4 - 14):

$$p_C = 10 - M_C \quad \rightarrow \quad p_C = 6$$

Der **gewinnmaximale Gesamterlös** beziffert sich entsprechend auf

$$U_T(M_C) = p_C \cdot M_C$$

$$U_T(4) = 6 \cdot 4 = 24$$

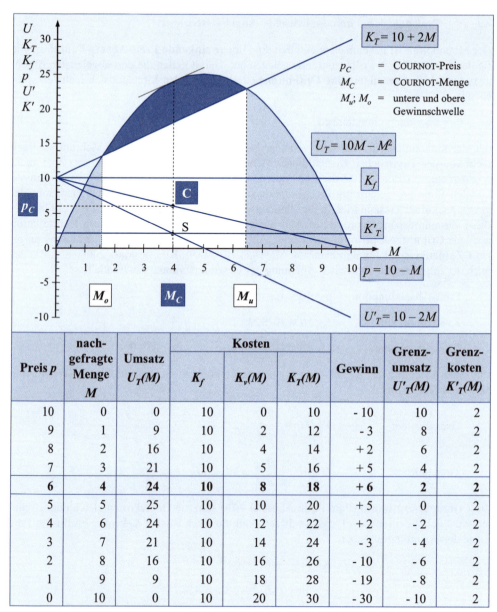

Preis p	nach-gefragte Menge M	Umsatz $U_T(M)$	Kosten K_f	Kosten $K_v(M)$	Kosten $K_T(M)$	Gewinn	Grenz-umsatz $U'_T(M)$	Grenz-kosten $K'_T(M)$
10	0	0	10	0	10	-10	10	2
9	1	9	10	2	12	-3	8	2
8	2	16	10	4	14	+2	6	2
7	3	21	10	5	16	+5	4	2
6	**4**	**24**	**10**	**8**	**18**	**+6**	**2**	**2**
5	5	25	10	10	20	+5	0	2
4	6	24	10	12	22	+2	-2	2
3	7	21	10	14	24	-3	-4	2
2	8	16	10	16	26	-10	-6	2
1	9	9	10	18	28	-19	-8	2
0	10	0	10	20	30	-30	-10	2

Abb. 5.4 - 14   Beispiel zur Bestimmung des COURNOT-Optimums

Zu (2)   Preispolitik bei atomistischer Konkurrenz (Polypol auf vollkommenen Märkten):

Bei atomistischer Konkurrenz liegt eine Situation vor, die als Idealvorstellung des **Preisbildungsprozesses in marktwirtschaftlichen Ordnungssystemen** schlechthin gilt. Wie dieser Preismechanismus funktioniert, wurde in anderem Zusammenhang bereits erläutert (vgl. S. 24ff.). Hier nun ist diese Grundvorstellung des sich einpendelnden Gleichgewichtspreises, der sich als Schnittpunkt zwischen Angebots- und Nachfragekurve ergibt, insofern zu präzisieren, als sie in dieser Weise nur bei atomistischer Konkurrenz auf vollkommenen Märkten in vollem Umfang Geltung besitzt.

Der einzelnen Unternehmung ist es bei atomistischer Konkurrenz praktisch **unmöglich**, eine **autonome Preispolitik** zu betreiben. Der Unternehmer muss sich vielmehr mit seiner Preisforderung an den geltenden Marktpreis – den Gleichgewichtspreis – anpassen. Denn wenn er einen höheren Preis fordern würde, verlöre er gemäß den Prämissen des vollkommenen Marktes in kürzester Frist sämtliche Abnehmer. Umgekehrt lohnt es sich aber auch nicht, den Preis unter den geltenden Gleichgewichtspreis zu senken. Denn dann würde die Unternehmung die Nachfrage des gesamten Marktes auf sich ziehen, die sie infolge ihrer nur geringen Größe (bei atomistischer Konkurrenz gibt es nur kleine Anbieter, die aber in großer Zahl) gar nicht befriedigen könnte.

Die **Preis-Absatz-Funktion** verläuft bei atomistischer Konkurrenz also wegen des für den einzelnen Anbieter praktisch unbeeinflussbaren Preises parallel zur Abszissenachse in Höhe des Marktpreises p. Sie ist unendlich elastisch (vgl. Abb. 5.4 - 15).

Die allgemeine **Bedingung für das Gewinnmaximum** lautet bei atomistischer Konkurrenz

   Grenzkosten = Grenzumsatz,

nur dass jetzt einige Besonderheiten zu beachten sind. Zunächst ist der Grenzumsatz bei atomistischer Konkurrenz identisch mit dem geltenden Marktpreis; denn der Umsatz verläuft proportional der Absatzmenge M. Die Bedingung für das Optimum ist also zu präzisieren in

   Grenzkosten = Preis

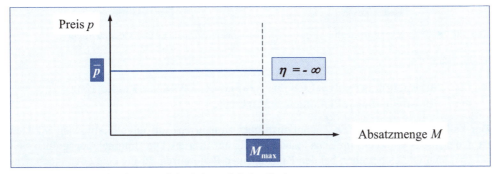

Abb. 5.4 - 15   Preis-Absatz-Funktion bei atomistischer Konkurrenz

Das Gewinnmaximum hängt damit in erster Linie vom **Verlauf der Kostenfunktion** ab. Hier lassen sich vor allem zwei Verläufe unterscheiden:

- Verläuft die **Kostenfunktion s-förmig** (vgl. S. 283f.), dann existiert in der Regel ein Schnittpunkt der Grenzkostenfunktion mit der horizontal verlaufenden Preis-Absatz-Funktion, der das Gewinnmaximum markiert.
- Grenzkostenfunktion und Preis-Absatz-Funktion schneiden sich jedoch nicht, wenn ein **linearer Kostenverlauf** vorliegt. Die Grenzkosten sind hier konstant, und das Gewinnmaximum liegt für den Fall, dass $K'_T < p$ an der Kapazitätsgrenze M_{max} (vgl. Abb. 5.4 - 16).

Bei linearem Gesamtkostenverlauf haben die totalen Stückkosten k_T (= Selbstkosten) einen degressiven Verlauf. Hier wie in der Gesamtbetrachtung zeigt sich also, dass das Gewinnmaximum an der Kapazitätsgrenze M_{max} liegt. Interessant ist im Übrigen, dass bei atomistischer Konkurrenz und linearem Kostenverlauf (im Gegensatz etwa zum Monopolfall oder zum Fall atomistischer Konkurrenz bei nicht-linearem Kostenverlauf) keine Konflikte zwischen den Zielsetzungen Gewinnmaximierung, Umsatzmaximierung und Absatzmengenmaximierung bestehen. Bei allen drei Zielsetzungen liegt die optimale Situation immer an der Kapazitätsgrenze.

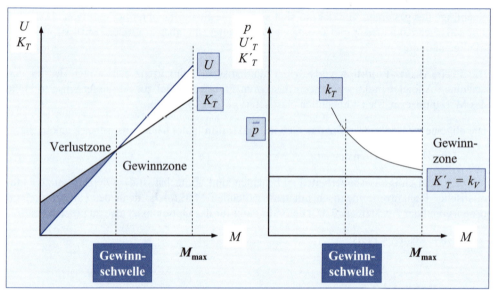

Abb. 5.4 - 16   Gewinnentwicklung bei atomistischer Konkurrenz und linearem Gesamtkostenverlauf

Zu (3)   Preispolitik bei polypolistischer bzw. monopolistischer Konkurrenz (Polypol auf unvollkommenen Märkten):

Der Fall polypolistischer bzw. monopolistischer Konkurrenz auf unvollkommenen Märkten ist in der Praxis vor allem im Einzelhandel häufig anzutreffen. Die Unternehmensgrößen sind relativ klein, und es bestehen bei den Konsumenten Präferenzen für die eine oder andere Unternehmung bzw. Marke oder Artikelgruppe, gepaart in der Regel mit einer unvollkommenen Markttransparenz.

In einem solchen Fall verfügt das einzelne Unternehmen in bestimmten Grenzen über eine **individuelle Preis-Absatz-Funktion**, die bestimmte charakteristische Intervalle aufweist (vgl. Abb. 5.4 - 17):

- Einen **monopolistischen Abschnitt** auf der polypolistischen Absatzkurve (Strecke $\overline{BC}$). Er wird durch die Möglichkeit begrenzt, die Preise zu erhöhen oder zu senken, ohne dass Käufer zur Konkurrenz abwandern oder angezogen werden. In diesem Bereich und auch nur in diesem Bereich kann sich die Unternehmung wie ein Monopolist verhalten. Entsprechend verläuft die Preis-Absatz-Funktion in diesem Intervall.

- Ein **atomistischer Abschnitt** auf der polypolistischen Absatzkurve (Strecken $\overline{AB}$ und $\overline{CD}$). Dieser Bereich wird durch Über- oder Unterschreiten eines „Schwellenpreises" berührt, bei dem Zu- respektive Abwanderungen der Käufer ausgelöst werden. Der Unterschied zur atomistischen Konkurrenz auf vollkommenen Märkten besteht darin, dass diese Käuferbewegungen langsam und verzögert einsetzen. Die Preis-Absatz-Funktion ist also nicht so elastisch wie dort (= d.h. deren Steigung ist flacher als im monopolistischen Abschnitt, verläuft aber nicht parallel wie bei atomistischer Konkurrenz auf dem vollkommenen Markt).

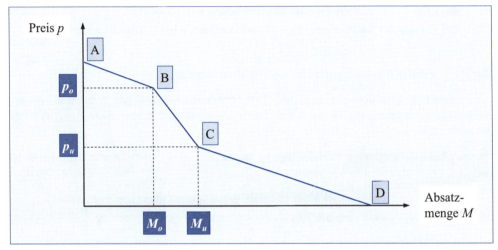

Abb. 5.4 - 17   „Geknickte" Preis-Absatz-Funktion im Polypol auf unvollkommenem Markt

Der **Abstand der Schwellenpreise** p_o und p_u und der Verlauf der Kurve sind nach GUTENBERG (1984) u.a. abhängig von

- der **Käuferbindung** an das Unternehmen,
- den **Substitutionsmöglichkeiten** durch konkurrierende Erzeugnisse sowie von
- der durchschnittlichen **Reaktionsgeschwindigkeit** der Käufer auf eine Preisänderung.

Die **optimale Preisforderung** wird wiederum abgeleitet aus der Bedingung

Grenzkosten = Grenzumsatz,

wobei wegen des geknickten Kurvenverlaufs abschnittsweise vorzugehen ist. In der Regel wird der gewinnmaximale Preis allerdings innerhalb des monopolistischen Abschnitts der Preis-Absatz-Funktion liegen. Nur in den seltensten Fällen ist es preispolitisch geboten, auf dem rechten, unteren atomistischen Kurvenabschnitt zu operieren.

5.4.2.3 Praxisorientierte Preisfestlegung

In der Praxis werden die Modelle der klassischen Preistheorie als wenig hilfreich angesehen, preispolitische Probleme zu lösen. Seine Ursache hat dies in erster Linie wohl in dem statischen Charakter der klassischen Modelle und in der Schwierigkeit, realitätstreue Preis-

332   Fünftes Kapitel: Betriebliche Leistungsprozesse

Absatz-Funktionen für die verschiedenen Produkte eines Unternehmens abzuleiten. Preispolitische Entscheidungen in der Praxis verlangen nicht zuletzt deshalb auch stets ein relativ hohes Maß an Intuition und werden von den Unternehmern als kaum kontrollierbar und risikoreich eingestuft.

Fragt man nun danach, wie in der Praxis die Preise festgelegt werden, zeigen sich **vier grundlegende Ansatzpunkte**:

(1)   das **Prinzip der kostenorientierten Preisbestimmung**,

(2)   das **Prinzip der nachfrage- und beschäftigungsorientierten Preisbestimmung**,

(3)   das **Prinzip der nutzenorientierten Preisbestimmung** und

(4)   das **Prinzip der konkurrenz- und branchenorientierten Preisbestimmung**.

Zu (1)   Prinzip der kostenorientierten Preisbestimmung:

Unter marktwirtschaftlichen Bedingungen besteht zwischen Kosten und Preis zwar kein unmittelbarer Zusammenhang, dennoch spielen die Kosten in der Praxis verständlicherweise eine große Rolle.

Bei der **kostenorientierten Preisfestlegung** lassen sich zwei grundsätzliche Vorgehensweisen in der Kalkulation unterscheiden:

(1a)   Angebotspreis als Selbstkosten (= totale Stückkosten) plus Gewinnzuschlag

(1b)   Angebotspreis als variable Stückkosten plus Bruttogewinnzuschlag

Zu (1a)   Angebotspreis als Selbstkosten (= totale Stückkosten) plus Gewinnzuschlag:

Beim ersten Kalkulationsverfahren setzt sich der Angebotspreis aus den Selbstkosten bzw. totalen Stückkosten und einem Gewinnzuschlag zusammen. Die Höhe des Gewinnzuschlags wird dabei in Abhängigkeit von der Produktgruppe, der gewünschten Umsatzrendite, dem Warenumschlag, dem Absatzrisiko u.Ä. festgesetzt.

Als **Vorteil** dieser Kalkulation ist insbesondere die relativ einfache Handhabung sowie die Transparenz der Preisbestimmung für den Kunden zu nennen. **Nachteilig** ist, dass mit solchen Zuschlägen in der Regel keine optimalen (= gewinnmaximalen) Preise gefunden werden können. Gefährlich wird ein solches Vorgehen jedoch, wenn der Fixkostenanteil an den Gesamtkosten hoch ist und die Absatzmenge in der Planungsperiode keine Konstante ist, sondern von der eigenen Preisfestsetzung bestimmt wird.

In einem solchen Fall besteht die **Gefahr**, dass sich eine Unternehmung gleichsam selbst **aus dem Markt „hinauskalkuliert"**. Denn wegen der Fixkosten nehmen die Selbstkosten bzw. totalen Stückkosten mit rückläufiger Absatzmenge stets zu, sodass der Angebotspreis – bei konstantem oder nur unterproportional gesenktem Gewinnzuschlag – ebenfalls steigt. Dies verstärkt den Absatzrückgang noch, was wiederum die Stückkosten steigen lässt, sodass sich der Prozess fortsetzt, solange bis der Absatz auf null gesunken ist.

Der schwedische Nationalökonom CASSEL hat diesen Sachverhalt in einem praktischen Beispiel veranschaulicht (entnommen aus MEFFERT (2000), S. 509f.):

5.4 Marketingplanung   333

„Ein Reisebüro bestellte für mehrere aufeinander folgende Wochenenden Sonderzüge mit jeweils 400 Plätzen – alle 2. Klasse – bei der Bahn und verpflichtete sich, für jeden Zug 2.500 DM zu zahlen. Für den ersten Sonntag setzt das Reisebüro den Fahrpreis auf 20 DM fest und es kommen 125 Teilnehmer. Die Erlöse sind mit 2.500 DM ebenso hoch wie die Kosten. Da das Reisebüro aber an diesem Projekt etwas verdienen will, erhöhen seine Disponenten den Preis auf 30 DM.

Am nächsten Sonntag nehmen 50 Personen an der Sonderfahrt teil. Das Ergebnis ist somit eine Einnahme von 1.500 DM und damit ein Verlust von 1.000 DM. Daraufhin stellen die Disponenten des Reisebüros fest, daß die Durchschnittskosten 50 DM pro Person (2.500 : 50) betragen, ihr Unternehmen die Reisenden jedoch für nur 30 DM beförderte. Um endlich einen Gewinn zu erzielen, erhöhen sie abermals den Preis auf 60 DM mit dem Ergebnis, daß der Zug am folgenden Sonntag nur sechs Reisende beförderte. Der Verlust steigt jetzt auf 2.140 DM (2.500 – 60 · 6).

Nach diesem Debakel treten die Disponenten erneut zusammen und verwerfen ihr Selbstkostenkonzept. Sie setzen den Preis auf 10 DM herab. Der Erfolg war überraschend. Die Zahl der Reisenden betrug bei der nächsten Sonderfahrt 400. Es entstand also ein Überschuß von genau 1.500 DM. Das Erstaunlichste dieser Preisentscheidung waren aber die auf 6,25 DM pro Person gesunkenen Selbstkosten.“

Zu (1b)   Angebotspreis als variable Stückkosten plus Bruttogewinnzuschlag:

Wenn die Fixkosten – wie das Beispiel zeigt – zum Störfaktor der kostenorientierten Preisbestimmung werden, bietet es sich an, den Preis aus lediglich den variablen Stückkosten plus einem Bruttogewinnzuschlag zu kalkulieren. Letzterer enthält neben dem (beabsichtigten) Gewinnanteil auch entsprechende Fixkostenanteile. Im Gegensatz zum relativ starren Kalkulationsprinzip „Selbstkosten plus Gewinnzuschlag“ ist dieser Bruttogewinnzuschlag eine variable Größe, bei der nicht feststeht, wie hoch im Einzelfall der Gewinn- bzw. Fixkostendeckungsbeitrag ist. Denn es wird ja ausdrücklich auf eine Verrechnung der fixen Kosten auf die Produkte verzichtet (vgl. zu diesem Kostenrechnungskonzept S. 828ff.). Die Nachteile der Vollkostendeckungsrechnung werden insofern auch vermieden, wenngleich für die Bestimmung des Bruttogewinnzuschlags nun zusätzliche Kriterien herangezogen werden müssen. Diese leiten sich jedoch nicht mehr allein aus Kostenüberlegungen, sondern in erster Linie aus der Nachfrage-, Beschäftigungs- und Konkurrenzsituation ab.

Bei aller Problematik des Prinzips der kostenorientierten Preisbestimmung sei eines zum Abschluss noch ausdrücklich erwähnt: Ohne Kostenüberlegungen lässt sich eine Größe nicht bestimmen, die im Sinne eines Grenzwerts für unternehmungspolitische Entscheidungen von größter Bedeutung ist: die **kostenorientierte Preisuntergrenze**.

- Die **langfristige Preisuntergrenze** wird durch die totalen Stückkosten (Gewinnzuschlag = 0) bestimmt. In marktwirtschaftlichen Systemen hat eine Unternehmung auf Dauer nur dann eine Existenzberechtigung, wenn die erzielbaren Preise (wenn nicht für jedes einzelne Produkt, so doch zumindest für das Gesamtprogramm) vollkostendeckend sind. Das Prinzip vollkostenorientierter Preiskalkulation hat also in jedem Fall seine Bedeutung bei der Bestimmung dieses unteren Schwellenwerts für den (langfristig erzielbaren Durchschnitts-) Preis.

- Die **kurzfristige Preisuntergrenze** wird durch die variablen Stückkosten bzw. Grenzkosten (Bruttogewinnzuschlag = 0) bestimmt. Dies ergibt sich aus der Überlegung, dass die Fixkosten kurzfristig ohnehin anfallen und dass Produkte bzw. Aufträge bei einer kurzfristigen Verschlechterung der Absatzmöglichkeiten zumindest solange noch zur Deckung der fixen Kosten beitragen können, wie der erzielbare Preis größer als die variablen Kosten ist.

Erst wenn die kurzfristig erzielbaren Erlöse nur noch die hiermit in Zusammenhang stehenden Grenzkosten decken, ist die absolute kurzfristige Preisuntergrenze erreicht. Das Kalkulationsprinzip „variable Stückkosten plus Bruttogewinnzuschlag" hat seine Bedeutung also in jedem Fall für die Bestimmung dieser wichtigen Preisschwelle.

Zu (2)   Prinzip der nachfrage- und beschäftigungsorientierten Preisbestimmung:

Das Prinzip nachfrage- und beschäftigungsorientierter Preisbestimmung entspricht mehr dem Wesen marktwirtschaftlicher Preispolitik als das Kostenprinzip. Es kann im Wege

(2a) einer **retrograden Kalkulation** und

(2b) einer **progressiven Kalkulation**

verwirklicht werden.

Zu (2a)   Retrograde Kalkulation:

Bei retrograder Kalkulation wird gefragt, welcher **Preis vom Markt akzeptiert** wird. Von diesem Preis werden dann stufenweise die variablen Kosten dieses Produkts bzw. Auftrags abgezogen, bis man zur Deckungsspanne als Differenz des Preises und aller variablen Kosten (vgl. auch S. 295f.) kommt.

	Bruttopreis pro ME
–	Erlösschmälerungen pro ME
=	Nettopreis pro ME
–	variable Produktionskosten pro ME
–	variable Vertriebskosten pro ME
=	Deckungsspanne

Ist die Deckungsspanne positiv, so liegt der erzielbare Marktpreis also über der kurzfristigen Preisuntergrenze. Die Differenz zwischen beiden deutet auf potenzielle Preissenkungsspielräume zur (kurzfristigen) Belebung der Nachfrage.

Zu (2b)   Progressive Kalkulation:

Bei progressiver Kalkulation wird umgekehrt vorgegangen, indem zuerst die variablen (Grenz-)Kosten eines Produkts oder Auftrags ermittelt werden. Auf diese wird ein nachfrageabhängiger (Bruttogewinn-)Zuschlag erhoben, der als Gewinn- und Fixkostendeckungsbeitrag zu verstehen ist. Werden von dem so bestimmten Bruttopreis die Erlösschmälerungen abgezogen, ergibt sich der Nettopreis.

	variable Produktionskosten pro ME
+	variable Vertriebskosten pro ME
=	variable Kosten pro ME
+	Bruttogewinnzuschlag pro ME
=	Bruttopreis pro ME
–	Erlösschmälerungen pro ME
=	Nettopreis pro ME

5.4 Marketingplanung   335

Das zentrale Problem der nachfrage- und beschäftigungsorientierten Preisbestimmung besteht darin, den Bruttogewinnzuschlag (bei progressiver Kalkulation) bzw. die noch akzeptable Deckungsspanne (bei retrograder Kalkulation) zu bestimmen. Abgesehen von **Einflussgrößen**, die in speziellen preispolitischen Strategien zu suchen sind (vgl. hierzu S. 337ff.), sind für beide Verfahren gleichermaßen

- der erstrebte Gewinn in der Planungsperiode,
- die Beschäftigungslage sowie
- die Höhe der fixen Kosten

von Bedeutung.

Ein außerordentlich geeignetes Instrument zur konkret rechnerischen Darstellung der Zusammenhänge zwischen den genannten Größen ist die **Gewinnschwellenanalyse bzw. Break Even-Analyse**.

Die Gewinnschwellenanalyse geht von in der Regel beschäftigungsabhängigen linearen Gesamtkosten- und Umsatzertragskurven aus und verbindet beide in folgender **Gleichung für den Periodenerfolg**:

Periodenerfolg = Periodenumsatz − Periodenkosten

$$G = U - K \qquad\qquad [5.4 - 10]$$

Unter der Voraussetzung eines Einproduktunternehmens (im Falle der Mehrproduktunternehmung sind die Überlegungen entsprechend zu differenzieren) kann die Gleichung zur Bestimmung der Gewinnschwelle auch folgendermaßen geschrieben werden:

$$G = p \cdot M - k_v \cdot M - K_f \qquad\qquad [5.4 - 11]$$

Dabei ist p der Preis (bzw. Erlös pro Stück), während M die Absatzmenge ist, die als Maßstab der Beschäftigung gilt. Schließlich sind k_v die proportionalen Kosten pro Stück (bzw. die Grenzkosten pro Stück) und K_f die Fixkosten. Durch Zusammenfassung erhält man die folgende Gleichung über:

$$G = M \cdot (p - k_v) - K_f \qquad\qquad [5.4 - 12]$$

Da der Klammerausdruck $(p - k_v)$ dem Deckungsbeitrag pro Stück (auch Deckungsspanne db genannt) entspricht, ist der Periodenerfolg – wie die Gleichung zeigt – eine Funktion der Beschäftigung, der Deckungsspanne und der Fixkosten.

Anders ausgedrückt hängt die **notwendige Deckungsspanne** bzw. der Bruttogewinnzuschlag db vom erstrebten Gewinn, der Beschäftigungslage und von den Fixkosten ab, wie der folgenden Gleichung zu entnehmen ist:

$$db = p - k_v = \frac{G + K_f}{M} \qquad\qquad [5.4 - 13]$$

Anhand eines **Beispiels** mit den folgenden Daten

- Fixkosten pro Periode K_f: 21.000 GE,
- Produktions- bzw. Absatzmenge pro Periode bei Vollbeschäftigung M: 10.000 ME,
- variable Kosten pro ME k_v: 9 GE,

- zuletzt erzielter Preis pro ME p: 12 GE

sollen einige **zentrale Fragestellungen** einer nachfrage- und beschäftigungsorientierten Preisfestlegung, die zugleich auch die Bedeutung der Gewinnschwellenanalyse für die Verdeutlichung der **Konsequenzen alternativer Preisentscheidungen** belegen, exemplarisch behandelt werden:

1. Wie stark darf die Beschäftigung zurückgehen, bevor bei gleich bleibendem Stückertrag (gleich bleibendem Bruttogewinnzuschlag bzw. Deckungsspanne db) ein Verlust eintritt?

$$M = \frac{G + K_f}{db} = \frac{21.000\,\text{GE}}{3\,\text{GE/ME}} = 7.000\,\text{ME}$$

Bei der Absatzmenge von 7.000 ME ist die **kritische Beschäftigungsschwelle** erreicht, bei der die Umsatzerlöse gerade die Kosten decken.

2. Wie stark darf, ohne dass Verluste eintreten, der Bruttogewinnzuschlag verringert werden, wenn durch Preissenkung ein drohender Beschäftigungsrückgang aufgefangen werden kann?

$$db = \frac{G + K_f}{M} = \frac{21.000\,\text{GE}}{10.000\,\text{ME}} = 2,10\,\text{GE/ME}$$

Bei einem Absatzpreis von 11,10 GE [= 2,10 + 9,00] ist die **kritische Preisschwelle** erreicht, bei der bei Vollbeschäftigung die Umsatzerträge gerade die Kosten decken.

3. Würde sich eine Preiserhöhung um 1 GE (also um ca. 8 %) positiv auf den Gewinn auswirken, wenn der dadurch hervorgerufene Beschäftigungsrückgang 20 % ausmacht (= **preiselastische Nachfrage**)?

$G = M \cdot db - K_f = 8.000\,\text{ME} \cdot 4\,\text{GE/ME} - 21.000\,\text{GE} = 11.000\,\text{GE}$

Der Gewinn würde sich von 9.000 GE [= 10.000 · 3 – 21.000] auf 11.000 GE erhöhen. Erst bei einem Beschäftigungsrückgang auf 7.500 ME würde sich der Gewinn durch die Preiserhöhung nicht erhöhen.

4. Würde sich bei einer Auslastung von nur (80 %) (Unterauslastung) und einem Gewinn von 3.000 GE eine Preissenkung auf 11,50 GE lohnen, wenn dadurch **Vollbeschäftigung** erreicht werden kann?

$G = M \cdot db - K_f = 10.000\,\text{ME} \cdot 2,50\,\text{GE/ME} - 21.000\,\text{GE} = 4.000\,\text{GE}$

Der Gewinn würde sich von 3.000 GE auf 4.000 GE, also um 1.000 GE bzw. um 33,33 % erhöhen.

Zu (3) Prinzip der nutzenorientierten Preisbestimmung:

Standen bislang die Kosten im Vordergrund der preispolitischen Überlegungen, versucht man beim Prinzip nutzenorientierter Preisbestimmung explizit die **Preisbereitschaft der Käufer** für bestimmte Produkte bzw. spezielle Produkteigenschaften auszuloten und somit die Spielräume der Preispolitik möglichst optimal zu nutzen.

Für den Anbieter ergibt sich hieraus die Notwendigkeit, **Nutzenpräferenzen für bestimmte Produktmerkmale** empirisch zu erheben und diese zur Ableitung von Preis-Absatz-Funk-

5.4 Marketingplanung 337

tionen zu verwenden. Als ein wichtiges Instrument hierfür hat sich in der Praxis die **Conjoint Analyse** durchgesetzt (vgl. SIMON 1992). Mit Hilfe der Conjoint-Analyse, die den multivariaten Daten-Analyseverfahren (vgl. hierzu BACKHAUS/ERICHSON/PLINKE/WEIBER 2006) zuzuordnen ist, werden Gesamturteile über Merkmalskombinationen von Produkten (einschließlich des Preises) zerlegt, um auf diese Weise auf das Gewicht bzw. den Nutzen der einzelnen Merkmalsausprägung für den Kunden schließen zu können. Hierzu werden Testpersonen verschiedene Kombinationen alternativer Merkmalsausprägungen eines Produktes vorgelegt, die in eine Rangfolge zu bringen sind. Dabei werden in der Regel der Übersichtlichkeit halber nicht sämtliche Kombinationsmöglichkeiten der Merkmalsausprägungen verwendet, sondern so genannte „unvollständige Designs" benutzt (vgl. auch S. 859ff.).

Zu (4)   Prinzip der konkurrenz- und branchenorientierten Preisbestimmung:

Das Prinzip konkurrenz- und branchenorientierter Preisbestimmung kennt weder eine feste Relation zwischen Preis und Nachfrage noch zwischen Preis und Kosten: Vielmehr orientiert sich das Unternehmen bei diesem Prinzip an einem **Leitpreis**, der entweder dem **Preis des Marktführers oder dem Durchschnittspreis der Branche** entspricht. Dieser Leitpreis kann zwar geringfügig über- oder unterschritten werden, aber charakteristisch für dieses Prinzip ist es, dass der einmal festgelegte Preis beibehalten wird, auch wenn die Kosten- und/oder Nachfragesituation sich verändert, solange nur der Leitpreis konstant bleibt. Nur wenn dieser sich ändert, wird (wiederum unabhängig von der Kosten- und Nachfrageentwicklung) eine Preisvariation vorgenommen.

Auf eine aktive Preispolitik wird zugunsten einer Risikominimierung bei diesem Prinzip weitgehend verzichtet. Ein Leitpreis sichert nämlich in aller Regel eine Mindestverzinsung des eingesetzten Kapitals, und eine Orientierung hieran löst auch keinen Preiskampf aus. Speziell auf **Märkten mit homogenen Gütern und/oder hoher Konkurrenzintensität** weist eine solche, dem Wesen atomistischer Konkurrenz entsprechende adaptive Preispolitik daher zumindest langfristig gewisse Vorteile auf.

Mit den genannten vier alternativen Prinzipien der Preisbestimmung in der Praxis verknüpft sind konkrete **preispolitische Strategien**, die stets eng mit der Präferenzpolitik abzustimmen sind. Zu unterscheiden sind hier (vgl. MEFFERT 2000, S. 548ff.)

(1)   **statische Strategiekonzepte**, wonach Preisentscheidungen auf Grundlage von zeitpunktorientierten Informationen getroffen werden und

(2)   **dynamische Strategiekonzepte**, in deren Rahmen die Preissetzung unter Dynamisierung sämtlicher Determinanten der Preisbildung (Zielfunktion des Unternehmens, externe Gegebenheiten wie Wettbewerbssituation, Verhalten der Nachfrager und interne Gegebenheiten wie Kostensituation, Finanzkraft, Produktionskapazität) über mehrere Perioden vorgenommen wird.

Zu (1)   Statische Strategiekonzepte der Preispolitik:

- **Prämien- und Promotionspreispolitik:**
    - **Prämienpreise** sind relativ hohe Preise, die mit entsprechend hoher Produktqualität und betont auf Exklusivität gerichteter Präferenzpolitik verbunden sind (Beispiel: die Preispolitik bei Parfüms und Luxus-Automobilien).

- **Promotionspreise** sind relativ niedrige Preise, mit denen bewusst das Image eines Niedrigpreisgeschäfts erzeugt werden soll (flankiert ebenfalls durch eine entsprechende Präferenzpolitik).

- **Preisdifferenzierungspolitik:**

  Die Preisdifferenzierungspolitik setzt an der Erfahrung an, dass der **Gesamtmarkt nicht aus einer vollkommen homogenen Gruppe von Nachfragern** besteht. Es wird deshalb eine gespaltene Preispolitik betrieben, d.h. bei einem im Grunde gleichen Produkt werden von verschiedenen Kunden aufgrund bestimmter Kriterien unterschiedlich hohe Preise gefordert. Voraussetzung hierzu ist eine sorgfältige Marktsegmentierung und die Möglichkeit einer isolierten Ansprache der einzelnen Marktsegmente.

  - Preisdifferenzierung **zwischen mehreren, räumlich getrennten Märkten** ist dann sinnvoll, wenn ein Unternehmen sein Produkt auf verschiedenen Teilmärkten absetzt und diese jeweils unterschiedliche Preis-Absatz-Funktionen aufweisen (z.B. Inlands- und Auslandsmarkt). Die Marktsegmente bilden in diesem Fall Daten der Preispolitik, jeder Teilmarkt umfasst Käufer aller oder mehrerer Preisschichten.

  - Preisdifferenzierung kann auch **auf räumlich zusammenhängenden Märkten** betrieben werden, wenn es gelingt, diese in sich weiter zu segmentieren. Da es bei einheitlicher Preissetzung regelmäßig Kunden gibt, die auch einen höheren als den für das Unternehmen gewinnmaximalen Einheitspreis bezahlen würden (diese Kunden beziehen eine so genannte „Konsumentenrente"), versucht man hier, Käufer, die solche höheren Preise für ein bestimmtes Gut zu zahlen bereit sind, zu getrennten Marktsegmenten zusammenzufassen und differenziert anzusprechen. Die Preis-Absatz-Funktion des betrachteten Marktes wird so gleichsam in einzelne Abschnitte zerlegt und die Preispolitik abschnittsweise optimiert.

  Für die Möglichkeiten einer Preisdifferenzierung gilt allgemein, dass sie im Regelfall nur Erfolg haben, wenn sie von **zusätzlichen Maßnahmen** begleitet werden, die geeignet sind, den Markt in der gewünschten Weise aufzuspalten bzw. den Austausch zwischen den Marktsegmenten zu unterbinden oder zumindest zu erschweren. In Frage kommen hier sowohl weitere präferenzpolitische Maßnahmen (z.B. Produktdifferenzierung) als auch andere Segmentierungskriterien wie die zeitliche Preisdifferenzierung (z.B. Tag- und Nachttarife), die personelle Preisdifferenzierung (z.B. Kinder- und Erwachsenenpreise) oder die verwendungsbezogene Preisdifferenzierung (z.B. Preise für Weiterverarbeiter und Endverbraucher).

- **Preispolitischer Ausgleich:**

  Diese Strategie ist durch eine so genannte **Mischkalkulation** gekennzeichnet. Preisentscheidungen werden nicht im Hinblick nur auf das einzelne Produkt, sondern mit Blickrichtung auf das gesamte Sortiment getroffen. Verluste, die bei einzelnen Produkten hingenommen werden müssen oder bewusst einkalkuliert werden („Lockvogelangebote"), sind durch entsprechende „Gewinnbringer" auszugleichen. Zu diesem preispolitischen **Produktausgleich** kommt unter Umständen noch die Strategie des **zeitlichen Ausgleichs** hinzu, wenn beispielsweise durch eine entsprechende Preispolitik gegenwärtige Verluste in Zukunft durch entsprechende Übergewinne wieder ausgeglichen werden sollen.

5.4 Marketingplanung 339

Zu (2)   Dynamische Strategiekonzepte der Preispolitik:

- **Lebenszyklusabhängige Preispolitik:**

  Erfolgt die Preissetzung in Orientierung an der Phase im Produktlebenszyklus, so ist einerseits die Preissetzung bei Einführung einer Marktneuheit bzw. in der frühen Wachstumsphase, in der noch keine Aktivitäten der Konkurrenz vorhanden sind, und andererseits die Preissetzung in der Phase des drohenden Eintritts von Bedeutung. In beiden Phasen wird der preispolitische Spielraum von „Carry-over"-Effekten, Erfahrungskurveneffekten (vgl. S. 152f.) und Preisänderungswirkungen bestimmt. Als „Carry-over"-Effekt wird der Effekt bezeichnet, der von einem Preis in einer früheren Periode auf den Absatz in den Folgeperioden ausgeht.

  - Ist in der **Einführungs- und frühen Wachstumsphase** der „Carry-over"-Effekt relativ groß, so sollte der Preis für Marktneuheiten zunächst erheblich unter dem kurzfristig gewinnmaximalen Preis liegen, um eine möglichst hohe Verbreitung des Produktes zu erreichen. Diese breite Diffusion ist für Massenmärkte umso wichtiger, je größer der Vorteil auf die Stückkosten aufgrund des Erfahrungskurveneffektes (vgl. hierzu auch S. 152f.) im Zeitablauf ist. Für Konkurrenten wird es dann schwierig durch ein Unterbieten des Preises in den Markt einzutreten. Diese Preisstrategie wird auch als **Penetrationspreispolitik** bezeichnet.

    Im Gegensatz dazu können bei relativ hohen Preiselastizitäten hohe Einführungspreise durchgesetzt werden, die in nachfolgenden Perioden Spielräume für Preissenkungen eröffnen. Beim diesem so genannten „**Scimming Pricing**" (Abschöpfungspreispolitik) wird in der Einführungsphase eines Produktes ein relativ hoher Preis (bei niedrigen Stückzahlen) gefordert, der dann mit zunehmender Erschließung des Marktes und/oder aufkommendem Wettbewerbsdruck sukzessive gesenkt wird.

  - Für den Fall, dass es während der Einführungs- und frühen Wachstumsphase nicht gelungen ist, hohe Markteintrittsbarrieren für die Konkurrenz aufzubauen, bieten sich bei **drohendem Konkurrenzeintritt** die folgenden drei strategischen Optionen an: vorgezogene bzw. proaktive Preissenkung, nachgelagerte bzw. reaktive Preissenkung und Beibehaltung des hohen Preises. Entscheidend sind hier die Auswirkungen auf den Absatz und auf den Marktanteil. Die Beibehaltung des Preises bietet sich dann an, wenn eine mittelfristige Elimination des Produktes geplant ist oder wenn – z.B. aufgrund der vom Käufer wahrgenommenen Qualität – kein Rückgang des Absatzes zu erwarten ist.

- **Yield Management:**

  Das Yield Management, das **speziell für Dienstleistungen** entwickelt wurde, knüpft an die statische Preisdifferenzierung an, allerdings geht es – in Abgrenzung an die zeitlichen Preisdifferenzierung in Abhängigkeit vom Nutzungszeitpunkt – darum, den Preis einer nach Art und Zeitpunkt festgelegen Dienstleistung im Zeitablauf zu differenzieren. Ein Beispiel für den Einsatz des Yield Managements ist das Buchungssystem von Fluggesellschaften, bei dem in Abhängigkeit vom Buchungszeitpunkt unterschiedliche Preise für ein und denselben Flug verlangt werden. Damit erfolgt gleichzeitig eine Kapazitätssteuerung, weshalb das Yield Management zudem auch der Produktpolitik zugeordnet wird.

- **Dynamische, nicht-lineare Preispolitik:**

  Die Setzung nicht-linearer Preise, die durch sinkende durchschnittliche Stückpreise bei zunehmender Abnahmemenge gekennzeichnet sind, ist ein Instrument der quantitativen Preisdifferenzierung (auch Mengenrabatt genannt). Die sinkenden Durchschnittspreise resultieren aus einem **zweiteiligen Tarif**: einer nutzungsunabhängigen und einer nutzungsabhängigen Preiskomponente. Der Entscheidung über die nutzungsunabhängige Preiskomponente (im Sinne einer Grundgebühr) zeitlich nachgelagert ist die Entscheidung über die tatsächliche Nutzung der Leistung, woraus sich dann die zweite Preiskomponente ergibt. Im Unterschied zur statischen, nicht-linearen Preissetzung, bei der die Entscheidungen über den Zugang zur Leistung und die Nutzungsintensität zeitgleich erfolgen, sind für die dynamische, nicht-lineare Preissetzung zwei Bedingungen relevant: Die Entscheidung über die Tarifwahl ist nicht ohne weiteres revidierbar, zudem muss eine Auswahl aus mehreren zweiteiligen Tarifen (auch Blocktarife genannt) gegeben sein. Die dynamische Variante der nicht-linearen Preissetzung bedeutet also auf Seiten des Anbieters eine hohe Unsicherheit über die tatsächliche Inanspruchnahme der Leistungen durch den einzelnen Nutzer. Beispiele für eine solche Preissetzung sind die Mobilfunktarife oder die Bahncard25 bzw. Bahncard50 der Deutschen Bundesbahn.

Fragen und Aufgaben zur Wiederholung (5.4.2: S. 321 – 340)

1. Warum ist Erlösplanung bei gegebener Preis-Absatz-Funktion gleichbedeutend mit Preispolitik?

2. Woraus ergibt sich die herausragende Bedeutung der Preispolitik im Vergleich zu den übrigen Marketinginstrumenten?

3. Nennen Sie einige Anlässe für Preisentscheidungen!

4. Welche Fragestellungen lassen sich unter dem Begriff „Marktorientierung der Preispolitik" subsumieren? Gibt es weitere Informationen, die für preispolitische Überlegungen wichtig sind?

5. Unterscheiden Sie statische und dynamische Preis-Absatz-Funktionen!

6. Wie ist die Preiselastizität der Nachfrage definiert, und welche Bestimmungsfaktoren ihrer verschiedenen Ausprägungen sind von Bedeutung?

7. Wie verändert sich der Umsatz aufgrund einer Preissenkung, wenn die Preiselastizität der Nachfrage größer (kleiner) - 1 ist?

8. Welche stark vereinfachenden Prämissen liegen der klassischen Preistheorie zugrunde?

9. Welche Merkmale müssen gegeben sein, um von einem „unvollkommenen Markt" zu sprechen?

10. Welche Ausprägungen in Bezug auf Anzahl und Größe der Marktteilnehmer liegen dem morphologischen Marktformenschema zugrunde?

11. Wie wird die Intensität der Konkurrenzbeziehungen in der klassischen Preistheorie gemessen?

12. Welche Werte muss der TRIFFINsche Koeffizient annehmen, damit Preisänderungen des Anbieters A keinen Einfluss auf den Absatz des Anbieters B haben?

13. Bei welcher Marktform hat ein Anbieter mit Reaktionen der Konkurrenz zu rechnen? Begründen Sie, warum solche Konstellationen nach einem dynamischen Modell der Preisbildung verlangen!

14. Leiten Sie graphisch den gewinnmaximalen Preis bei monopolistischer Angebotsstruktur ab! Gehen Sie dabei von einer linear fallenden Preis-Absatz-Funktion und einer linear steigenden Gesamtkostenfunktion aus!

15. Welchen Verlauf hat die Preis-Absatz-Funktion eines Anbieters im Falle atomistischer Konkurrenz? Welchen Wert nimmt die Preiselastizität der Nachfrage an?

5.4 Marketingplanung 341

16. Erläutern Sie, inwiefern die gewinnmaximale Angebotsmenge bei atomistischer Konkurrenz vom Verlauf der Kostenfunktion abhängt!

17. Warum ist der Fall polypolistischer bzw. monopolistischer Konkurrenz gerade im Einzelhandel häufig anzutreffen? Welches Aussehen hat die individuelle Preis-Absatz-Funktion in einem solchen Fall?

18. Welche Determinanten bestimmen den Verlauf einer „geknickten" Preis-Absatz-Funktion im Polypol auf unvollkommenem Markt?

19. Weshalb tragen die Modelle der klassischen Preistheorie wenig dazu bei, preispolitische Probleme in der Praxis zu lösen?

20. Erläutern Sie Vor- und Nachteile der kostenorientierten Preisbestimmung! Verdeutlichen Sie sich anhand eines selbst gewählten Beispiels die Gefahr, dass sich eine Unternehmung selbst aus dem Markt „hinauskalkuliert"!

21. Nach welchem Kriterium werden u.a. Preisuntergrenzen differenziert? Welche Bedeutung haben sie im Einzelnen?

22. Welche Möglichkeiten der nachfrage- und beschäftigungsorientierten Preisbestimmung gibt es? Erläutern Sie die Kalkulationsschemata!

23. Was ist der Grundgedanke der Gewinnschwellenanalyse? Fertigen Sie ein Gewinnschwellendiagramm an, und leiten Sie die Grundformel der Gewinnschwellenanalyse ab! Wie lässt sich die Gewinnschwellenanalyse für preispolitische Fragestellungen einsetzen?

24. Charakterisieren Sie das Prinzip der nutzenorientierten Preisbestimmung!

25. Inwiefern wird bei einer konkurrenz- und branchenorientierten Preisfestlegung auf aktive Preispolitik verzichtet? Unter welchen Marktbedingungen empfiehlt sich zumindest langfristig die Anwendung dieses Prinzips?

26. Was ist der Unterschied zwischen statischen und dynamischen Strategiekonzepten der Preispolitik?

27. Erläutern Sie konkrete preispolitische Strategien der Praxis!

28. Wie sollten Kunden beim Vergleich von dynamischen, nicht-linearen Tarifen eines Anbieters vorgehen?

5.4.3 Planung des präferenzpolitischen Mitteleinsatzes

Der präferenzpolitische Mitteleinsatz ist, allgemein formuliert, auf eine optimale Verschiebung der Preis-Absatz-Funktion gerichtet (vgl. S. 316ff.). Er setzt sich aus folgenden **Komponenten** zusammen:

- den **produkt- und sortimentspolitischen Entscheidungen**,
- dem **konditionenpolitischen Instrumentarium** (das zusammen mit dem preispolitischen Entscheidungsfeld zur Kontrahierungspolitik zählt),
- den **distributionspolitischen Aktionsparametern** und
- den **kommunikationspolitischen Instrumenten**.

Jeder dieser vier Bereiche der Präferenzpolitik soll im Folgenden kurz angesprochen werden.

342 Fünftes Kapitel: Betriebliche Leistungsprozesse

5.4.3.1 Produkt- und sortimentspolitische Entscheidungen

Dass das Produkt letztlich Gegenstand der Kauf- oder Mietentscheidungen ist, ist die Produkt- und Sortimentspolitik ein unverzichtbarer Baustein erfolgreichen Marketings. Während die **Produktpolitik** die (Neu-)Produktplanung und Entscheidungstatbestände zur Gestaltung eines einzelnen Produktes in den Mittelpunkt stellt, umfasst die **Programm- oder Sortimentspolitik** alle Maßnahmen, die sich auf die Zusammensetzung des gesamten Leistungsprogramms beziehen, und zwar in Bezug auf Art, Ausrichtung und Umfang der Absatzleistungen.

Produktpolitisches Handeln und Sortimentsgestaltung können allerdings nicht isoliert voneinander gesehen werden. Eine Produktinnovation bedeutet gleichzeitig eine Programmerweiterung, genauso wie eine Programmbereinigung immer durch Produkteliminierung gekennzeichnet ist. Im Gegensatz dazu sind Produkt- und Programmvariation nicht zwangsläufig verbunden, denn eine Produktvariation braucht keinen Einfluss auf das Leistungsprogramm zu haben. Alle Überlegungen der Produkt- und Sortimentspolitik münden in das Ziel einer **optimalen Programmgestaltung**. Angestrebt ist dabei die Schaffung und Erhaltung

- optimaler Produkte und Produktlinien (Warengruppen)
- innerhalb eines Sortiments mit optimaler Breite und Tiefe.

Eine **Produktlinie (Warengruppe)** ist eine Gruppe von Produkten (Artikeln), die aufgrund bestimmter Kriterien in enger Beziehung zueinander stehen. Als Kriterien finden dabei Verwendung:

- **Herkunftsorientierung** (d.h. die Sortimentszusammensetzung wird vom Material der Waren bzw. Produkte geprägt),
- **Bedarfsorientierung** (hier stellt die Art der Verwendungsrichtung das Auswahlkriterium dar),
- **Preisorientierung** (Gliederung nach Preislagen) und
- **Orientierung an der Selbstverkäuflichkeit** bzw. Erklärungsbedürftigkeit des Produkts.

Die **Sortimentsbreite** gibt Auskunft darüber, wie viele Produktarten oder Produktlinien im Programm enthalten sind. Die **Sortimentstiefe** gibt demgegenüber an, wie viel verschiedene Ausführungen (Typen, Modelle, Sorten) innerhalb einer Produktlinie oder Warengruppe geführt werden.

Zur Produkt- und Sortimentspolitik zählen die folgenden **Entscheidungsbereiche:**

(1) **(Neu-)Produktplanung**

(2) **Entscheidungen über die Produktgestaltung**

(3) **Sortimentsplanung**

Zu (1)   (Neu-)Produktplanung:

(1a) Produktinnovation:

Bei einer Produktinnovation handelt es sich um die Entwicklung und Markteinführung neuer Produkte. Der Neuheitsgrad eines Produktes ist dabei stets relativ zu verstehen, wobei **drei Dimensionen** zweckmäßigerweise zu unterscheiden sind (MEFFERT/BURMANN/KIRCHGEORG 2008, S. 408f.):

- Subjektdimension – Neu für wen?
- Intensitätsdimension – Wie sehr neu?
- Zeitdimension – Wann beginnt und endet eine Innovation?
- Raumdimension – In welchem Gebiet neu?

(1b) Produktvariation:

Unter Produktvariationen versteht man die Änderung der bereits im Markt eingeführten Produkte. Mit einer Produktvariation werden **zwei elementare Zielsetzungen** verfolgt (vgl. NIESCHLAG/DICHTL/HÖRSCHGEN 2002):

- Behauptung der eigenen Marktposition gegenüber Konkurrenzaktivitäten und
- Repositionierung von Erzeugnissen, bei denen eine Verschlechterung der Marktposition eingetreten ist.

Abzugrenzen von der Produktvariation ist die ersatzlose Aussonderung von Produkten aus dem bestehenden Produktprogramm, was als **Produkteliminierung** bezeichnet wird.

(1c) Produktdifferenzierung:

Bei einer Produktdifferenzierung wird **zusätzlich eine veränderte Variante** eines bestehenden Produkts angeboten. Hier handelt es sich – wie bei der Produktvariation – um eine Veränderung eines bestehenden Produktes, jedoch wird dieses modifizierte Produkt zusätzlich zu dem bereits angebotenen Produkt in das Leistungsprogramm aufgenommen. Den differenzierten Kundenwünschen entsprechend werden Produktvarianten erstellt, um auf diese Weise neue Käuferschichten zu gewinnen.

Zu (2)   Entscheidungen über die Produktgestaltung:

Die Produktgestaltung, d.h. die Entwicklung eines neuen oder die Veränderung eines bestehenden Produktes, kann in **drei Bereiche** unterteilt werden (vgl. NIESCHLAG/DICHTL/HÖRSCHGEN 2002):

(2a) Gestaltung der Produktqualität

(2b) Gestaltung von Design und Verpackung

(2c) Markenbildung

(2d) Angebot von zusätzlichen Nebenleistungen

Zu (2a)   Gestaltung der Produktqualität:

Die Qualität eines Produktes wird durch die **Kombination verschiedener physikalischer oder funktionaler Eigenschaften** (z.B. Materialart, technische Konstruktionsmerkmale, Zweckeignung, Haltbarkeit) bestimmt. Eine Variation dieser Eigenschaften bei einem bestehenden Produkt ändert somit dessen Wert:

Eine **Qualitätsverbesserung** liegt immer dann vor, wenn das Produkt eine positiv beurteilte Eigenschaft zusätzlich erhält oder wenn eine vorhandene Eigenschaft vorteilhaft umgestaltet wird. Bei einer **Qualitätsverminderung** wird das Niveau der Produktbeschaffenheit herabgesetzt, um so über eine Kostensenkung zu einer Preissenkung zu gelangen.

Zu (2b)   Gestaltung von Design und Verpackung:

Die **Variation der äußeren Erscheinungsform** (z.B. Formgebung oder Design, Farbe, Verpackungsart und -größe) bietet ein breites Spektrum an Gestaltungsmöglichkeiten. Das Produkt erhält durch das Produktäußere zusammen mit dem Produktnamen ein eigenes Profil, was insbesondere bei Markenartikeln eine wichtige Rolle spielt.

Insbesondere die Verpackung ist nicht lediglich als Umhüllung des Produktes zu betrachten, sondern kann auch mehr oder weniger wesentlich zur Qualität des Produktes beitragen. Daneben kommen der **Verpackung vielfältige Funktionen** zu (vgl. auch BRUHN 2007a, S. 148):

- Unterstützung des Herstellungsprozesses,
- Schutz und Sicherung während des Transports und der Lagerung,
- Rationalisierung der Warenwirtschaft,
- Dimensionierung der Verkaufseinheiten,
- Warenpräsentation und Verkaufsförderung in der Einkaufsstätte,
- Unterstützung der Kommunikation mit dem Kunden durch Informationen und Werbebotschaften,
- Ge- und Verbrauchserleichterung,
- Vermittlung von Zusatznutzen, z.B. durch alternative Verwendungsmöglichkeiten,
- Erfüllung ökologischer und gesellschaftlicher Anforderungen.

Zielsetzung der Verpackungspolitik ist die Erfüllung vielfältiger Anforderungen, die einerseits die Unterstützung des Warenweges zwischen Hersteller und Handel und den Verkaufsvorgang im Handel, andererseits aber auch die Erleichterung des Ge- bzw. Verbrauch beim Konsumenten betreffen.

Zu (2c)   Markenbildung:

Zur Produktprofilierung gehört neben der Packungsgestaltung die Namensgebung bzw. Markenbildung. Durch die **Markierung** soll sich das eigene Produkt von Konkurrenzprodukten abheben, d.h. an sich homogene Produkte werden zu heterogenen Produkten (vgl. hierzu ausführlich ESCH 2008).

Bei der **Markenbildung im Konsumgüterbereich** sind Herstellermarken und Handelsmarken (dazu zählen auch die so genannten „No Names") zu unterscheiden. Markierte Leistungen gibt es zudem auch im Industriegüter- und im Dienstleistungsbereich. Zwei weitere Kategorisierungen von Marken sind einerseits (nach der Reichweite) die Unterscheidung von regionalen, nationalen und internationalen Marken und andererseits die Unterscheidung von Einzelmarken, Familienmarken und Dachmarken.

An letztere Differenzierung von Marken knüpft die Abgrenzung der grundlegenden **Markenstrategien** an: Einzelmarkenstrategie, Markenfamilienstrategien und Dachmarkenstrategien.

Ergänzt um die Mehrmarkenstrategien treten in der Praxis Markenstrategie häufig in Mischformen auf.

Markenartikel sind in besonderer Weise geeignet, beim Käufer eine **Markentreue** aufzubauen, denn solche Produkte stehen für gleich bleibend gute Qualität. Diese Markentreue verschafft dem Anbieter eine preispolitische Bandbreite, wodurch er eine gewisse Unabhängigkeit von Marktschwankungen erreicht.

Zu (2d)   Angebot von zusätzlichen Nebenleistungen:

Zu den programmpolitischen Gestaltungsbereichen zählen weiterhin Entscheidungen über zusätzliche Nebenleistungen, die zum Teil unentgeltlich vom Unternehmer mit der **Zielsetzung der Steigerung des Kundennutzens** erbracht werden (vgl. NIESCHLAG/DICHTL/HÖRSCHGEN 2002):

- **Garantien**: Unter einer Garantie ist die Übernahme von Gewährleistungen hinsichtlich Haltbarkeit, Funktionsfähigkeit u.a.m. für eine bestimmte Garantiedauer zu verstehen.
- **Kundendienst**: Leistungen des Kundendienstes werden üblicherweise aufgeteilt in technischen Kundendienst (z.B. technische Beratung, Montage, Ersatzteilversorgung, Reparaturdienst) und kaufmännischen Kundendienst (z.B. Bereitstellung von Parkplätzen, Lieferung zur Probe, Umtauschrecht, Kundenschulung).
- **Zusatzleistungen bzw. „Value Added Services"**: Dabei handelt es sich um Zusatzleistungen zur eigentlichen Primärleistung, welche den Kundennutzen erhöhen. Hierdurch soll eine Differenzierung bzw. Profilierung gegenüber den Wettbewerbern erreicht werden sowie die Kundenloyalität gesteigert werden. Im Gegensatz zur Garantie- und Kundendienstleistungen, müssen die „Value Added Services" nicht unbedingt in einem unmittelbaren Zusammenhang mit der Primärleistung stehen. Die Wirksamkeit des Einsatzes von Zusatzleistungen ist von der Erwartungshaltung des Kunden sowie der Affinität zur Primärleistung abhängig.

Zu (3)   Sortimentsplanung:

Die Produktpolitik wird durch die **Sortimentspolitik** ergänzt, für die folgende Gestaltungsfelder zu nennen sind (vgl. BRUHN 2007a, 157ff.):

(3a) Sortimentserweiterung

(3b) Sortimentsbereinigung

Zu (3a)   Sortimentserweiterung:

Der Sortimentserweiterung sind **zwei Entscheidungsbereiche** zuzuordnen:

- **Ausdehnung bzw. Ergänzung innerhalb einer Produktlinie**: Mit der Produktdifferenzierung innerhalb einer Produktlinie wird die Tiefe des Sortiments beeinflusst, indem eine zusätzliche Produktvariante angeboten wird. Ausgehend von einem bestehenden Sortiment, das sich durch eine bestimmte Preis-Leistungs-Positionierung auszeichnet, stehen die Strategien des „Trading down" und des „Trading up" zur Verfügung. Beim „Trading down" wird versucht, ausgehend von einer anspruchsvollen Positionierung bezüglich des Preis-Leistungs-Verhältnisses Niedrig-Preissegmente zu erschließen, wobei die Gefahr der Gefährdung des Qualitätsimages besteht. Im Falle des „Trading up" wird der umgekehrte Weg beschritten. Bei beiden Strategien bietet es sich an, die Markenpolitik zur Unterstützung der unterschiedlichen Positionierungen einzusetzen.

- **Ergänzung neuer Produktlinien**: Die Einführung neuer Produktlinien, die zu einer Verbreiterung des Sortiments führt, kann der Diversifikation zugerechnet werden. Die Zielsetzungen bestehen darin, Wachstumsmöglichkeiten durch das Erschließen neuer Märkte zu nutzen und mit einer breiteren Abstützung des Sortiments einer Risikostreuung zu erreichen (vgl. auch S. 48ff.). Bezieht sich die Ergänzung um neue Produktlinien auf dasselbe Tätigkeitsfeld des Unternehmens, sind die horizontale Diversifikation mit neuen Produktlinien auf derselben Wirtschaftsstufe und die vertikale Diversifikation, die unterschiedliche Wirtschaftsstufen (Vorwärts- bzw. Rückwärtsintegration) betrifft, zu unterscheiden. Bei der lateralen Diversifikation erfolgt die Expansion in neue Tätigkeitsfelder, die bisher nicht Gegenstand der Unternehmensaktivitäten waren.

Zu (3b)   Sortimentsbereinigung:

Im Rahmen der Sortimentsbereinigung lassen sich die folgenden Entscheidungsbereiche differenzieren:

- **Sorten- bzw. Typenreduktion:** Entfernung einzelner Produkte aus dem Sortiment, wobei die Produktlinie allerdings weiter besteht
- **Spezialisierung**: Eliminierung einer ganzen Produktlinie aus dem Sortiment
- **Modifikation bzw. Produktverbesserung**: Modernisierung des Sortiments durch Anpassung der Produkte

Bei der Gestaltung des Angebotsprogramms ist den **Verbundeffekten** besondere Aufmerksamkeit zu widmen. Verbundbeziehungen zwischen einzelnen Produkten lassen sich nutzen, indem (vgl. NIESCHLAG/DICHTL/HÖRSCHGEN 2002)

- Produkte im Angebotsprogramm belassen oder aufgenommen werden, die zwar nur einen geringen Deckungsbeitrag aufweisen, jedoch starke Verbundkäufe auslösen (so verkaufen sich beispielsweise in der Kosmetikbranche einzelne Produkte besser, wenn sie als Bestandteil kompletter Serien angeboten werden);
- das absatzpolitische Instrumentarium unter Beachtung von Verbundeffekten oder speziell für Verbundartikel eingesetzt wird (z.B. bei Werbe- oder Verkaufsförderungsaktionen).

Hilfsmittel der Produkt- und Sortimentspolitik sind u.a.:

(1)   Produktbewertungsanalysen

(2)   Lebenszyklusanalysen

(3)   Programmstrukturanalysen

Zu (1)   Produktbewertungsanalysen:

Punktbewertungsanalysen werden insbesondere bei der Produktneuplanung, und hier wiederum bei der Grob- oder Vorauswahl von Produktideen, eingesetzt. Quantitative Wirtschaftlichkeitsrechnungen sind auf dieser Stufe in der Regel noch wenig sinnvoll, weil es an einer entsprechenden Datenbasis fehlt. Daher ist das entscheidende Charakteristikum solcher Analysen auch die **Verwendung mehrheitlich qualitativer Kriterien**. Soweit für die abschließende Gesamtbewertung von Produktideen dann eine differenzierte Gewichtung dieser Kriterien als erforderlich angesehen wird, geschieht dies mit Hilfe eines Punktesystems bzw. „**Scoring-Modells**" (vgl. hierzu auch S. 192ff.).

Ein **Beispiel** für einen Kriterienkatalog sowie Bewertungsrichtlinien, anhand derer eine Punktbewertung für eine Produktneuplanung vorgenommen werden kann, zeigt Abb. 5.4 - 18 (in Anlehnung an O'MEARA 1961, S. 84ff.).

	sehr gut (10)	gut (8)	durchschnittlich (6)	schlecht (4)	sehr schlecht (2)
I. Markttragfähigkeit					
A. erforderliche Absatzwege	ausschließlich gegenwärtige	überwiegend gegenwärtige	zur Hälfte gegenwärtige	überwiegend neue	ausschließlich neue
B. Beziehung zur bestehenden Produktgruppe	Vervollständigung der zu schmalen Produktgruppe	Abrundung der Produktgruppe	einfügbar in die Produktgruppe	stofflich mit der Produktgruppe verträglich	unverträglich mit der Produktgruppe
C. Preis-Qualitätsverhältnis	Preis liegt unter dem ähnlicher Produkte	Preis liegt z.T. unter dem ähnlicher Produkte	Preis entspricht dem ähnlicher Produkte	Preis liegt z.T. über dem ähnlicher Produkte	Preis liegt meist über dem ähnlicher Produkte
D. Konkurrenzfähigkeit	Produkt-eigenschaften werblich verwertbar und Konkurrenzprodukten überlegen	mehrere werblich bedeutsame Produkteigenschaften sind Konkurrenzprodukten überlegen	werblich bedeutsame Produkteigenschaften entsprechen den Konkurrenzprodukten	einige überlegene Produkteigenschaften	keine überlegenen Produkteigenschaften
E. Einfluss auf Umsatz der alten Produkte	steigert den Umsatz der alten Produkte	unterstützt den Umsatz der alten Produkte	kein Einfluss	behindert den Umsatz der alten Produkte	verringert den Umsatz der alten Produkte
II. Lebensdauer					
A. Haltbarkeit	Groß	überdurchschnittlich	durchschnittlich	relativ gering	schnelle Veraltung zu erwarten
B. Marktbreite	Inland und Export	breiter Inlandsmarkt	breiter Regionalmarkt	enger Regionalmarkt	enger Spezialmarkt
C. Saisoneinflüsse	Keine	kaum	geringe	etliche	starke
D. Exklusivität	Patentschutz	z.T. Patentschutz	Nachahmung schwierig	Nachahmung teuer	Nachahmung leicht und billig
III. Produktionsmöglichkeiten					
A. benötigte Produktionsmittel	Produktion mit stillliegenden Anlagen	Produktion mit vorhandenen Anlagen	vorhandene Anlagen können z.T. verwendet werden	teilweise neue Anlagen notwendig	völlig neue Anlagen erforderlich
B. benötigtes Personal und techn. Wissen	vorhanden	im Wesentlichen vorhanden	teilweise erst zu beschaffen	in erheblichem Umfang zu beschaffen	gänzlich neu zu beschaffen
C. benötigte Rohstoffe	bei Exklusivlieferanten erhältlich	bei bisherigen Lieferanten erhältlich	von einem Neulieferanten zu beziehen	von mehreren Neulieferanten zu beziehen	von vielen Neulieferanten zu beziehen
IV. Wachstumspotenzial					
A. Marktstellung	Befriedigung neuer Bedürfnisse	erhebliche Produktverbesserung	gewisse Produktverbesserung	geringe Produktverbesserung	keine Produktverbesserung
B. Markteintritt	sehr hoher Investitionsbedarf	hoher Investitionsbedarf	durchschnittlicher Investitionsbedarf	geringer Investitionsbedarf	kein Investitionsbedarf
C. erwartete Zahl an Endverbrauchern	starke Zunahme	geringe Zunahme	Konstanz	geringe Abnahme	erhebliche Abnahme

Abb. 5.4 - 18   Kriterienkatalog sowie Bewertungsrichtlinien im Rahmen einer Produktneuplanung

348   Fünftes Kapitel: Betriebliche Leistungsprozesse

Zu (2)   Lebenszyklusanalysen:

Produkte weisen wie Lebewesen eine begrenzte Lebensdauer auf und durchlaufen während ihres (erfolgreichen Markt-)Lebens bestimmte Phasen. Diese zu identifizieren ist Aufgabe von Lebenszyklusanalysen, auf die in anderem Zusammenhang bereits eingegangen wurde (vgl. S. 151f.). Allerdings ist diesbezüglich kritisch anzumerken, dass das Lebenszykluskonzept wegen fehlender Gesetzmäßigkeiten im Regelfall keine eindeutigen Empfehlungen für die Produkt- und Sortimentspolitik geben kann. Zumindest kommen zu solchen Analysen aber Anregungen zur gedanklichen Durchdringung von Problemen, die mit der zeitlichen Entwicklung von produktbezogenen Vermarktungsprozessen zusammenhängen.

Zu (3)   Programmstrukturanalysen:

Das Lebenszykluskonzept ist bei Mehrproduktunternehmen lediglich als Vorstufe einer ausgebauten Programmstrukturanalyse anzusehen. Deren komplexer Gegenstand ist:

- Die Analyse der **Altersstruktur** aller Produkte im Programm. Denn Ziel der Produkt- und Sortimentspolitik muss es sein, eine vom Altersaufbau her ausgewogene Programmzusammensetzung zu schaffen und zu erhalten.
- Die Analyse der **Umsatzstruktur** gleich in etwa der ABC-Analyse (vgl. S. 251f.), weil Umsatzanteil einerseits und Anteil an der Produktionskapazität oder Sortimentsanteil andererseits miteinander verglichen werden und sich typischerweise Aussagen etwa der Art ergeben, dass mit 20 % des Sortiments 80 % des Umsatzes erzielt werden.
- Die Analyse der **Kundenstruktur** verdeutlicht, wie sich der Gesamtumsatz und die Verkaufsmenge nach Aufträgen bzw. Kunden zusammensetzen.
- Die Analyse der **Deckungsbeitragsstruktur** ergänzt die bisherigen Fragestellungen um die Erfolgskomponente einzelner Erzeugnisse oder Produktgruppen und ist die Grundlage für eine optimale Zusammensetzung des kurzfristigen (operativen) Produktprogramms. Hierauf wurde bereits ausführlich im Rahmen der Produktionsplanung eingegangen (vgl. S. 294ff.).

5.4.3.2 Konditionenpolitische Entscheidungen

Unter **Konditionenpolitik** werden nach MEFFERT/BURMANN/KIRCHGEORG (2008), S. 544ff. alle kontrahierungspolitischen Instrumente zusammengefasst, die – abgesehen vom Preis – Gegenstand vertraglicher Vereinbarungen über das Leistungsentgelt sein können. Im Einzelnen sind das:

(1)   Rabatt- und Bonuspolitik

(2)   Absatzkreditpolitik

(3)   Lieferungs- und Zahlungskonditionenpolitik

Zu (1)   Rabatt- und Bonuspolitik:

Unter Rabatten und Boni sind **Arten von Preisnachlässen** zu verstehen, die in Abb. 5.4 - 19 (in Anlehnung an MEFFERT/BURMANN/KIRCHGEORG 2008, S. 596) in einer systematischen Übersicht zusammengestellt sind. Obwohl sich diese Zusammenstellung speziell auf Preisnachlässe bezieht, die **Absatzmittlern** (Groß- und Einzelhändler) von Seiten des Herstellers –

neben der Handelsspanne – als zentraler monetärer Anreiz zur Stimulierung des Absatzes gewährt werden, existieren die meisten Formen auch für den Endverbraucher.

Art des Preis-nachlasses	Definition	Beispiele
Funktions-bezogener Rabatt	Preisnachlass für die Übernahme konkreter Dienstleistungen bzw. Funktionen für den Hersteller	• Pauschalfunktionsrabatt (Groß-, Einzelhandelsrabatt) • Kostenübernahmerabatt, z.B. für Transport oder Lagerung • Marktbearbeitungsrabatt (Messerabatt, Zweitplatzierungsrabatt, Sonderaktionsrabatt) • Finanzierungsrabatte (Skonto, Delkredere, Inkasso)
Mengen-bezogener Rabatt	Preisnachlass für bestimmte Abnahmemengen	• Großauftragsrabatt • Periodenrabatt • Umsatzrabatt
Zeitpunkt-bezogener Rabatt	Preisnachlass für bestimmte Bestellzeitpunkte	• Einführungsrabatt • Vorbestellungsrabatt • (Nach-)Saisonrabatt • Veralterungs- bzw. Auslaufrabatt
Sortiments-bezogener Rabatt	Preisnachlass für den Bezug des gesamten Produktprogramms des Herstellers	• Abschlussrabatt
Bonus	Preisnachlass nach Lieferung am Ende des Abrechnungszeitraums	• Jahresbonus • Treuebonus • Sonderbonus • Werbebonus

Abb. 5.4 - 19   Systematisierung von Preisnachlässen auf Absatzmittlerebene

Rabatte sind Preisnachlässe, die für bestimmte Leistungen des Abnehmers bei Rechnungsstellung im Vergleich zum Normal- oder Listenpreis gewährt werden. Insofern sind sie als ein indirektes Mittel anzusehen, um selektive Preisvariationen zu betreiben. Zu unterscheiden sind Funktionsrabatte, Mengenrabatte, Zeitrabatte und Sortimentsrabatte.

Unter **Boni** sind ebenfalls Preisnachlässe zu verstehen. Sie werden allerdings erst nach Rechnungsstellung vergeben. Als Beispiele sind der Treuebonus bei Erreichen eines bestimmten Absatzvolumens oder auch der einem Händler gewährte Bonus, mit dem die die Unterstützung bei Produktneueinführungen belohnt wird, zu nennen.

Als **Ziele** der Rabatt- und Bonuspolitik im Allgemeinen können genannt werden (vgl. MEFFERT 2000):

- Umsatzerhöhung,
- Verstärkung der Kundenbindung,
- Weitergabe von Rationalisierungsvorteilen an den Kunden,

- Steuerung der zeitlichen Verteilung des Auftragseingangs,
- Erhaltung des Exklusivitätsimages für bestimmte Produkte bei gleichzeitiger Möglichkeit, dieselben preiswert anzubieten.

Im Rahmen der Rabatt- und Bonuspolitik geht es im Kern um die Gestaltung des **Rabatt- und Bonussystems,** womit die Gesamtheit aller Regeln, nach denen Rabatte bzw. Boni auf Absatzmittler- oder Endverbraucherebene gewährt werden, bezeichnet wird. Besondere Bedeutung hat die Bestimmung der **optimalen Rabatt- bzw. Bonushöhe**. Ziel ist es hier, die Differenz zwischen rabatt- bzw. bonusbedingten Erlöseinbußen einerseits und dem Nutzen der Rabatt- bzw. Bonusgewährung (der sich in der Erreichung der oben genannten Ziele niederschlägt) andererseits zu maximieren. Das Zusammenwirken von verschiedenen Rabatt- und Bonusformen lässt sich anschaulich anhand der so genannten **Preistreppe** darstellen (vgl. Abb. 5.4 - 20, entnommen aus HOMBURG/DAUM 1997, S. 186).

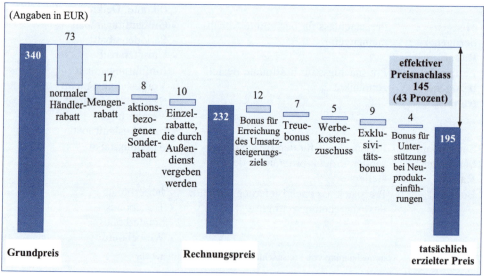

Abb. 5.4 - 20   Preistreppe am Beispiel eines Herstellers von technischen Gebrauchsgütern

Zu (2)   Absatzkreditpolitik:

Zur Absatzkreditpolitik zählen alle Maßnahmen, die darauf gerichtet sind, potenzielle Kunden mittels der Gewährung oder Vermittlung von Absatzkrediten zum Kauf zu veranlassen (vgl. AHLERT 1972). **Ziel** ist es dabei, den Absatz zu erhöhen, zu sichern und/oder ihn in seiner zeitlichen Struktur zu beeinflussen, indem neue Kunden gewonnen werden und man bisherige Kunden veranlasst, ihre Kaufintensität zu erhöhen. Dass auch hier mögliche Ziele und Maßnahmen einem zweckgerechten Kosten-Nutzenkalkül zu unterwerfen sind, bedarf keiner weiteren Begründung.

Systematisieren lassen sich Absatzkredite nach

- der **Kreditform**: Geldkredite, z.B. in Form eines Ausstattungskredits und Güterkredite, die vorrangig als Lieferanten- oder Wechselkredite in Erscheinung treten,

5.4 Marketingplanung

- der **Art der Abwicklung**: vertraglich geregelte Kredite und nicht vereinbarte Zahlungsverzögerungen,
- der **Laufzeit:** kurz- und langfristige Kredite,
- den **Kreditnehmern**: Konsumenten, Händler, Hersteller,
- der **Art der Finanzierung**: Selbstfinanzierung und Kreditfinanzierung bei eigener Kreditgewährung sowie Drittfinanzierung bei Kreditvermittlung.

Zu (3)   Lieferungs- und Zahlungskonditionenpolitik:

Lieferungs- und Zahlungsbedingungen spezifizieren Inhalt und Abgeltung der angebotenen bzw. erbrachten Leistung.

Lieferungsbedingungen regeln im Einzelnen folgende Punkte (vgl. MEFFERT/BURMANN/ KIRCHGEORG 2008, S. 547):

- Warenübergabe bzw. -zustellung,
- Umtauschrecht und Garantieleistungen,
- Konventionalstrafen bei verspäteter Lieferung,
- Berechnung von Porti, Frachten und Versicherungskosten,
- Mindestmengen und Mindermengenzuschläge.

Desgleichen spezifizieren **Zahlungsbedingungen**:

- Zahlungsweise (Vorauszahlungen, Barzahlung, Zahlung nach Erhalt der Ware, Teilzahlung und Teilzahlungsraten),
- Zahlungsabwicklung (Zahlung gegen Rechnung, Zahlung gegen Akkreditiv),
- Zahlungssicherungen,
- Gegengeschäfte (Kompensationsgeschäfte),
- Inzahlungnahme gebrauchter Gegenstände,
- Zahlungsfristen und Einräumung von Skonti für kurzfristige Zahlung (Hier entsteht wie bei der Rabatt- und Bonigewährung ein Optimierungsproblem.).

5.4.3.3 Distributionspolitische Entscheidungen

Der Begriff **Distributions- bzw. Vertriebspolitik** umfasst alle Entscheidungen und Handlungen, die im Zusammenhang mit dem Weg eines Produktes zum Endverwender bzw. -verbraucher anfallen. Hier lassen sich zwei funktionelle Subsysteme unterscheiden (vgl. BRUHN 2007a, S. 245ff.):

(1)   akquisitorischer Vertrieb

(2)   physischer bzw. logistischer Vertrieb

Die distributions- bzw. vertriebspolitischen Ziele sind konsistent aus den übergeordneten Unternehmens- bzw. Marketingzielen herzuleiten. Dabei sind insbesondere die folgenden **Zielgrößen** von Bedeutung (vgl. MEFFERT/BURMANN/KIRCHGEORG 2008, S. 563f.):

352   Fünftes Kapitel: Betriebliche Leistungsprozesse

- Vertriebskosten bzw. Handelsspanne,
- Distributionsgrad,
- Image des Absatzkanals,
- Aufbaudauer und Flexibilität des Vertriebssystems,
- Kooperationsbereitschaft der Absatzmittler und -helfer,
- Beeinflussbarkeit und Kontrollierbarkeit des Absatzkanals.

Zu (1)   Akquisitorischer Vertrieb:

Im Rahmen der distributionspolitischen Entscheidungen über den akquisitorischen Vertrieb geht es um die Festlegung der vertikalen und horizontalen Absatzkanalstruktur (**Selektion**), die Gewinnung und Führung der Absatzmittler (**Akquisition und Stimulierung**) sowie um die Vereinbarung vertraglicher Beziehungen mit den Absatzmittlern (**Kontraktkonzept**). Unter Absatzmittlern sind rechtlich und wirtschaftlich selbstständige Organe zu verstehen, die im Distributionsprozess eigenständig absatzpolitische Instrumente einsetzen (Groß- und Einzelhändler).

Die **Gestaltung der vertikalen und horizontalen Absatzkanalstruktur** erfolgt unter der **Zielsetzung**, den gewünschten Einsatz der sonstigen Marketinginstrumente und den gewünschten Distributionsgrad unter Minimierung der Vertriebskosten zu gewährleisten. Abb. 5.4 - 21 (entnommen aus BRUHN 2007a, S. 250) gibt einen Überblick über die Entscheidungstatbestände bei der Festlegung der Absatzkanalstruktur.

Ein **direkter Vertrieb** bietet sich tendenziell an, bei

- Produkten mit starker Erklärungs- bzw. Überzeugungsbedürftigkeit,
- Produkten, deren hoher Preis eine Lagerung aus wirtschaftlichen Gründen ausschließt,
- transportempfindlichen Gütern,
- starker regionaler Konzentration von Abnehmern bzw. Bedarfspotenzialen und
- Gütern, deren Anschaffung nur in großen zeitlichen Abständen erfolgt.

Durch Umkehrung lassen sich entsprechend Einflussgrößen für den **indirekten Vertrieb** formulieren.

Im engeren ökonomischen Sinn spielen bei konkreten Absatzwegentscheidungen die Vertriebskosten einerseits und die Handelsspanne andererseits eine wichtige Rolle:

- Die **Vertriebskosten** (Transportkosten, Kosten des Verkaufspersonals, des Vertragsabschlusses u.Ä.) sind im Allgemeinen umso höher, je direktere Verbindungen zwischen dem Produzenten und dem Endabnehmer bestehen.
- Dem steht als Vorteil direkter Absatzwege der Anteil der **Handelsspanne** gegenüber, die der Hersteller für sich einbehalten kann.

Hieraus folgt, dass aus Kostengründen ein direkter Vertrieb immer dann vorteilhaft ist, wenn (bei gleichen Endverkaufspreisen und Absatzmengen) die zusätzlichen Vertriebskosten kleiner sind als die Ersparnisse aus der Handelsspanne. Allerdings dürfen – wie bereits erwähnt – distributionspolitische Entscheidungen nicht nur anhand von Kostenüberlegungen gefällt werden, sondern es müssen stets auch deren Ausstrahlungen auf den kurz- und langfristigen Marketingerfolg Berücksichtigung finden.

5.4 Marketingplanung

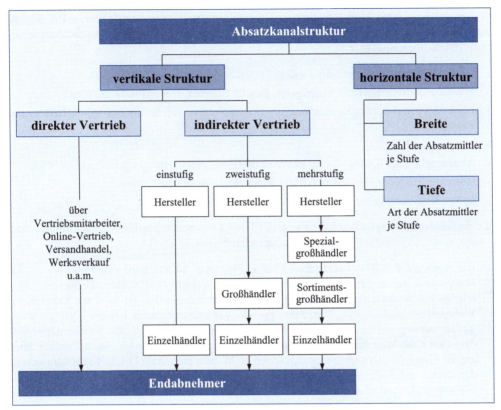

Abb. 5.4 - 21   Entscheidungstatbestände bei der Festlegung der Absatzkanalstruktur

Zu (2)   Physischer bzw. logistischer Vertrieb:

Kostenüberlegungen haben traditionell eine zentrale Bedeutung bei der physischen Distribution der Absatzgüter. Dabei geht es um die **Minimierung der Logistikkosten** bei gegebenem Lieferserviceniveau. Das Lieferserviceniveau resultiert aus einer marktorientierten Optimierung des **Lieferservices, der die folgenden Komponenten umfasst** (vgl. MEFFERT/BURMANN/KIRCHGEORG 2008, S. 611):

- Lieferzeit (Zeitspanne von der Auftragserteilung bis zur Empfangnahme der Ware durch den Kunden),
- Lieferzuverlässigkeit (Einhaltung des vereinbarten Liefertermins als Ergebnis von Lieferbereitschaft und Zuverlässigkeit der logistischen Abwicklung),
- Lieferungsbeschaffenheit (Lieferung der Ware im gewünschten Zustand nach Art und Menge),
- Lieferflexibilität (Fähigkeit des logistischen Systems, auf Sonderwünsche des Kunden einzugehen, bezüglich der zu liefernden Ware selbst, der Modalitäten der Auftragsabwicklung und der Lieferung sowie der Information des Kunden.

Neben der jeweiligen Marktsituation sind die folgenden **Begrenzungsfaktoren für logistische Entscheidungen** von Bedeutung, welche die Zahl der logistischen Entscheidungsalternativen erheblich einengen:

- Grad der Substituierbarkeit der Produkte (Gefahr des Lieferantenwechsels),
- Produkteigenschaften (z.B. Sperrigkeit, Empfindlichkeit, Verderblichkeit, Wert),
- Lieferserviceniveau der Konkurrenz (als Bestimmungsgrund für die Erwartungshaltung der Kunden),
- Standort der Kunden,
- Abhängigkeit der Kunden (beispielsweise bestimmt durch deren Lagerhaltungspolitik),
- Charakteristika des Herstellers (Größe, Finanzkraft, Sortiment) sowie
- andere unternehmenspolitische Faktoren (wie z.B. Imageaspekte),

Logistikentscheidungen beinhalten in erster Linie Entscheidungen über Transportmittel und -wege, sowie Lagerhaltungs- und Standortentscheidungen.

- Die Auswahl der **Transportmittel** (Bahn, Flugzeug, LKW) wird determiniert von der Menge und Beschaffenheit der zu bewegenden Produkte (z.B. Kühlbedürftigkeit). Entscheidungskriterium für die als geeignet erachteten Alternativen ist dann die Summe aus Transport-, Lagerhaltungs-, Verpackungs- und Verwaltungskosten. Bei der Festlegung der **Transportwege** geht es darum, diejenige Fahrtroute festzulegen, die die Streckenlänge und damit auch die Wegekosten minimiert. Da die Prüfung sämtlicher Möglichkeiten bei einer größeren Anzahl von anzusteuernden Orten nicht mehr praktikabel ist, begnügt man sich in der Praxis mit Näherungslösungen, die auf heuristischem Wege ermittelt werden (vgl. NIESCHLAG/DICHTL/HÖRSCHGEN 2002).

- Eng verbunden mit **Lagerhaltungsentscheidungen** ist die Festlegung der gewünschten Lieferbereitschaft. Da die Schnelligkeit, mit der eine Ware geliefert bzw. eine Leistung erbracht wird, häufig ein erhebliches akquisitorisches Potenzial beinhaltet (z.B. bei der Beseitigung von Störungen im EDV-Sektor), dürfen hier nicht nur Kostenaspekte den Ausschlag geben. Andererseits führt eine Verkürzung der Lieferzeit häufig zu überproportional ansteigenden Kosten, da z.B. zusätzliche Zwischenlager, eine umfangreichere Lagerhaltung oder schnellere Transportmittel notwendig werden. Erst wenn ein bestimmtes Lieferbereitschaftsniveau fixiert ist, kann die Entscheidung über die im logistischen System umlaufende Gütermenge getroffen werden. Hier gilt es dann, Bestellmengen, Bestellzeitpunkte sowie Sicherheitsbestände festzulegen.

- Die **Standortwahl** eines Betriebes kann von vielfältigen Faktoren determiniert werden (vgl. NIESCHLAG/DICHTL/HÖRSCHGEN 2002). Ein wichtiger Bestimmungsfaktor sind **technische Erfordernisse,** wie z.B. die Verfügbarkeit von Energiequellen (Kohle, Wasserkraft) oder die Nähe zu Verkehrsknotenpunkten (Bahnhof, Hafen, Autobahn). Des Weiteren spielen die in einem Gebiet vom Gesetzgeber gewährten **Subventionen** bzw. **Steuervorteile** eine Rolle. Auch die **Infrastruktur** eines Standortes stellt ein Entscheidungskriterium dar. Zahl und Ausbildung verfügbarer Arbeitskräfte wie auch die Kaufkraft und Präferenzen der Bevölkerung sind zu berücksichtigen. Für Betriebe, die sich mit ihren Leistungen direkt an den Endverbraucher wenden, sind darüber hinaus **Lauflagen** von entscheidender Bedeutung (z.B. für Banken oder Reisebüros), es sei denn sie sind groß genug, um sich selbst neue Standortbedingungen zu schaffen (z.B. Einkaufszentren).

Neben der Entscheidung über alternative Standorte und über Anzahl und Niederlassungsbereich von Zwischenlagern sind im Einzelhandel zusätzlich Probleme bezüglich innerbe-

5.4 Marketingplanung 355

trieblicher Standorte zu lösen. Hier ist darüber zu befinden, wo die verschiedenen Warengruppen innerhalb des Verkaufsraumes positioniert werden und welche Fläche sie dabei einnehmen sollten.

Speziell bei Standortentscheidungen zeigt sich dabei, dass eine **optimale Kombination** von Umschlags- und Auslieferungsstützpunkten nur unter Berücksichtigung der im logistischen System zirkulierenden Güterströme gefunden werden kann. Die **simultane Lösung von Transport-, Standort- und Lagerhaltungsproblemen** ist deshalb theoretisch eine letztlich unabdingbare Forderung.

5.4.3.4 Kommunikationspolitische Entscheidungen

Marketing heißt stets auch gezielte **Marktkommunikation**. Deren **zentrale Merkmale** sind dabei (vgl. MEFFERT/BURMANN/KIRCHGEORG 2008, S. 632): Übermittlung von Informationen und Bedeutungsinhalten zum Zweck der Steuerung von Meinungen, Einstellungen und – vor allem – von Verhaltensweisen gemäß spezifischer Zielsetzungen.

Die **Instrumente** der Kommunikationspolitik lassen sich nach BRUHN (2007a) wie folgt einteilen:

(1) **Mediawerbung („klassische" Werbung)**

(2) **Verkaufsförderung** (*Sales Promotion*)

(3) **Direkt-Marketing** (*Direct Marketing*)

(4) **Öffentlichkeitsarbeit** (*Public Relations* bzw. PR-Maßnahmen)

(5) **Sponsoring**

(6) **Multimediakommunikation**

(7) **weitere Kommunikationsinstrumente**

Zu (1)   Mediawerbung („klassische" Werbung):

Unter Werbung ist die absichtliche und zwangfreie Form der Beeinflussung von Marktteilnehmern in Richtung auf die (Werbe-)Ziele des Unternehmens zu verstehen. Gemessen am Etat, der für die Kommunikationspolitik zur Verfügung steht, macht in den meisten Unternehmen die klassische Werbung den größten Anteil aus.

Im Zusammenhang mit der **Werbeplanung** (wie bei der Planung des kommunikationspolitischen Instrumenteneinsatzes im allgemeinen) entsteht eine Vielzahl von Problemkreisen, von denen vier etwas näher beleuchtet werden sollen:

(1a) Festlegung der **Werbeziele und Zielgruppen**

(1b) Bestimmung der **Höhe des Werbeetats**

(1c) **Verteilung des Werbeetats** auf Werbeobjekte, Werbemittel und Werbeträger

(1d) Durchführung der **Werbeerfolgskontrolle**

356   Fünftes Kapitel: Betriebliche Leistungsprozesse

Zu (1a)   Festlegung der Werbeziele und Zielgruppen:

Werbeziele sind aus den Marketingzielen abzuleiten und berühren deshalb zunächst ebensolche Größen wie diese, nämlich Kosten, Umsatz und Gewinn. Darüber hinaus können spezielle **kommunikative Werbeziele**, d.h.

- **kognitive Werbeziele**, wie die Aufmerksamkeit und Wahrnehmung von Werbebotschaften, der Bekanntheitsgrad von Marken und Informationsstand über die Produktvorteile,
- **affektive Werbeziele**, wie das Interesse der Kunden am Leistungsangebot, Einstellung und Image, Positionierung des Leistungsangebotes und der Marke sowie deren emotionales Erleben, und
- **konative Werbeziele**, wie das Informationsverhalten, die Kaufabsichten und Probierkäufe sowie Wiederholungskäufe,

unterschieden werden, die zu den ökonomischen Zielgrößen in einem Mittel-Zweck-Zusammenhang stehen. Danach soll Werbung entsprechende Reaktionen bei dem oder den Umworbenen auslösen. Das bekannteste **Modell der Werbewirkung** ist hier das aus vier Phasen der Werbewirkung bestehende **AIDA-Schema**:

- Aufmerksamkeit (*Attention*)
- Interesse (*Interest*)
- Wunsch (*Desire*)
- Aktion (*Action*)

Um solche Wirkungen und letztlich die Kaufentscheidung auszulösen, sind die **Zielgruppen**, an die sich Werbung richtet, genau zu bestimmen. Denn die Werbebotschaft kann zwangsläufig nur dann zielgerechte Werbereaktionen auslösen, wenn die umworbenen überhaupt als potenzielle Nachfrager in Frage kommen.

Zu (1b)   Bestimmung der Höhe des Werbeetats:

Die Höhe des Werbeetats ist ein maßgeblicher Bestimmungsfaktor des Werbeerfolgs. Theoretisch exakte Lösungsansätze für die Bestimmung des **optimalen Etatvolumens** leiten sich aus den üblichen marginal-analytischen Optimumsbedingungen ab. Dementsprechend ist zu fordern, den Werbeetat nach der Gleichung

Grenzertrag der Werbung = Grenzkosten der Werbung

zu beschränken. Wie nicht anders zu erwarten, liegt das Problem einer solchen Optimierung des Werbeetats in den unrealistischen Anforderungen an die Datenbeschaffung, sodass sich in der Praxis andere – nicht wirkungsgestützte – **Methoden** durchgesetzt haben. Dazu gehören (vgl. MEFFERT/BURMANN/KIRCHGEORG 2008, S. 644ff.):

- die Orientierung des Werbeetats als festen Prozentsatz vom wert- oder mengenmäßigen Umsatz oder vom Gewinn (*Percentage-of-Sales-* oder *Percentage-of-Profit-Methode*),
- die Ausrichtung an den verfügbaren finanziellen Mitteln (*All-You-Can-Afford-Methode*),
- die Orientierung an den Werbeaufwendungen der Konkurrenz (*Competitive Parity*) und
- die Ausrichtung an bestimmten Werbezielen (Ziel- und Aufgabenmethode).

5.4 Marketingplanung 357

Zu (1c)   Verteilung des Werbeetats auf Werbeobjekte, Werbemittel und Werbeträger:

Die Verteilung des Werbeetats (**Budgetallokation**) ist ein mehrschichtiges, interdependentes Entscheidungsproblem. Neben der Steuerung des **zeitlichen Einsatzes** des Werbebudgets geht es **sachlich um die folgenden Fragestellungen** (vgl. MEFFERT/BURMANN/ KIRCHGEORG 2008, S. 647ff.):

- Welche Produkte sollen beworben werden (**Werbeobjekte**)?
- Welche **Werbemittel**, in denen sich die Werbebotschaft konkretisiert, sollen ausgewählt werden? Die wichtigsten Werbemittel sind dabei:
  - Werbeplakate,
  - Werbeanzeigen,
  - Werbedrucke,
  - Werbebriefe,
  - Leuchtwerbemittel,
  - Werbefunk- und -fernsehsendungen,
  - Werbeveranstaltungen,
  - Ausstattung der Geschäftsräume,
  - Werbeverkaufshilfen (Warenproben u.Ä.).
- Welche **Werbeträger** sollen mit der Werbebotschaft belegt werden (**Mediaselektion**)? Werbeträger sind beispielsweise:
  - Publikumszeitschriften, Tageszeitungen,
  - Fernsehen, Rundfunk, Film,
  - Plakatsäule,
  - direktes E-Mail, Werbeflächen auf Internet-Seiten (Onlinebanner),
  Ihre Auswahl richtet sich dabei nach Kriterien wie Kosten, Reichweite, Streuung, Darstellungsmöglichkeiten, Eignung zur Vermittlung der Werbebotschaft, Verfügbarkeit u.Ä.

Zu (1d)   Durchführung der Werbeerfolgskontrolle:

Die Werbeerfolgskontrolle als Bestandteil der Werbeplanung bietet abschließend die Möglichkeit, die Vorteilhaftigkeit durchgeführter Werbemaßnahmen zu beurteilen. Eine besondere **Problematik bei der Erfolgsmessung** ergibt sich dadurch, dass

- die Werbewirkung von einer Vielzahl von Faktoren beeinflusst wird, die nur zum Teil bekannt sind,
- der Erfolgsbeitrag der Werbung nicht isoliert von den übrigen Instrumenten des Marketingmix betrachtet werden kann und
- Verzögerungen der Werbewirkungen eine periodengerechte Zurechnung beeinträchtigen.

Trotz der Vielzahl von Untersuchungen, die sich mit der Entwicklung von Verfahren zur Messung des Werbeerfolges befassen, konnten bisher jeweils nur Teilprobleme gelöst werden. Die verschiedenen Messmethoden erfassen unterschiedliche Dimensionen des Werbeerfolges. Zum einen setzen einzelne Verfahren – ökonometrischer Ansatz, Gebiets-Verkaufstest, Vergleich von Test- und Kontrollläden und Scanner-Panel – bei der Messung des ökonomischen Werbeerfolges an Maßgrößen, wie Umsatz, Kosten, Marktanteil oder Gewinn, an. Zum anderen werden außerökonomische Zielerreichungen mithilfe von Verfahren bewertet, welche die Gedächtnis- oder Einstellungswirkungen bei den Verbrauchern untersuchen. Des Weiteren besteht die Tendenz, mehrere Methoden zu kombinieren, um den Werbeerfolg anhand von mehreren Faktoren zu beurteilen (vgl. ausführlicher dazu NIESCHLAG/DICHTL/ HÖRSCHGEN 2002).

Zu (2)   Verkaufsförderung (*Sales Promotion*):

Die Verkaufsförderung unterstützt die Absatzwerbung durch ergänzende Maßnahmen. Sie bestehen in der Regel darin, dass bei indirektem Absatz Wiederverkäufer (Absatzmittler), bei direktem Absatz das eigene Verkaufspersonal sachlich/personell/finanziell in den Verkaufsbemühungen unterstützt und/oder dass die Konsumenten am Ort des Verkaufs direkt angesprochen werden.

Die **Bedeutung** der Verkaufsförderung – insbesondere im Konsumgüterbereich – ist in den letzten Jahren erheblich gestiegen. Ursachen für diese Entwicklung sind u.a.

- Kapazitätsdruck,
- Interessen- und Machtkonflikte zwischen Hersteller und Handel,
- steigende Anzahl von Produktneueinführungen,
- zunehmende Verbreitung des Selbstbedienungskonzepts und
- abnehmende Wirkung der klassischen Werbung.

Die Verkaufsförderung ist im Gegensatz zur Werbung, der eher eine längerfristige Wirkung zukommt, überwiegend kurzfristiger Natur und hat **Aktionscharakter**. Insofern ergänzen sich beide auch und sind keineswegs als Alternativen anzusehen.

Hinsichtlich der **Erscheinungsformen** der Verkaufsförderung kann danach unterschieden werden, an welche Zielgruppe sie gerichtet sind und von wem die Maßnahmen ausgehen (vgl. BRUHN 2007a, S. 228f.):

- **handelsgerichtete Verkaufsförderung** (*Trade Promotions*), die vom Hersteller ausgeht, mit der Zielsetzung der Gewinnung und Unterstützung von Handelsbetrieben (z.B. Händlertreffen, Händlerschulungen)
- **konsumentengerichtete Verkaufsförderung** (*Consumer Promotions*) mit der Zielsetzung, den Endabnehmer der Produkte zu erreichen, wobei die Aktivitäten direkt vom Hersteller ausgehen, zusammen mit dem Handel durchgeführt oder aber auch selbstständig vom Handel initiiert sein können (z.B. Gewinnspiele, kostenlose Proben, Gutscheine, Produktdemonstrationen, Displaymaterial)

Zu (3)   Direkt-Marketing (*Direct Marketing*):

Beim Direkt-Marketing wird die unmittelbare und individuelle Kommunikation mit einzelnen Zielpersonen bzw. ausgewählten Zielgruppen angestrebt. Das Direktmarketing setzt so genannte **Direkt-Reaktionsmedien** und **interaktive Medien** ein, um zielgruppenspezifische Informationen zu übermitteln. Damit sollen ohne große Streuverluste eine hohe Aufmerksamkeit beim Kunden erreicht werden und neue Kundenbeziehungen aufgebaut werden (vgl. KOTLER/KELLER/BLIEMEL 2007).

Nach der Art der Interaktion zwischen Anbieter und Nachfrager sind drei **Erscheinungsformen** des Direkt-Marketing zu unterscheiden (vgl. BRUHN 2007a, S. 230f.):

- **passives Direkt-Marketing**: Ansprache des Kunden durch unadressierte Mailings, Kataloge, Flugblätter und Hauswurfsendungen, wodurch noch kein Dialog mit dem Kunden entsteht
- **reaktionsorientiertes Direkt-Marketing**: direkte und individuelle Ansprache des Kunden durch adressierte Werbesendungen (mit Werbebrief, Prospekt, Rückantwortkarte und Versandcouvert), wobei der Kunde über die Kontaktaufnahme zum Anbieter entscheidet
- **interaktionsorientiertes Direkt-Marketing**: unmittelbarer Eintritt von Kunde und Anbieter in einen Dialog, z.B. Telefonmarketing

Zu (4)   Öffentlichkeitsarbeit (*Public Relations* bzw. PR-Maßnahmen):

Die Öffentlichkeitsarbeit bezieht sich auf das Werben um öffentliches Vertrauen. Letztlich geht es darum, durch geeignete Maßnahmen ein positives Firmenimage zu schaffen und zu erhalten, das dann indirekt dazu dient, den Markterfolg der Unternehmung zu verbessern.

Sie ist nur indirekt als Instrument der Absatzschaffung anzusehen, wenngleich damit ihre Bedeutung für das Marketing nicht gering ist. Die Hauptaufgabe der Öffentlichkeitsarbeit ist in der Schaffung und Erhaltung eines positiven Firmenimages zu sehen. Dazu dient eine Vielzahl von Instrumenten, die teilweise denen der klassischen Werbung und Verkaufsförderung entsprechen. Die verschiedenen Einzelmaßnahmen lassen sich den folgenden Aktivitätsbereichen der PR zuordnen (vgl. BRUHN 2007a, S. 234f.):

- **Pressearbeit**, z.B.
  - Pressekonferenzen
  - Pressemitteilungen, Unternehmensprospekte und Informationsmaterial für die Medien
  - Berichte über Produkte im redaktionellen Teil von Medien (*Product Publicity*)
  - Bereitstellung von Unternehmensinformationen über das Internet

- **Maßnahmen des persönlichen Dialogs**, z.B.
  - Pflege persönlicher Beziehungen zu Meinungsführern und Pressevertretern
  - persönliche Engagements in Verbänden, Parteien, Kirchen u.a.
  - Vorträge an Hochschulen, Teilnahme an Podiumsveranstaltungen
  - Einladung unternehmensrelevanter Personen zu Gesprächen, Diskussionen mit Bürgerinitiativen
  - Lobbying

- **Aktivitäten für ausgewählte Zielgruppen**, z.B.
  - Informationsmaterial für bestimmte Zielgruppen (z.B. für Schulen, Sozial- und Ökobilanzen)
  - Betriebsbesichtigungen für Besucher
  - Förderung sportlicher, kultureller und sozialer Institutionen der Region
  - Ausstellungen
  - Geschenke und Unterstützungen, Ausschreibung von Preisen
  - Betriebsfilme
  - Stiftungen

360   Fünftes Kapitel: Betriebliche Leistungsprozesse

- **Mediawerbung**, z.B.
  - – Anzeigen zur allgemeinen Imageprofilierung des Unternehmens oder einer Branche
  - – Anzeigen für potenzielle Mitarbeiter in Zeitungen, Zeitschriften und Vorlesungsverzeichnissen von Hochschulen
  - – Anzeigen zur Darlegung von Standpunkten des Unternehmens zu öffentlich diskutierten Streitpunkten

- **Unternehmensinterne Maßnahmen**, z.B.
  - – Werkzeitschriften, Anschlagtafeln im Unternehmen
  - – Informationsveranstaltungen mit Mitarbeitern
  - – Intranet, Business TV
  - – Betriebsausflüge
  - – interne Sport-, Kultur- und Sozialeinrichtungen

Das Firmenimage von Unternehmen oder Unternehmensgruppen, die ein breites Produktrepertoire anbieten, wird häufig einseitig und verzerrt von der Öffentlichkeit bewertet. Um diesem unerwünschten Erscheinungsbild entgegenzuwirken, sind Unternehmen bestrebt, ihr Firmenimage gezielt in Hinblick auf ein definiertes Soll-Image zu beeinflussen. Die Schaffung einer so genannten **Corporate Identity** ermöglicht hierbei die Entwicklung einer einheitlichen und prägnanten Unternehmenspersönlichkeit (vgl. NIESCHLAG/DICHTL/HÖRSCHGEN 2002).

Zu (5)   Sponsoring:

Im Rahmen des Sponsorings werden Geld, Sachmittel und Know-how einer Person oder einer Organisation bereitgestellt, um (im Gegensatz zum Spendenwesen bzw. klassischen Mäzenatentum) über die Gegenleistung des Gesponsorten die Ziele der Unternehmenskommunikation zu erreichen. Das Sponsoring kann sich auf die Bereiche Sport, Kultur, Soziales bzw. Umwelt und Medien beziehen.

Das Sponsoring wird eingesetzt, um insbesondere die folgenden kommunikationspolitischen **Ziele** zu erreichen:

- Aufbau, Verbesserung bzw. Aktualisierung und Stabilisierung der Markenbekanntheit und einzelner Imagedimensionen
- Kontaktpflege mit Kunden und anderen Anspruchsgruppen
- Dokumentation der Übernahme gesellschaftlicher Verantwortung
- Verbesserung der Motivation der Mitarbeiter und der Mitarbeiteridentifikation mit dem Unternehmen und den Leistungen

Zu (6)   Multimediakommunikation:

Mit der Multimediakommunikation erfolgt die Integration von Multimediaanwendungen in das kommunikationspolitische Instrumentarium von Unternehmen, wodurch der interaktive und multimodale Dialog mit dem Kunden ermöglicht wird, um die unternehmensgesteuerten Botschaften zu vermitteln. Dabei stellt der Begriff **Multimedia** auf die computergestützte Integration digitalisierter Medien ab, wobei für die Kommunikation verschiedene Ein- und

5.4 Marketingplanung 361

Ausgabegeräte genutzt werden. Die Spannweite von **Multimedia-Systemen** reicht von mobilen Speichermedien, wie eine CD-ROM und deren Einsatz auf einem PC, über interaktiv bedienbare Terminals bis hin zu Online-Systemen, die das World Wide Web (WWW) nicht für die Übermittlung von Informationen, sondern insbesondere auch für die Durchführung von Transaktionen nutzen.

Die folgenden **Typen der Anwendung** der Multimediakommunikation können differenziert werden (vgl. BRUHN 2007a, S. 239):

- **reaktive, unterhaltungsbezogene Anwendungen**: Vermittlung eines virtuellen Erlebnisses und emotionale Beeinflussung des Rezipienten, z.B. Computerspiele mit marken- oder unternehmensbezogenen Inhalten

- **interaktive, informationsorientierte Anwendungen**: Vermittlung von spezifischen Kenntnissen über ein Produkt oder Unternehmen, mit der Möglichkeit für den Rezipient, im Rahmen des interaktiven Prozesses die individuellen Informationsbedürfnisse zu befriedigen, z.B. virtuelle Kataloge oder Internet-Seiten mit Informationen zu Unternehmen und Leistungen

- **dialogische, serviceorientierte Anwendungen**: Möglichkeit des echten Dialogs über direkte Rückkoppelungsmöglichkeiten zwischen Kunde und Anbieter, z.B. Online-Shopping

Zu (7)   Weitere Kommunikationsinstrumente:

Als weitere Kommunikationsinstrumente sind ergänzend noch anzufügen:

- Messen und Ausstellungen,
- das Eventmarketing,
- die persönliche Kommunikation im Rahmen von Verkaufsgesprächen sowie
- die Mitarbeiterkommunikation.

Fragen und Aufgaben zur Wiederholung (5.4.3: S. 341 – 361)

1. Worin ist die besondere Bedeutung einer Produkt- und Sortimentspolitik zu sehen?

2. Erläutern Sie das Ziel einer optimalen Programmgestaltung im Hinblick auf Produktlinien, Sortimentsbreite und -tiefe!

3. Welche Entscheidungstatbestände sind der Produktinnovation, -variation und -differenzierung zuzuordnen?

4. Welche produktpolitischen Möglichkeiten bietet die Produktgestaltung?

5. Welche Funktionen hat die Verpackung? Nennen Sie jeweils Beispiele!

6. Erläutern Sie die Bedeutung, die der Markierung von Leistungen zukommt!

7. Unterscheiden Sie anhand von Beispielen Einzelmarken-, Markenfamilien-, Dachmarken- und Mehrmarkenstrategien!

8. Welche Möglichkeiten bieten sich im Rahmen des Angebots von zusätzlichen Nebenleistungen?

9. Welche Tatbestände sind der Sortimentsplanung zuzurechnen?

10. Wie läuft eine Produktbewertungsanalyse ab? In welchem Stadium der Produktplanung wird sie eingesetzt?

11. Welche Aussagen lassen sich anhand einer Lebenszyklusanalyse machen?

12. Was ist Gegenstand einer umfangreichen Programmstrukturanalyse?

13. Welche Ziele werden mit der Rabatt- und Bonuspolitik verfolgt?

14. Differenzieren Sie verschiedene Rabatt- und Bonusarten anhand der Preistreppe!

15. Nach welchen Kriterien lassen sich Absatzkredite systematisieren?

16. Geben Sie einen Überblick darüber, was durch Lieferungs- und Zahlungsbedingungen im Einzelnen geregelt wird!

17. Erläutern Sie den Begriff „Distribution"! Welche Aktionsparameter stehen der Unternehmung im Rahmen der Distribution zur Verfügung?

18. Unter welchen Bedingungen würden Sie sich für den „direkten Absatz" von Gütern entscheiden?

19. Welche Entscheidungsprobleme treten im Zusammenhang mit Fragen der physischen Distribution auf?

20. Welche Instrumente stehen im Rahmen der Kommunikationspolitik zur Verfügung?

21. Welche Reaktionen sollen durch Einsatz der Werbung bei den Umworbenen hervorgerufen werden?

22. Wie lautet die übliche marginalanalytische Optimumsbedingung im Hinblick auf den Werbeetat? Ist diese Formel zur Bestimmung des optimalen Etatvolumens praktikabel?

23. Welcher Methoden zur Festlegung des Werbeetats bedient sich die Praxis?

24. Unterscheiden und erläutern Sie die Begriffe „Werbemittel" und „Werbeträger"!

25. Welche Probleme ergeben sich bei der Bewertung des Werbeerfolges?

26. An wen können sich Verkaufsförderungsanstrengungen richten? Nennen Sie Beispiele!

27. Welche Erscheinungsformen des Direkt-Marketings können unterschieden werden?

28. Erläutern Sie anhand eines konkreten Beispielunternehmens die verschiedenen Aktivitäten der Öffentlichkeitsarbeit!

29. Warum bemühen sich Unternehmen darum, eine „Corporate Identity" zu schaffen?

30. Nennen Sie Beispiele für verschiedene Arten des Sponsorings und ordnen Sie die konkreten Zielsetzungen zu, die jeweils verfolgt werden!

31. Was ist unter Multimediakommunikation zu verstehen und welche Typen der Anwendung lassen sich unterscheiden?

32. Nennen Sie konkrete Beispiele für den Einsatz der Multimediakommunikation mit den spezifischen Vorteilen für die Erreichung der kommunikationspolitischen Ziele!

33. Beschreiben Sie Beispiele für das Eventmarketing und überlegen Sie, welche konkreten Zielsetzungen mit den jeweiligen Aktionen verfolgt werden!

34. Nennen Sie Instrumente der Mitarbeiterkommunikation!

Sechstes Kapitel

Betriebliche Finanzprozesse

6.1	**Komponenten und Grundmaximen betrieblicher Finanzprozesse**	**365**
6.1.1	Finanzielle Bestands- und Stromgrößen..	365
6.1.2	Determinanten des Kapital-, Finanz- und Geldbedarfs	369
6.1.3	Begriff und Wesen von Investitionen	373
6.1.4	Finanzierung und finanzielles Gleichgewicht.......................................	376
6.1.5	Teilpläne der Finanzpolitik	378
	Fragen und Aufgaben zur Wiederholung (6.1: S. 365 – 382)...............................	383
6.2	**Investitionskalküle**	**384**
6.2.1	Investitionsrechnungen als Entscheidungshilfe...................................	384
6.2.1.1	Bedeutung von Investitionsrechnungen für Investitionsentscheidungen ...384
6.2.1.2	Arten und Merkmale von Investitionsrechnungen	385
6.2.1.3	Einsatz von Investitionsrechnungen für alternative Fragestellungen.........	390
	Fragen und Aufgaben zur Wiederholung (6.2.1: S. 384 – 392)............................	392
6.2.2	Verfahren der Wirtschaftlichkeitsrechnung	393
6.2.2.1	Fundierung von Investitionsentscheidungen mithilfe statischer Kalküle	393
6.2.2.2	Fundierung von Investitionsentscheidungen mithilfe dynamischer Kalküle	407
6.2.2.3	Ansätze zur Bewältigung der Unsicherheit bei Wirtschaftlichkeitsrechnungen..	445
6.2.2.4	Wirtschaftlichkeitsrechnung im Rahmen der wertorientierten Unternehmenssteuerung..	462
	Fragen und Aufgaben zur Wiederholung (6.2.2: S. 393 – 468)............................	468

6.2.3 Verfahren der Unternehmensbewertung 471

6.2.3.1 Überblick über die Anlässe und Funktionen der
Unternehmensbewertung 471

6.2.3.2 Traditionelle Verfahren der Unternehmensbewertung 472

6.2.3.3 Moderne Verfahren der Unternehmensbewertung 479

Fragen und Aufgaben zur Wiederholung (6.2.3: S. 471 – 488) 489

6.3 Finanzierung und Finanzierungsrechnungen 490

6.3.1 Finanzierungsformen 490

6.3.1.1 Systematik der Finanzierungsformen 490

6.3.1.2 Die Beteiligungsfinanzierung emissionsfähiger und
nicht-emissionsfähiger Unternehmen 492

6.3.1.3 Grundtypen und Mischformen der Kreditfinanzierung 501

6.3.1.4 Leasing und Factoring als Kreditsubstitute 518

6.3.1.5 Subventionsfinanzierung 523

6.3.1.6 Überschussfinanzierung und Finanzierung aus Vermögens-
umschichtung 526

Fragen und Aufgaben zur Wiederholung (6.3.1: S. 490 – 531) 531

6.3.2 Finanzierungsmodelle 534

6.3.2.1 Arten und Gegenstand von Finanzierungsmodellen 534

6.3.2.2 Effektivzinskalküle 535

6.3.2.3 Kapitalstrukturmodelle 554

Fragen und Aufgaben zur Wiederholung (6.3.2: S. 534 – 566) 566

6.3.3 Liquiditätssteuerung 568

6.3.3.1 Kriterien und Modelle der Liquiditätssteuerung 568

6.3.3.2 Kassenhaltungsmodelle 569

6.3.3.3 Inhalt und Struktur des Finanzplans 571

6.3.3.4 Finanzieller Mobilitätsstatus 576

Fragen und Aufgaben zur Wiederholung (6.3.3: S. 568 – 580) 581

6.1 Komponenten und Grundmaximen betrieblicher Finanzprozesse

6.1.1 Finanzielle Bestands- und Stromgrößen

In einer Geldwirtschaft schlagen sich die **realen Güterprozesse** einer Unternehmung gleichsam **spiegelbildlich** auch in einem **Finanzprozess** nieder. Einerseits werden infolge finanzieller Verknüpfungen mit den Beschaffungs- und Arbeitsmärkten Ausgaben zur Bezahlung eingesetzter Produktionsfaktoren notwendig, andererseits fließen der Unternehmung durch den (in der Regel mit zusätzlichen Ausgaben verbunden) Absatz ihrer Produkte wiederum Zahlungsmittel zu.

Darüber hinaus sind aber auch **Zahlungsströme** zu unterscheiden, die **kein unmittelbares güterwirtschaftliches Äquivalent** aufweisen und damit den Gegenstandsbereich des betrieblichen Finanzprozesses über den des Leistungsprozesses hinausheben. Solche „reinen" Finanzbewegungen ergeben sich aus selbstständigen Kredit- und Kapitalbeziehungen zwischen der Unternehmung und ihren Finanzmärkten, auf denen Geld bzw. Kapital sowie Kredite angeboten und nachgefragt werden. Schließlich sind im Regelfall noch Steuer- und Subventionszahlungen in die Betrachtung einzubeziehen.

Abb. 6.1 - 1 (in Anlehnung an DEPPE 1973, S. 77) verdeutlicht die hier angesprochenen finanziellen Ströme am Beispiel eines Industriebetriebs. Obwohl stark vereinfacht, zeigt die Übersicht bereits, wie komplex und verflochten betriebliche Finanzprozesse ihrem Wesen nach sind.

Die betrieblichen Finanzströme lassen sich systematisch nach einem Kriterium gliedern, das sich an einem Zentralbegriff der Finanzwirtschaft orientiert, dem **Kapital**. Hierunter wird allgemein der wertmäßige Ausdruck für die Gesamtheit der Sach- und Finanzmittel, die der Unternehmung (zu einem bestimmten Zeitpunkt) zur Verfügung stehen, verstanden.

An diesem Kapitalbegriff orientiert lassen sich **vier Kategorien von Zahlungsströmen** (Finanzbewegungen) unterscheiden (vgl. HEINEN 1966):

- kapitalbindende Ausgaben,
- kapitalfreisetzende Einnahmen,
- kapitalzuführende Einnahmen,
- kapitalentziehende Ausgaben.

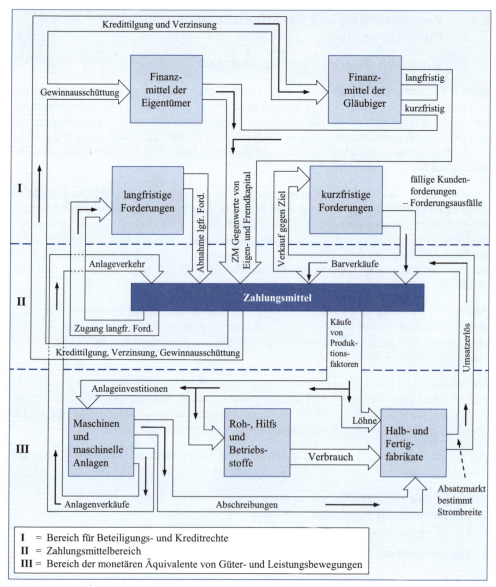

Abb. 6.1 - 1   Vereinfachter Kreislauf der finanziellen Ströme in einem Industriebetrieb

Abb. 6.1 - 2 geht von dieser Systematisierung aus, wobei gegenüber dem Vorschlag von HEINEN (1966) mehrere Veränderungen vorgenommen sind.

6.1 Komponenten und Grundmaximen betrieblicher Finanzprozesse

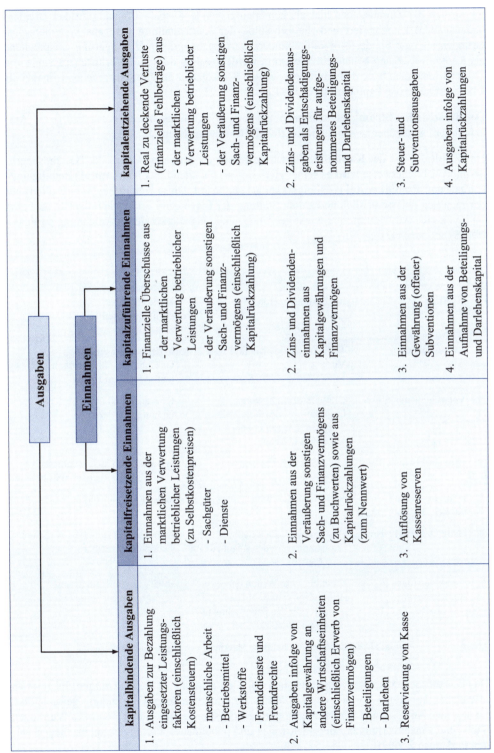

Abb. 6.1 - 2 Systematisierung betrieblicher Zahlungsströme

368   Sechstes Kapitel: Betriebliche Finanzprozesse

So werden die Zinsausgaben hier als kapitalentziehende Ausgaben (analog zu den Dividen-denausgaben) kategorisiert und die Erhöhung der Kassenhaltung wird aus systematischen Gründen als eine Sonderform kapitalbindender Ausgaben, deren Verringerung entsprechend als Kapitalfreisetzung behandelt. Weiterhin werden real zu deckende Verluste (im Sinne von „Nicht-Einnahmen") zu den kapitalentziehenden Ausgaben gezählt, entsprechend finanzielle Überschüsse zu den kapitalzuführenden Einnahmen.

Den **finanziellen Stromgrößen** Einnahmen (bzw. Einzahlungen) und Ausgaben (bzw. Aus-zahlungen) gegenüber stehen die **finanziellen Bestandsgrößen**.

Das **Kapital** (bzw. der **Kapitalfonds**) wurde bereits als zentraler finanzieller Bestandsbegriff definiert. Üblicherweise wird es seiner Herkunft entsprechend in **Eigenkapital** (Beteiligungs-kapital) und **Fremdkapital** (Gläubigerkapital) gegliedert. Diese Unterscheidung resultiert aus der rechtlich unterschiedlich geregelten Stellung der Eigen- und Fremdkapitalgeber. Abb. 6.1 - 3 nennt eine Auswahl hierbei wichtiger Unterscheidungsmerkmale (in Anlehnung an PERRI-DON/STEINER (2007), S. 348).

Kriterien	Eigenkapital	Fremdkapital
1. Haftung	mindestens in Höhe der Einlage = (Mit-)Eigentümerstellung	keine Haftung = Gläubigerstellung
2. Ertragsanteil	Teilhabe an Gewinn und Verlust	in der Regel vertraglich vereinbarter Zinsanspruch, kein Anteil am Erfolg
3. Vermögensanspruch	Quotenanspruch, wenn Liquidationserlös höher als Schulden (Auseinander-setzungsguthaben)	Rückanspruch in Höhe der Gläubigerforderung
4. Unternehmensleitung	in der Regel berechtigt	grundsätzlich ausgeschlossen, aber teilweise faktisch möglich
5. zeitliche Verfüg-barkeit des Kapitals	in der Regel zeitlich unbegrenzt	in der Regel terminiert
6. steuerliche Belastung	Gewinn (u.U. auch das Eigenkapital) in der Regel zu versteuern	Zinsen in der Regel als Aufwand steuerlich absetzbar
7. Finanzierungs-spielraum	abhängig vom Willen der Anteilseigner und von der Attraktivität des Unternehmens für Beteiligungskapital	abhängig von Bonität und verfügbaren Sicherheiten

Abb. 6.1 - 3   Grundsätzliche finanzwirtschaftliche Merkmale von Eigen- und Fremdkapital

Das bestandsbezogene Äquivalent des betrieblichen Kapitals ist das **Vermögen**. Es zeigt an, in welchen konkreten Formen das Kapital in der Unternehmung Verwendung gefunden hat. So können Anlage- und Umlaufvermögen, betriebsnotwendiges und neutrales Vermögen, Sach- und Finanzvermögen oder auch freies und gebundenes Vermögen unterschieden wer-den (vgl. auch S. 602ff.).

6.1 Komponenten und Grundmaximen betrieblicher Finanzprozesse

Der Umstand, dass Vermögen und Kapital nur zwei verschiedene Sichtweisen des gleichen Tatbestands darstellen, kommt dabei auch im Sprachgebrauch zum Ausdruck, indem im Zusammenhang mit Vermögen gleichermaßen von gebundenem Kapital, betriebsnotwendigem Kapital usw. gesprochen wird.

6.1.2 Determinanten des Kapital-, Finanz- und Geldbedarfs

Für die betrieblichen Finanzprozesse spielen die drei Grundbegriffe Kapital-, Finanz- und Geldbedarf eine zentrale Rolle. In ihnen spiegeln sich – was Höhe, Struktur und zeitliche Entwicklung dieser Größen anbelangt – gleichermaßen die finanziellen Konsequenzen finanzpolitischer Entscheidungen wie die finanziell relevanten Einflüsse von den Märkten der Unternehmung wider (HEINEN 1966).

Der **Kapitalbedarf** ist Inbegriff des für den Vollzug betrieblicher Prozesse benötigten Kapitals und ergibt sich für jeden beliebigen Zeitpunkt aus der jeweiligen Differenz aller kapitalbindenden Ausgaben und kapitalfreisetzenden Einnahmen, die bis dahin angefallen sind.

Der **Finanzbedarf** leitet sich aus den Veränderungen des Kapitalbedarfs im Zeitablauf ab. Zusätzlich wird er aber von den zu einzelnen Zeitpunkten anfallenden kapitalentziehenden Ausgaben bestimmt. Zu decken ist ein auftretender Finanzbedarf demnach im Sinne der Notwendigkeit eines finanziellen Ausgleichs von Einnahmen und Ausgaben durch entsprechende kapitalzuführende Einnahmen.

Der **Geldbedarf** eines Zeitpunkts wird schließlich durch die gerade zu diesem Zeitpunkt anfallenden Ausgaben bestimmt, die zur Aufrechterhaltung der Zahlungsfähigkeit durch entsprechende Einnahmen zum gleichen Zeitpunkt abgedeckt sein müssen.

Abb. 6.1 - 4 (in Anlehnung an KAPPLER/REHKUGLER 1991, S. 994) verdeutlicht die Bestimmung dieser drei Größen einschließlich der Zusammenhänge zwischen ihnen.

Von den drei finanziellen Bedarfskategorien ist der Kapitalbedarf die primäre Ausgangsgröße, denn sowohl der Finanzbedarf wie auch der Geldbedarf leiten sich aus dem Kapitalbedarf ab. Das zeigt sich deutlich im Gründungsstadium einer Unternehmung, da dann alle drei Bedarfskategorien zusammenfallen. Erst später fallen Kapital-, Finanz- und Geldbedarf dann auseinander.

GUTENBERG (1980) nennt als die **Hauptdeterminanten des Kapitalbedarfs**

- die Prozessanordnung,
- die Prozessgeschwindigkeit,
- das Beschäftigungsniveau,
- das Produktionsprogramm,
- die Betriebsgröße und
- das Preisniveau.

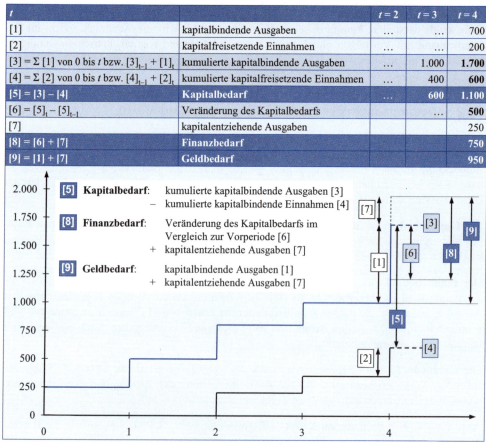

Abb. 6.1 - 4   Kapital-, Finanz- und Geldbedarf

Um die Wirkungsweise dieser Faktoren auf den Kapitalbedarf exemplarisch zu demonstrieren, sei auf die ersten beiden Determinanten näher eingegangen.

Für den Kapitalbedarf spielen die **Prozessanordnung** und die **Prozessgeschwindigkeit** eine besondere Rolle. Denn beide Faktoren haben direkten Einfluss auf die finanzielle Zeitordnung der Kapitalbindungs- und -freisetzungsprozesse (d.h. der Güterprozesse und daran gekoppelter Zahlungsströme). Wie hiervon der Kapitalbedarf bestimmt wird, zeigt sich in folgender Überlegung: Wenn alle Ausgaben und Einnahmen, die durch die verschiedenen Güterprozesse induziert werden, zeitlich zusammenfallen würden, bestünde gar kein Kapitalbedarf, und es gäbe auch keine Rechtfertigung für ein besonderes finanzielles Interesse an betrieblichen Vorgängen.

Um den Einfluss speziell der **Prozessanordnung** auf den Kapitalbedarf zu analysieren, sind einzelne **Grundprozesse** zu unterscheiden, die – etwa in Gestalt einzelner Aufträge – die verschiedenen Phasen des Leistungsprozesses durchlaufen und dabei eine spezifische Ausgaben- und Einnahmenstruktur aufweisen. Abb. 6.1 - 5 zeigt hierfür ein einfaches Beispiel, wobei die einzelnen Grundprozesse zeitlich gestaffelt ablaufen.

6.1 Komponenten und Grundmaximen betrieblicher Finanzprozesse

Prozess-Nr.	t = 1	t = 2	t = 3	t = 4	t = 5	t = 6	t = 7	t = 8	t = 9	...
1	- 40	- 20	- 25	+ 85						
2		- 40	- 20	- 25	+ 85					
3			- 40	- 20	- 25	+ 85				
4				- 40	- 20	- 25	+ 85			
5					- 40	- 20	- 25	+ 85		
6						- 40	- 20	- 25	+ 85	
7							- 40	- 20	- 25	
8								- 40	- 20	
9									- 40	
...										
kum. kapital-bindende Ausgaben	- 40	- 100	- 185	- 270	- 355	- 440	- 525	- 610	- 695	
kum. kapital-freisetzende Einnahmen				+ 85	+ 170	+ 255	+ 340	+ 425	+ 510	
Kapitalbedarf	**40**	**100**	**185**	**185**	**185**	**185**	**185**	**185**	**185**	

Abb. 6.1 - 5   Einfluss der Prozessanordnung auf den Kapitalbedarf

Aus Abb. 6.1 - 5 lassen sich folgende **Thesen** ableiten:

- Bei zeitlicher Staffelung mehrerer Grundprozesse ist der maximale Kapitalbedarf niedriger als im Falle des gleichzeitigen Beginns der Prozesse.
- Im letzteren Fall ist die Entwicklung des Kapitalbedarfs stärkeren Schwankungen unterworfen als bei entsprechender zeitlicher Staffelung.

Die **Prozessgeschwindigkeit** berührt ebenfalls die Zeitordnung der Grundprozesse. Allerdings ist bei dieser Determinante nicht die zeitliche Struktur der Ausgaben- und Einnahmenreihen, sondern die **Kapitalbindungsdauer** angesprochen. Sie entspricht der Zeitspanne, die zwischen dem Beginn einer Kapitalbindung und ihrem Ende liegt, das durch den Abschluss eines entsprechenden Kapitalfreisetzungsprozesses markiert wird.

Wie sich eine Verlängerung respektive Verkürzung der (maximalen oder durchschnittlichen) Kapitalbindungsdauer auf den Kapitalbedarf auswirkt, kann ebenfalls aus Abb. 6.1 - 5 (in Anlehnung an SEELBACH 1976) ersehen werden: Wie zu erwarten, beeinflusst eine Verkürzung (Verlängerung) der Kapitalbindungsdauer bzw. Erhöhung der Prozessgeschwindigkeit den Kapitalbedarf positiv (negativ). Abb. 6.1 - 6 zeigt die Komponenten der Kapitalbindungsdauer und damit zugleich Ansatzpunkte für eine (in der Regel wünschenswerte) Verringerung des Kapitalbedarfs.

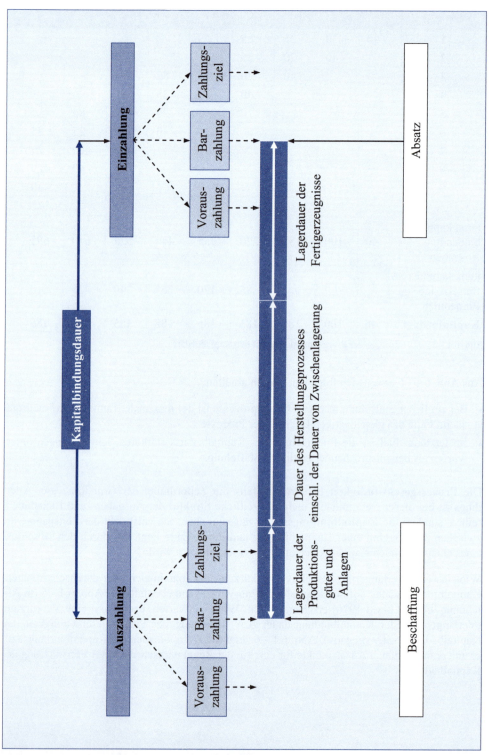

Abb. 6.1 - 6   Komponenten der Kapitalbindungsdauer

6.1 Komponenten und Grundmaximen betrieblicher Finanzprozesse 373

6.1.3 Begriff und Wesen von Investitionen

Im Rahmen **betrieblicher Leistungsprozesse** wird von **Investitionen** immer dann gesprochen, wenn es sich um Maßnahmen handelt, die die (Produktions- und Absatz-)Kapazität der Unternehmung quantitativ und/oder qualitativ verändern respektive sichern. Zum **Gegenstand von Investitionsentscheidungen** zählen dementsprechend

- die Beschaffung und Bereitstellung von Potenzialfaktoren, vor allem von Betriebsmitteln (vgl. S. 243ff.),
- die Planung der Betriebsgröße und des strategischen/taktischen Produktionsprogramms (vgl. S. 262ff.) sowie
- der Aufbau eines leistungsfähigen Distributionssystems (vgl. S. 351ff.).

Gemeinsam ist solchen **(Real-)Investitionen** dabei, dass

- sie das Kostengefüge der Unternehmung auf längere Frist fixieren,
- nachträgliche Revisionen einer einmal getroffenen Kapazitätsentscheidung in der Regel kostspielig sind und
- Investitionen die entscheidende Basis für die zukünftige Ertragskraft der Unternehmung darstellen.

Es fragt sich, warum Investitionen trotz ihrer Bedeutung im Leistungsprozess der Unternehmung nicht im Zusammenhang mit Fragen der Bereitstellungs-, Produktions- und Absatzplanung behandelt wurden, sondern erst hier im Rahmen des Finanzprozesses in den Vordergrund gestellt werden. Dies hat vor allem zwei Gründe:

- Neben den oben angesprochenen **Realinvestitionen** spielen in der Praxis auch **Finanzinvestitionen** eine zum Teil nicht unerhebliche Rolle. Finanzinvestitionen weisen keine güterwirtschaftliche Komponente auf und sind nur mit finanzwirtschaftlichen Kategorien zu fassen.
- Investitionen gelten als eine der **Hauptursachen** für die Entstehung **eigenständiger finanzwirtschaftlicher Problemstellungen**. So sind es in erster Linie die Investitionen, die die Notwendigkeit von Finanzierungen herbeiführen bzw. die ein Liquiditätsproblem überhaupt erst entstehen lassen.

Finanzwirtschaftlich gesehen liegen **Investitionstatbestände** immer dann vor, wenn unternehmungspolitische Entscheidungen einen Kapitalbedarf verursachen. Anders ausgedrückt werden unter einer Investition ganz allgemein Ausgaben (oder monetäre Äquivalente) verstanden, die eine Kapitalbindung bewirken. Mit gleichem Inhalt könnte man auch sagen, dass es sich vom finanziellen Standpunkt aus gesehen bei Investitionen um **Kapitalverwendungsvorgänge** handelt, durch die freies Kapital in gebundenes Kapital umgewandelt wird.

Der somit umrissene Investitionsbegriff ist äußerst weit gefasst. Viele Autoren und auch die Praxis gehen häufig von engeren Begriffsfassungen aus. Abb. 6.1 - 7 soll diesbezüglich einige typische Auffassungen verdeutlichen, wobei als Abgrenzungskriterium das jeweilige Objekt und die typische Dauer der Kapitalbindung herangezogen wird (zu den Begriffen aktivierungspflichtig bzw. -fähig vgl. S. 672ff.). Hierzu sowie generell zur Unterscheidung weiterer Investitionsbegriffe und -arten scheinen noch einige **ergänzende Bemerkungen** angebracht:

- Wenn hier von kapitalbindenden Ausgaben gesprochen wird, dann sind die **effektiven Zahlungsvorgänge** (Ausgaben im Sinne von Bar- oder Buchgeldabflüssen) gemeint. Das bedeutet beispielsweise, dass der Kauf etwa von Vorräten auf Ziel gedanklich in einen Investitionsvorgang (Ausgaben für die Beschaffung von Vorräten) und einen Finanzierungsvorgang (Inanspruchnahme eines Lieferantenkredits) zu zerlegen ist.

- Mit den fünf genannten Begriffsfassungen sind natürlich nicht alle denkbaren abgedeckt. Insbesondere könnte noch die Auffassung erwähnt werden, die als Investitionen nur solche Ausgaben ansieht, die eine **langfristige Kapitalbindung** bewirken (Investitionen im engen bilanzorientierten Sinn zuzüglich langfristiger „Off-Balance-Sheet"-Investitionen). Dabei sind die Grenzen zwischen kurz- und langfristig selbstverständlich fließend, wenn auch häufig das Geschäftsjahr als Bezugspunkt gewählt wird: Investitionen wären demnach vor allem solche, deren Kapitalbindung sich über einen Zeitraum von mehr als einem Geschäftsjahr erstreckt.

- Auch sind Fälle denkbar, wo nicht nur die kapitalbindenden Ausgaben für den Investitionsbegriff konstitutiv sind, sondern sogar auch Teile der kapitalentziehenden Ausgaben mit Investitionen in Verbindung gebracht werden (vgl. Abb. 6.1 - 2). Zu denken ist hierbei in erster Linie an **Gewinnausschüttungen** (Dividenden), die vor allem bei Publikumsaktiengesellschaften nicht allein als Entschädigung für das von den Aktionären zur Verfügung gestellte Beteiligungskapital verstanden werden, sondern die häufig betont auch zur Steuerung zukünftiger Finanzierungen eingesetzt werden, was ihre Einstufung als zumindest **investitionsähnliche Ausgaben** dann durchaus rechtfertigt.

- **Investitionsobjekte des Umlaufvermögens** sind im ursprünglichen Sinne neben kurzfristigen Guthaben und Kassenreserven nur die Produktionsgüter, die gegen Entgelt beschafft werden, nicht dagegen die Halb- und Fertigerzeugnisse sowie die Debitoren. Bestandsbildungen in diesen Bereichen bedeuten nämlich lediglich eine Verlängerung der Kapitalbindungsdauer bereits früher getätigter Investitionen. Da dies jedoch finanzwirtschaftlich gesehen grundsätzlich gleichgeartete Implikationen hat wie für originäre Investitionen, ist es dennoch gegebenenfalls sachlich durchaus gerechtfertigt, Bestandsbildungen dieser Art ebenfalls zu den Investitionen (im weiteren bilanzorientierten Sinn) zu zählen.

- Die bereits angesprochene Unterscheidung in **Real-(Sach-)investitionen und Finanzinvestitionen** ist aus Abb. 6.1 - 7 nicht unmittelbar ersichtlich. Zur Klarstellung mag genügen, dass die Trennung in Sach- und Finanzlagen mit diesen beiden Begriffen korrespondiert, während beim Umlaufvermögen die entsprechende Trennungslinie zwischen den Vorräten (als Objekt von Realinvestitionen) und den Forderungen sowie Kassenreserven (als Objekt von Finanzinvestitionen) verläuft. „Off-Balance-Sheet"-Investitionen sind stets (immaterielle) Realinvestitionen.

- Über die genannten **Kriterien** hinaus ist es häufig üblich, Investitionen noch zu unterteilen:

  - nach der **ökonomisch-sozialen Zweckbestimmung** in erwerbswirtschaftliche Investitionen und Sozialinvestitionen,

  - nach dem **auslösenden Moment** in Neuinvestitionen und Folgeinvestitionen (mit und ohne Zwangscharakter),

  - nach dem **Investitionsmotiv** in Ersatzinvestitionen, Rationalisierungsinvestitionen, Umstellungsinvestitionen und Erweiterungsinvestitionen.

6.1 Komponenten und Grundmaximen betrieblicher Finanzprozesse

Investitionsobjekte	aktivierungspflichtige(-fähige) kapitalbindende Ausgaben			nichtaktivierungsfähige(-pflichtige) kapitalbindende Ausgaben	
	Sachanlagevermögen (Grundstücke, Bauten, Maschinen, Rechte usw.)	Finanzanlagevermögen (Beteiligungen, langfristige Ausleihungen, Wertpapiere des Anlagevermögens)	Umlaufvermögen (Vorräte, Forderungen, Kassenreserven)	Ausgaben für Forschung und Entwicklung, für geringwertige, aber dauerhafte Wirtschaftsgüter und dergleichen	laufende Produktions-, Vertriebs- und Verwaltungsausgaben
typische Dauer der Kapitalbindung	langfristig	langfristig	kurzfristig	langfristig	kurzfristig
Umfang alternativer Investitionsbegriffe	Investitionen im engsten Sinn				
	Investitionen im engen bilanzorientierten Sinn				
	Investitionen im weiten bilanzorientierten Sinn				
	Investitionen im erweiterten bilanzorientierten Sinn (einschließlich langfristiger „Off-Balance-Sheet"-Investitionen)				
	Investitionen im weitesten Sinn				

Abb. 6.1 - 7   Alternative Begriffsfassungen für Investitionen aus betriebswirtschaftlicher Sicht

376   Sechstes Kapitel: Betriebliche Finanzprozesse

6.1.4   Finanzierung und finanzielles Gleichgewicht

Investitionen sind zu finanzieren! Diese Forderung ergibt sich allein aus dem Umstand, dass es sich bei Investitionen um eine bestimmte Kategorie von **Kapitalverwendungsvorgängen** handelt. Denn um Kapital in bestimmte investive Richtungen lenken zu können, muss es erst einmal vorhanden und verfügbar sein. Finanzierungen übernehmen nun diese Aufgabe, so dass man also wie folgt definieren könnte:

Finanzierungen umfassen alle Maßnahmen, die der Bereitstellung von Kapital (Geld und geldwerten Güternutzungen) dienen. Dieser Finanzierungsbegriff stellt bewusst nicht ab auf konkrete Finanzierungszwecke, obgleich es natürlich in erster Linie Investitionen sind, für die Finanzierungen erfolgen. Daneben können Finanzierungen aber auch finanzierungseigenen Zwecken dienen sowie zur Bestreitung auch nicht-investiver Ausgaben (z.B. Steuerzahlungen) eingesetzt werden.

Während die Bereitstellung von Kapital für Investitionszwecke (Investitionsfinanzierung) stets eine sogenannte **Neufinanzierung** ist, liegt bei finanzierungseigenen Zwecken regelmäßig eine **Umfinanzierung** vor. Umfinanzierungen können dabei grundsätzlich in drei Ausprägungen auftreten:

- **Prolongation** (= Verlängerung) der Kreditdauer respektive Kapitalüberlassungsfrist.
- **Substitution** (= Austausch) von Kapital als Ausgleichsmaßnahme für den Fall des Kapitalentzugs. Beispielsweise können Substitutionsmaßnahmen erforderlich werden, wenn Prolongationen nicht (mehr) gewährt werden, Kreditverträge ablaufen oder gekündigt werden oder wenn Gesellschafter ausscheiden.
- **Transformation** einer Kapitalart in eine andere, ohne dass Finanzströme in Bewegung gesetzt werden (z.B. Umwandlung von kurzfristigem in langfristiges Kapital, Umwandlung von Fremdkapital in Eigenkapital).

Ohne an dieser Stelle bereits auf die einzelnen Finanzierungsinstrumente selbst eingehen zu wollen (vgl. S. 490ff.), soll die **These** gelten, dass hinter allen **Finanzierungsmaßnahmen** grundsätzlich das Motiv steht, das **finanzielle Gleichgewicht** der Unternehmung zu gewährleisten. Dabei kommen entscheidende Impulse natürlich vor allem von den Investitionen, die sowohl die Notwendigkeit wie auch die Möglichkeiten und Konditionen von Finanzierungen beeinflussen und deren Erfolgsbeiträge eine wesentliche Finanzierungsquelle und damit Determinante des finanziellen Gleichgewichts sind.

Analog zum güterwirtschaftlichen Gleichgewicht im Leistungsprozess (vgl. S. 235) lässt sich auch für **Finanzprozesse eine Gleichgewichtssituation** definieren:

Eine Unternehmung befindet sich demnach in einem **finanziellen Gleichgewicht**, wenn sowohl die Erfüllung der finanziellen Ansprüche der Unternehmungsträger an die Unternehmung als auch die Existenz der Unternehmung selbst kurz- und längerfristig gesichert erscheinen. Das finanzielle Gleichgewicht weist insofern **drei Komponenten** auf, die jeweils partielle Gleichgewichtszustände repräsentieren:

1.   Die kurzfristige Liquiditätsdimension

Die kurzfristige Liquiditätsdimension des finanziellen Gleichgewichts ergibt sich unmittelbar aus dem **Postulat der jederzeitigen Aufrechterhaltung der Liquidität**. Liquidität ist hier definiert als die Fähigkeit der Unternehmung, die zu einem bestimmten Zeitpunkt zwingend fälligen Zahlungsverpflichtungen uneingeschränkt erfüllen zu können (WITTE/KLEIN 1983).

Die Liquidität ist ein Postulat, dessen Verletzung den Bestand jeder Unternehmung regelmäßig in Frage stellt: Es drohen Konkurs oder sonstige gerichtlich verfolgte Zwangsmaßnahmen.

2. Die langfristige Liquiditätsdimension

Die langfristige Liquiditätsdimension des finanziellen Gleichgewichts orientiert sich nicht an den kurzfristigen Zahlungsverpflichtungen und der verfügbaren Zahlungskraft, sondern an den **strukturellen Zusammenhängen von Kapitalausstattung und Kapitalverwendung**. Der Grundgedanke ist der, dass die Zahlungsfähigkeit zumindest längerfristig gefährdet ist, wenn die finanzielle Struktur der Unternehmung (gemessen etwa am Verschuldungsgrad oder an der Art der Investitionsfinanzierung) bestimmten „Qualitätsnormen" nicht entspricht. Zwar sind solche Strukturmaximen theoretisch äußerst fragwürdig (vgl. S. 792ff.), aber ihre Einhaltung hat den für die Liquidität der Unternehmung unschätzbaren Vorteil, als „erste Adresse" mit zweifelsfreier Bonität zu gelten und Kapital jederzeit zur Verfügung gestellt zu bekommen, wenn es benötigt wird.

3. Die Rentabilitätsdimension

Die Rentabilitätsdimension des finanziellen Gleichgewichts betont die Notwendigkeit der Erhaltung eines Gleichgewichts zwischen den Ansprüchen, die die Kapitalgeber an die Unternehmung stellen, und den Möglichkeiten der Unternehmung, diese unter Berücksichtigung ihrer eigenen Existenzbedingungen zu gewährleisten. Finanzielles Gleichgewicht setzt so verstanden voraus, dass der erwirtschaftete Gewinn aus dem eingesetzten Kapital (nach Abzug aller sonstigen Verpflichtungen) eine **„angemessene" Gewinnausschüttung** ermöglicht, **ohne dass dabei Thesaurierungsnotwendigkeiten verletzt** werden oder sogar die „Substanz" angegriffen wird. Eine andere, kapitalmarktorientierte Sichtweise fordert, dass vom Kapitalmarkt determinierte Renditeforderungen der Eigenkapitalgeber, die in (kalkulatorische) Eigenkapitalkosten zu transformieren wären, durch den Gewinn mindestens abgedeckt werden müssen. Nur dann wird sichergestellt, dass es zu keiner Unternehmenswertvernichtung kommt.

Von diesen drei Komponenten des finanziellen Gleichgewichts können Finanzierungen nur hinsichtlich der ersten beiden einen positiven Beitrag leisten. Soweit Finanzierungsmaßnahmen nämlich mit Kosten verbunden sind, beeinträchtigen sie zwangsläufig die Möglichkeit, angemessene Kapitalüberschüsse für die genannten Zwecke zu erwirtschaften. Positive Impulse hierfür kommen hingegen von gewinnträchtigen Investitionen, die aber hinsichtlich der von ihnen bewirkten Kapitalbindung wiederum negative Auswirkungen auf die Liquidität der Unternehmung haben.

Abb. 6.1 - 8 verdeutlicht in sehr vereinfachter Form die sich hieraus ergebende **Verknüpfung von Investition und Finanzierung**, wobei davon ausgegangen wird, dass für die Gewährleistung eines optimalen liquiditäts- und rentabilitätsbezogenen finanziellen Gleichgewichts alle drei Strukturmerkmale von Investitions- und Finanzierungsprozessen zielsetzungsgerecht aufeinander abgestimmt werden müssen:

- Volumen der Kapitalbindung/Kapitalbereitstellung
- Finanzielle Zeitordnung der Investitions-/Finanzierungsprozesse
- Finanzielle Überschüsse/Kosten der Investitions-/Finanzierungsprozesse

Nur erwähnt sei, dass das in Abb. 6.1 - 8 angedeutete Optimierungsproblem insofern noch unvollständig formuliert ist, als zumindest in der Praxis neben den ökonomischen Kriterien der Liquidität und Rentabilität auch **metaökonomische Gesichtspunkte** eine wichtige Rolle spielen. So steht insbesondere bei Finanzierungsentscheidungen häufig die Frage im Vordergrund, inwieweit hierdurch die **Unabhängigkeit**, d.h. der freie Dispositionsspielraum der Unternehmungsleitung eingeengt werden könnte. Einen diesbezüglichen Einfluss nehmen können sowohl Eigen- als auch Fremdkapitalgeber, wobei die **Stufen der Einflussnahme** von der

- Information und Kontrolle über
- beratende Mitsprache und das
- Setzen von Richtlinien bis zur
- Mitwirkung an der Geschäftsführung

reichen.

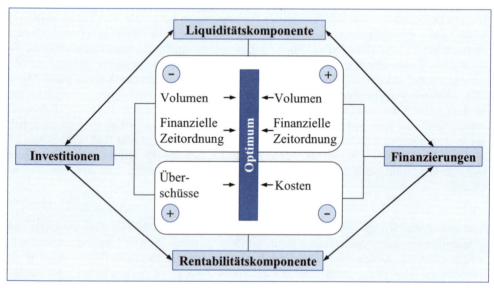

Abb. 6.1 - 8   Zusammenhänge zwischen Investition, Finanzierung, Liquidität und Rentabilität

6.1.5 Teilpläne der Finanzpolitik

Angesichts der aufgezeigten Verknüpfung von Investition und Finanzierung mag es nicht verwundern, wenn auch die verschiedenen Teilpläne betrieblicher Finanzprozesse in hohem Maße interdependent sind und theoretisch daraus die Forderung nach einem **totalen, alles umfassenden Finanzplan** abgeleitet wird.

Eine mögliche Systematik finanzieller Teilpläne, die auch mit den bisherigen Ausführungen im Einklang steht, zeigt Abb. 6.1 - 9.

6.1 Komponenten und Grundmaximen betrieblicher Finanzprozesse

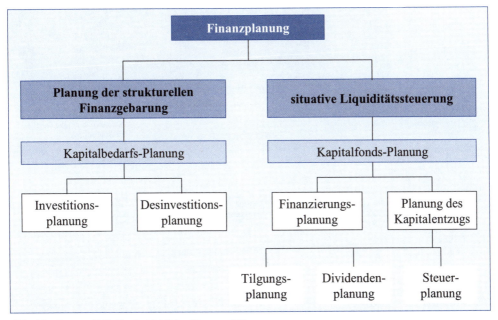

Abb. 6.1 - 9   Teilpläne betrieblicher Finanzpolitik

Die Trennung zwischen struktureller Kapitalbedarfs- und Kapitalfondsplanung (= Planung der strukturellen Finanzgebarung) einerseits und situativer Liquiditätssteuerung andererseits entspringt vornehmlich praktischen Erwägungen. Dabei ist als entscheidend der spezielle Charakter des **strengen Liquiditätspostulats** anzusehen: Während sich in der Kapitalbedarfs- und Kapitalfondsplanung als Ausdruck der unternehmerischen Finanzgebarung die Bemühungen widerspiegeln, die finanziellen Prozesse nach den Kriterien von Liquidität und Rentabilität strukturell (d.h. auf längere Sicht) aufeinander abzustimmen, geht es bei der situativen Liquiditätssteuerung um die vom Liquiditätspostulat geforderte (selbstverständlich auch Rentabilitätskriterien unterworfene) lückenlose und tagesgenaue **Abstimmung der Zahlungsvorgänge**. Getrennt nur durch einen unterschiedlichen zeitlichen Horizont vom strukturellen Bereich der finanziellen Sphäre, ist die Liquiditätssteuerung also – das sei betont – stets auf das Engste mit der (längerfristigen) Kapitalbedarfs- und Kapitalfondsplanung verknüpft.

			Rechtsquellen*	Steuerobjekt (Steuergegenstand)	Bemessungsgrundlage (quantifizierter Steuergegenstand)
Direkte Steuern	Personensteuern	Einkommensteuer ESt	EStG i.d.F.v. 19.10.2002 EStDV i.d.F.v. 10.05.2000 EStR v. 16.12.2005	Einkommen natürlicher Personen	zu versteuerndes Einkommen innerhalb eines Kalenderjahres (gegliedert nach 7 Einkunftsarten)
		Körperschaftsteuer KSt	KStG i.d.F.v. 15.10.2002 KStDV i.d.F.v. 22.02.1996 KStR v. 13.12.2004	Gewinn als das Einkommen der juristischen Personen	zu versteuerndes Einkommen (der Gewinn) innerhalb eines Kalenderjahres
		Erbschaftsteuer ErbSt	ErbStG i.d.F.v. 27.02.1997 ErbStDV i.d.F.v. 08.09.1998 ErbStR v. 17.03.2003	1) Erwerb von Todes wegen 2) Schenkungen unter Lebenden 3) Zweckzuwendungen 4) Vermögen von Familienstiftungen/Vereinen alle 30 Jahre	Wert der Bereicherung des Erwerbers
	Sach (Objekt-, Real-) steuern	Gewerbesteuer GewSt	GewStG i.d.F.v. 15.10.2002 GewStDV i.d.F.v. 15.10.2002 GewStR v. 21.12.1998	Gewerbebetrieb (mit einer Betriebsstätte im Inland)	Gewerbeertrag
		Grundsteuer GrSt	GrStG i.d.F.v. 07.08.1973 GrStDV i.d.F.v. 01.07.1937 GrStR v. 09.12.1978	Grundbesitz: 1) Land-/forstwirtschaftliches Vermögen 2) Grundvermögen 3) Betriebsvermögen in Form von Betriebsgrundstücken	Einheitswert des Grundbesitzes
Indirekte Steuern	Verkehrsteuern	Umsatzsteuer USt	UStG i.d.F.v. 21.02.2005 UStDV i.d.F.v. 21.02.2005 UStR v. 16.12.2004 EUStBV i.d.F.v. 11.08.1992	Steuerbare Umsätze: 1) Lieferungen/Leistungen eines Unternehmens gegen Entgelt 2) Eigenverbrauch eines	1) Kauf/Verkauf: vereinbartes Entgelt 2) Tausch: gemeinsamer Wert
		Grunderwerbsteuer GrESt	GrEStG i.d.F.v. 26.02.1997	Umsatz von Grundstücken (Grundstückswechsel)	Wert einer wertmäßig messbaren Gegenleistung (wenn keine Gegenleistung vorhanden: Einheitswert des Grundstücks)
		Kraftfahrzeugsteuer KraftSt	KraftStG i.d.F.v. 26.09.2002 KraftStDV i.d.F.v. 26.09.2002	Halten eines Kfz oder Kfz-Anhängers zum Verkehr auf öffentlichen Straßen	Pkw, Krafträder: Hubraum alle anderen Fahrzeuge: Gesamtgewicht
	Verbrauchsteuern	Energiesteuer EnergieSt	EnergieStG i.d.F.v. 15.07.2006 EnergieStV i.d.F.v. 31.07.2006	Verbrauch von Mineralöl und Gas als Kraft- oder Heizstoff	Volumen oder Gewicht des Öls
		Stromsteuer StromSt	StromStG i.d.F.v. 24.03.1999 StromStV i.d.F.v. 31.05.2000	Verbrauch von Strom	Megawattstunde (MWh) Strom

Abb. 6.1 - 10   Arten, Merkmale und Aufkommen der wichtigsten Steuern im deutschen Steuersystem (Stand: 2007; * ohne Vermerk späterer Änderungen) – Teil 1

6.1 Komponenten und Grundmaximen betrieblicher Finanzprozesse

Konstruktion / Berechnung / Tarif			Kassenmäßige Steuereinnahmen 2006**	
			absolut (in Mrd. EUR)	in % der Gesamteinnahmen von 488,4 Mrd. EUR
Einkommensteuer ESt	**Einkommensermittlung:** Bruttoeinkommen – Werbungskosten bzw. Betriebsausgaben – Sonderausgaben, außergewöhnliche Belastungen – Freibeträge = zu versteuerndes Einkommen	**Tarif (Grenzsteuersatz) ab 2007, in EUR:** 0 – 7.664 (Nullzone): 0 % 7.665 – 52.151 (Progressionszone): 15 % – 42 % 52.152 – 250.000 (Proportionalzone): 42 % ab 250.001 (Reichensteuer): 45 %	Durch **Quellensteuer** – als besondere Erhebungsform der ESt – werden einbehalten: - **Lohnsteuer** (auf Einkünfte aus nichtselbstständiger Tätigkeit) - **Kapitalertragsteuer** auf inl. Kapitalerträge: 20 % (Dividenden u.Ä.) 30 % (Zinserträge u.Ä.) Ab 2009 gilt eine Abgeltungsteuer für die vollen Einkünfte aus Kapitalvermögen von 25 %.	159,7 (Lohn-, ESt sowie nicht veranlagte Steuern vom Ertrag)	32,7 %
Körperschaftsteuer KSt	**Einkommensermittlung:** Steuerbilanzgewinn gem. EStG, nach diversen Anpassungen (verdeckte Gewinnausschüttungen, verdeckte Einlagen, nicht abzugsfähige Aufwendg., Spenden, Verlustabzüge, Freibeträge) = zu versteuerndes Einkommen	**Tarif ab 2008:** Einheitlich 15 % auf das zu versteuernde Einkommen	**Organschaft:** Bei Existenz eines Gewinnabführungsvertrages zahlt unter bestimmten Voraussetzungen nur die Obergesellschaft KSt; dadurch Möglichkeit des Verlustausgleichs	22,9	4,7 %
Erbschaftsteuer ErbSt	**Bewertung:** Unbebaute Grundstücke: Bodenrichtwerte Bebaute Grundstücke: Ertragswert Sonstige Vermögenswerte: Verkehrswert	**Tarif:** Einteilung in 3 Steuerklassen (nach Verwandtschaftsgrad) Steuersätze: 7 – 50 % (gestaffelt nach Höhe des Erwerbs) Freibeträge: 5.200 EUR – 563.000 EUR (nach Steuerklassen) In einem am 30.01.2007 veröffentlichten Grundsatzurteil des Bundesverfassungsgerichts wurde festgestellt, dass die bisherigen Bewertungsmethoden gegen den Gleichheitsgrundsatz gem. Art. 3 Abs. 1 GG verstoßen; der Gesetzgeber muss bis Ende 2008 eine Neuregelung schaffen, innerhalb derer sich der Bewertungsmaßstab für alle Vermögensarten am so genannten gemeinen Wert orientieren soll.		3,8	0,8 %
Gewerbesteuer GewSt	**Gewerbeertrag =** ESt-/KSt-pflichtiger Gewinn aus Gewerbebetrieb + Hinzurechnungen – Kürzungen – Freibetrag	**Berechnung ab 2008:** GewSt = Gewerbeertrag · Steuermesszahl (3,5 %) · Hebesatz Hebesatz: wird von der jeweiligen Gemeinde festgelegt; die Spanne reicht von 200 % gesetzlichem Mindesthebesatz bis 490 % (z.B. in München) (Stand: Juli 2007) Bei Einzelunternehmen und Personengesellschaften erfolgt eine pauschalierte Anrechnung der GewSt: die tarifliche ESt vermindert sich um das 3,8-fache des anteiligen Steuermessbetrags (= Steuermesszahl · Gewerbeertrag)		38,4	7,9 %
Grundsteuer GrSt	**Bewertung:** Grundbesitz nach BewG zum Einheitswert	**Berechnung:** Einheitswert · Steuermesszahl = Steuermessbetrag Steuermessbetrag · Hebesatz = Steuerbetrag Messzahl: im Wesentlichen 2,6 ‰ – 3,5 ‰, je nach Art des Grundstücks oder der Immobilie; Hebesatz: Festlegung durch die jeweilige Gemeinde, oft Kopplung an die GewSt		10,4	2,1 %
Umsatzsteuer USt	**Typ:** Allphasennetto-USt: Es wird auf jeder Produktionsstufe nur die Wertschöpfung besteuert (Abzug der Vorleistungen/Vorsteuerabzug); die Steuerbelastung wird von Stufe zu Stufe übergewälzt; endgültige Steuerbelastung = Summe der Steuerbeträge auf allen Wertschöpfungsstufen **Tarif:** 19 % (ermäßigter Tarif: 7 %)			146,7	30,0 %
Grunderwerbsteuer GrESt	**Tarif:** 3,5 %; Umsätze in Grundstücken sind von der USt befreit; von der GrESt befreit sind der Erwerb eines zu einem Nachlass gehörenden Grundstücks, Erwerb durch Ehegatten des Verkäufers respektive Verwandtschaft (gerader Linie) und der Erwerb eines geringwertigen Grundstücks (Freigrenze 2.500 EUR)			6,1	1,3 %
Kraftfahrzeugsteuer KraftSt	**Tarif:** Krafträder: 1,84 EUR je angefangene 25 ccm Pkw: 5,11 EUR bis 37,58 EUR je angefangene 100 ccm (abhängig vom Schadstoffausstoß) Alle anderen Fahrzeuge: bis 3.500 kg Tarif nach Gesamtgewicht, ab 3.500 kg Tarif zusätzlich nach Schadstoff- und Geräuschemissionen (jedoch nicht mehr als 1.789,52 EUR jährlich)			8,9	1,8 %
Energiesteuer EnergieSt	**Tarif:** Festlegung je nach Art des Benzins, Heizöls oder Gases (im Wesentlichen von 5,50 EUR/MWh Erdgas bis 721,00 EUR/1.000 l für bestimmtes unverbleites Benzin)			39,9	8,2 %
Stromsteuer StromSt	**Tarif:** 20,50 EUR/MWh (Normaltarif); diverse Ausnahmebestimmungen			6,3	1,3 %

Abb. 6.1 - 10   Arten, Merkmale und Aufkommen der wichtigsten Steuern im deutschen Steuersystem (Stand: 2007; **Quelle: www.bundesfinanzministerium.de) – Teil 2

382   Sechstes Kapitel: Betriebliche Finanzprozesse

Aus der Vielzahl möglicher Fragestellungen, die sich im Zusammenhang mit den einzelnen Teilplänen betrieblicher Finanzpolitik ergeben, wird in den folgenden Abschnitten eine **Auswahl zentraler betriebswirtschaftlicher Problemkreise** näher analysiert:

- Die **Kapitalbedarfsplanung** wird unter dem speziellen Aspekt untersucht, welche Kalküle in welcher Weise eingesetzt werden können, um optimale Investitionsentscheidungen zu fällen (vgl. S. 393ff.).

- Im Rahmen der **Kapitalfondsplanung** werden zwei Problemkreise näher behandelt:
  - Welche alternativen Finanzierungsinstrumente stehen der Unternehmung grundsätzlich zur Verfügung, und was sind deren jeweilige Vor- und Nachteile? (vgl. S. 490ff.)
  - Welche (ausgewählten) Modellansätze zur Optimierung der Kapitalstruktur sind in der Finanzierungstheorie entwickelt worden?

- Gemäß der Bedeutung des strengen Liquiditätspostulats wird in einem gesonderten Punkt nach den speziellen Instrumenten gefragt, die der **Liquiditätspolitik** grundsätzlich zur Verfügung stehen (vgl. S. 568ff.).

Hinsichtlich der **Desinvestitionsplanung** und der Planung des Kapitalentzugs, die in dieser Aufstellung nicht angesprochen werden, gilt folgendes (vgl. Abb. 6.1 - 9):

- Aspekte der Desinvestitionsplanung werden bei der Analyse alternativer Finanzierungsinstrumente behandelt. Gerechtfertigt ist diese Zuordnung insofern, als es sich bei der Desinvestitionsplanung inhaltlich um die Steuerung von Kapitalfreisetzungsprozessen handelt, die eine nicht unwesentliche **Finanzierungsquelle** für die Unternehmung darstellen.

- Auf eine detaillierte Analyse der **(strukturellen) Tilgungsplanung** wird verzichtet. Formal handelt es sich hierbei aber um eine Problemstellung, wie sie analog auch der Planung optimaler Investitionsentscheidungen zugrunde liegt.

- Da Gewinnausschüttung und Gewinneinbehaltung (= Gewinnthesaurierung bzw. Selbstfinanzierung) sich bei gegebenem Gewinn wechselseitig bedingen, werden einzelne Aspekte der **Dividendenplanung** im Rahmen der Ausführungen zur Finanzierung angesprochen.

- Obwohl Steuerzahlungen bzw. die Vermeidung oder der Aufschub von Steuerzahlungen angesichts hoher Steuersätze finanzpolitisch von ganz erheblicher Bedeutung sind, erfolgt keine gesonderte Analyse der **Steuerplanung**. Dazu wird auf die umfangreiche Spezialliteratur verwiesen. Soweit steuerliche Gesichtspunkte für die Behandlung von Detailfragen unumgänglich sind (so teilweise bei der Investitionsplanung, im Rahmen der Selbstfinanzierung sowie bei der Bilanzpolitik) wird auf steuerliche Vorschriften allerdings einzugehen sein. Damit diese dann aus einem systematischen Zusammenhang heraus diskutiert werden können, vermittelt Abb. 6.1 - 10 eine instruktive Übersicht über die Arten und Merkmale der wichtigsten Steuern im deutschen Steuersystem.

6.1 Komponenten und Grundmaximen betrieblicher Finanzprozesse 383

Fragen und Aufgaben zur Wiederholung (6.1: S. 365 – 382)

1. Beschreiben Sie den „Kreislauf" der finanziellen Ströme bei einem Industriebetrieb!

2. Was versteht man unter Kapital in der Betriebswirtschaftslehre? Welches sind die wichtigsten Unterscheidungsmerkmale zwischen Eigen- und Fremdkapital?

3. Welche vier Kategorien von Zahlungsströmen (Finanzbewegungen) lassen sich vom Kapitalbegriff ausgehend unterscheiden? Nennen Sie Beispiele für die einzelnen Kategorien!

4. Definieren Sie (a) den Kapitalbedarf, (b) den Finanzbedarf und (c) den Geldbedarf!

5. Welches sind (nach GUTENBERG) die Hauptdeterminanten des Kapitalbedarfs, und in welcher Weise wirken sie sich im Einzelnen auf Höhe und zeitliche Entwicklung des Kapitalbedarfs aus?

6. Was versteht man betriebswirtschaftlich unter einer Investition? Welche alternativen Begriffsauffassungen lassen sich unterscheiden?

7. Nach welchen Kriterien können Investitionen unterteilt werden?

8. Wie lässt sich „Finanzierung" definieren? Wozu dienen Finanzierungen?

9. Wann befindet sich eine Unternehmung in einem finanziellen Gleichgewicht? Unterscheiden Sie hierbei drei Dimensionen!

10. Skizzieren Sie die Zusammenhänge zwischen Investition, Finanzierung, Liquidität und Rentabilität!

11. Welche Teilpläne lassen sich im Rahmen der betrieblichen Finanzpolitik unterscheiden?

12. Nennen Sie die wichtigsten Steuern im deutschen Steuersystem, und charakterisieren Sie diese anhand ausgewählter Merkmale!

6.2 Investitionskalküle

6.2.1 Investitionsrechnungen als Entscheidungshilfe

6.2.1.1 Bedeutung von Investitionsrechnungen für Investitionsentscheidungen

Über Investitionen wird auf dem Wege von Entscheidungen im Hinblick auf bestimmte Zielsetzungen befunden, wobei zur Unterstützung solcher Entscheidungen **Investitionsrechnungen** eingesetzt werden können. Es handelt sich hier um **ermittelnde oder optimierende Rechenverfahren**, mit deren Hilfe quantitative, an Liquiditäts- und Erfolgskriterien orientierte Maßstäbe für die wirtschaftliche Vorteilhaftigkeit alternativer Investitionsvorhaben ermittelt oder, noch weiter gehend, optimale Investitionsprogramme bestimmt werden.

Investitionsrechnungen sind insofern eine wesentliche Grundlage von Investitionsentscheidungen, wenn ihre Bedeutung auch nicht überschätzt werden darf, da ihrer **quantitativen Ausrichtung** wegen der weite Bereich der nicht quantifizierbaren Entscheidungsfaktoren unberücksichtigt bleibt. Abb. 6.2 - 1 zeigt beispielhaft, von welcher Art diese unwägbaren, wertmäßig nicht quantifizierbaren **(imponderablen) Faktoren** sind, die im Investitionskalkül praktisch als nicht existent behandelt werden (müssen).

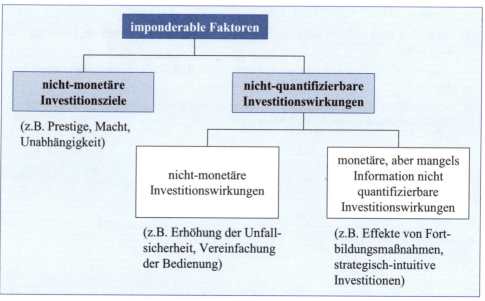

Abb. 6.2 - 1   Arten imponderabler Faktoren

Trotz vielfacher, nicht in der Investitionsrechnung erfasster unwägbarer Momente bleibt die Rechnung aber im Allgemeinen ein notwendiges und letztlich unentbehrliches Glied in der Kette anzustellender Überlegungen bei Investitionsentscheidungen. Denn selbst wenn nicht-monetäre Investitionsziele oder -wirkungen in einer Entscheidung dominieren sollten, verdeutlicht eine Investitionsrechnung zumindest die damit verbundenen Konsequenzen auf der Ausgaben- respektive Kostenseite, also den ökonomischen „Preis" einer solchen nicht-monetär determinierten Investitionsentscheidung.

6.2 Investitionskalküle 385

Die Bedeutung der Investitionsrechnung für die Entscheidung wäre in einem solchen Fall aber natürlich geringer als bei primär monetär orientierten (erwerbswirtschaftlichen) Investitionen, sodass folgende These aufgestellt werden kann: Die **Bedeutung differenzierter Investitionsrechnungen für die Investitionsentscheidung** wird um so größer,

- je kleiner der Einfluss nicht-monetärer Investitionsziele ist,
- je geringer das Gewicht nicht-monetärer Investitionswirkungen ist,
- je verlässlicher die monetären Investitionswirkungen geschätzt werden können (je geringer die Unsicherheit ist).

6.2.1.2 Arten und Merkmale von Investitionsrechnungen

In Theorie und Praxis sind eine Reihe unterschiedlicher Modelle für die Investitionsrechnung entwickelt worden. Dabei war der Begriff „Investitionsrechnung" lange Zeit auf Verfahren beschränkt, welche die Wirtschaftlichkeit von Real- und Finanzinvestitionen ermitteln und die hier als **Wirtschaftlichkeitsrechnung** bezeichnet werden. Die Auffassung, dass die Verfahren der **Unternehmensbewertung** ihrem Kern nach ebenfalls Investitionsrechnungen sind, hat sich erst in jüngerer Zeit mit dem Vordringen investitionstheoretischer Erkenntnisse in diesem Bereich durchgesetzt.

Abb. 6.2 - 2 gibt eine **Übersicht über die hier zur Investitionsrechnung gezählten Modell- und Verfahrenskategorien**. Unterschiede zwischen Wirtschaftlichkeitsrechnung und Unternehmensbewertung bestehen vor allem in der zugrunde liegenden Fragestellung: Während die Unternehmensbewertung nach dem Wert einer Unternehmung, einer Beteiligung oder eines Betriebsteils fragt, um hieraus etwa eine Preisforderung abzuleiten, geht es in der Wirtschaftlichkeitsrechnung in der Regel um die Frage nach der Vorteilhaftigkeit von Investitionen bei gegebenen Anschaffungskosten. Weitere Unterschiede sind lediglich historisch begründbar und nur gradueller Natur; so etwa die teilweisen Unterschiede in der Verfahrenstechnik oder der Umstand, dass bei der Unternehmensbewertung – wie schon der Name sagt – üblicherweise ein ganzes Unternehmen oder zumindest einzelne Betriebsteile hiervon das Untersuchungsobjekt bilden, während es bei der Wirtschaftlichkeitsrechnung traditionell eher einzelne Produktionseinheiten, Aggregate u.Ä. sind, die auf ihre Wirtschaftlichkeit hin analysiert werden.

Die in Abb. 6.2 - 2 unterschiedenen Kategorien von Verfahren der Wirtschaftlichkeitsrechnung und Unternehmensbewertung sind einleitend kurz zu charakterisieren, wobei die Kennziffern in der Abbildung den Erläuterungen im Text zugeordnet sind.

Zu (1)   Simultanmodelle und Sukzessivansätze der Wirtschaftlichkeitsrechnung:

Simultanmodelle sind die **theoretisch anspruchsvollsten Modelle** der Wirtschaftlichkeitsrechnung:

- Es handelt sich um Optimierungsmodelle (in der Regel bestehend aus einem System linearer Gleichungen).
- Sie gestatten eine Optimierung des Investitionsprogramms im Hinblick auf originäre finanzwirtschaftliche Zielsetzungen.
- Die Optimierung der Teilpläne (bzw. aller Entscheidungsvariablen) erfolgt simultan.

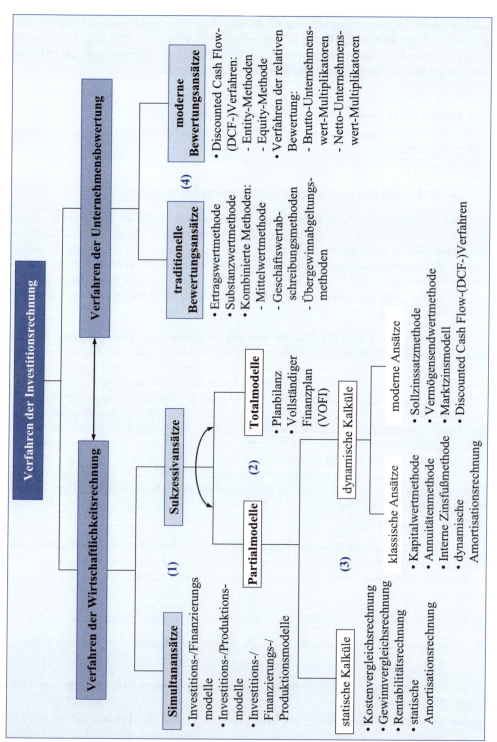

Abb. 6.2 - 2   Kategorien von Investitionsrechnungen

6.2 Investitionskalküle   387

Simultanmodelle liegen in **verschiedenen Ansätzen** vor. Genannt werden können

- die Investitions-/Finanzierungsmodelle von ALBACH (1962), HAX (1964) und WEINGART-
  NER (1963),
- die Investitions-/Produktionsmodelle von FÖRSTNER/HENN (1957), JACOB (1962 und 1964)
  und SWOBODA (1965) und
- die Investitions-/Finanzierungs-/Produktionsmodelle von BLUMENTRATH (1969) und
  SCHWEIM (1969).

Bei unterschiedlicher Fragestellung im Detail ist diesen Modellen ihr **theoretischer Vorzug**
gemeinsam, dass sie den interdependenten sach-zeitlichen Wirkungszusammenhang von In-
vestitions- und Finanzierungsentscheidungen (unter teilweiser Einbeziehung sogar des Leistungsprozesses mit seinen Problemstrukturen) konzeptionell berücksichtigen.

Allerdings sind auch ihre **Grundprobleme** nicht zu übersehen. Sie lassen sich in vier Punkten
zusammenfassen:

- Eine wichtige Anwendungsbeschränkung von Simultanmodellen ergibt sich aus der **Line-
  aritätsbedingung**. Bei der Formalisierung von Investitionsproblemen wird konkret deren
  Anpassung an die Lösungsalgorithmen der (im Allgemeinen verwendeten) linearen Planungsrechnung gefordert.
- Infolge des Fehlens der **Ganzzahligkeitsbedingung** in den üblichen Simultanmodellen
  können wesentliche Problemstellungen der Investitionstheorie (Problem des optimalen Ersatzzeitpunktes, Auswahlprobleme bei sich technisch gegenseitig ausschließenden Alternativen u.Ä.) nicht gelöst werden.
- Auch in Simultanmodellen ist der **Planungshorizont** in irgendeiner Weise zu begrenzen.
  Damit entsteht aber das Abbruchproblem, das sich darin äußert, dass die optimale Lösung
  auch von der Länge des explizit berücksichtigten Planungshorizonts abhängt.
- Schließlich scheitert die praktische Anwendbarkeit häufig an der Schwierigkeit, die für eine umfassende Optimierung notwendigen **Informationen** in entsprechender Qualität zu
  gewinnen. Das ist eine ganz entscheidende Restriktion, denn auch Simultanmodelle können nur eine **tautologische Transformation** der in sie eingegebenen Informationen vornehmen.

In der Praxis dominieren heute (noch) die **Sukzessivansätze**. Sie gelten als **praxisrelevante
Entscheidungshilfen** für Investitionsprobleme. Ihre **Vorzüge** liegen aus der Sicht der Praxis
je nach konkreter Ausgestaltung vornehmlich:

- in der im Verhältnis zu den Simultanmodellen einfachen Struktur ihres Algorithmus,
- in dem geringeren Informationsbedarf für die Ermittlung von (allerdings regelmäßig nur
  approximativen) Entscheidungswerten,
- in der Tatsache, dass sie eine Vorgehensweise bedingen, die dem in der Praxis üblichen
  System der hierarchischen Unternehmensplanung (d.h. der schrittweisen Abstimmung partieller Teilpläne) weitestgehend entspricht.

388   Sechstes Kapitel: Betriebliche Finanzprozesse

Zu (2)   Totalmodelle und Partialmodelle der Wirtschaftlichkeitsrechnung:

Totalmodelle mit schrittweisem Planungsansatz finden sich u.a. in den Modellen der Bilanz-
planung und dem Konzept des vollständigen Finanzplanes.

Im Rahmen der Erstellung von **Planbilanzen** werden die prognostizierten Wirkungen von Investitionsentscheidungen simulierend durchgerechnet, wobei vor allem auf die Konsequenzen
für Kapitalstruktur, Rentabilität, Cashflow u.a. im Zeitablauf abgestellt wird. Wegen des bei
vielen möglichen Alternativen bzw. Szenarien hohen Aufwandes werden solche Vorgehensweisen in der Praxis insbesondere bei großen strategischen Investitionen vorgenommen (vgl.
zur Bilanz als Ermittlungsmodell S. 609ff.).

Eine Alternative, die speziell die zahlungsstromorientierten Konsequenzen von Investitionsentscheidungen vollständig und explizit zu durchleuchten anstrebt, ist die **Methode des vollständigen Finanzplanes**, kurz **VOFI** genannt (vgl. GROB 1989). Hierbei werden alle einem
Investitionsprojekt zurechenbaren Zahlungen einschließlich der monetären Auswirkungen
von Dispositionen, die – hervorgerufen durch die Investition – zur Sicherung des finanziellen
Gleichgewichts notwendig werden, in tabellarischer Form erfasst.

Partialmodelle sind im Gegensatz zu den hier angesprochenen Totalmodellen durch folgende
Merkmale gekennzeichnet:

- Die Vorteilsbestimmung erfolgt anhand von partiellen Entscheidungskriterien, die vom
  verwendeten Algorithmus, nicht jedoch durch die originären finanzwirtschaftlichen Zielsetzungen geprägt sind.
- Bezeichnend ist das Arbeiten mit Pauschalannahmen und Prämissen, deren Gültigkeit unterstellt wird, um zu entsprechenden Vorteilsüberlegungen zu kommen. Allerdings unterscheiden sich die einzelnen Kalküle hinsichtlich der Realitätsnähe solcher Prämissen zum
  Teil erheblich, sodass hier eine Abstufung unumgänglich wird.

Für die Praxis spielen Partialmodelle die vergleichsweise größte Rolle, wenn es darum geht,
Investitionsentscheidungen rechnerisch zu fundieren. Aus diesem Grunde stehen sie auch im
Folgenden in ihren Ausprägungen als statische und dynamische Kalküle im Vordergrund (vgl.
ausführlich S. 393ff.).

Zu (3)   Statische und dynamische Kalküle der Wirtschaftlichkeitsrechnung:

Die **statischen Modelle** partialer Wirtschaftlichkeitsrechnung sind einfache Vergleichsverfah-
ren. Sie werden als statisch bezeichnet, weil sie zeitliche Unterschiede im Auftreten von Einnahmen und Ausgaben nicht oder nur unvollkommen berücksichtigen.

Im einfachsten Fall betrachten statische Verfahren explizit **nur die Periode** (i.d.R. das Jahr),
die unmittelbar auf die Vornahme der Investition folgt und unterstellen dann, dass dieser Ausschnitt repräsentativ für die gesamte Investitionsdauer ist.

Diese notwendige Annahme spiegelt sich auch in den Rechengrößen wider. In statischen Investitionsrechnungen wird nämlich nicht von den – häufig ungleichmäßig anfallenden – effektiven Investitionsausgaben und -einnahmen, sondern von den **durchschnittlichen Investi-
tionskosten und -erträgen pro Periode** ausgegangen. Das wird besonders in zwei Aspekten
deutlich: In der Behandlung der Anschaffungsausgaben von abnutzbaren Betriebsmitteln (Anlagevermögen), die in statischen Investitionsrechnungen in Höhe der periodischen Abschreibungen Eingang finden, und in der Berücksichtigung durchschnittlich anfallender Kapitalkos-

6.2 Investitionskalküle 389

ten im Sinne einer geforderten Verzinsung des über die Laufzeit im Durchschnitt durch die Investition gebundenen Kapitals.

Grundsätzlich werden **vier statische Verfahren** unterschieden, die teilweise aufeinander aufbauen und mit unterschiedlichen Vorteilhaftigkeitskriterien arbeiten:

- die Kostenvergleichsrechnung,
- die Gewinnvergleichsrechnung,
- die Rentabilitätsrechnung und
- die statische Amortisationsrechnung.

Gegenüber den statischen Verfahren zeichnen sich die **dynamischen Verfahren** der Wirtschaftlichkeitsrechnung dadurch aus, dass sie dem zeitlichen Ablauf der Investitions- und den darauf folgenden Desinvestitionsvorgängen konzeptionell Rechnung tragen. Diese besondere **Berücksichtigung des Zeitfaktors** findet bei dynamischen Verfahren vor allem in der Verwendung der **Zinseszinsrechnung** seinen Ausdruck: Zeitliche Unterschiede im Anfall der Erfolgsgrößen von Investitionsvorhaben werden nicht wie bei statischen Investitionsrechnungen vernachlässigt oder in einer Durchschnittsbetrachtung nivelliert, sondern gehen explizit und entsprechend bewertet in das Ergebnis der Investitionsrechnung ein.

Bei Anwendung dynamischer Verfahren liegen dem Vorteilsvergleich demzufolge auch keine Durchschnittsgrößen, sondern die effektiven **Investitionsausgaben und -einnahmen** in ihrem unterschiedlichen zeitlichen Anfall zugrunde. Dies wird in der Behandlung der ursprünglichen Anschaffungsausgaben für ein Investitionsobjekt deutlich. Im Gegensatz zu statischen Investitionsrechnungen gehen sie in voller Höhe als Ausgaben zu Beginn der Investitionsperiode in die Vorteilsberechnung ein. Die Investitionsfolgeausgaben und die Einnahmen aus den Desinvestitionen werden dann, nachdem sie zur Vereinfachung des Rechenaufwands im allgemeinen zu **Zahlungsreihen** umgeformt, d.h. zu jährlichen Zahlungsüberschüssen bzw. -fehlbeträgen zusammengefasst worden sind, diesem ursprünglichen Kapitaleinsatz gegenübergestellt.

Die dynamischen Kalküle existieren zunächst als die **klassischen Modellansätze**:

- die Kapitalwertmethode,
- die Annuitätenmethode,
- die Interne Zinsfußmethode und
- die dynamische Amortisationsrechnung.

Das Merkmal „klassisch" knüpft dabei an der für diese Verfahren typischen Annahme des **vollkommenen Kapitalmarktes** an. Das heißt, es wird grundsätzlich angenommen, dass Investitionsrückflüsse im Zweifel zu einem einheitlichen Zins angelegt, Finanzierungsdefizite zu eben diesem Zins beseitigt werden können und dass u.a. auch keine Unsicherheit über die Entwicklung dieses Marktzinses besteht.

Der Einsicht folgend, dass in der Realität die Geld- und Kapitalmärkte mehr oder minder unvollkommen sind, wurden **verschiedene Verfeinerungen** der klassischen dynamischen Kalküle entwickelt. Dazu zählen

- die Vermögensendwertmethode,
- die Sollzinssatzmethode und
- das Marktzinsmodell der Investitionsrechnung.

390 Sechstes Kapitel: Betriebliche Finanzprozesse

Zu (4): Traditionelle und moderne Verfahren der Unternehmensbewertung:

Die Verfahren der Unternehmensbewertung lassen sich, ähnlich wie die Verfahren der Wirtschaftlichkeitsrechnung, in „traditionelle" und „moderne" Ansätze unterteilen.

Hinter den **traditionellen Verfahren** der Unternehmensbewertung steht die Auffassung von der Existenz eines **„objektiven Unternehmenswerts"**, den es unabhängig von spezifischen Interessenlagen (etwa eines Käufers oder Verkäufers) zu ermitteln gilt. Praktisch liegt also die Perspektive eines neutralen Gutachters zugrunde, dessen Aufgabe es ist, einen angemessenen Preis für das betreffende Unternehmen bzw. für eine Beteiligung an ihm zu bestimmen.

Charakteristisch für die traditionellen Verfahren ist dementsprechend, dass

- sie die vorhandene Vermögenssubstanz zur Wertermittlung in der Regel mit einbeziehen und

- sie die Erträge der Unternehmung (wenn überhaupt) nur insoweit berücksichtigen, als sie bei normaler Unternehmerleistung in Zukunft erzielbar sind.

Die **modernen Ansätze** der Unternehmensbewertung sind durch die Betonung des **subjektiven Charakters** des Unternehmenswerts gekennzeichnet. Es wird also ganz bewusst auf die Interessenlage und die Entscheidungssituation der Beteiligten abgestellt: Aufgabe der Unternehmensbewertung ist demnach die Ermittlung von **Entscheidungswerten**, die es den jeweiligen Beteiligten (etwa einem potenziellen Käufer) ermöglichen, richtige Entscheidungen zu fällen. Im Falle der Discounted Cash Flow-(DCF-)Verfahren wird die Unternehmensbewertung konsequent als Investitionsrechnung konzipiert. Dem entspricht u.a., dass der Wert einer Unternehmung ausschließlich aus den finanziellen Erträgen abgeleitet wird, die aus dem Unternehmensbesitz resultieren. Obwohl die Verfahren der relativen Bewertung zunächst den Eindruck eines objektiven Unternehmenswerts vermitteln, da die Wertermittlung in Orientierung an am Markt tatsächlich bezahlten Preisen erfolgt, gehen auch hier – insbesondere über die Auswahl der Vergleichsunternehmen und das im Marktpreis unterstellte Transaktionsmotiv –subjektive Komponenten in die Bewertung ein.

Eine kurz gefasste Darstellung der verschiedenen Verfahren der Unternehmensbewertung erfolgt im Anschluss an die Analyse statischer und dynamischer Wirtschaftlichkeitskalküle (vgl. S. 471ff.).

6.2.1.3 Einsatz von Investitionsrechnungen für alternative Fragestellungen

Investitionsrechnungen können als ermittelnde oder optimierende Rechenverfahren sowohl bei der **Vorbereitung als auch bei der Kontrolle von Investitionsentscheidungen** eingesetzt werden. Während im letzteren Fall eine rechnerische Überprüfung bereits durchgeführter Investitionsvorhaben erfolgt, handelt es sich im ersten Fall um Planungsrechnungen, mit deren Hilfe die Entscheidungen so weit wie möglich einer **wirtschaftlichen Optimierung** zugeführt werden.

Unzweifelhaft dominiert in der Investitionstheorie der Planungsaspekt, also der Einsatz der Rechnung zur Fundierung von **Investitionsentscheidungen unter Unsicherheit**. Welche Fragestellungen dabei im Einzelnen analysiert werden können, zeigt Abb. 6.2 - 3 in einer Übersicht.

6.2 Investitionskalküle 391

Funktionen der Investitionsrechnung	
Funktionen der Wirtschaftlichkeitsrechnung	**Funktionen der Unternehmensbewertung**
1. Vorteilsbestimmung einer einzelnen Investition 2. Wahl zwischen sich technisch ausschließenden Investitionsalternativen 3. Rangfolgebestimmung von (um die Aufnahme in das Investitionsbudget) konkurrierenden Investitionsvorhaben und die Fixierung des Investitionsprogramms 4. Bestimmung der wirtschaftlichen Nutzungsdauer von Neuanlagen und des Ersatzzeitpunktes vorhandener Anlagen 5. Auslotung des Unsicherheitsspielraumes	1. Ermittlung des maximal zahlbaren Preises für eine Unternehmung aus der Sicht des Käufers bzw. des minimal zu fordernden Preises aus Verkäufersicht 2. Bestimmung eines Vermittlungswerts, der von den Parteien als „fairer Einigungspreis" akzeptiert werden kann 3. Verwendung von Unternehmensbewertungsergebnissen als Argumentationshilfe in Preisverhandlungen zur Durchsetzung von (parteiischen) Interessen 4. Ermittlung von Unternehmenswerten als Grundlage für die (Vermögens-) Besteuerung

Abb. 6.2 - 3   Alternative Funktionen der Wirtschaftlichkeitsrechnung und der Unternehmensbewertung

Haupteinsatzgebiete der (hier nicht weiter behandelten) Simultanmodelle der Wirtschaftlichkeitsrechnung sind die Programmentscheidungen, während für die übrigen Funktionen die Sukzessivansätze dominieren. Deren Einsatz auch für Programmentscheidungen ist zwar prinzipiell möglich (und wird auch an einem Beispiel demonstriert), sie sind aber wegen der Fülle notwendig geltender Prämissen den Simultanmodellen vom theoretischen Standpunkt aus gesehen grundsätzlich unterlegen.

Die **enge Verknüpfung von Investition und Finanzierung** zeigt sich im Übrigen auch bei der Verwendung der Wirtschaftlichkeitsrechnungen in ihren verschiedenen Funktionen. Nicht nur, dass explizit oder implizit stets bestimmte Finanzierungsprämissen in die Wirtschaftlichkeitsrechnung eingehen, die Rechnungen lassen sich auch zur **Fundierung von Finanzierungsentscheidungen** selbst einsetzen (vgl. ausführlich S. 490ff.). Analog zu den in Abb. 6.2 - 3 genannten Funktionen der Wirtschaftlichkeitsrechnung für Investitionsentscheidungen können die einzelnen Verfahren verwendet werden für

- die Ermittlung der Effektivkosten einer Finanzierung,
- die Durchführung von Finanzierungskostenvergleichen,
- die Rangfolgebestimmung konkurrierender Finanzierungsalternativen und die Zusammenstellung eines optimalen Finanzierungsprogramms (unter Abstimmung mit der Investitionsplanung) und
- die Bestimmung von Tilgungsprogrammen und Umfinanzierungszeitpunkten.

Formal muss das nicht verwundern, wenn man berücksichtigt, dass sich der Grundtyp einer Investition und der einer Finanzierung bezüglich der zugrunde liegenden **Zahlungsreihe** lediglich durch das Vorzeichen unterscheiden, wie dies beispielhaft in Abb. 6.2 - 4 dargestellt wird.

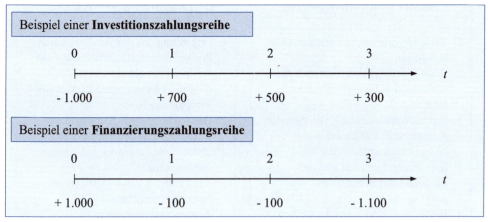

Abb. 6.2 - 4   Beispiele für eine Investitions- und eine Finanzierungszahlungsreihe

Die **Gemeinsamkeiten zwischen Wirtschaftlichkeitsrechnung und Unternehmensbewertung** sind besonders eng, wenn von der Konzeption eines **subjektiven Unternehmungswerts** ausgegangen wird. Das zeigt sich besonders deutlich, wenn man die in Abb. 6.2 - 3 unter Punkt 1 genannte Funktion der Unternehmensbewertung betrachtet. Hier besteht methodisch kaum ein Unterschied zu den Wirtschaftlichkeitskalkülen.

Das Gegenstück zu einer solchen, ausgeprägt subjektiven Konzeption der Unternehmensbewertung bildet die Steuerbemessungsfunktion der Unternehmensbewertung, die aus Gründen der Steuergerechtigkeit zwangsläufig von einer **objektiven Konzeption des Unternehmenswerts** ausgeht. Damit verbunden ist eine weitgehende Loslösung von dem Instrumentarium der Wirtschaftlichkeitsrechnung. Eine Mittelstellung nehmen die unter Punkt 2 und 3 in Abb. 6.2 - 3 genannten Funktionen ein, für die sowohl subjektive als auch objektive Wertansätze Verwendung finden. So ist z.B. bei Ableitung eines „fairen Einigungspreises" ein mithilfe von allgemein anerkannten Konventionen objektivierter Unternehmenswert zwar eine wesentliche Stütze, aber ein echter Interessenausgleich zwischen den Parteien bedeutet auch, dass deren Interessenlagen und damit deren subjektive Entscheidungswerte bekannt sein müssen.

Fragen und Aufgaben zur Wiederholung (6.2.1: S. 384 – 392)

1. Welche Entscheidungsfaktoren werden von Investitionsrechnungen nicht berücksichtigt? Welche Folgerungen ergeben sich hieraus für die Bedeutung von Investitionsrechnungen für Investitionsentscheidungen?
2. Geben Sie eine Übersicht über die Hauptkategorien von Investitionsrechnungen! Worin bestehen die wesentlichen Unterschiede zwischen Wirtschaftlichkeitsrechnung und Unternehmensbewertung?

3. Worin besteht der theoretische Vorzug simultaner Investitionsmodelle, und was sind deren generelle Grundprobleme?

4. Charakterisieren Sie die Hauptmerkmale von Partial- und von Totalmodellen der Investitionsrechnung!

5. Skizzieren Sie die Hauptmerkmale und Arten statischer und dynamischer Verfahren der klassischen Wirtschaftlichkeitsrechnung!

6. Worin bestehen die hauptsächlichen Unterschiede zwischen Wirtschaftlichkeitsrechnung und Unternehmensbewertung? Diskutieren Sie diese Frage auch im Hinblick auf die verschiedenen Ansätze der „traditionellen" und der „modernen" Unternehmensbewertung!

7. Für welche Fragestellungen können (a) Wirtschaftlichkeitsrechnungen und (b) Verfahren der Unternehmensbewertung eingesetzt werden? Welche Beziehungen bestehen zu den verschiedenen Modellvarianten respektive Ansätzen der Investitionsrechnung?

8. Warum lassen sich Wirtschaftlichkeitsrechnungen auch grundsätzlich zur Fundierung von Finanzierungsentscheidungen einsetzen, und für welche diesbezüglichen Fragestellungen bietet sich ihr Einsatz besonders an?

6.2.2 Verfahren der Wirtschaftlichkeitsrechnung

6.2.2.1 Fundierung von Investitionsentscheidungen mithilfe statischer Kalküle

Im Folgenden werden die vier statischen Verfahren der Wirtschaftlichkeitsrechnung,

(1) die **Kostenvergleichsrechnung**,

(2) die **Gewinnvergleichsrechnung**,

(3) die **Rentabilitätsrechnung** und

(4) die **statische Amortisationsrechnung**

im Einzelnen analysiert, wobei vereinfachend der Fall der Sicherheit der Plandaten unterstellt wird. Was den Einbezug von Steuern angeht, werden Gewinnsteuern auf den Unternehmenserfolg vernachlässigt. Allerdings lassen sich **Kostensteuern** (wie Grundsteuer, Gewerbekapitalsteuer, Vermögensteuer, Kraftfahrzeugsteuer usw.) als zusätzliche Aufwendungen bzw. Ausgaben in die für die Investitionsprojekte relevanten Zahlungsreihen integrieren.

Zu (1) Kostenvergleichsrechnung:

Das Verfahren der Kostenvergleichsrechnung empfiehlt, von zwei oder mehreren sich ausschließenden Alternativen jene mit den geringsten Kosten auszuwählen. Bei der Frage nach der Durchführung oder Nichtdurchführung eines einzelnen Investitionsprojekts kommt die Kostenvergleichsrechnung vor allem für die Lösung des Ersatzproblems in Betracht. Gefragt wird hier, ob eine vorhandene Anlage sofort oder erst später (z.B. nach einem weiteren Nutzungsjahr) durch eine neue Anlage ersetzt werden soll.

(1a) Zunächst soll die **Wahl zwischen sich technisch ausschließenden Investitionsalternativen** im Vordergrund stehen.

(1b) Danach wird gezeigt, wie das **Ersatzproblem** mithilfe der Kostenvergleichsrechnung gelöst werden kann.

Zu (1a) Wahl zwischen sich technisch ausschließenden Alternativen:

Unterschieden werden können ein Periodenkostenvergleich und ein Stückkostenvergleich. Bei einem **Periodenkostenvergleich** alternativer Investitionsprojekte muss unterstellt werden, dass diese die gleiche quantitative und qualitative Leistung abgeben. Sofern quantitative Unterschiede bestehen, ist ein **Stückkostenvergleich** durchzuführen. Bestehen hingegen auch qualitative Unterschiede, wird ein Gewinn- oder Rentabilitätsvergleich erforderlich.

In den Kostenvergleich einzubeziehen sind alle **relevanten Kosten**, d.h.

- (variable und fixe) **Betriebskosten** (vor allem Material- und Personalkosten),
- **Abschreibungen** und
- **Kapitalkosten**.

Sofern es sich um Investitionen mit mehrperiodischer Nutzungsdauer handelt, werden zweckmäßigerweise die **Durchschnittskosten** pro Periode (bzw. die daraus abgeleiteten Stückkosten) zugrunde gelegt. In der Regel wird als Periode ein Jahr zugrunde gelegt, wie dies auch in den nachfolgenden Beispielen jeweils der Fall ist.

Geht man davon aus, dass nur die anfängliche Investitionsausgabe ausschließlich in das Anlagevermögen investiert wird, so ergeben sich die **durchschnittlichen Abschreibungen** pro Jahr nach dem Verfahren linearer Abschreibung wie folgt:

$$\text{durchschnittliche Abschreibung pro Jahr} = \frac{I_0 - RW_n}{n} \qquad [6.2\text{-}1]$$

mit: I_0 = Anschaffungskosten bzw. Investitionsausgabe
RW_n = Restwert bzw. Liquidationserlös am Ende der Nutzungsdauer
n = Nutzungsdauer (in Jahren)

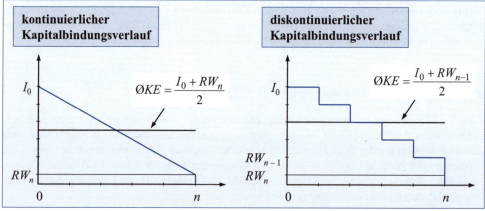

Abb. 6.2 - 5   Graphische Darstellung des diskontinuierlichen und des kontinuierlichen Kapitalbindungsverlaufs

6.2 Investitionskalküle

Die **durchschnittlichen Kapitalkosten**, in welcher die Renditeforderung der Kapitalgelber auf das durch die Investition gebundene Kapital zum Ausdruck kommt, werden ermittelt, indem der Gesamtkapitalkostensatz (auch Kalkulationszinsfuß genannt) i auf das im Durchschnitt pro Periode gebundene Kapital bzw. den **durchschnittlicher Kapitaleinsatz (ØKE)** pro Periode bezogen wird. Dabei können zwei unterschiedliche Annahmen über den Verlauf des in dem Investitionsprojekt gebundenen Kapitals getroffen werden, die in Abb. 6.2 - 5 graphisch dargestellt sind.

Unter der Annahme des **diskontinuierlichen Kapitalbindungsverlaufs**, d.h. dass die Tilgung bzw. Amortisation des Kapitaleinsatzes jeweils in einem Betrag, welcher der periodischen Abschreibung entspricht, am Ende eines jeden Jahres vom jeweiligen Restwert abgesetzt wird, gilt Folgendes:

$$\text{durchschnittliche Kapitalkosten pro Jahr} \ = \ i \cdot \frac{I_0 + RW_{n-1}}{2} \qquad \text{[6.2 - 2]}$$

Bei Annahme **kontinuierlicher Amortisation** des Kapitaleinsatzes würden die durchschnittlichen Kapitalkosten pro Periode demgegenüber lauten:

$$\text{durchschnittliche Kapitalkosten pro Jahr} \ = \ i \cdot \frac{I_0 + RW_n}{2} \qquad \text{[6.2 - 3]}$$

mit:
I_0 = Anschaffungswert bzw. Investitionsausgabe
n = Nutzungsdauer (in Jahren)
RW_n = Restwert am Ende der Nutzungsdauer
RW_{n-1} = Restwert am Beginn des letzten Jahres der Nutzungsdauer
 (= RW_n zuzüglich des Abschreibungsbetrags für ein Jahr)
i = kalkulatorischer Kapitalkostensatz p.a. als Renditeforderung auf das durchschnittlich gebundene Kapital

Obwohl die Annahme kontinuierlicher Amortisation des Kapitaleinsatzes im Widerspruch zu der ansonsten auf Jahresdurchschnittswerte hin orientierten statischen Wirtschaftlichkeitsrechnung steht, wird diese in der Praxis häufig vereinfacht zur Ermittlung der Kapitalkosten in den statischen Verfahren angesetzt.

Abb. 6.2 - 6 zeigt ein **Zahlenbeispiel** zur Kostenvergleichsrechnung. Ein Unternehmen plant den Kauf einer zusätzlichen Anlage, wobei die Anlagen A und B zur Auswahl stehen.

Da sich die beiden Anlagen in ihrer voraussichtlichen Produktion pro Jahr unterscheiden, ist ein Periodenkostenvergleich nur bedingt aussagefähig. Wie das Beispiel zeigt, verschiebt sich das Ergebnis bei Durchführung eines hier richtigerweise anzusetzenden **Stückkostenvergleichs**.

Bei einem Investitionsvergleich von zwei Anlagen, die eine sehr unterschiedliche **Kostenstruktur** (ausgedrückt am Anteil der fixen und variablen Kosten an den Gesamtkosten pro Periode) haben, reicht ein summarischer Perioden- oder Stückkostenvergleich für eine richtige Entscheidung häufig nicht aus: In solchen Fällen ist zusätzlich zu prüfen, für welches Auslastungsintervall die berechnete relative Vorteilhaftigkeit einer Anlage Geltung besitzt bzw. bei welcher Auslastung die Vorteilhaftigkeit umschlägt. Anzunehmen ist dies immer dann, wenn die eine Anlage hinsichtlich der variablen Kosten, die andere Anlage dagegen hinsichtlich der fixen Kosten günstiger ist.

396   Sechstes Kapitel: Betriebliche Finanzprozesse

		Investitionsobjekte	
		Anlage A	Anlage B
Gegebene Plan-Daten			
[1]	Anschaffungskosten	20.000 GE	26.000 GE
[2]	geplante Nutzungsdauer	4 Jahre	4 Jahre
[3]	Restwert (= Verkaufserlös am Ende der geplanten Nutzungsdauer)	–	2.000 GE
[4]	voraussichtliche Produktionsmenge pro Jahr	4.000 ME	5.000 ME
[5]	variable Betriebskosten pro Mengeneinheit (ME)	3,20 GE	2,10 GE
[6]	fixe Betriebskosten pro Jahr (ohne Abschreibung und Kapitalkosten)	750 GE	2.600 GE
[7]	Kapitalkostensatz	10 %	10 %
Berechnete Daten			
[8] = [4] · [5]	variable Betriebskosten pro Jahr	12.800 GE	10.500 GE
[9] = ([1] − [3]) / [2]	Abschreibung pro Jahr	5.000 GE	6.000 GE
[10] = ([1] + [3] + [9]) / 2	Ø Kapitaleinsatz pro Jahr (diskont.)	12.500 GE	17.000 GE
[11] = [10] · [7]	Kapitalkosten pro Jahr	1.250 GE	1.700 GE
Periodenkostenvergleich			
[12] = [8] + [6] + [9] + [11]	**Gesamtkosten pro Jahr**	**19.800 GE**	20.800 GE
Stückkostenvergleich			
[13] = [12] / [4]	**Gesamtkosten pro Stück**	4,95 GE/ME	**4,16 GE/ME**

Abb. 6.2 - 6   Kostenvergleichsrechnung (Annahme des diskontinuierlichen Amortisationsverlaufs)

Für einen solchen Fall lässt sich die **kritische Auslastung** berechnen. Sie ist über den Schnittpunkt der Kostenkurven der beiden verglichenen Alternativen definiert. Die **Formel** zur Berechnung der kritischen Auslastungsmenge M_{kr} lautet dabei:

$$M_{kr} = \frac{K_{fix}^A - K_{fix}^B}{k_v^B - k_v^A}$$ [6.2 - 4]

mit: K_{fix} = fixe Kosten
      k_v = variable Kosten pro Stück

Liegt die voraussichtliche Auslastung im Durchschnitt stets über der kritischen Auslastung, ändert sich das Ergebnis des summarischen Kostenvergleichs nicht. Ist dagegen anzunehmen, dass die tatsächliche Auslastung häufig unter die kritische Auslastung sinkt, so kann sich das Ergebnis des summarischen Kostenvergleichs entsprechend ändern.

Abb. 6.2 - 7 verdeutlicht die Problemstruktur für das vorangegangene **Zahlenbeispiel**. Für die dort angenommene maximale Auslastung von 4.000 für Anlage A bzw. 5.000 ME für Anlage B pro Jahr zeigt sich die kostenmäßige Überlegenheit von Anlage B auch graphisch. Als kriti-

6.2 Investitionskalküle 397

sche Auslastung gilt eine Produktionsmenge von 3.000 ME pro Jahr. Erst wenn diese unterschritten wird, weist Anlage A kostenmäßige Vorteile gegenüber Anlage B auf.

Investitionsobjekte		Anlage A	Anlage B
Gegebene bzw. berechnete Plan-Daten			
[5]	variable Betriebskosten pro ME k_v	3,20 GE	2,10 GE
[14] = [6] + [9] + [11]	fixe Kosten pro Jahr K_f	7.000 GE	10.300 GE
Kritische Auslastung			
[15] gemäß Formel (6.2 - 4)	**kritische Auslastungsmenge M_{kr}**	**3.000 ME**	
Minimale Auslastung mit 2.500 ME			
[16] = 2.500 · [5] + [14]	Gesamtkosten pro Periode	**15.000 GE**	15.550 GE
[17] = [16] / 2.500	Gesamtkosten pro Stück	**6,00 GE/ME**	6,22 GE/ME
Maximale Auslastung mit 4.000 ME			
[18] = 4.000 · [5] + [14]	Gesamtkosten pro Periode	19.800 GE	**18.700 GE**
[19] = [18] / 4.000	Gesamtkosten pro Stück	4,95 GE/ME	**4,68 GE/ME**

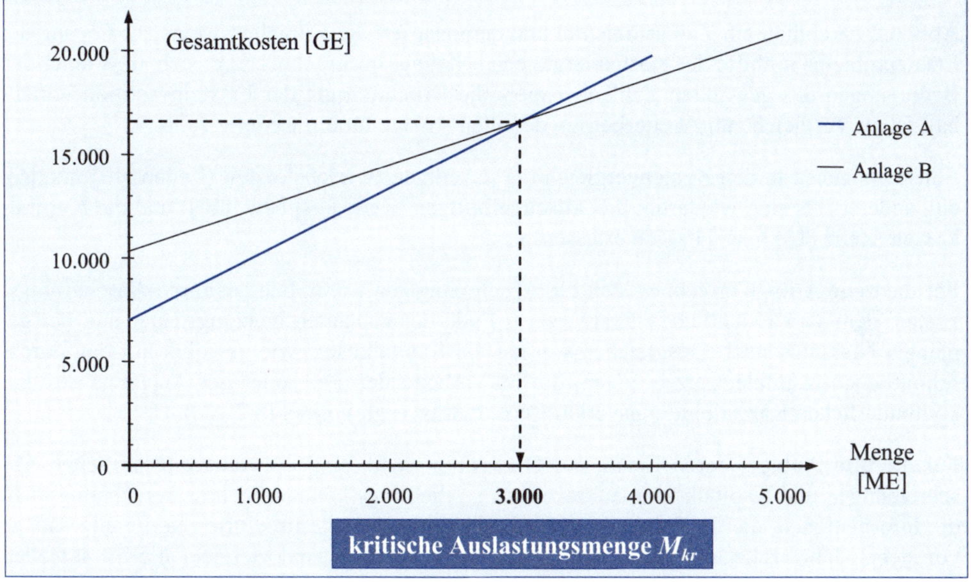

Abb. 6.2 - 7   Ermittlung der kritischen Auslastung (Daten von Abb. 6.2 - 6)

Zu (1b)   Lösung des Ersatzproblems:

Bei der Lösung des Ersatzproblems ist zu prüfen, ob nicht zu einem früheren oder späteren Zeitpunkt als dem geplanten Nutzungsdauerende eine im Betrieb befindliche Anlage ersetzt werden soll. Das Ersatzproblem erfordert konkret stets eine **Entscheidung zwischen zwei Möglichkeiten**:

• sofortiger Ersatz oder

• Ersatz nach einer weiteren Periode der Nutzung (respektive noch später).

398 Sechstes Kapitel: Betriebliche Finanzprozesse

Dabei gilt folgende **Grundregel für die Lösung des Ersatzproblems**: Ein sofortiger Ersatz lohnt sich, sobald der zeitliche Durchschnittsgewinn der Ersatzanlage größer ist als der zeitliche Grenzgewinn der alten Anlage. Solange dies nicht der Fall ist, wird die Ersatzinvestition aufgeschoben.

Zur Lösung des Ersatzproblems mithilfe der Kostenvergleichsrechnung sind den periodenbezogenen Durchschnittskosten der (neuen) Ersatzanlage die zeitlichen Grenzkosten der alten Anlage, die bei einem sofortigen Ersatz vermieden werden könnten, einander gegenüberzustellen. Die zu beantwortende Fragestellung lautet also: Ist es kostengünstiger, während der Vergleichsperiode – sie beträgt in der Regel ein Jahr – mit der vorhandenen Anlage weiterzuarbeiten, oder ist es wirtschaftlicher, die Ersatzinvestition sofort durchzuführen?

Die **Berechnung der Grenzkosten** der neuen Anlage erfolgt nach den Prinzipien der statischen Verfahren. Die besondere Betonung beim Ansatz von Grenzkosten liegt in der Verwendung von im Entscheidungszeitpunkt aktuellen Informationen. Genaugenommen werden auch für die neue Anlage Grenzkosten auf Basis der im Entscheidungszeitpunkt aktuellen Informationen ermittelt, wenn bezüglich der Kosten für die neue Anlage auf die Kosten abgestellt wird, die durch die neue Anlage zusätzlich verursacht werden.

Abb. 6.2 - 8 enthält ein **Zahlenbeispiel** und demonstriert die Vorgehensweise zur Lösung des Ersatzproblems mithilfe der Kostenvergleichsrechnung. Im Ergebnis zeigt sich, dass unter den Bedingungen des gewählten Zahlenbeispiels die Durchführung der Ersatzinvestition vorteilhaft ist im Vergleich zum Weiterbetrieb der alten Anlage für ein weiteres Jahr.

Einerseits gehen in den Kostenvergleich die jeweiligen **Betriebskosten** (Zeilen [13] und [6]) ein, andererseits sind wiederum die **Abschreibungen** (Zeile [14] bzw. [17]) und die **Kapitalkosten** (Zeile [16] bzw. [19]) zu erfassen.

Für die **neue Anlage** errechnen sich die Abschreibungen wie üblich aus ihren Anschaffungskosten, dem voraussichtlichen Restwert am Ende der geplanten Nutzungsdauer und der geplanten Nutzungsdauer. Desgleichen werden die Kapitalkosten wie gewohnt auf den durchschnittlichen Kapitaleinsatz bezogen, der im vorliegenden Fall unter der Annahme des diskontinuierlichen Kapitalbindungsverlaufs ermittelt ist (vgl. Formel [6.2 - 2]).

Für die **alte Anlage**, deren Ersatz zur Disposition steht, sind ebenfalls die jährlichen Abschreibungen und Kapitalkosten zu bestimmen. Allerdings können für ihre Berechnung nicht die Informationen, die im Zeitpunkt der Entscheidung über die Investition in die alte Anlage vor sieben Jahre relevant waren, maßgebend sein. Relevant sind vielmehr die im aktuellen Entscheidungszeitpunkt vorliegenden Informationen über den dann zu erzielenden Liquidationserlös der alten Anlage und den geschätzten Liquidationserlös am Ende der Vergleichsperiode. Die alte Anlage ist demzufolge mit Abschreibungskosten zu belasten, die der Verminderung des Liquidationserlöses durch das Aufschieben der Ersatzinvestition um ein Jahr entsprechen ([17] = [11] – [12]). Für die Berechnung der Kapitalkosten gilt analog, dass der Kapitalkostensatz nur auf den Liquidationswert anzusetzen ist, der bei Aufschub der Ersatzinvestition um die Vergleichsperiode weiter gebunden bleibt ([19] = [18] · [7]).

Abschließend sei noch erwähnt, dass neben dieser soeben vorgestellten, nach investitionstheoretischen Kriterien allein zulässigen Vorgehensweise zur Lösung des Ersatzproblems mithilfe der Kostenvergleichsrechnung eine alternative Vorgehensweise, die auch als „**Buchhaltermethode**" oder als „**Ingenieurformel**" bekannt ist, gelegentlich in der Praxis noch angewendet wird.

6.2 Investitionskalküle   399

Investitionsobjekte		alte Anlage	neue Anlage
Gegebene Plan-Daten			
[1]	Anschaffungskosten	50.000 GE	80.000 GE
[2]	geplante Nutzungsdauer	10 Jahre	10 Jahre
[3]	Restwert (= Verkaufserlös am Ende der geplanten Nutzungsdauer)	–	–
[4]	geplante Produktionsmenge pro Jahr	10.000 ME	10.000 ME
[5]	variable Betriebskosten pro Mengeneinheit (ME)	1,25 GE	0,55 GE
[6]	fixe Betriebskosten pro Jahr	3.900 GE	1.700 GE
[7]	Kapitalkostensatz	10 %	10 %
[8]	Restlebensdauer der alten Anlage	3 Jahre	
[9]	Restbuchwert der alten Anlage	15.000 GE	
[10]	Vergleichsperiode	1 Jahr	
[11]	Liquidationserlös zu Beginn der Vergleichsperiode	7.000 GE	
[12]	Liquidationserlös am Ende der Vergleichsperiode	3.000 GE	
Berechnete Daten		**Grenz-kosten**	**Ø Kosten**
[13] = [4] · [5]	variable Betriebskosten pro Jahr	12.500 GE	5.500 GE
[14] = ([1] – [3]) / [2]	Abschreibung pro Jahr		8.000 GE
[15] = ([1] + [3] + [14]) / 2	Ø Kapitaleinsatz pro Jahr (diskont.)		44.000 GE
[16] = [15] · [7]	Kapitalkosten pro Jahr		4.400 GE
[17] = [11] – [12]	Abschreibung für Vergleichsperiode	3.000 GE	
[18] = [11]	Kapitaleinsatz für Vergleichsperiode (diskont.)	7.000 GE	
[19] = [18] · [7]	Kapitalkosten für Vergleichsperiode	700 GE	
Periodenkostenvergleich			
[20] = [13] + [6] + [14] + [16]	**Gesamtkosten pro Jahr**		**19.600 GE**
[21] = [13] + [6] + [17] + [19]		20.100 GE	
Stückkostenvergleich			
[22] = [20] / [4]	**Gesamtkosten pro Stück**		**1,96 GE/ME**
[23] = [21] / [4]		2,01 GE/ME	

Abb. 6.2 - 8   Lösung des Ersatzproblems mithilfe der Kostenvergleichsrechnung

Dabei werden die Abschreibungen und die Kapitalkosten der alten Anlage auf Basis der ursprünglichen Daten über den Anschaffungswert, den geplanten Liquidationserlös am Ende der Nutzungsdauer und die geplante Nutzungsdauer berechnet. Im Beispiel von Abb. 6.2 - 8 würden sich demnach die Abschreibungen auf 5.000 GE und die Kapitalkosten auf 2.750 GE belaufen. Mit der Argumentation, dass erst durch den Ersatz der alten Anlage eine mögliche Differenz zwischen dem fortgeschriebenen Anschaffungswert bzw. Restbuchwert der alten Anlage und dem aktuell erzielbaren Liquidationserlös als außerordentlicher Gewinn bzw. außerordentlicher Verlust erfasst werden müsste, werden die diesbezüglichen Konsequenzen auf Abschreibungen und Kapitalkosten der neuen Anlage zugerechnet. Im Beispiel wäre der Buchwertverlust in Höhe von 8.000 GE [= 7.000 – 15.000], der im Falle des Ersatzes aus dem Verkauf der alten Anlage unter Buchwert entstehen würde, auf die geplante Laufzeit der neuen Anlage zu verteilen, sodass der neuen Anlage einerseits zusätzliche Abschreibungen in Höhe von 800 GE, andererseits Kapitalkosten auf den „gebundenen" Restbuchwertverlust in Höhe von 440 GE anzulasten wären.

Obwohl im Beispiel bei dieser alternativen Vorgehensweise ebenfalls die neue Anlage vorteilhaft ist und damit der sofortige Ersatz vorzuziehen ist, ist jedoch nicht zu übersehen, dass die Argumentation nach der „Buchhaltermethode" bzw. „Ingenieurformel" sich möglicherweise als eine Art Bremse für Ersatzinvestitionen auswirkt. Dies ist immer dann der Fall, wenn der außerordentliche Verlust aus dem Verkauf der alten Anlage unter Buchwert so hoch ist, dass der Kostenvorteil der neuen Anlage überkompensiert wird. Damit wird auch die **theoretische Schwäche dieses Ansatzes** deutlich: Buchverluste, die aus dem Abgang der alten Anlage resultieren, betreffen ausschließlich die Vergangenheit und die dort versäumte „richtige" Bemessung der Abschreibung bzw. die in der Vergangenheit versäumte rechtzeitige Veräußerung der Anlage. Für die Frage, ob eine Ersatzinvestition gegenwärtig vorteilhaft ist, können diese Versäumnisse der Vergangenheit prinzipiell nicht von Belang sein.

Zu (2)   Gewinnvergleichsrechnung:

Die relevante **Entscheidungsgröße** im Rahmen der Gewinnvergleichsrechnung ist der durchschnittliche Gewinn der Investition pro Periode, definiert als Saldo der durchschnittlichen Kosten und Erlöse pro Periode. Anzuwenden ist die Gewinnvergleichsrechnung, wenn die **qualitativen Leistungsabgaben der verglichenen Investitionsprojekte unterschiedlich sind** und auch entsprechend bewertet werden können. Die Zurechnung von Erlösen (= bewertete Leistungen) zu einzelnen Investitionsobjekten bereitet in der Praxis allerdings oft Schwierigkeiten, sodass die Kosten alleiniges Auswahlkriterium bleiben.

Vorteilhaftigkeitskriterien bei der Anwendung der Gewinnvergleichsrechnung:

* Beurteilung der Vorteilhaftigkeit einer einzelnen Investition:
  jährlicher Gewinn nach Kapitalkosten > 0 bzw.
  jährlicher Gewinn vor Kapitalkosten > Kapitalkosten

* Vergleich mehrerer, sich technisch ausschließender Investitionsalternativen:
  maximaler jährlicher Gewinn nach Kapitalkosten, der positiv sein muss

Grundlage der Gewinnvergleichsrechnung ist die Kostenvergleichsrechnung, zu der nun die **Erlösseite ergänzt** wird. Bei gleichem Erlös pro Leistungseinheit kommt sie damit zwangsläufig auch zu denselben Ergebnissen wie der Kostenvergleich. Abb. 6.2 - 9 veranschaulicht einen Gewinnvergleich, bei dem die verglichenen Alternativen wegen unterschiedlicher qualitativer Leistungsabgaben auch unterschiedliche Erlöse pro Leistungseinheit erwirtschaften.

6.2 Investitionskalküle   401

Grundvoraussetzung für die richtige **Interpretation der Ergebnisse** eines Gewinnvergleichs ist, dass weder die unterschiedliche Laufzeit noch der unterschiedlich hohe durchschnittliche Kapitaleinsatz bei den alternativen Investitionsobjekten für den Vorteilsvergleich von Bedeutung sind. Ob dies der Fall ist, hängt dabei im Einzelfall von entsprechenden Annahmen über die Differenzinvestition ab, also von Annahmen über die alternative Verwendung finanzieller Mittel aus Kapitaleinsatz- oder Laufzeitdifferenzen, die bei den verglichenen Investitionsvorhaben auftreten.

Wird für das **Beispiel** von Abb. 6.2 - 9 angenommen, dass Differenzinvestitionen, die bei Alternative III wegen der im Vergleich zu den anderen beiden Alternativen **kürzeren Lebensdauer** und damit schnellerer Desinvestition zwischen dem 6. und 10. Jahr durchgeführt werden können, einen anderen Periodengewinn als Alternative III (= 15.000 GE) erwirtschaften, so führt kein Perioden-, sondern nur ein **Gesamtgewinnvergleich** zu einem aussagefähigen Ergebnis. Wird für das Beispiel angenommen, dass **Differenzinvestitionen** keine zusätzlichen Gewinne erwirtschaften mögen, kann sich das Ergebnis bei einem Gesamtgewinnvergleich gegenüber dem eines Periodengewinnvergleichs verschieben.

Analoge Überlegungen bezüglich der Berücksichtigung von Differenzinvestitionen gelten in Fällen, in denen der **Kapitaleinsatz bei den verglichenen Alternativen** unterschiedlich hoch ist. Allerdings lassen sich hier Differenzinvestitionen praktisch immer dann vernachlässigen, wenn unterstellt werden kann, dass die vorhandenen respektive beschaffbaren Finanzmittel die Investitionsmöglichkeiten nicht einschränken. Dann gilt nämlich, dass alle Investitionen, die über die Kapitalkosten und die Amortisation des eingesetzten Kapitals hinaus einen Überschuss erwirtschaften, auch als vorteilhaft eingestuft werden können und dass bei technisch sich gegenseitig ausschließenden Investitionsobjekten dasjenige mit dem höchsten absoluten Überschuss auch relativ am vorteilhaftesten ist.

Sind jedoch die **Finanzmittel beschränkt**, so führen Kosten- und Gewinnvergleichsrechnungen ohne Berücksichtigung von Differenzinvestitionen häufig zu einer fehlerhaften Lösung des Auswahlproblems. Es ist dann zweckmäßig, diese Rechnungen durch eine **Rentabilitätsrechnung** zu ergänzen.

Analog zum Kostenvergleich kann es auch bei der Gewinnvergleichsrechnung zweckmäßig sein, zusätzliche **Analysen über die Gewinnstruktur** durchzuführen. Für diesen Zweck sehr geeignet ist das Instrument der **Gewinnschwellenanalyse**, auf das bereits im Zusammenhang mit dem Operating Leverage-Effekt (vgl. S. 89ff.) und den preispolitischen Fragestellungen im Marketing eingegangen wurde (vgl. S. 334ff.).

Die **Gewinnschwelle** ist definiert als der Auslastungsgrad, bei dem eine Anlage in die Gewinnzone kommt, wobei die Deckungsspanne aus der Differenz von Erlös bzw. Preis pro Mengeneinheit (ME) und variablen Kosten pro Mengeneinheit resultiert.

$$\text{Gewinnschwelle} = \frac{\text{fixe Kosten}}{\text{Deckungsspanne}} \qquad [6.2 - 5]$$

Der **DBU** (Deckungsbeitrag zu Umsatz bzw. die Grenzumsatzrentabilität) (vgl. auch S. 89f.) gibt den Erfolgszuwachs pro Mengeneinheit (ME) zusätzlichen Umsatzes an:

$$\text{DBU} = \frac{\text{Deckungsspanne}}{\text{Erlös pro ME}} \qquad [6.2 - 6]$$

Investitionsobjekte		Anlage I	Anlage II	Anlage III
Gegebene Plan-Daten				
[1]	Anschaffungskosten	100.000 GE	50.000 GE	150.000 GE
[2]	geplante Nutzungsdauer	10 Jahre	10 Jahre	6 Jahre
[3]	Restwert	–	–	–
[4]	geplante Produktionsmenge pro Jahr	20.000 ME	10.000 ME	20.000 ME
[5]	Erlös pro ME	1,86 GE	2,15 GE	2,72 GE
[6]	variable Betriebskosten pro ME	0,40 GE	0,55 GE	0,24 GE
[7]	fixe Betriebskosten pro Jahr	700 GE	250 GE	850 GE
[8]	Kapitalkostensatz	10 %	10 %	10 %
Berechnete Daten				
[9] = [4] · [5]	Erlös pro Jahr	37.200 GE	21.500 GE	54.400 GE
[10] = [4] · [6]	variable Betriebskosten pro Jahr	8.000 GE	5.500 GE	4.800 GE
[11] = ([1] – [3]) / [2]	Abschreibungen pro Jahr	10.000 GE	5.000 GE	25.000 GE
[12] = ([1] + [3] + [11])/2	Ø Kapitaleinsatz pro Jahr	55.000 GE	27.500 GE	87.500 GE
[13] = [12] · [8]	Kapitalkosten pro Jahr	5.500 GE	2.750 GE	8.750 GE
[14] = [10] + [7] + [11] + [13]	Gesamtkosten pro Jahr	24.200 GE	13.500 GE	39.400 GE
Periodengewinnvergleich				
[15] = [9] – [14]	**Gewinn nach Kapitalkosten pro Jahr**	13.000 GE	8.000 GE	**15.000 GE**
Gesamtgewinnvergleich				
[16] = [15] · [2]	**Gesamtgewinn nach Kapitalkosten**	**130.000 GE**	80.000 GE	90.000 GE

Abb. 6.2 - 9   Gewinnvergleichsrechnung

Der **Sicherheitskoeffizient** zeigt an, um wie viel Prozent der Erlös pro Periode sinken kann, bevor Verluste eintreten:

$$\text{Sicherheitskoeffizient} = \frac{\text{Gewinn pro Periode}}{\text{Deckungsbeitrag pro Periode}} \qquad [6.2 - 7]$$

Grundsätzlich gilt, dass ein **Investitionsprojekt umso günstiger** zu beurteilen ist

- je niedriger die Gewinnschwelle,
- je höher der DBU bzw. die Grenzumsatzrentabilität und
- je höher der Sicherheitskoeffizient ist.

Abb. 6.2 - 10 ergänzt den Gewinnvergleich um die für die Gewinnschwellenanalyse relevanten Größen.

6.2 Investitionskalküle 403

Investitionsobjekte		Anlage I	Anlage II	Anlage III
Berechnete Daten				
[9] = [4] · [5]	Erlös pro Jahr	37.200 GE	21.500 GE	54.400 GE
[15] = [9] − [14]	Gewinn nach Kapitalkosten pro Jahr	13.000 GE	8.000 GE	15.000 GE
[17] = [7] + [11] + [13]	fixe Kosten pro Jahr	16.200 GE	8.00 GE	34.600 GE
[18] = [5] − [6]	Deckungsbeitrag pro Stück	1,46 GE	1,60 GE	2,48 GE
[19] = [18] · [4]	Deckungsbeitrag pro Jahr	29.200 GE	16.000 GE	48.600 GE
Gewinnschwellenanalyse				
[20] = [17] / [18]	Gewinnschwelle	11.096 ME	**5.000 ME**	13.952 ME
[21] = [20] / [4]	Gewinnschwelle in % der geplanten Produktionsmenge	55,5 %	**50,0 %**	69,8 %
[22] = [18] / [5] bzw. [19] / [9]	DBU bzw. Grenzumsatzrentabilität	78,5 %	74,4 %	**91,2 %**
[23] = [15] / [19]	Sicherheitskoeffizient	44,5 %	**50,0 %**	30,2 %

Abb. 6.2 - 10   Gewinnschwellenanalyse (Daten von Abb. 6.2 - 9)

Zu (3)   Rentabilitätsrechnung:

Eine Rentabilitätsrechnung wird erforderlich, wenn der Investitionsgewinn mit **unterschiedlichem Kapitaleinsatz** erzielt wird und Kapital nicht unbeschränkt zur Verfügung steht.

Entscheidungsgröße der Rentabilitätsrechnung ist die Periodenrentabilität, die in ihrer Grundversion wie folgt definiert wird:

$$\text{Investitionsrentabilität} = \frac{\text{Gewinn pro Periode bzw. Kostenersparnis}}{\emptyset \text{ Kapitaleinsatz}} \qquad [6.2 - 8]$$

Wie ersichtlich, basiert die Rentabilitätsrechnung entweder auf einer Kostenvergleichs- oder einer Gewinnvergleichsrechnung. Wenn bei der Ermittlung des Gewinns bzw. der Kostenersparnis Kapitalkosten in Abzug gebracht werden, handelt es sich bei der Rentabilitätsgröße um eine Netto-Investitionsrentabilität. Im Gegensatz dazu wird von einer Brutto-Investitionsrentabilität gesprochen, wenn der Gewinn bzw. die Kostenersparnis vor Abzug von Kapitalkosten betrachtet wird.

Vorteilhaftigkeitskriterien bei der Anwendung der Rentabilitätsrechnung:

- Beurteilung der Vorteilhaftigkeit einer einzelnen Investition:
  (statische) Netto-Investitionsrentabilität > 0 bzw.
  (statische) Brutto-Investitionsrentabilität > Kapitalkostensatz

- Vergleich mehrerer, sich technisch ausschließender Investitionsalternativen:
  maximale Netto-Investitionsrentabilität, die positiv sein muss

In **Fortführung des Beispiels** von Abb. 6.2 - 9 zeigt Abb. 6.2 - 11, dass von den drei verglichenen Projekten das Vorhaben II die höchste Rentabilität aufweist und damit am vorteilhaftesten ist. Deutlich wird hier demonstriert, wie die Ergebnisse der Rentabilitätsrechnung den Gewinnvergleich modifizieren können.

Investitionsobjekte		Anlage I	Anlage II	Anlage III
Berechnete Daten				
[9] = [4] · [5]	Erlös pro Jahr	37.200 GE	21.500 GE	54.400 GE
[12] = ([1] + [3] + [11])/2	Ø Kapitaleinsatz pro Jahr	55.000 GE	27.500 GE	87.500 GE
[15] = [9] – [14]	Gewinn nach Kapitalkosten pro Jahr	13.000 GE	8.000 GE	**15.000 GE**
[16] = [15] · [2]	Gesamtgewinn nach Kapitalkosten	**130.000 GE**	80.000 GE	90.000 GE
Rentabilitätsrechnung				
[24] = [15] / [12]	(Netto-)Investitionsrentabilität	23,6 %	**29,1 %**	17,1%
[25] = [15] / [9]	(Netto-)Umsatzrentabilität	34,9 %	**37,2 %**	27,6 %
[26] = [9] / [12]	Kapitalumschlag	0,68	**0,78**	0,62

Abb. 6.2 - 11   Rentabilitätsrechnung (Daten von Abb. 6.2 - 9)

Eine **zusätzliche Verfeinerung dieser Rechnung** erfolgt dadurch, dass die Rentabilitätsziffer gemäß dem an anderer Stelle dargestellten ROI-Schema (vgl. S. 97ff.) in die beiden Komponenten Umsatzrentabilität und Kapitalumschlag zerlegt wird (vgl. Gleichung [6.2 - 9]). Hierdurch können etwaige strukturelle Unterschiede in dem Zustandekommen der Rentabilität bei den verglichenen Investitionsobjekten verdeutlicht werden.

$$\text{Investitionsrentabilität} \quad = \quad \text{Umsatzrentabilität} \quad \cdot \quad \text{Kapitalumschlag}$$

$$\text{Investitionsrentabilität} \quad = \quad \frac{\text{Gewinn pro Periode}}{\text{Erlös pro Periode}} \quad \cdot \quad \frac{\text{Erlös pro Periode}}{\text{Ø Kapitaleinsatz}} \qquad [6.2 - 9]$$

Ein mithilfe der Rentabilitätsrechnung vorgenommener Investitionsvergleich berücksichtigt zwar die vorhandenen Kapitaleinsatzdifferenzen, ist jedoch – analog zu den Ausführungen bei der Kosten- und Gewinnvergleichsrechnung – nur dann wirklich optimal, wenn entweder die **Laufzeit der verglichenen Investitionsvorhaben** gleich ist, was in Bezug auf Investitionsobjekt III nicht der Fall ist, oder wenn solche Differenzen keine Rolle spielen, weil etwa die untersuchten Investitionen beliebig oft wiederholt werden können. Sind beide Bedingungen nicht gegeben, so ist das endgültige Ergebnis in Abhängigkeit von entsprechenden Annahmen über die **Differenzinvestitionen** nochmals zu modifizieren.

Zu (4)   (Statische) Amortisationsrechnung:

In der Amortisationsrechnung ist die **Entscheidungsgröße** die Zeitdauer, die bis zur Wiedergewinnung des ursprünglichen Kapitaleinsatzes (= Anschaffungsausgabe) aus den Einnahmeüberschüssen des Projekts verstreicht (= Amortisationsdauer).

6.2 Investitionskalküle   405

Aus den Ergebnissen der Kosten- bzw. Gewinnvergleichsrechnung lässt sich der **durchschnittliche Einnahmeüberschuss pro Periode** (vereinfachend, ohne Investitionen in das Netto-Umlaufvermögen und ohne Investitionen in das Anlagevermögen außer in $t = 0$) wie folgt herleiten:

$$
\begin{array}{rl}
 & \text{Gewinn bzw. Kostenersparnis pro Periode} \\
+ & \text{Abschreibungen pro Periode} \\
\hline
= & \text{Einnahmeüberschuss (= Cashflow) pro Periode}
\end{array}
$$

Hiervon ausgehend sind zur **Ermittlung der Amortisationsdauer** grundsätzlich **zwei Vorgehensweisen** möglich:

Bei einer **Durchschnittsrechnung**, die dem spezifischen Charakter statischer Verfahren mit dem Ansatz von periodischen Durchschnittsgrößen entspricht, wird die Amortisationsdauer wie folgt ermittelt:

$$
\text{Amortisationsdauer in Jahren} \; = \; \frac{\text{ursprünglicher Kapitaleinsatz}}{\text{Einnahmeüberschuss pro Periode}} \qquad [6.2 \text{-} 10]
$$

Bei der **kumulativen Vorgehensweise** werden zunächst für jede Periode die Einnahmeüberschüsse ermittelt und diese so lange kumuliert, bis die Summe der Einnahmeüberschüsse gleich der Anschaffungsausgabe ist. Eine solche Vorgehensweise empfiehlt sich, wenn – entgegen den Prämissen statischer Verfahren – der Gewinnverlauf unregelmäßig ist und/oder nicht-lineare Abschreibungen verrechnet werden.

Vorteilhaftigkeitskriterien bei der Anwendung der Amortisationsrechnung:

- Beurteilung der Vorteilhaftigkeit einer einzelnen Investition:

  Ist-Amortisationsdauer ≤ Soll-Amortisationsdauer,

  wobei die Soll-Amortisationsdauer entweder als absoluter Wert (z.B. 4 Jahre) formuliert sein kann oder aber aus der relativen Angabe in Prozent der geplanten Nutzungsdauer (z.B. 50 %) hergeleitet werden kann

- Vergleich mehrerer, sich technisch ausschließender Investitionsalternativen:

  minimale Amortisationsdauer, die geringer als die Soll-Amortisationsdauer sein muss

Die **Aussagefähigkeit** der Amortisationsrechnung für die Lösung von Auswahlproblemen ist jedoch begrenzt. Entsprechende Ergebnisse wie bei der Rentabilitätsrechnung ergeben sich nur, wenn Investitionsvorhaben verglichen werden, welche die gleiche Lebensdauer aufweisen. Dies ergibt sich vor allem aus der Überlegung, dass die jährlichen Abschreibungen, die die Amortisationsdauer wesentlich mitbestimmen, von der Lebensdauer des Investitionsobjekts abhängen.

In diesem Sinne sind im **fortgeführten Beispiel** (vgl. Abb. 6.2 - 12) nur die Investitionsvorhaben I und II unmittelbar vergleichbar. Die kürzere Amortisationsdauer des Investitionsobjekts II im Vergleich zum Objekt I entspricht daher auch folgerichtig seiner höheren Rentabilität. Demgegenüber steht das Investitionsvorhaben III, das trotz seiner relativ kürzesten Amortisationsdauer die geringste Rentabilität erwirtschaftet. Dieses Ergebnis lässt sich allenfalls dann mit dem der Rentabilitätsrechnung in Einklang bringen, wenn die Amortisationsdauer – auch Payback-Dauer genannt – des Investitionsobjekts zu seiner Lebensdauer in Beziehung gesetzt wird.

Investitionsobjekte		Anlage I	Anlage II	Anlage III
Gegebene bzw. berechnete Daten				
[1]	Anschaffungskosten	100.000 GE	50.000 GE	150.000 GE
[2]	geplante Nutzungsdauer	10 Jahre	10 Jahre	6 Jahre
[11] = ([1] – [3]) / [2]	Abschreibungen pro Jahr	10.000 GE	5.000 GE	25.000 GE
[15] = [9] – [14]	Gewinn nach Kapitalkosten pro Jahr	13.000 GE	8.000 GE	**15.000 GE**
[16] = [15] · [2]	Gesamtgewinn nach Kapitalkosten	**130.000 GE**	80.000 GE	90.000 GE
[24] = [15] / [12]	(Netto-)Investitionsrentabilität	23,6 %	**29,1 %**	17,1%
Statische Amortisationsrechnung				
[27] = [1] / ([15] + [11])	statische Amortisationsdauer in Jahren	4,35 Jahre	3,85 Jahre	**3,75 Jahre**
[28] = [27] / [2]	relative Amortisationsdauer	43,5 %	**38,5 %**	62,5 %

Abb. 6.2 - 12   Statische Amortisationsrechnung (Daten von Abb. 6.2 - 9)

Die Amortisationsrechnung kann also die Rentabilitätsrechnung prinzipiell nicht ersetzen, sondern nur ergänzen, indem sie einen zusätzlichen Beurteilungsmaßstab liefert. Die Amortisationsdauer eines Investitionsvorhabens ist in diesem Sinne eine zusätzliche Grundlage für die Abschätzung des **Investitionsrisikos**, das in der Unsicherheit über die Rückgewinnung des Kapitaleinsatzes seinen Ausdruck findet: Je kürzer die Amortisationsdauer ist, umso geringer wird im Allgemeinen das Investitionsrisiko eingeschätzt.

Zum generellen Aussagewert statischer Verfahren:

Unabhängig von der unterschiedlichen Aussagefähigkeit der einzelnen Verfahren bestehen die **grundsätzlichen Mängel** der statischen Wirtschaftlichkeitsrechnung darin, dass zeitliche Unterschiede im Auftreten von Einnahmen und Ausgaben nicht oder nur unvollkommen berücksichtigt werden. Dieser Einwand ist insofern gravierend, als der Gegenwartswert zukünftiger Einnahmeüberschüsse bzw. -fehlbeträge aus Investitionen nicht nur von der nominellen Höhe, sondern auch von dem zeitlichen Anfall abhängt. Geht man hiervon aus, so können sich beispielsweise zwei Investitionsalternativen in ihrer Vorteilhaftigkeit auch dann voneinander unterscheiden, wenn ihr jährlicher Gewinnbeitrag oder ihre (statische) Rentabilität gleich groß ist.

Durch die Vernachlässigung des Zeitfaktors können statische Verfahren demnach im Allgemeinen nur approximative Lösungsergebnisse liefern. Ihre Aussagefähigkeit ist dabei um so geringer, je stärker sich die Investitionsvorhaben im Vorteilsvergleich – was die Entwicklung ihrer Kapitalbindung und Überschüsse im Zeitablauf betrifft – unterscheiden und je weniger man von gleich bleibenden Verhältnissen ausgehen kann.

6.2.2.2 Fundierung von Investitionsentscheidungen mithilfe dynamischer Kalküle

Den statischen Kalkülen stehen die dynamischen Verfahren gegenüber. Ihr wesentlicher Vorzug besteht in der Überwindung der charakteristischen Mängel statischer Investitionsrechnungen, nämlich der ein-periodischen Betrachtungsweise und der fehlenden Berücksichtigung der effektiven Zahlungsströme im Zeitablauf.

Für die dynamischen Verfahren ist damit Grundvoraussetzung, dass konkrete **Zahlungsreihen bzw. Cashflows** für jede Investition aufgestellt werden können. Hierbei entstehen regelmäßig folgende Probleme:

- Das **Definitionsproblem** konkretisiert sich in der Frage, welche Größen überhaupt als Zahlungen verstanden werden sollen. Möglich ist eine Beschränkung auf rein finanzielle Größen, denkbar ist aber auch die Einbeziehung von monetären Äquivalenten (z.B. Nutzengrößen, wie das in der so genannten **Kosten-Nutzen-Analyse** geschieht). Bei der Orientierung ausschließlich an finanziellen Größen sind keine kalkulatorischen Posten (wie kalkulatorische Kapitalkosten) zu berücksichtigen. Die Einnahmeüberschüsse einer Periode ergeben sich dann also aus dem (pagatorischen) Periodengewinn vor Fremdkapitalzinsen plus Abschreibungen. Diese einfache Definition, die unterstellt, dass keine weiteren Korrekturposten in der Überleitung von der Gewinn- zur Cashflow-Größe zu berücksichtigen sind, liegt auch den weiteren Ausführungen zugrunde.

- Das **Zurechnungsproblem** resultiert aus der Forderung nach verursachungsgemäßer Erfassung derjenigen Zahlungen, die ohne die entsprechende Investition nicht anfallen würden. Stellt man sich bei der Erfassung der relevanten Zahlungsströme die Frage, wie sich die Einnahmen und Ausgaben für das gesamte Unternehmen bei Durchführung der Investition verändern, so werden richtigerweise die inkrementellen bzw. marginalen Cashflows dem Investitionsprojekt zugerechnet. Das Zurechnungsproblem wird im Folgenden jeweils als gelöst angesehen.

- Das **Unsicherheitsproblem** ergibt sich aus dem Umstand, dass die aufzustellenden Zahlungsreihen zukünftige Entwicklungen und Ereignisse vorwegnehmen, die grundsätzlich nicht mit Sicherheit vorhergesagt werden können. Um Zahlungsreihen aufzustellen sind also Prognosen notwendig, deren prinzipielle Unsicherheit zwangsläufig auch zu mehrwertigen Zahlungsreihen führt. Auf die speziell hiermit verbundenen Probleme wird in einem gesonderten Punkt eingegangen (vgl. S. 445ff.).

Die Ausführungen über die dynamischen Verfahren der Wirtschaftlichkeitsrechnung sind wie folgt gegliedert:

(1) **Charakterisierung der klassischen dynamischen Wirtschaftlichkeitskalküle**. Hier geht es um die Darstellung und Analyse der klassischen Verfahren der Wirtschaftlichkeitsrechnung.

(2) Das **Problem der Differenzinvestitionen in den klassischen Kalkülen**. Dabei werden die impliziten Prämissen und Grenzen der klassischen Kalküle behandelt.

(3) Der **Vollständige Finanzplan (VOFI)** als endwertorientierte Version aller Wirtschaftlichkeitskalküle, der alle relevanten Cashflows einer Investition und die dazugehörigen Finanzierungsmaßnahmen (einschließlich Steuereffekte) explizit erfasst.

(4) Das **Marktzinsmodell der Investitionsrechnung**. Mit dem Marktzinsmodell der Investitionsrechnung wird ein neuerer Ansatz der dynamischen Investitionsrechnung vorgestellt.

Dabei wird – wie auch schon bei den Ausführungen zu den statischen Verfahren – der Fall der Sicherheit der Plandaten unterstellt und unternehmensbezogene Steuern auf den Unternehmenserfolg vernachlässigt, während Kostensteuern wiederum als Ausgaben bei den relevanten Zahlungsströmen erfasst werden.

Zu (1)   Charakterisierung der klassischen dynamischen Wirtschaftlichkeitskalküle:

Die **klassischen dynamischen Verfahren** der Wirtschaftlichkeitsrechnung, die im Folgenden näher erläutert werden, sind

(1a)   die **Kapitalwertmethode**,

(1b)   die **Annuitätenmethode**,

(1c)   die **Interne Zinsfußmethode** und

(1d)   die **dynamische Amortisationsrechnung**.

Zu (1a)   Kapitalwertmethode:

Zentraler Begriff dynamischer Investitionskalküle ist der **Kapitalwert (*Net Present Value*)** einer Investition. Er ergibt sich indem zunächst die dem Investitionsprojekt zuzurechnenden zukünftigen operativen Einzahlungsüberschüsse bzw. Auszahlungsüberschüsse (= $E_t - A_t$), die während der Laufzeit der Investition für die Perioden $t = 1$ bis n geschätzt werden, auf den Entscheidungszeitpunkt $t = 0$ abgezinst bzw. diskontiert werden. Anschließend wird die Summe der Barwerte gebildet und davon der Saldo von Ein- und Auszahlungen im Entscheidungszeitpunkt (= $E_0 - A_0$) subtrahiert. Der Barwert des einzelnen Rückflusses, der im zukünftigen Zeitpunkt t erwartet wird, errechnet sich dabei aus dessen Multiplikation mit dem Abzinsungs- bzw. Diskontierungsfaktor für t Perioden, der sich wiederum aus dem verwendeten Kapitalkostensatz bzw. Kalkulationszinsfuß i ableitet.

Die allgemeine **Formel zur Berechnung des Kapitalwerts** (*Net Present Value*) einer Investition mit einer Laufzeit von n Perioden lautet also wie folgt:

$$NPV = \sum_{t=0}^{n} (E_t - A_t) \cdot \frac{1}{(1+i)^t} \qquad\qquad [6.2\text{ - }11]$$

mit:
$\quad NPV \quad$ = Kapitalwert (*Net Present Value*)
$\quad\quad E_t \quad\;\;$ = Summe der (operativen) Einzahlungen im Zeitpunkt t
$\quad\quad A_t \quad\;\;$ = Summe der (operativen) Auszahlungen im Zeitpunkt t
$\quad\quad i \quad\quad$ = Kapitalkostensatz bzw. Kalkulationszinsfuß
$\quad\quad t \quad\quad$ = Periodenindex
$\quad\quad n \quad\quad$ = Laufzeit des Investitionsprojekts (Anzahl Perioden)
$\quad \dfrac{1}{(1+i)^t} \quad$ = Abzinsungs- bzw. Diskontierungsfaktor für t Perioden AF_t^i

Setzt man für den Saldo aus Ein- und Auszahlungen im Entscheidungszeitpunkt $t = 0$ die Investitionsausgabe I_0 (= $E_0 - A_0$) ein, so lässt sich die Formel für den Kapitalwert auch wie folgt schreiben. Demnach wird von der Barwertsumme der zukünftigen operativen Rückflüsse die Investitionsausgabe abgezogen, um den Kapitalwert zu erhalten.

6.2 Investitionskalküle

$$NPV = -I_0 + \sum_{t=1}^{n}(E_t - A_t) \cdot \frac{1}{(1+i)^t} \qquad [6.2\text{-}12]$$

Die Berechnung des Kapitalwerts (*Net Present Value*) einer Investition verdeutlicht Abb. 6.2 - 13 anhand eines Beispiels. Wie aus diesem Beispiel und den oben genannten Formeln ersichtlich ist, haben **Einfluss auf die Höhe des Kapitalwerts** sowohl

- der **Betrag** und die **zeitliche Verteilung** der Einnahmeüberschüsse (bzw. -unter\-deckungen) als auch
- der **Kapitalkostensatz** (auch Kalkulationszinsfuß genannt), der zur Diskontierung verwendet wird.

Zeitpunkt t (Ende Jahr ...)	Rückflüsse R_t (Einnahmeüberschüsse bzw. -fehlbeträge) der Investition	Abzinsungsfaktoren AF_t^i mit Kapitalkostensatz $i = 8\%$	Barwerte der jährlichen Rückflüsse
1	+ 700 GE	$\frac{1}{(1+8\%)^1} = 0{,}92593$	+ 648,15 GE
2	+ 500 GE	$\frac{1}{(1+8\%)^2} = 0{,}85734$	+ 428,67 GE
3	+ 300 GE	$\frac{1}{(1+8\%)^3} = 0{,}79383$	+ 238,15 GE
Summe der Barwerte der Rückflüsse			+ 1.314,97 GE
Kapitaleinsatz			- 1.000,00 GE
Kapitalwert (*Net Present Value*) der Investition			**+ 314,97 GE**

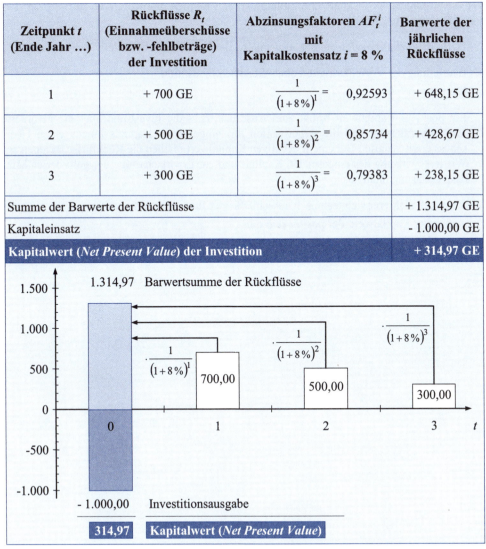

Abb. 6.2 - 13   Ermittlung des Kapitalwerts (*Net Present Value*) eines Investitionsprojekts

Die **Höhe des Kapitalkostensatzes** bestimmt sich nach der für die klassischen Kalküle charakteristischen Annahme, dass Kapital zum Kapitalkostensatz beschafft bzw. angelegt werden kann. Im Grundsatz gilt demnach, dass die Höhe des Kapitalkostensatzes bestimmt wird durch die **Finanzierungskosten**, die bei Durchführung der Investition entstehen, bzw. durch die (bei Berücksichtigung von Unsicherheit risikoadjustierte) **Rendite**, die bei alternativer Anlage der finanziellen Mittel erzielt werden könnte. Der Kapitalkostensatz ist also in jedem Fall Ausdruck der geforderten Mindestverzinsung des durch die Investition gebundenen Kapitals.

Die Abhängigkeit der **Abzinsungs- bzw. Diskontierungsfaktoren** von der Höhe des Kapitalkostensatzes und der Laufzeit ist aus der Tabelle der Abzinsungsfaktoren, die im oberen Teil von Abb. 6.2 - 14 wiedergegeben ist, ersichtlich. Je höher der Kapitalkostensatz und je länger die Laufzeit ist, desto niedriger ist der Abzinsungsfaktor. Bei einer mit einem niedrigeren Abzinsungsfaktor diskontierten Zahlung kommt folglich im niedrigeren Barwert ein stärkerer Diskontierungseffekt zum Ausdruck.

Vorteilhaftigkeitskriterien bei der Anwendung der Kapitalwertmethode:

- Beurteilung der Vorteilhaftigkeit einer einzelnen Investition:

  Kapitalwert > 0

  Ein positiver Kapitalwert bringt zum Ausdruck, dass die Investition über die geforderte Mindestverzinsung und die Amortisation des eingesetzten Kapitals hinaus einen Überschuss erwirtschaftet. Bei einem negativen Kapitalwert reichen die Rückflüsse dagegen zur Wiedergewinnung des eingesetzten Kapitals und zur Erwirtschaftung der geforderten Mindestverzinsung nicht aus.

- Vergleich mehrerer sich technisch ausschließender Investitionsalternativen:

  maximaler Kapitalwert, der positiv sein muss

Abzinsungsfaktoren: $AF_t^i = \dfrac{1}{(1+i)^t}$

i \ t	1	2	3	4	5	6	7	8	9	10	20	30	40	50	100
1 %	0,9901	0,9803	0,9706	0,9610	0,9515	0,9420	0,9327	0,9235	0,9143	0,9053	0,8195	0,7419	0,6717	0,6080	0,3697
2 %	0,9804	0,9612	0,9423	0,9238	0,9057	0,8880	0,8706	0,8535	0,8368	0,8203	0,6730	0,5521	0,4529	0,3715	0,1380
3 %	0,9709	0,9426	0,9151	0,8885	0,8626	0,8375	0,8131	0,7894	0,7664	0,7441	0,5537	0,4120	0,3066	0,2281	0,0520
4 %	0,9615	0,9246	0,8890	0,8548	0,8219	0,7903	0,7599	0,7307	0,7026	0,6756	0,4564	0,3083	0,2083	0,1407	0,0198
5 %	0,9524	0,9070	0,8638	0,8227	0,7835	0,7462	0,7107	0,6768	0,6446	0,6139	0,3769	0,2314	0,1420	0,0872	0,0076
6 %	0,9434	0,8900	0,8396	0,7921	0,7473	0,7050	0,6651	0,6274	0,5919	0,5584	0,3118	0,1741	0,0972	0,0543	0,0029
7 %	0,9346	0,8734	0,8163	0,7629	0,7130	0,6663	0,6227	0,5820	0,5439	0,5083	0,2584	0,1314	0,0668	0,0339	0,0012
8 %	0,9259	0,8573	0,7938	0,7350	0,6806	0,6302	0,5835	0,5403	0,5002	0,4632	0,2145	0,0994	0,0460	0,0213	0,0005
9 %	0,9174	0,8417	0,7722	0,7084	0,6499	0,5963	0,5470	0,5019	0,4604	0,4224	0,1784	0,0754	0,0318	0,0134	0,0002
10 %	0,9091	0,8264	0,7513	0,6830	0,6209	0,5645	0,5132	0,4665	0,4241	0,3855	0,1486	0,0573	0,0221	0,0085	0,0001
15 %	0,8696	0,7561	0,6575	0,5718	0,4972	0,4323	0,3759	0,3269	0,2843	0,2472	0,0611	0,0151	0,0037	0,0009	0,0000
20 %	0,8333	0,6944	0,5787	0,4823	0,4019	0,3349	0,2791	0,2326	0,1938	0,1615	0,0261	0,0042	0,0007	0,0001	0,0000
25 %	0,8000	0,6400	0,5120	0,4096	0,3277	0,2621	0,2097	0,1678	0,1342	0,1074	0,0115	0,0012	0,0001	0,0000	0,0000
30 %	0,7692	0,5917	0,4552	0,3501	0,2693	0,2072	0,1594	0,1226	0,0943	0,0725	0,0053	0,0004	0,0000	0,0000	0,0000

Rentenbarwertfaktoren: $RBF_n^i = \dfrac{(1+i)^n - 1}{i \cdot (1+i)^n} = \dfrac{1}{i} - \dfrac{1}{i \cdot (1+i)^n}$

i \ n	1	2	3	4	5	6	7	8	9	10	20	30	40	50	100	∞
1 %	0,9901	1,9704	2,9410	3,9020	4,8534	5,7955	6,7282	7,6517	8,5660	9,4713	18,0456	25,8077	32,8347	39,1961	63,0289	100,0000
2 %	0,9804	1,9416	2,8839	3,8077	4,7135	5,6014	6,4720	7,3255	8,1622	8,9826	16,3514	22,3965	27,3555	31,4236	43,0984	50,0000
3 %	0,9709	1,9135	2,8286	3,7171	4,5797	5,4172	6,2303	7,0197	7,7861	8,5302	14,8775	19,6004	23,1148	25,7298	31,5989	33,3333
4 %	0,9615	1,8861	2,7751	3,6299	4,4518	5,2421	6,0021	6,7327	7,4353	8,1109	13,5903	17,2920	19,7928	21,4822	24,5050	25,0000
5 %	0,9524	1,8594	2,7232	3,5460	4,3295	5,0757	5,7864	6,4632	7,1078	7,7217	12,4622	15,3725	17,1591	18,2559	19,8479	20,0000
6 %	0,9434	1,8334	2,6730	3,4651	4,2124	4,9173	5,5824	6,2098	6,8017	7,3601	11,4699	13,7648	15,0463	15,7619	16,6175	16,6667
7 %	0,9346	1,8080	2,6243	3,3872	4,1002	4,7665	5,3893	5,9713	6,5152	7,0236	10,5940	12,4090	13,3317	13,8007	14,2693	14,2857
8 %	0,9259	1,7833	2,5771	3,3121	3,9927	4,6229	5,2064	5,7466	6,2469	6,7101	9,8181	11,2578	11,9246	12,2335	12,4943	12,5000
9 %	0,9174	1,7591	2,5313	3,2397	3,8897	4,4859	5,0330	5,5348	5,9952	6,4177	9,1285	10,2737	10,7574	10,9617	11,1091	11,1111
10 %	0,9091	1,7355	2,4869	3,1699	3,7908	4,3553	4,8684	5,3349	5,7590	6,1446	8,5136	9,4269	9,7791	9,9148	9,9993	10,0000
15 %	0,8696	1,6257	2,2832	2,8550	3,3522	3,7845	4,1604	4,4873	4,7716	5,0188	6,2593	6,5660	6,6418	6,6605	6,6667	6,6667
20 %	0,8333	1,5278	2,1065	2,5887	2,9906	3,3255	3,6046	3,8372	4,0310	4,1925	4,8696	4,9789	4,9966	4,9995	5,0000	5,0000
25 %	0,8000	1,4400	1,9520	2,3616	2,6893	2,9514	3,1611	3,3289	3,4631	3,5705	3,9539	3,9950	3,9995	3,9999	4,0000	4,0000
30 %	0,7692	1,3609	1,8161	2,1662	2,4356	2,6427	2,8021	2,9247	3,0190	3,0915	3,3158	3,3321	3,3332	3,3333	3,3333	3,3333

Abb. 6.2 - 14   Tabelle der Abzinsungs- bzw. Diskontierungsfaktoren (oben) und Tabelle der Rentenbarwertfaktoren (unten)

Die **Abhängigkeit des Kapitalwerts vom Kapitalkostensatz** wird deutlich, wenn man den Kapitalwert einer Investition bei alternativen Kapitalkostensätzen, welche die jeweils geforderte Mindestverzinsung zum Ausdruck bringen, berechnet. Je höher der Kapitalkostensatz angesetzt wird, umso geringer ist der Kapitalwert des betrachteten Investitionsvorhabens. In Abb. 6.2 - 15 ist die **Kapitalwertkurve**, die sich bei Variation der Kapitalkostensätze ergibt, für das bereits aus Abb. 6.2 - 13 bekannte **Beispiel** dargestellt.

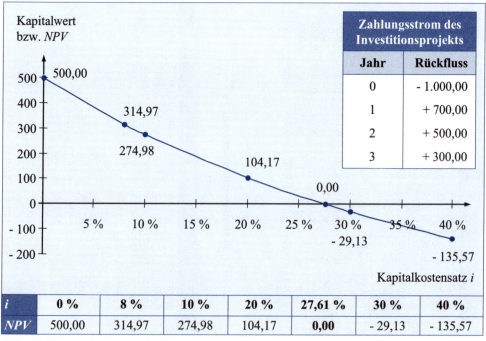

i	0 %	8 %	10 %	20 %	27,61 %	30 %	40 %
NPV	500,00	314,97	274,98	104,17	0,00	- 29,13	- 135,57

Abb. 6.2 - 15   Abhängigkeit des Kapitalwerts vom Kapitalkostensatz (Daten von Abb. 6.2 - 13)

Eine vereinfachte Möglichkeit, den Kapitalwert einer Investition zu berechnen, ergibt sich, wenn mit **gleichmäßigen Rückflüssen** („Renten") während der Laufzeit des Projekts gerechnet werden kann. In diesem Fall ergibt sich der Kapitalwert aus der Multiplikation des konstanten Rückflusses mit der Summe der Abzinsungsfaktoren über die Laufzeit des Projektes. Die Summe der Abzinsungsfaktoren wird auch als Rentenbarwertfaktor RBF_n^i, der für den Kapitalkostensatz i und die Laufzeit n Perioden gilt, bezeichnet. Nachfolgend ist der Rentenbarwertfaktor in Formel [6.2 - 14] in zwei unterschiedlichen Schreibweisen ausgedrückt.

$$NPV = -I_0 + R \cdot \sum_{t=1}^{n} \frac{1}{(1+i)^t} = -I_0 + R \cdot RBF_n^i \qquad [6.2 - 13]$$

wobei: $RBF_n^i = \dfrac{(1+i)^n - 1}{i \cdot (1+i)^n} = \dfrac{1}{i} - \dfrac{1}{i \cdot (1+i)^n}$ [6.2 - 14]

mit: R = konstanter Rückfluss in $t = 1$ bis n

RBF_n^i = Rentenbarwertfaktor für den Kapitalkostensatz i und die Laufzeit n

6.2 Investitionskalküle   413

Für unterschiedliche Laufzeiten n (in Jahren) und Kapitalkostensätze i zeigt die untere Tabelle von Abb. 6.2 - 14 die entsprechenden Werte für die Rentenbarwertfaktoren. Diese sind umso höher, je länger die Laufzeit und je niedriger der Kapitalkostensatz ist. Allerdings streben die Rentenbarwertfaktoren mit zunehmender Laufzeit einem Grenzwert zu, der dem reziproken Wert des Kapitalkostensatzes entspricht.

Hieraus ergibt sich die **Formel für den Barwert einer ewigen Rente R**:

$$\text{Barwert einer ewigen Rente } R \;=\; R \cdot \frac{1}{i} \qquad\qquad [6.2\text{ - }15]$$

Ergänzend seien an dieser Stelle noch die Formeln für den **Barwert einer, mit einer konstanten Wachstumsrate g über n Jahre jährlich wachsenden Rente** (ausgehend von der Zahlung R_1 in $t = 1$ wird in jedem Jahr bis $t = n$ der Vorjahreswert der Zahlung mit dem Faktor $(1 + g)$ multipliziert),

$$\begin{array}{l}\text{Barwert einer Rente über } n \text{ Jahre} \\ \text{mit konstantem Wachstum } g\end{array} \;=\; R_1 \cdot \left[\frac{1}{i-g} - \frac{(1+g)^n}{(i-g)\cdot(1+i)^n} \right] \qquad [6.2\text{ - }16]$$

sowie die – sich wiederum aus der Grenzwertbetrachtung herleitende – Formel für den Barwert einer **ewigen Rente, die mit der konstanten Wachstumsrate g jährlich wächst**,

$$\text{Barwert einer ewig wachsenden Rente} \;=\; R_1 \cdot \frac{1}{i-g} \qquad\qquad [6.2\text{ - }17]$$

angegeben.

Zu (1b)   Annuitätenmethode:

Die Annuitätenmethode als zweites klassisches Verfahren ist lediglich eine Variante der Kapitalwertmethode. Während bei der Kapitalwertmethode mit dem Kapitalwert einer Investition der Betrag ermittelt wird, der – im positiven Fall – den barwertigen Überschuss bezeichnet, der über die geforderte Mindestverzinsung und Amortisation des eingesetzten Kapitals hinaus erwirtschaftet wird, rechnet die Annuitätenmethode diesen Kapitalwert in **uniforme (gleich große) jährliche Zahlungen** um. Der ermittelte Kapitalwert einer Investition wird also zeitproportional periodisiert, d.h. unter Verrechnung von Zins- und Zinseszinseffekten gleichmäßig auf die Perioden der gesamten Laufzeit der Investition verteilt.

Die Berechnung der Annuität erfolgt mithilfe so genannter **Wiedergewinnungsfaktoren**, die sich als reziproker Wert der Rentenbarwertfaktoren ergeben. Entsprechend kann zu deren Bestimmung auf die Formel für den Rentenbarwertfaktor [6.2 - 14] zurückgegriffen werden. Die Berechnung der Annuität einer Investition stellt sich somit wie folgt dar:

$$A \;=\; NPV \cdot WGF_n^i \;=\; NPV \cdot \frac{1}{RBF_n^i} \qquad\qquad [6.2\text{ - }18]$$

mit: A = Annuität

WGF_n^i = Wiedergewinnungsfaktor für den Kapitalkostensatz i und die Laufzeit n

RBF_n^i = Rentenbarwertfaktor für den Kapitalkostensatz i und die Laufzeit n

Vorteilhaftigkeitskriterien bei der Anwendung der Annuitätenmethode:

- Beurteilung der Vorteilhaftigkeit einer einzelnen Investition:
  Annuität > 0

- Vergleich mehrerer, sich technisch ausschließender Investitionsalternativen:
  maximale Annuität, die positiv sein muss

Abb. 6.2 - 16 zeigt die Umrechnung des Kapitalwerts in eine Annuität – wiederum für das **Zahlenbeispiel** gemäß Abb. 6.2 - 13.

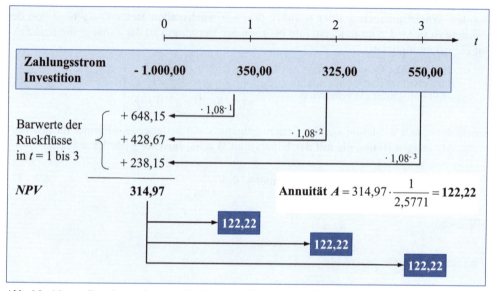

Abb. 6.2 - 16   Berechnung der Annuität eines Investitionsprojekts (Daten von Abb. 6.2 - 13)

Zu (1c)   Interne Zinsfußmethode:

Auch die Interne Zinsfußmethode ist in einer bestimmten Weise mit der Kapitalwertmethode verbunden. Sie unterscheidet sich von letzterer formal dadurch, dass sie im Rahmen der Investitionsanalyse den Diskontierungssatz errechnet, bei dem ein Kapitalwert gerade null beträgt. Dieser Diskontierungssatz wird dann als interne Verzinsung der Investition bezeichnet, ist also eine **Rentabilitätskennziffer**. Die Fragestellung der Internen Zinsfußmethode ist gewissermaßen eine Umkehrung der Kapitalwertmethode. Gefragt wird nicht nach dem Kapitalwert einer Investition bei einem vorgegebenen Kapitalkostensatz, sondern nach dem internen Zinsfuß der Investition, der sich beim vorgegebenen Kapitalwert von null ergibt.

Für das bekannte **Beispiel** zur Kapitalwertberechnung ergibt sich – wie auch schon aus Abb. 6.2 - 15 ersichtlich – ein Kapitalwert von null bei einem Diskontierungssatz in Höhe von 27,61 %, der also dem internen Zinsfuß dieser Investition entspricht.

6.2 Investitionskalküle 415

Wie dieses Ergebnis **ökonomisch zu interpretieren** ist, zeigt die Übersicht in Abb. 6.2 - 17. Sie verdeutlicht, dass sich die Aussage des internen Zinsfußes bei einer einzelnen Investition stets auf die jeweilige Kapitalbindung in den einzelnen Perioden bezieht. Im Zahlenbeispiel ist die Kapitalbindung bis zuletzt positiv, sodass der interne Zinsfuß die **Rentabilität des jeweils noch nicht amortisierten Kapitaleinsatzes vor Abzug von Kapitalkosten** bezeichnet.

t	Rechenspalte	0	1	2	3	Summe
Kapitaleinsatz vor Amortisation	[1]		1.000,00	576,07	235,10	1.811,16
Rückflüsse	[2]	-1.000,00	700,00	500,00	300,00	500,00
davon: Überschuss vor Kapitalkosten	[3] = [1] · 27,61%		276,07	159,03	64,90	500,00
Amortisation	[4] = [2] − [3]		423,93	340,97	235,10	1.000,00
Kapitaleinsatz nach Amortisation	[5] = [1] − [4]	1.000,00	576,07	235,10	0,00	

Abb. 6.2 - 17   Ökonomische Interpretation des internen Zinsfußes (Daten von Abb. 6.2 - 13)

Da nun der interne Zinsfuß i_{IZM} als **zeitliche Durchschnittsrentabilität** über alle Perioden definitionsgemäß gleich groß ist, muss außerdem gelten:

$$i_{IZM} = \frac{\sum\limits_{t=0}^{n} E_t - A_t}{\sum \text{jährliche Kapitalbindung}}$$ [6.2 - 19]

Mit den Zahlen des verwendeten **Beispiels** ergibt sich folglich:

$$i_{IZM} = \frac{-1.000 + 700 + 500 + 300}{1.000 + 576,07 + 235,10} = \frac{500}{1.811,16} = 27,61\%$$

Ausgangspunkt für die **Berechnung des Internen Zinssatzes** sind die Formeln [6.2 - 11] bzw. [6.2 - 12] zur Berechnung des Kapitalwerts. Durch Nullsetzen des Kapitalwerts ergibt sich folgende Gleichung:

$$I_0 = \sum\limits_{t=1}^{n} (E_t - A_t) \cdot \frac{1}{(1 + i_{IZM})^t}$$ [6.2 - 20]

Da zur Ermittlung des internen Zinsfußes Gleichung [6.2 - 20] nach i_{IZM} aufzulösen ist, ergeben sich allerdings bei Investitionsprojekten mit mehr als vier Zahlungszeitpunkten (also der Mehrzahl praktischer Konstellationen) erhebliche mathematische Lösungsschwierigkeiten. Neben anspruchsvollen Iterationsverfahren (vgl. ALTROGGE 1996a) kann die **lineare Interpolation** als „handwerkliches" Näherungsverfahren eingesetzt werden:

1. Man wählt einen Diskontierungssatz i_1 für die ausstehenden Rückflüsse, bei dem der hieraus errechnete Kapitalwert NPV_1 recht nahe an null herankommt, aber noch positiv bleibt.

416 Sechstes Kapitel: Betriebliche Finanzprozesse

2. Man wählt einen zweiten Diskontierungssatz i_2, bei dem sich ein betragsmäßig möglichst kleiner negativer Wert für den Kapitalwert NPV_2 ergibt.

3. Man interpoliert nun mithilfe der folgenden Formel [6.2 - 21] linear zwischen den beiden berechneten Kapitalwerten und ermittelt somit näherungsweise den Diskontierungssatz i_{IZM}, bei dem der Kapitalwert gerade null ist.

$$i_{IZM} = i_1 - NPV_1 \cdot \frac{i_2 - i_1}{NPV_2 - NPV_1}$$ [6.2 - 21]

Wenn mit **gleichmäßigen Rückflüssen** über die Laufzeit des Investitionsprojekts gerechnet werden kann, lässt sich der interne Zinsfuß – wie zuvor auch schon der Kapitalwert – vereinfacht mithilfe von Rentenbarwertfaktoren bestimmen. Gleichung [6.2 - 13] geht durch Nullsetzen entsprechend in die folgende Gleichung über. Der im Rentenbarwertfaktor für die Laufzeit n enthaltende Diskontierungssatz ist der gesuchte interne Zinsfuß i_{IZM}.

$$RBF_n^{i_{IZM}} = \frac{I_0}{R}$$ [6.2 - 22]

Für die **Anwendbarkeit der Internen Zinsfußmethode** gilt als grundlegende Voraussetzung, dass die Methode ein eindeutiges Ergebnis mit einer reellen Zahl für den internen Zinssatz liefert. Dies ist aber nicht von vornherein anzunehmen und im Grunde nur gegeben, wenn die analysierte Investition genau **einen positiven internen Zinsfuß aufweist**. Dies ist der Fall, wenn eine der drei folgenden **Bedingungen**, die teilweise ineinander enthalten sind, erfüllt ist (vgl. KÜPPER/KNOOP o.J.):

1. In der Zahlungsreihe der Investition tritt nur ein Vorzeichenwechsel auf. Eine solche Investition, bei der auf eine anfängliche Folge von Auszahlungen nur noch Einzahlungen folgen, wird auch als **Normalinvestition** bezeichnet.

2. Man berechnet für die Zeiträume $t = 1, 2, ..., n$ die Summe der bisher angefallenen Investitionszahlungen. Nachdem diese Summe zum ersten Mal positiv geworden ist, dürfen nur noch Einzahlungsüberschüsse auftreten.

3. Die Zahlungsreihe muss sich in drei aufeinander folgende Teile aufspalten lassen: Eine Teilfolge von Auszahlungsüberschüssen, eine Teilfolge von Einzahlungsüberschüssen und eine weitere Folge von Auszahlungsüberschüssen. Ferner muss gelten, dass die Summe der Ausgaben kleiner ist als die Summe der Einnahmen.

Vorteilhaftigkeitskriterien bei der Anwendung der Internen Zinsfußmethode:

- Beurteilung der Vorteilhaftigkeit einer einzelnen Investition:
  Interner Zinsfuß (bzw. dynamische Brutto-Rentabilität) > Kapitalkostensatz bzw.
  (dynamische) Netto-Investitionsrentabilität (= Interner Zinsfuß – Kapitalkostensatz) > 0

  Der Interne Zinsfuß ist also mit dem Kapitalkostensatz zu vergleichen, der die geforderte Mindestverzinsung des durch die Investition gebundenen Kapitals repräsentiert: Liegt die interne Rendite über (unter) diesem Kapitalkostensatz, so kann das Investitionsvorhaben als vorteilhaft (unvorteilhaft) eingestuft werden.

- Vergleich mehrerer, sich technisch ausschließender Investitionsalternativen:
  maximale Netto-Investitionsrentabilität, die positiv sein muss

6.2 Investitionskalküle 417

Für das **Beispiel** ergibt sich eine **(dynamische) Netto-Investitionsrendite** in Höhe von 19,61 % [= 27,61 % – 8 %], die somit deutlich über null liegt. Bezieht man diese Netto-Investitionsrendite auf das in jeder Periode gebundene Kapital, so ergibt sich der periodische Überschuss nach Kapitalkosten gemäß **kapitalbindungsproportionaler Verteilung** des Kapitalwerts. Werden diese mit den Abzinsfaktoren für den Kapitalkostensatz diskontiert, so ergibt sich in der Summe wiederum der Kapitalwert. Diese über die Netto-Investitionsrentabilität hergestellte Verbindung zwischen der Internen Zinsfußmethode und der Kapitalwertmethode zeigt abschließend Abb. 6.2 - 18 anhand des Beispiels.

t	Rechenspalte	1	2	3	Summe
Kapitaleinsatz vor Amortisation	[1]	1.000,00	576,07	235,10	1.811,16
Interner Zinsfuß	[2]	27,61%	27,61%	27,61%	27,61%
Kapitalkostensatz	[3]	8,00%	8,00%	8,00%	8,00%
Netto-Investitionsrendite	[4]	19,61%	19,61%	19,61%	19,61%
Überschuss vor Kapitalkosten	[5] = [1] · [2]	276,07	159,03	64,90	500,00
Kapitalkosten	[6] = [1] · [3]	80,00	46,09	18,81	144,89
Überschuss nach Kapitalkosten	[7] = [1] · [4] bzw. [7] = [5] – [6]	196,07	112,95	46,09	355,11
Abzinsfaktoren$_t^{8\%}$	[8] = $(1 + 8\%)^{-t}$	0,9259	0,8573	0,7938	
Barwerte der Überschüsse nach Kapitalkosten	[9] = [7] · [8]	181,54	96,83	36,59	*NPV* = 314,97

Abb. 6.2 - 18   Kapitalbindungsproportionale Verteilung des Kapitalwerts (Daten von Abb. 6.2 - 13)

Zu (1d)   Dynamische Amortisationsrechnung:

Bei der dynamischen Amortisationsrechnung wird – wie auch in der statischen Variante – die Zeitdauer ermittelt, in der die Summe der Rückflüsse die Investitionsausgabe gedeckt haben. Allerdings werden nun, wie dies für die dynamischen Verfahren charakteristisch ist, die Barwerte der Investitionsrückflüsse (diskontiert mit dem Kapitalkostensatz) so lange kumuliert, bis der Betrag der Investitionsausgabe erreicht ist.

Für das bekannte **Beispiel** zeigt Abb. 6.2 - 19, dass der Barwert der kumulierten Rückflüsse mit dem Barwert des Cashflows des zweiten Jahres die Investitionsausgabe von 1.000 GE übertrifft.

Geht man davon aus, dass die Rückflüsse in einem Betrag zu den angegebenen Zeitpunkten anfallen – wie dies bei der Diskontierung unterstellt wird – , so beläuft sich die dynamische Amortisationsdauer für das Beispiel auf 2 Jahre.

t	Rechenspalte	1	2	3
Rückflüsse R_t	[1]	700,00	500,00	300,00
Abzinsungsfaktoren $AF_t^{i=8\%}$	$[2] = (1 + 8\,\%)^{-t}$	0,92593	0,85734	0,79383
Barwerte der Rückflüsse	$[3] = [1] \cdot [2]$	648,15	428,67	238,15
kumulierte Barwerte der Rückflüsse		648,15	1.076,82	1.314,97

Abb. 6.2 - 19   Bestimmung der dynamischen Amortisations- bzw. Payback-Dauer
(Daten von Abb. 6.2 - 13)

Nimmt man jedoch an, dass die Rückflusse während des Jahres kontinuierlich anfallen, was allerdings bei der Diskontierung nicht explizit berücksichtigt wird, lässt sich die Amortisationsdauer wie folgt durch Interpolation bestimmen:

$$\text{dynamische Amortisationsdauer} = 1 + \frac{1.000 - 648,15}{1.076,82 - 648,15} = 1,82 \text{ Jahre}$$

Vorteilhaftigkeitskriterien bei der Anwendung der Amortisationsrechnung:

- Beurteilung der Vorteilhaftigkeit einer einzelnen Investition:

    Ist-Amortisationsdauer ≤ Soll-Amortisationsdauer,

    wobei die Soll-Amortisationsdauer entweder als absoluter Wert (z.B. 4 Jahre) formuliert sein kann oder aber aus der relativen Angabe in Prozent der geplanten Nutzungsdauer (z.B. 50 %) hergeleitet werden kann

- Vergleich mehrerer, sich technisch ausschließender Investitionsalternativen:

    minimale Amortisationsdauer, die geringer als die Soll-Amortisationsdauer sein muss

Hinsichtlich der **Eignung der dynamischen Amortisationsrechnung** für die Wirtschaftlichkeitsrechnung im Vergleich zu den anderen Verfahren gelten die gleichen Anmerkungen, die im Rahmen der Beschreibung der statischen Variante gemacht wurden (vgl. S. 405f.). Der entscheidende Kritikpunkt dieses Verfahrens liegt auch hier wieder darin, dass ein Investitionsvorhaben nicht zur Gänze mit allen Zahlungsströmen erfasst wird, weshalb die Payback-Dauer eher als eine Maßzahl zur Einschätzung des Investitionsrisikos anzusehen ist.

Zu (2)   Das Problem der Differenzinvestitionen in den klassischen Kalkülen:

Bei den drei Grundformen der dynamischen Investitionsrechnung – der Kapitalwertmethode, der Annuitätenmethode und der Internen Zinsfußmethode – entsteht im Rahmen von Vergleichen sich technisch ausschließender Investitionsalternativen grundsätzlich die Notwendigkeit einer (expliziten oder impliziten) Berücksichtigung von Differenzinvestitionen (Ergänzungs- und/oder Nachfolgeinvestitionen). Deren Aufgabe ist darin zu sehen, die **alternativen Investitionsprojekte in ihren relevanten Strukturmerkmalen vergleichbar zu machen**, indem

- durch Berücksichtigung von **Nachfolge- oder Anschlussinvestitionen** dafür gesorgt wird, dass die Dauer der möglicherweise unterschiedlichen Investitionsperioden für die verglichenen Projekte gleich groß ist (bzw. dass sich der Investitionsvergleich auf die gesamte Planungsperiode erstreckt) und indem

6.2 Investitionskalküle 419

- durch **Ergänzungsinvestitionen** etwaige Kapitaleinsatz- und/oder Rückflussdifferenzen kompensiert werden (wodurch erreicht wird, dass die Kapitalbindung bei allen Alternativen die gleiche Höhe und zeitliche Struktur aufweist).

Für das Verständnis der klassischen Investitionskalküle ist dabei wichtig, dass immer dann, wenn keine expliziten Differenzinvestitionen berücksichtigt werden, ein Vorteilsvergleich unter **impliziten Annahmen** hierüber abläuft. Diese lauten wie folgt:

- Bei der **Kapitalwertmethode** wird implizit unterstellt, dass Differenzinvestitionen einen internen Zinsfuß in Höhe des Kapitalkostensatzes aufweisen, sodass deren Kapitalwert also immer gerade null ist.
- Für die **Annuitätenmethode** gilt dieselbe implizite Annahme wie bei der Kapitalwertmethode nur für den Fall, dass Kapitaleinsatz- oder Rückflussdifferenzen zu berücksichtigen sind. Ansonsten wird implizit die beliebige Wiederholbarkeit der Ausgangsinvestition unterstellt.
- Bei der **Internen Zinsfußmethode** schließlich verzinsen sich alle Differenzinvestitionen implizit stets zum internen Zinsfuß der Hauptinvestition.

Im Folgenden soll das **Phänomen „implizite Differenzinvestitionen"**

(2a) an der **Nutzungsdauer- und Wiederholbarkeitsproblematik** von Anlagen,

(2b) an den bei Auswahlentscheidungen zu berücksichtigenden **Kapitalbindungsdifferenzen** und

(2c) an der spezifischen Problematik von **Programmentscheidungen**, d.h. der Zusammenstellung von Investitionsprogrammen,

diskutiert werden.

Zu (2a)   Nutzungsdauer- und Wiederholbarkeitsproblematik:

Haben die verglichenen Investitionen eine **unterschiedliche Nutzungsdauer**, so wirken sich die unterschiedlichen Annahmen über mögliche Anschlussinvestitionen speziell bei Kapitalwert- und Annuitätenmethode entsprechend auf den Vorteilsvergleich aus.

Erst wenn die der Annuitätenmethode implizit zugrunde liegende Annahme beliebiger Wiederholbarkeit der Ausgangsinvestition auch bei der Kapitalwertmethode – und zwar hier notwendigerweise explizit – berücksichtigt wird, kommen beide Methoden zum gleichen Ergebnis. Abb. 6.2 - 20 demonstriert dies an einem einfachen **Beispiel**.

	Investitionsprojekt I	Investitionsprojekt II
Gegebene Plan-Daten		
Anschaffungsausgabe	10.000 GE	10.000 GE
Nutzungsdauer	10 Jahre	5 Jahre
konstante jährliche Rückflüsse	1.800 GE	2.880 GE
Kapitalkostensatz	8 %	8 %
Berechnete Daten		
Kapitalwertmethode	$NPV = 1.800 \cdot 6{,}7101$ $- 10.000$ $= \mathbf{2.078{,}15\ GE}$	$NPV = 2.880 \cdot 3{,}9927$ $- 10.000$ $= 1.499{,}00\ GE$
Annuitätenmethode	$A = 2.078{,}15 / 6{,}7101$ $= 309{,}71\ GE$	$A = 1.499{,}00 / 3{,}9927$ $= \mathbf{375{,}44\ GE}$
Kapitalwertmethode (unter der Annahme einmaliger Wiederholbarkeit von Investition II)	$NPV = 2.078{,}15\ GE$	$NPV =$ $1.499{,}00 +$ $1.499{,}00 \cdot (1 + 8\%)^{-5}$ $= \mathbf{2.519{,}20\ GE}$

Abb. 6.2 - 20   Vorteilsvergleich bei unterschiedlicher Nutzungsdauer mithilfe der Kapitalwert- und der Annuitätenmethode

Verallgemeinert wird das Problem der expliziten bzw. impliziten Berücksichtigung von Anschlussinvestitionen im Fall der Nutzungsdauerproblematik. Diese ist darin begründet, dass die **wirtschaftlich sinnvolle Nutzungsdauer** von der technisch möglichen in der Regel abweicht und Einflussgrößen hierauf neben dem Kapitalkostensatz die möglichen Anschlussinvestitionen sind.

Das Nutzungsdauerproblem lässt sich vereinfacht auf **folgende Fälle** reduzieren (vgl. SCHNEIDER, D. 1992):

Fall 1:   Einmalige Investition und Anlage des freigesetzten Kapitals zum Kapitalkostensatz

Fall 2:   Wiederholte identische Investitionen (Investitionsketten)

        Fall 2a: Einmalige identische Wiederholung

        Fall 2b: Mehrmalige identische Wiederholung

        Fall 2c: Unendliche identische Wiederholung

Fall 3:   Wiederholte nicht-identische Investitionen (Investitionsketten)

„Identisch" bedeutet hierbei nicht etwa physische Identität, sondern wirtschaftliche Identität. Das heißt, die Investitionskette muss ausschließlich aus Investitionen mit gleich hohen Anschaffungsausgaben und gleich hohem Kapitalwert (für die Nutzungsdauer bei einmaliger Investition) bestehen.

Im Folgenden werden die Fälle 1 und 2 mithilfe der Kapitalwert- und der Annuitätenmethode analysiert. Der schwierigere Fall 3 wird nicht weiter betrachtet.

6.2 Investitionskalküle   421

Zu Fall 1:   Optimale Nutzungsdauer bei einmaliger Investition und Anlage des freigesetzten Kapitals zum Kapitalkostensatz

Bei einmaliger Investition ist die Bestimmung der optimalen Nutzungsdauer dann ein Problem, wenn die Rückflüsse oder die Liquidationserlöse (d.h. Veräußerungserlöse der außer Betrieb gesetzten Anlage) zeitliche Schwankungen aufweisen.

Da für den Fall einmaliger Investition die anschließende Anlage der freigesetzten Mittel zum Kapitalkostensatz merkmalsbestimmend ist, die Kapitalwertmethode also generell genau diese Prämisse impliziert, ist folgendermaßen vorzugehen:

Um die **optimale Nutzungsdauer** zu bestimmen, muss sukzessive für jedes Jahr der technischen Nutzungsdauer der Kapitalwert der Investition für den Fall berechnet werden, dass der Investitionsprozess zu diesem Zeitpunkt abgebrochen wird. Die optimale Nutzungsdauer ist dort, wo der **Kapitalwert sein zeitliches Maximum** erreicht.

Abb. 6.2 - 21 (entnommen aus KÜPPER/KNOOP o.J.) verdeutlicht die Vorgehensweise anhand eines **Beispiels**. Die technische Nutzungsdauer beträgt neun Jahre, der Kapitalkostensatz i 10 %. Bei unterschiedlicher wirtschaftlicher Nutzungsdauer n variiert der geschätzte Liquidationserlös L_t. Aus den Daten ergibt sich eine optimale Nutzungsdauer von acht Jahren, da sich hier der maximale Kapitalwert (*Net Present Value*) *NPV* ergibt.

t	0	1	2	3	4	5	6	7	8	9
I_0	-1.000									
$E_t - A_t$		275	269	250	231	212	181	150	101	12
L_t		812	650	512	400	288	195	102	15	0
$NPV_{n=t}$ $(i = 10\%)$		-11,82	9,50	44,82	91,12	128,38	161,80	181,04	**182,81**	180,90

Abb. 6.2 - 21   Optimale Nutzungsdauer bei einmaliger Durchführung der Investition

Zu Fall 2a: Optimale Nutzungsdauer bei einmaliger identischer Wiederholung der Investition

Die Konstellation wiederholter identischer Investitionen gemäß **Fall 2** hat kaum praktische Bedeutung, ist jedoch recht eindrucksvoll in seinen Konsequenzen für die optimale Nutzungsdauer der Anlagen in einer Investitionskette, weshalb im Folgenden darauf eingegangen wird.

Bei einmaliger identischer Wiederholung gilt mit analoger Begründung wie im Fall 1 das Kapitalwertkriterium, nunmehr allerdings mit leicht abgewandelter **Vorgehensweise**: Zunächst ist die **optimale Nutzungsdauer der Folgeinvestition** nach den Grundsätzen einer einmaligen Investition zu bestimmen. Die **optimale Nutzungsdauer der Grundinvestition** lässt sich daraufhin analog zum sukzessiven Vorgehen bei einer einmaligen Durchführung der Investition bestimmen, indem für alternative Nutzungsdauern der dazugehörige Kapitalwert unter Einschluss des jeweils abgezinsten Kapitalwerts der Folgeinvestition berechnet wird: Das Maximum des Kapitalwerts aus Grund- und Folgeinvestition gibt dann die optimale Nutzungsdauer der Grundinvestition an.

Abb. 6.2 - 22 führt das **Beispiel** aus Abb. 6.2 - 21 unter der Annahme einmaliger identischer Wiederholung der Investition fort. Der maximale Kapitalwert von Grund- und Folgeinvestition in Höhe von 274,85 GE ergibt sich, wenn die optimale Nutzungsdauer der Folgeinvestition bei acht Jahren, die der Grundinvestition dagegen bei nur sieben Jahren liegt.

t	1	2	3	4	5	6	7	8	9
$NPV_{Grundinvestition}$ **in** $t = 0$	-11,82	9,50	44,82	91,12	128,38	161,80	181,04	182,81	180,90
$NPV_{Folgeinvestition}$ **in** t	182,81	182,81	182,81	182,81	182,81	182,81	182,81	182,81	182,81
Barwert des $NPV_{Folgeinvestition}$ **in** $t = 0$	166,19	151,08	137,35	124,86	113,51	103,19	93,81	85,28	77,53
$NPV_{Grundinvestition}$ **in** $t = 0$ $+ NPV_{Folgeinvestition}$ **in** $t = 0$	154,38	160,59	182,17	215,99	241,89	264,99	**274,85**	268,10	258,43

Abb. 6.2 - 22   Optimale Nutzungsdauer bei einmaliger identischer Wiederholung (Daten von Abb. 6.2 - 21)

Zu Fall 2b: Optimale Nutzungsdauer bei mehrmaliger identischer Wiederholung der Investition

Dieser bei einmaliger identischer Wiederholung festgestellte Effekt, dass sich die optimale Nutzungsdauer der Grundinvestition gegenüber der Folgeinvestition verkürzt, lässt sich für den Fall mehrmaliger identischer Wiederholung verallgemeinern: In einer endlichen Investitionskette ist die optimale Nutzungsdauer jeder Anlage länger als die ihrer Vorgängerin und kürzer als die ihrer Nachfolgerin. Daraus folgt, dass die optimale Nutzungsdauer einer Anlage (ceteris paribus) umso kürzer ist, je mehr identische Investitionen ihr folgen. PREINREICH 1953 spricht hier von einem „**General Law of Replacement**".

Zu Fall 2c: Optimale Nutzungsdauer bei unendlicher identischer Wiederholung der Investition

Bei unendlicher identischer Wiederholung lässt sich die Berechnung der optimalen Nutzungsdauer insofern vereinfachen, als jede Investition **unendlich viele Folgeinvestitionen** aufweist und damit auch jedes Glied in dieser Investitionskette die gleiche optimale Nutzungsdauer aufweisen muss.

Deren Berechnung erfolgt nun zweckmäßigerweise mithilfe der **Annuitätenmethode**, die in ihren Prämissen ja diese unendliche Wiederholbarkeit der Grundinvestition implizit enthält: Danach ist die optimale Nutzungsdauer jeder einzelnen Anlage dort, wo die Annuität A ihr zeitliches Maximum erreicht.

t	1	2	3	4	5	6	7	8	9
NPV	-11,82	9,50	44,82	91,12	128,38	161,80	181,04	182,81	180,90
$RBF_t^{10\%}$	0,90909	1,73554	2,48685	3,16987	3,79079	4,35526	4,86842	5,33493	5,75902
A	-13,00	5,48	18,02	28,75	33,87	37,15	**37,19**	34,27	31,41

Abb. 6.2 - 23   Optimale Nutzungsdauer bei unendlicher (identischer) Investitionskette
(Daten von Abb. 6.2 - 21)

6.2 Investitionskalküle 423

Abb. 6.2 - 23 führt das **Zahlenbeispiel** von Abb. 6.2 - 21 und Abb. 6.2 - 22 unter den veränderten Prämissen fort. Wie ersichtlich, liegt die optimale Nutzungsdauer hier ebenfalls – allerdings nur zufällig – wie im Fall 2a bei sieben Jahren, da hier die Annuität A maximal ist.

In allen drei Konstellationen einer wiederholten identischen Investition gilt also, dass ihre **optimale Nutzungsdauer kleiner ist als ihre kapitalwertmaximale Nutzungsdauer**, mit Ausnahme der letzten Folgeinvestition, die wie eine einmalige Investition zu behandeln ist. Das
hat folgenden Grund: Bei der Berechnung der kapitalwertmaximalen Nutzungsdauer wird der
Umstand nicht berücksichtigt, dass durch die Verlängerung der Nutzungsdauer die Tätigung
einer vorteilhaften Anschlussinvestition mit einem Kapitalwert größer null hinausgezögert
wird.

Zu (2b) **Berücksichtigung von Kapitalbindungsdifferenzen im Investitionsvergleich:**

Die in einem Investitionsvergleich regelmäßig auftretenden **Kapitalbindungsdifferenzen** erschweren die Nutzung der klassischen Verfahren zum Teil erheblich. Problematisch ist insbesondere bei einem direkten Vergleich von Kapitalwertmethode und Interner Zinsfußmethode,
dass beide **nicht immer zu gleichen Rangfolgeergebnissen** kommen.

Abb. 6.2 - 24 (in Anlehnung an BIERGANS 1973) verdeutlicht, dass bei einem Kapitalkostensatz in Höhe von 10 % Projekt B mit einem Kapitalwert von 323,07 GE vorteilhafter als A erscheint, das nur einen Kapitalwert von 274,98 GE aufweist. Dagegen hätte man nach der Internen Zinsfußmethode unzweifelhaft der Alternative A den Vorzug gegeben. Wie ersichtlich,
liegt die Ursache für die Unterschiede **formal** daran, dass sich die beiden Kapitalwertkurven
sich im relevanten Bereich schneiden. **Materiell** sind es die wirksam werdenden Pauschalannahmen bei Kapitalwert- bzw. Interner Zinsfußmethode, die diese Differenzen bewirken.

Investitions- projekte	A	B
Kapitaleinsatz	1.000	1.000
Rückflüsse		
1. Jahr	700	100
2. Jahr	500	400
3. Jahr	300	1.200
Kapitalwert		
bei 10,00 %	274,98	**323,07**
14,42 %	193,89	193,89
20,00 %	**104,17**	55,56
interner **Zinsfuß**	**27,61%**	22,55%

NPV_A = Kapitalwerte der Investition A
NPV_B = Kapitalwerte der Investition B

27,61% interner Zinsfuß der Investition A
22,55% interner Zinsfuß der Investition B
14,42% Schnittpunkt der Kapitalwertkurven

Abb. 6.2 - 24   Investitionsvergleich im Falle sich schneidender Kapitalwertkurven

Im Beispiel ist die **Berücksichtigung von Ergänzungsinvestitionen** insofern erforderlich, als
die Annahmen über die zwischenzeitliche Anlage und damit Verzinsung der zeitlich unterschiedlich verteilten Rückflüsse den Vorteilsvergleich beeinflussen. So wirkt sich bei geringer

Verzinslichkeit der Ergänzungsinvestitionen die im Vergleich zu Projekt A höhere Summe der (undiskontierten) Rückflüsse bei Projekt B stärker auf ihren Kapitalwert aus als die demgegenüber ungünstigere zeitliche Verteilung der Rückflüsse. Bei geringer Verzinslichkeit der Ergänzungsinvestitionen, präziser bis zu einer Verzinsung von 14,42 % (**kritischer Zinssatz**), ist demnach Projekt B dem Projekt A überlegen. Erst oberhalb des kritischen Zinssatzes ist das Projekt A vorteilhafter als das konkurrierende Projekt, weil sich dann die im Vergleich zu Projekt B günstigere zeitliche Verteilung der Rückflüsse stärker auswirkt als die insgesamt geringere Summe der Rückflüsse.

Solange bei der Kapitalwertmethode also mit einem Kapitalkostensatz gearbeitet wird, der niedriger ist als der kritische Zinssatz, kommt man wegen der damit gleichzeitig verbundenen Annahme über die Verzinsung der Differenzinvestitionen zu einem anderen Ergebnis als die Interne Zinsfußmethode. Deren implizite Annahme über die Verzinsung der Differenzinvestition zum internen Zinsfuß steht erst bei einem Kapitalkostensatz oberhalb des kritischen Zinssatzes nicht mehr im Konflikt mit der Kapitalwertmethode.

Das **Phänomen sich schneidender Kapitalwertkurven**, das also zu möglichen Fehlbeurteilungen bei einem Investitionsvergleich Anlass gibt, tritt sehr häufig auf; insbesondere dann, wenn sich die verglichenen Investitionsprojekte in mehr als einem der folgenden vier Strukturmerkmale, durch die sich eine Investition in dynamischen Kalkülen formal vollständig charakterisieren lässt, unterscheiden:

- Kapitaleinsatz (Investitionsbetrag),
- Laufzeit (Nutzungs- bzw. Lebensdauer),
- Summe der (undiskontierten) Rückflüsse,
- zeitliche Verteilung der Rückflüsse.

Praktisch sind überhaupt nur fünf Konstellationen denkbar, wo das **Phänomen sich schneidender Kapitalwertkurven nicht existiert**, also auch keine Fehlbeurteilung bei einem Investitionsvergleich möglich ist (vgl. Abb. 6.2 - 25, in Anlehnung an SCHULTE 1986).

In allen anderen Fällen kann es zu einer unterschiedlichen Rangfolge bei Anwendung der Kapitalwert- und der Internen Zinsfußmethode kommen, wobei – wie oben erläutert – es im Einzelfall auf die Höhe des angesetzten Kapitalkostensatzes ankommt.

Fall	Anschaffungs-auszahlung	Nutzungsdauer	Summe der Rückflüsse	zeitliche Struktur der Rückflüsse
1	ungleich	gleich	gleich	gleich
2	gleich	ungleich	gleich	gleich
3	gleich	gleich	ungleich	gleich
4	gleich	gleich	gleich	ungleich
5	gleich	ungleich	gleich	ungleich

Abb. 6.2 - 25   Bedingungen für die gleiche Rangfolge bei Anwendung von Kapitalwert- und Interner Zinsfußmethode

Für die Frage, ob das eine oder andere Verfahren zu einer richtigen Rangordnung führt, gelten generell folgende Regeln bezüglich der angenommenen **Verzinsung der Differenzinvestition**:

6.2 Investitionskalküle   425

1. Kann angenommen werden, dass die Differenzinvestitionen (Ergänzungs- und/oder Folgeinvestitionen) sich zum **Kapitalkostensatz** verzinsen, ist der Kapitalwert der Differenzinvestitionen also null, so wird die Anwendung der **Kapitalwertmethode** zu aussagefähigen Ergebnissen führen.

2. Entspricht die Verzinsung der Differenzinvestitionen dagegen jeweils dem **internen Zinssatz** der untersuchten Investitionsvorhaben, so führt die **Interne Zinsfußmethode** zum richtigen Ergebnis.

3. Stimmt die Verzinsung der Differenzinvestitionen dagegen weder mit dem Kapitalkostensatz noch mit dem internen Zinssatz der untersuchten Investitionsvorhaben überein, so ist zu prüfen, ob sie ober- oder unterhalb des **kritischen Zinssatzes** liegt. Dementsprechend führt entweder das eine oder das andere Verfahren zu einer zielentsprechenden Rangordnung.

Zu (2c)   Entscheidungen über das optimale Investitionsprogramm:

Eine besondere Rolle spielen Differenzinvestitionen bei Programmentscheidungen, wenn es also darum geht, mehrere **Investitionsalternativen zu einem Programm** zusammenzustellen.

Die Annahme, dass Differenzinvestitionen sich zum Kapitalkostensatz verzinsen, dass also ihr Kapitalwert gleich null ist, wird realistischerweise vor allem dann zutreffen, wenn die finanziellen Möglichkeiten die lohnenden Investitionsmöglichkeiten übersteigen. In solchen Fällen setzt sich das optimale Investitionsprogramm aber aus allen Investitionsvorhaben zusammen, die überhaupt einen positiven Kapitalwert erwirtschaften. Ein Auswahlproblem im eigentlichen Sinn entsteht somit nur bei **Projekten, die sich technisch gegenseitig ausschließen.** Hier wird entsprechend der Annahme, dass sich Differenzinvestitionen zum Kapitalkostensatz verzinsen, jeweils das Vorhaben mit dem absolut höheren Kapitalwert in das Investitionsprogramm aufgenommen.

Anders ist es dagegen in den Fällen, in denen – was das „Normale" sein wird – **das finanzielle Potenzial nicht ausreicht**, um alle an sich lohnenden Investitionsmöglichkeiten auszuschöpfen. Hier konkurrieren also nicht nur die Vorhaben, die sich technisch gegenseitig ausschließen, sondern prinzipiell alle Investitionsprojekte um die Aufnahme in das Investitionsprogramm. Im Gegensatz zur Situation, in der die finanziellen Möglichkeiten die lohnenden Investitionsmöglichkeiten übersteigen, ist nunmehr der interne Zinsfuß als Renditemaßstab für das „knappe" Kapital das im Allgemeinen zweckmäßigere Kriterium für die Beurteilung und rangmäßige Einstufung der Investitionsvorhaben. Allerdings sind für eine zielentsprechende Rangordnung die Differenzinvestitionen zu berücksichtigen bzw. Annahmen über ihre Verzinsung aufzustellen. Da die Verzinslichkeit der Differenzinvestitionen aber weder unbedingt dem Kapitalkostensatz noch der Rendite der jeweils untersuchten Investitionsobjekte entspricht (siehe oben Annahmen [1] und [2]), ist gemäß Annahme [3] im Einzelfall zu prüfen, ob die Rangordnung der Investitionsvorhaben mithilfe der Internen Zinsfußmethode auch tatsächlich zu einem optimalen Investitionsprogramm führt.

Im Folgenden soll an einem vereinfachten **Beispiel** (vgl. Abb. 6.2 - 26) die Bestimmung eines optimalen Investitionsprogramms mithilfe eines **Rangordnungsverfahrens** gezeigt werden. Wesentliches Kennzeichen dieses Ansatzes ist die explizite Erfassung verschiedener Investitions- und Finanzierungsalternativen mit ihrer internen Verzinsung respektive ihrem Finanzierungskostensatz.

Die **Vorgehensweise** ist in Anlehnung an DEAN (1969) durch folgende Schritte gekennzeichnet:

1. Ausgangspunkt ist ein betragsmäßig nach oben beschränktes finanzielles Kreditvolumen (Spalte [2] in Abb. 6.2 - 26). Die Finanzierungsobjekte werden nach Maßgabe ihres Finanzierungskostensatzes in aufsteigender Reihe geordnet – was bereits geschehen ist. Zur Herleitung der graphischen Lösung ist die so beschriebene Kapitalangebotskurve in ein Koordinatensystem eingetragen.

2. Anschließend werden die internen Zinssätze i der Investitionsvorhaben errechnet und die Objekte nach Maßgabe fallender Verzinsung geordnet. (Spalte [6] in Abb. 6.2 - 26). In Analogie zu dieser Hierarchie wird in der graphischen Lösung die Kapitalnachfrage als Treppenfunktion mit absteigender interner Verzinsung im Koordinatensystem konstruiert.

3. Die Zusammensetzung des optimalen Investitions- und Finanzierungsprogramms wird durch die schrittweise Aufnahme aller Investitionsprojekte ermittelt, deren interne Verzinsung oberhalb der durch den Schnittpunkt von Kapitalangebots- und Nachfragefunktion gekennzeichneten marginalen internen Verzinsung i^* liegt. Analog werden die Finanzierungsangebote mit einem Finanzierungskostensatz unter i^* ausgenutzt.

Zur Ableitung des optimalen Investitions- und Finanzierungsprogramms gilt demnach die folgende **Entscheidungsregel**: „Investitionen und Finanzierungen werden so lange in das Budget aufgenommen, wie der marginale interne Zinsfuß des Investitionsprogramms noch größer ist als die marginalen Finanzierungskostensätze des Finanzierungsprogramms." (ADAM/ BRAUCKSCHULZE 1984) Weder eine Substitution einzelner Projekte noch die Programmreduzierung bzw. -expansion versprechen eine Verbesserung der Lösung.

Im **Beispiel** von Abb. 6.2 - 26 werden die Projekte A und B vollständig, das Projekt C jedoch nur mit 2.000 GE in das optimale Programm aufgenommen. Die Finanzierungsalternative 1 wird in vollem Umfang beansprucht, der Kredit 2 dagegen nicht ausgenutzt.

Wichtig ist anzumerken, dass die hier in Anlehnung an DEAN dargestellte Vorgehensweise in der Regel nur dann zu der Ableitung des optimalen Investitions- und Finanzierungsprogramms führt, wenn die **Einhaltung der nachstehenden** – die Anwendung des Ansatzes auf praktische Probleme der Kapitalbudgetierung allerdings stark einschränkenden – **Prämissen** sichergestellt ist:

- Als optimal gilt das Investitions- und Finanzierungsprogramm, das die Einzahlungsüberschüsse bzw. das Endvermögen maximiert.

- Es gilt die Annahme sicherer Erwartungen.

- Die Durchführung einer Investitions- oder Finanzierungsalternative ist vollkommen unabhängig von der Realisierung eines anderen Investitions- oder Finanzierungsobjektes (keine Projektinterdependenzen).

- Der Ansatz nach DEAN berücksichtigt einen lediglich einperiodigen Planungszeitraum (Zwei-Zeitpunkt-Modell).

- Die zu bewertenden Projekte sind beliebig teilbar.

- Als Finanzierungsalternativen stehen keine Eigenmittel, sondern ausschließlich Fremdkapital zur Verfügung.

Finanzierungsmittel	maximaler Betrag	Finanzierungskosten	Investitionsvorhaben	Kapitaleinsatz	interne Verzinsung	optimales Investitionsbudget
[1]	[2]	[3]	[4]	[5]	[5]	[6]
1	8.000	9,0 %	A	4.000	13,0 %	A: 4.000
2	6.000	12,5 %	B	2.000	12,0 %	B: 2.000
			C	7.000	11,5 %	C: 2.000
			D	6.000	10,0 %	
	Σ = 14.000			Σ = 19.000		Σ = 8.000

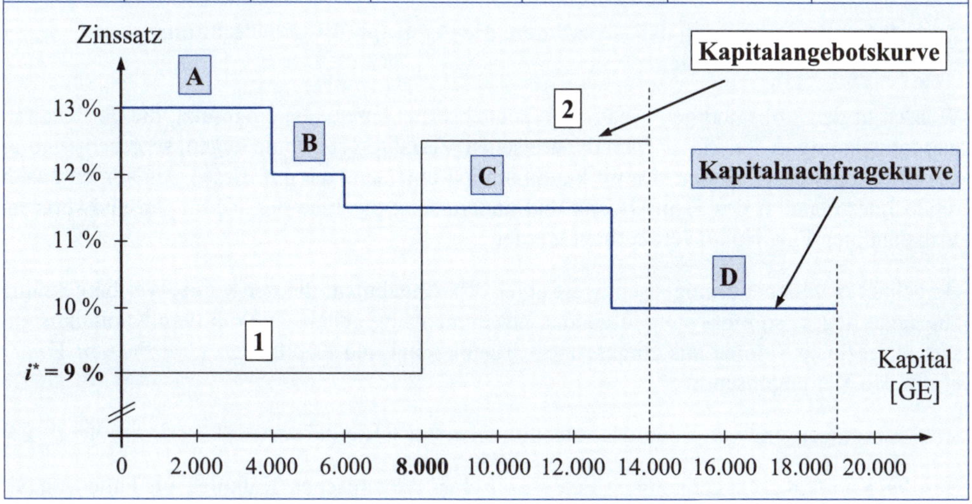

Abb. 6.2 - 26   Zusammenstellung eines optimalen Investitionsbudgets nach dem DEAN-Modell

In der betriebswirtschaftlichen Literatur finden sich zahlreiche Vorschläge zur Übertragung der oben dargestellten, sehr eingängigen und anschaulichen Vorgehensweise auf die Lösung komplexerer, über die engen Prämissen des DEAN-Modells hinausgehender Problemstellungen (vgl. ADAM/BRAUCKSCHULZE 1984). Die gleichzeitige Berücksichtigung von Projektinterdependenzen, der Mehrperiodigkeit sowie der Unteilbarkeit von Investitions- und Finanzierungsalternativen überfordert allerdings im Regelfall das einfache DEAN-Modell und macht insofern die Anwendung von Verfahren der linearen Programmierung (vgl. S. 220ff.) erforderlich.

Zu (3)   Der Vollständige Finanzplan (VOFI):

Im Vollständigen Finanzplan (VOFI) (vgl. hierzu ausführlich GROB 1989 und 2006) wird der **Vermögensendwert** ermittelt und zur Entscheidungsfindung über die Vorteilhaftigkeit einer Investition herangezogen. Dabei werden nicht nur die operativen Cashflows eines Investitionsprojekts erfasst, sondern auch die Finanzierungszahlungsströme, die aus einer konkret geplanten Finanzierung sowie aus der Anlage von Überschüssen oder aus der Nachfinanzierung von Defiziten während der Laufzeit des Projekts resultieren. Somit kann der Vollständige Finanzplan auch als eine verkürzte Version der integrierten Bilanz-, Erfolgs- und Cashflow-Planung betrachtet werden.

428   Sechstes Kapitel: Betriebliche Finanzprozesse

Für die Ermittlung des Vermögensendwerts im VOFI muss der Zahlungssaldo, der aus sämtlichen Investitions-, Finanzierungs- und Anlagezahlungsströmen resultiert in jedem Jahr während der Laufzeit der Investition gleich null sein. Um diesen Ausgleich zu erzielen, werden Anlagen von Überschüssen und (Nach-)Finanzierungen für Defizite explizit formuliert. Die **Vorgehensweise** wird im Folgenden anhand von **zwei Fällen** demonstriert:

Fall 1:   Unterstellung der Annahmen, die der Kapitalwertberechnung zugrunde liegen

Fall 2:   Annahme einer vereinbarten Kreditfinanzierung und Möglichkeit der Anlage von Überschüssen bzw. Finanzierung von Defiziten über ein Kontokorrentkonto mit differenziertem Soll- und Habenzinssatz

Zu Fall 1:   Unterstellung der Annahmen, die der Kapitalwertberechnung zugrunde liegen

Werden in den Vollständigen Finanzplan zunächst die Annahmen eingesetzt, die der Kapitalwertberechnung in den klassischen dynamischen Verfahren zugrunde liegen, so geschieht dies aus **didaktischen Gründen**. Damit kann nämlich einerseits die auf diesen Annahmen basierende Interpretation des Kapitalwerts und andererseits die Idee des Vermögensendwerts im Vollständigen Finanzplan verdeutlicht werden.

Berechnet man den Vermögensendwert unter den Annahmen, die der Kapitalwertberechnung zugrunde liegen, so muss stets folgender Zusammenhang gelten: Die mit dem Kapitalkostensatz aufgezinste Summe aus eingesetztem Eigenkapital und Kapitalwert (*Net Present Value*) ergibt den Vermögensendwert:

$$\text{Vermögensendwert} = (\text{eingesetztes Eigenkapital} + \text{Kapitalwert}) \cdot (1 + i)^n \qquad [6.2 - 23]$$

Bei der Kapitalwertberechnung in den klassischen dynamischen Kalkülen im Falle von Sicherheit – wie in Abb. 6.2 - 13 demonstriert – wird angenommen, dass die Renditeforderung der Eigenkapitalgeber im Falle der Eigenfinanzierung sowie der Fremdkapitalzins im Falle der Fremdfinanzierung gleich hoch sind. Dabei stellt die Renditeforderung der Eigenkapitalgeber einen Opportunitätskostensatz dar, zu dem alternative Anlagen am Finanzmarkt getätigt werden können. Somit gilt unter den gegebenen Annahmen im VOFI derselbe Zinssatz für die Anlage von periodischen Überschüssen und für die Finanzierung von periodischen Defiziten während der Laufzeit des Investitionsprojekts.

Obwohl sich im Fall 1 Finanzierungskostensatz und Anlagezinssatz also nicht unterscheiden, ist für die Aufstellung des VOFI dennoch eine Annahme über die Finanzierung zu treffen, da im VOFI der Vermögensendwert als der Wert des Vermögens für die Eigenkapitalgeber am Ende der Laufzeit des Investitionsprojekts ermittelt wird.

Für den Fall 1 soll angenommen werden, dass die Investitionsausgabe von 1.000 GE zur Hälfte mit Fremdkapital finanziert wird. Wie Abb. 6.2 - 27 zeigt, berechnet sich ein Vermögensendwert in Höhe von 1.026,62 GE. Dieser setzt sich aus dem in $t = 0$ eingesetzten Eigenkapital in Höhe von 500 GE sowie dem Kapitalwert in Höhe von 314,97 GE, die beide über drei Jahre mit 8 % verzinst werden, zusammen.

$$1.026,62 = (500 + 314,97) \cdot (1 + 8\,\%)^3$$

Würde man alternativ die vollständige Eigenfinanzierung unterstellen, so ergäbe sich ein Vermögensendwert in Höhe von 1.658,48 GE. Dieser entspricht wiederum der aufgezinsten Summe aus eingesetztem Eigenkapital (hier: 1.000 GE) und Kapitalwert:

6.2 Investitionskalküle

$$1.656,48 = (1.000 + 314,97) \cdot (1 + 8\,\%)^3$$

Im Falle der Finanzierung ausschließlich mit Fremdkapital würde sich der Vermögensendwert auf 396,77 GE belaufen, der dem mit 8 % aufgezinsten Kapitalwert von 314,97 GE entspricht:

$$396,77 = (0 + 314,97) \cdot (1 + 8\,\%)^3$$

t	0	1	2	3
Zahlungsstrom der Investition	- 1.000,00	+ 700,00	+ 500,00	+ 300,00
Eigenfinanzierung				
Finanzierung mit Eigenkapital	+ 500,00			
Fremdfinanzierung				
Aufnahme Kredit	+ 500,00			
Tilgung Kredit		- 500,00		
Zinsaufwendungen Kredit		- 40,00		
Finanzanlage				
Investition in Finanzanlage		- 160,00	- 672,80	
Rückzahlung Finanzanlage			+ 160,00	+ 672,80
Zinserträge Finanzanlage			+ 12,80	+ 53,82
Zahlungssaldo	**0,00**	**0,00**	**0,00**	**+ 1.026,62**
Vermögensendwert				**1.026,62**
Bestand Kredit	500,00	0,00	0,00	0,00
Bestand Finanzanlage		160,00	672,80	0,00

Abb. 6.2 - 27   Vollständiger Finanzplan mit Annahmen gemäß klassischer Kapitalwertmethode

Zu Fall 2:   **Annahme einer vereinbarten Kreditfinanzierung und Möglichkeit der Anlage von Überschüssen bzw. Finanzierung von Defiziten über ein Kontokorrentkonto mit differenziertem Soll- und Habenzinssatz**

Der **Vorteil des VOFI** als Instrument der Wirtschaftlichkeitsrechnung wird deutlich, wenn das Beispiel von Fall 1 erweitert wird. Es soll nun angenommen werden, dass das Projekt mit einem endfälligen Kredit über 500 GE zu 5 % finanziert wird. Für die Finanzierung von periodischen Defiziten existiert die Möglichkeit einen Kontokorrentkredit zu 6 % zu nutzen. Sofern das Kontokorrentkonto ein Guthaben aufweist, werden diese Überschüsse zu 2 % verzinst.

Wird in diesem Fall 2 also eine bestimmte Finanzierung unterstellt, so ist es sinnvoll nun **unterschiedliche Renditeforderungen von Eigen- und Fremdkapitalgebern** zu unterstellen und zudem zwischen einem Finanzierungs- und einem Anlagezinssatz für die Überschüsse bzw. Defizite zu differenzieren. Damit wird an dieser Stelle genau genommen die bisherige unterstellte Annahme der Sicherheit der Zahlungsströme aufgehoben und zudem eine wichti-

430   Sechstes Kapitel: Betriebliche Finanzprozesse

ge Prämisse des vollkommenen Kapitalmarkts, nämlich Gleichheit von Anlage- und Refinanzierungssätzen, aufgehoben.

t	0	1	2	3
Zahlungsstrom der Investition	- 1.000,00	+ 700,00	+ 500,00	+ 300,00
Eigenfinanzierung				
Finanzierung mit Eigenkapital	+ 500,00			
Fremdfinanzierung				
Aufnahme Kredit	+ 500,00			
Tilgung Kredit				- 500,00
Zinsaufwendungen Kredit		- 25,00	- 25,00	- 25,00
Kontokorrentkredit				
Finanzierung von Defiziten (+)				
Tilgung Soll-Saldo (-)				
Zinsaufwand Soll-Saldo				
Kontokorrentguthaben				
Anlage von Überschüssen (-)		- 675,00	- 1.163,50	
Rückzahlung Haben-Saldo (+)			+ 675,00	+ 1.163,50
Zinsertrag Haben-Saldo			+ 13,50	+ 23,27
Zahlungssaldo	0,00	0,00	0,00	+ 961,77
Vermögensendwert				961,77
Bestand Kredit	500,00	500,00	500,00	0,00
Bestand Kontokorrentkonto: Soll-Saldo (-) / Haben-Saldo (+)	0,00	675,00	1.163,50	0,00

Abb. 6.2 - 28   Ausführliches Beispiel für einen Vollständigen Finanzplan

Für die Beurteilung der Vorteilhaftigkeit des Investitionsprojekts ist aus dem eingesetzten Eigenkapital und dem Vermögensendwert die so genannte **VOFI-Rendite** als Interner Zinsfuß wie folgt zu bestimmen:

$$i_{VOFI} \quad = \quad \sqrt[n]{\frac{\text{Vermögensendwert}}{\text{eingesetztes Eigenkapital}}} - 1 \qquad\qquad [6.2 - 24]$$

Im Beispiel ergibt sich Folgendes:

$$i_{VOFI} \quad = \quad \sqrt[3]{\frac{961,77}{500,00}} - 1 \quad = \quad 24,37\,\%$$

Wie bei der Entscheidungsregel der Internen Zinsfußmethode ist die VOFI-Rendite mit der Renditeforderung der Kapitalgeber – hier der Eigenkapitalgeber – zu vergleichen. Ist letztere geringer, so ist das Investitionsprojekt als attraktiv zu bewerten.

6.2 Investitionskalküle   431

Abschließend ist anzumerken, dass sich **Gewinnsteuern** in den Vollständigen Finanzplan problemlos integrieren lassen, wobei der Gewinnsteuerzahlungsstrom dann auch die steuerlichen Konsequenzen von Fremdkapitalzinsaufwendungen aus Finanzierungszahlungsströmen und von Zinserträgen aus Anlagezahlungsströmen beinhaltet. Die VOFI-Rendite ist dann eine Rendite nach unternehmensbezogenen Gewinnsteuern.

Zu (4)   Das Marktzinsmodell der Investitionsrechnung:

Die Kritik an den klassischen Verfahren der dynamischen Investitionsrechnung knüpft vorwiegend an der „**Wiederanlageprämisse**" an. Speziell bei Investitionsvergleichen müssen meist entsprechende Prämissen über Anschlussinvestitionen (bei unterschiedlichen Nutzungsdauern) und/oder Ergänzungsinvestitionen in Höhe der Kapitalbindungsdifferenzen gesetzt bzw. hingenommen werden. Hinzu kommt, dass die Finanzierungsseite durch den einheitlichen Kapitalkostensatz, zu dem annahmegemäß jederzeit Kapital aufgenommen – aber auch wieder angelegt – werden kann, gleichsam als Problem „wegdefiniert" wird. Mit anderen Worten arbeiten die klassischen Kalküle mit einer einschneidenden Prämisse: der Annahme eines **vollkommenen Kapitalmarktes**.

Aus der sich hieran entzündeten Kritik sind Modelle entwickelt worden, die als **Vermögens-Endwertmodelle** konzipiert sind, um die „Wiederanlageprämisse" durch explizite Differenzinvestitionen zumindest teilweise zu entschärfen, und die mit **zwei unterschiedlichen Zinssätzen** arbeiten: einem **Sollzinssatz,** mit dem das bereitgestellte Fremdkapital zu verzinsen ist, sowie einem **Habenzinssatz,** zu dem Eigenmittel bzw. Einnahmeüberschüsse bis zum Ende des Planungszeitraums angelegt werden können (vgl. ausführlich BLOHM/LÜDER/SCHÄFER 2006; KRUSCHWITZ 2007).

Diese Investitionsmodelle berücksichtigen zwar einige Kritikpunkte an der klassischen Investitionsrechnung, lassen aber auch neue Probleme entstehen. Insbesondere muss bei all diesen **Modellvarianten kritisch** gesehen werden, dass

- sie durch die explizite Berücksichtigung der Wiederanlage von Investitionsrückflüssen und der notwendigen Annahme über die Höhe des Anfangsvermögens Erfolgseffekte auf die Grundinvestition zurechnen, die von dieser originär gar nicht verursacht werden,
- sie bei frei wählbarem Wiederanlagezinsfuß die realen Gegebenheiten zwar grundsätzlich besser berücksichtigen können, diese zukünftigen Zinssätze aber in praktischen Investitionsbeispielen nur mit großen Unsicherheiten prognostiziert werden können,
- sie zwar realistischerweise mit zwei unterschiedlichen Zinssätzen arbeiten, damit aber konzeptionell noch nicht die Vielfalt der tatsächlichen Marktzinssätze auf den Geld- und Kapitalmärkten zu berücksichtigen vermögen.

Ein Rechnungskonzept, das diese Kritikpunkte aufgegriffen und schlüssig erarbeitet hat, ist das von ROLFES (1993) vorgestellte **Marktzinsmodell der Investitionsrechnung**. Es basiert auf den Erkenntnissen der modernen Bankkalkulation und der dort entwickelten „**Marktzinsmethode**" (SCHIERENBECK 2003), die auf dem Grundgedanken der pretialen Lenkung von SCHMALENBACH (1948) aufbaut. Diese **Übertragung auf die Investitionsrechnung** liegt aus mindestens zwei Gründen nahe:

432 Sechstes Kapitel: Betriebliche Finanzprozesse

- Die Zahlungsreihen von Investitionen sind formal mit denen von Kreditgeschäften im Bankgeschäft identisch und auch materiell können Kreditgeschäfte als Investitionen interpretiert werden.

- Die Entwicklung im Bereich der bankbetrieblichen Marktzinsmethode hat den entsprechenden Erkenntnisstand der investitionsrechnerischen Partialmodelle weit hinter sich gelassen, insbesondere liefert die Marktzinsmethode erheblich realitätsgerechtere und entscheidungsorientiertere Bewertungsinformationen durch Rückgriff auf die Konditionen an den realen Geld- und Kapitalmärkten.

Die entscheidende **Erweiterung des Marktzinsmodells gegenüber den klassischen Investitionskalkülen** (vgl. zu den theoretischen Grundlagen und Voraussetzungen im Einzelnen ROLFES 2003) besteht darin,

- dass der Bewertung von Investitionen statt eines einheitlichen pauschalen Kalkulationszinsfußes bzw. Kapitalkostensatzes das an den Geld- und Kapitalmärkten real zu beobachtende, aktuelle **Marktzinsgefüge** zugrunde gelegt wird und

- dass konsequent eine **Einzelbewertung** von Investitionsprojekten angestrebt wird; Erfolgseinflüsse, die aus Differenzinvestitionen und/oder aus übergeordneten Kapitalstruktur- bzw. Finanzierungsmaßnahmen entstehen, der Grundinvestitionen prinzipiell nicht zugerechnet werden.

Die Verknüpfung zwischen dem Postulat der Einzelbewertung und dem der Verwendung von Marktzinssätzen erfolgt dabei durch Verwendung von Kapitalkostensätzen, die aus den **im Entscheidungszeitpunkt gültigen, laufzeitabhängigen Marktzinssätzen** unter der Prämisse **fristenkongruenter Investitionsfinanzierung** abgeleitet sind. Dadurch wird sowohl eine restriktionsfreie Grenzbetrachtung möglich, es wird aber auch vermieden, dass die Investitionsbewertung durch frühere (Fehl-)Entscheidungen über zwischenzeitliche Wiederanlagen respektive Nachfinanzierungen oder durch (fehlerhafte) Marktzinsprognosen für die Zukunft beeinflusst werden. Zu betonen ist noch die Verwendung laufzeitabhängiger Marktzinssätze, da die Investitionsbewertung bei laufzeitkongruenter Finanzierung zwangsläufig von der Tatsache beeinflusst wird, dass – von speziellen Zinskonstellationen abgesehen – für unterschiedliche Laufzeiten bzw. Zinsbindungsfristen auch unterschiedliche Zinssätze gelten. Durch die Verwendung von Marktzinssätzen, die am Geld- und Kapitalmarkt gelten, werden zwar reale Handlungsmöglichkeiten abgebildet, allerdings wird mit dem Ansatz dieser risikofreien Marktzinssätze der Erfolg einer Investition lediglich als „Bruttogröße vor Risikokosten" (ROLFES 1993) ausgewiesen, der anschließend dem quantifizierten Investitionsrisiko gegenüberzustellen ist.

Im Normalfall sind mit längerfristigen Kapitalanlagen höhere Renditen zu erzielen als mit kurzfristigen Anlagen. Analog sind kurzfristige (Festzins-)Finanzierungen am Geld- und Kapitalmarkt normalerweise mit niedrigeren Zinskosten verbunden als längerfristige. Man spricht infolgedessen dann auch von einer **normalen Zinsstruktur**. Umgekehrt wird von einer **inversen Zinsstruktur** gesprochen, wenn die Zinssätze im kurzfristigen Bereich höher sind als für längere Fristen (vgl. Abb. 6.2 - 29).

6.2 Investitionskalküle

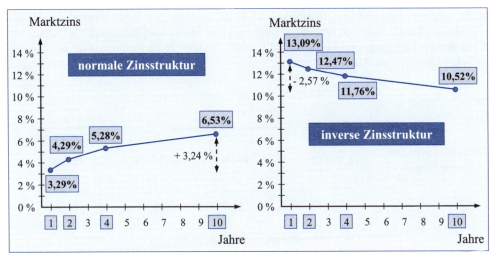

Abb. 6.2 - 29   Normale und inverse Zinsstruktur am Geld- und Kapitalmarkt

Im Folgenden soll die prinzipielle **Vorgehensweise des Marktzinsmodells** der Investitionsrechnung in **vier Schritten** aufgezeigt werden:

(4a) Berechnung des **Kapitalwerts bzw. barwertigen Investitionserfolgs**

(4b) Ermittlung der kapitalstrukturkongruenten **(Netto-)Investitionsrendite**

(4c) Darstellung der verschiedenen Möglichkeiten einer **Periodisierung des barwertigen Investitionserfolgs**

(4d) Identifikation des **Finanzierungserfolgs bei inkongruenter Finanzierung** als eigenständige Erfolgsquelle neben dem Investitionserfolg

Zu (4a)   Berechnung des Kapitalwerts bzw. barwertigen Investitionserfolgs:

Der einer Investition ist im Marktzinsmodell dadurch gekennzeichnet, dass er als Überschuss-Barwert der Investitionszahlungen von der bei Investitionsbeginn gültigen (risikolosen) Marktzinsstruktur bestimmt wird. Aufgrund des Umstandes, dass die Marktzinssätze üblicherweise als so genannte Coupon-Sätze bzw. als Pari-Swapsätze und nicht als Zerobond-Renditen (*Spot Rates*) angegeben sind, ist die Barwertberechnung durch die Konstruktion von Finanzierungsgeschäften vorzunehmen. Zielsetzung der Vorgehensweise ist es, sämtliche **ausstehenden Investitionszahlungsströme durch Marktgeschäfte glattzustellen**. Da für die Marktgeschäfte jährliche Zinszahlungen zu berücksichtigen sind, beginnt die Konstruktion derselbigen mit dem Ausgleich des am weitesten in der Zukunft liegenden Zahlungsstroms.

Abb. 6.2 - 30 verdeutlicht dies anhand des **Beispiels** einer 3-jährigen Investition mit gegebener Zahlungsreihe (- 1.000 GE, + 350 GE, + 325 GE, + 550 GE) und einer normalen Zinsstruktur am Geld- und Kapitalmarkt (Zinssatz für 1-Jahresgeld 2,5 %, für 2-Jahresgeld 4,0 % und für 3-Jahresgeld 5,5 %).

Der sich ergebende Kapitalwert von 108,63 GE ist nun insofern ein **realer Überschuss-Barwert**, als er – natürlich unter der Voraussetzung, dass die Investitionszahlungsreihe realisiert würde – finanziell als barwertiger Investitionserfolg in $t = 0$ vereinnahmt werden könnte, wenn die entsprechenden Finanzierungsmaßnahmen am Markt, wie in Abb. 6.2 - 30 dargestellt, vorgenommen würden. Allerdings – so ist zu betonen – ist dieser Überschuss mit den risikofreien Marktzinssätzen berechnet, sodass es sich um einen Überschuss vor Abzug von Risikokosten für Eigen- und Fremdkapital handelt, die jeweils als Zuschlagssatz auf den risikofreien Zinssatz zum Ausdruck kommen.

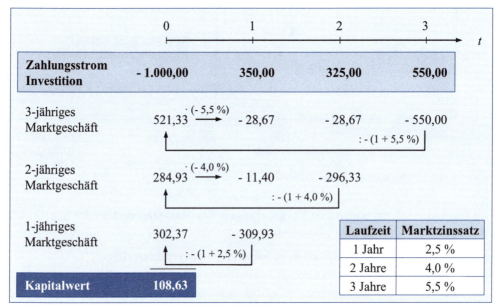

Abb. 6.2 - 30   Berechnung des Kapitalwerts im Marktzinsmodell der Investitionsrechnung durch Konstruktion von Finanzierungsgeschäften zu Marktzinssätzen

Die Berechnung des barwertigen Investitionserfolgs kann erleichtert werden, wenn so genannte **Zerobond-Abzinsfaktoren** (ZBAF) verwendet werden. Diese Abzinsfaktoren lassen sich losgelöst von irgendeiner speziellen Zahlungsreihe aus der jeweils vorliegenden Marktzinsstruktur herleiten und ermöglichen eine direkte Abzinsung einzelner zukünftiger Zahlungen (vgl. ausführlich MARUSEV 1990; ROLFES:2003; SCHIERENBECK 2003).

Laufzeitspezifische Zerobond-Abzinsfaktoren werden berechnet, indem aus Marktgeschäften, für welche die aktuellen Marktzinssätze gelten, der Zahlungsstrom eines Zerobonds (zum Begriff vgl. auch S. 508) mit der entsprechenden Laufzeit konstruiert wird. Aus der Zusammenfassung der aktuellen Werte der zur **Replikation des Zahlungsstroms des Zerobonds** erforderlichen Marktgeschäfte ergibt sich der aktuelle Wert des Zerobonds. Aufgrund der Normierung der Rückzahlung des Zerobonds auf 1 bzw. 100 %, stellt der aktuelle Wert des Zerobonds zugleich den Zerobond-Abzinsfaktor dar, mit dessen Hilfe eine beliebige Zahlung auf den aktuellen Zeitpunkt diskoniert werden kann.

Die so berechneten Abzinsfaktoren werden als **arbitragefreie Zerobond-Abzinsfaktoren** bezeichnet, weil der hierdurch gekennzeichnete, synthetisch konstruierte Zerobond exakt dem „Gegenwert" der entsprechenden Kombination der Marktgeschäfte mit dem gleichen Zahlungsstrom entspricht. Sofern ein Zerobond zu diesem Wert gekauft bzw. verkauft wird, lassen sich keine Arbitragegewinne – also risikolos erzielte Gewinne – über den Abschluss von Glattstellungsgeschäften am Markt erzielen. Ergänzend ist anzumerken, dass – sofern realisti-

6.2 Investitionskalküle

scherweise eine Geld-/Brief-Spanne für die Marktzinssätze berücksichtigt wird – bei der Berechnung eines Zerobond-Abzinsfaktors unterschieden werden muss, ob dieser zur Diskontierung einer Ein- oder einer Auszahlung angewendet werden soll.

Geschäfte	Marktzinssatz bzw. Zerobond-Rendite	$t = 0$	$t = 1$	$t = 2$	$t = 3$
1-jähriger Zerobond	**2,50%**	+ 0,97561	- 1,00000		
2-jähriges Marktgeschäft	4,00%	+ 0,96154	- 0,03846	- 1,00000	
1-jähriges Marktgeschäft	2,50%	- 0,03752	+ 0,03846		
2-jähriger Zerobond	**4,03%**	+ 0,92402	0,00000	- 1,00000	
3-jähriges Marktgeschäft	5,50%	+ 0,94787	- 0,05213	- 0,05213	- 1,00000
2-jähriges Marktgeschäft	4,00%	- 0,05013	+ 0,00201	+ 0,05213	
1-jähriges Marktgeschäft	2,50%	- 0,04890	+ 0,05013		
3-jähriger Zerobond	**5,62%**	+ 0,84883	0,00000	0,00000	- 1,00000

Abb. 6.2 - 31   Herleitung laufzeitspezifischer Zerobond-Abzinsungsfaktoren aus einer gegebenen aktuellen Marktzinsstrukturkurve durch die Konstruktion synthetischer Zerobonds

Für die im **Beispiel** von Abb. 6.2 - 30 verwendete Zinsstruktur der Marktzinssätze sind in Abb. 6.2 - 31 die entsprechenden Zerobond-Abzinsfaktoren und auch die dazugehörigen Zerobond-Renditen hergeleitet. Wie Abb. 6.2 - 32 zeigt, lassen sich mit den errechneten Zerobond-Abzinsfaktoren die Barwerte der ausstehenden Investitionszahlungen einfach ermitteln. Die Barwertsumme saldiert mit der Investitionsausgabe ergibt wiederum den Kapitalwert bzw. den barwertigen Investitionserfolg gemäß Marktzinsmodell in Höhe von 108,63 GE.

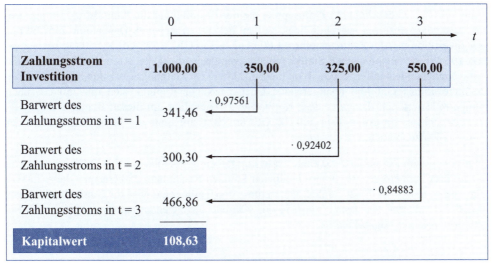

Abb. 6.2 - 32   Ermittlung des Kapitalwerts gemäß Marktzinsmodell mithilfe von Zerobond-Abzinsungsfaktoren (Daten von Abb. 6.2 - 30)

436   Sechstes Kapitel: Betriebliche Finanzprozesse

Zu (4b)   Ermittlung der kapitalstrukturkongruenten (Netto-)Investitionsrendite:

Ebenso wie die Berechnung und Interpretation des Kapitalwerts im Marktzinsmodell eine spezifische Neuausrichtung erhält, ist auch die Bestimmung der **(Netto-)Investitionsrendite** (vgl. S. 416) konzeptionell anders ausgelegt. Zunächst ist bedeutsam, dass die Kapitalbasis der (Netto-)Investitionsrendite fristenspezifisch definiert ist, da in aller Regel das eingesetzte Investitionskapital nicht in gleich bleibender Höhe über die gesamte Laufzeit der Investition gebunden ist. Der ursprünglich eingesetzte Kapitalbetrag stellt infolgedessen ein Konglomerat von Teilbeträgen mit unterschiedlichen Laufzeiten dar.

Entsprechend stellt der **Kapitalkostensatz im Marktzinsmodell** einen kapitalgewogenen Durchschnittszins der für die Investition relevanten Marktzinssätze der Zinsstrukturkurve dar. Um diesen zu ermitteln, ist zunächst die Netto-Investitionsrendite als Relation des Kapitalwerts zur Barwertsumme des gebundenen Kapitals zu berechnen. Für die Bestimmung des pro Periode gebundenen Kapitals ist zunächst in jeder Periode der interne Zinsfuß auf das während der Periode gebundene Kapital zu beziehen, um den periodischen Überschuss vor Kapitalkosten zu ermitteln. Dieser ist anschließend jeweils von der Investitionszahlung in dem entsprechenden Zeitpunkt abzuziehen, um den periodischen Amortisationsbetrag zu erhalten, der die Kapitalbindung des nächsten Jahres entsprechend verringert. Für die Berechnung der Barwertsumme des gebundenen Kapitals lassen sich wiederum die Zerobond-Abzinsungsfaktoren der aktuellen Marktzinsen heranziehen. Der kapitalstrukturkongruente Kapitalkostensatz ergibt sich dann aus der Differenz zwischen internem Zinsfuß bzw. Brutto-Investitionsrendite abzüglich der Netto-Investitionsrendite. Formal gilt also Folgendes:

$$
\begin{aligned}
\begin{array}{c}\text{kapitalstruktur-}\\ \text{kongruenter}\\ \text{Kapitalkostensatz}\end{array} &= \text{interner Zinsfuß} \;-\; \begin{array}{c}\text{Netto-}\\ \text{Investitionsrentabilität}\end{array}\\[2em]
&= \text{interner Zinsfuß} \;-\; \frac{\text{Kapitalwert}}{\begin{array}{c}\text{Barwertsumme des}\\ \text{gebundenen Kapitals}\end{array}}
\end{aligned}
\qquad [6.2\text{-}25]
$$

Abb. 6.2 - 33 verdeutlicht die Philosophie, die der Bestimmung des kapitalstrukturkongruenten Kapitalkostensatzes zugrunde liegt, an dem bekannten **Beispiel**. Der interne Zinsfuß dieser Investition mit der Zahlungsreihe - 1.000 GE, + 350 GE, + 325 GE, + 550 GE beträgt exakt 10 %. Eine entsprechende Staffelrechnung veranschaulicht den Amortisationsverlauf des ursprünglichen Kapitaleinsatzes. Weil die Einzahlung im Zeitpunkt $t = 1$ den bei 10 % (Brutto-)Investitionsrentabilität resultierenden Überschuss vor Kapitalkosten um 250 GE übersteigt, reduziert sich das gebundene Kapital im zweiten Jahr um diesen Betrag auf 750 GE. Analog sinkt es im dritten Jahr auf 500 GE, um dann am Ende der Investitionslaufzeit den Wert null anzunehmen.

Der gesamte im Zeitpunkt $t = 0$ eingesetzte Kapitalbetrag in Höhe von 1.000 GE setzt sich also aus drei Teilbeträgen mit unterschiedlicher Laufzeit zusammen: 250 GE für 1 Jahr, 250 GE für 2 Jahre und 500 GE für 3 Jahre. Durch diese drei Teilbeträge wird die Kapitalbindung von 1.000 GE während des ersten, von 750 GE während des zweiten und von 500 GE während des dritten Jahres abgebildet.

6.2 Investitionskalküle

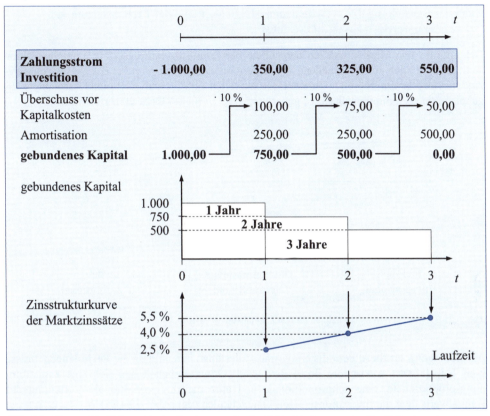

Abb. 6.2 - 33   Zur Philosophie der Bestimmung des kapitalstrukturkongruenten Kapitalkostensatzes im Marktzinsmodell (Daten von Abb. 6.2 - 30)

Abb. 6.2 - 34 zeigt die Berechnung der Barwertsumme des gebundenen Kapitals, sodass sich die Netto-Investitionsrentabilität gemäß Marktzinsmodell wie folgt ergibt:

$$\text{Netto-Investitionsrentabilität} = \frac{108{,}63}{2.093{,}04} = 5{,}19\,\%$$

Jahr	Rechenspalte	0	1	2	3
gebundenes Kapital	[1]		1.000,00	750,00	500,00
Zerobond-Abzinsfaktoren	[2]		0,97561	0,92402	0,84883
Barwert des gebundenen Kapitals	[3] = [1] · [2]		975,61	693,01	424,42
Barwertsumme des gebundenen Kapitals	Summe Zeile [3]	2.093,04			

Abb. 6.2 - 34   Bestimmung der Barwertsumme des gebundenen Kapitals (Daten von Abb. 6.2 - 30)

Gemäß Gleichung [6.2 - 25] resultiert im Beispiel der durchschnittliche kapitalstrukturkongruente Kapitalkostensatz in Höhe von 4,81 % [= 10 % − 5,19 %].

Zu (4c) Darstellung der verschiedenen Möglichkeiten einer Periodisierung des barwertigen Investitionserfolgs:

Der mithilfe von Marktzinssätzen berechnete barwertige Investitionserfolg einer Investition kann grundsätzlich auf verschiedene Weise periodisiert werden, wenn es das Ziel ist, eine **Periodenerfolgsgröße** und nicht eine auf den aktuellen Entscheidungszeitpunkt verdichtete Ergebnisgröße als Vorteilsmaßstab zu generieren (vgl. SCHIERENBECK 2003).

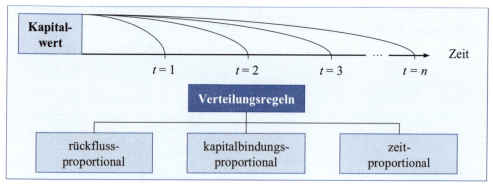

Abb. 6.2 - 35   Verteilungsprinzipien für den Kapitalwert

Als Bedingung für diese Periodisierung muss allerdings gelten, dass die **Periodenergebnisse dem Kapitalwert wertmäßig äquivalent** sind. Grundsätzlich lassen sich eine kapitalbindungsproportionale, eine zeitproportionale und eine rückflussproportionale Verteilung des Kapitalwerts über die Investitionslaufzeit unterscheiden (vgl. Abb. 6.2 - 35).

Die **kapitalbindungsproportionale Periodisierung** des Kapitalwerts entspricht dem Ansatz nach dem Verteilungsschlüssel, den die Interne Zinsfußmethode bzw. die daraus abgeleitete Netto-Investitionsrendite (= interner Zinsfuß – Kapitalkostensatz) implizit enthält. In jeder Periode soll sich nach diesem Verteilungsverfahren dieselbe Relation zwischen periodischem Überschuss nach Kapitalkosten und dem in der Periode gebundenem Kapital ergeben. Diese konstante Netto-Investitionsrentabilität muss auch für die barwertige Betrachtung – also die Relation zwischen dem Kapitalwert und der Barwertsumme des gebundenen Kapitals – gelten:

$$\frac{\text{periodischer Überschuss nach Kapitalkosten}_t}{\text{gebundenes Kapital}_t} = \frac{\text{Kapitalwert}}{\text{Barwertsumme des gebundenen Kapitals}} = \text{Netto-Investitions-rentabilität} \qquad [6.2 - 26]$$

Die periodischen Überschüsse berechnen sich dann jeweils nach folgender Gleichung:

$$\text{periodischer Überschuss nach Kapitalkosten}_t = \text{Netto-Investitions-rentabilität} \cdot \text{gebundenes Kapital}_t \qquad [6.2 - 27]$$

Abb. 6.2 - 36 zeigt die Berechnung der periodischen Überschüsse für das bekannte **Beispiel** auf.

6.2 Investitionskalküle

t	Rechenspalte	1	2	3	Summe
gebundenes Kapital	[1]	1.000,00	750,00	500,00	
Zerobond-Abzinsfaktoren	[2]	0,97561	0,92402	0,84883	
Barwert des gebundenen Kapitals	[3] = [1] · [2]	975,61	693,01	424,42	2.093,04
Kapitalwert	[4]				108,63
Netto-Investitionsrentabilität	[5] = [4] : [3]				5,19 %
periodischer Investitionserfolg nach Kapitalkosten	[6] = [5] · [1]	51,90	38,92	25,95	

Abb. 6.2 - 36   Kapitalbindungsproportionale Verteilung des Kapitalwerts gemäß Marktzinsmodell (Daten von Abb. 6.2 - 30)

Die **zeitproportionale Periodisierung** des Kapitalwerts entspricht dagegen prinzipiell der Vorgehensweise der Annuitätenmethode, mit dem Unterschied dass nun der für die Berechnung der Annuität zu verwendende Rentenbarwertfaktor aus der Summe der laufzeitspezifischen Zerobond-Abzinsfaktoren gemäß aktueller Marktzinsstruktur zu bilden ist.

$$\begin{matrix} \text{periodischer Überschuss} \\ \text{nach Kapitalkosten}_t \end{matrix} = \text{Annuität} = \frac{NPV}{\sum_{t=1}^{n} ZBAF_t} \qquad [6.2 - 28]$$

Für das **Beispiel** zeigt Abb. 6.2 - 37 die Berechnung der Annuität in Höhe von 39,52 GE. Zudem ist dargestellt, dass die Barwertsumme der Annuitäten wiederum dem Kapitalwert entspricht.

Als drittes Verteilungskriterium könnte die originäre Zahlungsreihe der Investition selbst verwendet werden. Man spricht von **rückflussproportionaler Periodisierung**, wenn der Kapitalwert so verteilt wird, dass die periodischen Überschüsse nach Kapitalkosten einen festen Prozentsatz der jeweils noch ausstehenden Rückflüsse der Investition $E_t - A_t$ (für $t = 1$ bis $t = n$) ausmachen.

$$\frac{\begin{matrix} \text{periodischer Überschuss} \\ \text{nach Kapitalkosten}_t \end{matrix}}{\text{Rückfluss}_t} = \frac{\text{Kapitalwert}}{\begin{matrix} \text{Barwertsumme} \\ \text{der Rückflüsse} \end{matrix}} = \frac{NPV}{\sum_{t=1}^{n} (E_t - A_t) \cdot ZBAF_t} \qquad [6.2 - 29]$$

Somit ergeben sich die periodischen Überschüsse wie folgt:

$$\begin{matrix} \text{periodischer Überschuss} \\ \text{nach Kapitalkosten}_t \end{matrix} = \frac{NPV}{\sum_{t=1}^{n} (E_t - A_t) \cdot ZBAF_t} \cdot (E_t - A_t) \qquad [6.2 - 30]$$

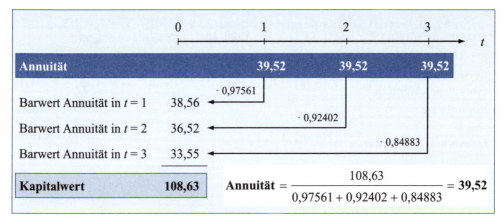

Abb. 6.2 - 37   Zeitproportionale Verteilung des Kapitalwerts gemäß Marktzinsmodell (Annuitätenmethode)
(Daten von Abb. 6.2 - 30)

Diese, dem Realisationsprinzip der Buchhaltung (vgl. S. 632) nahe stehende Verteilungsmethode führt für das **Beispiel** zu den Ergebnissen, die in Abb. 6.2 - 38 dargestellt sind (vgl. auch ROLFES 2003).

t	Rechenspalte	1	2	3	Summe
Rückfluss	[1]	350,00	325,00	550,00	
Zerobond-Abzinsfaktoren	[2]	0,97561	0,92402	0,84883	
Barwert des Rückflusses	[3] = [1] · [2]	341,46	300,30	466,86	1.108,63
Kapitalwert	[4]				108,63
Kapitalwert / Barwertsumme der Rückflüsse	[5] = [4] : [3]				9,80 %
periodischer Investitionserfolg nach Kapitalkosten	[6] = [5] · [1]	34,29	31,84	53,89	

Abb. 6.2 - 38   Rückflussproportionale Verteilung des Kapitalwerts gemäß Marktzinsmodell
(Daten von Abb. 6.2 - 30)

Zu (4d)   Identifikation des Finanzierungserfolgs bei inkongruenter Finanzierung als eigenständige Erfolgsquelle neben dem Investitionserfolg:

Der Kapitalwert bzw. die Netto-Investitionsrendite im Marktzinsmodell gehen richtigerweise von der Annahme fristenkongruenter Finanzierungsverhältnisse aus. Denn nur so kann der Erfolgsbeitrag der Investition bei gegebener Marktzinsstruktur unverfälscht ermittelt werden. Folglich stellt der durchschnittliche Kapitalkostensatz, der aus der Differenz von internem Zinsfuß und Netto-Investitionsrendite resultiert, den **Finanzierungskostensatz der fristenkongruenten Finanzierung** dar.

Die konkrete **Zahlungsreihe der kongruenten Finanzierung** ergibt sich stets unter Berücksichtigung der unterstellten Periodisierung des Kapitalwerts bzw. des barwertigen Investitionserfolgs. Aus der Differenz zwischen dem periodischen Überschuss der Investition vor Ka-

6.2 Investitionskalküle

pitalkosten gemäß internem Zinsfuß und dem periodischen Investitionserfolg als Überschuss nach Kapitalkosten resultieren jeweils die periodischen Kapitalkosten. In Verbindung mit der Tilgung gemäß Amortisation der Investition entsteht der Zahlungsstrom der kongruenten Finanzierung.

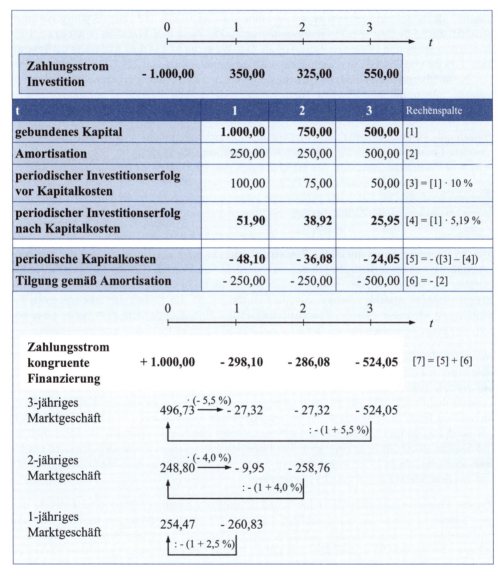

Abb. 6.2 - 39   Konstruktion der kapitalstrukturkongruenten Finanzierung bei Annahme der kapitalbindungsproportionalen Verteilung des barwertigen Investitionserfolgs

Abb. 6.2 - 39 zeigt die Herleitung des Zahlungsstroms der kongruenten Finanzierung für das **Beispiel** unter der Annahme der kapitalbindungsproportionalen Verteilung des barwertigen Investitionserfolgs (vgl. Abb. 6.2 - 36). Vom periodischen Investitionserfolg vor Kapitalkosten (Zeile [3]) ist der periodische Investitionserfolg nach Kapitalkosten (Zeile [4]) abzuzie-

442   Sechstes Kapitel: Betriebliche Finanzprozesse

hen, um die periodischen Kapitalkosten (Zeile [5]) zu erhalten. Unter Berücksichtigung der Tilgung der Finanzierung gemäß Amortisation der Investition ergibt sich der Zahlungsstrom der kongruenten Finanzierung.

Im Falle der kongruenten Finanzierung in $t = 0$ würde also eine Finanzierung über 1.000 GE getätigt, die sich aus einem 1-jährigen Marktgeschäft zu 2,5 % in Höhe von 254,47 GE, aus einem 2-jährigen Marktgeschäft zu 4 % in Höhe von 248,80 GE und einem 3-jährigen Marktgeschäft zu 5,5 % über 496,73 GE zusammensetzt. Für diese drei Tranchen fallen in $t = 1$ Finanzierungskosten in Höhe von 48,10 GE an. Des Weiteren ist aus dem Rückfluss der Investition in Höhe von 350 GE zu diesem Zeitpunkt die Amortisation von 250 GE zu leisten, sodass der Netto-Überschuss von 51,90 GE realisiert werden kann. Analog ergeben sich in den folgenden Jahren die periodischen Netto-Überschüsse gemäß kapitalbindungsproportionaler Verteilung des Kapitalwerts.

Sofern eine von der kongruenten Finanzierung abweichende Finanzierung – also eine **inkongruente Finanzierung** – vorgenommen wird, ergibt sich als zusätzliche Erfolgsquelle die so genannte Finanzierungsrendite. Sie errechnet sich aus der Differenz zwischen kapitalstrukturkongruentem Kapitalkostensatz und Finanzierungskostensatz der tatsächlichen Finanzierung. Entsprechend errechnet sich der periodische Finanzierungserfolg aus der Differenz von Kapitalkosten bei kongruenter Finanzierung und Finanzierungaufwand bei inkongruenter Finanzierung.

Bei der angenommenen **normalen Zinsstrukturkurve** wäre eine Finanzierung der Investition zunächst mit kürzerfristigen Finanzierungsmitteln von Vorteil. Unsicherheit besteht jedoch darüber wie sich die Marktzinssätze in den zukünftigen Jahren entwickeln werden, wenn die erforderliche(n) Anschlussfinanzierung(en) zu tätigen ist. Im Falle einer inkongruenten Finanzierung wird also stets das **Zinsänderungsrisiko** eingegangen, dem die Chance einer positiven Finanzierungsrendite aus der erfolgreichen Fristentransformation gegenübersteht.

Wiederum am **Beispiel** der Investition wird zunächst der mögliche **positive Finanzierungserfolg einer inkongruenten Finanzierung** verdeutlicht (vgl. Abb. 6.2 - 40). Um den Finanzierungserfolg isoliert abzubilden, wird der in Abb. 6.2 - 37 ermittelten kongruenten Finanzierungszahlungsreihe, die zur kapitalbindungsproportionalen Verteilung des Kapitalwerts der Investition führt, die Zahlungsreihe der inkongruenten Finanzierung gegenübergestellt. Hierfür wird angenommen, dass die Investition zunächst durch ein 1-jähriges Marktgeschäft zu 2,5 % über 1.000 GE finanziert wird. Am Ende des ersten Jahres würde sich demnach ein Finanzierungserfolg in Höhe von 23,10 GE [= 48,10 – 25,00] bzw. eine Finanzierungsrendite auf das gebundene Kapital von 2,31 % ergeben.

Da der Finanzierungserfolg der Jahre 2 und 3 von der zukünftigen Entwicklung des 1- und des 2-jährigen Marktzinssatzes abhängt, soll des Weiteren angenommen werden, dass die Marktzinssätze konstant bleiben und die Kapitalbindung der Investition durch zwei weitere 1-jährige Marktgeschäfte – eines über 750 GE zu Beginn des zweiten und eines über 500 GE zu Beginn des dritten Jahres – abgebildet wird. Unter diesen Annahmen würde sich auch im zweiten und im dritten Jahr eine Finanzierungsrendite von 2,31 % ergeben, die sich in dem periodischen Finanzierungserfolg von 17,33 GE für das zweite Jahr und von 11,55 GE für das dritte Jahr konkretisiert.

Um die **Risiken aus einer inkongruenten Finanzierung** zu verdeutlichen, soll nun im **Beispiel** unterstellt werden, dass – entgegen der oben getroffenen Annahme – das Zinsniveau zu Beginn des zweiten Jahres gestiegen ist. Zu Beginn des zweiten Jahres in $t = 1$ gilt ein Marktzinssatz für 1-Jahresgeld von 5 % und für 2-Jahresgeld von 8 %. Für den Fall, dass die offene Position nun zu Beginn des zweiten Jahres glattgestellt wird, lässt sich der Erfolg aus der Fristentransformation abschließend ermitteln. Je nachdem, wie die zur Glattstellung der offenen Position erforderlichen Marktgeschäfte konkret formuliert werden, resultiert – neben dem periodischen Finanzierungserfolg in $t = 1$ in Höhe von 23,10 GE – zusätzlich entweder ein barwertiger Finanzierungerfolg in $t = 1$ oder aber periodische Finanzierungserfolge in $t = 2$ und $t = 3$. Letztere stellen jedoch nichts anderes dar als die Periodisierung des barwertigen Finanzierungserfolgs, der sich bei Schließen der offenen Position zu den in $t = 1$ gültigen Marktzinssätzen ergeben würde.

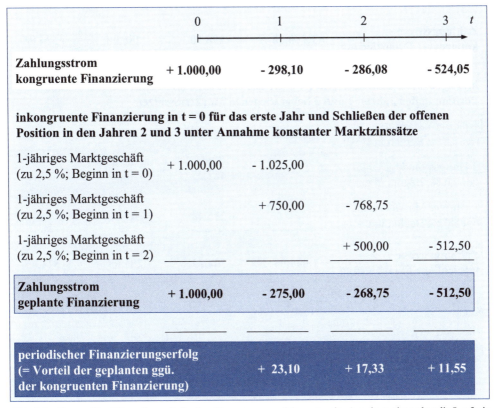

Abb. 6.2 - 40　Ermittlung des periodischen Finanzierungserfolgs unter der Annahme eines über die Laufzeit der Investition unveränderten 1-jährigen Zinssatzes von 2,5 %

Abb. 6.2 - 41 gibt für das Beispiel die Formulierung der in $t = 1$ zum Schließen der offenen Position erforderlichen Marktgeschäfte wieder, die zum **Ausweis des barwertigen Finanzierungserfolgs** führen. Die beiden Marktgeschäfte sind so formuliert, dass die Zahlungsströme aus der in $t = 0$ kongruenten Finanzierung in $t = 2$ und $t = 3$ exakt abgebildet werden. Dies wird durch die 2-jährige Finanzierung von 485,23 GE zu 8 % und durch die 1-jährige Finanzierung von 235,48 GE zu 5 % erreicht. Insgesamt beläuft sich der Finanzierungszahlungsstrom in $t = 1$ auf 720,71 GE [= 485,23 + 235,48]. Die Differenz zu dem gemäß kongruenter Finanzierung erforderlichen Finanzierungsbetrags von 750 GE in Höhe von - 29,29 GE stellt den barwertigen Finanzierungserfolg in $t = 1$ dar, der aus der Schließung der in $t = 2$ und $t = 3$

offenen Position resultiert. Verrechnet mit dem periodischen Finanzierungserfolg, der sich aus dem Vergleich der Finanzierungskosten von kongruenter und inkongruenter Finanzierung in $t = 1$ errechnet und sich auf 23,10 GE [= 48,10 – 25,00] beläuft, ergibt sich der totale Finanzierungserfolg als Barwert per $t = 1$ in Höhe von - 6,18 GE. Dieses negative Ergebnis ist damit zu erklären, dass die Marktzinssätze stärker gestiegen sind, als die sich aus den in $t = 0$ gültigen Marktzinssätzen herleitbaren Terminsätze per $t = 1$ für die Laufzeiten von einem und zwei Jahren.

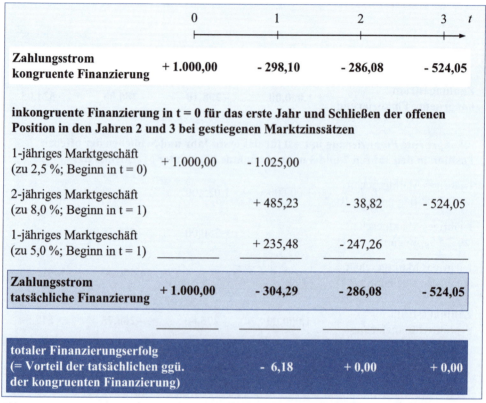

Abb. 6.2 - 41   Ermittlung des Barwerts des Finanzierungserfolgs unter der Annahme eines gestiegenen Zinsniveaus und Beendigung der inkongruenten Finanzierung nach einem Jahr

Zusammenfassend ist der zusätzliche (positive oder negative) **Erfolgsbeitrag aus der Finanzierung** einer Investition, der als periodische Größe oder als Barwert ermittelt werden kann, in zweifacher Weise zu charakterisieren (vgl. SCHIERENBECK/LISTER 2002):

- Es handelt sich hierbei um einen spezifischen Finanzierungserfolg, der variabel ist und nur mit der gleichzeitigen Übernahme von Zinsänderungsrisiken zu erzielen ist.
- Dieser Erfolgsbeitrag ist nicht von der Investition selbst „produziert" und darf ihr damit auch nicht „gutgeschrieben" oder „belastet" werden. Er ist ausschließlich finanzierungsabhängig und muss daher auch eigenständig mit Blickrichtung auf das Gesamtunternehmen verantwortet werden. Einflussgrößen auf diese (Finanzierungs-)Entscheidung sind neben den Zinserwartungen insbesondere auch die Kapitalstruktur der Unternehmung sowie Fi-

6.2 Investitionskalküle   445

nanzierungsregeln, die losgelöst vom einzelnen Investitionserfolg für die gesamte Unternehmung eingehalten werden müssen (vgl. hierzu S. 792ff.).

6.2.2.3 Ansätze zur Bewältigung der Unsicherheit bei Wirtschaftlichkeitsrechnungen

Die Inputgrößen der Wirtschaftlichkeitsrechnung lassen sich in der Regel nicht alle mit Sicherheit vorhersagen. Für sie sowie für das Ergebnis der Wirtschaftlichkeitsrechnung liegen in diesen Fällen so genannte **mehrwertige Erwartungen** (im Sinne einer Skala möglicher Werte, unter Umständen gewichtet mit bestimmten Eintrittswahrscheinlichkeiten) vor.

Damit zwangsläufig verbunden ist die Gefahr von Fehlentscheidungen, und hieraus resultieren auch die spezifischen **Investitionsrisiken**, wenn man bedenkt, dass Investitionsentscheidungen die Unternehmen in der Regel längerfristig binden und nicht jederzeit und ohne Kosten korrigiert oder rückgängig gemacht werden können.

Aufgabe der Wirtschaftlichkeitsrechnung muss es deshalb sein, den **Unsicherheitsspielraum auszuloten** und damit entweder eine verbesserte Grundlage für die Beurteilung von Investitionsalternativen bei Unsicherheit zu liefern oder sogar weitergehend unter Einbeziehung der Risikopräferenzen der verantwortlichen Entscheidungsträger die optimalen Investitionsalternativen zu bestimmen.

Im Folgenden sollen die **wichtigsten Verfahren und theoretischen Ansätze zur Bewältigung des Unsicherheitsproblems bei Investitionsentscheidungen** kurz diskutiert werden:

(1)   **Traditionelle Ansätze**
    (1a) **Korrekturverfahren**
    (1b) **Verfahren kritischer Werte bzw. Sensitivitätsanalyse**

(2)   **Entscheidungstheoretische Ansätze**
    (2a) **Entscheidungsregeln bei Ungewissheit**
    (2b) **Risikoanalyse**
    (2c) **Entscheidungsbaumanalyse**

(3)   **Kapitalmarkttheoretische Ansätze**
    (3a) **Portfolio-Theorie**
    (3b) **Capital Asset Pricing Model (CAPM)**

Zu (1)   Traditionelle Ansätze:

Zu den traditionellen Verfahren zählen insbesondere (1a) das Korrekturverfahren und (1b) die Sensitivitätsanalyse.

Zu (1a)   Korrekturverfahren:

Beim Korrekturverfahren handelt es sich um einen einfachen, in der Praxis verbreiteten Ansatz zur Berücksichtigung der Unsicherheit (des Risikos) von Investitionsvorhaben. Die Korrekturen erfolgen dabei mithilfe von **Risikozuschlägen bzw. -abschlägen** vor allem auf den

446   Sechstes Kapitel: Betriebliche Finanzprozesse

Kapitalkostensatz bzw. Kalkulationszinsfuß, aber auch auf die Nutzungsdauer oder auf die Rückflüsse (respektive auf die erwartete Kostenersparnis).

Grundlage für die Bestimmung des **Kalkulationszinsfußes** bei risikoreichen Alternativen ist in der Regel der Zinssatz für eine sichere Alternative (z.B. Rendite von Staatsschuldverschreibungen), zu dem dann nach bestimmten Kriterien Risikozuschläge addiert werden. Beispielsweise ist folgende Kategorisierung denkbar (vgl. BLOHM/LÜDER/SCHÄFER 2006):

- vorhandener Markt und bekanntes Produktionsverfahren: Kalkulationszinsfuß 10 %
- vorhandener Markt und neues Produktionsverfahren: Kalkulationszinsfuß 15 %
- neuer Markt und bekanntes Produktionsverfahren: Kalkulationszinsfuß 25 %
- neuer Markt und neues Produktionsverfahren: Kalkulationszinsfuß 30 %

Entsprechend kann die **Soll-Amortisationsdauer** in Abhängigkeit vom Investitionsrisiko gestaltet werden (je höher das Risiko, umso kürzer ist die Soll-Amortisationsdauer anzusetzen). Bei den **Rückflüssen** lassen sich die Risiken dadurch berücksichtigen, dass sie durch Abschläge auf das Niveau von gleichwertigen sicheren Zahlungen (= Sicherheitsäquivalente) korrigiert werden.

Solche Korrekturverfahren können nur als **grobe Faustregel** anerkannt werden. Was fehlt, ist ein objektiver, analytisch ermittelbarer und differenzierter Maßstab für die Ansätze der Risikozu- und -abschläge (vgl. hierzu S. 454ff.).

Zu (1b)   Verfahren kritischer Werte bzw. Sensitivitätsanalyse:

Beim Verfahren kritischer Werte bzw. der Sensitivitätsanalyse wird gezeigt, welche Variablen für die Ergebnisse der Wirtschaftlichkeitsrechnung besonders bedeutsam sind und daher auch besonders sorgfältig prognostiziert bzw. überwacht werden sollten. Gleichzeitig lassen sich mit einer Sensitivitätsanalyse auch bestimmte kritische Werte für diese Variablen ermitteln, deren Über- oder Unterschreiten das Ergebnis der Wirtschaftlichkeitsrechnung verändert.

Die Sensitivitätsanalyse ist also durch **zwei Merkmale** gekennzeichnet:

- Es erfolgen systematische **Parametervariationen** mit dem Ziel, die verschiedenen Größen des Modells (z.B. Preise, Auslastung, Kapitalkostensatz usw.) auf ihre Sensibilität gegenüber Veränderungen zu testen.
- Diese Sensibilität wird dabei an der Stärke der sich durch parametrische Variationen ergebenden **Abweichungen von bestimmten Sollwerten** bzw. an der durch sie herbeigeführten Veränderung der Investitionsbeurteilung gemessen.

Abb. 6.2 - 42 zeigt ein einfaches **Beispiel** für eine solche Sensitivitätsanalyse. Bei der betrachteten Investition lassen sich hinsichtlich der erwarteten Rückflüsse pro Jahr eine untere und eine obere Extremkonstellation unterscheiden. In diesem Bereich werden sich die jährlichen Rückflüsse mit an Sicherheit grenzender Wahrscheinlichkeit bewegen. Fraglich ist allerdings, ob die Investition diese Rückflüsse angesichts der Möglichkeit von Marktveränderungen über die volle Lebensdauer der Anlage erbringen wird. Mithilfe der Sensitivitätsanalyse lässt sich nun die Mindestnutzungsdauer bestimmen, die erreicht werden muss, damit die Investition als vorteilhaft gelten kann, d.h. der Kapitalwert gleich null ist.

6.2 Investitionskalküle 447

Gegebene Plan-Daten des Investitionsprojekts	
Anschaffungsausgabe I_0	600.000 GE
konstante jährliche Rückflüsse	
• höchstens R_t^{max}	150.000 GE
• mindestens R_t^{min}	100.000 GE
technische Nutzungsdauer n	10 Jahre
Kapitalkostensatz i	10 %
Extremwerte für den Kapitalwert *NPV* bei *n* = 10 Jahre	
• **unterer Extremwert**	$NPV^{min} = 100.000 \cdot RBF_{10\,Jahre}^{10\%} - 600.000 = \mathbf{14.457}$
• **oberer Extremwert**	$NPV^{max} = 150.000 \cdot RBF_{10\,Jahre}^{10\%} - 600.000 = \mathbf{321.685}$
Mindestnutzungsdauer n_{min} in Abhängigkeit von den Rückflüssen (*NPV* = 0)	
• **bei minimalen Rückflüssen**	$\dfrac{600.000}{100.000} = 6 = RBF_{n=?}^{10\%} \quad\to\quad n^{min} = \mathbf{9{,}6\ Jahre}$
• **bei maximalen Rückflüssen**	$\dfrac{600.000}{150.000} = 4 = RBF_{n=?}^{10\%} \quad\to\quad n^{max} = \mathbf{5{,}4\ Jahre}$

Abb. 6.2 - 42   Ermittlung kritischer Werte

Eine Lösung des Unsicherheitsproblems kann die Methode der kritischen Werte nicht bieten. Sie vermittelt aber wertvolle **Einblicke in die Struktur eines Investitionsvorhabens** in Abhängigkeit relevanter Datenkonstellationen.

Zu (2)   Entscheidungstheoretische Ansätze:

Für entscheidungstheoretische Ansätze ist die **Verwendung von (in der Regel subjektiven) Wahrscheinlichkeiten und Risikopräferenzfunktionen** zusätzlich zu den üblichen erfolgsbezogenen Vorteilhaftigkeitskriterien typisch. Drei Möglichkeiten seien kurz skizziert: (2a) die Verwendung von Entscheidungsregeln bei Ungewissheit, (2b) die Risikoanalyse und (2c) die Entscheidungsbaumanalyse.

Zu (2a)   Entscheidungsregeln bei Ungewissheit:

Entscheidungsregeln bei Ungewissheit sind bereits in anderem Zusammenhang erläutert worden (vgl. S. 217ff.). Unterschieden wurde dort zwischen Ungewissheitskriterien, die **ohne differenzierte Wahrscheinlichkeitsverteilungen** operieren (wie z.B. das Minimax-Kriterium) und solche, die **mit differenzierten Wahrscheinlichkeitsverteilungen** arbeiten. Hierzu zählen das Kriterium des maximalen Erwartungswerts (**BAYES-Regel**) sowie das Kriterium der höchsten Wahrscheinlichkeit, das im Fall der Normalverteilung allerdings mit dem Erwartungswertkriterium übereinstimmt.

Das **kombinierte Risiko-Erwartungswert-Kriterium**, das **μ,σ-Prinzip**, stellt eine Erweiterung des Erwartungswertkriteriums dar, indem neben dem Erwartungswert μ zusätzlich Risikoaspekte berücksichtigt werden. Zur Messung des Risikos wird hier die Standardabweichung σ, die als Streuungsmaß die Streuung der Einzelerwartungen um den Erwartungswert be-

448   Sechstes Kapitel: Betriebliche Finanzprozesse

schreibt, verwendet. Je höher die Standardabweichung ist, desto größer ist das Risiko der Investitionsalternative. Für die Berechnung der Standardabweichung σ gilt:

$$\sigma = \sqrt{\sum_{i=1}^{n} (x_i - \mu)^2 \, w(x_i)} \qquad\qquad [6.2 - 31]$$

$$\text{wobei } \sum_{i=1}^{n} w(x_i) = 1 \qquad\qquad [6.2 - 32]$$

mit: x_i = Einzelerwartung (für möglich gehaltene Ergebnisse oder Ereignisse)
       $w(x_i)$ = Eintrittswahrscheinlichkeit der Einzelerwartungen
       μ = wahrscheinlichkeitsgewichteter Durchschnitt der Einzelerwartungen

Die Verwendung eines kombinierten Erwartungswert/Streuungsmaßes erscheint als ein relativ aussagefähiges Kriterium zur Vorteilsbeurteilung von Investitionen bei Unsicherheit. Dabei gilt das μ,σ-Prinzip: Eine **Alternative ist vorteilhafter als eine andere Alternative**, wenn sie

- bei mindestens gleich hohem Erwartungswert eine niedrigere Standardabweichung hat,
- bei höchstens ebenso hoher Standardabweichung einen höheren Erwartungswert aufweist.

Allerdings gilt die Standardabweichung uneingeschränkt nur dann als Risikomaß, wenn die **Wahrscheinlichkeitsverteilung symmetrisch** ist oder eine schiefe Verteilung das Ergebnis nur unerheblich tangiert. Auch können Zweifelsfälle auftreten, wenn eine **eindeutige Rangordnung** der Alternativen nach den genannten Regeln nicht möglich ist (z.B. wenn eine Alternative einen höheren Erwartungswert und eine höhere Standardabweichung aufweist). In solchen Fällen muss eine **Austauschregel** definiert werden, die darüber Auskunft gibt, welche Anzahl zusätzlicher „Erfolgseinheiten" für notwendig erachtet wird, um eine zusätzliche Risikoeinheit zu kompensieren.

Das folgende **Beispiel** in Abb. 6.2 - 43 (in Anlehnung an HIELSCHER 1999) soll die Zusammenhänge verdeutlichen. Die dargestellten Investitionsalternativen (A_i) unterscheiden sich hinsichtlich des erwarteten Ertrags (μ_1 = 30 %, μ_2 = 50 %) und der Standardabweichung (σ_1 = 10 %, σ_2 = 30 %). Der höhere Erwartungswert ist also mit einem höheren Risiko verbunden und vice versa.

Was das Risikomaß angeht, so kann dieses zunächst für die **Formulierung von Sicherheitsvorgaben** verwendet werden. Denn der um die Standardabweichung reduzierte Erwartungswert repräsentiert im Sinne der statistischen Wahrscheinlichkeit ein Ergebnis, dass im Fall der diskreten Normalverteilung (wie hier unterstellt) mit rund 84 %-iger Wahrscheinlichkeit mindestens erreicht wird. Für beide Alternativen zeigt sich dabei das gleiche Ergebnis, nämlich eine Rendite von 20 %. Erst bei höherem Sicherheitsbedürfnis differenzieren sich die Ergebnisse. So muss man beispielsweise die doppelte Standardabweichung vom Erwartungswert abziehen, um das Ergebnis zu bestimmen, das mit einer 98 %-igen Wahrscheinlichkeit mindestens eintreten wird. In diesem Fall weist Alternative 1 noch mit + 10 % ein positives Ergebnis auf, während bei Alternative 2 ein entsprechend positives Ergebnis nicht mehr gewährleistet ist.

6.2 Investitionskalküle

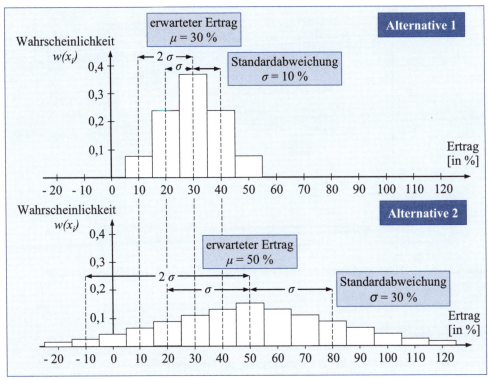

Abb. 6.2 - 43   Vergleich von zwei alternativen Anlagemöglichkeiten

Die hier vorgenommene Formulierung des Sicherheitsbedürfnisses ist zu unterscheiden von der Formulierung eines mit einer bestimmten Wahrscheinlichkeit maximal tolerierbaren Verlusts, der auch als **Value at Risk** bezeichnet wird. Der Value at Risk gibt unter Ansatz der einfachen (zweifachen usw.) Standardabweichung den mit einer Wahrscheinlichkeit von rund 84 % (98 % usw.) maximal zu erwartenden Verlust an.

In der Formulierung von Sicherheitsvorgaben konkretisieren sich also ansatzweise die oben angesprochenen Austauschregeln zwischen Ertrag und Risiko, die allgemein über so genannte **Risikopräferenzfunktionen** abgebildet werden. Abb. 6.2 - 44 zeigt die Indifferenzkurven von drei Investoren, die risikoscheu sind. Das heißt, sie bewerten Investitionsalternativen umso schlechter, je höher das damit verbundene Risiko ist. Jedoch unterscheiden sich die drei Investoren hinsichtlich der **Ausprägung der Risikoaversion**. Investor II ist im Vergleich zu den Investoren I und III sehr viel risikoaverser, was sich im steileren Verlauf seiner Indifferenzkurven ausdrückt. Ein marginal höheres Risiko muss für ihn mit einem im Vergleich zu Investor I und Investor II überproportionalem Ertragszuwachs entlohnt werden. Demgegenüber ist Investor III weniger risikoscheu als die Investoren I und II, da seine Indifferenzkurven vergleichsweise flacher verlaufen. Für Investor I sind nun die Investitionsalternativen A und B hinsichtlich ihres Erfolgs-/Risikopotenzials gleichwertig, da diese sich auf derselben Indifferenzkurve befinden. Hingegen schätzen die Investoren II und III die beiden Alternativen unterschiedlich ein. Während von Investor II die Alternative A höher eingeschätzt wird, da sich diese auf einer weiter links liegenden Indifferenzkurve befindet, würde Investor III aus dem gleichen Grund Alternative B bevorzugen.

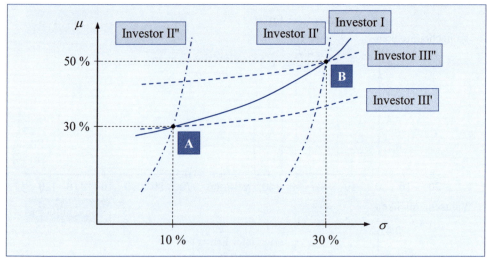

Abb. 6.2 - 44   Indifferenzkurven von Risikopräferenzkurven mit unterschiedlicher Ausprägung der Risikoaversion

Zu (2b)   Risikoanalyse:

Eine weitere Verfeinerung bei der Bewältigung des Unsicherheitsproblems bieten Risikoanalysen. Sie vollziehen den Übergang von der unverbindlichen „What-if"-Simulation der Sensitivitätsanalyse zur **„Prognosen"-Simulation**, bei der zusätzlich eine Abschätzung der Wahrscheinlichkeiten, mit denen bestimmte Konstellationen in der Zukunft zu erwarten sind, erfolgt.

Kern der Risikoanalyse ist dabei die Ermittlung kumulativer Wahrscheinlichkeitsverteilungen für die Schätzwerte der betrachteten Größen, aus denen dann ein spezifisches **Risiko-Chancen-Profil** für deren Realisierung in der Zukunft abgeleitet wird. Ein häufig verwendetes Verfahren zur Gewinnung solcher Risiko-Chancen-Profile ist die **Monte-Carlo-Simulation** auf der Basis von Zufallszahlengeneratoren.

Im Einzelnen lässt sich folgendes **Ablaufschema** einer Risikoanalyse skizzieren (HERTZ 1964):

1. Bestimmung von Wahrscheinlichkeitsverteilungen der relevanten Einflussgrößen
2. Zufallsauswahl von Kombinationen dieser Werte unter Berücksichtigung der Wahrscheinlichkeit
3. Ermittlung des Zielwerts für jede Kombination
4. Darstellung der Ergebnisverteilung

Abb. 6.2 - 45 (in Anlehnung an PERRIDON/STEINER 2007, S. 120) zeigt anhand eines **Beispiels** das mögliche Ergebnis einer solchen Risikoanalyse: Aus der Ergebnisverteilung lässt sich ablesen, wie groß die Wahrscheinlichkeit ist, dass bestimmte Zielwerte (z.B. Kapitalwerte, Annuitäten) realisiert werden.

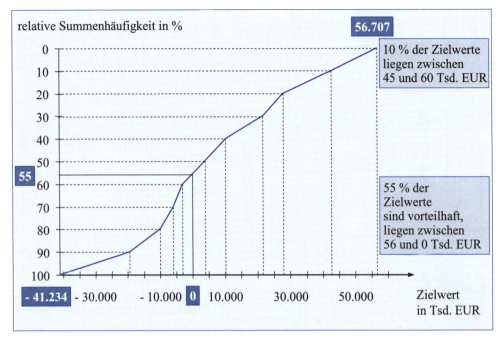

Abb. 6.2 - 45   Risiko-Chancen-Profil eines Investitionsvorhabens

Zum praktischen **Aussagewert** der Risikoanalyse ist einschränkend zu bemerken, dass der Realitätsgehalt der zufallsgenerierten Daten nicht immer ausreichend sein muss. Auch lässt sich mithilfe der Risikoanalyse die optimale Entscheidung selbst nicht ableiten. Ihr Nutzen liegt allein in dem – allerdings wichtigen – Beitrag, das Risiko-Chancen-Profil der Investitionsalternativen sichtbar zu machen.

Zu (2c)   Entscheidungsbaumanalyse:

Die Entscheidungsbaumanalyse(-technik) erlangt Bedeutung, wenn mehrstufige Investitionsentscheidungen von großem Gewicht getroffen werden müssen. **Mehrstufige Entscheidungen** sind dabei dadurch charakterisiert, dass Entscheidungen zeitlich gestaffelt nacheinander gefällt werden müssen, wobei die Folgeentscheidungen die Vorteilhaftigkeit der ursprünglichen Entscheidung beeinflussen (vgl. auch S. 158).

Mithilfe eines Entscheidungsbaums lassen sich solche **Investitionsketten** graphisch darstellen und auch optimieren. Dabei besteht die Aufgabe darin, den optimalen Weg durch den Entscheidungsbaum zu finden, d.h. den Weg zu identifizieren, bei dessen Verfolgung der Erwartungswert der Zielgröße (z.B. des Kapitalwerts) maximiert wird.

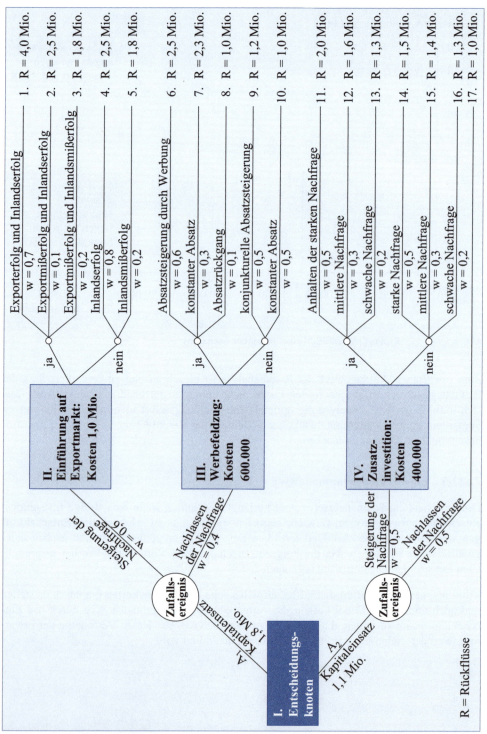

Abb. 6.2 - 46   Entscheidungsbaumtechnik zur Lösung eines mehrstufigen Entscheidungsproblems: Entscheidungsbaum

6.2 Investitionskalküle 453

Das **Beispiel** zur Entscheidungsbaumtechnik (entnommen aus PERRIDON/STEINER 2007, S. 122ff.) in Abb. 6.2 - 46 zeigt die Struktur eines Entscheidungsbaums anhand eines mehrstufigen Investitionsproblems mit zwei ursprünglichen Entscheidungsalternativen

- Alternative 1 (A_1): Einsatz einer vollautomatischen Fertigung
- Alternative 2 (A_2): Vergabe von Lohnaufträgen

und drei entscheidungsbedürftigen Folgeproblemen:

- Soll bei Alternative 1 eine Einführung des Produkts auf ausländischen Märkten erfolgen?
- Kann bei Alternative 1 der Absatz durch entsprechende Werbeanstrengungen erhöht werden?
- Ist die Durchführung einer Zusatzinvestition zu Alternative 2 im Falle steigender Nachfrage vorteilhaft?

A.	**Entscheidung in Knoten II**		
	1. Einführung	4 Mio. · 0,7 + 2,5 Mio. · 0,1 + 1,8 Mio. · 0,2	3,41 Mio.
		abzüglich Kosten der Einführung	- 1,00 Mio.
			2,41 Mio.
	2. Keine Einführung	2,5 Mio. · 0,8 + 1,8 Mio. · 0,2	2,36 Mio.
B.	**Entscheidung in Knoten III**		
	1. Werbung	2,5 Mio. · 0,6 + 2,3 Mio. · 0,3 +1,0 Mio. · 0,1	2,29 Mio.
		abzüglich Kosten der Werbekampagne	- 0,60 Mio.
			1,69 Mio.
	2. keine Werbung	1,2 Mio. · 0,5 + 1,0 Mio. · 0,5	1,10 Mio.
C.	**Entscheidung in Knoten IV**		
	1. Zusatzinvestition	2 Mio. · 0,5 + 1,6 Mio. · 0,3 + 1,3 Mio. · 0,2	1,74 Mio.
		abzüglich der Kosten für die Zusatzinvestition	- 0,40 Mio.
			1,34 Mio.
	2. keine Zusatzinvestition	1,5 Mio. · 0,5 + 1,4 Mio. · 0,3 + 1,3 Mio. · 0,2	**1,43 Mio.**
D.	**Entscheidung in Knoten I**		
	1. Alternative A_1	2,41 Mio. · 0,6 + 1,69 · 0,4	2,122 Mio.
		abzüglich Kapitaleinsatz für A_1	-1,800 Mio.
			0,322 Mio.
	2. Alternative A_2	1,43 Mio. · 0,5 + 1,00 Mio. · 0,5	1,215 Mio.
		abzüglich Kapitaleinsatz für A_2	-1,100 Mio.
			0,115 Mio.

Abb. 6.2 - 47   Entscheidungsbaumtechnik zur Lösung eines mehrstufigen Entscheidungsproblems: Rollback-Verfahren zur Berechnung der optimalen Entscheidungsfolge

Angegeben sind die für alle denkbaren Konstellationen erwarteten Barwerte der Rückflüsse sowie die Wahrscheinlichkeiten hierfür in Abhängigkeit von den ergriffenen Aktionen. In Abb. 6.2 - 47 wird die optimale Entscheidung (hier A_1) nach dem **Rollback-Verfahren**, d.h.

454   Sechstes Kapitel: Betriebliche Finanzprozesse

durch rekursives Rechnen vom Prozessende her ermittelt, wobei die jeweils unterlegenen Alternativen ausgeschieden werden.

In der Realität scheitert die Entscheidungsbaumanalyse häufig vor allem an der Schwierigkeit, die der Optimierung zugrunde liegenden Daten (insbesondere die möglichen Konstellationen mit ihren Wahrscheinlichkeiten) zu quantifizieren. Zusätzlich muss bedacht werden, dass die Wahrscheinlichkeiten selbst unsichere Größen sind und dass das Modell auf eine Veränderung der Wahrscheinlichkeit allgemein sehr sensibel reagiert. Insofern liegt der **praktische Wert des Verfahrens** wohl primär in dem Zwang, mehrstufige Entscheidungsprobleme sorgfältig zu durchdenken sowie die Entscheidungsalternativen und die Eintrittswahrscheinlichkeiten für die möglichen Entscheidungskonsequenzen so weitgehend wie möglich zu quantifizieren.

Die Entscheidungsbaumtechnik kann als „Vorläufer" der modernen **Realoptionsanalyse** bezeichnet werden. In der Realoptionsanalyse werden zukünftige Handlungsspielräume des Managements bei der Durchführung von Investitionsprojekten (u.a. Aufschub, Abbruch, Erweiterung, Einschränkung, Verlängerung, Verkürzung, Wechsel z.B. der Technologie) in die Investitionsbeurteilung integriert. Diese Entscheidungsmöglichkeiten können als Optionen – ähnlich wie die Entscheidungsknoten im Entscheidungsbaum – dargestellt werden, die dann mithilfe der Techniken der Optionspreistheorie, die ursprünglich für die Bewertung von Finanzoptionen entwickelt wurden, bewertet werden (vgl hierzu ausführlich COPELAND/COPELAND/ ANTIKAROV 2003).

Zu (3)   Kapitalmarkttheoretische Ansätze:

Die moderne **Kapitalmarkttheorie** ist generell eine Theorie zur Erklärung des Anlegerverhaltens bei unsicheren Erwartungen. Wenngleich dabei auch speziell die Wertpapieranlage im Vordergrund steht, schließt das Aussagensystem konzeptionell doch jegliche Form von Investitionsvorhaben mit ein. Bedeutsam ist ferner, dass die kapitalmarkttheoretischen Modelle im Kern **Gleichgewichtsmodelle bei Unsicherheit** sind und damit vom Anspruch auch Aussagen über den bei konkreten Investitionsprogrammen „richtigen" Kapitalkostensatz abzuleiten bestrebt sind. Insofern und weil sie sich nicht zuletzt auch mit der Preisbildung speziell für Finanzierungstitel (Optionen, Aktien, Gläubigerkapital) auf den Kapitalmärkten befasst, ist die Kapitalmarkttheorie auf das engste mit der modernen Finanzierungstheorie verknüpft (vgl. S. 490ff.).

Die kapitalmarkttheoretischen Ansätze beruhen auf der Portfolio-Theorie, in deren Rahmen sie konsequent in ein Modell des Kapitalmarktgleichgewichts weiterentwickelt wurden. Entsprechend sind zunächst einige

(3a) Grundzüge der Portfolio-Theorie
darzustellen, bevor auf das zentrale Modell der Kapitalmarkttheorie,

(3b) das **Capital Asset Pricing Model (CAPM)**
eingegangen wird.

6.2 Investitionskalküle   455

Zu (3a) Grundzüge der Portfolio-Theorie:

Das grundlegende Modell der Portfolio-Theorie geht auf MARKOWITZ (1952) bzw. (1959) zurück. Es bildet folgende **Problemstellung** ab:

Ein Investor möchte einen gegebenen Kapitalbetrag für eine Periode in Wertpapieren anlegen.
Die Renditen der Wertpapiere sind unsicher; bekannt ist aber deren normalverteilter Erwartungswert $E(r_i)$ und die Standardabweichung der Renditen σ_i als Risikomaß. Der Investor ist
risikoscheu und strebt folgerichtig für sein Portfolio einen möglichst hohen Renditeerwar-
tungswert bei gegebenem Risiko bzw. ein möglichst geringes Risiko bei gegebener Renditeerwartung an. Insoweit beruht die Portfolio-Theorie auf dem bereits angesprochenen kombinierten Risiko-Erwartungswert-Kriterium, dem so genannten μ,σ-Prinzip (vgl. S. 447ff.).

Die Grundüberlegungen des Modells sollen an einem einfachen Fall mit zwei Wertpapieren
(**Zwei-Wertpapier-Fall**) verdeutlicht werden (FRANKE/HAX 2004, S. 315ff.), für die Daten
gemäß Abb. 6.2 - 48 gegeben sind.

Wertpapier i	1	2
$E(r_i)$	7 %	12 %
σ_i	9 %	8 %

Abb. 6.2 - 48   Erwartete Rendite $E(r_i)$ und Standardabweichung σ_i für zwei Wertpapiere

Isoliert gesehen dominiert im Beispiel eindeutig Wertpapier 2. Es weist die relativ höhere
Rendite und gleichzeitig ein geringeres Risiko auf als Wertpapier 1. Die Portfolio-Theorie betrachtet aber keine einzelnen Wertpapiere, sondern stets **Wertpapierkombinationen**, also
Portfolios, sodass die Anlage der Mittel ausschließlich in Wertpapier 2 lediglich ein Grenzfall
ist und nicht mehr die einzige effiziente Lösung darstellen muss.

Wichtig für den Lösungsansatz der Portfolio-Theorie ist nun die Erkenntnis, dass die erwartete Rendite $E(r_P)$ eines Portfolios sich als gewogener Durchschnitt aus den Einzelrenditen der
Wertpapiere $E(r_i)$ ergibt, dass aber demgegenüber die Standardabweichung σ_P eines Portfolio
nicht nur von den Standardabweichungen der einzelnen Wertpapierrenditen σ_i abhängt, sondern zusätzlich auch davon bestimmt wird, wie die Renditen miteinander korrelieren. Je nach
Ausprägung der **Korrelationskoeffizienten** ρ ergeben sich damit unterschiedliche σ_P für ein
Portfolio. Abb. 6.2 - 49 zeigt Beispielrechnungen für den genannten Zwei-Wertpapier-Fall, in
dem alternativ von

- strikt positiver Korrelation (Korrelationskoeffizient $\rho = +1$),
- gemildert positiver Korrelation (Korrelationskoeffizient $\rho = +0,5$),
- fehlender Korrelation (Korrelationskoeffizient $\rho = 0$)
- gemildert negativer Korrelation (Korrelationskoeffizient $\rho = -0,5$),
- strikt negativer Korrelation (Korrelationskoeffizient $\rho = -1$)

ausgegangen wird.

Wertpapieranteile q_i		Rendite	Standardabweichung σ_p bei einem Korrelationskoeffizienten $\rho = \ldots$				
q_1	q_2	$E(r_P)$	+ 1	+ 0,5	± 0	- 0,5	- 1
0,00 %	100,00 %	12,00 %	8,00 %	8,00 %	8,00 %	8,00 %	8,00 %
10,00 %	90,00 %	11,50 %	8,10 %	7,69 %	7,26 %	6,79 %	6,30 %
20,00 %	80,00 %	11,00 %	8,20 %	7,46 %	6,65 %	5,72 %	4,60 %
30,00 %	70,00 %	10,50 %	8,30 %	7,33 %	6,22 %	4,85 %	2,90 %
40,00 %	60,00 %	10,00 %	8,40 %	7,30 %	6,00 %	4,33 %	1,20 %
47,06 %	52,94 %	9,65 %	8,47 %	7,34 %	5,99 %	4,24 %	0,00 %
50,00 %	50,00 %	9,50 %	8,50 %	7,37 %	6,02 %	4,27 %	0,50 %
60,00 %	40,00 %	9,00 %	8,60 %	7,53 %	6,28 %	4,70 %	2,20 %
70,00 %	30,00 %	8,50 %	8,70 %	7,78 %	6,74 %	5,51 %	3,90 %
80,00 %	20,00 %	8,00 %	8,80 %	8,12 %	7,38 %	6,55 %	5,60 %
90,00 %	10,00 %	7,50 %	8,90 %	8,53 %	8,14 %	7,73 %	7,30 %
100,00 %	0,00 %	7,00 %	9,00 %	9,00 %	9,00 %	9,00 %	9,00 %

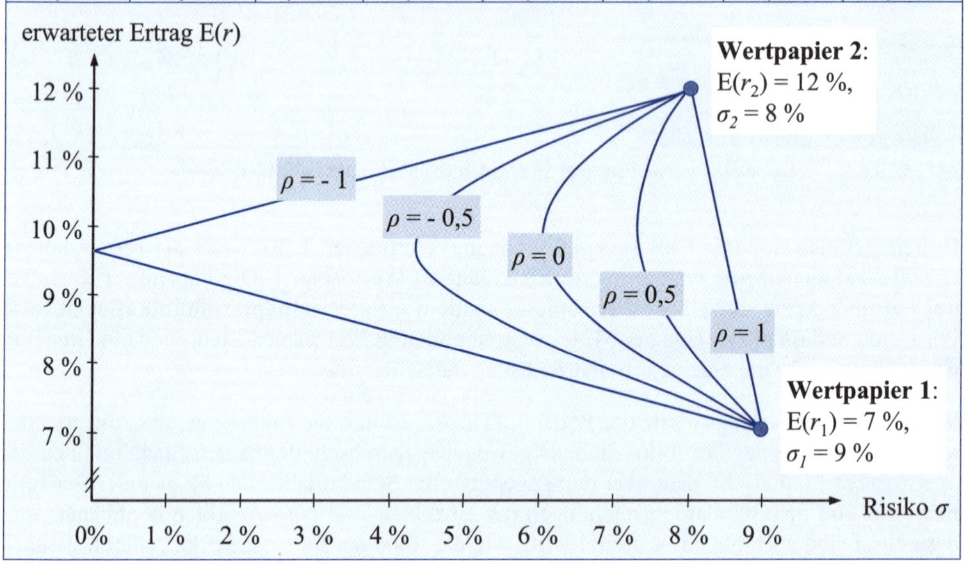

Abb. 6.2 - 49 $E(r_P), \sigma_P$-Kombinationen bei alternativen Korrelationskoeffizienten im Zwei-Wertpapier-Fall

Aus Abb. 6.2 - 49 wird der **Effekt der Risikostreuung** ersichtlich. Mit Ausnahme des Falls strikt positiver Korrelation können die Risiken eines gemischten Wertpapierportfolios unter den Wert des gewogenen Durchschnittsrisikos der Einzelpapiere gesenkt werden. Im Fall negativer Korrelation kann das Risiko sogar den Wert null annehmen. Im Beispiel ist dies exakt bei einem Mischungsverhältnis der Wertpapiere 1 und 2 in Höhe von 52,94 % zu 47,06 % der Fall. Hierbei ergibt sich eine Portfolio-Rendite von 9,35 %.

Für das MARKOWITZ-Modell ist nun die Unterscheidung von zulässigen bzw. möglichen, effizienten und optimalen Wertpapierportfolios charakteristisch (vgl. Abb. 6.2 - 50):

- **Zulässige Wertpapiermischungen** sind solche, die aufgrund der am Markt verfügbaren, anlagefähigen Wertpapiere und bei Einhaltung bestimmter finanzieller Nebenbedingungen realisierbar sind. Zusammen mit den möglichen Einzelanlagen bilden sie bei gegebenen paarweisen Korrelationskoeffizienten die Punktwolke sämtlicher Anlagemöglichkeiten im Rendite-Risiko-Diagramm.

- **Wertpapierportfolios** werden als **effizient** bezeichnet, wenn es keine anderen Kombinationen gibt, die entweder
  - bei gleicher erwarteter Rendite E(r) ein niedrigeres Risiko σ oder
  - bei gleichem Risiko σ eine höhere erwartete Rendite E(r) oder
  - eine höhere erwartete Rendite E(r) und ein niedrigeres Risiko σ

  aufweisen. Im Beispiel liegen die effizienten Wertpapierportfolios auf dem äußersten linken Rand der Punktwolke zwischen der einzelnen Wertpapieranlagemöglichkeit A, die gleichzeitig die höchste erwartete Rendite und das höchste Risiko aller Einzelanlagen hat, und dem Portfolio B, welches das geringste Risiko aufweist (**Minimum-Varianz-Portfolio**).

- Das **optimale Wertpapierportfolio** lässt sich durch Anlegen investorenspezifischer Risikopräferenzfunktionen an die Effizienzgrenze bestimmen. Bei risikoscheuem Verhalten sind die Indifferenzkurven konvex, sodass sich aufgrund der Konkavität der Effizienzlinie stets eine eindeutige Lösung ergibt. Im Beispiel von Abb. 6.2 - 50 ist dies das Portfolio C.

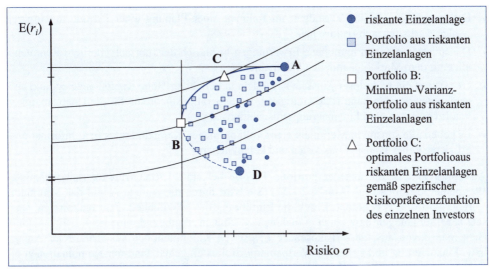

Abb. 6.2 - 50   Zulässige, effiziente und optimale Wertpapierportfolios

Die **Ableitung einer optimalen Lösung** im Modell von MARKOWITZ hängt u.a. von der Kenntnis und der zeitlichen Stabilität aller Korrelationskoeffizienten zwischen den zulässigen Wertpapieranlagen ab. Bei n Wertpapieren ergeben sich aber allgemein $0{,}5 \cdot (n^2 - n)$ solcher Korrelationskoeffizienten, sodass an eine praktische Anwendung des MARKOWITZ-Modells fast unerfüllbare **Informationsanforderungen** gestellt werden. Weitere Grenzen des Modells liegen im statischen Ansatz und der Anwendung des μ,σ-Prinzips, das nur unter einschränkenden Voraussetzungen rationales Verhalten beschreibt (vgl. SCHNEIDER, D. 1992).

458   Sechstes Kapitel: Betriebliche Finanzprozesse

Zu (3b)   Capital Asset Pricing Model (CAPM):

Die entscheidende Weiterentwicklung der Portfolio-Theorie als Grundlage der Kapitalmarkttheorie ist durch SHARPE erfolgt. Zunächst entwickelte er das **Index-Modell** (SHARPE
1962/63), das die Ermittlung der Korrelationskoeffizienten durch die Einführung des so genannten Beta-Faktors überflüssig machte. Dieser Faktor drückt die Renditen- bzw. Kursentwicklung einer Wertpapieranlage im Verhältnis zur Entwicklung des gesamten Marktportfolios, die sich im Index niederschlägt, aus. Die Indexentwicklung wird dabei stets 1 gesetzt, sodass sich ein marktabweichendes Kursverhalten durch einen Beta-Faktor von größer oder
kleiner 1 ausdrücken lässt. Eine zweite entscheidende Modifikation bestand bei SHARPE darin,
die normative Portfolio-Theorie als Erklärungsmodell für das tatsächliche Anlegerverhalten
zu deuten. Daraus entstand das klassische Modell der Kapitalmarkttheorie, das **Capital Asset
Pricing Model** (**CAPM**). Neben SHARPE (1964) geht dieses Modell auf LINTNER (1965) und
MOSSIN (1966) zurück.

Die Ableitung der so genannten **Kapitalmarktlinie** (*Capital Market Line*) gilt als Vorstufe
für das eigentliche Capital Asset Pricing Model. Es handelt sich hierbei um eine Theorie des
Kapitalmarktgleichgewichts unter Ungewissheit, die u.a. mit folgenden **Prämissen** arbeitet:

- Die Investoren, die ihr Vermögen im Rahmen einer Planung einer Periode maximieren
  wollen, verhalten sich risikoscheu.

- Die Investoren haben homogene Erwartungen bezüglich der (normalverteilten) Renditen r
  aller auf dem Markt gehandelten Wertpapiere i.

- Es existiert ein risikoloser Zinssatz r_f, zu dem in beliebiger Höhe Kapital angelegt und aufgenommen werden kann (d.h. Gültigkeit des Separationstheorems für die Unabhängigkeit
  von Investitions- und Finanzierungsentscheidungen).

- Es gelten alle sonstigen Merkmale eines vollkommenen Kapitalmarktes (u.a. Informations-
  effizienz, keine Transaktionskosten und keine Steuern).

Ausgangspunkt ist die aus der Portfolio-Theorie bekannte Effizienzgrenze risikobehafteter
Wertpapierportfolios (vgl. Abb. 6.2 - 51). Sie wird durch die Anlage A und das Minimum-
Varianz-Portfolio B begrenzt. Durch die Einführung der Möglichkeit, zum risikofreien Zinssatz r_f Mittel anlegen bzw. auch aufnehmen zu können, ergibt sich eine neue Effizienzlinie.
Geht man davon aus, dass risikoscheue Investoren Kombinationen aus risikofreier Anlage
bzw. Finanzierung und riskanten Wertpapierportfolios eingehen, sind nur Kombinationen effizient, die auf der nach rechts verlängerten Verbindungslinie von risikofreiem Zinssatz und
dem Tangentialportfolio zur Punktwolke der möglichen Portfolios liegen. Diese Linie wird als
Kapitalmarktlinie (*Capital Market Line*) bezeichnet.

Wenn der Kapitalmarkt im Gleichgewicht ist, stellt das **Tangentialportfolio das so genannte
Marktportfolio** M dar. Es enthält die Gesamtheit aller risikobehafteten Wertpapiere und zwar
exakt in den Anteilen, wie sie am Markt selbst in Relation zum Gesamtwert aller umlaufen-
den Wertpapiere vorhanden sind. Der Erwartungswert der Rendite des Marktportfolios ist
$E(r_M)$ und das Risiko beträgt σ_M.

Dass die **Kombinationen auf der Effizienzgrenze**, die sich ohne Existenz der risikofreien
Anlage- bzw. Finanzierungsmöglichkeit ergeben, nicht risikoeffizient sind, zeigt ein Vergleich der Alternativen A mit A' bzw. B mit B' in Abb. 6.2 - 51:

- Bei Existenz einer risikolosen Kapitalanlagemöglichkeit kann die Gesamtrendite der Investoren ohne höheres Risiko dadurch gesteigert werden, dass nicht B, sondern B' realisiert wird. Das heißt, dass nur ein Teil der anlagefähigen Mittel in das Marktportfolio investiert wird ($a < 1$), während der Rest ($1 - a$) zum Zinssatz r_f risikolos angelegt wird.
- Entsprechend gilt bei Finanzierungsmöglichkeiten zum Zinssatz r_f, dass durch eine zusätzliche Aufnahme von Kapital ein Investitionsvolumen in das Marktportfolio realisiert werden kann, das größer als die vorhandenen Anlagemittel ist ($a > 1$) und die Rendite steigen lässt, ohne dass sich das Risiko verändert (A' statt A). Es wird hier also der finanzielle Hebeleffekt ausgenutzt (vgl. S. 94ff.).

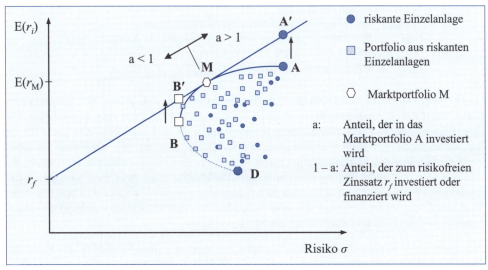

Abb. 6.2 - 51   Kapitalmarktlinie (*Capital Market Line*) im Capital Asset Pricing Model (CAPM)

Bei Gültigkeit der Modellprämissen müssten also Investoren, sofern sie nicht die risikofreie Anlage generell präferieren, ihr Wertpapierportfolio stets so zusammenstellen, dass es strukturell gesehen exakt dem Marktportfolio entspricht. Unterscheiden würden sich die individuellen Wertpapierportfolios also lediglich in ihrer absoluten Höhe und in ihrer Aufteilung der Mittel auf das risikobehaftete Marktportfolio und die risikolose Kapitalanlage- bzw. -finanzierungsmöglichkeit. Diese Aufteilung wäre dabei lediglich eine Funktion des Grades der Risikoscheu des jeweiligen Investors. Damit wird deutlich, dass die Theorie des Kapitalmarktgleichgewichts kaum das reale Kapitalanlageverhalten zu erklären in der Lage ist, sondern lediglich die **Gleichgewichtsbedingungen** für rationales Investitionsverhalten bei Ungewissheit aufzeigt.

Letzteres gilt entsprechend auch für das Modell der **Wertpapiermarktlinie** (*Security Market Line*), das auf dem Konzept der Kapitalmarktlinie aufbaut und das sich als zweite Stufe der Theorie des Kapitalmarktgleichgewichts deuten lässt. In diesem zweiten Modell konkretisiert sich erst das eigentliche Capital Asset Pricing Model. Es beantwortet die Frage, welcher Zusammenhang zwischen der Renditeerwartung eines einzelnen Wertpapiers *i* innerhalb des Marktportfolios M und seinem marktbezogenen Risiko unter den Bedingungen des Kapitalmarktgleichgewichts besteht. Anders ausgedrückt geht es darum, das Preisverhältnis zwischen Renditeerwartung und Risiko im Kapitalmarktgleichgewicht (gekennzeichnet als Steigung der

	Sechstes Kapitel: Betriebliche Finanzprozesse

Kapitalmarktlinie) auf die Marktbewertung eines einzelnen Wertpapiers i im Marktportfolio M zu übertragen.

Ohne auf die mathematische Herleitung dieser Zusammenhänge hier einzugehen (vgl. dazu beispielsweise ELTON/GRUBER/BROWN/GOETZMANN 2006) sei im Folgenden lediglich das Ergebnis, die Gleichung für die Wertpapiermarktlinie, wiedergegeben:

$$E(r_i) = r_f + \left[E(r_M) - r_f \right] \cdot \frac{\sigma_{iM}}{\sigma_M^2}$$

[6.2 - 33]

mit: $E(r_i)$ = erwartete Rendite der Anlage i
    r_f = risikofreier Zinssatz
    $E(r_M)$ = Erwartungswert der Rendite des Marktportfolios
    σ_{iM} = Kovarianz zwischen der Renditeentwicklung der Anlage i
       und der Entwicklung der Marktrendite

    σ_M^2 = Varianz der Marktrendite

Diese Gleichung besagt, dass sich die **Renditeerwartung eines einzelnen Wertpapiers i im Marktportfolio M** im Kapitalmarktgleichgewicht zusammensetzt aus dem Zinssatz für risikolose Kapitalanlagen r_f zuzüglich einer **Risikoprämie**, die sich aus dem Marktpreis für die Risikoübernahme bei Halten des Marktportfolios (hergeleitet aus der Differenz zwischen Renditeerwartung des Marktportfolios und dem risikolosen Zinssatz) multipliziert mit der Risikohöhe des einzelnen Wertpapiers ergibt. Die Risikohöhe selbst wird bestimmt durch den Korrelationskoeffizienten zwischen den Renditeerwartungen des Wertpapiers i und denen des Marktportfolios M, multipliziert mit dem Verhältnis aus der Standardabweichung des Wertpapiers i und der Standardabweichung des Marktportfolios.

Ein ähnlicher Zusammenhang ist von SHARPE mit seinem **Index-Modell** in die Portfolio-Theorie als **Beta-Faktor** eingeführt worden (vgl. S. 457), sodass es im CAPM nahe lag, diese Bezeichnung für das Risikomaß zu übernehmen. Der Beta-Faktor β_i ist wie folgt definiert:

$$\beta_i = \frac{\sigma_{iM}}{\sigma_M^2}$$

[6.2 - 34]

Der Beta-Faktor ist ein Ausdruck für das so genannte **systematische Risiko** des Wertpapiers i, also für den Teil des Gesamtrisikos, der auch durch eine effiziente Risikostreuung nicht vermieden werden kann. Nur hierfür und nicht für das so genannte **unsystematische Risiko**, das zusätzlich bei einem nicht risikoeffizienten Portfolio entsteht, werden vom Kapitalmarkt unter den Bedingungen des Marktgleichgewichts Risikoprämien gezahlt.

Abb. 6.2 - 52 verdeutlicht den Verlauf der **Wertpapiermarktlinie** im CAPM. Die risikolose Kapitalanlage hat ein Beta von Null, während das Marktportfolio ein Beta von 1 aufweist. Entsprechend ergeben sich alle anderen Kombinationen von $E(r_i)$ und β_i. Der Verlauf der Wertpapiermarktlinie entspricht somit formal dem der Kapitalmarktlinie. Das wird besonders deutlich, wenn in der Gleichung für die Wertpapiermarktlinie der Korrelationskoeffizient eines Wertpapiers i zum Marktportfolio M den Wert 1 aufweist. Dann entsprechen sich nämlich der Beta-Faktor des einzelnen Wertpapiers i und das systematische Risiko des Marktportfolios M.

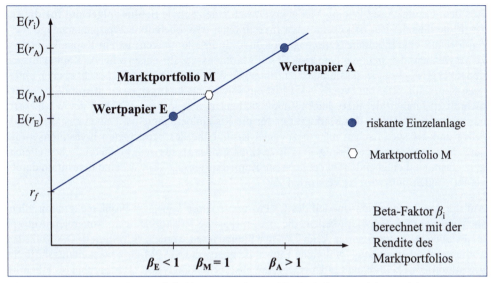

Abb. 6.2 - 52   Wertpapiermarktlinie (*Security Market Line*) im Capital Asset Pricing Model (CAPM)

Unterschiede bestehen allerdings in der **materiellen Interpretation beider Linien**: Für die Kapitalmarktlinie gilt, dass stets das gesamte Marktportfolio (wenn auch in unterschiedlichen Mischungen mit risikolosen Anlagen bzw. unterschiedlichem Fremdkapitalanteil) betrachtet wird; demgegenüber liegen der Wertpapiermarktlinie einzelne Wertpapiere mit ihren spezifischen Beta-Faktoren und Renditeerwartungswerten im Gleichgewichtsfall zugrunde. Abb. 6.2 - 53 verdeutlicht abschließend die Zusammenhänge zwischen Kapital- und Wertpapiermarktlinie.

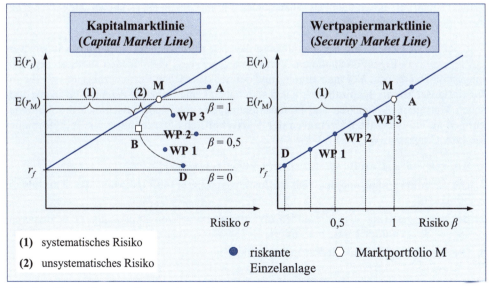

Abb. 6.2 - 53   Zusammenhänge zwischen Kapital- und Wertpapiermarktlinie im Capital Asset Pricing Model (CAPM)

Aus dem Capital Asset Pricing Model ergibt sich eine zentrale **Schlussfolgerung für die Investitionstheorie**: Bei risikobehafteten Investitionen (risikobehaftete Wertpapieranlagen wären hier nur eine mögliche Teilmenge von Investitionsalternativen) ist ein Kapitalkostensatz zu verwenden, der sich aus dem risikolosen Marktzinssatz für entsprechende Kapitalanlagen und einer Risikoprämie zusammensetzt. Entgegen dem an anderer Stelle beschriebenen einfachen Korrekturverfahren (vgl. S. 445f.) ist ein solcher **risikoangepasster Kapitalkostensatz** theoretisch fundiert definiert und bestimmt sich entsprechend der Gleichung der Wertpapiermarktlinie als Funktion des Marktpreises für die Risikoübernahme bei Halten des Marktportfolios und der spezifischen marktbezogenen Risikohöhe des betrachteten Investitionsvorhabens. Nur dann, wenn der Ertrag einer Investition größer als der sich im theoretischen Gleichgewichtsmodell ergebende risikoangepasste Kapitalkostensatz ist, wird eine Investition durchgeführt, andernfalls wird sie verworfen.

Auf die im Gleichgewichtsmodell des CAPM implizierten logischen Probleme und vor allem auch empirischen Schwierigkeiten, die marktbezogene Risikoprämie in konkreten Anwendungsfällen zu quantifizieren, kann hier nur hingewiesen werden. SCHNEIDER, D. (1992) hat in diesem Zusammenhang zahlreiche Einwände gegen das CAPM als Entscheidungshilfe für Investitionsentscheidungen bei Ungewissheit ausführlich analysiert. Die Ergebnisse fallen im Wesentlichen entgegen dem Selbstverständnis der derzeit „herrschenden" Kapitalmarkttheorie aus.

6.2.2.4 Wirtschaftlichkeitsrechnung im Rahmen der wertorientierten Unternehmenssteuerung

Im Rahmen der wertorientierten Unternehmensführung stellt die **nachhaltige Steigerung des Unternehmenswertes für die Eigentümer** die oberste Zielsetzung für sämtliche unternehmerischen Entscheidungen dar. Da jede Management-Entscheidung im weitesten Sinne eine Investitionsentscheidung darstellt, muss sich ein geeignetes Verfahren der Wirtschaftlichkeitsrechnung an dieser auch als Shareholder Value-Prinzip bezeichneten Zielsetzung der Wertorientierung ausrichten.

Wie bei jedem Gegenstand der Vermögensanlage, so muss sich auch der Unternehmenswert aus den mit dem Eigentum an diesem Vermögensgegenstand verbundenen ausstehenden Zahlungsströmen ergeben. Vor dem Hintergrund der neoklassischen Finanzierungstheorie, die **informationseffiziente Kapitalmärkte** und somit auch keine Prinzipal-Agenten-Probleme zwischen Managern, Aktionären und Fremdkapitalgebern unterstellt, lassen sich die **Anforderungen an ein geeignetes Verfahren der Wirtschaftlichkeitsrechnung** wie folgt formulieren (vgl. COPELAND/WESTON/SHASTRI 2005):

1. Alle **relevanten Cashflows** müssen berücksichtigt werden.
2. Die Cashflows sind mit den **risikoadjustierten Opportunitätskosten des Kapitals** zu bewerten.
3. Bei sich gegenseitig ausschließenden Investitionsalternativen ist diejenige zu favorisieren, die den **Shareholder Value maximiert**.
4. Das Prinzip der **Wertadditivität** muss erfüllt sein.

Anhand dieser Anforderungen sind die Verfahren der Wirtschaftlichkeitsrechnung in Bezug auf ihre Eignung für die wertorientierte Unternehmensführung zu beurteilen. Die statischen

6.2 Investitionskalküle 463

(vgl. S. 393ff.) und die dynamischen Verfahren (vgl. S. 407ff.) der Wirtschaftlichkeitsrechnung, die zuvor – allerdings bei Unterstellung von Sicherheit – behandelt wurden, sind in der Übersicht von Abb. 6.2 - 54 zusammengestellt. Dabei sind die in den statischen und dynamischen Rechnungen vergleichbaren Entscheidungsgrößen jeweils in der gleichen Zeile einander gegenübergestellt. Die Kostenvergleichsrechnung ist nicht aufgeführt, da sie letztlich einen Spezialfall der Gewinnvergleichsrechnung darstellt.

Statische Verfahren der Wirtschaftlichkeitsrechnung	Dynamische Verfahren der Wirtschaftlichkeitsrechnung
Gewinnvergleichsrechnung:	**Kapitalwertmethode:**
Gesamtgewinn nach Kapitalkosten	Kapitalwert (*Net Present Value*)
	Annuitätenmethode:
jährlicher Gewinn nach Kapitalkosten	Annuität
Rentabilitätsrechnung:	**Interne Zinsfußmethode:**
Brutto-Investitionsrentabilität	Interner Zinsfuß
statische Amortisationsrechnung:	**dynamische Amortisationsrechnung:**
statische Amortisations- bzw. Payback-Dauer	dynamische Amortisations- bzw. Payback-Dauer

Abb. 6.2 - 54   Entscheidungsgrößen von statischen und dynamischen Verfahren der Wirtschaftlichkeitsrechnung im Vergleich

Zu 1.   Alle relevanten Cashflows müssen berücksichtigt werden.

Aufgrund der pauschalen Betrachtung von zeitlichen Durchschnittsgrößen können die statischen Verfahren der Wirtschaftlichkeitsrechnung (vgl. S. 393ff.) dieser ersten Anforderung nicht gerecht werden. Im Fokus stehen daher im Folgenden die **dynamischen Verfahren**, da diese die relevanten Cashflows unter Berücksichtigung des Zeitpunkts ihres Anfalls erfassen. Von den vier betrachteten dynamischen Verfahren ist allerdings auch die (dynamische) Amortisationsrechnung auszuschließen, da hier nicht sämtliche Cashflows eines Investitionsprojekts Eingang in die Berechnungen finden, sondern nur die Cashflows, die dazu beitragen, dass die Investitionsausgabe gedeckt wird (vgl. S. 405f. und S. 418).

Zu 2.   Die Cashflows sind mit den risikoadjustierten Opportunitätskosten des Kapitals zu bewerten.

Nachdem im vorherigen Abschnitt die Möglichkeiten des Einbezugs des Risikos in Investitionsentscheide über risikoadjustierte Kapitalkosten auf Basis kapitalmarkttheoretischer Modelle behandelt wurden, lassen sich die dynamischen Verfahren nun durch Ersatz des risikofreien Kapitalkostensatzes (bei Unterstellung von Sicherheit) durch einen risikoadjustierten Kapitalkostensatz bei Annahme von Schwankungen der geschätzten ausstehenden Cashflows anpassen. Der risikoadjustierte Kapitalkostensatz ist als Renditeforderung im Sinne von Opportunitätskosten zu verstehen, die ein Investor für eine alternative Investitionsmöglichkeit am Kapitalmarkt mit demselben Schwankungsrisiko der ausstehenden Zahlungsströme erwarten kann.

Während bei der Kapitalwertmethode und damit indirekt auch bei der Annuitätenmethode die risikoadjustierten Kapitalkosten zur Diskontierung der Erwartungswerte der ausstehenden

Zahlungsströme angesetzt werden, dienen sie bei der Internen Zinsfußmethode als maßgebliche Vergleichgröße – als so genannte *Hurdle Rate* –, um die Vorteilhaftigkeit eines Investitionsprojekts festzustellen. Im Übrigen wäre auch bei der dynamischen Amortisationsrechnung die zweite Anforderung erfüllt.

Zu 3. Bei sich gegenseitig ausschließenden Investitionsalternativen ist diejenige zu favorisieren, die den Shareholder Value maximiert.

Dieses dritte Kriterium ist durch die **Annuitätenmethode** nicht erfüllt, gibt sie als Entscheidungsgröße doch den jährlichen Überschuss nach Kapitalkosten an. Damit wird nicht in einer Größe der Beitrag zur Unternehmenswertsteigerung zum Ausdruck gebracht. Unterstellt man beispielsweise den einfachen Fall, dass zwei Projekte dieselbe Annuität aufweisen, so trägt das Projekt mit der längeren Laufzeit mehr zur Unternehmenswertsteigerung bei und wäre damit zu favorisieren.

Auch die **Interne Zinsfußmethode** wirft bezüglich der dritten Anforderung Probleme auf, und zwar in zweifacher Hinsicht. Zunächst handelt es sich um eine Brutto-Erfolgsgröße, die erst in Verbindung mit dem Kapitalkostensatz zu einem relativen Maßstab für den Überschuss aus einem Projekt führt. Somit ist es im Investitionsvergleich erforderlich, die Netto-Investitionsrentabilität anzusetzen, wenn für die Projekte unterschiedliche Kapitalkosten gelten. Das zweite Problem resultiert daraus, dass mit der Netto-Investitionsrentabilität der Überschuss aus einem Projekt bezogen auf das gebundene Kapital ausgedrückt wird. Für den Fall, dass sich für zwei Projekte dieselbe Netto-Investitionsrentabilität ergibt, trägt das Projekt mit dem größeren Kapitaleinsatz mehr zur Unternehmenswertsteigerung bei.

Die **Kapitalwertmethode** hingegen erfüllt die Anforderung nach Shareholder Value-Maximierung, da der Kapitalwert (*Net Present Value*) eines Projekts in einer absoluten Größe und zwar als Barwert bezogen auf den aktuellen Betrachtungszeitpunkt den absoluten Beitrag zur Unternehmenswertsteigerung direkt angibt. Beim Vergleich von Projekten ist damit dasjenige mit dem höheren Kapitalwert zu bevorzugen. Allerdings kann unter Umständen auch hier die Frage nach der absoluten Wertsteigerung im Verhältnis zur notwendigen zusätzlichen Kapitalbindung von Bedeutung sein.

Zu 4. Das Prinzip der Wertadditivität muss erfüllt sein.

Das Prinzip der Wertadditivität beschreibt den Umstand, dass sich der Erfolg aus zwei unabhängigen Projekten aus der Summe der Erfolge, die sich bei isolierter Bewertung ergeben, zusammensetzen muss. Während diese Anforderung für den **Kapitalwert** erfüllt ist, ist auch hier die Interne Zinsfußmethode problematisch. Betrachtet man zwei unabhängige Investitionsprojekte integriert, so ergibt sich die Netto-Investitionsrentabilität nämlich als Durchschnittsrentabilität.

Nachdem die Bedeutung der Kapitalwertmethode im Rahmen der wertorientierten Unternehmensführung verdeutlicht wurde, soll nun auf die Varianten eingegangen werden, die sich aus dem Umstand ergeben, dass nun explizit

- **Unsicherheit der ausstehenden Zahlungsströme** unterstellt wird und zudem
- **Steuern auf den Unternehmensgewinn**

Berücksichtigung finden.

Für den **Einbezug von Gewinnsteuern** (Körperschaftsteuer, Gewerbeertragsteuer, Einkommensteuer) sollen die folgenden, **vereinfachenden Annahmen** gelten:

- Für die verschiedenen Gewinnsteuern möge jeweils die gleiche Bemessungsgrundlage gelten, sodass der gesamte gewinnsteuerliche Effekt in einem einheitlichen Prozentsatz ausgedrückt werden kann.

- Die Höhe des Steuersatzes sei unabhängig von der Höhe des zu versteuernden Gewinns oder Einkommens als konstant angenommen.

- Nach dem Prinzip der Zurechnung der relevanten Zahlungsströme möge ein zu versteuernder Gewinn in der gleichen Periode zu entsprechenden Steuerzahlungen führen. Bei einem steuerlichen Verlust gelte die Annahme eines sofortigen Verlustausgleiches bzw. einer entsprechenden Steuerrückzahlung in der gleichen Periode.

Im Folgenden werden mit

(1)   dem **WACC-Ansatz** und

(2)   dem **Adjusted Present Value-Ansatz**

die beiden gebräuchlichsten **Ansätze der Kapitalwertmethode** vorgestellt, die beide die Erwartungswerte der ausstehenden Cashflows mit risikoadjustierten Kapitalkosten diskontieren, allerdings auf unterschiedliche Weise die gewinnsteuerliche Abzugsfähigkeit der Fremdkapitalzinsen erfassen. Die englische Bezeichnung für diese Ansätze hat sich – wie auch die grundsätzliche Vorgehensweise **Discounted Cash Flow-(DCF-)Verfahren** genannt wird – im deutschsprachigen Bereich durchgesetzt.

Zu (1)   WACC-Ansatz:

Die Abkürzung **WACC** steht für *Weighted-Average Cost of Capital*. Damit wird angedeutet, dass bei diesem Ansatz die Erwartungswerte der ausstehenden Cashflows mit den kapitalstrukturgewichteten (mit Gewichtungsfaktoren auf Basis von Marktwerten) durchschnittlichen Gesamtkapitalkosten diskontiert werden. Die WACC sind wie folgt definiert:

$$WACC = EKQ \cdot k_{EK} + FKQ \cdot k_{FK} \cdot (1 - s) \qquad [6.2-35]$$

mit: $WACC$ =   *Weighted-Average Cost of Capital*
          bzw. kapitalstrukturgewichtete durchschnittliche Gesamtkapitalkosten
EKQ =   Eigenkapitalanteil in der (Ziel-)Kapitalstruktur zu Marktwerten
FKQ =   Fremdkapitalanteil des verzinslichen Fremdkapitals
          in der (Ziel-)Kapitalstruktur zu Marktwerten
k_{EK} =   Eigenkapitalkostensatz bzw. Renditeforderung der Eigenkapitalgeber
k_{FK} =   Fremdkapitalkostensatz
s =   einheitlicher Steuersatz auf die Unternehmensgewinne

Mit der Formel für die WACC wird eine wichtige Anwendungsvoraussetzung für diesen Ansatz deutlich: die **wertorientierte Finanzierung**, wonach eine konstante **Ziel-Kapitalstruktur** für die Finanzierung unterstellt wird, die sich an der gesamtunternehmensbezogenen Finanzierungsstruktur zu Marktwerten orientiert. Während sich der Fremdkapitalkostensatz an den zu beobachtenden Konditionen für das verzinsliche Fremdkapital festmachen lässt, ist

466   Sechstes Kapitel: Betriebliche Finanzprozesse

die Renditeforderung der Eigenkapitalgeber – abgestimmt auf die Ziel-Kapitalstruktur – beispielsweise nach dem Capital Asset Pricing Model (CAPM) (vgl. S. 458ff.) herzuleiten.

Die Konsequenz aus der unterstellten Ziel-Kapitalstruktur für den **Steuervorteil der Fremdfinanzierung**, der aus der steuerlichen Abzugsfähigkeit der Fremdkapitalzinsaufwendungen resultiert, ist im Diskontierungssatz durch den Ansatz des Fremdkapitalkostensatzes nach Steuern berücksichtigt. Damit zeigt sich die Besonderheit des WACC-Ansatzes, dass nämlich sämtliche Finanzierungseffekte im Kapitalkostensatz zusammengefasst sind. Hingegen sind die Einflussfaktoren, für die der Leistungsbereich verantwortlich ist, in der Schätzung der zu diskontierenden Cashflows enthalten.

Die zukünftigen Cashflows beinhalten somit keinerlei Zahlungsströme, die mit der Finanzierung zusammenhängen. Sie werden als so genannte (inkrementelle) **Freie Cashflows bei vollständiger Eigenfinanzierung** ((*Unlevered*) *Free Cash Flows*) nach dem Schema gemäß Abb. 6.2 - 55 für jede zukünftige Periode der Laufzeit des Investitionsprojekts als Erwartungswerte geschätzt.

	Umsatzerlöse
–	operative Baraufwendungen (ohne Fremdkapitalzinsaufwendungen)
–	Abschreibungen
+/–	Erträge/Aufwendungen aus dem Abgang von Anlagevermögen
+/–	sonstige nicht-bare operative Erträge/Aufwendungen
=	*Earnings before Interest and Taxes* (EBIT)
–	Steuern auf EBIT
=	*Net Operating Profit after Taxes* (NOPAT)
+	Abschreibungen
–/+	Erträge/Aufwendungen aus dem Abgang von Anlagevermögen
–/+	sonstige nicht-bare operative Erträge/Aufwendungen
–/+	Investitionen/Desinvestition im operativen Netto-Umlaufvermögen
–/+	Investitionen/Desinvestitionen im Anlagevermögen
=	**Freier Cashflow bei vollständiger Eigenfinanzierung (FCF)**

Abb. 6.2 - 55   Schema zur Berechnung des periodischen Freien Cashflows eines Investitionsprojekts

Von der Barwertsumme der mit den WACC diskontierten Freien Cashflows wird die Investitionsausgabe I_0 abgezogen, um den Kapitalwert (*Net Present Value*) zu erhalten. Die Investitionsausgabe beinhaltet nicht nur den in das Anlagevermögen investierten Betrag (im Sinne der bilanzierungsfähigen Anschaffungskosten), sondern auch eventuelle Auszahlungen für die Investitionen in das operative Netto-Umlaufvermögen (= Umlaufvermögen – nicht-verzinsliches Fremdkapital).

Formal stellt sich die Berechnung des Kapitalwerts nach dem WACC-Ansatz dann wie folgt dar:

$$NPV = -I_0 + \sum_{t=1}^{n} \frac{FCF_t}{(1+WACC)^t}$$
[6.2 - 36]

mit: NPV = Kapitalwert (*Net Present Value*)
I_0 = Investitionsausgabe
FCF_t = Freier Cashflow bei vollständiger Eigenfinanzierung im Zeitpunkt t
$WACC$ = *Weighted-Average Cost of Capital*

6.2 Investitionskalküle 467

n = Laufzeit des Investitionsprojekts
t = Periodenindex

Zu (2) Adjusted Present Value-Ansatz:

Sofern für ein Investitionsvorhaben eine konkrete (Projekt-)Finanzierung unterstellt wird, liegt die so genannte **autonome Finanzierung** vor. Aufgrund der in diesem Fall bei der Berechnung der WACC resultierenden Problematik, aus einer gegebenen Finanzierung die Kapitalstruktur vom noch unbekannten Projektwert im Zeitablauf herzuleiten, bietet sich die Anwendung des Adjusted Present Value-Ansatzes an.

Die **Vorgehensweise** bei der Kapitalwertberechnung stellt sich nach dem Adjusted Present Value-Ansatz wie folgt dar: Zunächst wird der Wert des Projekts unter der Annahme der vollständigen Eigenfinanzierung bestimmt, also ohne Effekte, die aus der teilweisen Fremdfinanzierung resultieren. Dazu werden die Freien Cashflows bei vollständiger Eigenfinanzierung (Berechnungsschema gemäß Abb. 6.2 - 55) mit dem Eigenkapitalkostensatz bei vollständiger Eigenfinanzierung k_A (*Unlevered Cost of Capital*), der ausschließlich das Projektrisiko abbildet, diskontiert und summiert.

Im Anschluss daran wird der Projektwert bei angenommener Eigenfinanzierung um den Barwert der Nebeneffekte der Fremdfinanzierung korrigiert, woraus sich die Bezeichnung des Ansatzes erklärt. Als **Nebeneffekte der Fremdfinanzierung** sind die Möglichkeit, Fremdkapitalzinsen steuerlich abzusetzen, Transaktionskosten der Fremdkapitalaufnahme, Zahlungsverzugskosten und Subventionen für die Fremdfinanzierung zu nennen. Von dem korrigierten Projektwert ist abschließend die Investitionsausgabe abzuziehen, um den Kapitalwert zu erhalten.

Die beschriebene Vorgehensweise lässt sich wie folgt zusammenfassen:

	Projektwert bei vollständiger Eigenfinanzierung
+	Barwert des Steuervorteils der Fremdfinanzierung
+/–	Barwert der weiteren Effekte der Fremdfinanzierung
=	Projektwert bei geplanter gemischter Finanzierung
–	Investitionsausgabe
=	Kapitalwert (*Net Present Value*)

Konzentriert man sich auf die steuerliche Abzugsfähigkeit der Fremdkapitalzinsaufwendungen (*Debt Tax Shield*) als einzigen Nebeneffekt der Fremdfinanzierung und unterstellt für den Zahlungsstrom des Steuervorteils der Fremdfinanzierung (= Fremdkapitalzinsaufwand · Gewinnsteuersatz) das gleiche Risiko wie für das Fremdkapital (vgl. hierzu insbesondere KOLLER/GOEDHART/WESSELS 2005), so erfolgt die Berechnung des Kapitalwerts nach dem Adjusted Present Value-Ansatz nach **folgender Formel**:

$$NPV = -I_0 + \sum_{t=1}^{n} \frac{FCF_t}{(1+k_A)^t} + \sum_{t=1}^{n} \frac{\text{Fremdkapitalzinsaufwand}_t \cdot s}{(1+k_{FK})^t} \qquad [6.2 \text{ - } 37]$$

mit: NPV = Kapitalwert (*Net Present Value*)
I_0 = Investitionsausgabe
FCF_t = Freier Cashflow bei vollständiger Eigenfinanzierung im Zeitpunkt t

k_A	= Eigenkapitalkostensatz bei vollständiger Eigenfinanzierung
n	= Laufzeit des Investitionsprojekts
s	= einheitlicher Steuersatz auf Unternehmensgewinne
k_{FK}	= Fremdkapitalkostensatz
t	= Periodenindex

Für beide vorgestellten Ansätze der Discounted Cash Flow-Verfahren ist bezüglich des **Umgangs mit der Inflation** anzumerken, dass üblicherweise nominale Cashflows geschätzt werden, die mit den an den Märkten beobachtbaren nominalen Kapitalkosten diskontiert werden. Zu denselben Ergebnissen würde man allerdings auch gelangen, wenn die Cashflows als reale Größen erfasst würden, diese dann allerdings mit um Inflationserwartungen bereinigten Diskontierungssätzen verbarwertet würden.

Da die **Annahmen der neoklassischen Finanzierungstheorie** – insbesondere der vollkommenen Information und der Unabhängigkeit der Investitionsprojekte – nicht gegeben sind, ist insbesondere der Finanzierungsseite bei Investitionsentscheidungen stärkere Beachtung zu schenken (vgl. BREALEY/MYERS/ALLEN 2008, S. 472ff.). Hierzu liefert die neoinstitutionalistische Finanzierungstheorie wichtige Grundlagen (vgl. hierzu PERRIDON/STEINER 2007, S. 23f.). An dieser Stelle sei auf die entsprechenden Ausführungen im Kapitel „Finanzierung und Finanzierungsrechnungen" auf S. 490ff. verwiesen.

Fragen und Aufgaben zur Wiederholung (6.2.2: S. 393 – 468)

1. Beschreiben Sie das Wesen der Kostenvergleichsrechnung! Welche Varianten lassen sich unterscheiden?

2. Was sind die durchschnittlichen Kapitalkosten in statischen Wirtschaftlichkeitsrechnungen und wie berechnen sich diese?

3. Welche Rolle spielt die Kostenstruktur bei einem Investitionsvergleich? Was versteht man unter der kritischen Auslastung? Erläutern Sie die Problematik der kritischen Auslastung anhand einer Graphik!

4. Wie lautet die Grundregel für die (ex post) Bestimmung des Ersatzzeitpunktes einer Anlage?

5. Beschreiben Sie die Vorgehensweise zur Lösung des Ersatzproblems mithilfe der Kostenvergleichsrechnung!

6. Was sind die Wesensmerkmale einer Gewinnvergleichsrechnung? Welche Annahmen über „Differenzinvestitionen" impliziert ihr Einsatz beim Vorteilsvergleich?

7. Beschreiben Sie die Möglichkeiten, den Gewinnvergleich durch eine Gewinnschwellenanalyse zu verfeinern!

8. Wie lautet das Entscheidungskriterium der Rentabilitätsrechnung in seiner Grundversion und in seinen verschiedenen Varianten?

9. Wie lässt es sich für eine Verfeinerung der Rentabilitätsrechnung mithilfe des ROI-Schemas durchführen?

10. Skizzieren Sie in kurzen Worten den generellen Aussagewert statischer Verfahren der Wirtschaftlichkeitsrechnung!

11. Nennen Sie die drei Grundprobleme, die bei der Aufstellung konkreter Investitions-Zahlungsreihen auftreten!

6.2 Investitionskalküle   469

12. Nennen Sie die Grundformen der dynamischen Wirtschaftlichkeitsrechnung!

13. Definieren Sie den Kapitalwert einer Investition! Wie lautet die Formel (a) bei ungleichmäßigen und (b) bei gleichmäßigen Rückflüssen?

14. Welche Rolle spielt der Kapitalkostensatz bzw. der Kalkulationszinsfuß bei der Kapitalwertmethode, und in welcher Höhe ist er anzusetzen?

15. Was versteht man unter der Annuitätenmethode, und welcher Zusammenhang besteht zur Kapitalwertmethode?

16. Was sind die Wesensmerkmale der Internen Zinsfußmethode? Wie ist der interne Zinsfuß einer Investition zu interpretieren?

17. Worin bestehen die Anwendungsprobleme der Internen Zinsfußmethode?

18. Welche Bedingungen müssen erfüllt sein, damit eine Investition genau einen positiven internen Zinsfuß aufweist?

19. Wann ist eine Investition nach (a) der Kapitalwertmethode, (b) der Annuitätenmethode und (c) der Internen Zinsfußmethode als vorteilhaft (unvorteilhaft) zu klassifizieren?

20. Verdeutlichen Sie die Zusammenhänge zwischen Kapitalwert, Annuitäten und Internem Zinsfuß!

21. Wie kann man die Amortisationsdauer eines Investitionsprojekts ermitteln? Welche Aussagefähigkeit hat die statische bzw. die dynamische Amortisationsrechnung für die Lösung von Auswahlproblemen?

22. Welche Aufgaben haben Differenzinvestitionen in den klassischen Kalkülen?

23. Welche impliziten Annahmen tätigen Kapitalwert-, Annuitäten- und Interne Zinsfußmethode hinsichtlich Differenzinvestitionen?

24. Zeigen Sie anhand eines Beispiels, welche Ergebnisunterschiede sich durch die Prämissen bzgl. der Anschlussinvestition bei Annuitäten- und Kapitalwertmethode ergeben!

25. Warum entsteht das Problem der optimalen Nutzungsdauer von Anlagen? Auf welche Fälle lässt es sich vereinfacht reduzieren?

26. Wo liegt die optimale Nutzungsdauer (a) bei einmaliger Investition, (b) bei einmalig identisch wiederholter Investition und (c) bei unendlich wiederholter identischer Investition?

27. Wie lautet das von PREINREICH formulierte „General Law of Replacement"?

28. Warum ist die annuitätenmaximale Nutzungsdauer einer Investition in der Regel kleiner (höchstens gleich) ihrer kapitalwertmaximalen Nutzungsdauer?

29. Was versteht man unter dem Phänomen sich schneidender Kapitalwertkurven? Welche Probleme ergeben sich für den Vorteilsvergleich und wie sind sie zu lösen?

30. Bei welchen Daten-Konstellationen kommen Kapitalwert- und Interne Zinsfußmethode zu gleichen Rangfolgeergebnissen?

31. Beschreiben Sie die Vorgehensweise zur (sukzessiven) Bestimmung eines optimalen Investitionsprogramms bzw. -budgets bei Finanzierungsrestriktionen in Anlehnung an J. DEAN!

470   Sechstes Kapitel: Betriebliche Finanzprozesse

32. Mit welcher grundlegenden Prämisse arbeiten die klassischen Verfahren der dynamischen Wirtschaftlichkeitsrechnung? Welche Modelle, die diese Prämisse zu überwinden trachten, sind entwickelt worden? Inwiefern können auch diese Modelle die Kritikpunkte nicht vollständig beseitigen?

33. Beschreiben Sie das Grundkonzept des Marktzinsmodells! Wodurch ergeben sich insbesondere Unterschiede zu den klassischen Verfahren der dynamischen Investitionsrechnung?

34. In welchem theoretischen Fall entspricht der Kapitalwert im Marktzinsmodell dem der klassischen Kapitalwertmethode?

35. Konstruieren Sie aus einer beliebigen Marktzinsstruktur einen Zerobond mit dreijähriger Laufzeit! Warum enthält ein Zerobond keine implizite Wiederanlageprämisse?

36. Was versteht man unter der kapitalstrukturkongruenten Netto-Investitionsrendite im Marktzinsmodell?

37. Wie kann der Kapitalwert periodisiert werden? Beschreiben Sie die drei grundsätzlichen Möglichkeiten!

38. Erörtern Sie Chancen und Risiken inkongruenter Finanzierungen!

39. Welches sind die wichtigsten Verfahren und theoretischen Ansätze zur Bewältigung des Unsicherheitsproblems bei Investitionsentscheidungen?

40. Wie geht man beim traditionellen Korrekturverfahren zur Berücksichtigung der Unsicherheit (des Risikos) vor?

41. Skizzieren Sie Inhalt und Aussagegehalt des Verfahrens kritischer Werte (der Sensitivitätsanalyse)!

42. Welche Entscheidungsregeln bei Ungewissheit können für Investitionsentscheidungen Verwendung finden? Welche Rolle spielen dabei Erwartungswert, Standardabweichung und Risikopräferenzfunktionen?

43. Beschreiben Sie den Inhalt und den Ablauf einer Risikoanalyse! Worin besteht ihr Aussagewert?

44. Was versteht man unter der Entscheidungsbaumanalyse(-technik)? Wann erlangt sie Bedeutung, und wie lassen sich mit ihrer Hilfe Investitionsentscheidungen optimieren?

45. Was sind die Grundgedanken der modernen Portfolio-Theorie? Welche Bedingungen müssen (a) zulässige, (b) risikoeffiziente und (c) optimale Wertpapierportfolios im MARKOWITZ-Modell erfüllen?

46. Beschreiben Sie die Grundgedanken für die Herleitung der „Kapitalmarktlinie" in der Theorie des Kapitalmarktgleichgewichts! Welche Rolle spielt hierbei der risikolose Marktzins?

47. Worin bestehen die wesentlichen Prämissen und Kernaussagen des Capital Asset Pricing Model (CAPM)? Welche Bedeutung kommt diesem Modell als Entscheidungshilfe für Investitionsentscheidungen zu?

48. Was sind die Anwendungsvoraussetzungen für den WACC-Ansatz und für den Adjusted Present Value-Ansatz zur Bestimmung von Kapitalwerten?

49. Beschreiben Sie die Vorgehensweise zur Berechnung des Kapitalwerts nach dem WACC-Ansatz!

50. Nennen Sie und erklären Sie die Nebeneffekte der Finanzierung, die beim Adjusted Present Value-Ansatz separat erfasst werden!

51. Erläutern Sie die Berechnung des Kapitalwerts nach dem Adjusted Present Value-Ansatz!

6.2.3 Verfahren der Unternehmensbewertung

6.2.3.1 Überblick über die Anlässe und Funktionen der Unternehmensbewertung

Die Verfahren der Unternehmensbewertung sind als eine besondere Kategorie von **Investitionskalkülen** charakterisiert worden (vgl. S. 386). Gegenüber den Verfahren der Wirtschaftlichkeitsrechnung unterscheiden sie sich einmal hinsichtlich ihres fest umrissenen Untersuchungsgegenstands (was ja auch schon in ihrem Namen zum Ausdruck kommt) und zum anderen in der typischerweise „umgedrehten" Fragestellung: Nicht die Frage nach der Vorteilhaftigkeit des Investitionsobjekts „ganze Unternehmung" bei gegebenem Kaufpreis steht im Vordergrund, sondern das Interesse richtet sich auf die Bestimmung des Unternehmenswerts als **Grundlage für die Ableitung von Preisvorstellungen**.

Anlässe für Unternehmensbewertungen können dabei sehr vielfältiger Natur sein (ENGELEITER 1970; DRUKARCZYK/SCHÜLER 2007):

- Kauf bzw. Verkauf von Unternehmen, Beteiligungen oder organisatorisch selbstständigen Gliedbetrieben,
- Fusion von Unternehmen (einschließlich der Ermittlung von Entschädigungen für ausscheidende Minderheitsgesellschafter),
- Entflechtung von Unternehmen (Realteilung),
- Sanierung, Liquidation, Vergleich und Konkurs eines Unternehmens,
- Enteignung von Unternehmensbesitz,
- Ermittlung des Auseinandersetzungsguthabens bei Austritt und Eintritt von Gesellschaftern,
- Steuerliche Vorschriften,
- Steuerung des Unternehmenswerts im Rahmen der wertorientierten Unternehmensführung (*Value Based Management*).

Im Folgenden sollen nun die verschiedenen Verfahren der Unternehmensbewertung mit ihren jeweiligen Charakteristika erläutert werden. Dabei ist vorab noch einmal zu betonen, dass diese Verfahren in unterschiedlicher Weise geeignet sind, für die genannten Bewertungsanlässe brauchbare Ergebnisse zu liefern. Da dieser Tatbestand bereits im Zusammenhang mit der Unterscheidung von objektiver und subjektiver Unternehmensbewertung und deren Zuordnung zu den **vier Funktionen der Unternehmensbewertung**:

- Beratungsfunktion,
- Vermittlungsfunktion,
- Argumentationsfunktion,
- Steuerbemessungsfunktion,

herausgearbeitet wurde (vgl. S. 490), kann sich die folgende Darstellung weitgehend auf die reine „Mechanik" der unterschiedlichen Bewertungsansätze beschränken.

Abb. 6.2 - 56 zeigt eine Übersicht über die einzelnen Verfahren der Unternehmensbewertung. Wichtig ist dabei, dass mithilfe aller Verfahren prinzipiell der Unternehmenswert entweder als Wert des Eigenkapitals oder als Wert des Gesamtkapitals (des Eigen- und Fremdkapitals) im Unternehmen ermittelt werden kann. Wird das Gesamtunternehmen einschließlich des Fremdkapitals bewertet, kann man auch vom **Brutto-Unternehmenswert**, andernfalls – wenn nur der Wert des Eigenkapitals bestimmt werden soll – vom **Netto-Unternehmenswert** sprechen.

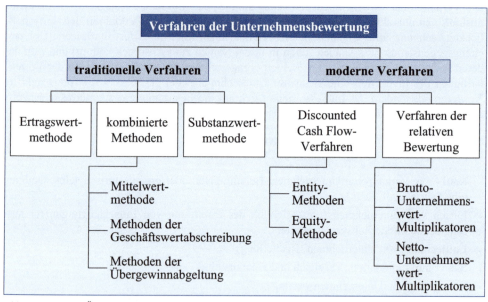

Abb. 6.2 - 56   Übersicht über die verschiedenen Verfahren der Unternehmensbewertung

6.2.3.2 Traditionelle Verfahren der Unternehmensbewertung

Für die traditionellen Verfahren ist insgesamt **charakteristisch**, dass

- sie einen objektiven (von Parteiinteressen losgelösten) Unternehmenswert abzuleiten bestrebt sind,
- sie (mit Ausnahme des Ertragswertverfahrens) dem Substanzwert eine ganz erhebliche Bedeutung beimessen und
- sie stark auf den Brutto-Unternehmenswert abstellen, allerdings formal und tatsächlich auch zur Ermittlung des Netto-Unternehmenswerts herangezogen werden (können).

Systematisiert wurden die verschiedenen Verfahren erstmals von JACOB (1960), indem er auf deren Gemeinsamkeiten und Unterschiede hinwies. Dazu entwickelte er eine so genannte „**Normalformel**", auf die alle Bewertungsverfahren zurückgeführt werden können:

6.2 Investitionskalküle 473

$$UW = SW + b \cdot (EW - SW) \qquad\qquad [6.2 - 38]$$

mit: UW = Unternehmenswert
      EW = Ertragswert
      SW = Substanzwert
      b = verfahrensspezifischer Faktor

Wie aus der Normalformel ersichtlich, berechnet sich der Unternehmenswert bei allen Verfahren aus einer Kombination von Substanzwert und Ertragswert, wobei Gewichtungsfaktor b je nach gewähltem Verfahren eine unterschiedliche Ausprägung annimmt (vgl. Abb. 6.2 - 57).

Bewertungsverfahren	verfahrensspezifischer Faktor b
(1) **Ertragswertmethode**	$b = 1$
(2) **Substanzwertmethode**	$b = 0$
(3) **Mittelwertmethode**	$b = 0{,}5$
(4) **Methoden der Geschäftswertabschreibung**	
(4a) **befristete Geschäftswertabschreibung**	$b = \dfrac{1}{i + a \cdot RBF_n^i}$
(4b) **unbefristete Geschäftswertabschreibung**	$b = \dfrac{i}{i + a}$
(5) **Methoden der Übergewinnabgeltung**	
(5a) **einfache undiskontierte Übergewinnabgeltung**	$b = i \cdot n$
(5b) **befristete diskontierte Übergewinnabgeltung**	$b = i \cdot RBF_n^{i_{\ddot U}}$
(5c) **unbefristete diskontierte Übergewinnabgeltung**	$b = \dfrac{i}{i_{\ddot U}}$

mit: n = Goodwill-Rentendauer

     RBF_n^i = Rentenbarwertfaktor

     a = Abschreibungsfaktor

     i = Kapitalisierungszinssatz für den Normalgewinn

     $i_{\ddot U}$ = Kapitalisierungszinssatz für den „Übergewinn"

Abb. 6.2 - 57   Ausprägungen des Faktors b bei den verschiedenen traditionellen Verfahren der Unternehmensbewertung

Abb. 6.2 - 57 verdeutlicht zudem, unter welchen **Bedingungen einzelne Verfahren zu den gleichen Bewertungsergebnissen** kommen. Einige Beispiele mögen das belegen:

- Gleiche Ergebnisse bei der Mittelwertmethode ($b = 0{,}5$) und der Methode der unbefristeten Geschäftswertabschreibung ($b = i \,/\, (i + a)$), wenn $0{,}5 = i \,/\, (i + a)$ bzw. $i = a$
- Gleiche Ergebnisse bei der Mittelwertmethode ($b = 0{,}5$) und der Methode der einfachen undiskontierten Übergewinnabgeltung ($b = i \cdot n$), wenn $0{,}5 = i \cdot n$

474   Sechstes Kapitel: Betriebliche Finanzprozesse

- Gleiche Ergebnisse bei der Mittelwertmethode ($b = 0{,}5$) und der Methode der befristeten diskontierten Übergewinnabgeltung ($b = i \cdot RBF_n^i$), wenn $0{,}5 = i \cdot RBF_n^i$

Im Folgenden werden die einzelnen Verfahren der traditionellen Unternehmensbewertung kurz dargestellt und erläutert.

Zu (1)   Ertragswertmethode:

Die Ertragswertmethode ist die traditionelle Version der Zukunftserfolgswertmethode bzw. der modernen Discounted Cash-Flow-Verfahren (vgl. S. 480ff.). Kennzeichnend ist für sie

- die Verwendung von **Gewinngrößen** als Ertragswertdeterminanten,
- die Orientierung der Gewinnschätzungen am **nachhaltig** erzielbaren **Erfolg**, der bei **normaler Unternehmerleistung** zu erwarten ist und
- die Verwendung des **landesüblichen Zinssatzes** (Staatsanleihen, Hypothekenpfandbriefe, erststellige Hypotheken), zu dem dann noch **Zuschläge** für das spezifische Kapitalrisiko, für nicht-fungible Anteile u.Ä. erhoben werden, als Kalkulationszinsfuß. Teilweise wird statt oder ergänzend zum landesüblichen Zinssatz auch der „Branchenzins" (im Sinne der durchschnittlichen (Gesamt- bzw. Eigen-)Kapitalrentabilität aller Unternehmen einer Branche) oder (im Falle der Ermittlung des Netto-Unternehmenswerts) die Aktienrendite für branchengleiche Unternehmen als Basiszinssatz empfohlen.

Für die **Ermittlung des Ertragswerts** (*EW*) werden die zukünftig zu erwartenden Gewinne mit dem Kapitalisierungssatz auf den gegenwärtigen Zeitpunkt diskontiert. Zu beachten ist aber, dass stets deutlich unterschieden werden muss, ob bei der Kapitalisierung der Gewinngrößen der Reingewinn (vor Abzug von Fremdkapitalzinsen) oder der Reingewinn (nach Abzug der Fremdkapitalzinsen) herangezogen wird. Entsprechend ist ein Kapitalisierungssatz im Sinne eines Gesamtkapitalkostensatzes bzw. im Sinne eines Eigenkapitalkostensatzes zur Diskontierung anzusetzen.

Der Brutto- bzw. der Netto-Unternehmenswert ergibt sich bei Annahme **konstanter jährlicher Gewinne** G über einen zeitlich begrenzten Planungshorizont von n Jahren und bei Ansatz eines geschätzten Restwerts im Sinne eines Fortführungswerts per Ende der Planungsphase RW_n wie folgt:

$$EW = G \cdot RBF_n^i + \frac{RW_n}{(1+i)^n} \qquad\qquad [6.2 - 39]$$

mit: EW = Ertragswert
G = Reingewinn vor oder nach Abzug der Fremdkapitalzinsen
i = Kapitalisierungszinssatz (im Sinne eines Gesamt- oder eines Eigenkapitalkostensatzes)
n = Dauer des Planungshorizonts für die konstanten jährlichen Reingewinne (in Jahren)
RBF_n^i = Rentenbarwertfaktor
RW_n = Restwert des Unternehmens als Brutto- oder Netto-Unternehmenswert per $t = n$

Geht man hingegen von jährlich konstanten Gewinnen über eine unbegrenzte Lebensdauer aus, so gilt folgende Formel für den Ertragswert:

$$EW = \frac{G}{i} \qquad\qquad [6.2 - 40]$$

Schließlich ist noch der Fall anzuführen, bei dem angenommen wird, dass ausgehend vom geschätzten Gewinn in $t = 1$ ein **jährlich konstantes Wachstum** g unterstellt wird:

$$EW = \frac{G_1}{i - g} \qquad\qquad [6.2 - 41]$$

mit: g = konstante jährliche Wachstumsrate für den Reingewinn
 vor oder nach Abzug der Fremdkapitalzinsen

In diesem Fall kann der Gewinn des ersten Jahres G_1 bereits unter Anwendung der konstanten Wachstumsrate g auf den aktuellen Gewinn in $t = 0$ G_0 angewendet werden, d.h. $G_1 = G_0 \cdot (1 + g)$.

Zu (2)   Substanzwertmethode:

Der Substanzwertmethode (**zur Ermittlung eines Fortführungswerts**) kommt im Rahmen der traditionellen Verfahren eine große Bedeutung zu. Mit ihrer Hilfe werden die Kosten ermittelt, die bei Reproduktion des vorhandenen Unternehmens anfallen würden. Der Substanzwert wird deshalb auch als **Reproduktionswert** bezeichnet.

Grundsätzlich lassen sich **zwei Kategorien des Reproduktionswerts** unterscheiden (MOXTER 1994):

- Unter dem **Vollreproduktionswert** eines Unternehmens versteht man den Betrag, der aufgewendet werden müsste, um dieses Unternehmen vollständig „nachzubauen" (im Sinne eines Unternehmens mit gleichwertigem Ertragspotenzial).
- Der **Teilreproduktionswert** umschließt nur den Wert der selbstständig verkehrsfähigen Gegenstände, also in erster Linie das bilanzfähige Anlage- und Umlaufvermögen. Im Gegensatz zum Vollreproduktionswert nicht erfasst wird das, was man sehr summarisch den Geschäfts- oder Firmenwert bzw. „Goodwill" nennt (also die selbst geschaffenen immateriellen Werte).

Die Substanzwertmethode versteht sich überwiegend als Hilfsmittel zur **Ermittlung des Teilreproduktionswerts** einer Unternehmung als dem Gesamtwert des bilanzfähigen Anlage- und Umlaufvermögens (vgl. hierzu S. 672ff.). Da insofern die Frage nach der Finanzierung des Vermögens nicht gestellt wird, ist die Substanzwertmethode vor allem ein Instrument zur Bestimmung des Brutto-Unternehmenswerts. Dabei gelten für die Ermittlung des Substanzwerts folgende allgemeine Grundsätze:

- Der Substanzwert wird durch **Einzelbewertung** der bilanzfähigen Wirtschaftsgüter bestimmt.
- Er ist **zeitpunktbezogen** und orientiert sich am **Zeitwert** (Reproduktionskostenwert) der Wirtschaftsgüter.
- In der Regel erfolgt eine **Trennung** in betriebsnotwendiges und nicht betriebsnotwendiges Vermögen (Kapital).

476 Sechstes Kapitel: Betriebliche Finanzprozesse

In der Theorie wurde früh erkannt, dass der Unternehmenswert sich nicht dadurch bestimmen lässt, dass man die Werte der einzelnen Teile ermittelt und diese addiert (SCHMALENBACH 1966). Da auch der „Goodwill" wertbestimmend ist, kann zudem allenfalls der Vollreproduktionswert als Unternehmenswert maßgebend sein. Dieser lässt sich jedoch auf dem Wege der Einzelbewertung („additiv") nicht bestimmen. Der Teilreproduktionswert (Substanzwert) wird aus diesen Gründen traditionell vor allem als objektiv nachmessbare Kontrollgröße und als Basis für die Ermittlung des „Normalwerts" einer Unternehmung (ohne Goodwill) verwendet. In dieser Funktion ist er auch in den übrigen traditionellen Verfahren der Unternehmensbewertung enthalten.

Abschließend ist noch zu erwähnen, dass der **Substanzwert auch als Liquidationswert** bestimmt werden kann und somit im Rahmen von Entscheidungen zur Unternehmensaufgabe eine Rolle spielt. Zu erfassen sind dann die potenziellen Einzelverkaufserlöse der Vermögensgegenstände, von denen die Schulden abzogen werden. Zudem sind noch die Kosten der Unternehmensauflösung bei der Ermittlung des Netto-Liquididationswerts zu berücksichtigen.

Zu (3)   Mittelwertmethode:

Die Mittelwertmethode war lange Zeit wahrscheinlich das in der Praxis gebräuchlichste Bewertungsverfahren und wird deshalb auch häufig als **Praktikerverfahren** bezeichnet. Die Mittelwertmethode berechnet den Unternehmenswert als **arithmetisches Mittel aus Ertrags- und Substanzwert** (jeweils entweder als Brutto- oder Netto-Wertansatz):

$$UW = w \cdot EW + (1 - w) \cdot SW \qquad\qquad [6.2 - 42]$$

mit: UW = Unternehmenswert
  EW = Ertragswert
  SW = Substanzwert
  w = Gewichtungsfaktor für den Ertragswert
  $1 - w$ = Gewichtungsfaktor für den Substanzwert

Sie wird allerdings nur angewendet, wenn der Ertragswert größer als der Substanzwert ist. Üblicherweise werden Ertrags- und Substanzwert gleich gewichtet ($w = 1 - w = 50\,\%$). Davon kann jedoch auch u.U. – je nach der Bedeutung des Ertrags bzw. der Substanz für die Unternehmung – abgewichen werden. So wird bei ertragsschwachen Unternehmen der Substanzwert entsprechend stärker gewichtet ($w < 50\,\%$).

Der **Grundgedanke der Mittelwertmethode** lässt sich wie folgt skizzieren (MOXTER 1994): Der Vollreproduktionswert gilt als maßgeblicher Unternehmenswert, der aber wegen der Schwierigkeiten, den Geschäfts- oder Firmenwert („Goodwill") ziffernmäßig zu bestimmen, nicht exakt ermittelt werden kann. Dafür lassen sich Ertragswert und Substanzwert hinreichend genau berechnen, wobei angenommen wird, dass der Substanzwert unter dem Vollreproduktionswert und der Ertragswert (ohne Berücksichtigung der Konkurrenzgefahr) über diesem liegt. Konkurrenzgefahr beschreibt die Gefahr für ein Unternehmen, dass Konkurrenten aufgrund der sich bietenden Gewinnchancen in den eigenen Markt als zusätzliche Wettbewerber eintreten. Sie besteht dann, wenn der Ertragswert der Unternehmung (ohne Berücksichtigung dieser Gefahr) über dem Vollreproduktionswert liegt. In einem solchen Fall ist der Ertragswert als Unternehmenswert leicht zu hoch angesetzt, andererseits ist der Substanzwert regelmäßig zu niedrig, sodass die Mittelwertmethode einen bequemen, wenn auch rein schematischen Ausweg liefert, um den (unbekannten) Vollreproduktionswert zu bestimmen.

6.2 Investitionskalküle   477

Zu (4)   Methoden der befristeten und unbefristeten Geschäftswertabschreibung:

Die Methoden der befristeten und unbefristeten Geschäftswertabschreibung arbeiten im Prinzip mit dem gleichen **Grundgedanken wie die Mittelwertmethode**, nur dass das Konkurrenzrisiko nicht so schematisch berücksichtigt wird (vgl. MOXTER 1994).

Ausgegangen wird bei den Methoden der Geschäftswertabschreibung vom Reingewinn vor bzw. nach Abzug von Fremdkapitalzinsen G, der ohne Berücksichtigung der Konkurrenzgefahr zu erwarten ist. Um dieses Konkurrenzrisiko auszudrücken, werden die Gewinne um „Abschreibungen auf den Geschäftswert" gekürzt. Als Geschäftswert gilt dabei die Differenz zwischen dem gesuchten (noch unbekannten) Unternehmenswert und dem Substanzwert. Der gesuchte Unternehmenswert selbst ergibt sich aus der Kapitalisierung der um die Abschreibungen auf den Geschäftswert gekürzten Gewinne.

Gleichung [6.2 - 43] drückt diesen Sachverhalt für den Fall der **unbefristeten Geschäftswertabschreibung** und konstanter jährlicher Gewinne aus (wobei a den Abschreibungsfaktor darstellt, der sich aus der Abschreibungsdauer n ergibt):

$$UW = \frac{G - a\,(UW - SW)}{i}$$

$$\rightarrow \quad UW = \frac{EW + \dfrac{a}{i}\,SW}{1 + \dfrac{a}{i}} \quad \text{mit } a = \frac{1}{n} \qquad\qquad [6.2 - 43]$$

Bei **befristeter Geschäftswertabschreibung** wird üblicherweise zunächst der „volle" Ertragswert gemäß Formel [6.2 - 39] bestimmt. Von diesem setzt man den Barwert der Geschäftswertabschreibung ab:

$$UW = \frac{G}{i} - RBF_n^i \cdot a\,(UW - SW)$$

$$\rightarrow \quad UW = \frac{EW + a \cdot RBF_n^i \cdot SW}{1 + a \cdot RBF_n^i} \qquad\qquad [6.2 - 44]$$

Trotz des formalen Aufwands weisen beide Methoden der Geschäftswertabschreibung **logische Mängel** auf. Bei der unbefristeten Geschäftswertabschreibung wird der Ertragswert auch dann noch um die Abschreibung auf den Geschäftswert gekürzt, wenn letzterer bereits vollständig abgeschrieben ist. Bei der befristeten Geschäftswertabschreibung wird nach Ablauf der Abschreibungsdauer mit den ungekürzten Gewinnen weitergerechnet, also keine Konkurrenzgefahr mehr angenommen!

Zu (5)   Methoden der Übergewinnabgeltung:

Den Methoden der Übergewinnabgeltung ist gemeinsam, dass nach ihnen der Unternehmenswert als Summe von Substanzwert und Geschäftswert bestimmt wird. Letzterer wird als Wert der „Übergewinne" bezeichnet.

Als „**Übergewinn**" wird der Teil der jährlichen Gewinne eines Unternehmens angesehen, der über den bei einer „normalen" Verzinsung des im Substanzwert verkörperten Kapitaleinsatzes hinaus erwirtschaftet wird. Übergewinne gelten als „flüchtig", nur der „**Normalgewinn**" wird nachhaltig und dauerhaft in seinem Anfall gesehen. Daraus ergibt sich die Konsequenz, die Übergewinne nur für eine bestimmte Zeitspanne, die **Übergewinndauer** im Unternehmenswert zu berücksichtigen.

Zur **Ermittlung des „Übergewinns"** wird vom Substanzwert der Unternehmung und dem landesüblichen („Normal-")Zinssatz i ausgegangen. Hieraus errechnet sich der so genannte „Normalgewinn" G_N:

$$G_N = i \cdot SW \qquad\qquad [6.2 - 45]$$

Der „Übergewinn" $G_{\ddot{U}}$ ergibt sich nun aus der Differenz zwischen dem erwarteten Gewinn G und dem „Normalgewinn" G_N:

$$G_{\ddot{U}} = G - i \cdot SW \qquad\qquad [6.2 - 46]$$

Bei der Methode der **einfachen undiskontierten Übergewinnabgeltung** wird dieser „Übergewinn" mit der angenommenen Zahl der Jahre seines Anfallens multipliziert und dem Substanzwert hinzugerechnet:

$$UW = SW + n \, (G - i \cdot SW) \qquad \text{mit:} \quad n = \text{Übergewinndauer} \qquad [6.2 - 47]$$

Diese Methode kann allerdings dazu führen, dass bei entsprechendem Kapitalisierungssatz und angenommener Übergewinndauer ein höherer Unternehmenswert resultiert als beim Ertragswertverfahren (ohne Übergewinnabgeltung). Dies ist – wie auch an der Normalformel und in Abb. 6.2 - 57 erkennbar ist – immer genau dann der Fall, wenn gilt: $i \cdot n > 1$.

Bei den **Methoden der diskontierten Übergewinnabgeltung** wird dieser Nachteil vermieden und „genauer" gerechnet, denn streng genommen sind die Übergewinne auf die Gegenwart abzuzinsen. Entsprechend ergeben sich die Varianten der **befristeten Übergewinnabgeltung**:

$$UW = SW + RBF_n^{i_{\ddot{U}}} \, (G - i \cdot SW) \qquad\qquad [6.2 - 48]$$

und der **unbefristeten Übergewinnabgeltung**:

$$UW = SW + \frac{G - i \cdot SW}{i_{\ddot{U}}} \qquad\qquad [6.2 - 49]$$

mit: i = Kapitalisierungszinssatz für den Normalgewinn
      $i_{\ddot{U}}$ = Kapitalisierungszinssatz für den Übergewinn

In Deutschland ist nur das so genannte **Stuttgarter Verfahren** als spezielle Variante der einfachen undiskontierten Übergewinnabgeltung bei der Bewertung von nicht notierten Anteilen an Kapitalgesellschaften von gewisser Bedeutung. Durch die Abschaffung der Vermögensteuer per 1. Januar 1997 wird es derzeit nur noch bei erbschaft- und schenkungsteuerlichen Bewertungsnotwendigkeiten eingesetzt (§ 11 Abs. 2 Satz 2 BewG).

Im Unterschied zur Normalversion der einfachen undiskontierten Übergewinnabgeltung wird der „Normalgewinn" beim Stuttgarter Verfahren vom Unternehmenswert und nicht vom Substanzwert berechnet. Ferner wird ausschließlich vom Reingewinn und Netto-Substanzwert

6.2 Investitionskalküle 479

ausgegangen. Ziel ist die Ermittlung des Netto-Unternehmenswerts nach der folgenden Formel:

$$UW = SW + n\,(G - i \cdot UW) \qquad\qquad [6.2 - 50]$$

Der Netto-Substanzwert ist als Einheitswert des Betriebsvermögens (= Vermögen abzüglich
Rückstellungen und Verbindlichkeiten) anzusetzen. Für die Berechnung des Ertragswerts
wird für den Reingewinn (als Schätzwert für die zukünftigen Gewinne) das gewichtete Mittel
aus den Reingewinnen der letzten drei Jahre berechnet, wobei der letzte Gewinn mit drei-, der
vorletzte Gewinn mit zwei- und der vorvorletzte Gewinn mit einfacher Gewichtung eingehen.
Von diesem Durchschnittswert darf pauschal ein Abschlag von 15 % zur „Abgeltung aller
Unwägbarkeiten" vorgenommen werden.

Die Übergewinndauer wird mit 5 Jahren angenommen, für die „Normal"-Verzinsung gilt $i =$
9 %:

$$UW = SW + 5 \cdot (G - 9\,\% \cdot UW)$$

$$\rightarrow\quad UW = \frac{1}{1{,}45} \cdot (SW + 5 \cdot G) = 68\,\% \cdot (SW + 5 \cdot G) \qquad\qquad [6.2 - 51]$$

Formel [6.2 - 51] entspricht insofern nicht dem Wortlaut der gesetzlichen Vorschriften, als
dass dort der Substanzwert und der Gewinn nicht als absolute Beträge, sondern als Prozent-
sätze des Stamm- bzw. Grundkapitals (Nominalkapitals) angesetzt werden, sodass der dann
aus der Formel resultierende Prozentsatz auf das Nominalkapital zu beziehen ist, um den Netto-Unternehmenswert zu erhalten.

Die verschiedenen Versionen der Übergewinnmethode finden vor allem in den angelsächsischen Ländern verbreitete Anwendung. In der modernen Variante werden diese Verfahren
auch als **Residualgewinn-Modelle** bezeichnet. Danach setzt sich der Unternehmenswert aus
der Barwertsumme der zukünftigen ökonomischen Gewinne (*Economic Profits*) – definiert als
Gewinn nach Abzug von Kapitalkosten – und dem Buchwert des investierten Kapitals zusammen. Das Pendant zum Substanzwert ist bei diesen Verfahren der Buchwert des investierten Kapitals, auf das ein risikoadjustierter, kapitalmarkttheoretisch fundierter Kapitalkostensatz bezogen wird, um die Kapitalkosten zu bestimmen (vgl. hierzu auch S. 80f.). Bei konsi-
stenter Anwendung der Planungsannahmen ergibt sich derselbe Unternehmenswert wie nach
den Discounted Cash Flow-Verfahren, die nachfolgend erläutert werden (vgl. S. 480ff.).

6.2.3.3 Moderne Verfahren der Unternehmensbewertung

Den modernen Verfahren der Unternehmensbewertung werden die beiden folgenden **Kategorien** zugeordnet,

(1)   die investitionsrechnerisch gestützten **Discounted Cash Flow-(DCF-)Verfahren** und

(2)   die stark praxisorientierten Verfahren der relativen **Bewertung mithilfe von Multipli-
      katoren**,

die nachfolgend näher erläutert werden.

480　　　　　　　　　　　　　　　　　　　　Sechstes Kapitel: Betriebliche Finanzprozesse

Zu (1)　　Discounted Cash Flow-(DCF-)Verfahren der Unternehmensbewertung:

Für die investitionsrechnerisch gestützten Verfahren der Unternehmensbewertung ist charakteristisch,

- dass sie sich ausnahmslos auf das Instrumentarium der dynamischen Investitions- bzw. Wirtschaftlichkeitsrechnung und hier insbesondere auf die **Kapitalwertmethode** stützen sowie

- einen **subjektiven**, aus der Investorenperspektive und damit konsequent **aus den zukünftigen finanziellen Erträgen** (genauer: Entnahmeerwartungen) abgeleiteten Unternehmenswert zu bestimmen suchen.

Was letzteres betrifft, so bedeutet dies für die modernen Verfahren eine starke Betonung des Netto-Unternehmenswerts (als Wert des Eigenkapitals bzw. *Shareholder Value*), obgleich grundsätzlich natürlich auch der Brutto-Unternehmenswert aus Investorenperspektive Bedeutung erlangen kann (und sei es nur in dem Sinne, dass er zunächst in einem ersten Schritt bestimmt wird, um erst dann durch Saldierung des bewerteten Fremdkapitals zum Netto-Unternehmenswert zu gelangen). Bezüglich des erstgenannten Merkmals, die konsequente Verwendung des Instrumentariums der Kapitalwertmethode, deren Formel noch einmal wie auf S. 409 definiert wiedergegeben wird,

$$NPV \;=\; -I_0 + \sum_{t=1}^{n}(E_t - A_t)\cdot\frac{1}{(1+i)^t} \qquad\qquad [6.2\text{ - }12]$$

gilt allerdings eine prinzipiell abgewandelte Fragestellung.

Für die Unternehmensbewertung interessiert weder der Kapitalwert *NPV* noch der Investitionsbetrag I_0, dessen (entscheidungsorientierter Grenz-)Wert ja durch die Bewertung erst ermittelt werden soll, sondern lediglich der Gegenwartswert bzw. Barwert der Nettozahlungen $(E_t - A_t)$, die dem Investor durch den Unternehmensbesitz zufließen. Gleichung [6.2 - 12] geht demnach in Gleichung [6.2 - 52] über, welche die allgemeine **Formel für den gesuchten Unternehmenswert** (*UW*) bei unbegrenzter Lebensdauer darstellt:

$$UW \;=\; \sum_{t=1}^{\infty}(E_t - A_t)\cdot\frac{1}{(1+i)^t} \qquad\qquad [6.2\text{ - }52]$$

Die beiden entscheidenden **Determinanten des Unternehmenswerts** sind also

- die erwarteten finanziellen Nettozahlungen bzw. Cashflows und
- der Kapitalisierungs- bzw. Kapitalkostensatz.

In der Abstimmung von Cashflows und Kapitalkostensatz unterscheiden sich die **Vorgehensweisen** der verschiedenen Ansätze der Discounted Cash Flow-Verfahren, für welche die Zukunftserfolgswertmethode (vgl. BUSSE VON COLBE 1957) einen Vorläufer darstellt. Demnach werden – wie in Abb. 6.2 - 58 dargestellt –

- als **Brutto- bzw. Entity-Methoden** (wonach zunächst der Brutto-Unternehmenswert bestimmt wird und unter Abzug des aktuellen Werts für das Fremdkapital der Netto-Unternehmenswert resultiert) der Adjusted Present Value-Ansatz, der WACC-Ansatz und der Total Cash Flow-Ansatz abgegrenzt von

- der **Netto- bzw. Equity-Methode**, wonach mithilfe des Flow-to-Equity-Ansatzes der Netto-Unternehmenswert direkt bestimmt wird (vgl. DRUKARCZYK/SCHÜLER 2007).

	Brutto- bzw. Entity-Methoden			Netto-bzw. Equity-Methode
	Adjusted Present Value-Ansatz	WACC-Ansatz	Total Cash Flow-Ansatz	Flow-to-Equity-Ansatz
zu diskontierende zukünftige Cashflows	Freie Cashflows bei vollständiger Eigenfinanzierung (*Free Cash Flows*)	Freie Cashflows bei vollständiger Eigenfinanzierung (*Free Cash Flows*)	Freie Cashflows Brutto bei gemischter Finanzierung	Freie Cashflows Netto bei gemischter Finanzierung
Kapitalkosten-satz	Eigenkapital-kostensatz bei vollständiger Eigenfinanzierung k_A	Gesamtkapital-kostensatz (mit steuerlicher Korrektur des Fremdkapital-kostensatzes) *WACC*	Gesamtkapital-kostensatz (ohne steuerliche Korrektur des Fremdkapital-kostensatzes) k_{GK}	Eigenkapital-kostensatz bei gemischter Finanzierung k_{EK}
Zwischen-ergebnis	**Unternehmens-wert bei vollständiger Eigen-finanzierung**			
adjustiert um	Barwert der Effekte der Fremd-finanzierung			
Ergebnis	**Brutto-Unternehmenswert bei gemischter Finanzierung**			
abzüglich	aktueller Wert des Fremdkapitals			
Ergebnis	**Netto-Unternehmenswert**			

Abb. 6.2 - 58   Überblick über die Vorgehensweise bei den Discounted Cash Flow-Verfahren zur Unternehmensbewertung

Der **Zuordnung von Freien Cashflows und Kapitalkosten** liegt das Prinzip zugrunde, dass die den jeweiligen Kapitalgebern zustehenden Zahlungsströme mit den von ihnen geforderten Kapitalkosten bewertet werden. Damit wird konsequent das Prinzip umgesetzt, dass aus der Sicht der Investoren, sich der Wert eines Vermögensgegenstands als Gegenwartswert der mit der Renditeforderung diskontierten ausstehenden Zahlungsströme ergibt. In der folgenden Darstellung der Discounted Cash Flow-Ansätze wird vereinfachend lediglich die Besteuerung auf Unternehmensebene berücksichtigt. Zudem wird vereinfachend ein einheitlicher Gewinnsteuersatz bezogen auf den Reingewinn vor Steuern angesetzt. Zu den Auswirkungen der Differenzierung der Gewinnbesteuerung im deutschen Steuersystem auf die Unternehmensbewertung und zum Einbezug persönlicher Steuern auf Investorenebene sei auf die weiterführende Literatur verwiesen (vgl. beispielsweise BALLWIESER 2004; DRUKARCZYK/SCHÜLER 2007; KRUSCHWITZ/LÖFFLER 2005).

Auch der **aktuelle Marktwert des Fremdkapitals** muss sich aus der Diskontierung des ausstehenden Zahlungsstroms an die Fremdkapitalgeber mit den Fremdkapitalkosten ergeben. In der Praxis wird bei den Entity-Methoden allerdings vereinfachend i.d.R. der Buchwert des

Fremdkapitals als Abzugsposten angesetzt, um den Brutto- in den Netto-Unternehmenswert zu überführen.

Der **Schätzung der jährlichen Cashflows** liegt das Schema gemäß Abb. 6.2 - 59 zugrunde. Die Freien Cashflows können grundsätzlich nur über einen absehbaren Prognosehorizont hinreichend präzise geschätzt werden. Da dieser in der Regel drei bis sechs Jahre umfasst (vgl. z.B. KOLLER/GOEDHART/WESSELS 2005), sind im Rahmen der Restwertermittlung konkrete Überlegungen notwendig, um den heutigen Wert derjenigen Freien Cashflows zu bestimmen, die jenseits dieses Horizontes anfallen. Aus der **Zusammenfassung von Teil-Unternehmenswert während der detaillierten Planungsphase und Restwert** im Sinne eines Fortführungswerts – bezogen auf den aktuellen Bewertungszeitpunkt – ergibt sich jeweils der Unternehmenswert nach den verschiedenen Ansätzen der DCF-Verfahren.

	Umsatzerlöse
−	operative Baraufwendungen (ohne Fremdkapitalzinsaufwendungen)
−	Abschreibungen
+/−	Erträge/Aufwendungen aus dem Abgang von Anlagevermögen
+/−	sonstige nicht-bare operative Erträge/Aufwendungen
=	*Earnings before Interest and Taxes* (EBIT)
−	Steuern auf EBIT
=	*Net Operating Profit after Taxes* (NOPAT)
+	Abschreibungen
−/+	Erträge/Aufwendungen aus dem Abgang von Anlagevermögen
−/+	sonstige nicht-bare operative Erträge/Aufwendungen
−/+	Investitionen/Desinvestition im operativen Netto-Umlaufvermögen
−/+	Investitionen/Desinvestitionen im Anlagevermögen
=	**Freier Cashflow bei vollständiger Eigenfinanzierung (FCF)** (Netto-Zahlung an die Eigenkapitalgeber bei vollständiger Eigenfinanzierung)
+	Steuervorteil der Fremdfinanzierung (= Fremdkapitalzinsaufwand · Gewinnsteuersatz)
=	**Freier Cashflow „Brutto"** (Netto-Zahlung an die Eigen- und Fremdkapitalgeber)
−	Cashflow an die Fremdkapitalgeber (= Fremdkapitalzinsaufwand + Tilgung − Neuverschuldung)
=	**Freier Cashflow „Netto"** (Netto-Zahlung an die Eigenkapitalgeber bei gemischter Finanzierung = Gewinnausschüttung + Kapitalherabsetzung − Kapitalerhöhung)

Abb. 6.2 - 59   Schema für die Ermittlung der für die verschiedenen DCF-Ansätze relevanten Freien Cashflows

Wird – analog zur Anwendung des WACC-Ansatzes im Rahmen der Kapitalwertberechnung (vgl. S. 465ff.) – auch bei der Unternehmensbewertung auf die integrierte Bilanz und Erfolgsplanung während der Detailplanungsphase verzichtet und stattdessen die Finanzierung über die Ziel-Kapitalstruktur (zu Marktwerten) geschätzt, liegt die **wertorientierte Finanzierung** vor, sodass der **WACC-Ansatz** auch für die Unternehmensbewertung vorzuziehen ist.

6.2 Investitionskalküle   483

$$NUW = \sum_{t=1}^{n} \frac{FCF_t}{(1+WACC)^t} + RWB_0 - FK_0^{MW} \qquad\qquad [6.2 - 53]$$

wobei: $WACC = EKQ \cdot k_{EK} + FKQ \cdot k_{FK} \cdot (1-s)$ $\qquad\qquad$ [6.2 - 35]

mit: NUW = Netto-Unternehmenswert
FCF_t = Freier Cashflow bei vollständiger Eigenfinanzierung im Zeitpunkt t
$WACC$ = *Weighted-Average Cost of Capital*
t = Periodenindex
n = Anzahl Perioden der Detailplanungsphase
RWB_0 = Restwert als Brutto-Unternehmenswert im Zeitpunkt n
am Ende der Detailplanungsphase, diskontiert auf den Zeitpunkt $t = 0$
FK_0^{MW} = Marktwert des Fremdkapitals im Zeitpunkt 0
am Ende der Detailplanungsphase, diskontiert auf den Zeitpunkt $t = 0$
EKQ = Eigenkapitalanteil in der Ziel-Kapitalstruktur zu Marktwerten
FKQ = Anteil des verzinslichen Fremdkapitals in der Ziel-Kapitalstruktur
zu Marktwerten
k_{EK} = Eigenkapitalkostensatz bzw. Renditeforderung der Eigenkapitalgeber
bei gemischter Finanzierung
k_{FK} = Fremdkapitalkostensatz
s = einheitlicher Steuersatz auf Unternehmensgewinne

Der **Vorteil des WACC-Ansatzes** liegt darin, dass sich die Schätzung der Freien Cashflows ((*Unlevered*) *Free Cash Flows*) auf die Erfassung der operativen Einflussgrößen konzentrieren kann, während sämtliche Aspekte, die mit der Finanzierung zusammenhängen, im Diskontierungssatz – also den WACC – zusammengefasst sind. Gerade diese Trennung der relevanten Einflussgrößen auf den Unternehmenswert betont RAPPAPORT (1998) in seinem Shareholder Value-Konzept, dem der WACC-Ansatz zugrunde liegt.

Der **Adjusted Present Value-Ansatz** wird sinnvollerweise angewendet, wenn für die Phase der Detailplanung die Fremdfinanzierung konkret geplant wird, also die **autonome Finanzierung** vorliegt. Konzentriert man sich bei der Erfassung der Effekte der Fremdfinanzierung wiederum – wie auch schon im Rahmen der Investitionsbewertung nach diesem Ansatz (vgl. S. 467f.) – auf den Steuervorteil der Fremdfinanzierung, so stellt sich die Berechnung des Netto-Unternehmenswerts wie folgt dar:

$$NUW = \sum_{t=1}^{n} \frac{FCF_t}{(1+k_A)^t} + \sum_{t=1}^{n} \frac{SV_t}{(1+k_{FK})^t} + RWB_0 - FK_0^{MW} \qquad [6.2 - 54]$$

mit: NUW = Netto-Unternehmenswert
FCF_t = Freier Cashflow bei vollständiger Eigenfinanzierung im Zeitpunkt t
k_A = Eigenkapitalkostensatz bei vollständiger Eigenfinanzierung
t = Periodenindex
n = Anzahl Perioden der Detailplanungsphase
SV = Steuervorteil der Fremdfinanzierung
RWB_0 = Restwert als Brutto-Unternehmenswert im Zeitpunkt n
am Ende der Detailplanungsphase, diskontiert auf den Zeitpunkt $t = 0$
FK_0^{MW} = Marktwert des Fremdkapitals im Zeitpunkt 0

Um den Eigenkapitalkostensatz bei vollständiger Eigenfinanzierung aus den kapitalmarkttheoretisch hergeleiteten Eigenkapitalkosten, die jeweils für eine bestimmte Kapitalstruktur gelten, herzuleiten (*Unlevering*), ist die folgende Formel sehr verbreitet (vgl. hierzu auch HAMA-DA 1972). Dabei wird allerdings vereinfachend angenommen, dass das Fremdkapital sich als Barwert eines ewigen, mit dem risikofreien Zinssatz diskontierten Zinszahlungsstroms ergibt (vgl. hierzu ausführlicher GRINBLATT/TITMAN 2001, S. 463ff.).

$$k_A = \frac{k_{EK}}{1 + (1-s) \cdot \frac{FKQ}{EKQ}}$$ [6.2 - 55]

Der **Vorteil des Adjusted Present Value-Ansatz** ist darin zu sehen, dass der Unternehmenswert mit seinen Komponenten transparent – auf Basis einer integrierten Bilanz, Erfolgs- und Finanzplanung – dargestellt wird (vgl. INSELBAG/KAUFOLD 1997).

Schließlich ist noch der **Flow-to-Equity-Ansatz** zu erwähnen, der für Finanzdienstleistungsunternehmen besondere Bedeutung hat, da in diesen Unternehmen das Fremdkapital nicht ausschließlich Finanzierungsfunktionen übernimmt, sondern Teil des Geschäftsmodells ist. Formal stellt sich die Berechnung des Netto-Unternehmenswerts wie folgt dar:

$$NUW = \sum_{t=1}^{n} \frac{FCFN_t}{\left(1 + k_{EK}\right)^t} + RWN_0$$ [6.2 - 56]

mit: NUW =   Netto-Unternehmenswert
         $FCFN_t$ =   Freier Cashflow Netto im Zeitpunkt t
         K_{EK} =   Eigenkapitalkostensatz bei gemischter Finanzierung
         t =   Periodenindex
         n =   Anzahl Perioden der Detailplanungsphase
         RWN_0 =   Restwert als Netto-Unternehmenswert im Zeitpunkt n
                        am Ende der Detailplanungsphase, diskontiert auf den Zeitpunkt $t = 0$

In der praktischen Anwendung tritt bei diesem Ansatz das folgende **Problem** auf: Für die Ermittlung des Freien Cashflow „Netto" ist die Kenntnis des Zahlungsstroms der Fremdfinanzierung erforderlich, um den Zahlungsstrom des Steuervorteils der Fremdfinanzierung zu ermitteln. Da der Eigenkapitalkostensatz bei gemischter Finanzierung von der Kapitalstruktur abhängt, diese sich jedoch erst aus dem zu berechnenden Unternehmenswert in Verbindung mit der gegebenen Finanzierungsstruktur ergibt, liegt das so genannte **Zirkularitätsproblem** vor. Da dieselben Probleme auch beim **Total Cash Flow-Ansatz** auftreten, wird auf diesen nicht weiter eingegangen, zumal mit dem WACC- und dem Adjusted Present Value-Ansatz zwei praktikable Ansätze für den Einsatz bei unterschiedlichen Finanzierungsannahmen vorliegen.

Bleibt noch auf die Möglichkeiten der **Restwertermittlung** im Sinne eines Fortführungswerts als Brutto- oder Netto-Unternehmenswert am Ende des Prognosezeitraums für die detaillierte Cashflow-Planung einzugehen. Als eine häufig angewendete Möglichkeit wird der „letzte", noch explizit bestimmbare Freie Cashflow als normalisierter Cashflow entweder ohne oder aber mit konstantem Wachstum für den über die Detailplanungsphase hinausgehenden Zeitraum angesetzt (**Konzept der ewigen Rente ohne bzw. mit Wachstum**, vgl. S. 413).

Wenn als Restwert der **Brutto-Unternehmenswert** ermittelt werden soll, ist es sinnvoll, mit der Annahme einer zukünftig konstanten Kapitalstruktur den **WACC-Ansatz** anzuwenden:

6.2 Investitionskalküle 485

WACC-Ansatz: $\qquad RWB_n = \dfrac{FCF_{n+1}}{WACC - g} = \dfrac{FCF_n \cdot (1+g)}{WACC - g}$ [6.2 - 57]

mit: RWB_n = Restwert als Brutto-Unternehmenswert im Zeitpunkt n
am Ende der Detailplanungsphase
n = Anzahl Perioden der Detailplanungsphase
FCF = Freier Cashflow bei vollständiger Eigenfinanzierung
$WACC$ = Weighted-Average Cost of Capital
g = konstante Wachstumsrate über einen unendlichen Zeitraum

Nach dem **Flow-to-Equity-Ansatz** ergibt sich der Restwert als **Netto-Unternehmenswert** bei Annahme ewiger Freier Cashflows „Netto" mit konstantem Wachstum wie folgt:

Flow-to-Equity-Ansatz: $\qquad RWN_n = \dfrac{FCFN_{n+1}}{k_{EK} - g} = \dfrac{FCFN_n \cdot (1+g)}{k_{EK} - g}$ [6.2 - 58]

mit: RWN_n = Restwert als Netto-Unternehmenswert im Zeitpunkt n
am Ende der Detailplanungsphase
$FCFN$ = Freier Cashflow Netto
k_{EK} = Eigenkapitalkostensatz bzw. Renditeforderung der Eigenkapitalgeber
bei gemischter Finanzierung
g = konstante Wachstumsrate über einen unendlichen Zeitraum

Eine andere Vorgehensweise zur Schätzung des Restwerts als Brutto- bzw. Netto-Unternehmenswert ist die Anwendung der relativen Bewertung mithilfe von **Multiplikatoren**, deren Vorgehensweise im Folgenden vorgestellt wird.

Zu (2)   Verfahren der relativen Bewertung mithilfe von Multiplikatoren:

Der relativen Bewertung mithilfe von Multiplikatoren liegt das folgende **Grundprinzip** zugrunde: „Gleiche" Vermögensgegenstände müssen „gleiche" Preise aufweisen. Demnach muss sich der gesuchte Marktpreis des zu bewertenden Unternehmens aus feststellbaren Marktpreisen vergleichbarer Unternehmen ableiten lassen. Im Vergleich zu den Discounted Cash Flow-Verfahren wird der entscheidende Werttreiber für den Unternehmenswert in einer Größe, eben dem Multiplikator abgebildet.

Die relative Bewertung wird nach den folgenden **Verfahrensschritten** vorgenommen:

1. Identifikation von Unternehmen (*Peers*), die mit dem zu bewertenden Unternehmen vergleichbar sind und für die Marktpreise feststellbar (Börsennotierungen oder realisierte Transaktionspreise) sind

2. Ableitung von Multiplikatoren (*Multiples*), indem der Marktpreis eines Vergleichsunternehmens zu einer Bezugsgröße (finanzielle bzw. nicht finanzielle Größen wie beispielsweise Umsatz, EBIT, Jahresüberschuss oder Anzahl der Kunden) dieses Unternehmens ins Verhältnis gesetzt wird

3. Anwendung der Multiplikatoren auf das zu bewertende Unternehmen unter Berücksichtigung der Besonderheiten der zu bewertenden Unternehmung

486 Sechstes Kapitel: Betriebliche Finanzprozesse

Ganz **allgemein** berechnet sich der Unternehmenswert des zu bewertenden Zielunternehmens mithilfe eines Multiplikators, der aus der Bewertungsrelation für das Vergleichsunternehmen hergeleitet ist, wie folgt:

$$UW_{ZU} \; = \; \frac{UW_{VU}}{B_{VU}} \cdot B_{ZU} \; = \; M \cdot B_{ZU} \qquad\qquad\qquad [6.2 - 59]$$

mit: UW = Unternehmenswert als Brutto- oder Netto-Unternehmenswert
  B = Bezugsgröße
  M = Multiplikator
  VU = Vergleichsunternehmen
  ZU = Zielunternehmen

Abb. 6.2 - 60 gibt einen Überblick über eine **Auswahl von Multiplikatoren** für den Brutto- und für den Netto-Unternehmenswert. Während für den Netto-Unternehmenswert lediglich finanzielle Größen zur Bewertung sinnvoll sind, werden für den Brutto-Unternehmenswert auch nicht-finanzielle Größen, wie beispielsweise die Anzahl Kunden, verwendet.

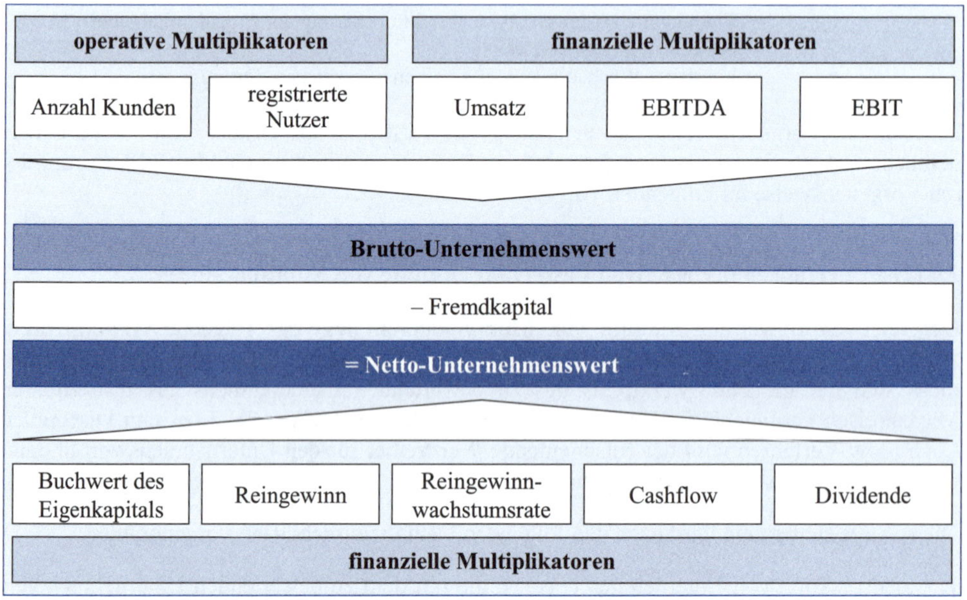

Abb. 6.2 - 60   Auswahl von Brutto- und Netto-Unternehmenswertmultiplikatoren

Als **Marktpreise** der Vergleichsunternehmen können einerseits die an der Börse festgestellten Kurse, andererseits die im Rahmen von Unternehmensübernahmen gezahlten Transaktionspreise dienen. Die daraus abgeleiteten Börsen- und Transaktionsmultiplikatoren unterscheiden sich in den Merkmalen, die in der Übersicht von Abb. 6.2 - 61 zusammengefasst sind. Insbesondere bei der der Bewertung von nicht börsennotierten Unternehmen, für welche die Multiplikator-Verfahren eine große Bedeutung haben, ist diesen Besonderheiten der Multiplikatoren ausreichend Beachtung zu schenken.

Neben der besonderen Bedeutung bei der Bewertung von nicht-börsennotierten Unternehmen – auch im Rahmen der Bewertung bei einem bevorstehendem Börsengang – werden Multipli-

6.2 Investitionskalküle 487

katoren auch für die **Einschätzung der Kurse börsennotierter Unternehmen** eingesetzt. So lassen sich über Multiplikatoren Über- oder Unterbewertungen feststellen, indem der aktuelle Börsenkurs mit dem Unternehmenswert – berechnet mit Multiplikatoren von Vergleichsunternehmen oder mit Branchen-Multiplikatoren – verglichen wird. Des Weiteren kann das aktuelle Bewertungsniveau der Börse über den historischen Vergleich von Multiplikatoren abgeschätzt werden. Eine besondere Bedeutung hat in diesem Zusammenhang das Kurs-Gewinn-Verhältnis.

	Börsenmultiplikatoren (*Trading Comparables*)	**Transaktionsmultiplikatoren** (*Transaction Comparables*)
der Berechnung der Multiplikatoren zugrunde liegende Marktpreise	Börsenpreise	Übernahme- bzw. Transaktionspreise
Referenzmarkt für die Marktpreise	Markt für Unternehmens-finanzierung (*Market for Corporate Finance*)	Markt für Unternehmens-übernahmen (*Market for Corporate Control*)
Art der Transaktion	Finanzinvestition mit eingeschränkter Unternehmenskontrolle	Beteiligungsinvestition mit Übernahme der Unternehmenskontrolle
Motiv für die Transaktion	risikoadjustierte Rendite auf das eingesetzte Kapital	Wertschöpfungsbeitrag abhängig vom Übernahmeziel
Implikationen für den Wert des Zielunternehmens	„Stand alone"-Wert	Wert unter Berücksichtigung der Implikationen aus der Übernahme der Unternehmenskontrolle

Abb. 6.2 - 61   Unterscheidung von Börsen- und Transaktionsmultiplikatoren

Das **Kurs-Gewinn-Verhältnis** soll im Folgenden auch beispielhaft herangezogen werden, um die in den Multiplikatoren enthaltenen Werttreiber zu analysieren. Nach den Discounted Cash Flow-Verfahren (vgl. S. 480ff.) sind dies

- das Potenzial des Unternehmens, Cashflows zu generieren,
- das Wachstum dieser Cashflows sowie
- das Risiko, das als Renditeforderung im Diskontierungssatz zum Ausdruck kommt.

Um zu zeigen, wie diese Wachstumstreiber im Kurs-Gewinn-Verhältnis enthalten sind, wird auf das „**Stable Growth Dividend Discount Model**" (auch „GORDON **Growth Model**" genannt, vgl. GORDON 1962) als eine Vereinfachung des Flow-to-Equity-Ansatzes der DCF-Verfahren (vgl. S. 480f.) zurückgegriffen. Danach ergibt sich aus der Sicht eines Investors der aktuelle Wert einer Aktie aus dem Barwert aller zukünftig ausstehenden Dividenden, für die ein stabiles, konstantes Wachstum unterstellt wird. Somit bestimmt sich der Netto-Unternehmenswert wie folgt:

$$NUW = \frac{D_1}{k_{EK} - g} \qquad\qquad [6.2 - 60]$$

mit: NUW = Netto-Unternehmenswert

$$
\begin{aligned}
D_1 \quad &= \text{Dividendensumme des nächsten Jahres} \\
k_{EK} \quad &= \text{Renditeforderung der Eigenkapitalgeber bzw. Eigenkapitalkosten} \\
g \quad &= \text{konstante Wachstumsrate für den Gewinn}
\end{aligned}
$$

Das Kurs-Gewinn-Verhältnis (*KGV*), das aus den Börsendaten und dem aktuellen Gewinn berechnet werden kann, ist wie folgt entweder mit den Daten für eine einzelne Aktie oder für die gesamtunternehmensbezogenen Daten definiert:

$$
KGV = \frac{\text{Kurs}}{\text{Gewinn pro Aktie}} = \frac{\text{Marktkapitalisierung}}{\text{Gewinn}} \qquad [6.2\text{-}61]
$$

Setzt man das Kurs-Gewinn-Verhältnis mit dem Netto-Unternehmenswert gemäß *Stable Growth Dividend Discount Model* geteilt durch den aktuellen Gewinn gleich, so ergibt sich der folgende Zusammenhang:

$$
KGV = \frac{D_1}{k_{EK} - g} \cdot \frac{1}{\text{Gewinn}} = \frac{D_0 \cdot (1+g)}{k_{EK} - g} \cdot \frac{1}{\text{Gewinn}} = \frac{AQ \cdot (1+g)}{k_{EK} - g} \qquad [6.2\text{-}62]
$$

mit: D_0 = aktuelle Dividende
AQ = Ausschüttungsquote (*Payout Ratio*)

Damit wird deutlich, dass bei der Interpretation des Kurs-Gewinn-Verhältnisses und insbesondere beim Vergleich von Unternehmen anhand dieser Kennziffer als Einflussfaktoren die Ausschüttungsquote (*Payout Ratio*) bzw. die Einbehaltungsquote (*Retention Rate*), die Eigenkapitalkosten, die von der Kapitalstruktur abhängen, und die Wachstumsrate adäquat berücksichtigt werden müssen.

Geht man noch einen Schritt weiter und nimmt an, dass das Wachstum ausschließlich durch die einbehaltenen Gewinne finanziert wird, gilt für die Wachstumsrate Folgendes:

$$
g = (1 - AQ) \cdot EKR = EQ \cdot EKR \qquad [6.2\text{-}63]
$$

mit: EQ = Einbehaltungsquote (*Retention Ratio*)
EKR = Eigenkapitalrentabilität

Daraus folgt:

$$
EQ = (1 - AQ) = g / EKR \text{ und } AQ = 1 - g / EKR \qquad [6.2\text{-}64]
$$

Setzt man diesen Ausdruck für die Ausschüttungsquote in Gleichung [6.2-62] ein, so ergibt sich Folgendes:

$$
KGV = \frac{(1 - g / EKR) \cdot (1 + g)}{k_{EK} - g} \qquad [6.2\text{-}65]
$$

Damit ist unter den gegebenen Annahmen die Eigenkapitalrentabilität als weitere Determinante des Kurs-Gewinn-Verhältnisses gegeben.

6.2 Investitionskalküle 489

Fragen und Aufgaben zur Wiederholung (6.2.3: S. 471 – 488)

1. Nennen Sie wichtige Anlässe für Unternehmensbewertungen!

2. Was versteht man unter dem Brutto-, was unter dem Netto-Unternehmenswert?

3. Geben Sie eine Übersicht über die verschiedenen Verfahren der Unternehmungsbewertung!

4. Wodurch unterscheiden sich die traditionellen Verfahren der Unternehmungsbewertung von den modernen?

5. Wie lautet die von JACOB entwickelte „Normalformel", auf die alle traditionellen Bewertungsverfahren zurückgeführt werden können? Welche Ausprägung hat der Verfahrensspezifische Faktor b bei den einzelnen Verfahren?

6. Skizzieren Sie das Wesen der Ertragswertmethode! Wie lauten die Formeln zur Ermittlung des Ertragswerts einer Unternehmung?

7. Was versteht man unter dem Voll- respektive dem Teilreproduktionswert einer Unternehmung? Welche Zusammenhänge bestehen zur Substanzwertmethode?

8. Nennen Sie die drei allgemeinen Grundsätze für die Ermittlung des Substanzwerts einer Unternehmung!

9. Skizzieren Sie Inhalt und Grundgedanken der Mittelwertmethode!

10. Wie errechnet sich der Unternehmenswert mithilfe der Methode der befristeten und der unbefristeten Geschäftswertabschreibung? Worin liegen die Mängel beider Methoden?

11. Beschreiben Sie, was die Methoden der Übergewinnabgeltung unter dem Übergewinn verstehen und in welcher Weise er in den verschiedenen Varianten der Übergewinnmethode Berücksichtigung findet! Welche Rolle spielt der Substanzwert bei den Methoden der Übergewinnabgeltung?

12. Wie lautet die Formel für den Netto-Unternehmenswert nach dem „Stuttgarter Verfahren"?

13. Was sind die wichtigsten Merkmale der Discounted Cash Flow-Verfahren?

14. Definieren Sie den so genannten Freien Cashflow!

15. Unterscheiden Sie die Vorgehensweise und die Besonderheiten des WACC-Ansatzes im Vergleich zu derjenigen des Adjusted Present Value-Ansatzes!

16. Welche Ansätze werden üblicherweise angewendet, um das Problem des begrenzten Prognosehorizonts für die Bestimmung des Barwerts der Freien Cashflows zu lösen?

17. Welches Grundprinzip liegt der relativen Bewertung mithilfe von Multiplikatoren zugrunde?

18. Erläutern Sie die Vorgehensweise der relativen Bewertung!

19. Worin unterscheiden sich Börsen- und Transaktionsmultiplikatoren?

20. Nennen Sie wichtige Brutto- und Netto-Unternehmensmultiplikatoren! Unterscheiden Sie dabei auch nach finanziellen und operativen Multiplikatoren!

21. Welche Werttreiber des Unternehmungswerts sind im Kurs-Gewinn-Verhältnis enthalten?

490 Sechstes Kapitel: Betriebliche Finanzprozesse

6.3 Finanzierung und Finanzierungsrechnungen

6.3.1 Finanzierungsformen

6.3.1.1 Systematik der Finanzierungsformen

Abgesehen von den simultanen Investitions-/Finanzierungsmodellen zeichnen sich Investitionskalküle üblicherweise dadurch aus, dass sie die Finanzierungsseite des Problems durch vereinfachende Pauschalannahmen berücksichtigen. Diese schlagen sich dabei in erster Linie im Kalkulationszinsfuß bzw. Kapitalkostensatz nieder, zu dem Kapital bereitgestellt bzw. jederzeit auch angelegt werden kann.

Für die Berücksichtigung der Finanzierung im Investitionskalkül reicht es demnach meistens aus, diesen Kapitalkostensatz festzustellen. Dieser muss in Abhängigkeit vom Risiko der ausstehenden Zahlungsströme des Investitionsprojekts festgelegt werden, da sich die Kapitalgeber im Hinblick auf ihre **Renditeforderung** daran orientieren. Bei einer gemischten Finanzierung aus Eigen- und Fremdkapital sind die jeweiligen Kapitalkostensätze gemäß den Kapitalanteilen zu gewichten. Als **Eigenkapitalkostensatz** ist im Sinne des Opportunitätsgedankens die Renditeforderung für alternative Anlagen in Beteiligungstitel mit gleichem Risiko anzusetzen. Für den **Fremdkapitalkostensatz** ist von den effektiven Kosten des Fremdkapitals auszugehen.

In diesem Kapitel steht nun die Finanzierung als ein entscheidender Grundtatbestand betrieblicher Finanzprozesse im Mittelpunkt. Dabei ist zunächst die bisherige grobe Untergliederung der Finanzierungsformen in **Eigenkapital- und Fremdkapitalfinanzierung** zu verfeinern.

Um diesbezüglich eine möglichst vollständige und differenzierte Erfassung möglicher Finanzierungsarten zu gewährleisten, wird im Folgenden eine Unterteilung nach **internen und externen Finanzierungsquellen** vorgenommen. Sie deckt sich zwar nicht mit der ebenfalls möglichen Gliederung in Eigen- und Fremdfinanzierung, aber sie erlaubt, auch solche Finanzierungsmöglichkeiten eindeutig zuzuordnen, die weder als Eigen- noch als Fremdfinanzierung gekennzeichnet werden können, insbesondere Finanzierungen aus Vermögensumschichtung.

Abb. 6.3 - 1 gibt einen entsprechenden Vorschlag zur **Systematisierung der Finanzierungsformen** wieder. Obwohl diese Systematik die wichtigsten Grundformen der Finanzierung enthält, werden bestimmte **Sonderfälle und Mischformen** auch hier nicht ganz deutlich:

- Mischformen zwischen Beteiligungs- und Kreditfinanzierung liegen bei den Formen der **Mezzanine-Finanzierung** vor, die als hybride Finanzierungsmittel teilweise Eigenschaften von Eigen- und teilweise von Fremdkapital aufweisen. Als Beispiele seien hier Genussscheine, Wandelschuldverschreibungen und Optionsanleihen sowie die typische und die atypische stille Beteiligung, aber auch nachrangige Darlehen genannt.

- Bei der **Innenfinanzierung überlappen sich** in Teilbereichen häufig die Überschussfinanzierung (auch als Cashflow-Finanzierung bezeichnet) und die Finanzierung aus Vermögensumschichtung. So berührt die Veräußerung von Vermögensteilen im Regelfall auch die Überschussfinanzierung immer dann, wenn der Veräußerungserlös nicht mit dem Buchwert übereinstimmt.

6.3 Finanzierung und Finanzierungsrechnungen

Außenfinanzierung				Innenfinanzierung		
Beteiligungs-finanzierung	Kreditfinanzierung		Subventions-finanzierung	Überschussfinanzierung		Finanzierung aus Vermögens-umschichtung
	kurzfristige Kredit-finanzierung	langfristige Kredit-finanzierung		Selbst-finanzierung	Finanzierung aus Abschreibungen und Rückstellungen	
Zuführung haftenden Kapitals durch Aufnahme neuer Gesellschafter, Aktienemission und dergleichen	z.B. Kunden-anzahlungen, Lieferanten-kredit, Konto-korrentkredit, Diskontkredit, Lombardkredit, Commercial Papers, Euro-notes, Medium Term Notes, Akzeptkredit, Rembourskredit, Avalkredit	z.B. langfristiger Bankkredit, Schuldschein-darlehen, Obligations-kredit (Anleihe)	z.B. Investitions-zulagen, Spenden, Zinszuschüsse	temporäre oder dauernde Zurückbehaltung erwirtschafteter Gewinne; offen oder verdeckt	temporäre oder dauernde Zurückbehaltung erwirtschafteter Abschreibungs- und Rückstellungs-gegenwerte	z.B. Veräußerung von Teilen des Anlagever-mögens, Kapitalfrei-setzung durch Lagerabbau, Factoring, Asset-Backed-Securities-Transaktionen, „Sale-and-lease-back"

Abb. 6.3 - 1   Systematik der Finanzierungsformen

492   Sechstes Kapitel: Betriebliche Finanzprozesse

- Das **Factoring**, also die Abtretung von Forderungen aus Lieferungen und Leistungen an ein spezielles Finanzierungsinstitut, das diese Forderungen bevorschusst (und im Regelfall darüber hinaus noch weitere Dienstleistungsfunktionen übernimmt), ist in Abb. 6.3 - 1 als eine Form der Finanzierung aus Vermögensumschichtung genannt. Diese Klassifizierung ist allerdings im strengen Sinne nur zutreffend, wenn das betreffende Finanzierungsinstitut auch das Forderungsausfallrisiko (Delkredererisiko) mit übernimmt, es sich also um einen „echten" Verkauf der Forderungen handelt. Wird das Delkredererisiko (wie in Deutschland nicht unüblich) dagegen vom „Factor" nicht übernommen, so liegt nur eine spezielle Art der Bevorschussung von Umsatzforderungen vor, und man müsste in so einem Fall das Factoring wohl zutreffender als eine spezielle Form der kurzfristigen Kreditfinanzierung ansehen.

- Ganz allgemein handelt es sich bei einer **Asset-Backed-Securities-(ABS-)Transaktion** insofern um eine Finanzierung aus Vermögensumschichtung, als dass weitestgehend homogene, illiquide Finanzaktiva aus der Bilanz eines Unternehmens oder einer Bank ausgegliedert und gegen Zahlung des Kaufpreises an eine Zweckgesellschaft übertragen werden. Sofern es sich bei den ausgegliederten Finanzaktiva um einen Pool von Forderungen handelt, gelten also die gleichen Bemerkungen wie für das „echte" Factoring.

- Das **Leasing**, die Anmietung (statt Kauf) von Anlagegütern, wird ebenfalls als Form der Finanzierung genannt. Dabei hat man jedoch in erster Linie das längerfristige Financial Leasing im Auge, für das eine feste Grundmietzeit vereinbart ist, nicht so sehr dagegen das Operating Leasing, das im Rahmen jederzeit kurzfristig kündbarer Mietverträge abgewickelt wird und sich daher vom herkömmlichen Mietgeschäft kaum unterscheidet. In Abb. 6.3 - 1 ist das Leasing nur in seiner Ausprägung als „Sale-and-lease-back"-Verfahren genannt, wo es entsprechend seiner Wirkung für die Vermögensstruktur zur Finanzierung aus Vermögensumschichtung gezählt wird. Das „reine" Leasing (ohne vorherigen Verkauf des nunmehr lediglich gemieteten Objekts) ist demgegenüber jedoch eher der Kreditfinanzierung zuzurechnen, was vor allem dann begründet ist, wenn man speziell auf den Verpflichtungscharakter des Leasing-Vertrags abstellt.

Im Anschluss erfolgt nun eine etwas eingehendere Darstellung der einzelnen Finanzierungsinstrumente mit ihren jeweils charakteristischen Wesenszügen, sodass sich **folgende Schwerpunkte** ergeben:

- Beteiligungsfinanzierung emissionsfähiger und nicht-emissionsfähiger Unternehmen,
- Kreditfinanzierung (Grundtypen und Mischformen),
- Leasing und Factoring als Kreditsubstitute,
- Subventionsfinanzierung,
- Überschussfinanzierung und die Finanzierung aus Vermögensumschichtung.

6.3.1.2 Die Beteiligungsfinanzierung emissionsfähiger und nicht-emissionsfähiger Unternehmen

Die Beteiligungsfinanzierung umfasst alle Formen der **Bereitstellung zusätzlichen Eigenkapitals** durch die

- Erhöhung der Kapitaleinlagen von bereits vorhandenen Anteilseignern und/oder
- Aufnahme neuer Anteilseigner gegen Bar- oder Sacheinlage.

6.3 Finanzierung und Finanzierungsrechnungen   495

Zu (1)   Arten von Aktien:

Für die Ausgabe von Anteilen an einer Aktiengesellschaft stehen verschiedene **Aktienarten** zur Verfügung (vgl. Abb. 6.3 - 2).

Kriterien	(1a) Art und Grad der Übertragbarkeit	(1b) Umfang der verbrieften Rechte	(1c) Art der Aufteilung des Kapitals
Aktien-gattung	· Inhaberaktien · Namensaktien · vinkulierte Namensaktien	· Stammaktien · Vorzugsaktien · Genuss- bzw. Partizipationsscheine	· Nennwertaktien · Quotenaktien

Abb. 6.3 - 2   Aktienarten

Zu (1a)   Art und Grad der Übertragbarkeit:

Die Eigentumsübertragung einer **Inhaberaktie** vollzieht sich völlig unkompliziert allein durch Einigung und Übergabe (§ 929 BGB). Zulässig ist die Ausgabe von Inhaberaktien allerdings nur, wenn die Aktien voll eingezahlt sind.

Die Übertragung von **Namensaktien** erfolgt durch Indossament und Übergabe, ist also nicht formlos möglich. Die Bezeichnung Namensaktie rührt daher, dass die Eintragung des jeweiligen Inhabers (mit Namen, Wohnort und Beruf) in das Aktienbuch der Gesellschaft erfolgt. Dadurch sind Eigentumsübertragungen zwangsläufig mit einem höheren Verwaltungsaufwand verbunden.

Die Übertragung **vinkulierter Namensaktien** schließlich ist zusätzlich an die Zustimmung der Gesellschaft gebunden. Die Vinkulierung soll dabei verhindern, dass unerwünschte Beteiligungsverschiebungen stattfinden.

Für voll eingezahlte Aktien ist in Deutschland die Inhaberaktie die übliche Aktienform.

Zu (1b)   Umfang der verbrieften Rechte:

Für **Stammaktien** gilt das Prinzip der Gleichberechtigung, und zwar hinsichtlich des

- Rechts auf Teilhabe am Liquidationserlös,
- Stimmrechts,
- Dividendenrechts,
- Bezugsrechts.

Vorzugsaktien sind im Hinblick auf eines oder mehrere dieser Rechte mit Vorrechten ausgestattet. Dafür müssen sie verschiedentlich aber andere Nachteile in Kauf nehmen. Folgende Arten von Vorzugsaktien sind zu unterscheiden:

- Vorzugsaktien mit Überdividende (mit höherer Dividende als die Stammaktien),
- kumulative Vorzugsaktien (mit Dividendennachzahlungsanspruch),
- stimmrechtslose Vorzugsaktien (nach § 139 AktG nur bei gleichzeitigem Bestehen eines Dividendennachzahlungsanspruchs zulässig),
- limitierte Vorzugsaktien (mit fixierter Höchstdividende),
- prioritätische Vorzugsaktien (Vorabdividende mit fixiertem Mindestbetrag),
- Stimmrechtsvorzugsaktien bzw. Mehrstimmrechtsaktien (ihre Ausgabe ist nach § 12 Abs. 2 AktG grundsätzlich unzulässig).

Genussscheine sind aktienähnliche Papiere, die u.a.

- bei der Einlage schwer bewertbarer Rechte, Sachen oder Leistungen,
- bei Zuzahlungen im Sanierungsfall,
- zur Umgehung einer Unterpari-Emission von Aktien (vgl. S. 513)

ausgegeben werden. Genussscheine, für die weder eine Legaldefinition noch gesetzliche Regelungen existieren, weisen einen schuldrechtlichen Charakter auf und sind nicht mit Stimm- bzw. Mitwirkungsrechten ausgestattet. Sie sind jedoch dann aus ökonomischer Sicht dem Eigenkapital zuzuordnen, wenn die Verlustteilnahme in voller Höhe, die Nachrangigkeit des Anspruchs gegenüber den Gläubigern und/oder der Ausschluss des Rückzahlungsanspruchs vereinbart sind, wie dies bei **Partizipationsscheinen** (als Spezialfall der Genussscheine) der Fall ist. Diese weisen eine weitestgehende vermögensrechtliche Gleichstellung mit Stammaktien auf, ohne allerdings wie diese mit einem Stimmrecht ausgestattet zu sein. Man könnte sie also als „stimmrechtslose Vorzugsaktien ohne Vorrechte" bezeichnen. Aufgrund der beschriebenen Sonderstellung werden Genussscheine auch den hybriden Finanzierungsmitteln bzw. dem Mezzanine-Kapital zugerechnet.

Zu (1c) Art der Aufteilung des Kapitals:

Nennwertaktien lauten auf einen bestimmten, in Geldeinheiten ausgedrückten Nennbetrag, der laut Aktiengesetz mindestens 1 Euro betragen muss.

Quotenaktien, auch Stückaktien genannt, drücken die Beteiligung in einer bestimmten Quote am Reinvermögen (= Eigenkapital) der Unternehmung aus. Auf die Fixierung eines Nennbetrags wird verzichtet, was materiell allerdings keinerlei Konsequenzen hat.

Zu (2) Formen von Kapitalerhöhungen:

Die Ausgabe der genannten Aktiengattungen erfolgt über verschiedene **Formen der Kapitalerhöhung** (vgl. Abb. 6.3 - 3, die dort vermerkten Buchstaben verweisen auf die Ausführungen im Text), wobei für deren Beschluss jeweils eine Drei-Viertel-Mehrheit des bei der Hauptversammlung vertretenen Grundkapitals notwendig ist (§ 193 AktG).

6.3 Finanzierung und Finanzierungsrechnungen

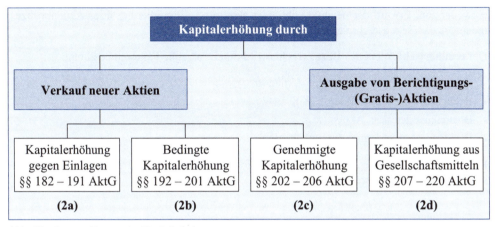

Abb. 6.3 - 3   Formen der Kapitalerhöhung

Zu (2a)   Kapitalerhöhung gegen Einlagen:

Die Kapitalerhöhung gegen Einlagen („**ordentliche" Kapitalerhöhung**) erfolgt durch Ausgabe von neuen Aktien – auch „junge" Aktien genannt – gegen Barzahlung oder Sacheinlage. Der Bezugskurs muss mindestens dem Nennwert der neu ausgegebenen Aktien entsprechen. So genannte Unterpari-Emissionen sind demnach nicht zulässig. Liegt der Bezugskurs über dem Nennwert (= Überpari-Emission), so ist die Differenz, die als **Agio** bezeichnet wird, in die Kapitalrücklage einzustellen. Das gezeichnete Kapital (= Nominalkapital) erhöht sich also grundsätzlich nur um den Nennwertbetrag der Kapitalerhöhung.

Die bisherigen Aktionäre besitzen ein **gesetzliches Bezugsrecht** auf die neu emittierten Aktien, sofern dieses nicht mit Drei-Viertel-Mehrheit des bei der Hauptversammlung vertretenen Kapitals ausgeschlossen wird. Ein Bezugsrechtsausschluss ist insbesondere zulässig, wenn die Kapitalerhöhung 10 % des Grundkapitals nicht übersteigt und der Bezugskurs der neuen Aktien den Börsenpreis nicht wesentlich unterschreitet. (§ 186 AktG)

Das **Bezugsrecht** findet seine Begründung zum einen in der Änderung der Stimmrechtsverhältnisse und zum anderen in der Änderung des inneren Werts der alten Aktien bei der Ausgabe von neuen Aktien:

- Die **Änderung des Stimmrechts** tritt immer dann ein, wenn die neuen Aktien mit Stimmrecht ausgestattet sind und wenn sie nicht entsprechend der bestehenden Anteilsrelationen auf die bisherigen Aktionäre verteilt werden (was durch das Bezugsrecht formal sichergestellt wird).
- Die **Verminderung des inneren Werts** der Altaktien bei der Ausgabe neuer Aktien wird im Regelfall dann angenommen, wenn die neuen Aktien unter dem Börsenkurs der Altaktien ausgegeben werden.

Speziell ein Unterschreiten des Börsenkurses ist bei der Fixierung des Bezugskurses neuer Aktien die Regel, da nur so ein entsprechender Anreiz besteht, die jungen Aktien zu zeichnen. Die Altaktionäre würden also regelmäßig einen Vermögensverlust erleiden, wenn sie kein Bezugsrecht auf die neuen Aktien erhielten. Verwenden können sie das Bezugsrecht dabei entweder zum Erwerb der neuen Aktien oder aber zur Teilliquidierung ihres Aktienbesitzes, indem sie das Bezugsrecht verkaufen.

Der **rechnerische Wert des Bezugsrechts** wird durch folgende Faktoren bestimmt:

- Bezugsverhältnis alter zu jungen Aktien ($a : j$),
- Bezugskurs der jungen Aktien (K_j),
- Börsenkurs der alten Aktien (K_a),
- Dividendenberechtigung der jungen Aktien.

Klammert man Letzteres aus, so ergibt sich folgende **Formel** zur Ermittlung des rechnerischen Werts des Bezugsrechts:

$$\text{Bezugsrecht} = \frac{K_a - K_j}{a + j} \cdot j = \frac{K_a - K_j}{\dfrac{a}{j} + 1}$$

Da die Bezugsrechte bis zum Abschluss der Kapitalerhöhung an der Börse gehandelt und auch selbstständig neben der Aktie notiert werden, kann der **tatsächliche Wert** des Bezugsrechts mitunter erheblich vom rechnerischen abweichen.

Zu (2b) Bedingte Kapitalerhöhung:

Die bedingte Kapitalerhöhung ist nach dem Aktiengesetz **drei Fällen** vorbehalten:

- Gewährung von Umtauschrechten in bzw. Bezugsrechten auf Aktien bei der Ausgabe von Wandelschuldverschreibungen,
- Gewährung von Umtausch- bzw. Bezugsrechten zur Vorbereitung von Unternehmenszusammenschlüssen,
- Gewährung von Bezugsrechten an Arbeitnehmer der Gesellschaft (Ausgabe von Belegschaftsaktien).

Sofern in den genannten Fällen die jungen Aktien an neue Aktionäre ausgegeben werden, muss das generelle **Bezugsrecht der Altaktionäre zwangsläufig ausgeschlossen** werden. Gerechtfertigt wird ein solcher (von den Altaktionären mit Drei-Viertel-Mehrheit zu billigender) Bezugsrechtsausschluss dabei häufig mit dem Hinweis, dass die Altaktionäre ja indirekt ebenfalls von einer solchen Kapitalerhöhung profitieren. So ist daran zu denken, dass Wandelschuldverschreibungen kostengünstiger sind als normales Gläubigerkapital (vgl. S. 501ff.), dass Fusionen etwa den Aktienwert häufig positiv beeinflussen oder dass sich durch Ausgabe von Belegschaftsaktien das Sozialklima verbessert und die Fluktuationskosten gesenkt werden können.

Ein gewisser **Schutz für die Altaktionäre** besteht in der Vorschrift, dass der Nennbetrag der mittels einer bedingten Kapitalerhöhung neu geschaffenen Aktien 50 % des bisherigen gezeichneten Kapitals nicht übersteigen darf. Wird die bedingte Kapitalerhöhung jedoch mit dem Zweck beschlossen, Bezugsrechte an Arbeitnehmer und Mitglieder der Geschäftsleitung zu gewähren, so beträgt die Grenze 10 %. (§ 192 AktG)

6.3 Finanzierung und Finanzierungsrechnungen

Dem Schutz der Altaktionäre ebenso wie dem Wesen der bedingten Kapitalerhöhung entspricht es auch, dass im Rahmen der beschlossenen Höhe Aktien nur insoweit ausgegeben werden dürfen, wie Umtausch- oder Bezugsrechte geltend gemacht werden.

Zu (2c)   Genehmigte Kapitalerhöhung:

Das Wesen des genehmigten Kapitals ist darin zu sehen, dass der Vorstand von der Hauptversammlung der Aktionäre ermächtigt wird, das gezeichnete Kapital bis zu einem bestimmten Nennbetrag durch Ausgabe neuer Aktien gegen Einlagen zu erhöhen. Diese Ermächtigung ist kraft Gesetzes auf fünf Jahre beschränkt, und das genehmigte Kapital darf ebenfalls 50 % des bisherigen gezeichneten Kapitals nicht übersteigen. (§ 202 AktG)

Der Vorstand kann (mit Zustimmung des Aufsichtsrates) über die Konditionen der Aktienausgabe entscheiden, wobei er das gesetzliche Bezugsrecht der Altaktionäre allerdings nur dann ausschließen darf, wenn dies die von der Hauptversammlung erteilte Ermächtigung ausdrücklich vorsieht.

Der **Zweck des genehmigten Kapitals** ist darin zu sehen, dass dem Vorstand die Möglichkeit eingeräumt wird,

- eine günstige Gelegenheit für die Ausgabe neuer Aktien auszunutzen („Timing"-Aspekt) und/oder
- Investitionsprojekte, deren Realisierung einer strategischen Geheimhaltung bedarf (wie beispielsweise Unternehmenskäufe), mit eigenen Aktien zu finanzieren.

Zu (2d)   Kapitalerhöhung aus Gesellschaftsmitteln:

Bei der Kapitalerhöhung aus Gesellschaftsmitteln liegt der Fall einer **Umfinanzierung** vor (vgl. S. 376): Offene Rücklagen werden in gezeichnetes Kapital umgewandelt. Buchmäßig liegt ein **Passivtausch** vor, der das Eigenkapital (bestehend aus gezeichnetem Kapital und Rücklagen) in seiner Struktur, nicht dagegen in seiner Summe verändert. Die **Gratis-Aktien** stehen den Altaktionären zu.

Ein einfaches **Beispiel** zeigt die Mechanik der Kapitalerhöhung aus Gesellschaftsmitteln (vgl. Abb. 6.3 - 4).

Als **Motive** für die Ausgabe von Gratisaktien können genannt werden:

- Erhöhung des garantierten Haftungskapitals (= gezeichnetes Kapital),
- Verringerung des durchschnittlichen Kurswerts der Aktien und damit Erhöhung der Marktgängigkeit bzw. der Fungibilität der Aktien,
- Durchführung einer „stillen" Dividendenerhöhung bzw. Senkung optisch ungünstig hoher Dividendensätze, die sich auf das gezeichnete Kapital, nicht auf das Eigenkapital beziehen.

Ausgabe von Gratisaktien im Verhältnis 1 : 1	
Situation **vor** Ausgabe der Gratisaktien	Situation **nach** Ausgabe der Gratisaktien
Gezeichnetes Kapital (= 6.000 Aktien mit einem Nennwert von 50 EUR) 300.000 EUR Rücklagen 420.000 EUR	Gezeichnetes Kapital (= 12.000 Aktien mit einem Nennwert von 50 EUR) 600.000 EUR Rücklagen 120.000 EUR
Eigenkapital 720.000 EUR	Eigenkapital 720.000 EUR
Bilanzkurs = 240 %	Bilanzkurs = 120 %

Abb. 6.3 - 4   Bilanzielle Auswirkungen einer Kapitalerhöhung aus Gesellschaftsmitteln

Zu (3)   Aktienrückkäufe:

Nach § 71 Abs. 1 AktG ist der Rückkauf eigener Aktien zu folgenden **Zwecken** zulässig:

1. Abwendung eines schweren, unmittelbar bevorstehenden Schadens,
2. Verwendung der Aktien im Rahmen der Mitarbeitervergütung,
3. Abfindung von Aktionären bei Umwandlung (unter bestimmten Voraussetzungen),
4. unentgeltlicher Erwerb,
5. Erwerb durch Gesamtrechtsnachfolge,
6. aufgrund eines Beschlusses der Hauptversammlung zur Einziehung nach den Vorschriften über die Herabsetzung des Grundkapitals,
7. im Falle von Kreditinstituten, Finanzdienstleistungsinstituten oder Finanzunternehmen: Verwendung der Aktien im Wertpapierhandel (unter bestimmten Voraussetzungen),
8. aufgrund einer höchstens 18 Monate geltenden Ermächtigung der Hauptversammlung, die den niedrigsten und höchsten Gegenwert sowie den Anteil am Grundkapital, der 10 % nicht übersteigen darf, festlegt. Als Zweck ist der Handel in eigenen Aktien ausgeschlossen. Die Hauptversammlung kann den Vorstand ermächtigen, die eigenen Aktien ohne weiteren Hauptversammlungsbeschluss einzuziehen.

Sofern der Rückkauf aus den Gründen 1, 2 und 3 sowie 7 und 8 erfolgt, sind die folgenden **Bedingungen** zu beachten (§ 71 Abs. 2 AktG):

- Die erworbenen Aktien dürfen zusammen mit anderen Aktien der Gesellschaft, welche die Gesellschaft bereits erworben hat und noch besitzt, nicht mehr als 10 % des Grundkapitals ausmachen.
- Dieser Erwerb ist ferner nur zulässig, wenn die Gesellschaft die vorgeschriebene Rücklage für eigene Aktien (§ 272 Abs. 4 HGB) bilden kann, ohne das Grundkapital oder eine nach Gesetz oder Satzung zu bildende Rücklage zu mindern, die nicht zu Zahlungen an die Aktionäre verwendet werden darf.

Werden die zurückgekauften eigenen Aktien vernichtet, erfolgt also eine anschließende **Kapitalherabsetzung**, werden das Aktienkapital und – je nach Höhe des Kaufpreises – die offenen

Rücklagen entsprechend reduziert. Erfolgt keine Vernichtung der zurückgekauften Aktien, so werden sie als **eigene Aktien in der Bilanz** in Höhe der Anschaffungskosten **aktiviert** und auf der Passivseite ein entsprechender Betrag in Rücklagen für eigene Aktien eingestellt, der zu Lasten der freien Rücklagen geht. Abb. 6.3 - 5 zeigt ein Beispiel für diesen Vorgang.

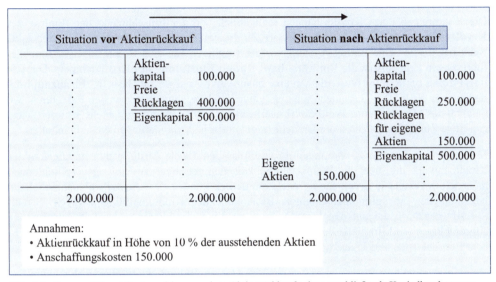

Abb. 6.3 - 5   Bilanzielle Auswirkungen eines Aktienrückkaufs ohne anschließende Kapitalherabsetzung

Wie das **Beispiel** verdeutlicht, ändert sich das Eigenkapital durch Aktienrückkäufe insgesamt nicht, sofern keine anschließende Kapitalherabsetzung mit Einziehung der eigenen Aktien erfolgt. Da jedoch für die im Eigenbestand gehaltenen Aktien grundsätzlich gilt, dass ihr Stimmrecht ruht und sie im Allgemeinen auch für die Dividendenzahlung sowie für die Ermittlung so zentraler Kennzahlen wie dem Gewinn bzw. Eigenkapital pro Aktie nicht einbezogen werden, führt der Rückkauf eigener Aktien grundsätzlich zu einer **Verdichtung der Gewinn- bzw. Kapitalbasis**. Bei gegebenem Kurs-Gewinn-Verhältnis und gegebener Eigenkapitalrentabilität ist dies bereits gleichbedeutend mit einer Erhöhung des Marktwerts pro (ausstehender) Aktie (vgl. S. 103f. und S. 487ff.). Da Aktienrückkäufe zudem die Zahl der im Umlauf befindlichen Aktien verringern und die Gesellschaft mit solchen Transaktionen demonstriert, dass sie ihre eigenen Aktien als unterbewertet ansieht, werden auch von dieser Seite Impulse für eine Erhöhung des Aktienkurses ausgesendet. Neben solchen kursstützenden Maßnahmen können Aktienrückkäufe im Übrigen auch als Instrument einer aktiven Bewirtschaftung der eigenen Liquidität angesehen werden, wobei der Handel mit eigenen Aktien allerdings – wie oben bereits erwähnt – ausdrücklich ausgeschlossen ist.

6.3.1.3 Grundtypen und Mischformen der Kreditfinanzierung

Bei der Kreditfinanzierung wird im Gegensatz zur Beteiligungsfinanzierung Fremdkapital von außen aufgenommen. Durch die Kreditfinanzierung entstehen also **Gläubigerrechte**. Dies bedeutet **im Gegensatz zur Beteiligungsfinanzierung**, dass

- in der Regel keine Mitspracherechte der Kreditgeber bei der Geschäftsführung bestehen,

- die Kreditüberlassungsdauer befristet ist,
- ein Rechtsanspruch auf Rückzahlung des Kredits in nomineller Höhe besteht (also keine Beteiligung am Vermögenszuwachs und den stillen Reserven der Unternehmung) sowie
- in der Regel ein fester Zins vereinbart ist und die für Kredite zu leistenden Zinsen und Tilgungszahlungen eine feste Liquiditätsbelastung darstellen.

Die Konditionen eines Kredits hängen maßgeblich von der Einschätzung der **Bonität des Kreditnehmers** durch den Kreditgeber ab. Zu diesem Zweck wird durch die kreditgebende Bank bzw. durch eine Rating-Agentur vor der Kreditvergabe eine Bonitätsanalyse durchgeführt. Deren Ergebnis ist die **Bonitäts- bzw. Rating-Einstufung** des Kreditnehmers. Der Rating-Prozess umfasst im Wesentlichen eine quantitative Analyse auf Basis der Finanzinformationen (vgl. S. 761ff.), aber auch eine qualitative Analyse, die neben weichen Faktoren – wie Qualität des Managements, Wettbewerbsstärke etc. – sowie zukunftsgerichtete Faktoren – wie erwartete Zukunftsaussichten der Branche, regulatorische Veränderungen etc. – beinhaltet.

Mit der Rating-Einstufung verbunden ist eine Aussage über die Ausfallwahrscheinlichkeit des Kreditnehmers, d.h. über die Wahrscheinlichkeit, den vereinbarten Zahlungsverpflichtungen nicht termingerecht und vollständig nachkommen zu können. Die Ausfallwahrscheinlichkeit bestimmt den ausfallrisikoabhängigen Bestandteil der Kreditkonditionen (auch „Credit Spread" genannt), der auf den laufzeit- bzw. zinsbindungsabhängigen risikofreien Zinssatz aufgeschlagen wird. Im Falle der Finanzierung durch eine Geschäftsbank kalkuliert diese zudem Betriebkosten und Eigenkapitalkosten als Gewinnbeitrag in die Kreditkonditionen ein.

Von einem **externen Rating** wird bei der Vergabe des Ratings durch eine unabhängige Rating-Agentur gesprochen. Dies erfolgt auf Initiative des Unternehmens und kann sich auf das Unternehmen als Ganzes (Emittenten-Rating) oder aber auch auf bestimmte Finanzierungen (Emissions-Rating) beziehen. Auf externe Ratings wird insbesondere bei Finanzierungen durch Anleihen über den Kapitalmarkt zurückgegriffen. Dominierend für die Vergabe von externen Ratings sind die drei großen internationalen Rating-Agenturen STANDARD & POOR'S (S&P), MOODY'S INVESTOR SERVICE und FITCH RATINGS. In Europa hat die CREDITREFORM RATING AG im KMU-Bereich eine gewisse Bedeutung erlangt. Abb. 6.3 - 6 (Quelle: www.standardandpoors.com und www.moodys.com) gibt eine Übersicht über die Einschätzung des Kreditrisikos durch STANDARD & POOR'S (S&P) und MOODY'S und die dazugehörigen Bezeichnungen der Rating-Klassen. Des Weiteren sind beispielhaft die einjährigen historischen Ausfallquoten für europäische Unternehmen angegeben. Kommt es zum Kreditereignis, d.h. Zahlungsverzug bzw. Ausfall, erfolgt die Einstufung in die Rating-Klasse D. Der Zusammenhang zu den Zinskonditionen zeigt sich besonders deutlich bei hochverzinslichen Anleihen (*High Yield Bonds* bzw. *Junk Bonds*) im spekulativen Bereich, die gerade aufgrund der hohen Ausfallwahrscheinlichkeit eine hohe Verzinsung bieten.

Von den Banken im Rahmen der Kreditvergabe angesetzte Ratings werden als **interne Ratings** bezeichnet. Diese haben mit der Einführung (neuer) Eigenmittelvorschriften für die Banken (auf Basis der Vorschläge des Basler Ausschusses für Bankenaufsicht „Basel II" in nationales Recht umgesetzt) seit dem 1. Januar 2007 eine besondere Bedeutung erlangt. Zur Sicherstellung der Systemstabilität des Finanzsystems verlangt die Bankenaufsicht die Unterlegung von Kreditrisiken mit Eigenmitteln. Grundsätzlich wird gefordert, dass die Banken an haftenden Eigenmitteln für Kreditrisiken mindestens 8 % der angerechneten Risikoaktiva vorhalten (ein Verhältnis, das grundsätzlich auch für die Unterlegung weiterer Risiken gilt). Die Ermittlung der angerechneten Risikoaktiva kann (neu) nach Basel II in fortgeschrittenen Ansätzen (*Internal Ratings-Based Approaches*, IRB-Ansätze) in Orientierung an bankinterne

6.3 Finanzierung und Finanzierungsrechnungen 503

Kreditrisikomodelle unter Verwendung von internen Rating-Systemen erfolgen. Wegen der geringen Zahl von Unternehmen mit externem Rating ist die alternative Anwendung des (einfachen) Standard-Ansatzes, der sich an der externen Rating-Einstufung der Schuldner orientiert, im kontinentaleuropäischen Hausbankensystem von untergeordneter Bedeutung.

Segment	Einschätzung des Kreditrisikos	STANDARD & POOR'S (S&P)		MOODY'S	
Anlagebereich (Investment Grade)	beste Qualität, geringes Ausfallrisiko	AAA	0,00 %	Aaa	0,000 %
	hohe Qualität, aber etwas höheres Risiko als die Spitzengruppe	AA+ AA AA-	0,00 %	Aa1 Aa2 Aa3	0,000 %
	gute Qualität, viele gute Investmentattribute, aber auch Elemente, die sich bei veränderter Wirtschaftsentwicklung negativ auswirken können	A+ A A-	0,00 %	A1 A2 A3	0,018 %
	mittlere Qualität, aber mangelnder Schutz gegenüber einer sich verändernden Wirtschaftsentwicklung	BBB+ BBB BBB-	0,26 %	Baa1 Baa2 Baa3	0,239 %
Spekulativer Bereich (Sub-Investment Grade)	spekulative Anlage, nur mäßige Deckung der Zins- und Tilgungsleistungen	BB+ BB BB-	0,67 %	Ba1 Ba2 Ba3	0,952 %
	sehr spekulativ, geringe Sicherheiten der langfristigen Schuldenbedienung	B+ B B-	4,88 %	B1 B2 B3	3,939 %
	niedrige Qualität, geringster Anlegerschutz oder in direkter Gefahr des Zahlungsverzugs (S&P) bzw. in Zahlungsverzug	CCC CC C	51,35 %	Caa Ca C	22,793 %
	Ausfall	D		D	
Anlagebereich (Investment Grade)			**0,06 %**		**0,043 %**
Spekulativer Bereich (Sub-Investment Grade)			**4,12 %**		**5,131 %**
Alle			**0,56 %**		**0,662 %**

Abb. 6.3 - 6   Beschreibungen der Rating-Klassen nach STANDARD & POOR'S (S&P) und MOODY'S sowie empirische einjährige Ausfallquoten für europäische Unternehmen (Datenbasis: STANDARD & POOR'S: 1981 – 2005, MOODY'S: 1985 – 2006)

Verständlicherweise werden Kredite in der Regel nicht ohne eine ausreichende **Kreditabsicherung** gewährt, deren Stellung sich allerdings positiv in den Kreditkonditionen niederschlägt. Dabei wird zwischen Kreditsicherheiten und Kreditversicherung unterschieden (vgl. VORMBAUM 1995).

Die **Kreditversicherung** ist eine Sondersparte im Versicherungsgeschäft. Sie schützt den Versicherungsnehmer vor Vermögensschäden, die dadurch entstehen, dass Zahlungsverpflichtungen seitens des Schuldners nicht eingelöst werden. Zu unterscheiden sind

- die **Delkredereversicherung** als Warenkreditversicherung und Teilzahlungskreditversicherung und

504   Sechstes Kapitel: Betriebliche Finanzprozesse

- die **Exportkreditversicherung** in Form von Exportbürgschaften oder Exportgarantien (Hermes-Kreditversicherungsgesellschaft).

Bei den **Kreditsicherheiten** können grundsätzlich vier Gruppen gebildet werden, die sich hinsichtlich der jeweiligen Sicherungsform bzw. des zugrunde liegenden Sicherungsgegenstandes unterscheiden. Abb. 6.3 - 7 gibt eine Übersicht über die hiernach geordneten Kreditsicherheiten mit ihren wichtigsten Ausprägungen.

Kreditsicherheit	
Person des Kreditnehmers	• persönliche Vertrauenswürdigkeit des Kreditnehmers • Vermögens- und Einkommensverhältnisse
Verpflichtungs-erklärungen	• Bürgschaft • Wechselhaftung • Garantie (im Gegensatz zur Bürgschaft nicht akzessorisch) • Sicherungsklauseln
Bewegliche Sachen, Forderungen und Rechte	• Verpfändung von Wertgegenständen • Sicherungsübereignung • Abtretung von Forderungen und Rechten • Eigentumsvorbehalt
Grundstücke und Gebäude	• Hypothek • Grundschuld (im Gegensatz zur Hypothek nicht akzessorisch) • Rentenschuld (Sonderform der Grundschuld)

Abb. 6.3 - 7   Übersicht über die wichtigsten Kreditsicherheiten

In der Realität gibt es eine Fülle verschiedener **Kreditformen**, die sich aus den vielfältigen Bedürfnissen der kreditsuchenden Wirtschaft zusammen mit den Möglichkeiten der freien Vertragsgestaltung im Laufe der Zeit herausgebildet haben. Eine befriedigende Systematik zu entwickeln, fällt daher schwer. Das zeigt auch Abb. 6.3 - 8, die eine **Übersicht** über die wichtigsten qualitativen und quantitativen Merkmale eines Kredits wiedergibt.

Der folgenden Darstellung liegt vornehmlich die **Gliederung von Krediten nach ihrer Laufzeit bzw. Fristigkeit** zugrunde. Des Weiteren wird natürlich auf eine Unternehmung als Kreditnehmer abgestellt:

(1)   **Langfristige Kreditfinanzierung** der Unternehmung

    (1a) **Schuldverschreibungen** (einschließlich Wandel- und Gewinnschuldverschreibungen als Mischformen zwischen Kredit- und Beteiligungsfinanzierung und Varianten wie Nullkupon-Anleihen, Anleihen mit variabler Verzinsung, Doppelwährungsanleihen und Anleihen in Verbindung mit Zins- und Währungs-Swaps)

    (1b) **Schuldscheindarlehen**

    (1c) **Langfristige Bankkredite**

(2)   **Kurz- und mittelfristige Kreditfinanzierung** der Unternehmung (Handels- oder Warenkredite, Geldkredite und Kreditleihe)

Abb. 6.3 - 8   Die wichtigsten qualitativen und quantitativen Kreditmerkmale

Zu (1)   Langfristige Kreditfinanzierung:

Zur langfristigen Kreditfinanzierung zählen üblicherweise Kredite, die eine **Gesamtlaufzeit von mehr als vier Jahren** haben.

Zu (1a)   Schuldverschreibungen (einschließlich Wandel- und Gewinnschuldverschreibungen als Mischformen zwischen Kredit- und Beteiligungsfinanzierung)

Eine **Industrieschuldverschreibung** (auch Anleihe oder Obligation bzw. *Corporate Bond* genannt) ist ein langfristiges Darlehen in verbriefter Form, das eine Großunternehmung (der Industrie oder des Handels) über die Börse aufnimmt. Zu diesem Zweck erfolgt eine Stückelung der Gesamtsumme in Teilschuldverschreibungen. Deren Fungibilität als Effekten ermöglicht es der Unternehmung, große Kapitalsummen bei einer Vielzahl von privaten und institutionellen Kapitalgebern auch in kleinsten Teilbeträgen zu platzieren.

Die Übersicht in Abb. 6.3 - 9 zeigt die vier **wichtigsten Ausstattungsmerkmale** einer Industrieanleihe (vgl. PERRIDON/STEINER 2007, S. 387ff.).

Der Grundtyp der Industrieschuldverschreibung (klassische Form) wird durch eine Reihe von **Mischformen und Varianten** ergänzt. Das gemeinsame Kennzeichen der Mischformen besteht darin, dass sie **Elemente aus der Beteiligungsfinanzierung** enthalten, sodass sie auch der so genannten **Mezzanine-Finanzierung** zugeordnet werden. Im Einzelnen genannt werden können Gewinnschuldverschreibungen und Wandelschuldverschreibungen, letztere entweder in Form der Wandelanleihe oder der Optionsanleihe.

506 Sechstes Kapitel: Betriebliche Finanzprozesse

Die **Gewinnschuldverschreibung** gewährt neben den normalen Gläubigeransprüchen aus der Schuldverschreibung zusätzlich einen Anspruch auf einen Teil des Gewinns. In der Regel wird eine Festverzinsung geboten, wobei eine Erhöhungsklausel vorsieht, dass den Inhabern der Gewinnschuldverschreibung eine Zusatzverzinsung zusteht, wenn die Aktionäre mehr als einen vorher definierten Dividendensatz erhalten.

1. Zins und Zinszahlungen	Nominalzins (bestimmt den Zinstyp der Anleihe und ändert sich in der Regel während der Laufzeit nicht)
	Zinszahlungen erfolgen in der Regel jährlich, möglich sind aber auch halb- und vierteljährliche Zahlungen.
	Durch den Emissions- und Rückzahlungskurs erfolgt die „Feineinstellung" der Effektivverzinsung im Zeitpunkt der Ausgabe.
	Im Zeitablauf erfolgt die Anpassung der Effektivverzinsung bzw. der Verfallrendite (*Yield to Maturity*) an die Kapitalmarktsituation über den aktuellen Kurs.
2. Laufzeit	Laufzeit liegt in der Regel zwischen 8 und 15 Jahren; inflationsbedingte Tendenz zu kürzeren Fristen (was dann aber wegen der hohen einmaligen Nebenkosten einer Anleihe deren Attraktivität stark mindert).
3. Tilgungsmodalitäten (einschließlich Kündigung)	Tilgung erfolgt entweder am Ende der Laufzeit in einem Betrag (endfällige Anleihe) oder nach einer gewissen Zahl von Freijahren in Raten oder Annuitäten (steigender Tilgungsanteil bei fallendem Zinsanteil).
	Tilgung durch Auslosung und/oder Rückkauf (an der Börse)
	Vorzeitige sind Kündigungsmöglichkeiten für den Gläubiger nur in Ausnahmefällen vorgesehen; dagegen sind diese regelmäßig für den Anleiheschuldner gegeben, der nach Ablauf einer bestimmten Frist die Anleihe vorzeitig tilgen kann.
4. Besicherung	Vereinbarung von Grundpfandrechten (Grundschulden, Hypothek) ist die Regel. An deren Stelle können öffentliche Bürgschaften oder Bürgschaften von anderen Unternehmen treten. Zusätzlich erfolgt häufig die Vereinbarung von Sicherungsklauseln (*Covenants*):
	• Finanzierungsklauseln (das Unternehmen verpflichtet sich, bestimmte Finanzierungsregeln einzuhalten)
	• Negativklausel (das Unternehmen verpflichtet sich, keinem anderen Gläubiger bessere Kreditsicherheiten einzuräumen)
5. Nebenkosten	Einmalige Kosten bei Emission durch ein Bankenkonsortium (ca. 4 – 5 % des Nominalbetrags): Konsortialprovision, Börseneinführungsprovision, Börsenzulassungsgebühr, Druckkosten, Kosten der Sicherheitenbestellung
	Laufende Nebenkosten: Kupon-Einlösungsprovision, Kosten der Auslosung u.a.

Abb. 6.3 - 9   Die wichtigsten Ausstattungsmerkmale einer Industrieanleihe

Eine **Wandelschuldverschreibung** verbrieft den Inhabern neben den Rechten aus der Schuldverschreibung ein Umtauschrecht in Aktien (Wandelanleihe) oder ein Bezugsrecht auf Aktien (Optionsanleihe).

Wandelanleihen weisen folgende Hauptkonstruktionsbestandteile auf:

- Zinssatz,
- Laufzeit,
- frühester Umtauschtermin,
- Umtauschfrist,
- Umtauschpreis (zu ermitteln aus dem Umtauschverhältnis zuzüglich etwaiger Zuzahlungen).

Je nachdem, ob die Umtauschbedingungen oder ob die üblichen Obligationsmerkmale bei der Ausstattung der Wandelanleihe dominieren, unterscheidet man den Aktientyp bzw. den Obligationentyp von Wandelanleihen. Beim Aktientyp will man die Kapitalgeber möglichst vollständig und möglichst bald veranlassen, ihre Wandelanleihe in Aktien umzutauschen, wodurch die Tilgungsnotwendigkeit für die Gesellschaft entfällt und sich zugleich deren Eigenkapital erhöht.

Statt des Rechts auf Wandlung steht den Inhabern einer **Optionsanleihe** ein Bezugsrecht auf Aktien (Optionsrecht) zu. Es besteht darin,

- innerhalb eines bestimmten Bezugszeitraums,
- in einem festgelegten Bezugsverhältnis und
- zu einem festgelegten Bezugskurs

Aktien der Gesellschaft zu erwerben. Im Gegensatz zur Wandelanleihe wird die Optionsanleihe unabhängig davon, ob vom Optionsrecht Gebrauch gemacht wird oder nicht, am Ende der vereinbarten Laufzeit getilgt. Auch ist es im Gegensatz zur Wandelanleihe in der Regel möglich, das Optionsrecht von der Anleihe zu trennen, wodurch es an der Börse auch isoliert gehandelt werden kann.

Wegen ihrer Nähe zur Aktienfinanzierung gelten für die Ausgabe von Gewinn- und Wandelschuldverschreibungen die **Vorschriften des Aktiengesetzes** bezüglich der Beschlussfassung über deren Ausgabe sowie des Bezugsrechts der Altaktionäre (§ 221 AktG). Wie schon in anderem Zusammenhang erwähnt (vgl. S. 496f.), ist speziell für die Ausgabe von Wandelschuldverschreibungen auch ein Kapitalerhöhungsbeschluss der Hauptversammlung gemäß §§ 192ff. AktG (bedingte Kapitalerhöhung) erforderlich.

Da sowohl Gewinn- als auch Wandelschuldverschreibungen eine gegenüber normalen Schuldverschreibungen höhere Attraktivität für die Gläubiger aufweisen, werden sie vornehmlich eingesetzt, wenn für gewöhnliche Schuldverschreibungen erschwerte Unterbringungsmöglichkeiten bestehen. Nicht selten erfolgt deren Ausgabe aber auch schlicht aus dem Grunde, Gläubigerkapital zu Vorzugskonditionen zu erhalten. Denn Gewinn- und Wandelschuldverschreibungen haben in der Regel einen Zinsvorteil gegenüber gewöhnlichen Schuldverschreibungen. Speziell Wandelschuldverschreibungen sind dabei vor allem auch in ihrer Eigenschaft als „potenzielles zukünftiges Beteiligungskapital" zu beurteilen; insbesondere dann, wenn der Weg einer „normalen" Kapitalerhöhung infolge ungünstiger Emissionsbedingungen nicht beschritten werden kann oder soll.

Zu den **Varianten der klassischen Schuldverschreibung** zählen

- Nullkupon-Anleihen (Zerobonds),
- Anleihen mit variabler Verzinsung (Floating Rate Notes),
- Doppelwährungsanleihen (Multi-Currency Notes) und

- Anleihen in Verbindung mit Zins- und Währungs-Swaps.

Bei **Nullkupon-Anleihen oder Zerobonds** erfolgen während der Laufzeit keine Zinszahlungen. Stattdessen werden die Papiere mit einem Disagio ausgegeben und bei Fälligkeit zum Nennwert getilgt. Der Ertrag für den Anleger resultiert daher aus der Differenz zwischen dem Emissions- und Rückzahlungs- bzw. dem Kauf- und Verkaufskurs. Sie sind damit mit den unverzinslichen Schatzanweisungen des Bundes und den abgezinsten Sparbriefen vergleichbar und stellen letztlich keine grundlegende Innovation dar. Gegenüber diesen Anlageformen sind Zerobonds jedoch an der Börse handelbar und damit wesentlich fungibler sowie mit einer erheblich längeren Laufzeit (teilweise 30 Jahre und mehr) ausgestattet.

Angeboten werden Zerobonds in zwei verschiedenen Formen. Bei **Zuwachsanleihen** erfolgt die Abgabe zu 100 % und die Rückzahlung einschließlich Zinsen mit einem entsprechend hohen Aufschlag. **Echte Nullkupon-Anleihen** werden dagegen zum (abgezinsten) Barwert ausgegeben und zu 100 % zurückgezahlt.

Zerobonds befreien die Anleger von der Notwendigkeit, die laufenden Zinseinnahmen erneut anzulegen. Vielmehr werden die Zinsen thesauriert und implizit zur bei Kauf ermittelten internen Rendite bzw. **Verfallrendite** (*Yield to Maturity*) erneut angelegt. Dies führt bei einem fallenden Zinsniveau zu einem zusätzlichen Ertrag, da die Zinsen dann normalerweise nur niedriger verzinslich angelegt werden könnten. Andererseits entsteht jedoch bei steigenden Zinsen ein Opportunitätsverlust.

Bei **Floating Rate Notes** (kurz auch „Floater" genannt) handelt es sich um Schuldverschreibungen, die mit einem variablen Zins ausgestattet sind. Im Gegensatz zu den herkömmlichen festverzinslichen Anleihen erfolgt daher regelmäßig in einem Abstand von drei oder sechs Monaten eine Zinsanpassung. Dieser Zinssatz orientiert sich in der Regel an den Sätzen des Interbanken-Geldmarktes. Für Euro-Anleihen ist dies der EURIBOR (*Euro Interbank Offered Rate*). Neben diesem regelmäßig angepassten Referenzzins enthält der Gesamtzins einer Floating Rate Note jedoch auch einen Aufschlag, der insbesondere die Bonität des Schuldners repräsentiert. Für Kreditnehmer von unzweifelhafter Bonität ist dieser regelmäßig klein, z.B. 0,125 %.

Die spezifischen **Vorteile** der Floating Rate Notes liegen für den Emittenten in der langfristigen und bei einem sinkenden Zinsniveau preisgünstigen Mittelbeschaffung. Der Anleger erhält dagegen ein fungibles, kurzfristig anpassungsfähiges Kapitalmarktpapier, das ihm bei steigenden Zinsen einen höheren Zinsertrag bietet. Zudem enthalten die zinsvariablen Anleihen einen Schutz vor Kapitalverlusten bei einer Veräußerung vor Fälligkeit, denn an den Stichtagen werden die Papiere aufgrund der Zinsanpassung zum Nennwert gehandelt.

Allerdings können mit den Floating Rate Notes auch **Zinsrisiken** verbunden sein. Um diese zu begrenzen, sind die folgenden Varianten entwickelt worden:

- **Drop-Lock Floating Rate Notes**: Sobald ein bestimmter Zins unterschritten wird, erhält der Anleger einen fest fixierten Mindestzins.
- **Convertible Floating Rate Notes**: Der Anleger besitzt ein Wahlrecht, den variablen in einen festen Zins zu tauschen.
- **Mini-Max Floating Rate Notes**: Die Anleihen sind mit einem Mindest- und einem Höchstzins ausgestattet.

6.3 Finanzierung und Finanzierungsrechnungen

- **Ewige Floating Rate Notes**: Die Anleihen werden mit einer unbegrenzten Laufzeit ausgegeben. Der Anleger kann jedoch die Umwandlung in eine begrenzte Laufzeit verlangen, muss dafür aber einen geringeren Zins in Kauf nehmen.

Das charakteristische Merkmal der **Doppelwährungsanleihen** liegt in den unterschiedlichen Währungen bei Emission und Rückzahlung einer Anleihe. Während dabei z.B. der Kauf und die Zinszahlungen in Euro vorgenommen werden, erfolgt die Tilgung in Fremdwährung, also beispielsweise in US-Dollar. Für einen ausländischen Emittenten liegt der Vorteil einer derartigen Doppelwährungsanleihe in der kostengünstigeren Mittelbeschaffung und der Verwendung der zufließenden Mittel in Euro für anderweitige Zins- und Tilgungsleistungen, während die Rückzahlung in eigener Währung aufgebracht werden kann.

Entsprechend anderen Anleiheformen werden bereits bei der Emission der Zinssatz, der Ausgabekurs und der Tilgungsbetrag in Fremdwährung festgelegt. Die **Rendite** einer Doppelwährungsanleihe wird von den Zinsunterschieden und der Kursentwicklung beider Währungen beeinflusst, da eine eindeutige Zuordnung zu einem Währungsgebiet nicht möglich ist. Mit Annäherung an den Fälligkeitstermin lehnt sich der Kurs jedoch stärker an das Renditeniveau der Tilgungswährung an. Der vereinbarte **Rückzahlungsbetrag** muss nicht dem Kursniveau zum Emissionszeitpunkt entsprechen. Vielmehr lassen sich dabei langfristig erwartete Veränderungen des Devisenkurses erfassen, sodass der Anleger nicht das gesamte Währungsrisiko tragen muss, wenn mit einer Abwertung der Fremdwährung zu rechnen ist. Dadurch sind mit einer Doppelwährungsanleihe natürlich auch **spekulative Elemente** verbunden, die bei einer Aufwertung der Tilgungswährung zu einem zusätzlichen Ertrag führen.

Anleihen können auch in Verbindung mit **Zins- und Währungs-Swaps** emittiert werden. Damit wird das Ziel verfolgt, Vorteile im Standing zweier oder mehrerer Emittenten durch den Austausch von Zins- und/oder Währungsverpflichtungen zu nutzen. Die Anleiheformen können dabei frei gewählt werden, wobei eine Veröffentlichung der angestrebten Verwendung nicht erforderlich ist.

Im Rahmen von **Zins-Swaps** verpflichten sich die Emittenten bei einer gleich hohen Mittelaufnahme zur Übernahme der Zinsverpflichtung des Swap-Partners. Insbesondere werden dadurch Zinsaufwendungen aus einer festverzinslichen Anleihe gegen Zinsverpflichtungen aus einem variabel verzinslichen Geldmarktkredit getauscht. Durch diese Transaktion erzielen beide Parteien einen **Zinsvorteil**, der jedoch nicht mit der effektiven Übertragung der Kapitalbeträge verbunden ist. Voraussetzung für eine vorteilhafte Gestaltung der Zins-Swaps ist die Existenz von Zinsvorteilen bei der einen Kreditart, die durch Zinsnachteile bei der anderen Kreditart nicht ausgeglichen werden. Die **Risiken** für die Vertragsparteien bestehen darin, dass ein Partner seinen Verpflichtungen nicht nachkommt und daher die höhere Zinslast getragen werden muss.

Eine Erweiterung der Swap-Transaktionen ergibt sich durch die Verbindung eines Zins- mit einem **Währungs-Swap**. Dabei verpflichten sich die Parteien, neben den jährlich auszugleichenden Zinsverpflichtungen auch die Kapitalbeträge zu Beginn des Finanzierungszeitraums zu dem dann gültigen Wechselkurs zu übernehmen und gleichzeitig per Termin, d.h. am Ende der Laufzeit, zum gleichen Kurs zurückzutauschen. Dadurch erhalten die Parteien zum einen Mittel mit der gewünschten Zinsvereinbarung und erzielen dadurch Zinsvorteile, zum anderen schalten beide Partner das Währungsrisiko aus. **Risiken** bestehen bei Zins- und Währungs-Swaps nur insofern, als in dem Fall, dass die Gegenpartei ihren Verpflichtungen nicht nachkommt, sich zu Ungunsten des anderen Partners entwickelnde Zins- und Währungsverhältnisse von diesem getragen werden müssen. Ein Kapitalverlustrisiko besteht demgegenüber nicht, da Zahlungen zurückgehalten werden können, wenn bei der Gegenpartei Störungen auftreten.

Zu (1b) Schuldscheindarlehen:

Beim Schuldscheindarlehen handelt es sich um eine Kreditform, die ohne Zwischenschaltung der Börse aufgrund eines individuellen, nicht-typisierten Darlehensvertrags (§§ 607ff. BGB) zustande kommt. Im Normalfall des langfristig gewährten Schuldscheindarlehens treten als Kapitalgeber in erster Linie Kapitalsammelstellen und hier insbesondere die Sparte der Lebensversicherer auf, die mit der Gewährung von Schuldscheindarlehen ihre überschüssigen Prämieneinnahmen einer langfristigen (deckungsstockfähigen) Vermögensanlage zuführen.

Schuldscheindarlehen existieren aber nicht nur in dieser „normalen" Form, sondern eine gewisse Bedeutung haben auch so genannte **Revolving-Systeme**, bei denen eine Fristentransformation stattfindet.

* **Direktes Revolving-System**: Dem Kreditnehmer werden kurzfristig verfügbare Termingelder gegen Schuldschein zugeleitet. Diese de jure kurzfristig fälligen Gelder werden (in der Regel unter Inanspruchnahme eines Finanzmaklers) durch ständigen Austausch der Kreditgeber in ein faktisch langfristig gewährtes Darlehen transformiert. Das Transformations- und das Zinsänderungsrisiko trägt dabei die kreditnehmende Unternehmung.
* **Indirektes Revolving-System**: Hier tritt zwischen Kreditnehmer und Kreditgeber eine Bank, die mithilfe von kurzfristigen Termingeldern, vermittelt über einen Finanzmakler, ein langfristiges Darlehen refinanziert. Der Finanzmakler übernimmt der Bank gegenüber die Verpflichtung, die Anschlussfinanzierung für die Laufzeit des Schuldscheindarlehens sicherzustellen. Erleichtert wird ihm diese Übernahme des Transformationsrisikos dadurch, dass das Zinsänderungsrisiko von der kreditnehmenden Unternehmung getragen wird.

Die spezifischen **Merkmale des Normaltyps des langfristigen Schuldscheindarlehens** sind in Abb. 6.3 - 10 (entnommen aus Perridon/Steiner 2007, S. 408f.) zusammengefasst und zur Abgrenzung den entsprechenden Merkmalen der Schuldverschreibung als Kreditform gegenübergestellt.

Zu (1c) Langfristige Bankkredite:

Der langfristige Bankkredit spielt für Unternehmen, denen der Markt für Schuldverschreibungen und Schuldscheindarlehen offen steht, in der Regel nur eine subsidiäre Rolle; nicht dagegen für die große Zahl von kleinen und mittleren Unternehmungen, denen dieser Markt verschlossen ist. Für sie stellt der langfristige Bankkredit praktisch die einzige, wenngleich ebenfalls nur beschränkt nutzbare Form langfristiger Kreditfinanzierung dar.

Langfristige Bankkredite werden in der Regel nur gegen dingliche Sicherheiten gewährt. Diese können aber gerade von kleineren und mittleren Unternehmen nicht immer beigebracht werden, zumal deren Eigenkapitalbasis wegen vielfältiger Hemmnisse bei der Beteiligungsfinanzierung ohnehin eher gering ist (vgl. S. 493f.). Da zudem die Geschäftsbanken von ihrer Refinanzierungsbasis her auch nur begrenzt in der Lage sind, langfristige Kredite mit festen Laufzeiten und Zinssätzen bereitzustellen, entsteht für diesen Kreis der Unternehmen vielfach eine **langfristige Kreditlücke**. Sie muss zum Schaden der finanziellen Stabilität dieser Unternehmungen nicht selten durch Kredite mit kurzen Laufzeiten, kurzfristigen Kündigungsklauseln und mit variablen Zinsen überbrückt werden.

6.3 Finanzierung und Finanzierungsrechnungen

Merkmal	Industrieanleihe/Obligation	Schuldscheindarlehen/Schuldschein
Aussteller	Emissionsfähige Unternehmungen (in der Regel nur große Aktiengesellschaften, die zum amtlichen Handel zugelassen sind).	Bedeutende Unternehmungen, unabhängig von ihrer Rechtsform, soweit sie den Sicherheitsanforderungen (z.B. Einhaltung bestimmter Bilanzrelationen) genügen.
Genehmigung	Genehmigung nach §§ 795, 808a BGB durch Bundeswirtschaftsminister seit 1991 nicht mehr erforderlich.	Keine Genehmigung erforderlich, jedoch für erfolgreiche Platzierung in der Regel Erlangung der Sicherungsvermögensfähigkeit notwendig.
Schuldurkunde	Wertpapier (Übertragung von Inhaberschuldverschreibungen durch Einigung und Übergabe).	Kein Wertpapier, sondern nur beweiserleichterndes Dokument; zur Geltendmachung der Forderung ist Schuldschein nicht erforderlich (Übertragung durch Forderungsabtretung).
Fungibilität der Kapitalanlage (für Kreditgeber)	Hohe Fungibilität, da Börsenhandel.	Geringe Fungibilität, zum Börsenhandel nicht zugelassen, begrenzte Möglichkeit der Forderungsabtretung.
Kapitalgeber	Anonymer Kapitalmarkt (institutionelle und private Zeichner, auch in Kleinstbeträgen).	Kapitalsammelstellen, speziell Lebensversicherungen (Übernahme von Großbeträgen).
Kapitalaufnahme	Für die Börsenzulassung sind je nach Börse unterschiedliche Mindestbeträge vorgeschrieben. Darüber hinaus wird die Aufnahme wegen der fixen Nebenkosten erst bei hinreichendem Volumen lohnend, sukzessive Kapitalaufnahme erschwert.	Flexible Anpassung an den Kapitalbedarf möglich durch sukzessive Kapitalaufnahme. Bei sehr großen Beträgen können sich Beschränkungen durch die Marktenge ergeben.
Tilgung	Tilgungsplan festgelegt, darüber hinaus jedoch freihändiger Rückkauf über Börse möglich; im Allgemeinen nach Ablauf der tilgungsfreien Zeit Kündigungsmöglichkeit des Schuldners vorgesehen.	Tilgung nach Darlehensvertrag, freihändiger Rückkauf nicht möglich; im Vertrag kann ein Kündigungsrecht des Schuldners vorgesehen sein, einseitiges Kündigungsrecht des Schuldners stellt jedoch die Ausnahme dar.
Laufzeit	Zwischen 10 und 20 Jahren.	Bis maximal 15 Jahre (individuelle Vereinbarung).
Sicherstellung	Grundschulden ohne Zwangsvollstreckungsklausel und bei Unternehmungen mit sehr gutem Emissions-Standing auch durch die Negativklausel.	Briefgrundschulden mit Zwangsvollstreckungsklausel.
Publizität	Publizitätspflicht für Schuldner.	Keine Publizitätspflicht.
Zinsen	Abhängig von Kapitalmarktlage.	Ca. ¼ bis ½ % über dem jeweiligen Anleihesatz.
Nebenkosten	Einmalige Nebenkosten ca. 4 % bis 5 %, laufende Nebenkosten ca. 1 % bis 2 % des Nominalbetrages der Anleihe.	Einmalige Nebenkosten ca. 1 % bis 2 %, keine laufenden Nebenkosten.

Abb. 6.3 - 10   Vergleich der Merkmale von Industrieanleihe und Schuldscheindarlehen

Zu (2) Kurz- und mittelfristige Kreditfinanzierung:

Zur kurz- und mittelfristigen Kreditfinanzierung zählen solche Kreditformen, bei denen die vereinbarte **(Grund-)Laufzeit des Kredits weniger als vier Jahre** beträgt. Die Grenzen zwischen kurz- und mittelfristigen Krediten sind dabei fließend, wobei jedoch alle Laufzeiten über einem Jahr stets als mittelfristig, alle Kreditlaufzeiten unter drei Monaten dagegen in aller Regel als kurzfristig bezeichnet zu werden pflegen. Kurz- und mittelfristige Kredite lassen sich wie in Abb. 6.3 - 11 dargestellt systematisieren (die Buchstaben in Klammern beziehen sich auf die jeweiligen Erläuterungen im Text).

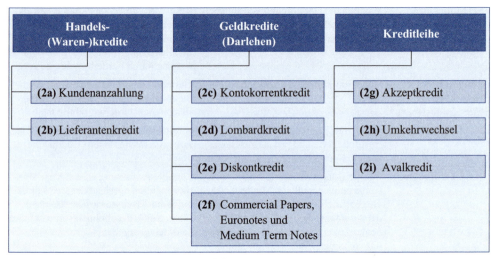

Abb. 6.3 - 11   Kurz- und mittelfristige Kreditformen

Zu (2a)   Kundenanzahlung:

Bei der Kundenanzahlung leistet der Abnehmer Zahlungen, bevor die Lieferung der Ware erfolgt. Üblich ist dies häufig bei Auftragsfertigung, speziell im Großanlagenbau, wo die Anzahlung neben ihrer Finanzierungsfunktion auch die Sicherheit erhöht, dass der Kunde die in Auftrag gegebenen Leistungen nach Fertigstellung abnimmt. Inwieweit eine Kundenanzahlung durchgesetzt werden kann und ob hierauf Zinsen verrechnet werden, hängt neben Branchenusancen vor allem von der Marktstellung des Anbieters ab.

Zu (2b)   Lieferantenkredit:

Der Lieferantenkredit kommt dadurch zustande, dass auf der Beschaffungsseite Zahlungsziele in Anspruch genommen oder eingeräumt werden, dass also empfangene Lieferungen und Leistungen nicht sofort beim Empfang, sondern **erst später bezahlt** werden. Der Lieferantenkredit kann erzwungen oder vereinbart sein, er kann unverbrieft als Buchkredit oder verbrieft als Wechselkredit gegeben werden.

Beim **Wechselkredit** akzeptiert der Lieferant statt des Rechnungsbetrages einen Wechsel, in dem sich der Bezogene (bei einem gezogenen Wechsel) bzw. der Aussteller (bei einem Sola-

6.3 Finanzierung und Finanzierungsrechnungen 513

wechsel) verpflichtet, die Wechselsumme bei Fälligkeit zu bezahlen. Rechtlich ist der Wechsel eine abstrakte Zahlungsverpflichtung, die losgelöst von der zugrunde liegenden wirtschaftlichen Transaktion zu erfüllen ist. Wird bei Fälligkeit nicht gezahlt, so geht der Wechsel zu Protest und kann eingeklagt werden. Geprüft wird dabei nur die Erfüllung formeller Wechselerfordernisse, nicht dagegen die materielle Berechtigung der dem Wechsel zugrunde liegenden Forderung.

Das Zinselement beim Wechselkredit kann ebenso wie beim Buchkredit im **Skonto** gesehen werden. Die (Jahres-)**Kosten des Lieferantenkredits** i errechnen sich dabei unter der Voraussetzung der vollen Zielinanspruchnahme nach folgender Formel:

$$i = \frac{\dfrac{\text{Skontosatz}}{100\,\% - \text{Skontosatz}} \cdot 360}{\text{Zahlungsziel} - \text{Skontofrist}} \qquad [6.3 - 1]$$

Obwohl der Lieferantenkredit bei den in der Praxis üblichen Zahlungsmodalitäten (z.B. 2 % Skonto bei einer Skontofrist von 10 Tagen und einer Zahlungsfrist von 30 Tagen) vergleichsweise teuer ist, spielt er für die Finanzierung der Unternehmen häufig eine erhebliche Rolle. **Gründe** hierfür sind:

- Der Lieferantenkredit wird in der Regel **ohne formelle Kreditwürdigkeitsprüfung** bewilligt und erfordert keine formelle Kreditabsicherung (in der Regel lediglich Eigentumsvorbehalt an der gelieferten Ware).
- Bei starker Marktstellung kann der Lieferantenkredit erzwungen werden, insbesondere lässt sich durch **einseitige Verlängerung der Zahlungs- und/oder Skontofristen** eine wesentliche Verbilligung des Lieferantenkredits durchsetzen.

Zu (2c) Kontokorrentkredit:

Der Kontokorrentkredit (Kredit in laufender Rechnung) zeichnet sich dadurch aus, dass dem Kreditnehmer das Recht eingeräumt wird, sein Kontokorrent-(Giro-)Konto bis zur Höhe des eingeräumten Kredits ohne weitere Formalitäten zu überziehen, also bis zum Kreditlimit bzw. bis zur eingeräumten Kreditlinie Gelder in beliebigen Teilbeträgen zu entnehmen. Zinsen fallen – abgesehen von Kreditbereitstellungsprovisionen – nur in Höhe der tatsächlich in Anspruch genommenen Kreditbeträge, die großen Schwankungen unterliegen können, an (vgl. Abb. 6.3 - 12).

Die folgenden Komponenten kommen für die Zusammensetzung der effektiven **Kosten eines Kontokorrentkredits** in Frage:

- (Soll-)Zinsen,
- Kredit- bzw. Bereitstellungsprovision,
- Überziehungsprovision und -zins,
- Kontoführungsgebühren,
- Umsatzprovision,
- Wertstellungsusancen der Banken.

Die **Kreditkonditionen** für den Kontokorrentkredit sind von der Situation am Geldmarkt abhängig. Dass der Zins an einen Refinanzierungssatz bei der Zentralbank periodisch angepasst wird, kann auch konkret im Kreditvertrag vereinbart sein.

Berechnet werden die **Nettozinskosten** üblicherweise wie folgt:

$$\text{Nettozinskosten} = \frac{\text{Zinszahl}}{\text{Zinsteiler}} = \frac{K \cdot p \cdot t}{100 \cdot 360} \qquad [6.3-2]$$

mit: $\text{Zinszahl} = \dfrac{K \cdot t}{100}$ und $\text{Zinsteiler} = \dfrac{360}{p}$

K = Kreditsumme
t = Anzahl Kredittage
$p/100$ = Nettozinssatz p.a.

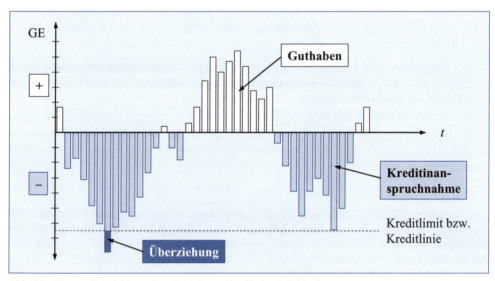

Abb. 6.3 - 12   Entwicklung eines Kontokorrentkredits im Zeitablauf

Zu (2d) Lombardkredit:

Der Lombardkredit ist ein Beleihungskredit. Er besteht in der Gewährung eines kurzfristigen Darlehens gegen Verpfändung beweglicher, marktgängiger Vermögensobjekte des Schuldners. Nach der Art der verpfändeten Vermögensobjekte unterscheidet man dabei im Einzelnen

- Effektenlombard,
- Wechsellombard,
- Warenlombard und
- Forderungslombard.

Konstitutiv für den Lombardkredit ist das Rechtsinstitut der **Verpfändung**, d.h. die beliehenen Vermögensgegenstände müssen in den Besitz der kreditgebenden Bank übergehen. Teilweise – insbesondere beim Warenlombard – genügt allerdings auch die Übergabe von Lager- oder Ladescheinen, durch die die Bank zumindest mittelbar den Besitz an den beliehenen Gegenständen erlangt. Von daher ist der Lombardkredit im Vergleich zum Kontokorrentkredit weniger flexibel. Vorteilhaft ist allerdings, dass keine Bonitätsprüfung des Unternehmens erforderlich ist.

Die **Beleihungsgrenze** für lombardfähige Vermögensgegenstände ist abhängig von der Verwertbarkeit und dem Risiko von Wertschwankungen während der Kreditlaufzeit. Erstklassige Handelswechsel können in der Regel nur wenig unter ihrem Nominalwert beliehen werden. Bei Effekten ist danach zu unterscheiden, ob diese börsennotiert sind oder nicht. Für den Fall der Börsennotierung der Effekten liegt die Beleihungsgrenze für festverzinsliche Wertpapiere bei ca. 80 %, für Aktien bei ca. 50 %. Bei nicht-börsennotierten Titeln sind die Grenzen niedriger.

Zu (2e)   Diskontkredit:

Der Diskontkredit entsteht durch den Verkauf noch nicht fälliger, in Wechselform verbriefter Forderungen (aus Lieferungen und Leistungen) unter Abzug der Zinsen an die Bank. Er erlangt vor allem dort Bedeutung, wo Lieferanten ihren Kunden einen in Wechselform verbrieften Kredit gewähren (müssen), selbst aber nicht in der Lage oder bereit sind, auf die Einlösung des Wechsels durch den Schuldner zu warten. Der vorfristige Verkauf solcher (Besitz-)Wechsel ist für sie also eine Möglichkeit, ihre Forderungen bereits vor Fälligkeit zu „Geld" zu machen.

Eine Besonderheit des Diskontkredits besteht darin, dass normalerweise der Kredit nicht vom Kreditnehmer zurückgezahlt wird, sondern vom Wechselschuldner (Bezogener oder Aussteller), bei dem die Bank den Wechselbetrag bei Fälligkeit einzieht. Wirtschaftlich gesehen liegt also kein Kredit, sondern lediglich ein **Forderungsverkauf** mit Gläubigerwechsel vor. Der Einreicher des Wechsels bleibt gegenüber der Bank jedoch Eventualschuldner, auf den sie zurückgreifen kann, wenn der Schuldner nicht zahlt.

Die **Kosten für den Diskontkredit** setzen sich aus dem Sollzins und etwaigen Nebengebühren zusammen. Der Sollzins, mit dem die Wechselsumme auf den Gegenwartswert abgezinst (diskontiert) wird, orientiert sich am so genannten Basiszins, der seit dem Übergang der geldpolitischen Befugnisse der Deutschen Bundesbank auf das Europäische System der Zentralbanken am 1.1.1999 (mit dem damit verbundenen Wegfall der privilegierten Refinanzierungsmöglichkeit für Banken ist die Bedeutung von Wechselkrediten stark zurückgegangen) den Diskontsatz abgelöst hat, zuzüglich eines Zuschlags, den die Geschäftsbanken je nach Marktlage und Bonität des Kreditnehmers erheben. Der Sollzins liegt aber in der Regel unter dem Nettozinssatz eines vergleichbaren Kontokorrentkredits. Zu beachten ist, dass die für den Diskontkredit angegebenen Nominalzinssätze nicht Vom-Hundert-, sondern Im-Hundert-Sätze sind. Um die effektiven Kosten des Diskontkredits zu ermitteln, ist der Nominalzins also auf den Diskonterlös zu beziehen.

Zu (2f)   Commercial Papers, Euronotes und Medium Term Notes:

Für Großunternehmen existiert die Möglichkeit, einen **revolvierenden Kreditbedarf** über **Commercial Papers oder Euronotes** zu decken. Es handelt sich hierbei um Inhaberpapiere (Schuldverschreibungen) mit Laufzeiten von sieben Tagen bis hin zu zwei Jahren. Zur Begebung dieser Papiere schließt eine Bank oder ein Bankenkonsortium einen **Rahmenvertrag**

516   Sechstes Kapitel: Betriebliche Finanzprozesse

(Note-Programm) ab. Darin werden die Modalitäten der revolvierenden Platzierung der kurzfristigen Wertpapiere (wie das maximale Emissionsvolumen, Zeitraum der Daueremission, Volumen der einzelnen Finanzierungstranchen) festgelegt. Bei Bedarf werden dann die einzelnen Tranchen kurzfristiger Wertpapiere, i.d.R. auf dem Wege der Privatplatzierung, begeben. Die **Verzinsung**, die für jede Tranche in Abhängigkeit von der Laufzeit neu festgelegt wird, orientiert sich am LIBOR (*London Interbank Offered Rate*) oder am EURIBOR (*Euro Interbank Offered Rate*) zuzüglich eines bonitätsabhängigen Zuschlags. Als **Nebenkosten** fallen die einmalige Arrangierungsprovision (*Arrangement Fee*, ca. ⅛ % des Kreditbetrags), die jährlichen Gebühren der Zahlstelle, die Emissions- und Ausstellungsgebühren, die Druckkosten und (im Falle der Platzierung an der Börse) die Börseneinführungsgebühren an.

Finanzintermediäre, d.h. i.d.R. die Banken, übernehmen im Rahmen der Note-Programme verschiedene Aufgaben. Zu nennen ist zunächst die Funktion des „**Arranger**", der für die Vertragsdokumentation zuständig ist und die so genannten „**Placing Agents**" findet. Deren Aufgabe ist es, die Papiere an institutionelle Investoren zu vermitteln. Tritt nur eine Bank als Placing Agent auf, spricht man von einem „Sole Placing Agent". Andernfalls wird die „Multiple-Placing-Agent-Methode" angewendet, bei der mehrere „**Underwriter**" Papiere im Umfang ihrer Übernahmeverpflichtung übernehmen. Nachteil dieser Vorgehensweise ist, dass mit dem/den Platzierungsagenten ein einheitlicher Zinssatz für alle Investoren vereinbart wird. Beim „Tender-Agent-Panel-Verfahren" kann der Emittent von den möglicherweise günstigeren Konditionen, die sich aus der Zahlungsbereitschaft der Investoren ergeben, profitieren.

Im Gegensatz zu den Commercial Papers sind die **Euronotes**, deren Laufzeit zwischen einem und zwölf Monaten liegt, mit einer „Underwriter-Garantie" ausgestattet, wodurch der Emittent die Sicherheit erhält, dass ihm die benötigten Mittel in vollem Umfang zufließen. Diese Garantie wird entweder durch die Verpflichtung der Underwriter, nicht platzierte Papiere zu übernehmen („Revolving Underwriting Facility"), oder durch die Bereitstellung einer Kreditlinie („Note Standby Facility") erfüllt.

Als **Medium Term Notes** werden Commercial Papers bzw. Euronotes bezeichnet, deren Laufzeit zwischen zwei und vier Jahren liegt. Obwohl es sich hier eher um eine Variante der Anleihenfinanzierung handelt, ist diese Finanzierungsform, die vor allem in den Euromarktsegmenten verfügbar ist, hier zugeordnet, da sie sich aus der kurzfristigen Finanzierung über Notes entwickelt hat und von daher die gleichen Durchführungsmodalitäten aufweist.

Zu (2g)   Akzeptkredit:

Der Akzeptkredit ist eine **besondere Form des Wechselkredits**, bei dem eine Bank einen vom Kunden auf sie gezogenen Wechsel akzeptiert und sich damit wechselrechtlich verpflichtet, dem Wechselinhaber den Kreditbetrag bei Fälligkeit zu zahlen. Obwohl die Bank den akzeptierten Wechsel üblicherweise auch selbst diskontiert, ist der Akzeptkredit seiner Konstruktion nach etwas anderes als ein normaler Diskontkredit. Durch das Akzept der Bank erhält der Wechsel nämlich zunächst einmal eine höhere Qualität und wird in hohem Grade marktfähig, was es dem Kunden erleichtert, diesen Wechsel weiterzugeben oder ihn bei einer zweiten Bank diskontieren zu lassen. Es handelt sich also beim Akzeptkredit in erster Linie um eine **Kreditleihe**, nicht um einen Geldkredit der Bank.

Im Außenhandel spielt der Akzeptkredit als so genannter **Rembourskredit** eine wichtige Rolle. Denn hier ist die Kreditwürdigkeit eines ausländischen Importeurs häufig unbekannt oder nur schwer einzuschätzen. Durch das Akzept einer international bekannten Bank wird dieser Mangel aber beseitigt. Indem diese ihre Kreditwürdigkeit mittels Akzept auf den Wechsel des ausländischen Importeurs überträgt, kann der Exporteur den akzeptierten Wechsel nun ohne Bedenken gegen Herausgabe der Ware oder Transportdokumente an **Zahlungs statt** annehmen. Der Rembourskredit tritt häufig in Verbindung mit einem **Akkreditiv** auf, der Anweisung eines Kunden an sein Kreditinstitut, ihm selbst oder einem Dritten bei einer ausländischen Bank einen Geldbetrag zur Verfügung zu stellen und ihn entweder ohne besondere weitere Bedingungen (Barakkreditiv) oder gegen Vorlage akkreditivgerechter Dokumente (Dokumentenakkreditiv) auszuzahlen.

Die Kosten des Akzeptkredits setzen sich aus der Akzeptprovision (ca. 1 %), welche die Bank für die Übernahme der Eventualhaftung verlangt, und – im Falle der Diskontierung des Wechsels – den Zinskosten des Diskontkredits zusammen.

Zu (2h) Umkehrwechsel:

Die Finanzierung mittels Umkehrwechsel (auch **Scheck-Wechsel-Tauschverfahren** genannt) ist ihrem Kern nach ebenfalls eine Kreditleihe, allerdings in der Regel gekoppelt mit einem Diskontkredit. Diese Form der Finanzierung eines Handelsgeschäfts, die in der Praxis große Bedeutung hat, vollzieht sich dabei in der Weise, dass der Käufer einer Ware den Kaufpreis unter Ausnutzung von Skonto bar oder mit Scheck bezahlt und gleichzeitig einen von ihm akzeptierten Wechsel durch den Lieferanten als Aussteller zeichnen lässt. Diesen Wechsel reicht der Käufer nun im Normalfall seiner Bank zum Diskont ein, um sich so die Liquidität für die Bar- bzw. Scheckzahlung zu beschaffen. Bei einer anderen, selteneren Variante hält der Käufer den Wechsel im Bestand und füllt damit seine Liquiditätsreserve auf.

Der Vorteil des Umkehrwechsels liegt insbesondere in der Möglichkeit des Käufers, den Skontoabzug zu nutzen und zur Finanzierung des Kaufpreises einen zinsgünstigen Wechseldiskontkredit in Anspruch nehmen zu können. Allerdings wird der Lieferant ein solches Verfahren in der Regel nur akzeptieren, wenn der Käufer eine entsprechende Bonität aufweist, denn der Lieferant als Aussteller des Wechsels wird wechselrechtlich mitverpflichtet und nimmt somit das Risiko auf sich, im Falle der Zahlungsunfähigkeit des Käufers in Anspruch genommen zu werden.

Zu (2i) Avalkredit:

Auch beim Avalkredit handelt es sich um eine **Form der Kreditleihe**, nur dass sich hierbei die Bank nicht wechselrechtlich verpflichtet, sondern eine Bürgschaft dafür gibt, dass der Kreditnehmer einer von ihm eingegangenen Verpflichtung einem Dritten gegenüber nachkommt. Für die Bank entsteht aus dem Risiko, dass sie aus einer solchen Bürgschaft in Anspruch genommen wird, eine **Eventualverbindlichkeit**. An Kosten für den Avalkredit fällt eine Avalprovision (ca. 1,5 % bis 3 % p.a.) an, die von der Laufzeit, dem Bürgschaftsbetrag und von einer etwaigen Sicherstellung des Avals abhängt. Zinsen werden nicht erhoben, da dem Kreditnehmer kein Geld zur Verfügung gestellt wird.

518   Sechstes Kapitel: Betriebliche Finanzprozesse

6.3.1.4 Leasing und Factoring als Kreditsubstitute

Die Sonderstellung unter den Finanzierungsinstrumenten verdanken

(1)   das **Leasing**, und

(2)   das **Factoring**

dem Umstand, dass sie nicht ohne weiteres in die übliche Finanzierungssystematik eingeordnet werden können (vgl. Abb. 6.3 - 1) und dass sie nicht allein unter Finanzierungsgesichts-
punkten betrachtet werden können. Insbesondere beim Leasing und beim Factoring (wie auch
bei Asset-Backed-Securities-Transaktionen) muss die Finanzierungsfunktion nicht einmal unbedingt im Vordergrund stehen.

Zu (1)   Leasing:

Unter Leasing versteht man die Vermietung von Anlagegegenständen durch Finanzierungsin-
stitute und andere Unternehmen, die dieses Vermietungsgeschäft gewerbsmäßig betreiben
(vgl. SPITTLER 2002). Nach der **Dauer des Leasing-Vertrags** lassen sich dabei

- das **Operating Leasing** (durch das der Mieter ein kurzfristiges, in der Regel jederzeit
  kündbares Nutzungsrecht an dem Mietobjekt erwirbt) und

- das **Financial Leasing** (bei dem der Mieter in einem längerfristigen, innerhalb der Grundmietzeit prinzipiell unkündbaren Vertrag das Nutzungspotenzial des Anlagegegenstandes
  erwirbt)

unterscheiden. Während das **Operating Leasing** sich praktisch und rechtlich von üblichen
Mietverträgen kaum unterscheidet, ist das Financial Leasing eine aus den USA kommende
Besonderheit der Finanzierung von Anlagegegenständen. Es wird als Kreditsubstitut bezeichnet, weil der Leasing-Geber wie ein Kreditgeber die Eingliederung eines Anlageguts in den
Produktionsapparat ermöglicht, ohne dass der gesamte Investitionsbetrag aus eigenen Mitteln
bezahlt werden muss. Des Weiteren führt der Leasing-Vertrag auch zu laufenden Belastungen, die dem Kapitaldienst beim Kredit entsprechen.

Die Vertragsvielfalt beim **Financial Leasing** ist erheblich. Die Leasing-Unternehmen rühmen
sich, für jeden Bedarf eine maßgeschneiderte Lösung anbieten zu können. Dennoch lassen
sich einige typisierende Aussagen zu den häufigsten in der Praxis vorkommenden Financial
Leasing-Verträgen machen (vgl. Abb. 6.3 - 13).

Besondere **Bilanzierungsprobleme** treten beim Financial Leasing dadurch auf, dass die wirtschaftliche Verfügungsmacht über die Leasing-Gegenstände während der Grundmietzeit beim
Leasing-Nehmer liegt, während das rechtliche Eigentum beim Leasing-Geber verbleibt. Für
die Steuerbilanz gibt es seit oben genanntem Urteil des Bundesfinanzhofes eindeutige Richtlinien. Die Bilanzierung in der Handelsbilanz gemäß HGB orientiert sich an diesen Regelungen.

Ein **Wirtschaftlichkeitsvergleich** zwischen Leasing und Kreditkauf schneidet in der Regel
zugunsten des Kreditkaufs ab, wenn nur die unmittelbaren Kapitalkosten (Abschreibungen
und Kreditzinsen auf der einen, Leasing-Raten auf der anderen Seite) verglichen werden. Das
kann auch nicht überraschen, da sich Leasing-Gesellschaften ihrerseits mit Krediten refinanzieren müssen und sie natürlich eigene Kosten- und Gewinnvorstellungen haben, die in ihre
Mietpreisforderung einfließen. Allein wenn die Leasing-Gesellschaft ihre Kosten und Ge-

6.3 Finanzierung und Finanzierungsrechnungen

winnvorstellungen durch einen entsprechenden Preisvorteil bei der Beschaffung oder späteren Weiterverwertung des Leasing-Gutes und/oder durch einen entsprechenden Zinsvorteil bei der Refinanzierung kompensieren kann, ist Leasing a priori nicht teurer als ein Kreditkauf.

Vertragstypen des Financial Leasings[1]					
Vollamortisationsvertrag[2]			Teilamortisationsvertrag[3]		
ohne Kauf- bzw. Miet- verlängerungs- option	mit Kaufoption[4]	mit Kauf- und/oder Mietverlänge- rungsoption	ohne Kauf- bzw. Miet- verlängerungs- option	mit An- dienungs- recht des Leasing- Gebers[5]	mit Kündi- gungsrecht des Leasing- Nehmers[6]

Anmerkungen:
[1] Die Grundmietzeit von Financial Leasing-Verträgen beträgt in Einklang mit einem Urteil des Bundesfinanzhofes vom 26.1.1970 in aller Regel mindestens 40 % und höchstens 90 % der betrieblichen Nutzungsdauer. Denn nur dann wird das Leasing-Objekt steuerlich dem Leasing-Geber zugerechnet, was als wesentliche Vorbedingung für die Vorteilhaftigkeit von Financial Leasing-Verträgen gilt. Das gilt nicht für so genannte Spezial-Leasing-Verträge, bei denen nur der Leasing-Nehmer das Leasing-Objekt faktisch verwenden kann, weil es speziell auf seine Bedürfnisse zugeschnitten ist. Hier erfolgt stets eine Zurechnung beim Leasing-Nehmer.
[2] Bei einem Vollamortisationsvertrag werden die Leasing-Raten so kalkuliert, dass sich die Investition für den Leasing-Geber nach Ablauf der Grundmietzeit einschließlich Kapitalkosten amortisiert hat.
[3] Bei Teilamortisation erfolgt entsprechend nur eine teilweise Amortisation, sodass für den Leasing-Geber die Notwendigkeit besteht, das Leasing-Objekt in irgendeiner Form weiterzuverwerten, um eine vollständige Amortisation zu erreichen.
[4] Als Kaufpreis wird in der Regel der gemeine Wert, höchstens jedoch der Restbuchwert bei linearer Abschreibung angesetzt. Bei einem niedrigen Preis wird der Leasing-Vertrag von der Finanzverwaltung häufig in einen Mietvertrag mit erheblichen steuerlichen Nachteilen umgedeutet.
[5] Der Leasing-Geber erhält hier das Recht, nach Ablauf der Grundmietzeit das Leasing-Objekt zu einem vorher vereinbarten Preis an den Leasing-Nehmer zu verkaufen, kann es jedoch auch anderweitig verwerten. In einem solchen Fall kann die Verpflichtung bestehen, den Leasing-Nehmer an einem etwaigen Mehrerlös zu beteiligen.
[6] Der Leasing-Nehmer erhält hier das Recht, (frühestens) nach Ablauf der Grundmietzeit zu kündigen, wobei er dann eine bestimmte Anschlusszahlung zu leisten hat, die jedoch in der Regel um einen etwaigen Verwertungserlös aus dem Leasing-Objekt gekürzt wird.

Abb. 6.3 - 13   Vertragstypen des Financial Leasings

Dass das Financial Leasing sich in vielen Bereichen der Wirtschaft durchgesetzt hat, muss also im Wesentlichen andere Gründe haben. Als **Argumente für das Leasing** werden dabei genannt:

[a] Die Abwicklung von Leasing-Geschäften erfolgt unkomplizierter als ein Kreditkauf. Insbesondere werden geringere Anforderungen an die Kreditwürdigkeit des Leasing-Nehmers gestellt, als es bei Banken, die einen Kreditkauf finanzieren sollen, üblich ist.

[b] Es brauchen keine Kapazitäten für Wartungs- und Reparaturarbeiten vorgehalten werden, da die Leasing-Gesellschaften diese Leistungen gegen Pauschalgebühr häufig mit übernehmen (*Maintenance Leasing*).

[c] Leasing-Verträge können für den Leasing-Nehmer (sofern dieser die Gegenstände nicht bilanzieren muss) steuerliche Vorzüge gegenüber der Kreditkaufalternative darstellen. Leasing-Raten sind steuerlich voll als Betriebsausgaben abzugsfähig, während beim Kre-

ditkauf dieser Effekt nur dann gegeben ist, wenn die Tilgungszahlungen vom Betrag her den steuerlichen Abschreibungen entsprechen.

[d] Die Leitsätze für die Kalkulation der Selbstkosten bei öffentlichen Aufträgen gestatten den Ansatz der Leasing-Raten in voller Höhe, während die Verrechnung von Abschreibungen oft begrenzt ist.

[e] Die Investitionsflexibilität erhöht sich durch Leasing, weil die Leasing-Gesellschaft dem Investor das Risiko der technischen und wirtschaftlichen Veralterung der Anlagegegenstände abnimmt.

[f] Mithilfe des Leasings kann die Unternehmung ihr Kreditpotenzial schonen und ein besseres Bilanzbild zeigen.

Von den genannten Argumenten können nur die ersten zwei, also [a] und [b] überzeugen. Argument [c] ist durch Inkrafttreten der Unternehmensteuerreform 2008, welche die gewerbesteuerliche Gleichstellung von Mietzinsen und Leasingraten bewirkt, stark abzuwerten. Argument [d] ist kaum mehr als ein Scheinvorteil und [e] ist wegen der festen Grundmietzeit allenfalls mit der (im Vergleich zu einem privaten Investor) höheren Anlagenverwertungskapazität einer Leasing-Gesellschaft zu begründen, denn zweifellos ist das Veralterungsrisiko kalkulatorisch stets in den Leasing-Raten enthalten. Argument [f] zieht lediglich, wenn der Leasing-Vertrag nicht bilanziert zu werden braucht, die Kreditgeber sich an Bilanzrelationen bei der Kreditwürdigkeitsprüfung orientieren und es gelingt, die Existenz von Leasing-Verträgen, die an sich wie Kreditverträge zu behandeln sind, zu verheimlichen.

Als maßgeblicher **Grund für den Erfolg des Leasing-Konzepts** bleibt insofern wohl allein

- die erhöhte „Bequemlichkeit" des Leasings gegenüber dem Kreditkauf sowie
- die Möglichkeit, Investitionen zu realisieren, die ohne Leasing mangels banküblicher Sicherheiten nicht finanziert werden könnten.

Die Vorteilhaftigkeit des Leasings gegenüber dem Kauf kann über **Modellrechnungen**, welche auf den quantitativ erfassbaren Daten basieren, bestimmt werden. Es ist jedoch anzumerken, dass diese Rechnung sehr stark von den jeweiligen Konditionen und den Modellannahmen abhängen, sodass sich hieraus keine allgemeingültigen Aussagen ableiten lassen. Als **wichtigste Einflussgrößen** auf die Vorteilhaftigkeit können jedoch genannt werden:

- Vertragsgestaltung des Leasings, die über die steuerliche Zurechnung entscheidet,
- Kosten des Leasings,
- Höhe der Steuersätze,
- Kreditkonditionen,
- gewählte Abschreibungsverfahren,
- Höhe des Kalkulationszinssatzes.

Unabhängig von diesen Determinanten weist die Leasing-Alternative jedoch einen deutlichen **liquiditätsmäßigen Vorteil** auf. Während beim Kauf die gesamte Investitionssumme gebunden und erst sukzessive über die verdienten Abschreibungen freigesetzt wird, entsteht beim Leasing keine Kapitalbindung. Vielmehr bewirkt die Leasing-Variante bereits im ersten Jahr einen Liquiditätsüberschuss, der dem jährlichen Nettoertrag entspricht und nicht zum Abbau des in der Investition gebundenen Fremdkapitals, sondern für andere Projekte verwendet werden kann.

6.3 Finanzierung und Finanzierungsrechnungen

Zu (2)   Factoring:

Unter Factoring versteht man den Ankauf von Forderungen aus Lieferungen und Leistungen vor Fälligkeit durch einen „Factor" (= spezielles Finanzierungs- oder Kreditinstitut) unter Übernahme bestimmter Service-Funktionen und häufig auch des Delkredererisikos (Ausfallrisikos). Der Veräußerer der Forderung (Klient, Anschlusskunde) überträgt diese damit (ungleich dem Zessionskredit) aus seiner Bilanz in die des Factors.

Ob Factoring zur Kreditfinanzierung gezählt wird – wie hier geschehen – oder zur noch zu behandelnden „Finanzierung aus Vermögensumschichtung" (vgl. S. 526ff.), hängt letztlich von der Übernahme des Delkredererisikos durch den Factor ab. Erfolgt eine volle Übernahme des Ausfallrisikos, so liegt eine echte Kapitalfreisetzung vor; geschieht dies jedoch nicht, so handelt es sich eben nur um eine besondere Form der Kreditgewährung, indem die Forderungen des Klienten bevorschusst (beliehen) werden.

Unabhängig von solchen Fragen der systematischen Einordnung des Factorings in das System der Finanzierungsformen ist das Wesen des Factorings stets gekennzeichnet durch eine spezifische (je nach Situation unterschiedlich zusammengestellte) Kombination aus

- Finanzierungsfunktion,
- Dienstleistungsfunktion und
- Versicherungs-(Delkredere-)funktion.

Im Rahmen der **Finanzierungsfunktion** kauft bzw. bei Ausschluss des Ausfallrisikos bevorschusst der Factor die Lieferungen und Leistungen des Klienten, der dadurch gewährte Lieferantenkredite refinanzieren kann. Die Auszahlung des Gegenwerts erfolgt in der Regel wenige Tage nach Einreichung der Rechnungsdurchschriften unter Abzug eines Kürzungsbetrages von etwa 10 % bis 20 %. Dieser Restbetrag wird auf einem Sperrkonto gutgeschrieben und soll zum Ausgleich von Beanstandungen, Rechnungskürzungen und Zahlungsausfällen dienen. Verfügt der Klient über eine ausreichende Liquidität und strebt er insbesondere die Übertragung der Dienstleistungs- und der Delkrederefunktion an, so kann die Auszahlung der Forderungsgegenwerte jedoch auch erst zum Zahlungszeitpunkt, bei Verfall der einzelnen Buchforderungen oder zum durchschnittlichen Fälligkeitstermin erfolgen.

Übernimmt der Factor die **Dienstleistungsfunktion**, so sind damit insbesondere die folgenden Aufgaben verbunden:

- Führung der Debitorenbuchhaltung,
- Bonitätskontrolle,
- Mahnwesen,
- Beratung und sonstige Sonderleistungen.

Inwieweit der Factor am Inkassowesen beteiligt ist, hängt von der Beziehung zwischen dem Klienten und seinem Kunden ab. Dabei können das offene und das verdeckte Factoring unterschieden werden. Beim offenen oder modifizierten Factoring wird die Übertragung der Forderungen auf den Factor den Kunden angezeigt, sodass diese mit befreiender Wirkung nur noch an den Factor ihre Zahlungen leisten können. Dagegen werden die Kunden beim verdeckten oder nicht modifizierten Factoring von der Abtretung der Forderungen nicht unterrichtet. Sie zahlen weiterhin an den Lieferanten, der die entsprechenden Beträge allerdings auf einem Sonderkonto ansammelt.

522   Sechstes Kapitel: Betriebliche Finanzprozesse

Im Rahmen der **Delkredere- oder Versicherungsfunktion** übernimmt der Factor das wirtschaftliche Risiko der Zahlungsunfähigkeit des Kunden. Der Factor hat in diesem Fall die Forderung des Klienten nicht nur bevorschusst, sondern sie vielmehr endgültig erworben. Das Delkredererisiko gilt dabei als eingetreten, wenn der Kunde nach Ablauf einer gewissen Zeitspanne nach Ende des Zahlungsziels nicht bezahlt. Der Factor muss dann seine Versicherungsleistung erbringen, ohne dass ein spezieller Nachweis wie Konkurs oder Zwangsvollstreckung geführt werden müsste. Auch ist der Abzug einer Selbstbeteiligungsquote des Klienten nicht möglich.

Ein Wirtschaftlichkeitsvergleich des Factorings muss dessen Kosten und die möglichen Kostenersparnisse (einschließlich sonstiger geldwerter Vorteile) berücksichtigen.

Die **Kosten des Factorings** setzen sich im Wesentlichen aus drei Elementen zusammen:

- Den **Kreditzinsen** für die Finanzierung der Forderungen vor Fälligkeit. Sie liegen in der Regel geringfügig über den banküblichen Zinsen, weil die Factoring-Gesellschaften sich bei den Banken refinanzieren müssen.
- Der **Factoring-Gebühr**, die die Kosten für die Übernahme von Factoring-spezifischen Dienstleistungen abdeckt. Sie schwankt je nach Art und Umfang dieser Dienstleistungen sowie in Abhängigkeit vom Forderungsvolumen, der durchschnittlichen Rechnungshöhe u.Ä. etwa zwischen 0,5 % und 2,5 % der Rechnungsbeträge.
- Der **Delkrederegebühr** als Entgelt für das übernommene Forderungsausfallrisiko. Sie ist naturgemäß vor allem abhängig von der Bonität der Abnehmer, den Zahlungsbedingungen und den Zahlungsusancen. Von der Größenordnung her beträgt die Delkrederegebühr in der Regel etwa zwischen 0,2 % bis 1 % der Rechnungsbeträge.

Den Kosten des Factorings sind die erzielbaren **Kostenersparnisse und sonstigen geldwerten Vorteile** gegenüberzustellen. Hierzu zählen

- Rentabilitätserhöhung infolge schnelleren Umschlags der Forderungen und Ablösung teurer Kredite,
- geringere Aufwendungen für Administration, Telefon und Porti im Mahn- und Inkassowesen,
- Senkung der Kosten in der Debitorenbuchhaltung,
- Verringerung der Verluste aus Insolvenzen von Geschäftspartnern,
- Stärkung der Einkaufsposition durch erhöhte Liquidität (Ausnutzung von Skontovorteilen und/oder Preisvorteilen durch Sofortzahlung),
- Freisetzung knapper Managementkapazitäten.

Insbesondere bei den Betriebskosten ist im Rahmen einer Wirtschaftlichkeitsrechnung darauf zu achten, dass nur Kostenarten erfasst werden, die zu einer tatsächlichen Einsparung führen. Zeitabhängige Kosten, zu denen primär die Personal- und Raumkosten zählen, sind dabei häufig nicht oder erst nach einer gewissen Zeitspanne mit einer effektiven Kostensenkung verbunden. Darauf aufbauend erscheint das Factoring insbesondere für kleine und mittlere Unternehmen sinnvoll zu sein, da diese Betriebe vielfach keine eigene Datenverarbeitungsanlage besitzen und die Factoring-Gesellschaften die Debitorenbuchhaltung sowie das Mahn- und Inkassowesen kostengünstiger ausführen können (vgl. PERRIDON/STEINER 2007).

Als **Nachteil des Factorings** wird häufig genannt, dass Geschäftspartner aus der Abtretung der Forderungen falsche Rückschlüsse auf das „Kredit-Standing" und die Liquidität des Unternehmens ziehen könnten. Speziell um dieser „Abtretungsscheu" entgegenzuwirken, existiert die Möglichkeit des **stillen Factoring**. Im Gegensatz zum **offenen Factoring** bleibt es hier dem Schuldner verborgen, dass die Unternehmung ihre Forderungen an einen Factor abgetreten hat.

Weitere **Probleme** des Factorings können insbesondere darin begründet sein, dass

- Firmen in ihren Geschäftsbedingungen die Abtretung der an sie gerichteten Kaufpreisforderungen gemäß § 399 BGB verbieten, oder
- ein verlängerter Eigentumsvorbehalt der Lieferanten an den Waren, die weiterverkauft werden, besteht; mit der Folge, dass die zukünftigen Forderungen gegen die Abnehmer des Factor-Klienten nicht wirksam abgetreten werden können.

Wie beim Factoring werden auch bei **Asset-Backed-Securities-(ABS-)Transaktionen** Forderungen aus der Bilanz eines Unternehmens ausgelagert, weshalb derartige Transaktionen ebenfalls Kreditsubstitute bezeichnet werden können. Dabei werden weitestgehend homogene, jedoch illiquide Finanzaktiva an eine **Zweckgesellschaft** (*Special Purpose Vehicle*), die von einem Treuhänder (*Trustee*) verwaltet wird, übertragen. **Forderungen**, die sich für eine Verbriefung eignen, sind Hypothekendarlehen (in diesem Fall wird von *Mortgage Backed Securities* gesprochen), Forderungen an Kreditkartenkunden, Konsumentenkredite oder Autofinanzierungen sowie Forderungen aus Lieferungen und Leistungen. Wie diese Aufzählung zeigt, kommt dieses Instrument überwiegend bei Finanzdienstleistungsgesellschaften – insbesondere auch zur Kreditrisikosteuerung – zum Einsatz. Die Zweckgesellschaft finanziert den Kaufpreis durch die Ausgabe von standardisierten und fungiblen, d.h. sekundärmarktfähigen Wertpapieren. Die erworbenen Finanzaktiva dienen nicht nur als Haftungsgrundlage, sondern der aus ihnen generierte Zahlungsstrom bedient zudem die Zahlungsverpflichtungen der ausgegebenen Wertpapiere.

Durch die Einschaltung einer Zweckgesellschaft wird sichergestellt, dass der Zahlungsstrom des Forderungspools ausschließlich zur Bedienung der Wertpapiere verwendet wird. Dabei werden beim **Fondszertifikatskonzept** (*pass-through*) die Zahlungen aus den Forderungen nach Eingang direkt an die Investoren weitergeleitet. Beim **Anleihekonzept** (*pay-through*) werden die Zahlungen so geleistet, wie sie aufgrund der Anleihebedingungen versprochen sind. In der Regel erfolgt die Verbriefung in mehreren Tranchen, die sich in der Bonität und damit in der Verzinsung unterscheiden. Zudem kann die Zweckgesellschaft das Rating der ausgegebenen Wertpapiere durch die Bereitstellung von weiteren Sicherheiten verbessern. Das Ausfallrisiko der Wertpapiere hängt also nicht von der Bonität des Unternehmens ab, weshalb auch Unternehmen mit eher schlechter Bonität auf diesem Wege zu Finanzierungsmitteln aus Vermögensumschichtung kommen können.

6.3.1.5 Subventionsfinanzierung

Eine besondere Form der Finanzierung stellt die Beschaffung von finanziellen Mitteln im Zusammenhang mit der Gewährung bzw. Beanspruchung von Subventionen dar. Der Subventionsbegriff, und damit auch derjenige der Subventionsfinanzierung, lässt sich unterschiedlich weit fassen. Häufig werden unter Subventionen alle **geldlichen Leistungen von staatlichen Stellen** verstanden, die mit keinen unmittelbaren oder direkten Gegenleistungen an den Staat verbunden sind. Charakteristisch für diesen **Subventionsbegriff** ist:

- Als Subventionsgeber treten öffentlich-rechtliche Körperschaften auf,
- es handelt sich um unmittelbare finanzielle Leistungen in Form zusätzlicher Ausgaben oder mittelbare Leistungen aufgrund geringerer Einnahmen,
- als Subventionsempfänger treten ausschließlich gewerbliche Unternehmen auf, private Haushalte erhalten dagegen keine Subventionen,
- mit der Gewährung einer Subvention ist die Lenkung des Verhaltens der Subventionsempfänger beabsichtigt.

Nicht in den obigen Subventionsbegriff einbezogen werden somit alle nicht unmittelbar geldlichen Leistungen an den Begünstigten, wie die Bereitstellung der notwendigen Infrastruktur und die Übernahme von Risiken sowie durch staatliche Institutionen erzwungene Leistungen von Privatpersonen oder Unternehmen, wie etwa Einfuhrzölle oder Beimischungszwänge.

Erscheinungsformen von Subventionen sind in erster Linie Zinsverzichte bzw. Zinszuschüsse und direkte Kapitalzuschüsse. Daneben kann eine Subvention jedoch auch in der Gewährung einer Steuerminderung oder eines Steueraufschubs bestehen. Während Zinszuschüsse bzw. Zinsverzichte und direkte Kapitalzuschüsse eine Form der Außenfinanzierung darstellen, sind die genannten Steuervergünstigungen eher der Innenfinanzierung zuzurechnen. Die folgenden Ausführungen beschränken sich auf die erstgenannten Formen der Subventionsfinanzierung.

Staatliche Finanzierungshilfen mittels **Zinsverzichten bzw. Zinszuschüssen** vermindern die Zinsbelastung eines Unternehmens, indem sie den Effektivzins unter die marktüblichen Konditionen drücken. Sie setzen daher eine Kreditfinanzierung voraus und stellen nur durch ihren besonderen Förderungscharakter eine eigenständige Finanzierungsart neben den an anderer Stelle beschriebenen originären Bankkrediten dar. Die Kredite werden dabei jedoch auch über Kreditinstitute vermittelt und teilweise unter Mithaftung der Banken gewährt. Die im Rahmen von Kreditprogrammen bereitgestellten Mittel werden vor allem zu folgenden Zwecken vergeben:

- Existenzgründungen,
- Finanzierung der nachhaltigen Unternehmensentwicklung,
- Investitionen zur Verbesserung der regionalen Wirtschaftsstrukturen,
- Stärkung der Eigenkapitalbasis von kleinen und mittleren Unternehmen (KMU),
- Finanzierung von Umweltschutz- und Energiesparmaßnahmen,
- langfristige Finanzierung von Forschungs- und Entwicklungsprojekten,
- Investitionen in der Aus- und Weiterbildung,
- Programme für Venture Capital-Fonds,
- Förderung von jungen Technologieunternehmen,
- Exportförderung.

Die Mittel zur Durchführung öffentlicher Kreditprogramme stammen aus **verschiedenen Quellen**. Neben speziellen Krediten des Bundes und der Länder sind dabei insbesondere die Mittel aus dem ERP (= *European Recovery Program*)-Sondervermögen sowie die Eigenmittelprogramme der KfW (Kreditanstalt für Wiederaufbau) Bankengruppe, zu der u.a. auch die KfW Mittelstandsbank gehört, hervorzuheben.

Die **ERP-Mittel** gehen auf die Nachkriegshilfe der USA (Marschallplan) zurück und wurden nach Abschluss des Wiederaufbaus zur Förderung der deutschen Wirtschaft in einem Sonder-

6.3 Finanzierung und Finanzierungsrechnungen 525

vermögen zusammengefasst. Die Kredite werden dabei von den Hausbanken der Kreditnehmer vermittelt und von der KfW Bankengruppe zur Förderung bestimmter Investitionsvorhaben bereitgestellt. Die Inanspruchnahme der Kredite aus den jeweiligen Finanzierungspro-
grammen ist an die Einhaltung bestimmter Voraussetzungen geknüpft, die u.a. die Bedingungen der Förderungswürdigkeit, das Verbot der Doppelförderung und die Zweckbindung betreffen.

Wie bei den ERP-Programmen soll auch bei den **Eigenmittelprogrammen der öffentlich-
rechtlichen Kreditinstitute** mit Sonderaufgaben primär eine Förderung kleinerer und mittlerer Unternehmen bewirkt werden. Insbesondere das Mittelstandsprogramm der KfW Mittelstandsbank will dabei Nachteile ausgleichen, die kleinere und mittlere Unternehmen bei der
Finanzierung von Investitionen haben. Im Allgemeinen besitzen diese Unternehmen keinen
direkten Zugang zum Kapitalmarkt und können auf die Finanzierungsbedingungen im Kredit-
verkehr mit den Banken nur einen geringen Einfluss nehmen. Zudem investieren sie häufig in
unregelmäßigen Zeitabständen, sodass ein entsprechend hoher Finanzbedarf auftritt. Die Mittel für das Mittelstandsprogramm werden auf dem Kapitalmarkt beschafft und so weit verbil-
ligt an die geförderten Unternehmen als eigenkapitalähnliche Finanzierungsmittel ausgegeben, dass die effektiven Belastungen im unteren Bereich der gültigen Kapitalmarktsätze liegen.

Direkte Kapitalzuschüsse führen grundsätzlich zu einer unmittelbaren Geldzahlung an das
Unternehmen. Dabei setzen sie, wie auch die Zinsverzichte bzw. Zinszuschüsse, das Bestehen
einer Steuerschuld nicht voraus, sodass auch Betriebe, die sich in der Verlustzone befinden,
eine Zuwendung beantragen können. Entscheidend ist alleine die Realisation der Tatbestände,
die für die Inanspruchnahme der jeweiligen Förderung gegeben sein müssen.

Im Rahmen der direkten Kapitalzuschüsse müssen die **Investitionszulagen und die Investi-
tionszuschüsse** unterschieden werden. In beiden Fällen ergibt sich der Förderungsbetrag aus
der Anwendung der festgelegten Förderungssätze auf die gesamten Anschaffungs- oder Herstellungskosten. Vielfach sind dabei jedoch Höchstgrenzen festgelegt, die auch bei vergleichsweise aufwendigen Investitionen nicht überschritten werden können. Im Gegensatz zu den
steuerpflichtigen Investitionszuschüssen handelt es sich bei den Investitionszulagen um steuerfreie Einnahmen. Beantragt werden die Investitionszulagen nach Ablauf des Wirtschaftsjah-
res, in dem die begünstigte Investition durchgeführt wurde. Sie fließen somit erst mit einer
zeitlichen Verzögerung zu und werden dabei von dem jeweils zuständigen Finanzamt ausgezahlt.

Abweichend von der **steuerlichen Behandlung** der Investitionszulagen liegen bei Investitionszuschüssen steuerpflichtige Einnahmen vor. Dabei müssen die Unternehmen jedoch mit
der Zuweisung eines Investitionszuschusses ihre Betriebseinnahmen und damit ihre Steuerlast
nicht sofort erhöhen. Vielmehr können sie den Förderungsbetrag auch erfolgsneutral verein-
nahmen und stattdessen den Betrag ihrer Anschaffungs- oder Herstellungskosten entsprechend vermindern. Dadurch sinken dann die jährlichen Abschreibungen, sodass eine allmähli-
che Nachversteuerung eintritt.

Neben nationalen öffentlich-rechtlichen Körperschaften tritt auch die Europäische Union als
Subventionsgeber auf. So werden für Forschungs- und Entwicklungsprojekte Mittel aus dem
Europäischen Strukturfonds und dem Europäischen Investitionsfonds bereitgestellt. Des Wei-
teren stellt die Europäische Investitionsbank Garantien und Darlehen zur Verfügung.

6.3.1.6 Überschussfinanzierung und Finanzierung aus Vermögens-umschichtung

Der Beteiligungs- und Kreditfinanzierung als Außenfinanzierung steht die **Innenfinanzierung** mit ihren Instrumenten „Überschussfinanzierung" und „Finanzierung aus Vermögensumschichtung" gegenüber. Den Formen der Innenfinanzierung ist gemeinsam, dass der Finanzierungseffekt durch **Desinvestitionsprozesse** bewirkt wird. Im Wege von Desinvestitionen fließen der Unternehmung also entsprechende finanzielle Mittel zu bzw. wird Kapital freigesetzt, das dann für die verschiedensten finanzierungsbedürftigen Zwecke eingesetzt werden kann.

Die Überschussfinanzierung wird auch als **Cashflow-Finanzierung** bezeichnet, weil ihre Komponenten,

(1) die **Selbstfinanzierung,**

(2) die **Finanzierung aus Abschreibungen** und

(3) die **Finanzierung aus Rückstellungen,**

enge Parallelen zur Definition des operativen Cashflows aufweisen (vgl. S. 594ff.). Entsprechend umfasst die Überschussfinanzierung auch lediglich solche Desinvestitionen, die über den normalen Umsatzprozess erfolgen, während sich

(4) die **Finanzierung aus Vermögensumschichtung**

ausschließlich auf Kapitalfreisetzungsprozesse außerhalb des normalen Umsatzprozesses erstreckt.

Zu (1) Selbstfinanzierung:

Die Selbstfinanzierung ist mit dem Gewinn (als Teil des Cashflows) verknüpft. Entsprechend versteht man unter Selbstfinanzierung die **Finanzierung aus Gewinnen, die im Unternehmen zurückbehalten werden**. Diese Zurückbehaltung kann dabei auf unterschiedliche Weise erfolgen (vgl. hierzu auch S. 740ff.):

- Einbehaltung ausgewiesener Gewinne (**offene Selbstfinanzierung**)
  - bei personenbezogenen Unternehmen durch Gutschrift auf dem Kapitalkonto und Verzicht auf die Entnahmen,
  - bei Kapitalgesellschaften durch Einstellung in die offenen Rücklagen oder Übertragung auf die Rechnung des folgenden Jahres als Gewinnvortrag,
- Minderung des auszuweisenden Gewinns durch Bildung **stiller Rücklage**,
- zeitliche Verzögerung der Gewinnausschüttung (**temporäre Selbstfinanzierung**) durch zweckentsprechende Wahl des Bilanzstichtags und Bilanzvorlagetermins.

Abgesehen von den Möglichkeiten einer temporären Selbstfinanzierung ist grundlegende Voraussetzung für die (offene und stille) Selbstfinanzierung, dass die erwirtschafteten Gewinne (vor Bildung stiller Rücklagen) größer sind als die zwingenden Kapitalentnahmen (Gewinnausschüttungen) in der gleichen Periode. Die **Ertragskraft** der Unternehmung und die **Gewinnausschüttungsanforderungen** sind damit die beiden Hauptdeterminanten der Selbstfinanzierung.

6.3 Finanzierung und Finanzierungsrechnungen   527

Als **Vorteile** der Selbstfinanzierung (gegenüber der Beteiligungs- und Kreditfinanzierung) werden genannt:

- Stärkung der Unabhängigkeit der Gesellschaft vom Kapitalmarkt sowie (bei firmenbezogenen Unternehmen) der Unternehmensführung von den Kapitalgebern,
- keine laufende Liquiditätsbelastung und keine Beanspruchung von Kreditsicherungsmitteln,
- Stärkung der Eigenkapitalbasis und damit Verringerung der Krisenanfälligkeit und Erhöhung der Kreditwürdigkeit.

Speziell die **stille Selbstfinanzierung** hat noch den Vorteil, dass die stillen Rücklagen (bei steuerlicher Anerkennung) steuerfrei gebildet werden können, während die offene Selbstfinanzierung mit Steuersätzen belastet ist. Zur Zeit werden offen zurückbehaltene Gewinne von Kapitalgesellschaften mit 15 % Körperschaftsteuer zuzüglich Solidaritätszuschlag und Gewerbesteuer belastet (vgl. S. 380f.).

Als **Nachteil** der Selbstfinanzierung wird häufig ein volkswirtschaftliches Argument ins Feld geführt: Die durch Selbstfinanzierung aufgebrachten Mittel werden dem Kapitalmarkt entzogen und so nicht der Lenkungsfunktion des Marktes unterworfen. Dadurch können volkswirtschaftliche Verluste auftreten, weil möglicherweise Kapital nicht dort verwendet wird, wo es den größten Nutzen bringt.

Dieses Argument kann auch aus betriebswirtschaftlicher Sicht verwendet werden: Da die Selbstfinanzierungsmittel keine laufenden Belastungen verursachen, werden sie von den Unternehmungen häufig als „kostenlos" angesehen. Dadurch werden sie möglicherweise dort eingesetzt, wo etwa eine Kreditfinanzierung günstiger wäre. Auch können sich negative Rückwirkungen insofern ergeben, als Investitionsprojekte bei Selbstfinanzierung nicht mit der gleichen Gründlichkeit geprüft bzw. an sie nicht so hohe Anforderungen im Hinblick auf Ertrag und/oder Sicherheit gestellt werden, wie das bei kreditfinanzierten Investitionen der Fall ist.

Zu (2)   Finanzierung aus Abschreibungen:

Die Finanzierung aus Abschreibungen geht von der Grundprämisse aus, dass Abschreibungen (vgl. S. 812ff.) als Aufwendungen bzw. Kosten in die Preise einkalkuliert sind und über die Umsatzerlöse „verdient" werden, ohne dass die verrechneten Beträge (anders als etwa Lohnkosten) in der Periode ihrer Erwirtschaftung mit Ausgaben verbunden wären.

Die der Unternehmung so zufließenden Mittel können für Investitionszwecke oder zur Bestreitung sonstiger Ausgaben eingesetzt werden. Sie müssen also nicht unbedingt für die später notwendige Ersatzbeschaffung angespart werden, sondern können zwischenzeitlich oder überhaupt anderen Verwendungszwecken zugeführt werden.

Der **Finanzierungseffekt** von Abschreibungen kann als

(2a)   Kapitalfreisetzungseffekt und als

(2b)   Kapazitätserweiterungseffekt

interpretiert werden.

528 Sechstes Kapitel: Betriebliche Finanzprozesse

Zu (2a)   Kapitalfreisetzungseffekt:

Der Kapitalfreisetzungseffekt wird in Abb. 6.3 - 14 an einem **Beispiel** demonstriert: In vier aufeinander folgenden Jahren wird je eine Maschine mit einer Nutzungsdauer von vier Jahren zum Preis von 2.000 GE angeschafft. Danach wird die geschaffene Kapazität durch Reinvestitionen lediglich aufrechterhalten. Unterstellt wird hinsichtlich der Höhe und Entwicklung des sich hierbei abzeichnenden Kapitalfreisetzungseffekts, dass

- keine Preissteigerungen und damit keine Verteuerungen bei den Reinvestitionen auftreten, und
- die (linearen) Abschreibungsbeträge in voller Höhe durch die Absatzerlöse verdient werden und jeweils in liquider Form vorliegen.

	Phase des Kapazitätsaufbaus				Reinvestitionsphase			
Jahre (Ende)	1	2	3	4	5	6	7	8
	Abschreibungsbeträge (Anschaffungswert 2.000 GE, Nutzungsdauer 4 Jahre)							
Maschine 1	500	500	500	500	500	500	500	
Maschine 2		500	500	500	500	500	500	
Maschine 3			500	500	500	500	500	usw.
Maschine 4				500	500	500	500	
alle Maschinen kumuliert	500	1.000	1.500	2.000	2.000	2.000	2.000	usw.
Reinvestitionen	–	–	–	2.000	2.000	2.000	2.000	usw.
Kapital-freisetzung	500	1.500	3.000	3.000	3.000	3.000	3.000	usw.

Abb. 6.3 - 14   Kapitalfreisetzungseffekt von Abschreibungen

Das vom Ende der Kapazitätsaufbauphase an dauerhaft freigesetzte Kapital in Höhe von 3.000 GE, was immerhin 37,5 % des insgesamt gebundenen Kapitals entspricht, kann für beliebige Zwecke, wie etwa für die Tilgung aufgenommener Kredite beim Kauf der Maschinen oder auch für zusätzliche Investitionen verwendet werden. Letzteres führt zum Kapazitätserweiterungseffekt.

Zu (2b)   Kapazitätserweiterungseffekt:

Der **Kapazitätserweiterungseffekt** (auch **LOHMANN-RUCHTI-Effekt** genannt) ergibt sich, wenn die freigesetzten Mittel sogleich wieder investiert werden (vgl. RUCHTI 1942; LOHMANN 1949).

Der Kapazitätserweiterungseffekt lässt sich unter den **Prämissen**

- Re- bzw. Erweiterungsinvestitionen jährlich am Ende jeden Jahres,
- lineare Abschreibungen, die voll verdient werden,
- hinreichend große Teilbarkeit der Anlagen (Abschreibungssumme stets gleich Investitionssumme),

- konstante Wiederbeschaffungspreise,
- Abschreibungsdauer entspricht der Nutzungsdauer sowie
- keine Zinseffekte bei der unterjährigen Ansammlung der Abschreibungsbeträge

mithilfe einer Formel für den **Kapazitätsmultiplikator** berechnen (KOSIOL 1955):

$$\text{Kapazitätsmultiplikator} \;=\; \frac{2}{1+\dfrac{1}{n}} \hspace{3cm} [6.3\text{ - }3]$$

mit: n = einheitliche Nutzungsdauer der Anlagen

Die Formel zeigt, dass der Kapazitätserweiterungseffekt unter den genannten Prämissen allein **abhängig ist von der Nutzungsdauer der Anlagen**, wobei eine Verdopplung der Periodenkapazität das äußerste (rein theoretische) Extrem der Kapazitätsexpansion für hohe Nutzungsdauern darstellt.

Auch dieser Effekt wird im Folgenden anhand eines **Beispiels** dargestellt (vgl. Abb. 6.3 - 15). Eine Unternehmung besitzt anfänglich 10.000 Anlagen, die folgende Daten aufweisen:

- Kapazität pro Anlage und Periode: 1 Mengeneinheit (ME),
- Preis bzw. Wert pro Anlage: 1 Geldeinheit (GE),
- Nutzungsdauer der Anlagen: 5 Perioden,
- lineare Abschreibung über die Nutzungsdauer.

Jahr	Perioden-kapazität (ME)	Abschreibung = Investition am Ende des Jahres														
		1	2	3	4	5	6	7	8	9	10	11	12	13	14	15
1	10.000	2.000	2.000	2.000	2.000	2.000										
2	12.000		400	400	400	400	400									
3	14.400			480	480	480	480	480								
4	17.280				576	576	576	576	576							
5	20.736					692	691	691	691	691						
6	14.884						830	829	830	829	830					
7	15.861							595	596	595	596	595				
8	16.632								635	634	634	634	634			
9	17.080									666	665	666	665	666		
10	17.039										683	683	683	683	683	
11	16.299											682	681	682	681	682
Summe		2.000	2.400	2.880	3.456	4.148	2.977	3.171	3.328	3.415	3.408	3.260	2.663	2.031	1.364	682

Abb. 6.3 - 15   Kapazitätserweiterungseffekt von Abschreibungen (LOHMANN-RUCHTI-Effekt)

Es zeigt sich, wie sich bei sofortiger Investition der jeweils freigesetzten Mittel die Periodenkapazität im Maximum auf 20.736 ME pro Periode erhöht und dann wieder zurückgeht. Wendet man die Formel für den Kapazitätsmultiplikator an, so ergibt sich eine Menge von 16.667 ME [= 10.000 ME · 1,6667], auf die sich die Periodenkapazität einpendelt, wenn man das Beispiel von Abb. 6.3 - 15 über weitere Perioden weiterführt. Es wird also eine Kapazitätserweiterung erzielt, die um 67 % über dem ursprünglichen Wert liegt, ohne dass zusätzliche Mittel von außen oder aus dem Gewinn dafür hätten eingesetzt werden müssen.

530 Sechstes Kapitel: Betriebliche Finanzprozesse

Im Übrigen kann sich noch eine **Verstärkung des Kapazitätserweiterungseffekts** über die Formel hinaus ergeben, wenn deren **Prämissen aufgehoben** werden, wenn also

- degressive Abschreibungsmethoden (vgl. S. 813f.) angewandt werden,
- Reinvestitionen ständig und nicht nur am Ende eines jeden Jahres stattfinden und
- die Nutzungsdauer der Anlagen im Durchschnitt länger ist als die Abschreibungsdauer.

Zu (3)   Finanzierung aus Rückstellungen:

Analog zu den Abschreibungen besteht der Finanzierungseffekt von Rückstellungen darin, dass die in die Kalkulation der Absatzpreise eingegangenen, verdienten Rückstellungsraten bis zur Inanspruchnahme der Rückstellung im Unternehmen disponibel sind (vgl. zum Begriff der Rückstellungen S. 658). Der Finanzierungseffekt ist dabei naturgemäß umso stärker, je größer der zeitliche Abstand zwischen der Bildung der Rückstellungen und ihrer Inanspruchnahme ist. Insofern sind es vor allem die **langfristigen Pensionsrückstellungen**, die den Kern der Finanzierung aus Rückstellungen ausmachen.

Verpflichtet sich eine Unternehmung vertraglich, einem Arbeiter eine Altersversorgung zu gewähren, so muss sie für diese Pensionsanwartschaften Rückstellungen bereits vom Jahr der Zusage an in die Bilanz einstellen. Diese Beträge sind wirtschaftlich als Lohn- und Gehaltsaufwendungen zu betrachten, die aber erst mit dem Ausscheiden des Arbeitnehmers bzw. dem Eintritt des Versorgungsfalls zu Ausgaben werden.

Die Berechnung der jährlichen Zuführungen zu den Pensionsrückstellungen muss für deren steuerrechtliche Anerkennung (§ 6a EStG) nach versicherungsmathematischen Grundsätzen erfolgen. Berücksichtigt werden müssen also die jeweils aktuellen Lebenserwartungen, die Invaliditätswahrscheinlichkeiten, die Fluktuationserwartungen sowie Zinsen und Zinseszinsen: Der Betrag der Pensionsrückstellung hat mit anderen Worten stets dem Barwert der auf diesen Zeitpunkt abgezinsten erwarteten Versorgungsleistungen zu entsprechen. Als Diskontierungssatz sind 6 % (seit 1.1.1982) anzusetzen.

Der **Finanzierungseffekt** von Pensionsrückstellungen ist abhängig davon,

- ob auch ohne Zuführung zu den Pensionsrückstellungen bereits ein Verlust vorhanden ist oder ob die Rückstellungsraten „verdient" wurden:

   Werden die gebildeten Pensionsrückstellungen nicht verdient, entsteht kein Finanzierungseffekt; es sei denn durch die Möglichkeit eines steuerlichen Vor- oder Rücktrags der Verluste.

- ob im Gewinnfall der Gewinn thesauriert oder ausgeschüttet wird:

   Der Finanzierungseffekt von Pensionsrückstellungen bei vollständiger Gewinnthesaurierung beruht lediglich auf der Steuerersparnis. Werden die Gewinne stets vollständig ausgeschüttet, dann ergibt sich für die Unternehmung ein Finanzierungseffekt in voller Höhe der (zusätzlich) gebildeten Rückstellungsbeträge, da die Unternehmung sowohl die Ausschüttung als auch die Steuerzahlung vermeidet.

- wie lange es dauert, bis die zurückgestellten Beträge ausgezahlt werden müssen und welche Erträge bis dahin mit diesen Mitteln zwischenzeitlich erzielt werden können:

   Der Finanzierungseffekt von Pensionsrückstellungen ist generell umso größer

   - je größer der zeitliche Abstand zwischen ihrer Bildung und den Pensionszahlungen ist und

6.3 Finanzierung und Finanzierungsrechnungen 531

– je größer die Differenz zwischen der Rendite, die aus der zwischenzeitlichen Anlage der zurückgestellten Mittel erzielt wird, und den für die Pensionsrückstellungen verrechneten Zinsen in Höhe von 6,0 % ist.

Zu (4) Finanzierung aus Vermögensumschichtung:

Bei der Finanzierung aus Vermögensumschichtung handelt es sich um Kapitalfreisetzungsmaßnahmen außerhalb des normalen Umsatzprozesses. Grundsätzlich lassen sich hier die Kapitalfreisetzungsmaßnahmen im Umlauf- und im Anlagevermögen unterscheiden.

Kapitalfreisetzung im Anlagevermögen durch Veräußerung nicht (mehr) betriebsnotwendiger Anlagegüter. Finanziell gesehen kommen hierfür vor allem solche Vermögensgegenstände in Betracht,

- die einen im Verhältnis zu ihrer Ertragskraft hohen (und sicheren) Liquidationswert respektive Substanzwert haben;
- die ohne wesentliche Rückwirkungen auf das (bereits genutzte) Kreditpotenzial veräußert werden können;
- die bei ihrer Veräußerung möglichst keinen oder nur geringen Buchverlust entstehen lassen;
- deren Veräußerung die Leistungsfähigkeit und Marktposition der Unternehmung nicht wesentlich beeinträchtigt (entweder weil sie zum neutralen Betriebsvermögen gehören oder weil sie im so genannten „Sale-and-lease-back"-Verfahren der Unternehmung nutzungsmäßig erhalten bleiben;
- deren Veräußerung zugleich produktpolitischen Zwecken dient (etwa dem Zweck einer Straffung des Produktionsprogramms).

Kapitalfreisetzung im Umlaufvermögen durch

- Abbau der Vorräte (Drosselung der Produktion, Sonderverkäufe u.Ä.),
- Abbau der Forderungen (Verschärfung der Debitorenkontrolle, Einsatz des Factorings, Gewährung erhöhter Zahlungsanreize u.Ä.),
- Verringerung der freien Liquiditätsreserven (Umwidmung von Kasse, Erhöhung der Kassenumschlagsgeschwindigkeit u.Ä.).

Mit der Finanzierung aus Vermögensumschichtung gehen häufig **Rationalisierungsmaßnahmen** einher, die das Ziel haben, die Kosten zu senken. Hiervon wie auch von der Veräußerung von Wirtschaftsgütern zu Preisen, die ober- oder unterhalb von deren Buchwerten liegen, gehen Impulse auf die Selbstfinanzierung aus.

Fragen und Aufgaben zur Wiederholung (6.3.1: S. 490 – 531)

1. Geben Sie eine systematische Übersicht über die verschiedenen Formen der Außen- und Innenfinanzierung! Ist sie in jeder Weise vollständig und überschneidungsfrei?

2. Was versteht man unter Beteiligungsfinanzierung?

3. Diskutieren Sie kurz, inwieweit die Rechtsform der Unternehmung Einfluss auf die Möglichkeiten, Modalitäten und Probleme der Beteiligungsfinanzierung nimmt!

4. Was sind maßgebliche Gründe für die Vorzugsstellung der Aktiengesellschaft bei der Beteiligungsfinanzierung?

5. Beschreiben Sie möglichst systematisch die verschiedenen Aktienarten, die im Rahmen der Beteiligungsfinanzierung von einer Aktiengesellschaft ausgegeben werden können!

6. Welche Arten von Vorzugsaktien sind zu unterscheiden?

7. Welche Formen der Kapitalerhöhung sind in den §§ 182 – 220 AktG geregelt?

8. Worin findet das gesetzliche Bezugsrecht der Altaktionäre seine Begründung? Wie bestimmt sich der rechnerische Wert dieses Bezugsrechts?

9. Welchen drei Fällen ist nach dem Aktiengesetz die bedingte Kapitalerhöhung vorbehalten?

10. Skizzieren Sie das Wesen und den Zweck des „genehmigten Kapitals"!

11. Was sind Gratisaktien und wodurch entstehen sie? Nennen Sie Motive für die Ausgabe von Gratisaktien!

12. Zu welchen Zwecken lässt das AktG Aktienrückkäufe zu?

13. Zeigen Sie die bilanziellen Auswirkungen von Aktienrückkäufen ohne anschließende Kapitalherabsetzung auf!

14. Was sind die Hauptmerkmale der Kreditfinanzierung (im Vergleich zur Beteiligungsfinanzierung)?

15. Was ist im Allgemeinen unter einer Rating-Einstufung zu verstehen? Was ist der Unterschied zwischen dem internen und dem externen Rating?

16. Was versteht man unter Kreditversicherung, und welche Arten sind vor allem zu unterscheiden?

17. Geben Sie eine systematische Übersicht über die wichtigsten Kreditsicherheiten!

18. Nennen Sie die wichtigsten quantitativen und qualitativen Merkmale eines Kredits!

19. Was ist eine Industrieschuldverschreibung, und welches sind ihre wichtigsten Ausstattungsmerkmale?

20. Beschreiben Sie das Wesen und die Hauptkonstruktionsbestandteile einer Gewinnschuldverschreibung, einer Wandelanleihe und einer Optionsanleihe! Was sind die Motive für ihre Ausgabe?

21. Nennen Sie die wichtigsten Varianten der klassischen Anleihe und erläutern Sie deren wesentlichen Merkmale unter Einbezug ihrer Vorteile und Risiken!

22. Was versteht man unter einem (langfristigen) Schuldscheindarlehen? Worin unterscheidet es sich von einer Industrieobligation?

23. Beschreiben Sie die verschiedenen „Revolving-Systeme" beim Schuldscheindarlehen!

24. Welche Rolle spielt der langfristige Bankkredit für die Großunternehmen einerseits und für die Klein- und Mittelunternehmen andererseits?

25. Welche Kreditformen zählen zur kurz- und mittelfristigen Kreditfinanzierung? Geben Sie eine systematische Übersicht!

26. Beschreiben Sie die Wesensmerkmale und Formen des Lieferantenkredits! Was sind seine spezifischen Vor- und Nachteile?

6.3 Finanzierung und Finanzierungsrechnungen

27. Was ist ein Kontokorrentkredit, und aus welchen Bestandteilen setzen sich die Kosten eines Kontokorrentkredits zusammen?

28. Skizzieren Sie die Hauptmerkmale des Lombardkredits!

29. Wodurch entsteht der Diskontkredit, und welche Kosten fallen bei seiner Inanspruchnahme an?

30. Erläutern Sie die Besonderheiten der Finanzierung über Commercial Papers, Euronotes und Medium Term Notes!

31. Erklären Sie die Eigenschaften (a) eines Akzeptkredits und (b) eines Avalkredits?

32. Was versteht man unter dem Umkehrwechsel (Scheck-Wechsel-Tauschverfahren)? Welche Vorteile weist es für den Käufer einer Ware auf?

33. Was versteht man allgemein unter Leasing, und in welchen speziellen Formen tritt es in Erscheinung?

34. Nehmen Sie eine Systematisierung der verschiedenen Kategorien von Financial Leasing-Verträgen vor!

35. Welche besonderen Bilanzierungsprobleme treten beim Financial Leasing auf?

36. Diskutieren Sie spezifische Vor- und Nachteile des Financial Leasings im Vergleich zum Kreditkauf!

37. Beschreiben Sie das Wesen des Factorings! Welche Faktoren muss ein Wirtschaftlichkeitsvergleich des Factorings berücksichtigen?

38. Erläutern Sie die zentralen Merkmale von Asset-Backed-Securities-Transaktionen!

39. Erläutern Sie mögliche Subventionsbegriffe, deren Merkmale sowie die einzelnen Subventionsformen!

40. Verschaffen Sie sich einen Überblick über die Programme staatlicher Finanzierungshilfen durch eine Internet-Recherche!

41. Skizzieren Sie die Finanzierungswirkung und steuerliche Behandlung von Investitionszuschüssen und Investitionszulagen!

42. Welcher Zusammenhang besteht zwischen den Formen der Innenfinanzierung und Desinvestitionsprozessen?

43. Was versteht man unter Selbstfinanzierung, und in welchen Formen tritt sie auf?

44. Nennen Sie die Vor- und Nachteile der (offenen und stillen) Selbstfinanzierung!

45. Beschreiben Sie (a) den Kapitalfreisetzungseffekt und (b) den Kapazitätserweiterungseffekt von Abschreibungen!

46. Wodurch entsteht der Finanzierungseffekt von Rückstellungen, und welches sind seine Hauptdeterminanten?

47. Um welche Maßnahmen handelt es sich bei der Finanzierung aus Vermögensumschichtung?

534   Sechstes Kapitel: Betriebliche Finanzprozesse

6.3.2 Finanzierungsmodelle

6.3.2.1 Arten und Gegenstand von Finanzierungsmodellen

Finanzierungsmodelle dienen zur **Ableitung optimaler Finanzierungsentscheidungen**. Ihre Funktion entspricht der von Investitionsmodellen, die zur Optimierung von Investitionsentscheidungen herangezogen werden, wie ja überhaupt Investitions- und Finanzierungsaspekte eng miteinander verknüpft sind.

So wurde bereits bei der Analyse von Investitionsmodellen herausgearbeitet, dass wegen der bestehenden Interdependenzen eine echte Optimierung von Investitionsentscheidungen nur in einem integrierten Investitions-/Finanzierungsmodell möglich ist (vgl. S. 385ff.). Das gleiche gilt nun mit umgekehrtem Vorzeichen natürlich auch für Finanzierungsmodelle, die nicht losgelöst von den Investitionen als Objekt der Finanzierung operieren können.

Die Art und Weise, wie dies geschieht, ist bei den einzelnen Finanzierungsmodellen jedoch sehr unterschiedlich.

Die theoretisch anspruchsvollste Lösung zur Optimierung von Finanzierungsentscheidungen versuchen die **simultanen Finanzierungsmodelle** (vgl. z.B. WALDMANN 1972). Ihr genereller Vorzug besteht dabei darin, dass sie das Finanzierungsproblem möglichst vollständig formulieren, also weitgehend auf die Verwendung undifferenzierter Pauschalannahmen verzichten, und dass sie einen optimierenden Algorithmus aufweisen, der alle Entscheidungsvariablen optimiert. Allerdings stehen diese Modelle zwangsläufig vor den gleichen Grundproblemen wie die simultanen Investitionsmodelle (vgl. S. 385ff.).

Daneben gibt es eine Vielzahl von **Finanzierungsmodellen**, die **einzelne, spezielle Fragestellungen** zum Gegenstand haben und die das Optimierungsproblem ohne optimierenden Algorithmus und unter Verwendung weitgehender Pauschalannahmen zu lösen versuchen. Genannt seien

(1) die anhand impliziter Normen generell formulierten **Finanzierungs- bzw. Kapitalstrukturregeln**,

(2) die als **Kapitalstrukturmodelle** in der Literatur diskutierten analytischen Ansätze und

(3) die als Messinstrument für die relative Vorteilhaftigkeit von Finanzierungsalternativen verwendeten **Effektivzinskalküle**.

Finanzierungs- bzw. Kapitalstrukturregeln steuern die quantitative Zusammensetzung des Kapitalfonds einer Unternehmung, indem sie

- das Verhältnis der einzelnen Kapitalien zueinander (vertikale Kapitalstruktur),
- das Ausmaß der Fristenkongruenz von struktureller Mittelverwendung und Mittelherkunft (horizontale Kapitalstruktur) sowie
- die Zusammenhänge zwischen Ertragskraft und Verschuldungspotenzial (dynamische Schuldendeckungsregeln)

mithilfe von Ober- oder Untergrenzen, Bandbreiten u.Ä. als Normwert fixieren. Da hierauf systematisch in anderem Zusammenhang näher eingegangen wird (vgl. S. 774ff.), sollen im Folgenden nur **Kapitalstrukturmodelle** (als finanzierungstheoretische Beiträge zur Reduzierung komplexer Finanzierungsentscheidungen auf ihren ökonomischen Kern) sowie **Effektiv-**

6.3 Finanzierung und Finanzierungsrechnungen

zinskalküle (als praxisorientierte Instrumente zur Durchführung von Finanzierungskostenvergleichen) dargestellt und analysiert werden.

6.3.2.2 Effektivzinskalküle

Effektivzinskalküle verdichten die verschiedenen Konditionenbestandteile von Finanzierungen zu einem einheitlichen **Effektivzinssatz**, wobei dieser dann als Maßstab für die Auswahl der relativ günstigsten Finanzierungsalternativen verwendet wird. Solche Effektivzinskalküle lassen sich methodisch den Verfahren der Wirtschaftlichkeitsrechnung zurechnen (vgl. S. 393ff.). Sie weisen jedoch eine Reihe von Besonderheiten auf, sodass es sich lohnt, hierauf ergänzend zu den bereits behandelten Sachfragen der Wirtschaftlichkeitsrechnung näher einzugehen. Effektivzinsrechnungen können grundsätzlich für alle Finanzierungsformen durchgeführt werden. Im Vordergrund stehen aber in der Regel **Kredit- bzw. Anleihenfinanzierungen**, die eindeutige Schuldner- und Gläubigerleistungen aufweisen und damit dem Grundtyp einer Finanzierung von der zugrunde liegenden Zahlungsreihe – wie in Abb. 6.2 - 4 dargestellt ist – her im besonderen Maße entsprechen. Dabei folgen der Kapitalaufnahme im Zeitpunkt $t = 0$ die Zins- und Tilgungsleistungen in den Folgeperioden.

Die Vorteilhaftigkeit von Kreditfinanzierungen wird durch die mit der Mittelaufnahme verbundenen und in Folge durch sie entstehenden **Kosten** bestimmt. Diese lassen sich in folgende Bestandteile unterteilen:

- einmalige, durch die **Kapitalbeschaffung** verursachte Kosten, z.B. durch Kosten für die Bestellung von Sicherheiten oder in Form des Disagios bei der Kreditaufnahme,
- laufende, durch die **Kapitalnutzung** entstehende Kosten, insbesondere die Zinszahlungen, aber auch laufende Treuhändergebühren, Gebühren für Zinsscheineinlösungen u.Ä.

Daneben spielen für die Vorteilhaftigkeit von Kreditfinanzierungen noch **folgende Faktoren** eine zum Teil erhebliche Rolle:

- **Zinsfestschreibung**: Sind die Zinssätze festgeschrieben (und wenn ja, für wie lange) oder sind sie variabel und können jederzeit angepasst werden?
- **Zinstermine**: Werden die zu zahlenden Zinsen monatlich, quartalsweise, halbjährlich, jährlich oder im Extremfall erst am Laufzeitende der Finanzierung fällig?
- **Tilgungstermine**: Erfolgen die Tilgungszahlungen monatlich, quartalsweise, halbjährlich, jährlich oder in einem Betrag bei Fälligkeit des Kredits?
- **Tilgungsmodalitäten**: Werden Ratentilgungen (= Tilgung in gleichen Beträgen), Annuitätentilgungen (= Tilgung und Zinszahlung in einem über die Laufzeit konstanten Gesamtbetrag) oder sonstige Tilgungsmodalitäten mit und ohne Tilgungsfreijahren vereinbart?

Die Ausführungen über die Effektivzinskalküle gehen zunächst auf die Darstellung alternativer Verfahren der Effektivzinsrechnung bei jährlichen Zahlungen ein. Hier stehen mittel- und langfristige Kreditfinanzierungen (etwa Schuldscheindarlehen, Obligationskredite und Bankkredite) mit festgeschriebenen Zinsen über die gesamte Laufzeit im Mittelpunkt. Anschließend wird auf die Besonderheiten der Internen Zinsfußmethode bei unterjährigen Zahlungen, was auch die Fälle mit „gebrochenen", d.h. nicht ganzjährigen, Laufzeiten einschließt, eingegangen. Somit sind die Ausführungen wie folgt aufgebaut:

(1) **Alternative Effektivzinsverfahren bei jährlichen Zahlungen**

(2) **Besonderheiten der Internen Zinsfußmethode bei unterjährigen Zahlungen**

Zu (1)   Alternative Effektivzinsverfahren bei jährlichen Zahlungen:

Für den Fall, dass **Zins- und (gegebenenfalls) Tilgungsleistungen jährlich nachschüssig** geleistet werden, werden im Folgenden die drei zentralen Effektivzinskalküle,

(1a) die **traditionelle (statische) Methode,**

(1b) die **klassische (dynamische) Interne Zinsfußmethode** und

(1c) die **dynamische Reale Zinsfußmethode,**

charakterisiert.

Zu (1a)   Traditionelle (statische) Methode der Effektivzinsberechnung:

Die traditionelle statische Rechenmethode zur Ermittlung von Effektivzinssätzen ist als **Variante der statischen Rentabilitätsrechnung** (vgl. S. 393ff.) anzusehen. Im Grundsatz ist die Vorgehensweise entsprechend wie folgt zu umschreiben: In einem ersten Schritt werden die Gesamtkosten der Finanzierung über die Gesamtlaufzeit ermittelt, d.h. laufende Zins- und Nebenkosten sowie ein etwaiges Disagio zu einem Betrag zusammengefasst. In einem zweiten Schritt werden diese Kosten durch die Gesamtlaufzeit dividiert, um die **durchschnittlichen Kosten pro Jahr** der Gesamtlaufzeit zu erhalten. Schließlich wird dieser Betrag dann zum durchschnittlichen, während der Gesamtlaufzeit verfügbaren Kapitalnutzungsvolumen ins Verhältnis gesetzt. Der statische Effektivzins i_{SR} berechnet sich also wie folgt:

$$\text{statischer Effektivzins } i_{SR} = \frac{\text{Ø Kosten pro Jahr}}{\text{Ø Kapitalnutzungsvolumen}} \qquad [6.3 - 4]$$

Das Hauptproblem bei der Berechnung des statischen Effektivzinses liegt zweifellos bei der richtigen Bestimmung des **durchschnittlichen Kapitalnutzungsvolumens.** Hier sind zu berücksichtigen,

- die Tilgungsleistungen sowie
- ein etwaiges Disagio.

Es lassen sich diesbezüglich **drei Grundfälle** unterscheiden (vgl. Abb. 6.3 - 16):

Fall (i):   endfällige Tilgung, aber jährliche Zinszahlungen, mit und ohne Disagio,

Fall (ii):   jährliche Ratentilgung und Zinszahlungen, mit und ohne Disagio,

Fall (iii): jährliche Annuitätentilgung, mit und ohne Disagio.

6.3 Finanzierung und Finanzierungsrechnungen

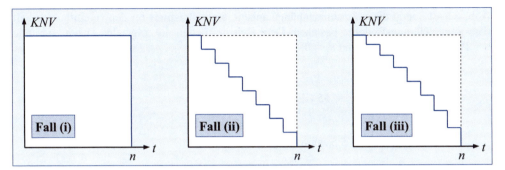

Abb. 6.3 - 16   Grundfälle der Entwicklung des Kapitalnutzungsvolumens *KNV* über die Gesamtlaufzeit der Finanzierung *n*

Im **Fall (i)** ist das durchschnittliche Kapitalnutzungsvolumen *ØKNV* gleich dem **Finanzierungsbetrag** *F*, d.h. entweder dem nominellen Kreditbetrag bzw. Rückzahlungsbetrag oder bei Vereinbarung eines Disagios dem Auszahlungsbetrag:

$$ØKNV = F = F_N \cdot (1-d) \qquad [6.3-5]$$

mit: *ØKNV* = durchschnittliches Kapitalnutzungsvolumen
       F   = Auszahlungsbetrag der Finanzierung, wobei gilt: $F = F_N \cdot (1-d)$
       F_N = nomineller Finanzierungsbetrag
       d   = Disagio als Prozentsatz vom nominellen Finanzierungsbetrag

Im **Fall (ii)** stimmt diese einfache Gleichung nicht mehr. Hier ergibt sich (bei fortlaufender Ratentilgung) das durchschnittliche Kapitalnutzungsvolumen *ØKNV* aus nachfolgender **Formel**, wobei für *F* wiederum entweder für den Fall, dass kein Disagio vorliegt, der nominelle Finanzierungsbetrag oder aber bei Vereinbarung eines Disagios der effektiv ausbezahlte Finanzierungsbetrag einzusetzen ist:

$$ØKNV = \frac{F + \dfrac{F}{n}}{2} \qquad [6.3-6]$$

mit: *n* = Gesamtlaufzeit der Finanzierung

In der Praxis wird hier allerdings in der Regel nicht mit dem durchschnittlichen Kapitalnutzungsvolumen gerechnet, sondern mit der **durchschnittlichen Kreditlaufzeit** *Øn*:

$$Øn = \frac{n + n_F + 1}{2} \qquad [6.3-7]$$

mit: *Øn*   = durchschnittliche Kreditlaufzeit
       n_F = Tilgungsfreijahre

Durchschnittliches Kapitalnutzungsvolumen und durchschnittliche Kreditlaufzeit lassen sich ineinander überführen. Es gilt folgender Zusammenhang:

$$F \cdot Øn = ØKNV \cdot n \qquad [6.3-8]$$

Abb. 6.3 - 17 zeigt diese Zusammenhänge anhand eines **Beispiels** für den vereinfachten Fall, dass keine Tilgungsfreijahre bestehen. Dem Beispiel liegen die folgenden Daten zugrunde: $n = 10$ Jahre, $F = 100$ GE und $n_F = 0$. Daraus ergibt sich

$$\emptyset KNV = \frac{100 + \frac{100}{10}}{2} = 55 \text{ GE} \qquad \text{und}$$

$$\emptyset n = \frac{10 + 0 + 1}{2} = 5{,}5 \text{ Jahre}$$

Somit gilt der folgende Zusammenhang für die Zahlen des Beispiels: $100 \cdot 5{,}5 = 55 \cdot 10$

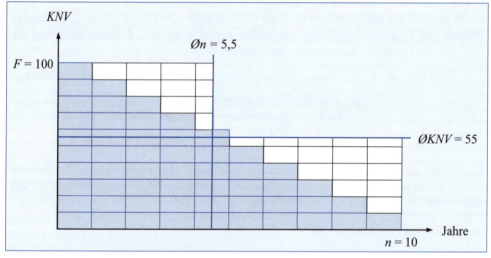

Abb. 6.3 - 17   Durchschnittliches Kapitalnutzungsvolumen $\emptyset KNV$ und durchschnittliche Kreditlaufzeit $\emptyset n$ (keine Tilgungsfreijahre)

Wird das Beispiel in der Weise verändert, dass ein Disagio von $d = 10\ \%$ auf den nominellen Finanzierungsbetrag von 100 GE vereinbart ist, so beläuft sich der effektiv zur Verfügung stehende Finanzierungsbetrag F auf 90 GE. Somit würde sich der Zusammenhang zwischen durchschnittlichem Kreditnutzungsvolumen und durchschnittlicher Kreditlaufzeit wie folgt darstellen:

$$\emptyset KNV = \frac{100 \cdot (1 - 10\%) + \frac{100 \cdot (1 - 10\%)}{10}}{2} = 49{,}50 \text{ GE} \qquad \text{und}$$

$$\emptyset n = \frac{10 + 0 + 1}{2} = 5{,}5 \text{ Jahre}$$

Somit gilt der folgende Zusammenhang für die Zahlen des Beispiels: $90 \cdot 5{,}5 = 49{,}5 \cdot 10$

Der **Fall (iii)**, also der Fall der **Annuitätentilgung**, enthält bereits Elemente, die vom Wesen des statischen Kalküls als einfacher Durchschnittsrechnung nicht mehr voll abgedeckt wer-

6.3 Finanzierung und Finanzierungsrechnungen 539

den. Das wird bereits dadurch deutlich, dass die Tilgungsbeträge nicht mehr konstant sind wie im Fall der Ratentilgung, sondern bei konstantem Kapitaldienst (zusammengesetzt aus Zins- und Tilgungsleistungen) fortlaufend in Höhe der tilgungsbedingten Zinsersparnisse und ihrer Verwendung zur zusätzlichen Tilgung progressiv ansteigen. Es zeigt sich ferner, dass der **Kapitaldienst** mithilfe einer Bestimmungsgleichung ermittelt werden muss, die an der dynamischen Wirtschaftlichkeitsrechnung, hier der Annuitätenmethode (vgl. S. 413f.), anknüpft:

$$K_t = \frac{F_N}{RBF_n^{i_N}} \qquad\qquad [6.3 - 9]$$

mit: K_t = Kapitaldienst der Periode t
       F_N = Nennwert bzw. Rückzahlungsbetrag der Finanzierung
      RBF = Rentenbarwertfaktor
       i_N = Nominalzinssatz

Ein **Beispiel** soll den Verlauf des **Kapitalnutzungsvolumens** bei Annuitätentilgung verdeutlichen (vgl. Abb. 6.3 - 18). Das durchschnittliche Kapitalnutzungsvolumen im Fall der Annuitätentilgung kann wegen der progressiven Tilgungselemente nun nicht mehr so einfach wie bei Ratentilgung bestimmt werden. Im Grunde genommen müssen die ausstehenden Kapitalbeträge in den einzelnen Jahren (Spalte [l] in Abb. 6.3 - 18) addiert und durch die Laufzeit geteilt werden. Für das Beispiel ergibt sich entsprechend ein durchschnittliches Kapitalnutzungsvolumen von 61.159,94 EUR.

Ebenso lässt sich auch die **durchschnittliche Kreditlaufzeit** nicht mehr wie im Falle der Ratentilgung mit Formel [6.3 - 7] bestimmen, sondern es muss ein allgemeinerer Ansatz verwendet werden, der diese Formel als Spezialfall mit einschließt (vgl. ALLERKAMP 1983):

$$\text{Ø}n = \frac{\sum_{t=1}^{n} K_t - F_N}{i_N \cdot F_N} \qquad\qquad [6.3 - 10]$$

Formel [6.3 - 10] angewendet auf das Zahlenbeispiel von Abb. 6.3 - 18, ergibt für die durchschnittliche Kreditlaufzeit

$$\text{Ø}n = \frac{6 \cdot 20.336,26 - 100.000}{6\,\% \cdot 100.000} = \frac{122.017,58 - 100.000}{6.000} = 3,67 \text{ Jahre}$$

und es lässt sich dann derselbe Zusammenhang zwischen durchschnittlicher Kreditlaufzeit und Kapitalnutzungsvolumen herstellen wie im Fall der Ratentilgung gemäß Formel [6.3 - 8]: $100.000 \cdot 3,67 = 61.159,94 \cdot 6$.

Die Praxis arbeitet – wie bereits erwähnt – im statischen Kalkül durchweg mit dem Konzept der durchschnittlichen Kreditlaufzeit, berechnet also nicht explizit das durchschnittliche Kapitalnutzungsvolumen. Dies berücksichtigend gilt die folgende Formel zur Berechnung des **statischen Effektivzinssatzes** i_{SR}: Da die durchschnittliche Laufzeit $\text{Ø}n$ bei endfälliger Tilgung der Laufzeit n entspricht, kann für die beiden Tilgungsvarianten eine einheitliche Grundformel angewandt werden. Im Übrigen sei angemerkt, dass die laufenden Nebenkosten k_l in der Grundformel als Prozentsatz des nominellen Finanzierungsbetrages F_N definiert werden. Sind sie dagegen als Prozentsatz des jeweils noch nicht getilgten Kreditbetrages definiert, ist es sinnvoll, diese Kosten unmittelbar in den Nominalzins i_N mit einzubeziehen.

540   Sechstes Kapitel: Betriebliche Finanzprozesse

Jahr	Kapital-bestand am Jahres-anfang	Kapitaldienst	Zinsen	Tilgung	Kapital-bestand am Jahres-ende
	[1]	$[2] = 100.000 / RBF_{6\,\text{Jahre}}^{6\,\%}$	$[3] = 6\,\% \cdot [1]$	$[4] = [2] - [3]$	$[5] = [1] - [4]$
1	100.000,00	20.336,26	6.000,00	14.336,26	85.663,74
2	85.663,74	20.336,26	5.139,82	15.196,44	70.467,30
3	70.467,30	20.336,26	4.228,04	16.108,22	54.359,07
4	54.359,07	20.336,26	3.261,54	17.074,72	37.284,36
5	37.284,36	20.336,26	2.237,06	18.099,20	19.185,15
6	19.185,15	20.336,26	1.151,11	19.185,15	0,00
Summe		**122.017,58**	**22.017,58**	**100.000,00**	

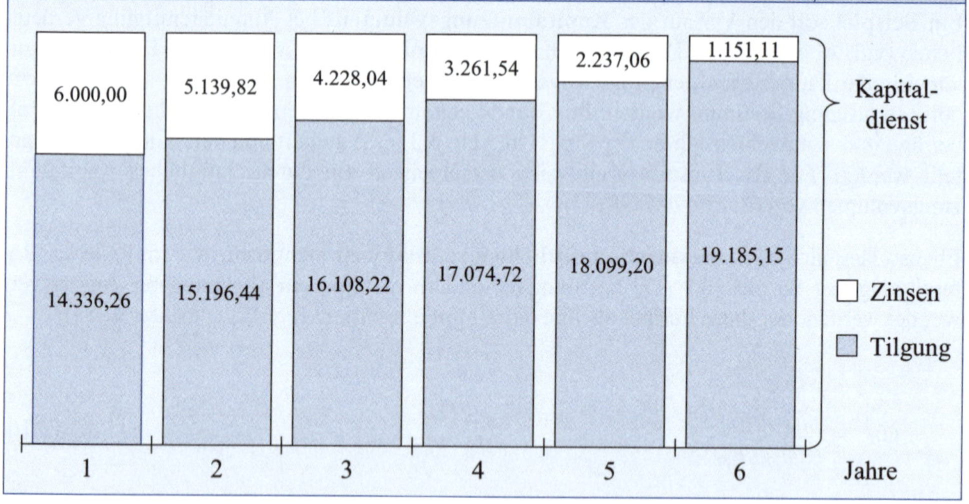

Abb. 6.3 - 18   Entwicklung des Kapitalnutzungsvolumens bei Annuitätentilgung

$$i_{\text{SR}} = \frac{i_N + \dfrac{d + k_e + k_l \cdot n}{\emptyset n}}{1 - d - k_e}$$ [6.3 - 11]

mit: i_{SR} = Effektivzins nach statischer Rechnung
      i_N = Nominalzinssatz (bezogen auf F_N)
      d = Disagio (bezogen auf F_N)
      k_e = einmalige Kapitalbeschaffungskosten (bezogen auf F_N)
      k_l = laufende Nebenkosten der Finanzierung p.a. (bezogen auf F_N)
      $\emptyset n$ = durchschnittliche Kreditlaufzeit
      n = Gesamtlaufzeit der Finanzierung

6.3 Finanzierung und Finanzierungsrechnungen

Zu (1b) Klassische (dynamische) Interne Zinsfußmethode:

Im Gegensatz zur statischen Rechenmethode, die eine Durchschnittsbetrachtung vornimmt, bezieht die dynamische Interne Zinsfußmethode bei Anwendung auf Finanzierungen sämtliche Zahlungen, die mit einer konkreten Finanzierungsmaßnahme verbunden sind, nach Höhe und zeitlicher Verteilung differenziert in den Effektivzinskalkül ein. Formal ist das Vorgehen zur Berechnung von Effektivzinsen dabei identisch mit dem Vorgehen bei der Bestimmung des Internen Zinsfußes im Rahmen der Wirtschaftlichkeitsrechnung von Investitionen (vgl. S. 414ff.).

Zur **Ermittlung des dynamischen Effektivzinses** mithilfe der Internen Zinsfußmethode ist zunächst die Zahlungsreihe der Finanzierung unter Berücksichtigung von laufenden und einmaligen Nebenkosten der Finanzierung und eines eventuellen Disagios aufzustellen. In einem zweiten Schritt ist dann der Zinsfuß zu bestimmen, bei dem die Barwertsumme des Kapitaldienstes dem effektiv verfügbaren Finanzierungsbetrag entspricht, sodass wie im Rahmen der Wirtschaftlichkeitsrechnung für Investitionen ein Kapitalwert von null resultiert. Formal stellen sich die Zusammenhänge wie folgt dar:

$$\sum_{t=1}^{n} \frac{K_t}{(1+i_{IZM})^t} \;=\; F_0 \qquad\qquad \text{bzw.} \qquad F_0 - \sum_{t=1}^{n} \frac{K_t}{(1+i_{IZM})^t} \;=\; 0 \qquad\qquad [6.3\text{-}12]$$

mit: F_0 = effektiv verfügbarer Finanzierungsbetrag
(= Nominalbetrag abzüglich Disagio und einmaliger Kapitalbeschaffungskosten)

n = Gesamtlaufzeit der Finanzierung

K_t = Kapitaldienst (= Zinsen und Tilgungen einschließlich laufender Nebenkosten) in der Periode t

i_{IZM} = dynamischer Effektivzins (berechnet mithilfe der Internen Zinsfußmethode)

t = Periodenindex

Die Berechnung des Effektivzinses i_{IZM} erfolgt entweder mit EDV-technischer Unterstützung oder aber als Approximation mithilfe der linearen Interpolation, wie dies bereits bei der Wirtschaftlichkeitsberechnung von Investitionen (vgl. S. 415f.) beschrieben wurde und worauf hier nicht mehr näher eingegangen zu werden braucht. In diesem Zusammenhang sei auch noch einmal auf den Nachteil der Internen Zinsfußmethode, nämlich die mögliche Mehrdeutigkeit des Internen Zinsfußes (vgl. S. 416), hingewiesen. Allerdings ist dieser Nachteil bei den Zahlungsreihen, wie sie typischerweise für Finanzierungen gelten, von untergeordneter Bedeutung.

Für festverzinsliche Wertpapiere wird der nach der Internen Zinsfußmethode berechnete Effektivzins auch als **Verfallrendite** (*Yield to Maturity*) bezeichnet. Damit kommt deutlich zum Ausdruck, was in der Interpretation des Internen Zinsfußes als Renditekennzahl wichtig ist: Die Anlegerin erzielt die aus dem versprochenem Zahlungsstrom in Verbindung mit dem aktuellen Marktwert resultierende dynamische Verzinsung nur dann, wenn sie das Papier bis zum Verfall hält und zudem die zwischenzeitlichen Zins- und Tilgungsleistungen wiederum zum Internen Zinsfuß am Markt anlegen kann (**Wiederanlageprämisse**).

In der dynamischen Rechnung lässt sich auf Basis des internen Zinsfußes die **durchschnittliche Kreditlaufzeit** als so genannte MACAULAY Duration ermitteln. Danach errechnet sich die durchschnittliche Kreditlaufzeit als gewichteter Durchschnitt der Zahlungszeitpunkte. Als Gewichtungsfaktoren dienen die mit dem Effektivzins diskontierten Kapitaldienstleistungen des jeweiligen Zahlungszeitpunktes bezogen auf die Barwertsumme der Kapitaldienstleistun-

542   Sechstes Kapitel: Betriebliche Finanzprozesse

gen (= effektiver Finanzierungsbetrag). Die Formel zur Berechnung der Duration lautet wie folgt:

$$D = \frac{\sum_{t=1}^{n} t \cdot K_t \cdot (1 + i_{IZM})^{-t}}{F_0} \qquad [6.3 - 13]$$

Ihre besondere Bedeutung hat die Duration im Zusammenhang mit der Quantifizierung von **Zinsänderungsrisiken** bei festverzinslichen Wertpapieren. Teilt man die MACAULAY Duration durch $(1 + i_{IZM})$, so erhält man die so genannte „Modified Duration" als Sensitivitätsmaß für Barwert- bzw. Kursänderungen. Die relative Barwert- bzw. Kursänderung ergibt sich als die mit der „Modified Duration" multiplizierte unterstellte Änderung des Marktzinsniveaus. Die Duration ist zu der Gesamtlaufzeit eines Wertpapiers umso höher, je niedriger der Nominalzins und die Rendite sind und je später die Tilgung einsetzt, worin dann auch das größere Zinsänderungsrisiko begründet ist.

Von Interesse für die **Beurteilung der Aussagefähigkeit der statischen und der dynamischen Rechenmethode** ist, ob und wie sich der Effektivzins in Abhängigkeit von Tilgungsmodalitäten und Disagiovereinbarungen verändert, und worin die Unterschiede zwischen beiden Rechnungen begründet sind.

Abb. 6.3 - 19 zeigt die statischen und dynamischen Resultate einer Beispielrechnung mit $i_N = 8\,\%$ und $n = 10$ Jahre, wobei zur Vereinfachung angenommen ist, dass weder einmalige noch laufende Nebenkosten ($k_e = 0\,\%$ und $k_l = 0\,\%$) zu berücksichtigen sind.

Tilgungs-formen	n_F	Disagio $d = 0\,\%$ $i_{SR} =$ $i_{IZM} =$ i_N	durch-schnittliche Kreditlaufzeit $\varnothing n$	Disagio $d = 5\,\%$ statischer Effektivzins i_{SR}	MACAULEY Duration	Disagio $d = 5\,\%$ dynamischer interner Zinsfuß i_{IZM}
endfällig	9		10,0	8,947 %	7,17	8,771 %
Raten-tilgung mit Frei-jahren	8		9,5	8,975 %	6,93	8,799 %
	7		9,0	9,006 %	6,67	8,830 %
	6		8,5	9,040 %	6,39	8,866 %
	5	8 %	8,0	9,079 %	6,10	8,907 %
	4		7,5	9,123 %	5,80	8,955 %
	3		7,0	9,173 %	5,47	9,012 %
	2		6,5	9,231 %	5,12	9,080 %
	1		6,0	9,298 %	4,75	9,163 %
	0		5,5	9,378 %	4,35	9,267 %

Abb. 6.3 - 19   Entwicklung des statischen Effektivzinses und des internen Zinsfußes bei variierender Tilgungsmodalität mit und ohne Disagio

Es zeigt sich, dass die Tilgungsmodalitäten **ohne Berücksichtigung eines Disagios** keinen Einfluss auf den Effektivzins haben. Dieses Ergebnis hat für das statische Verfahren seine Ursache darin, dass hier die individuelle zeitliche Struktur des Zahlungsstroms vernachlässigt

6.3 Finanzierung und Finanzierungsrechnungen 543

wird und auch keine konkreten Annahmen über die Nachfinanzierungskosten der einzelnen Tilgungsbeträge gesetzt werden. In der dynamischen Rechnung ist die Unabhängigkeit des Effektivzinses von den Tilgungsmodalitäten damit zu begründen, dass mit der Verwendung der Internen Zinsfußmethode implizit stets die Prämisse einer (Nach-)Finanzierung der Tilgungsbeträge bzw. einer Anlage aufgeschobener Tilgungsbeträge zu eben diesem Internen Zinsfuß verknüpft ist (vgl. S. 415).

Dagegen ändern sich die Effektivzinssätze bei alternativen Tilgungsmodalitäten durch die Variation der Freijahre, wenn **eine Disagiovereinbarung existiert**. Diese Veränderung hängt in beiden Rechnungen mit der Veränderung der durchschnittlichen Kreditlaufzeit zusammen. Bei kürzeren durchschnittlichen Kreditlaufzeiten muss das Disagio entsprechend früher mit den Tilgungen „gezahlt" werden.

In der **statischen Rechnung** erfolgt die Verteilung des Disagios – dem Wesen der statischen Verfahren entsprechend – gleichmäßig auf die durchschnittliche Kreditlaufzeit, was gegenüber der „tatsächlich" erfolgenden annuitätischen Disagiotilgung zu Abweichungen des statisch ermittelten Effektivzinses vom „tatsächlichen" Effektivzins führen muss. Dass diese Verzerrungen mit steigenden Disagiosätzen zunehmen und bei langen Laufzeiten sowie mit konstanten Tilgungsbeträgen extreme Werte annehmen werden, liegt auf der Hand und lässt Zweifel hinsichtlich der Richtigkeit des Verfahrens bei Disagiovereinbarungen aufkommen.

In der **dynamischen Rechnung** ist mit dcr Verkürzung der Freijahre ebenfalls eine Steigerung des Effektivzinssatzes verbunden. Dabei sind aufgrund der impliziten Wiederanlage- bzw. Nachfinanzierungsprämisse der Internen Zinsfußmethode zwei Komponenten zu unterscheiden, nämlich

- eine durch die Verkürzung der durchschnittlichen Kreditlaufzeit verursachte höhere Belastung pro Periode durch das Disagio und
- eine höhere Belastung durch die mit der Erhöhung des Internen Zinsfußes verbundene fiktive Verteuerung der Nachfinanzierung bzw. Wiederanlage von Mitteln zu eben diesem erhöhten Effektivzins.

Nur die erste Komponente stellt die tatsächlichen Erfolgswirkungen einer Tilgungsvariation dar, während die zweite Komponente zu einer systematischen Verzerrung in der Abbildung des Effekts durch den internen Zinsfuß führt. Daher beeinträchtigt die Interne Zinsfußmethode durch ihre spezielle Nachfinanzierungs- bzw. Wiederanlageprämisse auch allgemein die Vergleichbarkeit von Finanzierungsangeboten mit alternativen Tilgungsmodalitäten.

Zu (1c)   Dynamische Reale Zinsfußmethode:

Die genannten impliziten Wiederanlage- bzw. Nachfinanzierungsprämissen bei der Internen Zinsfußmethode schränken offensichtlich deren praktische Verwendbarkeit erheblich ein. Speziell hier setzt nun die Reale Zinsfußmethode an. Sie unterscheidet sich von der Internen Zinsfußmethode inhaltlich vor allem dadurch, dass sie unterstellt, alle zwischenzeitlichen Zahlungsverpflichtungen, die bei einem Finanzierungskostenvergleich zu berücksichtigen sind, könnten zu einem bekannten Zinssatz h nachfinanziert werden. Dieser Zinssatz h sollte – im Gegensatz zur Prämisse der Internen Zinsfußmethode – die **real existierenden Nachfinanzierungsmöglichkeiten** abbilden. Um den Effektivzins nun bestimmen zu können, erfolgt bei der Realen Zinsfußmethode zunächst eine Aufzinsung des Kapitaldienstes K_t mit dem Zinssatz h bis zum Ende der Laufzeit des Kredits. Anschließend wird der Zinssatz gesucht,

544   Sechstes Kapitel: Betriebliche Finanzprozesse

bei dem der Barwert der Summe der mit h aufgezinsten Kapitaldienstleistungen dem effektiven Finanzierungsbetrag entspricht. Für die Reale Zinsfußmethode gilt entsprechend folgende **Formel**:

$$i_{RZM} = \sqrt[n]{\frac{\sum_{t=1}^{n} K_t (1+h)^{n-t}}{F_0}} - 1 \qquad\qquad [6.3 - 14]$$

mit: F_0 = (Netto-)Finanzierungsbetrag
        K_t = Kapitaldienst in der Periode t (geht mit positivem Vorzeichen in die Formel ein)
        n = Finanzierungslaufzeit
        i_{RZM} = realer Zinsfuß (Effektivkostensatz)
        h = (Wiederanlage- respektive) Nachfinanzierungssatz

Der reale Zinsfuß repräsentiert den Effektivzins der Finanzierung unter der Voraussetzung, dass die Zins- und Tilgungsleistungen zu dem bekannten Zins h (nach-)finanziert werden können. Die Methode selbst stellt eine **konsequente Verallgemeinerung der Internen Zinsfußmethode** dar. Sie geht in diese über, wenn $i_{RZM} = h$ gesetzt wird. Der Vorteil der Realen Zinsfußmethode besteht zum einen darin, dass die implizite Verzinsungsprämisse der Internen Zinsfußmethode durch eine explizite, den tatsächlichen Gegebenheiten entsprechende Verzinsungsprämisse für die Nachfinanzierung des Kapitaldienstes ersetzt wird. Zum anderen ist im Gegensatz zur Internen Zinsfußmethode eine Auflösung der Formel [6.3 - 14] und damit eine direkte Berechnung des realen Zinsfußes einfach möglich.

Das **Zahlenbeispiel** von Abb. 6.3 - 19 wird im Folgenden um die Ergebnisse der Realen Zinsfußmethode bei alternativen Tilgungsmodalitäten und Disagiovereinbarungen ergänzt. Abb. 6.3 - 20 zeigt die entsprechenden Resultate bei alternativen Konstellationen für den Wiederanlage- bzw. Nachfinanzierungszins h.

Tilgungs-formen	n_F	Disagio d = 0 %		Disagio d = 5 %		
		realer Zinsfuß i_{RZM} (h = 6 %)	realer Zinsfuß i_{RZM} (h = 10 %)	realer Zinsfuß i_{RZM} (h = 8,771 %)	interner Zinsfuß i_{IZM}	statischer Effektivzins i_{SR}
endfällig	9	7,466 %	8,567 %	8,771 %	8,771 %	8,947 %
Raten-tilgung mit Freijahren	8	7,413 %	8,615 %	8,790 %	8,799 %	8,975 %
	7	7,359 %	8,665 %	8,810 %	8,830 %	9,006 %
	6	7,301 %	8,719 %	8,832 %	8,866 %	9,040 %
	5	7,241 %	8,776 %	8,854 %	8,907 %	9,079 %
	4	7,179 %	8,837 %	8,878 %	8,955 %	9,123 %
	3	7,113 %	8,901 %	8,903 %	9,012 %	9,173 %
	2	7,045 %	8,970 %	8,930 %	9,080 %	9,231 %
	1	6,973 %	9,043 %	8,958 %	9,163 %	9,298 %
	0	6,898 %	9,121 %	8,988 %	9,267 %	9,378 %

Abb. 6.3 - 20   Entwicklung des realen Zinsfußes bei variierender Tilgungsmodalität mit und ohne Disagio sowie alternativen Nachfinanzierungszinssätzen im Vergleich zum internen Zinsfuß und zum statischen Effektivzins

6.3 Finanzierung und Finanzierungsrechnungen 545

Im **Vergleich der errechneten Ergebnisse** ist Folgendes festzuhalten:

- Im Gegensatz zur statischen Effektivzinsrechnung und der Internen Zinsfußmethode ergeben sich bei der Realen Zinsfußmethode bei verschiedenen Tilgungsmodalitäten auch dann unterschiedliche Effektivzinssätze, wenn **kein Disagio** vorliegt (sofern eine vom Internen Zinsfuß abweichende Refinanzierungsprämisse unterstellt wird). Dabei sinkt der Effektivzins erwartungsgemäß mit steigender Tilgungsgeschwindigkeit (sinkender durchschnittlicher Kreditlaufzeit), wenn die Kosten der Tilgungsfinanzierung unter dem kontrahierten Nominalzins liegen. Entsprechend gegenläufig ist die Entwicklung des Effektivzinses, wenn die Kosten der Tilgungsfinanzierung höher sind als der Nominalzins. In einem solchen Fall sind Finanzierungsalternativen mit möglichst langsamer Tilgung kostenmäßig bevorzugt.

- Bei **Einbezug eines Disagios** ermöglicht die Reale Zinsfußmethode eine Trennung des Kosteneffekts, der bei Variation der Tilgungsmodalitäten durch die Veränderung der durchschnittlichen Kreditlaufzeit entsteht, von jenem Effekt, der sich aus dem Refinanzierungszins für den Effektivzins ergibt. Von der Steigerung des Internen Zinsfußes von 8,771 % auf 9,267 % bei Übergang von der endfälligen Tilgung auf die Tilgung in gleichen Raten ohne Freijahre sind nur 8,988 % – 8,771 % = 0,217 % durch den erstgenannten Kosteneffekt verursacht, was einem Anteil von 44 % entspricht. 56 % dieser Steigerung (9,267 % – 8,988 % = 0,279 %) sind eine Folge der gleichzeitigen Variation der Refinanzierungsprämisse und stellen damit den **systematischen Fehler der Internen Zinsfußmethode** dar.

- Der Vergleich der statischen Effektivzinssätze zeigt deutlich den – die Interne Zinsfußmethode noch überzeichnenden – Charakter der traditionellen statischen Rechenmethode. Hier ist allerdings die unterschiedliche Art und Weise der angenommenen Tilgung des Disagios von Einfluss: Während bei der statischen Methode das Disagio gleichmäßig getilgt wird, liegt bei der Internen Zinsfußmethode das Zeitzentrum der Disagiotilgung weiter am Ende der Kreditlaufzeit.

Graphisch lässt sich der von der Realen Zinsfußmethode konstatierte Zusammenhang zwischen i_{RZM} und h in Form einer „**Rentabilitätsfunktion**" (MAIR 1972) darstellen. Diese zeichnet sich durch einen nahezu linearen Verlauf aus (vgl. Abb. 6.3 - 21). Im Schnittpunkt der Rentabilitätsfunktion mit der 45 Grad-Linie entsprechen sich realer Zins und Refinanzierungszins. Damit ist gleichzeitig der Interne Zinsfuß bestimmt. Für die Berechnung des Ordinatenabschnitts gilt Folgendes:

$$i_{RZM} = \sqrt[n]{\frac{\sum_{t=1}^{n} K_t}{F_0}} - 1 \qquad \text{wenn } h = 0 \qquad\qquad [6.3 - 15]$$

Die Lage der Rentabilitätsfunktion wird in erster Linie durch die Kosten der Finanzierung bestimmt. Mit steigendem Nominalzins und/oder Disagio verschiebt sich die Rentabilitätsfunktion nach oben. Sie wird in der Regel gleichzeitig auch (geringfügig) ihre Steigung verändern, weil sich die zeitliche Struktur (das Zeitzentrum) des Zahlungsstroms durch eine Zins- bzw. Disagioveränderung gleichzeitig verschieben wird. Von herausragender Bedeutung für solche zeitlichen Strukturverschiebungen sind aber naturgemäß die zugrunde liegenden Tilgungsmodalitäten. Hier gilt der Grundsatz, dass die Rentabilitätsfunktion umso steiler (flacher) verläuft, je schneller (langsamer) getilgt wird. Im Extremfall eines reinen Diskontpapiers mit endfälliger Zins- und Tilgungsleistung verläuft die Rentabilitätsfunktion infolgedessen parallel zur Abszisse.

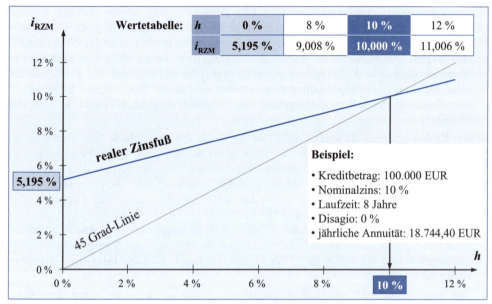

Abb. 6.3 - 21   „Rentabilitätsfunktion" für den realen Zinsfuß

Hinsichtlich der Realen Zinsfußmethode (die den Spezialfall Interne Zinsfußmethode mit einschließt) können noch gewisse Erweiterungen die praktische Anwendbarkeit dieses Verfahrens erhöhen. In erster Linie sind die Verwendung mehrerer, differierender Refinanzierungszinssätze h_t für die verschiedenen Perioden zu nennen (die z.B. die voraussichtliche, zukünftige Entwicklung des Marktzinses widerspiegeln mögen). Formel [6.3 - 14] geht damit in die folgende Formel über:

$$i_{RZM} = \sqrt[n]{\frac{\sum_{t=1}^{n} K_t (1+h_t)^{n-t}}{F_0}} - 1 \qquad [6.3 - 16]$$

Zu (2)   Besonderheiten der Internen Zinsfußmethode bei unterjährigen Zahlungen:

Bisher ist stets von dem Sonderfall jährlich nachschüssiger Zins und/oder Tilgungsleistungen ausgegangen worden. Diese Annahme wird nun aufgehoben, und es werden – wie in der Praxis der Kreditfinanzierung üblich – auch der Fall unterjähriger Zahlungen sowie „gebrochene", also nicht ganzjährige Laufzeiten zugelassen. Wie dies im Rahmen der nationalen und internationalen Konventionen üblich ist, wird auf das **Verfahren der Internen Zinsfußmethode** zurückgegriffen.

6.3 Finanzierung und Finanzierungsrechnungen 547

Zunächst werden die

(2a) Unterschiede zwischen linearer, exponentieller und stetiger Verzinsung

erklärt.

Um dann die Besonderheiten der Internen Zinsfußmethode bei unterjährigen Zahlungen aufzuzeigen, wird vereinfachend unterstellt, dass

(2b) die unterjährigen Zahlungen in gleichmäßigen Zeitabständen und „glatte"
Laufzeiten in Jahren

vorliegen.

Abschließend wird auf die Konventionen zur Zählung der Zinstage eingegangen, um auch

(2c) unterjährige Zahlungen in ungleichmäßigen Zeitabständen und
„gebrochene" Laufzeiten

in der Effektivzinsberechnung nach der Internen Zinsfußmethode zu erfassen.

Zu (2a) Unterschiede zwischen linearer, exponentieller und stetiger Verzinsung:

Im Falle von jährlichen Zinszahlungen werden diese berechnet, indem der Nominalzins auf
den Nominalwert bezogen wird. Sofern die Zinszahlungen unterjährig erfolgen, werden die
Jahreszinsen gemäß den Usancen im Finanzwesen durch die Anzahl der Zinszahlungstermine
geteilt, um auf die periodischen Zinszahlungen zu kommen. Der Nominalzinssatz wird also
linear auf das Jahr verteilt. Unterstellt man, dass die unterjährigen Zinszahlungen zu eben diesem **linearen Zinssatz** wieder angelegt werden können, ergibt sich ein Endvermögen, das den
Zinseszinseffekt aus der unterjährigen Zinskapitalisierung beinhaltet.

Ausgehend vom Fall der jährlichen Zinskapitalisierung zeigen die folgenden Zeilen in Abb.
6.3 - 22 für einen Nominalzins p.a. von $i_N = 8\%$ den Effekt auf den Endwert (*Future Value*)
K_n einer anfänglichen Zahlung F_0 von 100 GE nach einem Jahr ($n = 1$), wenn unter Ansatz
des linearen Zinssatzes mit Zins- und Zinseszinsen gerechnet wird.

Für den Fall der vierteljährlichen Zinskapitalisierung ergibt sich der Endwert nach einem Jahr
in Höhe von 108,24333 GE bei einem auf ein Vierteljahr bezogenen, anteiligen nominalen
Zinssatz von 2 % [= 8 % / 4] wie folgt:

$$100 \cdot (1+2\%) \cdot (1+2\%) \cdot (1+2\%) \cdot (1+2\%)$$

$$= \quad 100 \cdot (1+2\%)^4 \quad = \quad 108{,}24322 \text{ GE}$$

Je häufiger die Zinskapitalisierung während der betrachteten Zeitdauer durchgeführt wird,
desto stärker ist der Zinseszinseffekt, der im entsprechend erhöhten Endwert zum Ausdruck
kommt. Formal stellen sich die Zusammenhänge wie folgt dar: Bei m Zinskapitalisierungszeitpunkten ergibt sich für eine Zahlung F_0 in $t = 0$ bei einem jährlichen Nominalzins in Höhe
von i_N der Endwert K_n nach n Jahren (in $t = n$) unter Berücksichtigung von Zinseszinsen wie
folgt:

548　　　　　　　　　　　　　　　　　　Sechstes Kapitel: Betriebliche Finanzprozesse

$$K_n = F_0 \cdot \left(1 + \frac{i_N}{m}\right)^{m \cdot n} \qquad\qquad\qquad [6.3 - 17]$$

mit:　K_n　= Endwert der Zahlung nach n Jahren
　　　F_0　= anfängliche Zahlung in $t = 0$
　　　i_N　= Nominalzins p.a.
　　　m　= Zahlungszeitpunkte pro Jahr

Zins-kapitalisierung	anfängliche Zahlung in $t = 0$ F_0 (in GE)	Anzahl Zins-kapitalisierungs-zeitpunkte pro Jahr m	Endwert der Zahlung nach 1 Jahr ($n = 1$) K_1	jährlicher Effektivzins i_{IZM}
jährlich	100	1	108,00000	8,00000 %
halbjährlich	100	2	108,16000	8,16000 %
vierteljährlich	100	4	108,24322	8,24322 %
täglich	100	12	108,29995	8,29995 %
unendlich	100	∞	108,32871	8,32871 %

Abb. 6.3 - 22　　　Zinseszinsrechnung in Abhängigkeit von der Anzahl unterjähriger Zinskapitalisierungen

Für den Fall der Zinskapitalisierung in unendlich kleinen Zeitabständen strebt m gegen unendlich und es resultiert folgende Formel für die Bestimmung des Endwerts K_n bei **stetiger Verzinsung**:

$$K_n = F_0 \cdot \left(1 + \frac{i_N}{m}\right)^{m \cdot n} \text{ geht für m} \to \infty \text{ über in: } K_n = F_0 \cdot e^{i_N \cdot n} \qquad [6.3 - 18]$$

mit:　$\lim\limits_{m \to \infty} = \left(1 + \frac{1}{m}\right)^m = e = 2{,}718281828$　(Eulersche Zahl)

Der stärkere Zinseszinseffekt, der aus der zunehmenden Anzahl der Zinskapitalisierungstermine resultiert, zeigt sich auch in dem internen Zinsfuß, der in der letzten Spalte von Abb. 6.3 - 22 angegeben ist. Der interne Zinsfuß i_{IZM} ist der Zinssatz, mit dem der Endwert über die Laufzeit diskontiert wird, um auf die anfängliche Zahlung zu kommen. Er berechnet sich wie folgt:

$$i_{IZM} = \left(\frac{K_n}{F_0}\right)^{\frac{1}{n}} - 1 = \left(1 + \frac{i_N}{m}\right)^m - 1 \qquad\qquad [6.3 - 19]$$

Wenn also mit einem bestimmten Nominalzins die Zinseszinsrechnung mit dem zeitanteiligen linearen Zinssatz vorgenommen wird, ist der Effektivzins von der Anzahl der Kapitalisierungstermine abhängig.

Beim internen Zinssatz handelt es sich um einen **exponentiellen Zinssatz**, bei dem die tägliche Zinskapitalisierung unterstellt wird. Dies wird deutlich, wenn man den Zins- und Tilgungsplan aufstellt. Abb. 6.3 - 23 zeigt diesen für den Fall, dass sich aufgrund der vierteljährlichen Zinseszinsrechnung mit dem Nominalzins von 8 % p.a. die anfängliche Zahlung von 100 GE bis zu einem Betrag von 108,24322 GE nach einem Jahr aufzinst. Allerdings würde die Darstellung gesprengt, wenn wirklich die tägliche Verzinsung und die darauf folgende tägliche Erhöhung der Kapitalbasis aufgeführt würden. Von daher erfolgt vereinfachend die Darstellung der vierteljährlichen Kapitalisierung mithilfe des internen Zinssatzes von 8,24322 %. Am Ende geht der Zins- und Tilgungsplan auf, indem sich die zukünftige Zahlung von 108,24322 GE in eine effektive Zinszahlung von 2,12242 GE und den effektiven Tilgungsbetrag von 106,12080 GE aufteilt.

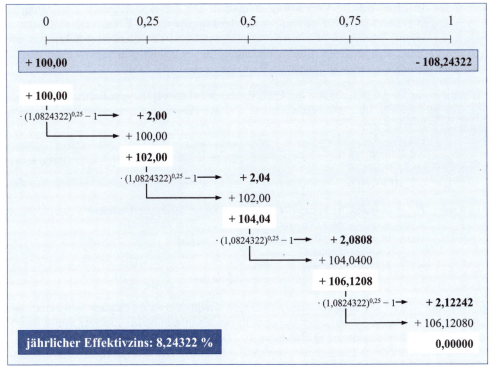

Abb. 6.3 - 23   Anwendung des internen Zinsfußes als exponentieller Zinssatz im Zins- und Tilgungsplan bei vierteljährlicher Zinskapitalisierung

In Abgrenzung zum linearen Zinssatz und zum exponentiellen Zinssatz ist schließlich noch der **stetige Zinssatz** i_S zu erklären. Dieser resultiert aus der Überlegung, dass für die Zeit zwischen zwei Zahlungszeitpunkten mit gegebenen Zahlungsströmen die Zinseszinsrechnung in unendlich kleinen Schritten unterstellt wird.

Für den Zusammenhang zwischen linearem Zinssatz (Nominalzins) i_N, exponentiellem Zinssatz (internem Zinsfuß) i_{IZM} und stetigem Zinssatz i_S gilt für die Verzinsung einer Zahlung über den Zeitraum t (in Jahren) Folgendes:

$$1 + t \cdot i_N = (1 + i_{IZM})^t = e^{t \cdot i_S} \qquad [6.3 - 20]$$

Nimmt man beispielsweise eine anfängliche Zahlung von 100 GE an und bestimmt bei einem Nominalzins von 8 % p.a. die Zahlung nach einem Vierteljahr (t = 0,25) in Höhe von 102 GE

550   Sechstes Kapitel: Betriebliche Finanzprozesse

[$= 100 \cdot (1 + 8\,\% / 4)$], so gilt ein Effektivzins i_{IZM} von 8,24322 % p.a. Der stetige Zinssatz i_S beläuft sich dann auf 7,92105 % p.a.

Zu (2b)   Unterjährige Zahlungen in gleichmäßigen Zeitabständen und „glatte" Laufzeiten in Jahren:

Nach diesen Vorüberlegungen zur Zinseszinsrechnung und zur Zinskapitalisierung soll nun die Effektivzinsberechnung mithilfe der Internen Zinsfußmethode bei unterjährigen Zahlungen dargestellt werden. In den diesbezüglichen Varianten der Effektivzinsrechnung wird üblicherweise die **exponentielle Verzinsung** unterstellt. Mit der exponentiellen Verzinsung im unterjährigen Bereich wird die zentrale **Anforderung**, die an ein Effektivzinsverfahren zu stellen ist, erfüllt: Wenn zwei Finanzierungszahlungsströme den gleichen Effektivzins aufweisen, so muss sich auch bei Zusammenfassung dieser Zahlungsströme (zeitlich parallel oder auch zeitlich versetzt) der gleiche Effektivzins ergeben.

Allgemein gilt für die Berechnung des **Effektivzinses bei unterjährigen Zahlungsterminen**, die sich gleichmäßig über das Jahr verteilen, und bei exponentieller unterjähriger Zinsrechnung die folgende Formel:

$$F_0 \;=\; \sum_{t=1}^{n \cdot m} \frac{K_t}{\left(1 + i_{IZM}\right)^{\frac{t}{m}}} \qquad\qquad\qquad [6.3\text{-}21]$$

mit: F_0 = ausgezahlter Betrag (Kredit) bzw. aktueller Marktwert (Anleihe)
        K_t = Kapitaldienst (Zins- und Tilgungsleistung) im Zeitpunkt t
        i_{IZM} = interner Zinsfuß
        n = Laufzeit in Jahren
        m = Zahlungszeitpunkte pro Jahr
        t = Laufindex für die periodischen Zahlungen

In Abb. 6.3 - 24 ist das **Beispiel** eines endfälligen Kredits über eine Laufzeit von einem Jahr mit vierteljährlichen Zinszahlungen dargestellt, der einen nominalen Zinssatz von 8 % p.a. und einen Rückzahlungsbetrag in Höhe von 100 GE aufweist. Des Weiteren wird unterstellt, dass im Zeitpunkt t = 0 100 GE zur Auszahlung kommen. Die unterjährigen Zinszahlungen ergeben sich, indem der anteilige Nominalzins auf den Nominalbetrag (= Rückzahlungsbetrag am Ende der Laufzeit) bezogen wird, sodass für das Beispiel in die Formulierung des Zahlungsstroms vierteljährliche Zinszahlungen in Höhe von 2 GE [$= 100 \cdot 8\,\% / 4$] eingehen. Derselbe Zahlungsstrom würde sich auch für eine Anleihe mit vierteljährlichen Zinszahlungen ergeben, die eine (Rest-)Laufzeit von einem Jahr, einen Nominalwert von 100 GE und einen aktuellen Marktwert in Höhe von 100 GE aufweist.

Unter Anwendung von Gleichung [6.3 - 21]

$$100 \;=\; \frac{2}{\left(1 + i_{IZM}\right)^{0,25}} + \frac{2}{\left(1 + i_{IZM}\right)^{0,5}} + \frac{2}{\left(1 + i_{IZM}\right)^{0,75}} + \frac{102}{\left(1 + i_{IZM}\right)^{1}}$$

ergibt sich als jährlicher Effektivzins i_{IZM} = 8,24322 %.

In Abb. 6.3 - 24 ist der stufenweise Zins- und Tilgungsplan, der sich aus der Anwendung des Effektivzinses ergibt, dargestellt. Dabei ist wiederum die tägliche Zinseszinsrechnung unterstellt, obwohl diese –aus Darstellungsgründen – nicht explizit aufgeführt ist. Stattdessen ist

6.3 Finanzierung und Finanzierungsrechnungen

die verkürzte Darstellung der exponentiellen Zinseszinsrechnung für jeweils ein Vierteljahr vermerkt. In den Zeitpunkten der Zinszahlungen erfolgt eine Verrechnung, durch welche der Bestand des in der Finanzierung gebundenen Kapitals vermindert wird. Der Zins- und Tilgungsplan geht am Ende der Laufzeit wiederum auf.

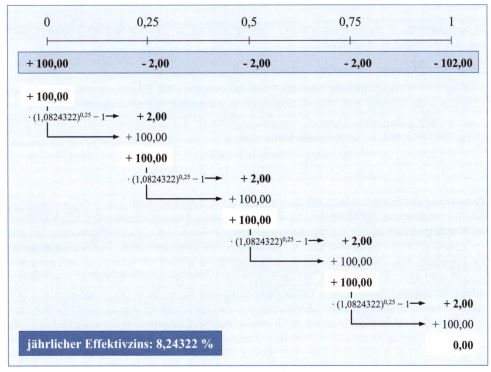

Abb. 6.3 - 24   Stufenweiser Zins- und Tilgungsplan für einen endfälligen Kredit (bzw. Anleihe) mit vierteljährlichen Zinszahlungen und einer (Rest-)Laufzeit von einem Jahr

Vergleicht man Abb. 6.3 - 23 und Abb. 6.3 - 24 miteinander, wird unmittelbar deutlich, dass auch bei der Internen Zinsfußberechnung für Finanzierungen eine implizite Prämisse – hier Nachfinanzierungsprämisse genannt – enthalten ist. Die bei dem endfälligen Kredit erforderlichen periodischen Zinszahlungen (vgl. Abb. 6.3 - 24) werden quasi zu eben dem berechneten Effektivzins (vgl. Abb. 6.3 - 23) nachfinanziert.

Zu (2c)   Unterjährige Zahlungen in ungleichmäßigen Zeitabständen und „gebrochene" Laufzeiten:

Im Abschnitt zuvor wurde angenommen, dass die unterjährigen Zahlungen in gleichmäßigen Abständen erfolgen. Diese Annahme wird nun aufgehoben, weshalb auf die Konventionen zur **Zählung der Zinstage** einzugehen ist. Wie dort dargestellt wurde, wird bei der exponentiellen Verzinsung im unterjährigen Bereich mit Bruchteilen des Jahres gerechnet. Wenn es nun auf die Tage zwischen zwei Zahlungszeitpunkten ankommt, wird durch Usancen an den Kapitalmärkten einerseits festgelegt, mit wie viel Tagen für das Jahr gerechnet wird: vereinfachend mit 360, stets mit 365, oder mit der wirklichen Anzahl von Tagen („actual" genannt), d.h. in

552 Sechstes Kapitel: Betriebliche Finanzprozesse

Schaltjahren mit 366 Tagen und sonst mit 365 Tagen. Andererseits wird durch die entsprechenden Konventionen bestimmt, wie die Tage selbst zwischen den Zahlungszeitpunkten gezählt werden. Hier existieren die Möglichkeiten, dass volle Monate vereinfachend mit 30 Tagen, mit einem Zwölftel von 365 Tagen oder aber mit den tatsächlichen Kalendertagen (ebenfalls „actual" genannt) angesetzt werden. Angehängt wird die tatsächliche Anzahl der Tage, die über den vollen Monat hinausgehen.

In der Kombination dieser Varianten der Zinstagezählung für das Jahr und den Monat ergeben sich die folgenden **Konventionen**:

- 30/360 („Deutsche Usance"),
- 30,42/365 („standardisierte Methode" für die Angabe von Effektivzinsen im Kreditgeschäft in der Europäischen Union, umgesetzt in der deutschen Preisangabenverordnung),
- actual/365 („Englische Usance", alternative Methode für die Angabe von Effektivzinsen im Kreditgeschäft in der Europäischen Union),
- actual/360 („Französische Usance"/Eurozinsmethode),
- actual/actual („Amerikanische Usance", angewendet für US-Treasury Bonds).

Zielsetzung der Konventionen ist die Festlegung einer einheitlichen Vorgehensweise in der Effektivzinsberechnung bezüglich der Zinstagezählung. Für die Angabe des **Effektivzinses im Kreditgeschäft in der Europäischen Union** werden gemäß den Bestimmungen der entsprechenden EU-Richtlinie für ein Jahr einheitlich 365 Tage unterstellt. Für die Tagezählung der einzelnen Teilperioden erhalten die Mitgliedsländer jedoch ein Wahlrecht: Bei der ersten Option wird auf unterschiedliche Monatslängen Rücksicht genommen und somit taggenau gezählt („Englische Usance"). Die zweite Möglichkeit ist die so genannte „standardisierte Methode": Dabei wird mit gleichen Monatslängen – also mit 30,41667 Tagen (= 365 Tage / 12) – kalkuliert. Deutschland hat sich bei der Revision der **Preisangabenverordnung** (PAngV) für die „standardisierte Methode" entschieden. Zudem wird dort auch festgelegt, welche Kostenbestandteile eines Kredits in einem „effektiven Jahreszins" (bei Festzinskrediten) bzw. „anfänglichen effektiven Jahreszins" (bei variabel verzinslichen Krediten) zu berücksichtigen sind, und in welcher Weise dies geschehen soll.

Das folgende **Beispiel** für einen Kredit unterstellt vereinfachend die deutsche Usance 30/360 bzw. die „standardisierte Methode" gemäß PAngV 30,42/365, wobei die Zahlungen zu vollen Monaten erfolgen, sodass die Problematik der Zinstagezählung für über den vollen Monat hinausgehende Perioden ausgeklammert bleibt. Zugrunde gelegt wird der Darstellung das Beispiel eines Kredits mit einer gebrochenen Laufzeit zu den folgenden Konditionen:

- Kreditbetrag: 2.000,00 EUR
- Disagio: 10 % (Auszahlungsbetrag also 1.800,00 EUR)
- Auszahlungsdatum: 01.10.00
- Laufzeit: 1¼ Jahre
- Nominalzins: 5 %
- Tilgung: endfällig
- Zinszahlungen: zum Ende und zur Mitte des Kalenderjahres

Aufgrund dieser Modalitäten stellt sich der Zahlungsstrom des Kredits dar, wie in Abb. 6.3 - 25 abgebildet.

6.3 Finanzierung und Finanzierungsrechnungen

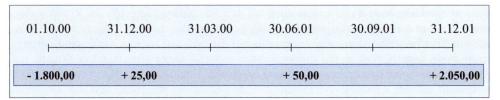

Abb. 6.3 - 25   Zahlungsstrom des Beispielkredits

Nach der gemäß PAngV vorgeschriebenen Vorgehensweise, die sich an der internationalen Methode (auch ISMA-(*International Securities Market Association*-) oder ICMA-(*International Capital Market Association*-)Verfahren genannt) orientiert, wird im unterjährigen Bereich – unabhängig von willkürlich festgelegten Zinsverrechnungszeitpunkten – mit exponentiellen Zinsen, also quasi täglich mit Zinseszinsen, kalkuliert. Die für einen Tag angefallenen Zinsen werden somit, ganz gleich ob eine Zahlung erfolgt oder nicht, täglich kapitalisiert und am nächsten Tag wieder mitverzinst. Die **Gleichung für die Effektivzinsberechnung** verdeutlicht diese Eigenschaft:

$$1.800 = \frac{25}{(1+i_{PAngV})^{\frac{91,25}{365}}} + \frac{50}{(1+i_{PAngV})^{\frac{273,75}{365}}} + \frac{2.050}{(1+i_{PAngV})^{\frac{456,25}{365}}}$$

→ i_{PAngV} = 14,5069 %

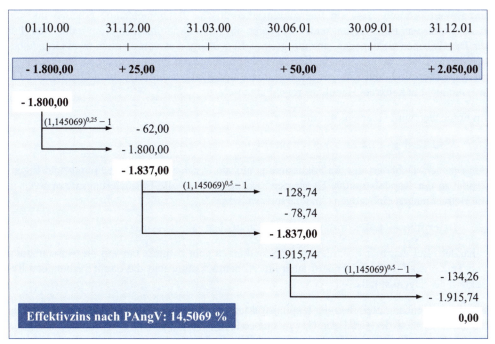

Abb. 6.3 - 26   Zins- und Tilgungsrechnung gemäß Effektivzins mit exponentieller Zinsverrechnung im unterjährigen Bereich (gemäß PAngV bzw. internationaler Methode)

554 Sechstes Kapitel: Betriebliche Finanzprozesse

Jede Rückzahlung wird direkt exponentiell auf den Auszahlungszeitpunkt des Kredites abgezinst. Insofern weist diese Ausgangsgleichung gegenüber den anderen Effektivzinsverfahren, die mit einer linearen Verzinsung im unterjährigen Bereich und anderen Zinskapitalisierungszeitpunkten arbeiten (vgl. hierzu HEIDORN 2000, S. 68ff.), formal die einfachste Struktur auf. Der sich aus dieser Bestimmungsgleichung ergebende Effektivzins in Höhe von 14,5069 % unterstellt mit der Annahme der exponentiellen Verzinsung praktisch, dass die Zinsschuld täglich dem Kapital zugeschlagen wird. Auf die Termine der Zinsverrechnung nehmen also weder irgendwelche willkürlichen Annahmen noch die Zahlungstermine Einfluss (vgl. Abb. 6.3 - 26).

Gebrochene Laufzeiten sind auch für die Berechnung von **Effektivzinsen bzw. Verfallrenditen von Anleihen** bedeutsam. Die gebrochene Laufzeit erstreckt sich vom aktuellen Betrachtungszeitraum bis zur ersten regulären Zins- bzw. Kupon-Zahlung. Zudem sind zum aktuellen Marktwert so genannte **Stückzinsen** hinzuzurechnen. Diese sind im Falle des Kaufs einer Anleihe an den Verkäufer zu zahlen, da letzterer die nächste Kupon-Zahlung vollumfänglich erhält. Mit den Stückzinsen wird die Teilperiode für den Verkäufer zinsmäßig abgegolten, während der er Eigentümer der Anleihe war. Sie werden berechnet, indem die jährlichen Nominalzinsen nach der Konvention der Zinstagezählung zeitanteilig auf die gebrochene Laufzeit verteilt werden.

6.3.2.3 Kapitalstrukturmodelle

Kapitalstrukturmodelle existieren in den **verschiedensten Varianten**. Generell erhalten sie ihren Wert dadurch, dass sie finanzierungstheoretische Zusammenhänge erhellen und die Komplexität von Finanzierungsentscheidungen auf ihren ökonomischen Kern reduzieren. Für die **Praxis** haben sie dagegen eine nur geringe Bedeutung, was vornehmlich zwei Gründe haben dürfte. Einerseits arbeiten die Kapitalstrukturmodelle mit Prämissen, die in der Realität so nicht gegeben sind, und andererseits sind ihre Empfehlungen teilweise nicht operational, d.h. sie sind nicht in konkrete Handlungsregeln umzusetzen.

Im Folgenden wird einerseits auf die

(1)   Modelle der optimalen Verschuldung

eingegangen. Dabei erfolgt die Fokussierung auf die Unterscheidung von Fremd- und Eigenkapital in der Kapitalstruktur. Es werden also keineswegs alle Finanzierungsalternativen in die Betrachtungen einbezogen. Andererseits werden

(2)   Determinanten der optimalen Selbstfinanzierung bzw. Ausschüttung

behandelt. Bei den hier diskutierten Fragestellungen geht es nicht nur um die Ausschüttung von Teilen des Gewinns, sondern auch um Aktienrückkäufe und die damit verbundene Reduktion des Eigenkapitals.

Ein Zusammenhang zwischen der Kapitalstrukturpolitik und der Ausschüttungspolitik besteht insofern, als dass der Grad der Gewinneinbehaltung die Eigenkapitalausstattung bestimmt. Bei kleinen und mittleren Unternehmen (KMU), die keinen Kapitalmarktzugang haben und deren Möglichkeiten der Außenfinanzierung beschränkt sind, sind Kapitalstruktur und Ausschüttungsvolumen – vor dem Hintergrund der Zielsetzung des Unternehmers bzw. der Gesellschafter – stets integriert zu betrachten. Zudem ist auch bei Publikumsgesellschaften im

6.3 Finanzierung und Finanzierungsrechnungen 555

Sinne der Interessen der Anteilseigner die Entscheidung darüber zu treffen, ob die angestrebte Zielkapitalstruktur durch einbehaltende Gewinne oder Kapitalerhöhungen über die Börse erreicht wird.

Zu (1)   Modelle der optimalen Verschuldung:

Die Ausführungen zu den Modellen bzw. Theorien der optimalen Verschuldung gehen zunächst von der These der Irrelevanz eines optimalen Verschuldungsgrads nach MODIGLIANI/MILLER aus. Die dabei unterstellten Annahmen, die extrem restriktiv und damit unrealistisch sind, werden anschließend gelockert, um realitätsnähere Aussagen zur optimalen Kapitalstruktur treffen zu können:

(1a)   These von der Irrelevanz der Kapitalstruktur nach MODIGLIANI/MILLER

(1b)   Optimale Verschuldung nach der Trade-off-Theorie

(1c)   Optimale Verschuldung bei Berücksichtigung von Agency-Kosten

(1d)   Implikationen der Pecking-Order-Theorie für die optimale Kapitalstruktur

Zu (1a)   These von der Irrelevanz der Kapitalstruktur nach MODIGLIANI/MILLER:

Ausgangspunkt der Überlegungen zur optimalen Verschuldung ist die These von der **Unabhängigkeit der (Gesamt-)Kapitalkosten vom Verschuldungsgrad**, die **von MODIGLIANI/MILLER** in ihrem viel zitierten Aufsatz von 1958 publiziert wurde (vgl. MODIGLIANI/MILLER 1958). Nach dieser Auffassung gibt es bei Orientierung an der Unternehmenswertmaximierung bzw. an der Gesamtkapitalkostenminimierung als Optimalitätskriterium keinen optimalen Verschuldungsgrad bzw. ist jeder beliebige Verschuldungsgrad optimal.

MODIGLIANI/MILLER gehen für den **Beweis ihrer These** u.a. von folgenden Prämissen aus:

- Die Kapitalgeber erwarten (einheitlich) bestimmte durchschnittliche Gewinne vor Abzug von Fremdkapitalzinsen bei den einzelnen Unternehmungen. Es bestehen folglich trotz Ungewissheit keine Erwartungsdifferenzen.

- Die Fremdkapitalkosten sind unabhängig vom Verschuldungsgrad und beinhalten keine Prämie für das Kreditrisiko. Es wird also der risikofreie Zinssatz als Fremdkapitalkostensatz angenommen.

- Die Unternehmungen lassen sich in homogene Risikoklassen einteilen. Innerhalb der einzelnen Risikoklassen besteht ein einheitliches Geschäftsrisiko bezüglich etwaiger Gewinnschwankungen im Zeitablauf.

- Die Anteile der Unternehmungen werden an der Börse unter den Bedingungen vollkommener Märkte gehandelt. Die Bedingungen des vollkommenen Kapitalmarkts lassen sich wie folgt beschreiben:

  - Der Kapitalmarkt ist friktionslos. Das bedeutet, dass es weder Transaktionskosten für Kauf und Verkauf der Unternehmensanteile noch Handels- oder Marktzutrittsbeschränkungen gibt, sodass auch Leerverkäufe möglich sind. Des Weiteren existieren keine Gewinnsteuern bzw. es wird angenommen, dass deren Wirkung neutral ist.

  - Am Kapitalmarkt herrscht vollständige Konkurrenz, d.h. keiner der Marktteilnehmer hat eine marktbeherrschende Stellung, sie sehen die Preise als gegeben an.

  - Die Marktteilnehmer verhalten sich rational, indem sie ihren Nutzen maximieren.

- Der Kapitalmarkt ist informationseffizient, es bestehen also zwischen den Marktteilnehmern – insbesondere zwischen Anlegern und Unternehmen – keine Informationsasymmetrien. Alle Marktteilnehmer verfügen gleichzeitig über die bewertungsrelevanten Informationen, die kostenlos zur Verfügung stehen.

Die Konsequenz daraus ist, dass für zwei Unternehmen der gleichen Risikoklasse, die beide unverschuldet sind, die durchschnittlichen Kapitalkosten (Renditeforderungen) gleich hoch sein müssen.

Die Gültigkeit ihrer These beweisen die Autoren mit der Überlegung, dass für zwei homogene Güter auf einem vollkommenen Kapitalmarkt auch stets gleiche Preise existieren müssen und auftretende Ungleichgewichte zu **Arbitrageprozessen** führen, die das Gleichgewicht wieder herstellen. Bevor dieser Beweis anhand eines Beispiels illustriert wird, muss zunächst auf das dem Beweis zugrunde liegende **Marktwert- bzw. Kapitalkostenkonzept** eingegangen werden, das kennzeichnend für die (angelsächsischen) Modelle der optimalen Verschuldung ist. Das Ziel „firmeneigener Vermögensmaximierung" gilt als realisiert, wenn der Marktwert der Unternehmung maximiert ist bzw. ihre Kapitalkosten minimiert sind. Dabei wird im **Grundmodell** unterstellt, dass

- die **Kapitalkosten** an den Renditeforderungen der (Eigen- und Fremd-)Kapitalgeber gemessen werden können, die ihrerseits sowohl von Opportunitätsgesichtspunkten bestimmt werden, als auch von den spezifischen Risiken abhängen, die mit der Kapitalhergabe verbunden sind.

- die Aktionäre ihre Renditeforderungen und -erwartungen an den **erwarteten Cashflows** orientieren, wobei vereinfachend für diese Gewinngrößen angesetzt werden.

- der **Marktwert** der Unternehmung sich aus der Kapitalisierung der durchschnittlich erwarteten Gewinne (vor Abzug der Fremdkapitalzinsen) mit dem durchschnittlichen Kapitalkostensatz ergibt.

Dementsprechend gelten folgende (durch Verwendung der Formel für die „ewige Rente" vereinfachte) Zusammenhänge:

$$\text{Marktwert des Fremdkapitals } FK_{MW} = \frac{\text{Fremdkapitalzinsaufwendungen}}{\text{Fremdkapitalkostensatz } k_{FK}} \qquad [6.3\text{-}22]$$

$$\text{Marktwert des Eigenkapitals } EK_{MW} = \frac{\text{erwarteter Gewinn}}{\text{Eigenkapitalkostensatz } k_{EK}} \qquad [6.3\text{-}23]$$

$$\text{durchschnittlicher Kapitalkostensatz } k_{GK} = k_{FK} \cdot FKQ + k_{EK} \cdot EKQ \qquad [6.3\text{-}24]$$

mit: FKQ = Anteil des Fremdkapitals am Gesamtkapital zu Marktwerten
EKQ = Anteil des Eigenkapitals am Gesamtkapital zu Marktwerten

$$\text{Marktwert der Unternehmung } W = \frac{\substack{\text{erwarteter Gewinn} \\ \text{(vor Fremdkapitalzinsaufwand)}}}{\text{durchschnittlicher Kapitalkostensatz } k_{GK}} \qquad [6.3\text{-}25]$$

Aus Formel [6.3-25] in Verbindung mit den Gleichungen [6.3-22] bis [6.3-24] ergibt sich, dass der Marktwert der Unternehmung bei gegebenem Gewinn vor Fremdkapitalzinsen durch eine Veränderung der Verschuldung nur dann beeinflusst werden kann, wenn sich die durch-

6.3 Finanzierung und Finanzierungsrechnungen   557

schnittlichen Kapitalkosten verändern. Das bedeutet, dass mit einer Minimierung der Kapitalkosten die Maximierung des Unternehmenswerts einherginge.

Auf Basis dieser grundsätzlichen Überlegungen zum **Marktwert- bzw. Kapitalkostenkonzept** lässt sich nun anhand eines Beispiels der auf Arbitrage-Überlegungen basierende Beweis
von der Irrelevanz der Kapitalstruktur nach MODIGLIANI/MILLER aufzeigen (vgl. Abb. 6.3 -
27). Betrachtet werden zwei Unternehmen mit gleichem Gesamtkapital, gleicher Gesamtkapitalrentabilität, gleichen Fremdkapitalkosten und anfangs auch gleichen Eigenkapitalkosten.
Unterschiede bestehen lediglich in der Tatsache, dass Unternehmen I unverschuldet ist, während Unternehmen II einen Fremdkapitalanteil (zu Buchwerten) von 30 % aufweist.

	Unternehmung I	Unternehmung II (vor Arbitrage-prozess)	Unternehmung II (nach Arbitrage-prozess)
Gesamtkapital (Buchwert) GK_{BW}	100.000	100.000	100.000
Eigenkapital (Buchwert) EK_{BW}	100.000	70.000	70.000
Fremdkapital (Buchwert) FK_{BW}	0	30.000	30.000
Gewinn vor Fremdkapitalzinsaufwand	10.000	10.000	10.000
Fremdkapitalkostensatz k_{FK}	5,0 %	5,0 %	5,0 %
Fremdkapitalzinsaufwand	0	1.500	1.500
Gewinn nach Fremdkapitalzinsaufwand	10.000	8.500	8.500
Eigenkapitalkostensatz k_{EK}	**10,0 %**	**10,0 %** ⟶	**12,1 %**
Eigenkapital (Marktwert) EK_{MW}	100.000	85.000	70.000
Marktwert-Buchwert-Verhältnis	100,0 %	121,4 %	100,0 %
Marktwert der Unternehmung W	**100.000**	**115.000**	**100.000**
Gesamtkapitalkostensatz k_{GK}	**10,0 %**	**8,7 %** ⟶	**10,0 %**
Verschuldungsgrad V (mit Marktwerten)	0,00	0,35	0,43

Abb. 6.3 - 27   MODIGLIANI/MILLER-These von der Irrelevanz der Kapitalstruktur: Beispieldaten für zwei
Unternehmen derselben Risikoklasse

Für die Aktionäre der Unternehmung II wäre es bei einem Eigenkapitalkostensatz von 10 %
vorteilhaft, wenn sie ihre Aktien verkaufen, den Verschuldungsgrad der Unternehmung II auf
ihr persönliches Portfolio übertragen (*Homemade Leverage*) und sich – teilweise fremdfinan-
ziert – in die relativ billigere, unverschuldete Unternehmung I einkaufen würden. Der Beweis
hierfür wird in Abb. 6.3 - 28 geführt. Dort wird auch die Wirkungsweise der so genannten
Arbitrage gezeigt, womit die Möglichkeit bezeichnet ist, risikolos – d.h. ohne Kapitaleinsatz –
Gewinne erzielen zu können. Arbitrageprozesse sorgen dafür, dass der Kurs der Unternehmung II sinkt bzw. deren Eigenkapitalkosten steigen, und zwar solange, bis die Marktwerte
der Unternehmen I und II bzw. deren durchschnittliche Kapitalkosten gleich sind, eine Arbitrage sich also nicht mehr lohnt.

Der **Arbitrageprozess** sorgt also dafür, dass die Eigenkapitalkosten der Unternehmung bei al-
ternativen Verschuldungsgraden stets so hoch sind, dass rentabilitätsbezogene Leverage-
Effekte der Verschuldung sich nicht auf den Marktwert der Unternehmung auswirken können.
In Abb. 6.3 - 29 werden die hergeleiteten Zusammenhänge graphisch dargestellt.

	vor Arbitrageprozess	im Arbitragegleichgewicht
Transaktion:		
Verkauf von einem Anteil von 1 % an Unternehmung II	850,00	700,00
Aufnahme eines Kredits zu 5 %	150,00	300,00
Kauf von einem Anteil von 1 % an Unternehmung I	- 1.000,00	- 1.000,00
Summe	0,000	0,000
Transaktionserfolg:		
erwarteter Gewinn aus dem Anteil von 1 % an Unternehmung I	100,00	100,00
Fremdkapitalzinsaufwand für Kreditfinanzierung	7,50	15,00
Summe	92,50	85,00
im Vergleich dazu:		
erwarteter Gewinn aus dem Anteil von 1 % an Unternehmung II	85,00	85,00
Arbitrageerfolg	**7,50**	**0,00**

Abb. 6.3 - 28   MODIGLIANI/MILLER-These von der Irrelevanz der Kapitalstruktur: Ermittlung des Arbitrageerfolgs vor Arbitrageprozess und im Arbitragegleichgewicht

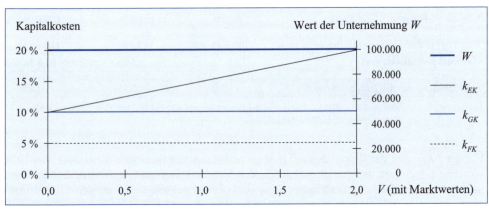

Abb. 6.3 - 29   MODIGLIANI/MILLER-These von der Irrelevanz der Kapitalstruktur: Graphische Darstellung der Unabhängigkeit des Unternehmenswerts vom Verschuldungsgrad

Die **Kritik am MODIGLIANI/MILLER-Modell** hat vornehmlich an der Behauptung der Autoren anzusetzen, die Aussagen ihres Modells stünden prinzipiell im Einklang mit der Wirklichkeit, was faktisch jedoch nicht der Fall ist:

- Die Unterstellung eines vom Verschuldungsgrad unabhängigen, **konstanten Fremdkapitalzinssatzes** (risikofreier Zinssatz) leugnet die Existenz bonitätsabhängiger Bestandteile im Kreditzins.

6.3 Finanzierung und Finanzierungsrechnungen 559

MODIGLIANI/MILLER haben diesen Kritikpunkt zwar in einer zweiten Version berücksichtigt und auch steigende Fremdkapitalkostensätze zugelassen. Um ihre These zu retten, waren sie aber gezwungen, die äußerst unrealistische Annahme rückläufiger Eigenkapitalkosten bei hoher Verschuldung zu machen.

- Fraglich ist auch, ob die Unterstellung eines im Wesentlichen **vollkommenen Kapitalmarktes** der Wirklichkeit entspricht. Denn dies würde u.a. voraussetzen, dass
  - alle Kapitalgeber nach dem Maximum- bzw. Minimumprinzip streben,
  - die Anleger keine persönlichen Präferenzen hinsichtlich ihrer Kapitalanlagen haben,
  - bei ihnen keine Erwartungsdifferenzen bezüglich der Risiken und Chancen alternativer Anlagemöglichkeiten bestehen,
  - kein Informationsgefälle zwischen Anlegern und Unternehmung besteht,
  - die Anleger in der Lage sind, alle Unternehmen in die ihnen entsprechenden Risikoklassen einzuordnen,
  - keine zeitlichen Verzögerungen in den Arbitrageprozessen auftreten und keine Transaktionskosten entstehen,
  - ein einheitlicher Marktzinssatz für Fremdkapitalanbieter und -nachfrager existiert und kein Unterschied zwischen persönlicher und institutioneller Verschuldung besteht.

- Schließlich unterstellen MODIGLIANI/MILLER, dass es keine Gewinnsteuern gibt bzw. dass deren Wirkung neutral ist. Üblicherweise sind die Steuersysteme jedoch so gestaltet, dass Fremdkapitalzinsaufwendungen steuerlich absetzbar sind. Somit resultieren bei höherer Verschuldung ein niedrigerer Steuer-Cashflow und damit gleichzeitig ein höherer Unternehmenswert. Aufbauend auf diesem letzten Kritikpunkt haben sich die beiden Autoren in einem späteren Beitrag korrigiert (vgl. MODIGLIANI/MILLER 1963). Allerdings resultiert aus dem Einbezug von Gewinnsteuern die unrealistische Konsequenz eines optimalen Verschuldungsgrades von 100 %, bei dem der Unternehmenswert maximal ist.

Zu (1b)   Optimale Verschuldung nach der Trade-off-Theorie:

Der **Einbezug von Gewinnsteuern** hat zur Konsequenz, dass – wie i.d.R. in den Steuersystemen festgelegt – Fremdkapitalzinsaufwendungen steuerlich abzugsfähig sind. Im Vergleich zur unverschuldeten Unternehmung resultiert dadurch ein niedrigerer Steuer-Cashflow. Der Barwert des Zahlungsstroms des Steuervorteils der Fremdfinanzierung, der auf die steuerliche Abzugsfähigkeit der Fremdkapitalzinsaufwendungen zurückzuführen ist, wird auch als *Debt Tax Shield* bezeichnet. Dieser ist im Vergleich zum unverschuldeten Unternehmen ein zusätzlicher Bestandteil des Unternehmenswerts. Da mit zunehmender Verschuldung die Fremdkapitalzinsaufwendungen steigen, und damit auch der barwertige Steuervorteil der Fremdfinanzierung größer wird, erhöht sich der Unternehmenswert. Somit ist der Unternehmenswert bei Berücksichtigung von Gewinnsteuern nicht mehr unabhängig von der Kapitalstruktur. Theoretisch optimal wäre es unter den bisher getroffenen Annahmen sogar, eine Verschuldung von 100 % anzustreben, was praktisch selbstverständlich nicht möglich ist.

Mit dem Einbezug von Gewinnsteuern haben MODIGLIANI/MILLER noch immer die **Risikoabhängigkeit von Fremdkapitalkosten** ignoriert. Ein adäquater Risikozuschlag muss zudem in Abhängigkeit vom Verschuldungsgrad formuliert werden: Je höher die Verschuldung ist, desto höher ist die Risikoprämie, welche die Fremdkapitalgeber fordern, da sie einen Teil des Kapitalstrukturrisikos übernehmen, das nach der Argumentation von MODIGLIANI/MILLER ausschließlich die Eigenkapitalgeber tragen. Hierfür fordern sie eine Entschädigung, die im

Kreditzins enthalten sein muss. Sofern sich die Renditeforderung der Eigenkapitalgeber nicht entsprechend reduziert, ergibt sich eine Erhöhung der Gesamtkapitalkosten.

Der im Falle der Erhöhung der Verschuldung eintretende Effekt wird noch zusätzlich akzentuiert, wenn man ab einer bestimmten Höhe der Verschuldung **direkte und indirekte Konkurskosten** als Nebenkosten der Finanzierung einbezieht. Unter direkten Konkurskosten (*Bankruptcy Costs*) werden jene Kosten gefasst, die schon im Vorfeld eines Konkurses in Form von Beratungs-, Restrukturierungs- und Rechtskosten anfallen, aber auch die Kosten des Insolvenzverfahrens selbst. Indirekte Konkurskosten (*Financial Distress Costs*) berücksichtigen, dass eine drohende Insolvenz bereits negative Auswirkungen auf das operative Geschäft hat. So resultieren beispielsweise Einschränkungen in der Geschäftstätigkeit durch entsprechend negative Reaktionen von Seiten der Lieferanten und Kunden.

Somit ergeben sich **zwei gegenläufige Effekte**, die von einer Erhöhung der Verschuldung ausgehen: Auf der einen Seite resultiert aus der steuerlichen Abzugsfähigkeit der Fremdkapitalzinsaufwendungen bei zunehmender Verschuldung ein steigender fremdfinanzierungsbedingter Steuervorteil, der in einer Zunahme des Unternehmenswerts zum Ausdruck kommt. Auf der anderen Seite ist bei steigender Verschuldung mit zunehmenden Fremdfinanzierungskosten zu rechnen, was sich negativ auf den Unternehmenswert auswirkt.

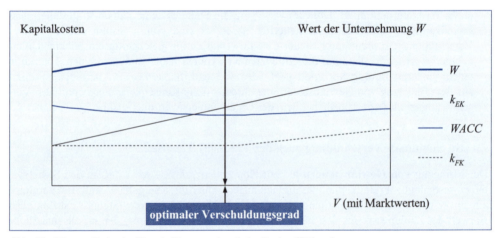

Abb. 6.3 - 30   Optimaler Verschuldungsgrad nach der Trade-off-Theorie

Auf diesen Überlegungen basiert die so genannte **Trade-off-Theorie**. Sie besagt, dass bis zu einer gewissen Verschuldung der positive Effekt des Steuervorteils der Fremdfinanzierung den Unternehmenswert stets erhöht, da der negative Effekt aus den höheren Fremdkapitalkosten, der die Gesamtkapitalkosten steigen lässt, überkompensiert wird. Ab einem bestimmten Punkt überwiegt jedoch der Effekt der hohen Fremdkapitalkosten, sodass die Gesamtkapitalkosten steigen, was einen Rückgang des Unternehmenswerts bewirkt. Die Gesamtkapitalkosten, mit denen hier argumentiert wird, sind die so genannten WACC (*Weighted-Average Cost of Capital*, vgl. S. 465), die als mit Marktwerten gewichtete Gesamtkapitalkosten unter Ansatz des Fremdkapitalkostensatzes nach Steuern definiert sind. Demnach existiert der **optimale Verschuldungsgrad** aus der Lösung des „Trade-off" der beiden gegenläufigen Effekte in dem Punkt der minimalen WACC, wodurch der Unternehmenswert gleichzeitig maximiert wird (vgl. Abb. 6.3 - 30). Der auf diese Weise hergeleitete Zusammenhang von Verschuldung

6.3 Finanzierung und Finanzierungsrechnungen

und Finanzierungskosten entspricht der „**traditionellen These vom optimalen Verschuldungsgrad**" (Hauptvertreter SOLOMON 1963), die sich allerdings nicht auf ein explizites Modell oder genau spezifizierte Prämissen stützt.

Zu (1c)   Optimale Verschuldung bei Berücksichtigung von Agency-Kosten:

Zusätzlich zu den im Rahmen der Ausführungen zur Trade-off-Theorie aufgezeigten Einflussfaktoren auf den Unternehmenswert spielen so genannte Agency-Kosten bei der Gestaltung der Kapitalstruktur eine Rolle. Auf diese konzentrieren sich JENSEN/MECKLING (1976) mit dem Einbezug der Principal-Agenten-Theorie in die Überlegungen zur optimalen Kapitalstruktur im Rahmen der **neoinstitutionalistischen Finanzierungstheorie**. Ausgangspunkt bildet die vom Eigentümerunternehmer vollständig finanzierte Unternehmung, in der keine finanzierungsbedingten Prinzipal-Agenten-Beziehungen existieren. Der Eigentümerunternehmer orientiert sich bei seinem unternehmerischen Handeln grundsätzlich an der Maximierung des Unternehmenswerts, wobei ihm auch die nicht-monetären Vorteile aus dem Unternehmensbesitz zu Gute kommen.

Finanzierungsbedingte Prinzipal-Agenten-Beziehungen entstehen dann, wenn der Eigentümerunternehmer zusätzliches Eigenkapital von neuen Anteilseignern einwirbt und Fremdkapital aufnimmt. In diesem Fall wird der Eigentümerunternehmer als Agent für die neuen Kapitalgeber, welche die Rolle der Prinzipale übernehmen, tätig. Bei nicht-eigentümergeführten Kapitalgesellschaften bzw. bei börsennotierten Publikumsgesellschaften tritt an die Stelle des Eigentümerunternehmers das von den Aktionären eingesetzte Management.

Allgemein ausgedrückt beauftragt der Prinzipal mit dem Eingehen der Prinzipal-Agenten-Beziehung den Agenten mit der Ausführung eines Auftrags, wofür er mit den erforderlichen Verfügungsrechten ausgestattet und über eine Entlohnung entschädigt wird. Das Problem in der Prinzipal-Agenten-Beziehung resultiert daraus, dass der Agent – so wird im Rahmen der **Prinzipal-Agenten-Theorie** unterstellt – nicht konsequent ausschließlich die Interessen des Prinzipals verfolgt. Über das Verhalten des Beauftragten (Agent) kann der Auftraggeber (Prinzipal) nur unvollständig informiert sein. Die vorliegenden **Informationsasymmetrien** stellen die Ursache für die **Verhaltensrisiken** dar, welche die Interessen des Prinzipals an der Ausführung des Auftrags gefährden. Die Informationsasymmetrien können sich (vor Eingehen der Beziehung) auf verborgene Eigenschaften (*Hidden Information*) sowie (nach Eingehen der Beziehung) auf verborgene Absichten (*Hidden Intention*) und auf verdeckte Ausführungen (*Hidden Action*) des Agenten beziehen.

Die möglichen Verhaltensrisiken, mit denen die **Fremdkapitalgeber** zu rechnen haben, beziehen sich darauf, dass sich die Eigenkapitalgeber bzw. das im Sinne der Eigenkapitalgeber handelnde Management so verhalten, dass die vereinbarten Zins- und Tilgungsleistungen gefährdet sind. So besteht beispielsweise nach Vertragsabschluss der Anreiz, in riskantere Projekte zu investieren, bei denen die Eigenkapitalgeber im Falle eines positiven Verlaufs von der größeren Chance profitieren. Im Fall der Aufnahme **neuer Anteilseigner**, die nicht direkt in die Unternehmensführung eingebunden sind, entsteht für den bisherigen Alleineigentümer der Anreiz, den Anteil am Konsum nicht-monetärer Vorteile (*Perquisites, Perks*) aus seiner unternehmerischen Tätigkeit zu Lasten der neuen Eigenkapitalgeber auszuweiten. Die Verfolgung von Prestige und Machtinteressen des Managements kann u.U. dazu verführen, Entscheidungen für Projekte zu treffen, die nicht im Sinne der Interessen der Eigenkapitalgeber die erforderliche Rendite in Höhe der Kapitalkosten erbringen.

562 Sechstes Kapitel: Betriebliche Finanzprozesse

Zum Abbau der Informationsasymmetrien existieren **diverse Lösungsansätze**, so auch im Bereich der Finanzierung.

- **Vor Vertragsabschluss** gehören hierzu
  - das *Signaling* (z.B. Unternehmensberichterstattung, die über die gesetzlichen Vorgaben hinaus geht, Einholung eines externen Ratings),
  - das *Screening* (z.B. Kreditwürdigkeitsprüfung durch die Banken, sorgfältige Auswahl der Beteiligungsunternehmen durch Venture Capital-Gesellschaften) und
  - die *Self-Selection* (z.B. Bereitschaft zur Stellung von Sicherheiten).

- **Nach Vertragsabschluss** können
  - das *Monitoring* (z.B. Überwachung der Unternehmenstätigkeit durch Venture Capital-Gesellschaften),
  - das *Bonding* (z.B. Einsatz von Kreditsicherheiten, Vertragsklauseln bzw. *Covenants*, durch welche die Freiräume des Managements eingeschränkt werden) und
  - Anreizsysteme (z.B. variable Vergütung des Managements, wodurch die Interessen von Eigenkapitalgebern und Management synchronisiert werden sollen)

  eingesetzt werden.

Durch diese Maßnahmen entstehen Kosten – so genannte **Agency-Kosten** – die in jedem Fall vom Unternehmen zu tragen sind. Denn sofern die entsprechenden Maßnahmen von den Kapitalgebern initiiert sind, werden diese – bei Unterstellung rationalen Handelns der Investoren – über die höheren Renditeforderungen auf das Unternehmen übertragen.

In ihrem Modell unterstellen JENSEN/MECKLING (1976), dass jene Agency-Kosten, die mit der Aufnahme von Fremdkapital verbunden sind, progressiv ansteigen, dagegen die mit der Aufnahme von Eigenkapital verbunden Agency-Kosten degressiv abnehmen. Fasst man die Agency-Kosten zusammen, existiert ein Minimum durch das der optimale Verschuldungsgrad beschrieben wird. Gegen das Modell ist einzuwenden, dass sich einerseits die idealtypisch unterstellten Verläufe der Agency-Kosten in Abhängigkeit vom Verschuldungsgrad bei komplexeren Konstellationen so nicht zeigen (vgl. KÜRSTEN 1994), andererseits die praktische Umsetzung mit der Modellierung der Agency-Kosten an ihre Grenzen stößt.

Zu (1d) Implikationen der Pecking-Order-Theorie für die optimale Kapitalstruktur:

Aufbauend auf den Ausführungen zur Trade-off-Theorie und zum Einbezug von Informationsasymmetrien in die Kapitalstrukturüberlegungen ist die Pecking-Order-Theorie anzuführen. Sie besagt, dass insbesondere börsennotierte Unternehmen bei der Realisierung von neuen Investitionen die möglichen Finanzierungsalternativen gemäß einer **Hackordnung** (*Pecking Order*) nacheinander in Anspruch nehmen (vgl. DONALDSON 1961; MYERS 1984; MYERS/MAILUF 1984). Damit handelt es sich zwar nicht im eigentlichen Sinne um eine Theorie zum optimalen Verschuldungsgrad, die Präferenzen in der Wahl der Finanzierungsquellen haben jedoch Auswirkungen auf diese.

Ausgehend von der prinzipiellen Zielsetzung, Investitionsmöglichkeiten mit positivem Kapitalwert bzw. Net Present Value (vgl. S. 408ff. und S. 462ff.) wahrzunehmen, wird zunächst versucht, diese aus dem generierten (operativen) Cashflow zu finanzieren. Sollte dies nicht oder zumindest nicht zur Gänze möglich sein, wird als nächstes die Aufnahme von Fremdkapital (Bankkredite, Anleihen) präferiert. Reichen weder die eigenerwirtschafteten Mittel, noch

6.3 Finanzierung und Finanzierungsrechnungen   563

die als Fremdkapital aufgenommenen Mittel aus, so wird auf hybride Finanzierungsmittel bzw. Mezzanine-Kapital (z.B. Wandel- und Optionsanleihen, vgl. S. 506f.), zurückgegriffen. Die Aufnahme von zusätzlichem Eigenkapital über Kapitalerhöhungen bedeutet gemäß der Pecking-Order-Theorie erst den letzten Ausweg in der Kapitalbeschaffung, wenn alle anderen Finanzierungsquellen bereits ausgeschöpft sind.

Dass sich Führungskräfte mit ihren Unternehmen nur ungern dem Kapitalmarkt unterwerfen wollen, da dies zahlreiche Pflichten und auch Kosten mit sich bringen würde, gilt als starkes **praktisches Argument** für die Bevorzugung der Finanzierung von Investitionen aus eigenerwirtschafteten Mitteln.

Die theoretische Basis für die Pecking-Order-Theorie bilden allerdings wiederum die zwischen den Kapitalgebern und dem Management von Publikumsgesellschaften vorliegenden **Informationsasymmetrien**. So verfügt das Management eines Unternehmens über deutlich mehr Informationen als außenstehende (potenzielle) Kapitalgeber. Betroffen ist insbesondere die Einschätzung über den inneren Wert der Unternehmensanteile, die am Markt über- oder unterbewertet sein können. Dies hat zur Folge, dass Hinweise und Informationen, die sich aus dem Handeln des Managements ableiten lassen, schnell zu einer Veränderung des Aktienkurses (ob positiv oder negativ) führen und auch die Bereitschaft beeinflussen, Fremdkapital zur Verfügung zu stellen.

So wird am Aktienmarkt die Ausgabe von neuen Aktien als **Signal** verstanden, dass das Management die Anteile als am Markt zu hoch bewertet einschätzt und dann diese hohe Marktbewertung für die Kapitalbeschaffung ausnutzen möchte. In diesem Fall müsste die Marktreaktion zu einer Korrektur der Marktbewertung nach unten führen (empirisch über negative Ankündigungseffekte in Abhängigkeit von der Begründung für die Kapitalerhöhung teilweise bestätigt), was den Interessen der Aktionäre zuwider läuft. Ein im Interesse der Eigentümer handelndes Management würde sich also eher mit Fremdkapital finanzieren. Liegt eine Unterbewertung aus Sicht des Managements vor, so wird ebenfalls die Aufnahme von Fremdkapital bevorzugt.

Dementsprechend führen bestehende Informationsasymmetrien zu einer klaren **Präferenz zur Aufnahme von Fremdkapital** und dem weitgehenden Verzicht auf die Ausgabe neuer Eigenkapitalanteile. Festzuhalten ist allerdings, dass auch **zahlreiche andere Faktoren** Einfluss auf die Entscheidung der Finanzierung über den Aktienmarkt nehmen können, wie etwa die bestehende Kapitalstruktur, welche die Möglichkeiten der Fremdfinanzierung einschränkt bzw. unverhältnismäßig verteuert, die eingeschränkte Möglichkeit der Finanzierung von Wachstum aus eigener Kraft, die Risikobereitschaft des Managements, aktuelle Marktentwicklungen etc. Des Weiteren muss betont werden, dass die Zusammenhänge in der Art und Weise nicht auf **kleine und mittlere Unternehmen** übertragen werden können, da ohne Zugang zum Kapitalmarkt die Finanzierungsmöglichkeiten in Abhängigkeit vom Lebenszyklus des Unternehmens determiniert sind. Zudem ist bei diesen Unternehmen die Prinzipal-Agenten-Problematik weniger stark ausgeprägt, bei eigentümergeführten Unternehmen reduziert sie sich auf die Beziehung zwischen Eigentümern und Fremdkapitalgebern.

Zu (2)   Determinanten der optimalen Selbstfinanzierung bzw. Ausschüttung:

Bei folgenden Überlegungen zu den Determinanten der optimalen Ausschüttung sind insofern gleichzeitig auch die Einflussfaktoren auf die optimale Selbstfinanzierung angesprochen, als dass durch die Gewinnausschüttung der Umfang der Selbstfinanzierung bestimmt wird und umgekehrt. Unter dem Begriff „Ausschüttung" werden nicht nur die **Gewinnausschüttungen** (Dividenden) subsumiert, sondern auch **Aktienrückkäufe** von börsennotierten Unternehmen, über die ebenfalls Mittel vom Unternehmen an die Eigentümer zurückfließen, was allerdings mit einer Reduktion des Eigenkapitals verbunden ist (= negative Beteiligungsfinanzierung, vgl. S. 500f.).

Die Problematik der optimalen Selbstfinanzierung bzw. Ausschüttung im eigentlichen Sinne entsteht jedoch erst gar nicht, wenn Unternehmungen zwar über hohe eigenerwirtschaftete Mittel verfügen, jedoch keine Wachstumsmöglichkeiten in Form von Projekten mit positivem Kapitalwert vorliegen. In diesem Fall stellt sich lediglich die Frage, ob überschüssige Mittel im Unternehmen zu Kapitalmarktkonditionen angelegt werden oder in welcher Form (über Dividendenzahlungen oder über Aktienrückkäufe) diese an die Investoren ausgeschüttet werden.

Im Mittelpunkt der folgenden Ausführungen stehen jedoch Unternehmen, die über Wachstumsmöglichkeiten verfügen, und für welche sich somit die Frage stellt, inwieweit diese über einbehaltene Gewinne finanziert werden sollen. Ausgangspunkt bildet die **These der Irrelevanz der Dividendenpolitik für den Unternehmenswert** nach MODIGLIANI/MILLER. Da dieser These wiederum die restriktiven Annahmen der „MODIGLIANI/MILLER-Welt" zugrunde liegen, sind anschließend jene Einflussfaktoren beleuchtet, die in der Realität im Rahmen der Ausschüttungspolitik von Relevanz sind.

In ihrem Aufsatz von 1961 weisen MILLER/MODIGLIANI nach, dass unter den Bedingungen des vollkommenen Kapitalmarkts die Höhe der Ausschüttungen eines Unternehmens keinen Einfluss auf dessen Wert hat. Sie argumentieren damit, dass mit dem vom Unternehmen festgelegten Investitionsprogramm, das ausschließlich Projekte mit positiven Kapitalwerten beinhaltet, auch der Kapitalbedarf, der zu dessen Finanzierung erforderlich ist, bestimmt ist. Wird angenommen, dass die vereinbarten Fremdkapitalzinsen und die geplanten Ausschüttungen genau aus den erwirtschafteten Gewinnen bedient werden können, ist eine zusätzliche Dividendenzahlung nur über die Aufnahme von Kapital möglich. Mit der Unterstellung einer gegebenen Fremdfinanzierung kann die Finanzierung dieser zusätzlichen Ausschüttung nur über die Ausgabe von zusätzlichen Eigenkapitalanteilen erfolgen. Wenn nun der Brutto-Unternehmenswert über das gegebene Investitionsprogramm bestimmt und zudem das Fremdkapital betragsmäßig gegeben ist, verteilt sich das Reinvermögen nach Ausgabe neuer Aktien auf eine erhöhte Anzahl von Aktien, sodass der Wert der einzelnen Aktie sinken muss. Kompensiert wird die Reduktion des Werts der einzelnen Aktie durch die Dividendenzahlung, sodass sich im Ergebnis die Vermögensposition des Eigenkapitalgebers durch die erhöhte Ausschüttung nicht verändert.

Intuitiv einleuchtend ist auch die alternative Argumentation, der zufolge ein Aktionär die Dividendenzahlungen nach seinen eigenen Präferenzen gestalten kann (*Homemade Dividends*). Ist die Investorenrendite bzw. der *Total Shareholder Return* über das Investitionsprogramm des Unternehmens gegeben, kann der Aktionär durch den Kauf und Verkauf von Aktien die Höhe der Auszahlungen zeitlich beliebig verschieben. Somit kann er die Zusammensetzung des *Total Shareholder Return* aus periodischen Auszahlungen und Kursgewinnen selbst gestalten. Die Voraussetzungen hierfür müssen allerdings durch die Annahme des vollständigen Kapitalmarkts gegeben sein (vgl. S. 559).

Da in der Realität die Annahmen des vollkommenen Kapitalmarkts nicht gegeben sind, sind die folgenden zentralen **Einflussfaktoren für die Gestaltung der Ausschüttungspolitik** re-

6.3 Finanzierung und Finanzierungsrechnungen

levant. Diese beziehen sich zunächst im Schwerpunkt auf die Besonderheiten von Publikums-gesellschaften,

(2a) Prinzipal-Agenten-Konflikte zwischen Management und Aktionären sowie zwischen Aktionären und Fremdkapitalgebern,

(2b) Signalwirkung von Dividenden,

(2c) Besteuerung von Dividenden und Kursgewinnen bei den Aktionären,

bevor anschließend auf die

(2d) Besonderheiten bei nicht-börsennotierten Unternehmen

eingegangen wird.

Zu (2a)   Prinzipal-Agenten-Konflikte zwischen Management und Aktionären sowie zwischen Aktionären und Fremdkapitalgebern:

Durch die vom Management bevorzugte Finanzierung durch einbehaltene Gewinne wird die **Überwachungsmöglichkeit** der unternehmerischen Investitionstätigkeit **durch den Kapitalmarkt**, die bei Außenfinanzierung über Eigen- und Fremdkapital mehr oder weniger gegeben ist, eingeschränkt. Des Weiteren erhöht sich der Spielraum des Managements, die eigenen Interessen zu Lasten der Kapitalgeber zu verfolgen. Bei einer erhöhten Einbehaltung von Gewinnen kann das Management jedoch bei Bedarf flexibler auf Investitionsmöglichkeiten reagieren, zudem entfallen die Kosten der externen Kapitalbeschaffung, was für eine geringere Ausschüttung spricht.

Geringe Ausschüttungen sind zudem ganz im Interesse der Fremdkapitalgeber, da dadurch ihre Gläubigerposition weniger stark gefährdet ist. Die Vereinbarungen (*Covenants*) zur **Begrenzung von Dividendenzahlungen** in Kredit- oder Anleiheverträgen, die sich positiv auf die Fremdkapitalzinsen auswirken, bringen das diesbezügliche Interesse der Fremdkapitalgeber ebenfalls zum Ausdruck.

Zu (2b)   Signalwirkung von Dividenden:

Dividendenzahlungen werden von den Aktionären, die im Vergleich zum Management einen Informationsnachteil haben, als Signal für die **zukünftigen Geschäftsaussichten** des Unternehmens verstanden. Nachvollziehbar ist, dass die Aktionäre an einer antizipierbaren und konstanten Dividendenpolitik interessiert sind, da sie über die Ausschüttungen einen Teil der Investorenrendite realisieren. Dies spricht einerseits dafür, die Dividendenzahlungen in absoluter Höhe (eventuell mit einer leichten Erhöhung von Jahr zu Jahr bei entsprechendem Geschäftsverlauf) und nicht in **Abhängigkeit vom Gewinn** zu formulieren, da Letzteres möglicherweise aufgrund der höheren Volatilität der Dividendenzahlungen ein erhöhtes Risiko für die Aktionäre bedeuten würde. Andererseits können negative Reaktionen der Aktionäre provoziert werden, wenn die Dividendenpolitik unvermittelt geändert wird.

Zu (2c)   Besteuerung von Dividenden und Kursgewinnen bei den Aktionären:

Da für den Investor die Nachsteuer-Rendite für die Beurteilung einer Investitionsmöglichkeit relevant ist, hat das **Steuersystem** einen Einfluss auf die Gestaltung der Ausschüttung. Einerseits ist der Unterschied in der Besteuerung von Dividenden im Vergleich zu Kursgewinnen von Bedeutung, andererseits aber auch die Besteuerung von Erträgen aus Investitionen in Eigenkapitaltitel im Vergleich zu den Erträgen aus Fremdfinanzierungstiteln. Was Letzteres angeht, liegt mit der steuerlichen Abzugsfähigkeit von Fremdkapitalzinsaufwendungen eine steuerliche Ungleichbehandlung zur teilweisen **Doppelbesteuerung von Gewinnen** vor. Gewinne von Kapitalgesellschaften werden zum einen auf Unternehmensebene besteuert, die aus versteuerten Gewinnen vorgenommen Ausschüttungen werden dann nochmals ganz oder teilweise auf Investorenebene der Versteuerung unterzogen.

Während in Deutschland Kapitalgewinne, die nicht innerhalb der Spekulationsfrist von einem Jahr erzielt wurden, derzeit noch steuerfrei vereinnahmt werden können, gilt ab 2009 eine **Abgeltungsteuer** für Kapitaleinkünfte, wonach Zinsen, Dividenden und Veräußerungsgewinne auf Kapitalanlagen einheitlich mit 25 % (zuzüglich Solidaritätszuschlag und ggf. Kirchensteuer) an der Quelle besteuert werden. Mit der Abführung der Steuer durch die Finanzinstitute müssen diese Erträge nicht mehr in der persönlichen Einkommensteuererklärung angegeben werden, es sei denn, dass der persönliche Einkommensteuersatz unter 25 % liegt. Mit der Einführung der Abgeltungsteuer entfällt also die steuerliche Bevorzugung von Kapitalgewinnen bei einer Haltedauer von mehr als einem Jahr, was für den Investor zu einer steuerlichen Indifferenz zwischen Kapitalgewinnen und Dividendenausschüttungen führt.

Zu (2d)   Besonderheiten bei kleinen und mittleren Unternehmen:

Aufgrund des nicht vorhandenen bzw. des beschränkten Zugangs von kleinen und mittleren Unternehmen zum Kapitalmarkt liegt eine sehr viel **engere Verbindung zwischen Investitions- und Finanzierungsentscheidungen** vor, als bei börsennotierten Unternehmen. Aufgrund der eingeschränkten externen Finanzierungsmöglichkeiten wird die Ausschüttungspolitik maßgeblich von zukünftigen Wachstumsmöglichkeiten bestimmt. Des Weiteren spielen Ausschüttungserfordernisse der Eigentümer eine Rolle, für die die Ausschüttungen u.U. eine wesentliche Einkommensquelle darstellen.

Die Diskussion der Einflussfaktoren zeigt, dass bei der Frage der optimalen Ausschüttung bzw. Selbstfinanzierung diverse gegenläufige Effekte resultieren, sodass nachvollziehbar ist, dass ein allgemein anerkanntes Modell nicht existiert.

Fragen und Aufgaben zur Wiederholung (6.3.2: S. 534 – 566)

1.   Welcher Zusammenhang besteht zwischen Effektivzinskalkülen und den Verfahren der Wirtschaftlichkeitsrechnung?

2.   Was versteht man unter einem Effektivzins und welche Faktoren können ihn beeinflussen?

3.   Skizzieren Sie die traditionelle statische Rechenmethode zur Ermittlung von Effektivzinssätzen!

4.   Welcher Zusammenhang besteht zwischen durchschnittlichem Kapitalnutzungsvolumen und durchschnittlicher Kreditlaufzeit? Gehen Sie dabei im Einzelnen auf die möglichen Entwicklungsverläufe des Kapitalnutzungsvolumens ein!

6.3 Finanzierung und Finanzierungsrechnungen 567

5. Wie lauten die Formeln für die durchschnittliche Kreditlaufzeit (a) bei Ratentilgung und (b) bei Annuitätentilgung?

6. Wie ist die Vorgehensweise der Internen Zinsfußmethode zur Ermittlung von Effektivzinssätzen bei jährlichen Zins- und Tilgungsleistungen?

7. Wie berechnet sich der Effektivzins eines Zerobonds?

8. Beschreiben Sie die Vorgehensweise der Realen Zinsfußmethode! Zeigen Sie, dass diese Methode eine konsequente Verallgemeinerung der Internen Zinsfußmethode ist und stellen Sie diesen Sachverhalt graphisch dar!

9. Welche spezifischen Nachteile weist die Interne Zinsfußmethode gegenüber der Realen Zinsfußmethode auf?

10. Was versteht man im Zusammenhang mit der Realen Zinsfußmethode unter der „Rentabilitätsfunktion" und in welcher Weise wird ihre Lage von den Konditionen einer Finanzierung beeinflusst?

11. Welchen Einfluss haben alternative Tilgungs- und Disagiovereinbarungen auf (a) den statischen Effektivzins, (b) den internen Zinsfuß und (c) den realen Zinsfuß?

12. Erklären Sie den linearen, den exponentiellen und den stetigen Zinssatz für das Beispiel mit dem folgenden Zahlungsstrom: $t = 0$: + 100.000 EUR; $t = 0,75$ (Jahre): - 103.750 EUR, indem Sie die jeweiligen jährlichen Zinssätze herleiten!

13. Wie erfolgt die Zinstagezählung bei den verschiedenen Konventionen zur Zinstagezählung?

14. Charakterisieren Sie die Besonderheiten der Effektivzinsberechnung nach Preisangabenverordnung (PAngV)?

15. Welche Fragestellungen stehen bei Kapitalstrukturmodellen im Vordergrund?

16. Skizzieren Sie die vereinfachenden Annahmen, die in den Modellen zur optimalen Finanzierung nach dem Marktwert- bzw. Kapitalkostenkonzept zugrunde liegen!

17. Wie lautet die These von MODIGLIANI/MILLER zum optimalen Verschuldungsgrad? Welches sind die wichtigsten Prämissen, von denen MODIGLIANI/MILLER für den Beweis ihrer These ausgehen?

18. Welche Punkte sind am MODIGLIANI/MILLER -Modell zu kritisieren? Worin liegt der Wert dieses Modells?

19. Erläutern Sie die Trade-off-Theorie der optimalen Verschuldung!

20. Welcher Zusammenhang besteht zwischen der Trade-off-Theorie und der traditionellen These von der optimalen Finanzierung?

21. Wie integrieren JENSEN/MECKLING die Prinzipal-Agenten-Theorie in die Modelle der optimalen Verschuldung?

22. Was besagt die Pecking-Order-Theorie?

23. Erklären Sie die These von der Irrelevanz der Höhe der Dividendenzahlungen auf die Vermögensposition der Aktionäre nach MODIGLIANI/MILLER!

24. Diskutieren Sie die wesentlichen Einflussfaktoren, welche die Ausschüttungspolitik von Unternehmen bestimmen!

25. Erläutern Sie die Besonderheiten, welche die Ausschüttungspolitik von nicht-börsennotierten Unternehmen bestimmen!

568 Sechstes Kapitel: Betriebliche Finanzprozesse

6.3.3 Liquiditätssteuerung

6.3.3.1 Kriterien und Modelle der Liquiditätssteuerung

Liquidität wurde definiert als die Fähigkeit der Unternehmung, die zu einem bestimmten Zeitpunkt zwingend fälligen Zahlungsverpflichtungen uneingeschränkt erfüllen zu können (vgl. S. 74). Sie ist zugleich ein oberstes Postulat, dessen Verletzung den Fortbestand jeder Unternehmung in Frage stellt. Aus diesem Grunde und weil das strenge Liquiditätspostulat nach einer lückenlosen, kurzfristigen und tagesgenauen Abstimmung der Zahlungsströme verlangt, ist es auch zweckmäßig, die **Liquiditätssteuerung** als gesonderten Problemkreis herauszugreifen.

Kriterien der Liquiditätssteuerung sind neben der Liquidität auch die Rentabilität. Zum einen sind liquiditätspolitische Maßnahmen, die der Beseitigung eines Liquiditätsengpasses dienen, generell auch mit Kosten verbunden, zum anderen können Liquiditätsüberschüsse auch eingesetzt werden, um Erträge zu erwirtschaften (WITTE/KLEIN 1983).

Bei **gefährdeter Liquidität** dominiert grundsätzlich das Liquiditätskriterium vor dem Rentabilitätskriterium. Die zu treffenden Entscheidungen stehen im Schatten der Existenzgefährdung des Unternehmens. Der Grad der Gefährdung wird dabei von zwei Komponenten bestimmt:

- Der **Höhe** des finanziellen Fehlbetrags und der voraussichtlichen **Dauer** des Liquiditätsengpasses.
- Den **liquiditätspolitischen Möglichkeiten**, bereits eingeleitete Maßnahmen der Liquiditätsbelastung rückgängig zu machen bzw. Maßnahmen der Liquiditätsentlastung einzuleiten.

Bei **ungefährdeter Liquidität**, insbesondere, wenn Liquiditätsüberschüsse vorhanden sind, tritt die Bedeutung des Liquiditätsarguments gegenüber der Aufgabe, die Überschüsse zinsbringend anzulegen, zurück. Dabei kommen verschiedene Formen der Geldanlage in Betracht, die sich vor allem hinsichtlich

- ihrer Liquiditätsnähe,
- ihrer Verzinsung und
- ihres Risikos

unterscheiden. Neben einer (langfristigen) Verwendung der Mittel für betriebliche Investitionen sind z.B. vorübergehende Geldanlagen in Form von festverzinslichen Wertpapieren, Terminausleihungen, Dividendenpapieren oder Terminkontrakten zu nennen.

Bei solchen Finanzdispositionen zeigt sich im Übrigen der **klassische Konflikt zwischen Liquidität und Rentabilität** in aller Deutlichkeit: Ein Mehr an Verzinsung ist bei einer Anlageform in aller Regel mit einem Weniger an Liquiditätsnähe zu bezahlen und ein Zuwachs an (spekulativen) Gewinnchancen wird eingekauft mit dem steigenden Risiko von Kapitalverlusten.

Die im Folgenden näher betrachteten **Modelle der Liquiditätssteuerung** unterscheiden sich u.a. in der unterschiedlichen Betonung von Liquiditäts- und Rentabilitätsaspekt. Die so genannten **Kassenhaltungsmodelle** versuchen mithilfe einer Optimierungsbetrachtung einen Kompromiss zwischen Liquidität und Rentabilität zu steuern, wohingegen dem **Finanzplan**

6.3 Finanzierung und Finanzierungsrechnungen 569

und dem **finanziellen Mobilitätsstatus** in erster Linie die Aufgabe einer Sicherung der Liquidität (insbesondere die möglichst frühzeitige Identifizierung potenzieller Liquiditätsengpässe) zukommt.

6.3.3.2 Kassenhaltungsmodelle

Den in der Literatur diskutierten Kassenhaltungsmodellen gemeinsam ist ein **kombinierter Liquiditäts-Rentabilitätskalkül**: Während einerseits das Liquiditätsmotiv die Tendenz zu einer möglichst hohen Kassenhaltung bewirkt, ist sie aus Rentabilitätsgründen (weil die Kassenhaltung keine oder eine nur gering verzinsliche Geldanlage darstellt) demgegenüber möglichst klein zu halten. Diese gegenläufigen Tendenzen zu einem optimalen Ausgleich zu führen, ist Funktion der Kassenhaltungsmodelle.

Hier kurz angesprochen werden sollen

(1)   das deterministische BAUMOL-Modell und

(2)   das stochastische MILLER/ORR-Modell.

Zu (1)   Das deterministische BAUMOL-Modell:

BAUMOL (1952) verwendet zur Bestimmung des optimalen Kassenbestandes Grundgedanken des **Modells der optimalen Losgröße bzw. Bestellmenge** (vgl. S. 256f.). Den Lagerkosten dort entsprechen im Kassenhaltungsmodell die entgangenen Zinsgewinne für zinslos gehaltene Beträge, den Bestell- bzw. Umrüstkosten analog die Kosten der Kreditbeschaffung oder der kurzfristigen Geldanlage (Transferkosten).

Unterstellt wird im BAUMOL-Modell, dass Kassenzuflüsse jeweils zu Beginn einer Periode erfolgen, während die Abflüsse permanent und gleichmäßig während der ganzen Periode stattfinden.

Jeweils zu Beginn einer Planungsperiode erfolgt eine Einzahlung auf ein laufendes Konto in Höhe von T. Davon wird ein Betrag R einer kurzfristigen rentablen Anlage zugeführt, während ein Restbetrag L_1 zur Begleichung der laufenden Zahlungsverpflichtungen vom Konto abgehoben wird. Ist der Betrag L_1 verbraucht, so wird ein weiterer Betrag in Höhe von L_2 aus der Geldanlage R genommen und in die Kasse überführt. Dies wiederholt sich solange, bis der Betrag R vollständig verbraucht ist und eine neue Einzahlung in Höhe von T erfolgt. Abb. 6.3 - 31 verdeutlicht dies graphisch.

Die Gesamtkosten der Kassenhaltung K_T betragen (wenn mit b die fixen Transferkosten und mit i der Zinssatz für die kurzfristige Geldanlage bezeichnet werden):

$$K_T = \quad b \cdot \frac{T}{L} + i \cdot \frac{L}{2} \qquad\qquad [6.3 - 26]$$

Da die Gesamtkosten zu minimieren sind, ist die erste Ableitung der Gleichung [6.3 - 26] nach L zu bilden und diese gleich null zu setzen. Aufgelöst nach L ergibt sich Gleichung [6.3 - 27], was dem optimalen Transferbetrag in die Kasse entspricht:

$$L_{opt.} = \quad \sqrt{\frac{2 \cdot b \cdot T}{i}} \qquad\qquad [6.3 - 27]$$

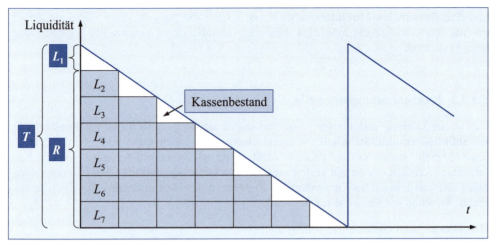

Abb. 6.3 - 31   Kassenhaltung nach dem BAUMOL-Modell

Gleichung [6.3 - 27] folgt als Entscheidungsregel, die Transferbeträge

- zu erhöhen, wenn b und/oder T steigt/en bzw. i sinkt,
- zu senken, wenn b und/oder T sinkt/en bzw. i steigt.

Die **Kritik am BAUMOL-Modell** hat an der stark vereinfachten Problemstellung und an den Prämissen (insbesondere der Annahme vollkommener Information und der Unterstellung stetiger, deterministischer Kassenabflüsse) anzusetzen.

Zu (2)   Das stochastische MILLER/ORR-Modell:

Das Modell von MILLER/ORR (1966) berücksichtigt, dass sich die Einzahlungen nicht auf einen Zeitpunkt konzentrieren, sondern unregelmäßig während der ganzen Periode auftreten. Gleiches gilt für die Auszahlungen. Dem Modell wird somit ein **innerhalb der Periode schwankender Kassenbestand** zugrunde gelegt.

Es wird angenommen, dass sich der Kassenbestand innerhalb einer Periode in Richtung und Größe **zufallsabhängig** bewegt, dass jedoch über eine zunehmende Anzahl von Perioden eine Normalverteilung unterstellt werden kann. Im Modell wird der Planungszeitraum in gleich große Zeiteinheiten t unterteilt. In jeder dieser Teilperioden wird nun mit einer Wahrscheinlichkeit von p ein Geldzufluss und mit einer Wahrscheinlichkeit von q ein Geldabfluss in Höhe von m Geldeinheiten erwartet. Dabei gilt zur Vereinfachung: $p = q = 0{,}5$.

Wie beim BAUMOL-Modell werden Transferkosten b unabhängig von der Höhe und Richtung des Transfers angenommen. Dabei wird unterstellt, dass der Transfer selbst keine Zeit erfordert. Die rentabel angelegten Beträge erbringen einen Zins von i.

Im MILLER/ORR-Modell kann sich der Kassenbestand innerhalb der Kontrollgrenzen null (= Untergrenze) und h (= Obergrenze) frei bewegen. Erreicht der Kassenbestand die obere Kontrollgrenze h, so wird er auf das niedrigere Niveau z abgesenkt. Der Betrag $h - z$ wird einer kurzfristigen Geldanlage zugeführt. Sinkt der Kassenbestand auf null ab, so wird ein Betrag in Höhe von z aus der Geldanlage genommen und der Kasse zugeführt (vgl. Abb. 6.3 - 32).

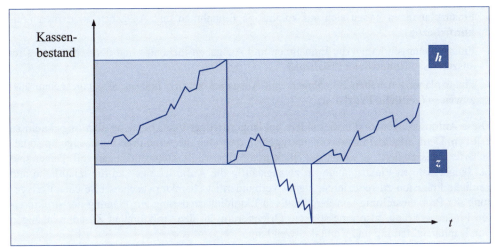

Abb. 6.3 - 32   Kassenhaltung nach dem MILLER/ORR-Modell

Das Ziel des Modells ist es nun, unter Maximierung der Rentabilität die optimale Höhe von h und z zu bestimmen. MILLER/ORR kommen dabei zu folgenden Ergebnissen:

$$z_{opt.} = \sqrt[3]{\frac{3 \cdot b \cdot m^2 \cdot t}{4i}} \qquad [6.3 - 28]$$

$$h_{opt.} = 3 \cdot z_{opt.} \qquad [6.3 - 29]$$

Beurteilung der Kassenhaltungsmodelle:

Die Modelle besitzen den Vorzug, dass sie das Problem der optimalen Kassenhaltung transparenter machen. Darüber hinaus können sie, wie etwa die praktische Bewährung des MILLER/ORR-Modells zeigt, auch Entscheidungshilfen darstellen. Im Vordergrund steht allerdings das Problem der optimalen Überführung von überschüssigen Kassenbeständen in rentable kurzfristige Anlagen, wogegen das komplexe Problem der Liquiditätssicherung weitgehend verkümmert.

6.3.3.3 Inhalt und Struktur des Finanzplans

Kurzfristige Finanzplanung wird allgemein mit Liquiditätsplanung gleichgesetzt. Ihre **Aufgabe** besteht insofern darin,

- eine drohende Illiquidität oder Unterliquidität bzw. sich abzeichnende Liquiditätsüberschüsse rechtzeitig erkennbar zu machen und
- die Zahlungsströme allgemein nach den Kriterien von Rentabilität und Liquidität zu steuern.

Wegen des strengen Liquiditätspostulats müssen Finanzplanungen insbesondere **drei Anforderungen** erfüllen (WITTE/KLEIN 1983):

- Finanzplanungen haben sich auf zukünftige Einnahmen und Ausgaben zu richten (**Zukunftsbezug**);
- Finanzplanungen haben die Einnahmen und Ausgaben lückenlos und überschneidungsfrei auszuweisen (**inhaltliche Präzision**);
- Finanzplanungen haben Einnahmen und Ausgaben zeitlich präzise, also tagesgenau auszuweisen (**zeitliche Präzision**).

Diese Anforderungen sind insbesondere bei längerfristiger Finanzplanung allerdings kaum zu erfüllen. Denn allgemein ist davon auszugehen, dass sich die zukünftige Finanzlage umso unschärfer erfassen lässt, je weiter der Blick in die finanzielle Zukunft dringen soll. Daher sind bei längerfristigen Finanzplanungen zwangsläufig die Anforderungen an die inhaltliche und zeitliche Präzision zu reduzieren. Damit verbunden ist charakteristischerweise eine Verlagerung der Problemstellung von der situativen Liquiditätssteuerung zur Planung der strukturellen Finanzgebarung, also eine stärkere Orientierung an den strukturellen Zusammenhängen von Kapitalausstattung und Kapitalverwendung.

Betrachtet werden soll hier in erster Linie die **kurzfristige Finanzplanung**. Ihre Elemente sind der zahlungsorientierte Finanzplan (Einnahmen- und Ausgabenplan) sowie gegebenenfalls das Finanzbudget.

Ein **Finanzbudget** gibt die geplanten Einnahmen und Ausgaben den einzelnen Mitarbeitern und Abteilungen als verbindliche Orientierung vor. Dementsprechend weist es drei Eigenschaften auf (WITTE/KLEIN 1983):

- Es reglementiert die geplanten Einnahmen und Ausgaben dem **Betrage** nach. Für jede Position des Finanzplans wird festgelegt, welcher Betrag insgesamt ausgegeben werden darf bzw. als Einnahme erzielt werden soll.
- Es regelt die **qualitative Struktur** geplanter Zahlungsbewegungen. Mehrausgaben bei der einen Position dürfen nicht durch Minderausgaben bei einer anderen Position ausgeglichen werden.
- Es unterliegt einer strengen **zeitlichen Bindung**. Eine zeitliche Verschiebung von Einnahmen und Ausgaben (auch zwischen den einzelnen Planungsteilperioden) gilt als Abweichung von der Finanzvorgabe.

Der **(zahlungsorientierte) Finanzplan** weist in seiner Grundstruktur die in Abb. 6.3 - 33 wiedergegebene Form auf. Bezugspunkte sind einerseits die Bestände an Zahlungskraft und andererseits die geplanten Zahlungsbewegungen.

Positionen	Zeitintervalle (Tage, Wochen, Monate usw.)				
	I	II	III	IV	V
Zahlungskraft-Anfangsbestand	5	10	5		
+ Plan-Einnahmen	20	25	usw.		
– Plan-Ausgaben	15	30			
Zahlungskraft-Endbestand	10	5			

Abb. 6.3 - 33   Grundstruktur eines Finanzplans

6.3 Finanzierung und Finanzierungsrechnungen

Die **Zahlungskraft** zu einem bestimmten Zeitpunkt ist definiert als Summe aus Kasse, Wechsel und Schecks, Bank- und Postscheckguthaben sowie aus zugesagten, aber noch nicht in Anspruch genommenen Kreditlinien.

Die **geplanten Zahlungsbewegungen** können nach den verschiedensten Gesichtspunkten gegliedert werden. In Abb. 6.3 - 34 ist die Gliederung für einen Finanzplan wiedergegeben, die sich an der Strukturierung der Zahlungsströme in der Kapitalflussrechnung orientiert (vgl. S. 596f.)

Anfangsbestand „Flüssige Mittel"		20
operativer Bereich oder Umsatzbereich		
+ Einzahlungen aus Umsatzerlösen	4.000	
+ Sonstige umsatzbezogene Einzahlungen	200	
– Auszahlungen an Lieferanten	- 1.200	
– Auszahlungen für Personal	- 1.500	
– Auszahlungen für Leistungen von Dritten	- 500	
– Auszahlungen für Fremdkapitalzinsen	- 200	
– Sonstige umsatzbezogene Auszahlungen	- 300	
– Auszahlungen für Steuern	- 140	
Saldo der Zahlungen aus dem Umsatzbereich		360
Investitionsbereich		
– Auszahlungen für (Brutto-)Investitionen in das Anlagevermögen	- 500	
+ Einzahlungen aus der Veräußerung von Anlagevermögen	50	
Saldo der Zahlungen aus dem Investitionsbereich		- 450
Finanzierungsbereich		
+ Einzahlungen aus Kapitalerhöhung	100	
– Auszahlungen aus Kapitalherabsetzung	0	
– Ausschüttungen an die Unternehmenseigner	- 25	
+ Einzahlungen aus der Aufnahme von Finanzverbindlichkeiten	330	
– Auszahlungen für die Tilgung von Finanzverbindlichkeiten	- 290	
Saldo der Zahlungen aus dem Finanzierungsbereich		115
Neutraler Bereich		
+ Einzahlungen im neutralen Bereich	20	
– Auszahlungen im neutralen Bereich	- 30	
Saldo der Zahlungen im neutralen Bereich		- 10
Endbestand „Flüssige Mittel"		35

Abb. 6.3 - 34   Gliederung der Ein- und Auszahlungen im Finanzplan

Für die **Liquiditätssicherung** von zentraler Bedeutung ist es, Liquiditätsengpässe (finanzielle Fehlbeträge) möglichst frühzeitig zu erkennen und rechtzeitig Maßnahmen zur Herbeiführung eines Deckungsgleichgewichts zu ergreifen. Eines der zentralen Instrumente hierfür ist der Finanzplan, der finanzielle Engpässe dadurch signalisiert, dass die Zahlungskraft in bestimmten Perioden einen negativen (oder zu geringen positiven) Wert annimmt.

Solche im Finanzplan offen zutage tretenden Fehlbeträge können dabei vorübergehender oder struktureller Natur sein. Bei einem **vorübergehenden finanziellen Fehlbetrag** ergeben sich Defizite lediglich für bestimmte Planungsintervalle. Im Durchschnitt ist der Finanzplan hier jedoch ausgeglichen (vgl. Abb. 6.3 - 35).

	Jan.	Feb.	Mrz.	Apr.	Mai	Jun.	Jul.
Zahlungskraft-Anfangsbestand	+ 100	+ 100	- 100	- 100	0	+ 100	+ 200
Einnahmen	200	200	200	200	200	200	200
Ausgaben	200	400	200	100	100	100	100
Zahlungskraft-Endbestand	+ 100	- 100	- 100	0	+ 100	+ 200	+ 300

Abb. 6.3 - 35   Offener finanzieller Fehlbetrag in einzelnen Teilperioden

Dagegen ist ein **struktureller finanzieller Fehlbetrag** gegeben, wenn der Finanzplan auf Dauer nicht ausgeglichen ist. Es besteht ein strukturelles Ungleichgewicht zwischen den Einnahmen und den Ausgaben (vgl. Abb. 6.3 - 36).

	Jan.	Feb.	Mrz.	Apr.	Mai	Jun.	kumuliert
Zahlungskraft-Anfangsbestand	+ 100	+ 100	- 100	- 200	- 250	- 350	
Einnahmen	200	300	200	150	100	200	1.150
Ausgaben	200	500	300	200	200	300	1.700
Zahlungskraft-Endbestand	+ 100	- 100	- 200	- 250	- 350	- 450	

Abb. 6.3 - 36   Strukturelle Ungleichgewichte im Finanzplan

Finanzielle **Fehlbeträge** müssen **nicht immer auch offen** zutage treten. So kann der Finanzplan einen Überschuss signalisieren, obwohl in dem betreffenden Prognoseintervall die Liquidität gefährdet ist. Die **Gründe** hierfür können darin liegen, dass

- Einnahmen zu optimistisch, Ausgaben zu vorsichtig eingeplant worden sind und/oder
- das zeitliche Raster der Planungsintervalle zu grob ist, um die Struktur der Zahlungsbewegungen präzise abzubilden.

	1. Dekade	2. Dekade	3. Dekade
Zahlungskraft-Anfangsbestand	0	- 40	- 20
Einnahmen	20	40	140
Ausgaben	60	20	20
Zahlungskraft-Endbestand	- 40	- 20	+ 100

Abb. 6.3 - 37   Aufdeckung eines verborgenen finanziellen Fehlbetrags durch zeitliche Detaillierung der Planungsintervalle

Abb. 6.3 - 37 zeigt die mögliche Entstehung eines **verborgenen finanziellen Fehlbetrags** infolge einer zu geringen zeitlichen Präzision der Planung. Ausgegangen worden ist dabei von

6.3 Finanzierung und Finanzierungsrechnungen 575

den Daten für den Monat Mai des Beispiels aus Abb. 6.3 - 35. Nach einem Zahlungskraftanfangsbestand von null ergab sich hier ein Endbestand von 100 GE, weil in dem betreffenden Monat den Einnahmen in Höhe von 200 GE nur Ausgaben von 100 GE gegenüberstanden. Eine Detailanalyse des Monats zeigt allerdings, dass der Schwerpunkt der Einnahmen erst gegen Ende des Monats erwartet werden kann, während die Ausgaben schon zu Beginn des Monats anfallen.

Die **Ausgleichsmaßnahmen bei Liquiditätsdefiziten** hängen wesentlich von der Art des finanziellen Fehlbetrags ab:

- **Verborgene finanzielle Fehlbeträge**

  Verborgene finanzielle Fehlbeträge sind das Einsatzgebiet der Liquiditätsreserve. Sie muss für den Fall zurückgehalten werden, dass ein Fehlbetrag unerwartet auftritt. Die **Komponenten der Liquiditätsreserve** sind dabei im Einzelnen:

  - Zahlungskraftreserven,
  - kurzfristig realisierbare Vermögensreserven (Terminausleihungen, Wertpapiere),
  - Finanzierungsreserven (nicht ausgenutztes Verschuldungspotenzial, Kapitalerhöhungsreserven).

  Jede Position der Liquiditätsreserve ist durch einen **Liquidierungsbetrag**, eine **Liquidierungsdauer**, durch **Liquidierungskosten** (einschließlich entgangener Gewinne) sowie durch ein etwaiges **Liquidierungsrisiko** (das sich auf Liquidierungsbetrag, -dauer und/ oder -kosten beziehen kann) gekennzeichnet. Diese Gesichtspunkte sind als Kriterien heranzuziehen, wenn es um die Dimensionierung und artmäßige Strukturierung der Liquiditätsreserve geht (vgl. auch S. 576ff.).

- **Offene, jedoch zeitlich befristete Fehlbeträge**

  Offene, jedoch zeitlich befristete Fehlbeträge stellen die **typische Aufgabe des Planausgleichs** dar. Die prognostizierten Einnahmen und Ausgaben sind dem Betrag nach (im Durchschnitt) ausgeglichen und divergieren lediglich in ihrer zeitlichen Struktur. In dieser Situation können Maßnahmen an zwei Punkten ansetzen:

  - Verzögern geplanter Ausgaben und Beschleunigung geplanter Einnahmen (soweit möglich und unter Rentabilitätsaspekten sinnvoll),
  - kurzfristige Kreditfinanzierung und gegebenenfalls Finanzierung aus Vermögensumschichtung.

- **Strukturelle finanzielle Fehlbeträge**

  Strukturelle finanzielle Fehlbeträge können durch zeitliche Verschiebung von Zahlungen nicht (dauerhaft) beseitigt werden. Hierzu sind vielmehr **langfristige Finanzierungen** erforderlich. Diese dürfen sich in der Regel nicht auf das „Einkaufen von Kapital", also auf die Außenfinanzierung beschränken, sondern müssen vor allem auch auf eine Erhöhung der Innenfinanzierungskraft ausgerichtet sein. Das bedeutet also im Wesentlichen die Durchführung von Rationalisierungsmaßnahmen und die Verstärkung der Marketinganstrengungen. Daneben können aber auch dauerhaft wirkende Kapitalfreisetzungen im Anlage- und Umlaufvermögen (= Finanzierung aus Vermögensumschichtung) zu einer strukturellen Verbesserung der Liquiditätslage beitragen.

576   Sechstes Kapitel: Betriebliche Finanzprozesse

6.3.3.4 Finanzieller Mobilitätsstatus

Ein **Finanzplan** weist, obwohl er für die Liquiditätssteuerung ein unentbehrliches Hilfsmittel ist, zwei grundlegende **Schwächen** auf:

- Von den Komponenten der Liquiditätsreserve enthält der Finanzplan lediglich die Zahlungskraft als kumulierten Saldo der Einnahmen und Ausgaben, der (unter Berücksichtigung der Anfangsbestände an Zahlungskraft) über die Perioden fortgeschrieben wird. Nicht sichtbar werden jedoch die (nicht in Zahlungskraft überführten) übrigen Komponenten der Liquiditätsreserve. Das gleiche gilt für etwaige Quellen der Liquidität außerhalb der Liquiditätsreserve. Der Finanzplan ist also von seinem Liquiditätskonzept her nicht vollständig formuliert.

- Ein Finanzplan orientiert sich an den prognostizierten Einnahmen und Ausgaben. Er ist daher von seiner Anlage her weniger geeignet für die Berücksichtigung nicht oder falsch prognostizierter Liquiditätsbelastungen. Diese sind es aber gerade, die die Existenz der Unternehmung gefährden können, da sie oftmals unerwartet und mit nur geringer „Vorwarnzeit" eintreffen.

Als eine Ergänzung des Finanzplans ist deshalb von DONALDSON (1969) ein Instrument vorgeschlagen worden, das man als **finanziellen Mobilitätsstatus** bezeichnen könnte. Finanzielle Mobilität wird dabei ganz allgemein als Fähigkeit verstanden, sich an umweltbedingte Veränderungen jederzeit so anzupassen, dass liquiditätsbezogene Ungleichgewichte vermieden (bzw. eingetretene Störungen wieder beseitigt) werden können und zugleich stets genügend Mittel zur Verfügung stehen, um sich bietende Ertrags- und Wachstumschancen (im Rahmen des Gewünschten) jederzeit nutzen zu können.

Ein Status der finanziellen Mobilität ist demnach auch grundsätzlich nicht mit einem Finanzplan gleichzusetzen. Er beantwortet vielmehr die Frage: Aus welchen **Quellen können zusätzliche Mittel beschafft** werden, wenn sich unter den gegebenen finanziellen Verhältnissen die in der Finanzplanung enthaltenen Prognosen als falsch erweisen sollten? In dieser Fragestellung ähnelt der Mobilitätsstatus in gewisser Weise dem traditionellen Liquiditätsstatus. Nur, dass dieser sich auf den Ausweis der freien Zahlungskraftreserven beschränkt und in seiner normalen Ausgestaltung auch strikt gegenwartsorientiert bleibt, während der finanzielle Mobilitätsstatus sehr viel umfassender angelegt ist und prinzipiell auch mit Planungswerten arbeitet.

Abb. 6.3 - 38 stellt einen solchen Mobilitätsstatus in seiner Grundstruktur dar. Er erfasst die zu bestimmten Stichtagen als verfügbar angesehene finanzielle Mobilität, und zwar gegliedert nach den verschiedenen Mobilitätsressourcen.

Was die **Stichtage** betrifft, so spielen dabei zwei eine besondere Rolle:

- Die aktuelle Mobilität **zu Beginn einer Budgetperiode** (bzw. eines Geschäftsjahres). Je nach weiterer Aufgliederung der Budgetperiode kann der Mobilitätsstatus dabei monatlich, quartalsmäßig oder auch nur jährlich einmal fort geschrieben werden. Grundlage bleibt jedoch das (im Allgemeinen jährlich einmal erstellte) Budget, und die aktuelle Mobilität schöpft insofern auch stets nur aus den Ressourcen, die von diesem Budget zu Beginn der Budgetperiode und dann jeweils zu den einzelnen Fortschreibungsstichtagen noch nicht „vereinnahmt" sind. Dass es sich bei dieser Betrachtung um die Absicherung gegen etwaige Liquiditätsengpässe **innerhalb** der Budgetperiode handelt, bedarf keiner weiteren Begründung.

6.3 Finanzierung und Finanzierungsrechnungen

		Finanzielle Mobilität			
		zu Beginn der Budgetperiode		am Ende der Budgetperiode	
I.	**Freie Liquiditätsreserven**				
	1. Zahlungskraftreserven				
	• Kasse und Bankguthaben	0		0	
	• Nicht ausgenutzte Kreditlinien	350.000		0	
	Summe (1.)		350.000		0
	2. Kurzfristige Vermögensreserven				
	• Terminausleihungen	100.000		0	
	• Wertpapiere	50.000		50.000	
	Summe (2.)		150.000		50.000
	3. Finanzierungsreserven				
	• Nicht ausgenutztes Verschuldungspotenzial				
	- kurzfristig	150.000		150.000	
	- langfristig	300.000		300.000	
	• Kapitalerhöhungsreserven	300.000		500.000	
	Summe (3.)		750.000		950.000
	Summe: Freie Liquiditätsreserven		**1.250.000**		**1.000.000**
II.	**Abbau des Working Capital**				
	1. Abbau Vorräte	84.000		84.000	
	2. Abbau Debitoren	30.000		30.000	
	3. Zunahme Kreditoren	20.000		20.000	
	Summe: Einsparung von Working Capital		**134.000**		**134.000**
III.	**Gemeinkostenreduzierung**				
	1. Marketing	50.000		50.000	
	2. Administration	76.000		76.000	
	3. Forschung und Entwicklung	30.000		30.000	
	Summe: Gemeinkostenreduzierung		**156.000**		**156.000**
IV.	**Kürzung von Anlageinvestitionen und Dividenden**				
	1. Anlageinvestitionen	100.000		150.000	
	2. Dividenden	50.000		50.000	
	Summe: Kürzung von Anlageinvestitionen und Dividenden		**150.000**		**200.000**
V.	**Liquidation von Anlagevermögen**				
	1. Sachanlagen	85.000		85.000	
	2. Finanzanlagen	100.000		100.000	
	Summe: Liquidation von Anlagevermögen		**185.000**		**185.000**
	Gesamte finanzielle Mobilität zur Abdeckung potenzieller Liquiditätsengpässe		**1.875.000**		**1.675.000**

Abb. 6.3 - 38   Beispiel eines Mobilitätsstatus

- Die voraussichtliche Mobilität **am Ende der Budgetperiode**, die sich unter Berücksichtigung der geplanten Einnahmen und Ausgaben sowie unter der Annahme, dass der Plan eingehalten werden kann, ergibt. Die zu diesem Stichtag ermittelte Mobilität dient zur Abdeckung möglicher Liquiditätsengpässe **jenseits** des Budgethorizonts und zeigt insofern frühzeitig eventuelle liquiditätspolitische Anpassungsnotwendigkeiten in diesem Bereich an.

Was sind nun im Einzelnen die **Quellen finanzieller Mobilität** und wie werden sie im Mobilitätsstatus erfasst? Eine zentrale Rolle spielen natürlich die **freien Liquiditätsreserven**, die sich – wie bereits geschildert – aus Zahlungskraft-, kurzfristigen Vermögens- und Finanzierungsreserven zusammensetzen. Daneben enthält der finanzielle Mobilitätsstatus vornehmlich **Einsparungen und Kapitalfreisetzungen**, die für den etwaigen Fall eines alle anderen Argumente nachrangig werden lassenden Liquiditätsengpasses für möglich gehalten werden, aber unter „normalen" Bedingungen, etwa aus Kosten- und Ertragsgründen oder wegen negativer Rückwirkungen auf das Ansehen und „Standing" der Unternehmung, nicht ohne weiteres vollzogen würden. Im Einzelnen sind hier zu nennen (vgl. Abb. 6.3 - 38):

- **Abbau des „Working Capital"** durch eine restriktivere **Vorratspolitik** (Drosselung der Produktionsrate unter die Absatzrate, Verzicht auf optimale Bestellmengen, Abbau der Sicherheitsbestände, Beschleunigung des Materialdurchflusses), durch eine stärkere **Kontrolle der Debitoren** (Intensivierung des Mahnwesens, Veränderung der Zahlungsbedingungen, Verzicht auf Belieferung von Kunden mit schlechter Zahlungsmoral) sowie durch **Verlängerung der Kreditorendauer** (Hinnahme von Skontoverlusten und volle Ausnutzung der Zahlungsziele, gezielter Einsatz von Wechselkrediten zur Verzögerung der Zahlungsausgänge).

- **Gemeinkostenreduzierungen** dort, wo dies möglich ist und auch keine unmittelbaren, kurzfristigen Rückwirkungen auf die laufenden Erträge zu befürchten sind. Als „traditionelle" Bereiche kommen hierfür vornehmlich Marketing, die allgemeine Verwaltung sowie Forschung und Entwicklung (einschließlich Aus- und Fortbildung) in Betracht.

- **Kürzung von Anlageinvestitionen und Dividenden**, wobei vor allem der Streckung des Investitionsprogramms Bedeutung zukommt.

- **Liquidation von Anlagevermögen.** Hier geht es um die Nutzung bestehender Möglichkeiten, Desinvestitionen gegenüber dem Plan zeitlich vorzuziehen, sowie um die Disposition nicht (oder noch nicht) betriebsnotwendiger Vermögensgegenstände (wie beispielsweise Grundbesitz).

Der Erfassung der verschiedenen Mobilitätsressourcen in einem Mobilitätsstatus folgt die **Beurteilung der vorhandenen finanziellen Mobilität hinsichtlich ihrer Adäquanz**. Dazu bedarf es im Einzelnen

- einer Würdigung der **Höhe** der gesamten finanziellen Mobilität (laut Mobilitätsstatus) sowie ihrer **Aufteilung** auf die verschiedenen Ressourcen und

- einer Würdigung der **Sicherheit**, mit der die einzelnen Ressourcen finanzieller Mobilität bei Bedarf im prognostizierten Umfang liquiditätswirksam zur Verfügung stehen und der hierzu erforderlichen **Vorlaufzeit**.

Die Frage, ob ein bestimmter Saldo des Mobilitätsstatus als **ausreichend hoch** anzusehen ist, kann so ohne weiteres nicht beantwortet werden. Allgemein wird man zwar sagen können, dass der richtige Betrag zugleich der Mindestbetrag sein muss, der zur Abdeckung des maximalen Defizits, das entstehen kann, ausreicht. Aber dies ist keine operationale Entscheidungsregel von der Art, wie sie benötigt wird. Es ist also erforderlich, im Rahmen einer situationsgebundenen Analyse ganz konkret die maximal möglichen Abweichungen von den budgetier-

6.3 Finanzierung und Finanzierungsrechnungen 579

ten Zahlen und deren Auswirkungen auf die Liquidität zu schätzen. Weil dies jedoch regelmäßig nur unvollkommen geschehen kann, und weil Sicherheit vor ungeplanten Entwicklungen kein Hauptzweck der finanziellen Unternehmensführung sein kann, ist es zusätzlich erforderlich, die Höhe des bewusst tolerierten Risikos, irgendwann zahlungsunfähig zu werden, zu bestimmen.

Neben der Höhe finanzieller Mobilitätsreserven spielt im besonderen Maße deren **Zusammensetzung** eine wichtige Rolle. Damit eng verbunden ist die Frage nach der Sicherheit, mit der diese Ressourcen bei Bedarf auch zur Verfügung stehen, und nach der hierbei erforderlichen Vorlaufzeit. Es ist unzweifelhaft, dass dem Zweck der Liquiditätssicherung die Zahlungskraftreserven am meisten entsprechen. Ihre notwendige Vorlaufzeit ist gleich null, und es bestehen keine Unsicherheiten bezüglich ihrer rechtzeitigen und vollen Verfügbarkeit bei einem etwaigen Bedarf. Das Gegenteil davon sind Mobilitätsreserven im Anlagevermögen. Im Allgemeinen nimmt der Liquidationsprozess eine nicht unerhebliche Zeit in Anspruch und (besonders bei Notverkäufen) ist der erzielbare Liquidationserlös äußerst unsicher. Für die anderen Quellen der Mobilität, die hinsichtlich der genannten Kriterien etwa im Mittelfeld liegen, sind vor allem die zu ihrer Aktivierung häufig erforderlichen Verhandlungen nicht selten ein wesentlicher Zeit- und Unsicherheitsfaktor. So etwa, wenn es darum geht, das nicht ausgenutzte Verschuldungspotenzial in Zahlungskraft umzuwandeln, oder wenn die finanzielle Führung innerbetrieblich nicht die entsprechenden Kompetenzen für Maßnahmen zur Reduzierung des „Working Capital" oder abbaufähiger Gemeinkosten besitzt und daher mit den Führungskräften der hiervon betroffenen Bereiche zu verhandeln hat. Was speziell die Umwandlung von Finanzierungsreserven in Zahlungskraft betrifft, so kann allerdings eine gezielte Pflege des Finanzierungsspielraums und eine vertrauensvolle Zusammenarbeit mit den Hausbanken dazu beitragen, den damit verbundenen Zeit- und Unsicherheitsfaktor entscheidend zu verringern.

Dessen ungeachtet zeigen sich aber dennoch deutliche Abstufungen in der Eignung einzelner Ressourcen, schnell und sicher bei Bedarf zur Verfügung zu stehen. Insofern kann es also prinzipiell nicht nur die Situation eines „zu wenig" an finanzieller Mobilität insgesamt, sondern auch die Situation einer unausgewogenen Zusammensetzung der verschiedenen Mobilitätsressourcen geben. Dabei ist zu berücksichtigen, dass sich die Adäquanzbeurteilung finanzieller Mobilitätsreserven nicht nur auf den Zeitraum der jeweils laufenden Budgetperiode beschränken darf, sondern zumindest in groben Umrissen auch den Zeitraum danach erfassen muss.

Neben der Adäquanzbeurteilung finanzieller Mobilitätsreserven ist die **Festlegung der Prioritäten**, nach denen die verschiedenen Ressourcen gebildet, eingesetzt und wieder aufgefüllt werden sollen, von Bedeutung. Im Einzelnen entsteht die Frage nach solchen Prioritäten vor allem immer dann, wenn

- die Höhe der vorhandenen finanziellen Mobilität als nicht ausreichend angesehen wird,
- die Zusammensetzung der verschiedenen Mobilitätsressourcen unausgewogen ist, insbesondere also die Zahlungskraftreserven unangemessen klein sind, oder
- der Einsatz der finanziellen Mobilitätsreserven zur Abwendung einer Liquiditätsbedrohung erforderlich wird.

In allen drei Fällen bedarf es einer **Entscheidungsregel**, welche Ressourcen an erster Stelle aufgestockt, umgeschichtet oder eingesetzt werden, welche danach an die Reihe kommen und so weiter. DONALDSON (1969) nennt diesbezüglich vier (empirisch nachgewiesene) **Prinzipien liquiditätspolitischer Anpassung**:

- **Prinzip des geringsten Widerstands.** Liquiditätspolitische Anpassungen erfolgen zunächst in Bezug auf die Mobilitätsreserven, die direkt der Kontrolle seitens der finanziellen Führung unterliegen. Weitere Anpassungen vollziehen sich tendenziell in der Reihenfolge bestehender (externer oder interner) Widerstände gegen Kapitalzuführungen, Ausgabenkürzungen und dergleichen mehr.

- **Prinzip der maximalen Vorhersehbarkeit und Sicherheit.** Dieses Prinzip ist Ausdruck der besonderen Gefahr kurzfristiger Liquiditätsengpässe und beinhaltet, dass Anpassungsmaßnahmen dort vollzogen werden, wo das Risiko von Fehlschlägen möglichst gering ist.

- **Prinzip der Schlüssel-Liquidität** (*Key Resource Strategy*). Es besteht eine gewisse Vorliebe, sich zur Absorption unvorhergesehener finanzieller Ungleichgewichte in den budgetierten Einnahmen und Ausgaben auf bestimmte Arten finanzieller Mobilitätsreserven schwergewichtig zu verlassen. In Frage kommt vor allem der betonte Rückgriff auf auffallend hohe Liquiditätsreserven (*„Big Cash Balance Approach"*) oder die Pflege entsprechender Bankverbindungen.

- **„Eichhörnchen"-Prinzip.** Bei aller Vorliebe für das Prinzip der Schlüssel-Liquidität werden einzelne Reserven nie vollständig und restlos verbraucht, bevor andere Quellen in Anspruch genommen werden. Vielmehr werden (nach außen häufig willkürlich anmutende) obere Grenzen der Inanspruchnahme einzelner Liquiditätsquellen fixiert.

6.3 Finanzierung und Finanzierungsrechnungen 581

Fragen und Aufgaben zur Wiederholung (6.3.3: S. 568 – 580)

1. Nennen Sie die Hauptkriterien der Liquiditätssteuerung, und verwenden Sie sie zur Beschreibung der Entscheidungssituation (a) bei gefährdeter und (b) bei ungefährdeter Liquidität!

2. Welche allgemeine Problemstellung liegt den in der Literatur diskutierten Kassenhaltungsmodellen zugrunde?

3. Entwickeln Sie das BAUMOL-Modell der optimalen Kassenhaltung in seinen Grundzügen! Wie lautet die Formel für den optimalen Transferbetrag in die Kasse?

4. Hinsichtlich welcher Prämissen ist das MILLER/ORR-Modell dem BAUMOL-Modell überlegen?

5. Beschreiben Sie die Kassenhaltungsstrategie nach MILLER/ORR!

6. Was sind die Aufgaben der Finanzplanung, und welche Anforderungen müssen Finanzplanungen erfüllen?

7. Worin bestehen die Wesensmerkmale eines Finanzbudgets?

8. Erläutern Sie die Grundstruktur eines (zahlungsorientierten) Finanzplans!

9. Was versteht man im Finanzplan unter Zahlungskraft?

10. Welche verschiedenen Formen eines finanziellen Fehlbetrags lassen sich unterscheiden? Was sind mögliche Gründe für die Entstehung solcher Fehlbeträge?

11. Worin bestehen mögliche Ausgleichsmaßnahmen bei auftretenden Liquiditätsdefiziten in Abhängigkeit von der Art des finanziellen Fehlbetrags?

12. Welche grundlegenden Schwächen weist ein Finanzplan im Zusammenhang mit seiner Aufgabe, Liquidität zu sichern, auf?

13. Inwiefern ergänzt ein finanzieller Mobilitätsstatus den Finanzplan? Was versteht man in diesem Zusammenhang unter finanzieller Mobilität?

14. Welches sind die Quellen finanzieller Mobilität, und wie werden sie im Mobilitätsstatus erfasst?

15. Welche Überlegungen sind anzustellen, wenn es (a) um die Beurteilung der vorhandenen finanziellen Mobilität und (b) um die Festlegung der Dispositionsprioritäten geht?

16. Nennen Sie einige (empirisch nachweisbare) Prinzipien liquiditätspolitischer Anpassung!

Dritter Teil

Das Rechnungswesen der Unternehmung

Siebtes Kapitel

Grundbegriffe und Systematik des Rechnungswesens

7.1	Gliederung des Rechnungswesens	587
7.2	Buchhalterische Systeme und Grundzusammenhänge	588
7.3	Kontenrahmen und Kontenplan	597
7.4	Abgrenzung rechnungstheoretischer Strom- und Bestandsgrößen...	602
	Fragen und Aufgaben zur Wiederholung (7: S. 587 – 605)..................................	605

7.1 Gliederung des Rechnungswesens

Das betriebliche Geschehen wurde bislang als ein dynamischer, sich vielfältig verzweigender Prozess der Zielsetzung und Zielerreichung charakterisiert und in seinen zentralen Bestandteilen

- dem Zielsystem,
- dem Managementsystem,
- dem Leistungsprozess sowie
- dem Finanzprozess

nach betriebswirtschaftlich relevanten Kriterien analysiert. Dabei blieb noch im Wesentlichen unbeachtet, dass es aus rechtlichen oder unternehmenspolitischen Gründen erforderlich bzw. zweckmäßig sein mag, diese Vorgänge systematisch zu erfassen, sie also zu dokumentieren und diese Informationen je nach Bedarfszweck auszuwerten.

Diese komplexe Aufgabe wird vom **betrieblichen Rechnungswesen** wahrgenommen. Es kann als **Inbegriff eines Informationssystems** (vgl. S. 164ff.) betrachtet werden, dessen Gegenstand die Erfassung, Speicherung und Verarbeitung von betriebswirtschaftlich relevanten quantitativen Informationen über angefallene oder geplante Geschäftsvorgänge und -ergebnisse ist.

Solche **quantitativen Daten** können dabei mengen- oder wertmäßiger Natur sein, wobei die wertmäßigen Daten – dem Charakter des Wirtschaftens in einer Geldwirtschaft entsprechend – dominieren. Damit stehen **im Vordergrund des Rechnungswesens Größen wie**

- Ertrag und Aufwand, Kosten und Leistung, Gewinn und Verlust,
- Einnahmen, Ausgaben und Liquidität sowie
- Vermögen, Schulden und Kapital.

Die **Aufgaben** des betrieblichen Rechnungswesens im Einzelnen lassen sich folgendermaßen zusammenfassen:

- **Dokumentation** des betrieblichen Geschehens („Geschichtsschreibung"),
- extern orientierte **Rechenschaftslegung** gegenüber Gesellschaftern, Gläubigern, Öffentlichkeit und Staat,
- rechnerische **Fundierung unternehmenspolitischer Entscheidungen**.

Je nachdem, welche Aufgaben dominieren, stehen unterschiedliche Bereiche und Rechnungsinhalte im Vordergrund, wobei allerdings die Auffassung darüber, welche Teilgebiete im Einzelnen zum Rechnungswesen zählen und wie sie zu systematisieren sind, keineswegs einheitlich ist. Da die lange Zeit übliche Gliederung des Rechnungswesens in

- Buchhaltung und Bilanz,
- Kalkulation,
- Statistik und
- Planungsrechnung

aus logischen Gründen kaum überzeugen kann, wird hier die **Gliederung der Teilbereiche des Rechnungswesens** gemäß Abb. 7 - 1 vorgeschlagen.

Rechnungswesen der Unternehmung		
pagatorische Rechnungen		**kalkulatorische Rechnungen**
Finanz-, Bilanz- und Erfolgsrechnung	Wirtschaftlichkeits- rechnung	Betriebsabrechnung und Kalkulation
externe Unternehmungsrechnung: Finanzbuchhaltung (*Financial Accounting*)		interne Unternehmungsrechnung: Betriebsbuchhaltung (*Management Accounting*)

Abb. 7 - 1 Hauptbereiche des betrieblichen Rechnungswesens

Weitere (ergänzende) **Unterscheidungsmerkmale von Teilbereichen des Rechnungswesens** lassen sich z.B. durch folgende Fragestellungen gewinnen:

- Liegt eine Zeit-(Perioden-)rechnung oder eine Stückrechnung vor?
- Wird mit Vergangenheitswerten oder mit Zukunftsgrößen (= Planungsrechnung) gearbeitet?
- Erfolgt eine Einzelaufzeichnung von Geschäftsvorgängen bzw. -ergebnissen oder werden statistische Vergleichsrechnungen vorgenommen?
- Handelt es sich um (periodische) Grundrechnungen oder haben die Rechnungen mehr den Charakter von Sonderrechnungen bzw. von vor- oder nachgelagerten Nebenrechnungen?
- Erfolgt die Datenerfassung und/oder -auswertung tabellarisch oder streng kontenmäßig (über die Buchhaltung)?

Aus der Kombination der mit diesen Fragen angesprochenen Merkmale und unter Berücksichtigung der drei in Abb. 7 - 1 genannten Hauptbereiche des Rechnungswesens ergibt sich eine fast unübersehbare Vielfalt von Rechnungstypen. Von diesen kann im Folgenden zwangsläufig nur eine repräsentative Auswahl näher behandelt werden. Dabei kommt zu Hilfe, dass Finanzierungs- und Wirtschaftlichkeitsrechnungen bereits in anderem Zusammenhang (vgl. S. 393ff. und S. 490ff.) behandelt wurden. Die verbleibenden beiden Rechnungszweige,

- die pagatorische Bilanz- und Erfolgsrechnung sowie
- die Betriebsabrechnung und Kalkulation

haben dabei den gemeinsamen Nenner, dass sie in der Praxis einen **engen Bezug zur Buchhaltung** aufweisen (was für die Finanz- und Wirtschaftlichkeitsrechnung nicht gilt) und damit auch traditionell den eigentlichen Kern des betrieblichen Rechnungswesens bilden.

7.2 Buchhalterische Systeme und Grundzusammenhänge

Die **kaufmännische Buchhaltung** – den Gegensatz dazu stellt die kameralistische Buchhaltung der öffentlichen Hand dar – existiert in **zwei grundsätzlichen Ausprägungen**:

(1) die **einfache Buchhaltung** (Buchführung) und

(2) die **doppelte Buchhaltung**.

7.2 Buchhalterische Systeme und Grundzusammenhänge 589

Zu (1) Einfache Buchhaltung (Buchführung):

Die einfache Buchhaltung bzw. Buchführung (*Cash Accounting*) kennt nur Bestandskonten, also Vermögens-, Schulden- und (Eigen-)Kapitalkonten, auf denen die anfallenden Geschäftsvorgänge nach chronologischen und sachlichen Gesichtspunkten verbucht werden. Der **Reingewinn eines Geschäftsjahres** wird durch einen einfachen Vermögensvergleich ermittelt:

	neues Reinvermögen (Eigenkapital per Ende des Geschäftsjahres)
–	altes Reinvermögen (Eigenkapital per Anfang des Geschäftsjahres)
+	(Kapital-)Entnahmen während des Geschäftsjahres
–	(Kapital-)Einlagen während des Geschäftsjahres
=	Reingewinn des Geschäftsjahres

Die einfache Buchführung ist die Mindestbuchhaltung des Einzelhandels und des Handwerks.

Zu (2) Doppelte Buchhaltung:

Die doppelte Buchhaltung – auch Doppik für „Doppelte Buchführung in Konten" abgekürzt – (*Accrual Accounting*) kennt nicht nur Bestandskonten, sondern auch eigenständige Erfolgskonten (und in der erweiterten Version auch Finanzkonten). Das Grundprinzip dieses Buchhaltungssystems besteht darin, dass jeder Geschäftsvorgang stets auf mindestens zwei verschiedenen Konten, also doppelt verbucht wird.

Im einfachsten Fall werden nur zwei Konten berührt (vgl. Abb. 7 - 2, Fall 1). Der grundlegende **Buchungssatz** lautet dabei:

(Per) Soll an Haben,

d.h., die Verbuchung erfolgt bei dem einen Konto auf der **Sollseite** (= linke Seite), bei dem anderen Konto dagegen auf der **Habenseite** (= rechte Seite). Dieses Grundprinzip gilt aber auch, wenn mehr als zwei Konten angesprochen werden (vgl. Abb. 7 - 2, Fall 2 und 3). Es findet seinen allgemeinen Ausdruck in der für das System der Doppik so charakteristischen Forderung, dass ohne Rücksicht auf die Zahl der berührten Konten die Summe der Sollbuchungen immer gleich der Summe der Habenbuchungen sein muss.

Konto I			**Konto II**			**Konto III**		
Soll		Haben	Soll		Haben	Soll		Haben
Fall 1	100	Fall 3 60	Fall 3	20	Fall 1 100	Fall 3	40	Fall 2 50
Fall 2	80				Fall 2 30			

Abb. 7 - 2   Erfassung von Buchungssätzen auf Konten im System der doppelten Buchhaltung

Die Verbuchung der Geschäftsvorfälle erfolgt auf **Konten** (= zweiseitig geführte Rechnungen, auf denen die Wertbewegungen registriert werden). Dabei lassen sich im System der Doppik prinzipiell **drei Gruppen von Grundkonten**, die jeweils wieder in zwei Teilkonten zerfallen, unterscheiden (vgl. CHMIELEWICZ 1982a):

Konten der Buchhaltung

Finanzkonten		Bilanzkonten		Erfolgskonten	
Einnahmekonten	**Ausgabekonten**	**Vermögenskonten**	**Kapital-/Schuldenkonten**	**Aufwands-/Kostenkonten**	**Ertrags-/Leistungskonten**
Soll | Haben	Soll | Haben	Soll | Haben	Soll | Haben	Soll | Haben	Soll | Haben
Abgänge | Zugänge	Zugänge | Abgänge	Anfangsbestand, Zugänge | Abgänge	Abgänge | Anfangsbestand, Zugänge	Zugänge | Abgänge	Abgänge | Zugänge
Saldo = Endbestand	Saldo = Endbestand	Saldo = Endbestand	Saldo = Endbestand	Saldo = Endbestand	Saldo = Endbestand
Soll = Haben	Soll = Haben	Soll = Haben	Soll = Haben	Soll = Haben	Soll = Haben

Abb. 7 - 3   Verbuchung von Anfangs- und Endbeständen, Zugängen und Abgängen auf Finanz-, Bilanz- und Erfolgskonten

7.2 Buchhalterische Systeme und Grundzusammenhänge 591

- **Finanzkonten** (Einnahme- und Ausgabekonten), auf denen liquiditätswirksame (Zahlungs-)Vorgänge verbucht werden,
- **Bilanzkonten** (Vermögens- und Kapital-/Schuldenkonten), auf denen Bestände und deren Änderungen verbucht werden,
- **Erfolgskonten** (Aufwands-/Kosten- und Ertrags-/Leistungskonten), auf denen erfolgswirksame Vorgänge verbucht werden.

Alle Konten entsprechen ihrem Aufbau der **grundlegenden Gleichung**:

Anfangsbestand + Zugang – Abgang = Endbestand

Die genannten Grundkonten unterscheiden sich jedoch danach, auf welcher Kontoseite Anfangsbestand, Zugang bzw. Abgang und Endbestand verbucht werden und ob die Konten Anfangsbestände enthalten. Abb. 7 - 3 verdeutlicht diese Unterschiede.

Ohne zunächst die inhaltlichen Unterschiede zwischen Ausgaben, Aufwand und Kosten (respektive Einnahmen, Ertrag und Leistung) zu diskutieren und ohne bereits jetzt auf die unterschiedlichen Vermögens-, Kapital- und Schuldenkategorien einzugehen, soll im Folgenden der **buchhalterische Zusammenhang zwischen den genannten Grundkonten** dargestellt werden. Dazu wird auf Abb. 7 - 3 aufgebaut, zusätzlich aber von der Überlegung ausgegangen, dass Geschäftsvorfälle, die einen Buchungsvorgang auslösen, prinzipiell entweder erfolgswirksam oder erfolgsunwirksam sein können und in einer weiteren Differenzierung noch nach ihrer Liquiditätswirksamkeit klassifiziert werden können (vgl. Abb. 7 - 4).

Es ergeben sich, wie Abb. 7 - 4 zeigt, prinzipiell **vierzehn verschiedene Arten von Buchungssätzen** (für jeden der Buchungssätze ist als Beispiel ein passender Geschäftsvorfall konstruiert worden):

(1) Zahlen von Löhnen

(2) Einnahmen aus Zinserträgen

(3) Abschreibungen auf Anlagen

(4) Bildung von Pensionsrückstellungen

(5) Verkauf von Absatzleistungen auf Ziel

(6) Auflösung einer nicht beanspruchten Prozessrückstellung

(7) Einnahmen aus Zielverkäufen

(8) Darlehensaufnahme

(9) Zahlung von Lieferantenrechnungen

(10) Materialkauf gegen Barzahlung

(11) Forderungsumschichtung

(12) Aufnahme eines Gesellschafters gegen Sacheinlage

(13) Schuldentilgung durch Forderungsaufrechnung

(14) Ausgabe von jungen Aktien gegen Wandelobligationen

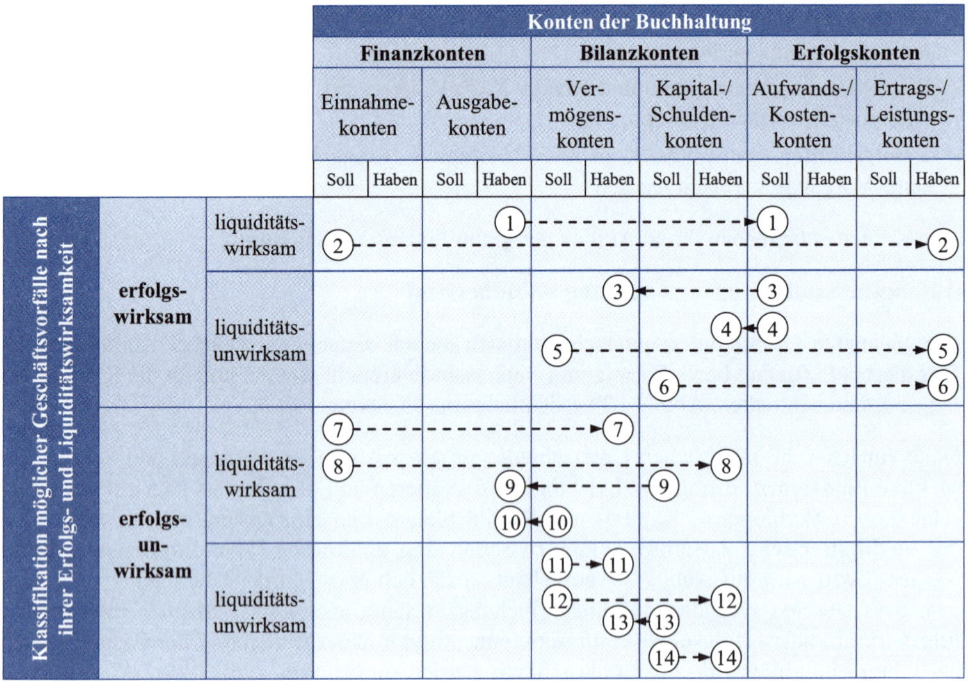

Siebtes Kapitel: Grundbegriffe und Systematik des Rechnungswesens

			Konten der Buchhaltung											
			Finanzkonten				Bilanzkonten				Erfolgskonten			
			Einnahme-konten		Ausgabe-konten		Ver-mögens-konten		Kapital-/Schulden-konten		Aufwands-/Kosten-konten		Ertrags-/Leistungs-konten	
			Soll	Haben	Soll	Haben	Soll	Haben	Soll	Haben	Soll	Haben	Soll	Haben
Klassifikation möglicher Geschäftsvorfälle nach ihrer Erfolgs- und Liquiditätswirksamkeit	erfolgs-wirksam	liquiditäts-wirksam		(2)			(1)				(1)			(2)
		liquiditäts-unwirksam					(5) / (3)←	(3) / (6)	→(3)	(4)←	(4)			(5) / (6)
	erfolgs-un-wirksam	liquiditäts-wirksam	(7) / (8)				(9)← / (10)←	(7) / (10)	→(8) / (9)					
		liquiditäts-unwirksam					(11)-► / (12) / (13)←	(11)	(13) / (14)	→(12) / (14)-►				

Abb. 7 - 4   Buchhalterischer Zusammenhang zwischen den Konten der Buchhaltung

Die sich aus den doppelten Buchungsvorgängen ergebende **Verzahnung von Bilanz-, Finanz- und Erfolgskonten** setzt sich fort, wenn am Ende einer Periode die Konten jeweils zusammengefasst und ihre Salden in die entsprechenden Abschlussrechnungen (Bilanz-, Finanz- und Erfolgsrechnung) übertragen werden (vgl. CHMIELEWICZ 1982a). Erfolgs- und Liquiditätssalden treten jeweils zweifach auf und zwar ergibt sich der Erfolgssaldo (Liquiditätssaldo) sowohl als Saldo der Bilanz als auch der Erfolgsrechnung (Finanzrechnung). Diese Zusammenhänge zeigt Abb. 7 - 5.

Salden der Finanzkonten		Salden der Bilanzkonten		Salden der Erfolgskonten	
Finanzrechnung		Bilanz		Erfolgsrechnung	
(Perioden-) Einnahmen	(Perioden-) Ausgaben	Vermögen (ohne Zahlungsmittel)	Kapital/ Schulden	(Perioden-) Aufwand/ Kosten	(Perioden-) Ertrag/Leistung
Zahlungsmittel-Anfangsbestand	Liquiditätssaldo = Zahlungsmittelbestand		Erfolgssaldo = Gewinn		

Abb. 7 - 5   Dreiteiliges Rechnungssystem

In der Praxis ist das hier in Grundzügen geschilderte **dreiteilige Rechnungssystem** nicht gebräuchlich. Man beschränkt sich hier auf zwei Kontengruppen (Bilanz- und Erfolgskonten) und erhält damit als Abschlussrechnungen auch keine systematisch mit der Bilanz und Erfolgsrechnung verzahnte Finanzrechnung. Liquiditätswirksame Geschäftsvorgänge werden al-

7.2 Buchhalterische Systeme und Grundzusammenhänge

so undifferenziert auf ein Zahlungsmittelkonto gebucht und nicht wie im dreiteiligen System zunächst ohne unmittelbare gegenseitige Aufrechnung von Einnahmen und Ausgaben und gegliedert nach Zahlungsarten auf eigenständigen Finanzkonten.

Diese **Ausklammerung der Finanzrechnung** aus dem Buchhaltungssystem heißt natürlich nicht, dass in der Praxis keine Finanzrechnung betrieben würde. Der Finanzplan als prospektive Rechnung ist im Bereich des Liquiditätsmanagements unverzichtbares Instrument zur Planung und Steuerung der Zahlungsbereitschaft (vgl. S. 571ff.).

Zudem ist festzustellen, dass die **Kapitalflussrechnung** als retrospektive Finanzrechnung zunehmend an Bedeutung gewonnen hat. Dies zeigt sich darin, dass – wie dies bei den internationalen Rechnungslegungsvorschriften verpflichtend ist – seit Ende 2004 die Kapitalflussrechnung als verpflichtender Bestandteil für alle Konzernabschlüsse vorgeschrieben ist (§ 297 Abs. 1 Satz 2 HGB). Die Veröffentlichung von Kapitalflussrechnungen verbessert die Möglichkeiten der (externen) Bilanzanalyse dort, wo **finanzielle Erkenntnisziele** im Vordergrund stehen:

- Kapitalflussrechnungen erleichtern das Nachvollziehen der Finanzierungsströme (insbesondere die Ermittlung des Innenfinanzierungsvolumens) und der Investitionsprozesse;
- Kapitalflussrechnungen schaffen eine verbesserte Grundlage zur Beurteilung der Liquiditäts- sowie der finanziell fundierten Ertragsentwicklung.

Die **Aufgabe** einer Kapitalflussrechnung besteht darin, die im üblichen zweiteiligen Rechnungssystem fehlende Finanzrechnung zu ersetzen, was auch ihre Bezeichnung als **dritte Jahresrechnung** rechtfertigt: Sie ergänzt die herkömmlichen Jahresabschlussrechnungen, d.h. Bilanz und Erfolgsrechnung, um die spezifische finanzwirtschaftliche Dimension abgelaufener Geschäftsvorgänge.

Kapitalflussrechnungen stellen **Zeitraumrechnungen** dar, bei welchen die Einzahlungen in einen definierten Fonds bzw. Auszahlungen aus diesem ausgewiesen werden, wodurch die Bestandsveränderung genau dieses Fonds vom Anfang bis zum Ende der Rechnungsperiode erklärt wird. In der Regel wird der Finanzmittelfonds „**Liquide Mittel**" betrachtet, der Kassenbestände, Bank- und Giroguthaben und Zahlungsmitteläquivalente, die als Liquiditätsreserve gehalten werden, um kurzfristig Zahlungsverpflichtungen nachkommen zu können, umfasst (vgl. auch S. 763). In diesem Fall ist auch die Bezeichnung **Geldflussrechnung** gebräuchlich. Der Fonds kann durchaus auch weiter gefasst werden, bspw. mit den Positionen des Netto-Umlaufvermögens. Die Aussagekraft zur Beurteilung der Finanzlage ist dann allerdings eingeschränkt.

Ausgangspunkt der (derivativen) **Herleitung der Kapitalflussrechnung** aus Bilanz und Erfolgsrechnung im zweiteiligen Rechnungswesen (vgl. hierzu auch ausführlich COENENBERG 2005a, S. 763ff.) sind die Veränderungs- bzw. die Bewegungsbilanz (vgl. S. 609ff.). Bei einer **Veränderungsbilanz** werden die Nettobestandsveränderungen, die sich für jede Bilanzposition gegenüber der Vorjahresbilanz ergeben, erfasst und nach dem Kriterium **Mittelherkunft** und **Mittelverwendung** angeordnet. Dagegen beinhaltet eine **Bewegungsbilanz** (bei sonst gleichem Aufbau wie eine Veränderungsbilanz) die Umsätze auf den einzelnen Bilanzkonten unsaldiert. Abb. 7 - 6 zeigt die Unterschiede zwischen einer Veränderungs- und einer Bewegungsbilanz.

Veränderungsbilanz		Bewegungsbilanz	
Mittelverwendung	**Mittelherkunft**	**Mittelverwendung**	**Mittelherkunft**
Aktivzunahme (+ A)	Passivzunahme (+ P)	Sollumsätze auf Aktivkonten (+ A)	Habenumsätze auf Passivkonten (+ P)
Passivabnahme (- P)	Aktivabnahme (- A)	Sollumsätze auf Passivkonten (- P)	Habenumsätze auf Aktivkonten (- A)
Summe der (Netto-) Veränderungen	Summe der (Netto-) Veränderungen	Summe der Sollumsätze (Brutto-Bewegungen)	Summe der Habenumsätze (Brutto-Bewegungen)

Abb. 7 - 6   Unterschiede zwischen Veränderungs- und Bewegungsbilanz

Betrachtet man nun lediglich die Konten, die nicht dem Fonds angehören, dessen Veränderung erklärt werden soll, ergibt sich aus der Saldierung der Beträge, die der Mittelherkunft zugeordnet sind, mit denen, welche die Mittelverwendung betreffen, die Veränderung des Fonds, die somit also erklärt wird. Um eine Kapitalflussrechnung im eigentlichen Sinne kann es sich hierbei jedoch noch nicht handeln, da keine systematische Abgrenzung zwischen finanzwirksamen und lediglich erfolgswirksamen Bewegungen vorgenommen wird. So werden Abschreibungen etwa als Mittelherkunft interpretiert, obgleich mit Abschreibungen keine unmittelbar finanzwirksamen Bewegungen verbunden sind. Um diesen Einwand zu berücksichtigen und die finanzwirksamen Bewegungen systematisch aus dem gesamten Zahlenmaterial der Finanzbuchhaltung bzw. der Abschlussrechnungen abzuleiten, sind im nächsten Schritt auch die Umsätze auf Erfolgskonten bzw. finanziell wirksame Aufwendungen und Erträge zu integrieren.

Abb. 7 - 7 zeigt die Herleitung der Kapitalflussrechnung unter Berücksichtigung der Erfolgsrechnung auf der Grundlage eines einfachen **Zahlenbeispiels**. Zielsetzung ist es, die Veränderung des Fonds „Liquide Mittel" zu erklären. Die Zahlungsströme sind zudem nicht einfach nach Mittelherkunft und Mittelverwendung aufgeführt, sondern ursachenbezogen **drei Bereichen** zugeordnet, deren Zusammenfassung die jeweiligen bereichsbezogenen Cashflow-Größen (im Sinne eines Zahlungsstromsaldos) ergeben:

- Cashflow aus laufender Geschäftstätigkeit (Umsatzüberschuss),
- Cashflow aus der Investitionstätigkeit,
- Cashflow aus der Finanzierungstätigkeit.

Durch die Zuordnung der Zahlungsströme zu den jeweiligen Bereichen erhöht sich der Aussagewert einer Kapitalflussrechnung insofern, als die Quellen der Geldmittelzuflüsse und die Verwendung der Geldmittelabflüsse transparent aufgezeigt werden können. Im Beispiel erhöht sich der Bestand an Liquiden Mitteln vom Anfang der Rechnungsperiode bis zum Ende um 20 GE. Aus der laufenden Geschäftstätigkeit wird ein Cashflow in Höhe von 190 GE erzeugt. Dieses Innenfinanzierungsvolumen reicht allerdings nicht aus, um die Investitionen in das Anlagevermögen in Höhe von 230 GE zu decken. Per Saldo fließen im Finanzierungsbereich Geldmittel in Höhe von 60 GE zu, mehr als für die Investitionen neben dem Innenfinanzierungsvolumen noch benötigt wurde, so dass sich letztendlich der Bestand an Liquiden Mitteln erhöht.

7.2 Buchhalterische Systeme und Grundzusammenhänge

	Aufwendungen	Erträge	+A / -P	-A / +P	Mittelherkunft	Mittelverwendung	Saldo
	[1]	[2]	[3]	[4]	[5] = [2] +[4]	[6] = [1] + [3]	Σ [5] - Σ [6]
operativer Bereich oder Umsatzbereich							
Umsatzerlöse		3.160			3.160		
Bestandsveränderungen an Halb- und Fertigerzeugnissen		250	250		250	250	
Materialaufwand	1.050					1.050	
Löhne und Gehälter	1.393					1.393	
Bildung von Pensionsrückstellungen	250			250	250	250	
Pensionszahlungen			50			50	
Fremdkapitalzinsaufwendungen	200					200	
Steuern vom Einkommen und Ertrag	154					154	
Bestandsveränderungen Materialvorräte			100			100	
Bestandsveränderungen Forderungen aus LuL				7	7		
Bestandsveränderungen Verbindlichkeiten aus LuL			30			30	
[1]: Cashflow aus laufender Geschäftstätigkeit							190
Investitionsbereich							
Brutto-Investitionen in das Anlagevermögen			280			280	
Einzahlungen aus der Veräußerung von Anlagevermögen				50	50		
a.o. Erfolg aus der Veräußerung von Anlagevermögen		10	10		10	10	
Abschreibungen	253			253	253	253	
[2]: Cashflow aus der Investitionstätigkeit							- 230
Finanzierungsbereich							
Einzahlungen aus Kapitalerhöhung				40	40		
Auszahlungen aus Kapitalherabsetzung			0			0	
Ausschüttungen an die Unternehmenseigner			63			63	
Einzahlungen aus der Aufnahme von Finanzverbindlichkeiten				173	173		
Auszahlungen für die Tilgung von Finanzverbindlichkeiten			90			90	
[3]: Cashflow aus der Finanzierungstätigkeit							60
[1] + [2] + [3]: Veränderung „Liquide Mittel"							20

Abb. 7 - 7   Herleitung der Kapitalflussrechnung mit dem Fonds „Liquide Mittel" aus den Umsätzen der Bestandskonten und der Erfolgsrechnung (Beträge in GE)

596   Siebtes Kapitel: Grundbegriffe und Systematik des Rechnungswesens

Die Darstellung der Herleitung der Kapitalflussrechnung in Abb. 7 - 7 zeigt auch deutlich, wie **verrechnungstechnische Posten** (wie Abschreibungen, Dotierung von Rückstellungen, a.o. Erfolge aus dem Verkauf von Anlagevermögen, Bestandsveränderungen an Halb- und Fertigerzeugnissen), die zwar die Erfolgsermittlung beeinflussen, denen aber keine Finanzmittelbewegungen zugrunde liegen, konsequent aus der Kapitalflussrechnung herausgehalten werden. Damit zwangsläufig verbunden ist allerdings die Notwendigkeit einer **vollen Offenbarung bilanzpolitischer Maßnahmen**, die zum Zwecke der Gewinnregulierung eingesetzt worden sind. Nicht zuletzt deshalb werden Kapitalflussrechnungen, die eine saubere Isolierung verrechnungstechnischer Posten vornehmen, in der Praxis eher selten auf freiwilliger Basis veröffentlicht.

Direkte Berechnung des Cashflows aus laufender Geschäftstätigkeit	
+ Einzahlungen von Kunden	3.167
– Auszahlungen an Lieferanten	- 1.180
– Auszahlungen an Personal	- 1.443
– Zahlungen für Zinsen	- 200
– Steuerzahlungen	- 154
[1]: Cashflow aus laufender Geschäftstätigkeit (Umsatzüberschuss)	**190**
Investitionsbereich	
– Auszahlungen für Brutto-Investitionen in das Anlagevermögen	- 280
+ Einzahlungen aus der Veräußerung von Anlagevermögen	50
[2]: Cashflow aus der Investitionstätigkeit	**- 230**
Finanzierungsbereich	
+ Einzahlungen aus Kapitalerhöhung	40
– Ausschüttungen an die Unternehmenseigner	- 63
+ Einzahlung aus der Aufnahme von Finanzverbindlichkeiten	173
– Auszahlungen für die Tilgung von Finanzverbindlichkeiten	- 90
[3]: Cashflow aus der Finanzierungstätigkeit	**60**
[1] + [2] + [3]: Veränderung „Liquide Mittel"	**20**

Abb. 7 - 8   Kapitalflussrechnung mit direkter (bzw. progressiver) Ermittlung des Cashflows aus der laufenden Geschäftstätigkeit

Das Ergebnis der Herleitung von Abb. 7 - 7 zeigt sich schließlich in Abb. 7 - 8 mit der üblichen **Darstellung der Kapitalflussrechnung**, wie sie in der externen Rechnungslegung gemäß IAS 7 „Kapitalflussrechnungen" (*Cash Flow Statements*) oder DRS 2 „Kapitalflussrechnung" veröffentlicht wird. Dort werden nun nur noch die Zahlungsströme der drei Ursachenbereiche aufgeführt. Die Umsatzerlöse in Höhe von 3.160 GE stellen nicht in voller Höhe eine Einzahlung dar. Aufgrund der Bestandsminderung der Forderungen aus Lieferungen und Leistungen um 7 GE beläuft sich die Zahlung von Kunden in der Abrechnungsperiode auf 3.167 GE. Auch der Materialaufwand von 1.050 GE ist nicht gleichzeitig eine Zahlung an die Lieferanten, da die Vorräte an Roh-, Hilfs- und Betriebsstoffen um 100 GE zu- und die Verbindlichkeiten aus Lieferungen und Leistungen um 30 GE abnehmen. Im operativen Cashflow muss also eine Zahlung an die Lieferanten in Höhe von - 1.180 GE [= - 1.050 – 100 – 30] enthalten sein, was durch die Korrektur des Materialaufwands um die Bestandsveränderungen der Materialvorräte und der Lieferantenverbindlichkeiten erreicht wird. Die Zahlungen an das Personal setzen sich aus der Aufwandsposition Löhne und Gehälter von 1.393 GE, die zahlungsgleich sind, und den Pensionszahlungen in Höhe von 50 GE zusammen. Sowohl die

7.2 Buchhalterische Systeme und Grundzusammenhänge   597

Fremdkapitalzinsaufwendungen und der Steueraufwand sind Zahlungsströme, so dass per Saldo ein Cashflow aus laufender Geschäftstätigkeit in Höhe von 190 GE resultiert.

Wie mit diesen Erklärungen zur **direkten Berechnung des operativen Cashflows** angedeutet wird, lässt sich dieser auch indirekt (bzw. retrograd) ermitteln, indem vom Jahresüberschuss ausgegangen wird und dieser sukzessive durch entsprechende Korrekturen in eine Zahlungs-stromgröße überführt wird. Diese **indirekte (bzw. retrograde) Vorgehensweise** beinhaltet die einfachste Definition des operativen Cashflows (= Gewinn + Abschreibungen), geht je-doch darüber hinaus. So wird nicht nur um weitere nicht-zahlungswirksame Erträge und Aufwendungen korrigiert, sondern es werden auch bestimmte Ertrags- und Aufwandsgrößen um nicht-zahlungswirksame Bestandteile bereinigt. Abb. 7 - 9 zeigt abschließend für das Bei-spiel die indirekte Methode der Ermittlung des Cashflows aus dem Umsatzbereich.

Indirekte Berechnung des Cashflows aus laufender Geschäftstätigkeit	
+/– Jahresüberschuss/-fehlbetrag	120
+/– Abschreibungen/Zuschreibungen	253
-/+ a.o. Gewinn/Verlust aus der Veräußerung von Anlagevermögen	- 10
+ Bildung von Pensionsrückstellungen	250
– Pensionszahlungen	- 50
–/+ Bestandszunahme/-abnahme Halb- und Fertigerzeugnissen	- 250
–/+ Bestandszunahme/-abnahme Vorräte an Roh-, Hilfs- und Betriebsstoffen	- 100
–/+ Bestandszunahme/-abnahme Forderungen aus LuL	7
+/– Bestandszunahme/-abnahme Verbindlichkeiten aus LuL	- 30
[1]: Cashflow aus laufender Geschäftstätigkeit (Umsatzüberschuss)	**190**

Abb. 7 - 9   Indirekte (bzw. retrograde) Ermittlung des Cashflows aus der laufenden Geschäftstätigkeit

7.3   Kontenrahmen und Kontenplan

Ein **Kontenrahmen** ist ganz allgemein ein systematischer Organisations- und Gliederungs-plan von Konten, der nach den Bedürfnissen bestimmter Wirtschaftszweige entwickelt ist und als Rahmenplan eine gewisse Vereinheitlichung der Buchführung bezweckt.

Als formales Ordnungsprinzip verwenden Kontenrahmen im Allgemeinen das **Dezimalsys-tem**. Sie enthalten zehn Kontenklassen (von 0 bis 9), die wiederum in je zehn Kontengruppen gegliedert sind. Die Kontengruppen bestehen dann abermals aus je zehn Kontenarten. Als **Vorteile** des Kontenrahmens werden genannt:

- systematischer Kontenaufbau und gute Übersicht über die Buchhaltung,
- Unterstützung der elektronischen Datenverarbeitung durch Verwendung von Ziffern zur Bezeichnung der Konten,
- erleichterte Auswertung und bessere Vergleichbarkeit der Buchhaltungsdaten durch das einheitliche System der Verbuchung von Geschäftsvorfällen.

Ein **Kontenplan** stellt demgegenüber die unternehmensspezifische Ausgestaltung eines Kon-tenrahmens dar. Er entsteht in Anlehnung an den Kontenrahmen des betreffenden Wirt-schaftszweiges durch Anpassung an die betriebsindividuellen Bedürfnisse. Ein Kontenplan ist damit die systematisch gegliederte Aufstellung sämtlicher Konten, die in dem Buchhaltungssystem einer bestimmten Unternehmung geführt werden (vgl. EISELE 2002).

Für den **Bereich der Industrie** haben insbesondere zwei **Kontenrahmensysteme** mit unterschiedlicher materieller Gliederung Bedeutung erlangt:

- der (ältere) **Gemeinschafts-Kontenrahmen** der Industrie (GKR) und
- der (neuere) Industrie-Kontenrahmen (IKR).

Gemeinsam ist beiden Kontenrahmensystemen, dass

- sie (wie bereits erläutert) **keine eigenständigen Finanzkonten** (im Sinne von Einnahmen und Ausgabenkonten) unterscheiden, also nur Bilanz- und Erfolgskonten kennen und
- sie zwei Bereiche der Buchhaltung unterscheiden, die **Finanz- und die Betriebsbuchhaltung**. Während letztere den Zwecken der kalkulatorischen Erfolgsrechnung dient und mit Kosten- und Leistungskonten operiert, führt die Finanzbuchhaltung (auch als Geschäftsbuchhaltung bezeichnet) zur Bilanz und zur Gewinn- und Verlustrechnung (als Abschluss der Aufwands- und Ertragskonten).

Unterschiede zwischen beiden Kontenrahmensystemen bestehen dagegen hinsichtlich

- des verwendeten Gliederungsprinzips und damit verbunden
- der organisatorischen Verknüpfung von Finanz- und Betriebsbuchhaltung.

Der in den 1930er Jahren von EUGEN SCHMALENBACH entwickelte **Gemeinschafts-Kontenrahmen** (GKR) ist nach dem **Prozessgliederungsprinzip** aufgebaut. Das heißt mit anderen Worten, dass die Anordnung der Konten entsprechend dem innerbetrieblichen Güterkreislauf erfolgt. Es wird dabei unterschieden zwischen „reinen" Konten der Finanzbuchhaltung einerseits sowie Betriebsbuchhaltung andererseits und „gemischten" Konten, die sowohl der Finanz- als auch der Betriebsbuchhaltung zuzurechnen sind. Letzteres deutet bereits darauf hin, dass der Aufbau des GKR einer engen organisatorischen Verbindung zwischen Finanz- und Betriebsbuchhaltung Vorschub leistet.

Die einzelnen **Kontenklassen im GKR** sind wie folgt aufgeteilt (vgl. auch Abb. 7 - 10):

Kontenklasse 0: Konten für das Anlagevermögen und das langfristige Kapital

Kontenklasse 1: Konten für das Finanz-Umlaufvermögen und für kurzfristige Verbindlichkeiten

Kontenklasse 2: Konten für neutrale Aufwendungen und Erträge sowie für kalkulatorische Kosten (sie dienen der Abgrenzung zwischen Finanz- und Betriebsbuchhaltung)

Kontenklasse 3: Konten der Stoff- und Warenbestände

Kontenklasse 4: Konten der Kostenarten

Kontenklasse 5/6: Konten der Kostenstellen

Kontenklasse 7: Konten für Bestände an halbfertigen und fertigen Erzeugnissen

Kontenklasse 8: Ertragskonten

Kontenklasse 9: Abschlusskonten der Finanz- und Betriebsbuchhaltung

7.3 Kontenrahmen und Kontenplan

Klasse 0	Klasse 1	Klasse 2	Klasse 3	Klasse 4	Klasse 5/6	Klasse 7	Klasse 8	Klasse 9
Anlagevermögen und langfristiges Kapital	Finanz- Umlaufvermögen und kurzfristige Verbindlichkeiten	Neutrale Aufwendungen und Erträge	Stoffe – Bestände	Kostenarten	Kostenstellen	Bestände	Kostenträger — Erträge	Abschluss
00 Grundstücke und Gebäude	10 Kasse	20 Betriebsfremde Aufwendungen und Erträge	30 Rohstoffe	40 Fertigungsmaterial	Frei für Kostenstellen-Kontierungen der Betriebsabrechnung	78 Bestände an halbfertigen Erzeugnissen	83/84 Erlöse für Erzeugnisse und andere Leistungen	98 Gewinn- und Verlust-Konten (Ergebnis-Konten)
01/02 Maschinen u. maschinelle Anlagen	11 Geldanstalten (Banken, Postcheck)	21 Aufwendungen u. Erträge für Grundstücke u. Gebäude	33 Hilfsstoffe	41 Gemeinkostenmaterial		79 Bestände an fertigen Erzeugnissen	85 Erlöse für Handelswaren	980 Betriebsergebnis
03 Fahrzeuge, Werkzeuge, Betriebs- und Geschäftsausstattung	12 Schecks, Besitzwechsel	23 Bilanzmäßige Abschreibungen	34 Betriebsstoffe	42 Brennstoffe, Energie u. dgl.			86 Erlöse aus Nebengeschäften	987 Neutrales Ergebnis
04 Sachanlagen-sammelkonto	13 Wertpapiere des Umlaufvermögens	24 Zins-Aufwendungen u. -Erträge (einschl. Diskont u. Skonto)	38 Bestandteile, Fertigteile, Auswärtige Bearbeitung	43 Löhne und Gehälter			87 Eigenleistungen	989 Gewinn- und Verlust-Konto
05 Sonstiges Anlagevermögen (Patente, Beteiligungen, langfristige Forderungen)	14 Forderungen aus Warenlieferungen u. Leistungen	25 Betriebliche außerordentliche Aufwendungen u. Erträge	39 Handelswaren und auswärts bezogene Fertigerzeugnisse (Fertigwaren)	44 Sozialkosten und andere Personalkosten			88 Erlösberichtigungen	99 Bilanzkonten
06 Langfristiges Fremdkapital	15 Andere Forderungen	26 Betriebliche periodenfremde Aufwendungen u. Erträge		45 Instandhaltung, versch. Leistungen u. dgl.			89 Bestandsveränderungen an halbfertigen und fertigen Erzeugnissen u. dgl.	998 Eröffnungsbilanz-Konto
07 Eigenkapital	154 Vorsteuer	27/28 Gegenposten der Kosten- u. Leistungsrechnung		46 Steuern, Gebühren, Beiträge, Versicherungsprämien u. dgl.				999 Schlussbilanz-Konto
08 Wertberichtigungen, Rückstellungen u. dgl.	16 Verbindlichkeiten aus Warenlieferungen und Leistungen	29 Das Gesamtergebnis betreffende Aufwendungen und Erträge		47 Mieten, Verkehrs-, Büro-, Werbekosten u. dgl.				
09 Rechnungsabgrenzung	17 Andere Verbindlichkeiten			48 Kalkulatorische Kosten				
	174 Mehrwertsteuer			49 Innerbetriebliche Kostenverrechnung, Sondereinzelkosten und Sammelverrechnungen				
	18 Schuldwechsel, Bankschulden							
	19 Durchgangs-, Übergangs- u. Privatkonten							

Abb. 7 - 10   Kontenrahmen für Industriebetriebe (GKR = Gemeinschaftskontenrahmen)

Der **Industrie-Kontenrahmen** (IKR) ist Anfang der 1970er Jahre vom Bundesverband der Deutschen Industrie e.V. (BDI) entwickelt und 1986 im Zuge des Bilanzrichtlinien-Gesetzes überarbeitet worden. Er muss als Versuch angesehen werden, einen einheitlichen europäischen Kontenrahmen zu schaffen. Im Gegensatz zum GKR trennt der IKR streng zwischen der Finanz- und der Betriebsbuchhaltung und arbeitet auch mit zwei unterschiedlichen, dem Charakter der beiden Buchhaltungstypen jeweils angepassten Gliederungsprinzipien.

Die Konten der Finanzbuchhaltung (Kontenklasse 0 – 8) sind nach dem **Abschlussgliederungsprinzip** aufgebaut. Das heißt, die Struktur der Konten entspricht dem Aufbau der Bilanz und der Gewinn- und Verlustrechnung. Dagegen sind die Konten der Betriebsbuchhaltung (Klasse 9) nach dem **Prozessgliederungsprinzip** eingeteilt, wobei aber dem Wesen der intern ausgerichteten Betriebsbuchhaltung entsprechend keine verbindliche Unterteilung vorgenommen wird, sondern nur Vorschläge für eine mögliche Ausgestaltung gemacht werden.

Die **Kontenklassen im IKR** sind im Einzelnen wie folgt aufgeteilt (vgl. Abb. 7 - 11):

Kontenklasse 0:   Konten für Sachanlagen und immaterielle Anlagen

Kontenklasse 1:   Konten für Finanzanlagen und Geldkonten

Kontenklasse 2:   Konten für Vorräte, Forderungen und aktive Rechnungsabgrenzung

Kontenklasse 3:   Konten für Eigenkapital, Wertberichtigungen und Rückstellungen

Kontenklasse 4:   Konten für Verbindlichkeiten und passive Rechnungsabgrenzung

Kontenklasse 5:   Ertragskonten

Kontenklasse 6:   Konten für Material-, Personal- und Abschreibungsaufwendungen

Kontenklasse 7:   Konten für Zinsen, Steuern und sonstige Aufwendungen

Kontenklasse 8:   Konten für Eröffnung und Abschluss

Kontenklasse 9:   Konten der Kosten- und Leistungsrechnung

Bereits an der unterschiedlichen Gliederung von IKR und GKR ist erkennbar, dass bei beiden Systemen unterschiedliche Vorstellungen von der **Bedeutung der Betriebsbuchhaltung** und ihrer organisatorischen Eingliederung in das Gesamtsystem der Buchhaltung bestehen:

- Der **IKR** trägt der Tatsache Rechnung, dass die meisten Unternehmen die Kosten- und Leistungsrechnung nicht auf buchhalterischer Grundlage (eben im Rahmen der Betriebsbuchhaltung) durchführen, sondern allenfalls in Form angehängter Neben- und Sonderrechnungen. Der Hauptzweck des Kontenrahmens wird damit in der rationellen Abwicklung der (von rechtlichen Vorschriften geprägten) Finanzbuchhaltung gesehen. Soweit eine eigenständige Betriebsbuchhaltung existiert, wird empfohlen, sie organisatorisch verselbstständigt abzuwickeln (**Finanz- und Betriebsbuchhaltung als Zweikreissystem**).

- Der **GKR** betont dagegen den innerbetrieblichen Wertekreislauf und stellt ab auf den inhaltlichen Konnex zwischen Finanz- und Betriebsbuchhaltung. Obwohl der GKR von daher die Tendenz zu einer engen organisatorischen Verknüpfung zwischen beiden Buchhaltungsbereichen fördert, sind aber grundsätzlich nicht nur **Einkreissysteme** (Finanz- und Betriebsbuchhaltung in einem einheitlichen Buchungskreislauf) sondern auch **Zweikreissysteme** (zwei verselbstständigte, in der Regel aber durch Übergangs- oder Verrechnungskonten gekoppelte Buchungskreisläufe) möglich.

7.3 Kontenrahmen und Kontenplan

	Finanzbuchhaltung								Betriebsbuchhaltung
	Konten des Bilanzbereichs (Bestandrechnung)				Konten des Ergebnisbereichs (Erfolgsrechnung)			Konten für Eröffnung und Abschluss / Abschlussrechnung	Konten der Kosten- und Leistungsrechnung
	Aktivkonten		Passivkonten		Erträge	Aufwendungen		Abschlussrechnung	Kosten- und Leistungsrechnung
Klasse 0 Immaterielle Vermögensgegenstände u. Sachanlagen	**Klasse 1** Finanzanlagen	**Klasse 2** Umlaufvermögen u. aktive Rechnungsabgrenzung	**Klasse 3** Eigenkapital und Rückstellungen	**Klasse 4** Verbindlichkeiten u. passive Rechnungsabgrenzung	**Klasse 5** Erträge	**Klasse 6** Betriebliche Aufwendungen	**Klasse 7** Weitere Aufwendungen	**Klasse 8** Ergebnisrechnung	**Klasse 9** Kosten- und Leistungsrechnung (KLR)
00 Ausstehende Einlagen	11 Anteile an verbundenen Unternehmen	20 Roh-, Hilfs- und Betriebsstoffe	30 Kapitalkonto/ Gezeichnetes Kapital	41 Anleihen	50 Umsatzerlöse	60 Aufwendungen für Roh-, Hilfs- und Betriebsstoffe und für bezogene Waren	70 Betriebliche Steuern	80 Eröffnung / Abschluss	90 Unternehmensbezogene Abgrenzung
01 Aufwendungen für die Ingangsetzung und Erweiterung des Geschäftsbetriebs	12 Ausleihungen an verbundene Unternehmen	21 Unfertige Erzeugnisse, unfertige Leistungen	31 Kapitalrücklage	42 Verbindlichkeiten gegenüber Kreditinstituten	52 Erhöhung oder Verminderung des Bestandes an unfertigen und fertigen Erzeugnissen	61 Aufwendungen für bezogene Leistungen	74 Abschreibungen auf Finanzanlagen und auf Wertpapiere des Umlaufvermögens und Verluste aus entsprechenden Abgängen	81 Herstellungskosten	91 Kostenrechnerische Korrekturen
02 Konzessionen, gewerbliche Schutzrechte und ähnliche Rechte und Werte sowie Lizenzen an solchen Rechten und Werten	13 Beteiligungen	22 Fertige Erzeugnisse und Waren	32 Gewinnrücklagen	43 Erhaltene Anzahlungen auf Bestellungen	53 Andere aktivierte Eigenleistungen	62 Löhne	75 Zinsen und ähnliche Aufwendungen	82 Vertriebskosten	92 Kostenarten und Leistungsarten
03 Geschäfts- oder Firmenwert	14 Ausleihungen an Unternehmen, mit denen ein Beteiligungsverhältnis besteht	23 Geleistete Anzahlungen auf Vorräte	33 Ergebnisverwendung	44 Verbindlichkeiten aus Lieferungen und Leistungen	54 Sonstige betriebliche Erträge	63 Gehälter	76 Außerordentliche Aufwendungen	83 Allgemeine Verwaltungskosten	93 Kostenstellen
04 Geleistete Anzahlungen auf immaterielle Vermögensgegenstände	15 Wertpapiere des Anlagevermögens	24 Forderungen aus Lieferungen und Leistungen	34 Jahresüberschuss/ Jahresfehlbetrag	45 Wechselverbindlichkeiten	55 Erträge aus Beteiligungen	64 Soziale Abgaben und Aufwendungen für Altersversorgung und für Unterstützung	77 Steuern vom Einkommen und Ertrag	84 Sonstige betriebliche Aufwendungen	94 Kostenträger
05 Grundstücke, grundstücksgleiche Rechte und Bauten einschließlich der Bauten auf fremden Grundstücken	16 sonstige Ausleihungen (sonstige Finanzanlagen)	25 Forderungen gegen verbundene Unternehmen und gegen Unternehmen, mit denen ein Beteiligungsverhältnis besteht	35 Sonderposten mit Rücklagenanteil	46 Verbindlichkeiten gegenüber verbundenen Unternehmen	56 Erträge aus anderen Wertpapieren und Ausleihungen des Finanzanlagevermögens	65 Abschreibungen	78 sonstige Steuern	85 Korrekturkonten zu den Erträgen der Kontenklasse 5	95 Fertige Erzeugnisse
07 Technische Anlagen und Maschinen		26 Sonstige Vermögensgegenstände	36 Wertberichtigung	47 Verbindlichkeiten gegenüber Unternehmen, mit denen ein Beteiligungsverhältnis besteht	57 Sonstige Zinsen und ähnliche Erträge	66 sonstige Personalaufwendungen	79 Aufwendungen aus Gewinnabführungsvertrag	86 Korrekturkonten zu den Aufwendungen der Kontenklasse 6	96 Interne Lieferungen und Leistungen sowie deren Kosten
08 Andere Anlagen, Betriebs- und Geschäftsausstattung		27 Wertpapiere	37 Rückstellungen für Pensionen und ähnliche Verpflichtungen	48 sonstige Verbindlichkeiten	58 Außerordentliche Erträge	67 Aufwendungen für die Inanspruchnahme von Rechten und Diensten		87 Korrekturkonten zu den Aufwendungen der Kontenklasse 7	97 Umsatzkosten
09 Geleistete Anzahlungen und Anlagen im Bau		28 Flüssige Mittel	38 Steuerrückstellungen	49 Passive Rechnungsabgrenzung	59 Erträge aus Verlustübernahme	68 Aufwendungen für Kommunikation (Dokumentation, Informatik, Reisen, Werbung)		88 Kurzfristige Erfolgsrechnung (KER)	98 Umsatzleistung
		29 Aktive Rechnungsabgrenzung	39 Sonstige Rückstellungen			69 Aufwendungen für Beiträge und Sonstiges sowie Wertkorrekturen und periodenfremde Aufwendungen		89 Innerjährige Rechnungsabgrenzung	99 Ergebnisausweise

Abb. 7 - 11   Gliederung des Industrie-Kontenrahmens (IKR)

602　　Siebtes Kapitel: Grundbegriffe und Systematik des Rechnungswesens

Neben den für die Industrie geschaffenen Kontenrahmen tragen die von einzelnen Wirtschaftsverbänden entwickelten Kontenrahmen den buchhalterischen Besonderheiten der **verschiedenen Wirtschaftszweige** besonders Rechnung. Als Beispiel erwähnt seien die Kontenrahmen der Handelsbranche. Während der vom Bundesverband für den Groß- und Außenhandel e.V. (BGA) für den Groß- und Einzelhandel entwickelte Kontenrahmen dem Prozessgliederungsprinzip folgt, orientiert sich der Einzelhandelskostenrahmen – entwickelt vom Hauptverband des deutschen Einzelhandels (HDE) – am Abschlussgliederungsprinzip.

Aufgrund der sehr weit verbreiteten Anwendung im Bereich der kleinen und mittleren Unternehmen müssen die Kontenrahmen der DATEV e.G. besondere Erwähnung finden. Die DATEV ist ein genossenschaftlich organisierter Anbieter von Software und IT-Dienstleistungen für Steuerberater, Wirtschaftsprüfer und Rechtsanwälte sowie deren Mandanten. Die DATEV-Kontenrahmen wurden speziell für die EDV-technische Unterstützung bzw. Abwicklung der Buchführung durch die DATEV entwickelt. Von der Mehrheit der DATEV-Anwender wird der Standardkontenrahmen 03 (SKR 03), der – wie der GKR – nach dem Prozessgliederungsprinzip aufgebaut ist, genutzt, da er einen branchenübergreifenden Standard darstellt. Sehr ähnlich dem IKR ist hingegen der SKR 04. Nach dem Abschlussgliederungsprinzip orientiert sich hier die Reihenfolge der Konten nach den handelsrechtlichen Gliederungsvorschriften für die Bilanz (§ 266 HGB) sowie für die Gewinn- und Verlustrechnung (§ 275 HGB).

7.4　Abgrenzung rechnungstheoretischer Strom- und Bestandsgrößen

In der bisherigen Darstellung wurden Begriffe wie Kosten und Aufwand oder Erlöse und Einnahmen, ohne dass sie exakt definiert worden wären, verwendet. Das soll nunmehr geschehen, wobei als eine Art Nebeneffekt die wesensbedingten Unterschiede und die Verknüpfungen zwischen Finanz- und Betriebsbuchhaltung sowie zwischen Bilanz-, Finanz- und Erfolgsrechnung noch einmal deutlich hervortreten werden. Unterscheiden lassen sich im Rechnungswesen **wertmäßige Strom- und Bestandsgrößen**.

Bestandsgrößen sind Vermögen, Schulden und Kapital. Der Vermögensbegriff kann betriebswirtschaftlich unterschiedlich weit gespannt werden. In seiner weitesten Fassung stellt **Vermögen** einen aktiven Bestand an Wirtschaftsgütern (zu einem bestimmten Zeitpunkt) dar. Eingang ins Rechnungswesen als Bestandsgrößen findet allerdings regelmäßig nur der Teil des Vermögens, der bilanzierungsfähig ist und auch bilanziert wird (= Bilanzvermögen). Eine diesbezügliche Abgrenzung zeigt Abb. 7 - 12 (entnommen aus VON WYSOCKI 1965).

Während das (bilanzierte) Unternehmensvermögen auf der Aktivseite der Bilanz erfasst wird, steht das Kapital als dessen bilanzielles Äquivalent auf der Passivseite. Das (Bilanz-)**Kapital** wird dabei als der abstrakte Wert der Ansprüche, die die Kapitalgeber an dem Bilanzvermögen haben, definiert. In einer Bilanz zeigt die Kapitalseite also an, woher die Mittel für die Vermögensgüter gekommen sind (d.h. wie sie finanziert wurden). Saldiert man vom Gesamtkapital die Schulden (= Fremdkapital), so erhält man das Eigenkapital bzw. das Reinvermögen (vgl. Abb. 7 - 12).

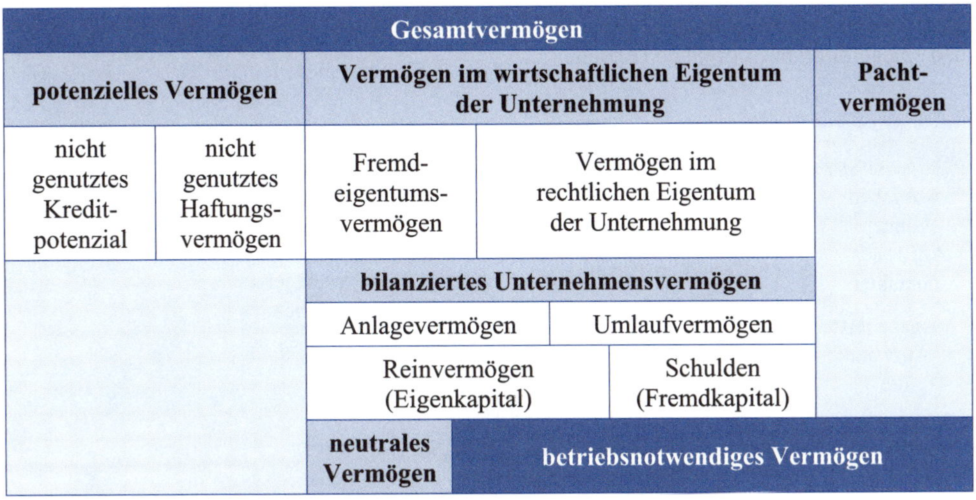

7.4 Abgrenzung rechnungstheoretischer Strom- und Bestandsgrößen   603

Gesamtvermögen				
potenzielles Vermögen		**Vermögen im wirtschaftlichen Eigentum der Unternehmung**		**Pachtvermögen**
nicht genutztes Kreditpotenzial	nicht genutztes Haftungsvermögen	Fremdeigentumsvermögen	Vermögen im rechtlichen Eigentum der Unternehmung	
		bilanziertes Unternehmensvermögen		
		Anlagevermögen	Umlaufvermögen	
		Reinvermögen (Eigenkapital)	Schulden (Fremdkapital)	
		neutrales Vermögen	**betriebsnotwendiges Vermögen**	

Abb. 7 - 12   Verschiedene Vermögenskategorien

Neben die Bestandsgrößen treten im Rechnungswesen **Stromgrößen**, die entsprechend Wertbewegungen ausdrücken:

- **Ausgaben und Einnahmen:**

  Ausgaben und Einnahmen werden in der **Finanzrechnung** erfasst.

  Mit (Perioden-)**Ausgaben** bezeichnet man alle (Buch- oder Bar-)Geldabflüsse in einer Wirtschaftsperiode. Entsprechend sind **Einnahmen** gleichzusetzen mit Geldzuflüssen, entweder in die Kasse (Bargeldzuflüsse) oder auf einem Bankkonto (Buchgeldzugang).

- **Aufwendungen und Erträge:**

  Aufwendungen und Erträge finden in der **Gewinn- und Verlustrechnung bzw. pagatorischen Erfolgsrechnung** Berücksichtigung.

  Als **Aufwendungen** wird derjenige Werteverzehr (= wirtschaftlicher Verbrauch oder Gebrauch von Wirtschaftsgütern) bezeichnet, der mit Ausgaben zusammenhängt (= Aufwandsausgaben). **Erträge** sind entsprechende Wertzugänge einer Periode, die zu Einnahmen führen (= Ertragseinnahmen).

- **Kosten und Leistungen:**

  Kosten und Leistungen sind kennzeichnend für die **kalkulatorische Erfolgsrechnung bzw. Betriebsbuchhaltung**.

  Der Begriff der **Kosten** ist wie der Aufwandsbegriff gekennzeichnet durch einen Werteverzehr. Hinzu treten aber noch weitere Merkmale. Zum einen beinhalten Kosten stets nur einen ordentlichen (im Gegensatz zu einem außerordentlichen) Wertverzehr, der zudem betriebsbedingt sein muss. Zum anderen wird anders als beim Aufwand auch dann von Kosten gesprochen, wenn der betriebsbedingte Wertverzehr mit keinen Ausgaben verbunden ist. Analog sind **Leistungen** definiert als bewertetes Ergebnis der betrieblichen Tätigkeit, ohne dass hieraus Einnahmen entstehen müssten.

Abb. 7 - 13 (entnommen aus VORMBAUM 1977a) verdeutlicht die **Unterschiede zwischen Ausgaben, Aufwendungen und Kosten**. Auf eine entsprechende Darstellung der Unterschiede zwischen Einnahmen, Ertrag und Leistung wird verzichtet, da es sich jeweils um genau spiegelbildliche Vorgänge handelt.

Ausgaben der Periode				
Ausgaben ohne Aufwands-charakter	Ausgaben mit Aufwandscharakter (Aufwandsausgaben)		Aufwand jetzt – Ausgabe später/früher	Aufwand jetzt – Ausgabe nie
Ausgabe jetzt – Aufwand nie	Ausgabe jetzt – Aufwand später/früher	Ausgabe jetzt – Aufwand jetzt		
(1)	(2)	(3)	(4)	(5)

		Aufwendungen der Periode				
		betrieblicher Zweckaufwand der Periode			kalkulatorische Kosten	
	zweck-fremder Auf-wand	a.o. Zweckaufwand		ordent-licher Zweck-aufwand = Grund-kosten	Anders-kosten	Zusatz-kosten
		außerge-wöhnlich	perioden-fremd			
	(6)	(7)	(8)	(9)	(10)	(11)
	neutraler Aufwand			Kosten der Periode		

Abb. 7 - 13   Abgrenzung von Ausgabe, Aufwand und Kosten

Beispiele zur Abgrenzung von Ausgabe, Aufwand und Kosten (die Zahlen beziehen sich auf Abb. 7 - 13):

(1)   Rückzahlung eines Kredits

(2)   Investitionsausgabe; Zahlung von Pensionen aus einer in früheren Perioden gebildeten Rückstellung

(3)   Kauf von Material, das noch in der gleichen Periode bezahlt und verbraucht wird

(4)   Abschreibung einer in früheren Perioden erworbenen (und bezahlten) Maschine; Verbrauch von Rohstoffen, die erst in der nachfolgenden Periode bezahlt werden

(5)   Bildung von Rückstellungen für einen Prozess, der später gewonnen wird und somit nicht zu Ausgaben führt (im eigentlichen Sinne kein Aufwand, da frühere Aufwands-verrechnung in einem solchen Fall wieder rückgängig gemacht wird)

(6)   Aufwand für Nebentätigkeitsbereiche (Bewirtschaftung von Mietshäusern bei einem Industriebetrieb oder regelmäßige Spendentätigkeit)

(7)   Explosion einer nicht genügend hoch versicherten Anlage

(8)   Nachzahlung von Steuern

7.4 Abgrenzung rechnungstheoretischer Strom- und Bestandsgrößen 605

(9) Bewerteter Materialverbrauch für die Erstellung der Unternehmensprodukte

(10) Verrechnung kalkulatorischer Abschreibungen (sofern sie von den Aufwandsabschreibungen verschieden sind) sowie kalkulatorischer Wagnisse

(11) Verrechnung von kalkulatorischen Zinsen aufs Eigenkapital, kalkulatorischen Mieten, kalkulatorischem Unternehmerlohn

Fragen und Aufgaben zur Wiederholung (Siebtes Kapitel: S. 587 – 605)

1. Nennen Sie die Hauptaufgaben des betrieblichen Rechnungswesens!

2. Welches sind die Hauptbereiche des betrieblichen Rechnungswesens?

3. In welchen Ausprägungen existiert die kaufmännische Buchhaltung? Stellen Sie deren Grundprinzipien dar!

4. Welche Gruppen von Grundkonten lassen sich im System der Doppik unterscheiden?

5. Nach welchen Kriterien lassen sich Geschäftsvorfälle, die Buchungsvorgänge auslösen, allgemein systematisieren?

6. Wo treten im dreiteiligen Rechnungssystem der Erfolgs- und Liquiditätssaldo auf?

7. Worin liegen die Unterschiede zwischen einer Veränderungs- und einer Bewegungsbilanz?

8. Erläutern Sie die sachliche Zuordnung von Ein- und Auszahlungen, die in der Kapitalflussrechnung üblicherweise vorgenommen wird? Welche Überlegungen liegen dieser Zuordnung zugrunde?

9. Was versteht man unter einem Kontenrahmen, und welche Vorteile sind mit seiner Verwendung verbunden?

10. Beschreiben Sie den Grundaufbau (a) des Gemeinschaftskontenrahmens und (b) des Industriekontenrahmens! Welches grundlegende Ordnungsprinzip steht jeweils hinter den beiden Systemen?

11. Welche Kontenklassen gelten bei einem Kontenrahmen, der sich am Prozessgliederungsprinzip orientiert, einheitlich für alle Unternehmen? Welche Kontenklassen sind an die Besonderheiten der verschiedenen Wirtschaftszweige (z.B. Einzelhandel, Großhandel, Fertigung) angepasst?

12. Unterscheiden und erläutern Sie die Begriffe Strom- und Bestandsgrößen im Rechnungswesen!

13. Welche Vermögenskategorien lassen sich unterscheiden?

14. Grenzen Sie die Begriffe Ausgaben, Aufwendungen und Kosten voneinander ab! Versuchen Sie für die einzelnen Kategorien Beispiele zu finden!

15. Grenzen Sie die Begriffe Einnahmen, Erträge und Leistungen voneinander ab! Versuchen Sie für die einzelnen Kategorien Beispiele zu finden!

Achtes Kapitel

Externe Unternehmungsrechnung

8.1	**Grundlagen der Bilanzierung**	**609**
8.1.1	**Bilanzarten und Bilanzauffassungen**	**609**
8.1.1.1	Übersicht über wichtige Bilanzarten	609
8.1.1.2	Bilanztheoretische Auffassungen im Überblick	613
	Fragen und Aufgaben zur Wiederholung (8.1.1: S. 609 – 615)	616
8.1.2	**Rechtsquellen zur Rechnungslegung**	**616**
8.1.2.1	Gesetzliche Vorschriften zu Bilanzierungs-, Prüfungs- und Offenlegungspflichten nach HGB	616
8.1.2.2	Grundsätze ordnungsmäßiger Buchführung und Bilanzierung (GoB)	628
8.1.2.3	Entwicklung, Ziele, Aufbau und Grundsätze der Rechnungslegung nach IFRS	633
8.1.2.4	Angloamerikanische und kontinentaleuropäische Bilanzierungspraxis im Vergleich	641
	Fragen und Aufgaben zur Wiederholung (8.1.2: S. 616 – 648)	648
8.2	**Der Jahresabschluss nach HGB und IFRS**	**650**
8.2.1	**Der Jahresabschluss nach HGB**	**650**
8.2.1.1	Aufbau des Jahresabschlusses nach HGB	650
8.2.1.2	Bilanzierung von Vermögensgegenständen und Schulden nach HGB	672
8.2.1.3	Bewertung von Vermögensgegenständen und Schulden nach HGB	675
	Fragen und Aufgaben zur Wiederholung (8.2.1: S. 650 – 687)	687
8.2.2	**Der Jahresabschluss nach IFRS**	**689**
8.2.2.1	Vermögensmessung nach IFRS	689
8.2.2.2	Erfolgsmessung nach IFRS	695
8.2.2.3	Elemente des Jahresabschlusses nach IFRS	699
	Fragen und Aufgaben zur Wiederholung (8.2.2: S. 689 – 712)	712

608   Achtes Kapitel: Externe Unternehmungsrechnung

8.2.3	**Besonderheiten des konsolidierten Jahresabschlusses**	**713**
8.2.3.1	Grundlagen der Konzernrechnungslegung	713
8.2.3.2	Konsolidierung der Einzelbilanzen zur Konzernbilanz	719
8.2.3.3	Erstellung der Konzern-Gewinn- und Verlustrechnung	729
8.2.3.4	Der Pyramideneffekt im Konzern	731
	Fragen und Aufgaben zur Wiederholung (8.2.3: S. 713 – 736)	736
8.3	**Bilanzanalyse und Bilanzpolitik**	**737**
8.3.1	**Die Bilanz als Instrument unternehmenspolitischer Analyse und Gestaltung**	**737**
8.3.1.1	Zum Begriff Bilanzanalyse und Bilanzpolitik	737
8.3.1.2	Wechselseitige Abhängigkeiten zwischen Bilanzanalyse und Bilanzpolitik	739
	Fragen und Aufgaben zur Wiederholung (8.3.1: S. 737 – 739)	739
8.3.2	**Bilanzpolitik**	**740**
8.3.2.1	Ziele der Bilanzpolitik	740
8.3.2.2	Instrumente der Bilanzpolitik	746
8.3.2.3	Die optimale Kombination bilanzpolitischer Instrumente	758
	Fragen und Aufgaben zur Wiederholung (8.3.2: S. 740 – 759)	759
8.3.3	**Bilanzanalyse**	**761**
8.3.3.1	Erkenntnisziele, Grenzen und Stufen der Bilanzanalyse	761
8.3.3.2	Aufbereitung des bilanzanalytischen Zahlenmaterials	762
8.3.3.3	Bildung und Berechnung von Bilanzkennzahlen	774
8.3.3.4	Durchführung von Kennzahlenvergleichen	790
	Fragen und Aufgaben zur Wiederholung (8.3.3: S. 761 – 795)	795

8.1 Grundlagen der Bilanzierung 609

Nach der notwendigen Klärung begrifflicher und systematischer Grundfragen des betrieblichen Rechnungswesens steht nunmehr die detaillierte **Analyse der einzelnen Rechnungszweige** im Vordergrund. Da von den Hauptbereichen des betrieblichen Rechnungswesens (vgl. S. 587f.),

- Finanzrechnung,
- Wirtschaftlichkeitsrechnung,
- pagatorische Bilanz- und Erfolgsrechnung sowie
- Betriebsabrechnung und Kalkulation,

die beiden erstgenannten Komplexe bereits im sechsten Kapitel (**Finanzprozesse**) behandelt wurden (vgl. S. 365ff.), beschränken sich die weiteren Ausführungen nun noch auf die beiden zuletzt genannten Teilgebiete. Im achten Kapitel (**Externe Unternehmungsrechnung**) werden entsprechend die wesentlichen Charakteristika pagatorischer Bilanz- und Erfolgsrechnungen analysiert, während sich im neunten Kapitel (**Interne Unternehmungsrechnung**) die Ausführungen mit zentralen Fragen der Betriebsabrechnung und Kalkulation beschäftigen.

8.1 Grundlagen der Bilanzierung

8.1.1 Bilanzarten und Bilanzauffassungen

8.1.1.1 Übersicht über wichtige Bilanzarten

Der Grundaufbau einer Bilanz lässt sich in Kontoform darstellen (vgl. Abb. 8.1 - 1). Dabei findet auf der **Passivseite** das Kapital (als Summe aller von den Kapitalgebern zur Verfügung gestellten finanziellen Mittel) und auf der **Aktivseite** das Vermögen (als Ausdruck der konkreten Verwendung des bereitgestellten Kapitals) seinen Niederschlag. Aktiv- und Passivseite sind damit durch die so genannte **Bilanzgleichung** (Vermögen = Kapital) verbunden, die unabhängig von der Struktur des Vermögens (Anlage- und Umlaufvermögen) sowie des Kapitals (Eigen- und Fremdkapital) stets gilt.

Bilanz	
Aktiva	**Passiva**
Anlagevermögen	Eigenkapital
Umlaufvermögen	Fremdkapital
Vermögen =	**Kapital**

Abb. 8.1 - 1   Grundaufbau einer Bilanz

Verfeinerungen dieses Grundschemas der Bilanz machen es erforderlich, verschiedene **Bilanzarten** zu unterscheiden. Folgende Kriterien kommen hierfür in Frage:

- Initiative zur Bilanzaufstellung,
- Adressatenkreis,
- Rechtsnormen der Bilanzierung,
- Regelmäßigkeit (Häufigkeit) der Bilanzaufstellung,
- (Sonder-)Bilanzierungsanlässe,
- Schwerpunkt der Bilanzinformation,
- Bilanzierungszeitraum,
- zeitliche Dimension der Bilanzwerte,
- Zahl der bilanzierenden Unternehmen,
- Dimension der Bilanzaussage.

Abb. 8.1 - 2 gibt einen **Überblick** über die mithilfe solcher Systematisierungsmerkmale zu charakterisierenden Bilanzarten. Zu betonen wäre, dass die in der Realität vorfindbaren Bilanzen aus einer Kombination der aufgeführten Merkmale bestehen können. Das Schaubild selbst ist aber nur horizontal zu lesen.

Soweit hinsichtlich des Inhalts und der Aufgaben der verschiedenen Bilanzarten aus Abb. 8.1 - 2 **ergänzende Erläuterungen** zweckmäßig erscheinen, ist dies in der Übersicht von Abb. 8.1 - 3 geschehen.

8.1 Grundlagen der Bilanzierung

Bilanzarten

Systematisierungsmerkmale	Bilanzarten
Initiative zur Bilanzaufstellung (einschl. Adressatenkreis)	gesetzlich vorgeschriebene (externe) Bilanzen · vertraglich vereinbarte Bilanzen (z.B. für Kreditinstitute) · freiwillig erstellte (interne) Bilanzen
Rechtsnormen der Bilanzierung	Handelsbilanzen · Steuerbilanzen
Regelmäßigkeit (Häufigkeit) der Bilanzaufstellung	(regelmäßige) Periodenbilanzen · (einmalige) Sonderbilanzen
(Sonder-)Bilanzierungsanlässe	Gründungsbilanzen · Umwandlungsbilanzen · Sanierungsbilanzen · Fusionsbilanzen · Auseinandersetzungsbilanzen · Liquidations-/Konkursbilanzen · Vergleichsbilanzen
Schwerpunkt der Bilanzinformation	Erfolgsbilanzen · Vermögens-(status-)bilanzen · Liquiditäts-(status-)bilanzen
Bilanzierungszeitraum	Monatsbilanzen · Quartalsbilanzen · Zwischenbilanzen · Jahres-(abschluss-)bilanzen · Totalbilanz
zeitliche Dimensionen der Bilanzwerte	(konstatierende) Ist-Bilanzen · (prospektive) Planbilanzen · Beständebilanzen · Veränderungsbilanzen · Bewegungsbilanzen · Zeitraumbilanzen
Zahl der bilanzierenden Unternehmen	Einzelbilanzen · Gemeinschaftsbilanzen · konsolidierte (Konzern-)Bilanzen
Dimension der Bilanzaussage	(traditionelle) kaufmännische Bilanzen · Sozialbilanzen

Abb. 8.1 - 2   Bilanzarten

Bilanzart	Anlass	Inhalt	Aufgaben
Handelsbilanz	Jahresabschluss nach § 242ff. HGB	Gegenüberstellung von Vermögen und Kapital am Bilanzstichtag nach **handelsrechtlichen Bilanzierungs- und Bewertungsvorschriften**	**Rechenschaftslegung** (gegenüber Gläubigern, Gesellschaftern, Arbeitnehmern, Öffentlichkeit) **Dokumentation** der Vermögens- und Ertragslage sowie **rechnerische Fundierung** von unternehmungspolitischen Entscheidungen
Steuerbilanz	Steuerlicher Jahresabschluss nach § 5 EStG	wie Handelsbilanz, nur ergänzende Orientierung an speziellen **steuerrechtlichen Bilanzierungs- und Bewertungsvorschriften** (Prinzip der Maßgeblichkeit der Handelsbilanz)	Ermittlung des **zu versteuernden Periodengewinns** durch (Rein-)Vermögensvergleich, korrigiert um Einlagen und Entnahmen nach §§ 4 – 7 EStG
Konzernbilanz	Jahresabschluss eines Konzerns gemäß §§ 290ff. HGB	Gegenüberstellung von Vermögen und Kapital aller zum **Konsolidierungskreis** gehörenden Unternehmen unter Ausschaltung von Doppelzählungen	Information über die **Vermögens- und Ertragslage des Konzerns**
Zeitraumbilanz	Ergänzung des Jahresabschlusses	Ermittlung von Bestandsveränderungen während zweier aufeinander folgender Stichtage: Ausweis nur der Salden (= **Veränderungsbilanz**) oder getrennter Ausweis der Bestandsveränderungen nach Zu- und Abgängen (= **Bewegungsbilanz**)	Darstellung **finanzwirtschaftlicher Vorgänge** (Mittelverwendung, Mittelherkunft, Liquidität)
Sozialbilanz	Ergänzung des Jahresabschlusses	keine Bilanz i.e.S., sondern lediglich systematische und regelmäßige Ermittlung der **sozialen Leistungen** (= gesellschaftlicher Nutzen der Unternehmensaktivitäten) und der **sozialen Kosten** (= gesellschaftliche Schäden, z.B. Umweltbelastungen, die durch die Unternehmensaktivitäten entstehen)	Rechenschaftslegung über die **gesellschaftlichen Auswirkungen des Wirtschaftsprozesses** der Unternehmung; **Sozialinformationen** für das Management und für die Belegschaft

Abb. 8.1 - 3   Anlass, Inhalt und Aufgaben alternativer Bilanzarten

8.1 Grundlagen der Bilanzierung 613

8.1.1.2 Bilanztheoretische Auffassungen im Überblick

Wenn man in der Betriebswirtschaftslehre von **Bilanztheorie** spricht, so denkt man in erster Linie an die **verschiedenen Bilanzauffassungen**, die sich im Wesentlichen darin unterscheiden, welchen Zweck sie der Bilanz zuweisen und welche Folgerungen sie hieraus für die Bewertung und Gliederung der Bilanzposten ziehen. Damit berühren sie auch einzelne Kategorien der im vorherigen Punkt angesprochenen Bilanzarten.

Abb. 8.1 - 4 (in Anlehnung an HEINEN 1986) vermittelt eine **Übersicht** über die verschiedenen, im Laufe der Zeit entwickelten Bilanzauffassungen und nennt deren Hauptvertreter.

Eine etwas nähere Charakterisierung erfahren im Folgenden lediglich die **klassischen bilanztheoretischen Auffassungen**. Für die Darstellung der neueren Ansätze sei auf HEINEN (1986) verwiesen.

Nach der **statischen Bilanzauffassung** ist die Aufgabe der Bilanz darin zu sehen, den Vermögensbestand der Unternehmung zu ermitteln und zweckmäßig gegliedert auszuweisen. Unterschiede hinsichtlich der älteren und der neueren statischen Bilanzinterpretation ergeben sich im Hinblick auf die verwendeten Wertansätze. Nach der **älteren statischen Auffassung** dominieren als Bilanzzweck die öffentlich-rechtliche Rechenschaftslegung sowie der Gläubigerschutz. Hieraus resultiert die Tendenz, das Vermögen zu jeweiligen Marktpreisen zu bewerten (**Zeitwertprinzip**).

Demgegenüber ist nach der **neueren statischen Bilanzauffassung** die Bilanz mehr eine nominale Kapitalrechnung, die eine Übersicht über die Kapitaleinlagen auf der Passivseite und über die Kapitalverwendung auf der Aktivseite liefert. Mit dieser Zwecksetzung der Bilanz als **nominaler Kapitalnachweisrechnung** verbunden ist eine stärkere Orientierung am Anschaffungswertprinzip. Ergänzend dazu wird eine nach bilanzanalytischen Gesichtspunkten zweckentsprechende (horizontale und vertikale) Gliederung der Bilanzpositionen betont.

Nach der **dynamischen Bilanzauffassung** wird der Hauptzweck der Bilanz in der Ermittlung eines vergleichbaren Periodenerfolgs als Maßstab der Wirtschaftlichkeit gesehen. Gewinn und Verlust werden dabei als Saldo von Erträgen und Aufwendungen definiert, die aus Einnahmen und Ausgaben abgeleitet werden (vgl. auch S. 602ff.). Durch diese Orientierung der Erfolgsermittlung letztlich an den Zahlungsströmen ergibt sich zugleich notwendigerweise die Dominanz des **Anschaffungswertprinzips** in der Bilanz.

SCHMALENBACH (als der bedeutendste Vertreter der dynamischen Bilanzauffassung) geht davon aus, dass der richtige Erfolg einer Unternehmung nur in einer **Totalbilanz**, welche die gesamte Dauer der Existenz dieses Unternehmens umfasst, ermittelt werden kann und zwar streng pagatorisch nach dem folgenden Schema:

> gesamte Ertragseinnahmen
> − gesamte Aufwandsausgaben
> = Totalerfolg

Da Bilanzen aber schon vor Ablauf der Totalperiode erstellt werden müssen, wird eine periodengerechte Verteilung dieser Einnahmen und Ausgaben notwendig, was eben zu einer Aufwands- und Ertragsbetrachtung überleitet. Das Zentralproblem der (periodischen) Erfolgsermittlung wird damit in der **Periodisierung der erfolgswirksamen Zahlungsströme** gesehen.

Bilanzauffassungen

Ausprägungen	klassische Konzeptionen				neuere Ansätze			
	statische Bilanzauffassung		dynamische Bilanzauffassung	organische Bilanzauffassung	kapitalerhaltungsorientierte Bilanzkonzeptionen	zukunftsorientierte Bilanzkonzeptionen	Anti-Bilanzkonzeptionen	an einer Verbesserung der Handelsbilanz orientierte Konzeptionen
	ältere	neuere						
Hauptvertreter	vorwiegend Juristen (z.B. SIMON)	NICKLISCH, LE COUTRE, RIEGER	SCHMALENBACH, WALB, SOMMERFELD, KOSIOL	F. SCHMIDT, HASENACK	K. HAX, FEUERBAUM	KÄFER, HONKO, SEICHT, ALBACH	MOXTER, BUSSE VON COLBE, D. SCHNEIDER	STÜTZEL, ENGELS, KOCH, LEFFSON, SCHWEITZER

Abb. 8.1 - 4   Bilanzauffassungen und ihre Hauptvertreter

8.1 Grundlagen der Bilanzierung 615

Die Bilanz wird in der dynamischen Interpretation als Mittler zwischen der Finanzrechnung und der Erfolgsrechnung interpretiert; eine Konzeption, die auch dem dreiteiligen Rechnungssystem von CHMIELEWICZ (1982a) zugrunde liegt (vgl. S. 592f.). In dieser ihrer **Funktion als „Kräftespeicher"** der Unternehmung hat die Bilanz folgende **Aufgaben**:

- Erfassung der zwischen Finanz- und Erfolgsrechnung schwebenden Geschäfte:
  - Ausgabe noch nicht Aufwand
  - Aufwand noch nicht Ausgabe
  - Ertrag noch nicht Einnahme
  - Einnahme noch nicht Ertrag

- Evidenzerhaltung aller nicht erfolgswirksamen Geschäftsvorfälle:
  - Ausgabe noch nicht Einnahme
  - Einnahme noch nicht Ausgabe

- Aufnahme erfolgsrechnerischer Korrekturen:
  - Ertrag noch nicht Aufwand
  - Aufwand noch nicht Ertrag

Die **organische Bilanzauffassung** als dritte Grundkonzeption im Rahmen der klassischen Bilanztheorien zeichnet sich durch Betonung des Zusammenhangs von einzel- und gesamtwirtschaftlicher Betrachtung des wirtschaftlichen Geschehens aus. Dabei wird die Bilanz primär als eine in Geldeinheiten ausgedrückte Güterrechnung aufgefasst, anhand derer die Substanzerhaltung des Unternehmens festgestellt werden soll. Unterschiede zwischen den Vertretern einer organischen Bilanzauffassung bestehen allerdings hinsichtlich dessen, was unter Substanzerhaltung verstanden wird.

FRITZ SCHMIDT (als Begründer der organischen Bilanztheorie und ihr profiliertester Vertreter) sieht eine gütermäßige Kapitalerhaltung dann als gewährleistet an, wenn sich das betriebliche Leistungspotenzial proportional zum gesamtwirtschaftlichen Leistungspotenzial entwickelt (= relative Kapitalerhaltung). Die Bilanz erhält dabei eine zweifache **(dualistische) Funktion**. Sie wird als Instrument der Erfolgsermittlung und zugleich als güterorientierte Vermögensrechnung betrachtet.

Hinsichtlich der **Erfolgsermittlung** steht bei SCHMIDT der Gedanke im Vordergrund, zwischen dem **Umsatzerfolg** (als Differenz von Umsatzertrag und Wiederbeschaffungskosten am Umsatztag) und **Scheinerfolg** (als Differenz von Anschaffungskosten und Wiederbeschaffungskosten) scharf zu trennen. Zu diesem Zweck schlägt er vor, in der Bilanz ein Konto „Wertänderungen am ruhenden Vermögen" zu führen, das den Scheingewinn oder -verlust aufnimmt. Damit wird nicht nur eine erfolgsrechnerische Neutralisierung der Scheinerfolge erreicht (so dass nur der „echte" Umsatzerfolg ausgewiesen wird), sondern in der Bilanz auch eine **Vermögensrechnung zu Wiederbeschaffungswerten** möglich.

616 Achtes Kapitel: Externe Unternehmungsrechnung

Fragen und Aufgaben zur Wiederholung (8.1.1: S. 609 – 615)

1. Stellen Sie den vereinfachten Grundaufbau einer Bilanz dar!

2. Nach welchen Kriterien lassen sich Bilanzen unterscheiden? Verwenden Sie diese Merkmale zur Ableitung verschiedener Bilanzarten!

3. Welches sind Inhalte und Aufgaben von Handels- und Steuerbilanz?

4. Was versteht man unter einer Sozialbilanz? Welche Funktionen soll sie erfüllen?

5. Nennen Sie wichtige Bilanzauffassungen und ihre Hauptvertreter!

6. Worin sehen die Vertreter der älteren und neuen statischen Bilanzinterpretation die Zwecke der Bilanzaufstellung? Welche Konsequenzen hat das für die verwendeten Wertansätze?

7. Was ist der Hauptzweck der Bilanz nach der dynamischen Bilanzauffassung?

8. Definieren Sie den Begriff „Totalerfolg"! Worin liegt das Zentralproblem der periodischen Erfolgsermittlung aus der Sicht der dynamischen Bilanzinterpretation?

9. Welche Funktion hat die Bilanz nach der dynamischen Bilanzinterpretation?

10. Welches sind die Grundgedanken der organischen Bilanzauffassung?

8.1.2 Rechtsquellen zur Rechnungslegung

Nachdem die wichtigsten Bilanzarten und bilanztheoretischen Auffassungen erläutert wurden, befassen sich die folgenden Abschnitte mit den Rechtsquellen zur Rechnungslegung. Die diesbezüglichen Vorschriften haben unterschiedlichen Ursprung und finden sich in verschiedenen Quellen. Zu unterscheiden sind im Wesentlichen einerseits Gesetze bzw. Richtlinien, die schriftlich festgelegt sind, andererseits allgemein anerkannte Regeln über die Führung von Handelsbüchern und die Erstellung des Jahresabschlusses, die nicht kodifiziert sind (vgl. COENENBERG/HALLER/MATTNER/SCHULTZE 2007). Im Folgenden sollen nun die für deutsche Unternehmen primär relevanten Vorschriften zur Rechnungslegung hinsichtlich ihrer Ziele und ihrer Grundsätze vorgestellt werden. Dabei erfolgt die Konzentration auf die Vorschriften des Handelsgesetzbuches (HGB), mit denen die Vorschriften des österreichischen Unternehmensgesetzbuches (UGB) weitestgehend übereinstimmen, sowie die International Financial Reporting Standards (IFRS). Diese beiden Rechnungslegungssysteme stehen stellvertretend für die grundsätzlich unterschiedlichen Philosophien in der kontinentaleuropäischen und angloamerikanischen Bilanzierungspraxis, die im abschließenden Abschnitt einander gegenübergestellt werden.

8.1.2.1 Gesetzliche Vorschriften zu Bilanzierungs-, Prüfungs- und Offenlegungspflichten nach HGB

Gemeinsame Grundlage aller bilanzierungspflichtigen Unternehmen sind die §§ 238ff. HGB. Bilanzierungspflicht nach Handelsrecht besteht für Einzelkaufleute, sofern sie Vollkaufleute sind, sowie für Formkaufleute (OHG, KG, GmbH, AG usw.). Die eben genannten Paragraphen des HGB verpflichten den **Kaufmann**,

- **Bücher** nach den Grundsätzen ordnungsmäßiger Buchführung (GoB) (vgl. S. 628ff.) zu führen,

8.1 Grundlagen der Bilanzierung

- bei Geschäftseröffnung und am Ende eines jeden Geschäftsjahres ein **Inventar** anzufertigen und

- bei Geschäftseröffnung sowie am Ende eines jeden Geschäftsjahres einen **Jahresabschluss (bestehend aus der Bilanz und der Gewinn- und Verlustrechnung)** nach den Grundsätzen ordnungsmäßiger Bilanzierung zu erstellen.

Im Referentenentwurf des Gesetzes zur Modernisierung des Bilanzrechts des Bundesministeriums der Justiz (BMJ) vom 8. November 2007 (im Folgenden BilMoG-RefE genannt) ist mit dem neu eingefügten § 241a HGB-E vorgesehen, dass Einzelkaufleute und nicht-kapitalmarktorientierte Personenhandelsgesellschaften, die einen Umsatz von 500.000 EUR und einen Gewinn von 50.000 EUR pro Geschäftsjahr an zwei aufeinander folgenden Stichtagen nicht überschreiten, von der Verpflichtung zur Buchführung und Bilanzierung nach den handelsrechtlichen Vorschriften befreit werden. Für diese ist künftig im Regelfall nur noch eine Einnahmen-Überschussrechnung erforderlich.

Diese grundlegenden gesetzlichen Normen werden ergänzt durch je nach Rechtsform und Größe des Unternehmens **unterschiedliche Bestimmungen** hinsichtlich

- der **Elemente** des Jahresabschlusses,

- der **Gültigkeit** und der **Detailliertheit** von Gliederungsschemata für Bilanz und Gewinn- und Verlustrechnung,

- der **Angabe- und Erläuterungspflichten** eines gegebenenfalls zu erstellenden Anhangs,

- der **Pflicht zur Aufstellung ergänzender Berichtselemente** wie Lagebericht, Kapitalflussrechnung und Eigenkapitalspiegel,

- der **Bewertungsvorschriften** sowie

- des Umfangs der Offenlegungspflichten.

Unter **Offenlegung** versteht man (seit Einführung des Gesetzes über elektronische Handelsregister und Genossenschaftsregister sowie das Unternehmensregister (EHUG) zum 1. Januar 2007) die Einreichung der offenlegungspflichtigen Unterlagen beim elektronischen Bundesanzeiger, womit die Einreichung beim Handelsregister entfällt.

Im Hinblick auf die Anwendung dieser Vorschriften unterscheidet das HGB grundsätzlich **zwei Kategorien von Unternehmen**, und zwar

- die Kapitalgesellschaften und

- die sonstigen Kaufleute.

Erster Abschnitt	Vorschriften für alle Kaufleute
1. Unterabschnitt	**Buchführung. Inventar**
§ 238	Buchführungspflicht
§ 239	Führung der Handelsbücher
§ 240	Inventar
§ 241	Inventurvereinfachungsverfahren
BilMoG-RefE: § 241a	*Befreiung von der Pflicht zur Buchführung und Erstellung eines Inventars*
2. Unterabschnitt	**Eröffnungsbilanz. Jahresabschluss**
§§ 242 – 245	Allgemeine Vorschriften (Pflicht zur Aufstellung; Aufstellungsgrundsatz; Sprache. Währungseinheit; Unterzeichnung)
§§ 246 – 251	Ansatzvorschriften (Vollständigkeit. Verrechnungsverbot; Inhalt der Bilanz; Bilanzierungsverbote; Rückstellungen; Rechnungsabgrenzungsposten; Haftungsverhältnisse)
§§ 252 – 256	Bewertungsvorschriften (Allgemeine Bewertungsgrundsätze; Wertansätze der Vermögensgegenstände und Schulden (*geändert gemäß BilMoG-RefE: Zugangs- und Folgebewertung*); Steuerrechtliche Abschreibungen (*geändert gemäß BilMoG-RefE: Bildung von Bewertungseinheiten*); Anschaffungs- und Herstellungskosten (*geändert gemäß BilMoG-RefE: Bewertungsmaßstäbe*); Bewertungsvereinfachungsverfahren)
BilMoG-RefE: § 256a	*Währungsumrechnung*
3. Unterabschnitt: §§ 257 – 261	**Aufbewahrung und Vorlage**
4. Unterabschnitt: § 263	**Landesrecht**

Abb. 8.1 - 5   Übersicht über die Rechnungslegungsvorschriften für alle Kaufleute und für Kapitalgesell-schaften nach HGB: Erster Abschnitt des Dritten Buches mit Änderungen gemäß BilMoG-RefE (*kursiv*)

Diese Unterscheidung kommt in der **Aufteilung der Vorschriften des Handelsgesetzes** zur Buchführung und zum Jahresabschluss (Drittes Buch) zum Ausdruck. Während der erste Abschnitt (§§ 238 – 263 HGB) für alle Kaufleute Gültigkeit hat (vgl. Abb. 8.1 - 5), nimmt der zweite Abschnitt (§§ 264 – 335 HGB) die speziellen Regelungen für Kapitalgesellschaften auf (vgl. Abb. 8.1 - 6). Für Letztere hat der Erste Abschnitt die Stellung eines allgemeinen Teils. Hinsichtlich der anderen Unternehmen finden sich hier alle relevanten Vorschriften, es sei denn, dass beispielsweise das Publizitätsgesetz (PublG) oder andere Gesetze weitere Vorschriften enthalten oder auf Vorschriften des Zweiten Abschnitts verweisen. Ebenfalls im Zweiten Abschnitt des Dritten Buches des HGB (Zweiter Unterabschnitt: §§ 290 – 315a) sind die speziellen Vorschriften zur Konzernrechnungslegung zu finden. Erwähnt sei, dass ein dritter Abschnitt einige ergänzende Vorschriften für eingetragene Genossenschaften enthält. Die sich gemäß BilMoG-RefE ergebenden Änderungen sind in Abb. 8.1 - 5 und Abb. 8.1 - 6 jeweils kursiv geschrieben.

Diese grundsätzliche Unterscheidung zwischen Kapitalgesellschaften und sonstigen Kaufleuten lässt sich darin begründen, dass mit der **Rechtsform** der Kapitalgesellschaft die Trennung von Eigentum und Geschäftsführung einhergeht. Dadurch, dass die Kapitalgesellschaft eine eigene Rechtspersönlichkeit darstellt, die mit ihrem Gesellschaftsvermögen haftet, ist ein erhöhter Informationsbedarf von Gläubigern und Eigentümern verbunden, dem durch die entsprechend strenger ausgestalteten Vorschriften nachgekommen wird.

8.1 Grundlagen der Bilanzierung

Zweiter Abschnitt	Ergänzende Vorschriften für Kapitalgesellschaften (Aktiengesellschaften, Kommanditgesellschaften auf Aktien und Gesellschaften mit beschränkter Haftung) sowie bestimmte Personenhandelsgesellschaften
1. Unterabschnitt	**Jahresabschluss der Kapitalgesellschaft und Lagebericht**
§§ 264 – 265	Allgemeine Vorschriften (Pflicht zur Aufstellung; Anwendung auf bestimmte offene Handelsgesellschaften und Kommanditgesellschaften; Befreiung von der Pflicht zur Aufstellung eines Jahresabschlusses nach den für Kapitalgesellschaften geltenden Vorschriften; Besondere Bestimmungen für offene Handelsgesellschaften und Kommanditgesellschaften im Sinne des § 264a; *§ 264d HGB-E: Kapitalmarkt-orientierte Kapitalgesellschaft; § 264e HGB-E: Jahresabschluss nach internationalen Rechnungslegungsstandards*; Allgemeine Grundsätze für die Gliederung)
§§ 266 – 274a	Bilanz (Gliederung; Umschreibung der Größenklassen; Vorschriften zu einzelnen Posten der Bilanz. Bilanzvermerke; Größenabhängige Erleichterungen), *BilMoG-RefE: §§ 269 und 273 aufgehoben*
§§ 275 – 278	Gewinn- und Verlustrechnung (Gliederung; Größenabhängige Erleichterungen; Vorschriften zu einzelnen Posten der Gewinn- und Verlustrechnung; Steuern)
§§ 279 – 283	Bewertungsvorschriften (Nichtanwendung von Vorschriften. Abschreibungen; Wertaufholungsgebot; Berücksichtigung steuerrechtlicher Vorschriften; Abschreibung der Aufwendungen für die Ingangsetzung und Erweiterung des Geschäftsbetriebs; Wertansatz des Eigenkapitals), *BilMoG-RefE: §§ 279 bis 283 aufgehoben*
§§ 284 – 288	Anhang (Erläuterungen der Bilanz und der Gewinn- und Verlustrechnung; Sonstige Pflichtangaben; Unterlassen von Angaben; Aufstellung des Anteilsbesitzes; Größenabhängige Erleichterungen), *BilMoG-RefE: § 287 aufgehoben*
§ 289	Lagebericht
BilMoG-RefE: § 289a	*Erklärung zur Unternehmensführung*
2. Unterabschnitt	**Konzernabschluss und zum Konzernlagebericht**
§§ 290 – 293	Anwendungsbereich (Pflicht zur Aufstellung; Befreiende Wirkung von EU/EWR-Konzernabschlüssen; Rechtsverordnungsermächtigung für befreiende Konzernabschlüsse und Konzernlageberichte; Größenabhängige Befreiungen)
§§ 294 – 296	Konsolidierungskreis (Einzubeziehende Unternehmen. Vorlage- und Auskunftspflichten; Verzicht auf die Einbeziehung)
§§ 297 – 299	Inhalt und Form des Konzernabschlusses (Inhalt; Anzuwendende Vorschriften. Erleichterungen; Stichtag für die Aufstellung)
§§ 300 – 307	Vollkonsolidierung (Konsolidierungsgrundsätze. Vollständigkeitsgebot; Kapitalkonsolidierung; Schuldenkonsolidierung; Behandlung der Zwischenergebnisse; Aufwands- und Ertragskonsolidierung; Steuerabgrenzung; Anteile anderer Gesellschafter), *BilMoG-RefE: § 302 aufgehoben*
§§ 308 – 309	Bewertungsvorschriften (Einheitliche Bewertung; *§ 308a HGB-E: Umrechnung von auf ausländische Währung lautende Abschlüsse*; Behandlung des Unterschiedsbetrags)
§ 310	Anteilsmäßige Konsolidierung
§§ 311 – 312	Assoziierte Unternehmen (Definition. Befreiung; Wertansatz der Beteiligung und Behandlung des Unterschiedsbetrags)
§§ 313 – 314	Konzernanhang (Erläuterung der Konzernbilanz und der Konzern-Gewinn- und Verlustrechnung. Angaben zum Beteiligungsbesitz; Sonstige Pflichtangaben)
§ 315	Konzernlagebericht
§ 315a	Konzernabschluss nach internationalen Rechnungslegungsstandards
3. Unterabschnitt: §§ 316 – 324a	**Prüfung**, *BilMoG-RefE: § 319b neu eingefügt, §§ 324 und 324a aufgehoben*
4. Unterabschnitt: §§ 325 – 329	**Offenlegung. Prüfung durch den Betreiber des elektronischen Bundesanzeigers**
5. Unterabschnitt § 330	**Verordnungsermächtigung für Formblätter und andere Vorschriften**
6. Unterabschnitt §§ 331 – 335b	**Straf- und Bußgeldvorschriften. Zwangsgelder**

Abb. 8.1 - 6 Übersicht über die ergänzenden Rechnungslegungsvorschriften für Kapitalgesellschaften nach HGB: Zweiter Abschnitt des Dritten Buches mit Änderungen gemäß BilMoG-RefE (*kursiv*)

620 Achtes Kapitel: Externe Unternehmungsrechnung

Vor diesem Hintergrund sind auch die **speziellen Vorschriften für Kapitalgesellschaften & Co** als „bestimmte Personenhandelsgesellschaften" im Zweiten Abschnitt des Dritten Buches des HGB zu sehen, die durch das Kapitalgesellschaften- und Co-Richtlinie-Gesetz (KapCo-RiLiG) vom 16. Dezember 1999 in das HGB eingefügt wurden. Es handelt sich hierbei um Personengesellschaften, bei denen keine natürliche Person persönlich haftender Gesellschafter ist (§ 264a HGB). Für diese Unternehmen gelten ebenfalls die Vorschriften für Kapitalgesellschaften bezüglich Aufstellungs-, Prüfungs- und Offenlegungspflichten mit den in den §§ 264a, 264b und 264c HGB genannten Besonderheiten, auf die im Folgenden nicht weiter eingegangen wird.

	Bilanzsumme (nach Abzug eines auf der Aktivseite ausge- wiesenen Fehlbetrags)	**Umsatzerlöse** (in den 12 Monaten vor dem Abschlussstichtag)	**Anzahl Arbeitnehmer** (Jahresdurchschnitt)
kleine Kapital- gesellschaft nach HGB	≤ 4,015 Mio. EUR (≤ *4,84 Mio. EUR*)	≤ 8,030 Mio. EUR (≤ *9,86 Mio. EUR*)	≤ 50
mittlere Kapital- gesellschaft nach HGB	4,015 Mio. EUR < und ≤ 16,060 Mio. EUR (*4,84 Mio. EUR < und ≤ 19,25 Mio. EUR*)	8,030 Mio. EUR < und ≤ 32,120 Mio. EUR (*9,86 Mio. EUR < und ≤ 38,50 Mio. EUR*)	50 < und ≤ 250
große Kapital- gesellschaft nach HGB	> 16,060 Mio. EUR (> *19,25 Mio. EUR*)	> 31,120 Mio. EUR (> *38,50 Mio. EUR*)	> 250
	Kapitalgesellschaften, die einen organisierten Markt im Sinne von § 2 Abs. 5 WpHG durch von ihnen ausgegebene Wertpapiere gemäß § 2 Abs. 1 Satz 1 WpHG in Anspruch nehmen oder die Zulassung zum Handel an einem organisierten Markt beantragt worden ist (§ 267 Abs. 3 HGB bzw. § 264d HGB-E)		
Großunterneh- men nach PublG	> 65 Mio. EUR	> 130 Mio. EUR	> 5.000

Abb. 8.1 - 7   Größenklassen für Unternehmen nach HGB (Werte in Klammern gemäß BilMoG-RefE) und PublG

Bei den Kapitalgesellschaften wird im HGB eine weitere **Unterteilung in kleine, mittelgroße und große Kapitalgesellschaften** vorgenommen. Nach § 267 HGB bestimmt sich die Zugehörigkeit zu einer dieser Größenklassen nach den in Abb. 8.1 - 7 angegebenen **Kriterien**, von denen mindestens zwei an zwei aufeinanderfolgenden Abschlussstichtagen erfüllt sein müssen. Ergänzend ist anzumerken, dass eine Kapitalgesellschaft, die am Abschlussstichtag oder am vorhergehenden Abschlussstichtag die Grenzen überschreitet, bei denen sie zu den kleinen Kapitalgesellschaften gehört, jedoch trotzdem als kleine Kapitalgesellschaft einzustufen ist, wenn das Unternehmen am vorhergehenden Abschlussstichtag eine kleine Kapitalgesellschaft war. Dies bedeutet jedoch auch, dass eine Kapitalgesellschaft, die am Vorjahresabschlussstichtag eine mittelgroße Kapitalgesellschaft war, auch dann eine mittelgroße Kapitalgesellschaft bleibt, wenn sie am betrachteten Jahresabschlussstichtag die obigen Größenmerkmale nicht mehr erfüllt. Die Werte, die in Abb. 8.1 - 7 in Klammern angegeben sind, sind die im BilMoG-RefE vorgeschlagenen, um 20 % erhöhten Schwellenwerte, durch die eine größere Anzahl an kleineren und mittleren Unternehmen in den Informationspflichten entlastet werden soll.

8.1 Grundlagen der Bilanzierung 621

Ebenfalls als **große Kapitalgesellschaften** gelten nach § 267 Abs. 3 HGB Kapitalgesellschaften, die einen organisierten Markt im Sinne des § 2 Abs. 5 des Wertpapierhandelsgesetzes
(WpHG) durch von ihnen ausgegebene Wertpapiere gemäß § 2 Abs. 1 Satz 1 WpHG in Anspruch nehmen oder die Zulassung zum Handel an einem organisierten Markt beantragt worden ist. Diese Unternehmen werden auch als **kapitalmarktorientierte Unternehmen** bezeichnet. Im BilMoG-RefE werden diese im neuen § 264d HGB-E definiert.

Eine weitere größenabhängige Kategorie von Unternehmen, die im Rahmen der Bilanzie-
rungs-, Offenlegungs- und Prüfungspflichten eine Rolle spielt, sind die **im Publizitätsgesetz
(PublG) definierten Großunternehmen**. Um als Großunternehmen im Sinne des PublG eingeordnet zu werden, müssen mindestens an drei Jahresabschlussstichtagen hintereinander
zwei der drei in Abb. 8.1 - 7 ebenfalls genannten Merkmale erfüllt sein (§ 1 PublG).

Den sich nun anschließenden Erläuterungen der Rechnungslegungsvorschriften gemäß HGB,
die sich an der Übersicht von Abb. 8.1 - 8 (in Anlehnung an COENENBERG 2005a, S. 34f., ohne Berücksichtigung der Änderungen gemäß BilMoG-RefE) orientieren, wird die folgende
Einteilung der Unternehmen zugrunde gelegt:

(1)   **Einzelkaufleute und Personengesellschaften, die nicht unter das PublG fallen**,

(2)   **kleine Kapitalgesellschaften**,

(3)   **mittlere Kapitalgesellschaften**,

(4)   **große Kapitalgesellschaften** und

(5)   **Großunternehmen nach PublG**.

Von einer Berücksichtigung der sonstigen Unternehmen, die aufgrund ihrer besonderen
Rechtsform (z.B. Genossenschaften) oder ihrer Branche (z.B. Kreditinstitute, Versicherungen) weitergehenden Anforderungen an ihre Rechnungslegung unterliegen, wie sie für die
„sonstigen Kaufleute" bestehen, wird abgesehen.

Zu (1)   Einzelkaufleute und Personengesellschaften, die nicht unter das PublG fallen:

Zu den rechnungslegungspflichtigen Unternehmen, die jedoch nicht Kapitalgesellschaften
sind, zählen insbesondere die Einzelunternehmen und die verschiedenen Arten der Personengesellschaften. Soweit diese Unternehmen aufgrund ihrer Größe nicht unter das PublG fallen,
sind für diese Unternehmen ausschließlich die genannten Vorschriften des Ersten Abschnitts
des Dritten Buches des HGB (§§ 238 – 263) relevant. Dieser Unternehmenskreis unterliegt
somit **weniger strengen Anforderungen** an die Rechnungslegung als die folgenden Kategorien. Der aufzustellende Jahresabschluss besteht nach § 242 HGB lediglich aus einer Bilanz
und einer Gewinn- und Verlustrechnung (GuV), wobei kein Bilanzformblatt vorgeschrieben
wird. Des Weiteren unterliegen sie weniger strengen Bewertungsvorschriften. Es bestehen
keine Prüfungs- und Offenlegungspflichten und auch keine Verpflichtung zur Erstellung eines
Konzernabschlusses. Gegebenenfalls können jedoch durch Spezialgesetze höhere Anforderungen an die Rechnungslegung gestellt werden.

	Buchführung	Inventur	Bestandteile des Jahresabschlusses, Aufstellungspflicht eines Lageberichts	Gliederung des Jahres- abschlusses
(1) **Einzelkauf- leute und Personen- gesellschaften, die nicht unter das PublG fallen**	konkrete Regelungen in §§ 238, 239; weitere Bestimmungen ergeben sich aus den GoB	vorgeschrieben (§ 240 Abs. 1 und Abs. 2) Inventurverfahren bestimmen sich nach GoB; ausdrücklich zugelassen sind • Stichproben- inventur • vor- bzw. nachverlagerte Stichtagsinventur • permanente Inventur	Jahresabschluss: • Bilanz • GuV Anhang und Lagebericht sind nicht zu erstellen (§ 242 Abs. 3)	Gliederung durch GoB bestimmt
(2) **kleine Kapital- gesellschaften**	wie (4) große Kapital- gesellschaften	wie (4) große Kapital- gesellschaften	wie (4) große Kapital- gesellschaften, jedoch kein Lagebericht (§ 264 Abs. 1)	wie (4) große Kapital- gesellschaften, jedoch verkürzte Gliederung nach § 266 Abs. 2 (§ 266 Abs. 1)
(3) **mittlere Kapital- gesellschaften**	wie (4) große Kapital- gesellschaften	wie (4) große Kapital- gesellschaften	wie (4) große Kapital- gesellschaften	wie (4) große Kapital- gesellschaften
(4) **große Kapital- gesellschaften**	wie (1) Einzelkaufleute und Personen- gesellschaften, die nicht unter das PublG fallen (§ 264 Abs. 2)	wie (1) Einzelkaufleute und Personen- gesellschaften, die nicht unter das PublG fallen (§ 264 Abs. 2)	„erweiterter" Jahresabschluss: • Bilanz • GuV • Anhang sowie Lagebericht (§ 264 Abs. 1)	detaillierte Gliederung nach dem in § 266 Abs. 2 gegebenen Schema (§ 266 Abs. 1)
(5) **Großunter- nehmen nach PublG**	wie (1) Einzelkaufleute und Personen- gesellschaften, die nicht unter das PublG fallen	wie (1) Einzelkauf- leute und Personen- gesellschaften, die nicht unter das PublG fallen	Jahresabschluss von Einzelkaufleuten und Personengesell- schaften: • Bilanz • GuV; zusätzlich bei Nicht- Personengesell- schaften: Anhang sowie Lagebericht	wie (4) große Kapital- gesellschaften (§ 5 Abs. 1 PublG)

Abb. 8.1 - 8 Handelsrechtliche Bilanzierungsvorschriften – Teil 1 (ohne Änderungen des BilMoG-RefE)

8.1 Grundlagen der Bilanzierung   623

Umfang des Anhangs	Prüfungspflicht und Umfang	Offenlegungspflicht und Umfang der Offenlegung	Konzernabschluss, Konzernlagebericht
keine Pflicht zur Erstellung eines Anhangs (§ 242 Abs. 3)	keine Prüfungspflicht (§ 316 Abs. 1)	keine Offenlegungspflicht (§ 325 Abs. 1)	keine Pflicht zur Erstellung eines Konzernabschlusses
wie (4) mit Ausnahme von § 284 Abs. 2 Nr. 4, § 285 Satz 1 Nr. 2 – 8a, 9a, b, 12, 17, 18 (§ 288 Satz 1), § 274a, § 276	keine Prüfungspflicht (§ 316 Abs. 1)	Einreichen von Bilanz, Anhang und Vorschlag bzw. Beschluss über Ergebnisverwendung beim elektronischen Bundesanzeiger (§ 326)	wie (4) große Kapital-gesellschaften
wie (4) große Kapital-gesellschaften mit Ausnahme von § 285 Satz 1 Nr. 4 (§ 288 Satz 2)	wie (4) große Kapital-gesellschaften (§ 316 Abs. 1)	Einreichen von Jahresabschluss (beschränkte Bilanz-gliederung nach § 327), Lagebericht, Bericht des Aufsichtsrats und Vorschlag bzw. Beschluss zur Ergebnisverwendung beim elektronischen Bundesanzeiger	wie (4) große Kapital-gesellschaften
Angabe- und Erläuterungs-pflichten gemäß §§ 284 – 287	Pflicht zur Prüfung des Jahresabschlusses und des Lageberichts (§ 316 Abs. 1)	Einreichen von Jahresabschluss, Lagebericht, Bericht des Aufsichtsrats und Vorschlag bzw. Beschluss zur Ergebnisverwendung beim elektronischen Bundesanzeiger (§ 325 Abs. 2)	Pflicht zur Aufstellung eines Konzernabschlusses und -lageberichts, wenn Tatbestände des § 290 vorliegen; Ausnahme-regelungen: §§ 291, 293
nur für Nicht-Personen-gesellschaften: Pflicht zur Erstellung eines Anhangs nach §§ 284 ff. Angabepflicht nach § 285 Satz 1 Nr. 6, Nr. 14 – 16 entfällt (§ 5 Abs. 2 PublG)	Pflicht zur Prüfung des Jahresabschlusses und – falls vorhanden – des Lageberichts (§ 6 Abs. 1 PublG)	wie (4) große Kapitalgesellschaften (§ 9 Abs. 1 PublG) Erleichterungen für Einzelkaufleute und Personengesellschaften (§ 9 Abs. 2 PublG)	Pflicht zur Aufstellung von Konzernabschluss und -lagebericht, wenn Konzern-Größenkriterien des § 11 PublG und der Tatbestand der einheitlichen Leitung erfüllt sind (§§ 13 – 15 PublG)

Abb. 8.1 - 8   Handelsrechtliche Bilanzierungsvorschriften – Teil 2 (ohne Änderungen des BilMoG-RefE)

Zu (2)   Kleine Kapitalgesellschaften:

Grundsätzlich haben kleine, mittelgroße und große Kapitalgesellschaften die gleichen Vorschriften zum Jahresabschluss anzuwenden. So ist der so genannte **„erweiterte" Jahresabschluss**, der neben der Bilanz und GuV **zusätzlich den Anhang** beinhaltet, von allen Kapitalgesellschaften aufzustellen (§ 264 HGB). Das HGB sieht jedoch für kleine Kapitalgesellschaften besondere **(größenabhängige) Erleichterungen** vor. So brauchen kleine Kapitalgesellschaften beispielsweise nur eine verkürzte Bilanz und GuV aufzustellen und können bei der Offenlegung (Einreichung beim elektronischen Bundesanzeiger) des Jahresabschlusses die GuV und im Anhang die die GuV betreffenden Angaben weglassen. Des Weiteren können sie auf die Erstellung eines Lageberichts verzichten und brauchen im Anhang bestimmte Angaben nicht zu machen. Für die Aufstellung eines Konzernabschlusses und eines Konzernlageberichts gelten die gleichen Bedingungen wie bei großen Kapitalgesellschaften (siehe unter (4)).

Zu (3)   Mittlere Kapitalgesellschaften:

Die mittleren Kapitalgesellschaften sind den großen überwiegend gleich gestellt. Zum erweiterten Jahresabschluss (Bilanz, GuV und Anhang) kommt im Vergleich zu den kleinen Kapitalgesellschaften für mittlere und auch große Kapitalgesellschaften die Pflicht zur Erstellung eines Lageberichts, der nicht Bestandteil des Jahresabschlusses ist, hinzu. Zudem ist das detaillierte Gliederungsschema gemäß § 266 HGB anzuwenden, das auch für große Kapitalgesellschaften gilt. Im Falle einer Zuordnung als mittelgroße Kapitalgesellschaft werden der bilanzierenden Unternehmung im Vergleich zu den Anforderungen, die an große Kapitalgesellschaften gestellt werden, allerdings **bestimmte Erleichterungen** zugebilligt. Dies betrifft den Umfang der Angaben im Anhang, der leicht reduziert ist. Des Weiteren sind zwar – wie von großen Kapitalgesellschaften – Jahresabschluss, Lagebericht, Bericht des Aufsichtsrats und ein Vorschlag bzw. Beschluss zur Ergebnisverwendung beim elektronischen Bundesanzeiger einzureichen, allerdings gilt für den Jahresabschluss eine beschränkte Bilanzgliederung nach § 327 HGB. Für die Aufstellung eines Konzernabschlusses und eines Konzernlageberichts gelten die gleichen Bedingungen wie bei großen Kapitalgesellschaften (siehe unter (4)).

Zu (4)   Große Kapitalgesellschaften:

Die Unternehmen, welche den Vorschriften für große Kapitalgesellschaften zugeordnet sind, haben naturgemäß die **strengsten Anforderungen** an die Rechnungslegung zu erfüllen. Dies zeigt sich im Verhältnis zu den anderen Kapitalgesellschaften vor allem an den umfangreichen Angabepflichten im Anhang sowie an weitergehenden Offenlegungspflichten.

Nach dem BilMoG-RefE ist der Jahresabschluss von kapitalmarktorientierten Kapitalgesellschaften (§ 264d HGB-E) um eine Kapitalflussrechnung und einen Eigenkapitalspiegel zu erweitern, die dann mit Bilanz, Gewinn- und Verlustrechnung und dem Anhang eine Einheit bilden (§ 264 Abs. 1 HGB-E).

Eine Neuerung bezüglich der **Offenlegung des Einzelabschlusses** von allen Kapitalgesellschaften brachte die Umsetzung der EU-Verordnung Nr. 1606/2002 zur Anwendung internationaler Rechnungslegungsstandards vom 19. Juli 2002 (IAS-Richtlinie) in deutsches Recht durch das Bilanzrechtsreformgesetz (BilReG) vom 9. Dezember 2004 (vgl. Abb. 8.1 - 9). Eingeführt wurde das Wahlrecht, anstelle des nach den Vorschriften des HGB aufgestellten Jahresabschlusses einen Einzelabschluss nach IFRS-Vorschriften offenzulegen (§ 325 Abs. 2a

8.1 Grundlagen der Bilanzierung

HGB). Dabei sind die internationalen Vorschriften vollumfänglich anzuwenden und es ist ein Lagebericht zu erstellen. Der nach IFRS aufgestellte Einzelabschluss ist in deutscher Sprache zu verfassen, die Abschlusswährung ist der Euro. Sofern das Wahlrecht für die Offenlegung des Einzelabschlusses nach IFRS ausgeübt wird, gilt folgende **Funktion** für die aufzustellenden Abschlüsse:

- **HGB-Abschluss** hat **Ausschüttungsbemessungsfunktion** über die Ermittlung des Bilanzgewinns, hergeleitet aus dem Jahresüberschuss bzw. -fehlbetrag.

- **IFRS-Abschluss** hat **Informationsfunktion** für die Gläubiger und Anteilseigner, indem er Informationen über die zeitgemäße Vermögensbewertung und den periodengerechten Erfolgsausweis gibt.

Eine Erleichterung für die Unternehmen, die den Einzelabschluss nach IFRS-Vorschriften offenlegen möchten, ist in dem neuen § 264e Satz 1 HGB-E des BilMoG-RefE enthalten. Danach dürfen die HGB-Bilanz und die HGB-Gewinn- und Verlustrechnung im Anhang des IFRS-Abschlusses offengelegt werden. Nachteilig ist allerdings, dass ein Anhang für den HGB-Abschluss, der nach wie vor für die Ausschüttungsbemessung relevant ist, nicht mehr aufzustellen wäre.

	nicht-kapitalmarktorientierte Kapitalgesellschaften	kapitalmarktorientierte Kapitalgesellschaften
Einzelabschluss (einschl. Lagebericht)	• Pflicht zur Aufstellung nach HGB-Vorschriften zur Erfüllung der Ausschüttungsbemessungsfunktion („Jahresabschluss") • Wahlrecht zur Offenlegung eines IFRS-Abschlusses zur Erfüllung der Informationsfunktion („Einzelabschluss")	
Konzernabschluss (einschl. Lagebericht)	Wahlrecht zur Aufstellung des Konzernabschlusses nach IFRS	Pflicht zur Aufstellung des Konzernabschlusses nach IFRS

Abb. 8.1 - 9   Auswirkungen der Einführung der IAS-Richtlinie in deutsches Recht auf die Rechnungslegung von Kapitalgesellschaften

Mit der Umsetzung der 7. EG-Richtlinie (Konzernabschlussrichtlinie) durch das Bilanzrichtliniengesetz (BiRiLiG) von 1985 wurden die Vorschriften zur Konzernrechnungslegung in den zweiten Unterabschnitt des Dritten Buches des HGB (§§ 290 – 315) aufgenommen. Für kleine, mittlere und große Kapitalgesellschaften gilt die Pflicht zur Aufstellung eines **Konzernabschlusses und eines Konzernlageberichts**, wenn die Tatbestände der einheitlichen Leitung oder des „Control"-Verhältnisses zwischen Mutter- und Tochterunternehmen gemäß § 290 HGB vorliegen (vgl. hierzu S. 714f.).

Ebenfalls auf die Einführung der IAS-Richtlinie in deutsches Recht ist zurückzuführen, dass nicht-kapitalmarktorientierten Unternehmen nach § 315a Abs. 3 HGB das Wahlrecht eingeräumt wird, den Konzernabschluss nach den Vorschriften der IFRS aufzustellen. Für **kapitalmarktorientierte EU-Mutterunternehmen** hingegen gilt die Verpflichtung zur Aufstellung eines IFRS-Konzernabschlusses und Lageberichts. Nach § 315a Abs. 2 HGB betrifft dies auch Unternehmen, die bis zum Abschlussstichtag die Zulassung eines Wertpapiers zum Handel an einem organisierten Kapitalmarkt beantragt haben.

Nach §§ 291 und 292 HGB existieren **Regelungen zur Befreiung von der Pflicht zur Konzernrechnungslegung**, wenn ein Mutterunternehmen zugleich Tochterunternehmen ist.

Daneben sind grundsätzlich Konzerne, die **bestimmte Größenmerkmale** nicht überschreiten, von der Aufstellungspflicht befreit. Nach der in Abb. 8.1 - 10 genannten Bruttomethode werden die Vergleichsgrößen durch Addition der Werte aller in den Konzernabschluss einzubeziehenden Unternehmen ermittelt. Demgegenüber basiert die Nettomethode auf den Werten der konsolidierten Jahresabschlüsse. Allerdings gilt die größenabhängige Befreiung von der Erstellung eines Konzernabschlusses nicht für kapitalmarktorientierte Unternehmen. Die Werte, die in Abb. 8.1 - 10 in Klammern angegeben sind, sind die im BilMoG-RefE vorgeschlagenen erhöhten Größenkriterien.

	Bruttomethode	Nettomethode
Bilanzsumme (nach Abzug eines auf der Aktivseite ausgewiesenen Fehlbetrags)	≤ 19,272 Mio. EUR (*≤ 21 Mio. EUR*)	≤ 16,060 Mio. EUR (*≤ 19,25 Mio. EUR*)
Umsatzerlöse (in den zwölf Monaten vor dem Abschlussstichtag)	≤ 38,544 Mio. EUR (*≤ 42 Mio. EUR*)	≤ 32,120 Mio. EUR (*≤ 38,5 Mio. EUR*)
(jahresdurchschnittliche) **Anzahl Arbeitnehmer**	≤ 250	≤ 250

Abb. 8.1 - 10   Größenkriterien des § 293 Abs. 1 HGB für die Befreiung zur Aufstellung eines Konzernabschlusses (Werte in Klammern gemäß BilMoG-RefE)

Auf die weiteren Besonderheiten des Konzernabschlusses wird in einem gesonderten Abschnitt auf den S. 713ff. eingegangen.

Zu (5)   Großunternehmen nach PublG:

Publizitätspflichtige Unternehmen sind grundsätzlich Unternehmen, die aufgrund in ihrer Größe bedingten volkswirtschaftlichen Bedeutung weitgehend unabhängig von ihrer Rechtsform einer erweiterten externen Rechnungslegung unterworfen sind. Im Bereich der privatrechtlichen Unternehmensformen ist das PublG vor allem für Personengesellschaften mit entsprechender Größe relevant. Die externe Rechnungslegung der Großunternehmen, die unter das PublG fallen, richtet sich stark nach den **HGB-Vorschriften für Kapitalgesellschaften** aus, insbesondere nach denjenigen für große Kapitalgesellschaften.

Innerhalb der Gruppe der Unternehmen, die unter das PublG fallen, wird differenziert nach Einzelkaufleuten und Personengesellschaften und nach Nicht-Personengesellschaften. **Einzelkaufleute und Personengesellschaften** haben lediglich die Pflicht zur Aufstellung des Jahresabschlusses mit Bilanz und GuV. Bei den **Nicht-Personengesellschaften** ist der Anhang zu ergänzen, so dass also der „erweiterte" Jahresabschluss aufzustellen ist. Zudem besteht bei diesen Unternehmen die Pflicht zur Erstellung eines Lageberichts. Für Nicht-Personengesellschaften entfallen im Vergleich zu großen Kapitalgesellschaften bestimmte Angabepflichten im Anhang. Auch bei den Offenlegungsvorschriften existieren Erleichterungen für Einzelkaufleute und Personengesellschaften.

Die Pflicht zur Aufstellung eines **Konzernabschlusses und Konzernlageberichts** ist für Großunternehmen gegeben, wenn die in § 11 PublG genannten Größenkriterien und der Tatbestand der einheitlichen Leitung erfüllt sind. Die konsequente Anwendung dieser beiden Kriterien würde in einem mehrstufigen Konzern dazu führen, dass untergeordnete Tochterunternehmen auf ihrer jeweiligen Konzernstufe einen (Teil-)Konzernabschluss erstellen müssten.

8.1 Grundlagen der Bilanzierung

Die daraus entstehende Vielfalt von (Teil-)Konzernabschlüssen wäre unwirtschaftlich und im Hinblick auf den Informationsgehalt ineffizient. Auf die Erstellung eines Konzernabschlusses kann deshalb verzichtet werden, sofern bestimmte rechtliche Voraussetzungen bei der Aufstellung des Konzernabschlusses von der Mutterunternehmung erfüllt werden (vgl. COENENBERG 2005a, S. 564ff.). Des Weiteren gelten auch hier die bereits oben erwähnten größenabhängigen Kriterien zur Befreiung von der Pflicht zur Aufstellung eines Konzernabschlusses für nicht-kapitalmarktorientierte Unternehmen gemäß § 293 Abs. 1 HGB.

Wie die Ausführungen verdeutlicht haben, haben die **internationalen Rechnungslegungsvorschriften** verstärkt Eingang in die nationalen Bestimmungen gefunden. Ganz im Zeichen der internationalen Angleichung der Rechnungslegungsvorschriften steht die Einrichtung von so genannten nationalen „Standard Setter"-Gremien, deren Aufgabe es ist, die bestehenden nationalen Vorschriften zu modernisieren und an die IFRS anzunähern. In Deutschland wurde die rechtliche Grundlage hierfür mit der Einführung der §§ 342 und 342a HGB aufgrund des Gesetzes zur Kontrolle und Transparenz im Unternehmensbereich (KonTraG) geschaffen. Im März 1998 wurde daraufhin das **Deutsche Rechnungslegungs Standards Committee e.V. (DRSC)** gegründet (www.drsc.de). Dieses private, vom Bundesministerium der Justiz (BMJ) anerkannte Rechnungslegungsgremium, das als nationaler Konzernrechnungslegungs-Standardsetter fungiert, hat nach § 342 Abs. 1 HGB die folgenden **Aufgaben**:

- Entwicklung von Empfehlungen zur Anwendung der Grundsätze über die Konzernrechnungslegung,
- Beratung des Bundesministeriums der Justiz bei Gesetzgebungsvorhaben zu Rechnungslegungsvorschriften,
- Vertretung der Bundesrepublik Deutschland in internationalen Standardisierungsgremien und
- neu nach dem Referentenentwurf des Gesetzes zur Modernisierung des Bilanzrechts (BilMoG-RefE) des Bundesministeriums der Justiz (BMJ) vom 8. November 2007: Erarbeitung von Interpretationen der internationalen Rechnungslegungsstandards im Sinne von § 315a Abs. 1 HGB.

Um diese Aufgaben zu erfüllen, hat das DRSC den **Deutschen Standardisierungsrat (DSR)** geschaffen. Der DSR ist ein Gremium unabhängiger Fachleute, die ungebunden und frei von Weisungen tätig sind. Mit dem Einsatz von zahlreichen Arbeitsgruppen hat der DSR die **Deutsche Rechnungslegungsstandards (DRS)** entwickelt, die nach öffentlicher Diskussion verabschiedet wurden. In Abb. 8.1 - 11 sind diese zusammengestellt (vgl. auch www.drsc.de). Nach wie vor haben die Empfehlungen dieser Gremien aber keinen rechtsverbindlichen Charakter und fließen nur indirekt, auf dem Wege einer Modifikation z.B. des HGB, in die geltenden Bilanzierungsvorschriften ein.

	Inhalt	Erste Bekanntmachung durch das BMJ
DRS 2	Kapitalflussrechnung	31.05.2000
DRS 2-10	Kapitalflussrechnung von Kreditinstituten	31.05.2000
DRS 2-20	Kapitalflussrechnung von Versicherungsunternehmen	31.05.2000
DRS 3	Segmentberichterstattung	31.05.2000
DRS 3-10	Segmentberichterstattung von Kreditinstituten	31.05.2000
DRS 3-20	Segmentberichterstattung von Versicherungsunternehmen	31.05.2000
DRS 4	Unternehmenserwerbe im Konzernabschluss	31.12.2000
DRS 5	Risikoberichterstattung	29.05.2001
DRS 5-10	Risikoberichterstattung von Kredit- und Finanzdienstleistungsinstituten	30.12.2000
DRS 5-20	Risikoberichterstattung von Versicherungsunternehmen	29.05.2001
DRS 6	Zwischenberichterstattung	13.02.2001
DRS 7	Konzerneigenkapital und Konzerngesamtergebnis	26.04.2001
DRS 8	Bilanzierung von Anteilen an assoziierten Unternehmen im Konzernabschluss	29.05.2001
DRS 9	Bilanzierung von Anteilen an Gemeinschaftsunternehmen im Konzernabschluss	09.04.2002
DRS 10	Latente Steuern im Konzernabschluss	09.04.2002
DRS 11	Berichterstattung über Beziehungen zu nahe stehenden Personen	10.04.2002
DRS 12	Immaterielle Vermögenswerte des Anlagevermögens	22.10.2002
DRS 13	Grundsatz der Stetigkeit und Berichtigung von Fehlern	23.10.2002
DRS 14	Währungsumrechnung	04.08.2004
DRS 15	Lageberichterstattung	26.02.2005
DRS 15a	Übernahmerechtliche Angaben und Erläuterungen im Konzernlagebericht	Bekanntmachung noch nicht erfolgt
DRS 17	Berichterstattung über die Vergütung der Organmitglieder	Bekanntmachung noch nicht erfolgt

Abb. 8.1 - 11   Übersicht über die Deutschen Rechnungslegungsstandards (DRS)

8.1.2.2 Grundsätze ordnungsmäßiger Buchführung und Bilanzierung (GoB)

Unabhängig von der im Abschnitt zur beschriebenen Komplexität des Jahresabschlusses bestimmt § 243 Abs. 1 HGB, dass der Jahresabschluss den **Grundsätzen ordnungsmäßiger Buchführung** zu entsprechen hat. Auch das **Steuerrecht** verweist auf die Grundsätze ordnungsmäßiger Buchführung und Bilanzierung. Offenbar stellen die GoB einen zentralen Begriff handelsrechtlicher und indirekt auch steuerlicher Rechnungslegung dar, so dass im Folgenden näher auf sie einzugehen ist.

Die GoB sind **allgemein anerkannte Regeln**, nach denen Bücher zu führen und Bilanzen aufzustellen sind. Sie umfassen damit sowohl Grundsätze ordnungsmäßiger Buchführung im engeren Sinne wie auch jene Grundsätze, die im Schrifttum weitgehend als Grundsätze ordnungsmäßiger Bilanzierung bezeichnet werden.

Die **Quellen** der GoB sind sehr vielgestaltig. Zu einem großen Teil entstammen sie den „Ansichten ordentlicher Kaufleute" oder sind das Produkt allgemeiner kaufmännischer Übung. Auch die Rechtsprechung und die Wissenschaft leisten Wesentliches bei der Gewinnung und Weiterentwicklung der GoB. Entscheidend für das Wesen der GoB ist dabei, dass sie dazu dienen, Rechtsnormen zu ergänzen bzw. Lücken im kodifizierten Recht zu schließen. Die §§ 243 und 246 des HGB geben verschiedene GoB inhaltlich wieder. Des Weiteren sind in den einzelnen Bewertungsvorschriften GoB eingearbeitet. Dennoch sollen auch die bereits

8.1 Grundlagen der Bilanzierung

kodifizierten Grundsätze weiterhin als GoB bezeichnet werden, obwohl sie durch die Kodifizierung zweifelsohne ein wesentliches Charakteristikum, nämlich ihre fehlende gesetzliche Fixierung eingebüßt haben.

Eine voll zufriedenstellende **Systematisierung** der GoB erscheint angesichts der vielfältigen Überschneidungen zwischen den einzelnen Grundsätzen kaum möglich. Üblich ist die schon erwähnte Zweiteilung der GoB in **Grundsätze ordnungsmäßiger Buchführung und Bilanzierung**. Letztere werden dabei nicht selten in die Grundsätze

- Bilanzklarheit,
- Bilanzwahrheit,
- Bilanzkontinuität und
- Bilanzidentität

gegliedert.

Im Folgenden soll jedoch der Systematik und den Ausführungen von LEFFSON (1987) gefolgt werden. Nach LEFFSON sind den einzelnen Grundsätzen ordnungsmäßiger Buchführung **vier Postulate**, welche die allgemeinen Voraussetzungen zur Ableitung der Grundsätze darstellen, vorangestellt. Im Einzelnen handelt es sich um

- das Postulat der **Wesentlichkeit** (wonach nur das Wesentliche offen zu legen ist),
- das Postulat der **Vergleichbarkeit** der Jahresabschlüsse (woraus der GoB der Stetigkeit folgt),
- das Postulat der **Unternehmensfortführung** (wonach die Bewertung unter der Annahme der unbegrenzten Unternehmensfortführung zu erfolgen hat) und
- das Postulat der **Periodisierung** (wonach Erträge und Aufwendungen den einzelnen Rechnungsperioden zuzurechnen sind).

Aus diesen vier Postulaten leiten sich die Grundsätze ordnungsmäßiger Buchführung ab, die LEFFSON in die

(1)   Grundsätze der Dokumentation und die

(2)   Grundsätze der Rechenschaft

untergliedert.

Zu (1)   Grundsätze der Dokumentation:

Die Grundsätze der Dokumentation sichern, dass Geschäftsvorfälle lückenlos dokumentiert, die Aufzeichnungen zuverlässig festgehalten und in geeigneter Weise dargestellt werden. Diesbezüglich allgemein anerkannte Grundsätze sind etwa die Folgenden:

- Der Buchführung muss ein **System** zugrunde liegen (in der Regel die Doppik im Rahmen eines systematisch gegliederten Kontenplans).
- Die Geschäftsvorfälle sind **einzeln, lückenlos und unverzüglich** unter eindeutiger Bezeichnung des Sachverhalts zu erfassen.
- Alle Aufzeichnungen sind zu belegen (**Belegprinzip**) und unter Wahrung von gesetzlichen Fristen geordnet aufzubewahren.

630   Achtes Kapitel: Externe Unternehmungsrechnung

- Die Buchführung muss **gegen nachträgliche Veränderungen von Eintragungen gesichert** sein.

- Ein entsprechendes **Kontrollsystem** muss Unredlichkeit und Fehler bei der Erfassung und Verbuchung der Geschäftsvorfälle zu verhindern in der Lage sein.

- Die Buchführung ist regelmäßig zum Ende des Geschäftsjahres abzuschließen, der **Abschluss** systematisch aus der Buchführung zu entwickeln.

- Die Posten des Jahresabschlusses sind einzeln und insgesamt durch die **Inventur** nachzuweisen.

Es wird deutlich, dass sich die Grundsätze der Dokumentation insbesondere mit der **Buchführung** selbst befassen.

Zu (2)   Grundsätze der Rechenschaft:

Die Grundsätze der Rechenschaft sollen sichern, dass der Kaufmann sich nicht reicher oder grundlos ärmer rechnet als er tatsächlich ist. Rechenschaft gibt er mit der Bilanz und GuV (und gegebenenfalls mit dem Anhang) ab, durch die er sehen kann, wie erfolgreich der Kombinationsprozess war. Die Grundsätze der Rechenschaft beziehen sich also auf die **Bilanzierung**. Hier unterscheidet LEFFSON folgende Grundsätze:

Rahmengrundsätze, dazu gehören

(2a) der **Grundsatz der Wahrheit**,

(2b) der **Grundsatz der Klarheit** und

(2c) der **Grundsatz der Vollständigkeit**.

Abrechnungsgrundsätze, dazu gehören

(2d) der **Grundsatz der Abgrenzung der Sache nach**,

(2e) der **Grundsatz der Abgrenzung der Zeit nach**,

(2f) das **Realisationsprinzip** und

(2g) das **Imparitätsprinzip**.

Ergänzende Grundsätze, dazu gehören

(2h) der **Grundsatz der Stetigkeit** und

(2i) der **Grundsatz der Vorsicht**.

Die einzelnen Grundsätze sollen nun kurz erläutert werden.

Zu (2a)   Grundsatz der Wahrheit:

Der Grundsatz der Wahrheit umfasst den Grundsatz der Richtigkeit und den Grundsatz der Willkürfreiheit. Der **Grundsatz der Richtigkeit** besagt, dass die Bilanz aus dem richtigen Zahlenmaterial unter Beachtung der anderen GoB abzuleiten ist. Zudem muss die Übereinstimmung der Bilanzaussagen mit den zugrunde liegenden Sachverhalten auch von sachverständigen Dritten nachprüfbar sein. Der Grundsatz der Wahrheit bedeutet jedoch nicht, dass eine Bilanz keine Fehler oder Ungenauigkeiten enthalten darf, denn dieses ist in Anbetracht der Unsicherheit und der Erfassungsprobleme nicht möglich. Eine absolut wahre Bilanz kann es nicht geben.

Der **Grundsatz der Willkürfreiheit** verlangt, dass sich die Bilanzinformationen in Übereinstimmung mit der inneren Überzeugung des Kaufmanns befinden und Manipulationen unterbleiben.

Zu (2b)   Grundsatz der Klarheit:

Der Grundsatz der Bilanzklarheit verlangt, dass die Bilanz- und GuV-Posten der Art nach eindeutig und sachlich zutreffend bezeichnet und so geordnet sind, dass der Abschluss verständlich und übersichtlich ist. Der Grundsatz bezieht auch das Verbot der Saldierung von Positionen mit ein, wenn darunter die Bilanzaussage leidet.

Zu (2c)   Grundsatz der Vollständigkeit:

Der Grundsatz der Vollständigkeit beinhaltet mehrere Aussagen. Dieser Grundsatz verlangt zunächst die Erfassung aller buchführungspflichtigen Vorfälle, aller Aktiv- und Passivpositionen sowie die Erfassung der bestehenden Risiken. Außerdem fordert der Grundsatz der Vollständigkeit die Identität aller Schluss- und Anfangsbilanzen (Schlussbilanz des Vorjahres = Anfangsbilanz des neuen Jahres), da nur so alle eingetretenen Vermögensveränderungen vollständig erfasst werden (**Prinzip der Bilanzidentität**).

Des Weiteren schließt der Grundsatz der Vollständigkeit auch noch die Pflicht ein, Vorgänge vor dem Bilanzstichtag zu berücksichtigen, die erst nach dem Bilanzstichtag und vor dem Bilanzerstellungstag bekannt werden.

Zu (2d) und (2e)   Grundsätze der Abgrenzung der Sache und der Zeit nach:

Die Grundsätze der Abgrenzung der Sache und der Zeit nach regeln die Zuordnung des Erfolgs zu einzelnen Perioden. Dies ist ein schwieriges Problem, weil Ein- und Auszahlungen sowie Einnahmen und Ausgaben nicht direkt den Erfolg der Periode widerspiegeln.

Der Grundsatz der **Abgrenzung der Sache nach** bestimmt die Zuordnung des Faktorverbrauchs zu der Periode in der die Unternehmensleistung und der entsprechende Ertrag realisiert werden. Ein wesentliches Prinzip zur sachlichen Zuordnung von Aufwendungen und Erträgen ist das Durchschnittskostenprinzip, welches bestimmt, dass alle Aufwendungen, die dazu dienen, bestimmte realisierte oder noch nicht realisierte Erträge zu erzielen, unter Einschluss der um Leerkosten verminderten Gemeinkosten auf die Leistungen zu verteilen sind. Die anteiligen Gemeinkosten werden auf Basis der Normalbeschäftigung ermittelt. Der Grundsatz der Abgrenzung der Sache nach gewährleistet des Weiteren die Erfolgsneutralität von Produktions- und Beschaffungsvorgängen.

Der **Grundsatz der Zeit nach** regelt die Periodisierung von zeitraumbezogenen Erträgen und Aufwendungen (z.B. Mieten, Versicherungsbeiträge). Diese werden den Perioden zeitanteilig zugewiesen. Außerdem bestimmt er die Zuordnung von außerordentlichen Erträgen und Aufwendungen. Hierzu gehören Erträge und Aufwendungen ohne Gegenleistung sowie periodenfremde Erfolgskomponenten. Solche Erfolgskomponenten werden dem Grundsatz der zeitli-

632   Achtes Kapitel: Externe Unternehmungsrechnung

chen Abgrenzung nach in der Periode erfasst, in der sie anfallen bzw. die Vermögensverände-
rung bekannt wird.

Zu (2f)   Realisationsprinzip:

Das Realisationsprinzip regelt die Bewertung von Unternehmensleistungen vor und nach Erreichen des Absatzmarktes, wo sie einen (in der Regel positiven) „Wertsprung" erleben. Es
legt fest:

- die Bewertung noch nicht abgesetzter Güter und Dienste zu Anschaffungs- oder Herstellungskosten (**Anschaffungswertprinzip**) sowie
- den Zeitpunkt des positiven „Wertsprungs" und damit den Übergang zur Bewertung zum
  (höheren) **Marktpreis**: Der Gewinn gilt hiernach erst mit dem Zeitpunkt der Forderungs-
  entstehung (Vertragserfüllung und Rechnungserteilung) als realisiert.

Zu (2g)   Imparitätsprinzip:

Das Imparitätsprinzip ist ein das Realisationsprinzip modifizierendes Prinzip. Es besagt, dass
negative Erfolgsbeiträge (Verluste) aus bereits eingeleiteten Geschäften, die auf das Unternehmen erst nach dem Abschlussstichtag zukommen, aber schon abzusehen und abzuschätzen
sind, bereits in diesem Abschluss Berücksichtigung zu finden haben. Für Verluste gilt das
oben formulierte Realisationsprinzip insoweit also nicht (**Prinzip der Verlustantizipation**).

Spezielle Ausprägung findet das Imparitätsprinzip in den zwei Varianten des **Niederstwertprinzips**:

- Das **strenge Niederstwertprinzip** gilt für das Umlaufvermögen. Es fordert den Ansatz des
  Börsen- oder Marktpreises (ersatzweise des Wertes, der den Gütern am Bilanzstichtag
  „beizulegen" ist), falls dieser geringer ist als die Anschaffungs- oder Herstellungskosten.
  Das Niederstwertprinzip für das Umlaufvermögen findet sich in § 253 Abs. 3 HGB. Nach
  BilMoG-RefE ist nach § 253 Abs. 4 HGB-E der am Abschlussstichtag niedrigere „beizule-
  gende Zeitwert", über dessen Ermittlung § 255 Abs. 4 HGB-E Auskunft gibt, relevant.
- Das **gemilderte Niederstwertprinzip** hat Gültigkeit für Gegenstände des Anlagevermögens. Hiernach können niedrigere Stichtagswerte als die fortgeführten Anschaffungs- oder
  Herstellungskosten (Buchwerte) angesetzt werden, wenn eine vorübergehende Wertminderung eingetreten ist. Bei einer voraussichtlich dauernden Wertminderung gilt auch beim
  Anlagevermögen dagegen das strenge Niederstwertprinzip. Das Niederstwertprinzip für
  das Anlagevermögen ist in § 253 Abs. 2 HGB fixiert. Für Kapitalgesellschaften wird es jedoch modifiziert. Gemäß § 279 Abs. 1 HGB darf eine Abschreibung auf das Anlagevermögen nicht mehr bei einer voraussichtlich nur vorübergehenden Wertminderung erfolgen
  (Ausnahme: Finanzanlagen). Nach BilMoG-RefE werden diese aktuell nur für Kapitalgesellschaften gültigen HGB-Vorschriften auf alle Gesellschaften übertragen.

Zu (2h)   Grundsatz der Stetigkeit:

Der Grundsatz der Stetigkeit lässt sich ableiten aus der Forderung nach Vergleichbarkeit der
Jahresabschlüsse über die verschiedenen Perioden hinweg. Vergleichbarkeit bedingt dabei im
Einzelnen,

8.1 Grundlagen der Bilanzierung   633

- dass die Abschlussgrundsätze und -methoden von Geschäftsjahr zu Geschäftsjahr, soweit möglich und sinnvoll, in formaler wie in materieller Hinsicht unverändert anzuwenden sind (**Grundsatz der Bilanzkontinuität**),

- dass dort, wo die formelle und materielle Bilanzkontinuität aus sachlichen Gründen durchbrochen wird, die vorgenommenen Anpassungen erläutert werden (**Grundsatz, Unstetigkeiten zu erläutern**),

- dass außerordentliche Vorgänge, die ihrer Natur nach weder stetig anfallen noch der Höhe nach vergleichbar sind, als solche kenntlich gemacht werden (**Grundsatz der Aussonderung des Außerordentlichen**) und schließlich,

- dass die der Reihe nach aufeinanderfolgenden Jahresabschlüsse mit dem gleichen (Geld-) Maßstab gemessen werden (**Grundsatz der Verwendung eines zeitraumgleichen Maßstabes**). Da dies in Zeiten von Geldwertschwankungen im Rahmen einer Nominalwertrechnung grundsätzlich nicht möglich ist, wäre zu fordern, dass zusätzliche Erläuterungen (über Scheingewinne etc.) im Geschäftsbericht abgegeben oder ergänzende geldwertneutrale Jahresabschlüsse vorgelegt werden.

Zu (2i)   Grundsatz der Vorsicht:

Der Grundsatz der Vorsicht erhält seine Bedeutung dadurch, dass bei der Erstellung des Jahresabschlusses trotz seiner prinzipiellen Vergangenheitsorientierung stets auch Zukunftsprognosen (bezüglich der Nutzungsdauer von Anlagen, des Eintritts eines Forderungsausfalls u.a.) abgegeben werden müssen. Ein vorsichtiger Wertansatz soll dabei verhindern, dass der Kaufmann sich „noch reicher rechnet" als er in Wirklichkeit ist. Da die Grenzen zwischen willkürlicher Unterbewertung und vorsichtiger Bewertung fließend sind, ist das Vorsichtsprinzip restriktiv zu formulieren. Es fordert (nach LEFFSON 1987)

- bei einwandfrei feststehenden Tatsachen, die relativ sichere Vorhersagen erlauben, den Ansatz der **erwarteten Zahlung**,

- bei häufigen Ereignissen und damit statistisch fundierten Erwartungen den Ansatz zum **mathematischen Erwartungswert** der zukünftigen Zahlung, wobei diese je nach Größe des statischen Kollektivs gegebenenfalls um eine „Vorsichtskomponente" zu ergänzen ist oder

- bei rein subjektiven Erwartungen der Ansatz zum am stärksten erfolgsmindernden Wert, der noch als realistischer Schätzwert angesehen werden kann (**untere Bandbreite** der Erwartungen).

8.1.2.3 Entwicklung, Ziele, Aufbau und Grundsätze der Rechnungslegung nach IFRS

Die Ausführungen des vorherigen Abschnitts haben verdeutlicht, dass die IFRS-Rechnungslegungsvorschriften zunehmend an Bedeutung für die nationalen Bestimmungen gewinnen. Von daher ist im Folgenden gesondert auf die Besonderheiten des IFRS-Rechnungslegungssystems einzugehen. Die Ausführungen gliedern sich wie folgt:

(1)   Entwicklung der Rechnungslegung nach IFRS

(2)   Zielsetzung und Aufbau des IFRS-Rechnungslegungssystems

(3)   Grundsätze und Prinzipien der IFRS-Rechnungslegung

Zu (1)   Entwicklung der Rechnungslegung nach IFRS:

Eine **Harmonisierung der internationalen Rechnungslegungsvorschriften** fand bis zu Beginn der 1990er Jahre vornehmlich innerhalb der Europäischen Union statt. Im Rahmen einer fortschreitenden Internationalisierung der Kapitalmärkte und der großen Bedeutung günstiger Finanzierungskosten für europäische Unternehmen begannen diese zunehmend, ihre Rechnungslegung internationalen Maßstäben anzupassen. Maßgeblich hierfür sind die vom **International Accounting Standards Committee (IASC)** erarbeiteten International Accounting Standards (IAS). Das IASC wurde am 29.06.1973 in London als privatrechtlicher Verein, der sich mit Fragen der externen Rechnungslegung befasst, gegründet. Um die weltweite Harmonisierung von Rechnungslegungsvorschriften zu beschleunigen, hat sich das IASC zum Ziel gesetzt, Rechnungslegungsgrundsätze und -regeln, die bei der Aufstellung von Jahresabschlüssen beachtet werden sollen, zu formulieren, zu publizieren und deren weltweite Akzeptanz zu fördern. Als Nachfolgeorganisation des IASC wurde im März 2001 die **IASC Foundation (IASCF)** eingesetzt. Obwohl diese gemeinnützige Stiftung ihren juristischen Sitz in Delaware/USA hat, werden die Geschäfte vom **International Accounting Standards Board (IASB)** von London aus geführt (www.iasb.org).

Vor der Reformation der Organisation des IASC Anfang 2001 lag der Schwerpunkt vorwiegend auf der Entwicklung von Rechnungslegungsstandards unter Einbindung von Repräsentanten verschiedener Staaten. Die Neustrukturierung folgt dem Ziel, die nationalen Vertretungen durch ein **Spezialistenprinzip** zu substituieren. Parallel dazu sollen die Entwicklung und Durchsetzung von Standards auf dem Wege einer verbesserten Zusammenarbeit mit nationalen Rechnungslegungsinstitutionen gefördert werden. Insbesondere wird eine zunehmende Konvergenz der nationalen Regelungen und der IFRS speziell für börsennotierte und andere wirtschaftlich bedeutende Unternehmen angestrebt. Mit deren Anerkennung der IFRS durch die Europäische Union haben die IFRS wesentlich an Bedeutung gewonnen.

Das **wichtigste Organ der IASCF** ist das **IASB**. Es setzt sich aus 14 Personen mit je einer Stimme zusammen, darunter zwölf hauptberufliche und zwei nebenberufliche Mitglieder. Von den hauptberuflichen Mitgliedern sollen sieben eine formale Bindung zu den nationalen Rechnungslegungsinstitutionen, den so genannten nationalen *Standardsetters* aufweisen. Als nationaler Standardsetter für Deutschland ist das **Deutsche Rechnungslegungsstandards Committee** (DRSC, vgl. S. 627f.) im IASB vertreten.

Das IASB ist eigenverantwortlich für die Verabschiedung von Entwürfen (*Exposure Drafts*), endgültigen Standards und Interpretationen zuständig, wobei durch das Erfordernis der einfachen Mehrheit bei Abstimmungen die Entscheidungsfindung erleichtert wird. Bei der Erarbeitung von Standards wird das IASB durch so genannte „**Steering Committees**" unterstützt. Für den Fall, dass sich in der praktischen Anwendung Zweifelsfragen ergeben, ist das **International Financial Reporting Interpretation Committee (IFRIC)** für die Auslegung und Ergänzung der Standards (*Interpretations*) zuständig, die dann vom Board zu beschließen sind.

Die IFRS werden von der angelsächsischen Rechnungslegungstradition dominiert und insbesondere von den US-amerikanischen Normen – den **United States Generally Accepted Accounting Principles** (US-GAAP) – geprägt. Dies ist darin begründet, dass die Gründerländer des ursprünglichen IASC in der Mehrheit der angelsächsischen Rechtstradition, wonach die Rechtsfortbildung durch das „**Case Law**" betrieben wird, entstammten. Demzufolge beinhalten die IFRS neben grundlegenden Definitionen eine Fülle von Einzelregelungen, die in nahezu kommentarhafter Form Zweifelsfragen lösen sollen. Ihnen vorangestellt ist das im Juli

1989 verabschiedete Rahmenwerk (*Framework for the Preparation and Presentation of Financial Statements*). Es bildet die Basis zur Ableitung neuer und für die Überarbeitung bestehender Standards und garantiert somit Konsistenz bei der Rechnungslegung. Von daher kann das IFRS-Rechnungslegungssystem nicht als ein reines „Case Law"-System bezeichnet werden kann.

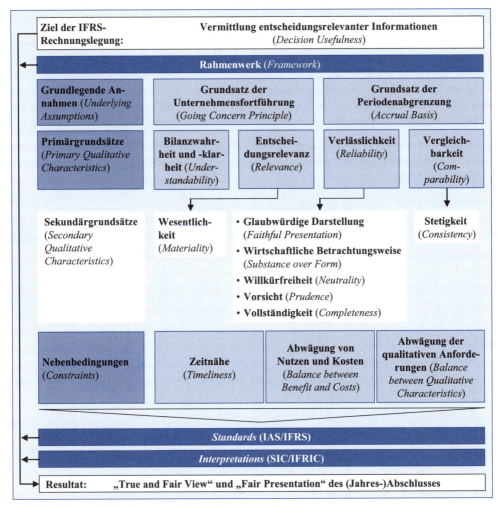

Abb. 8.1 - 12   Aufbau des IFRS-Rechnungslegungssystems

Zu (2)   Zielsetzung und Aufbau des IFRS-Rechnungslegungssystems:

Zentrale Zielsetzung der Rechnungslegung nach dem IFRS ist die Vermittlung entscheidungsrelevanter Informationen (*Decision Usefulness*) über die wirtschaftliche Lage des Unternehmens für einen breit gefächerten Interessentenkreis, insbesondere aber die Investoren. Wie auch bei den US-GAAP dominiert das Anlegerinteresse, indem den Investoren die Informationen bereitgestellt werden, die für das Treffen von Anlageentscheidungen erforderlich sind. Die internationalen Vorschriften werden daher auch als **kapitalmarktorientierte Rechnungslegung** bezeichnet.

Zwar finden im grundlegenden Rahmenwerk auch die Informationsbedürfnisse von Gläubigern, Arbeitnehmern, Lieferanten, Kunden, Staat und Öffentlichkeit Erwähnung, jedoch vertritt das IASB die Überzeugung, dass die Interessen dieser Anspruchsgruppen (*Stakeholder*) mit denen der Aktionäre (*Shareholder*) weitestgehend deckungsgleich sind und fördert dahingehend eine konsequente Orientierung am Shareholder Value.

Abb. 8.1 - 12 gibt einen Überblick über den **Aufbau des IFRS-Rechnungslegungssystems**. Den Standards und deren Interpretationen sind durch das Rahmenwerk die Grundsätze der Rechnungslegung vorangestellt, die im nachfolgenden Abschnitt erläutert werden. Nach Ansicht des IASB führt die Befolgung des Rahmenwerks in Verbindung mit den Standards und den Interpretationen quasi automatisch zur Erstellung von (Jahres-)Abschlüssen, die der allgemeingültigen Zielsetzung des „True and Fair View" bzw. der „Fair Presentation" genügen.

Im **IFRS-Rahmenwerk (*Framework*)**, dessen Inhalte nicht verbindlich sind und das ergänzend im Falle von Regelungslücken herangezogen wird, sind Regelungen zu den folgenden Bereichen zu finden:

- Zielsetzung von Jahresabschlüssen,
- qualitative Merkmale der Rechnungslegung,
- Definition, Ansatz und Bewertung der Abschlusselemente,
- Kapital und Kapitalerhaltungskonzept.

Durch die **Standards** – bis 2001 als IAS, danach als IFRS bezeichnet – wird die Bilanzierung spezieller Sachverhalte geregelt. Die Standards folgen jeweils einem **einheitlichen Aufbau**, der sich wie folgt darstellt:

- Zielsetzung,
- Anwendungsbereich (*Scope*),
- inhaltliche Vorschriften: notwendige Definitionen und jeweilige Ansatz- und Bewertungsvorschriften,
- im Anhang vorzunehmende Angaben (*Disclosure*),
- Inkrafttreten (*Effective Date*),
- weitere Teile: Anhang (*Appendix*), Anwendungshinweise (*Implementation Guidance*), Schlussfolgerungen (*Basis for Conclusions*).

Die **Entwicklung eines Standards** durchläuft mehrere Stufen eines Prozesses (*Due Process*), der von der Veröffentlichung eines ersten Diskussionspapiers (*Discussion Document*) mit möglichen Lösungen zu einem Problem über den so genannten „Exposure Draft" mit der im Diskussionsprozess entwickelten Lösung bis hin zur Verabschiedung des Standards durch das IASB.

8.1 Grundlagen der Bilanzierung

	Deutsche Bezeichnung	Englische Bezeichnung	Letzte Überarbeitung
IAS 1	Darstellung des Abschlusses	*Presentation of Financial Statements*	Februar 2008
IAS 2	Vorräte	*Inventories*	Dezember 2003
IAS 7	Kapitalflussrechnungen	*Cash Flow Statements*	Dezember 1992
IAS 8	Bilanzierungsmethoden und Methodenänderungen	*Net Profit or Loss for the Period, Fundamental Errors and Changes in Accounting Policies*	Dezember 2003
IAS 10	Ereignisse nach dem Bilanzstichtag	*Events after the Balance Sheet Date*	Dezember 2003
IAS 11	Fertigungsaufträge	*Construction Contracts*	Dezember 1993
IAS 12	Ertragsteuern	*Income Taxes*	Oktober 2000
IAS 16	Sachanlagen	*Property, Plant and Equipment*	Dezember 2003
IAS 17	Leasingverhältnisse	*Leases*	Dezember 2003
IAS 18	Erträge	*Revenue*	Dezember 1993
IAS 19	Leistungen an Arbeitnehmer	*Employee Benefits*	Dezember 2004
IAS 20	Bilanzierung und Darstellung der Zuwendungen der öffentlichen Hand	*Accounting for Government Grants and Disclosure of Government Assistance*	April 1983
IAS 21	Auswirkungen von Änderungen der Wechselkurse	*The Effects of Changes in Foreign Exchange Rates*	Dezember 2005
IAS 23	Fremdkapitalkosten	*Borrowing Costs*	März 2007
IAS 24	Angaben über Beziehungen zu nahe stehenden Unternehmen und Personen	*Related Party Disclosures*	Dezember 2003
IAS 26	Bilanzierung und Berichterstattung von Altersvorsorgungsplänen	*Accounting and Reporting by Retirement Benefit Plans*	Januar 1987
IAS 27	Konzern- und separate Einzelabschlüsse nach IFRS	*Consolidated and Separate Financial Statements*	Januar 2008
IAS 28	Anteile an assoziierten Unternehmen	*Accounting for Investments in Associates*	Januar 2008
IAS 29	Rechnungslegung in Hochinflationsländer	*Financial Reporting in Hyperinflationary Economies*	Juli 1989
IAS 31	Anteile an Joint Ventures	*Financial Reporting of Interests in Joint Ventures*	Januar 2008
IAS 32	Finanzinstrumente: Darstellung	*Financial Instruments: Presentation*	Februar 2008
IAS 33	Ergebnis je Aktie	*Earnings per Share*	Dezember 2003
IAS 34	Zwischenberichterstattung	*Interim Financial Reporting*	Juni 1998
IAS 36	Wertminderung von Vermögenswerten	*Impairment of Assets*	März 2004
IAS 37	Rückstellungen, Eventualschulden und Eventualforderungen	*Provisions, Contingent Liabilities and Contingent Assets*	September 1998
IAS 38	Immaterielle Vermögenswerte	*Intangible Assets*	März 2004
IAS 39	Finanzinstrumente: Ansatz und Bewertung	*Financial Instruments: Recognition and Measurement with the Addition of the Provisions on the Use of the Fair Value Option*	August 2005
IAS 40	Als Finanzinvestitionen gehaltene Immobilien	*Investment Property*	Dezember 2003
IAS 41	Landwirtschaft	*Agriculture*	Dezember 2000

Abb. 8.1 - 13   Übersicht über die IAS

	Deutsche Bezeichnung	Englische Bezeichnung	Letzte Überarbeitung
IFRS 1	Erstmalige Anwendung der IFRS	*First-time Adoption of International Financial Reporting Standards*	Juni 2005
IFRS 2	Aktienbasierte Vergütung	*Share-based Payment*	Januar 2008
IFRS 3	Unternehmenszusammenschlüsse	*Business Combinations*	Januar 2008
IFRS 4	Versicherungsverträge	*Insurance Contracts*	August 2005
IFRS 5	Zur Veräußerung stehendes langfristiges Vermögen und aufgegebene Geschäftsbereiche	*Non-current Assets Held for Sale and Discontinued Operations*	März 2004
IFRS 6	Exploration und Evaluierung von mineralischen Ressourcen	*Exploration for and Evaluation of Mineral Resources*	Juni 2005
IFRS 7	Angaben zu Finanzinstrumenten	*Financial Instruments: Disclosures*	August 2005
IFRS 8	Geschäftssegmente	*Operating Segments*	November 2006

Abb. 8.1 - 14   Übersicht über die IFRS

	Deutsche Bezeichnung	Englische Bezeichnung	Bezug zu
SIC-7	Einführung des Euro	*Introduction of the Euro*	IAS 21
SIC-10	Beihilfen der öffentlichen Hand – Kein spezifischer Zusammenhang mit betrieblichen Tätigkeiten	*Government Assistance – No Specific Relation to Operating Activities*	IAS 20
SIC-12	Konsolidierung – Zweckgesellschaften	*Consolidation – Special Purpose Entities*	IAS 27
SIC-13	Gemeinschaftlich geführte Einheiten – Nicht-monetäre Einlagen durch Partnerunternehmen	*Jointly Controlled Entities – Non-Monetary Contributions by Venturers*	IAS 31
SIC-15	Operating-Leasingverhältnisse – Anreizvereinbarungen	*Operating Leases – Incentives*	IAS 17
SIC-21	Ertragsteuern – Realisierung von neubewerteten, nicht planmäßig abzuschreibenden Vermögenswerten	*Income Taxes – Recovery of Revalued Non-Depreciable Assets*	IAS 12
SIC-25	Ertragsteuern – Änderungen im Steuerstatus eines Unternehmens oder seiner Anteilseigner	*Income Taxes – Changes in the Tax Status of an Enterprise or its Shareholders*	IAS 12
SIC-27	Beurteilung des wirtschaftlichen Gehalts von Transaktionen in der rechtlichen Form von Leasingverhältnissen IAS 1, IAS 17, IAS 18	*Evaluating the Substance of Transactions in the Legal Form of a Lease*	IAS 1 IAS 17 IAS 18
SIC-29	Angabe – Vereinbarungen von Dienstleistungslizenzen	*Disclosure – Service Concession Arrangements*	IAS 1
SIC-31	Erträge – Tausch von Werbeleistungen	*Revenue – Barter Transactions Involving Advertising Services*	IAS 18
SIC-32	Immaterielle Vermögenswerte – Websitekosten	*Intangible Assets – Website Costs*	IAS 38

Abb. 8.1 - 15   Übersicht über die SIC

In der Vergangenheit wurden **41 IAS** verabschiedet, die sich in Standards betreffend Darstellung und Offenlegung, betreffend Bewertungen sowie betreffend Unternehmenszusammenschlüsse untergliedern lassen. Allerdings sind einige der IAS durch neuere IFRS – derzeit existieren **acht IFRS** – ersetzt worden. Zudem sind einige IAS durch neuere IAS obsolet geworden. Langfristig wird angestrebt, dass nur noch die IFRS gültig sind. Dieses Bestreben wird sich allerdings noch länger hinziehen, da im Rahmen des am 18. Dezember 2003 abgeschlossenen „**Improvement Project**", wodurch neben der Verringerung bzw. Beseitigung von Widersprüchen sowie Verbesserungen der Standards insbesondere die bei der Standardi-

8.1 Grundlagen der Bilanzierung   639

sierung der Rechnungslegung hinderlichen Wahlrechte in den Standards abgeschafft werden
sollten, 13 IAS erst überarbeitet wurden (vgl. Abb. 8.1 - 14 und Abb. 8.1 - 13 sowie auch
www.ifrs-portal.com/Index.htm).

Das **International Financial Reporting Interpretation Committee (IFRIC)** ist für die Auslegung und Ergänzung der Standards (*Interpretations*) zuständig, die dann vom Board zu beschließen sind. Ehemals wurde die Interpretation durch das **Standing Interpretations Committee (SIC)** durchgeführt, weshalb frühere Interpretationen mit SIC bezeichnet werden (vgl.
Abb. 8.1 - 16 und Abb. 8.1 - 15).

	Deutsche Bezeichnung	Englische Bezeichnung	Bezug zu
IFRIC 1	Änderungen bestehender Rückstellungen für Entsorgungs-, Wiederherstellungs- und ähnliche Verpflichtungen	*Changes in Existing Decommissioning, Restoration and Similar Liabilities*	IAS 16 IAS 37
IFRIC 2	Mitgliedsanteile an Genossenschaften und ähnliche Instrumente	*Members' Shares in Co-operative Entities and Similar Instruments*	IAS 32
IFRIC 4	Feststellung, ob eine Vereinbarung ein Leasingverhältnis enthält	*Determining whether an Arrangement Contains a Lease*	IAS 17
IFRIC 5	Rechte auf Anteile an Fonds für Entsorgung, Wiederherstellung und Umweltsanierung	*Rights to Interests Arising from Decommissioning, Restoration and Environmental Rehabilitation Funds*	IAS 8 IAS 27 IAS 28 IAS 31 IAS 37 IAS 39 SIC-12
IFRIC 6	Rückstellungspflichten aus der Teilnahme an bestimmten Märkten – Elektro- und Elektronik-Altgeräte	*Liabilities arising from Participating in a Specific Market – Waste Electrical and Electronic Equipment*	IAS 37
IFRIC 7	Anwendung des Restatement-Ansatzes nach IAS 29 Rechnungslegung in Hochinflationsländern	*Applying the Restatement Approach under IAS 29 Financial Reporting in Hyperinflationary Economies*	IAS 29
IFRIC 8	Anwendungsbereich von IFRS 2	*Scope of IFRS 2*	IFRS 2
IFRIC 9	Neubeurteilung eingebetteter Derivate	*Reassessment of Embedded Derivatives*	IAS 39
IFRIC 10	Zwischenberichterstattung und Wertminderung	*Interim Financial Reporting and Impairment*	IAS 34
IFRIC 11	Konzerninterne Geschäfte und Geschäfte mit eigenen Anteilen nach IFRS 2	*IFRS 2 Group and Treasury Share Transactions*	IAS 8 IAS 32 IFRS 2
IFRIC 12	Dienstleistungskonzessions- vereinbarungen	*Service Concession Arrangements*	diverse
IFRIC 13	Kundentreueprogramme	*Customer Loyalty Programmes*	IAS 18 IAS 37 IAS 38
IFRIC 14	IAS 19 – Die Begrenzung eines leistungsorientierten Vermögenswertes, Mindestfinanzierungsvorschriften und ihre Wechselwirkung	*IAS 19 – The Limit on a Defined Benefit Asset, Minimum Funding Requirements and Their Interaction*	IAS 19

Abb. 8.1 - 16   Übersicht über die IFRIC

Zu (3)   Grundsätze und Prinzipien der IFRS-Rechnungslegung:

Im Folgenden ist in Orientierung an Abb. 8.1 - 12 auf die **Grundsätze und Prinzipien** des
IFRS-Rechnungslegungssystems einzugehen (vgl. hierzu und im Folgenden BUCHHOLZ 2007,
S. 35ff.). Im Rahmenwerk und in IAS 1 „Darstellung des Abschlusses" (*Presentation of Fi-*

nancial Statements) wird für die Bilanzierung von **zwei grundlegenden Annahmen** (*Underlying Assumptions*) ausgegangen, nämlich

- dem **Grundsatz der Unternehmensfortführung** (*Going Concern*) sowie
- der **periodengerechten Aufwands- und Ertragsverrechnung** (*Accrual Basis*).

Vergleichbar der Hierarchie US-amerikanischer Rechnungslegungsgrundsätze sieht das Rahmenwerk – wie in Abb. 8.1 - 12 dargestellt – neben den grundlegenden Annahmen weitere objektivierende Rahmengrundsätze (*Primary and Secondary Qualitative Characteristics*) sowie drei bindende Nebenbedingungen (*Constraints*) vor.

Zu den **vier Primärgrundsätzen** (*Qualitative Characteristics*) gehört zunächst der Grundsatz der **Bilanzwahrheit- und -klarheit** (*Understandability*). Er besagt, dass Informationen derart aufzubereiten sind, dass bei sachkundigen Abschlusslesern keine nennenswerten Verständnisprobleme auftreten. Eine Komplexitätsreduktion darf hierbei jedoch nicht zu Informationsverlusten führen. Informationen können nur dann von Nutzen sein, wenn sie entscheidungsrelevant sind.

Entscheidungsrelevanz (*Relevance*) der Jahresabschlussdaten ist indes nur dann gegeben, wenn sie einen Soll-Ist-Vergleich ermöglichen oder zu Prognosezwecken dienlich sind. Voraussetzung für die Relevanz einer Information ist ihre Wesentlichkeit (*Materiality*) in quantitativer Hinsicht. Diese kann ihr zugesprochen werden, wenn ihre Veröffentlichung oder das Unterlassen dieser ökonomischen Entscheidungen die Adressaten beeinflusst.

Verlässlichkeit (*Reliability*) ist eine notwendige Voraussetzung für die Nützlichkeit von Informationen. Dazu müssen sie frei von Willkür und wesentlichen Fehlern sein. Bei einem möglichen Zielkonflikt zwischen Relevanz und Zuverlässigkeit dominiert Letztere. Dementsprechend sollen relevante aber unzuverlässige Daten nicht publiziert werden.

Der Grundsatz der Verlässlichkeit wird insbesondere durch die Einhaltung der nachfolgend beschriebenen **fünf Sekundärgrundsätze** sichergestellt.

- **Glaubwürdige Darstellung** (*Faithful Presentation*)

  Um der Forderung nach einer wahrheitsgemäßen Darstellung (*Faithful Presentation*) aller Vermögensgegenstände (*Assets*) und Verbindlichkeiten (*Liabilities*) zu entsprechen, sind Geschäftsvorfälle nicht allein aufgrund der rechtlichen Verhältnisse, sondern gemäß ihrem wirtschaftlichen Gehalt und dem tatsächlich realisierten Ergebnis zu bilanzieren. Eine Aktivierung des originären Firmenwertes – nicht jedoch des derivativen – liefe dem offensichtlich zuwider.

- **Wirtschaftliche Betrachtungsweise** (*Substance over Form*)

  Die Bilanzierung hat nach dem Grundsatz der wirtschaftlichen Betrachtungsweise zu erfolgen. Danach ist das wirtschaftliche und nicht das rechtliche Eigentum an einem Vermögensgegenstand für dessen Bilanzierung entscheidend.

- **Willkürfreiheit** (*Neutrality*)

  Dem Grundsatz der Neutralität bzw. der Willkürfreiheit entsprechend dürfen Informationen nicht in bestimmter Weise, etwa im Sinne einer „Self-fulfilling Prophecy" beeinflusst werden.

- **Vorsicht** (*Prudence*)

  Das Vorsichtsprinzip ist im Rahmen der IFRS – im Gegensatz zur kontinentaleuropäischen Rechnungslegung – nicht als ein „**Overriding Principle**" (vgl. S. 646) formuliert. Es steht

8.1 Grundlagen der Bilanzierung   641

vielmehr für eine Schätzregel zur Berücksichtigung ungewisser Erwartungen. Eine irrtümliche Überbewertung soll so vermieden werden. Überdies ist die Bildung stiller Reserven – z.B. durch Bilanzierung eines Vermögensgegenstandes unterhalb des aktuellen Marktpreises oder durch die exzessive Bildung von Rückstellungen – explizit ausgeschlossen, da dies das Gebot der Wertfreiheit und somit der Zuverlässigkeit konterkariaren würde.

- **Vollständigkeit** (*Completeness*)

  Schließlich soll über den Grundsatz der Vollständigkeit erreicht werden, dass die in die Rechnungslegung eingehenden Daten lückenlos erfasst sind.

Die Vollständigkeit soll zusammen mit dem letzten Primärgrundsatz, dem **Grundsatz der Vergleichbarkeit** (*Comparability*), einerseits interne Zeitvergleiche – zumindest anhand der Vorjahresdaten – sicherstellen und andererseits externe Betriebsvergleiche ermöglichen. Zu diesem Zwecke sind Vorjahreszahlen, Bilanzierungs- und Bewertungsgrundsätze sowie deren Änderungen zu dokumentieren. Derartige Änderungen sind geboten, sofern es der Entscheidungsrelevanz und der Zuverlässigkeit dienlich erscheint. Zur Umsetzung des Grundsatzes der Vergleichbarkeit wird in IAS 1 auf den Grundsatz der Bewertungsstetigkeit (*Consistency*) hingewiesen, von dem gemäß IAS 8 „Bilanzierungsmethoden und Methodenänderungen" (*Net Profit or Loss for the Period, Fundamental Errors and Changes in Accounting Policies*) nur abgewichen werden darf, wenn dies infolge einer formalen Änderung – wie die eines Gesetzestextes oder eines Standards – erforderlich wird, oder wenn dadurch die Aussagefähigkeit des Jahresabschlusses verbessert wird.

Da die genannten Prinzipien nicht immer vollständig eingehalten werden können, sind **drei einschränkende Nebenbedingungen** (*Constraints on Relevant and Reliable Information*) bei der Vermittlung der entscheidungsrelevanten Informationen zu beachten:

- **Zeitnähe** (*Timeliness*)

  Die Zuverlässigkeit von Informationen und ihre umgehende Bereitstellung sind bisweilen gegenläufige Zielsetzungen, so dass im Einzelfall abzuwägen ist, wie schnell über bestimmte Geschäftsvorfälle zu berichten ist. Nach der Bedingung der zeitnahen Berichterstattung kann es daher notwendig sein, Informationen offen zu legen, bevor alle Details – beispielsweise einer Transaktion – feststehen.

- **Abwägung von Nutzen und Kosten** (*Balance between Benefit and Costs*)

  Der Nutzen einer Information muss jeweils prinzipiell größer sein als die mit ihrer Publikation in Zusammenhang stehenden Kosten.

- **Abwägung der qualitativen Anforderungen** (*Balance between Qualitative Characteristics*)

  Treten Zielkonflikte zwischen den qualitativen Anforderungen an den Abschluss auf, so hat eine Abwägung in dem Sinne zu erfolgen, dass sie in ihrem Zusammenwirken der Zielsetzung der Rechnungslegung dienlich sind.

8.1.2.4 Angloamerikanische und kontinentaleuropäische Bilanzierungspraxis im Vergleich

Nach der Vorstellung der Vorschriften zur Bilanzierung nach HGB und der Besonderheiten der Rechnungslegung nach IFRS sind abschließend die Gemeinsamkeiten respektive Unterschiede beider Rechnungslegungssysteme aufzuzeigen. Dabei stehen die IFRS-Regelungen stellvertretend für die angloamerikanisch geprägten Rechnungslegungssysteme. Auf die US-

642　　　　　　　　　　　　　　　　　　　　　Achtes Kapitel: Externe Unternehmungsrechnung

Generally Accepted Accounting Principles (US-GAAP), die für Unternehmen an der New York Stock Exchange (NYSE) verpflichtend sind, wird nicht weiter eingegangen. Obwohl diese Vorschriften – neben den IFRS u.a. – auch als internationale Rechnungslegungsvorschriften für die Notierung im Hauptsegment der Deutschen Börse (Prime Standard) zugelassen sind, tritt ihre Bedeutung durch die Entscheidung der Europäischen Union zugunsten der IFRS in den Hintergrund. Anzumerken ist, dass sich die beiden großen internationalen Rechnungslegungssysteme zunehmend annähern (Konvergenzprojekt zwischen IFRS und US-GAAP). Die HGB-Vorschriften repräsentieren die kontinentaleuropäischen Bilanzierungsregeln.

	Kontinentaleuropäische Rechnungslegung (HGB)	Angloamerikanische Rechnungslegung (IFRS)
(1)　Rahmenbedingungen		
• Kultur	etatistisch	individualistisch
• dominierende Finanzierungsform	Hausbankfinanzierung	Kapitalmarktfinanzierung
• Rechtssystem	„Code Law" Gesetzgebung zum Bilanzrecht	„Case Law" Bilanzrecht wird von Berufsverbänden entwickelt
	Handels- und Steuerrecht eng verbunden	Trennung von Handels- und Steuerrecht
(2)　Rechnungslegungsfunktionen		
(2a)　Informationsfunktion		
• Adressaten	Stakeholder	Shareholder
• dominierendes Ziel	Gläubigerschutz	Anlegerinformation
• dominierendes Bewertungsprinzip	Vorsichtsprinzip	Zeitwertprinzip
• Bilanzpolitik	zahlreiche Bilanzierungs- und Bewertungswahlrechte	weitgehender Verzicht auf Wahlrechte
• Offenlegung	tendenziell niedrig	tendenziell hoch
(2b)　Zahlungsbemessungsfunktion		
• Ausschüttung an die Eigner	vorsichtige Ausschüttungsbemessung: • Vorsichtsprinzip • Ausschüttungssperren • tendenziell hohe stille Reserven	Ausschüttungsbemessung ist Ausfluss der Informationsfunktion: • „True and Fair View/ Fair Presentation" • keine Ausschüttungssperren • tendenziell geringe stille Reserven
• Steuerzahlungen an den Fiskus	Maßgeblichkeit der Handels- für die Steuerbilanz	Trennung von Handels- und Steuerbilanz

Abb. 8.1 - 17　　　Kontinentaleuropäische und angloamerikanische Rechnungslegung im Vergleich

Die Darstellung der grundlegenden Unterschiede beider Rechnungslegungssysteme orientiert sich an den in Abb. 8.1 - 17 (in Anlehnung an GLAUM/MANDLER 1996) genannten zentralen Aspekten, (1) den Rahmenbedingungen, die beiden Rechnungslegungssystemen zugrunde liegen und (2) die Funktionen, welche die Rechnungslegung (insbesondere bezogen auf den Einzelabschluss) zu erfüllen hat. Abschließend wird auf die Tendenzen zur Angleichung der

Rechnungslegungssysteme – wiederum am Beispiel der IFRS- und der HGB-Vorschriften – eingegangen.

Zu (1)   Rahmenbedingungen:

Um die Unterschiede beider Rechnungslegungssysteme insgesamt besser verstehen und systematisieren zu können, muss man zunächst die differierenden Rahmenbedingungen genauer betrachten. Die angloamerikanische Kultur ist stark individuell geprägt. Charakteristisch dafür ist die uneingeschränkte **Meinungsfreiheit** aller Individuen. Bei der kontinentaleuropäischen Kultur stehen hingegen der Staat und der Schutz desselben im Vordergrund. So wird die Meinungsfreiheit der Bürger etwa dadurch eingeschränkt, dass diese den (Rechts-)Staat nicht gefährden dürfen.

Dieser grundlegende Unterschied bringt erhebliche Konsequenzen für das **Rechtssystem** mit sich. Während in Kontinentaleuropa detaillierte Gesetzesvorschriften (*Code Law*) dominieren, und Handels- und Steuerrecht eng miteinander verbunden sind, wird in der angloamerikanischen Rechnungslegung das Bilanzrecht von den Berufsverbänden entwickelt; Handels- und Steuerrecht sind folglich strikt voneinander getrennt. Von erheblicher Bedeutung ist schließlich auch die unterschiedliche **Finanzierungstradition**. Während sich besonders in den USA die Unternehmen über den Kapitalmarkt finanzieren, herrscht auf dem europäischen Kontinent begünstigt durch das Universalbankensystem die Finanzierung durch Hausbanken vor.

Zu (2)   Rechnungslegungsfunktionen:

Die Rechnungslegung hat die zwei folgenden zentralen Funktionen zu erfüllen: die Informationsfunktion und die Zahlungsbemessungsfunktion. Vor dem Hintergrund der zuvor skizzierten Rahmenbedingungen zeigen sich hier die folgenden Unterschiede zwischen den Rechnungslegungssystemen.

Zu (2a)   Informationsfunktion:

Die angloamerikanischen Rechnungslegungssysteme sind – aufgrund der stärkeren Kapitalmarktorientierung der Unternehmen – primär auf die **Interessen der Aktionäre** ausgerichtet, womit nicht ausgeschlossen ist, dass die Rechnungslegungsinformationen grundsätzlich für alle Jahresabschlussadressaten von Nutzen sein sollen. Mit der Begründung, dass sich deren Interessen mit denen der Anteilseigner decken, sind die Vorschriften konsequent darauf ausgerichtet, den Informationsbedarf der Investoren in Bezug auf Anlageentscheidungen zu decken. Ganz im Sinne dieser Zielsetzung ist der oberste Grundsatz des „True and Fair View/Fair Presentation" zu sehen. Demnach dominiert in der Bewertung das **Zeitwertprinzip**, d.h. dass Vermögenswerte und Verbindlichkeiten – wenn immer möglich – mit ihrem aktuellen Marktwert bzw. vergleichbaren Wertansätzen zu bewerten sind. Dem Gläubigerschutz wird bei börsennotierten Gesellschaften allein über Rating-Systeme (vgl. S. 502f.) Rechnung getragen.

In kontinentaleuropäischen Rechtssystemen sind die **Aufgaben der Bilanzierung** weiter gefasst. Zu nennen sind etwa:

- Schutz der Gläubiger vor falschen Informationen,
- Schutz der Gesellschafter bei Unternehmen, die nicht von den Gesellschaftern selbst geleitet werden,
- Schutz der am Gewinn beteiligten Arbeitnehmer vor einer Minderung ihrer Gewinnansprüche durch Unterbewertungen etc.,
- Schutz der Öffentlichkeit, vor allem bei größeren Unternehmen, und
- Schutz des Betriebs vor wirtschaftlichen Zusammenbrüchen im Interesse der Belegschaft oder etwa der gesamten Volkswirtschaft.

Aus diesen Aufgaben ergibt sich ein **erweiteter Adressatenkreis** (neben den Anteilseignern auch Gläubiger, Arbeitnehmer, Kunden, Lieferanten und die interessierte Öffentlichkeit), dessen Informationsbedürfnissen in den gesetzlichen Bilanzierungsvorschriften Rechnung getragen wird. Infolge ihres traditionell ausgeprägten Vorsichtsdenkens fühlt sich die kontinentaleuropäische Rechnungslegung primär dem **Gläubigerschutz** verpflichtet. So soll etwa ein zu hoher Gewinnausweis und damit eine zu hohe Gewinnausschüttung zugunsten der Kapitalerhaltung vermieden werden, da diese ansonsten dem Zugriff der Gläubiger entzogen wäre. Um dieser Zielsetzung nachzukommen, schränkt das Vorsichtsprinzip die Informationsfunktion der Rechnungslegung ein.

Die **unterschiedliche Bedeutung des Vorsichtsprinzips** in beiden Rechnungslegungssystemen wird im Folgenden am Beispiel der Abschätzung und der daraus folgenden **Erfassung von Risiken** verdeutlicht. Die angloamerikanischen Vorschriften gehen bei der Risikoeinschätzung tendenziell vom „**Best Case**" aus, d.h. Risiken sind überhaupt nur dann zu erfassen, wenn deren **Eintrittswahrscheinlichkeit** sehr hoch ist und dieses sehr wahrscheinliche **Risiko angemessen abschätzbar** ist. Im Umkehrschluss bedeutet dies, dass Risiken mit einer geringen Eintrittswahrscheinlichkeit nicht zu berücksichtigen sind. Kann für die Abbildung im Jahresabschluss nach IFRS die Höhe eines unsicheren Verlustes (*Contingent Loss*) nur als Bandbreite ermittelt werden, dann ist stets der Wert mit der höchsten Eintrittswahrscheinlichkeit (*Best Estimate*) zu verwenden. Ist die Eintrittswahrscheinlichkeit innerhalb der Bandbreite gleich, genügt es daher, den Wert mit dem geringsten Verlustpotenzial anzusetzen.

Die kontinentaleuropäische Sichtweise hingegen rückt die „**Worst Case**"-Betrachtung in den Mittelpunkt, geht also von einer wesentlich pessimistischeren Sichtweise aus. Am Bilanzstichtag ist demnach allen vorhersehbaren Risiken und Verlusten Rechnung zu tragen. Vorhersehbar sind Risiken und Verluste dann, wenn eine **vernünftige kaufmännische Beurteilung** sie als mögliche künftige Wertminderungen oder Schulden identifizieren muss, d.h. sie mit einer gewissen Wahrscheinlichkeit eintreten und für die Unternehmung eine gewisse Relevanz besitzen. Zwar lässt sich aus dem Grundsatz der Vorsicht nicht in jedem Fall ableiten, dass die verlustbringendste Variante anzusetzen ist, doch ist in der Bilanzierungspraxis zu beobachten, dass bei mehreren Schätzalternativen stets die etwas pessimistischere Variante angesetzt wird (vgl. ADLER/DÜRING/SCHMALTZ 2007).

Die internationalen Rechnungslegungsvorschriften sind von dem Bestreben geprägt, **Ansatz- und Bewertungswahlrechte** weitestgehend einzuschränken bzw. zu vermeiden. Dies war z.B. eines der zentralen Ziele des im Dezember 2003 abgeschlossenen „Improvement Project" des IASB (vgl. S. 638). Dagegen ist das HGB (derzeit noch) von zahlreichen Ansatz- und Bewertungswahlrechten geprägt, die in der Gestaltung der Bilanz einen gewissen Spielraum einräumen.

8.1 Grundlagen der Bilanzierung 645

Schließlich sind noch die Unterschiede in den **Offenlegungsvorschriften** erwähnenswert. Aufgrund der tendenziell größeren Bedeutung des Kapitalmarktes für die Finanzierung der Unternehmen weist der Offenlegungsgrad eine höhere Tiefe auf. So sind gemäß IFRS für Unternehmen, deren Eigen- oder Fremdkapitaltitel öffentlich gehandelt werden, neben einer Bilanz, einer Gewinn- und Verlustrechnung sowie entsprechenden Erläuterungen (*Notes*), vergleichbar dem Anhang des deutschen Handelsrechts, auch eine Kapitalflussrechnung (*Cash Flow Statement*), eine Eigenkapitalveränderungsrechnung (*Statement of Changes in Equity*), eine Segmentberichterstattung und Informationen zu den außerbilanziellen Transaktionen sowie zur Analyse des Jahresabschlusses bereitzustellen.

Zu (2b) Zahlungsbemessungsfunktion:

Mit der Zahlungsbemessungsfunktion kommt der Rechnungslegung die Aufgabe zu, die gewinnabhängigen (möglichen) **Zahlungen an die Eigner und an den Fiskus** zu bestimmen. Sie ist nur für den Einzelabschluss, nicht aber für den Konzernabschluss relevant, da die Ausschüttungen und Gewinnsteuerzahlungen ausschließlich aus den jeweiligen Gesellschaften vorgenommen werden. Die Zahlungsbemessungsfunktion ist in Abhängigkeit von den **Interessen der Jahresabschlussadressaten** zu sehen:

- **Gläubiger**

  Da durch Ausschüttungen im Vergleich zur Einbehaltung von Gewinnen, die Haftungssubstanz für die Gläubiger im Falle einer Krisensituation gemindert wird, haben die Gläubiger ein Interesse an geringen Auszahlungen an die Eigner. Ihren Interessen folgend sollten die Rechnungslegungsvorschriften den Kapitalschutz in den Mittelpunkt stellen. In diesem Falle besteht ein negatives Zahlungsbemessungsinteresse.

- **Anteilseigner**

  Bei der Gruppe der Anteilseigner ist danach zu differenzieren, wie stark deren Einfluss auf die Unternehmenssteuerung ist. Klein- oder Minderheitsaktionäre mit eher beschränkten Möglichkeiten der Einflussnahme auf Unternehmensentscheide haben tendenziell ein positives Zahlungsbemessungsinteresse, da sie von der Ausschüttungsrendite – im Vergleich zur Kapitalrendite – unmittelbar profitieren. Im Übrigen sind die Anteilseigner – neben dem möglichst wahrheitsgetreuen Ausweis der Finanz-, Vermögens- und Ertragslage – an den legalen Möglichkeiten der Verschiebung von Gewinnen in die Zukunft interessiert, um von dem Steuerstundungseffekt zu profitieren.

- **Fiskus**

  Sofern – wie in Deutschland nach § 5 Abs. 1 EStG – das Maßgeblichkeitsprinzip der Handelsbilanz für die Steuerbilanz gilt, haben die Steuerbehörden mit der Bemessung der Gewinnsteuern am periodischen Erfolg ein Interesse an der richtigen periodengerechten Gewinnermittlung. Diese enge Verbindung zwischen Handels- und Steuerbilanz ist in angloamerikanischen Rechtssystemen nicht gegeben.

In Verbindung mit der Dominanz des Gläubigerschutzes sind die **Vorschriften zu Ausschüttungssperren** im Sinne einer oberen Grenze für die Gewinnausschüttung im HGB und im AktG zu sehen, die aufgrund der Haftungsbeschränkung für Kapitalgesellschaften formuliert sind. So sehen die Regelungen z.B. vor, dass die nach der Ausschüttung verbleibenden, jederzeit auflösbaren Gewinnrücklagen (korrigiert um einen Gewinn-/Verlustvortrag) dem angesetzten Betrag für Bilanzierungshilfen (vgl. S. 674f.) mindestens entsprechen müssen.

Zudem stellt wiederum die **Handhabung des Vorsichtsprinzips** im Rahmen der Rechnungs-legungsvorschriften das ausschlaggebende Kriterium bei der Abwägung zwischen Informationserfordernissen und Kapitalschutz dar. Sowohl in seinem allgemeinen Sinne als auch in seinen Ausprägungen als **Realisations- und Imparitätsprinzip** ist es die wesentliche Determinante für die Bestimmung des an die Gesellschafter ausschüttbaren Vermögens.

Ziel des „**Accrual Principle**" der angloamerikanischen Rechnungslegung, das dem Grundsatz der periodengerechten Erfolgsermittlung entspricht, ist die korrekte Ermittlung des wirtschaftlichen Erfolgs eines Unternehmens innerhalb einer Periode. Die korrekte Klassifikation von Erträgen und Aufwendungen legen zwei Unterprinzipien fest.

- Das „**Realisation Principle**" bestimmt den Zeitpunkt der erfolgswirksamen Erfassung von Erträgen.
- Nach dem „**Matching Principle**" wird der Zeitpunkt für Aufwendungen ermittelt, wonach die sachliche Zuordnung zum Ertrag entscheidend ist.

Diese beiden Prinzipien haben zur Konsequenz, dass antizipierte Erträge und Aufwendungen, gleich behandelt werden. Für ihre Erfassung ist entscheidend, dass sie zuverlässig rechnerisch ermittelbar sind. Unmittelbar deutlich wird dies etwa bei der Verpflichtung zur **Teilgewinn-realisierung** bei langfristigen Fertigungsaufträgen nach der „Percentage-of-Completion-Method". Ziel dieser Methode ist es, die Umsätze und insbesondere Aufwendungen aus langfristigen Fertigungsaufträgen entsprechend dem „Matching Principle" jenen Geschäftsjahren zuzuordnen, in denen die Fertigung erfolgt ist und nicht erst bei Abschluss und Abnahme durch den Auftraggeber, wie dies u.a. im deutschen HGB (vgl. S. 672ff.) bei Berücksichtigung des Imparitätsprinzips vorgesehen ist.

Die optimistische angloamerikanische Interpretation des Vorsichtsprinzips gebietet der Willkür bei der Bildung von **stillen Reserven** Einhalt, da solche in hohem Maß den „True and Fair View" verzerren können. Dies beinhaltet indes die Gefahr, dass Risiken nur unzureichend abgebildet werden und es zum Aufbau „**stiller Verpflichtungen**" kommen kann.

Abschließend ist auf die **Tendenzen einer zunehmenden Annäherung der HGB- an die IFRS-Vorschriften** einzugehen. Gemeinsam sind beiden Rechnungslegungssystemen insbesondere die **wesentlichen Grundsätze** des „Going Concern" sowie der Bilanzierungs- und Bewertungsstetigkeit, zudem das Ziel des „True and Fair View", d.h. die Vermittlung eines den tatsächlichen Verhältnissen entsprechenden Bilds der Vermögens- und Ertragslage. Die praktische Umsetzung des letzteren weist allerdings Unterschiede auf.

Für die IFRS ist der Grundsatz des „True and Fair View/Fair Presentation" hinsichtlich der Erstellung des Jahresabschlusses von zentraler Bedeutung. Die Umsetzung wird dabei nicht explizit verlangt, da dies aufgrund der Formulierungen im IFRS-Rahmenwerk in Verbindung mit den relevanten Einzelnormen zwangsläufig erscheint. Betont wird lediglich, dass der „True and Fair View" nicht durch Ausnutzen von Bilanzierungs- oder Bewertungsspielräumen verzerrt werden darf, indem sich das Unternehmen allzu positiv oder negativ darstellt. Diese Sichtweise führt unmittelbar zu dem so genannten „**Overriding Principle**". Danach müssen Bewertungsansätze geändert werden, mithin der Grundsatz der Stetigkeit aufgegeben und somit die Grundsätze ordnungsmäßiger Buchführung (GoB) (vgl. S. 628ff.) verletzt werden, wenn dies dem Grundsatz des „True and Fair View/Fair Presentation" dienlich erscheint.

8.1 Grundlagen der Bilanzierung 647

Der Grundsatz des „True and Fair View" ist aufgrund seiner traditionell großen Bedeutung für die britische Rechnungslegung explizit in die **4. EU-Richtlinie** aufgenommen worden. Dabei wird diesem Grundsatz – in Analogie zur angloamerikanischen Rechnungslegung – die Rolle einer Generalnorm zugesprochen, d.h. eine Missachtung der GoB und der gängigen Spezialvorschriften ist gestattet, sofern dies den tatsächlichen Verhältnissen der Vermögens-, Finanz- und Ertragslage entspricht. Bei der Umsetzung dieser Richtlinie verfolgen nicht alle nationalen Rechnungslegungen diesen konsequenten Weg. So erlaubt etwa das deutsche HGB keine Abweichungen von den GoB oder gesetzlichen Anordnungen. Sollte das vermittelte Bild der Vermögens-, Finanz- und Ertragslage nicht den tatsächlichen Verhältnissen entsprechen, dann sind ergänzende Angaben im Anhang zu machen. Somit können die (deutschen) Einzelvorschriften die Generalnorm einschränken und nicht vice versa. Trotz dieser Einschränkungen bleibt die Generalnorm oberstes Gebot für die Aufstellung von Jahresabschlüssen.

Wie bereits gezeigt wurde (vgl. S. 624f.), kommt dem **Bilanzrechtsreformgesetz** (BilReG) vom 9. Dezember 2004 eine zentrale Bedeutung für den Eingang der IFRS-Rechnungslegungsvorschriften in das HGB zu. Damit stellt sich die Frage, nach der **Rechtsverbindlichkeit der IFRS**. Alle IAS/IFRS, die am 14. September 2002 vorlagen (Ausnahme IAS 32 und IAS 39, sowie die dazugehörigen Interpretationen), wurden per Verordnung vom 29. September 2003 durch die EU-Kommission übernommen. Die Anerkennung neuer bzw. überarbeiteter Standards (*Endorsement*), wodurch die verbindlichen Teile der Standards (verbindliche Inhalte der Standards und Interpretationen) automatisch zu nationalem Recht werden, erfolgt durch ein besonderes EU-Rechtsetzungsverfahren, das so genannte **Komitologieverfahren**. Dabei legt die EU-Kommission ihren Vorschlag für die Anerkennung oder auch Ablehnung eines Standards dem „Accounting Regulatory Committee" (ARC) vor. Stimmt dieser Regelungsausschuss für Rechnungslegung, der aus Vertretern der Mitgliedstaaten besteht, dem Vorschlag zu, ist die Kommission ermächtigt, die Umsetzung des Standards durch eine EU-Verordnung in die Wege zu leiten. Im Falle der Ablehnung ist der EU-Rat zur Entscheidung heranzuziehen. Die EU-Kommission wird bei der Erarbeitung der Vorschläge durch die „European Financial Reporting Advisory Group" (EFRAG) – einer Gruppe von Sachverständigen aus den Mitgliedstaaten, die mit dem IASB in Kontakt steht – unterstützt.

In die Maßnahmen zur Umsetzung von EU-Rechtsakten lässt sich auch der **Referentenentwurf des Gesetzes zur Modernisierung des Bilanzrechts** des Bundesministeriums der Justiz (BMJ) vom 8. November 2007 (BilMoG-RefE) einordnen (Modernisierungsrichtlinie vom 19. Juli 2003, Fair-Value-Richtlinie vom 21. September 2003, Abschlussprüferrichtlinie vom 17. Mai 2006, Abänderungsrichtlinie vom 14. Juni 2006). **Zentrale Zielsetzung** dieser umfassenden Reform des deutschen Bilanzrechts besteht darin, die nationalen Rechnungslegungsvorschriften des HGB an die IFRS anzunähern und damit – im Vergleich zur Anwendung der IFRS – eine kostengünstige und weniger komplexe Rechnungslegungsalternative für kleine und mittlere Unternehmen zu bieten. Dadurch soll die Aussagekraft des handelsrechtlichen Jahresabschlusses gemäß HGB verbessert werden. Die Reformvorschläge beziehen sich auf größenabhängige Erleichterungen bei der Bilanzierungspflicht, die Einführung der „Fair Value"-Bewertung, die Bilanzierung von immateriellen Vermögenswerten, die Abschaffung von diversen Ansatz- und Bewertungswahlrechten sowie des umgekehrten Maßgeblichkeitsprinzips der Steuerbilanz für die Handelsbilanz (vgl. S. 744) sowie die Modernisierung von Bestimmungen zur Konzernrechnungslegung.

Die Notwendigkeit für **kleine und mittlere Unternehmen** (KMU) bzw. „Small and Medium-sized Entities" (SME) eine „schlanke" Version der IFRS zur Verfügung zu stellen hat das

IASB bereits im Jahr 2003 aufgegriffen. Nach der Definition des IASB besteht die zentrale **Zielsetzung** darin, „qualitativ hochwertige, verständliche und durchsetzbare Standards zu entwickeln, die für KMU weltweit geeignet sind und sich auf die Bedürfnisse der Adressaten von Jahresabschlüssen kleiner und mittlerer Unternehmen konzentrieren". Nach entsprechenden Vorarbeiten wurde im Februar 2007 der „Entwurf eines vorgeschlagenen IFRS für kleine und mittelgroße Unternehmen" (*Exposure Draft of a Proposed IFRS for Small and Medium-sized Entities*) vom IASB veröffentlicht. Die endgültige Verabschiedung des **IFRS für KMU** ist für die zweite Jahreshälfte 2008 geplant.

Fragen und Aufgaben zur Wiederholung (8.1.2: S. 616 – 648)

1. Welche Buchführungs- und Bilanzierungsvorschriften enthalten die §§ 238ff. HGB?

2. Warum werden vom Gesetzgeber an den Jahresabschluss von Unternehmen je nach Rechtsform und Größe unterschiedliche Anforderungen gestellt?

3. Skizzieren Sie grob den Aufbau des Dritten Buches des HGB!

4. Aus welchen Elementen besteht der handelsrechtliche Jahresabschluss? Unterscheiden Sie in Ihren Ausführungen die folgenden Unternehmenskategorien: Einzelkaufleute und Personengesellschaften, die nicht unter das PublG fallen, kleine, mittlere und große Kapitalgesellschaften sowie Großunternehmen nach dem PublG!

5. Welchen Funktionen kommt den Einzelabschlüssen nach HGB und nach IFRS nach, wenn Kapitalgesellschaften von dem Wahlrecht der Offenlegung des Jahresabschlusses nach IFRS Gebrauch machen?

6. Skizzieren Sie die Auswirkungen der Einführung der IAS-Richtlinie in deutsches Recht auf die Rechnungslegung von Kapitalgesellschaften!

7. Wie lauten die Größenkriterien, die zu einer Befreiung von der Aufstellung eines Konzernabschlusses für Kapitalgesellschaften und Publikumsgesellschaften führen?

8. Skizzieren Sie allgemein das Wesen der GoB!

9. Nennen Sie einige Grundsätze der Dokumentation!

10. Wie lassen sich die Grundsätze der Rechenschaft untergliedern?

11. Welche Anforderungen beinhalten die drei Rahmengrundsätze Wahrheit, Klarheit und Vollständigkeit?

12. Wie lauten die Abgrenzungsgrundsätze der Sache und der Zeit nach?

13. Erläutern Sie die Aussage des Realisations- und des Imparitätsprinzips sowie den Zusammenhang zwischen beiden!

14. Welche Anwendungsbereiche findet das Niederstwertprinzip?

15. Welche Forderungen hinsichtlich Vergleichbarkeit der Jahresabschlüsse ergeben sich aus dem Grundsatz der Stetigkeit?

16. Wodurch erlangt der Grundsatz der Vorsicht Bedeutung, und welche Bewertungsvorschriften enthält er?

17. Informieren Sie sich im Internet über die Aufgaben des DRSC!

18. Recherchieren Sie über das Internet die aktuellen Entwicklungen der Rechnungslegungsvorschriften in Europa und Deutschland!

8.1 Grundlagen der Bilanzierung

19. Beschreiben Sie den Aufbau und die Zielsetzung der IFRS!

20. Geben Sie einen Überblick über die aktuelle gültigen IFRS bzw. IAS!

21. Erläutern Sie die Grundsätze des IFRS-Rechnungslegungssystems!

22. Grenzen Sie die IFRS und die handelsrechtliche Rechnungslegung hinsichtlich ihrer grundlegenden Zielsetzung voneinander ab! Zeigen Sie, inwiefern die Unterschiede auch in den Pflichtelementen eines Jahresabschlusses der beiden Bilanzierungsusancen zum Ausdruck kommen!

23. Welche Vorteile ergeben sich für ein international tätiges Unternehmen bzw. für Investoren durch die weltweite Vereinheitlichung der Rechnungslegungsvorschriften?

24. Informieren Sie sich über das Internet über den aktuellen Stand bezüglich der Internationalisierung der Rechnungslegungsvorschriften für kleine und mittelgroße Unternehmen!

650 Achtes Kapitel: Externe Unternehmungsrechnung

8.2 Der Jahresabschluss nach HGB und IFRS

8.2.1 Der Jahresabschluss nach HGB

Da nach wie vor für die Mehrzahl der Unternehmen in Deutschland die Vorschriften des Einzelabschlusses nach HGB von Bedeutung sind, wird in den folgenden Ausführungen ausführlich auf den Aufbau sowie die Ansatz- und Bewertungsvorschriften nach HGB eingegangen. Dabei werden die wichtigsten Änderungen gemäß Referentenentwurf des Gesetzes zur Modernisierung des Bilanzrechts des Bundesministeriums der Justiz (BMJ) vom 8. November 2007 (im Folgenden BilMoG-RefE genannt), die ab 2009 gültig sein sollen, ergänzt.

8.2.1.1 Aufbau des Jahresabschlusses nach HGB

(1) Aufbau der Handelsbilanz nach §§ 265ff. HGB

(2) Aufbau der Gewinn- und Verlustrechnung gemäß §§ 275ff. HGB

(3) Aufgaben und Inhalt des Anhangs

(4) Aufgaben und Inhalt des Lageberichts

Zu (1) Aufbau der Handelsbilanz nach §§ 265ff. HGB:

Bilanzgliederungen sollen der **Bilanzklarheit und -übersichtlichkeit** dienen und Bilanzvergleiche ermöglichen bzw. erleichtern. Auf der Aktivseite dominiert für die Gliederung des Vermögens im Allgemeinen das Liquiditätsprinzip, auf der Passivseite stehen dagegen die Rechtsverhältnisse als Gliederungskriterium (Eigen- und Fremdkapital) sowie damit kombiniert das Fristigkeitsprinzip im Vordergrund.

Für Unternehmen, die keine Kapitalgesellschaften sind, gibt das Handelsgesetz kein bestimmtes, verbindliches Gliederungsschema vor, sodass diese Unternehmen hinsichtlich der Reihenfolge und Bezeichnung der Positionen, der Gliederungstiefe sowie bezüglich der Frage, ob die Bilanz in Konto- oder Staffelform aufgestellt werden soll, weitgehende Freiheiten genießen und sich nur an die Vorschriften zu halten haben, die im „allgemeinen Teil" angegeben sind, bzw. sich an den GoB orientieren.

Das HGB sieht ein verbindliches Bilanzierungsschema nur für Kapitalgesellschaften vor. Danach ist ausschließlich die **Kontoform** zugelassen. Ausgehend von einem in § 266 Abs. 2 HGB angegebenen, sehr detaillierten Schema werden den kleinen und mittleren Kapitalgesellschaften bei der Erstellung bzw. Offenlegung bestimmte Erleichterungen gewährt. Dabei bleibt jedoch die Grundstruktur erhalten. In der in § 266 Abs. 2 HGB vorgesehenen Gliederungstiefe ist das Bilanzierungsschema somit nur für große Kapitalgesellschaften verbindlich. Allerdings müssen auch mittelgroße Kapitalgesellschaften ihre Bilanz nach diesem Schema erstellen, zur Offenlegung werden ihnen Erleichterungen eingeräumt.

Die **Grundstruktur der Handelsbilanz** nach HGB ist in Abb. 8.2 - 1 wiedergegeben. Da bei dieser verkürzten Darstellung die mit arabischen Ziffern bezeichneten Unterpositionen ausgelassen sind, entspricht sie dem Schema, welches von den kleinen Kapitalgesellschaften als Mindestgliederung angewendet werden muss (§ 266 Abs. 1 HGB).

8.2 Der Jahresabschluss nach HGB und IFRS

Aktivseite	Passivseite
A. Anlagevermögen	**A. Eigenkapital**
I. Immaterielle Vermögensgegenstände	I. Gezeichnetes Kapital
II. Sachanlagen	II. Kapitalrücklage
III. Finanzanlagen	III. Gewinnrücklagen
B. Umlaufvermögen	IV. Gewinnvortrag/Verlustvortrag
I. Vorräte	V. Jahresüberschuss/Jahresfehlbetrag
II. Forderungen und sonstige Vermögensgegenstände	**B. Rückstellungen**
III. Wertpapiere	**C. Verbindlichkeiten**
IV. Kassenbestand, Bundesbankguthaben, Guthaben bei Kreditinstituten und Schecks	**D. Rechnungsabgrenzungsposten**
C. Rechnungsabgrenzungsposten	

Abb. 8.2 - 1   Grundsätzlicher Aufbau der Bilanz nach § 266 HGB

Mittlere und große Kapitalgesellschaften müssen die Bilanz nach dem in § 266 HGB genannten detaillierten Gliederungsschema aufstellen, wie es in Abb. 8.2 - 2 wiedergegeben ist. Neben den deutschen Positionsbezeichnungen sind dort auch die entsprechenden amerikanischen, englischen bzw. französischen Begriffe aufgeführt.

Die folgenden im BilMoG-RefE vorgeschlagenen Änderungen sind in Abb. 8.2 - 2 noch nicht berücksichtigt:

- Die Aktivpositionen zu „A.I. Immaterielle Vermögensgegenstände" lauten wie folgt:
    1. Selbstgeschaffene gewerbliche Schutzrechte und ähnliche Rechte und Werte
    2. Entgeltlich erworbene Konzessionen, gewerbliche Schutzrechte und ähnliche Rechte und Werte sowie Lizenzen an solchen Rechten und Werten
    3. Geschäfts- oder Firmenwert
    4. Geleistete Anzahlungen
- Unter der Aktivposition „B.III. Wertpapiere" entfällt „2. Eigene Anteile", da eigene Anteile – in Orientierung an die internationalen Rechnungslegungsvorschriften – künftig offen vom Eigenkapital abzusetzen sind. Demnach wird die Position „3. Sonstige Wertpapiere" zu „2. Sonstige Wertpapiere".
- Bei den Aktiven wird nach „C. Rechnungsabgrenzungsposten" ein neuer Posten „D. Aktive latente Steuern" eingefügt.
- Unter dem Eigenkapital auf der Passivseite heißt die Position A.III.2. „Rücklage für Anteile an einem herrschenden oder mehrheitlich beteiligten Unternehmen".

DEUTSCH Bilanz	AMERIKANISCH Balance Sheet	ENGLISCH Balance Sheet	FRANZÖSISCH Bilan
Aktivseite	**Assets**	**Assets**	**Actif**

A. Anlagevermögen
I. **Immaterielle Vermögensgegenstände**
  1. Konzessionen, gewerbliche Schutzrechte und ähnliche Rechte und Werte sowie Lizenzen an solchen Rechten und Werten
  2. Geschäfts- oder Firmenwert
  3. Geleistete Anzahlungen
II. **Sachanlagen**
  1. Grundstücke, grundstücksgleiche Rechte und Bauten einschließlich der Bauten auf fremden Grundstücken
  2. Technische Anlagen und Maschinen
  3. Andere Anlagen, Betriebs- und Geschäftsausstattung
  4. Geleistete Anzahlungen und Anlagen im Bau
III. **Finanzanlagen**
  1. Anteile an verbundenen Unternehmen
  2. Ausleihungen an verbundene Unternehmen
  3. Beteiligungen
  4. Ausleihungen an Unternehmen, mit denen ein Beteiligungsverhältnis besteht
  5. Wertpapiere des Anlagevermögens
  6. Sonstige Ausleihungen
	A. Non-current assets
	I. **Intangible assets**
	  1. Concessions, industrial and similar rights and assets an licenses in such rights and assets
	  2. Excess of purchase price over fair value of net assets of businesses acquired
	  3. Prepayments on intangible assets
	II. **Tangible assets**
	  1. Land, land rights and buildings including buildings on third party land
	  2. Technical equipment and machines
	  3. Other equipment, factory and office equipment
	  4. Prepayments on tangible assets and construction in progress
	III. **Financial assets**
	  1. Shares in affiliated companies
	  2. Loans to affiliated companies
	  3. Participations
	  4. Loans to companies in which participations are held
	  5. Long term investments
	  6. Other loans
		A. Fixed assets
		I. **Intangible assets**
		  1. Concessions, patents, licences, trade marks and similar rights and assets
		  2. Goodwill
		  3. Payment on account
		II. **Tangible assets**
		  1. Land, leasehold rights and buildings including buildings on third party land
		  2. Plant and machinery
		  3. Fixtures, fittings, tools and equipment
		  4. Payment on account and assets in course of construction
		III. **Investments**
		  1. Shares in group undertakings
		  2. Loans in group undertakings
		  3. Participating interests
		  4. Loans to undertaking in which the company has a participating interest
		  5. Other investments other than loans
		  6. Other loans
			A. Actif immobilisé
			I. **Immobilisations incorporelles**
			  1. Concessions, droits de propriété industrielle et droits et valeurs similaires ainsi que licences permettant l'exploitation de ces droits et valeurs
			  2. Fonds commercial ou Goodwill
			  3. Acomptes versés
			II. **Immobilisations corporelles**
			  1. Terrains, droits assimilés et constructions y compris constructions sur sol d'autrui
			  2. Installations techniques, matériel et outillage industriels
			  3. Autres immobilisations corporelles et immobilisations en cours
			  4. Acomptes versés
			III. **Immobilisations financières**
			  1. Parts dans des entreprises liées
			  2. Prêts à des entreprises liées
			  3. Participations
			  4. Prêts à des entreprises apparentées
			  5. Titres de placement immobilisés
			  6. Autres prêts

Abb. 8.2 - 2   Gliederung der Bilanz deutscher Kapitalgesellschaften nach § 266 HGB – Teil 1 (Quelle: Handelsblatt vom 11. März 1992)

DEUTSCH Bilanz	AMERIKANISCH Balance Sheet	ENGLISCH Balance Sheet	FRANZÖSISCH Bilan
B. Umlaufvermögen	**B. Current assets**	**B. Current assets**	**B. Actif circulant**
I. Vorräte 1. Roh-, Hilfs- und Betriebsstoffe 2. Unfertige Erzeugnisse, unfertige Leistungen 3. Fertige Erzeugnisse und Waren 4. Geleistete Anzahlungen	**I. Inventories** 1. Raw materials and supplies 2. Work in process 3. Finished goods and merchandise 4. Prepayments on inventories	**I. Stocks** 1. Raw materials and supplies 2. Work in progress 3. Finished goods and goods for resale 4. Payments on account	**I. Stocks** 1. Matières premières et autres approvisionnements 2. Produits intermédiaires et travaux en cours 3. Produits finis et marchandises 4. Acomptes versés
II. Forderungen und sonstige Vermögensgegenstände 1. Forderungen aus Lieferungen und Leistungen 2. Forderungen gegen verbundene Unternehmen 3. Forderungen gegen Unternehmen, mit denen ein Beteiligungsverhältnis besteht 4. Sonstige Vermögensgegenstände	**II. Receivables and other assets** 1. Trade receivables 2. Receivables from affiliated companies 3. Receivables from companies in which participations are held 4. Other assets	**II. Debtors and other assets** 1. Trade debtors 2. Amounts owed by group undertakings 3. Amounts owed by undertakings in which the company has a participating interest 4. Other assets	**II. Créances et autres éléments de l'actif** 1. Créances résultant de ventes de biens ou de prestations de services 2. Créances sur des entreprises liées 3. Créances sur des entreprises apparentées 4. Autres éléments de l'actif
III. Wertpapiere 1. Anteile an verbundenen Unternehmen 2. Eigene Anteile 3. Sonstige Wertpapiere	**III. Securities** 1. Shares in affiliated companies 2. Treasury stock 3. Other short term investments	**III. Investments** 1. Shares in group undertakings 2. Own shares 3. Other investments	**III. Valeurs mobilières de placement** 1. Parts dans des entreprises liées 2. Actions propres 3. Autres valeurs mobilières de placement
IV. Kassenbestand, Bundesbank, Guthaben bei Kreditinstituten und Schecks	**IV. Cash**	**IV. Cheques, cash at bank and in hand, postal giro balances and central bank balances**	**IV. Chèques, caisse, banque d'émission et chèques postaux, banques**
C. Rechnungsabgrenzungsposten	**C. Prepaid expenses**	**C. Prepayments and accrued income**	**C. Comptes de régularisation**

Abb. 8.2 - 2   Gliederung der Bilanz deutscher Kapitalgesellschaften nach § 266 HGB – Teil 2

DEUTSCH — Bilanz — Passivseite	AMERIKANISCH — Balance Sheet — Equity and liabilities	ENGLISCH — Balance Sheet — Equity and liabilities	FRANZÖSISCH — Bilan — Passif

A. Eigenkapital
  I. Gezeichnetes Kapital
  II. Kapitalrücklage
  III. Gewinnrücklagen
    1. Gesetzliche Rücklage
    2. Rücklage für eigene Anteile
    3. Satzungsmäßige Rücklagen
    4. Andere Gewinnrücklagen
  IV. Gewinnvortrag/Verlustvortrag
  V. Jahresüberschuss/Jahresfehlbetrag
	A. Equity
	  I. Subscribed capital
	  II. Capital reserve
	  III. Revenue reserve
	    1. Legal reserve
	    2. Reserve for treasury stock
	    3. Statutory reserves
	    4. Other revenue reserves
	  IV. Retained profits/accumulated losses brought forward
	  V. Net income/net loss for the year
		A. Shareholders' equity
		  I. Share capital
		  II. Share premium account
		  III. Appropriated surplus
		    1. Statutory reserves
		    2. Reserve for own shares
		    3. Reserves provided for by the articles of association
		    4. Other reserves
		  IV. Retained earnings brought forward
		  V. Net income for the year
			A. Capitaux propres
			  I. Capital souscrit
			  II. Réserves ayant un caractère de capital
			  III. Réserves prélevées sur les bénéfices
			    1. Réserve légale
			    2. Réserves pour actions propres
			    3. Réserves statutaires
			    4. Autres réserves prélevées sur les bénéfices
			  IV. Report à nouveau
			  V. Bénéfice figurant au bilan/Perte figurant au bilan

B. Rückstellungen
    1. Rückstellungen für Pensionen und ähnliche Verpflichtungen
    2. Steuerrückstellungen
    3. Sonstige Rückstellungen
	B. Accruals
	    1. Accruals for pensions and similar obligations
	    2. Tax accruals
	    3. Other accruals
		B. Provisions
		    1. Provisions for pensions and similar obligations
		    2. Provisions for taxation including deferred taxation
		    3. Other provisions
			B. Provisions pour risques et charges
			    1. Provisions pour pensions et obligations similaires
			    2. Provisions pour impôts
			    3. Autres provisions

C. Verbindlichkeiten
    1. Anleihen, davon konvertibel
    2. Verbindlichkeiten gegenüber Kreditinstituten
    3. Erhaltene Anzahlungen auf Bestellungen
    4. Verbindlichkeiten aus Lieferungen und Leistungen
    5. Verbindlichkeiten aus der Annahme gezogener Wechsel und der Ausstellung eigener Wechsel
    6. Verbindlichkeiten gegenüber verbundenen Unternehmen
    7. Verbindlichkeiten gegenüber Unternehmen, mit denen ein Beteiligungsverhältnis besteht
    8. Sonstige Verbindlichkeiten, davon aus Steuern, davon im Rahmen der sozialen Sicherheit
	C. Liabilities
	    1. Loans, of which EUR ... convertible
	    2. Liabilities to banks
	    3. Payments received on account of orders
	    4. Trade payables
	    5. Liabilities on bills accepted and drawn
	    6. Payable to affiliated companies
	    7. Payable to companies in which participations are held
	    8. Other liabilities, of which EUR ... taxes, of which EUR ... relating to social security and similar obligations
		C. Creditors
		    1. Loans payable, of which EUR ... is convertible
		    2. Bank loans and overdraft
		    3. Payments received on account
		    4. Trade creditors
		    5. Bills of exchange payable
		    6. Amounts owed to group undertakings
		    7. Amounts owed to undertakings in which the company has a participating interest
		    8. Other creditors including taxation and social security
			C. Dettes
			    1. Emprunts obligataires, dont EUR ... convertible
			    2. Dettes auprès d'établissements financiers
			    3. Acomptes reçus sur commandes
			    4. Dettes sur achats de biens ou de prestations de services
			    5. Effets à payer
			    6. Dettes envers des entreprises liées
			    7. Dettes envers des entreprises apparentées
			    8. Dettes diverses, dont EUR ... impôts, dont EUR ... charges sociales

D. Rechnungsabgrenzungsposten	D. Deferred income	D. Deferred income	D. Comptes de régularisations

Abb. 8.2 - 2 Gliederung der Bilanz deutscher Kapitalgesellschaften nach § 266 HGB – Teil 3

8.2 Der Jahresabschluss nach HGB und IFRS 655

Zu den einzelnen **Bilanzpositionen** erscheinen einige **ergänzende Bemerkungen** angebracht:

(1a) Gliederung des Vermögens in Anlage- und Umlaufvermögen

(1b) Gliederung des Anlagevermögens

(1c) Gliederung des Umlaufvermögens

(1d) Inhalt der Rechnungsabgrenzungsposten

(1e) Unterteilung des Eigenkapitals

(1f) Inhalt der Sammelposition Rückstellungen

(1g) Einteilung des Fremdkapitals

(1h) Angabe von Verbindlichkeiten im Anschluss an die Bilanz oder im Anhang

(1i) Bilanzielle Behandlung aktivischer und passivischer latenter Steuern

Zu (1a) Gliederung des Vermögens in Anlage- und Umlaufvermögen:

Die Einteilung des Vermögens in Anlage- und Umlaufvermögen (Aktiva A. und B.) ergibt sich aus der jeweils unterschiedlichen Verwendungsart und -dauer. Zum **Anlagevermögen** zählen gemäß § 247 Abs. 2 HGB nur die Gegenstände, die bestimmt sind, dauernd dem Geschäftsbetrieb des Unternehmens zu dienen. Analog hierzu fallen unter das **Umlaufvermögen** diejenigen Gegenstände, die nicht dauernd dem Geschäftsbetrieb des Unternehmens dienen sollen. Für die Zuordnung zum Anlage- bzw. Umlaufvermögen ist somit nicht die tatsächliche Verweilzeit maßgeblich, sondern die Zweckbestimmung jedes einzelnen Wirtschaftsgutes im Betrieb. So gehört beispielsweise ein schwer verkäufliches Fertigfabrikat nicht zum Anlagevermögen, obwohl es möglicherweise bereits eine längere Zeit auf Lager liegt oder noch eine längere Zeit auf Lager liegen wird.

Auch die Art des Wirtschaftsgutes bestimmt nicht zwingend die Zuordnung zum Anlage oder Umlaufvermögen. So können beispielsweise maschinelle Anlagen längerfristig im Unternehmen genutzt werden oder auch zur Veräußerung, etwa bei Maschinenbau-Unternehmungen, bestimmt sein.

Zu (1b) Gliederung des Anlagevermögens:

Das handelsrechtliche Schema unterteilt das Anlagevermögen grundsätzlich in immaterielle Vermögensgegenstände, Sachanlagen sowie Finanzanlagen (vgl. Abb. 8.2 - 1). Die weitere Untergliederung dieser Positionen ist je nach Größenklasse für mittlere und große Unternehmen unterschiedlich detailliert.

Im Rahmen der Erörterung der Gliederungsvorschriften ist die Vorschrift des § 268 Abs. 2 HGB, die für alle Kapitalgesellschaften gilt, von Interesse. Im Gegensatz zu den übrigen Bilanzposten ist für alle Kategorien des Anlagevermögens sowie für bilanzierte Aufwendungen zur Ingangsetzung und Erweiterung des Geschäftsbetriebes (gestrichen nach BilMoG-RefE) eine detaillierte Darstellung der Entwicklung der einzelnen Positionen vorgeschrieben. Diese häufig als **Anlagespiegel bzw. Anlagengitter** bezeichnete Darstellung enthält im Einzelnen folgende Angaben:

- Anfangsbestand zu Anschaffungskosten bzw. Herstellungskosten,
- Zugänge des Geschäftsjahres zu Anschaffungskosten bzw. Herstellungskosten,
- Abgänge des Geschäftsjahres zu Anschaffungskosten bzw. Herstellungskosten,

- Umbuchungen des Geschäftsjahres zu Anschaffungskosten bzw. Herstellungskosten,
- Abschreibungen (kumuliert),
- Abschreibungen im Geschäftsjahr (nachrichtlich),
- Zuschreibungen im Geschäftsjahr,
- Buchwert des Endbestandes am Abschlussstichtag,
- Buchwert am Abschlussstichtag des Vorjahres.

Der Anlagespiegel ermöglicht Rückschlüsse auf das Alter der Anlagen sowie auf die Investitionstätigkeit des Unternehmens. Die Angaben des Anlagespiegels können wahlweise in der Bilanz oder im Anhang erfolgen.

Zu (1c) Gliederung des Umlaufvermögens:

Das Umlaufvermögen setzt sich aus den Vorräten, den Forderungen und sonstigen Wirtschaftsgütern, den Wertpapieren sowie den flüssigen Mitteln zusammen. Die **Vorräte** (B.I.) sind bei großen Kapitalgesellschaften des Weiteren in

1. Roh-, Hilfs- und Betriebsstoffe,
2. unfertige Erzeugnisse, unfertige Leistungen,
3. fertige Erzeugnisse und Waren,
4. geleistete Anzahlungen

einzuteilen.

Die Position **Forderungen und sonstige Vermögensgegenstände** (B.II.) wird unterteilt in:

1. Forderungen aus Lieferungen und Leistungen,
2. Forderungen gegen verbundene Unternehmen,
3. Forderungen gegen Unternehmen, mit denen ein Beteiligungsverhältnis besteht,
4. sonstige Vermögensgegenstände.

Die Unterposition „**Sonstige Vermögensgegenstände**" (B.II.4.) enthält als Sammelposition all jene Forderungsrechte, die nicht unter die anderen Positionen unterzubringen sind. Unter anderem zählen hierzu die **antizipativen Aktiva**. Hierbei handelt es sich um Erträge, die in der Bilanzierungsperiode bereits angefallen sind, bei denen jedoch ein Zahlungseingang erst später erfolgt, ohne dass etwa zum Bilanzierungszeitpunkt bereits eine Forderung entstanden wäre.

Zu (1d) Inhalt der Rechnungsabgrenzungsposten:

Als **Rechnungsabgrenzungsposten** (Aktiva C.) sind gemäß § 250 HGB auf der Aktivseite Ausgaben vor dem Abschlussstichtag auszuweisen, soweit sie Aufwand für eine bestimmte Zeit nach diesem Tag darstellen. Es handelt sich hier um die so genannten (aktivischen) transitorischen Rechnungsabgrenzungsposten. Als Sonderfall darf unter der aktiven Rechnungsabgrenzung das Darlehensdisagio erfasst werden. Auf der Passivseite sind als Rechnungsabgrenzungsposten Einnahmen vor dem Abschlussstichtag auszuweisen, soweit sie Ertrag für eine bestimmte Zeit nach diesem Tag darstellen. Rechnungsabgrenzungsposten dienen der

8.2 Der Jahresabschluss nach HGB und IFRS 657

Abstimmung zwischen Bilanz und Gewinn- und Verlustrechnung zur Ermittlung eines periodengerechten Jahreserfolgs in beiden Rechnungen.

Zu (1e)   Unterteilung des Eigenkapitals:

Das Handelsrecht sieht für Kapitalgesellschaften grundsätzlich eine Unterteilung der Position **Eigenkapital** (Passiva A.) in fünf Unterpositionen gemäß Abb. 8.2 - 1 vor.

Das **gezeichnete Kapital** (A.I.) gibt den Betrag an, auf den die Haftung der Gesellschafter für die Verbindlichkeiten des Unternehmens den Gläubigern gegenüber beschränkt ist, soweit die Gesellschafter zu dessen Aufbringung verpflichtet sind. Das gezeichnete Kapital wird bei der Aktiengesellschaft (AG) als Grundkapital und bei der Gesellschaft mit beschränkter Haftung (GmbH) als Stammkapital bezeichnet. Wenn das gezeichnete Kapital noch nicht voll eingezahlt ist, ist auf der Aktivseite der entsprechende Betrag gesondert auszuweisen, wobei auch die eingeforderten Einlagen zu vermerken sind. Die nicht eingeforderten Beträge können jedoch auch vom gezeichneten Kapital direkt abgezogen werden, sodass auf der Aktivseite nur noch die eingeforderten Beträge zu vermerken sind.

Zu den **Kapitalrücklagen** (A.II.) zählen alle Einlagen, die nicht gezeichnetes Kapital darstellen. Hierzu gehören beispielsweise Beträge, die bei der Ausgabe von Anteilen über den Nennbetrag hinaus erzielt werden (Agio).

Gewinnrücklagen (A.III.) sind Beträge, die im Geschäftsjahr oder in einem früheren Geschäftsjahr aus dem Ergebnis gebildet wurden. Dabei kann es sich sowohl um gesetzlich oder satzungsmäßig vorgeschriebene Rücklagen als auch um freiwillige Rücklagenzuführungen handeln. In dem Bilanzformblatt für große Kapitalgesellschaften wird eine weitere Aufspaltung der Gewinnrücklagen vorgeschrieben und zwar in:

1. gesetzliche Rücklage,
2. Rücklage für eigene Anteile,
3. satzungsmäßige Rücklagen,
4. andere Gewinnrücklagen.

Die Rücklage für eigene Anteile ist zu bilden, wenn ein Unternehmen, etwa eine Aktiengesellschaft, eigene Anteile erwirbt. Diese Rücklage wird zu Lasten des Jahresüberschusses oder aus vorhandenen frei verwendbaren Gewinnrücklagen gebildet und bewirkt eine Ausschüttungssperre solange die Anteile von der Unternehmung gehalten werden.

Der **Gewinnvortrag** (A.IV.) ist der Teil des Bilanzgewinns des Vorjahres oder der Vorjahre, über dessen endgültige Verwendung erst später entschieden werden soll. Schließt ein Geschäftsjahr demgegenüber mit einem Bilanzverlust ab, so wird dieser Verlust ins kommende Jahr übertragen (**Verlustvortrag**).

Der **Jahresüberschuss bzw. Jahresfehlbetrag** (A.V.) ist der Betrag, der sich aus der Gewinn- und Verlustrechnung als Differenz zwischen Erträgen und Aufwendungen ergibt. Es handelt sich dabei um eine Gewinngröße nach Steuern.

Die hier beschriebene Einteilung des Eigenkapitals in fünf Unterpositionen mit gegebenenfalls weiterer Aufspaltung kann jedoch gemäß § 268 Abs. 1 HGB vereinfacht werden. Danach darf die Bilanz auch nach vollständiger oder teilweiser Verwendung des Jahresergebnisses aufgestellt werden. Wird die Bilanz nach teilweiser Verwendung des Jahresergebnisses aufgestellt, so tritt an Stelle der Positionen A.IV. und A.V. die Position „**Bilanzgewinn/-verlust**" (vgl. COENENBERG 2005a, S. 328ff.).

Im Zusammenhang mit der Frage des Eigenkapitalausweises verdient der (nicht in das Gliederungsschema aufgenommene) „**Sonderposten mit Rücklageanteil**" Beachtung. Dieser Posten ist gemäß § 273 HGB vor den Rückstellungen auszuweisen und muss aufgrund steuerlicher Vorschriften auch in der Handelsbilanz gebildet werden, damit die bei Bildung dieser Position in der Steuerbilanz einhergehende Gewinnminderung steuerlich anerkannt werden kann. Hierbei handelt es sich beispielsweise um die so genannten „6-b Rücklagen" (§ 6b EStG). Da diese Rücklagen teilweise Eigenkapitalcharakter und teilweise Fremdkapitalcharakter haben, werden sie in der Bilanz direkt nach dem Eigenkapital angeordnet. Der Sonderposten mit Rücklageanteil entfällt allerdings nach BilMoG-RefE mit der Aufhebung des umgekehrten Maßgeblichkeitsprinzips.

Zu (1f) Inhalt der Position Rückstellungen:

Die Position **Rückstellungen** (Passiva B.) ist eine Sammelposition, die verschiedene Arten von Rückstellungen erfasst. Folgt man den Prinzipien der dynamischen Bilanzauffassung, deren Wesen, wie bereits auf den S. 609ff. gezeigt wurde, darin besteht, den richtigen Periodenerfolg auszuweisen, sind in Form von Rückstellungen **folgende Sachverhalte** zu berücksichtigen:

- ungewisse Verbindlichkeiten,
- drohende Verluste aus schwebenden Geschäften und
- (weitere) Aufwandsrückstellungen.

Von diesen Rückstellungsarten wären im Falle einer statischen Bilanzauffassung lediglich die Rückstellungen für ungewisse Verbindlichkeiten zu bilanzieren gewesen. Das Handelsgesetz folgt jedoch hinsichtlich der Bildung von Rückstellungen der dynamischen Bilanztheorie, wenngleich sie die Bildungsmöglichkeiten der Aufwandsrückstellung einschränken und bestimmte Wahlrechte bei der Bildung einräumen.

Zu (1g) Einteilung der Verbindlichkeiten:

Zum Fremdkapital zählen die bereits erläuterten Rückstellungen, soweit es sich um ungewisse Verbindlichkeiten handelt, sowie die **Verbindlichkeiten** der Unternehmung zum Bilanzstichtag. Die „**echten" Verbindlichkeiten** (Passiva C.) sind bei großen Kapitalgesellschaften in acht Unterpositionen aufzuspalten, und zwar in

1. Anleihen, davon konvertibel,
2. Verbindlichkeiten gegenüber Kreditinstituten,
3. erhaltene Anzahlungen auf Bestellungen,
4. Verbindlichkeiten aus Lieferungen und Leistungen,
5. Verbindlichkeiten aus der Annahme gezogener Wechsel und der Ausstellung eigener Wechsel,
6. Verbindlichkeiten gegenüber verbundenen Unternehmen,
7. Verbindlichkeiten gegenüber Unternehmen, mit denen ein Beteiligungsverhältnis besteht,
8. sonstige Verbindlichkeiten, davon aus Steuern, davon im Rahmen der sozialen Sicherheit.

8.2 Der Jahresabschluss nach HGB und IFRS

Neben dem Volumen dieser Verbindlichkeitsarten ist bei jedem gesondert ausgewiesenen Posten der Betrag der Verbindlichkeiten zu vermerken, der eine Restlaufzeit von bis zu einem Jahr aufweist. Des Weiteren sind im Anhang der Gesamtbetrag der Verbindlichkeiten mit einer Restlaufzeit von mehr als fünf Jahren sowie der Gesamtbetrag der Verbindlichkeiten, der durch Pfandrechte oder ähnliche Rechte gesichert ist, unter Angabe der Art bzw. Form der Sicherheiten anzugeben.

Zu (1h)   Angabe von Verbindlichkeiten im Anschluss an die Bilanz oder im Anhang:

Sofern in der Jahresbilanz auf der Passivseite nicht ausgewiesen, sind von allen rechnungslegungspflichtigen Unternehmen im Anschluss an die Bilanz oder im Anhang, sofern ein solcher aufgestellt wird, **folgende Posten jeweils gesondert unter Angabe von Sicherheiten zu vermerken** (§ 251 HGB):

- Verbindlichkeiten aus der Begebung und Übertragung von Wechseln,
- Verbindlichkeiten aus Bürgschaften, Wechsel- und Scheckbürgschaften,
- Verbindlichkeiten aus Gewährleistungsverträgen und
- Haftungsverhältnisse aus der Bestellung von Sicherheiten für fremde Verbindlichkeiten.

Diese **Eventualverbindlichkeiten** müssen unabhängig vom Bestehen irgendwelcher gleichwertiger Rückgriffsforderungen ausgewiesen werden.

Zu (1i)   Bilanzielle Behandlung aktivischer und passivischer latenter Steuern:

Ein Beispiel für zwei nicht im Bilanzierungsschema explizit vorgesehene, dennoch gegebenenfalls aktivierungsfähige (nach BilMoG-RefE: aktivierungspflichtige) bzw. passivierungspflichtige Positionen, ergibt sich im Zusammenhang mit den so genannten **latenten Steuern**. Diese resultieren aus der Differenz zwischen der Steuerschuld aufgrund des steuerlichen Gewinns und einer fiktiven Steuerschuld, die auf Basis des Handelsbilanzgewinns ermittelt wird. Der Ausweis latenter Steuern soll eine Kongruenz zwischen dem in der Handelsbilanz gezeigten Ergebnis und dem dazu ausgewiesenen Steueraufwand herstellen. Ursache für das Entstehen von latenten Steuern sind, wie sich oben ersehen lässt, unterschiedliche Bilanzierungs- und Bewertungsvorschriften in der Handelsbilanz und der Steuerbilanz. Die **bilanzielle Behandlung** latenter Steuern wird in § 274 HGB geregelt. Dort wird zwischen aktivischen latenten Steuern und passivischen latenten Steuern unterschieden.

Danach entstehen **aktivische latente Steuern** dann, wenn der Steueraufwand des Geschäftsjahres oder der Vorjahre im Verhältnis zum ausgewiesenen handelsrechtlichen Überschuss zu hoch ist, weil der nach steuerrechtlichen Vorschriften ermittelte zu versteuernde Gewinn höher als das handelsrechtliche Ergebnis ist. Wenn sich der zu hohe Steueraufwand später voraussichtlich ausgleicht, darf (nach BilMoG-RefE: muss) in Höhe der voraussichtlichen Steuerentlastung späterer Geschäftsjahre ein aktivischer Abgrenzungsposten (aufgrund des derzeit noch gültigen Ansatzwahlrechtes auch Bilanzierungshilfe genannt) gebildet werden. Der Posten ist sukzessive mit dem Eintreten der Steuerentlastung aufzulösen. Des Weiteren ist er aufzulösen, wenn – insbesondere aufgrund einer ungünstigen Ertragsentwicklung – mit der Steuerentlastung nicht mehr gerechnet werden kann. Der Begriff „Steuerentlastung" darf jedoch nicht mit einer „Steuererstattung" vom Finanzamt verwechselt werden, sondern er bedeutet hier lediglich, dass zukünftig der Steueraufwand im Verhältnis zum Handelsbilanzüberschuss entsprechend niedrig sein wird.

Passivische latente Steuern entstehen dann, wenn der Steueraufwand des Geschäftsjahres oder früherer Geschäftsjahre im Verhältnis zum handelsrechtlichen Überschuss zu niedrig ist, weil der nach steuerrechtlichen Vorschriften zu versteuernde Gewinn niedriger ist als das handelsrechtliche Ergebnis. Wenn sich dieser zu niedrige Steueraufwand in späteren Geschäftsjahren mit einem entsprechend höheren Steueraufwand voraussichtlich ausgleicht, so muss in Höhe der wahrscheinlichen Steuerbelastung nachfolgender Geschäftsjahre eine Rückstellung gebildet werden, die entweder in der Bilanz oder im Anhang gesondert auszuweisen ist. Mit dem Eintreten der Steuerbelastung ist diese Rückstellung sukzessive aufzulösen. Ebenfalls ist eine Auflösung dann erforderlich, wenn mit der Steuerbelastung nicht mehr gerechnet werden kann. Der Begriff „Steuerbelastung" darf nicht mit einer „Steuernachzahlung" an das Finanzamt verwechselt werden, sondern er bedeutet hier lediglich, dass zukünftig der Steueraufwand im Verhältnis zum Handelsbilanzüberschuss entsprechend niedrig sein wird.

Die vorstehenden Erläuterungen zu den einzelnen Bilanzpositionen bedürfen im Hinblick auf grundsätzliche Aspekte der Gliederung der Bilanz wie auch der GuV der Ergänzung. Die folgende Aufstellung führt eine Auswahl der wesentlichen im § 265 HGB festgelegten **allgemeinen Grundsätze** auf:

- Die Gliederung von aufeinander folgenden Bilanzen und Gewinn- und Verlustrechnungen ist beizubehalten, es sei denn, dass wegen besonderer Umstände Abweichungen erforderlich sind.
- Es sind auch jeweils die Werte des Vorjahres anzugeben.
- Eine weitere Untergliederung der Posten sowie die Hinzufügung neuer Posten sind unter Beachtung der vorgeschriebenen Gliederung zulässig.
- Unter bestimmten Bedingungen ist auch eine Zusammenfassung der mit arabischen Ziffern bezeichneten Positionen möglich.
- Bilanz- und GuV-Gliederung sind zu ändern, wenn dies aufgrund der unternehmensbezogenen Besonderheiten zur Aufstellung eines klaren und übersichtlichen Jahresabschlusses notwendig ist.
- Ein Bilanz- oder GuV-Posten kann weggelassen werden, wenn dieser im Bilanzierungsjahr und im Vorjahr keinen Wert aufweist.

Daneben sind selbstverständlich auch die Vorschriften zu beachten, die bereits im „allgemeinen Teil" des HGB zu finden sind. Hierzu gehört beispielsweise auch das **Saldierungsverbot** von Forderungen mit Verbindlichkeiten. Der BilMoG-RefE bietet insofern eine Ausnahme vom Saldierungsverbot, als dass hier die Verrechnung von Vermögenswerten, die ausschließlich der Erfüllung von Schulden dienen, vorgesehen ist (§ 246 Abs. 2 HGB-E).

Da das handelsrechtliche Gliederungsschema vornehmlich auf Industrie- und Handelsbetriebe zugeschnitten ist, sieht das HGB auch eine Ermächtigungsvorschrift für den Bundesminister der Justiz vor, bestimmten Wirtschaftszweigen spezielle Formblätter vorzuschreiben oder andere Vorschriften zur Gliederung des Jahresabschlusses zu erlassen, sofern der Geschäftszweig eine abweichende Gliederung erforderlich macht.

8.2 Der Jahresabschluss nach HGB und IFRS 661

Zu (2)   Aufbau der Gewinn- und Verlustrechnung gemäß §§ 275ff. HGB:

Die handelsrechtliche Gewinn- und Verlustrechnung ermittelt wie die Bilanz durch systematischen Buchungsabschluss den Jahreserfolg, wobei beide Rechnungen durch das doppische Prinzip der Buchhaltung miteinander verknüpft sind (Kongruenzprinzip). Während die Erfolgsermittlung in der Bilanz aber durch Gegenüberstellung von Bestandsgrößen geschieht, ergibt sich in der Gewinn- und Verlustrechnung der Erfolg aus der Saldierung aller Erträge und Aufwendungen der Abrechnungsperiode. Die Gewinn- und Verlustrechnung ergänzt die Bilanz insofern, als sie über den Ausweis des Erfolgssaldos hinaus auch dessen Zusammensetzung erkennen lässt, und somit einen detaillierten Einblick in den eigentlichen Prozess der Ertragsbildung und Aufwandsentstehung ermöglicht (vgl. hierzu auch S. 695ff.).

Wie schon beim Bilanzierungsschema sieht das HGB ein **verbindliches Schema für die Gliederung der Gewinn- und Verlustrechnung** lediglich **für die Kapitalgesellschaften** vor. Für diese Unternehmen ist die **Staffelform** Pflicht. Danach sind Aufwendungen und Erträge nicht kontenmäßig gegenüberzustellen, sondern staffelförmig untereinander zu stellen, um die Übersichtlichkeit und die Beurteilungsmöglichkeit des Jahresabschlusses – gerade bei den durch das **Bruttoprinzip** (unsaldierte Gegenüberstellung von Aufwendungen und Erträgen) stark aufgegliederten Erfolgsrechnungen – zu verbessern. Nach dem Handelsbilanzrecht kann die Gewinn- und Verlustrechnung sowohl nach dem **Gesamtkostenverfahren** als auch nach dem **Umsatzkostenverfahren** aufgestellt werden (vgl. zum Vorgehen 672ff.).

§ 275 HGB führt das in Abb. 8.2 - 3 aufgeführte Schema als verbindliche (Mindest-) Gliederung der GuV-Rechnung an (Abweichungen hiervon sind nur unter bestimmten Bedingungen zulässig). Dort sind wiederum auch die amerikanischen, englischen und französischen Positionsbezeichnungen angegeben.

Grundsätzlich haben alle Kapitalgesellschaften ihre Gewinn- und Verlustrechnung nach diesem Schema zu erstellen. Kleine und mittelgroße Kapitalgesellschaften dürfen nach § 276 HGB bei Anwendung des Gesamtkostenverfahrens die Posten § 275 Abs. 2 Nr. 1 bis 5 bzw. bei Anwendung des Umsatzkostenverfahrens nach Abs. 3 Nr. 1 bis 3 und 6 zu einem Posten unter der Bezeichnung „Rohergebnis" zusammenfassen.

Weitere Erklärungen zum Gliederungsschema der handelsrechtlichen GuV-Rechnung geben die folgenden Ausführungen, in Orientierung an die folgenden Punkte:

(2a)   Unternehmensleistung

(2b)   Sonstiges Ergebnis

(2c)   Betriebsergebnis

(2d)   Ergebnis der gewöhnlichen Geschäftstätigkeit

(2e)   Außerordentliches Ergebnis

(2f)   Jahresüberschuss bzw. Jahresfehlbetrag

DEUTSCH — Gewinn- und Verlustrechnung	AMERIKANISCH — Income Statement	ENGLISCH — Profit and Loss Account	FRANZÖSISCH — Compte de résultat
Bei Anwendung des Gesamtkostenverfahrens sind auszuweisen:	For the type of expenditure format there must be disclosed:	For the type of expenditure format there must be disclosed:	A faire figurer en cas d'application du modèle présentant les charges par nature de dépenses:

1. Umsatzerlöse
2. Erhöhung oder Verminderung des Bestands an fertigen und unfertigen Erzeugnissen
3. andere aktivierte Eigenleistungen
4. sonstige betriebliche Erträge
5. Materialaufwand
  a) Aufwendungen für Roh-, Hilfs- und Betriebsstoffe und für bezogene Waren
  b) Aufwendungen für bezogene Leistungen
6. Personalaufwand
  a) Löhne und Gehälter
  b) soziale Abgaben und Aufwendungen für Altersversorgung und für Unterstützung, davon für Altersversorgung
7. Abschreibungen
  a) auf immaterielle Vermögensgegenstände des Anlagevermögens und Sachanlagen sowie auf aktivierte Aufwendungen für die Ingangsetzung und Erweiterung des Geschäftsbetriebs
  b) auf Vermögensgegenstände des Umlaufvermögens, soweit diese die in der Kapitalgesellschaft üblichen Abschreibungen überschreiten
	1. Sales
	2. Increase or decrease in finished goods inventories and work in process
	3. Own work capitalized
	4. Other operating income
	5. Cost of materials
	  a) Cost of raw materials, consumables and supplies and of purchased merchandise
	  b) Cost of purchased service
	6. Personnel expenses
	  a) Wages and salaries
	  b) Social security and pension expenses, there of EUR ... pension expenses
	7. Depreciation and amortization
	  a) on intangible fixed assets and tangible assets as well as on capitalized startup and business expansion expenses
	  b) exceptional write downs on current assets
		1. Turnover
		2. Change in stock of finished goods and work in progress
		3. Own work capitalized
		4. Other operating income
		5. Cost of materials
		  a) Cost of raw materials, consumables and of purchased merchandise
		  b) Cost of purchased services
		6. Staff costs
		  a) Wages and salaries
		  b) Social security, pensions and other benefit costs, of which EUR ... is for pension costs
		7. Depreciation
		  a) written off tangible and intangible fixed assets
		  b) written off current assets
			1. Chiffre d'affaires (hors TVA)
			2. Augmentation des stocks ou diminution des stocks
			3. Production immobilisée
			4. Autres produits d'exploitation
			5. Coût des achats consommés
			  a) Coût des matières premières et autres approvisionnements ainsi que des achats de marchandises
			  b) Coût des achats de prestations de services
			6. Charges de personnel
			  a) Salaires et appointements
			  b) Charges de sécurité, de prévoyance-vieillesse et d'assistance, dont EUR ... prévoyance-vieillesse
			7. Dotations aux amortissements et aux provisions pour dépréciation
			  a) Dotations aux amortissements des immobilisations corporelles et incorporelles ainsi que des frais d'établissement et de développement de l'entreprise portés à l'actif
			  b) Dotations aux provisions pour dépréciation des éléments de l'actif circulant, dépassant le cadre habituel des dépréciations pratiquées dans l'entreprise

Abb. 8.2 - 3   Gliederung der Gewinn- und Verlustrechnung deutscher Kapitalgesellschaften nach § 275 HGB (Quelle: Handelsblatt vom 11. März 1992) – Teil 1

8.2 Der Jahresabschluss nach HGB und IFRS

DEUTSCH Gewinn- und Verlustrechnung	AMERIKANISCH Income Statement	ENGLISCH Profit and Loss Account	FRANZÖSISCH Compte de résultat
8. sonstige betriebliche Aufwendungen	8. Other operating expenses	8. Other operating charges	8. Autres charges d'exploitation
9. Erträge aus Beteiligungen davon aus verbundenen Beteiligungen	9. Income from participations, of which EUR ... from affiliated companies	9. Participating interests, of which EUR ... is for shares in group undertakings	9. Produits de participations, dont EUR ... d'entreprises liées
10. Erträge aus anderen Wertpapieren und Ausleihungen des Finanzanlagevermögens, davon aus verbundenen Unternehmen	10. Income from other investments and long term loans, of which EUR ... relating to affiliated companies	10. Income from fixed asset investments and long-term loans, of which EUR ... relates to shares in group undertakings	10. Produits des autres titres de placement et prêts immobilisés, dont EUR ... d'entreprises liées
11. sonstige Zinsen und ähnliche Erträge, davon aus verbundenen Unternehmen	11. Other interest and similar income, of which EUR ... from affiliated companies	11. Other interest receivable and similar income, of which EUR ... relates to share in group undertakings.	11. Autres intérêts et produits assimilés, dont EUR ... d'entreprises liées
12. Abschreibungen auf Finanzanlagen und auf Wertpapiere des Umlaufvermögens	12. Write downs on financial assets and short term investments	12. Amounts written off investments	12. Dotations aux provisions pour dépréciation des éléments financiers
13. Zinsen und ähnliche Aufwendungen, davon an verbundene Unternehmen	13. Interest and similar expenses, of which EUR ... to affiliated companies	13. Interest payable and similar charges	13. Intérêts et charges assimilés, dont EUR ... d'entreprises liées
14. Ergebnis der gewöhnlichen Geschäftstätigkeit	14. Result of ordinary activities	14. Profit or loss on ordinary activities	14. Résultat provenant des activités ordinaires
15. außerordentliche Erträge	15. Extraordinary income	15. Extraordinary income	15. Produits extraordinaires
16. außerordentliche Aufwendungen	16. Extraordinary expenses	16. Extraordinary charges	16. Charges extraordinaires
17. außerordentliches Ergebnis	17. Extraordinary result	17. Extraordinary profit or loss	17. Résultat extraordinaire
18. Steuern von Einkommen und vom Ertrag	18. Taxes on income	18. Tax on profit	18. Impôts et taxes sur le revenue et les bénéfices
19. sonstige Steuern	19. Other taxes	19. Other taxes	19. Autres impôts et taxes
20. Jahresüberschuss/Jahresfehlbetrag	20. Net income/net loss for the next year	20. Profit or loss for the financial year	20. Bénéfice/Perte

Abb. 8.2 - 3   Gliederung der Gewinn- und Verlustrechnung deutscher Kapitalgesellschaften nach § 275 HGB – Teil 2

DEUTSCH Gewinn- und Verlustrechnung	AMERIKANISCH Income Statement	ENGLISCH Profit and Loss Account	FRANZÖSISCH Compte de résultat
Bei Anwendung des Umsatzkostenverfahrens sind auszuweisen:	For the operational format there shall be disclosed:	For the operational format there shall be disclosed:	Sont à faire figurer en cas d'application du modèle du coût production:
1. Umsatzerlöse	1. Sales	1. Turnover	1. Chiffre d'affaires (hors TVA)
2. Herstellungskosten der zur Erzielung der Umsatzerlöse erbrachten Leistungen	2. Cost of sales	2. Cost of sales	2. Frais des ventes
3. Bruttoergebnis vom Umsatz	3. Gross profit on sales	3. Gross of profit or loss	3. Marge brute
4. Vertriebskosten	4. Selling expenses	4. Distribution costs	4. Frais de commercialisation
5. allgemeine Verwaltungskosten	5. General administration expenses	5. General administrative expenses	5. Frais d'administration
6. sonstige betriebliche Erträge	6. Other operating income	6. Other operating income	6. Autres produits d'exploitation
7. sonstige betriebliche Aufwendungen	7. Other operating expenses	7. Other operating expenses/charges	7. Autres charges d'exploitation
8. Erträge aus Beteiligungen, davon aus verbundenen Unternehmen	8. Income from participations, of which EUR … affiliated companies	8. Income from participating interests, of which EUR … is for shares in group undertakings	8. Produits de participations, dont EUR … d'entreprises liées
9. Erträge aus anderen Wertpapieren und Ausleihungen des Finanzanlagevermögens, davon aus verbundenen Unternehmen	9. Income from other investments and long-term loans, of which EUR … relating to affiliated companies	9. Income from fixed assets investments and long-term loans, of which EUR … relates to shares in group undertakings	9. Produits des autres titres de placement et prêts immobilisés, dont EUR … d'entreprises liées
10. sonstige Zinsen und ähnliche Erträge, davon aus verbundenen Unternehmen	10. Other interest and similar income, of which EUR … from affiliated companies	10. Other interest receivable and similar income, of which EUR … relates to shares in group undertaking	10. Autres intérêts et produits assimilés, dont EUR … d'entreprises liées
11. Abschreibungen auf Finanzanlagen und auf Wertpapiere des Umlaufvermögens	11. Write downs on financial assets and short term investments	11. Amounts written off investments	11. Dotations aux provisions pour dépréciation des éléments financiers
12. Zinsen und ähnliche Aufwendungen, davon an verbundene Unternehmen	12. Interest and similar expenses, of which EUR … to affiliated companies	12. Interest payable and similar charges, of which EUR … relates to shares in group undertaking	12. Intérêts et charges assimilées, dont EUR … d'entreprises liées
13. Ergebnis der gewöhnlichen Geschäftstätigkeit	13. Result of ordinary activities	13. Profit or loss on ordinary activities	13. Résultat provenant des activités ordinaires
14. außerordentliche Erträge	14. Extraordinary income	14. Extraordinary income	14. Produits extraordinaires
15. außerordentliche Aufwendungen	15. Extraordinary expenses	15. Extraordinary charges	15. Charges extraordinaires
16. außerordentliches Ergebnis	16. Extraordinary result	16. Extraordinary profit or loss	16. Résultat extraordinaire
17. Steuern vom Einkommen und vom Ertrag	17. Taxes on income	17. Tax on profit	17. Impôts et taxes sur le revenue et les bénéfices
18. sonstige Steuern	18. Other taxes	18. Other taxes	18. Autres impôts et taxes
19. Jahresüberschuss/Jahresfehlbetrag	19. Net income/net loss for the year	19. Profit or loss for the financial year	19. Bénéfice/Perte

Abb. 8.2 - 3   Gliederung der Gewinn- und Verlustrechnung deutscher Kapitalgesellschaften nach § 275 HGB – Teil 3

8.2 Der Jahresabschluss nach HGB und IFRS
665

Zu (2a) Unternehmensleistung:

Ausgangspunkt der staffelförmigen Gewinn- und Verlustrechnung sind die **Umsatzerträge** aus dem eigentlichen Leistungsprozess, die handelsrechtlich als Umsatzerlöse bezeichnet werden. Diese Umsatzerträge können jedoch im Sinne einer periodengerechten Erfolgsermittlung nicht einfach den Periodenaufwendungen gegenübergestellt werden. Vielmehr sind sie beim hier zugrunde gelegten Gesamtkostenverfahren um die **Bestandsveränderungen an fertigen und unfertigen Erzeugnissen** und um die anderen aktivierten Eigenleistungen zu korrigieren. Beim ebenfalls zulässigen Umsatzkostenverfahren werden von den Umsatzerlösen von vornherein lediglich die Herstellungskosten abgezogen, die auf die zur Erzielung der Umsatzerlöse erbrachten Leistungen entfallen.

Sind nämlich in der Abrechnungsperiode mehr Absatzleistungen erstellt als abgesetzt worden, so ergeben sich in Höhe der weniger abgesetzten Produkte Lagerbestandserhöhungen. Die Herstellungskosten der Periode beziehen sich aber sowohl auf die abgesetzten als auch auf die nicht abgesetzten Produkte. Der Umsatzertrag ist also beim Gesamtkostenverfahren um die erstellten, aber nicht abgesetzten Produkte, die zunächst nur eine „Produktionsleistung" in Höhe der Herstellungskosten darstellen, zu erhöhen, um so zu einer periodengerechten Gruppierung sachlich zusammenhängender Aufwendungen und Erträge zu kommen. In umgekehrter Weise ist bei Bestandsverringerungen zu verfahren, indem die abgesetzten, aber schon in Vorperioden erstellten Absatzleistungen aufwandsbewertet vom Umsatzertrag abgezogen werden.

Die **anderen aktivierten Eigenleistungen**, wie z.B. selbsterstellte Anlagen, verursachen Periodenaufwendungen, die sachlich nicht mit den in dieser Periode erstellten Produkten zusammenhängen, sondern im Sinne einer periodengerechten Erfolgsermittlung erst in späteren Perioden verrechnet werden dürfen. Durch Erhöhung der Umsatzerträge um die aufwandsbewerteten anderen Eigenleistungen wird erfolgsrechnerisch ein Ausgleichsposten geschaffen, der es ermöglicht, die bereits angefallenen Aufwendungen periodengerecht zu verteilen. Zu den anderen aktivierten Eigenleistungen gehören jedoch nicht nur selbsterstellte Anlagen u.Ä., sondern beispielsweise auch die Bestandsveränderungen an selbsterzeugten Roh-, Hilfs- und Betriebsstoffen, soweit diese nicht als unfertige oder fertige Erzeugnisse zu bilanzieren sind. Wie sich aus den obigen Ausführungen ergibt, tritt auch die Position andere aktivierte Eigenleistungen lediglich bei Anwendung des Gesamtkostenverfahrens auf.

Zu (2b) Sonstiges Ergebnis:

Die „sonstigen betrieblichen Erträge" und „sonstigen betrieblichen Aufwendungen" stellen **Sammelpositionen** dar, die alle Erträge oder Aufwendungen aus der gewöhnlichen Geschäftstätigkeit des Unternehmens erfassen, soweit diese nicht unter anderen Positionen auszuweisen sind. Zu dieser Aufwands- bzw. Ertragskategorie gehören beispielsweise Erträge oder Aufwendungen aus dem Abgang von Wirtschaftsgütern des Anlagevermögens, Erträge aus der Zuschreibung zu Forderungen aufgrund einer Herabsetzung der Pauschalwertberichtigung oder etwa Verluste aus dem Abgang von Wirtschaftsgütern des Umlaufvermögens.

Zu (2c) Betriebsergebnis:

Den Saldo aus „Unternehmensleistung" und „Sonstiges Ergebnis" könnte man als Betriebsergebnis bezeichnen, da diese Position ausschließlich betriebliche Aufwendungen und Erträge enthält. Allerdings kann die genannte Position auch aperiodische betriebliche Aufwendungen und Erträge enthalten.

Zu (2d) Ergebnis der gewöhnlichen Geschäftstätigkeit:

Das Ergebnis der gewöhnlichen Geschäftstätigkeit ergibt sich aus dem Betriebsergebnis unter Berücksichtigung verschiedener Ertrags- und Aufwandsgrößen, die mit der betrieblichen Tätigkeit nur im losen Zusammenhang stehen. Des Weiteren gehören hierzu die gezahlten Zinsen für Fremdkapital. Das Ergebnis der gewöhnlichen Geschäftstätigkeit setzt sich vereinfachend ausgedrückt aus dem ordentlichen Betriebsergebnis, den sonstigen betrieblichen Erträgen und Aufwendungen sowie dem Finanzergebnis zusammen. Dabei enthält das Finanzergebnis auch die Abschreibungen auf Finanzanlagen und Wertpapiere des Umlaufvermögens.

Zu (2e) Außerordentliches Ergebnis:

Das außerordentliche Ergebnis setzt sich aus den außerordentlichen Erträgen und Aufwendungen zusammen. Hierzu gehören ausschließlich die Ertrags- und Aufwandskomponenten, die außerhalb der gewöhnlichen Geschäftstätigkeit des Unternehmens anfallen (§ 277 Abs. 4 HGB).

Zu (2f) Jahresüberschuss bzw. Jahresfehlbetrag:

Der Saldo aller Erträge und Aufwendungen ergibt den Jahresüberschuss bzw. Jahresfehlbetrag, der gleichzeitig die letzte Pflichtposition des handelsrechtlichen Jahresabschlusses darstellt. Im Handelsgesetzbuch sind keine Vorschriften zur Form der Darstellung, insbesondere Gliederung der Verwendung des Jahresergebnisses vorgesehen. Soweit sich jedoch die Verwendung des Ergebnisses nicht aus dem Jahresabschluss ergibt, sind der Vorschlag und der Beschluss über die Verwendung des Jahresergebnisses bei der Offenlegung zu berücksichtigen. Auswirkungen hat das Fehlen entsprechender Gliederungsvorschriften jedoch nur für die GmbH, denn für Aktiengesellschaften sieht das Aktiengesetz detailliert gegliederte Angaben zur **Ergebnisverwendung** vor. Sofern eine teilweise Ergebnisverwendung nach § 58 AktG erfolgt, ist die GuV nach dem Posten „Jahresüberschuss/Jahresfehlbetrag" um die folgenden Positionen zu ergänzen:

- Gewinnvortrag/Verlustvortrag aus dem Vorjahr,
- Entnahmen aus der Kapitalrücklage,
- Entnahmen aus Gewinnrücklagen (differenziert nach Rücklagenarten),
- Einstellungen in die Gewinnrücklagen (differenziert nach Rücklagenarten) und
- Bilanzgewinn/Bilanzverlust.

Den Vorschriften zu den einzelnen Positionen der Gewinn- und Verlustrechnung stehen einige **allgemeine Vorschriften** gegenüber, die im Wesentlichen sowohl für Bilanz als auch für die Gewinn- und Verlustrechnung Gültigkeit haben (vgl. S. 553ff.). In Ergänzung zu den entsprechenden Ausführungen im Rahmen des Aufbaus der Bilanz ist in Bezug auf die Gewinn- und Verlustrechnung besonders zu vermerken, dass Aufwendungen nicht mit Erträgen verrechnet werden dürfen (**Brutto-Prinzip**).

Zu (3) Aufgaben und Inhalt des Anhangs:

Für Kapitalgesellschaften und ihnen gleichgestellten Unternehmen wie die Unternehmen, die unter das PublG fallen sowie Kapitalgesellschaften & Co fordert das HGB die Aufstellung eines Anhangs. Für diese Unternehmen ist er der dritte Bestandteil des „erweiterten" Jahresabschlusses. Im Konzernabschluss stellt der Anhang ebenfalls einen Pflichtbestandteil dar (§ 297 Abs. 1 HGB). Um jedoch Wiederholungen im Anhang vom Einzel- und vom Konzernabschluss zu vermeiden, ist es für Mutterunternehmen, die einen Konzernabschluss erstellen müssen (§ 290 Abs. 1 und 2 HGB, § 13 Abs. 1 PublG), erlaubt, den Anhang des Mutterunternehmens mit dem Konzernanhang zusammenzufassen.

Der Anhang hat die **Aufgabe**, den Jahresabschluss bzw. seine einzelnen Positionen zu erläutern sowie zusätzliche Angaben zur Bilanz und Gewinn- und Verlustrechnung zu geben. Des Weiteren übernimmt er bestimmte Angaben, die wahlweise in der Bilanz und GuV erfolgen können, wie dies z.B. beim Anlagespiegel bzw. Anlagegitter der Fall ist. Damit steht der Anhang ganz im Zeichen der Generalnorm des § 264 Abs. 2 HGB, wonach der Abschluss ein den tatsächlichen Verhältnissen entsprechendes Bild der Vermögens-, Finanz- und Ertragslage des Unternehmens unter Beachtung der GoB zu vermitteln hat. Da Bilanz und Erfolgsrechnung ausschließlich rückwärtsgerichtete, quantitative Informationen bieten, ergänzt der Anhang um wichtige qualitative Informationen, die unter Umständen auch Aussagen über die zukünftige Entwicklung des Unternehmens ermöglichen können. Der Umfang bzw. Detaillierungsgrad der im Anhang zu gebenden Informationen ist allerdings von der Größe der Kapitalgesellschaft abhängig (vgl. S. 622f.).

Im Einzelnen lassen sich für den Anhang die **vier Funktionen** gemäß Abb. 8.2 - 4 (in Anlehnung an COENENBERG/HALLER/MATTNER/SCHULTZE 2007, S. 462) differenzieren.

Abb. 8.2 - 4   Funktionen des Anhangs

Mit der **Interpretationsfunktion** kommt der Anhang der Aufgabe nach, dass der Bilanzleser die Angaben in Bilanz und GuV richtig interpretieren kann (vgl. hierzu und im Folgenden COENENBERG/HALLER/MATTNER/SCHULTZE 2007, S. 461ff.). Es geht dabei um den Inhalt, das Entstehen und den Charakter der Positionen bzw. der dazu ausgewiesenen Beträge. Als Beispiele für die Interpretationsfunktion des Anhangs können die folgenden genannt werden:

- Erläuterungen zu den auf die Posten der Bilanz und der Gewinn- und Verlustrechnung angewendeten Bilanzierungs- und Bewertungsmethoden (§ 284 Abs. 2 Nr. 1 HGB),
- Angabe der Grundlagen für die Umrechnung in EUR, soweit der Jahresabschluss Posten enthält, denen auf fremde Währung lautende oder ursprünglich auf fremde Währung lautende Beträge zugrunde liegen (§ 284 Abs. 2 Nr. 2 HGB) (wobei anzumerken ist, dass nach BilMoG-RefE im § 256a HGB-E die Umrechnung zum Devisenkassakurs für die Währungsumrechnung vorgeschlagen wird),
- Angabe und Begründung von Abweichungen von Bilanzierungs- und Bewertungsmethoden (§ 284 Abs. 2 Nr. 3 HGB),
- Abweichungen in der Form der Darstellung, insbesondere der Gliederung der zeitlich aufeinanderfolgenden Bilanzen und Gewinn- und Verlustrechnungen (§ 265 Abs. 1 HGB).

Sofern der Jahres- bzw. Konzernabschluss unter besonderen Umständen durch die in Bilanz und GuV angewendeten Vorschriften des HGB und den GoB kein den tatsächlichen Verhältnissen entsprechendes Bild der Vermögens-, Finanz- und Ertragslage der Unternehmung vermitteln kann, sind entsprechende Angaben im Anhang zu machen. Damit ist die **Korrekturfunktion** des Anhangs angesprochen (§ 264 Abs. 2 Satz 2 und § 297 Abs. 2 Satz 3 HGB). Durch die entsprechenden Informationen soll vermieden werden, dass externe Adressaten die wirtschaftliche Lage des Unternehmens allein durch die mit Bilanz und GuV gegebenen Informationen falsch interpretieren könnten. Als Beispiele für die Korrekturfunktion sind zu nennen:

- Erläuterung bei Änderungen der Vorjahreszahlen (§ 265 Abs. 2 HGB),
- Angaben zu erheblichen Erfolgsausweisverzerrungen durch Scheingewinne bei ausländischen Betriebsstätten,
- Angaben zu ungewöhnlichen, rein bilanzpolitisch motivierten Maßnahmen, die wirtschaftlich nicht begründbar sind und lediglich der Verbesserung des Erscheinungsbildes am Bilanzstichtag dienen.

An zahlreichen Stellen sieht das HGB vor, dass Angaben entweder in Bilanz bzw. GuV oder im Anhang gemacht werden können. Dem Grundsatz der Klarheit und Übersichtlichkeit (§ 243 Abs. 2 HGB) wird dadurch nachgekommen, wenn die entsprechenden Informationen im Anhang gemacht werden. Beispiele für solche Fälle, in denen der Anhang die **Entlastungsfunktion** übernimmt, sind die folgenden:

- Angaben des Anlagespiegels bzw. des Anlagengitters (§ 268 Abs. 2 HGB),
- Angaben zu rein steuerlich begründeten Abschreibungen (§ 281 Abs. 2 Satz 1 HGB),
- Angaben zu Vermögensgegenständen, die unter mehrere Positionen der Bilanz fallen (§ 265 Abs. 3 Satz 1 HGB).

Die **Ergänzungsfunktion** bezieht sich auf die zusätzlichen Angaben, die im Anhang zu machen sind, um die Vermögens-, Finanz- und Ertragslage zutreffend darzustellen. Solche Informationen stellen die Angaben zu nicht bilanzierungsfähigen Sachverhalten dar. Beispiele hierfür sind:

- Angabe des Gesamtbetrags der sonstigen finanziellen Verpflichtungen, die nicht in der Bilanz erscheinen, wie z.B. die zukünftigen finanziellen Verpflichtungen aus Leasingverträgen (§ 285 Satz 1 Nr. 3 HGB),
- Angabe der durchschnittlichen Zahl der während des Geschäftsjahrs beschäftigten Arbeitnehmer getrennt nach Gruppen (§ 285 Satz 1 Nr. 7 HGB),

8.2 Der Jahresabschluss nach HGB und IFRS   669

- Angaben zum beizulegenden Zeitwert für jede Kategorie von derivativen Finanzinstrumenten (§ 285 Satz 1 Nr. 18 HGB).

Für den Anhang werden keine Vorgaben hinsichtlich der Gliederung gemacht. Allerdings sollte nach dem Grundsatz der Stetigkeit die einmal gewählte Darstellung beibehalten werden. Für die Angaben des Anhangs zeigt sich folgende **allgemeine Struktur** (COENENBERG 2005a, S. 878):

- allgemeine Informationen zu den angewandten Bilanzierungs- und Bewertungsmethoden und Grundlagen der Währungsumrechnung,
- Erläuterungen der Bilanz- und GuV-Positionen jeweils in postennumerischer Abfolge,
- sonstige Angaben (insbesondere die Informationspflichten gemäß § 285 HGB soweit diese aus sachlichen Zusammengehörigkeitsgründen nicht bereits bei den Positionserläuterungen erfolgen).

Die Gliederung des **Konzernanhangs** ist um die allgemeinen Angaben zum Konzernabschluss und zum Konsolidierungskreis zu ergänzen.

Die inhaltlichen Angaben des Anhangs, die mehrheitlich in den §§ 284 und 285 HGB sowie in ergänzenden Einzelvorschriften (z.B. Ausweis des Disagios nach § 268 Abs. 6 HGB) zu finden sind, stellen nur informatorische Mindestanforderungen dar, die durch freiwillige Zusatzinformationen stets ergänzt werden. Der BilMoG-RefE sieht eine starke Erweiterung der Pflichtangaben im Anhang vor (§ 285 HGB-E).

Zu (4)   Aufgaben und Inhalt des Lageberichts:

Der Lagebericht ist zwar nicht Element des Jahresabschlusses, wie der Anhang ist er jedoch für bestimmte Unternehmen (große und mittlere Kapitalgesellschaften, publizitätspflichtige Nicht-Personengesellschaften) Pflichtbestandteil der handelsrechtlichen Rechnungslegung, sodass seine Darstellung im Rahmen des Jahresabschlusses angebracht erscheint. Wie auch schon beim Anhang können Muttergesellschaften, die einen Konzernabschluss zu erstellen haben (§ 290 Abs. 1 und 2 HGB, § 13 Abs. 1 PublG), den Lagebericht mit dem Konzernlagebericht zusammenfassen.

Dem Lagebericht kommt einerseits eine Informations-, andererseits eine Rechenschaftsfunktion zu. Die **Informationsfunktion** wird durch die Vermittlung von zusätzlichen Informationen über das Unternehmen, seine Tätigkeit und seine Umwelt erfüllt. Diese umfassenderen Informationen sind aufgrund der Eigenständigkeit des Lageberichts nicht (wie Bilanz, GuV und Anhang) durch Rechnungslegungsvorschriften und den GoB bezüglich der Darstellung vorgegeben.

Im Lagebericht soll die Unternehmensleitung gegenüber den Adressaten des Jahresabschlusses **Rechenschaft** ablegen. Dies bedeutet, dass eine umfassende und ausgewogene Analyse des Geschäftsverlaufs und der Lage des Unternehmens zu geben ist. Dabei ist nicht auszuschließen, dass über die Formulierungen der Geschäftsleitung auch subjektive Elemente Eingang in den Lagebericht finden.

§ 289 HGB, der durch das Bilanzrechtsreformgesetz (BilReG) vom 9. Dezember 2004 neu gefasst und erheblich erweitert wurde und damit in gewisser Form an die internationalen Rechnungslegungsvorschriften IFRS angepasst worden ist, ist zu entnehmen, dass der Lagebericht sich aus den folgenden **Berichtsteilen** zusammensetzt (vgl. hierzu auch Abb. 8.2 - 5, in Anlehnung an COENENBERG/HALLER/MATTNER/SCHULTZE 2007, S. 466):

Der **Wirtschaftsbericht** beinhaltet eine Darstellung des Geschäftsverlaufs einschließlich des Geschäftsergebnisses und der Lage des Unternehmens, sodass ein den tatsächlichen Verhältnissen entsprechendes Bild vermittelt wird. Gemäß § 289 Abs. 1 HGB hat er eine ausgewogene und umfassende Analyse des Geschäftsverlaufs und der Lage der Gesellschaft zu enthalten, die auch bedeutsame finanzielle Leistungsindikatoren einbezieht. Bei großen Kapitalgesellschaften sind auch nicht-finanzielle Leistungsindikatoren, wie Informationen über Umwelt- und Arbeitnehmerbelange, soweit sie für das Verständnis des Geschäftsverlaufs oder der Lage von Bedeutung sind, zu integrieren (§ 289 Abs. 1 HGB). Der Komplexität der Geschäftstätigkeit ist bei den Angaben angemessen Rechnung zu tragen. Zudem haben die gesetzlichen Unternehmensvertreter im Lagebericht eine Beurteilung über die voraussichtliche Entwicklung der Unternehmung mit ihren wesentlichen Chancen und Risiken einschließlich Erläuterungen und der zugrunde liegenden Annahmen abzugeben.

Im **Nachtragsbericht** sind Informationen über Sachverhalte von besonderer Bedeutung aufzunehmen, die zwischen Bilanzstichtag und Aufstellung der Bilanz eingetreten sind. Dabei zielt § 289 Abs. 2 Nr. 1 HGB sowohl auf negative als auch auf positive Ereignisse ab, die für die Beurteilung der zukünftigen Vermögens-, Finanz- und Ertragslage von „besonderer Bedeutung" sind. Der daraus resultierende Ermessensspielraum des Bilanzierenden stellt besondere Anforderungen an die Wirtschaftsprüfer. Ihnen obliegt festzustellen, ob die Sachverhalte zutreffend dargestellt wurden. Im Zuge der durch das KonTraG bedingten Neufassung des § 317 Abs. 2 HGB, ist dieser Anspruch noch gestiegen.

Der **Risikomanagementbericht** (§ 289 Abs. 2 Nr. 2 HGB) hat auf die Risikomanagementziele und -methoden der Unternehmung einschließlich ihrer Methoden zur Absicherung aller wichtigen Arten von Transaktionen, die im Rahmen der Bilanzierung von Sicherungsgeschäften erfasst werden, einzugehen. Zudem sind Angaben über die Preisänderungs-, Ausfall- und Liquiditätsrisiken sowie die Risiken aus Zahlungsstromschwankungen, denen die Unternehmung ausgesetzt ist, zu machen. Hier ist jeweils der Bezug auf die Verwendung von Finanzinstrumenten (Termin- bzw. Forward-Geschäfte, Zinssatz- und Währungs-Swaps, Optionsgeschäfte) durch die Unternehmung herzustellen, sofern dies für die Beurteilung der Lage oder der voraussichtlichen Entwicklung von Belang ist. Bezüglich der Angaben zum Einsatz von Finanzinstrumenten wird eine Verbindung zu den Angabepflichten im Anhang (§ 285 Satz 1 Nr. 18 HGB) hergestellt.

Der **Forschungs- und Entwicklungsbericht** umfasst Angaben zur Gesamthöhe der Forschungs- und Entwicklungsaufwendungen (vgl. § 289 Abs. 2 Nr. 3 HGB). Derartige Angaben sind in der Praxis der Rechnungslegung häufig unvollständig und vage, da Unternehmen möglicherweise Gefahr laufen würden, der Konkurrenz einen zu tiefen Einblick in die Unternehmensinterna zu gewähren. In diesem Zusammenhang sei auf die Schutzklausel des § 286 HGB hingewiesen, nach der Angaben unterbleiben können, wenn sie nach vernünftiger kaufmännischer Beurteilung der Kapitalgesellschaft einen erheblichen Nachteil zufügen.

Durch die Informationen im **Zweigniederlassungsbericht** über bestehende Zweigniederlassungen im In- und Ausland soll Außenstehenden ein Einblick in Stand und Entwicklung der Marktpräsenz des betreffenden Unternehmens ermöglicht werden (vgl. § 289 Abs. 2 Nr. 4 HGB).

8.2 Der Jahresabschluss nach HGB und IFRS

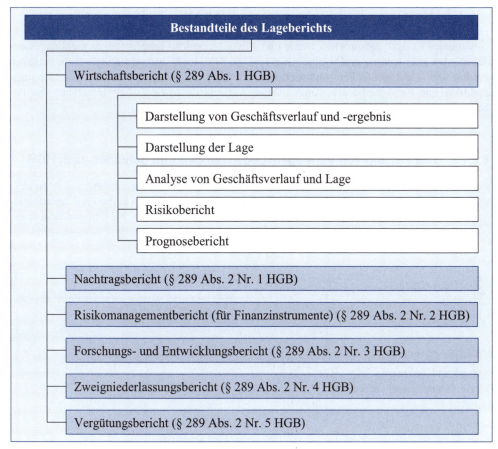

Abb. 8.2 - 5   Bestandteile des Lageberichts

Den Vorschriften des Vorstandsvergütungs-Offenlegungsgesetzes (VorstOG) vom 3. August 2005 wird durch den letzten Bestandteil des Lageberichts, dem **Vergütungsbericht** gemäß § 289 Abs. 2 Nr. 5 HGB, nachgekommen, der nur für börsennotierte Aktiengesellschaften gilt. Auch hier wird ein Bezug zum Anhang, und zwar zu § 285 Satz 1 Nr. 9 Bst. a HGB hergestellt, wonach Transparenz hinsichtlich der Bezüge der einzelnen Vorstands- und Aufsichtsratsmitglieder hergestellt werden soll. Im Lagebericht sollen nun die Grundzüge des Vergütungssystems (Gehälter, Gewinnbeteiligungen, Bezugsrechte und sonstige aktienbasierte Vergütungen, Aufwandsentschädigungen, Versicherungsentgelte, Provisionen, Nebenleistungen jeder Art) dargelegt werden. Werden in diesem Zusammenhang die Angaben zu den Bezügen der einzelnen Vorstände und Aufsichtsräte im Lagebericht gemacht, entfällt die Angabepflicht im Anhang.

Der BilMoG-RefE sieht – wie auch beim Anhang – eine Ausweitung der Lageberichterstattung vor, wie beispielsweise die Angaben zum internen Risikomanagementsystem bei kapitalmarktorientierten Kapitalgesellschaften (§ 289 Abs. 5 HGB-E). Besonders hervorzuheben ist der neu eingefügte § 289a HGB-E, wonach börsennotierte und bestimmte andere den Kapitalmarkt in Anspruch nehmende Aktiengesellschaften eine „Erklärung zur Unternehmensführung" in den Lagebericht aufzunehmen haben oder aber einen Hinweis auf diese Erklärung, wenn sie über das Internet publiziert wird. Darin aufzunehmen ist die jährlich von Vorstand und Aufsichtsrat abzugebende Erklärung gemäß § 161 AktG „Erklärung zum Corporate Governance Kodex", dass den Empfehlungen der „Regierungskommission Deutscher Corporate Governance Kodex" entsprochen wurde und wird oder welche Empfehlungen nicht angewendet wurden oder werden und warum nicht (vgl. S. 77). Des Weiteren sind relevante Angaben zu den über die gesetzlichen Anforderungen hinaus angewendeten Unternehmensführungspraktiken und zur Arbeitsweise von Vorstand, Aufsichtsrat sowie Zusammensetzung und Arbeitsweise von deren Ausschüssen zu machen.

8.2.1.2 Bilanzierung von Vermögensgegenständen und Schulden nach HGB

Für die Frage, ob ein Gegenstand dem Grunde nach in die Bilanz aufzunehmen (d.h. zu aktivieren oder zu passivieren) ist, sind die rechtlichen Vorschriften sowie die GoB heranzuziehen. Dabei sind verschiedene Kriterien stufenweise abzuprüfen. Abb. 8.2 - 6 verdeutlicht die einzelnen Prüfschritte.

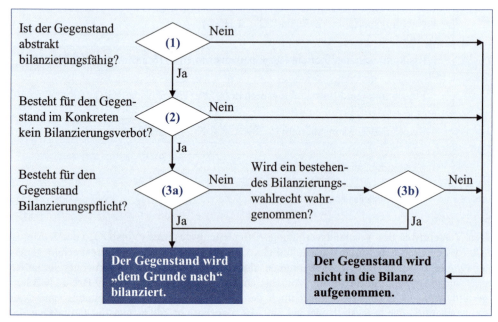

Abb. 8.2 - 6   Flussdiagramm für die Frage der Bilanzierung von Gegenständen „dem Grunde nach"

Zu (1):   Ist der Gegenstand abstrakt bilanzierungsfähig?

Aus den §§ 242 Abs. 1 und 246 Abs. 1 HGB lässt sich ableiten, dass nur Wirtschaftsgüter in die Bilanz aufgenommen werden können. Dazu gehören die Vermögensgegenstände (aktive Wirtschaftsgüter) sowie die Schulden (passive Wirtschaftsgüter). Zur Klarstellung sei erwähnt, dass das Handelsrecht ausschließlich die Begriffe Vermögensgegenstände und Schulden verwendet, um Missverständnisse zum steuerlich, mit etwas anderem Inhalt verwendeten Wirtschaftsgutbegriff zu vermeiden. Im Folgenden wird jedoch nicht zwischen Wirtschaftsgütern und Vermögensgegenständen bzw. Schulden unterschieden. **Aktivierungsfähig** sind (neben etwaigen zur Gewinnermittlung notwendigen Korrekturposten) im Einzelnen

8.2 Der Jahresabschluss nach HGB und IFRS 673

- Vermögensgegenstände (Sachen und Rechte), die selbstständig veräußerbar, also verkehrsfähig sind, und
- Vorausleistungen, die für einen bestimmten Zeitraum nach dem Stichtag geleistet werden (transitorische Rechnungsabgrenzungsposten).

Demgegenüber sind grundsätzlich **passivierungsfähig**

- alle „echten" Verbindlichkeiten,
- Rückstellungen (ungewisse Verbindlichkeiten sowie Aufwandsrückstellungen),
- Einnahmen, die erst nach dem Stichtag als Ertrag zu verbuchen sind (transitorische Rechnungsabgrenzungsposten),
- Wertberichtigungen und
- das Eigenkapital als Differenz zwischen Brutto-Vermögen und Schulden.

Von den genannten prinzipiell aktivierungs- und passivierungsfähigen Positionen besitzen die Rechnungsabgrenzungsposten, die Aufwandsrückstellungen sowie die Wertberichtigungen lediglich den Charakter von Korrekturposten.

Zu (2): Besteht für den Gegenstand im Konkreten kein Bilanzierungsverbot?

Nach dem HGB gelten **Bilanzierungsverbote** unter anderem für

- Vermögensgegenstände, die den Bilanzierenden weder rechtlich noch nach wirtschaftlicher Betrachtung (im Sinne tatsächlicher Verfügungsmöglichkeit) zuzurechnen sind,
- Aufwendungen zur Gründung des Unternehmens und für die Beschaffung des Eigenkapitals (Gründungsaufwand) (§ 248 Abs. 1 HGB),
- immaterielle Vermögensgegenstände des Anlagevermögens, die nicht entgeltlich erworben wurden (§ 248 Abs. 2 HGB, nach BilMoG-RefE gestrichen),
- Aufwendungen für den Abschluss von Versicherungsverträgen (§ 248 Abs. 3 HGB, nach BilMoG-RefE: § 248 Abs. 2 HGB-E),
- Rückstellungen, soweit sie für andere Zwecke gebildet werden, als gesetzlich ausdrücklich vorgesehen (§ 249 Abs. 3 HGB, nach BilMoG-RefE: § 249 Abs. 2 HGB-E) sowie
- Wertberichtigungen, soweit sie nicht zur Wahrung steuerlicher Interessen erforderlich sind (§§ 253, 254, 266 Abs. 2, 273, 281 HGB).

Nach dem Handelsrecht sind passivische Wertberichtigungen zur Erfassung von Wertminderungen grundsätzlich nicht zulässig. Hierbei handelt es sich jedoch letztlich um eine formale Ausweisfrage.

In Orientierung an die internationalen Rechnungslegungsvorschriften sieht der BilMoG-RefE mit der Streichung des Inhalts von § 248 Abs. 2 HGB für bestimmte selbst geschaffene immaterielle Vermögensgegenstände des Anlagevermögens künftig eine Aktivierungspflicht vor. Vor dem Hintergrund der zunehmenden Bedeutung von Wissen als Produktionsfaktor werden hierdurch insbesondere innovative kleine und mittlere Unternehmen (KMU) und Start-up-Unternehmen im Ausweis ihrer Vermögenswerte begünstigt. Damit folgt der Vorschlag den Forderungen des DRSC in DRS 12 „Immaterielle Vermögenswerte des Anlagevermögens", der in Orientierung an die IFRS die Merkmale für entgeltlich erworbene immaterielle Vermögenswerte definiert.

674 Achtes Kapitel: Externe Unternehmungsrechnung

Zu (3): Besteht für den Gegenstand Bilanzierungspflicht oder kann ein bestehendes Bilanzierungswahlrecht wahrgenommen werden?

§ 246 HGB fordert, dass in die Bilanz alle bilanzierungsfähigen Wirtschaftsgüter des Unternehmens, das Eigenkapital sowie die Rechnungsabgrenzungsposten aufzunehmen sind. Besteht für eine Position somit kein Bilanzierungsverbot, so ergibt sich grundsätzlich eine Bilanzierungspflicht für die betreffenden Positionen. Von dieser Bestimmung ist nur dann abzuweichen, wenn das Unternehmen ausdrücklich im Gesetz verankerte **Bilanzierungswahlrechte** wahrnimmt.

Das Handelsrecht sieht zunächst ein Wahlrecht für die so genannten Bilanzierungshilfen vor. Eine **Bilanzierungshilfe** ermöglicht die Aktivierung von Aufwendungen, die normalerweise nicht aktivierungsfähig wären und führt dadurch zu einem geringeren Anfangsverlustausweis bzw. zu einem entsprechend höheren (oder zumindest positiven) Gewinnausweis:

- **Aufwendungen für die Ingangsetzung und Erweiterung des Geschäftsbetriebs** (z.B. Kosten des Aufbaus einer Vertriebsorganisation, §§ 269 und 282 HGB)

  Diese sind jedoch nur dann eine Bilanzierungshilfe, wenn sie nicht schon aufgrund der Entstehung oder Anschaffung echter Vermögensgegenstände (z.B. Anschaffung einer Maschine zur Erweiterung des Geschäftsbetriebs) zu einer Bilanzierungspflicht führen.

- **aktive latente Steuern** für den Fall, dass die tatsächliche Steuerlast über dem Steuerbetrag liegt, der sich gemäß handelsrechtlichem Gewinn ergibt (§ 274 Abs. 2 HGB)

Aufgrund der Zielsetzung, in Anlehnung an die internationale Rechnungslegung Bilanzierungswahlrechte einzuschränken, sieht der BilMoG-RefE die Aufhebung der Bilanzierungshilfen vor:

- Die Möglichkeit, Aufwendungen für die Ingangsetzung und Erweiterung des Geschäftsbetriebs als Bilanzierungshilfe zu aktivieren, wird mit Streichung von §§ 269 und 282 HGB aufgehoben.

- Das Ansatzwahlrecht für aktive latente Steuern nach § 274 Abs. 2 HGB wird durch eine künftige Aktivierungspflicht (mit Ausschüttungssperre nach § 268 Abs. 8 HGB-E) ersetzt, von der allerdings kleine Kapitalgesellschaften befreit sind (§ 274a Nr. 5 HGB-E).

Zudem sieht das Handelsrecht die folgenden **weiteren Wahlrechte** vor:

- **Disagio** bei der Kreditaufnahme (als Differenz zwischen Auszahlungs- und Rückzahlungsbetrag) (§ 250 Abs. 3 HGB),

- **gewillkürtes Betriebsvermögen** (als Teil des Gesamtvermögens), das bei Einzelfirmen und Personengesellschaften weder eindeutig zum betriebsnotwendigen Vermögen noch eindeutig zum Privatvermögen zählt,

- Bilanzierungswahlrechte bei bestimmten **Aufwandsrückstellungen** (§ 249 Abs. 1 und 2 HGB),

- **Sonderposten mit Rücklageanteil**, der daraus entsteht, dass in der Steuerbilanz eine steuerfreie Rücklage gebildet wird, die aufgrund des umgekehrten Maßgeblichkeitsprinzips in die Handelsbilanz zu übernehmen ist (Wahlrechte bestehen hier nur hinsichtlich der Nutzung solcher Steuervorteile) (§§ 247 Abs. 3, 254 und für Kapitalgesellschaften zusätzlich § 273 HGB),

8.2 Der Jahresabschluss nach HGB und IFRS   675

- **entgeltlich erworbener Geschäfts- oder Firmenwert** (als Differenz zwischen Kaufpreis einer Unternehmung und den Wertansätzen, ihrer im Einzelnen bilanzierten oder bilanzierungsfähigen Vermögensteile abzüglich der Schulden) (§ 255 Abs. 4 HGB).

Auch bei diesen weiteren Wahlrechten sieht der BilMoG-RefE Einschränkungen vor, nämlich die folgenden:

- Die Bilanzierungswahlrechte bei bestimmten Aufwandsrückstellungen nach § 249 Abs. 1 und 2 HGB entfallen.
- Das umgekehrte Maßgeblichkeitsprinzip wird aufgehoben. Die jetzigen §§ 247 Abs. 3, 254 und 273 HGB haben demnach keine Gültigkeit mehr.
- Ein entgeltlich erworbener Geschäfts- oder Firmenwert gilt als Vermögensgegensand und ist zu aktivieren (§ 246 Abs. 1 Satz 2 HGB-E), allerdings mit einer Ausschüttungssperre nach § 268 Abs. 8 HGB-E.

8.2.1.3 Bewertung von Vermögensgegenständen und Schulden nach HGB

Ist entschieden, dass ein Gegenstand bilanziert wird, so ist als nächstes zu prüfen, mit welchem **Wertansatz** er in die Bilanz aufgenommen werden kann respektive muss. Im Handelsgesetzbuch finden sich hierzu relativ detaillierte Bewertungsvorschriften. Die Teilung des HGB in einen allgemeinen Teil und einen speziellen Teil für Kapitalgesellschaften bewirkt auch eine Trennung der für die einzelnen Unternehmensgruppen relevanten Bewertungsvorschriften. Im **allgemeinen Teil** werden die für alle Kaufleute gültigen Vorschriften aufgenommen, in dem **speziellen Teil** werden diese für die Kapitalgesellschaften modifiziert und ergänzt.

Wegen der Komplexität der Bewertungsfrage empfiehlt sich keine sukzessive Darstellung der Bewertungsvorschriften, sondern eine systematische Aufspaltung der mit der Bewertung zusammenhängenden Fragen in **drei Teilbereiche**:

(1) Analyse der prinzipiell **zur Anwendung kommenden Wertkategorien**
(2) Diskussion der **Muss- und Kann-Vorschriften bei der Ermittlung der Anschaffungs- und Herstellungskosten**
(3) Darstellung der Vorschriften zur **Wertherabsetzung und -heraufsetzung** mit und ohne dispositivem Spielraum

Zu (1)   Analyse der zur Anwendung kommenden Wertkategorien:

Die **grundlegenden bilanziellen Wertkategorien auf der Aktivseite** sind (neben dem Nennwert für nominale Wirtschaftsgüter)

(1a) die **Anschaffungskosten**,
(1b) die **Herstellungskosten**,
(1c) der aus dem Steuerrecht stammende **Teilwert** sowie
(1d) **weitere Wertkategorien unterhalb der Anschaffungs- oder Herstellungskosten**.

Zu (1a) Anschaffungskosten:

§ 255 Abs. 1 HGB definiert die Anschaffungskosten als „die Aufwendungen, die geleistet werden, um einen Vermögensgegenstand zu erwerben und ihn in einen betriebsbereiten Zustand zu versetzen, soweit sie dem Vermögensgegenstand einzeln zugeordnet werden können. Zu den Anschaffungskosten gehören auch die Nebenkosten sowie die nachträglichen Anschaffungskosten. Anschaffungspreisminderungen sind abzusetzen". Für die Ermittlung der Anschaffungskosten gilt somit folgendes **Schema**:

> Anschaffungspreis (Kosten des Erwerbs)
> + Kosten der Versetzung in die Betriebsbereitschaft
> + Anschaffungsnebenkosten (z.B. Transportkosten)
> + nachträgliche Anschaffungskosten
> − Anschaffungspreisminderungen (Rabatte, Skonti u.Ä.)
> = **Anschaffungskosten** (nach § 255 Abs. 1 HGB und GoB)

Zu (1b) Herstellungskosten:

§ 255 Abs. 2 HGB definiert die Herstellungskosten als „die Aufwendungen, die durch den Verbrauch von Gütern und die Inanspruchnahme von Diensten für die Herstellung eines Vermögensgegenstands, seine Erweiterung oder für eine über seinen ursprünglichen Zustand hinausgehende wesentliche Verbesserung entstehen". Zusätzlich wird bestimmt, welche Komponenten wahlweise oder als Pflichtbestandteil zu den Herstellungskosten gehören. Das Aktienrecht verzichtet völlig auf eine Definition, nennt jedoch bestimmte Bestandteile, die wahlweise in die Herstellungskosten eingerechnet werden können. Hinsichtlich der **Pflicht- und Wahlbestandteile** bei der Ermittlung der Herstellungskosten sehen § 255 Abs. 2 und 3 HGB genaue Angaben vor, auf die noch näher eingegangen wird (vgl. S. 679f.).

Die Anschaffungs- und Herstellungskosten bilden die absolute **Obergrenze für die Wertansätze aller Vermögensgegenstände**. Sie dürfen in keinem Fall überschritten werden. Bei Wirtschaftsgütern des abnutzbaren Anlagevermögens sind die Anschaffungs- und Herstellungskosten um die planmäßigen Abschreibungen zu vermindern. Es gilt somit für abnutzbare Anlagegüter:

> Anschaffungs- und Herstellungskosten
> − planmäßige Abschreibungen
> = **Bilanzansatz** (Obergrenze) bzw.
> **„Fortgeführte Anschaffungs- und Herstellungskosten"**

Zu (1c) Teilwert:

Die **Legaldefinition** des Teilwerts in § 6 Abs. 1 Nr. 1 Satz 3 EStG lautet: „Teilwert ist der Betrag, den ein Erwerber des ganzen Betriebs im Rahmen des Gesamtkaufpreises für das einzelne Wirtschaftsgut ansetzen würde; dabei ist davon auszugehen, dass der Erwerber den Betrieb fortführt."

Da die praktische Ermittlung des Teilwerts mithilfe dieser Definition fast unüberwindliche Schwierigkeiten bereitet, sind in der Praxis so genannte **Teilwertvermutungen** entwickelt worden, die solange gelten, wie sie vom Steuerpflichtigen nicht widerlegt werden. Zum Beispiel entspricht der Teilwert eines Wirtschaftsgutes hiernach im Zeitpunkt der Anschaffung

8.2 Der Jahresabschluss nach HGB und IFRS 677

oder Herstellung regelmäßig den Anschaffungs- oder Herstellungskosten. Weitere Orientie-
rungspunkte sind der Börsen- oder Marktpreis.

Als gegebenenfalls über den (fortgeführten) Anschaffungs- bzw. Herstellungskosten liegender
Wert hat der Teilwert in der Steuerbilanz bei Einlagen und Entnahmen Bedeutung. Ansonsten
hat er in der Steuerbilanz als niedrigerer Wert Bedeutung.

Zu (1d)   Weitere Wertkategorien unterhalb der Anschaffungs- oder Herstellungskosten:

In der Handelsbilanz fordert das Imparitätsprinzip unter Umständen Wertkorrekturen nach unten. Des Weiteren lässt das Handelsrecht aus anderen Erwägungen weitere Wertkorrekturen,
die unterhalb der nach dem Imparitätsprinzip zu fordernden Wertansätzen liegen, zu. Im Einzelnen sind (nach den Vorschriften des HGB vor Berücksichtigung des BilMoG-RefE) **fünf
weitere Wertkategorien** (unterhalb der Anschaffungs- oder Herstellungskosten) zu nennen,
und zwar

(1da)   der **niedrigere am Abschlussstichtag beizulegende Wert**,

(1db)   der **aus dem Börsen- und Marktpreis abgeleitete niedrigere Wert**,

(1dc)   der **zur Vermeidung künftiger Wertschwankungen nach unten notwendige Wert**,

(1dd)   der **steuerlich für zulässig gehaltene niedrigere Wert** und

(1de)   der **nach vernünftiger kaufmännischer Beurteilung mögliche niedrigere Wert**.

Zu (1da) Der niedrigere am Abschlussstichtag beizulegende Wert
(§ 253 Abs. 2 und 3 HGB)

Dieser Wert gilt vornehmlich für Gegenstände des Anlagevermögens. Aber auch Gegenstände
des Umlaufvermögens haben sich hieran zu orientieren, wenn kein Börsen- oder Marktpreis
existiert. Zur Bestimmung dieses Wertes sind bei Gegenständen des Anlagevermögens der
Wiederbeschaffungswert (in der Regel Zeitwert, unter Umständen Neuwert abzüglich Abschreibungen) als Obergrenze, der **Einzelveräußerungspreis** (vorsichtig geschätzter Verkaufspreis abzüglich noch entstehender Aufwendungen) als Untergrenze und der Ertragswert
als ergänzender Hilfswert heranzuziehen. Beim Umlaufvermögen gelten zusätzlich die Überlegungen zur Maßgeblichkeit von Absatz- und/oder Beschaffungsmarkt gemäß Punkt (1db).

Zu (1db) Der aus dem Börsen- und Marktpreis abgeleitete niedrigere Wert
(§ 253 Abs. 3 HGB)

Hier handelt es sich um eine spezielle handelsrechtliche Wertkategorie für das Umlaufvermögen, wenngleich diese Wertkategorie auch für das Anlagevermögen, insbesondere für Finanzanlagen, von Bedeutung sein kann. Als **Börsenpreis** gilt der an einer Börse amtlich oder im
Freiverkehr bei tatsächlichen Umsätzen ermittelte Preis. Marktpreis ist der Betrag, der an einem Handelsplatz für Waren einer bestimmten Gattung durchschnittlicher Art und Güte zu
einem bestimmten Zeitpunkt gezahlt (gefordert) wurde.

Unter Umständen von Bedeutung ist die Frage, ob für die Wertfestsetzung der Absatz- oder
der Beschaffungsmarkt maßgebend ist. Nach GoB ist der Beschaffungsmarkt maßgeblich,
wenn es sich um Roh-, Hilfs- und Betriebsstoffe oder um Erzeugnisse handelt, die auch von

anderen Firmen bezogen werden könnten. Der Absatzmarkt ist maßgeblich für die Normalbestände an Halb- und Fertigerzeugnissen, für Überbestände an Roh-, Hilfs- und Betriebsstoffen sowie für Wertpapiere. Bei Handelswaren und Überbeständen an unfertigen und fertigen Erzeugnissen besteht schließlich eine so genannte doppelte Maßgeblichkeit von Absatz- und Beschaffungsmarkt, wobei der jeweils niedrigere Wert anzusetzen ist.

Der „abzuleitende Wert" ergibt sich aus dem Börsen- oder Marktpreis zuzüglich der Anschaffungsnebenkosten (bei Beschaffungsmarktorientierung) bzw. abzüglich noch entstehender Aufwendungen (bei Absatzmarktorientierung).

Zu (1dc) Der zur Vermeidung künftiger Wertschwankungen nach unten notwendige Wert (§ 253 Abs. 3 HGB)

Bei Wirtschaftsgütern des Umlaufvermögens kann ein noch niedrigerer Wert, als er sich nach dem Imparitätsprinzip ergeben würde, angesetzt werden, um zu verhindern, dass in der nächsten Zeit durch auftretende Wertschwankungen, die „nach vernünftiger kaufmännischer Beurteilung" zu erwarten sind, eine (nochmalige) Wertkorrektur nach unten notwendig wird.

Diese Wertkategorie ist insbesondere für Kapitalgesellschaften bzw. für die Gesellschaften relevant, die nach den Vorschriften für Kapitalgesellschaften bilanzieren, da andere Kaufleute ohnehin niedrigere Wertansätze wählen können (vgl. Punkt (1de)).

Zu (1dd) Der steuerlich für zulässig gehaltene niedrigere Wert (§ 254 HGB)

Diese spezielle Wertkategorie soll sicherstellen, dass in der Steuerbilanz zulässige Wertansätze, die niedriger sind als in der Handelsbilanz, auch voll ausgenutzt werden können. Aufgrund des Maßgeblichkeitsprinzips ist nämlich die Ausnutzung steuerlicher Wahlrechte an die Bedingung geknüpft, dass die Handelsbilanz in ihren Wertansätzen nicht von der Steuerbilanz abweicht (vgl. S. 744).

Zu (1de) Der nach vernünftiger kaufmännischer Beurteilung mögliche niedrigere Wert (§ 253 Abs. 4 HGB)

Soweit Unternehmen nicht als Aktiengesellschaften, Kommanditgesellschaften auf Aktien oder Gesellschaften mit beschränkter Haftung betrieben werden, gestattet § 253 Abs. 4 HGB der bilanzierenden Unternehmung (z.B. einer Personengesellschaft) niedrigere Wertansätze als gesetzlich vorgeschrieben zu wählen. Diese Abweichungen müssen jedoch „nach vernünftiger kaufmännischer Beurteilung" notwendig sein. Diese gesetzliche Einschränkung wird jedoch nur sehr selten von praktischer Bedeutung sein. Denn die gesetzliche Einschränkung wird nur Auswüchse verhindern können, wie z.B. die Abschreibung der Bankguthaben auf einen Erinnerungsposten.

Mit der generellen **Einschränkung von Wahlrechten** nach dem BilMoG-RefE, die sich auch auf die Bewertungswahlrechte erstreckt, entfallen die Wertkategorien (1dc) „der zur Vermeidung künftiger Wertschwankungen nach unten notwendige Wert", (1dd) „der steuerlich für zulässig gehaltene niedrigere Wert" und (1de) „der nach vernünftiger kaufmännischer Beurteilung mögliche niedrigere Wert".

8.2 Der Jahresabschluss nach HGB und IFRS

Dagegen werden nach dem BilMoG-RefE die Wertkategorien (1da) „der niedrigere am Abschlussstichtag beizulegende Wert" und (1db) „der aus dem Börsen- und Marktpreis abgeleitete niedrigere Wert" unter dem so genannten **beizulegenden Zeitwert** zusammengefasst, dessen Ermittlungsweisen in § 255 Abs. 4 HGB-E inhaltlich präzisiert werden. Danach handelt es sich zunächst um den Marktpreis, falls ein aktiver Markt vorhanden ist. Andernfalls ist er nach allgemein anerkannten Bewertungsmethoden zu bestimmen. Sofern dies nicht möglich ist, sind die Anschaffungs- oder Herstellungskosten gemäß § 253 HGB anzusetzen.

Ergänzende **Wertkategorien für passivische Bilanzpositionen** sind

* der Nennbetrag für das Eigenkapital (§ 283 HGB),
* der Rückzahlungsbetrag für Verbindlichkeiten, mit Ausnahme von Rentenverpflichtungen (§ 253 Abs. 1 Satz 2 HGB, Erfüllungsbetrag für Verbindlichkeiten nach § 253 Abs. 1 HGB-E),
* der Barwert von Rentenverpflichtungen, für die keine Gegenleistung mehr zu erwarten ist (§ 253 Abs. 1 Satz 2 HGB, § 253 Abs. 2 Satz 2 HGB-E) und
* der nach vernünftiger kaufmännischer Beurteilung notwendige Betrag für Rückstellungen (§ 253 Abs. 1 Satz 2 HGB, § 253 Abs. 1 Satz 2 HGB-E). Nach § 253 Abs. 2 Satz 1 HGB-E ist für Rückstellungen der Barwert aus den abgezinsten Verpflichtungen anzusetzen, wobei sich der Diskontierungssatz nach der Laufzeit und der Währung der zugrunde liegenden Verpflichtung zu richten hat.

Zu (2)   Diskussion der Muss- und Kann-Vorschriften bei der Ermittlung der Anschaffungs- und Herstellungskosten:

Bei der Ermittlung der Anschaffungs- und Herstellungskosten als den zentralen Wertkategorien des Bilanzrechts sind über die skizzierten Berechnungsschemata hinaus einige spezielle Muss- und Kann-Vorschriften zu berücksichtigen. Diese beziehen sich vor allem

(2a) auf die **Einbeziehung der verschiedenen Kostenkategorien** in die Herstellungskosten und

(2b) auf die **Methode der Wertermittlung** (Einzelwertfeststellung, Sammelbewertung, Festbewertung).

Zu (2a)   Einbeziehung der verschiedenen Kostenkategorien in die Herstellungskosten:

Das Handelsrecht stellt bezüglich der Herstellungskosten allein auf das **Kriterium der Zurechenbarkeit** – also auf die Unterteilung in **Einzel- und Gemeinkosten** (vgl. S. 803f.) – ab. Diese Unterteilung ist die Grundlage für die Zuordnung von Kosten zu den aktivierungspflichtigen bzw. zu den aktivierungsfähigen, aber nicht aktivierungspflichtigen Bestandteilen der Herstellungskosten. Aktivierungspflichtig sind die Einzelkosten, d.h. die Kosten, die direkt einem Bezugsobjekt zugerechnet werden können. Demgegenüber zählen zu den Wahlbestandteilen der Herstellungskosten die Material- und Fertigungsgemeinkosten sowie weitere in der folgenden Darstellung aufgezählte Bestandteile.

Nach § 255 Abs. 2 und 3 HGB ergibt sich somit das folgende **detaillierte Ermittlungsschema** für die Herstellungskosten:

	Materialeinzelkosten
+	Fertigungseinzelkosten
+	Sondereinzelkosten der Fertigung
=	**Wertuntergrenze der Herstellungskosten nach HGB**
+	angemessene Teile der notwendigen Materialgemeinkosten
+	angemessene Teile der notwendigen Fertigungsgemeinkosten
+	angemessene Teile des Wertverzehrs des Anlagevermögens (soweit er durch die Fertigung veranlasst ist)
+	Kosten der allgemeinen Verwaltung
+	Aufwendungen für soziale Einrichtungen des Betriebs, für freiwillige soziale Leistungen sowie für die betriebliche Altersversorgung
+	Fremdkapitalzinsen (nur in Ausnahmefällen)
=	**Wertobergrenze der Herstellungskosten nach HGB**

Die vom HGB gezogene **Wertuntergrenze** der Herstellungskosten, also eine Bewertung von Erzeugnissen allein zu deren Einzelkosten, die im Allgemeinen auch variabel sind, steht allerdings nach gefestigter Meinung im **Widerspruch zu den GoB**, weil das Prinzip der Vergleichbarkeit (Stetigkeit) durch die Nichtaktivierung der fixen und variablen Gemeinkosten empfindlich gestört wird. Insbesondere kann gezeigt werden, dass die Erfolgsentwicklung im Falle periodischer Absatzschwankungen erheblich erratischer verläuft, wenn nur die (variablen) Einzelkosten aktiviert werden, als wenn auch die variablen Gemeinkosten sowie die fixen Kosten anteilig mit in die Wertansätze einbezogen werden.

Im Zusammenhang mit dem Problem der Aktivierung von fixen Kosten erhebt sich jedoch die Frage, in welcher Höhe diese Kosten zu aktivieren sind, denn § 255 Abs. 2 HGB spricht lediglich von „angemessenen Teilen" bzw. „notwendigen" Kosten. Nach allgemeiner betriebswirtschaftlicher Auffassung sind nur die anteiligen fixen Kosten, die bei **Normalbeschäftigung** entstehen, zu aktivieren. Herstellungskostenerhöhungen, die sich daraus ergeben, dass die Kapazität der Unternehmung geringer als üblich ausgelastet ist (so genannte Leerkosten, vgl. S. 852f.) fallen nicht unter das handelsrechtliche Aktivierungsgebot. Sie sind nach ihrem zeitlichen Anfall zusammen mit den Herstellungskosten der abgesetzten Erzeugnisse erfolgswirksam zu verrechnen. Nach dem HGB wird eine Aktivierung von Leerkosten weitgehend auch durch die Bestimmung ausgeschlossen, dass nur die Gemeinkosten verrechnet werden dürfen, die auf den Zeitraum der Herstellung entfallen.

Im BilMoG-RefE wird vorgeschlagen, die variablen Gemeinkosten als Pflichtbestandteile in die Herstellungskosten einzubeziehen, für die fixen Gemeinkosten – soweit diese auf den Zeitraum der Herstellung entfallen – jedoch weiterhin ein Wahlrecht zu belassen (§ 255 Abs. 2 HGB-E). Zusätzlich zu dem bereits bisher bestehenden Verbot des Einbezugs von Vertriebskosten gilt ein solches auch explizit für Forschungskosten. Das Berechnungsschema für die Herstellungskosten vereinfacht sich nach der Formulierung des Reformvorschlags wie folgt:

	Einzelkosten
+	variable Gemeinkosten
=	**Wertuntergrenze der Herstellungskosten nach HGB**
+	fixe Gemeinkosten
+	Fremdkapitalzinsen (nur in Ausnahmefällen)
=	**Wertobergrenze der Herstellungskosten nach HGB**

8.2 Der Jahresabschluss nach HGB und IFRS 681

Zu (2b)   Methode der Wertermittlung (Einzelwertfeststellung, Sammelbewertung,
Festbewertung):

Im Grundsatz gilt nach § 252 Abs. 1 Nr. 3 HGB für die Ermittlung der Anschaffungs- oder
Herstellungskosten das Prinzip der **Einzelwertfeststellung** (= gesonderte Wertfeststellung für
jeden einzelnen Vermögensgegenstand und für die Schulden). Aus Gründen der Arbeitsver-
einfachung sind jedoch **Bewertungsvereinfachungsverfahren** zugelassen, wenn bestimmte
Bedingungen erfüllt sind. Die Regelungen hierzu finden sich im § 240 Abs. 3 und 4 sowie
dem § 256 HGB. Prinzipiell zugelassen sind die Festbewertung und die Sammelbewertung.
Diese Verfahren lassen sich hinsichtlich ihrer Anwendungsvoraussetzungen wie folgt charakterisieren.

Bei der **Festbewertung** (§ 240 Abs. 3 HGB) muss es sich um Wirtschaftsgüter des Sachanlagevermögens oder um Roh-, Hilfs- und Betriebsstoffe handeln, deren Bestand in seiner Größe, seinem Wert und seiner Zusammensetzung nur geringen Veränderungen unterliegt. Des
Weiteren müssen die entsprechenden Vermögensgegenstände regelmäßig ersetzt werden und
in ihrer Höhe von nachrangiger Bedeutung sein.

Die **Sammelbewertung** umfasst grundsätzlich zwei Varianten, und zwar die

- Durchschnittsmethode (§§ 240 Abs. 4, 256 Satz 2 HGB) und die
- Verbrauchsfolgeverfahren (§ 256 Satz 1 HGB).

Während das Charakteristikum der Festbewertung darin besteht, dass ein einmal ermittelter
Wertansatz (= Menge · Preis) grundsätzlich immer wieder in die Bilanz übernommen wird, ist
die Sammelbewertung dadurch gekennzeichnet, dass sie in den einzelnen Jahren im Normalfall zu unterschiedlichen Wertansätzen führt.

Anwendungsvoraussetzung der **Durchschnittsmethode** ist, dass es sich entweder um gleichartige Wirtschaftsgüter des Vorratsvermögens oder um andere gleichartige oder annähernd
gleichwertige bewegliche Wirtschaftsgüter handelt. Diese Vermögenspositionen können jeweils zu einer Gruppe zusammengefasst und mit dem gewogenen Durchschnittswert angesetzt
werden. Dieser gewogene Durchschnittswert wird beispielsweise aus den Zugängen einer Periode ermittelt. Nach einer anderen Variante wird auch der Anfangsbestand mit einbezogen.
Neben dieser Form der einmaligen Durchschnittsrechnung ist auch die Methode der gleiten-
den Durchschnitte, bei der nach jedem Zugang ein neuer Durchschnitt errechnet wird, möglich (vgl. CASTAN 1990).

Bei den **Verbrauchsfolgeverfahren**, deren Anwendung auf gleichartige Wirtschaftsgüter des
Vorratsvermögens beschränkt ist, lassen sich unterscheiden:

- Die Anschaffungs- oder Herstellungskosten der einzelnen Zugänge werden der zeitlichen
  Reihenfolge nach geordnet. Entweder wird angenommen, dass jeweils die zuerst ange-
  schafften oder hergestellten Gegenstände auch zuerst verbraucht oder veräußert werden
  (**FIFO** (= *First In – First Out*)-**Verfahren**) oder aber dass jeweils die zuletzt angeschaff-
  ten/hergestellten Gegenstände zuerst verbraucht/veräußert werden (**LIFO** (= *Last In – First
  Out*)-**Verfahren**).
- Die Anschaffungs- oder Herstellungskosten der einzelnen Zugänge werden der Höhe nach
  geordnet. Dabei wird entweder angenommen, dass jeweils die teuersten Gegenstände zuerst verbraucht/veräußert werden (**HIFO** (= *Highest In – First Out*)-**Verfahren**) oder aber

die billigsten Gegenstände zuerst verbraucht/veräußert werden (**LOFO** (= *Lowest In – First Out*)**-Verfahren**).

Die sich hieraus ergebenden Wertansätze sind fiktive Anschaffungs- oder Herstellungskosten der als Bestände zu aktivierenden Gegenstände. Zu beachten ist, dass sie noch durch das Imparitätsprinzip relativiert werden, also nicht in jedem Fall als Bilanzansatz in Frage kommen. Davon abgesehen gelten die verschiedenen Verfahren der Sammelbewertung handelsrechtlich im Grundsatz alle als zulässig (§ 256 Satz 1 HGB). Das LOFO-Verfahren wird allerdings bei steigenden Preisen als dem Vorsichtsprinzip widersprechend angesehen und insofern abgelehnt. Im BilMoG-RefE erfolgt eine Beschränkung der Verbrauchsfolgeverfahren auf das LIFO- und das FIFO-Verfahren (§ 256 HGB-E).

In Abb. 8.2 - 7 (in Anlehnung an FEDERMANN 2000) werden an Beispielen die Auswirkungen der vier zulässigen Verbrauchsfolgeverfahren sowie der Durchschnittsmethode auf die bilanziellen Wertansätze bei schwankenden Preisen demonstriert. Unterstellt wird dabei, dass die Anschaffungs- oder Herstellungskosten des letzten Zugangs dem Stichtagswert entsprechen. Darüber hinausgehende Wertansätze sind nach dem Imparitätsprinzip bzw. strengen Niederstwertprinzip unzulässig.

8.2 Der Jahresabschluss nach HGB und IFRS

Bewertung des Abgangs von 100 ME sowie Bewertung des Endbestands von 150 ME

	Steigende Preise	Schwankende Preise	Fallende Preise
	AB: 100 ME · 5 GE/ME = 500 GE **Zug.:** 50 ME · 8 GE/ME = 400 GE **Zug.:** 100 ME · 10 GE/ME = 1.000 GE	**AB:** 100 ME · 5 GE/ME = 500 GE **Zug.:** 100 ME · 10 GE/ME = 1.000 GE **Zug.:** 50 ME · 8 GE/ME = 400 GE	**AB:** 100 ME · 10 GE/ME = 1.000 GE **Zug.:** 50 ME · 8 GE/ME = 400 GE **Zug.:** 100 ME · 5 GE/ME = 500 GE
LIFO-Verfahren: Zuletzt beschaffte/hergestellte Güter werden **zuerst** veräußert/verbraucht	Abg.: 100 ME · 10 GE/ME = 1.000 GE EB: 150 ME · 6 GE/ME = 900 GE	Abg.: 50 ME · 8 GE/ME = 400 GE Abg.: 50 ME · 10 GE/ME = 500 GE EB: 150 ME · 6,7 GE/ME = 1.000 GE	Abg.: 100 ME · 5 GE/ME = 500 GE EB: 150 ME · 9,3 GE/ME = 1.400 GE
FIFO-Verfahren: Zuerst beschaffte/hergestellte Güter werden **zuerst** veräußert/verbraucht	Abg.: 100 ME · 5 GE/ME = 500 GE EB: 150 ME · 9,3 GE/ME = 1.400 GE	Abg.: 100 ME · 5 GE/ME = 500 GE EB: 150 ME · 9,3 GE/ME = 1.400 GE	Abg.: 100 ME · 10 GE/ME = 1.000 GE EB: 150 ME · 6 GE/ME = 900 GE
HIFO-Verfahren: Güter mit den höchsten Anschaffungs-/Herstellungskosten werden **zuerst** veräußert/verbraucht	Abg.: 100 ME · 10 GE/ME = 1.000 GE EB: 150 ME · 6 GE/ME = 900 GE	Abg.: 100 ME · 10 GE/ME = 1.000 GE EB: 150 ME · 6 GE/ME = 900 GE	Abg.: 100 ME · 10 GE/ME = 1.000 GE EB: 150 ME · 6 GE/ME = 900 GE
Vergleichswert bei Periodendurchschnittsmethode	$150\ \text{ME} \cdot \dfrac{1.900\ \text{GE}}{250\ \text{ME}} = 1.140\ \text{GE}$	150 ME · 7,6 GE/ME = 1.140 GE	150 ME · 7,6 GE/ME = 1.140 GE
Stichtagswert	150 ME · 10 GE/ME = 1.500 GE	150 ME · 8 GE/ME = 1.200 GE	150 ME · 5 GE/ME = 750 GE
Die weiße Fläche zeigt den wegen der Geltung des Niederstwertprinzipes nicht ansetzbaren Wertbereich (in GE)	Stichtag 1.500 · Lifo 900 · Fifo 1.400 · Hifo 900 · Ø 1.140	Stichtag 1.200 · Lifo 1.000 · Fifo 1.400 · Hifo 900 · Ø 1.140	Stichtag 750 · Lifo 1.400 · Fifo 900 · Hifo 900 · Ø 1.140

Abb. 8.2 - 7   Wirkungsweise von Sammelbewertungsverfahren bei schwankenden Preisen auf den bilanziellen Wertansatz (Legende: AB = Anfangsbestand; Zug. = Zugang; Abg. = Abgang; EB = Endbestand)

Zu (3)   Darstellung der Vorschriften zur Wertherabsetzung und -heraufsetzung mit und ohne dispositivem Spielraum:

Ausgangswerte für die Bilanz sind die Anschaffungs- oder Herstellungskosten bzw. die Buchwerte der Vorjahresbilanz. Demgegenüber können oder müssen gemäß handelsrechtlichen Vorschriften und GoB unter Umständen niedrigere Wertansätze in Betracht kommen (Wertherabsetzungen). Das Pendant zu solchen Wertherabsetzungen sind Wertheraufsetzungen, die der buchtechnischen Höhersetzung von Bilanzwerten gegenüber der vorangegangenen Jahresbilanz dienen. **Wertherabsetzungen** werden im Handelsrecht gemeinhin als **Abschreibungen,** gegebenenfalls als Wertberichtigungen bezeichnet. **Wertheraufsetzungen** werden mit dem Begriff **Zuschreibungen** bzw. Wertaufholungen belegt.

Während die Ausführungen im Handelsrecht zur Zulässigkeit von Bewertungsvereinfachungsverfahren unabhängig davon, ob es sich um „sonstige Kaufleute" oder um Kapitalgesellschaften handelt, für beide Unternehmensgruppen gleichermaßen Gültigkeit haben, schlägt sich bei den Vorschriften über Wertherabsetzungen und Wertheraufsetzungen diese Unterscheidung (nach den Vorschriften des HGB vor Berücksichtigung des BilMoG-RefE) deutlich nieder. Dabei kann grundsätzlich festgestellt werden, dass Kapitalgesellschaften den strengeren, d.h. stärker bindenden Vorschriften unterliegen. Grundsätzlich für alle Kaufleute gilt jedoch die Vorschrift, dass Wertminderungen mit Ausnahme steuerlicher Sonderabschreibungen nur noch aktivisch abgesetzt werden dürfen.

Der Tendenz in den internationalen Rechnungslegungsvorschriften zur Aufhebung von Wahlrechten und damit eine Angleichung der Bewertungsvorschriften für „sonstige Kaufleute" und für Kapitalgesellschaften zeigt sich allerdings deutlich im BilMoG-RefE. Die diesbezüglichen Vorschläge sind in die Übersicht von Abb. 8.2 - 8 (vgl. auch FEDERMANN 2000) über die verschiedenen obligatorischen und wahlweisen Wertherabsetzungen und Wertheraufsetzungen im Handelsgesetz integriert. Die folgenden Bemerkungen ergänzen und präzisieren die Angaben von Abb. 8.2 - 8, wo dies für ein detailliertes Verständnis zweckmäßig erscheint.

Für **Gegenstände des abnutzbaren Anlagevermögens** sind handelsrechtlich die Anschaffungs- oder Herstellungskosten anzusetzen, die um **planmäßige Abschreibungen** vermindert werden müssen. Hierbei bestehen grundsätzlich keine Unterschiede zwischen Kapitalgesellschaften und sonstigen Kaufleuten. Grundlage für solche obligatorischen Wertherabsetzungen ist ein **Abschreibungsplan**, dessen Aufstellung eine ganze Reihe von Überlegungen bedingt:

* Grundsätzlicher Ausgangswert für die Bemessung der Abschreibungen sind zwar die Anschaffungs- oder Herstellungskosten, aber geklärt werden muss, ob ein etwaiger Anlagenrestwert bei der Bestimmung der Bemessungsgrundlage zu berücksichtigen ist. Im Gegensatz zum Steuerrecht, wo generell davon ausgegangen wird, dass Anlagen auf null abgeschrieben werden, ist dies handelsrechtlich nur zulässig, wenn der voraussichtliche (Netto-) Veräußerungserlös vernachlässigbar gering ist oder wenn keine fundierten Schätzungen über seine Höhe am Ende der geplanten Nutzungsdauer möglich sind. Den GoB (insbesondere den Grundsätzen der Richtigkeit und Stetigkeit) würde es nämlich widersprechen, einen gewichtigen, mit hinreichender Sicherheit anzunehmenden Veräußerungswert bei der Bemessung der planmäßigen Abschreibungen unberücksichtigt zu lassen.

8.2 Der Jahresabschluss nach HGB und IFRS

1. Planmäßige Abschreibungen	
a) auf abnutzbares Anlagevermögen einschließlich immaterieller Werte (wie Patente, Firmenwert)	Pflicht (§ 253 Abs. 2 HGB, § 255 Abs. 4 HGB, nach BilMoG-RefE: § 253 Abs. 3 HGB-E)
b) auf Aufwendungen der Ingangsetzung und Erweiterung des Geschäftsbetriebs	Pflicht (§ 282 HGB, der nach BilMoG-RefE entfällt)
c) eines Disagios	Pflicht (§ 250 Abs. 3 HGB)
2. Außerplanmäßige Abschreibungen auf abnutzbares und nicht abnutzbares Anlagevermögen	
a) auf den niedrigeren Stichtagswert (nach BilMoG: auf den niedrigeren am Abschlussstichtag beizulegenden Zeitwert)	
• bei voraussichtlich dauernder Wertminderung	Pflicht (§ 253 Abs. 2 HGB, nach BilMoG: § 253 Abs. 3 HGB-E)
• bei voraussichtlich vorübergehender Wertminderung	
– Kapitalgesellschaften	Verbot, außer bei Finanzanlagen (Wahlrecht) (§ 279 Abs. 1 HGB, nach BilMoG-RefE entfällt § 279 HGB)
– „sonstige Kaufleute"	Wahlrecht (§ 253 Abs. 2 HGB), entfällt nach BilMoG-RefE, außer bei Finanzanlagen (Wahlrecht) (§ 253 Abs. 3 HGB-E)
b) auf den niedrigeren steuerlich für zulässig gehaltenen Wert	Wahlrecht (§ 254 HGB), entfällt nach BilMoG-RefE
3. Abschreibungen bei Gegenständen des Umlaufvermögens	
a) auf den niedrigeren Börsen- oder Marktpreis bzw. beizulegenden Wert (nach BilMoG: auf den niedrigeren am Abschlussstichtag beizulegenden Zeitwert)	Pflicht (§ 253 Abs. 3 HGB, nach BilMoG-RefE: § 253 Abs. 4 HGB-E, gilt auch für die zu Handelszwecken erworbenen Finanzinstrumente nach § 253 Abs. 1 HGB-E)
b) auf den niedrigeren, zur Vermeidung künftiger Wertschwankungen notwendigen Wert	Wahlrecht (§ 253 Abs. 4 HGB), entfällt nach BilMoG-RefE
c) auf den niedrigeren steuerlich für zulässig gehaltenen Wert	Wahlrecht (§ 254 HGB), entfällt nach BilMoG-RefE
4. Zuschreibungen beim Anlage- und Umlaufvermögen nach Wegfall der Gründe für außerplanmäßige Abschreibungen	
a) Kapitalgesellschaften	grundsätzlich Pflicht (§ 280 Abs. 1 HGB, weitgehende Neutralisierung durch § 280 Abs. 2 HGB, nach BilMoG-RefE entfällt § 280 HGB)
b) „sonstige" Kaufleute	Wahlrecht (§ 253 Abs. 5 HGB), Pflicht nach BilMoG-RefE außer beim entgeltlich erworbenen Geschäfts- oder Firmenwert (§ 253 Abs. 5 HGB-E)

Abb. 8.2 - 8   Übersicht über die obligatorischen und wahlweisen Wertherab- und Wertheraufsetzungen im Handelsrecht (einschließlich der Vorschläge des BilMoG-RefE)

- Zwar sind in Einzelfällen gesetzliche Nutzungsdauerobergrenzen angegeben und im Steuerrecht gibt es Tabellen mit normierten Nutzungsdauern, aber hiervon abgesehen muss im Allgemeinen der voraussichtliche Nutzungszeitraum unter Berücksichtigung möglicher Entwertungsfaktoren nach kaufmännischem Ermessen geschätzt werden. Dabei entsteht das Problem, wie zu verfahren ist, wenn sich nachträglich herausstellt, dass die Nutzungsdauer im ursprünglichen Abschreibungsplan zu hoch oder zu niedrig geschätzt wurde. In Einklang mit den GoB muss in solchen Fällen der Anschaffungs- oder Herstellungswert auf die gesamte bisherige und erwartete Nutzungszeit gleichmäßig neu aufgeteilt werden (vgl. LEFFSON 1987). Der sich daraus für die bereits abgeschlossenen Perioden ergebende Unterschiedsbetrag ist dann durch eine entsprechende Erhöhung respektive Verringerung des Restbuchwerts (Zuschreibungen bzw. außerplanmäßige Abschreibungen) zu erfassen.

- Handelsrechtlich bestehen innerhalb der durch die GoB gezogenen Grenzen keine Beschränkungen bei der Wahl der Abschreibungsmethode. Sowohl die lineare, die arithmetisch-degressive, die geometrisch-degressive, die progressive als auch die leistungs (nutzungs-)orientierte Abschreibungsmethode stehen grundsätzlich zur Wahl (vgl. zu den Methoden im Einzelnen S. 812ff.). Auch sind Kombinationen dieser Verfahren und Übergänge zu anderen Methoden (bei entsprechender Kennzeichnung und wenn sachlich begründet) jederzeit möglich. Anders ist es dagegen im Steuerrecht, wonach seit dem Inkrafttreten der Unternehmenssteuerreform per 1. Januar 2008 nicht mehr die degressive, sondern nur noch die lineare Abschreibungsmethode zulässig ist.

Außerplanmäßige Abschreibungen auf abnutzbare und nicht abnutzbare Anlagegüter sind unabhängig von der Rechtsform zwingend, wenn eine eingetretene **Wertminderung voraussichtlich dauernder Natur** ist. Nach dem Handelsrecht ist jedoch für Kapitalgesellschaften bei diesen Wirtschaftsgütern eine Abschreibung im Falle einer **voraussichtlich nur vorübergehenden Wertminderung** nicht möglich. Eine Sonderstellung im Bereich des Anlagevermögens nehmen die **Finanzanlagen** ein. Auch Kapitalgesellschaften dürfen bei einer voraussichtlich nur vorübergehenden Wertminderung Abschreibungen auf ihre Finanzanlagen tätigen. Diese, für Kapitalgesellschaften gültigen Regelungen werden nach dem BilMoG-RefE auf alle Gesellschaften anzuwenden sein.

Auch beim aktivierten derivativen Firmenwert und bei aktivierten Ingangsetzungs- sowie Erweiterungskosten gilt eine **Sonderregelung**. Hier kann jederzeit eine **Vollabschreibung** erfolgen. Nach § 250 Abs. 3 HGB ist ferner ein ausgewiesenes Disagio durch planmäßige jährliche Abschreibungen, die auf die gesamte Laufzeit verteilt werden können, zu tilgen. Nach herrschender Meinung ist jederzeit jedoch auch eine Vollabschreibung möglich.

Von besonderer praktischer Bedeutung ist schließlich noch die steuerliche Regelung, wonach **geringwertige Wirtschaftsgüter** (GWG) des beweglichen, abnutzbaren Anlagevermögens mit Anschaffungs- und Herstellungskosten bis einschließlich 150 EUR im Jahre der Anschaffung oder Herstellung sofort voll abgeschrieben werden müssen (§ 6 Abs. 2 EStG). Wirtschaftsgüter mit Anschaffungs- oder Herstellungskosten zwischen 150 EUR und 1.000 EUR sind pro Wirtschaftsjahr in einen Sammelposten aufzunehmen. Dieser ist ab dem Jahr der Anschaffung oder Herstellung jährlich um 20 % abzuschreiben (§ 6 Abs. 2a EStG). Dabei sind die betriebsübliche Nutzungsdauer, die Veräußerung oder die Wertminderung der einzelnen Wirtschaftsgüter nicht relevant.

Im **Umlaufvermögen** sind Abschreibungen unabhängig von der Rechtsform auch dann anzusetzen, wenn die Wertminderung voraussichtlich nur vorübergehender Natur ist. In diesem Fall liegt kein Abschreibungswahlrecht, sondern eine Pflicht zur Abschreibung vor. **Der zur**

8.2 Der Jahresabschluss nach HGB und IFRS

Vermeidung künftiger Wertschwankungen notwendige niedrigere Wert ist insbesondere für Kapitalgesellschaften von Bedeutung, da andere Unternehmen, wie im Rahmen der Wertkategorien schon dargestellt, ohnehin sowohl im Bereich des Anlagevermögens als auch im Bereich des Umlaufvermögens einen beliebig niedrigen Wertansatz wählen können. (Dieser bei anderen Unternehmen **aufgrund vernünftiger kaufmännischer Beurteilung mögliche Wert** wurde aus Übersichtlichkeitsgründen nicht in die Abbildung einbezogen). Der zur Vermeidung künftiger Wertschwankungen notwendige niedrigere Wert ist nur für das Umlaufvermögen anzuwenden.

Die **Wahlrechte zur Vornahme von Abschreibungen auf das Umlaufvermögen** gibt es nach dem BilMoG-RefE mit dem Wegfall der Wertkategorien „des zur Vermeidung künftiger Wertschwankungen nach unten notwendigen Werts", „des steuerlich für zulässig gehaltenen niedrigeren Werts" und „des nach vernünftiger kaufmännischer Beurteilung möglichen niedrigeren Werts" nicht mehr.

Wichtige ergänzende Regelungen weist das HGB im Bereich der Regelungen zu den **Zuschreibungsmöglichkeiten und -pflichten** auf. Grundsätzlich sind Zuschreibungen sowohl beim Anlage- als auch beim Umlaufvermögen zwar zulässig, aber nicht verpflichtend. Für Unternehmen in der Rechtsform der Aktiengesellschaft, der Kommanditgesellschaft auf Aktien oder der Gesellschaft mit beschränkter Haftung schreibt § 280 Abs. 1 HGB jedoch vor, dass bei Wirtschaftsgütern, bei denen eine außerplanmäßige Abschreibung getätigt wurde, in den Fällen eine Zuschreibung zu erfolgen hat, wenn sich später herausstellt, dass die Gründe für diese außerplanmäßige Abschreibung nicht mehr bestehen. Dieses Zuschreibungsgebot wird jedoch in vielen Fällen faktisch aufgehoben. Der BilMoG-RefE sieht für alle Unternehmen die generelle Zuschreibungspflicht vor, wenn die Gründe für die vorgenommenen Abschreibungen nicht mehr bestehen. Eine Ausnahme wird beim entgeltlich erworbenen Geschäfts- oder Firmenwert zugelassen, dessen niedrigerer Wert beizubehalten ist (§ 253 Abs. 5 HGB-E).

Unabhängig von der Frage einer Wertheraufsetzungspflicht oder eines Wahlrechts und den Bildungsmöglichkeiten von Wertaufholungsrücklagen stellt sich jedoch die Frage nach den **Obergrenzen** für mögliche Wertheraufsetzungen. Im Einzelnen sind folgende Obergrenzen zu nennen:

- bei nicht abnutzbaren Anlagegegenständen die Anschaffungs- oder Herstellungskosten,
- bei abnutzbaren Anlagegütern, die um planmäßige Abschreibungen verminderten Anschaffungs- oder Herstellungskosten und
- beim Umlaufvermögen der Stichtagswert, soweit dieser niedriger als die Anschaffungs- oder Herstellungskosten ist.

Die **absolute Obergrenze** für alle Vermögensgegenstände bilden somit die Anschaffungs- oder Herstellungskosten. Soweit (faktisch) ein Zuschreibungswahlrecht besteht, kann der Bilanzierende den Zuschreibungszeitpunkt sowie den Umfang einer Zuschreibung innerhalb der vorgegebenen Grenzen selbst bestimmen.

Fragen und Aufgaben zur Wiederholung (8.2.1: S. 650 – 687)

1. Nennen Sie die wesentlichen Merkmale der handelsrechtlichen Bilanz!

2. Skizzieren Sie das Grundschema der Handelsbilanz nach § 266 HGB!

3. Nach welchem Merkmal erfolgt die Einteilung des Vermögens in Anlage- und Umlaufvermögen?

4. Aus welchen Komponenten setzt sich das Eigenkapital zusammen?

5. Wozu dienen Rechnungsabgrenzungsposten in der Bilanz? Für welche Vorgänge werden sie gebildet?

6. Wodurch unterscheidet sich die Gewinnermittlung in der Gewinn- und Verlustrechnung von der bilanziellen Gewinnfeststellung?

7. Nennen Sie die grundlegenden Positionen der GuV!

8. Wie und warum werden (a) Bestandsveränderungen an Halb- und Fertigerzeugnissen und (b) aktivierte Eigenleistungen in der nach dem Gesamtkostenverfahren aufgestellten GuV berücksichtigt?

9. Informieren Sie sich über die Sachverhalte, die durch das KonTraG geregelt sind!

10. Was enthalten die einzelnen Teile des Anhangs?

11. Welchen Aufbau und Inhalt hat der Lagebericht?

12. Welche Kriterien sind bei der Frage nach der Bilanzierung eines Gegenstandes „dem Grunde nach" zu überprüfen?

13. Welche Gegenstände sind aktivierungs-, welche passivierungsfähig?

14. Welche Gegenstände dürfen nach Handelsrecht nicht bilanziert werden?

15. Nennen Sie die wichtigsten Bilanzierungswahlrechte!

16. Welches sind die zwei grundlegenden bilanziellen Wertkategorien, und wie sind sie definiert?

17. Wie lautet die Legaldefinition des Teilwerts, und welche Anwendungsprobleme ergeben sich hierbei?

18. Welche Wertkategorien unterhalb der Anschaffungs- oder Herstellungskosten werden im Handelsrecht unterschieden? Beschreiben Sie deren Inhalt und Anwendungsbereiche!

19. Nennen Sie ergänzende Wertkategorien für passivische Bilanzpositionen!

20. Welche Kostenbestandteile müssen, welche Bestandteile dürfen in die Herstellungskosten eingerechnet werden?

21. Unter welchen Bedingungen sind Abweichungen vom Prinzip der Einzelwertfeststellung möglich, und wie lauten die entsprechenden Verfahren?

22. Skizzieren Sie die Varianten der Sammelbewertung!

23. Beschreiben Sie kurz die verschiedenen obligatorischen und wahlweisen Wertherab- und -heraufsetzungen im Handelsbilanzrecht!

24. Geben Sie eine zusammenfassende Übersicht über die obligatorischen und wahlweisen Wertansätze im Handelsbilanzrecht!

25. Stellen Sie in einer Übersicht die im Referentenentwurf des Gesetzes zur Modernisierung des Bilanzrechts des Bundesministeriums der Justiz (BMJ) vom 8. November 2007 (BilMoG-RefE) vorgesehenen Änderungen des HGB zusammen!

8.2 Der Jahresabschluss nach HGB und IFRS 689

8.2.2 Der Jahresabschluss nach IFRS

8.2.2.1 Vermögensmessung nach IFRS

Bevor auf die Besonderheiten im Ansatz von ausgewählten Vermögenswerten und Schulden nach IFRS eingegangen wird, wird zunächst erläutert, wie grundsätzlich beim Ansatz von Vermögenswerten und Schulden vorzugehen ist.

(1) **Grundlegende Ansatzvorschriften für Vermögenswerte und Schulden**

(2) **Grundlegende Wertbegriffe**

(3) **Erstbewertung**

(4) **Folgebewertung**

Zu (1) Grundlegende Ansatzvorschriften für Vermögenswerte und Schulden:

Das **zweistufige Schema**, nach dem der Ansatz von Vermögenswerten und Schulden vorzunehmen ist, ist im IFRS-Framework geregelt. Zunächst muss in einer ersten Stufe die entsprechende Definition vorliegen (IAS F.82). In der zweiten Stufe (IAS F.83) müssen die Ansatzkriterien (*Recognition Criteria*) „Wahrscheinlichkeit" (*Probability*) (IAS F.85) und „Verlässliche Messbarkeit" (*Reliable Measurement*) (IAS F.86) erfüllt sein. Dieses Stufenschema wird für spezielle Posten in den jeweiligen Standards durch weitere Kriterien ergänzt. Sind diese allgemeinen Definitions- und Ansatzkriterien sowie die weiteren postenspezifischen Kriterien nicht erfüllt, ergibt sich ein Ansatzverbot. Damit sehen die IFRS-Vorschriften grundsätzlich keine Ansatzwahlrechte vor.

Für **Vermögenswerte** gelten die folgenden allgemeinen **Definitionskriterien**, die kumulativ erfüllt sein müssen (IAS F.49a):

- Das Unternehmen besitzt die Verfügungsmacht über die Ressource.
- Die Ressource resultiert aus einem Ereignis der Vergangenheit.
- Die Ressource lässt den Zufluss eines wirtschaftlichen Nutzens in Zukunft erwarten.

Im IFRS-Framework sind auch die beiden weiteren Ansatzkriterien geregelt (IAS F.89). Mit dem Kriterium „Probability" wird gefordert, dass eine gewisse Wahrscheinlichkeit für den Zufluss des künftigen wirtschaftlichen Nutzens besteht. In Interpretationen wird von Realisierungswahrscheinlichkeiten von mehr als 50 % ausgegangen (vgl. BUCHHOLZ 2007, S. 59). Das zweite Ansatzkriterium „Verlässliche Messbarkeit" hat zum Inhalt, dass eine Zuordnung von Werten zum Vermögensgegenstand möglich ist, was die Vornahme von Schätzungen in der Bewertung nicht ausschließt.

Auch für den Ansatz von **Schulden** müssen drei **Definitionskriterien** kumulativ erfüllt sein:

- Es liegt eine gegenwärtige Verpflichtung vor.
- Die Verpflichtung resultiert aus einem Ereignis der Vergangenheit.
- Die Erfüllung der Verpflichtung führt zu einem Abfluss von Ressourcen mit wirtschaftlichem Nutzen.

Bezüglich der Erfüllung des ersten Definitionskriteriums liegt in der Regel eine rechtliche Verpflichtung gegenüber Außenstehenden des Unternehmens aufgrund eines Vertragsverhältnisses oder einer gesetzlichen Vorschrift vor. Unter die Definition von Schulden fallen demnach auch wirtschaftliche Verpflichtungen, wie sie beispielsweise aus der Übernahme von

690   Achtes Kapitel: Externe Unternehmungsrechnung

Garantieleistungen resultieren. Die beiden weiteren Ansatzkriterien für Schulden sind dieselben, die auch für Vermögenswerte gelten, wobei sich die Zuverlässigkeit in der Bewertung auf den Erfüllungsbetrag bezieht (IAS F.91).

Eigenständige Ansatzkriterien für das **Eigenkapital** sind nach IFRS nicht definiert, da es sich als Residualgröße aus der Differenz der Summe der Vermögenswerte und Schulden ergibt. Im Sinne des „Going Concern"-Prinzips ist im Rahmenkonzept vorgeschlagen, das Eigenkapital so zu gliedern, dass für die Eigentümer des Unternehmens deutlich wird, in welchem Umfang das Unternehmen Ausschüttungen zu leisten vermag und in welchem Umfang das Eigenkapital für Unternehmenszwecke zur Verfügung steht.

Zu (2)   Grundlegende Wertbegriffe:

Mit der Zielsetzung dem Anleger einen „True and Fair View" über die Lage des Unternehmens zu vermitteln, spielt der „**Fair Value**", der ins Deutsche mit „**beizulegender Zeitwert**" übersetzt wird, eine besondere Rolle in den internationalen Rechnungslegungsvorschriften. Aufgrund der Bedeutung des Fair Value wird auf diesen zunächst eingegangen, bevor die im IFRS-Rahmenwerk genannten möglichen Wertansätze beschrieben werden. Der beizulegende Zeitwert ist nicht im IFRS-Framework allgemein definiert, sondern wird stattdessen in den Standards bezogen auf den jeweiligen Vermögenswert spezifiziert. Dennoch lässt er sich allgemein wie nachfolgend erläutert charakterisieren.

Der beizulegende Zeitwert ist der **Marktwert** eines Vermögensgegenstands bzw. einer Schuldenposition, zu dem dieser bzw. diese zwischen sachverständigen (es liegen Informationen über die Wertkomponenten vor), vertragswilligen (ernsthafte Wertbestimmung findet statt, sodass eine Übertragung möglich wäre) und voneinander unabhängigen Geschäftspartnern (keine Beziehungen zwischen den Geschäftspartnern, die den Wert beeinflussen könnten) getauscht oder eine Verpflichtung beglichen werden kann.

Grundsätzlich wird bei der **Ermittlung des Fair Value** dreistufig vorgegangen: Zunächst wird geprüft, ob für den Vermögensgegenstand bzw. die Schuldenposition ein, auf ausreichend liquiden Märkten festgestellter Marktpreis (*Market Value*) zum Bewertungsstichtag vorliegt. Ist dies nicht der Fall, wird auf den Marktwert zurückgegriffen, der für eine vergleichbare Vermögensposition feststellbar ist. Lässt sich auch in der zweiten Stufe kein Marktwert finden, so ist die Bewertung statt nach dem Grundsatz des „**Marking to Market**" nach dem Grundsatz des „**Marking to Model**" vorzunehmen. Danach ist der Marktwert auf Basis von investitionsrechnerischen, kapitalmarkttheoretisch gestützten Modellen zu bestimmen, in deren Mittelpunkt der Barwert ausstehender Zahlungsströme steht.

Die im IFRS-Rahmenwerk genannten möglichen Wertansätze (F.100), die dann in den einzelnen Standards inhaltlich spezifiziert werden, sind die Folgenden:

- die **historischen Anschaffungs- bzw. Herstellungskosten** (*Historical Costs*):

  Die historischen Anschaffungs- bzw. Herstellungskosten stellen den zentralen Wertmaßstab in den IFRS dar. Es handelt sich hier um die realisierten Zahlungsströme, die mit einem Vermögenswert bzw. einer Schuldenposition verbunden sind.

- der **Tageswert** (*Current Costs*):

  Unter dem Tageswert wird der Wiederbeschaffungswert für einen qualitativ vergleichbaren Vermögenswert zuzüglich von Nebenkosten und abzüglich von Preisminderungen verstan-

8.2 Der Jahresabschluss nach HGB und IFRS   691

den. Entsprechend gilt für Schulden als Tageswert der Geldbetrag, der aufgebracht werden müsste, um die Schuld am Bewertungsstichtag zu begleichen.

- der **Veräußerungswert oder Erfüllungsbetrag** (*Realisable Value*):

  Der Veräußerungswert ist der Wert, der bei Veräußerung unter normalen Bedingungen – also nicht unter den Bedingungen eines Notverkaufs – erzielt werden kann. Analog ist mit dem Erfüllungsbetrag für Schulden der Betrag an Zahlungsmitteln zu erfassen, der erforderlich ist, um die Schuld im normalen Geschäftsverlauf zu tilgen.

- der **Barwert der ausstehenden Zahlungsströme** (*Present Value*):

  Für die Ermittlung des Barwerts der ausstehenden Zahlungsströme sind diese zunächst auf Basis eines normalen Geschäftsgangs zu bestimmen. Während es sich bei Vermögenspositionen um erwartete Netto-Einzahlungen handelt, sind bei Schuldenpositionen die erwarteten Zahlungsverpflichtungen zu erfassen. Die Verbarwertung der Zahlungen erfolgt dann mit dem relevanten Diskontierungssatz.

Zu (3)   Erstbewertung:

Unter Erstbewertung ist die Bewertung eines Vermögensgegenstandes bzw. einer Schuldenposition zu verstehen, wenn diese erstmalig in der Bilanz erfasst werden. Grundsätzlich erfolgt die Erstbewertung nach den **mit dem Vermögenswert oder der Schuldenposition verbundenen Zahlungsvorgängen** (Ein- und Auszahlungen), die entweder in der Vergangenheit realisiert wurden oder aber erst in der Zukunft erwartet werden. Im Rahmen der Erstbewertung wird im Folgenden zunächst auf die Bewertung von nicht-finanziellen Vermögenswerten eingegangen, die nach den historischen Kosten erfolgt. Anschließend wird auf die Besonderheiten der Erstbewertung von finanziellen Vermögenswerten eingegangen, die sich am beizulegenden Zeitwert orientiert.

Bei den **historischen Kosten** werden einerseits die Anschaffungskosten (*Costs of Purchase*) bei Fremderwerb, andererseits die Herstellungskosten (*Costs of Conversion*) bei Eigenerstellung unterschieden. Diese beiden Wertansätze werden im Folgenden am Beispiel von Sachanlagen bzw. Halb- und Fertigerzeugnissen erläutert.

Die **Anschaffungskosten von Sachanlagen** haben nach IAS 16 „Sachanlagen" (*Property, Plant and Equipment*) sämtliche direkten Kosten zu umfassen, die für die Anschaffung anfallen und solche Kosten, die notwendig sind, um das Anlagegut in einen betriebsbereiten Zustand zu versetzen. Wie das nachfolgende Schema in Abb. 8.2 - 9 verdeutlicht, sind direkt zurechenbare Nebenkosten – wie Installationskosten, Transportkosten, Zölle, Versicherungskosten – zu aktivieren. Preisminderungen – wie Rabatte, Boni, Skonti – sind in Abzug zu bringen.

Purchase Price	Anschaffungspreis
+ Directly Attributable Incidental Charges	+ direkt zurechenbare Anschaffungsnebenkosten
– Reductions	– Anschaffungskostenminderungen
*= **Costs of Purchase***	= **Anschaffungskosten**

Abb. 8.2 - 9   Zusammensetzung der Anschaffungskosten (*Costs of Purchase*) nach IFRS

Eine Besonderheit im Vergleich zum HGB ist die – an bestimmte Bedingungen gebundene – **Aktivierungspflicht von Fremdkapitalkosten**, die in IAS 23 „Fremdkapitalkosten" (*Borrowing Costs*) behandelt wird. Für die Aktivierung müssen die Fremdkapitalkosten einem **qualifizierten Vermögenswert** (*Qualifying Asset*) direkt zurechenbar sein. Nach IAS 23.4 ist ein qualifizierter Vermögenswert ein Vermögenswert, für den ein beträchtlicher Zeitraum erforderlich ist, um ihn in seinen beabsichtigten gebrauchs- oder verkaufsfähigen Zustand zu versetzen. Beispiele hierfür sind nach IAS 23.6 Vorräte, für die eben dieser beträchtliche Zeitraum erforderlich ist, um sie in einen verkaufsfähigen Zustand zu versetzen, Fabrikationsanlagen, Energieversorgungseinrichtungen und als Finanzinvestitionen gehaltene Grundstücke und Bauten. Nur die während des Herstellungszeitraums anfallenden Fremdkapitalkosten dürfen aktiviert werden. Diese sind einfach feststellbar, wenn es sich um eine spezielle Projektfinanzierung handelt. Andernfalls sind die Fremdkapitalkosten aus einem durchschnittlichen Finanzierungskostensatz der allgemeinen Finanzierungskosten der Unternehmung herzuleiten.

Direct Material Costs	Materialeinzelkosten
+ *(Fixed and variable) Material Overheads*	+ (variable und fixe) Materialgemeinkosten
+ *Direct Production Costs*	+ Fertigungseinzelkosten
+ *(Fixed and variable)*	+ (fixe und variable)
Production Overheads	Fertigungsgemeinkosten
+ *Production related*	+ produktionsbezogene
Administration Costs	Verwaltungsgemeinkosten
+ *Borrowing Costs*	+ Finanzierungskosten
(for Qualifying Assets)	(bei qualifizierten Vermögenswerten)
= **Costs of Conversion**	= **Herstellungskosten**

Abb. 8.2 - 10   Zusammensetzung der Herstellungskosten (*Costs of Conversion*) nach IFRS

Da die **Herstellungskosten** insbesondere für die Bewertung von Halb- und Fertigerzeugnissen von Bedeutung sind, ist für deren Ermittlung zunächst auf IAS 2 „Vorräte" (*Inventories*) zu verweisen. Danach gilt für die Ermittlung der Herstellungskosten das Schema von Abb. 8.2 - 10. Unter den produktionsbezogenen Vollkosten sind die Kosten zu verstehen, die aufgewendet werden müssen, um den Vermögensgegenstand in den betriebsbereiten Zustand für seine vorgesehene Verwendung zu versetzen. Das Schema orientiert sich an der Zuschlagskalkulation (vgl. S. 843ff.), wobei bei der Proportionalisierung von fixen Gemeinkosten – ganz im Sinne des Ansatzes angemessener Beträge – von einer Normalbeschäftigung auszugehen ist, um die Verrechnung von Leerkosten in den Herstellungskosten zu vermeiden (vgl. hierzu auch S. 680 und S. 852f.). Einzelkosten des Vertriebs, allgemeine Verwaltungskosten sowie kalkulatorische Kosten dürfen nicht als Herstellungskosten aktiviert werden.

Die Erstbewertung (und dann insbesondere auch die Folgebewertung) von **finanziellen Vermögenswerten** erfordert die anhand eindeutiger und nachprüfbarer Kriterien vorgenommene Zuordnung zu einer bestimmten Kategorie (vgl. hierzu auch S. 701ff.), bevor die Bewertung bei Zugang gemäß IAS 39 „Finanzinstrumente: Ansatz und Bewertung" (*Financial Instruments: Recognition and Measurement with the Addition of the Provisions on the Use of the Fair Value Option*) nach dem Fair Value (vgl. S. 690) erfolgt. In den IFRS werden die folgenden **Kategorien** von finanziellen Vermögenswerten unterschieden:

- finanzielle Vermögenswerte, die zu Handelszwecken gehalten werden (*Financial Assets held for Trading* als Unterkategorie der Bewertungskategorie *at Fair Value through Profit and Loss*), für welche die Existenz eines aktiven Markts angenommen wird,

8.2 Der Jahresabschluss nach HGB und IFRS 693

- finanzielle Vermögenswerte, die bis zur Endfälligkeit gehalten werden (*Held-to-Maturity Investments*), wie beispielsweise festverzinsliche Anleihen,

- Kredite und Forderungen (*Loans and Receivables*), welche die Eigenschaft besitzen, dass sie nicht auf einem aktiven Markt gehandelt werden,

- finanzielle Vermögenswerte, die nicht den ersten drei Kategorien zugeordnet werden können (*Available-for-Sale Financial Assets*), wie bspw. regelmäßig gehaltene Eigenkapitalinstrumente und Anteile an Investmentfonds.

Auch wenn nicht davon auszugehen ist, dass – wie bei den Finanzanlagen, die zu Handelszwecken gehalten werden – für die anderen Finanzanlagen ebenfalls ein aktiver Markt existiert, so kann doch in jedem Fall die Fair-Value-Bewertung durch Diskontierung der ausstehenden Zahlungsströme vorgenommen werden. Transaktionskosten des Erwerbs von zu Handelszwecken gehaltenen Wertpapieren dürfen nicht aktiviert werden, sondern sind in der Periode des Erwerbs erfolgswirksam zu verbuchen.

Finanzielle Verbindlichkeiten dürfen nach IAS 39 unabhängig von ihrer Zweckbestimmung nur noch dann im Zugangszeitpunkt unwiderruflich der Bewertungskategorie „At Fair Value through Profit and Loss" zugeordnet werden, wenn dadurch entweder die Relevanz der Abschlussinformationen erhöht oder die Komplexität reduziert oder aber die Zuverlässigkeit der Bewertung verbessert wird. In diesem Fall sind Transaktionskosten in der Periode des Erwerbs erfolgswirksam zu erfassen. Für alle anderen Verbindlichkeiten, die eines dieser drei Kriterien nicht erfüllen, sind Transaktionskosten als Anschaffungsnebenkosten zu berücksichtigen.

Zu (4)   Folgebewertung:

Im Rahmen der Folgebewertung geht es darum, einen Vermögensgegenstand bzw. eine Schuldenposition, die nach ihrer erstmaligen Erfassung über mehrere Perioden im Unternehmen verbleibt, in den Folgeperioden so zu bewerten, dass der jeweilige wirtschaftliche Nutzen zum Ausdruck kommt, um so den Informationsbedürfnissen der Jahresabschlussadressaten möglichst gut nachzukommen. Grundsätzlich werden zwei **Modelle der Folgebewertung** unterschieden:

(4a)   das **Kostenmodell** (*Cost Model*) und

(4b)   das **Neubewertungsmodell** (*Revaluation Model*).

Zu (4a)   Kostenmodell (*Cost Model*):

Beim Kostenmodell erfolgt die Bewertung auf Basis der historischen Anschaffungs- oder Herstellungskosten, die jeweils um die kumulierten planmäßigen Abschreibungen reduziert fortgeschrieben werden. Bei den meisten nicht-finanziellen Vermögensgegenständen ist zudem regelmäßig die Werthaltigkeit zu prüfen, und daraufhin ggf. außerplanmäßige Abschreibungen oder auch in begrenztem Umfang Wertaufholungen vorzunehmen.

Das Kostenmodell wird bei der Folgebewertung der meisten **nicht-finanziellen Vermögenswerte** angewendet. Beispielhaft kann hier auf die Vorschriften des IAS 16 „Sachanlagen" (*Property, Plant and Equipment*) verwiesen werden. Das Abschreibungsvolumen als Differenz zwischen den Anschaffungs- bzw. Herstellungskosten und dem erwarteten Restwert des Vermögensgegenstands ist auf die geplante Nutzungsdauer bzw. das geplante Nutzungspoten-

694   Achtes Kapitel: Externe Unternehmungsrechnung

zial zu verteilen, um die planmäßigen Abschreibungen zu berechnen. Durch das gewählte Abschreibungsverfahren (z.B. zeitlich linear, geometrisch-degressiv, arithmetrisch-degressiv, digital oder nutzungsabhängig und Mischformen, vgl. hierzu auch S. 812f.) sollte der Nutzenverlauf des Vermögensgegenstands möglichst gut abgebildet werden. Allerdings ist zu beachten, dass von der Wahl der Abschreibungsmethode unterschiedliche Erfolgswirkungen ausgehen.

Nach IAS 36 „Wertminderung von Vermögenswerten" (*Impairment of Assets*) ist an jedem Bilanzstichtag zu prüfen, ob auf Basis von internen und externen Informationsquellen Anzeichen für **Werthaltigkeitsprobleme** vorliegen. Hierzu ist der erzielbare Betrag (*Recoverable Amount*) (= höherer Wert von beizulegendem Zeitwert nach Verkaufskosten (*Net Realisable Value*) und Nutzungswert (*Value in Use*) als Barwert der zukünftig aus der Nutzung zu erwartenden Cashflows inkl. Restwert am Ende der Nutzungsdauer) mit dem Restbuchwert (= historische Kosten abzüglich kumulierte planmäßige Abschreibungen) zu vergleichen. Ist der erzielbare Betrag kleiner als der Restbuchwert, sind außerplanmäßige Abschreibungen vorzunehmen, die zu entsprechenden Wertminderungen führen. Im umgekehrten Fall können Wertaufholungen erfasst werden, die allerdings zu keinem höheren Wert als den ursprünglich geplanten fortgeführten historischen Kosten führen dürfen. Diese Regelungen zur Überprüfung der Werthaltigkeit sind nicht anzuwenden bei Vermögensgegenständen, für die diesbezüglich eigenständige Vorschriften existieren (Vorräte, aus Fertigungsaufträgen entstandene Vermögenswerte, latente Steueransprüche, finanzielle Vermögenswerte gemäß IAS 39, als Finanzinvestitionen gehaltene Immobilien, bestimmte biologische Vermögenswerte und bestimmte Vermögenswerte nach IFRS 4 und IFRS 5).

Ebenfalls nach dem Kostenmodell wird bei der Folgebewertung von **Finanzanlagen**, die bis zur Endfälligkeit gehalten werden (*Held-to-Maturity Investments*), und bei Krediten und Forderungen (*Loans and Receivables*) vorgegangen. Dabei werden die fortgeführten Anschaffungskosten nach der Effektivzinsmethode ermittelt. Nach IAS 39 „Finanzinstrumente: Ansatz und Bewertung" (*Financial Instruments: Recognition and Measurement with the Addition of the Provisions on the Use of the Fair Value Option*) werden durch Ansatz eines konstanten Effektivzinses, der sich als interner Zinsfuß aus der Zahlungsreihe der Finanzanlage und dem Nettobuchwert ergibt (vgl. hierzu auch S. 541ff.), die Zinserträge über die Laufzeit alloziert.

Bei **Finanzverbindlichkeiten**, die nicht der Bewertungskategorie „At Fair Value through Profit and Loss" zugeordnet werden und von daher erfolgswirksam zum beizulegenden Zeitwert zu bewerten sind, ergeben sich die fortgeführten Anschaffungskosten nach dem Kostenmodell aus dem Rückzahlungsbetrag abzüglich der erfolgten Tilgungen und einer Korrektur um Agien bzw. Disagien.

Zu (4b)   Neubewertungsmodell (*Revaluation Model*):

Alternativ zum Kostenmodell steht das Neubewertungsmodell zur Folgebewertung nach IFRS zur Verfügung. Für bestimmte Vermögenswerte und Schulden ist dieses **zulässig** (z.B. Sachanlagevermögen nach IAS 16, immaterielle Vermögensgegenstände nach IAS 38, Finanzinvestitionen nach IAS 40), für andere ist es explizit vorgeschrieben (z.B. Finanzinstrumente nach IAS 39). Nach dem Neubewertungsmodell ist der Bilanzansatz regelmäßig daraufhin zu überprüfen, ob er noch dem **beizulegenden Zeitwert** entspricht. Sofern dies nicht der Fall ist, sind entsprechende Wertkorrekturen auf den aktuellen beizulegenden Zeitwert vorzunehmen.

8.2 Der Jahresabschluss nach HGB und IFRS

Besteht ein Wahlrecht zwischen dem Kostenmodell und dem Neubewertungsmodell, sind Gruppen ähnlicher Vermögensgegenstände nach demselben Modell zu bewerten.

Es ist nicht zwingend erforderlich, dass zu jedem Bilanzstichtag eine Neubewertung durchgeführt wird, wie beispielsweise bei langfristigen Gegenständen des Anlagevermögens. Liegen zwischen den **Neubewertungszeitpunkten** Bilanzstichtage, dann wird zwischen den Zeitpunkten der Neubewertung eine Fortschreibung unter Berücksichtigung von planmäßigen Abschreibungen vorgenommen.

Sofern durch die Neubewertung der beizulegende Zeitwert eine Anpassung erfordert, kann dies entweder erfolgswirksam in der Erfolgsrechnung oder über ein Unterkonto des Eigenkapitals – die so genannte **Neubewertungsrücklage** – erfasst werden. Im letzteren Fall ist die Erfolgsrechnung nicht tangiert, die Bilanz erfährt durch eine Erhöhung der Neubewertungsrücklage bzw. deren Verminderung eine Verlängerung bzw. eine Verkürzung. Im Detail geben hier die einzelnen Standards an, ob eine erfolgswirksame oder eine erfolgsneutrale Behandlung von Wertdifferenzen zu erfolgen hat.

Mit dem Neubewertungsmodell wird eine Möglichkeit geschaffen, die Vermögenssituation für den Adressatenkreis des Jahresabschlusses anhand von Marktwerten zutreffender abzubilden. Während mit der regelmäßigen Neubewertung die Möglichkeiten der Bildung von stillen Reserven eingeschränkt werden, was ganz im Sinne der Informationsinteressen der Anleger ist, stellt sich jedoch die Frage, inwiefern zufällige Marktschwankungen die Zuverlässigkeit der Jahresabschlussinformationen negativ beeinflussen. Angesprochen ist damit die grundsätzliche Diskussion um die Vor- und Nachteile des so genannten „**Fair Value Accounting**" mit deren Auswirkungen auf die periodische Erfolgsermittlung.

8.2.2.2 Erfolgsmessung nach IFRS

Die Erfolgsmessung nach IFRS geht von der so genannten „Clean-Surplus"-Bedingung aus, wonach der Zusammenhang zwischen Erfolgsrechnung und Vermögensaufstellung bestimmt ist. In der konkreten Umsetzung dieser Bedingung orientieren sich die IFRS sowohl am „Revenue-Expense-Approach" als auch am „Asset-Liability-Approach", wobei letzterer in den Standards jüngeren Datums eine stärkere Beachtung findet.

(1)   **„Clean-Surplus"-Bedingung als Ausgangspunkt der Zahlungsabgrenzung**

(2)   **„Revenue-Expense-Approach"**

(3)   **„Asset-Liability-Approach"**

(4)   **IFRS-Gewinnausweis bei Nicht-Einhaltung der „Clean-Surplus"-Bedingung**

Zu (1)   „Clean-Surplus"-Bedingung als Ausgangspunkt der Zahlungsabgrenzung:

Wie bereits im Zusammenhang mit den Ausführungen zum dreiteiligen Rechnungswesen ausgeführt (vgl. S. 592f.), besteht ein **Zusammenhang zwischen Bilanz, Zahlungsmittelrechnung und Erfolgsrechnung**, der sich über die folgende Grundgleichung ausdrücken lässt:

$$
\begin{array}{cl}
 & \text{Zahlungsmittel}_t - \text{Zahlungsmittel}_{t-1} \\
+ & (\text{sonstiges Vermögen}_t - \text{sonstiges Vermögen}_{t-1}) \\
- & (\text{Verbindlichkeiten}_t - \text{Verbindlichkeiten}_{t-1}) \\
-/+ & \underline{\text{Kapitalerhöhung}_t/\text{Kapitalherabsetzung}_t} \\
= & \text{Erträge}_t - \text{Aufwendungen}_t = \text{Gewinn}_t
\end{array}
$$

Diese formale Formulierung bringt die so genannte „**Clean-Surplus**"-**Bedingung** (auch **Kongruenzprinzip** genannt) zum Ausdruck, die besagt, dass in der Differenz von Erträgen und Aufwendungen, also durch den Gewinn in der Erfolgsrechnung, sämtliche Änderungen im Buchwert des Eigenkapitals einer Rechnungsperiode erfasst werden, die nicht in Transaktionen zwischen den Unternehmenseignern und dem Unternehmen begründet sind. Sofern sich die Veränderung des Eigenkapitals nicht ausschließlich über den Gewinn einer Periode und über Kapitalerhöhungen bzw. -herabsetzungen der Eigenkapitalgeber erklären lässt, ist das Kongruenzprinzip verletzt.

Geht man davon aus, dass sowohl die Transaktionen mit den Kapitalgebern wie auch die Veränderung des Zahlungsmittelbestands beobachtbar sind, so ist die Gewinnermittlung von der Ausgestaltung der Rechnungslegungsvorschriften zur Vermögens- und Erfolgsmessung und den diesbezüglich zugrunde liegenden Basisannahmen abhängig. Grundsätzlich werden hier der „Asset-Liability-Approach" und der „Revenue-Expense-Approach" unterschieden, die in einer Mischung im Rahmen der Erfolgsermittlung nach IFRS angewendet werden. Dabei wird die „Clean-Surplus"-Bedingung bzw. die Kongruenzbedingung zugunsten der Informationsfunktion des Jahresabschlusses für die Investoren durchbrochen.

Zu (2)   „Revenue-Expense-Approach":

Die Bilanzgleichung kann zunächst über die **möglichst zutreffende Bestimmung des Erfolgs einer Periode** erfüllt werden, wenn auf Basis der entsprechenden Regelungen zur Erfolgsermittlung die Vermögens- und Schuldenpositionen erfasst und bewertet werden. Sofern die Rechnungslegung dem Grundsatz folgt, dass die periodische Erfolgsmessung möglichst zutreffend sein soll, folgt sie also dem „Revenue-Expense-Approach", ergeben sich möglicherweise Verzerrungen im Ausweis des Reinvermögens im Bilanzierungszeitpunkt.

Bei Orientierung am „Revenue-Expense-Approach" ist zunächst zu definieren, was unter einer möglichst zutreffenden Erfolgsgröße zu verstehen ist. Gemäß der Ausrichtung der IFRS auf die Informationsbedürfnisse der Investoren sollte der ermittelte Gewinn eine geeignete Entscheidungsgröße für die Kapitalgeber sein, indem er einen Ausdruck für die nachhaltige Ertragskraft darstellt sowie Hinweise auf die Gewinne zukünftiger Perioden und Anhaltspunkte für die Bestimmung des Unternehmenswerts über das so genannte Residualgewinnmodell (vgl. S. 478) zulässt.

Von Bedeutung ist in diesem Zusammenhang das zentrale **Prinzip der Periodenabgrenzung**, wonach die Aufwendungen und Erträge jeweils für diejenige Periode erfasst werden sollen, der sie wirtschaftlich zuzuordnen sind. Dadurch wird erreicht, dass die Zahlungsmittelbewegungen im Zeitablauf geglättet werden. Die Bilanz hat in diesem Zusammenhang lediglich die Aufgabe, die noch nicht erfolgswirksamen Größen bis zu ihrer Erfolgswirksamkeit festzuhalten, also im Sinne der dynamischen Bilanztheorie (vgl. S. 609ff.) als „Abgrenzungssammelbecken" (SCHMALENBACH) zu fungieren.

8.2 Der Jahresabschluss nach HGB und IFRS

Bei Anwendung des „Revenue-Expense-Approach" müssen die Rechnungslegungsvorschriften Regelungen formulieren, die eine **wirtschaftliche Zuordnung** der Erträge und Aufwendungen zu einer Periode ermöglichen. Grundsätzlich werden Erträge nach den IFRS nach dem **Realisationsprinzip** erfasst. Demnach besteht die Wahrscheinlichkeit, dass dem Unternehmen ein zukünftiger wirtschaftlicher Nutzen zufließt und dieser in seiner Höhe auch zuverlässig bestimmt werden kann.

Nach IAS 18 „Erträge" (*Revenue*) werden drei Kategorien von Geschäftsvorfällen unterschieden, für die Erträge zu erfassen sind: Verkauf von Erzeugnissen und Waren, Überlassung von Vermögenswerten zur Nutzung durch Dritte und Erbringung von Dienstleistungen. Somit erfolgt hier eine sachliche Zuordnung der Erträge zu den entsprechenden Transaktionen einer Periode. Der sachlichen Zuordnung folgt die Erfassung der Aufwendungen, wenn diese den Erträgen derselben Periode nach dem so genannten „**Matching Principle**" zugerechnet werden. Unmittelbar deutlich wird dieses Prinzip bei der Verpflichtung zur **Teilgewinnrealisierung** bei langfristigen Fertigungsaufträgen nach der „Percentage-of-completion-method". Ziel dieser Methode ist es, die Umsätze und insbesondere Aufwendungen aus langfristigen Fertigungsaufträgen jenen Geschäftsjahren zuzuordnen, in denen die Fertigung erfolgt ist und nicht erst bei Abschluss und Abnahme durch den Auftraggeber, wie im deutschen HGB (vgl. S. 632) vorgesehen ist.

Sofern eine sachliche Zuordnung nicht möglich ist, wie beispielsweise bei Verwaltungsaufwendungen oder planmäßigen Abschreibungen von Sachanlagevermögen, wird eine zeitraumbezogene Abgrenzung nach dem „**Deferral Principle**" vorgenommen, indem die Ergebnisgrößen für die Periode erfasst werden, in der sie entstanden sind.

Zu (3)   „Asset-Liability-Approach":

Wird der Fokus hingegen darauf gelegt, die **Reinvermögenssituation möglichst zutreffend abzubilden**, und richten sich danach die Definitionen bzw. Ermittlungsweisen von Vermögen und Schulden, so ergibt sich darauf basierend der periodische Erfolg, damit die Bilanzgleichung erfüllt ist. Die Rechnungslegung folgt dann dem „Asset-Liability-Approach", mit der Konsequenz, dass die Erfolgsermittlung möglicherweise nicht völlig zutreffend ist und zudem tendenziell erhöhten Schwankungen ausgesetzt ist.

Die Vorschriften der Rechnungslegung sind darauf ausgerichtet, Definitions-, Ansatz- und Bewertungskriterien vorzugeben, wonach Vermögenswerte und Schulden in der Bilanz anzusetzen sind (vgl. S. 689ff.). Im Gegensatz zum „Revenue-Expense-Approach", bei dem die Zahlungsströme den Ausgangspunkt für die Erfassung von Erträgen und Aufwendungen bilden, wird beim „Asset-Liability-Approach" hinsichtlich Ansatz und der Bewertung von Vermögenswerten und Schulden die **Fähigkeit der Generierung von Zahlungsströmen** in den Mittelpunkt gestellt. Von daher spielt hier die Fair Value-Bewertung nach dem Neubewertungsmodell eine bedeutendere Rolle als die Bewertung mit fortgeschriebenen historischen Anschaffungskosten.

Zu (4)   IFRS-Gewinnausweis bei Nicht-Einhaltung der „Clean-Surplus"-Bedingung:

Eine Besonderheit der Rechnungslegung nach IFRS ist die Nicht-Einhaltung der „Clean-Surplus"-Bedingung, die u.a. durch die erfolgsneutrale Erfassung von Währungsanpassungen, die Marktbewertung von Finanzinstrumenten und Änderungen im Konsolidierungskreis entstehen kann. Im Folgenden werden dies und die daraus resultierenden Konsequenzen für den

Erfolgsausweis an einem einfachen **Beispiel zur erfolgsneutralen Neubewertung** von Vermögensgegenständen erklärt.

Die dabei angedeuteten Vorschriften zur Bewertung des Vermögens folgen dem „Asset-Liability-Approach". Danach kann für Sachanlagen, die im Beispiel betrachtet werden, nach dem **Neubewertungsmodell** (vgl. S. 689f.) zu jedem Bilanzstichtag eine Neubewertung vorgenommen werden, woraus sich – im Vergleich zum vorherigen Bilanzstichtag – eine **Wertsteigerung oder -reduktion** ergeben kann. Während Wertsteigerungen erfolgsneutral in die Neubewertungsrücklage als Komponente des Eigenkapitals eingestellt werden, werden Wertminderungen erfolgswirksam in der Erfolgsrechnung erfasst. Dabei sind allerdings die folgenden **Einschränkungen** zu beachten:

- Wenn eine Neubewertungsrücklage für den Vermögensgegenstand existiert, sind Wertminderungen zunächst zu Lasten dieser zuvor gebildeten Neubewertungsrücklage zu erfassen.
- Sofern der Vermögensgegenstand in vorherigen Rechnungsperioden erfolgswirksam abgeschrieben wurde, sind Zuschreibungen zunächst solange erfolgswirksam vorzunehmen bis die zuvor erfasste Wertminderung kompensiert ist.

Im Beispiel (vgl. ZIMMERMANN/WERNER 2008, S. 132ff.) wird davon ausgegangen, dass im ersten Jahr Sachanlagen zu Anschaffungskosten von 1.000 GE gekauft werden. Dafür werden die zu Beginn der Betrachtung vorhandenen Zahlungsmittel vollständig eingesetzt. Diese Investition erbringt in den folgenden Jahren jeweils zahlungswirksame Erträge in Höhe von 300 GE. Betriebliche Aufwendungen sind zu vernachlässigen. Im Rahmen der Neubewertung am Ende des ersten Jahres wird festgestellt, dass die Sachanlagen einen beizulegenden Zeitwert von 1.200 GE haben. Dies bedeutet eine erfolgsunwirksame Zuschreibung in Höhe von 200 GE, die im Eigenkapital unter der Position „Neubewertungsrücklage" erfasst wird. Am Ende des zweiten Jahres wird festgestellt, dass die Sachanlagen nur noch 800 GE wert sind, weshalb eine Abschreibung von 400 GE erforderlich ist. Diese geht im Umfang von 200 GE zu Lasten der zuvor gebildeten Neubewertungsrücklage, die restlichen 200 GE werden in der Erfolgsrechnung unter „Aufwendungen aus Neubewertung" erfasst. In den übrigen Jahren werden jeweils ausschließlich Wertminderungen im Rahmen der jährlichen Neubewertung festgestellt, die jeweils in der Erfolgsrechnung verbucht werden.

In Abb. 8.2 - 11 (in Anlehnung an ZIMMERMANN/WERNER 2008, S. 136f.) sind die Daten des Beispiels in den jährlichen Bilanzen und Erfolgsrechnungen zusammengestellt. Dabei ist festzustellen, dass in den Jahren 1 und 2 der Gewinn in der Erfolgsrechnung nicht übereinstimmt mit der Reinvermögensänderung gemäß Bilanz. Die „Clean-Surplus"-Bedingung ist aufgrund der erfolgsneutralen Erfassung der Neubewertungszuschreibungen im Eigenkapital nicht erfüllt.

Für die **Beurteilung der Erfolgssituation** in der IFRS-Rechnungslegung ist also nicht nur der in der Erfolgsrechnung ausgewiesene Erfolg relevant, sondern ergänzend sind die erfolgsneutralen Veränderungen des Reinvermögens, die nicht aus Transaktionen mit den Anteilseignern resultieren, in die Betrachtung einzubeziehen. Die entsprechenden Informationen sind aus der Eigenkapitalveränderungsrechnung (*Statement of Changes in Equity*) ersichtlich, die einen Bestandteil des IFRS-Jahresabschlusses bildet. Des Weiteren ist die einfache Erfolgsrechnung (*Income Statement*) um die erfolgsneutralen Eigenkapitalveränderungen ergänzt, sodass dann die vollständige IFRS-Erfolgsrechnung auch als „Statement of Comprehensive Income" bezeichnet wird.

8.2 Der Jahresabschluss nach HGB und IFRS   699

	0	1	2	3	4	5
Bilanz						
Zahlungsmittel	1.000	300	600	900	1.200	1.500
Sachanlagen	0	1.200	800	400	200	0
Summe Aktiva	1.000	1.500	1.400	1.300	1.400	1.500
gezeichnetes Kapital	1.000	1.000	1.000	1.000	1.000	1.000
Gewinnrücklage	0	300	400	300	400	500
Neubewertungsrücklage	0	200	0	0	0	0
Schulden	0	0	0	0	0	0
Summe Passiva	1.000	1.500	1.400	1.300	1.400	1.500
[1] Veränderung Reinvermögen		500	- 100	- 100	100	100
Erfolgsrechnung						
Umsatzerlöse		300	300	300	300	300
Erträge aus Neubewertung		0	0	0	0	0
betriebliche Aufwendungen		0	0	0	0	0
Aufwendungen aus Ncubewertung			- 200	- 400	- 200	- 200
[2] Gewinn		300	100	- 100	100	100
[3] = [1] – [2] **erfolgsneutrale Veränderung des Reinvermögens**		200	- 200	0	0	0

Abb. 8.2 - 11   Beispiel zur Erfolgsermittlung bei erfolgsneutraler Neubewertung nach IFRS

Während die Aufstellung der einfachen Erfolgsrechnung den Grundsätzen der sachlichen und zeitlichen Abgrenzung des periodischen Erfolgs nach dem „Revenue-Expense-Approach" folgt, sind aus der erfolgsneutralen Erfassung von Erträgen und Aufwendungen im Eigenkapital zusätzliche Effekte ersichtlich, die auf der Anwendung des „Asset-Liability-Approach" in der Vermögens- und Schuldenaufstellung beruhen. Insofern kommt in den IFRS-Vorschriften ein Kompromiss zwischen dem „Revenue-Expense-Approach" und dem „Asset-Liability-Approach" zur Anwendung.

8.2.2.3 Elemente des Jahresabschlusses nach IFRS

In IAS 1 „Darstellung des Abschlusses" (*Presentation of Financial Statements*) sind die folgenden Bestandteile des IFRS-Jahresabschlusses, die sowohl für den Einzel- als auch für den Konzernabschluss gelten, festgelegt:

(1)   **Bilanz (*Statement of Financial Position*)**

(2)   **Gewinn- und Verlustrechnung (*Statement of Comprehensive Income*)**

(3)   **Eigenkapitalveränderungsrechnung (*Statement of Changes in Equity*)**

(4)   **Kapitalflussrechnung (*Statement of Cash Flows*)**

(5)   **Anhang (*Notes*) u.U. mit Segmentberichterstattung (*Segment Reporting*)**

700   Achtes Kapitel: Externe Unternehmungsrechnung

Kapitalmarktorientierte Unternehmen, deren Eigen- oder Fremdkapitaltitel öffentlich gehandelt werden, müssen zusätzlich nach IAS 33 „Ergebnis je Aktie" (*Earnings per Share*) über das **Ergebnis je Aktie** informieren und gemäß IFRS 8 „Geschäftssegmente" (*Operating Segments*) eine **Segmentberichterstattung (*Segment Reporting*)** vorlegen. Da die Segmentberichterstattung üblicherweise im Rahmen des Anhangs vorgenommen wird, wird im Zusammenhang mit Punkt (5) darauf eingegangen.

Die Aufstellung eines Lageberichts, wie dieser im HGB für mittlere und große Kapitalgesellschaften vorgeschrieben ist, sehen die IFRS nicht vor. Allerdings liegt mit dem Diskussionspapier (vom IASB im Oktober 2005 vorgelegt) zu einem **internationalen Lagebericht** (*Management Commentary*) ein Vorschlag vor, der langfristig auf die Verbesserung der Lageberichterstattung und eine Harmonisierung der unterschiedlichen internationalen Bestimmungen abzielt.

Zu (1)   Bilanz (*Statement of Financial Position*):

Mithilfe der Bilanz wird das **Reinvermögen** des Unternehmens als Saldo der Vermögenswerte und Schulden zum Bilanzstichtag abgebildet. IAS 1 „Darstellung des Abschlusses" (*Presentation of Financial Statements*) sieht für die Bilanz lediglich ein Mindestgliederungsschema vor. Ebenso wie kein ausführliches, allgemein verbindliches Gliederungsschema, so ist auch keine spezielle Darstellung vorgeschrieben. Die Bilanz kann entweder in Konto- (*Account Form*) oder in Staffelform (*Report Form*) aufgestellt werden.

Aus dem in Abb. 8.2 - 12 (entnommen aus BUCHHOLZ 2007, S. 91) dargestellten **Mindestgliederungsschema** wird deutlich, dass die Gliederung der Posten (*Items*) nach Fristigkeiten zu erfolgen hat, wobei durchaus auch die umgekehrte Reihenfolge angesetzt werden kann. Als kurzfristig (*Current*) gelten Vermögenspositionen, deren Realisation innerhalb von zwölf Monaten erwartet wird, bzw. Schulden mit einer Laufzeit von bis zu zwölf Monaten.

Assets	*Equity and Liabilities*
A. Non Current Assets	***A. Capital and Reserves***
I. *Intangible Assets*	I. *Issued Capital/Share Capital*
II. *Property, Plant and Equipment*	II. *Reserves*
III. *Investment Properties*	***B. Non Current Liabilities***
IV. *Non Current Financial Assets*	I. *Non Current Financial Liabilities*
V. *Deferred Tax Assets*	II. *Deferred Tax Liabilities*
B. Current Assets	III. *Non Financial Liabilities*
I. *Inventories*	***C. Current Liabilities***
II. *Trade and Other Receivables*	I. *Trade and Other Payables*
III. *Current Financial Assets*	II. *Current Financial Liabilities*
IV. *Prepaid Expenses*	III. *Non Financial Liabilities*
V. *Cash and Cash Equivalents*	IV. *Deferred Income*

Abb. 8.2 - 12   Mindestgliederungsschema für die Bilanz nach IAS 1

Der Ausweis der Bilanzpositionen hat bestimmten **Prinzipien** zu folgen. Das **Stetigkeitsprinzip** verlangt die Beibehaltung der Bilanzgliederung, der Postenbezeichnungen und Postenabgrenzungen. Zu Vergleichszwecken sind die jeweiligen Vorjahreswerte anzugeben. Es ist das Bruttoprinzip zu verfolgen, wonach Aktiv- und Passivpositionen nicht gegeneinander

8.2 Der Jahresabschluss nach HGB und IFRS   701

saldiert werden dürfen. Um allerdings dem grundsätzlichen Prinzip der „Fair Presentation" nachzukommen, können Posten ergänzt und auch umbenannt werden.

Ebenfalls dem obersten **Prinzip der „Fair Presentation"** zufolge sind weitere Untergliederungen der genannten Bilanzpositionen vorzunehmen, wenn sich diese nach Größe, Art und Funktion stark unterscheiden, so die entsprechend detaillierten Informationen für den Anleger von Bedeutung sind (**Relevanz-Prinzip**). Ein in der Literatur genannter Mindestprozentsatz für die Wesentlichkeit, der zur Orientierung dienen kann, ist 0,5 % der Bilanzsumme (vgl. BUCHHOLZ 2007, S. 90).

Die **folgenden Erläuterungen** zu den einzelnen Bilanzpositionen gehen auch auf die jeweils möglichen weiteren Untergliederungen ein.

Aktiva A.I.   **Immaterielle Vermögenswerte (*Intangible Assets*):**

Unter den Immateriellen Vermögenswerten werden regelmäßig die folgenden Positionen gesondert ausgewiesen:

- Firmenwert (*Goodwill*)
- Entwicklungskosten (*Development Costs*)
- Spezielle immaterielle Vermögenswerte wie Rechte (*Copyrights*), Lizenzen (*Licenses*), Patente (*Patents*)

Aktiva A.II.   **Sachanlagen (*Property, Plant and Equipment*):**

Zu den möglichen Positionen, die unter den Sachanlagen ausgewiesen werden, zählen die folgenden:

- Grundstücke und Gebäude (*Land and Buildings*)
- Technische Anlagen (*Machinery*)
- Betriebsausstattung (*Furniture and Fixtures*)
- Büroausstattung (*Office Equipment*)

Aktiva A.III.   **Als Finanzinvestitionen gehaltene Immobilien (*Investment Properties*):**

Bei dieser Position handelt es sich nicht um betriebsnotwendiges Vermögen, sondern um Immobilien, die zum Zwecke der Kapitalanlage gehalten werden.

Aktiva A.IV.   **Finanzanlagen (*Non Current Financial Assets*):**

Nach Beteiligungsquoten für Eigenkapitaltitel lässt sich die folgende Abstufung vornehmen:

- Tochterunternehmen (*Subsidiaries*): Beteiligungsquote > 50 %
- Gemeinschaftsunternehmen (*Jointly controlled Entities*): Beteiligungsquote ≤ 50 %
- Assoziierte Unternehmen (*Associates*): 20 % ≤ Beteiligungsquote ≤ 50 %
- Sonstige Wertpapiere (*Other Investments*): Beteiligungsquote < 20 %
    - Zur Veräußerung verfügbare Wertpapiere (*Available-for-Sale Financial Assets*)
    - Zum Halten bestimmte Wertpapiere (*Held-to-Maturity Investments*)

702 Achtes Kapitel: Externe Unternehmungsrechnung

Während für Tochterunternehmen aufgrund der Beteiligungsquote von mehr als 50 % die Abhängigkeit vom Mutterunternehmen unterstellt werden kann, weshalb im Rahmen des Konzernabschlusses eine Kapitalkonsolidierung vorgenommen wird, sind Gemeinschaftsunternehmen dadurch gekennzeichnet, dass diese von zwei oder mehr Partnerunternehmen gemeinschaftlich geführt werden. Liegt die Beherrschung des Beteiligungsunternehmens bei einem anderen Unternehmen, handelt es sich um ein assoziiertes Unternehmen. Allerdings kann bei einem assoziierten Unternehmen aufgrund der Beteiligungsquote von einem maßgeblichen Einfluss ausgegangen werden. Zu den sonstigen Wertpapieren gehören nicht nur die Eigenkapitaltitel, bei denen die Anteilsquote weniger als 20 % beträgt, sondern auch Gläubigerpapiere mit Fremdkapitaleigenschaften. Die weitere Untergliederung in „Zur Veräußerung verfügbare Wertpapiere" und „Zum Halten bestimmte Wertpapiere" richtet sich nach dem Anlagehorizont. Ebenfalls den Finanzanlagen zuzuordnen sind die langfristigen Kredite (*Loans*).

Aktiva A.V.   Aktive latente Steuern (*Deferred Tax Assets*):

Aktive latente Steuern entstehen immer dann, wenn der Gewinn in der IFRS-Erfolgsrechnung kleiner als der Gewinn gemäß Steuerbilanz ist. Aufgrund des langfristigen Charakters werden diese unter dem Anlagevermögen ausgewiesen.

Aktiva B.I.   Vorräte (*Inventories*):

Zur Untergliederung der Vorräte kommen die folgenden Positionen in Betracht:

- Waren (*Merchandises*)
- Roh-, Hilfs- und Betriebsstoffe (*Raw Materials or Supplies*)
- Fertigerzeugnisse (*Finished Goods*)
- Unfertige Erzeugnisse (*Work in Progress*)

Aktiva B.II.   Forderungen aus Lieferungen und Leistungen und sonstige Forderungen (*Trade and Other Receivables*):

Wie in der Bezeichnung der Position bereits angedeutet ist, bietet sich die folgende Unterteilung an:

- Forderungen aus Lieferungen und Leistungen (*Trade Receivables*)
- Sonstige Forderungen (*Other Receivables*)

Während die Forderungen aus Lieferungen und Leistungen aus dem Umsatzprozess durch Verkäufe auf Ziel entstehen, sind unter den sonstigen Forderungen verschiedene Ansprüche zusammengefasst (z.B. Vorschüsse, Anzahlungen, Forderungen auf Vorsteuerbeträge, antizipative aktive Rechnungsabgrenzungsposten). Aufgrund der besonderen Bedeutung von zweifelhaften Forderungen für Anlageentscheide sind diese unter „Zweifelhaften Forderungen" (*Doubtful Account*) gesondert auszuweisen.

Aktiva B.III.   Kurzfristige finanzielle Vermögenswerte (*Current Financial Assets*):

Die kurzfristigen finanziellen Vermögenswerte, welche den Wertpapieren des Umlaufvermögens gemäß HGB entsprechen, werden wie folgt untergliedert:

- Zur Veräußerung verfügbare Wertpapiere (*Available-for-Sale Financial Assets*)
- Zu Handelszwecken gehaltene Wertpapiere (*Financial Assets held for Trading*), die erfolgswirksam bewertet werden

8.2 Der Jahresabschluss nach HGB und IFRS 703

Aktiva B.IV. Aktive Rechnungsabgrenzungsposten (*Prepaid Expenses*):

Bei den aktiven Rechnungsabgrenzungsposten handelt es sich um transitorische Aktiven, welche aus der Verbuchung der Ausgabe vor dem Aufwand resultieren.

Aktiva B.V. Barmittel und Zahlungsmitteläquivalente (*Cash and Cash Equivalents*):

Die Position *Cash and Cash Equivalents* umfasst zunächst Barmittel und täglich fällige Guthaben bei Banken auf Sicht. Des Weiteren fallen hierunter unter bestimmten Bedingungen auch Wertpapiere des Umlaufvermögens. Auf die Abgrenzung wird im Zusammenhang mit der Definition des Zahlungsmittelfonds bei der Kapitalflussrechnung eingegangen (vgl. S. 708ff.).

Passiva A. Eigenkapital (*Capital and Reserves*):

Während das **gezeichnete Kapital** (*Issued Capital/Share Capital*) langfristig in gleicher Höhe zur Verfügung steht und dieses also auf einem festen Kapitalkonto eingetragen wird, sind die **Rücklagen** (*Reserves*) variabel und dabei wie folgt zu untergliedern:

* Kapitalrücklagen (*Share Premium*)
* Gewinnrücklagen (*Revenue Reserves*)
  - Einbehaltene Gewinne (*Retained Earnings*)
  - Satzungsmäßige Rücklagen (*Statutory Reserves*)
  - Gesetzliche Rücklagen (*Legal Reserves*)
* Sonstige Rücklagen (*Other Reserves*), z.B. Neubewertungsrücklage

Passiva B. Langfristige Verbindlichkeiten (*Non Current Liabilities*):

Zu den **langfristigen finanziellen Verbindlichkeiten** (*Non Current Financial Liabilities*) gehören mehrjährige Bankkredite und Darlehen sowie emittierte Anleihen, Schuldverschreibungen u.Ä.

Bei den **passiven latenten Steuern** (*Deferred Tax Liabilities*) handelt es sich um eine Steuerrückstellung, die dann entsteht, wenn der Gewinn der IFRS-Erfolgsrechnung höher ist als der Gewinn gemäß Steuerbilanz. Die Einordnung unter den langfristigen Passiven ist damit zu erklären, dass von einer dauerhaften Differenz zwischen den Steuerbeträgen ausgegangen wird.

Neben Pensionsrückstellungen sind Pachterneuerungsrückstellungen und Rekultivierungsverpflichtungen Beispiele für **langfristige Rückstellungen** (*Non Financial Liabilities*).

Passiva C. Kurzfristige Verbindlichkeiten (*Current Liabilities*):

Während die **Verbindlichkeiten aus Lieferungen und Leistungen** (*Trade Payables*) aus dem Geschäftsverkehr mit Lieferanten resultieren, handelt es sich bei den **sonstigen Verbindlichkeiten** (*Other Payables*) um eine Sammelposition, die Verbindlichkeiten des Unternehmens aus Umsatzsteuern, Löhnen und Gehältern, Sozialabgaben u.Ä. umfasst.

Unter die **kurzfristigen finanziellen Verbindlichkeiten** (*Current Financial Liabilities*) fallen Kontokorrentkredite und erhaltene Anzahlungen.

704 Achtes Kapitel: Externe Unternehmungsrechnung

Im Gegensatz zu den langfristigen Rückstellungen werden bei den **kurzfristigen Rückstellungen** (*Non Financial Liabilities*) die zukünftigen Auszahlungen innerhalb der nächsten zwölf Monate erwartet.

Sofern Einnahmen bereits entstanden sind, der Ertrag jedoch das nachfolgende Geschäftsjahr betrifft, entstehen transitorische Passiven, die unter den **passiven Rechnungsabgrenzungsposten** erfasst werden (*Deferred Income*).

Zu (2) Gewinn- und Verlustrechnung (*Statement of Comprehensive Income*):

In der Erfolgsrechnung werden die periodenbezogenen Erträge den diesbezüglichen Aufwendungen gegenübergestellt, um so den periodischen Erfolg zu ermitteln. Nach der Definition für **Erträge** (*Income*) gemäß IFRS geht es um die Zunahme des wirtschaftlichen Nutzens durch Zuflüsse, Erhöhung von Vermögenswerten oder Abnahme von Schulden, wodurch sich das Eigenkapital jeweils erhöht. Hierbei handelt es sich einerseits um regelmäßige Erträge aus der Geschäftstätigkeit (*Revenues*), wie Umsatzerlöse, Zins- und Mieterträge. Des Weiteren fallen hierunter die eher unregelmäßigen anderen Erträge (*Gains*), die aus der Zuschreibung von Vermögenswerten oder als Gewinne aus Veräußerungen resultieren.

Unter den **Aufwendungen** (*Expenses*) ist analog eine Abnahme des wirtschaftlichen Nutzens durch Abflüsse, Verminderung von Vermögenswerten oder Zunahme von Schulden, die eine Verminderung des Eigenkapitals bewirken, zu verstehen. Wie bei den Erträgen wird auch bei den Aufwendungen nach regelmäßigen bzw. eher unregelmäßigen unterschieden. Regelmäßige Aufwendungen, die im Englischen ebenfalls (wie der Oberbegriff) als *Expenses* bezeichnet werden, entstehen aus der Geschäftstätigkeit, wie z.B. Umsatzkosten, Zins- und Mietaufwendungen. In der sonstigen Unternehmenstätigkeit sind die anderen Aufwendungen (*Losses*) begründet, wie bspw. außerplanmäßige Abschreibungen und Veräußerungsverluste.

Im Unterschied zum HGB stimmen nach IFRS die Eigenkapitalveränderung in der Bilanz und der diesbezügliche Ausweis in der GuV nicht überein, d.h. dass die **„Clean-Surplus"-Bedingung bzw. das Kongruenzprinzip** im IFRS-Abschluss nicht eingehalten ist. Die Abweichungen sind durch die erfolgsneutrale Bewertung einiger Vermögenswerte (z.B. Veränderungen in der Neubewertungsrücklage von Sachanlagen und immateriellen Vermögenswerten, Veränderungen in der Fair Value-Bewertung von *Available-for-Sale Financial Assets*) zu erklären, aus denen sich der Saldo der anderen erfassten Erträge und Aufwendungen ergibt (= neutraler Erfolg bzw. *Other recognised Income and Expense*) (vgl. hierzu auch ausführlicher S. 695ff.).

Die **Darstellung der Erfolgskomponenten** kann auf zwei verschiedene Arten erfolgen:

- Der Gesamterfolg (*Statement of Comprehensive Income (Single Statement)*) wird in einem Abschlussbestandteil ausgewiesen. Dieser setzt sich aus dem Periodenerfolg (*Profit or Loss*) und dem neutralen Erfolg, der direkt über das Eigenkapital erfasst wird, zusammen.
- Alternativ ist es auch zulässig zwei gesonderte Rechnungen zu erstellen: Zunächst eine Erfolgsrechnung als *Income Statement* und dann die Ermittlung des Gesamterfolgs (*Statement of Comprehensive Income*), die vom Erfolg gemäß *Income Statement* ausgeht und anschließend den direkt über das Eigenkapital verbuchten neutralen Erfolg ergänzt.

Ergänzend sind bei beiden alternativen Darstellungen der Erfolgskomponenten die Eigenkapitalveränderungen (Ausschüttungen, Kapitalerhöhungen, Kapitalrückzahlungen), die aus den Beziehungen zu den Anteilseignern resultieren, zu dokumentieren (vgl. S. 707ff.).

8.2 Der Jahresabschluss nach HGB und IFRS   705

Anschließend ist noch das **Ergebnis je Aktie** auszuweisen, sofern Eigen- oder Fremdkapital-titel des Unternehmens öffentlich gehandelt werden, wenn also die Kapitalmarktorientierung vorliegt. Einzelheiten zur Berechnung des Ergebnisses pro Aktie sind in IAS 33 „Ergebnis je Aktie" (*Earnings per Share*) zu finden.

Als **Methoden der Erfolgsermittlung** kommen nach IFRS sowohl das Umsatzkostenverfah-ren (*Cost of Sales Method*) als auch das Gesamtkostenverfahren (*Nature of Expense Method*) in Frage, die beide – bei gleicher Bewertung – zu demselben Erfolgsausweis führen (vgl. S. 824f.). In IAS 1 „Darstellung des Abschlusses" (*Presentation of Financial Statements*) wird nur eine Mindestgliederung für die Erfolgsrechnung vorgegeben. Die weitere Untergliederung richtet sich wiederum nach dem Kriterium der Wesentlichkeit, die dann als gegeben angesehen werden kann, wenn 5 % des Jahresergebnisses betroffen sind.

Die **Mindestgliederung der Erfolgsrechnung** im Sinne des *Income Statement* nach dem **Ge-samtkostenverfahren** ist in Abb. 8.2 - 13 in der Staffelform wiedergegeben. Anhand dieses Schemas werden im Folgenden die einzelnen Positionen erläutert.

1.	***Revenue***		**Umsatzerlöse**
2.	+ *Other Income*	+	Sonstige Erträge
3.	± *Changes in Inventories of Finished Goods and Work in Progress*	±	Bestandsveränderungen fertiger und unfertiger Erzeugnisse
4.	− *Raw Materials and Consumables used*	−	Materialaufwand
5.	− *Employee Benefits Expense*	−	Personalaufwand
6.	− *Depreciation/Amortisation Expense*	−	Planmäßige Abschreibungen
7.	− *Other Expenses*	−	Sonstige Aufwendungen
	= *Results of Operating Activities*		**= Ergebnis der betrieblichen Tätigkeit**
8.	+ *Finance Income*	+	Finanzerträge
9.	− *Finance Expense*	−	Finanzierungsaufwendungen
	= *Profit or Loss before Tax*		**= Periodenergebnis vor Steuern**
10.	− *Income Tax Expense*	−	Ertragsteueraufwand
	= *Profit/Loss*		**= Periodengewinn/Periodenverlust**

Abb. 8.2 - 13   Mindestgliederung der Erfolgsrechnung als *Income Statement* nach dem Gesamtkosten-verfahren

1. *Revenue*:

Unter der Position *Revenue* werden die Umsatzerlöse aus den verkauften Gütern (Industrieun-ternehmen), aus dem Verkauf von Handelswaren (Handelsunternehmen) und aus Dienstleis-tungen (Dienstleistungsunternehmen) subsumiert. Eine Besonderheit besteht darin, dass bei langfristigen Aufträgen die Erträge nach dem Fertigstellungsgrad erfasst sind (*Percentage of Completion Method*).

2. *Other Income*:

Erträge, die nicht unter die Umsatzerlöse fallen, sind unter den sonstigen Erträgen erfasst. Mehrheitlich sind hierunter die so genannten *Gains*, also eher unregelmäßige Erträge aus der sonstigen Geschäftstätigkeit (wie bspw. erfolgswirksame Zuschreibungen von Sachanlagen oder immateriellen Vermögenswerten) zu finden. Allerdings werden hier auch die regelmäßi-gen Erträge aus der sonstigen Geschäftstätigkeit (wie bspw. Mieterträge) ausgewiesen.

3. *Changes in Inventories*:

Unter den Bestandsveränderungen der fertigen und unfertigen Erzeugnisse werden nicht nur mengen-, sondern auch wertmäßige Veränderungen – also auch außerplanmäßige Abschreibungen – erfasst.

4. *Raw Materials and Consumables used*:

Diese Position umfasst den gesamten Verbrauch an Roh-, Hilfs- und Betriebsstoffen, die zur Herstellung der betrieblichen Leistungen in der Periode eingesetzt wurden. Auch hier werden – neben den mengenmäßigen – die wertmäßigen Änderungen in Form von Ab- und Zuschreibungen erfasst.

5. *Employee Benefits Expense*:

Die Zuwendungen an die Arbeitnehmer umfassen als Personalaufwand einerseits die Löhne und Gehälter (*Wages and Salaries*) wie die periodischen Gehaltszahlungen und die sonstigen Sonderleistungen, andererseits die Sozialaufwendungen (*Social Security Costs*), also den Arbeitgeberanteil zur Sozialversicherung.

6. *Depreciation/Amortisation Expense*:

Während die planmäßigen Abschreibungen des Sachanlagevermögens als *Depreciation Expenses* bezeichnet werden, handelt es sich bei *Amortisation Expenses* um die planmäßigen Abschreibungen auf immaterielle Vermögenswerte. Da es sich bei außerplanmäßigen Abschreibungen um unregelmäßige Wertminderungen handelt, sind diese – sofern sie relevant sind – gesondert als *Impairment Loss* auszuweisen.

7. *Other Expenses*:

Als Pendant zu den sonstigen Erträgen sind den sonstigen Aufwendungen diejenigen zuzuordnen, die nicht zu den zuvor aufgeführten Aufwandspositionen gehören.

8. *Finance Income*:

Unter die Finanzerträge fallen die regelmäßigen Zins- und Dividendenerträge. Nach dem Grundsatz der Relevanz kann hier eine Aufteilung in die Erträge aus Tochterunternehmen, aus assoziierten Unternehmen und sonstige Erträge vorgenommen werden. Sofern Wertzuwächse bei den zum Handel gehaltenen Wertpapieren (*Financial Assets held for Trading*) unregelmäßig auftreten, sind diese als *Financial Gains* zu bezeichnen.

9. *Finance Expense*:

Auch bei den Finanzaufwendungen ist wiederum zwischen den regelmäßig und den unregelmäßig anfallenden Komponenten zu unterscheiden. Fremdkapitalzinsaufwendungen sowie die Zuschreibungen von abgezinsten langfristigen Verbindlichkeiten fallen unter die *Finance Expenses*. Dauerhafte Wertminderungen von *Available-for-Sale Financial Assets*, die als unregelmäßig zu bezeichnen sind, stellen einen *Impairment Loss* dar.

10. *Income Tax Expense*:

Ausgewiesen wird hier der Steueraufwand, der sich aufgrund des Gewinns gemäß IFRS-Erfolgsrechnung ergibt. Dieser resultiert aus dem effektiven Steueraufwand gemäß steuerrechtlicher Vorschriften, saldiert mit einem latenten Steueraufwand bzw. Steuerertrag, der bei

8.2 Der Jahresabschluss nach HGB und IFRS 707

zeitlich auftretenden Gewinnunterschieden nach IAS 12 „Ertragsteuern" (*Income Taxes*) zu erfassen ist.

Sofern die Erfolgsrechnung nach dem international gebräuchlicheren **Umsatzkostenverfahren** aufgestellt wird, unterscheidet sich die Mindestgliederung für das Ergebnis aus der operativen Geschäftstätigkeit (*Results of Operating Activities*) wie in Abb. 8.2 - 14 dargestellt.

Nach dem so genannten „**Matching Principle**" (vgl. S. 697) werden den Umsatzerlösen die zugehörigen Umsatzaufwendungen gegenübergestellt. Folgerichtig sind die gesamten Vertriebsaufwendungen der Periode für die verkauften Produkte, Waren bzw. Dienstleistungen entstanden. Bei der Zurechnung der allgemeinen Verwaltungsaufwendungen ist gegebenenfalls eine zeitliche Abgrenzung vorzunehmen (z.B. bei Mietaufwendungen).

1.	*Revenue*	**Umsatzerlöse**
2.	− *Cost of Sales*	− Umsatzaufwand
	= *Gross Profit*	= **Brutto-Ergebnis vom Umsatz**
3.	+ *Other Income*	+ Sonstige Erträge
4.	− *Distribution Costs*	− Vertriebsaufwand
5.	− *Administrative Expenses*	− Allgemeiner Verwaltungsaufwand
6.	− *Other Expenses*	− Sonstige Aufwendungen
	= *Results of Operating Activities*	= **Ergebnis der betrieblichen Tätigkeit**
7.	+ *Finance Income*	+ Finanzerträge
8.	− *Finance Expense*	− Finanzierungsaufwendungen
	= *Profit or Loss before Tax*	= **Periodenergebnis vor Steuern**
9.	− *Income Tax Expense*	− Ertragsteueraufwand
	= *Profit/Loss*	= **Periodengewinn/Periodenverlust**

Abb. 8.2 - 14   Mindestgliederung der Erfolgsrechnung als *Income Statement* nach dem Umsatzkostenverfahren

Eine Besonderheit der Erfolgsrechnung nach IFRS ist der **fehlende Ausweis eines außerordentlichen Ergebnisses**. Nach der Philosophie der IFRS steht die Zuordnung zu Erfolgen aus der normalen Geschäftstätigkeit über dem Seltenheitscharakter von außerordentlichen Erträgen und Aufwendungen, der nach HGB betont wird. Sofern entsprechende Positionen von Relevanz sind, sollen diese mit inhaltlichen Bezeichnungen ausgewiesen werden, sodass der externe Bilanzleser die Position einschätzen kann.

Zu (3)   Eigenkapitalveränderungsrechnung (*Statement of Changes in Equity*):

In der Eigenkapitalveränderungsrechnung (*Statement of Changes in Equity*) wird für den Anteilseigner die **Entwicklung des Reinvermögens** von Beginn der Rechnungslegungsperiode bis zum Ende aufgezeigt. Ihre Bedeutung erlangt sie dadurch, dass einige Transaktionen nach den IFRS-Vorschriften nicht erfolgswirksam in der GuV, sondern direkt erfolgsneutral über das Eigenkapital verbucht werden.

In IAS 1 „Darstellung des Abschlusses" (*Presentation of Financial Statements*) werden die Inhalte der Eigenkapitalveränderungsrechnung vorgegeben. In Abb. 8.2 - 15 wird die **Struktur** der Eigenkapitalveränderungsrechnung anhand eines Beispiels skizziert. Dabei wird auch auf die Besonderheiten im Konzernabschluss eingegangen, indem einerseits die auf Minderheitsanteile (*Minority Interests*) anfallenden Eigenkapitalveränderungen ausgewiesen sind, andererseits Effekte aus Änderungen im Konsolidierungskreis einbezogen sind.

	Gezeich-netes Kapital	Kapital-rücklagen	Gewinn-rücklagen	Erfolgs-neutrale Rücklagen	Anteile fremder Gesell-schafter	Eigen-kapital
Stand 01.01.2007	500	1.080	1.150	130	20	2.880
Währungsanpassungen	0	0	0	- 45	0	- 45
Marktbewertung Finanzinstrumente	0	0	0	0	0	0
Änderung Konsolidierungskreis	0	0	0	0	- 5	- 5
Erfolgsneutrale Eigenkapital-veränderungen	**0**	**0**	**0**	**- 45**	**- 5**	**- 50**
Jahresüberschuss	**0**	**0**	**317**	**0**	**3**	**320**
Kapitalerhöhung	50	500				550
Verkauf eigener Aktien	- 10	- 110				- 120
Ausschüttung	0	0	- 129	0	- 1	- 130
Transaktionen mit Anteilseignern	**40**	**390**	**- 129**	**0**	**- 1**	**300**
Stand 30.12.2007	**540**	**1.470**	**1.338**	**85**	**17**	**3.450**

Abb. 8.2 - 15   Beispiel für eine IFRS-Eigenkapitalveränderungsrechnung (*Statement of Changes in Equity*)

Zu (4)   Kapitalflussrechnung (*Statement of Cash Flows*):

Auskunft über die Finanzlage des Unternehmens liefert die Kapitalflussrechnung, die gemäß IAS 1.8 eigenständiger Bestandteil des IFRS-Jahresabschlusses ist. Nach der Zielsetzung des IAS 7 „Kapitalflussrechnungen" (*Statement of Cash Flows*) erklärt sie die Veränderung des Fonds „Zahlungsmittel und Zahlungsmitteläquivalente" (*Cash and Cash Equivalents*), indem die Zahlungsströme, die den Fonds verändern, nach ihren Ursachen erfasst werden. Der betrachtete **Zahlungsmittelfonds** umfasst zunächst die **Barmittel** (*Cash on Hand*), wie Kassenbestand und Schecks, und **täglich fällige Sichteinlagen** (*Demand Deposits*), wie Guthaben bei Banken (IAS 7.6). Die Einordnung von Wertpapieren als **Zahlungsmitteläquivalente** ist an die folgenden **Bedingungen** geknüpft:

- Haltung zur Liquiditätsreserve, um kurzfristigen Zahlungsverpflichtungen nachkommen zu können,
- leichte Umwandlung in Zahlungsmittel,
- geringes Wertschwankungsrisiko und
- Laufzeit von weniger als drei Monaten im Erwerbszeitpunkt (*Original Maturity*) (IAS 7.7).

Auch jederzeit rückzahlbare, kurzfristige Kredite, wie Kontokorrentkredite, dürfen als Zahlungsmitteläquivalente klassifiziert werden, wenn diese Bestandteile der Finanzmitteldisposition darstellen (IAS 7.8). Grundsätzlich wird den Unternehmen nach IFRS die Möglichkeit gegeben, sich bei der exakten Definition des Zahlungsmittelfonds am eigenen Cash Management bzw. Liquiditätsmanagement zu orientieren.

8.2 Der Jahresabschluss nach HGB und IFRS

	Cash Receipts/Inflows from Operating Activities	Operative Einzahlungen
	– *Cash Payments/Outflows from Operating Activities*	– Operative Auszahlungen
[1]	= ***Net Cash from/provided by or used in Operating Activities***	= **Cashflow aus laufender Geschäftstätigkeit**
	Cash Receipts/Inflows from Investing Activities	(Des-)Investitionseinzahlungen
	– *Cash Payments/Outflows from Investing Activities*	– Investitionsauszahlungen
[2]	= ***Net Cash from/provided by or used in Investing Activities***	= **Cashflow aus der Investitionstätigkeit**
	Cash Receipts/Inflows from Financing Activities	Finanzierungseinzahlungen
	– *Cash Payments/Outflows from Financing Activities*	– Finanzierungsauszahlungen
[3]	= ***Net Cash from/provided by or used in Financing Activities***	= **Cashflow aus der Finanzierungstätigkeit**
[4] = [1] + [2] + [3]	***Net In-/Decrease in Cash and Cash Equivalents***	**Zahlungswirksame Veränderung des Finanzmittelbestands**
[5]	*Effects of exchange rate changes on the balance of cash held in foreign currencies*	Wechselkurs- und bewertungs-bedingte Änderungen des Finanzmittelfonds
[6]	*Cash and cash equivalents, beginning of period*	Finanzmittelfonds am Anfang der Periode
[7] = [4] + [5] + [6]	***Cash and cash equivalents, end of period***	**Finanzmittelfonds am Ende der Periode**

Abb. 8.2 - 16   Direkte Darstellungsform der Kapitalflussrechnung (*Statement of Cash Flows*) nach dem Aktivitätsformat

Für die **formale Gestaltung** wird nach IAS 7 die Staffelform (*Report Form*) empfohlen. Saldierungen der einzelnen Positionen dürfen nicht vorgenommen werden, d.h. es wird das Bruttoprinzip vorgeschrieben. Wie Abb. 8.2 - 16 zeigt, sind die Cashflows **drei Ursachenbereichen** zugeordnet, wobei für die Darstellung des Cashflows aus laufender Geschäftstätigkeit nach IAS 7.18 auch die indirekte Methode verwendet werden darf. Da die Vorgehensweise zur Aufstellung einer Kapitalflussrechnung sowie die Darstellung bereits im siebten Kapitel ausführlich erläutert wurden, kann an dieser Stelle auf diese Ausführungen verwiesen werden (vgl. S. 593ff.).

Der Saldo aus den drei Ursachenbereichen ergibt die **zahlungswirksame Veränderung des Finanzmittelbestands**. Bei der Überleitung des Zahlungsmittelbestands vom Beginn der Rechnungsperiode zum Ende sind zusätzlich auch die **nicht-zahlungswirksamen Veränderungen** zu berücksichtigen. Diese resultieren aus Wechselkursänderungen und sonstigen Wertänderungen der Komponenten des Finanzmittelbestands, wie bspw. Marktwertänderungen bei den im Fonds enthaltenen Wertpapieren (IAS 7.28). In der Konzernkapitalflussrechnung sind die Wertveränderungen, die aus einer Veränderung des Konsolidierungskreises resultieren, gesondert auszuweisen (IAS 7.39).

710   Achtes Kapitel: Externe Unternehmungsrechnung

Ein Wahlrecht besteht bei der Zuordnung der erhaltenen Dividenden, die dem Investitionsbereich oder alternativ dem Bereich der laufenden Geschäftstätigkeit zugeordnet werden können. Auch bei den Fremdkapitalzinsaufwendungen kann zwischen der Zuordnung zum operativen Bereich oder zum Finanzierungsbereich gewählt werden.

Zu (5)   Anhang (*Notes*) u.U. mit Segmentberichterstattung (*Segment Reporting*):

In IAS 1 „Darstellung des Abschlusses" (*Presentation of Financial Statements*) werden die grundsätzlichen Inhalte des Anhangs zum IFRS-Jahresabschluss geregelt. Er dient der Angabe von Informationen, welche die wesentlichen Bilanzierungs- und Bewertungsmethoden (*Accounting Policies*) und sonstige Erläuterungen (*Other Explanatory Information*) umfassen. Im Einzelnen werden im Anhang die folgenden Informationen bereit gestellt:

- **Grundlagen der Aufstellung**

  Im Rahmen der Informationen über die Grundlagen der Aufstellung des Jahresabschlusses sind die angewendeten Standards zu nennen. Dies bezieht sich insbesondere auf die Standards, die schon vor deren Verbindlichkeit angewendet werden, wie dies in der Regel vom IASB empfohlen wird.

- **Bilanzierungs- und Bewertungsmethoden**

  Sofern gemäß IFRS Wahlrechte bei der Bilanzierung und bei der Bewertung von Vermögenswerten und von Schulden zugelassen sind, so sind die gewählten Vorgehensweisen im Anhang anzugeben.

- **Angabepflichten nach einzelnen Standards**

  Am Ende eines jeden Standards finden sich unter der Bezeichnung „Angaben" (*Disclosure*) die Angabepflichten, die im Anhang zur Anwendung des einzelnen Standards zu machen sind. Diese beziehen sich z.B. bei den Sachanlagen (nach IAS 16) u.a. auf Informationen zum gewählten Bewertungsmodell, zur Bewertungsgrundlage, zum Abschreibungsverfahren, zur geplanten Nutzungsdauer und zu Abschreibungssätzen. Sofern das Neubewertungsmodell angewendet wird, umfassen die Informationspflichten u.a. Angaben zum Bewertungsstichtag und zur Ermittlung des beizulegenden Zeitwerts.

- **Überleitungsrechnungen**

  Überleitungsrechnungen dienen dazu, die Entwicklung der Buchwerte von Vermögensgegenständen vom vergangenen zum aktuellen Bilanzstichtag darzustellen, indem Zugänge, Abgänge, planmäßige und außerplanmäßige Abschreibungen sowie Wertaufholungen nach dem Kosten- und dem Neubewertungsmodell während der Rechnungsperiode dokumentiert werden. Die entsprechenden Regelungen zur Aufstellung von Überleitungsrechnungen, die im HGB Anlagengitter bzw. Anlagespiegel genannt werden (vgl. S. 655), für Sachanlagen finden sich in IAS 16.73 und für immaterielle Vermögenswerte in IAS 38.118.

- **Ermessensentscheidungen**

  Um die Bilanzierung für die Adressaten transparenter zu machen, sind auch die Entscheidungen, die sich auf die Ausnutzung von Ermessensspielräumen beziehen, und diesbezügliche Begründungen im Anhang anzugeben. Hierzu zählen z.B. die Entscheidungen über die Zuordnung von Finanzanlagen zu den einzelnen bewertungsrelevanten Kategorien nach

8.2 Der Jahresabschluss nach HGB und IFRS

IAS 39 (vgl. S. 692f.), und zum Ansatz von Entwicklungskosten, Angaben zur Berechnung von Nutzungswerten und die Bewertung von Rückstellungen.

- **Angabe von Zusatzinformationen**

  Schließlich gibt der Anhang die Möglichkeit, noch zusätzliche Informationen zugänglich zu machen, die aus dem reinen Zahlenwerk von Bilanz und Erfolgsrechnung nicht hervorgehen. Hierzu gehören z.B. Hinweise auf mögliche zukünftige finanzielle Belastungen, wie die Angabe von Eventualschulden (*Contingent Liabilities*) oder die Angabe über die Übernahme einer Bürgschaftsverpflichtung.

Obwohl für die so genannte **Segmentberichterstattung**, die in IFRS 8 „Geschäftssegmente" (*Operating Segments*) geregelt ist, kein expliziter Ausweisort vermerkt ist, wird diese üblicherweise im Anhang präsentiert, weshalb an dieser Stelle auf sie eingegangen wird. Lediglich für **kapitalmarktorientierte Unternehmen** ist die Aufstellung einer Segmentberichterstattung Pflichtbestandteil des Einzelabschlusses sowie des Konzernabschlusses. Unter kapitalmarktorientierten Unternehmen werden solche verstanden, deren Eigen- und Fremdkapitaltitel an einem öffentlichen Markt, der sehr weit gefasst wird (*Stock Exchange, Over-The-Counter Market, Local and Regional Markets*) und praktisch alle Börsensegmente umfasst, gehandelt oder in Kürze emittiert werden (IFRS 8.2). Sofern diese Unternehmen gleichzeitig Mutterunternehmen eines Konzerns sind, ist die Veröffentlichung der konsolidierten Segmentberichterstattung ausreichend (IFRS 8.4).

Nicht-kapitalmarktorientierte Unternehmen, die nach § 315a Abs. 3 HGB freiwillig einen Konzerabschluss nach IFRS veröffentlichen und solche, die nach § 325 Abs. 2a HGB freiwillig einen Einzelabschluss nach IFRS offenlegen, brauchen IFRS 8 nicht anzuwenden, müssen also keine Segmentberichterstattung durchführen. Wenn sie dies allerdings auf freiwilliger Basis doch tun, dann müssen die Anforderungen von IFRS 8 erfüllt werden.

Im Rahmen der Segmentberichterstattung beinhaltet der erste Schritt die **Identifikation der Geschäftssegmente**. IFRS 8 folgt hier dem nach den US-GAAP üblichen „Management Approach", nach dem die interne Organisations- und Berichtsstrukturen bei der Bildung von Geschäftssegmenten relevant sind. Nach IFRS 8.5 muss es sich um einen operativen Geschäftsbereich handeln, dessen operatives Ergebnis als Differenz zwischen Umsätzen und Aufwendungen durch einen leitenden operativen Entscheidungsträger zum Zwecke der Erfolgsmessung und Ressourcenallokation regelmäßig überwacht wird.

In einem zweiten Schritt ist zu prüfen, ob ein Geschäftssegment die erforderliche Relevanz für die Adressaten der Jahresabschlussinformation aufweist, um ein Berichtssegment zu bilden. Sofern die folgenden fünf Kriterien kumulativ erfüllt sind, dürfen Geschäftssegmente **freiwillig zu Berichtssegmenten zusammengefasst** werden, um das Kriterium der Relevanz zu erfüllen: Die Geschäftssegmente müssen in der Natur der Produkte oder Dienstleistungen, in der Natur des Produktionsprozesses, in der Art der Kunden für die Produkte oder Dienstleistungen, in den Methoden, wie die Produkte oder Dienstleistungen vertrieben werden, und ggf. in der Natur des regulatorischen Umfelds ähnlich sein (IFRS 8.12).

Nach dem **10 %-Test** muss mindestens eines der drei folgenden Kriterien erfüllt sein, bevor ein Geschäftssegment (auch wenn es aus dem freiwilligen Zusammenschluss von Geschäftssegmenten entstanden ist) die notwendige Größe aufweist und damit auch ein Berichtssegment darstellt (IFRS 8.13): Entweder müssen die internen und externen Erlöse 10 % der aggregierten Erlöse aller operativen Segmente betragen oder das Segmentergebnis beläuft sich auf mindestens 10 % der kumulierten Ergebnisse aller Segmente (was für Gewinne wie auch für Verluste gilt) oder aber das Segmentvermögen umfasst 10 % der aggregierten Vermögenswerte aller Segmente. Sofern mehrere Segmente den 10 %-Test nicht erfüllen, so dürfen diese bei Erfüllung von mindestens drei der fünf Ähnlichkeitskriterien über den freiwilligen Zusammenschluss zusammengefasst werden (IFRS 8.14).

Um in der Segmentberichterstattung das Unternehmen möglichst vollständig abzubilden, müssen **75 % aller externen Umsätze auf die Berichtssegmente** entfallen (75 %-Test nach IFRS 8.15). Damit die Segmentberichterstattung noch übersichtlich bleibt, sollte die Zahl der berichtenden Segmente auf zehn limitiert sein (IFRS 8.19).

Für die Berichtssegmente sind jeweils die **Vorjahreszahlen** auszuweisen, soweit diese vorhanden sind. Im Falle von Umstrukturierungen sind die Vorjahreszahlen bei vertretbarem Kostenaufwand der neuen Struktur anzupassen, um auch hier nach dem Grundsatz der Stetigkeit die Vergleichbarkeit der Daten zu gewährleisten.

Zu den **erforderlichen Segmentangaben** gehören zunächst neben Angaben zu Produkten oder Dienstleistungen, mit denen die Segmentumsätze erzielt werden, die allgemeinen Informationen, welche auch zur Identifikation der Segmente herangezogen wurden (IFRS 8.22). Zu den weiteren Angaben gehören im Wesentlichen die Folgenden: Segmentergebnis, Segmenterträge mit fremden Dritten, intersegmentäre Umsatzerlöse, Segmentabschreibungen, Zinsaufwendungen und -erträge, Segmentvermögen, Segmentinvestitionen, zahlungsunwirksame Größen und Segmentverbindlichkeiten (IFRS 8.23 und 23). Die Informationen werden auf Basis der internen Management-Daten erstellt (*Management Approach*) und durch entsprechende Erläuterungen im Segmentbericht ergänzt. Wichtig sind die **Überleitungsrechnungen**, die eine Überführung der Ergebnisse der Segmentberichterstattung mit den gesamtunternehmensbezogenen IFRS-Abschlussdaten erlauben.

Fragen und Aufgaben zur Wiederholung (8.2.2: S. 689 – 712)

1. Erläutern Sie das zweistufige Schema, nach dem der Ansatz von Vermögenswerten und Schulden nach IFRS vorzunehmen ist!

2. Zählen Sie die allgemeinen IFRS-Definitionskriterien für Vermögenswerte und für Schulden auf!

3. Was ist unter dem „beizulegenden Zeitwert" (*Fair Value*) zu verstehen und wie wird dieser ermittelt?

4. Beschreiben Sie die im IFRS-Rahmenwerk genannten möglichen Wertansätze!

5. Wie setzen sich die Anschaffungskosten und die Herstellungskosten im Falle der Erstbewertung nach IFRS zusammen?

6. Unter welchen Bedingungen sind die Fremdkapitalkosten als Komponente der Anschaffungskosten bzw. der Herstellungskosten nach IFRS aktivierbar?

7. Erläutern Sie das Kosten- und das Neubewertungsmodell als Modelle der Folgebewertung nach IFRS!

8. Was ist unter der „Clean-Surplus"-Bedingung bzw. dem Kongruenzprinzip zu verstehen?

8.2 Der Jahresabschluss nach HGB und IFRS 713

9. Was sind die jeweiligen Zielsetzungen, die bei Orientierung der Rechnungslegungsvorschriften am „Revenue-Expense-Approach" und am „Asset-Liability-Approach" verfolgt werden?

10. Welche Konsequenzen hat die Nicht-Einhaltung der „Clean-Surplus"-Bedingung bzw. des Kongruenzprinzips nach IFRS?

11. Nennen Sie die Elemente des IFRS-Jahresabschlusses!

12. Erklären Sie zentrale Positionen der Bilanz nach IFRS!

13. Skizzieren Sie den Aufbau der Erfolgsrechnung nach IFRS!

14. Welche Funktion hat die Eigenkapitalveränderungsrechnung im IFRS-Abschluss und wie ist diese aufgebaut?

15. Erläutern Sie den Aufbau der IFRS-Kapitalflussrechnung!

16. Beschreiben Sie die zentralen Informationen des Anhangs nach IFRS!

17. Was sind die wesentlichen Merkmale der Segmentberichterstattung gemäß IFRS-Vorschriften?

8.2.3 Besonderheiten des konsolidierten Jahresabschlusses

Vergleicht man die Regelungen des HGB zum Konzernabschluss mit den internationalen Vorschriften nach IFRS, so zeigen sich so gut wie keine Unterschiede. Dies ist darin begründet, dass die Annäherung der kontinental-europäischen und angloamerikanischen Rechnungslegungssysteme zunächst bei der Konzernrechnungslegung ihren Anfang nahm, um für kapitalmarktorientierte Kapitalgesellschaften die Vergleichbarkeit der Abschlüsse zu fördern.

Da allerdings in den der Konsolidierung zugrunde liegenden Einzelabschlüssen sehr wohl Unterschiede bestehen, ist es wichtig, diese in den Abschnitten zuvor kennengelernt zu haben, bevor nun auf die Besonderheiten des konsolidierten Jahresabschlusses eingegangen wird.

8.2.3.1 Grundlagen der Konzernrechnungslegung

Mit der Umsetzung der 7. EG-Richtlinie (Konzernabschlussrichtlinie) durch das Bilanzrichtlinengesetz (BiRiLiG) von 1985 wurden die Vorschriften zur Konzernrechnungslegung in den zweiten Unterabschnitt des zweiten Abschnitts im Dritten Buch des HGB (§§ 290 – 315a) aufgenommen (vgl. Abb. 8.1 - 6, S. 619). Einen weiteren Meilenstein im Rahmen der Konzernrechnungslegung stellte die Einführung der IAS-Richtlinie in deutsches Recht dar, wonach für börsennotierte Gesellschaften in Deutschland der Konzernabschluss nach IFRS-Kriterien verbindlich vorgeschrieben ist und für alle anderen Kapitalgesellschaften ein Wahlrecht besteht (vgl. S. 625f.). Von daher sind die nachfolgenden Ausführungen zu den HGB-Vorschriften (einschließlich der wichtigsten Vorschläge gemäß Referentenentwurf des Gesetzes zur Modernisierung des Bilanzrechts des Bundesministeriums der Justiz (BMJ) vom 8. November 2007, im Folgenden BilMoG-RefE genannt) jeweils um die relevanten IFRS-Regelungen ergänzt. Zentral sind dabei der speziell auf Konzerne bezogene IAS 27 „Konzern- und separate Einzelabschlüsse nach IFRS" (*Consolidated and Separate Financial Statements*) sowie auch der allgemeiner, nicht nur auf Mutter-Tochter-Beziehungen von Unternehmen ausgerichtete IFRS 3 „Unternehmenszusammenschlüsse" (*Business Combinations*), da der Erwerb eines Tochterunternehmens gleichzeitig einen Unternehmenszusammenschluss (*Busi-*

714 Achtes Kapitel: Externe Unternehmungsrechnung

ness Combination) darstellt (IFRS 3.6). Des Weiteren sind IAS 31 „Anteile an Joint Ventures" (*Financial Reporting of Interests in Joint Ventures*) und IAS 28 „Anteile an assoziierten Unternehmen" (*Accounting for Investments in Associates*) für die Konzernrechnungslegung von Relevanz.

Die **Grundlagen der Konzernrechnungslegung** sollen anhand

(1) der **Pflicht zur Aufstellung**,

(2) der **formalen Elemente**,

(3) der **Grundsätze**,

(4) des **Konsolidierungskreises** und

(5) der **Bilanzierungs- und Bewertungsvorschriften**

erläutert werden.

Zu (1)   Pflicht zur Aufstellung:

Bisher wurden die handelsrechtlichen Vorschriften nur für den Fall analysiert, dass die bilanzierende Gesellschaft als eine wirtschaftlich selbstständige Einheit operiert und insbesondere nicht etwa Teil eines Konzerns ist. Ist dies nun aber der Fall, müssen ergänzende Überlegungen Platz greifen. Denn da Konzernunternehmen begriffsnotwendig unter der einheitlichen Leitung einer Konzernverwaltung stehen (vgl. S. 60ff.), kann der Aussagegehalt der Jahresabschlüsse einzelner zum Konzern gehörender Gesellschaften erheblich eingeschränkt sein. Man denke nur an den sicherlich nicht selten auftretenden Fall, dass abhängige Gesellschaften Weisungen befolgen müssen, die zwar zum Vorteil des Gesamtkonzerns sind, ihnen selbst aber Nachteile bringen.

Für kleine, mittlere und große Kapitalgesellschaften gilt zudem die Pflicht zur Aufstellung eines **Konzernabschlusses und eines Konzernlageberichts**, wenn die Tatbestände der einheitlichen Leitung oder des „Control"-Verhältnisses zwischen Mutter- und Tochterunternehmen gemäß § 290 HGB vorliegen. Wenn ein Tochterunternehmen unter der **einheitlichen Leitung des Mutterunternehmens** steht, so ist das Mutterunternehmen zur Konzernrechnungslegung verpflichtet (§ 290 Abs. 1 HGB). Einheitliche Leitung bedeutet, dass die Geschäftspolitik und die Geschäftsführung zusammengehöriger Unternehmen im Hinblick auf die Interessen des gemeinsamen Konzerns abgestimmt werden. Diese Leitungsfunktion darf nur von der Konzernspitze, nicht aber von untergeordneten Unternehmen übernommen werden.

Während das Konzept der einheitlichen Leitung Auslegungsfreiheit bietet, gibt das aus dem angloamerikanischen Bereich übernommene „**Control"-Konzept** konkretere und damit leichter nachprüfbare Abgrenzungskriterien vor (§ 290 Abs. 2 HGB). Eine Mutterunternehmung wird zur Konzernrechnungslegung verpflichtet, sofern

- ihr die Mehrheit der Stimmrechte der Gesellschafter des Tochterunternehmens zusteht oder
- sie das Recht besitzt, die Mehrheit der Mitglieder der Verwaltungs-, Leitungs- oder Aufsichtsorgane zu bestellen oder abzuberufen, und sie gleichzeitig Gesellschafter ist oder
- sie das Recht hat, einen beherrschenden Einfluss auf ein Tochterunternehmen aufgrund eines mit diesem Unternehmen geschlossenen Beherrschungsvertrags oder aufgrund einer Satzungsbestimmung dieses Tochterunternehmens ausüben kann.

8.2 Der Jahresabschluss nach HGB und IFRS 715

Die Aufstellungspflicht für den **IFRS-Konzernabschluss** (*Consolidated Financial Statement*) ist in IAS 27 geregelt. Sie richtet sich nach dem „Control"-Prinzip, wonach eine Beherrschung vorliegt, wenn die eine Unternehmung (*Parent*) die Finanz- und Geschäftspolitik des Tochterunternehmens (*Subsidiary*) bestimmen kann, um aus dessen Aktivitäten entsprechenden Nutzen zu ziehen (IAS 27.13). Dies ist gegeben, wenn die eine Unternehmung direkt oder indirekt mehr als 50 % der Stimmen an dem Beteiligungsunternehmen hält, oder aber die Mehrheit durch Stimmrechtsvereinbarungen gegeben ist, die Einflussmöglichkeit vertraglich oder satzungsmäßig festgelegt ist, die Möglichkeit der Besetzung von Leitungsgremien besteht oder die Stimmenmehrheit in Leitungsgremien vorliegt.

Zu (2)   Formale Elemente:

Entsprechend dem Wesensmerkmal eines Konzerns als einer übergeordneten wirtschaftlichen Einheit kann also nur ein **konzernumfassender Jahresabschluss** die beschränkte Aussagefähigkeit von Einzelabschlüssen der Konzernunternehmen beseitigen. Dieser Konzernabschluss setzt sich gemäß § 297 Abs. 1 HGB aus den folgenden **Bestandteilen** zusammen:

- Konzernbilanz,
- Konzern-Gewinn- und Verlustrechnung,
- Konzernanhang,
- Kapitalflussrechnung,
- Eigenkapitalspiegel und
- eventuell Segmentberichterstattung.

Der inhaltliche Umfang einer Kapitalflussrechnung ist im HGB selbst nicht vorgeschrieben. Bezüglich Form und Inhalt einer Kapitalflussrechnung ist DRS 2 „Kapitalflussrechnung" zu beachten.

Entscheidend für den Konzernabschluss ist, dass er sich nicht durch Addition der Einzelabschlüsse ergibt, sondern unter weitgehender Ausschaltung konzerninterner Verflechtungen erstellt wird. Der Konzernabschluss ist also ein **konsolidierter Jahresabschluss**, der die (Einzel-)Abschlüsse der rechtlich selbstständigen Konzernunternehmen nicht ersetzt, sondern um deren spezifische Konzernkomponente ergänzt.

Zur Konzernrechnungslegung gehört neben der Erstellung eines Konzernabschlusses auch die Erstellung eines **Konzernlageberichts**. In diesem Lagebericht sind zusätzliche Informationen über den Geschäftsverlauf und die allgemeine Lage des Konzerns anzugeben. Anzumerken ist an dieser Stelle, dass gemäß BilMoG-RefE die Pflichtangaben im Konzernanhang (§ 314 HGB-E) und auch die Lageberichterstattung ausgeweitet werden sollen (§ 315 Abs. 2 Nr. 5 HGB-E).

Die Bestandteile der Konzernrechnungslegung gemäß HGB lehnen sich an die entsprechenden **Elemente des Jahresabschlusses nach IFRS** an, die in IAS 1 „Darstellung des Abschlusses" (*Presentation of Financial Statements*) festgelegt sind. In Abb. 8.2 - 17 sind die Bestandteile des Jahresabschlusses nach IFRS, die sowohl für den Einzelabschluss als auch für den Konzernabschluss gelten, aufgeführt. Für die Erläuterungen kann auch auf die voranstehenden Ausführungen zu den IFRS verwiesen werden (vgl. S. 699ff.).

1.	*Statement of Financial Position* *(as at the Beginning/End of the Period)*	Aufstellung der Vermögens- und Finanzlage (zu Beginn/zum Ende der Periode)
2.	*Statement of Comprehensive Income*	Aufstellung der erfassten Erträge und Aufwendungen
3.	*Statement of Changes in Equity*	Eigenkapitalveränderungsrechnung
4.	*Statement of Cash Flows*	Kapitalflussrechnung
5.	*Notes (Comprising a Summary of Significant Accounting Policies and Other Explanatory Information)*	Anhang (mit Angaben zu den wesentlichen Bilanzierungs- und Bewertungsmethoden und sonstigen Erläuterungen)

Abb. 8.2 - 17   Bestandteile des Einzel- und Konzernabschlusses nach IFRS

Die **Aufstellung der Vermögens- und Finanzlag**e entspricht der Bilanz und dient dem Ausweis des Reinvermögens als Saldo aus Vermögenswerten auf der Aktivseite und Schulden auf der Passivseite zum Abschlussstichtag. Mit der **Aufstellung der erfassten Erträge und Aufwendungen** wird der Gesamterfolg des Geschäftsjahres dokumentiert, sodass es sich hier um die Erfolgs- bzw. Gewinn- und Verlustrechnung handelt. Sie wird auch als Gesamtergebnisrechnung bzw. erweiterte GuV bezeichnet, da sie neben dem Periodenergebnis auch weitere Erträge und Aufwendungen – wie bspw. erfolgsneutrale Neubewertungen – beinhaltet, die direkt im Eigenkapital erfasst werden. In der **Eigenkapitalveränderungsrechnung** wird die Entwicklung des Reinvermögens vom Beginn des Geschäftsjahres bis zum Abschlussstichtag dargestellt. Die **Kapitalflussrechnung** gibt Auskunft über die Herkunft und Verwendung der Zahlungsströme des Geschäftsjahres und gibt somit Auskunft über die Finanzlage. Schließlich beinhaltet der **Anhang** neben den wesentlichen Bilanzierungs- und Bewertungsmethoden zusätzliche erklärende Informationen.

Für **kapitalmarktorientierte Unternehmen**, deren Eigen- oder Fremdkapitaltitel öffentlich gehandelt werden, sehen die IFRS vor, dass zusätzlich eine **Segmentberichterstattung** gemäß IFRS 8 „Geschäftssegmente" (*Operating Segments*) erstellt wird und das **Ergebnis je Aktie** nach IAS 33 „Ergebnis je Aktie" (*Earnings per Share*) ausgewiesen wird.

Ein **Lagebericht** ist in den IFRS derzeit noch nicht vorgesehen. Es wird allerdings die Einführung eines *Management Commentary* als internationaler Lagebericht diskutiert. Sofern die Verpflichtung für deutsche Kapitalgesellschaften zur Aufstellung des Konzernabschlusses nach IFRS besteht oder das Wahlrecht wahrgenommen wird, ist ergänzend zum Jahresabschluss ein **Lagebericht** gemäß § 315 HGB zu erstellen. In DRS 15 „Lageberichterstattung" wird die verlangte Konzernlageberichterstattung konkretisiert, um die Unterschiede in Umfang, Inhalt und Struktur der Lageberichterstattung zur besseren Vergleichbarkeit zu reduzieren und die Aussagekraft durch Bereitstellung von entscheidungsnützlichen Informationen für die Investoren zu erhöhen. Damit wird der Konzernlagebericht zu einem Instrument der wert- und zukunftsorientierten Berichterstattung erweitert. Neben der Formulierung von **fünf Grundsätzen**,

- Grundsatz der Vollständigkeit,
- Grundsatz der Verlässlichkeit,
- Grundsatz der Klarheit und Übersichtlichkeit,
- Grundsatz der Information aus Sicht der Unternehmensleitung und
- Grundsatz der Konzentration auf nachhaltige Wertschaffung,

8.2 Der Jahresabschluss nach HGB und IFRS 717

werden die Inhalte durch eine empfohlene Gliederung im Anhang von DRS 15 in Orientierung an die in § 315 Abs. 1 und 2 HGB geforderten Berichtsinhalte des Konzernlageberichts umrissen. In diesem Zusammenhang kann auf die Ausführungen zu den Inhalten des Lageberichts im Einzelabschluss verwiesen werden (vgl. S. 669ff.).

Zu (3)   Grundsätze der Konzernrechnungslegung:

Als oberster Grundsatz der Konzernrechnungslegung nach HGB gilt die kodifizierte **Generalnorm**, wie sie in § 264 Abs. 2 HGB für Kapitalgesellschaften formuliert ist. In § 297 Abs. 2 HGB wird auch für den Konzernabschluss gefordert, dass dieser unter Beachtung der Grundsätze ordnungsmäßiger Buchführung (GoB) ein den tatsächlichen Verhältnissen entsprechendes Bild der Vermögens-, Finanz- und Ertragslage des Konzerns zu vermitteln hat.

Die **Einheitstheorie** stellt im deutschen Handelsgesetzbuch die theoretische Basis der Konzernrechnungslegung dar. Hierauf aufbauend müssen die Vermögens-, Ertrags- und Finanzlage der zu einem Konzern gehörenden Unternehmen so dargestellt werden, als ob diese Unternehmen insgesamt ein einziges Unternehmen wären. Aus der Einheitstheorie folgt der Grundsatz der Fiktion der rechtlichen Einheit.

Nach IFRS folgt auch die Konzernrechnungslegung den **obersten IFRS-Grundsätzen** des „True and Fair View" und der „Fair Presentation", wie diese auch für den Einzelabschluss gelten. Wie die Vorschriften des HGB sehen auch die IFRS vor, dass der Unternehmensverbund so ausgewiesen werden soll, als ob es sich um eine einzige Gesellschaft handelt (vgl. IAS 27.4). Allerdings stehen – wie auch beim Einzelabschluss – im Sinne der grundsätzlichen Ausrichtung der internationalen Rechnungslegungsvorschriften die Interessen der Anteilseigner im Vordergrund. Wie nach der Einheitstheorie (*Entity Theory*) wird auch nach der so genannten **Interessentheorie** (*Parent Company Theory*) der Konzern im Jahresabschluss als eine Einheit selbstständiger Unternehmen betrachtet. Um den Interessen der Anteilseigner nachzukommen, werden im Konzernabschluss jedoch nur die Vermögenswerte und Erträge ausgewiesen, die dem Mutterunternehmen zustehen. In diesem Sinne ist der Konzernabschluss eher als ein erweiterter Abschluss des Mutterunternehmens anzusehen.

Als weitere **Grundsätze der Konzernrechnungslegung** sind nach HGB und IFRS gleichermaßen

- der Grundsatz der Vollständigkeit,
- der Grundsatz des einheitlichen Konzernabschlussstichtages,
- der Grundsatz der einheitlichen Bilanzierung und Bewertung,
- der Grundsatz der Stetigkeit der Konsolidierungsmethoden und
- der Grundsatz der Wirtschaftlichkeit

zu nennen (vgl. dazu COENENBERG 2005a, S. 556f.).

Zu (4)   Konsolidierungskreis:

Im Rahmen der **Konsolidierung** werden die Einzelabschlüsse der Konzernunternehmen unter Aufrechnung der Ergebnisse von Verbindungen der Konzernunternehmen untereinander zusammengefasst. Ob nun im Einzelfall eine Konzernunternehmung in den Konzern- bzw. Teil-

718   Achtes Kapitel: Externe Unternehmungsrechnung

konzernabschluss einbezogen werden muss (= **Konsolidierungspflicht**) oder einbezogen werden darf (= **Konsolidierungswahlrecht**), ist eine ergänzende Fragestellung, die von den bisherigen Ausführungen nur teilweise abgedeckt wird. Zusätzlich ist nämlich noch u.a. zu prüfen, ob der Aussagewert des konsolidierten Jahresabschlusses durch die Einbeziehung beeinträchtigt wird oder nicht.

Grundsätzlich besteht eine **Konsolidierungspflicht**, indem in § 294 HGB vorgeschrieben ist, dass in den Konzernabschluss das Mutterunternehmen und alle Tochterunternehmen mit Sitz im In- und Ausland (nach dem Weltabschlussprinzip) einzubeziehen sind, wenn nicht die Ausnahmen im Sinne von § 296 HGB vorliegen.

Konsolidierungswahlrechte, welche den Verzicht auf die Einbeziehung erlauben, ergeben sich nach den folgenden, in § 296 HGB genannten Ausnahmen, was allerdings im Anhang zu erläutern ist (Abs. 3):

- Erhebliche und andauernde Beschränkungen beeinträchtigen die Ausübung der Rechte des Mutterunternehmens in Bezug auf das Vermögen oder die Geschäftsführung des Beteiligungsunternehmens nachhaltig (Abs. 1 Nr. 1).
- Die für die Konsolidierung erforderlichen Angaben sind nur mit unverhältnismäßig hohen Kosten oder unter Verzögerungen erhältlich (Abs. 1 Nr. 2).
- Die Anteile des Tochterunternehmens werden ausschließlich zum Zwecke ihrer Weiterveräußerung gehalten (Abs. 1 Nr. 3).
- Für die Verpflichtung, ein den tatsächlichen Verhältnissen entsprechendes Bild der Vermögens-, Finanz- und Ertragslage des Konzerns zu vermitteln, ist das Tochterunternehmen von untergeordneter Bedeutung (Abs. 2).

Im BilMoG-RefE ist die Erweiterung des Konsolidierungskreises um Zweckgesellschaften vorgesehen (§ 290 Abs. 1 Satz 1 HGB-E). Damit wird den internationalen Vorschriften gefolgt, wonach Zweckgesellschaften (*Special Purpose Entities*) zu konsolidieren sind, wenn der Charakter der Beziehung – auch ohne Mutter-Tochter-Verhältnis – darauf schließen lässt, dass die Zweckgesellschaft von dem berichtenden Unternehmen beherrscht wird.

Die HGB-Vorschriften sind im Hinblick auf den Konsolidierungskreis mit den IFRS-Regelungen aufgrund des in beiden Normensystemen gültigen **Weltabschlussprinzips** vergleichbar. Ein **Einbeziehungsverbot** besteht nach IFRS für den Fall der Weiterveräußerungsabsicht der Anteile am Beteiligungsunternehmen. Unter Beachtung des Grundsatzes der Wesentlichkeit (*Materiality*) kann bezüglich der Einbeziehung auch ein **Wahlrecht** ausgeübt werden, wenn Beteiligungsunternehmen in Bezug auf Umsatz oder Bilanzsumme eine untergeordnete Bedeutung haben. Die Anteile von nicht in den Konsolidierungskreis einbezogenen Beteiligungsunternehmen sind im Anlagevermögen als *Available-for-Sale Financial Assets* auszuweisen und nach IAS 39 zum beizulegenden Zeitwert (*Fair Value*) zu bewerten.

Zu (5)   Bilanzierungs- und Bewertungsvorschriften:

Nach dem **Grundsatz des Bewertungsrahmens des Mutterunternehmens** gelten die für die Mutterunternehmen vorgeschriebenen Bilanzierungs- und Bewertungswahlrechte auch für die Konzernrechnungslegung. Die Einzelabschlüsse der Konzernunternehmen müssen korrigiert werden, sofern sie nach anderen Bewertungsvorschriften erstellt worden sind. Die Neubewertung eines Einzelabschlusses erfolgt in Form einer Ergänzungsrechnung, der so genannten

8.2 Der Jahresabschluss nach HGB und IFRS   719

Handelsbilanz II. Die Handelsbilanz II wird anschließend dem konsolidierten Abschluss zugrunde gelegt (§§ 300 und 308 HGB).

Auf eine einheitliche Bewertung kann nur dann verzichtet werden, wenn

- die Neubewertung hinsichtlich der Generalnorm nur von untergeordneter Bedeutung ist oder
- die Wertansätze im Einzelabschluss auf dem Prinzip der umgekehrten Maßgeblichkeit oder
- auf den für Versicherungen und Kreditinstitute geltenden Vorschriften beruhen.

Anzumerken ist an dieser Stelle, dass die für den Einzelabschluss im BilMoG-RefE vorgeschlagenen Änderungen der Ansatz- und Bewertungsvorschriften auch in den Konzernabschluss übernommen werden sollen (§§ 298, 300 und 306 HGB-E).

Auch nach **IFRS** liegt der Erstellung eines Konzernabschlusses das Prinzip der einheitlichen Bilanzierung und Bewertung zugrunde (vgl. IAS 27.28). Bezüglich der Vorschriften für Einzel- und Konzernabschluss machen die IFRS keinen Unterschied. Damit ergibt sich eine gemeinsame Gültigkeit der Regelungen dort zwangsläufig.

8.2.3.2 Konsolidierung der Einzelbilanzen zur Konzernbilanz

Die Konzernbilanz wird aus den Einzelbilanzen entwickelt. Dies erfolgt unter Bindung an

- einheitliche Rechnungsperioden,
- einheitliche Kontenpläne und Buchführung,
- einheitliche Bewertung und
- einheitliche Recheneinheiten

in drei Schritten:

(1) **Kapitalkonsolidierung** (Aufrechnung der Beteiligungen der Obergesellschaft gegen den entsprechenden Anteil des Kapitals der Untergesellschaften),

(2) **Schuldenkonsolidierung** (Aufrechnung von Forderungen und Verbindlichkeiten zwischen Konzernunternehmen),

(3) **Erfolgskonsolidierung** (Eliminierung von Gewinnen aus konzerninternen Lieferungs- und Leistungsbeziehungen).

Zu (1)   Kapitalkonsolidierung:

Eine reine Addition der Kapitalpositionen aller in den Konzernabschluss einbezogenen Unternehmen kann nicht das Gesamtkapital des Konzerns ergeben, weil die Obergesellschaft einen Teil ihres Kapitals den Untergesellschaften gegen Gewährung von Anteilsrechten überlassen hat. Um eine Doppelzählung des Kapitals zu vermeiden, sind die Beteiligungen der Obergesellschaft(en) also gegen die entsprechenden Eigenkapitalanteile der Untergesellschaften aufzurechnen (= Kapitalkonsolidierung). Wenn der Buchwert der Beteiligungen höher (= **aktiver Ausgleichsposten**) oder niedriger (= **passiver Ausgleichsposten**) als der anteilige Buchwert des Eigenkapitals in der Untergesellschaft ist, so entsteht eine **Kapitalaufrechnungsdifferenz** (vgl. Abb. 8.2 - 18).

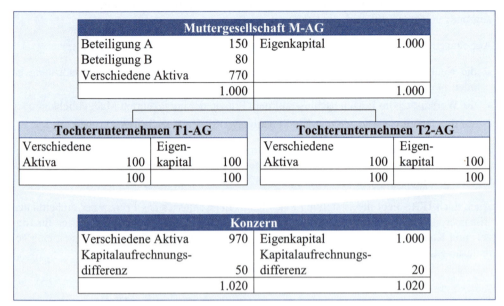

Abb. 8.2 - 18 Entstehung einer aktiven und passiven Kapitalaufrechnungsdifferenz in der Konzernbilanz

Die Behandlung derartiger Kapitalaufrechnungsdifferenzen ist von der Methode der Kapitalkonsolidierung abhängig. Die in Abb. 8.2 - 19 (in Anlehnung an COENENBERG 2005a, S. 619) genannten Konsolidierungsmethoden,

(1a) Erwerbsmethode,

(1b) Quotenkonsolidierung und

(1c) Equity-Methode,

können nach dem Grad der Einflussnahme auf das in dem Konzernabschluss einzubeziehende Unternehmen und nach der Art der Einbeziehung in dem Konzernabschluss unterschieden werden. Die gewählte Methode ist im Anhang anzugeben. Angemerkt sei, dass nach IFRS 3.14 (wie auch nach den US-GAAP) die Interessenzusammenführungsmethode nicht mehr zulässig ist. In Anlehnung daran hat sich der DSR in DRS 4 ebenfalls ausschließlich für die Anwendung der Erwerbsmethode ausgesprochen. Nach dem BilMoG-RefE fällt mit der vorgeschlagenen Streichung des § 302 HGB die Interessenzusammenführungsmethode weg.

8.2 Der Jahresabschluss nach HGB und IFRS

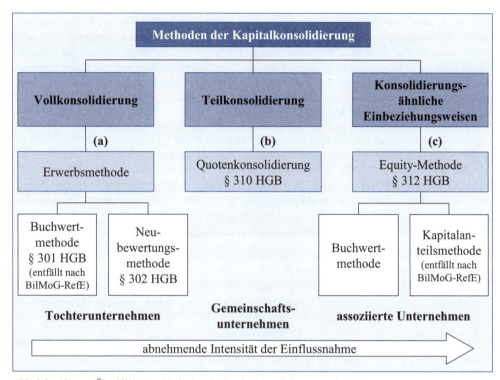

Abb. 8.2 - 19   Überblick über Methoden der Kapitalkonsolidierung nach HGB

Zu (1a)   Erwerbsmethode:

Die **Erwerbsmethode** (oder auch „echte" angelsächsische Methode genannt) besteht in zwei Varianten, und zwar der

- Buchwertmethode und der
- Neubewertungsmethode (auch: Zeitwertmethode).

Es besteht ein **Wahlrecht** hinsichtlich der Anwendung dieser Varianten. Der Wertansatz der Vermögensgegenstände und Schulden erfolgt nach der Buchwertmethode zum Buchwert und nach der Neubewertungsmethode zum Zeitwert. Beiden Varianten ist gemeinsam, dass sie zwischen Erstkonsolidierung und Folgekonsolidierung unterscheiden. Im BilMoG-RefE ist allerdings vorgesehen, dass die Buchwertmethode für die Kapitalkonsolidierung nach der Erwerbsmethode (§ 301 Abs. 1 HGB-E) nicht mehr angewendet wird.

Die **Buchwertmethode** (§ 301 Abs. 1 Nr. 1 HGB) analysiert **bei der Erstkonsolidierung** einen eventuell entstehenden Unterschiedsbetrag zwischen den historischen Anschaffungskosten der Beteiligung und dem anteiligen ausgewiesenen Eigenkapital der Tochterunternehmung auf seine Entstehungsursachen und versucht, diesen den einzelnen Aktiva und Passiva zuzurechnen. Ergibt sich ein aktivischer Unterschiedsbetrag, so kann dieser teilweise oder ganz daraus resultieren, dass bestimmte Aktiva unterbewertet bzw. Passiva überbewertet sind. In einem solchen Fall erfolgt eine Zuschreibung bei den Aktiva bzw. eine Reduzierung der überhöhten Passiva. Kann ein Teilbetrag des aktivischen Unterschiedsbetrages nicht verteilt werden, so ist dieser Betrag als „Geschäfts- oder Firmenwert" auszuweisen. Er darf auch offen mit den Rücklagen verrechnet werden. Die Korrekturen dürfen in der Summe jedoch nicht höher sein, als die ermittelte Kapitalaufrechnungsdifferenz. Die Behandlung eines passivischen Unterschiedsbetrages ist in der Bilanz als „Unterschiedsbetrag aus der Kapitalkonsolidierung" auszuweisen. Entstehen im Zuge einer Erstkonsolidierung sowohl aktive als auch passive Aufrechnungsdifferenzen, so dürfen diese miteinander verrechnet werden. Die verrechneten Beträge sind jedoch im Anhang anzugeben.

Die **Erstkonsolidierung nach der Neubewertungsmethode** (§ 301 Abs. 1 Nr. 2 HGB) erfordert eine Neubewertung aller Aktiva und Passiva der zu konsolidierenden Tochterunternehmen und die Aufstellung einer Ergänzungsbilanz zu Zeitwerten. Ist die Differenz zwischen neubewerteten Aktiven und Passiven kleiner als die Anschaffungskosten der Beteiligung, so ist die Differenz auf der Aktivseite als „Geschäfts- oder Firmenwert" auszuweisen. Aufgrund des Anschaffungswertprinzips kann hingegen der Fall, dass die Differenz zwischen den neubewerteten Aktiven und Passiven die Anschaffungskosten übersteigt, nicht eintreten.

Bei der **Folgekonsolidierung** sind die stillen Reserven und der Geschäfts- oder Firmenwert erfolgswirksam abzuschreiben. Negative stille Reserven sind durch Zuschreibungen aufzulösen. Passivische Unterschiedsbeträge werden nicht verändert. Wenn die sich in der Zukunft ergebenden Unterschiedsbeträge von diesen Planwerten abweichen, sind die Differenzen erfolgsunwirksam mit den Rücklagen zu verrechnen.

Nach dem BilMoG-RefE hat eine Abschreibung des Geschäfts- oder Firmenwertes wie bei jedem anderen Vermögenswert zu erfolgen, wobei eine Nutzungsdauer von mehr als fünf Jahren im Anhang zu begründen ist (§ 309 Abs. 1 sowie § 314 Abs. 1 Nr. 18 HGB-E). Eine Zuschreibung ist beim entgeltlich erworbenen Geschäfts- oder Firmenwert allerdings nicht zugelassen (§ 253 Abs. 5 HGB-E).

Nach **IFRS 3** „Unternehmenszusammenschlüsse" (*Business Combinations*) werden alle von diesem Standard erfassten Unternehmenszusammenschlüsse nach der Neubewertungsmethode (*Purchase Method*) erfasst. Im Rahmen der **Erstkonsolidierung** hat der Erwerber eine **Kaufpreisallokation** (*Purchase Price Allocation*) durchzuführen. Dabei werden die Anschaffungskosten auf die erworbenen und gemäß Ansatzkriterien identifizierbaren Vermögensgegenstände und Schulden verteilt. Dies erfolgt durch die Bewertung der einzelnen Vermögenswerte und Schulden mit den beizulegenden Zeitwerten (*Fair Values*), wobei stille Reserven aufgedeckt werden. Lediglich zum Verkauf bestimmte Vermögenswerte sind mit ihren Veräußerungskosten zu erfassen. Aufgrund der vollständigen Aufdeckung stiller Reserven durch Erstkonsolidierung nach der Neubewertungsmethode ergeben sich bei nicht vollständiger Übernahme der Anteile des Beteiligungsunternehmens separate Posten im Eigenkapital, über welche die den Minderheitsgesellschaftern zuzuordnenden, nach dem beizulegenden Zeitwert bewerteten Anteile ausgewiesen werden.

Der über die Aufteilung auf identifizierbare Vermögenswerte und Schulden hinausgehende Betrag (positiver Unterschiedsbetrag) ist als **entgeltlich erworbener Geschäfts- bzw. Firmenwert** (*Goodwill*), der auch nicht ansatzfähige immaterielle Vermögenswerte enthält, zu bilanzieren. Ein **negativer Unterschiedsbetrag** darf – nach nochmaliger Überprüfung der vorgenommenen Kaufpreisallokation – nicht passiviert werden, sondern ist bei Unternehmenserwerb sofort erfolgswirksam zu verbuchen.

In IFRS 3 wird ein Wahlrecht eingeräumt, wonach ein Unternehmen den vollen Geschäfts- oder Firmenwert des erworbenen Unternehmens und nicht nur den erworbenen Anteil bilan-

8.2 Der Jahresabschluss nach HGB und IFRS 723

zieren darf. Wird der volle Geschäfts- oder Firmenwert erfasst (*Full Goodwill Method*), führt dies zu einem höheren nicht kontrollierenden Anteil (d.h. Minderheitenanteil) am Nettovermögen des erworbenen Unternehmens, der im Konzerneigenkapital ausgewiesen wird.

Im Rahmen der **Folgebilanzierung** ist der Goodwill zumindest jährlich einem **Werthaltigkeitstest** (*Impairment Test*) zu unterziehen (*Impairment only Approach*). Für den Impairment Test ist die erworbene Unternehmenseinheit in spezielle Einheiten (*Cash Generating Units*) aufzuteilen. Unter einer „**Cash Generating Unit**" ist eine Einheit zu verstehen, die selbstständig Einnahmenströme für den Konzern erwirtschaftet. Diesen Einheiten sind die zugehörigen Vermögenswerte einschließlich Goodwill sowie gegebenenfalls Schulden zuzuordnen. Möglich ist es auch, dass der Teil des Goodwills, der auf bezahlte Synergien zurückzuführen ist, übergeordneten „Cash Generating Units" zugewiesen wird. Zur Überprüfung der Werthaltigkeit des jeweiligen Goodwill einer einzelnen „Cash Generating Unit" ist es erforderlich, eine (DCF-)Bewertung der Einheit (vgl. hierzu S. 462ff.) vorzunehmen, die sich auf die Daten von Businessplänen stützt. In dem **einstufigen Werthaltigkeitstest** mindert die Differenz zwischen dem Buchwert der jeweiligen „Cash Generating Unit" und dem niedrigeren erzielbaren Betrag (*Recoverable Amount*) (= höherer Wert von beizulegendem Zeitwert nach Verkaufskosten (*Net Realisable Value*) und Nutzungswert (*Value in Use*) als Barwert der zukünftig aus der Nutzung zu erwartenden Cashflows) zuerst den Goodwill und danach gegebenenfalls den Wert anderer Vermögenswerte.

Zu (1b)   Quotenkonsolidierung:

Gemeinschaftsunternehmen, die von mindestens zwei Partnerunternehmen auf Vertragsbasis gemeinschaftlich geführt und von keinem der Vertragspartner dominiert werden, können nach HGB mithilfe der Quotenkonsolidierung in den Konzernabschluss einbezogen werden. Die Anwendbarkeit dieser Methode ist davon abhängig, dass

- das Gemeinschaftsunternehmen ein selbstständiges Unternehmen ist,
- mindestens ein Anteilseigner des Gemeinschaftsunternehmens zum Konsolidierungskreis zählt,
- das Gemeinschaftsunternehmen gemeinsam mit anderen, nicht zum Konsolidierungskreis gehörenden Unternehmen geführt wird.

Bei der Quotenkonsolidierung werden alle Aktiva und Passiva des Gemeinschaftsunternehmens (mit Ausnahme des aufgerechneten Eigenkapitals) mit dem Prozentsatz der Beteiligungsquote übernommen. Das bedeutet, der Anteil der übrigen Anteilseigner bleibt außer Ansatz. Die Quotenkonsolidierung ist Ausdruck der **Interessentheorie**, die den Konzernabschluss als eine Erweiterung des Einzelabschlusses der Obergesellschaft betrachtet und nur die den Anteilseignern der Obergesellschaft zuzuordnenden Vermögens- und Schuldenpositionen sowie den anteiligen Gewinn erfassen will (vgl. S. 717). Die Interessentheorie betrachtet die Minderheitsaktionäre faktisch als Gläubiger des Konzerns und betont somit die handels- und steuerrechtliche Selbstständigkeit der einzelnen Konzernunternehmen (vgl. HEINEN 1986).

Nach **IAS** 31 „Anteile an Joint Ventures" (*Financial Reporting of Interests in Joint Ventures*) hat der Bilanzierende bei Gemeinschaftsunternehmen (*Joint Ventures*) ein Wahlrecht zwischen der Quotenkonsolidierung (*Proportionate Consolidation*) (IAS 31.30) und der Equity-Methode (IAS 31.38), auf die weiter unten unter (1c) eingegangen wird. Zukünftig soll dies jedoch zugunsten der Equity-Methode abgeschafft werden (Entwurf Nr. 9 vom 13. September

2007, in dem vorgeschlagen wird, IAS 31 durch einen neuen IFRS „Gemeinsame Vereinbarungen" (*Joint Arrangements*) zu ersetzen).

Zu den **Ausnahmetatbeständen** gemäß IAS 31.2, in denen weder die Anwendung der Quotenkonsolidierung noch der Equity-Methode erforderlich ist, zählen u.a. Anteile, die gemäß IFRS 5 als zur Veräußerung gehalten klassifiziert werden.

Während die Vorgehensweise nach IAS 31.33 analog zu der oben beschriebenen ist, werden für die Quotenkonsolidierung zwei unterschiedliche **Berichtsformate** unterschieden (IAS 31.34):

- Die jeweiligen Anteile an allen Vermögenswerten, Schulden, Erträgen und Aufwendungen des gemeinschaftlich geführten Unternehmens können mit ähnlichen Positionen des Konzernabschlusses Posten für Posten zusammengefasst werden (*on a Line-by-Line Basis*).
- Es können getrennte Posten im Konzernabschluss für den jeweiligen Anteil an den Vermögenswerten, Schulden, Erträgen und Aufwendungen an dem gemeinschaftlich geführten Unternehmen eingefügt werden (*Separate Line Items*).

Die Angabepflichten bei Anwendung der Quotenkonsolidierung gehen teilweise deutlich über das hinaus was im HGB gefordert wird (vgl. IAS 31.54 bis 57). So sind z.B. ungewisse Verpflichtungen (Eventualschulden) für das Gemeinschaftsunternehmen offen zu legen.

Zu (1c)   Equity-Methode:

Assoziierte Unternehmen werden gemäß HGB nach der Equity-Methode im konsolidierten Abschluss erfasst. Unter assoziierten Unternehmen versteht man solche Unternehmen, auf die ein anderes in den Konzernabschluss einbezogenes Unternehmen einen maßgeblichen Einfluss ausüben kann. Die Möglichkeit eines maßgeblichen Einflusses wird dann vermutet, wenn das den Einfluss ausübende Unternehmen mittelbar oder unmittelbar mindestens 20 % der Stimmrechte inne hat.

Die Konsolidierung wird entweder nach der Buchwert- oder nach der Kapitalanteilsmethode vorgenommen. Die Ermittlung des Wertansatzes entspricht bei der **Erstkonsolidierung** den zur Erwerbsmethode genannten Verfahren. Allerdings fließt nach der Equity-Methode nur der Wertansatz der Beteiligung an dem assoziierten Unternehmen in den Konzernabschluss ein. Die übrigen Bilanzpositionen bleiben unberücksichtigt. Buchwert- und Kapitalanteilsmethode führen im Konzernabschluss zu gleichen Bilanzsummen und Jahreserfolgen. Sie unterscheiden sich jedoch hinsichtlich des Bilanzausweises der Bestandteile des Beteiligungswertes (vgl. Abb. 8.2 - 20).

In den **Folgekonsolidierungen** wird der Wertansatz entsprechend der Entwicklung des anteiligen Eigenkapitals des assoziierten Unternehmens fortgeschrieben. Gewinne und Verluste wirken sich somit erfolgswirksam auf die spätere Bewertung der Beteiligung aus.

8.2 Der Jahresabschluss nach HGB und IFRS

Ausweis nach der		Bestand der Anschaffungskosten der Beteiligung		
		anteiliges Eigenkapital	anteilige stille Reserven	Geschäfts- wert
Buchwert- methode	Beteiligungen an assoziierten Unternehmen	X	x	x
	- davon Unterschiedsbetrag	-	x	x
Kapital- anteils- methode	Beteiligungen an assoziierten Unternehmen	X	x	-
	Geschäfts- und Firmenwert	-	-	x

Abb. 8.2 - 20   Bilanzausweis des Beteiligungswertes assoziierter Unternehmen

Auch bezüglich des Wahlrechts zwischen Buchwert- und Kapitalanteilsmethode bei der At-Equity-Bewertung ergibt sich nach BilMoG-RefE eine Änderung. Danach ist vorgesehen, dass nur noch die Buchwertmethode ohne Restriktionen bei den Anschaffungskosten angewendet werden darf (§ 312 HGB-E).

In den **IFRS** wird der Einbezug von assoziierten Unternehmen (*Associates*) in die Konzernrechnungslegung in IAS 28 „Anteile an assoziierten Unternehmen" (*Accounting for Investments in Associates*) geregelt. Zu den Ausnahmetatbeständen gehören u.a. auch hier wieder Anteile, die gemäß IFRS 5 mit der Absicht zur Wiederveräußerung innerhalb von zwölf Monaten nach Erwerb gehalten werden.

Im Vergleich zu den HGB-Vorschriften ist bei einer At-Equity-Bewertung nach IAS 28.6 nur die Buchwertmethode gestattet. Danach sind die Anteile an assoziierten Unternehmen bei der **Erstkonsolidierung** mit ihren Anschaffungskosten anzusetzen. Im Rahmen der **Folgebewertung** verändert sich der Anteil des Anteilseigners entsprechend seinem Anteil am Periodenergebnis des Beteiligungsunternehmens (IAS 28.11). Der Buchwert der Anteile reduziert sich über Ausschüttungen des Beteiligungsunternehmens. Des Weiteren können sich Änderungen auch aufgrund erfolgsneutraler Änderungen des Eigenkapitals des Beteiligungsunternehmens – wie beispielsweise im Falle von Neubewertungen – ergeben. Nach IFRS 3 wird der Unterschiedsbetrag zwischen den Anschaffungskosten und dem Anteil am beizulegenden Zeitwert des identifizierbaren Reinvermögens des assoziierten Unternehmens als **Geschäfts- oder Firmenwert** bilanziell erfasst und einem jährlichen Werthaltigkeitstest (vgl. S. 694f.) unterzogen. Nach den Regelungen von IAS 28.37 und 40 sind zudem bei der Anwendung der Equity-Methode im Anhang umfangreiche Angaben zu machen.

Zu (2)   Schuldenkonsolidierung:

Die Schuldenkonsolidierung dient ebenso wie die Kapitalkonsolidierung dem Zweck, die Vermögenslage des Konzerns richtig darzustellen. Sie erfolgt formal wie auch die Kapitalkonsolidierung, nur dass nunmehr

- Forderungen und Verbindlichkeiten zwischen den einzelnen Konzernunternehmen sowie
- Verbindlichkeiten einzelner Konzernunternehmen gegenüber Konzernfremden, sofern ihnen Forderungen anderer Konzernunternehmen gegen den gleichen Konzernfremden gegenüberstehen,

gegenseitig aufgerechnet werden. Sofern die aufgerechneten Forderungen und Verbindlichkeiten sich hinsichtlich der Summe entsprechen, erfolgt die Schuldenkonsolidierung erfolgsneutral.

Stimmen aufzurechnende Forderungen und Verbindlichkeiten in ihrer Summe nicht überein (z.B. konzerninterne Wechselforderungen bzw. -verbindlichkeiten), dann sollte nach herrschender Meinung eine Verrechnung über die Positionen „Bilanzgewinn" oder „sonstige Ausgleichsposten" erfolgen.

Für den **Einbezug von Tochterunternehmen nach IFRS** schreiben IAS 27.24 bzw. 25 vor, dass alle Ansprüche und Verpflichtungen zwischen einbezogenen Unternehmen im Konzernabschluss vollständig zu eliminieren sind. In IAS 27 werden allerdings die einzelnen Bilanzpositionen nicht explizit genannt, sondern es wird in diesem Zusammenhang von „konzerninternen Salden und Transaktionen, einschließlich Gewinne, Aufwendungen und Dividenden" gesprochen.

Die **IFRS-Vorschriften für Gemeinschaftsunternehmen** regelt IAS 31.35. Analog zur Vollkonsolidierung werden Ansprüche und Verpflichtungen der Konzernunternehmen entsprechend den Beteiligungsverhältnissen eliminiert.

Für **assoziierte Unternehmen** sehen die **IFRS** keine speziellen Regelungen bezüglich der Schuldenkonsolidierung vor. Auch hier verweist IAS 28.20 auf die Vorschriften zur Vollkonsolidierung. Die Eliminierung von Verpflichtungen entsprechend der Beteiligung am assoziierten Unternehmen führt zu einer anteiligen Aufrechnungspflicht. Im HGB ist eine solche Verpflichtung nicht vorgesehen.

Zu (3)   Erfolgskonsolidierung:

Der **Erfolgskonsolidierung** kommt bei der Erstellung einer Konzernbilanz eine entscheidende Bedeutung zu. Neben der Herausrechnung der Gewinnanteile, die den konzernexternen Gesellschaftern zustehen, steht dabei die Eliminierung von **Zwischenerfolgen** (Zwischengewinne oder -verluste) im Vordergrund.

Für die Eliminierung von Zwischenerfolgen spricht, dass Zwischenerfolge vom Standpunkt des Konzerns als wirtschaftliche Einheit grundsätzlich auch nicht realisierte Erfolgskomponenten enthalten können. Ein Verzicht auf die Eliminierung von Zwischenerfolgen würde also unter Umständen gegen das Realisationsprinzip verstoßen. Das Beispiel in Abb. 8.2 - 21 verdeutlicht diesen Sachverhalt: In beiden Fällen ist für den Konzern noch kein (realisierter) Gewinn entstanden, obwohl im Fall 2 das Konzernunternehmen A einen Buchgewinn in Höhe von 200 GE ausweist.

Der Zwischenerfolg ergibt sich somit als Differenz zwischen dem Wertansatz eines konzernintern gelieferten Gegenstandes in der Einzelbilanz des Konzernunternehmens und dem Wertansatz dieses Gegenstandes in der Konzernbilanz. Liegt der Wertansatz in der Einzelbilanz über (unter) dem Wertansatz in der Konzernbilanz, so liegt ein **eliminierungspflichtiger Zwischengewinn (Zwischenverlust)** vor.

Fall 1: Konzernunternehmen A liefert an Konzernunternehmen B zu Selbstkosten von 1.000 GE; B verarbeitet weiter und nimmt die Produkte zunächst auf Lager.		Fall 2: wie Fall 1, nur dass A nunmehr zu einem Verrechnungspreis von 1.200 GE an B liefert.	
Selbstkosten bei A	1.000 GE	Selbstkosten bei A	1.000 GE
Erlös aus Lieferung an B	1.000 GE	Erlös aus Lieferung an B	1.200 GE
Gewinn bei A	0 GE	Gewinn bei A	200 GE
Weiterverarbeitungskosten bei B Herstellungskosten	300 GE	Weiterverarbeitungskosten bei B Herstellungskosten	300 GE
(Aktivierung zu diesen)	1.300 GE	(Aktivierung zu diesen)	1.500 GE
Gewinn des Konzerns	**0 GE**	**Gewinn des Konzerns**	**0 GE**

Abb. 8.2 - 21   Entstehung eines unrealisierten Zwischengewinns

Die Vermögensbewertung erfolgt in der Konzernbilanz nach den allgemeinen Bewertungsvorschriften zur Bestimmung der Anschaffungskosten. Bei der eindeutig definierten Bewertung der **Konzernanschaffungskosten** lassen sich Zwischenerfolge stets genau bestimmen. Demgegenüber besteht bezüglich der **Konzernherstellungskosten** analog zum Einzelabschluss ein **Wertansatzwahlrecht**. Die Herstellungskosten (vgl. Abb. 8.2 - 22) können zwischen dem Konzernmindest- und dem Konzernhöchstwert festgelegt werden. Mithilfe dieses Wahlrechts lässt sich demzufolge der eliminierungspflichtige Zwischenerfolg beeinflussen (vgl. KÜTING/WEBER 2008). Zu beachten sind in diesem Zusammenhang die im BilMoG-RefE vorgeschlagenen Änderungen bei der Berechnung der Herstellungskosten (vgl. S. 680), die in Abb. 8.2 - 22 noch nicht berücksichtigt sind.

Gemäß IAS 27.24 bzw. 25 bzw. IAS 31.35 sind, analog zu den obigen Ausführungen, die aus Konzernsicht unrealisierten Erfolge zu eliminieren. Danach besteht die Verpflichtung, Zwischengewinne und Zwischenverluste aus konzerninternen Lieferungen und Leistungen zu eliminieren ohne dabei explizit Bezug auf Konzernanschaffungskosten und -herstellungskosten zu nehmen. Die Wahlmöglichkeit des § 304 Abs. 2 Satz 1 HGB bezüglich des Verzichts auf die Eliminierung im Fall marktüblicher Konditionen und zu hoher Aufwendungen zur Ermittlung von Anschaffungs- bzw. Herstellungskosten im Konzern ist in den IFRS nicht vorgesehen. Lediglich in unwesentlichen Fällen kann auf eine Zwischenerfolgseliminierung verzichtet werden (vgl. IAS 1).

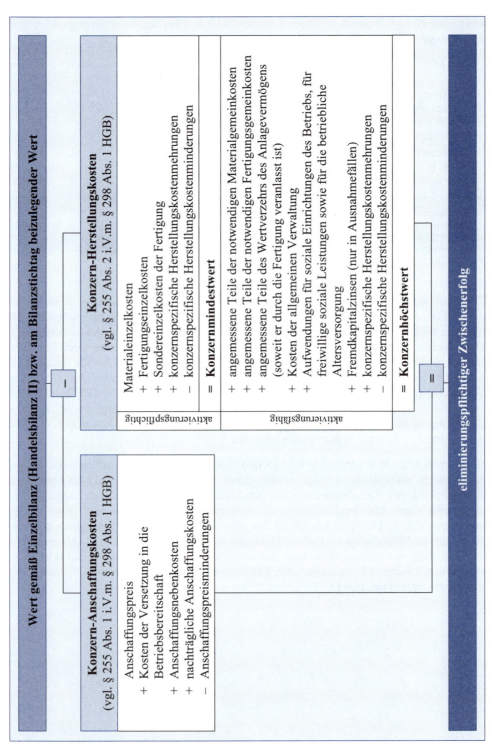

Abb. 8.2 - 22   Komponenten des Zwischenerfolges

8.2 Der Jahresabschluss nach HGB und IFRS   729

8.2.3.3 Erstellung der Konzern-Gewinn- und Verlustrechnung

Die Konzern-Gewinn- und Verlustrechnung (Konzern-GuV) ist wie die Gewinn- und Verlust-Rechnung des Einzelabschlusses aufgebaut. Sie kann entweder nach dem Gesamt- oder Umsatzkostenverfahren erstellt werden. Neben den auch im Einzelabschluss üblichen Positionen ist ein **gesonderter Ausweis**

- des auf konzernexterne Anteilseigner entfallenden Teils des Jahresüberschusses bzw. -fehlbetrages (§ 307 Abs. 2 HGB) sowie
- des auf assoziierte Unternehmen entfallenden Teils des Ergebnisses (§ 312 Abs. 4 Satz 2 HGB) erforderlich.

Die Konzern-GuV entsteht durch Saldierung der Gewinn- und Verlustrechnungen aus den Einzelabschlüssen der Konzernunternehmen. Gemäß der Einheitstheorie sind jedoch **nur die Transaktionen mit Nicht-Konzernunternehmen** auszuweisen. Konzerninterne Transaktionen sind demzufolge zu eliminieren.

Die **IFRS** sehen ebenfalls eine Konsolidierung innerbetrieblicher Transaktionen vor. Die dazugehörigen Vorschriften des IAS 27.24 bzw. 25 sind jedoch – wie bereits erwähnt – nur sehr allgemein gehalten. Explizit vorgeschrieben wird lediglich, dass Aufwendungen und Erträge aus Transaktionen zwischen Konzerngesellschaften sowie innerbetriebliche Dividendenzahlungen oder sonstige Gewinnvereinnahmungen vollständig zu eliminieren sind. Entsprechend dem Prinzip der Vereinheitlichung muss auch nach IFRS entweder das Umsatzkostenverfahren oder das Gesamtkostenverfahren gewählt und beibehalten werden.

Als **Konsolidierungsmaßnahmen** bei der Aufstellung der Konzern-GuV lassen sich die Konsolidierung

(1)   **der Innenumsatzerlöse,**
(2)   **der anderen Erträge und Aufwendungen sowie**
(3)   **der konzerninternen Ergebnisvereinnahmungen**

unterscheiden.

Zu (1)   Konsolidierung der Innenumsatzerlöse:

Innenumsatzerlöse sind diejenigen Umsatzerlöse, die aus Lieferungen und Leistungen zwischen Konzernunternehmen resultieren. Diese Innenumsatzerlöse werden entweder

- mit den auf die Innenumsatzerlöse entfallenden Aufrechnungen verrechnet oder
- als Bestandserhöhungen fertiger bzw. unfertiger Erzeugnisse oder
- als andere aktivierte Eigenleistungen

ausgewiesen.

Die **Verfahrensalternativen** sind in Abb. 8.2 - 23 dargestellt.

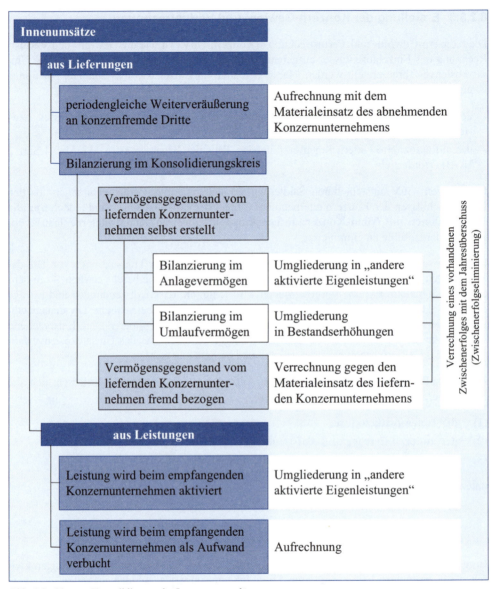

Abb. 8.2 - 23   Konsolidierung der Innenumsatzerlöse

Zu (2)   Konsolidierung der anderen Erträge und Aufwendungen:

Die Konsolidierung anderer Erträge und Aufwendungen betrifft alle Positionen aus den Gewinn- und Verlustrechnungen der Konzernunternehmen, die nicht als Innenumsatzerlöse erfasst werden und die aus Geschäften mit anderen Konzernunternehmen entstanden sind. Die Konsolidierung dieser Positionen erfolgt analog zur Konsolidierung der Innenumsatzerlöse.

8.2 Der Jahresabschluss nach HGB und IFRS   731

Zu (3)   Konsolidierung der konzerninternen Ergebnisvereinnahmungen:

Die Einheitstheorie verlangt außerdem die Eliminierung konzerninterner Ergebnisvereinnahmungen. Die **Erfolge aus Ergebnisübernahmeverträgen** schlagen sich im Einzelabschluss des ergebnisabführenden Konzernunternehmens als Aufwand (bzw. Ertrag) und im Abschluss des ergebnisübernehmenden Konzernunternehmens als Ertrag (bzw. Aufwand) nieder. Die Konzernertragslage wird falsch dargestellt, wenn die Aufwands- und Ertragspositionen aus den Einzelabschlüssen unkompensiert in die Konzern-GuV übernommen werden.

Erträge aus Beteiligungen können aber auch **ohne Ergebnisübernahmeverträge** erzielt werden, indem das Tochterunternehmen seinen Gewinn an das Mutterunternehmen ausschüttet. Dieser Gewinn muss mit dem Beteiligungsertrag des Mutterunternehmens verrechnet werden. Ansonsten würde der gleiche Ertrag zweimal in der Konzern-GuV erscheinen.

8.2.3.4 Der Pyramideneffekt im Konzern

Konsolidierte Jahresabschlüsse berücksichtigen die Erkenntnis, dass Konzerne übergeordnete wirtschaftliche Einheiten sind und insofern einer entsprechend zusammengefassten Betrachtung bei der Bilanzierung und Rechnungslegung bedürfen. Dies zeigt sich auch deutlich an einem betriebswirtschaftlichen Effekt, der nur im Konzern (bzw. einem verschachtelten Unternehmensverbund) entsteht, am so genannten **Pyramideneffekt** (SCHIERENBECK 1980b). Sichtbar gemacht werden kann dieser Effekt durch den Vergleich zwischen konsolidierter Bilanz und Einzelbilanz der Obergesellschaft, wobei im Folgenden zwei Einzelaspekte des Pyramideneffektes herausgegriffen werden, und zwar

(1)   der **Umsatzmultiplikator** und

(2)   der **Rentabilitäts-/Risikohebel**.

Zu (1)   Der Umsatzmultiplikator:

Eine Komponente des Pyramideneffekts ist der Umsatzmultiplikator. Durch Anwendung des Verschachtelungsprinzips lässt sich bei gegebenem Eigenkapitaleinsatz ein erheblich höheres Umsatzvolumen beeinflussen und kontrollieren als in einem Unternehmen ohne (Konzern-) Beteiligungen. Bedingung hierfür ist, dass die Obergesellschaft direkt oder indirekt über entsprechende Mehrheitsbeteiligungen verfügt, die ihr den entsprechenden Einfluss auf das Geschäftsvolumen der Beteiligungsunternehmen sichern.

Wesen und Ausmaß des Umsatzmultiplikators zeigen sich an dem folgenden **Beispiel**, dem der Beteiligungsstammbaum gemäß Abb. 8.2 - 24 zugrunde liegt (SCHIERENBECK 1980b).

Abb. 8.2 - 24 zeigt den Beteiligungsstammbaum eines Konzerns, bei dem als Obergesellschaft eine Holding (Aktivvermögen besteht nur aus den Beteiligungen an B und D) fungiert, die ihrerseits auch Minderheitsgesellschafter aufweist. Die Beteiligungsbuchwerte entsprechen zur Vereinfachung exakt den Eigenkapitalbuchwerten der Untergesellschaften. Sämtliche Konzernunternehmen weisen in ihrer Einzelbilanz einen Verschuldungsgrad von 1 auf.

	H (Holding-Gesellschaft)		
Beteiligung B	102	EEK	52
Beteiligung D	102	FEK	50
		FK	102
	204		204

51% ↓   ↓ 51%

	Unternehmen B		
Sachanlagen	174	EEK	102
Beteiligung C	51	FEK	98
Umlaufvermögen	175	FK	200
	400		400

	Unternehmen D		
Sachanlagen	174	EEK	102
Beteiligung E	51	FEK	98
Umlaufvermögen	175	FK	200
	400		400

51% ↓   ↓ 51%

	Unternehmen C		
Sachanlagen	100	EEK	51
Umlaufvermögen	100	FEK	49
		FK	100
	200		200

	Unternehmen E		
Sachanlagen	100	EEK	51
Umlaufvermögen	100	FEK	49
		FK	100
	200		200

EEK = Eigenkapital der Mehrheitsgesellschafter
FEK = Eigenkapital der Minderheitsgesellschafter
FK = Fremdkapital

Abb. 8.2 - 24   Beteiligungsstammbaum mit Bilanzdaten der Konzernunternehmen

Bei einem angenommenen Kapitalumschlag von 1 in den einzelnen Unternehmen gelingt es den Mehrheitsgesellschaftern der Obergesellschaft, ein Umsatzvolumen von 1.098 GE [= 349 + 349 + 200 + 200] zu kontrollieren. Dieses **Missverhältnis** zwischen Kapitaleinsatz der Mehrheitsgesellschafter der Obergesellschaft und dem kontrollierten Umsatzvolumen lässt sich deutlich anhand der (voll-)konsolidierten Bilanz ersehen (vgl. Abb. 8.2 - 25).

Aktiva			**Passiva**
Sachanlagen	548	Eigenkapital der	
Umlaufvermögen	550	Mehrheitsgesellschafter	52
		Eigenkapital der	
		Minderheitsgesellschafter	344
		Fremdkapital	702
	1.098		**1.098**

Abb. 8.2 - 25   Vollkonsolidierte Bilanz

Obwohl das den fremden Anteilseignern zuzurechnende Eigenkapital mit 344 GE das den Mehrheitsgesellschaftern zuzurechnende Eigenkapital bei weitem übersteigt, kontrollieren letztere das gesamte Vermögen des Konzerns und damit auch dessen Umsatzvolumen. Ohne entsprechende Verschachtelung hätten die Mehrheitsgesellschafter dagegen mit einem Einsatz von 52 GE bei einem Verschuldungsgrad von 1 lediglich ein maximales Umsatzvolumen von

8.2 Der Jahresabschluss nach HGB und IFRS 733

204 GE kontrollieren können. Berücksichtigt man zu Vergleichszwecken richtigerweise, dass im betrachteten Konzern der Verschuldungsgrad in der vollkonsolidierten Bilanz höher ist als in den Einzelbilanzen, und zwar immerhin 1,77 [= 702 : 396] beträgt, so erhöht sich bei Anwendung dieses höheren Verschuldungsgrades das ohne Verschachtelung maximal zu kontrollierende Umsatzvolumen von 204 GE entsprechend auf 283 GE.

Allgemein bestimmt sich der zu **kontrollierende Gesamt-Umsatz** U im Konzern bzw. bei Mehrheitsbeteiligungen nach der folgenden **Formel** (SCHIERENBECK 1980b):

$$U = (EK_1 + FK_1) \cdot KU_1 + \sum_{i=2}^{n} (FEK_i + FK_i) \cdot KU_i$$

mit KU = Kapitalumschlag
          i = Unternehmensindex
          EK = Eigenkapital
          FK = Fremdkapital
          FEK = Eigenkapital der Minderheitsgesellschafter

Die Formel verdeutlicht auch die **Determinanten** des Umsatzmultiplikators im Konzern. Diese sind ceteris paribus

- das Halten möglichst knapper Mehrheitsbeteiligungen,
- die Zahl der Stufen,
- die Zahl der Unternehmen auf einer Stufe,
- die Größe der Beteiligungsgesellschaften sowie
- der Verschuldungsgrad der einzelnen Konzernunternehmen.

Zu (2)   Der Rentabilitäts-/Risikohebel:

Die zweite Komponente des Pyramideneffekts ist der **Rentabilitäts-/Risikohebel** (SCHIERENBECK 1980b). Durch Anwendung des Verschachtelungsprinzips lässt sich bei gegebenem Verschuldungsgrad im Konzern ein zusätzlicher **positiver** Rentabilitäts-Leverage-Effekt erzielen, der in einem von seiner Größe her vergleichbaren einzelnen Unternehmen nur bei einem erheblich höheren Verschuldungsgrad möglich wäre. Im Unternehmensverbund tritt allerdings als Kehrseite auch dafür ein erheblich höheres **Kapitalstrukturrisiko** auf (**negativer** Rentabilitäts-Leverage-Effekt), als es der sichtbaren Konzernverschuldung bei Mehrheitsbeteiligungen ansonsten adäquat wäre (vgl. S. 94ff.).

Zur Illustration dieses Sachverhaltes kann wieder das eingangs dargestellte **Beispiel** herangezogen werden. Zusätzlich werden die folgenden Annahmen verwendet:

- Brutto-Gesamtkapitalrentabilität (GKR_{Brutto}): 12 % für alle Konzernunternehmen,
- Fremdkapitalzinssatz (FKZ): einheitlich 6 %,
- Vollausschüttung der Gewinne,
- Vernachlässigung von Steuern.

Auf Basis dieser Zahlenwerte ergeben sich die in Abb. 8.2 - 26 genannten Eigenkapitalrentabilitäten und sonstigen Erfolgskennzahlen in den einzelnen Konzernunternehmen sowie der Holding-Gesellschaft.

H (Holding-Gesellschaft)	
Dividendenerträge von B und D	39,8
– Fremdkapitalzinsaufwand [7]	6,1
= Reingewinn	33,7
EKR [8]	**33 %**
Dividende an	
Mehrheitsgesellschafter	17,2

Unternehmen B			Unternehmen D	
Betriebsergebnis (EBIT) [4]	41,9		Betriebsergebnis (EBIT) [4]	41,9
+ Dividendenerträge von C	9,2		+ Dividendenerträge von E	9,2
– Fremdkapitalzinsaufwand [5]	12,0		– Fremdkapitalzinsaufwand [5]	12,0
= Reingewinn	39,1		= Reingewinn	39,1
EKR [6]	**19,5 %**		**EKR** [6]	**19,5 %**
Dividende an H	19,9		Dividende an H	19,9

Unternehmen C			Unternehmen E	
Betriebsergebnis (EBIT) [1]	24,0		Betriebsergebnis (EBIT) [1]	24,0
– Fremdkapitalzinsaufwand [2]	6,0		– Fremdkapitalzinsaufwand [2]	6,0
= Reingewinn	18,0		= Reingewinn	18,0
EKR [3]	**18 %**		**EKR** [3]	**18 %**
Dividende an Unternehmen B	9,2		Dividende an Unternehmen D	9,2

[1]   12 % auf den umsatzbezogenen Kapitaleinsatz von 200 GE
[2]   6 % auf das Fremdkapital von 100 GE
[3]   Reingewinn von 18 GE bezogen auf das Eigenkapital von 100 GE
[4]   12 % auf den umsatzbezogenen Kapitaleinsatz von 349 GE
[5]   6 % auf das Fremdkapital von 200 GE
[6]   Reingewinn von 39,1 GE bezogen auf das Eigenkapital von 200 GE
[7]   6 % auf das Fremdkapital von 102 GE
[8]   Reingewinn von 33,7 GE bezogen auf das Eigenkapital von 102 GE

Abb. 8.2 - 26   Relevante Erfolgskennzahlen der einzelnen Konzernunternehmen

Wie Abb. 8.2 - 26 zeigt, beträgt die Eigenkapitalrentabilität der Holding-Gesellschaft 33 % [= 33,7 : 102]. Dieser Wert liegt erheblich über der Eigenkapitalrentabilität, die ein Unternehmen ohne Beteiligungsbesitz bei gleichem Verschuldungsgrad wie der Konzern auf der Grundlage der vollkonsolidierten Bilanz (im Beispiel in Höhe von 1,77) erzielen könnte. Nach der **Financial Leverage-Formel** (vgl. S. 95) ergäbe sich im Falle des einzelnen Unternehmens nämlich nur eine Eigenkapitalrentabilität von 22,6 % [= 12 % + (12 % – 6 %) · 1,77]. Mithilfe der Leverage-Formel lässt sich ebenfalls leicht ermitteln, dass zur Erzielung einer Eigenkapitalrentabilität von 33 % in einem einzelnen Unternehmen ohne Beteiligungsbesitz ein erheblich höherer Verschuldungsgrad (hier von 3,5) erforderlich wäre.

In der nach handelsrechtlichen Vorschriften im Normalfall zu erstellenden vollkonsolidierten Gewinn- und Verlustrechnung wird aber dieser Rentabilitätseffekt bei der Obergesellschaft nur zum Teil sichtbar (vgl. Abb. 8.2 - 27). Wie die Rechnung zeigt, entspricht auf der Basis

8.2 Der Jahresabschluss nach HGB und IFRS   735

des Konzerneigenkapitals von 396 GE die bei den Datenannahmen erzielbare Eigenkapital-rentabilität exakt dem Wert, der sich bei Anwendung der normalen Leverage-Formel und Be-rücksichtigung des Konzern-Verschuldungsgrades von 1,77 ergibt. Die vollkonsolidierte GuV-Rechnung in Verbindung mit der vollkonsolidierten Bilanz kann also den Rentabilitäts-effekt in der Obergesellschaft nicht adäquat abbilden: Der tatsächlich wirksame Verschul-dungshebel in der Obergesellschaft ist in der Regel wesentlich höher als er in der sichtbaren Konzernverschuldung bei vollkonsolidierter Bilanz zum Ausdruck kommt. Das gilt sowohl für den hier beschriebenen positiven Leverage-Fall wie auch für den negativen Leverage-Effekt, sodass auch die verschuldungsbedingte Risikoposition der Obergesellschaft nur unzu-reichend sichtbar wird.

In Abb. 8.2 - 27 werden die vollkonsolidierte Erfolgsrechnung sowie die Berechnung der Konzerneigenkapitalrentabilität dargestellt, wodurch die bilanzielle Vollkonsolidierung von Abb. 8.2 - 25 ergänzt wird.

Vollkonsolidierte Erfolgsrechnung	
Betriebsergebnis (EBIT) (= $2 \cdot 24 + 2 \cdot 41,9 + 0$)	131,8
− Fremdkapitalzinsaufwand (= $2 \cdot 6 + 2 \cdot 12 + 6,1$)	42,1
= Reingewinn	89,7
Konzerneigenkapital (= 52 + 344)	396
Konzernverschuldungsgrad (= 702 : 396)	1,77
Konzerneigenkapitalrentabilität (= 89,7 : 396)	**22,6 %**

Abb. 8.2 - 27   Vollkonsolidierte Erfolgsrechnung und Berechnung der Konzerneigenkapitalrentabilität

Der beschriebene **Rentabilitäts-/Risikohebel für die Obergesellschaft** eines Konzerns lässt sich in einer **Formel** erfassen (SCHIERENBECK 1980b). Diese lautet für den Fall einer einheit-lichen umsatzbezogenen Kapitalrentabilität bei allen Konzernunternehmen:

$$EKR_1 = GKR_{Brutto} + (GKR_{Brutto} - FKZ) \cdot \frac{FK_1}{EK_1} + (GKR_{Brutto} - FKZ) \cdot \frac{\sum_{i=2}^{n} B_i \cdot FK_i}{EK_1}$$

mit B_i = durchgerechnete Beteiligungsquote der Obergesellschaft an der Tochtergesellschaft

In Verbindung mit weiteren Überlegungen lassen sich aus dieser Formel entsprechend auch wesentliche **Determinanten** des Rentabilitäts-/Risikohebels ableiten. Dies sind:

- die Zahl der Stufen,
- die Zahl der Unternehmen auf einer Stufe,
- die Zahl der hintereinandergeschalteten Holding-Gesellschaften,
- die Größe der Beteiligungsgesellschaften,
- die Höhe des Verschuldungsgrades,
- die Höhe der Beteiligungsquoten sowie
- die Ausschüttungsquoten.

Nur erwähnt sei, dass die aufgeführten Determinanten zum großen Teil nicht isoliert variiert werden können und zum Teil in einem komplementären bzw. konfliktären Verhältnis stehen. Erhöht beispielsweise eine übergeordnete Gesellschaft ihre Beteiligungsquote an einer untergeordneten Gesellschaft durch die Zuführung von zusätzlichem Eigenkapital, so ist hiermit gleichzeitig eine Vergrößerung des Beteiligungsunternehmens, eine Änderung des Verschuldungsgrades (sofern nicht auch zusätzliches Fremdkapital aufgenommen wird) sowie eine Änderung der durchgerechneten Beteiligungsquoten (B_i) verbunden. Aus diesem Grunde verbieten sich im Regelfall ceteris paribus-Analysen, und es ist stets der Gesamtkontext einer Beteiligungsstruktur zu betrachten, wenn es um die Abschätzung des Pyramideneffektes geht.

Fragen und Aufgaben zur Wiederholung (8.2.3: S. 713 – 736)

1. Welche speziellen Merkmale kennzeichnen einen Konzern, und welche Konsequenzen folgen hieraus für den Einzelabschluss eines Konzernunternehmens?

2. Welche Aufgabe kommt dem Konzernabschluss zu, und wie entsteht er – generell – aus den Einzelabschlüssen der Konzernunternehmen?

3. Nennen Sie die wesentlichen Grundsätze der Konzernrechnungslegung!

4. Erläutern Sie, unter welchen Bedingungen Konsolidierungspflicht besteht!

5. Skizzieren und vergleichen Sie kurz die Bedingungen, unter denen die Einbeziehung eines Konzernunternehmens in den Konsolidierungskreis zwingend, freiwillig oder verboten ist!

6. Welche Bilanzierungs- und Bewertungsmethoden sind bei der Konzernrechnungslegung zu beachten?

7. Beschreiben Sie kurz die drei Schritte zur Konsolidierung der Einzelbilanzen zur Konzernbilanz!

8. Wann entsteht eine (aktive und passive) Kapitalaufrechnungsdifferenz, und wie lassen sich die zwei Ausprägungen interpretieren?

9. Beschreiben Sie die beiden Varianten der Erwerbsmethode zur Kapitalkonsolidierung!

10. Untersuchen Sie die Anwendungsvoraussetzungen und Vorgehensweise der Quotenkonsolidierung!

11. Kennzeichnen Sie das Vorgehen der Equity-Methode!

12. Welche Probleme können sich bei der Schuldenkonsolidierung ergeben?

13. Wodurch entstehen konzerninterne Zwischengewinne, und warum sind sie bei der Konsolidierung zu eliminieren?

14. Skizzieren Sie die bei der Aufstellung der Konzern-Gewinn- und Verlustrechnung zu beachtenden Maßnahmen!

15. Nennen Sie mindestens fünf wichtige Unterschiede zwischen den HGB- und den IFRS-Regelungen zur Konzernrechnungslegung!

16. Erläutern Sie die Entstehung und Wirkungsweise des Pyramideneffekts!

17. Welche Determinanten bestimmen die Höhe des Umsatzmultiplikators sowie den Rentabilitäts-Risikohebel?

8.3 Bilanzanalyse und Bilanzpolitik

8.3.1 Die Bilanz als Instrument unternehmenspolitischer Analyse und Gestaltung

8.3.1.1 Zum Begriff Bilanzanalyse und Bilanzpolitik

Der handelsrechtliche Jahresabschluss dient in erster Linie der Rechenschaftslegung und Dokumentation nach innen und außen. Als potenzielle **externe Informationsinteressenten** kommen dabei vor allem in Betracht (vgl. hierzu auch WAGENHOFER/EWERT 2007):

- aktuelle Anteilseigner (sofern sie nicht Mitglieder der Unternehmensleitung sind; typisch für Publikumsgesellschaften) und potenzielle Anteilseigner,
- Gläubiger (insbesondere Banken bzw. Kreditinstitute),
- Mitarbeiter,
- Konkurrenten, Lieferanten und Kunden,
- Arbeitnehmer und Gewerkschaften,
- staatliche Behörden,
- allgemeine Öffentlichkeit,
- Wissenschaft und Lehre.

Zahl und Zusammensetzung dieser Informationsinteressenten hängen dabei insbesondere von der Rechtsform der Unternehmung bzw. den Haftungsverhältnissen, von der Größe und Bedeutung sowie auch von der Branche (z.B. Banken, Versicherungsgesellschaften) der Unternehmung ab. Zum Teil lässt sich die Abgrenzung zum Kreis der internen Adressaten nicht genau vornehmen.

Als **interne Adressaten** von Jahresabschlussrechnungen sind in erster Linie der Vorstand einer Aktiengesellschaft, die Geschäftsführer einer GmbH, die Gesellschafter einer Personengesellschaft, der Eigentümer einer Einzelunternehmung sowie Aufsichts- und Mitbestimmungsorgane zu nennen. Ihrem Charakter als konstatierende Ist-Rechnung entsprechend werden Jahresabschlussinformationen dabei primär als ein Instrument zur Kontrolle unternehmenspolitischer Entwicklungen und Entscheidungen genutzt.

In beiden Fällen, bei der extern orientierten Rechenschafts- wie bei der intern orientierten Kontrollfunktion, ist der Sachverhalt jedoch noch erheblich komplizierter, als er bisher geschildert wurde. Denn weder lassen sich aus dem Jahresabschluss ohne weiteres alle potenziell interessierenden Informationen in der gewünschten Qualität ableiten, noch kann davon ausgegangen werden, dass die Unternehmensleitung die Bilanz nur als ein „unbestechliches" Kontrollinstrument sieht und selbst keinen aktiven Einfluss auf die Form und den Inhalt des Jahresabschlusses ausübt.

Damit sind zwei Problemkreise angesprochen, die für die Funktion und den Wert von Jahresabschlussrechnungen eine ganz erhebliche Bedeutung haben und die unter der Bezeichnung **Bilanzanalyse und Bilanzpolitik** im Folgenden näher zu diskutieren sind.

Der Vollständigkeit halber sei erwähnt, dass sowohl die Verfahren der Bilanzanalyse als auch die Instrumente der Bilanzpolitik sich prinzipiell auf die verschiedensten Kategorien von Bilanzarten (vgl. S. 609ff.) beziehen können. Die folgenden Ausführungen beschränken sich dagegen im Wesentlichen auf Aspekte der **Analyse und Gestaltung des aktienrechtlichen Jahresabschlusses**.

Mit **Bilanzanalyse** werden Verfahren der Informationsgewinnung bezeichnet, mit deren Hilfe aus den Angaben des Jahresabschlusses Informationen über die monetärwirtschaftliche Lage und Entwicklung der Unternehmen gewonnen werden. Damit deckt die Bilanzanalyse den **quantitativen Bereich der umfassenderen Unternehmensanalyse** ab, die auch qualitative Sachverhalte einbezieht und zusammen mit den quantitativen Analyseergebnissen ein Gesamturteil über die Lage und Entwicklung der Unternehmung anstrebt.

Man unterscheidet zweckmäßigerweise eine **interne und eine externe Bilanzanalyse**. Die interne Bilanzanalyse ist im Allgemeinen zuverlässiger als die externe Analyse, weil hier dem Bilanzanalytiker regelmäßig zusätzliche interne Daten (etwa der Finanzplanung respektive Finanzrechnung) zur Verfügung stehen, die dem externen Informationsinteressenten verschlossen bleiben.

Als **Aufgabengebiete** der Bilanzanalyse lassen sich im Einzelnen nennen (VOGLER/MATTES 1976):

- **Informationsverdichtung**. Hier wird versucht, Tatsachen und Zusammenhänge, die aus dem Jahresabschluss nicht unmittelbar ersichtlich sind, aufzuzeigen und transparent zu machen.
- **Wahrheitsfindung**. Hier geht es darum, aus den als unrichtig eingeschätzten Bilanz- und Erfolgsrechnungszahlen die der Wirklichkeit mehr entsprechenden Daten abzuleiten.
- **Urteilsbildung**. Bilanzanalysen sollen hier der Kontrolle und der Beurteilung getroffener Entscheidungen (in der Vergangenheit) und damit involvierter Entscheidungsträger dienen.
- **Entscheidungsfindung**. Die aus der Bilanzanalyse gewonnenen Einsichten sollen hier als Grundlage (Input) für die betrieblichen Entscheidungsprozesse dienen.

Während Bilanzanalyse „erkenntnisorientiert" ist, muss **Bilanzpolitik** als unmittelbar „gestaltungsorientiert" angesehen werden: Bilanzpolitik (*Creative Accounting*, *Window-Dressing*, *Earnings Management*) ist demnach die bewusste (formale und materielle) Gestaltung des Jahresabschlusses mit der Absicht, vorhandene Gestaltungsspielräume im Sinne bestimmter finanzpolitischer oder publizitätspolitischer Zielsetzungen zu nutzen.

Bilanzpolitik hat **Berührungspunkte vor allem mit den Finanzprozessen** der Unternehmung. Denn Wirkungen der Bilanzpolitik sind direkt oder indirekt immer auch in der finanziellen Sphäre der Unternehmung spürbar. Bilanzpolitische Maßnahmen haben darüber hinaus aber natürlich auch eine eigenständige **kommunikationspolitische Komponente**. Diese kommunikationspolitische Komponente ist insbesondere für diejenigen Unternehmen von Bedeutung, die zur Veröffentlichung ihrer Jahresabschlüsse verpflichtet sind und bei denen die Öffentlichkeit auf bestimmte (gute oder schlechte) Jahresabschlussinformationen entsprechend stark reagiert. Dieses ist im Allgemeinen bei Aktiengesellschaften sowie bei Kreditinstituten der Fall. Bilanzpolitik ist in diesen Fällen gleichzeitig auch Publizitätspolitik.

Sowohl die finanzpolitische wie auch die publizitätspolitische Komponente der Bilanzpolitik berühren das Ganze der Unternehmung und sind im Allgemeinen auch von erheblicher Tragweite. Damit ist verbunden, dass Bilanzpolitik eine **echte Führungsaufgabe** darstellt, die von der Unternehmensleitung wahrzunehmen ist.

8.3 Bilanzanalyse und Bilanzpolitik 739

8.3.1.2 Wechselseitige Abhängigkeiten zwischen Bilanzanalyse und Bilanzpolitik

Obwohl Bilanzpolitik und Bilanzanalyse von ihrer Sichtweite her eine jeweils gänzlich andere Dimension ansprechen, bestehen doch eine Reihe von Berührungspunkten. Sie bewirken, dass beide Formen instrumentaler Bilanzhandhabung nicht unabhängig voneinander zu sehen sind.

Die Bilanzpolitik ist zunächst einmal unmittelbar mit der Bilanzanalyse über ihre publizitäts-politische Komponente verknüpft. Denn eine **publizitätspolitisch motivierte Bilanzpolitik** kann

- die (externe) Bilanzanalyse je nach gewünschter Tendenz erschweren oder erleichtern und damit verbunden auch
- gewünschte finanzielle Effekte verstärken bzw. unerwünschte finanzielle Entwicklungen abschwächen.

Zu denken ist beispielsweise daran, dass durch Bilanzpolitik die Vermögens- und Ertragslage der Unternehmung unter Umständen so dargestellt werden kann, dass Aktionäre oder Banken zu einer falschen Urteilsbildung bezüglich des bestehenden Kredit- oder Kapitalanlagerisikos kommen. Umgekehrt mag eine Publizitätspolitik „der gläsernen Taschen" das Standing der Unternehmung auf den Kapitalmärkten und ihre Kapitalaufnahmemöglichkeiten verbessern.

Die Bilanzpolitik muss also im Sinne ihrer Optimierung stets auch die Auswirkungen in den Kalkül einbeziehen, die sich aus der Verwendung der Bilanz durch (unternehmensexterne) Informationsinteressenten ergeben, die die Bilanz als ein Instrument zur Erkenntnisgewinnung einsetzen.

Natürlich kann angesichts dieser Konstellation auch die **Bilanzanalyse nicht unabhängig von der betrieblichen Bilanzpolitik** operieren. Insbesondere die Methoden und Verfahren der Bilanzanalyse werden hiervon berührt. Denn wenn es das Ziel der Bilanzanalyse ist, zutreffende Informationen über die monetär-wirtschaftliche Lage und Entwicklung der Unternehmung zu gewinnen, muss es zugleich ihr Anliegen sein, durch einen entsprechenden Einsatz von analytischen Verfahren die Störgröße „Bilanzpolitik" zu neutralisieren oder zumindest sichtbar zu machen. Die Bilanzanalyse baut insofern auf den erkannten Möglichkeiten einer bilanzpolitisch motivierten „Manipulation" der Jahresabschlussrechnungen auf.

Fragen und Aufgaben zur Wiederholung (8.3.1: S. 737 – 739)

1. Nennen Sie die Aufgaben und möglichen Adressaten des aktienrechtlichen Jahresabschlusses!

2. Definieren Sie die Begriffe Bilanzanalyse und Bilanzpolitik!

3. Welche einzelnen Aufgaben hat die Bilanzanalyse?

4. Diskutieren Sie die Interdependenzen zwischen Bilanzanalyse und Bilanzpolitik!

8.3.2 Bilanzpolitik
8.3.2.1 Ziele der Bilanzpolitik

Die verschiedenen bilanzpolitischen Ziele, ihre Gewichtung sowie die Bedeutung der bilanzpolitischen Instrumente sind von vielen Faktoren, wie beispielsweise der Rechtsform der Unternehmung, dem Adressatenkreis oder etwa der Unternehmenssituation abhängig. Die folgenden Ausführungen abstrahieren jedoch weitgehend von diesen spezifischen Faktoren und beschränken sich auf die grundsätzlich möglichen Ziele bzw. Instrumente.

Die Ziele der Bilanzpolitik lassen sich zweckmäßigerweise danach gliedern, ob sie primär finanzpolitisch oder aber publizitätspolitisch motiviert sind, obwohl letztere Kategorie in der Regel zumindest indirekt auch eine finanzpolitische Komponente aufweist. Abb. 8.3 - 1 gibt einen ersten **Überblick**, wobei sich die angegebenen Ziffern auf die folgenden Erläuterungen im Text beziehen.

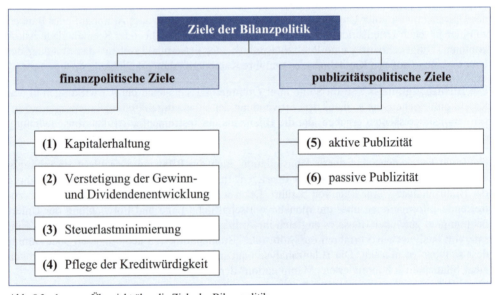

Abb. 8.3 - 1   Übersicht über die Ziele der Bilanzpolitik

Bei der Formulierung **finanzpolitischer Ziele** ist davon auszugehen, dass die Bilanzpolitik prinzipiell als ein Instrument angesehen werden kann, um

- die Bindung erwirtschafteter Mittel an die Unternehmung sicherzustellen,
- die erfolgsabhängigen Zahlungen der Unternehmung an Dritte (z.B. Steuern, Dividenden) zu steuern sowie
- die Vermögens- und Kapitalstruktur der Unternehmung zu beeinflussen.

Entsprechend erscheint es sinnvoll, von den in Abb. 8.3 - 1 genannten **vier möglichen Zielsetzungen** auszugehen.

Zu (1)   Kapitalerhaltung:

Das Problem der Kapitalerhaltung steht in einem engen Zusammenhang zum Erfolgsbegriff. Gewinn ist danach stets gleichbedeutend mit Kapitalmehrung, Verlust entsprechend gleichbedeutend mit Kapitalminderung. Insofern besagt die Forderung nach Kapitalerhaltung, dass im Durchlauf der Aufwands- und Ertragsgüter mindestens der Tatbestand der Nicht-Kapitalminderung (des Nicht-Verlustes) gewährleistet sein soll, um auf diese Weise die ständige und ununterbrochene Aufrechterhaltung des produktiven Wirtschaftsgeschehens zu ermöglichen.

Nach KOSIOL (1977) lassen sich zwei **Kapitalerhaltungskonzeptionen** unterscheiden:

- Gemäß der **nominalen Kapitalerhaltungskonzeption** liegt ein Gewinn vor, wenn die auf der Basis des Anschaffungswert-(und Nominalwert-)prinzips ermittelten Periodenaufwendungen kleiner sind als die entsprechenden Erträge.
- Der Grundsatz der **realen Kapitalerhaltung** bedeutet rechnerisch, dass ein Gewinn erst dann erzielt wird, wenn ein gütermäßig aufgefasstes Kapital real erhalten bleibt. In der Regel wird dieser Fall angenommen, wenn die Erträge mindestens den zu Tagesbeschaffungswerten (respektive Indexwerten) angesetzten Aufwand abdecken.

Nominale und reale Kapitalerhaltung unterscheiden sich regelmäßig bei auftretenden Güterpreis- und Geldwertveränderungen. Bei Preissteigerungen und Geldwertverschlechterung kann in der Nominalrechnung z.B. ein Gewinn ausgewiesen werden (= nominale Kapitalerhaltung), während sich in einer Rechnung, die den Aufwand zu Tagesbeschaffungswerten ansetzt, unter Umständen zeigt, dass real ein Verlust eingetreten ist. Der in der Nominalrechnung ermittelte Gewinn wäre in diesem Fall also ein **Scheingewinn**, dessen Höhe bestimmt wird durch die Differenz zwischen Nominal- und Realgewinn.

In Abb. 8.3 - 2 werden an einem einfachen Beispiel (entnommen aus KANDLBINDER 1973) die unterschiedlichen Konsequenzen von nominaler und realer Kapitalerhaltung bei konstantem Preisniveau und bei einer Inflation von 10 % demonstriert.

Da der handelsrechtliche Jahresabschluss wie im **Beispiel** (vgl. Abb. 8.3 - 2) auf dem Grundgedanken des Nominal- und Anschaffungswertprinzips aufbaut, ist eine besondere Bilanzpolitik zur Sicherung der nominalen Kapitalerhaltung nicht erforderlich. Das wird allein durch die Rechnungslegungsvorschriften – zum Teil durch das Vorsichtsprinzip sogar übersteigert – gewährleistet. Anders ist es dagegen bei realen Erhaltungskonzeptionen. Hier kommt der Bilanzpolitik die Aufgabe zu, den Scheingewinn vor einer Ausschüttung zu bewahren (**Ausschüttungssperrfunktion**). Dies kann auf **zweifache Weise** geschehen:

- bei der Gewinnermittlung durch **Bildung stiller (Kapitalerhaltungs-)Rücklagen** sowie
- bei der Gewinnverwendung durch **Bildung offener**, in der Regel versteuerter **(Kapitalerhaltungs-)Rücklagen** (vgl. Abb. 8.3 - 2).

742 Achtes Kapitel: Externe Unternehmungsrechnung

Eröffnungsbilanz eines Weinhändlers		
Weinvorrat	100	Grundkapital 100

Geschäftsvorfälle: 1. Verkauf des Weins nach einem Jahr zu 120 bar
2. Zahlung von Gewinnsteuern 50 %

Frage: Wie hoch ist der ausschüttungsfähige Gewinn bei nominaler und realer Kapitalerhaltung bei konstantem Preisniveau und bei einer angenommenen Inflation von 10 %?

Fall 1: **bei konstantem Preisniveau (nominale = reale Kapitalerhaltung)**

Erfolgsrechnung		Schlussbilanz		
Erlöse	120	Barvermögen 110	Grundkapital	100
– Aufwand	100		Gewinn	10 ◄ – ┐
= Gewinn vor Steuern	20			
– Gewinnsteuern	10			
= ausschüttungsfähiger Gewinn	10 – ┘			

Fall 2: **bei Inflation von 10 % und nominaler Kapitalerhaltung**

Erfolgsrechnung		Schlussbilanz		
Erlöse	132	Barvermögen 116	Grundkapital	100
– Aufwand	100		Gewinn	16 ◄ – ┐
= Gewinn vor Steuern	32			
– Gewinnsteuern	16			
= ausschüttungsfähiger Gewinn	16 – ┘			

Fall 3: **bei Inflation von 10 % und realer Kapitalerhaltung**

Erfolgsrechnung		Schlussbilanz		
Erlöse	132	Barvermögen 116	Grundkapital	100
– Aufwand			Rücklage	10 ◄
bewertet zu Anschaffungskosten	100 ─┐		Gewinn	6 ◄ – ┐
bewertet zum Tageswert	110 ─┘			
⇒ Nominalgewinn vor Steuern	32			
⇒ Realgewinn vor Steuern	22			
– Gewinnsteuern	16			
⇒ ausschüttungsfähiger Nominalgewinn	16			
⇒ ausschüttungsfähiger Realgewinn	6 – ┘			

Abb. 8.3 - 2   Nominale und reale Kapitalerhaltung (bei Orientierung der Bilanz am Nominalwertprinzip)

8.3 Bilanzanalyse und Bilanzpolitik 743

Zu (2)   Verstetigung der Gewinn- und Dividendenentwicklung:

Neben der Kapitalerhaltung kann es Zielsetzung der Bilanzpolitik sein, einen entsprechenden Beitrag zur Verstetigung der Gewinn- und Dividendenentwicklung im Zeitablauf zu leisten.

Die **Politik der Dividendenstabilität** tritt bei Kapitalgesellschaften, und hier vor allem bei Aktiengesellschaften auf. Eine Politik der Dividendenstabilität besagt, dass zyklische Gewinnschwankungen kaum oder gar nicht die Ausschüttungsentscheidung berühren, dass letztere sich vielmehr an der längerfristigen Gewinnentwicklung orientiert. Um eine solche Dividendenpolitik vor allem in Zeiten unbefriedigender Ertragslage „durchhalten" zu können, bedarf es aber einer entsprechenden Rücklagenpolitik, bei der die Rücklagen eine spezifische Ausgleichsfunktion haben: Gewinnteile, die man bei prosperierender Wirtschaftslage für die Finanzierung der „Normaldividende" nicht benötigt, werden ausdrücklich reserviert, um den vollen Dividendensatz auch in Perioden, in denen die laufenden Gewinne hierfür nicht ausreichen, ungekürzt zahlen zu können.

Solche **Dividendenausgleichsrücklagen** können bilanzpolitisch (wie Kapitalerhaltungsrücklagen) bei der Gewinnermittlung oder im Rahmen der Gewinnverwendung gebildet und wieder aufgelöst werden (wobei jedoch im Gegensatz zu Kapitalerhaltungsrücklagen zusätzlich noch eine entsprechende liquiditätsmäßige Vorsorge getroffen werden muss). Gegen eine offene Rücklagenpolitik spricht allerdings, dass sie im Allgemeinen aus versteuerten Gewinnen erfolgen muss und dass hiermit bilanzpolitisch auch kein Beitrag zur Gewinnverstetigung geleistet werden kann.

Eine Verstetigung der Gewinnentwicklung im Zeitablauf kann dagegen durch eine gezielte Bildung **stiller Rücklagen** in Jahren mit überdurchschnittlichem Geschäftsgang erreicht werden, die dann umgekehrt in einer Abschwungphase wieder aufgelöst werden, um das Ausmaß des tatsächlichen Gewinnrückgangs nicht sichtbar werden zu lassen. Solche **Gewinnregulierungen** durch Verrechnung „überhöhten" Aufwands (Aufwandsantizipation) respektive Vornahme von Zuschreibungen oder Verzicht auf Wertherabsetzungen stellen ein wesentliches Element der Bilanzpolitik dar.

Der Nutzen einer auf Verstetigung der Gewinn- und Dividendenentwicklung gerichteten Bilanzpolitik ist in einer Reihe von Aspekten zu sehen. Neben ihrer zentralen Funktion der **Krisensicherung** hat eine entsprechende antizyklische Rücklagenpolitik (kombiniert mit einer Politik der Dividendenstabilität) auch unmittelbar **positive Ausstrahlungen auf die Kapitalmärkte**. So ist die Annahme nicht unberechtigt, dass bei und mithilfe einer solchen Politik

- der Marktwert der Unternehmung und die möglichen Emissionskurse für neues Aktienkapital im zyklischen Durchschnitt höher sind sowie
- die Möglichkeiten, Kapitalerhöhungen zu angemessenen Konditionen auch in ungünstigen Kapitalmarktsituationen durchzuführen, vergleichsweise größer sind

als bei einer Politik, die diese Möglichkeiten der Gewinn- und Dividendenverstetigung nicht nutzt (vgl. auch S. 745).

Zu (3)   Steuerlastminimierung:

Das Ziel der Steuerlastminimierung ist ein (öffentlich-rechtlich) anerkanntes Ziel erwerbswirtschaftlicher Unternehmungen, das mit steigender Steuerquote betriebswirtschaftlich an

744   Achtes Kapitel: Externe Unternehmungsrechnung

Gewicht gewinnt. Denn auch die Höhe der Steuerbelastung bzw. die gezahlten Steuern determinieren den finanziellen Spielraum einer Unternehmung.

Zwei Zielausprägungen lassen sich unter das Oberziel „Steuerlastminimierung" subsumieren (vgl. BÖRNER/KRAWITZ 1991):

- **Steuerverschiebung(-aufschub)**

  Hier geht es darum, die Steuerbelastung durch zeitliche Verlagerung von steuerpflichtigen Gewinnen in die Zukunft zu mindern. Als Vorteile sind zu nennen:

  - momentane Liquiditätsverbesserung,
  - Nutzung eines zinslosen Steuerkredits.

- **Steuerersparnis**

  Die Möglichkeit hierfür hängt von der Ausgestaltung der Steuertarife ab:

  - Bei **proportionalem Tarif** ist eine endgültige Steuerersparnis nur indirekt über den zinslosen Steuerkredit möglich (und zwar in Höhe der ersparten Zinsen).
  - Bei **progressivem Tarif** kann dagegen (insbesondere bei stark schwankenden Jahresgewinnen) auch direkt eine endgültige Steuerersparnis eintreten. Dies ist eine Folge der Tatsache, dass bei progressivem Gewinnsteuertarif die absolute Gesamtsteuerbelastung während der Totalperiode am geringsten ist, wenn es dem Betrieb gelingt, den Gesamtgewinn gleichmäßig auf die Wirtschaftsjahre zu verteilen („Gesetz der Normallinie").

Das bilanzpolitisch wichtige Ziel der Steuerlastminimierung ist im Übrigen einer der Hauptgründe dafür, dass Bilanzpolitik in der Praxis häufig mit **Steuerbilanzpolitik** gleichzusetzen ist und die Handelsbilanz dabei im Zweifel der Steuerbilanz folgt. Zwar bildet die Handelsbilanz nach ständiger Rechtsprechung die Grundlage für die steuerliche Gewinnermittlung (**Maßgeblichkeitsgrundsatz**), sodass hiernach umgekehrt Bilanzpolitik stets Handelsbilanzpolitik sein müsste. Aber die Maßgeblichkeit der Handelsbilanz für die Steuerbilanz ist in entscheidenden Punkten eingeschränkt bzw. kehrt sich sogar um (**Umkehrung des Maßgeblichkeitsprinzips**). Drei Konstellationen sind dabei zu unterscheiden (vgl. WÖHE 2005):

- Lässt das Steuerrecht mehrere Bewertungsmöglichkeiten zu, die auch handelsrechtlich erlaubt sind, so sind die handelsrechtlichen Wertansätze maßgeblich.
- Ist ein bestimmter Wertansatz für die Handelsbilanz zwingend, so muss die Steuerbilanz auch dann folgen, wenn die steuerlichen Vorschriften einen anderen Wertansatz zulassen würden.
- Ein Abweichen von den Wertansätzen der Handelsbilanz ist in der Steuerbilanz nur dann möglich, wenn zwingende Vorschriften des Steuerrechts es erfordern.

Hieraus ergibt sich, dass der Maßgeblichkeitsgrundsatz in seiner reinen Form nur gilt, wenn die Handelsbilanz einen Wertansatz zwingend vorschreibt. In sein Gegenteil verkehrt wird der Grundsatz der Maßgeblichkeit dagegen praktisch, wenn handels- und zugleich steuerrechtliche Wahlrechte bestehen. Denn dann ist die Nutzung steuerlich vorteilhafter Wahlrechte nur möglich, wenn die Handelsbilanz diese Wertansätze übernimmt. Sanktioniert wird diese Verfälschung der Handelsbilanz durch das Handelsgesetzbuch, das einen niedrigeren Wert zulässt. Im Referentenentwurf des Gesetzes zur Modernisierung des Bilanzrechts (BilMoG-RefE) des Bundesministeriums der Justiz (BMJ) vom 8. November 2007 ist die Aufhebung des umgekehrten Maßgeblichkeitsprinzips vorgesehen, wodurch sich die Möglichkeiten der Steuerbilanzpolitik für Unternehmen einschränken.

8.3 Bilanzanalyse und Bilanzpolitik 745

Zu (4)   Pflege der Kreditwürdigkeit:

Die Pflege der Kreditwürdigkeit als Ziel der Bilanzpolitik ist teilweise in den bereits genannten Zielen enthalten, teilweise berührt dieser Aspekt auch bereits die publizitätspolitische Komponente der Bilanzpolitik. Wegen ihrer Bedeutung verdient sie es jedoch, als eigenständige finanzpolitische Zielkategorie angesehen zu werden.

Es lassen sich grundsätzlich vier – teilweise konfliktäre – **Ansatzpunkte** für eine an der Pflege der Kreditwürdigkeit orientierte Bilanzpolitik unterscheiden:

- Bilanzpolitik mit dem Ziel, eine bessere **Ertragslage respektive Eigenkapitalposition** „vorzuspiegeln", als sie tatsächlich gegeben ist. Hauptinstrument ist hier die stille Rücklagenpolitik.
- Bilanzpolitik mit dem Ziel, eine gewisse **Verstetigung der Gewinn- und Dividendenentwicklung** im Zeitablauf zu realisieren. Dieser Aspekt ist bereits zuvor als ein eigenständiges Oberziel der Bilanzpolitik angesprochen worden.
- Bilanzpolitik mit dem Ziel, **fristenkongruente Finanzierung** zu demonstrieren. Hier geht es darum, bestimmte Positionengruppen der Aktiva und Passiva unter einem Fristenkriterium so aufeinander abzustimmen, dass eine quantitative Entsprechung suggeriert wird. Die sich hierin ausdrückenden (horizontalen) Kapitalstrukturnormen haben für die Kreditwürdigkeit eine relativ große praktische Bedeutung (vgl. auch S. 792ff.).
- Bilanzpolitik mit dem Ziel, eine **ausreichende Liquidität** zu demonstrieren. Hier wird danach getrachtet, die Flüssigen bzw. Liquiden Mittel (vgl. S. 763) gegenüber den kurzfristigen Verbindlichkeiten hervorzuheben. Diese als „Window-Dressing" bekannte Verhaltensweise versucht, finanzielle Zuflüsse und Abflüsse zum Jahresende so zu steuern, dass bestimmte Liquiditätsnormen erfüllt sind (vgl. auch S. 792ff.).

Neben die primär finanziell motivierten Ziele der Bilanzpolitik treten **publizitätspolitische Ziele**. Sie lassen sich vereinfacht auf **zwei Grundformen** reduzieren:

Zu (5)   Aktive Publizität:

Bei der aktiven Publizität ist die Bilanzpolitik auf Offenlegung und weitestgehende Information ausgerichtet („Man zeigt, was man hat.").

Zu (6)   Passive Publizität:

Hierunter ist eine auf Verheimlichung und restriktive Auslegung von Rechtsvorschriften sowie GoB bedachte Bilanzpolitik zu verstehen („Man veröffentlicht, was im Rahmen der Legalität beim besten Willen nicht mehr verborgen werden kann.").

Publizitätspolitik ist in aller Regel zugleich **Finanzpolitik**, denn durch die Art und den Umfang der Rechenschaftslegung über das abgelaufene Geschäftsjahr werden zumindest indirekt auch finanzpolitische Parameter betroffen. Die Publizitätspolitik kann also durchaus ein Instrument der Finanzpolitik sein. Daneben ist aber nicht auszuschließen, dass insbesondere eine aktive Publizität auch als eigenständige Wertkategorie angesehen wird. Man denke hier nur an ein mögliches Bekenntnis der maßgeblichen Unternehmungsträger zu einer „wahrhaftigen Rechenschaft", das aus einer auf ethischen und moralischen Werthaltungen basierenden **Unternehmungsphilosophie** entspringt (vgl. S. 75).

8.3.2.2 Instrumente der Bilanzpolitik

Bilanzpolitische Ziele sind durch entsprechende **Maßnahmen der formalen und materiellen Gestaltung des Jahresabschlusses** zu realisieren. Die dazu in Betracht kommenden Instrumente sind in erster Linie solche, die Einfluss auf die Bildung und Auflösung stiller (teilweise auch offener) Rücklagen nehmen. Daneben spielen aber auch noch andere Instrumente – insbesondere zur Realisierung spezifisch publizitätspolitischer Ziele – eine wichtige Rolle.

Abb. 8.3 - 3 gibt eine **Systematik bilanzpolitischer Instrumente** wieder, gegliedert soweit möglich nach (primär) finanzpolitischen und publizitätspolitischen Maßnahmen, wobei sich die angegebenen Ziffern auf die folgenden Erläuterungen im Text beziehen.

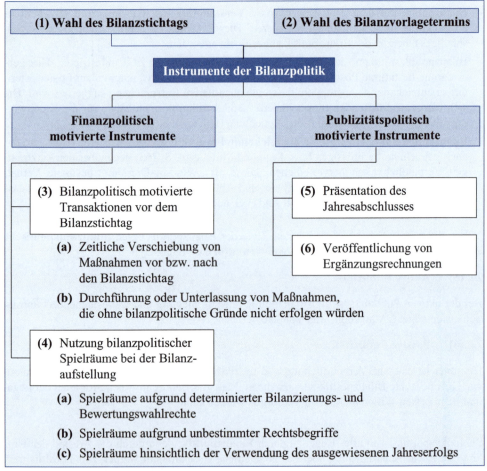

Abb. 8.3 - 3 Systematik bilanzpolitischer Instrumente

8.3 Bilanzanalyse und Bilanzpolitik 747

Zu (1) Wahl des Bilanzstichtags:

Jede Bilanzierung setzt notwendigerweise die Fixierung eines bestimmten Bilanzstichtags voraus. Da handelsrechtlich den Unternehmen nicht vorgeschrieben wird, wann ein Geschäftsjahr zu beginnen und zu enden hat (§ 240 Abs. 2 HGB bestimmt lediglich, dass ein Geschäftsjahr die Dauer von zwölf Monaten nicht überschreiten darf), besteht damit auch eine **Wahlfreiheit, den Bilanzstichtag nach betriebsindividuellen Gesichtspunkten zu bestimmen**. Allerdings ist ein einmal festgelegter Stichtag in der Regel beizubehalten, sodass dieses Instrument nicht wiederholt allein bilanzpolitischer Vorteile wegen eingesetzt werden kann.

Bilanzpolitische Vorteile lassen sich durch eine zweckmäßige Wahl des Bilanzstichtags besonders bei **Saisonbetrieben** realisieren. Denn bei solchen Unternehmen ist es wegen der typischen jahreszeitlichen Entwicklung von Umsätzen, Beständen und dergleichen nicht belanglos, wann bilanziert wird. Bei einer Bilanzpolitik, die mit dem Ziel betrieben wird, stets ausreichende Liquidität zu demonstrieren, empfiehlt es sich beispielsweise, den Bilanzstichtag unmittelbar an das Ende der Saison zu legen, wenn die Läger geräumt sind. Umgekehrt kann es auch von Vorteil sein, den Bilanzstichtag vor Saisonbeginn zu legen, um wegen der dann hohen Lagervorräte eine ausreichende Basis für gewinnmindernde Abwertungsmaßnahmen (die Bildung stiller Rücklagen) bereit zu halten.

Bei **saisonunabhängigen Unternehmen** sind diese bilanzpolitischen Möglichkeiten kaum gegeben. Ausnahmen sind allenfalls bei Unternehmen denkbar, die Teil eines übergeordneten Unternehmensverbundes sind. Hier kann – wenn keine Bilanzkonsolidierung erfolgt – durch die Wahl abweichender Bilanzstichtage erreicht werden, dass beispielsweise bestimmte Vorgänge durch Hin- und Herschieben zwischen den Einzelbilanzen in keiner dieser Bilanzen erscheinen.

Zu (2) Wahl des Bilanzvorlagetermins:

Für die Wahl des Bilanzvorlagetermins gewähren die **gesetzlichen Vorschriften** einen verhältnismäßig ausgedehnten Spielraum. So müssen Kaufleute im Allgemeinen nach § 243 Abs. 3 HGB ihren Jahresabschluss lediglich „innerhalb der einem ordnungsgemäßen Geschäftsgang entsprechenden Zeit" aufstellen. Große und mittlere Kapitalgesellschaften müssen ihren Jahresabschluss und Lagebericht nach § 264 Abs. 1 HGB innerhalb der ersten drei Monate nach Abschluss des Geschäftsjahres aufstellen. Kleinen Kapitalgesellschaften wird, sofern dies einem ordnungsmäßigen Geschäftsgang entspricht, eine maximale Frist von sechs Monaten gewährt. Für kapitalmarktorientierte Kapitalgesellschaften (außer im Sinne von § 327a HGB) gilt nach § 325 Abs. 4 HGB eine Frist von vier Monaten, für Konzernabschlüsse nach § 290 Abs. 1 HGB eine solche von fünf Monaten. In Spezialgesetzen (z.B. Versicherungsaufsichtsgesetz) können andere Fristen vorgesehen sein.

Gründe für eine möglichst späte Vorlage der Bilanz können sich aus dem Interesse ergeben, nachträglich eingetretene Ereignisse bzw. bekannt gewordene Tatsachen bilanzpolitisch zu verwerten. Sollen beispielsweise umfangreiche Abwertungen von Vermögensgütern zur Schmälerung des auszuweisenden Jahresgewinns vorgenommen werden, so können negative Ereignisse im neuen Geschäftsjahr als Begründung und Rechtfertigung hierfür eine wichtige Rolle spielen. Umgekehrt mag eine schnelle Bilanzvorlage zweckmäßig sein, um positiven Ereignissen im neuen Geschäftsjahr oder auch einer erwarteten Verschlechterung der Geschäftslage argumentativ zuvorzukommen.

Die Wahl des Bilanzvorlagetermins ist zwar im Rahmen der gesetzlichen Vorschriften grundsätzlich ein **variables Instrument** der Bilanzpolitik, aber ohne Nachwirkungen beliebig oft eingesetzt werden kann es wohl nur bei den kleineren, nicht veröffentlichungspflichtigen Unternehmen. Denn bei den größeren publizitätspflichtigen Unternehmen hat sich häufig ein seit Jahren gleich gebliebener Zeitpunkt der Veröffentlichung eingespielt, dessen kurzfristige Veränderung aus bilanzpolitischen Gründen in der Regel mehr Nachteile als Vorteile bringt.

Zu (3)   Bilanzpolitisch motivierte Transaktionen vor dem Bilanzstichtag:

Für eine Reihe bilanzpolitischer Maßnahmen ist charakteristisch, dass sie nicht erst im Zuge der Bilanzaufstellung, sondern im laufenden Geschäftsjahr vorgenommen werden. Solche bilanzpolitisch motivierten Transaktionen vor dem Bilanzstichtag können dabei in **zwei Kategorien** aufgeteilt werden:

Zu (3a)   Zeitliche Verschiebung von Maßnahmen vor bzw. nach den Bilanzstichtag:

Die bilanzpolitisch motivierte zeitliche Verschiebung von Maßnahmen vor bzw. nach den Bilanzstichtag. Je nach dem verfolgten bilanzpolitischen Zweck kommt hier in Frage:

- **Vorverlagerung/Nachverlagerung des Erwerbs/der Veräußerung von Aktiva**
  Beispiele:
  - Ein Anlagegegenstand wird bereits vor dem Stichtag angeschafft, um schon Abschreibungen geltend zu machen.
  - Man zögert aus bilanzpolitischen Gründen den Verkauf eines Anlagegutes hinaus, weil damit ein Verlust/Gewinn ausgewiesen würde.

- **Vorverlagerung/Nachverlagerung der Aufnahme, Rückzahlung und/oder Umschichtung von Passivkapital**
  Beispiele:
  - Die Aufnahme eines Kredits wird aufgeschoben, um die Bilanzsumme klein zu halten oder den Verschuldungsgrad nicht zu verschlechtern.
  - Eine Kreditaufnahme wird vorgezogen, um Gewinnausschüttungswünschen entgegenzuwirken.
  - Eine Kapitalerhöhung wird verzögert, um den Gewinn nicht zu verwässern.

- **Vorverlagerung/Nachverlagerung von Maßnahmen mit unmittelbarem Aufwands-/ Ertragscharakter**
  Beispiele:
  - Größere Reparaturmaßnahmen werden vorgezogen oder verzögert.
  - Nicht aktivierungspflichtiges Büromaterial wird noch vor dem Stichtag gekauft, obwohl es erst später gebraucht wird.
  - Ein Großauftrag wird beschleunigt abgewickelt, um ihn noch ertragswirksam in das alte Geschäftsjahr zu ziehen.

8.3 Bilanzanalyse und Bilanzpolitik 749

Zu (3b) Durchführung oder Unterlassung von Maßnahmen, die ohne bilanzpolitische Gründe nicht erfolgen würden:

Hier sind je nach bilanzpolitischer Zwecksetzung zwei Kategorien von Maßnahmen denkbar:

- **Maßnahmen vor dem Bilanzstichtag, die nach dem Stichtag rückgängig gemacht werden**

  Beispiele:

  - Ein Kredit wird zur Vermeidung von Gewerbesteuer, zur Verringerung der Bilanzsumme oder zur Verringerung des Verschuldungsgrades vor dem Bilanzstichtag zurückgezahlt, aber nach dem Bilanzstichtag wieder aufgenommen.
  - Termingelder werden vor dem Bilanzstichtag in Sichteinlagen umgeschichtet und nach dem Bilanzstichtag wieder rücktransferiert.

- **Maßnahmen vor dem Bilanzstichtag, die nach dem Stichtag nicht rückgängig gemacht werden**

  Beispiele:

  - Ein Vermögensgegenstand mit hohen stillen Reserven wird zur Erhöhung des Erfolgsausweises veräußert.
  - Eine selbsterstellte Maschine wird mangels Käufer dem eigenen Anlagevermögen zugeordnet, um den Verlust aus der Nichtabnahme zeitlich verteilen zu können.
  - Es wird zum Leasing von Anlagegütern übergegangen, um die Kapitalstruktur zu entlasten.
  - Es werden Zwischenabrechnungen bei längerfristigen Lieferungen vereinbart.
  - Selbsterstellte Patente werden in eine Personengesellschaft eingebracht, an der die bilanzierende Unternehmung eine Beteiligung hält, um so das Aktivierungsverbot selbsterstellter immaterieller Wirtschaftsgüter zu umgehen.

Zu (4) Nutzung bilanzpolitischer Spielräume bei der Bilanzaufstellung:

Zu (4a) Spielräume aufgrund determinierter Bilanzierungs- und Bewertungswahlrechte:

Mithilfe der gezielten Nutzung gesetzlich determinierter Bilanzierungs- und Bewertungswahlrechte kann eine wirksame **stille Rücklagenpolitik** betrieben werden, d.h. es können im Rahmen der Wahlrechte je nach bilanzpolitischer Zielsetzung stille Rücklagen (in der Schweiz Reserven genannt) gebildet bzw. auch wieder aufgelöst werden, bevor sie sich durch Ertragsrealisation automatisch auflösen. Dieses Instrument der Bilanzanalyse erfährt seine Grenzen jedoch in zweifacher Hinsicht: Zum einen sind die angewendeten Ansatz- und Bewertungswahlrechte in der Regel im Anhang offenzulegen, zum anderen liegt ein Hauptaugenmerk der Neuerungen der nationalen und internationalen Rechnungslegungsvorschriften in der ständigen Verringerung der Wahlrechte. Ganz im Zeichen dieser Bestrebungen steht auch der Referentenentwurf des Gesetzes zur Modernisierung des Bilanzrechts (BilMoG-RefE) des Bundesministeriums der Justiz (BMJ) vom 8. November 2007, nach dem nicht mehr zeitgemäße Wahlrechte im HGB (wie z.B. die steuerlich nicht anerkannten Aufwandsrückstellungen gemäß § 249 Abs. 1 Satz 3, Abs. 2) abgeschafft werden sollen.

Auf die vielfältigen Bilanzierungs- und Bewertungswahlrechte wurde im Zusammenhang mit der Darstellung des handelsrechtlichen Jahresabschlusses ausführlich eingegangen (vgl.

S. 672ff.), sodass eine nochmalige Darstellung sich hier erübrigt. Die spezifische **Wirkungs-weise** der Ausnutzung dieser Wahlrechte auf den Erfolgsausweis soll aber noch kurz und zusammenfassend erläutert werden.

Soll der auszuweisende **Jahresgewinn erhöht** (bzw. der Verlust gemindert) werden, empfiehlt es sich,

- alle aktivierungsfähigen Wirtschaftsgüter auch zu aktivieren (die Aktivierungswahlrechte also nicht in Anspruch zu nehmen),
- alle nicht passivierungspflichtigen Gegenstände aus der Bilanz herauszuhalten, also nicht zu passivieren (relevant vor allem für Rückstellungen),
- bestehende Abwertungswahlrechte (außerplanmäßige Abschreibungen und Wertminderungen) nicht, bestehende Aufwertungswahlrechte (Zuschreibungen) dagegen voll auszunutzen sowie
- bestehende Methodenwahlrechte bezüglich der Festlegung planmäßiger Abschreibungen und der Ermittlung von Anschaffungs- oder Herstellungskosten im Sinne eines möglichst hohen Vermögensausweises zu nutzen.

Entsprechend umgekehrt ist zu verfahren, wenn der auszuweisende **Jahresgewinn verringert** (bzw. der Verlust erhöht) werden soll. Dann

- haben Aktivierungen, wo Wahlrechte bestehen, zu unterbleiben,
- sind Passivierungen möglichst umfassend durchzuführen,
- müssen Abwertungswahlrechte bis zur zulässigen Wertuntergrenze genutzt sowie buchmäßige Aufwertungen entsprechend vermieden werden und
- sind Wertermittlungs- und Abschreibungsmethoden vorzuziehen, die zu einem möglichst niedrigen Vermögensausweis führen.

Zu (4b)   Spielräume aufgrund unbestimmter Rechtsbegriffe:

Im Bilanzrecht finden sich zahlreiche **Ermessensspielräume**, deren Duldung rechtspolitisch deshalb zwingend ist, weil die Begriffe „Aufwand" und „Ertrag", aus deren Saldierung sich der handelsrechtliche Gewinn oder Verlust ergibt, für Bilanzierungszwecke letztlich nicht operational definiert sind: Der Bilanzierende befindet sich stets in einem Zustand unvollkommener Information darüber,

- ob,
- wann und
- in welchem Umfang

bestimmte Zahlungsmittelbewegungen Aufwendungen und Erträge darstellen (vgl. zur diesbezüglichen Abgrenzung S. 602ff.). Im Rahmen der internationalen Rechnungslegung wird in diesem Zusammenhang von Regelungen gesprochen, die ein „Professional Judgement", d.h. die möglichst korrekte Beurteilung des Sachverhalts durch den Bilanzierenden, bedingen. Für externe Bilanzleser ergeben sich hier Grenzen im Hinblick auf die Nachvollziehbarkeit.

Die **Nutzung hieraus resultierender Ermessensspielräume** stellt bilanzpolitisch eine zentrale Kategorie von möglichen Maßnahmen zur Beeinflussung des Jahresabschlusses dar. In

8.3 Bilanzanalyse und Bilanzpolitik   751

ihrer Wirkung entsprechen sie den determinierten Bilanzierungs- und Bewertungswahlrechten gemäß (4a).

Einige **Beispiele** für bilanzpolitisch nutzbare Ermessensspielräume seien im Folgenden genannt, wobei die GoB den Rahmen für die Bilanzpolitik abstecken:

- Bei der Bestimmung der **Anschaffungskosten** sind die tatsächlichen Ausgaben zu berücksichtigen, die notwendig sind, um das betreffende Vermögensgut bestimmungsgemäß einsatzbereit zu machen. Dabei entstehen in speziellen Fällen Ermessensspielräume, so beispielsweise bei der Frage, wann Abbruchkosten bei einem gekauften Grundstück als Anschaffungskosten anzusehen sind oder wann nachträgliche Aufwendungen (Reparaturen, Umbauten), die im Zusammenhang mit früher beschafften Gegenständen gemacht werden, als Anschaffungskosten zu aktivieren sind.

- Bei der Ermittlung der **Herstellungskosten** bestehen Ermessensspielräume vor allem hinsichtlich der Höhe und Zusammensetzung der verrechneten Gemeinkostenzuschlagssätze und bei der Frage, ob von Ist-, Normal- oder Plankosten ausgegangen werden soll (vgl. auch S. 679f.).

- Bei Orientierung an einem niedrigeren Wertansatz als den Anschaffungs- oder Herstellungskosten gemäß dem **Niederstwertprinzip** bestehen Ermessensspielräume etwa bei der Frage, welcher niedrigere Wert (Wiederbeschaffungswert, Einzelveräußerungswert, Ertragswert) anzusetzen ist. Noch größer ist der Ermessensspielraum z.B. bei der Ausfüllung des § 253 Abs. 3 HGB. Hier wird lediglich eine „vernünftige kaufmännische Beurteilung" gefordert, wenn bei Gegenständen des Umlaufvermögens zur Vermeidung künftiger Wertschwankungen ein noch niedrigerer Wert, als er sich nach dem Niederstwertprinzip ergeben würde, angesetzt wird (vgl. S. 678f.). Nichtkapitalgesellschaften haben sogar die Möglichkeit, alle Vermögensgegenstände mit einem beliebig niedrigen Wert anzusetzen, wenn dieser Wertansatz nach „vernünftiger kaufmännischer Beurteilung" notwendig ist (§ 253 Abs. 4 HGB).

- Bei der Bemessung von **Rückstellungen** sind Ermessensspielräume wegen ihres Charakters als ungewisse Verbindlichkeiten naturgemäß besonders groß. Besonders deutlich wird dies bei den Rückstellungen für drohende Verluste (§§ 249 Abs. l, 253 Abs. 1 HGB), die nach „vernünftiger kaufmännischer Beurteilung" gebildet werden dürfen.

- Nicht selten bestehen auch Ermessensspielräume bezüglich der **Zuordnung von Positionen zum Anlage- oder Umlaufvermögen** (z.B. bei Wertpapieren), was insofern von Bedeutung ist, als hiervon das Bild der Liquiditätslage ebenso wie die Anwendung des strengen oder gemilderten Niederstwertprinzips bestimmt wird.

Im Referentenentwurf des Gesetzes zur Modernisierung des Bilanzrechts (BilMoG-RefE) des Bundesministeriums der Justiz (BMJ) vom 8. November 2007 wird vorgeschlagen, die so genannten Ermessensabschreibungen auf den Wert nach vernünftiger kaufmännischen Beurteilung abzuschaffen. Neue Ermessensspielräume ergeben sich allerdings bei der Ermittlung des beizulegenden Zeitwerts mithilfe allgemein anerkannter Bewertungsmethoden für den Fall, dass kein Marktpreis vorliegt (§ 255 Abs. 4 HGB Satz 2 i. d.F. BilMoG-RefE).

Zu (4c) Spielräume hinsichtlich der Verwendung des ausgewiesenen Jahreserfolgs:

Bilanzpolitik umfasst nicht nur Maßnahmen, die sich auf den Erfolgsausweis auswirken, sondern auch solche, die die Verwendung des ausgewiesenen Jahreserfolgs steuern. Dies deshalb, weil hiervon das Eigenkapital, der Verschuldungsgrad und sonstige finanzielle Kennziffern tangiert werden.

Alternativen der **Verwendung eines ausgewiesenen Gewinns** sind beispielsweise bei einer Aktiengesellschaft

- Ausschüttung (Dividendenzahlung) und
- Thesaurierung, und zwar entweder Zuweisung in die
  - gesetzliche Rücklage,
  - freiwillig zu bildende Rücklage (andere Rücklagen) oder
  - satzungsmäßige Rücklage.

Bei Thesaurierung erfolgt der Ausweis unter „Gewinnrücklagen". In den Unterpositionen der Gewinnrücklagen werden die einzelnen auf freiwilliger, gesetzlicher und statutarischer Basis gebildeten Rücklagen ausgewiesen (vgl. S. 657).

Es muss nicht betont werden, dass zwischen der **offenen und der stillen Rücklagenpolitik enge Interdependenzen** bestehen: Je größer der vorhandene Spielraum bei der Bildung stiller Reserven genutzt wird, umso geringere Möglichkeiten bestehen (ceteris paribus), offene Rücklagen zu bilden. Umgekehrt ist die Notwendigkeit, offene Rücklagen aufzulösen (ceteris paribus) um so geringer, je stärker im Vorfeld der Gewinnermittlung vormals gelegte stille Reserven aufgelöst werden.

Unterschiede zwischen offener und stiller Rücklagenpolitik bestehen einmal darin, dass letztere relativ unbemerkt für Außenstehende vollzogen werden kann und zum anderen darin, dass (bei steuerlicher Anerkennung) stille Reserven steuerfrei gebildet werden können. Eine Ausnahme bei den offenen Rücklagen bildet lediglich der steuerfreie „Sonderposten mit Rücklageanteil". Dieser entfällt allerdings nach dem Referentenentwurf des Gesetzes zur Modernisierung des Bilanzrechts (BilMoG-RefE) des Bundesministeriums der Justiz (BMJ) vom 8. November 2007 mit der Aufhebung des umgekehrten Maßgeblichkeitsprinzips.

Detaillierte Vorschriften zur Bildung, zur Auflösung und zum Ausweis von offenen Rücklagen (Gewinn- und Kapitalrücklagen) sehen zum einen das Handelsrecht sowie das Aktiengesetz vor. Dabei wird deutlich, dass die Spielräume, insbesondere bei Aktiengesellschaften für eine vom Vorstand und Aufsichtsrat betriebene offene Rücklagenpolitik relativ eng begrenzt sind (vgl. Abb. 8.3 - 4).

Zu (5) Präsentation des Jahresabschlusses:

Die Art der Präsentation des Jahresabschlusses wird in erster Linie von publizitätspolitisch motivierten Zielen der Bilanzpolitik gesteuert. Dabei stehen grundsätzlich **zwei Kategorien von Parametern** zur Verfügung:

- die Gliederung einzelner Jahresabschlusspositionen und
- die inhaltliche Aufmachung des Geschäftsberichts.

8.3 Bilanzanalyse und Bilanzpolitik

Rücklagenart	Aufgaben	Bildung	Auflösung
Gesetzliche Rücklage	Ausschüttungssperre eines Teils des Gewinns zur Verlustabdeckung, wenn freie Rücklagen dafür nicht ausreichen	(1) Zuführung von 5 % des um einen Verlustvortrag geminderten Jahresüberschusses, bis gesetzliche Rücklage und Kapitalrücklage zusammen 10 % des Grundkapitals oder den in der Satzung bestimmten höheren Teil erreicht haben (2) Einstellung der aus der Auflösung der freien Rücklagen im Falle einer vereinfachten Kapitalherabsetzung gewonnenen Beträge (nur bedingt möglich)	(1) solange gesetzliche Rücklage und Kapitalrücklage zusammen nicht den zehnten oder den in der Satzung bestimmten höheren Teil des Grundkapitals übersteigen; zum Ausgleich eines Jahresfehlbetrages nur nach Verwendung eines Gewinnvortrags und nach Auflösung aller freien Rücklagen; zum Ausgleich eines Verlustvortrages, soweit er nicht durch einen Jahresüberschuss gedeckt ist und nicht durch Auflösung anderer Gewinnrücklagen ausgeglichen werden kann (2) nach Überschreitung der gesetzlichen oder satzungsmäßigen Mindesthöhe des Grundkapitals Verwendungsmöglichkeiten zum Ausgleich eines Jahresfehlbetrages, Verlustvortrages (beides nur bedingt möglich) und zur Kapitalerhöhung aus Gesellschaftsmitteln
Kapitalrücklage (Bildung gesetzlich vorgeschrieben)	Ausschüttungssperre	(1) Zuweisung aus dem Agio, das bei der Ausgabe von Aktien und Wandelschuldverschreibungen erzielt wird (2) Zuzahlungen von Aktionären (3) Einstellung der aus der vereinfachten Kapitalherabsetzung gewonnenen Beträge (nur bedingt möglich)	siehe oben
Rücklage für eigene Aktien	Ausschüttungssperre, da durch den Kauf der Aktien das Eigenkapital abnimmt	Zuführung in Höhe der aktivierten Position „Eigene Aktien"	(1) wenn die eigenen Aktien ausgegeben, wieder veräußert oder eingezogen werden (2) bei Abschreibungen auf die Position „Eigene Aktien"
Andere Rücklagen (freie Rücklagen)	Unternehmenssicherung, Selbstfinanzierung, Substanzerhaltung, teilweise keine Zweckbindung	(1) Thesaurierung nicht entnommener, um Steuern gekürzter Gewinne; nach § 58 Abs. 2 AktG durch Vorstand und Aufsichtsrat in Höhe von 50 % des um einen Verlustvortrag und die Zuführung zur gesetzlichen Rücklage gekürzten Jahresüberschusses zulässig; Hauptversammlung kann durch Beschluss Teile des Bilanzgewinns zusätzlich zuführen (2) gegebenenfalls „besondere Rücklage" im Zusammenhang mit Nutzung steuerlicher Möglichkeiten (3) Eigenkapitalanteil von Wertaufholungen bei Vermögensgegenständen des Anlage- und Umlaufvermögens	(1) zum Verlustausgleich (2) zur Gewinnausschüttung (z.B. Dividendenstabilisierung) (3) zur Kapitalerhöhung aus Gesellschaftsmitteln (4) bei Bildung nach (2) und (3) soweit der ihr entsprechende Passivposten bei der steuerlichen Gewinnermittlung aufzulösen ist
Satzungsmäßige Rücklagen	wie gesetzliche oder andere Rücklagen, gegebenenfalls Zweckbindung	gesonderte Rücklage in Ergänzung zur gesetzlichen und anderen Rücklagen	nach Satzungsbestimmungen

Abb. 8.3 - 4   Aufgaben, Bildung und Auflösung offener Rücklagen

Eine auf **passive Publizität** bedachte Bilanzpolitik ist dadurch gekennzeichnet, dass sie lediglich die **Mindestanforderungen**, die von Gesetz und GoB an die Art der Präsentation des Jahresabschlusses gestellt werden, erfüllt. Dazu zählt, dass die Gliederungsvorschriften restriktiv ausgelegt und angewendet werden und dass der Anhang nur die vorgeschriebenen Mindesterläuterungen enthält (vgl. S. 667ff.).

Bei **aktiver Publizität** hingegen wird der Informationsgehalt des Jahresabschlusses freiwillig über die Mindestvorschriften hinaus erhöht. Der Anhang enthält hier eine Fülle zusätzlicher Angaben, die das Verständnis der einzelnen Jahresabschlusspositionen verbessern helfen bzw. die über alle solche Tatbestände Auskunft geben, die in der Bilanz und der Gewinn- und Verlustrechnung nicht ersichtlich sind, für die Beurteilung der Vermögens- und Ertragslage des Unternehmens aber Bedeutung haben. Die **Gliederung der Jahresabschlusspositionen** ist darüber hinaus so ausgelegt, dass die einzelnen Komponenten des Erfolgssaldos und der finanziellen Lage des Unternehmens weitgehend ersichtlich sind. Dazu gehören:

- der Ausweis von Zu- und Abgängen sowie Zu- und Abschreibungen (wie beim Anlagevermögen vorgeschrieben) überall dort, wo es für den Bilanzleser zweckdienlich ist,
- der Ausweis von Wertberichtigungen (anstelle von direkten Abschreibungen),
- die Aufspaltung von Aufwands- und Ertragsarten nach betriebspolitischen Gesichtpunkten,
- die stärkere Betonung des Fristenmerkmals bei den Aktiva und Passiva,
- die Trennung von finanzwirksamen Transaktionen und Umwertungen (zur Ermittlung des finanziell fundierten Erfolgs).

Zu (6)   Veröffentlichung von Ergänzungsrechnungen:

Während sich die Bilanzpolitik bei passiver Publizität auf die Veröffentlichung der Kernelemente des Jahresabschlusses (Bilanz, Gewinn- und Verlustrechnung und – soweit vorgeschrieben – Lagebericht) beschränkt, geht eine auf aktive Publizität bedachte Bilanzpolitik hierüber hinaus, indem Ergänzungsrechnungen zum Jahresabschluss veröffentlicht werden. Zu solchen Ergänzungsrechnungen, die an sich die gleiche Funktion haben wie eine verbesserte Gliederung von Jahresabschlusspositionen oder eine Erhöhung des Informationsangebots im Geschäftsbericht, zählen

(6a) Wertschöpfungsrechnungen und
(6b) Sozial- und Umweltbilanzen sowie die
(6c) Wertorientierte Unternehmensberichterstattung.

Zu (6a)   Wertschöpfungsrechnungen:

Wertschöpfungsrechnungen sind in ihrem Kern Verteilungsrechnungen. Im Gegensatz zu den beiden üblichen Jahresabschlussrechnungen, die das Verteilungsproblem lediglich verkürzt vor dem Hintergrund der Eigenkapitalgeber- respektive Unternehmerposition sehen (indem sie die Frage nach der Höhe des Gewinns und seiner Ausschüttung bzw. Einbehaltung beantworten), sind Wertschöpfungsrechnungen umfassender ausgelegt. Sie ermitteln zum einen den **Beitrag der Unternehmung zum Sozialprodukt** (als Summe der in einer Periode geschaffenen wirtschaftlichen Werte), und zum anderen zeigen sie auf, bei wem und in welcher Höhe die geschaffenen Werte zu Einkommen geworden sind.

8.3 Bilanzanalyse und Bilanzpolitik 755

Der Begriff der einzelwirtschaftlichen Wertschöpfung wird nicht einheitlich definiert. Im Grundsatz gilt aber, dass er **von zwei Seiten her bestimmt** werden kann.

Von der **Entstehungsseite** der Wertschöpfung her ergibt sich grundsätzlich folgendes Schema:

	Gesamtleistung der Periode (lt. Erfolgsrechnung)
−	Vorleistungen (vor allem Materialeinsatz und Abschreibungen als Ausdruck der Wertschöpfung anderer Betriebe bzw. früherer Perioden)
=	**Wertschöpfung**

Von der **Verwendungsseite** her erfolgt die Berechnung dagegen im Grundsatz wie folgt:

	Leistungen an Mitarbeiter (Lohn und Gehalt, Sozialaufwand, Pensionen)
+	Leistungen an Eigenkapitalgeber (ausgeschüttete Gewinne)
+	Leistungen an Fremdkapitalgeber (Fremdkapitalzinsaufwand)
+	Leistungen an die öffentliche Hand (Steuern)
+	im Unternehmen verbleibende (einbehaltene) Gewinne
=	**Wertschöpfung**

Kombiniert man die Entstehungsseite mit der Verwendungsseite in einem einheitlichen Rechnungsschema, so entsteht hieraus eine **Wertschöpfungsrechnung**. Eine solche findet in der Praxis als eine Ergänzung zur Bilanz und Gewinn- und Verlustrechnung zunehmend Verbreitung. **Zwei Gründe** mögen hierfür besonders maßgeblich sein:

- Eine Wertschöpfungsrechnung schärft den Blick für die notwendige Erkenntnis, dass nicht mehr Einkommen verteilt werden kann, als zuvor erwirtschaftet wurde.
- Eine Wertschöpfungsrechnung zeigt angesichts des im Allgemeinen nur geringen Prozentsatzes der (variablen) Gewinnanteile an der Wertschöpfung die schmale Basis für (relative) Einkommensumschichtungen zugunsten der Arbeitnehmer oder des Staates.

Zu (6b)   Sozial- und Umweltbilanzen:

Wertschöpfungsrechnungen stellen den ersten Schritt zu einer Sozialbilanz dar, die aber noch konsequenter die gesellschaftliche Einbettung der Unternehmung zu erfassen trachtet (vgl. S. 609ff.). Sozial- und Umweltbilanzen dienen von ihrer Konzeption her der regelmäßigen und systematischen Berichterstattung über den „gesellschaftlichen Nutzen" der Unternehmensaktivitäten und über die dabei verursachten „sozialen Kosten". Während **gesellschaftlicher Nutzen** zum Beispiel

- in der Schaffung, Erhaltung und Steigerung von Einkommenschancen für die Beschäftigten,
- in der Sicherung der Energieversorgung,
- in der Erfüllung von Gemeinschaftsaufgaben und
- in der Ausbildung von Schulabsolventen

gesehen werden kann, sind mit **sozialen Kosten** solche Schäden gemeint, die aus den Unternehmensaktivitäten resultieren und das Gemeinwesen als Ganzes bzw. Teile hiervon belasten. Beispiele hierfür können sein:

- Lärmbelästigung für die Anwohner,
- Beeinträchtigung der Grund- und Flusswasserqualität,
- gesundheitliche Gefährdungen der Beschäftigten,
- Belastungen des öffentlichen Straßennetzes durch den Werksverkehr.

Wie gerade die Beispiele für soziale Kosten zeigen, ist in die Sozialbilanzen häufig auch die Berichterstattung über die Aktivitäten des Unternehmens in Sachen Umweltbeeinflussung integriert. Wird gänzlich in einer gesonderten Darstellung auf die positiven und negativen Effekte der Unternehmenstätigkeit auf die Umwelt fokussiert, handelt es sich um eine **Umweltbilanz** im eigentlichen Sinne.

Das alles überschattende Zentralproblem von Sozialbilanzen ist natürlich das der Bewertung der positiven und negativen Aspekte der Unternehmenstätigkeit. Denn da es sich in Sozialbilanzen gerade um solche Tatbestände handelt, die nicht marktmäßig bewertet werden, sind solche Bewertungen zwangsläufig mit erheblicher **Subjektivität** behaftet (vgl. S. 6f.). In der Praxis behilft man sich daher auch in der Weise, dass man lediglich die pagatorisch determinierten Leistungen an die Belegschaft, Öffentlichkeit usw. erfasst und den (vermeintlichen) Nutzen dieser Aufwendungen für die Betroffenen bzw. für die Gesellschaft verbal hinzufügt. Da man darüber hinaus etwaige negative Komponenten der Unternehmensaktivitäten in den Sozialbilanzen der Praxis üblicherweise stillschweigend übergeht, handelt es sich dann allerdings um kaum mehr als um positiv gefärbte Sozialberichte.

Zu (6c)   Wertorientierte Unternehmensberichterstattung:

Bei der wertorientierten Unternehmensberichterstattung – auch „**Value Reporting**" genannt – handelt es sich um eine **erweiterte wert- und kapitalmarktorientierte externe Berichterstattung** – insbesondere für börsennotierte Unternehmen –, die über die Finanzberichterstattung nach den Rechnungslegungsvorschriften hinausgeht und somit auf freiwilliger Basis erfolgt. Im Mittelpunkt steht der Abbau der Informationsasymmetrien zwischen Unternehmensleitung und Investoren, um Aktienkursvolatilitäten und Risikoprämien zu reduzieren, was sich aufgrund von niedrigeren Kapitalkosten positiv auf den Unternehmenswert auswirkt (vgl. hierzu auch S. 479ff.). Somit erfüllt das Value Reporting eine wichtige Aufgabe im Rahmen der wertorientierten Unternehmensführung, da erst über die Kommunikation mit den Investoren – also über die **Investor Relations** – intern, durch das wertorientierte Management (Value Based Management) gehobene Wertschöpfungspotenziale sowie Maßnahmen der ordnungsmäßigen und verantwortungsvollen Unternehmensführung im Sinne der Eigentümer (Corporate Governance) auch in am Markt realisierbaren Preisen sichtbar werden.

Im Rahmen der Informationsfunktion der wertorientierten Berichtserstattung geht es zunächst um die Bereitstellung von Informationen, die für die **Unternehmensbewertung** durch die Investoren relevant sind, wie beispielsweise die wertorientierte Ausrichtung der Unternehmensführung, branchen- und unternehmensspezifische Performance-Daten und Daten zur Bewertung von Unternehmen bzw. Unternehmensanteilen. Des Weiteren zählen zur wertorientierten Berichterstattung auch Informationen, welche die Kontrolle und Überwachung der Unternehmensführung durch die Investoren ermöglichen und somit zur **Verbesserung der Corporate Governance** beitragen, wovon ebenfalls positive Auswirkungen auf die Marktbewertung ausgehen.

Die **inhaltliche Ausgestaltung** der wertorientierten Berichterstattung konzentriert sich im Wesentlichen auf wertorientierte und nicht-finanzielle Informationen auf Unternehmens- und

8.3 Bilanzanalyse und Bilanzpolitik

Geschäftsbereichsebene, die sowohl vergangenheits- als auch zukunftsbezogen sein können. Mit der zunehmenden Ausrichtung der Rechnungslegung auf die Interessen der Investoren sind – im Vergleich zu den Anfängen der wertorientierten Berichterstattung in den 1990er Jahren (vgl. AICPA (Hrsg.) 1994) – verstärkt diesbezügliche Informationspflichten in die externe Berichterstattung von Kapitalgesellschaften integriert worden. Verwiesen sei hier auf die Segmentberichterstattung im Anhang (vgl. S. 711ff.) und auf den Lagebericht, der sich zu einem Instrument der wert- und zukunftsorientierten Berichterstattung erweitert hat (vgl. S. 669ff. und S. 716).

In Abb. 8.3 - 5 (in Anlehnung an ECCLES et al. 2001, S. 213) wird ein Modell der wertorientierten Berichterstattung skizziert, das auf den empirischen Untersuchungen über die Informationsbedürfnisse von Investoren und Analysten beruht. Mit den vier Bereichen wird eine Struktur für die Berichterstattung vorgegeben, wobei die inhaltliche Konkretisierung auf Unternehmensebene in Abhängigkeit von den unternehmensindividuellen und branchenspezifischen Gegebenheiten zu erfolgen hat. Während es in der externen Perspektive um Informationen über den Markt geht, sind der internen Perspektive Informationen über die Unternehmensstrategie, die wertgenerierenden Aktivitäten und die letztendlich resultierende Performance, die in verschiedenen Dimensionen betrachtet wird, zugeordnet. Insgesamt sollte aus der Berichterstattung deutlich werden, wie sich die Unternehmung entwickelt hat, wie der Investor davon profitiert und welche zukünftigen Wertsteigerungspotenziale zu erwarten sind.

Externe Perspektive	Interne Perspektive		
Markt-übersicht	**Strategie**	**Wertgenerierende Aktivitäten**	**Performance**
• Wettbewerbs-umfeld • regulative Rahmen-bedingungen • makro-ökonomisches Umfeld	• Zielsetzungen und Vorgaben • Governance • Risikoausrichtung • Organisation	• finanzielle Vermögenswerte • Sachanlage-vermögen • Kunden • Mitarbeiter • Innovationstätigkeit • Marken • Humankapital • Wertschöpfungs-kette	• wirtschaftlich • operativ • umweltbezogen, sozial und ethisch • segmentbezogen

Abb. 8.3 - 5   Modell der wertorientierten Berichterstattung nach dem ValueReporting   Framework von PwC

8.3.2.3 Die optimale Kombination bilanzpolitischer Instrumente

Der Einsatz der dargestellten alternativen bilanzpolitischen Instrumente ist im Hinblick auf die Ziele der Bilanzpolitik zu optimieren. Dies ist jedoch eine **höchst komplexe Aufgabenstellung**, denn

- zum einen wird bei der Bilanzpolitik noch deutlicher als bei anderen Entscheidungen, dass eine Optimierung letztlich nur im Rahmen einer **Mehrperiodenbetrachtung** möglich ist, und zwar paradoxerweise deshalb, weil Bilanzpolitik ja erst durch die Aufteilung der Totalperiode in einzelne Geschäftsjahre möglich wird;
- zum anderen wird in der Regel eine Mehrheit bilanzpolitischer Ziele verfolgt, die sich wegen bestehender **Interdependenzen** nicht immer gleichzeitig realisieren lassen, und es steht eine Vielzahl alternativer Instrumente zur Verfügung, die unterschiedliche Zielrealisierungsqualitäten aufweisen.

Erschwerend kommt hinzu, dass bilanzpolitische Entscheidungen unter **Unsicherheit** gefällt werden müssen. Solche Unsicherheiten können sich dabei u.a. beziehen

- **auf die möglichen kurz- und langfristigen Reaktionen** der Bilanzadressaten etwa bei dem Versuch, die Kreditwürdigkeit durch Bilanzpolitik zu verbessern oder die (freiwillige) Publizität einzuschränken,
- auf die **zukünftige Gewinnentwicklung**, deren präzise Kenntnis für eine optimale bilanzpolitische Gewinnregulierung eigentlich unumgänglich ist,
- auf das **optimale „Timing"** bilanzpolitischer Maßnahmen, die zeitlich nicht gebunden sind, zugleich aber nicht beliebig wiederholt werden können.

Um diese Schwierigkeiten einer Optimierung der Bilanzpolitik zu demonstrieren, sei das Problem der **Zielinterdependenz bilanzpolitischer Maßnahmen** exemplarisch herausgegriffen.

Die finanzpolitisch motivierte Nutzung bilanzpolitischer Spielräume bei der Bilanzaufstellung (vgl. S. 740ff.) wirkt sich entweder auf den Erfolgsausweis und/oder den Vermögens- bzw. Schuldenausweis aus. Infolge des Systems der Doppelten Buchführung (Doppik) bestehen zwischen der Höhe des Erfolgs, des Vermögens und der Schulden jedoch Interdependenzen, die bewirken, dass nicht alle bilanzpolitischen Ziele gleichzeitig realisiert werden können (vgl. hierzu WÖHE 2005).

Soll z.B. der Bilanzgewinn niedriger ausgewiesen werden als der in der Periode erzielte, hat das in der Regel auch negative Konsequenzen für den (Rein-)Vermögensausweis. Denn erreicht werden kann ein **niedriger Ausweis des Bilanzgewinns** bekanntlich durch:

Fall (1): zu niedrige Bewertung des vorhandenen Vermögens bei konstantem Schuldenausweis

Sie kann erfolgen durch:

- Nichtaktivierung von Vermögenswerten (z.B. immaterielle Wirtschaftsgüter wie Patente, Lizenzen, derivativer Firmenwert),
- Unterbewertung durch zu niedrige Aktivierung (z.B. Ansatz der Herstellungskosten von Halb- und Fertigfabrikaten zu Grenzkosten, Unterbewertung von gleichartigen Vorräten durch Anwendung fiktiver Verbrauchsfolgeunterstellungen, z.B. Lifo-Methode bei permanent steigenden Wiederbeschaffungskosten),

8.3 Bilanzanalyse und Bilanzpolitik 759

- Unterbewertung durch zu hohe planmäßige oder außerplanmäßige Abschreibungen (stark degressive Abschreibung, steuerliche Sonderabschreibungen),
- Unterbewertung durch Unterlassung von Zuschreibungen (z.B. Beibehaltung früher gewählter niedrigerer Werte im Falle von Wertsteigerungen, z.B. bei Kurssteigerungen von Wertpapieren, deren Buchwerte erheblich unter den Anschaffungskosten liegen).

Fall (2): zu hohe Bewertung der vorhandenen Schulden bei konstantem Vermögensausweis

Sie kann erfolgen durch:

- Überbewertung durch zu hohe Passivierung (z.B. Rückstellungen),
- Überbewertung durch Nichtherabsetzen von im Wert gesunkenen Verbindlichkeiten (z.B. Auslandsschulden).

Fall (3): Überführung von Periodengewinnen auf Rücklagekonten

Der Ausweis des Vermögens und der Schulden wird nicht berührt.

Fall (4): Antizipation von Aufwand, der zukünftige Perioden betrifft (z.B. Nichtaktivierung eines bei der Aufnahme von Verbindlichkeiten entstehenden Disagios oder Damnums unter den Posten der Rechnungsabgrenzung)

Im Fall (1) wird das Ziel der Minderung des Gewinnausweises durch einen niedrigeren Vermögensausweis erkauft. Im Fall (2) wird zwar das Bilanzvermögen nicht reduziert, doch stehen ihm dafür überhöhte Schulden gegenüber, was per Saldo den gleichen Effekt wie (1) hat. Im Fall (3) schließlich wird die Erhöhung des Eigenkapitals (also des Reinvermögens) mit einer höheren Steuerbelastung bezahlt, die wiederum den Erfolgsausweis schmälert. Lediglich im Fall (4) wird der Vermögensausweis trotz einer Minderung des Gewinnausweises nicht berührt, es sei denn aktive Posten der Rechnungsabgrenzung werden in das Bilanzvermögen als Vorleistungen eingerechnet.

Fragen und Aufgaben zur Wiederholung (8.3.2: S. 740 – 759)

1. Geben Sie eine Übersicht über die Hauptziele der Bilanzpolitik!

2. Wann liegt ein Gewinn nach der nominalen, wann nach der realen Kapitalerhaltungskonzeption vor?

3. Wie entsteht ein Scheingewinn, und wie lässt sich seine Ausschüttung vermeiden? Welches Problem entsteht in diesem Zusammenhang aus der Steuergesetzgebung?

4. Erläutern Sie Wesen und Technik einer Politik der Dividendenstabilität!

5. In welchen speziellen Ausprägungen kann das Ziel „Steuerlastminimierung" auftreten?

6. Skizzieren Sie die Verknüpfung von Handels- und Steuerbilanz durch das Maßgeblichkeitsprinzip!

7. Welche konkreten Ansatzpunkte kann das bilanzpolitische Ziel „Pflege der Kreditwürdigkeit" haben?

8. Charakterisieren Sie die publizitätspolitischen Ziele der Bilanzpolitik!

9. Geben Sie eine Übersicht über die Instrumente der Bilanzpolitik!

10. Welche besonderen bilanzpolitischen Möglichkeiten haben Saisonbetriebe?

11. Welche bilanzpolitischen Überlegungen können für die Wahl des Bilanzvorlagetermins maßgebend sein?

12. Charakterisieren Sie die bilanzpolitisch motivierten Transaktionen vor dem Bilanzstichtag, und nennen sie wichtige Kategorien von Maßnahmen!

13. Welche Rolle spielen die gesetzlich determinierten Bilanzierungs- und Bewertungswahlrechte für die Bilanzpolitik, und in welcher Weise sind sie einzusetzen, wenn (a) der auszuweisende Jahresgewinn erhöht oder (b) verringert werden soll?

14. Nennen Sie Beispiele für handelsrechtliche Ermessensspielräume, die sich bilanzpolitisch nutzen lassen!

15. Welche Alternativen der Verwendung eines ausgewiesenen Gewinns sind gegeben, und welche Beziehungen bestehen zur stillen Rücklagenpolitik?

16. Geben Sie eine Übersicht über Aufgaben, Bildung und Auflösung offener Rücklagen!

17. Welche Auswirkungen hat die Bilanzpolitik auf die Präsentation des Jahresabschlusses?

18. Durch welche Rechnungen lässt sich der herkömmliche Jahresabschluss ergänzen?

19. Welche Funktionen haben Wertschöpfungsrechnungen?

20. Welche Größen werden in einer Sozialbilanz gegenübergestellt? Nennen Sie einige Beispiele!

21. Worin besteht die grundsätzliche Problematik von Sozial- und Umweltbilanzen?

22. Welche grundsätzlichen Ziele werden durch eine wertorientierte Unternehmensberichterstattung verfolgt?

23. Inwiefern kann die wertorientierte Unternehmensberichterstattung die Möglichkeiten der (externen) Bilanzanalyse verbessern?

24. Erläutern Sie mögliche Perspektiven der wertorientierten Unternehmensberichterstattung!

25. Welche Probleme entstehen beim Streben nach einem optimalen Einsatz bilanzpolitischer Instrumente?

26. Inwiefern wirken sich die Möglichkeiten zur Minderung des Gewinnausweises auch auf den Vermögensausweis aus?

8.3.3 Bilanzanalyse

8.3.3.1 Erkenntnisziele, Grenzen und Stufen der Bilanzanalyse

Der durch Bilanzpolitik materiell und formal beeinflusste Jahresabschluss ist Ausgangspunkt für die Bilanzanalyse, wobei vor allem bei externer Analyse häufig Schwierigkeiten auftreten, die Grenzen zwischen „Bilanzwahrheit" und „Bilanzlüge" zu erkennen und damit zutreffende **Erkenntnisse** über

- die Ertragslage und -entwicklung der Unternehmung,
- die Art und Struktur der Mittelherkunft und Mittelverwendung,
- das Ausmaß realisierter Kapitalerhaltung sowie über
- die finanzielle Lage und Entwicklung

aus den vorliegenden Jahresabschlussinformationen zu gewinnen. Es sind aber nicht nur Einflüsse der Bilanzpolitik, die das Ergebnis von Bilanzanalysen verfälschen können. Vielmehr lassen sich viele Determinanten, die für das Auseinanderklaffen von Informationsbedarf und Informationsangebot bei Bilanzanalysen verantwortlich sind, aus dem spezifischen Charakter von Jahresabschlussrechnungen selbst ableiten.

Zu den wichtigsten **Grenzen der Bilanzanalyse** zählen (vgl. auch LEFFSON 1984):

- **Mangelnde Zukunftsbezogenheit der Daten.** Die Bilanzdaten beziehen sich auf einen abgeschlossenen, vergangenen Zeitraum, der in der Regel ein Geschäftsjahr umfasst. Etwaige bilanzgestützte Aussagen über die zukünftige Ertrags- und Finanzentwicklung der Unternehmung (als einem wichtigen Erkenntnisziel der Bilanzanalyse) beruhen zwangsläufig auf der Annahme, dass eine in der Vergangenheit sichtbare Tendenz in die Zukunft extrapoliert werden kann. Erschwerend kommt hinzu, dass die Daten meist erst eine geraume Zeit nach dem Bilanzstichtag verfügbar sind.

- **Mangelnde Vollständigkeit und Bestimmtheit der Daten.** Ein vollständiges und detailliertes Bild der wirtschaftlichen Lage der Unternehmung kann der Jahresabschluss nur in sehr begrenzter Weise liefern. Dies hat seinen maßgeblichen Grund darin, dass Jahresabschlüsse nur einen Teil der Komponenten abbilden, die die wirtschaftliche Lage einer Unternehmung bestimmen. So liefert die Bilanzanalyse zum Beispiel keine Hinweise zur Beurteilung des Managementsystems (Planungs-, Organisations-, Kontroll-, Informations- und Führungssystems). Abgebildet werden lediglich die (vermeintlichen oder tatsächlichen) finanziell-monetären Auswirkungen eingeleiteter oder bereits vollständig vollzogener Geschäftstransaktionen. Und selbst dieser Komplex kann in der Bilanzanalyse (zumindest wenn der Jahresabschluss sich an die gesetzlichen Mindestvorschriften hält) wegen der unzureichenden Detaillierung der Abschlussinformationen meist nur relativ undifferenziert beurteilt werden.

- **Mangelnde „Objektivität" der Daten.** Jahresabschlussinformationen sind grundsätzlich nur in dem Sinne als wahr zu bezeichnen, als sie (bestenfalls) willkürfrei und intersubjektiv überprüfbar aus dem Zahlenmaterial der Buchhaltung entwickelt worden sind. Eine im strengen Sinne objektive Unterrichtung des Bilanzempfängers über die Vermögens- und Ertragslage der Unternehmung scheitert an einer Reihe von Gründen:

  - Die Ermittlung von Periodenerfolgen beruht auf einer Fiktion über den „richtigen" Wert der bilanzierten Güter bzw. der als Aufwand verrechneten Wertminderungen.

- Die Nutzung bilanzpolitischer Spielräume zur Realisierung finanzpolitischer Ziele der Unternehmung läuft in der Regel dem Streben nach wahrhaftiger Unterrichtung der Bilanzadressaten zuwider.

- Die Orientierung der Jahresabschlussrechnung am Nominalwertprinzip führt bei Geldwertschwankungen zu einer Verfälschung des Gewinn- und Vermögensausweises.

Im Rahmen dieser Grenzen hat die (externe) Bilanzanalyse zu operieren. Sie stützt sich dabei im Wesentlichen auf Kennzahlen, die nach entsprechender Aufbereitung des Datenmaterials gewonnen und einander gegenübergestellt werden. Die **Bilanzanalyse** läuft also (grob gesprochen) **dreistufig** ab:

1. **Aufbereitung der zugrunde gelegten Jahresabschlüsse**
2. **Ermittlung von (Bilanz-)Kennzahlen**
3. **Durchführung von Kennzahlenvergleichen.**

Dieses **dreistufige Schema der Bilanzanalyse** wird im Folgenden verwendet, um die Methodik von Bilanzanalysen im Einzelnen vorzustellen.

8.3.3.2 Aufbereitung des bilanzanalytischen Zahlenmaterials

Zur Aufbereitung des Jahresabschlusses gehört die Zusammenfassung und Saldierung von Posten zu aussagefähigen und in der Kennzahlenanalyse sinnvoll verwendbaren Größen. Was dabei als zweckmäßig anzusehen ist, kann nicht allgemeingültig festgelegt werden, denn das hängt in erster Linie von der Art der verwendeten Kennzahlen und der durchzuführenden Kennzahlenvergleiche ab. Im Folgenden werden daher lediglich einige Beispiele für die Aufbereitung von Bilanzpositionen und Positionen der Erfolgsrechnung einer großen Kapitalgesellschaft genannt.

Die **Aufbereitung von Bilanzpositionen** dient vor allem ihrer Reduzierung auf zentrale Positionen der Bilanz (wie Anlagevermögen, Umlaufvermögen, Eigenkapital, langfristiges und kurzfristiges Fremdkapital u.Ä.). Daneben erfolgt gegebenenfalls (sofern für den bilanzanalytischen Zweck erforderlich) eine Aufdeckung stiller Rücklagen und – insbesondere bei inflationärer Entwicklung – eine Umwertung der bilanzierten Vermögenspositionen von (fortgeführten) Anschaffungswerten zu (höheren) Zeitwerten.

In Anlehnung an COENENBERG (2005a) ergeben sich folgende Berechnungsschemata für ausgewählte Bilanzgrößen. Dabei wird zunächst auf die Positionen nach § 266 HGB verwiesen (vgl. S. 650ff.). Des Weiteren werden – falls erforderlich – die Besonderheiten bei der Gruppierung von Bilanzpositionen gemäß IFRS gesondert erwähnt. Definiert werden die Größen der folgenden Kategorien, die sich zum Teil aus den Bilanzen ablesen lassen:

(1) **Vermögensgrößen,**
(2) **Kapitalgrößen,**
(3) **Gesamtkapital und -vermögensgrößen.**

8.3 Bilanzanalyse und Bilanzpolitik

Zu (1)   Vermögensgrößen:

[1]		
	Vorräte	Aktiva B.I.
	+ Forderungen und sonstige Vermögensgegenstände	Aktiva B.II.
	+ Wertpapiere (des Umlaufvermögens)	Aktiva B.III.
	+ Flüssige Mittel (Kassenbestand, Bundesbankguthaben, Guthaben bei Kreditinstituten und Schecks)	Aktiva B.IV.
	+ Aktive Rechnungsabgrenzungsposten	Aktiva C.
	− Aktiviertes Disagio (Angabepflicht in Bilanz oder Anhang gemäß § 268 Abs. 6 HGB)	
	= Umlaufvermögen	

Im Gegensatz zu den internationalen Rechnungslegungsvorschriften, in denen die Zuweisung zu den *Current Assets* bei einer Bindungs- bzw. Verweildauer der Vermögenswerte von bis zu einem Jahr erfolgt, sind im Umlaufvermögen nach HGB auch Forderungen mit längeren Laufzeiten enthalten.

[2]		
	Forderungen und sonstige Vermögensgegenstände	Aktiva B.II.
	+ Wertpapiere (des Umlaufvermögens)	Aktiva B.III.
	+ Flüssige Mittel (Kassenbestand, Bundesbankguthaben, Guthaben bei Kreditinstituten und Schecks)	Aktiva B.IV.
	+ Aktive Rechnungsabgrenzungsposten (ohne Disagio)	Aktiva C.
	= Monetäres Umlaufvermögen	

[3]		
	Forderungen aus Lieferungen und Leistungen	Aktiva B.II.1.
	+ Forderungen gegen verbundene Unternehmen (soweit aus Lieferungen und Leistungen)	Aktiva B.II.2.
	+ Forderungen gegen Unternehmen, mit denen ein Beteiligungsverhältnis besteht (soweit aus Lieferungen und Leistungen)	Aktiva B.II.3.
	= Warenforderungen	

[4]		
	Flüssige Mittel (Kassenbestand, Bundesbankguthaben, Guthaben bei Kreditinstituten und Schecks)	Aktiva B.IV.
	+ Sonstige Wertpapiere	Aktiva B.III.3.
	= Liquide Mittel	

Der Position „Liquide Mittel" entspricht im Abschluss nach IFRS die Position *Cash and Cash Equivalents*.

[5]	Immaterielles Anlagevermögen	
	+ Sachanlagevermögen	Anlagevermögen
	+ Vorräte	
	+ Kundenforderungen	
	+ Liquide Mittel für operatives Geschäft	operatives
	− Unverzinsliches Fremdkapital für operatives Geschäft (Lieferantenverbindlichkeiten, erhaltene Anzahlungen, passive Rechnungsabgrenzungsposten und Rückstellungen)	Netto-Umlaufvermögen
	= Betriebsnotwendiges Vermögen bzw. Netto-Betriebsvermögen (*Net Operating Assets*)	

Hilfreich für die Berechnung des betriebsnotwendigen Vermögens auf Basis einer Bilanz nach IFRS ist die grundsätzliche Trennung in nicht-finanzielle und finanzielle Vermögenswerte. Demnach werden – wie das nachfolgende Schema zeigt – zunächst vom gesamten Vermögen (*Total Assets*) die *Financial Assets* abgezogen. Anschließend wird um die gesondert ausgewiesenen Vermögenswerte, deren Verkauf beschlossen ist bzw. die aufzugebende Geschäftsbereiche betreffen, und um einen für das operative Geschäft erforderlichen Liquiditätsbestand korrigiert. Wie auch bei der Berechnung des betrieblich genutzten Vermögens nach HGB werden abschließend die Lieferantenverbindlichkeiten abgezogen.

[6]	*Total Assets*
	− *Financial Assets*
	− *Assets to be disposed (incl. discontinued Operations)*
	+ *Cash*
	= *Operating Assets*
	− *Accounts Payable*
	= *Net Operating Assets*

Zu (2) Kapitalgrößen:

[7]	Gezeichnetes Kapital	Passiva A.I.
	− Ausstehende Einlagen	
	+ Kapitalrücklage	Passiva A.II.
	+ Gewinnrücklagen	Passiva A.III.
	+/− Bilanzgewinn/Bilanzverlust	
	− Ausschüttungsbetrag (auf der Grundlage des publizitätspflichtigen Gewinnverwendungsvorschlags (§ 170 Abs. 2 Nr. 1 AktG) oder des publizitätspflichtigen Gewinnverwendungsbeschlusses (§ 174 Abs. 2 Nr. 2 AktG))	
	− Eigene Anteile	Aktiva B.III.3.
	+ Eigenkapitalanteil des Sonderpostens mit Rücklageanteil (§§ 273, 281 Abs. 1 Satz 1 HGB) (vereinfachend 50 %)	
	= Bilanzielles Eigenkapital	

8.3 Bilanzanalyse und Bilanzpolitik 765

Das vorgestellte Schema zur Ermittlung des bilanziellen Eigenkapitals orientiert sich am Abschluss gemäß HGB nach teilweiser Gewinnverwendung (§ 268 Abs. 1 HGB). Von daher ist anstelle der Passivposition A.V. Jahresüberschuss/Jahresfehlbetrag der Bilanzgewinn/Bilanzverlust, in den ein vorhandener Gewinn-/Verlustvortrag einbezogen ist, ausgewiesen. Der Eigenkapitalanteil des Sonderpostens mit Rücklageanteil ist lediglich im Einzelabschluss zu finden, da diese Position aufgrund steuerlicher Vorschriften gebildet wird. Nach dem Referentenentwurf des Gesetzes zur Modernisierung des Bilanzrechts (BilMoG-RefE) des Bundesministeriums der Justiz (BMJ) vom 8. November 2007 soll dieser allerdings mit der Aufhebung des umgekehrten Maßgeblichkeitsprinzips entfallen.

Nach den **internationalen Vorschriften** kann die Position „Bilanzielles Eigenkapital" auch nicht realisierte Ergebnisbestandteile enthalten. Diese resultieren z.B. aus dem Ansatz von

- Marktwerten aufgrund der Anwendung der Neubewertungsmethode,
- Marktwerten bei bestimmten Wertpapieren oder
- latenten Steuern aus nicht ergebniswirksamen zeitlich begrenzten Unterschieden zwischen Buchwerten und Steuerwerten (*Temporary Differences*).

Im **Konzernabschluss** beinhaltet das bilanzielle Eigenkapital zusätzlich den Unterschied aus der Währungsumrechnung von Fremdwährungsabschlüssen. Ob Fremdanteile aus Minderheitenbeteiligungen einzubeziehen sind, ist in Abhängigkeit vom Analysezweck zu entscheiden. Bei der Beurteilung der finanzwirtschaftlichen Situation sind die Minderheitenanteile dem bilanziellen Eigenkapital zuzurechnen, da es sich um Kapital handelt, das dem Konzern auf Dauer zur Verfügung steht. Soll die Rentabilität der Anteilseigner der Konzernmutter beurteilt werden, so stellt das bilanzielle Eigenkapital ohne Fremdanteile die relevante Bezugsbasis dar.

[8]	Verbindlichkeiten mit einer Restlaufzeit ≤ 1 Jahr	Passiva C.
+	Steuerrückstellungen (einschließlich latenter Steuern)	Passiva B.2.
+	Sonstige Rückstellungen (ggf. abzügl. Aufwandsrückstellungen)	Passiva B.3.
+	Dividendenzahlungen	
+	Passive Rechnungsabgrenzung	Passiva D.
+	Fremdkapitalanteile der Korrekturposition im Übergang vom bilanziellen zum um die steuerlichen Wirkungen bereinigten Eigenkapital	
=	**Kurzfristiges Fremdkapital**	
+	Verbindlichkeiten mit einer Restlaufzeit > 1 Jahr und zugleich ≤ 5 Jahre	
+	Erhaltene Anzahlungen auf Bestellungen	Passiva C.3.
+	Fremdkapitalanteil des Sonderpostens mit Rücklageanteil	
=	**Kurz- und mittelfristiges Fremdkapital**	

[9]	Verbindlichkeiten mit einer Restlaufzeit von > 5 Jahre	Anhang
	+ Rückstellungen für Pensionen und ähnliche Verpflichtungen	Passiva B.1.
	+ Fremdkapitalanteil der unterlassenen, nicht bilanzierungs-	
	pflichtigen Pensionsrückstellungen (Art. 28 Abs. 2 EGHGB)	
	= Langfristiges Fremdkapital	

Vorsichtshalber sind die sonstigen Rückstellungen unter den kurzfristigen Fremdmitteln erfasst. Sofern sich allerdings aus dem Anhang gemäß § 285 Nr. 12 HGB weitere Informationen über die Art der Rückstellungen und deren Fristigkeiten entnehmen lassen, ist eine weitere Differenzierung in der Zurechnung zu den Fremdmitteln möglich. Statt die Verbindlichkeiten mit einer Restlaufzeit von mehr als fünf Jahren aus dem Anhang zu entnehmen, könnte man direkt aus der Bilanz den Betrag der Verbindlichkeiten mit einer Restlaufzeit von mehr als einem Jahr ermitteln und diesen Wert als Komponente des langfristigen Fremdkapitals verwenden.

In den **internationalen Vorschriften** erfolgt analog zum Vermögen die Einteilung in *Current Liabilities* und *Non-current Liabilities*, zu denen auch die latenten Steuerverbindlichkeiten gerechnet werden. Unter den kurzfristigen Verbindlichkeiten sind die finanziellen Verbindlichkeiten mit einer Laufzeit von bis zu einem Jahr bereits erfasst.

[10]	Anleihen
	+ Verbindlichkeiten ggü. Kreditinstituten
	+ Akzeptverbindlichkeiten
	+ in den restlichen Schulden enthaltene verzinsliche Anteile
	(gewöhnlich ohne Pensionsrückstellungen)
	= Finanzschulden bzw. Finanzverbindlichkeiten (*Debt*)
	− Liquide Mittel (wie unter [4] definiert)
	= Netto-Finanzschulden bzw. Netto-Finanzverbindlichkeiten
	(*Net Debt*)

[11]	Kurz- und mittelfristige(s) Fremdmittel (Fremdkapital)	
	(wie unter [8] definiert)	
	+ Langfristige(s) Fremdmittel (Fremdkapital)	
	(wie unter [9] definiert)	
	− Monetäres Umlaufvermögen (wie unter [2] definiert)	
	abzügl. Forderungen mit einer Restlaufzeit > 1 Jahr	Aktiva B.IV.
	= Effektivverschuldung	

Zu (3)   Gesamtkapital und -vermögensgrößen:

[12]	Bilanzielles Eigenkapital
	+ Kurz- und mittelfristiges Fremdkapital
	+ Langfristiges Fremdkapital
	= Gesamtkapital (= Gesamtvermögen)

8.3 Bilanzanalyse und Bilanzpolitik 767

[13a]	Eigenkapital + Finanzschulden (so wie unter [10] definiert) **= Gebundenes Kapital (*Capital Employed bzw. Invested Capital*)**

Gleichermaßen kann das *Capital Employed* auch nach dem folgenden Schema über die Positionen der Aktivseite ermittelt werden, weshalb diese Größe dann auch als gebundenes Netto-Vermögen (*Net Assets*) bezeichnet wird.

[13b]	Umlaufvermögen
	– unverzinsliches Fremdkapital (im Wesentlichen
	  Lieferantenverbindlichkeiten, erhaltene Anzahlungen,
	  passive Rechnungsabgrenzungsposten und Rückstellungen)
	+ Immaterielles Anlagevermögen
	+ Sachanlagevermögen
	+ Finanzanlagevermögen
	= Gebundenes Netto-Vermögen (*Net Assets*)

Alternativ zu der hier dargestellten Variante der Berechnung des gebundenen Vermögens bzw. Kapitals könnten die Pensionsrückstellungen auch in das verzinsliche Fremdkapital einbezogen werden. Entsprechend wäre das unverzinsliche Fremdkapital ohne Pensionsrückstellungen definiert.

Die **Aufbereitung von Positionen der Gewinn- und Verlustrechnung** erfolgt in der gleichen Weise wie die der Bilanzpositionen. Im Kern handelt es sich hier um Fragen

(1) der **Erfolgsspaltung** und

(2) der **Erfolgsbereinigung**.

Zu (1)   Erfolgsspaltung:

Der in der Gewinn- und Verlustrechnung ermittelte Jahresüberschuss bringt den **gesamtunternehmensbezogenen Erfolg einer Periode** zum Ausdruck. Aus der Erfolgsrechnung nach HGB bzw. IFRS lassen sich weitere Erfolgskomponenten für ein Unternehmen insgesamt herleiten, die für Analysezwecke von Bedeutung sind. Bereinigt man zunächst den Jahresüberschuss nach Steuern um die Ertragssteuern, so erhält man *Earnings before Taxes* (EBT). Sofern der Jahresüberschuss zusätzlich um das außerordentliche Ergebnis bereinigt wird und auch die HGB-Position „Sonstige Steuern" in die Steuergröße einbezogen wird, so ist *Earnings before Taxes* (EBT) dem „Ergebnis der gewöhnlichen Geschäftstätigkeit" gleichzusetzen. Diese Erfolgsgröße eignet sich für die Analyse des Unternehmenserfolgs vor Effekten, die vom Steuersystem abhängen und das außerordentliche Ergebnis betreffen.

Für die Bildung von Erfolgskennziffern, die nicht von der Kapitalstruktur beeinflusst – also finanzierungsunabhängig – sind, wird der **Gewinn vor Abzug von Zinsen und Steuern** (*Earnings before Interest and Taxes* bzw. EBIT) verwendet. Dieser entsteht durch den Abzug der Fremdkapitalzinsaufwendungen vom „Ergebnis der gewöhnlichen Geschäftstätigkeit". Alternativ kommt es auch vor, dass der Gewinn vor Steuern um das gesamte Finanzergebnis (= Finanzerträge – Finanzaufwendungen) korrigiert wird, um EBIT zu erhalten. Für diesen Fall würde EBIT einen **operativen Gewinn vor Steuern** darstellen bzw. im Sinne des Betriebsergebnisses definiert sein. Dieser Erfolg würde genau genommen allerdings nur mit einem Teil des investierten Kapitals, nämlich dem Betriebsvermögen, erzielt werden (vgl. hierzu S. 80f.).

Schließlich ist noch die Erfolgsgröße *Earnings before Interest, Taxes, Depreciation and Amortization* (**EBITDA**) zu nennen. Sie wird berechnet, indem zum EBIT die Abschreibungen auf Sachanlagen sowie auf den derivativen Goodwill hinzugezählt werden. Mit der Korrektur der Erfolgsgröße um die wesentlichen nicht-liquiditätswirksamen Aufwendungen erhält man eine vereinfachte Cashflow-Größe als Indikator für die Ertrags- und Finanzkraft. Abb. 8.3 - 6 stellt den Zusammenhang zwischen Jahresüberschuss, EBT, EBIT und EBITDA in einem Berechnungsschema dar, in dem die Größe EBITDA in den Jahresüberschuss überführt wird.

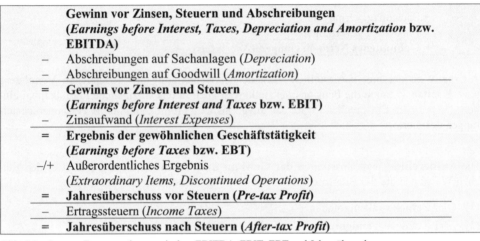

Abb. 8.3 - 6   Zusammenhang zwischen EBITDA, EBIT, EBT und Jahresüberschuss

In Abb. 8.3 - 6 sind jeweils die englischen Begriffe genannt, die auf die Besonderheiten der **Erfolgsspaltung gemäß IFRS** hindeuten. Ein grundlegender Unterschied zum HGB besteht in dem Gesamterfolgskonzept, wonach neben dem *Profit/Loss* zusätzlich im neutralen Erfolg die Erfolgskomponenten zusammengefasst werden, die direkt im Eigenkapital (gemäß Eigenkapitalveränderungsrechnung) und damit GuV-neutral erfasst werden. Zudem darf nach IAS 1.85 kein außerordentliches Ergebnis ausgewiesen werden. Sofern außergewöhnliche Erträge oder Aufwendungen angefallen sind, so sind diese explizit zu nennen, damit diese für den Bilanzleser transparent sind. Des Weiteren sind Ergebnisse von Geschäftsbereichen, die bereits aufgegeben sind bzw. bei denen diesbezüglich eine zukünftige Absicht besteht, separat auszuweisen. Grundsätzlich wird dann zwischen den betrieblichen und den betriebsfremden Erfolgskomponenten unterschieden. Letzteres ist auch als Finanzergebnis zu bezeichnen. Sowohl bei betrieblichen als auch bei betriebsfremden Erfolgsbestandteilen sollte in der Ergebnisspaltung zudem nach regelmäßig und unregelmäßig anfallenden Komponenten unterschieden werden.

Im Rahmen von betriebswirtschaftlichen Analysen der Ergebnisentstehung auf Basis der Vorschriften des HGB wird die Erfolgsspaltung in die **drei zentralen Komponenten**, die sich zuvor bereits leicht angedeutet hat, sehr viel detaillierter vorgenommen. Die folgende Darstellung erfolgt in Orientierung an die Gliederungsschemata der GuV für Kapitalgesellschaften gemäß HGB, wobei sich die hinter den Erfolgsgrößen jeweils angegebenen Ziffern auf die

8.3 Bilanzanalyse und Bilanzpolitik

Gliederung nach dem Gesamtkostenverfahren (GKV) gemäß § 275 Abs. 2 HGB und nach dem Umsatzkostenverfahren (UKV) gemäß § 275 Abs. 3 HGB (vgl. S. 661ff.) beziehen.

[14]		GKV	UKV
	Ordentliches Betriebsergebnis (wie unter [15] definiert)		
+	Finanzergebnis (wie unter [16] definiert)		
+	Außerordentliches Ergebnis (wie unter [17] definiert)		
=	**Gesamtergebnis vor Steuern**		
–	Steuern vom Einkommen und vom Ertrag	18.	17.
=	**Jahresüberschuss/-fehlbetrag**	**20.**	**19.**

Obwohl die HGB-Vorschriften ebenfalls diese Differenzierung der Ergebniskomponenten vorsehen, sind im Rahmen der betriebswirtschaftlichen Erfolgsspaltung die aperiodischen Erfolgskomponenten dem außerordentlichen Ergebnis zuzuordnen. Von daher ergeben sich die folgenden Berechnungsschemata. Die hinter den Erfolgsgrößen angegebenen Ziffern beziehen sich auf die Gliederung der Gewinn- und Verlust-Rechnung nach dem **Umsatzkostenverfahren** (UKV) gemäß § 275 Abs. 3 HGB (vgl. S. 661ff.).

[15a]		UKV
	Umsatzerlöse	1.
–	Herstellungskosten der zur Erzielung der Umsatzerlöse erbrachten Leistungen	2.
=	**Bruttoergebnis vom Umsatz**	**3.**
–	Vertriebskosten	4.
–	Allgemeine Verwaltungskosten	5.
+	Sonstige betriebliche Erträge (soweit nicht dem außerordentlichen Ergebnis zuzurechnen)	6.
–	Sonstige betriebliche Aufwendungen (soweit nicht dem außerordentlichen Ergebnis zuzurechnen)	7.
–	Sonstige Steuern	18.
=	**Ordentliches Betriebsergebnis**	

Die hinter den Erfolgsgrößen angegebenen Ziffern beziehen sich auf die Gliederung der Gewinn- und Verlust-Rechnung nach dem **Gesamtkostenverfahren** gemäß § 275 Abs. 2 HGB (vgl. S. 661ff.).

[15b]			GKV
		Umsatzerlöse	1.
	+/−	Erhöhung/Verminderung des Bestands an fertigen und unfertigen Erzeugnissen	2.
	+	Andere aktivierte Eigenleistungen	3.
	+	Sonstige betriebliche Erträge (soweit nicht dem außerordentlichen Ergebnis zuzurechnen)	4.
	=	**Gesamtleistung**	
	−	Aufwendungen für Roh-, Hilfs- und Betriebsstoffe und für bezogene Waren	5.a)
	−	Aufwendungen für bezogene Leistungen	5.b)
	−	Löhne und Gehälter	6.a)
	−	Soziale Abgaben und Aufwendungen für Altersversorgung und für Unterstützung, davon für Altersversorgung	6.b)
	−	Abschreibungen auf immaterielle Vermögensgegenstände des Anlagevermögens und Sachanlagen sowie auf aktivierte Aufwendungen für die Ingangsetzung und Erweiterung des Geschäftsbetriebs	7.a)
	−	Sonstige betriebliche Aufwendungen (soweit nicht dem außerordentlichen Ergebnis zuzurechnen)	8.
	−	Sonstige Steuern	19.
	=	**Ordentliches Betriebsergebnis**	

Die im GuV-Gliederungsschema enthaltenen Positionen „sonstige betriebliche Erträge" (4.) und „sonstige betriebliche Aufwendungen" (8.) erfassen Ertrags- und Aufwandsarten, die im Allgemeinen als „außerordentlich" klassifiziert und hier deshalb nicht zum ordentlichen Betriebsergebnis gezählt werden (vgl. S. 661 ff.).

[16]			GKV	UKV
		Erträge aus Beteiligungen, davon aus verbundenen Unternehmen	9.	8.
	+	Erträge aus anderen Wertpapieren und Ausleihungen des Finanzanlagevermögens, davon aus verbundenen Unternehmen	10.	9.
	+	Sonstige Zinsen und ähnliche Erträge, davon aus verbundenen Unternehmen	11.	10.
	−	Abschreibungen auf Finanzanlagen und auf Wertpapiere des Umlaufvermögens	12.	11.
	+/−	Zinsen und ähnliche Aufwendungen, davon an verbundene Unternehmen	13.	12.
	=	**Finanzergebnis (ordentliches betriebsfremdes Ergebnis)**		

8.3 Bilanzanalyse und Bilanzpolitik   771

[17]	GKV	UKV
Sonstige betriebliche Erträge (soweit nicht dem ordentlichen Betriebsergebnis zuzurechnen)	4.	6.
– Abschreibungen auf Vermögensgegenstände des Umlaufvermögens, soweit diese die in der Kapitalgesellschaft üblichen Abschreibungen überschreiten	7.b)	
– Sonstige betriebliche Aufwendungen (soweit nicht dem ordentlichen Betriebsergebnis zuzurechnen)	8.	7.
+ Außerordentliche Erträge	15.	14.
– Außerordentliche Aufwendungen	16.	15.
= Außerordentliches Ergebnis		

Die dargestellten Berechnungsschemata können gegebenenfalls durch rechtsformspezifische Gesetzesregelungen und zusätzliche Angaben in der Bilanz oder im Anhang modifiziert bzw. verfeinert werden.

Zu (2)   Erfolgsbereinigung:

Mithilfe der handelsrechtlichen Ergebniskategorien lässt sich ein erster Einblick in die Ertragslage der Unternehmung gewinnen. Handelsrechtliche Ergebniskategorien sind zunächst der Jahresüberschuss/-fehlbetrag und der Bilanzgewinn/-verlust (= Jahresergebnis nach teilweiser Gewinnverwendung). Weitere Kategorien sind EBIT (vgl. zur Definition S. 79 bzw. S. 768) sowie die drei durch Erfolgsspaltung sichtbar werdenden Komponenten des Jahresüberschusses (ordentliches Betriebsergebnis, Finanzergebnis, außerordentliches Ergebnis), wie sie oben auf S. 739 definiert wurden. Allerdings sind diese Größen aufgrund des spezifischen Charakters der handelsrechtlichen Rechnungslegung noch häufig **der Höhe nach verfälscht** und entsprechend zu bereinigen.

Abgesehen von der Herausrechnung eines etwaigen inflationären **Scheingewinns** aus dem Jahresabschluss durch eine parallel hierzu erstellte Tagesbeschaffungswertrechnung kann eine **Erfolgsbereinigung** prinzipiell an folgenden Punkten ansetzen:

(2a) Isolierung von bilanzpolitisch motivierten Erfolgsbeeinflussungen anhand zusätzlicher Angaben des Anhangs oder aufgrund spezieller „Manipulationshypothesen"

(2b) Schätzung des Steuerbilanzgewinns als eine „genauere" Erfolgsgröße

(2c) Verwendung von Cashflow-Größen als Hilfsmaßstab der Ertragskraft

Zu (2a) Isolierung von bilanzpolitisch motivierten Erfolgsbeeinflussungen anhand zusätzlicher Angaben des Anhangs oder aufgrund spezieller „Manipulationshypothesen":

Erfolgsbeeinflussende Maßnahmen der Bilanzpolitik sind von einem bestimmten Umfang an im Geschäftsbericht unter Angabe des Ausmaßes der Beeinflussung anzugeben. Für Unternehmen, die einen Anhang aufzustellen haben, fordern die neuen HGB-Vorschriften im Anhang entsprechende Angaben. Insofern eröffnet sich hier für den Bilanzanalytiker die Möglichkeit, **wesentliche Unstetigkeiten** in der Bilanzierungs- und Bewertungspraxis festzustellen und damit das Ausmaß der „Bilanzschönung" oder umgekehrt der stillen Rücklagenbildung abzuschätzen.

772   Achtes Kapitel: Externe Unternehmungsrechnung

Allerdings wird man davon ausgehen dürfen, dass nur in den seltensten Fällen die Maßnahmen und Auswirkungen der Bilanzpolitik im Anhang vollständig quantifiziert werden. In aller Regel wird der Analytiker je nach Höhe des ausgewiesenen Periodenerfolgs „**Manipulationshypothesen**" zu prüfen haben. Einige derartige Thesen, die auf den Jahresabschluss von Aktiengesellschaften Bezug nehmen, seien kurz erwähnt (vgl. LEFFSON 1984):

- Werden den offenen Rücklagen aus dem Gewinn Beträge zugeführt, so sind möglicherweise auch stille Rücklagen gebildet worden. Indikatoren hierfür sind hohe Zuweisungen zu Rückstellungen, außerplanmäßige Abschreibungen (insbesondere auf Beteiligungen).

- Werden hingegen die offenen Rücklagen nicht erhöht oder sogar vermindert und/oder sind Rückstellungen sowie Wertberichtigungen in nennenswertem Umfang aufgelöst worden, so ist dies ein Indiz dafür, dass der ausgewiesene Jahreserfolg „geschönt" ist. Das gleiche gilt, wenn die Zuführungen zu den Pensionsrückstellungen unter der versicherungsmathematisch notwendigen Höhe liegen oder wenn Abschreibungsmöglichkeiten nicht voll genutzt werden.

- Ist zu erwarten, dass die Gesellschaft in absehbarer Zeit langfristiges Kapital aufnehmen wird – als Indikator hierfür bietet sich entweder die Höhe der kurzfristigen Verbindlichkeiten oder ein normalerweise eingehaltener Kapitalaufnahmerhythmus an – so ist zu vermuten, dass der Jahresgewinn eher an der oberen Grenze des mittels Bilanzpolitik Möglichen liegt. Denn ein günstiger Gewinnausweis ist regelmäßig die Voraussetzung für vorteilhafte Finanzierungsmodalitäten.

Zu (2b) Schätzung des Steuerbilanzgewinns als eine „genauere" Erfolgsgröße:

Da in der Steuerbilanz die Ermessensspielräume geringer sind als in der Handelsbilanz, wird als Hilfsgröße für die Bereinigung des handelsrechtlichen Periodenerfolgs auch der **geschätzte Steuerbilanzgewinn** empfohlen.

Der Steuerbilanzgewinn (*SG*) lässt sich, legt man das HGB-Schema zugrunde, aus der Position 18 der GuV-Rechnung (Steuern vom Einkommen und vom Ertrag) indirekt mithilfe der im Folgenden hergeleiteten Formel ermitteln. Dieser Formel liegen ein einheitlicher Körperschaftsteuersatz von 15 % auf den zu versteuernden Gewinn sowie der Solidaritätszuschlag in Höhe von 5,5 % auf die Körperschaftsteuerlast zugrunde. Für die Gewerbesteuer soll ein Hebesatz von 400 % angenommen werden, die Steuermesszahl beträgt 3,5 %.

$$EE\text{-}St = KSt + SolZ + GewSt \qquad\qquad\qquad\qquad\qquad\qquad [8.3 - 1]$$

$$KSt + SolZ = 15 \% \cdot SG \cdot (1 + 5,5 \%) \qquad\qquad\qquad\qquad\quad [8.3 - 2]$$

$$GewSt = 400 \% \cdot 3,5 \% \cdot SG = 14 \% \cdot SG \qquad\qquad\qquad\quad [8.3 - 3]$$

Gleichungen [8.3 - 2] und [8.3 - 3] eingesetzt in [8.3 - 1] und aufgelöst nach dem Steuerbilanzgewinn *SG*:

$$EE\text{-}St = 15 \% \cdot SG \cdot (1 + 5,5 \%) + 14 \% \cdot SG$$

$$EE\text{-}St = 15 \% \cdot SG + 0,825 \% \cdot SG + 14 \% \cdot SG = 29,825 \% \cdot SG$$

$$\boldsymbol{SG = 3,353 \cdot EE\text{-}St} \qquad\qquad\qquad\qquad\qquad\qquad\qquad\quad [8.3 - 4]$$

mit: *EE-St* = Steuern vom Einkommen und Ertrag
      KSt   = Körperschaftsteuer

8.3 Bilanzanalyse und Bilanzpolitik   773

SolZ = Solidaritätszuschlag (in EUR)
GewSt = Gewerbesteuer
SG = Steuerbilanzgewinn

Zu den **Problemen**, welche die Eignung der soeben hergeleiteten Formel [8.3 - 4] zur Ermittlung des „echten" Periodenerfolgs einschränken, zählen:

- Bildung und Auflösung von stillen Rücklagen im Rahmen steuerlicher Bewertungsfreiheiten und Sonderabschreibungen bleiben verborgen;
- Steuernachzahlungen und -vorauszahlungen verfälschen das Ergebnis.

Zu (2c)   Verwendung von Cashflow-Größen als Hilfsmaßstab der Ertragskraft:

Der Begriff **Cashflow** entstammt finanzwirtschaftlichen Denkkategorien und ist hier im Wesentlichen verknüpft mit dem Begriff der eigenerwirtschafteten Mittel bzw. des Innenfinanzierungsvolumens (vgl. S. 596ff.). In der Bilanzanalyse wird der Cashflow aber nicht nur zur Kennzeichnung von Finanzierungssachverhalten, sondern auch als ein **Indikator der Ertragskraft** verwendet, weist also einen Zweckdualismus auf.

Im Rahmen der Bilanzanalyse finden eine Reihe von Cashflow-Kennziffern Verwendung. Grundsätzlich sind die drei folgenden Grundversionen voneinander abzugrenzen. Im Unterschied zum operativen Cashflow bzw. dem Cashflow aus der laufenden Geschäftätigkeit gemäß Kapitalflussrechnung handelt es sich bei dem hier zuletzt ausgewiesenen Cashflow III um eine Cashflow-Größe, in der die Bestandsveränderungen des operativen Netto-Umlaufvermögens nicht berücksichtigt sind (vgl. S. 596ff.).

	Bilanzgewinn
+/–	Zuführung/Entnahme zu Gewinnreserven bzw. -rücklagen
–/+	Gewinnvortrag/Verlustvortrag aus dem Vorjahr
=	Jahresüberschuss bzw. Reingewinn
+	Abschreibungen und Wertberichtigungen
=	**Cashflow I**
+	Veränderung der langfristigen Rückstellungen
+	Veränderung des Sonderposten mit Rücklagenanteil
=	**Cashflow II**
+/–	a.o. Aufwendungen/a.o. Erträge
=	**Cashflow III**

Ohne auf diese unterschiedlichen Cashflow-Definitionen, die sich noch (fast) beliebig ergänzen ließen, selbst weiter einzugehen, soll hier lediglich die grundsätzliche Frage im Vordergrund stehen, inwieweit der Cashflow als ein (gegenüber dem ausgewiesenen Jahresgewinn verbesserter) Erfolgsindikator geeignet sein könnte.

Der Grundgedanke des erfolgsbezogenen Cashflow-Konzepts ist der, dass in der Cashflow-Kennziffer solche Positionen (wie Abschreibungen und Rückstellungen) enthalten sind, die erfahrungsgemäß im besonderen Maße bilanzpolitisch zur Verschleierung der tatsächlichen Gewinnentwicklung verwendet werden. Da diese Positionen nun zusammen mit dem „manipulierten" Periodenerfolg im Cashflow erfasst werden, neutralisiert sich die Wirkung bilanzpolitischer Maßnahmen. Argumentiert wird also, dass der Cashflow eine Größe ist, die durch Bilanzierungs- und Bewertungsmanipulationen nicht beeinflusst werden kann. Abb. 8.3 - 7 verdeutlicht diesen Grundgedanken an einem einfachen **Zahlenbeispiel.**

774 Achtes Kapitel: Externe Unternehmungsrechnung

		Periode 1	Periode 2	Periode 3	Summe Perioden 1 – 3
Erträge	[1]	**1.000**	**1.020**	**1.080**	**3.100**
Aufwendungen (ohne Abschreibungen und Veränderung der Rückstellungen)	[2]	600	670	780	2.050
Cashflow	[3] = [1] – [2]	**400**	**350**	**300**	**1.050**
Abschreibungen und Erhöhung der Rückstellungen					
„richtiger" Betrag	[4a]	200	200	200	600
„manipulierter" Betrag	[4b]	300	200	100	600
Gewinn					
„richtiger" Gewinn	[5a] = [3] – [4a]	200	150	100	450
„manipulierter" Gewinn	[5b] = [3] – [4b]	100	150	200	450

Abb. 8.3 - 7   Der Cashflow als Erfolgsindikator

So einleuchtend der Grundgedanke des Cashflow-Konzepts ist, so problematisch ist seine **Verwendung als Erfolgsindikator**. Zwei **Kritikpunkte** schälen sich besonders heraus:

- Ohne Zweifel ist der Cashflow seiner Natur nach nicht als Gewinn zu interpretieren, da in ihm eindeutige Aufwandspositionen wie Abschreibungen und Pensionsaufwendungen enthalten sind. Um den Cashflow als Erfolgsgröße interpretieren zu können, bedürfte es einer Aufspaltung der verrechneten Aufwandspositionen in einen **„echten" Aufwand** und einen lediglich als Aufwand titulierten Betrag, der in Wirklichkeit Gewinn darstellt. Genau das ist aber bei externer Bilanzanalyse im Allgemeinen nicht möglich bzw. soll durch Verwendung des Cashflows ja gerade umgangen werden.

- Argumentiert werden könnte allerdings, dass der Cashflow zwar als isolierte Kennziffer für den besagten Zweck unbrauchbar sein mag, dafür aber als Indikator für **relative Veränderungen oder Unterschiede** in der Ertragskraft durchaus geeignet ist (wie das in Abb. 8.3 - 7 auch zum Ausdruck kommt). Diese Argumentation übersieht allerdings zweierlei:

  - Ein Erfolgsvergleich mithilfe von Cashflow-Kennziffern setzt voraus, dass alle Einflüsse, die zwar den Cashflow, nicht jedoch die Ertragskraft beeinflussen, konstant gesetzt werden (man denke nur an die Verringerung des Cashflows durch ein verstärktes Leasing von Anlagegütern).

  - Für den Erfolgsvergleich mithilfe von Cashflow-Größen ist zum anderen zwingend erforderlich, dass der Cashflow alle verrechnungstechnischen Posten (mit Abgrenzungsspielraum), aber auch nur diese enthält. Das setzt voraus, dass in die Definition des Cashflows erheblich mehr Erfolgskomponenten aufgenommen werden, als es in den Grundversionen geschieht und dass eine saubere Trennung in finanzwirksame und finanzunwirksame Vorgänge (Umwertungen) erfolgt, was jedoch bei externer Analyse nur in Grenzen möglich ist.

8.3.3.3 Bildung und Berechnung von Bilanzkennzahlen

Nachdem der Jahresabschluss für Zwecke der Bilanzanalyse zweckgerecht aufbereitet worden ist, werden in einer zweiten Stufe ausgewählte Kennzahlen gebildet und mithilfe des vorliegenden Zahlenmaterials berechnet.

8.3 Bilanzanalyse und Bilanzpolitik

Bilanzkennzahlen lassen sich nach den verschiedensten Kriterien gliedern. Nach ihrem **formalen Aufbau** können Kennzahlen zunächst einmal eingeteilt werden in

- **absolute Zahlen** (z.B. Effektivverschuldung, Cashflow),
- **statistische Maßgrößen** (z.B. Standardabweichung) und
- **Verhältniszahlen** (bei der zwei absolute Größen zueinander ins Verhältnis gesetzt werden).

Speziell Verhältniszahlen können weiterhin danach unterteilt werden, welche Größen aufeinander bezogen werden. Entsprechend unterscheidet man

- **Gliederungszahlen** (sie drücken die Relation zwischen einer Teilgröße und der dazugehörigen Gesamtgröße aus: z.B. Anlagevermögen zu Gesamtvermögen),
- **Beziehungszahlen** (hier werden zwei Größen in Relation gesetzt, ohne dass eine davon eine übergeordnete Gesamtgröße darstellt: z.B. Eigenkapital zu Anlagevermögen) und
- **Indexzahlen** (sie dokumentieren die zeitliche Entwicklung einer Größe, wobei der Ausgangswert gleich 1 bzw. 100 % gesetzt wird).

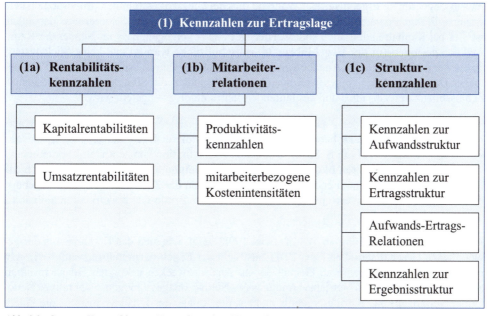

Abb. 8.3 - 8   Kennzahlen zur Ertragslage einer Unternehmung

Im Folgenden sollen die diskutierten Kennzahlen nach ihrem primären **Aussagegehalt** in zwei Bereiche eingeteilt werden (vgl. Abb. 8.3 - 8 und Abb. 8.3 - 15):

(1) **Kennzahlen zur Ertragslage** und
(2) **Kennzahlen zu Investition, Finanzierung und Liquidität**.

776 Achtes Kapitel: Externe Unternehmungsrechnung

Zu (1) Kennzahlen zur Ertragslage:

Kennzahlen zur Ertragslage der Unternehmung existieren in vielerlei Ausprägungen. Ihr Anliegen besteht zum einen darin, die **Erfolgsquellen** sichtbar zu machen und zum anderen darin, die **wechselseitige Bedingtheit und Relativität der Erfolgsgrößen** herauszuarbeiten. Abb. 8.3 - 8 gibt eine Übersicht über die Kennzahlen, wobei sich die angegebenen Buchstaben auf die folgenden Erläuterungen im Text beziehen.

Zu (1a) Rentabilitätskennzahlen:

Rentabilitätskennzahlen beziehen eine Ergebnisgröße – sei es eine Gewinn oder eine Cashflow-Größe – zu einer mit diesem Ergebnis maßgebend in Zusammenhang stehenden **Bezugsgröße**. Letztere können der Kapitaleinsatz oder der Umsatz sein. Entsprechend lassen sich Kapital- und Umsatzrentabilitäten unterscheiden.

Bei der Bildung von Rentabilitätskennziffern ist generell zu beachten, dass die Bezugsgröße Kapitaleinsatz bzw. Umsatz stets die **gleiche zeitliche Dimension** aufweisen sollte, wie die jeweils zugeordnete Ergebnisgröße. Während dies bei Umsatzrentabilitäten grundsätzlich kein weiteres Problem darstellt, da Zähler und Nenner periodenbezogene Stromgrößen darstellen, ist dies bei Kapitalrentabilitäten anders. Hier ist es zu bevorzugen, dass im Nenner der Kennzahl das **perioden-(in der Regel jahres-)durchschnittliche Kapital** und keine Stichtagsgröße verwendet wird. Mit der Angabe von Vorjahresdaten im Jahresabschluss lässt sich ein einfacher Durchschnitt des eingesetzten Kapitals bilden, indem die Summe aus Bestand gemäß Schlussbilanz des Vorjahres und des laufenden Jahres durch zwei geteilt wird.

Im Zusammenhang mit der Analyse der Unternehmungsziele wurden die wichtigsten **Kapitalrentabilitätskennziffern** bereits definiert, sodass an dieser Stelle auf jene Ausführungen verwiesen werden kann (vgl. S. 80ff.). Um neben der Definition von zentralen Kapitalrentabilitätskennzahlen auch deren **ökonomische Zusammenhänge** aufzuzeigen und Unterschiede in den Kennzahlenwerten zu erklären, wird im Folgenden der Zusammenhang von Ergebnisentstehung und Ergebnisverwendung mit EBIT bzw. der Brutto-Gesamtkapitalrentabilität als integrierende Größe dargestellt.

Abb. 8.3 - 9 (in Anlehnung an WIEDEMANN 1998) zeigt, wie sich das Ergebnis aus der gewöhnlichen Geschäftstätigkeit bzw. EBIT aus Sicht der **Ergebnisentstehung** und der Ergebnisverwendung zusammensetzt. Gemäß der zu Analysezwecken gekürzten Bilanz resultiert aus der Anlage des Netto-Betriebsvermögens (= (Netto-)Anlagevermögen + operatives Netto-Umlaufvermögen) das Betriebsergebnis und aus der Anlage des Finanzvermögens die Finanzerträge. Betrachtet man also das insgesamt investierte Kapital, so wird darauf in der Summe der EBIT erzielt. Betrachtet man die Bilanz von der Mittelherkunft her, so zeigt sich die **Ergebnisverwendung**. Während die Fremdkapitalzinsaufwendungen zur Bedienung der Finanzverbindlichkeiten verwendet werden, steht der verbleibende Reingewinn den Eigenkapitalgebern zu.

8.3 Bilanzanalyse und Bilanzpolitik

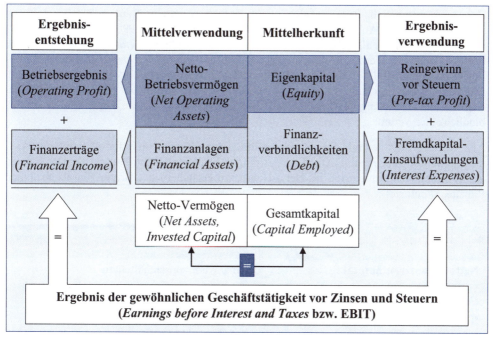

Abb. 8.3 - 9   EBIT als integrierende Größe alternativer Ergebniskategorien

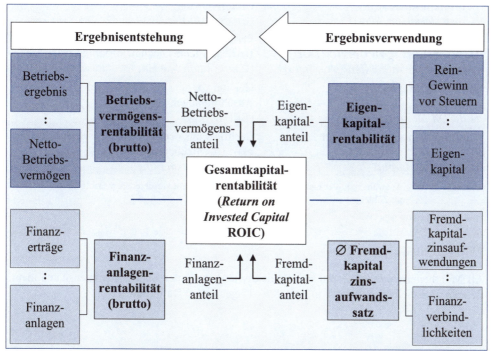

Abb. 8.3 - 10   Die Gesamtkapitalrentabilität im Spannungsfeld von Ergebnisentstehung und -verwendung

Der gleiche prinzipielle Zusammenhang wird deutlich, wenn eine **Rentabilitätsbetrachtung** vollzogen wird (vgl. Abb. 8.3 - 10, in Anlehnung an WIEDEMANN 1998). Die Gesamtkapitalrentabilität – definiert als EBIT bezogen auf das Netto-Vermögen (*Return on Invested Capital* ROIC) – stellt sich hier als Resultat der Brutto-Betriebsvermögensrentabilität und der Brutto-Finanzanlagenrentabilität dar, wenn die Perspektive der Ergebnisentstehung gewählt wird, während auf der Ergebnisverwendungsseite deutlich wird, wie die Gesamtkapitalrentabilität sich auf die Verzinsung des Eigenkapitals und des Fremdkapitals im Sinne von Finanzverbindlichkeiten verteilt.

Abb. 8.3 - 11 zeigt zentrale **Umsatzrentabilitätskennziffern**. Durch diese kommt zum Ausdruck, wie hoch der relative Anteil der jeweiligen Erfolgsgröße am Umsatz ist. Der Umsatz ist bei diesen Kennzahlen stets als Netto-Umsatz zu verstehen, also Brutto-Umsatz abzüglich Rabatte, Skonti etc.

Auf den Umsatz bezogene Rentabilitätskennziffer:	Ergebnisgröße im Zähler:
Netto-Umsatzrentabilität vor/nach Steuern (*Net-Return on Sales*)	Reingewinn vor/nach Steuern (*Pre-tax/After-tax Net Profit*)
Betriebsergebnis-Marge (*Operating Return on Sales*)	Betriebsergebnis (*Net Operating Profit*)
Brutto-Umsatzrentabilität bzw. EBIT-Marge (*EBIT Margin*)	Ergebnis aus der gewöhnlichen Geschäftstätigkeit (*EBIT*)
Brutto-Umsatzmarge (*Gross Margin on Sales*)	Brutto-Gewinn (*Gross Profit*)
Grenzumsatzrentabilität bzw. Deckungsbeitrag zu Umsatz (*DBU*) (*Marginal Operating Return on Sales*)	Periodendeckungsbeitrag = Betriebsergebnis abzügl. variable Kosten (*Contribution Margin*)
EBITDA-Marge (*EBITDA Margin*)	Gewinn vor Zinsen, Steuern und Abschreibungen (*EBITDA*)
Cashflow-Umsatzrentabilität (*Cash Flow Margin*)	Cashflow aus der laufenden Geschäftstätigkeit bzw. Umsatzüberschuss (*Operating Cash Flow*)

Abb. 8.3 - 11   Auswahl zentraler Umsatzrentabilitätskennziffern mit verschiedenen Erfolgsgrößen im Zähler

Zu (1b)   Mitarbeiterrelationen:

Als Mitarbeiterrelationen lassen sich Produktivitätskennzahlen und Kostenintensitäten identifizieren. Beispielhaft gelten die in Abb. 8.3 - 12 genannten Definitionen.

8.3 Bilanzanalyse und Bilanzpolitik

Beispiele für Produktivitätskennzahlen:	
Mengenproduktivität	**Wertproduktivitäten**
$\dfrac{\text{mengenmäßiger Output}}{\text{Mitarbeiter}}$ (z.B. produzierte Menge in Stück)	$\dfrac{\text{Umsatz}}{\text{Personalaufwand}}$ bzw. $\dfrac{\text{Gesamtleistung}}{\text{Personalaufwand}}$
Beispiele für mitarbeiterbezogene Kostenintensitäten:	
$\dfrac{\text{Personalaufwand}}{\text{Mitarbeiter}}$ $\dfrac{\text{Sachaufwand}}{\text{Mitarbeiter}}$ $\dfrac{\text{Betriebsaufwand}}{\text{Mitarbeiter}}$	

Abb. 8.3 - 12   Beispiele für Produktivitäts- und mitarbeiterbezogene Kostenintensitäten

Zu (1c)   Strukturkennzahlen:

Bei der Analyse der Ertragslage haben die **Strukturkennzahlen** die Aufgabe, den Anteil einzelner Erfolgskomponenten an der Ergebnisentstehung zu durchleuchten.

Bei den **Kennzahlen zur Aufwandsstruktur** werden einzelne Komponenten des Aufwands ins Verhältnis zum Gesamtaufwand bzw. zum umatzbezogenen Aufwand gesetzt. Gemäß dem Ausweis der Aufwandskomponenten in der GuV nach dem Gesamt- und nach dem Umsatzkostenverfahren ergeben sich unterschiedliche Kennzahlendefinitionen.

Die **Kennzahlen zur Ertragsstruktur** ermöglichen eine Analyse des Geschäftsportfolios. Sie bringen zum Ausdruck, wie abhängig eine Unternehmung bezüglich der Gesamtleistung bzw. des Umsatzes von einzelnen Bereichen ist. Die entsprechenden Angaben über Umsätze nach Segmenten sind der Segmentberichterstattung bzw. dem Anhang zu entnehmen. In Abb. 8.3 - 13 sind Beispiele für Kennzahlen zur Aufwands- und Ertragsstruktur zusammengestellt.

Beispiele für Kennzahlen zur Aufwandsstruktur	
bei Anwendung des Gesamtkostenverfahrens:	**bei Anwendung des Umsatzkostenverfahrens:**
$\dfrac{\text{Personalaufwand}}{\text{Gesamtaufwand}}$	$\dfrac{\text{Herstellungskosten}}{\text{umsatzbezogener Aufwand}}$
$\dfrac{\text{Materialaufwand}}{\text{Gesamtaufwand}}$	$\dfrac{\text{Forschungs - und Entwicklungskosten}}{\text{umsatzbezogener Aufwand}}$
$\dfrac{\text{Abschreibungen auf Sachanlagen}}{\text{Gesamtaufwand}}$	$\dfrac{\text{Vertriebskosten}}{\text{umsatzbezogener Aufwand}}$
Beispiele für Kennzahlen zur Ertragsstruktur:	
$\dfrac{\text{Spartenumsatz}}{\text{Umsatz}}$ $\dfrac{\text{Auslandsumsatz}}{\text{Umsatz}}$ $\dfrac{\text{Umsatz}}{\text{Gesamtleistung}}$	

Abb. 8.3 - 13   Beispiele für Kennzahlen zur Aufwands- und zur Ertragsstruktur

Aufwand-Ertrags-Relationen sind wiederum nach den gemäß Gesamt- und Umsatzkostenverfahren ausgewiesenen Komponenten zu differenzieren (vgl. Abb. 8.3 - 14). Abgesehen von der relativen Aufwandsbelastung (*Cost Income Ratio*) werden jeweils einzelne Aufwandskomponenten relativ zur Gesamtleistung bzw. zum Umsatz ausgedrückt. Damit wird eine Analyse der Aufwandsstruktur in Abhängigkeit vom Ertrag ermöglicht.

Schließlich geben die **Kennzahlen zur Ergebnisstruktur**, die an die Erfolgsspaltung gemäß HGB anknüpfen, einen Eindruck über die Gewichtigkeit der Ergebnisquellen. Beispiele hierfür sind ebenfalls in Abb. 8.3 - 14 definiert.

Beispiele für Aufwands-Ertrags-Relationen	
bei Anwendung des Gesamtkostenverfahrens:	**bei Anwendung des Umsatzkostenverfahrens:**
	Relative Aufwandsbelastung (*Cost Income Ratio*): $$\frac{\text{umsatzbezogener Aufwand}}{\text{Umsatz}}$$
Personalintensität: $$\frac{\text{Personalaufwand}}{\text{Gesamtleistung}}$$	Herstellungsintensität: $$\frac{\text{Herstellungskosten}}{\text{Umsatz}}$$
Materialintensität: $$\frac{\text{Materialaufwand}}{\text{Gesamtleistung}}$$	FuE-Intensität: $$\frac{\text{Forschungs - und Entwicklungskosten}}{\text{Umsatz}}$$
Abschreibungsintensität: $$\frac{\text{Abschreibungen auf Sachanlagen}}{\text{Gesamtleistung}}$$	Vertriebsintensität: $$\frac{\text{Vertriebskosten}}{\text{Umsatz}}$$

Beispiele für Kennzahlen zur Ergebnisstruktur:		
$$\frac{\text{Ordentliches Betriebsergebnis}}{\text{Gesamtergebnis vor Steuern}}$$	$$\frac{\text{Finanzergebnis}}{\text{Gesamtergebnis vor Steuern}}$$	$$\frac{\text{a.o. Ergebnis}}{\text{Gesamtergebnis vor Steuern}}$$

Abb. 8.3 - 14 Beispiele für Aufwands-Ertrags-Relationen und für Kennzahlen zur Ergebnisstruktur

Zu (2) Kennzahlen zu Finanzierung, Investition und Liquidität:

Neben die Kennzahlen zur Ertragslage treten spezifische Kennzahlen zur Analyse der Finanzierung, der Investitionstätigkeit und der Liquiditätssituation. Dass beide Gruppen von Kennzahlen nicht unabhängig voneinander sind, haben bereits die Ausführungen zur erweiterten ROI-Analyse (vgl. S. 97ff.) gezeigt. Abb. 8.3 - 15 gibt nun eine erste Übersicht über ausgewählte Kennzahlen zu Finanzierung, Investition und Liquidität, wobei sich die angegebenen Buchstaben auf die folgenden Erläuterungen im Text beziehen.

Eine erste Analyse der Investitions- und Finanzierungsaktivitäten lässt sich anhand von Kennzahlen vornehmen, die mithilfe der **bilanziellen Bestandsgrößen** gebildet werden. Es handelt sich hierbei um **statische Kennzahlen**.

Die statischen **Kapitalstrukturkennzahlen** zeigen über die Struktur der Passivpositionen (2a) die Mittelherkunft. Die Mittelverwendung wird anhand der Struktur der Aktivpositionen der Bilanz (2b) erfasst, also über statische **Kennzahlen zur Vermögensstruktur**.

8.3 Bilanzanalyse und Bilanzpolitik

Kennzahlen zu			
Finanzierung		**Investition**	
(2a) Kennzahlen zur Kapitalstruktur • statischer Verschuldungsgrad • Fremdkapitalquote • Eigenkapitalquote • Kapitalhebel • kurzfristige Verschuldungsintensität • Anteil verzinsliches Fremdkapital am Fremdkapital		**(2b) Kennzahlen zur Vermögensstruktur** • Anlagenintensität • Umlaufintensität • Vermögensintensität • Intensität des immateriellen Vermögens • Finanzanlagenintensität • Sachanlagenintensität • Vorratsintensität • Forderungsintensität • Kassenmittelintensität	**statisch** (mit Bestands- größen)
(2c) Anlagen-deckungsgrade • Anlagendeckungsgrad I • Anlagendeckungsgrad II		**(2d) Liquiditätsgrade** • Liquidität 1. Grades • Liquidität 2. Grades • Liquidität 3. Grades	
(2e) Umschlagskoeffizienten			
• Kreditorenumschlag • Lieferantenziel		• Lagerumschlag • Lagerdauer • Forderungsumschlag • Kundenziel • Kapitalumschlag	**dynamisch** (mit Stromgrößen)
(2f) Kapitalflusskennzahlen			
• dynamischer Verschuldungsgrad • „Cash Burn Rate" • Zinsdeckungsrate		• Investitionsrate • Innenfinanzierungsgrad • Investitionsdeckungsgrad • Investitionsintensität	

Kennzahlen zur Liquidität (vertical left label spanning rows 2e and 2f)

Abb. 8.3 - 15   Auswahl von Kennzahlen zu Finanzierung, Investition und Liquidität

Weitere statische Kennzahlen stellen eine Beziehung zwischen Bilanzpositionen auf der Aktivseite und der Passivseite der Bilanz her. Zunächst sind hier die **Anlagendeckungsgrade** (2c) zu nennen, welche sich auf das Verhältnis von langfristigen Passivpositionen zu langfristigen Aktivpositionen beziehen. Anderseits gibt es Kennzahlen als Relationen zwischen kurzfristigen Positionen auf beiden Bilanzseiten, die als **Liquiditätsgrade** (2d) bezeichnet werden. Idee dieser Kennzahlen ist die Erfassung der hinter den Bilanzpositionen stehenden Zahlungsströme, so dass diese Kennzahlen, die eine Verbindung zwischen Investition und Finanzierung herstellen, im Rahmen der Liquiditätsanalyse eingesetzt werden. Da in der Definition der Anlagendeckungsgrade eine Aussage über die geforderte Höhe der Finanzierung enthalten ist, sind diese zudem den Finanzierungskennzahlen zugeordnet. Entsprechend erfolgt die Einordnung der Liquiditätsgrade auch zu den Investitionskennzahlen, da hier eine Forderung über die Höhe der Komponenten des Umlaufvermögens in Abhängigkeit von den kurzfristigen Verbindlichkeiten implizit zum Ausdruck kommt.

Die in Abb. 8.3 - 15 beispielhaft genannten Aktivitäts- und Kapitalflusskennzahlen werden unter Ansatz von **Stromgrößen gemäß Erfolgsrechnung bzw. Kapitalflussrechnung** gebildet. Bei den **Umschlagskoeffizienten** (2e) geht es um eine Abschätzung darüber, wie lange

Vermögenspositionen im Umsatzprozess gebunden sind bzw. wie lange für Umsatzprozesse benötigtes Kapital zur Verfügung steht. Die **Kapitalflusskennzahlen** (2f) verwenden die Zahlungsströme aus der Kapitalflussrechnung, um Aussagen über die Investitionstätigkeit und das Verschuldungsrisiko zu machen.

Zu (2a)   Kennzahlen zur Kapitalstruktur:

Die Kennzahlen zur Kapitalstruktur offenbaren, wie sich das Unternehmen mit Eigen- und Fremdkapital finanziert bzw. auch welche Verschuldungspolitik betrieben wird. Betrachtet wird dabei die Struktur des investierten Kapitals gemäß den Bestandsgrößen der Passivseite der Bilanz.

Der **statische Verschuldungsgrad** V (auch Finanzierungskoeffizient oder Finanzierungsverhältnis und im englischen *Gearing* genannt), über den allein aus der statischen Kapitalstruktur Indikatoren für das **Verschuldungsrisiko** abgeleitet werden, ist im Grundsatz als Verhältnis des Bestands an Schulden zu einer Eigenkapitalgröße definiert. Im Detail ergeben sich unterschiedliche Kennzahlen aus dem Ansatz der Schulden als bilanzielles Fremdkapital, Finanzschulden gemäß Bilanz oder Netto-Finanzschulden (= Finanzschulden – liquide Mittel) und aus dem Ansatz des Eigenkapitals als Eigenkapital zu Buchwerten oder zu Marktwerten. In unterschiedlichen Kombinationen für die Kapitalgrößen ergeben sich die folgenden **Definitionen** für den statischen Verschuldungsgrad:

Im Rahmen von Analysen auf Basis **externer, veröffentlichter Jahresabschlussdaten** – insbesondere bei unternehmensübergreifenden Kennzahlenvergleichen – werden die statischen Kennzahlen zur Kapitalstruktur anhand der Größen gebildet, wie sie in der Bilanz gegeben sind.

$$V \text{ mit bilanziellem Fremdkapital und Buchwert des Eigenkapitals}$$
$$= \frac{\text{bilanzielles Fremdkapital}\,(Liabilities)}{\text{bilanzielles Eigenkapital}\,(Equity)}$$

Dagegen werden bei unternehmensinternen Analysen in der Regel **verkürzte Bilanzen** verwendet, bei denen das unverzinsliche Fremdkapital (im Wesentlichen Lieferantenverbindlichkeiten, Kundenanzahlungen, passive Rechnungsabgrenzungsposten und Rückstellungen) mit dem Umlaufvermögen verrechnet ist, so dass auf der Passivseite der Bilanz unter den Verbindlichkeiten lediglich das verzinsliche Fremdkapital bzw. die Finanzschulden ausgewiesen werden. Folglich erscheint dann auf der Aktivseite anstelle des Umlaufvermögens das operative Netto-Umlaufvermögen und in der Summe das investierte Kapital im Sinne des *Invested Capital* bzw. *Capital Employed*. In diesem Fall wird die Kapitalstruktur durch das Eigenkapital und die Finanzschulden abgebildet.

$$V \text{ mit bilanziellen Finanzschulden und Buchwert des Eigenkapitals}$$
$$= \frac{\text{Finanzschulden}\,(Debt)}{\text{Eigenkapital}\,(Equity)}$$

Die Verkürzung der Bilanz kann aber auch noch einen Schritt weiter gehen, indem zusätzlich das verzinsliche Fremdkapital mit dem Bestand an liquiden Mitteln (*Cash and Cash Equivalents*) saldiert wird. Sofern die Finanzverbindlichkeiten höher als die liquiden Mittel sind,

8.3 Bilanzanalyse und Bilanzpolitik

werden auf der Passivseite die Netto-Finanzschulden (*Net Debt*) ausgewiesen. Andernfalls erscheint auf der Aktivseite der Netto-Bestand an liquiden Mitteln (*Net Cash*).

$$V \text{ mit bilanziellen Netto-Finanzschulden und Buchwert des Eigenkapitals} = \frac{\text{Netto - Finanzschulden} (\textit{Net Debt})}{\text{Eigenkapital} (\textit{Equity})}$$

Den letzten beiden Definitionen liegt die Überlegung zugrunde, die Kapitalstruktur mit den Marktwerten der Kapitalgrößen auszudrücken, wie dies auch bei der Berechnung von kapitalgewichteten Gesamtkapitalkosten (wie den WACC) gemacht wird (vgl. S. 485f.). Vereinfachend ist hier allerdings – wie in der Praxis üblich – der Marktwert des Fremdkapitals mit dessen Buchwert gleichgesetzt.

$$V \text{ mit bilanziellen Finanzschulden und Marktwert des Eigenkapitals} = \frac{\text{Finanzschulden} (\textit{Debt})}{\text{Marktwert des Eigenkapitals} (\textit{Market Value of Equity})}$$

$$V \text{ mit bilanziellen Netto-Finanzschulden und Marktwert des Eigenkapitals} = \frac{\text{Netto - Finanzschulden} (\textit{Net Debt})}{\text{Marktwert des Eigenkapitals} (\textit{Market Value of Equity})}$$

Berücksichtigt man konsistent, aus welchen der oben genannten Kombinationen von Eigenkapital und Schulden sich das Gesamtkapital zusammensetzt, so lässt sich die Kapitalstruktur gleichermaßen auch über die **Eigenkapitalquote** (= Eigenkapitalanteil am Gesamtkapital) und die **Fremdkapitalquote** (= Anteil der Schulden am Gesamtkapital) sowie über den **Kapitalhebel** als Kehrwert der Eigenkapitalquote ausdrücken (vgl. zu den Zusammenhängen zwischen diesen Kapitalstrukturkennzahlen ausführlich S. 94f.).

Die **kurzfristige Verschuldungsintensität** kann ergänzend als Kennzahl zur Beurteilung des **Kapitalentzugsrisikos** herangezogen werden:

$$\text{kurzfristige Verschuldungsintensität} = \frac{\text{kurzfristiges Fremdkapital}}{\text{Fremdkapital}}$$

Je höher der Anteil des kurzfristigen Kapitals am gesamten Fremdkapital, desto höher wird demnach die finanzielle Anspannung und das Risiko eines finanziellen Ungleichgewichts eingeschätzt.

Eine weitere Kennzahl, welche die Struktur des Fremdkapitals angibt, ist der **Anteil des verzinslichen Fremdkapitals bzw. der Finanzschulden am Fremdkapital** insgesamt. Damit kommt zum Ausdruck, wie stark die Abhängigkeit vom Kapitalmarkt bzw. von der Bankfinanzierung im Vergleich zu den übrigen Quellen der Fremdfinanzierung ist.

$$\text{Anteil verzinsliches Fremdkapital am Fremdkapital} = \frac{\text{Finanzschulden}}{\text{Fremdkapital}}$$

784 Achtes Kapitel: Externe Unternehmungsrechnung

Zu (2b) Kennzahlen zur Vermögensstruktur:

Bei den Vermögensstrukturkennzahlen (auch Vermögensintensitäten genannt) lassen sich zunächst die **drei Ausprägungen** unterscheiden, die das Gesamtvermögen (= Summe aus Eigen- und Fremdkapital) in das Anlage- und das Umlaufvermögen einteilen. Auch hier gilt wiederum (wie bei den Kennzahlen zur Kapitalstruktur), dass – wenn eine der drei Kennzahlen bekannt ist – sich die anderen beiden daraus ohne Kenntnis der absoluten Bilanzgrößen herleiten lassen:

$$\text{Anlagenintensität} = \frac{\text{Anlagevermögen}}{\text{Gesamtvermögen}}$$

$$\text{Umlaufintensität} = \frac{\text{Umlaufvermögen}}{\text{Gesamtvermögen}}$$

$$\text{Vermögensintensität} = \frac{\text{Anlagevermögen}}{\text{Umlaufvermögen}}$$

Höhe und Veränderungen der Vermögensintensitäten werden von zahlreichen **Einflussfaktoren** geprägt, wie etwa:

- Branche,
- Geschäftspolitik (z.B. Einsatz von Leasing),
- Abschreibungs- und Investitionspolitik (z.B. Einsatz von Leasing),
- Produktionsprogramm und -tiefe,
- Automatisierung der Fertigungsprozesse,
- saisonale und konjunkturelle Faktoren.

Eine geringere Anlagenintensität spricht tendenziell für die Flexibilität des Unternehmens und damit für eine stabilere Finanz- und Erfolgssituation. Mit einer vergleichsweise geringen langfristigen Kapitalbindung, die zudem auf eine gute Kapazitätsauslastung schließen lässt, lässt sich flexibler auf Beschäftigungs- und Strukturveränderungen reagieren. Durch die damit in der Regel verbundene geringere Fixkostenbelastung ist zudem die Erfolgssituation weniger anfällig bei Beschäftigungsrückgängen (vgl. zum Operating Leverage S. 89ff.).

Da im Unterschied zu den Bilanzierungsvorschriften gemäß HGB nach den IFRS-Vorschriften die Bewertung der Vermögenspositionen teilweise zeitnaher erfolgt, ist die Aussagekraft der Kennzahlen auf Basis eines IFRS-Abschlusses erhöht.

Weitere Aufschlüsse über die Struktur des Vermögens geben die folgenden Kennzahlen, die jeweils **Teile des Anlage- bzw. des Umlaufvermögens zum Gesamtvermögen** in Beziehung setzen. Die Aussagekraft dieser Kennzahlen hängt auch wieder stark von den angewendeten Ansatz- und Bewertungsvorschriften ab.

$$\text{Intensität des immateriellen Vermögens} = \frac{\text{Immaterielle Vermögenswerte}}{\text{Gesamtvermögen}}$$

$$\text{Finanzanlagenintensität} = \frac{\text{Finanzanlagen}}{\text{Gesamtvermögen}}$$

8.3 Bilanzanalyse und Bilanzpolitik

$$\text{Sachanlagenintensität} \ = \ \frac{\text{Sachanlagen}}{\text{Gesamtvermögen}}$$

$$\text{Vorratsintensität} \ = \ \frac{\text{Vorräte}}{\text{Gesamtvermögen}}$$

$$\text{Forderungsintensität} \ = \ \frac{\text{Forderungen}}{\text{Gesamtvermögen}}$$

$$\text{Kassenmittelintensität} \ = \ \frac{\text{Liquide Mittel}}{\text{Gesamtvermögen}}$$

Zu (2c)   Anlagendeckungsgrade:

Die Anlagendeckungsgrade ermitteln spezifische Relationen zwischen dem **langfristig zur Verfügung stehenden Kapital und den langfristigen Vermögenswerten**. Damit wird die Frage nach der Deckung bestimmter Vermögenspositionen durch entsprechende Kapitalpositionen beantwortet. Während der Anlagendeckungsgrad I lediglich das Eigenkapital als langfristig zur Verfügung stehendes Kapital einbezieht und zum Ausdruck bringt, in welchem Ausmaß dieses in der Lage ist das Anlagevermögen zu decken, wird beim Anlagendeckungsgrad II zusätzlich das langfristige Fremdkapital einbezogen:

$$\text{Anlagendeckungsgrad I} \ = \ \frac{\text{Eigenkapital}}{\text{(Netto-)Anlagevermögen}}$$

$$\text{Anlagendeckungsgrad II} \ = \ \frac{\text{Eigenkapital + langfristiges Fremdkapital}}{\text{(Netto-)Anlagevermögen}}$$

Diese Kennzahlen entspringen dem **Grundsatz der Fristenkongruenz**. Es wird darauf abgestellt, dass die Kapitalüberlassungsdauer nicht unabhängig von der Kapitalbindungsdauer beurteilt werden kann und dass insbesondere spezifische Kapitalstrukturrisiken entstehen, wenn Kapital in größerem Umfang länger gebunden ist, als es seitens der Kapitalgeber zur Verfügung gestellt worden ist.

Dabei wird allerdings davon ausgegangen, dass die Einteilung der Vermögensgegenstände in Anlage- und Umlaufvermögen identisch ist mit langfristiger bzw. kurzfristiger Kapitalbindung und dass die Positionen auf der Passivseite der Bilanz den Vermögenspositionen fristenkongruent zugeordnet werden können. Diese Annahme ist jedoch insofern nicht unproblematisch, als dass allein aus der Bilanz in aller Regel weder die **Liquidationsprozesse der Aktiva** noch die **effektiven Fristigkeiten der Passiva** präzise ersichtlich sind. Was speziell Letzteres betrifft, denke man an die Möglichkeit einer Kündigung langfristigen Kapitals oder an Prolongationszusagen bei kurzfristigen Verbindlichkeiten.

Zu (2d)   Liquiditätsgrade:

Die zuvor angedeuteten theoretischen Einwände gegen die Anlagendeckungskennzahlen gelten auch für die **kurzfristigen Deckungskennzahlen** in Gestalt der **Liquidität ersten, zweiten und dritten Grades**, die wie folgt definiert sind:

786   Achtes Kapitel: Externe Unternehmungsrechnung

$$\text{Liquidität 1. Grades }(Cash\ Ratio) \ = \ \frac{\text{Liquide Mittel }(Cash\ and\ Cash\ Equivalents)}{\text{kurzfristiges Fremdkapital }(Current\ liabilities)}$$

Liquidität 2. Grades (*Quick Ratio, Acid Test Ratio*)

$$= \frac{\text{Monetäres Umlaufvermögen }(Current\ assets - Inventory)}{\text{kurzfristiges Fremdkapital }(Current\ liabilities)}$$

Liquidität 3. Grades (*Current Ratio, Working Capital Ratio*)

$$= \frac{\text{Umlaufvermögen }(Current\ Assets)}{\text{kurzfristiges Fremdkapital }(Current\ Liabilities)}$$

Die Kennzahl **„Netto-Umlaufvermögen"** (*Working Capital*) enthält die gleichen Input-Größen wie die Kennzahl „Liquidität 3. Grades".

Netto-Umlaufvermögen (*Working Capital*)

$$= \begin{array}{c}\text{Umlaufvermögen} \\ (Current\ Assets)\end{array} \ - \ \begin{array}{c}\text{kurzfristiges Fremdkapital} \\ (Current\ Liabilities)\end{array}$$

Durch die Bildung der Differenz bleibt das Netto-Umlaufvermögen jedoch gleich, wenn eine gleichmäßige Erhöhung sowohl des Umlaufvermögens als auch des kurzfristigen Fremdkapitals vorgenommen wird, während die Liquidität 3. Grades hierbei eine Veränderung erfahren würde, sofern sie in der Ausgangssituation nicht gleich eins ist. Das „Working Capital" ist also weniger anfällig gegen bilanzpolitisches **„Window-Dressing"**.

Allgemein gilt für alle Liquiditätsgrade, dass die Liquidität der Unternehmung umso günstiger eingeschätzt wird, je höher der Wert der jeweiligen Kennzahl ist. Dabei verleiten die Kennzahlenwerte jedoch aus mindestens drei Gründen zu einer **gravierenden Fehlbeurteilung der Liquiditätslage**:

- Es werden Forderungen, Vorräte u.Ä. gegen die kurzfristigen Verbindlichkeiten ohne Rücksicht auf die einzelnen Liquidations- bzw. Fälligkeitszeitpunkte aufgerechnet.
- Bestimmte Arten von Zahlungsverpflichtungen, etwa aus Bestellungen, fälligen Löhnen u.a. werden gar nicht berücksichtigt.
- In der Regel sind sie zu dem Zeitpunkt, zu dem sie nach Vorlage der Bilanz aufgestellt werden können, längst überholt.

Zu (2e)   Umschlagskoeffizienten:

Mit den Umschlagskoeffizienten wird ausgedrückt, wie häufig eine Vermögens- oder Schuldenposition in der betrachteten Periode umgeschlagen wird. In diesem Zusammenhang sind stets auch die Umschlagdauern zu nennen, die mit dem reziproken Wert der Umschlagkoeffizienten zum Ausdruck bringen, wie lange die jeweiligen Positionen gebunden sind. Bei diesen Kennzahlen wird jeweils die Bestandsgröße als Durchschnitt aus Jahresanfangs- und Jahresendbestand eingesetzt.

Die Kennzahlen **Lagerumschlag und Lagerdauer** werden eingesetzt, um eine Einschätzung über den Kapitalbedarf für das im Lager gebundene Vermögen zu erhalten:

8.3 Bilanzanalyse und Bilanzpolitik

$$\text{Lagerumschlag (\textit{Inventory Turnover})} = \frac{\text{Materialaufwand}}{\text{Ø Lagerbestand}}$$

$$\text{Lagerdauer (\textit{Days' Sales in Inventory})} = \frac{\text{Anzahl Tage im Jahr}}{\text{Lagerumschlag}}$$

Aussagen zur finanziellen Stabilität können mithilfe der Kennzahlen **Forderungsumschlag und Kundenziel** getroffen werden. Mit dem Kundenziel wird angegeben, nach wie vielen Tagen im Durchschnitt die Kunden die offenen Rechnungen bezahlen. Bei der Bildung der Kennzahl wird angenommen, dass die Umsätze vollständig auf Rechnung gemacht werden. Abweichungen dieser Kennzahl vom vereinbarten Zahlungsziel können auf Qualitätsprobleme der Produkte, ein ineffizientes Mahnwesen oder aber auch auf wirtschaftliche Schwierigkeiten bei den Kunden hindeuten.

$$\text{Forderungsumschlag (\textit{Receivables Turnover})} = \frac{\text{Umsatz}}{\text{Ø Bestand der Warenforderungen}}$$

$$\text{Kundenziel (\textit{Days' Sales in Receivables, Average Collection Period})}$$

$$= \frac{\text{Anzahl Tage im Jahr}}{\text{Forderungsumschlag}}$$

Das Pendant zum Kundenziel ist das **Lieferantenziel**, das aus dem **Kreditorenumschlag** hergeleitet ist. Es gibt an, in welchem Umfang das von den Lieferanten eingeräumte Zahlungsziel ausgenutzt wird und somit die Möglichkeit der Finanzierung über Lieferantenverbindlichkeiten genutzt wird. Der Wareneingang kann näherungsweise über die Aufwendungen für Roh-, Hilfs- und Betriebsstoffe und für bezogene Waren zuzüglich der Zunahme bzw. abzüglich der Abnahme des Bestandes an Roh-, Hilfs- und Betriebsstoffen berechnet werden.

$$\text{Kreditorenumschlag (\textit{Payables Turnover})} = \frac{\text{Wareneingang}}{\substack{\text{Ø Bestand der} \\ \text{Lieferantenverbindlichkeiten}}}$$

$$\text{Lieferantenziel (\textit{Days' Cost of Goods Sold in Payables})} = \frac{\text{Anzahl Tage im Jahr}}{\text{Kreditorenumschlag}}$$

Zieht man für die Berechnung der Umschlagkoeffizienten nicht einzelne Konten heran, sondern stellt auf eine Gesamtbetrachtung ab, so ist der **Kapitalumschlag** zu bilden (vgl. hierzu auch S. 99f.):

$$\text{Kapitalumschlag (\textit{Asset Turnover})} = \frac{\text{Umsatz (\textit{Sales})}}{\text{Ø Gesamtkapital (\textit{Assets})}}$$

Er gibt an, wie häufig das eingesetzte Gesamtkapital im Umsatz umgeschlagen wird. In einer alternativen Sichtweise kommt mit dieser Kennzahl zum Ausdruck, das wie vielfache an Umsatz durch den Einsatz von einer Geldeinheit an Gesamtkapital erzielt wird. Je höher diese branchenabhängige Kennzahl ist, desto effizienter ist das Gesamtkapital zur Generierung des Umsatzes eingesetzt und umso besser sind die Voraussetzungen für eine hohe Gesamtkapitalrentabilität. Des Weiteren wirkt sich dies positiv auf die Liquiditätssituation aus.

Zu (2f) Kapitalflusskennzahlen:

Die Kapitalflusskennzahlen zeichnen sich dadurch aus, dass sie auf den **Stromgrößen der Kapitalflussrechnung** basieren. Auch hier lassen sich wiederum Kennzahlen, welche die Investitionen, und solche, die die Finanzierung betreffen, unterscheiden.

Die wichtigste Kapitalflusskennzahl für die Analyse der Verschuldung ist der **dynamische Verschuldungsgrad**, der einerseits mit dem operativen Cashflow, andererseits vereinfachend mit EBITDA im Nenner definiert sein kann:

$$\text{dynamischer Verschuldungsgrad} \quad = \quad \frac{\text{Effektivverschuldung}}{\text{operativer Cashflow (Umsatzüberschuss)}}$$

$$\text{oder} \quad = \quad \frac{\text{Effektivverschuldung}}{\text{EBITDA}}$$

Er orientiert sich an der Fragestellung, wie lange es bei Annahme eines gleich bleibenden operativen Cashflows (bzw. EBITDA) dauern würde, bis die gesamten Schulden getilgt sind, weshalb diese Kennzahl auch als Schuldentilgungsdauer oder Entschuldungsdauer bezeichnet wird. Der operative Cashflow gemäß Kapitalflussrechnung (bzw. EBITDA) wird also als Maßstab für die **Schuldentilgungskraft** der Unternehmung interpretiert. Je höher diese sind, umso höher darf die Verschuldung des Unternehmens sein.

Der dynamische Verschuldungsgrad kann nur dann eine sinnvolle Kennzahl zur Einschätzung der Insolvenzwahrscheinlichkeit für Unternehmen sein, die sich nicht mehr in ihrer Anfangsphase befinden, da zur Bildung dieser Kennzahl eine teilweise Fremdfinanzierung vorliegen muss. Diese wird i.d.R. aber erst bei positiven operativen Cashflows gewährt, da nur dann auch finanzielle Mittel zur Schuldentilgung zur Verfügung stehen. Von daher kann als Pendant zum dynamischen Verschuldungsgrad für junge Unternehmen, die sich in der Start-up-Phase befinden, ist die Kennzahl „**Cash Burn Rate**" angesehen werden, die wie folgt definiert ist:

$$\text{„Cash Burn Rate"} \quad = \quad \frac{\text{Liquide Mittel}}{\text{(negativer) operativer Cashflow (Umsatzüberschuss)}}$$

In der Anfangsphase von Unternehmen, in der aus dem operativen Bereich nur negative Cashflows generiert werden, kann die Überlebensfähigkeit nur mit einer ausreichenden Ausstattung an Liquiden Mitteln gewährleistet werden, die von Eigenkapitalgebern (und weniger von Fremdkapitalgebern) zur Verfügung gestellt wird. Mit der „Cash Burn Rate" wird der Zeitraum angegeben, über den bei Annahme eines gleichbleibenden, periodischen negativen operativen Cashflows die Liquiden Mittel gerade noch ausreichen, bevor die Zahlungsunfähigkeit eintritt. In der Regel wird diese Kennzahl auf Basis des monatlichen operativen Cashflows berechnet und somit in Monaten angegeben.

Auch die **Zinsdeckungsrate** ist eine Kennzahl zur Analyse der Verschuldung. Sie gibt an, wie gut eine Unternehmung in der Lage ist, den Zinsverpflichtungen nachzukommen. In der traditionellen Definition steht im Zähler der Gewinn vor Zinsen und Steuern (EBIT), der nicht im eigentlichen Sinne eine Zahlungsstromgröße darstellt. Die Größe EBITDA, also der Gewinn vor Abschreibungen, Steuern und Fremdkapitalzinsaufwand, stellt eine Annäherung für

8.3 Bilanzanalyse und Bilanzpolitik

den operativen Cashflow als Umsatzüberschuss im Zähler dar. Folglich ergeben sich die drei folgenden möglichen Definitionen für die Zinsdeckungsrate:

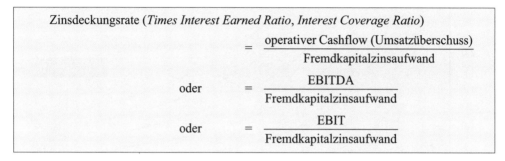

Den Kapitalflusskennzahlen, mit deren Hilfe die **Analyse der Investitionsaktivitäten** vorgenommen werden kann, sind einerseits die Investitionsrate und der Innenfinanzierungsgrad, andererseits der Investitionsdeckungsgrad und die Investitionsintensität zugeordnet.

Die **Investitionsrate** ist definiert als Verhältnis von (Anlage-)Investitionen zu Umsatz:

$$\text{Investitionsrate} = \frac{\text{(Anlage-)Investitionen}}{\text{Umsatz}}$$

Die (Anlage-)Investitionen entsprechen dem Investitions-Cashflow gemäß Kapitalflussrechnung. Ersatzweise lässt er sich auch aus der Nettoveränderung des Anlagevermögens zuzüglich Abschreibungen und Wertberichtigungen auf Anlagen laut Bilanz und Gewinn- und Verlustrechnung berechnen.

Der **Innenfinanzierungsgrad** (der Investitionen) ist das Verhältnis von operativem Cashflow gemäß Kapitalflussrechnung zu den (Anlage-)Investitionen der Berichtsperiode wie zuvor definiert:

$$\text{Innenfinanzierungsgrad} = \frac{\text{operativer Cashflow}}{\text{(Anlage-)Investitionen}}$$

Zusammenhänge zwischen Investitionsrate und Innenfinanzierungsgrad lassen sich über die Kennzahl **Finanzkraft** herstellen. Diese ist als Quotient von operativem Cashflow und Umsatzerlösen definiert. Von daher gilt:

$$\frac{\text{operativer Cashflow}}{\text{Umsatz}} = \frac{\text{(Anlage-)Investitionen}}{\text{Umsatz}} \cdot \frac{\text{operativer Cashflow}}{\text{(Anlage-)Investitionen}}$$

$$\text{Finanzkraft} = \text{Investitionsrate} \cdot \text{Innenfinanzierungsgrad}$$

Aus dieser Gleichung ergeben sich eine Reihe interessanter Implikationen (vgl. Abb. 8.3 - 16). So wird z.B. deutlich, dass eine steigende Investitionsrate nur auf Kosten des Innenfinanzierungsgrades zu realisieren ist, wenn die Finanzkraft nicht ebenfalls entsprechend zunimmt. Auch zeigt sich, dass die Investitionsrate umso größer sein kann, je höher die Finanzkraft ist und je geringere Anforderungen an den Innenfinanzierungsgrad gestellt werden.

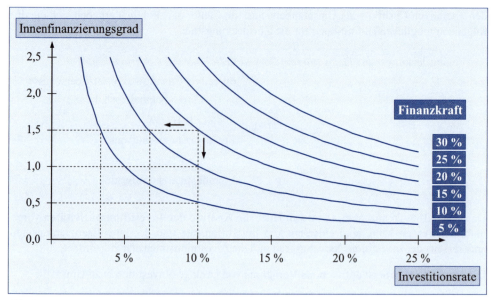

Abb. 8.3 - 16   Zusammenhänge zwischen Innenfinanzierungsgrad und Investitionsrate

Die beiden Kapitalflusskennzahlen **Investitionsdeckungsgrad** und **Investitionsintensität** lassen sich als Kennzeichen für betriebliche **Wachstumsprozesse** verwenden.

$$\text{Investitionsdeckungsgrad} = \frac{\text{Abschreibungen und Wertberichtigungen auf Anlagen}}{\text{(Anlage-)Investitionen}}$$

$$\text{Investitionsintensität} = \frac{\text{(Anlage-)Investitionen}}{\text{Netto - Anlagevermögen (Jahresanfangsbestand)}}$$

Wie ersichtlich ist der Investitionsdeckungsgrad eine Komponente des Innenfinanzierungsgrades. Er zeigt an, ob eine Wachstumspolitik (Investitionsdeckungsgrad erheblich unter 1), eine Schrumpfungs- oder Konsolidierungspolitik (Investitionsdeckungsgrad erheblich über 1) betrieben wird oder ob das Anlagenwachstum stagniert (Investitionsdeckungsgrad oszilliert um 1). In gleicher Weise lassen sich Veränderungen der Investitionsintensität deuten.

8.3.3.4 Durchführung von Kennzahlenvergleichen

Der Bildung und Berechnung ausgewählter Kennzahlen schließt sich als letzte Stufe der Bilanzanalyse die Durchführung von Kennzahlenvergleichen an. Die Beurteilung von Kennzahlenwerten setzt nämlich grundsätzlich **Vergleichsmaßstäbe** voraus. Nur dadurch, dass eine Kennzahl mit einer anderen verglichen wird, lässt sich eine **ökonomisch informative Aussage** ableiten.

Die **zum Vergleich herangezogene Kennzahl** kann sein (vgl. LEFFSON 1984):

(1) die entsprechende Kennzahl für eine frühere Periode (man spricht dann von einem **Perioden- oder Zeitvergleich**),

8.3 Bilanzanalyse und Bilanzpolitik 791

(2) die entsprechende Kennzahl einer anderen Unternehmung oder der Branche für die gleiche Periode und im Zeitablauf (dies kennzeichnet die Vorgehensweise bei einem **Betriebs- bzw. Konkurrenzvergleich**),

(3) ein normativer Kennzahlenwert, dessen Über- oder Unterschreiten als erwünscht oder unerwünscht angesehen wird (es handelt sich dann um einen so genannten **Soll-Ist-Vergleich**).

Nur erwähnt sei, dass hinter jedem Urteil im Rahmen eines Perioden- oder Betriebsvergleichs in der Regel zumindest implizit auch bestimmte **Normvorstellungen** stehen (etwa dergestalt, dass eine Erhöhung der Liquidität oder die Annäherung der Unternehmensrentabilität an den Branchendurchschnitt „gut" sei). Der Unterschied zu einem Soll-Ist-Vergleich besteht also lediglich darin, dass der Kennzahlenvergleich dort ausdrücklich zwischen verschiedenen Perioden bzw. Unternehmungen stattfindet, sich also nicht auf die Analyse etwaiger Abweichungen zwischen einem explizit vorgegebenen Soll- und einem ermittelten Ist-Wert beschränkt.

Zu (1)   Perioden- oder Zeitvergleich:

Mithilfe des Periodenvergleichs wird versucht, die **Entwicklung einer Unternehmung** im abgelaufenen Geschäftsjahr sowie über einen längeren Zeitraum zu erkennen. Um hier keine Fehldiagnosen abzuleiten, ist eine wichtige Voraussetzung, dass die verglichenen Kennzahlenwerte auch wirklich vergleichbar sind. Dazu gehören die **notwendigen Annahmen**,

- dass die Bilanzposten zu betrachteten Stichtagen in gleicher Weise und unter vergleichbaren Bedingungen ermittelt wurden und der Anhang Informationen über alle wesentlichen Unstetigkeiten enthält; ferner
- dass die angegebenen Werte zu den Bilanzstichtagen im Großen und Ganzen der Entwicklungstendenz während der einzelnen Geschäftsjahre entsprechen.

Nur wenn diese Voraussetzungen (einigermaßen) gegeben sind, was häufig allerdings nicht zutrifft, lassen sich aus den ermittelten Veränderungen repräsentativer Kennzahlen im Zeitablauf Schlüsse ziehen. Insbesondere bei Verwendung von Kennzahlen Systemen (bei denen einzelne Kennzahlen mathematisch miteinander verknüpft sind) können Periodenvergleiche nicht nur Anstöße geben, nach Ursachen für festgestellte Änderungstendenzen zu suchen, sondern gelten auch als ein wichtiges Instrument zur Ursachenforschung bzw. zur „Lokalisierung des Ursachenherdes". Nur erwähnt sei in diesem Zusammenhang das ROI-Schema als Urtyp solcher Kennzahlensysteme (vgl. S. 97ff.).

Zu (2)   Betriebs- bzw. Konkurrenzvergleich:

Der Betriebsvergleich setzt eine Einteilung in Branchen voraus. Probleme entstehen dabei häufig dadurch, dass einzelne Branchen nicht genügend homogen sind bzw. Unternehmen gleichzeitig mehreren Branchen angehören. Denn Grundvoraussetzung für einen aussagefähigen Betriebsvergleich ist wiederum die Vergleichbarkeit der Kennzahlenwerte.

In Frage kommt beim Betriebsvergleich vor allem

- der Vergleich der Entwicklung einer Unternehmung **mit ihren jeweiligen Konkurrenten** sowie

- der Vergleich der Entwicklung einer Unternehmung mit der **Entwicklung der entsprechenden Branche**.

Hierbei entsteht allerdings häufig das Problem der Zusammenfassung zu Gesamtwerten oder zu Durchschnittswerten, bei der die oftmals ganz erheblichen betrieblichen Unterschiede ausgeschaltet bzw. nivelliert werden. Zu erkennen ist also nur

- inwieweit bei der untersuchten Unternehmung im betrachteten Geschäftsjahr die ermittelten Kennzahlenwerte vom Durchschnitt abweichen und

- wie sich die Entwicklung der betrachteten Unternehmung zur Entwicklung der Branche im Zeitablauf verhält.

Wie LEFFSON (1984) hervorhebt, leidet der Betriebsvergleich generell unter einem **Zirkelschluss**: Aufschlussreich ist ein Betriebsvergleich vor allem dann, wenn sich eine Unternehmung deutlich anders entwickelt als alle vergleichbaren Unternehmungen; was allerdings dann sofort die Frage nach der Vergleichbarkeit aufwirft.

Zu (3) Soll-Ist-Vergleich:

Ein Soll-Ist-Vergleich setzt voraus, dass bestimmte **normative Kennzahlenwerte** überhaupt existieren. Ist dies der Fall (und davon kann man in der Regel ausgehen), ist weiterhin zu fragen, ob es sich um theoretisch fundierbare Normen handelt oder ob sie ihre Bedeutung allein daraus erlangen, dass die Praxis bestimmte Kennzahlenwerte als wünschenswert ansieht.

Kennzahlennormwerte existieren vor allem im Bereich

(3a) der **Rentabilitätskennzahlen** und

(3b) der **Kapitalstrukturkennzahlen**.

Zu (3a) Rentabilitätsnormen:

Rentabilitätsnormen sind zunächst einmal sehr vielgestaltig. Ob eine Rentabilität als befriedigend anzusehen ist oder nicht, kann nämlich nur in Abhängigkeit von einer Reihe von Faktoren beantwortet werden. Allerdings lassen sich einige verbindliche **Aussagen** darüber machen, wie **hoch die Rentabilität eines Unternehmens mindestens sein sollte**:

- Die Gesamtkapitalrentabilität sollte (zumindest im Durchschnitt) deutlich über dem Niveau des durchschnittlichen (risikoadjustierten) Kapitalmarktzinses liegen.
- Die Umsatzrentabilität sollte im Durchschnitt so hoch sein, dass unter Berücksichtigung des branchenüblichen Kapitalumschlags diese Gesamtkapitalrentabilität gesichert ist.
- Die Eigenkapitalrentabilität sollte so hoch sein, dass die Anteilseigner eine angemessene Dividende erhalten und dass gleichzeitig ausreichende Kapitalerhaltungsrücklagen gebildet werden können. Die einbehaltenen Gewinne, die im Unternehmen investiert werden, tragen durch rentable Projekte zur Unternehmenswertsteigerung bei, aus der die Kapitalrendite resultiert. Da die Dividendenzahlung zusammen mit der Kapitalrendite die Investorenrendite (*Total Shareholder Return*) darstellt, muss diese der vom Kapitalmarkt bestimmten risikoadjustierten Renditeforderung entsprechen.

8.3 Bilanzanalyse und Bilanzpolitik 793

Zu (3b) Kapitalstrukturnormen:

Kapitalstrukturnormen sind in Theorie und Praxis als **Finanzierungsregeln** bekannt. Im Gegensatz zu den allgemeinen Rentabilitätsnormen sind sie in der Regel quantitativ präzise formuliert. Eine Auswahl solcher Finanzierungsregeln sei kurz dargestellt.

Vertikale Finanzierungsregeln:

Vertikale Finanzierungsregeln stellen einerseits auf den statischen, andererseits auch auf den dynamischen Verschuldungsgrad ab.

Bezüglich des **statischen Verschuldungsgrades** wird gefordert, dass das Verhältnis von Fremd- zu Eigenkapital einen bestimmten Wert nicht überschreitet, also

$$\frac{\text{Fremdkapital}}{\text{Eigenkapital}} \leq \text{bestimmter Grenzwert}$$

Dieser Grenzwert wird in der Praxis in Abhängigkeit von der angewendeten Definition des Verschuldungsgrads (vgl. hierzu S. 782f.) festgelegt. Weit verbreitet sind die Regeln für das Verhältnis des bilanziellen Fremdkapitals zum bilanziellen Eigenkapital, wonach ein Grenzwert von 1 bzw. 2 nicht überschritten werden sollte.

Im Gegensatz zu den statisch formulierten Finanzierungsregeln weisen Finanzierungsregeln zum **dynamischen Verschuldungsgrad** ein etwas besseres theoretisches Fundament auf, da es hier um die Schuldentilgungsdauer geht, die sich aus der ausschließlichen Verwendung des operativen Cashflows zur Rückzahlung der Effektivverschuldung geht. Hier werden Werte im Bereich von 3 bis 5 Jahren als Norm angesehen.

Horizontale Finanzierungsregeln:

Horizontale Finanzierungsregeln stellen auf bestimmte horizontale Kapitalstrukturnormen ab. Die wichtigsten hiervon sind die Folgenden:

- **goldene Bilanzregel**. In ihrer Grundversion fordert sie eine vollständige Finanzierung des Anlagevermögens mit Eigenkapital, also

  Anlagendeckungsgrad I $\geq$ 1

  In der modifizierten (üblichen) Version wird auch eine Finanzierung des Anlagevermögens mit langfristigem Fremdkapital zugestanden, also

  Anlagendeckungsgrad II $\geq$ 1

- **1 : 1 Acid Test-Regel**. Hiernach wird verlangt, dass das kurzfristige Fremdkapital nicht den Wert des monetären Umlaufvermögens übersteigt, also

  Liquidität 2. Grades $\geq$ 1

- **2 : 1 Current Ratio-Regel**. Sie fordert, dass das Umlaufvermögen mindestens doppelt so hoch ist wie alle kurzfristigen Verbindlichkeiten zusammengenommen, also

  Liquidität 3. Grades $\geq$ 2

Weder horizontale noch vertikale Kapitalstrukturnomen sind mit ihrem quantitativen Unbedingtheitsanspruch theoretisch zu begründen. Die Einhaltung dieser Regeln bietet allein keine Gewähr für die finanzielle Stabilität der Unternehmung.

794 Achtes Kapitel: Externe Unternehmungsrechnung

Grundsätzlich können Kapitalstrukturnormen und Rentabilitätsnormen allenfalls eine **pragmatische Rechtfertigung** darin finden, dass die Geschäftspartner der Unternehmung, die Kreditinstitute usw. auf ihre Einhaltung (ungeachtet ihrer theoretischen Mängel) achten und hierin einen Qualitätsindikator sehen. Dass solche Auffassungen in der Praxis existieren, zeigen beispielsweise interne Bestimmungen im Rahmen der Kreditwürdigkeitsprüfung oder Finanzierungsklauseln in Kreditverträgen bzw. bei Anleihen (*Financial Covenants*), in denen die Einhaltung bestimmter Finanzierungsregeln und Rentabilitätsnormen explizit gefordert wird. Ein Beispiel hierfür zeigt Abb. 8.3 - 17 (entnommen aus COENENBERG 2005a, S. 981), in der die relevanten Kennzahlenwerte zur Bonitätsbeurteilung nach dem Kreditleitfaden des Bundesaufsichtsamts für das Versicherungswesen (BAV) aufgeführt sind.

Kennzahlen zur Bonitätsbeurteilung		Darlehens-vergabe mit Sicherheiten	Darlehens-vergabe mit Negativklausel
Ertragslage	**Gesamtkapitalrendite** = (Betriebsergebnis + Zinsaufwand) / Gesamtkapital	$\geq 6\,\%$	$\geq 6\,\%$
Finanzlage	**Entschuldungsdauer** = bereinigtes Gläubigerkapital / Cashflow	≤ 7 Jahre	≤ 7 Jahre
	Finanzierungskoeffizient = bereinigtes Gläubigerkapital / (bereinigtes Eigenkapital + Pensionsrückstellungen)	≤ 2	≤ 2
Neben-bedingungen	**Eigenkapitalquote** = bereinigtes Eigenkapital / bereinigte Bilanzsumme	$\geq 20\,\%$	$\geq 30\,\%$
Kompensationsmöglichkeiten		ja	nein

Abb. 8.3 - 17   Kennzahlen zur Kreditwürdigkeitsprüfung nach dem BAV-Kreditleitfaden

Trotz der mangelnden betriebswirtschaftlich-theoretischen Fundierung stützen sich die Verfahren der **Insolvenzprognose und Rating-Verfahren** (vgl. hierzu auch S. 502f.) überwiegend auf die verdichtete Auswertung von empirischen Kennzahlen. Mithilfe von mathematisch-statistischen Verfahren wird auf Basis historischer Daten durch die Kombination von bestimmten Kennzahlenwerten ein Trennwert ermittelt, der für eine Insolvenz bzw. für eine bestimmte Bonitätseinstufung eines Unternehmens spricht. Zur Auswertung der historischen Kennzahlenwerte einer Vielzahl von Unternehmen werden u.a. die Verfahren der Diskriminanzanalyse und die Technik der künstlichen neuronalen Netze herangezogen. Aufgrund der Vergangenheitsorientierung der Kennzahlen der Jahresabschlussanalyse werden zusätzlich qualitative Bewertungen über die Unternehmenssituation, das Management und die Branche zur Insolvenzprognose bzw. zur Rating-Analyse herangezogen, die einen stärkeren Zukunftsbezug aufweisen. Nachteilig ist dabei jedoch, dass diese Informationen eher manipulationsgefährdet sind.

Verständlicherweise legen die Banken bzw. die Rating-Agenturen die Funktionsweise ihrer Rating-Systeme nicht offen, und so ist nicht transparent, welche Kennzahlen bzw. Merkmalseinschätzungen in welcher Weise verknüpft zum entsprechenden Rating-Urteil führen. Es kann allerdings indirekt auf die relevanten Kennzahlenwerte geschlossen werden, indem eine

8.3 Bilanzanalyse und Bilanzpolitik 795

Auswertung der Kennzahlen von gerateten Unternehmen vorgenommen wird. Ein Beispiel hierfür zeigt Abb. 8.3 - 18 (Quelle: www.standardandpoors.com), in der die Mediane für zentrale Kennzahlenwerte nach Rating-Klassen gemäß STANDARD & POOR'S (zur Beschreibung der Rating-Klassen vgl. S. 503) für langfristige Anleihen US-amerikanischer Industrie-Unternehmen (1998 bis 2000) zusammengestellt sind.

Rating-Klasse nach STANDARD & POOR'S	AAA	AA	A	BBB	BB	B	CCC
$\dfrac{\text{EBIT}}{\text{Zinsaufwand}}$	21,4	10,1	6,1	3,7	2,1	0,8	0,1
$\dfrac{\text{EBITDA}}{\text{Zinsaufwand}}$	26,5	12,9	9,1	5,8	3,4	1,8	1,3
$\dfrac{\text{Freier Cashflow}}{\text{Finanzschulden}}$	84,2 %	25,2 %	15,0 %	8,5 %	2,6 %	-3,2 %	-12,9 %
$\dfrac{\text{operativer Cashflow}}{\text{Finanzschulden}}$	128,8 %	55,4 %	43,2 %	30,8 %	18,8 %	7,8 %	1,6 %
$\dfrac{\text{EBIT}}{\text{Ø Betriebsvermögen}}$	34,9 %	21,7 %	19,4 %	13,6 %	11,6 %	6,6 %	1,0 %
$\dfrac{\text{Brutto - Gewinn vor Abzug von Abschreibungen}}{\text{Umsatz}}$	27,0 %	22,1 %	18,6 %	15,4 %	15,9 %	11,9 %	11,9 %
$\dfrac{\text{langfr. Finanzschulden}}{\text{investiertes Kapital}}$	13,3 %	28,2 %	33,9 %	42,5 %	57,2 %	69,7 %	68,8 %
$\dfrac{\text{Finanzschulden}}{\text{investiertes Kapital}}$	22,9 %	37,7 %	42,5 %	48,2 %	62,6 %	74,8 %	87,7 %
Anzahl Unternehmen	8	29	136	218	273	281	22

Abb. 8.3 - 18   Mediane zentraler Kennzahlen nach Rating-Klassen gemäß STANDARD & POOR'S für langfristige Anleihen US-amerikanischer Industrie-Unternehmen (1998 bis 2000)

Fragen und Aufgaben zur Wiederholung (8.3.3: S. 761 – 795)

1. Welches sind die Erkenntnisziele der Bilanzanalyse?

2. Wo und warum stößt die Bilanzanalyse auf Grenzen?

3. In welchen (drei) Stufen läuft die Bilanzanalyse ab?

4. Welchen Zweck verfolgt die Aufbereitung des bilanzanalytischen Zahlenmaterials?

5. Skizzieren Sie das (bilanzanalytische) Berechnungsschema für (a) Umlaufvermögen, (b) Warenforderungen, (c) monetäres Umlaufvermögen, (d) liquide Mittel, (e) Eigenkapital, (f) Fremdkapital, (g) langfristiges Fremdkapital, (h) Effektivverschuldung!

6. Aus welchen Positionen setzt sich der (a) Jahresüberschuss, (b) das ordentliche Betriebsergebnis, (c) das Finanzergebnis, (d) das außerordentliche Ergebnis zusammen?

7. An welchen Punkten kann eine Erfolgsbereinigung der handelsrechtlichen Ergebniskategorien ansetzen?

8. Nennen Sie einige „Manipulationshypothesen" in Bezug auf den Jahresabschluss!

9. Welchem Zweck dient eine Schätzung des Steuerbilanzgewinns, und welche Probleme entstehen bei dieser Schätzung?

10. Definieren Sie drei Grundversionen des Cashflows, die in der Bilanzanalyse unterschieden werden können!

11. Welcher Grundgedanke wird mit dem Cashflow-Konzept verfolgt?

12. Diskutieren Sie die Verwendungsmöglichkeit des Cashflows als Erfolgsindikator!

13. Wie lassen sich Bilanzkennzahlen nach ihrem Aussagegehalt gliedern?

14. Geben Sie eine Übersicht über die Kennzahlen zur Ertragslage!

15. Charakterisieren Sie das Wesen von Rentabilitätskennzahlen! Was ist bei der Berechnung von Rentabilitätskennzahlen zu beachten?

16. Erläutern Sie den Zusammenhang zwischen Ergebnisentstehung und Ergebnisverwendung anhand des EBIT bzw. der Gesamtkapitalrentabilität als integrierende Größe!

17. Wie lässt sich der Zusammenhang zwischen der Netto-Cashflow-Umsatzrentabilität und der Umsatzüberschussrate bzw. der Finanzkraft herleiten?

18. Formulieren Sie einige Mitarbeiterrelationen bzw. Kosten- und Ertragsrelationen!

19. Geben Sie eine Übersicht über die Kennzahlen zur Liquidität, Finanzierung und Investition!

20. Formulieren Sie den definitorischen Zusammenhang zwischen den Kennzahlen Finanzkraft, Investitionsrate und Innenfinanzierungsgrad, und erläutern Sie die sich hieraus ergebenden Implikationen!

21. Wofür sind die Kennzahlen Investitionsdeckungsgrad und Investitionsintensität Indikatoren, und wie lassen sich demnach die Größenordnungen dieser Zahlen deuten?

22. Definieren Sie die wichtigsten Vermögensstrukturkennzahlen! Welche Faktoren haben Einfluss auf deren Höhe?

23. Definieren Sie wichtige Kennzahlen zur Verschuldung und interpretieren Sie deren Aussage!

24. Welche Überlegungen liegen den Anlagendeckungsgraden zugrunde, und welche Einwände können hiergegen vorgebracht werden?

25. Welche Probleme sind mit Liquiditätskennzahlen verbunden?

26. Welche Formen von Kennzahlenvergleichen lassen sich unterscheiden?

27. Skizzieren Sie das Wesen und den Aussagewert des Periodenvergleichs!

28. Was ist die Grundvoraussetzung und Grundproblematik eines Betriebsvergleichs?

29. Inwieweit sind normative Aussagen zur Rentabilität einer Unternehmung möglich?

30. Erläutern Sie kurz die wichtigsten vertikalen und horizontalen Finanzierungsregeln! Nehmen Sie zu diesen Regeln kritisch Stellung!

Neuntes Kapitel

Interne Unternehmungsrechnung

9.1	**Aufgaben und Systeme der internen Unternehmungsrechnung** 799	
9.1.1	Gegenstand der internen Unternehmungsrechnung 799	
9.1.2	Kostenrechnungssysteme und Kostenrechnungsgrundsätze............. 800	
	Fragen und Aufgaben zur Wiederholung (9.1: S. 799 – 805)................................. 806	
9.2	**Betriebsabrechnung und Kalkulation** 807	
9.2.1	Traditionelle Betriebsabrechnung auf Vollkostenbasis........................ 807	
9.2.1.1	Grundstruktur der periodischen Betriebsabrechnung 807	
9.2.1.2	Kostenartenrechnung 809	
9.2.1.3	Kostenstellenrechnung 814	
9.2.1.4	Kostenträger-(ergebnis-)rechnung 823	
	Fragen und Aufgaben zur Wiederholung (9.2.1: S. 807 – 826)............................ 827	
9.2.2	Moderne Betriebsabrechnung auf Teilkostenbasis 828	
9.2.2.1	Arten von Teilkostenrechnungen.. 828	
9.2.2.2	Das System des Direct Costing... 828	
9.2.2.3	Das System der stufenweisen Fixkostendeckungsrechnung 832	
9.2.2.4	Das System der relativen Einzelkostenrechnung 833	
	Fragen und Aufgaben zur Wiederholung (9.2.2: S. 828 – 836)............................ 836	
9.2.3	Verfahren der Kalkulation.. 837	
9.2.3.1	Wesen und Aufgaben der Kalkulation 837	
9.2.3.2	Divisionskalkulationen 840	
9.2.3.3	Zuschlagskalkulationen 843	
9.2.3.4	Kuppelkalkulationen 844	
	Fragen und Aufgaben zur Wiederholung (9.2.3: S. 837 – 846)............................ 846	

9.3	**Plankostenrechnung**..**847**
9.3.1	**Aufgaben und Arten der Plankostenrechnung**.......................................847
9.3.2	**Voll- und Grenzplankostenrechnung**..849
9.3.3	**Prozesskosten- und Standard-Einzelkostenrechnung** 856
9.3.4	**Zielkostenrechnung** 859
	Fragen und Aufgaben zur Wiederholung (9.3: S. 847 – 861)...............................862

9.1 Aufgaben und Systeme der internen Unternehmungsrechnung

9.1.1 Gegenstand der internen Unternehmungsrechnung

Der handels- und steuerrechtliche Jahresabschluss der Unternehmung stellt die offizielle und extern orientierte Gesamtabrechnung eines Geschäftsjahres dar. Davon zu unterscheiden ist nun die interne Unternehmungsrechnung, deren gänzlich anderer Charakter durch folgende **Merkmale** verdeutlicht werden kann:

- Die interne Unternehmungsrechnung ist eine **Kosten- und Leistungsrechnung**. Sie umfasst insofern keine neutralen Aufwendungen und Erträge, berücksichtigt dafür aber kalkulatorische Kosten und Leistungen. Damit grenzt sich das daraus resultierende kalkulatorische Betriebsergebnis klar von dem Betriebsergebnis ab, das unter Rückgriff auf die Daten des finanziellen Rechnungswesens ermittelt wurde (vgl. Abb. 3 - 4, S. 79).
- Damit ist bereits angedeutet, dass die **intern ausgerichtete Betriebsabrechnung** durch keinerlei sachfremde, externe Vorschriften in ihrer Ausgestaltung eingeschränkt wird. Sie kann damit stärker als das externe Rechnungswesen instrumental für Zwecke der Unternehmungsführung eingesetzt werden.
- Verstärkt wird dies noch dadurch, dass die interne Unternehmungsrechnung typischerweise **kurzfristig ausgerichtet** ist, da sie – beispielsweise in Form von Quartals-, Monats- oder Wochenrechnungen – kürzere Abrechnungszeiträume als das Geschäftsjahr aufweist und durch entsprechende organisatorische Vorkehrungen auch einen kürzerfristigen Zugriff zu den Abrechnungsdaten erlaubt, als dies bei der offiziellen Jahresgesamtabrechnung üblich ist.

Mit Hilfe der internen Unternehmungsrechnung werden die (kalkulatorischen) Erfolgskomponenten der Unternehmungsprozesse im Einzelnen und kurzfristig rechnerisch durchleuchtet. **Drei Hauptaufgaben** sind es vor allem, welche die interne Unternehmungsrechnung zu erfüllen hat:

(1) Ermittlung des kurzfristigen Betriebserfolgs

(2) Kontrolle der Wirtschaftlichkeit und Budgetierung

(3) Rechnerische Fundierung unternehmenspolitischer Entscheidungen

Zu (1)   Ermittlung des kurzfristigen Betriebserfolgs:

Die kalkulatorische Erfolgsrechnung als Hauptbestandteil der internen Unternehmungsrechnung soll für kurze Abrechnungszeiträume den Betriebserfolg als Saldo der bewerteten Periodenleistungen und der Periodenkosten ermitteln. Kernstück ist dabei die **Kostenrechnung**, die bei entsprechender Ausgestaltung den Prozess der Kostenentstehung schrittweise verfolgt und eine **rechnerische Aufgliederung des Kostengefüges**

- nach Kostenarten (Welche Kosten fallen an?),
- nach Kostenstellen (Wo fallen welche Kosten an?) und
- nach Kostenträgern (Wofür, d.h. für welche Leistungen fallen Kosten an?)

ermöglicht.

Zu (2)   Kontrolle der Wirtschaftlichkeit und Budgetierung:

Aufgrund ihrer internen Ausrichtung fällt der kalkulatorischen Erfolgsrechnung die Aufgabe zu, den **Ablauf der Unternehmungsprozesse zu überwachen**, indem auf der Basis des entsprechend aufgegliederten Kostenarten-, Kostenstellen- und Kostenträgergefüges einerseits und der einzelnen Leistungsergebnisse andererseits Zusammenhänge in der „Betriebsgebarung" aufgedeckt werden, die das Wirtschaftlichkeitsprinzip bzw. vorgegebene Kostendeckungs-, Gewinn- oder Rentabilitätsziele verletzen. Damit zwangsläufig verbunden ist der Einsatz der kalkulatorischen Erfolgsrechnung für die **Budgetierung** von Kosten und Erlösen.

Zu (3)   Rechnerische Fundierung unternehmenspolitischer Entscheidungen:

Der internen Unternehmungsrechnung kommt hier die Aufgabe zu, das **Zahlenmaterial für Entscheidungsrechnungen** im Sinne von Planungsrechnungen zu liefern. Zu nennen wären hier in erster Linie

- die Kalkulation von Preisen und Preisuntergrenzen,
- die Planung des präferenzpolitischen Mitteleinsatzes im Marketing,
- die (Produktions- und Absatz-)Programmplanung,
- die Produktionsdurchführungsplanung,
- die Materialbereitstellungsplanung (einschließlich Wahl zwischen Eigenfertigung und Fremdbezug) sowie
- die Investitions- und Finanzierungsprogrammplanung.

Zu diesen Hauptaufgaben treten noch diverse **Nebenaufgaben**, von denen namentlich zwei eine gewisse Bedeutung haben,

- die Bereitstellung von Unterlagen für die Bestandsbewertung von Zwischen- und Endprodukten im Jahresabschluss und
- die Ermittlung von kostenorientierten Angebotspreisen bei öffentlichen Aufträgen gemäß **Preisverordnung** PreisV (Verordnung PR Nr. 30/53 über die Preise bei öffentlichen Aufträgen vom 21. November 1953, zuletzt geändert durch Artikel 289 der Verordnung vom 25. November 2003) sowie **Leitsätze für die Preisermittlung auf Grund von Selbstkosten** PreisLS (als Anlage zur Verordnung PR Nr. 30/53).

9.1.2   Kostenrechnungssysteme und Kostenrechnungsgrundsätze

Die Erfüllung der genannten Haupt- und Nebenaufgaben der internen Unternehmungsrechnung wird nicht zuletzt von der **inhaltlichen Ausgestaltung** ihres „Herzstücks", der Kostenrechnung, bestimmt. Die Kostenrechnung ist damit stets zweckabhängig zu gestalten. Dem wird in der Theorie (und Praxis) der Kostenrechnung dadurch Rechnung getragen, dass **unterschiedliche Kostenrechnungssysteme** entwickelt und praktiziert werden. Die weiteren Erläuterungen orientieren sich an der **Übersicht** von Abb. 9.1 - 1 unter Angabe der dort verwendeten Ziffern.

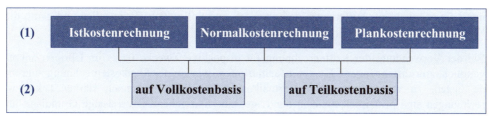

Abb. 9.1 - 1   Kostenrechnungssysteme

Zu (1) Kostenrechnungssysteme nach der zeitlichen Dimension der verrechneten Kosten:

Je nachdem, ob in einer Kostenrechnung mit zukünftigen Kosten, durchschnittlichen bzw. „normalen" Kosten oder mit tatsächlich angefallenen Kosten gerechnet wird, spricht man von einer Plankosten-, Normalkosten- oder Istkostenrechnung.

Eine reine **Istkostenrechnung** im Sinne der Verrechnung ausschließlich solcher Kosten, die „tatsächlich" angefallen sind, kann es nicht geben. Vielmehr trägt jede Istkostenrechnung auch fiktive Elemente in sich, und zwar vor allem in den Bereichen, wo es zur Verrechnung kalkulatorischer (Ist-)Kosten kommt. Aber auch im Bereich der pagatorisch bestimmten Kosten vermengen sich allein schon durch den Tatbestand der Periodisierung Fiktion und Wirklichkeit.

Abgesehen davon, dass eine zumindest in ihrem Kernansatz „echte" Istkostenrechnung immer dann notwendig ist, wenn als Rechnungsziel die nachträgliche Ermittlung und Verrechnung effektiv angefallener Kosten angestrebt wird, gilt als zentraler Nachteil einer Istkostenrechnung der damit verbundene hohe Aufwand und ihre Schwerfälligkeit, da das Zahlenmaterial der Kostenrechnung bei jeder Änderung einer Kosteneinflussgröße aktualisiert und auf den jeweils neuesten Stand gebracht werden muss.

Die **Normalkostenrechnung** ist zwar im Prinzip ebenfalls vergangenheitsorientiert, da sich Normalkosten aus dem Durchschnitt der Istkosten vergangener Perioden – häufig allerdings bereits mit Blick auf die Zukunft – ergeben, aber durch die Verrechnung normaler Kosten werden „nicht normale" Kostenschwankungen, die auf Zufälligkeiten und Unregelmäßigkeiten zurückzuführen sind, ausgeschaltet. Dadurch wird die Vergleichbarkeit von Kostenrechnungsergebnissen entscheidend verbessert. Hinzu kommt, dass eine Normalkostenrechnung weniger aufwendig und flexibler ist, dies allerdings auf Kosten der Genauigkeit.

Wenngleich in der Normalkostenrechnung bereits entsprechende Elemente enthalten sind, ist erst die **Plankostenrechnung** eindeutig zukunftsorientiert. Sie löst sich insofern weitgehend von dem kostenmäßigen Ist- oder Normalzustand, als bei ihr Kostenwerte in die Rechnung eingehen, die eindeutig prognostischer Natur sind bzw. die angestrebte Wirtschaftlichkeit der betrieblichen Prozesse zum Ausdruck bringen. Im ersten Fall wird von **Prognosekostenrechnung**, im zweiten Fall von **Standardkostenrechnung** gesprochen.

Besonders bei der Plankostenrechnung, aber auch bereits bei der Normalkostenrechnung wird deutlich, dass sie nicht als Alternativen zu einer Istkostenrechnung verstanden werden dürfen, sondern eine sinnvolle und je nach Rechnungszweck auch notwendige Ergänzung hierzu darstellen. Beispielsweise besteht erst bei einem parallelen Einsatz von Ist- und Plankostenrechnung die Möglichkeit, Differenzen zwischen Ist- und Sollgrößen festzustellen und damit die Kostenrechnung als Kontrollinstrument einzusetzen.

Bei der Verwendung der Kostenrechnung für dispositive Zwecke ist es im Übrigen unumgänglich, **zukunftsbezogene Kosteninformationen**, wie sie der Plankostenrechnung zugrunde liegen, zu verwenden. Denn Normalkostenrechnungen und noch stärker Istkostenrechnungen sind prinzipiell nicht in der Lage, eine hinreichend zuverlässige Grundlage für Entscheidungsrechnungen und eine wirksame Wirtschaftlichkeitskontrolle zu bieten. Was beispielsweise Letzteres betrifft, so können mit einer Istkostenrechnung allenfalls Periodenvergleiche oder zwischenbetriebliche Vergleiche vorgenommen werden, deren Ergebnisse zwar Aussagen über eine „relative" Wirtschaftlichkeit (gegenüber der Vorperiode bzw. gegenüber anderen Betrieben) zulassen, keinesfalls jedoch hinreichend zuverlässige Informationen über eine „absolute" Wirtschaftlichkeit liefern. Denn in einer Istkostenrechnung ist stets die Gefahr gegeben, dass „**Schlendrian mit Schlendrian**" (SCHMALENBACH) verglichen wird. Diese Gefahr ist in einer Normalkostenrechnung, die parallel mit einer Istkostenrechnung durchgeführt wird, zwar vermindert, da Über- und Unterdeckungen gegenüber den Normalkosten sichtbar werden, aber keineswegs beseitigt. Da Normalkosten sich nämlich aus den durchschnittlichen Istkosten ableiten, können sie ebenfalls kein Maßstab für die Wirtschaftlichkeit der Unternehmungsprozesse sein. Hierzu sind allein Plankosten geeignet, die auf der Grundlage technisch-ökonomischer Verbrauchs-, Zeit-, Beschäftigungs- und Marktstudien geplant und in Einklang mit den zugrunde liegenden Erfolgszielen als differenzierte Kostenvorgaben festgelegt werden.

Zu (2)   Kostenrechnungssysteme nach dem Sachumfang der verrechneten Kosten:

Kostenrechnungssysteme, die also auf der Basis von Ist-, Normal- und/oder Plankosten aufgebaut sein können, lassen sich in einer weiteren Betrachtungsdimension entweder als Vollkostenrechnung oder als Teilkostenrechnung ausgestalten (vgl. Abb. 9.1 - 1). Der entscheidende Unterschied zwischen beiden besteht im **Sachumfang der verrechneten Kosten**. In der Vollkostenrechnung werden sämtliche Kosten auf die jeweiligen Bezugseinheiten (das sind letztlich die Produkte des Unternehmens) verrechnet. Dagegen verzichten Teilkostenrechnungen auf die Verrechnung eines Teils der anfallenden Kosten.

Welche Kosten in **Teilkostenrechnungen** verrechnet werden und welche nicht, hängt von dem verfolgten kostenrechnerischen Zweck ab. Als zentraler **Grundsatz** gilt dabei, dass nur die für den jeweils anstehenden Kostenrechnungszweck **relevanten Kosten** zu verrechnen sind.

Dieser Grundsatz wurde bereits im Rahmen der Produktionsplanung erläutert, wo die **Kosten nach ihrer Dispositionsbezogenheit**

* in dispositionsabhängige **(variable) Kosten** und
* in dispositionsunabhängige **(fixe) Kosten**

unterteilt worden sind (vgl. S. 267ff.). Wie dort gezeigt wurde, durften zur Aufstellung optimaler Produktionspläne lediglich die jeweils von der Lösung des Entscheidungsproblems abhängigen, variablen Kosten einbezogen werden. Nur diese konnten als relevante Kosten bezeichnet werden.

Der für die Lösung von Problemen der Produktionsplanung abgeleitete **Grundsatz der relevanten Kosten** gilt generell für **alle Arten wirtschaftlicher Entscheidungsprobleme**. Über-

9.1 Aufgaben und Systeme der internen Unternehmungsrechnung 803

all dort, wo die Aufgabe der Kostenrechnung in der rechnerischen Fundierung von unternehmenspolitischen Entscheidungen gesehen wird, sind also Teilkostenrechnungen einzusetzen. Sofern diese wirklich nur die jeweils relevanten Kosten in den Kalkül einbeziehen, können mit ihrer Hilfe Entscheidungsprobleme optimal gelöst werden.

Ähnliche Zusammenhänge gelten für den Einsatz der Kostenrechnung für die Wirtschaftlichkeitskontrolle (und Budgetierung). Auch hier können die betroffenen Bereiche nur für solche Kosten- respektive Budgetabweichungen verantwortlich gemacht werden, auf die sie durch eigenes Handeln Einfluss gehabt haben, und das sind wiederum nur die jeweils relevanten (weil variablen) Kosten.

Teilkostenrechnungen sind also zusammenfassend immer dann einzusetzen, wenn die beiden einleitend (auf S. 799f.) genannten Aufgabenstellungen der kalkulatorischen Erfolgsrechnung

- Wirtschaftlichkeitskontrolle und Budgetierung sowie
- rechnerische Fundierung unternehmenspolitischer Entscheidungen

angesprochen sind, wenn also die **Lenkungsfunktion der Kosten** im Vordergrund steht. Ihre volle Aussagefähigkeit erhalten Teilkostenrechnungen dabei allerdings nur, wenn sie dem Wesen von Budgetierungs- und Entscheidungsrechnungen entsprechend als differenzierte **Plankostenrechnung** (bei einem Einsatz als Kontrollinstrument kombiniert mit einer Istkostenrechnung) ausgestaltet sind.

In **Vollkostenrechnungen** werden grundsätzlich sämtliche Periodenkosten verrechnet und auf die Produkte des Unternehmens übergewälzt. Die Kriterien, nach denen diese Verteilung der Kosten vorgenommen wird, können sich dabei (stark vereinfacht)

- nach der Tragfähigkeit richten, wie stark also Produkte aufgrund der Marktsituation mit Kosten belastet werden können (**Kostentragfähigkeitsprinzip**) oder
- am **Prinzip der Kostenverursachung** orientieren, was besagt, dass Produkte nur mit den Kosten belastet werden dürfen, die sie (kausal) verursacht haben.

Das (theoretisch allein akzeptable) Kostenverursachungsprinzip fordert allerdings streng genommen eine **Kostenverteilung** nach dem beschriebenen Grundsatz der relevanten Kosten. Hieraus ergibt sich die Frage, worin bei Orientierung der Vollkostenrechnung an diesem Prinzip die entscheidenden Unterschiede zur Teilkostenrechnung liegen. Diese lassen sich grob gesprochen auf folgenden Nenner reduzieren: Bei Vollkostenrechnungen dominiert das Anliegen, alle **Periodenkosten lückenlos auf die Produkte zu verteilen**, und wo dieses „oberste Ziel" im Konflikt mit dem strengen Kostenverursachungsprinzip gerät, hat sich letzteres im Zweifel unterzuordnen. Das heißt im Klartext, die Vollkostenrechnung erfüllt ihre Aufgabe im Grenzfall auch unter **Verletzung des Kostenverursachungsprinzips**.

Dieses Charakteristikum der Vollkostenrechnung zeigt sich auch indirekt daran, dass sie traditionell eine Unterscheidung in relevante (variable) und nicht relevante (fixe) Kosten gar nicht explizit vornimmt. In der Vollkostenrechnung dominiert dagegen ein anderes Gliederungskriterium, und dieses führt – nach der **Zurechenbarkeit der Kosten auf Produkteinheiten** – zu der Unterscheidung von Einzel- und Gemeinkosten:

- **Einzelkosten** sind solche Kosten, die auch bei strenger Auslegung des Kostenverursachungsprinzips **direkt** auf die Produkte des Unternehmens **verrechnet** werden können (z.B. Materialkosten).

804   Neuntes Kapitel: Interne Unternehmungsrechnung

- **Gemeinkosten** sind dagegen jene Kosten, die wegen ihrer unterschiedlichen und ungleichmäßigen Beanspruchung durch die verschiedenen Produkte oder Aufträge diesen **nicht direkt zugerechnet** werden können (z.B. allgemeine Verwaltungskosten). Verteilt werden müssen Gemeinkosten in der Vollkostenrechnung aber trotzdem, und dies erfolgt unter Verwendung von möglichst kostenverursachungsgerechten Schlüsselgrößen (Problem der Gemeinkostenschlüsselung).

Wie ersichtlich, liegt die Unterscheidung zwischen Einzel- und Gemeinkosten auf einer anderen Ebene als die Unterscheidung zwischen variablen und fixen Kosten. Betrachtet man für letztere die Beschäftigung als Haupteinflussgröße (für andere Einflussgrößen siehe S. 267ff.), so lässt sich feststellen, dass Einzelkosten stets auch variabel sind, aber dass Gemeinkosten je nach Ausprägung im Einzelfall sowohl variabel als auch fix sein können. Letzteres zeigt sich z.B. deutlich, wenn man die Gemeinkosten noch danach unterscheidet, ob es sich um **echte Gemeinkosten** (sie sind aus theoretischen Gründen selbst bei exaktester Analyse dem einzelnen Produkt nicht zuzurechnen) oder **unechte Gemeinkosten** (hier wird lediglich aus Wirtschaftlichkeitsgründen auf eine direkte Zurechnung verzichtet) handelt. Unechte Gemeinkosten sind nämlich in aller Regel auch als variabel (in Bezug auf die Beschäftigung) anzusehen. Lediglich die echten Gemeinkosten sind – mit gewissen Ausnahmen – überwiegend fixe Kosten (vgl. Abb. 9.1 - 2, entnommen aus SCHWEITZER/KÜPPER 2008, S. 530).

Zurechenbarkeit auf Produkteinheiten	Einzelkosten	Gemeinkosten	
		unechte Gemeinkosten	echte Gemeinkosten
Veränderlichkeit bei Beschäftigungsänderungen	variable Kosten		fixe Kosten
Beispiele	• Kosten für Werkstoffe (außer bei Kuppelprozessen) • Verpackungskosten • Provisionen	• Kosten für Hilfsstoffe • Kosten für Energie und Betriebsstoffe bei LEONTIEF-Produktionsfunktionen	• Kosten des Kuppelprozesses • Kosten für Energie und Betriebsstoffe bei mehrdimensionalen Kostenfunktionen	• Kosten der Produktart und Produktgruppe • Kosten der Fertigungsvorbereitung und Betriebsleitung • Abschreibungen • zeitabhängige Lohnkosten

Abb. 9.1 - 2   Abgrenzung zentraler Kostenkategorien

Nach den bisherigen Ausführungen zur Vollkostenrechnung ist es nur folgerichtig, wenn bei ihr nicht die Lenkungsfunktion, sondern die **Verrechnungsfunktion** im Vordergrund steht. Denn der Vollkostenrechnung kommt es primär darauf an, den Prozess der Kostenentstehung und -überwälzung rechnerisch zu verfolgen. Dafür wird auch in Kauf genommen, dass unter Verletzung des Verursachungsprinzips die fixen (Gemein-)Kosten anteilsmäßig auf die verschiedenen Produkteinheiten des Unternehmens verteilt werden. Da es hierfür aber keine allgemeingültigen, theoretisch zu rechtfertigenden Regeln gibt, wird dadurch zugleich hingenommen, dass ein erhebliches **Element der Willkür** in die Kostenrechnung hineingetragen wird.

9.1 Aufgaben und Systeme der internen Unternehmungsrechnung

Fragt man nun nach dem **Sinn einer Vollkostenrechnung**, so ist zu konstatieren, dass zum einen die zwei genannten Nebenaufgaben der Kostenrechnung (vgl. S. 800),

- Bestandsbewertung in der Bilanz und
- Ermittlung von Selbstkostenpreisen für öffentliche Aufträge.

in der Regel eine Vollkostenrechnung bedingen. Zum anderen wird die Vollkostenrechnung traditionell eingesetzt zur **Ermittlung des kurzfristigen Betriebserfolgs** (wenn dieser nach Produkten, Produktgruppen, Sparten u.Ä. gegliedert bestimmt werden soll). Es liegt dabei auf der Hand, dass die Vollkostenrechnung hier mit den Zwecken der **Istkostenrechnung** zusammentrifft.

Die traditionelle Betriebsabrechnung zur Ermittlung des kurzfristigen Betriebserfolgs ist damit in der Regel durch eine auf Istkosten basierende Vollkostenrechnung charakterisiert.

Die folgende **Übersicht** zeigt die **verschiedenen Kostenrechnungssysteme** in ihrer schwerpunktmäßigen Zuordnung zu den drei Hauptaufgaben der kalkulatorischen Erfolgsrechnung (vgl. Abb. 9.1 - 3).

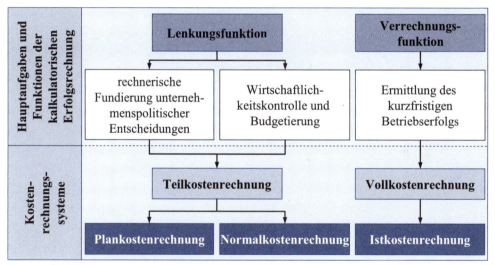

Abb. 9.1 - 3 Kostenrechnungssysteme im Spiegel alternativer Aufgaben und Funktionen der kalkulatorischen Erfolgsrechnung

806   Neuntes Kapitel: Interne Unternehmungsrechnung

Fragen und Aufgaben zur Wiederholung (9.1: S. 799 – 805)

1. Durch welche spezifischen Merkmale lässt sich das Wesen der kalkulatorischen Erfolgsrechnung kennzeichnen?

2. Erläutern Sie kurz die drei Hauptaufgaben der kurzfristigen Erfolgsrechnung!

3. Worin unterscheiden sich die Ist-, Normal- und Plankostenrechnung?

4. Was besagt der Grundsatz der relevanten Kosten, und welche Aufgabenstellungen fallen hierdurch Teilkostenrechnungen zu?

5. Kennzeichnen Sie kurz das Wesen und Hauptanliegen der Vollkostenrechnung!

6. Grenzen Sie die Kostenkategorien Einzel-/Gemeinkosten und fixe/variable Kosten gegeneinander ab!

7. Skizzieren Sie die Zuordnung der verschiedenen Kostenrechnungssysteme zu den Hauptaufgaben der kalkulatorischen Erfolgsrechnung!

9.2 Betriebsabrechnung und Kalkulation

9.2.1 Traditionelle Betriebsabrechnung auf Vollkostenbasis

9.2.1.1 Grundstruktur der periodischen Betriebsabrechnung

Die kalkulatorische Erfolgsrechnung ist ihrem Kern nach zunächst eine **periodische Betriebsabrechnung**. Aus ihr können dann in einem weiteren Schritt **stückbezogene Rechnungen als Kalkulation** abgeleitet werden.

Die Grundstruktur der periodischen Betriebsabrechnung auf Ist- und Vollkostenbasis, die zunächst im Vordergrund der Betrachtung steht, ist gekennzeichnet durch die Unterscheidung einer Reihe von **Abrechnungsstufen**, die als Kostenarten-, Kostenstellen- und Kostenträgerrechnungen einerseits und als Erlösrechnung (bzw. genauer Leistungsrechnung) andererseits zwar aufeinander auftauen, aber doch deutlich gegeneinander abzugrenzen sind.

Zur **Ermittlung des kurzfristigen Betriebserfolgs** (als Hauptaufgabe einer auf Vollkosten basierenden Betriebsabrechnung) genügt neben einer entsprechenden Leistungsartenrechnung eine Kostenartenrechnung, die durch Abgrenzung des neutralen Aufwands von den Periodenaufwendungen und durch Berücksichtigung kalkulatorischer Kosten der vollständigen Erfassung der Periodenkosten dient. Im Einzelnen (vgl. auch S. 768ff.):

	Erlöse der Periode
+/–	Bestandserhöhungen/Bestandsminderungen an Halb- und Fertigerzeugnissen
+	aktivierte Eigenleistungen
=	Gesamtleistung der Periode
–	Gesamtkosten der Periode
=	**Betriebserfolg der Periode**

Nun entspricht eine solche globale Erfolgsermittlung aber nicht dem spezifischen Charakter der Betriebsabrechnung, sodass sich zwischen die beiden Rechnungen im allgemeinen noch eine mehr oder weniger differenzierte Kostenstellen- und Kostenträgerrechnung schiebt, deren Aufgabe darin besteht, das komplexe Kostengefüge nach Kostenstellen (nach Abteilungen, Arbeitsplätzen, Kapazitätseinheiten) und nach Kostenträgern (nach Produkten) aufzugliedern. Dies erfolgt im Wege der Verteilung von Kostenarten auf Kostenstellen und Kostenträger.

Der **formale Ablauf** einer auf dem System der Vollkostenrechnung basierenden Betriebsabrechnung, die im Ergebnis den kurzfristigen Betriebserfolg nach einzelnen Produkten oder Produktgruppen gegliedert ausweist, lässt sich demnach wie in Abb. 9.2 - 1 skizzieren.

Ausgehend von der **Kostenartenrechnung** erfolgt zunächst eine Aufspaltung der Gesamtkosten in Einzel- und Gemeinkosten. Letztere werden zunächst im Rahmen der **Kostenstellenrechnung** auf die Kostenstellen verteilt, von wo aus erst die Möglichkeit besteht, die Kostenträger im geschätzten Verhältnis zu ihrer Kostenstellenbeanspruchung anteilig mit Gemeinkosten zu belasten.

Die Verteilung der Gemeinkosten auf die Kostenstellen erfolgt dabei entsprechend dem Kostenverursachungsprinzip entweder direkt oder mithilfe von mengen- oder wertmäßigen Schlüsselgrößen. Eine Gemeinkostenschlüsselung bereits in der Kostenstellenrechnung ist immer dann notwendig, wenn die Gemeinkosten von allen oder zumindest von mehreren Kostenstellen verursacht werden und eine direkte Stellenzurechnung entweder nicht möglich oder aus Wirtschaftlichkeitserwägungen nicht sinnvoll ist.

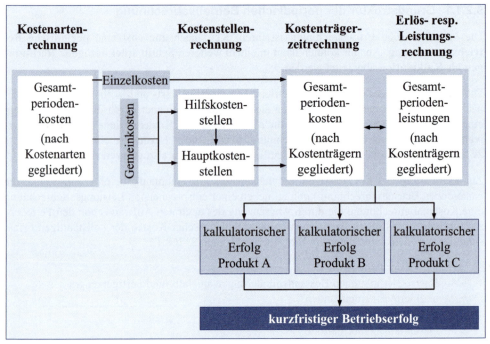

Abb. 9.2 - 1   Grundstruktur der periodischen Betriebsabrechnung auf Vollkostenbasis

Nach der Verteilung der Gemeinkosten auf die Kostenstellen und bevor die Kostenträger im Zuge der Weiterverrechnung anteilig belastet werden, erfolgt eine Kostenstellenumlage, indem die Kosten der Hilfskostenstellen, die ihrem Charakter nach nicht unmittelbar über die Kostenträger abgerechnet werden können, auf die Hauptkostenstellen verursachungsgerecht umgelegt werden.

Erst danach setzt die **Kostenträgerrechnung** ein, indem die Einzelkosten direkt aus der Kostenartenrechnung übernommen werden und die in der Kostenstellenrechnung aufbereiteten Gemeinkosten unter Verwendung möglichst verursachungsgerechter Verteilungsschlüssel auf die Kostenträger zugeschlagen werden.

9.2 Betriebsabrechnung und Kalkulation 809

9.2.1.2 Kostenartenrechnung

Die Kostenartenrechnung ist der Ausgangspunkt der periodischen Betriebsabrechnung. Sie dient der **systematischen Erfassung sämtlicher Kosten des Leistungs- und Finanzprozesses**, die – geht man von einer Istkostenrechnung aus – **in der Abrechnungsperiode** angefallen sind. Zum Inhalt der Kostenartenrechnung zählt demnach zwangsläufig auch die Abgrenzung gegenüber der Aufwandsrechnung in der Finanzbuchhaltung (vgl. S. 602ff.).

Die Periodenkosten eines Betriebes lassen sich nach den verschiedensten **Kriterien gliedern**. Möglich ist beispielsweise die Unterscheidung nach:

- **Herkunft der Kostengüter** in primäre Kosten (sie fallen beim Verzehr von Gütern und Leistungen an, die von außen bezogen werden) und sekundäre Kosten (sie entstehen beim Verbrauch innerbetrieblicher Leistungen),
- **Art der verbrauchten Kostengüter** in Material-, Personal-, Betriebsmittelkosten u.Ä.,
- **Zurechenbarkeit** auf bestimmte Bezugseinheiten in Einzel- und Gemeinkosten,
- **Betriebsbereich,** in dem sie anfallen, in Beschaffungs-, Produktions-, Absatz-, Finanzierungskosten,
- **Dispositionsabhängigkeit** in variable und fixe Kosten usw.

Während die Gliederung nach der Dispositionsabhängigkeit der Kosten wie erläutert in der traditionellen Vollkostenrechnung keine Rolle spielt, gilt **für die anderen Gliederungskriterien folgender Grundsatz**: In der Kostenartenrechnung sind nur primäre Kosten, und zwar gegliedert nach der Art der verbrauchten Kostengüter, zu erfassen. Eine ergänzende Unterscheidung von Einzel- und Gemeinkosten bereits in der Kostenartenrechnung ist als Vorbereitung für die Kostenstellenrechnung hilfreich. Eine Gliederung der Kosten nach dem Betriebsbereich, in dem sie anfallen, hat zu unterbleiben, da hierdurch bereits Elemente der Kostenstellenrechnung angesprochen werden.

Abb. 9.2 - 2 gibt eine Übersicht über die Gliederung der Kostenarten innerhalb der Kontenklasse 4 des Gemeinschafts-Kontenrahmens der Industrie (vgl. auch S. 599). Sie erfüllt im Wesentlichen die **Anforderungen** der

- Eindeutigkeit,
- Überschneidungsfreiheit und
- Vollständigkeit

des Kostenartenplans. Von den dort aufgeführten Kostenarten sollen die wichtigsten, nämlich die

(1)   Material-(Werkstoff-)kosten,

(2)   Personalkosten,

(3)   Betriebsmittelkosten (insbesondere Abschreibungen) sowie die

(4)   Kapitalkosten

kurz in ihrer jeweiligen Erfassungs- und Verrechnungsmethodik beschrieben werden.

Kostenarten der Kontenklasse 4				
40 – 42	**Stoffkosten und dergleichen**		**45**	**Instandhaltung, verschiedene Leistungen und**
40 - 41	**Stoffverbrauch (ohne Brennstoffe und Energien)**			**dergleichen**
	400	Stoffverbrauch-Sammelkonto	450 – 454	Instandhaltung
	401 – 402	Einsatzstoffe	455	Allgemeine Dienstleistungen
	403 – 404	Fertigungsstoffe	456	Entwicklungs-, Versuchs- und
	405	Klein- und Normteile		Konstruktionskosten
	406	Bestandteile (Einbauteile),	457 – 459	Mehr- bzw. Minderkosten
		Zwischenerzeugnisse und dergleichen		
			46	**Steuern, Gebühren, Beiträge,**
	407	Handelswaren		**Versicherungsprämien und dergleichen**
	408	Auswärtige Bearbeitung	460 – 463	Steuern
	409	Stoffe für innerbetriebliche	464 – 467	Abgaben, Gebühren und
		Leistungen		dergleichen
	410 - 411	Hilfsstoffe	468	Beiträge und Spenden
	412 – 415	Betriebsstoffe	469	Versicherungsprämien
	416	Verpackungsstoffe (z.B. Kisten- und		
		Lattenholz, Nägel, Bandeisen usw.)	**47**	**Mieten, Verkehrs-, Büro-, Werbekosten und**
	417 – 419	Werkzeuge und dergleichen		**dergleichen**
42	**Brennstoffe, Energie und dergleichen**		470 – 471	Raum-, Maschinenmieten u. dgl.
	420 – 424	Feste, flüssige und gasförmige	472 – 475	Verkehrskosten
		Brenn- und Treibstoffe	476	Bürokosten
	425 – 429	Energie und dergleichen	477 – 478	Werbe- und Vertreterkosten
			479	Finanzspesen und sonstige Kosten
43 – 44	**Personalkosten und dergleichen**		**48**	**Kalkulatorische Kosten**
43	**Löhne und Gehälter**		480	Betriebsbedingte Abschreibungen
	430	Löhne-Sammelkonto (einschließlich	481	Betriebsbedingte Zinsen
		Lohnabschlagszahlungen)	482	Betriebsbedingte Wagnisprämien
	431	Fertigungslöhne	483	Kalkulatorischer Unternehmerlohn
	432	Löhne für innerbetriebliche	484	Sonstige kalkulatorische Kosten
		Leistungen		
	433 – 435	Hilfslöhne	**49**	**Innerbetriebliche Kosten- und**
	436	Betrieblich bedingte, bezahlte		**Leistungsverrechnung, Sondereinzelkosten und**
		Wartezeiten		**Sammelverrechnungen**
	437	Lohnarbeitszuschläge und besondere	**490 – 494**	**Sondereinzelkosten**
		Zulagen	495 – 497	Innerbetriebliche Kosten- und
	438	Bezahlte Ferien		Leistungsverrechnung
	439	Gehälter	498	Sammelkonto zeitliche Abgrenzung
44	**Sozialkosten und andere Personalkosten**		499	Sammelkonto Kostenarten
	440	Gesetzliche und tarifliche		
		Sozialkosten		
	441 – 447	Freiwillige Sozialkosten		
	448	Andere Personalkosten		

Abb. 9.2 - 2   Systematik der Kostenarten innerhalb des Gemeinschafts-Kontenrahmens für die Industrie (GKR)

Zu (1)   Material-(und Stoff-)kosten:

Die Erfassung der Material-(und Stoff-)kosten erfolgt grundsätzlich in **zwei Schritten**:

(1a) die **Erfassung der Verbrauchsmengen** sowie

(1b) die **Bewertung des Verbrauchs**.

Zu (1a) Verbrauchsmengenerfassung:

Für die Verbrauchsmengenerfassung kommen hauptsächlich **drei Methoden** in Betracht:

1. **Inventurmethode (Befundrechnung)**:

	Bestand am Anfang der Periode (lt. Inventur)
+	Zugang während der Periode
–	Bestand am Ende der Periode (lt. Inventur)
=	Materialverbrauch der Periode

2. **Fortschreibungs-(Skontrations-)methode**:

Materialverbrauch

= Summe der Entnahmen (lt. Materialentnahmescheinen)

3. **Retrograde Methode (Rückrechnung)**:

Materialverbrauch

= produzierte Stückzahlen · Sollverbrauchsmenge pro Stück (lt. Stücklisten)

Zu (1b) Bewertung des Verbrauchs:

Für die Bewertung des Materialverbrauchs stehen ebenfalls **verschiedene Ansätze** zur Verfügung:

- Bewertung zu **durchschnittlichen Einstandspreisen** (Ist-Preis-Verfahren),
- Bewertung zu **Wiederbeschaffungspreisen** (Ist-Preisen am Tage der Lagerentnahme), was der kostenrechnerisch allein richtige Ansatz ist, und
- die Bewertung zu festen **Verrechnungspreisen**.

Zu (2) Personalkosten:

Die Personalkosten umfassen Löhne, Gehälter, Kosten für Sozialleistungen und sonstige personalbedingte Kosten. Bei den Löhnen wird kostenrechnerisch im Allgemeinen zwischen **Hilfslöhnen** (sie werden aufgewandt für Arbeiten, die nur mittelbar mit den Aufträgen bzw. Kostenträgern zusammenhängen) und **Fertigungslöhnen** (sie stehen in unmittelbarem Zusammenhang mit einzelnen Aufträgen respektive Produkten) unterschieden. Hilfslöhne und Gehälter sind entsprechend als Gemeinkosten, Fertigungslöhne als Einzelkosten einzustufen.

Besondere **Abgrenzungsprobleme** ergeben sich bei den Personalkosten aufgrund der Tatsache, dass sich bestimmte Teile dieser Kosten (etwa Urlaubslöhne, Krankheitskosten, Gratifikationen) ungleichmäßig auf das Jahr verteilen, diese aber im Sinne einer aussagefähigen Kostenartenrechnung in gleichmäßigen Raten auf die einzelnen Monate eines Jahres verrechnet werden müssen.

Zu (3)   Betriebsmittelkosten:

Zu den Betriebsmittelkosten zählen in erster Linie die **Abschreibungen**. Sie umfassen den Werteverzehr am Anlagevermögen, der durch

- Verschleiß,
- technischen Fortschritt,
- Markteinflüsse und dergleichen

entsteht. Während sich in pagatorischen Rechnungen Abschreibungen durch Verteilung der Anschaffungsausgaben auf die einzelnen Teilperioden der (wirtschaftlichen) Nutzungsdauer ergeben, wobei die Art und Weise der Verteilung nach handels- und steuerbilanzpolitischen Überlegungen erfolgt (vgl. S. 743f.), besteht in kalkulatorischen Rechnungen das Wesen der (kalkulatorischen) Abschreibungen darin, für jede Periode den **verursachungsgerechten Werteverzehr** auszudrücken.

Für die Bemessung der kalkulatorischen Abschreibungen sind **drei Determinanten** maßgeblich:

(a)   Abschreibungssumme,

(b)   Abschreibungszeitraum sowie

(c)   Abschreibungsmethode.

Zu (a) Abschreibungssumme:

Die Abschreibungssumme ist in pagatorischen Rechnungen durch die Anschaffungskosten nach oben begrenzt. Substanzerhaltung ist aber in inflationären Zeiten nur möglich, wenn die (verdienten) Abschreibungsbeträge ausreichen, um die Wiederbeschaffung einer gleichwertigen Ersatzanlage zu finanzieren (vgl. auch S. 740ff.). Daher ist unter solchen Umständen als Abschreibungssumme grundsätzlich der jeweilige **Wiederbeschaffungspreis** zugrunde zu legen.

Zu (b)   Abschreibungszeitraum:

Der anzusetzende Abschreibungszeitraum wird durch die voraussichtliche wirtschaftliche (im Grenzfall technische) Nutzungsdauer bestimmt.

Zu (c)   Abschreibungsmethode:

Für die Erfassung des zeitlichen Verlaufs der Wertminderungen können verschiedene Abschreibungsmethoden eingesetzt werden. Man unterscheidet **nutzungs-(leistungs-)orientierte** und **zeitorientierte** Abschreibungsmethoden sowie **Kombinationen** hiervon. Varianten zeitorientierter Abschreibungsmethoden sind die lineare, die degressive und die progressive Abschreibung (vgl. auch Abb. 9.2 - 3).

- Bei der **linearen Abschreibung** wird ein gleichmäßiger Verlauf der Wertminderungen unterstellt. Die Abschreibung erfolgt in gleich bleibenden Jahresbeträgen über die Nutzungsdauer. In der Praxis wird diese Abschreibungsmethode für Zwecke der Kostenrechnung überwiegend befürwortet.

9.2 Betriebsabrechnung und Kalkulation   813

- Bei der **degressiven Abschreibung** wird eine zu Beginn hohe Wertminderung unterstellt, die dann im weiteren Verlauf von Jahr zu Jahr geringer wird. Wegen der im Zeitablauf typischerweise steigenden Reparaturkostenanfälligkeit und der gerade zu Beginn hohen Werteverluste bei einer neuen Anlage ist eine gleichmäßige Belastung durch Betriebsmittelkosten (die sich aus Abschreibungen und Instandhaltungskosten zusammensetzen) und gleichzeitig eine einigermaßen verursachungsgerechte Erfassung des Werteverzehrs in der Regel nur bei einer degressiven Abschreibungsmethode möglich.

Unterschieden werden kann eine arithmetisch-degressive und eine geometrisch-degressive Abschreibung.

- Bei der **arithmetisch-degressiven Methode** nehmen die Abschreibungsbeträge jeweils um den gleichen absoluten Betrag ab. Eine Sonderform ist die digitale Abschreibung, bei der der Restwert gleich null gesetzt wird. Der Degressionsbetrag D ergibt sich nach folgender Formel:

$$D = \frac{A}{\sum\limits_{t=1}^{n} t} \qquad\qquad [9.2 \text{ - } 1]$$

mit: D = Degressionsbetrag bei digitaler Abschreibung, um den die jährlichen
　　　　　　Abschreibungen jeweils abnehmen
　　　n = Nutzungsdauer
　　　t = 1, 2, 3, ... n
　　　A = Abschreibungssumme
　　　　　　(= Anschaffungskosten – Restwert am Ende der Nutzungsdauer)

- Bei der **geometrisch-degressiven Methode** stellen die Abschreibungsbeträge eine abnehmende geometrische Reihe dar, die in der wichtigsten Form der Buchwertmethode durch einen gleich bleibenden Abschreibungsprozentsatz vom jeweiligen Restwert zustande kommt. Dieser Abschreibungsprozentsatz p errechnet sich dabei nach folgender Formel:

$$p = \left(1 - \sqrt[n]{\frac{R_n}{AK}}\right) \qquad\qquad [9.2 \text{ - } 2]$$

mit: p = Abschreibungsprozentsatz bei geometrisch-degressiver Abschreibung
　　　n = Nutzungsdauer
　　　R_n = Restwert am Ende der Nutzungsdauer
　　　AK = Anschaffungskosten

- Bei der **progressiven Abschreibung** steigen die Abschreibungsquoten von Jahr zu Jahr entweder arithmetisch oder geometrisch an. Es wird also eine zu Beginn niedrige Wertminderung unterstellt, die dann aber überproportional anwächst. Sie ist damit gleichsam das Gegenstück zur degressiven Methode.

Abb. 9.2 - 3 zeigt an einem **Beispiel** die Ergebnisse für die lineare, die arithmetisch-degressive und die geometrisch-degressive Abschreibung. Dabei wird von einem Wiederbeschaffungswert in Höhe von 105.000 GE, einer wirtschaftlichen Nutzungsdauer von fünf Jahren und einem Restwert am Ende des fünften Jahres von 5.000 GE ausgegangen. Es ist ersichtlich, wie die Abschreibungssumme von 100.000 GE [= 105.000 – 5.000] sich nach den verschiedenen Abschreibungsmethoden auf die Laufzeit von fünf Jahren verteilt.

Jahr	lineare Abschreibung		arithmetisch-degressive Abschreibung			geometrisch-degressive Abschreibung	
	Abschreibungsbetrag	Restwert am Jahresende	Abschreibungsbetrag	Restwert am Jahresende	Abschreibungsquote vom jeweiligen Restwert	Abschreibungsbetrag	Restwert am Jahresende
	–	105.000	–	105.000		–	105.000
1	20.000	85.000	33.333	71.667	45,61 %	47.886	57.114
2	20.000	65.000	26.667	45.000	45,61 %	26.047	31.067
3	20.000	45.000	20.000	25.000	45,61 %	14.168	16.899
4	20.000	25.000	13.333	11.667	45,61 %	7.707	9.192
5	20.000	5.000	6.667	5.000	45,61 %	4.192	5.000

Abb. 9.2 - 3   Alternative Abschreibungsmethoden

Zu (4) Kapitalkosten:

Kapitalkosten werden in der Kostenrechnung sowohl für Fremd- als auch für Eigenkapital verrechnet. Ihre Höhe bestimmt sich durch

- den **Kapitalkostensatz** (der in Abhängigkeit vom Risiko von den Kapitalgebern gefordert wird) sowie durch
- das **eingesetzte (verzinsliche) Kapital** (hier wird in der Kostenrechnung das durchschnittlich gebundene betriebsnotwendige Kapital respektive Vermögen zugrunde gelegt).

Das **betriebsnotwendige Kapital** wird nach dem folgenden Schema ermittelt:

	Anlagevermögen (zu kalkulatorischen Wertansätzen)
+	Umlaufvermögen (zu kalkulatorische Jahresmittelwerten)
–	neutrales Anlage- und Umlaufvermögen (wie betriebsfremde Anlagen oder spekulative Vorratsbestände u.Ä.)
=	betriebsnotwendiges Vermögen
–	zinsfreie Verbindlichkeiten (wie Lieferantenverbindlichkeiten, Rückstellungen und transitorische Passiven)
=	betriebsnotwendiges Kapital

9.2.1.3 Kostenstellenrechnung

Im Anschluss an die Kostenartenrechnung setzt die Kostenstellenrechnung ein. Kostenstellen sind Orte der Kostenentstehung. Die Kostenstellenrechnung beantwortet demzufolge die Frage, **wo welche Kosten in welcher Höhe entstanden sind.**

Inhalt der Kostenstellenrechnung ist die **Verteilung der Gemeinkosten** (aus der Kostenartenrechnung) auf die Kostenstellen. Demgegenüber durchlaufen die Einzelkosten in der traditionellen Betriebsabrechnung nicht die Kostenstellenrechnung, sondern gehen unmittelbar in die

9.2 Betriebsabrechnung und Kalkulation

Kostenträgerrechnung ein. Die Gemeinkosten werden nur deshalb über diesen Zwischenschritt der Kostenstellenrechnung geführt, um mithilfe der hierbei vorgenommenen Bestimmung von Kostensätzen für die Inanspruchnahme der einzelnen Kostenstellen eine spätere Weiterverrechnung der Gemeinkosten auf die einzelnen Kostenträger zu erreichen.

Kostenstellen können nach den unterschiedlichsten Kriterien gegliedert sein. Am häufigsten ist die Gliederung nach **Funktions- bzw. organisatorischen Verantwortungsbereichen**. Abb. 9.2 - 4 zeigt ein solches Beispiel (vgl. HUMMEL/MÄNNEL 1986, S. 199ff.). Der Kostenstellenplan ist – wie in der Praxis üblich – dabei im Einzelnen gegliedert in:

- **Allgemeine Kostenstellen**: Sie erbringen Leistungen für sämtliche Teile des Unternehmens.
- **Fertigungsstellen**, die wiederum unterteilt sind in:
  - Hauptkostenstellen: Diese sind unmittelbar in den Prozess eingespannt, der die Herstellung der Hauptprodukte des Unternehmens zum Gegenstand hat.
  - Nebenkostenstellen: Sie bearbeiten dagegen Produkte, die nicht zum eigentlichen Produktionsprogramm gehören.
  - Hilfskostenstellen: Sie dienen nur mittelbar der Herstellung absatzfähiger Endprodukte.
- **Materialstellen**: Ihnen obliegen sämtliche materialwirtschaftlichen Aufgaben.
- **Verwaltungsstellen**: Sie umfassen alle Abteilungen mit allgemeinen Verwaltungs-, Service- und Leistungsfunktionen.
- **Vertriebsstellen**: Ihre Aufgabe ist die marktliche Verwertung der erzeugten Produkte.

Für die **Bildung und Einteilung von Kostenstellen** gelten neben der Forderung nach Eindeutigkeit des Gliederungssystems zwei zentrale **Grundsätze**, die sich teilweise widersprechen und insofern ein **Optimierungsproblem** erkennen lassen:

- Die Kostenstelleneinteilung ist so fein vorzunehmen, dass sich möglichst genaue Maßgrößen der Kostenverursachung finden lassen. Das ist im Hinblick auf die spätere Weiterverrechnung der Kosten dann der Fall, wenn eindeutige (proportionale) Beziehungen zwischen anfallenden Kosten und den Kostenstellenleistungen feststellbar sind.
- Das Kostenstellensystem ist nur soweit zu differenzieren, wie dies wirtschaftlich gerechtfertigt werden kann und die Übersichtlichkeit nicht gefährdet ist.

Als ein wichtiges Instrument der Kostenstellenrechnung ist der **Betriebsabrechnungsbogen (BAB)** anzusehen. Er existiert in **verschiedenen Ausprägungen**:

- Der „**große**" Betriebsabrechnungsbogen umfasst die gesamte Kostenrechnung und die Erlösrechnung, also alle Stufen der Betriebsabrechnung.
- Der „**kleine**" Betriebsabrechnungsbogen, auch als Kostenstellenbogen bezeichnet, enthält lediglich als einen Ausschnitt hieraus die Kostenstellenrechnungen.

1	**Allgemeine Bereiche**		3	**Fertigungsbereich**	
	11	Immobilien		31	Fertigungshilfsstellen
		111 Heizung			312 Werkzeugmacherei
		112 Reinigung			313 Arbeitsvorbereitung
		113 Bewachung			
		114 Grundstücke, Gebäude		32	Fertigungshauptstellen
					321 Dreherei
	12	Sozialdienste			322 Fräserei
		121 Kantine			323 Galvanische Abteilung
		122 Sanitätsstelle			324 Montage
		123 Werksbibliothek			
				33	Fertigungsnebenstellen
	13	Energie			331 Abfallverwertung
		131 Wasserversorgung			332 Kuppelprodukteverarbeitung
		132 Stromerzeugung			
		133 Gaserzeugung	4	**Vertriebsbereich**	
		134 Dampferzeugung		41	Verkauf
					411 Verkauf Inland
	14	Instandhaltung			412 Verkauf Ausland
		141 Schlosserei		42	Werbung
		142 Tischlerei		43	Versandträger
		143 Elektrowerkstatt		44	Kundendienst
		144 Bauabteilung		45	Expedition
2	**Materialbereich**		5	**Verwaltungsbereich**	
	21	Einkauf		51	Geschäftsleitung
		211 Einkaufsabteilung		52	Interne Revision
		212 Prüflabor		53	Rechtsabteilung
				54	Rechnungswesen
	22	Lager		55	Personalabteilung
		221 Werkstoffläger		56	Registratur
		222 Warenannahme		57	Rechenzentrum
		223 Lagerbuchhaltung			

Abb. 9.2 - 4   Beispiel eines Kostenstellenplans

Im Folgenden soll lediglich der Aufbau des **„kleinen" Betriebsabrechnungsbogens (Kostenstellenbogen)** näher gekennzeichnet werden. Seine **Aufgaben** sind insbesondere:

(1) **Verteilung der Gemeinkosten** aus der Kostenartenrechnung auf die Kostenstellen,

(2) **Abrechnung der Kostenstellen untereinander** (Kostenstellenumlage) und

(3) **Ermittlung von Gemeinkostenzuschlagssätzen** als Grundlage für die Kostenträgerrechnung.

Diese Aufgaben bestimmen gleichzeitig auch die **generelle Vorgehensweise bei einer Kostenstellenrechnung** mithilfe des Betriebsabrechnungsbogens. Als Grundlage dient der in Abb. 9.2 - 5 dargestellte und mit einem **Zahlenbeispiel** versehene BAB.

Zu (1)   Verteilung der Gemeinkosten aus der Kostenartenrechnung auf die Kostenstellen:

Aus der Kostenartenrechnung werden die Gemeinkosten in die linke obere Spalte des BAB übernommen. Die Beträge der einzelnen Gemeinkostenarten sind auf die entsprechenden Kostenstellen verursachungsgerecht zu verteilen. Eine solche **Kostenverteilung** erfolgt **direkt oder mithilfe von Schlüsselgrößen**. Nach der Verteilung der Gemeinkosten ist dann jede

9.2 Betriebsabrechnung und Kalkulation

Kostenstelle mit den Gemeinkosten belastet, die sie in der Periode „verursacht" hat. Für das Beispiel von Abb. 9.2 - 5 sind diese primären Gemeinkosten in Zeile [8] für jede Kostenstelle ausgewiesen.

Zu (2)   Abrechnung der Kostenstellen untereinander (Kostenstellenumlage):

Als nächstes erfolgt die Kostenstellenumlage, die eine Abrechnung der Kostenstellen untereinander darstellt. Eine solche Umlage von Kostenstellen ist vor allem dann erforderlich, **wenn Hilfskostenstellen vorhanden** sind, deren Kosten nicht unmittelbar auf die Kostenträger weiterverrechnet werden können, weil ihre Funktion in der Unterstützung anderer Kostenstellen besteht. Hilfskostenstellen müssen **nach dem Verursachungsprinzip** ihre Kosten also zunächst auf die Kostenstellen umlegen, welche die entsprechenden Leistungen von ihnen empfangen haben.

Kostenarten	Σ	allgemeine Hilfskostenstellen		Fertigungshilfskostenstellen		Fertigungshauptkostenstellen			Material-stelle	Ver-wal-tung	Ver-trieb
		Grundstücke u. Gebäude	Kraft-anlage	Re-para-turen	Ar-beits-vor-bereitg.	I Zu-schnitt	II Tisch-lerei	III Mon-tage			
[1] Hilfslöhne	5.800	200	300	200	100	1.700	1.500	550	300	150	800
[2] Gehälter	9.000	120	250	300	350	600	1.380	100	700	2.000	3.200
[3] Sozialkosten	2.500	80	100	150	50	450	500	100	170	400	500
[4] Fremddienste	1.100		150	250		70	120			200	310
[5] Betriebsstoffe	2.000		300	80	50	100	300		180	500	490
[6] Abschreibungen	4.200	400	200		20	680	500	100		1.700	600
[7] Zinsen	2.400	200	100	20	30	400	700	150	50	650	100
[8] Summe primäre Gemeinkosten	27.000	1.000	1.400	1.000	600	4.000	5.000	1.000	1.400	5.600	6.000
[9] Umlage Grundstücke u. Gebäude		-1.000	100	20	15	255	200	150	80	130	50
[10] Umlage Kraftanlage			-1.500	450	30	220	275	210	110	175	30
[11] Umlage Reparaturen				-1.470		470	500	500			
[12] Umlage Arbeitsvorbereitung					-645	175	250	220			
[13] Summe Gemeinkosten nach Umlage	27.000	0	0	0	0	5.120	6.225	2.080	1.590	5.905	6.080
[14] Einzelkosten Löhne (Zuschlagsbasis für Fertigungshauptstellen)						9.000	8.500	4.000			
[15] Einzelkosten Material (Zuschlagsbasis für Materialstelle)									38.500		
[16] Herstellkosten (Zuschlagsbasis für Verwaltung und Vertrieb)										75.015	75.015
[17] Zuschlagssätze (Istkosten)						56,9%	73,2%	52,0%	4,1%	7,9%	8,1%
[18] Zuschlagssätze (Normalkosten)											
[19] Verrechnete Gemeinkosten (Normalkosten)											
[20] Über-/Unterdeckung (= [19] – [13])											
[21] Über-/Unterdeckung (= [20] in % von [19])											

Abb. 9.2 - 5   Beispiel eines Betriebsabrechnungsbogens (Kostenstellenbogen)

818   Neuntes Kapitel: Interne Unternehmungsrechnung

Für die Kostenumlage ist es zweckmäßig, eine bestimmte **Reihenfolge** der Kostenstellen im BAB festzulegen. Dies sollte möglichst entsprechend dem **Prozessgliederungsprinzip** geschehen, indem jede Kostenstelle nach ihrem Beitrag zum Prozessfortschritt eingeordnet wird. Den Beginn machen die allgemeinen Kostenstellen, und den Abschluss bilden die Verwaltungs- und Vertriebsstellen. Dazwischen liegen die Material- und Fertigungshauptstellen mit ihren jeweils zugeordneten Hilfskostenstellen.

Die Kostenstellenumlage, so wie sie im einfachsten Fall abgewickelt werden kann (insbesondere wenn keine gegenseitig abrechnenden Kostenstellen berücksichtigt werden müssen), beginnt bei den allgemeinen Kostenstellen, die ihrer Natur nach auf alle nachfolgenden Kostenstellen (unter Verwendung des so genannten Treppenumlage- bzw. Stufenleiterverfahrens) umgelegt werden. Danach folgen die Fertigungshilfsstellen, die für den Fall, dass zwischen ihnen keine Leistungsverflechtungen bestehen, unmittelbar (im Wege des Blockumlage- respektive Anbauverfahrens) auf die Fertigungsstellen umgelegt werden. Die Materialstellen und auch die Verwaltungs- und Vertriebsstellen werden im Allgemeinen nicht weiter umgelegt, da sie ihre Kosten direkt auf die Kostenträger verrechnen. Im Beispiel von Abb. 9.2 - 5 sind die Gemeinkosten nach Umlage der allgemeinen bzw. der Hilfskostenstellen in Zeile [13] vermerkt.

Zu (3)   Ermittlung von Gemeinkostenzuschlagssätzen als Grundlage für die Kostenträgerrechnung:

Nach der Kostenstellenumlage werden die Gemeinkostenträger abgerechnet. Dies erfolgt, indem die Belastung der einzelnen Kostenstellen durch die Kostenträger berücksichtigt wird. Im BAB werden dazu vor der Weiterverrechnung der Gemeinkosten auf die Kostenträger die **Gemeinkostenzuschlagssätze** ermittelt. Dabei wird von der Überlegung ausgegangen, dass die einzelnen Kostenstellen für ihren Gemeinkostenanfall bestimmte typische Maßstäbe aufweisen, die sich als **Zuschlagsbasis** eignen.

Bei den Fertigungsstellen werden im Allgemeinen die Lohneinzelkosten als Bezugsgröße gewählt, d.h. es wird eine proportionale Abhängigkeit der Fertigungsgemeinkosten von den Einzelkosten unterstellt. Das gleiche gilt für die Materialstellen, wo eine Beziehung zwischen Materialgemein- und -einzelkosten angenommen wird. Zuschlagsbasis für die Verwaltungs- und Vertriebsstellen sind im Allgemeinen die Herstellkosten, die sich aus den Materialeinzel- und -gemeinkosten sowie den Fertigungseinzel- und -gemeinkosten zusammensetzen. Im Beispiel von Abb. 9.2 - 5 sind die einzelnen Zuschlagsbasen in den Zeilen [14] bis [16] eingetragen. Die sich daraus ergebenden Zuschlagssätze auf Istkostenbasis stehen in Zeile [17]. Beispielsweise besagt der Materialgemeinkostenzuschlagssatz von 4,1 %, dass ein Kostenträger, auf den 100 GE Materialeinzelkosten entfallen, mit 4,10 GE Materialgemeinkosten belastet werden muss.

Neben der Istkostenverrechnung wird im BAB häufig eine **Normalkostenrechnung** vorgenommen. Sie dient der Kontrolle im Hinblick auf „unnormale" Kostenabweichungen. Im Beispiel von Abb. 9.2 - 5 sind für diesbezügliche Berechnungen die Zeilen [18] bis [21] vorgesehen.

In der **traditionellen Kostenstellenrechnung** treten zwei **Grundprobleme** auf, deren Lösung die Qualität der Betriebsabrechnung entscheidend beeinflusst:

(1) Wahl verursachungsgerechter Gemeinkostenschlüssel

(2) Verrechnung innerbetrieblicher Leistungen

Zu (1) Wahl verursachungsgerechter Gemeinkostenschlüssel:

Die Verteilung der primären Gemeinkosten auf die Kostenstellen kann indirekt oder direkt erfolgen. Bei der **direkten Verteilung** können die Gemeinkosten den Kostenstellen direkt zugerechnet werden. Man spricht in diesem Fall auch von **Kostenstelleneinzelkosten**. Dagegen lässt sich bei den so genannten **Kostenstellengemeinkosten** nicht unmittelbar ersehen, welche Kostenstellen in welcher Höhe belastet werden müssen. Sie sind daher mithilfe entsprechend ausgewählter (Gemeinkosten-)**Schlüssel** auf die Kostenstellen zu verteilen.

Als **Bezugsgrößen der Kostenverteilung** können sowohl Mengen- als auch Wertmaßstäbe verwendet werden (KOSIOL 1972a):

- **Mengenschlüssel**
  - Zählgrößen (Zahl der eingesetzten, hergestellten oder abgesetzten Stücke, Zahl der Buchungen usw.)
  - Zeitgrößen (Kalenderzeit, Fertigungszeit, Maschinenstunden, Rüstzeit, Meisterstunden usw.)
  - Raumgrößen (Länge, Fläche, Rauminhalt usw.)
  - Gewichtsgrößen (Einsatzgewichte, Transportgewichte, Produktmengen in Gewichtseinheiten usw.)
  - Technische Maßgrößen (kWh, PS, km, Kilokalorien usw.)
- **Wertschlüssel**
  - Kostengrößen (Fertigungslohnkosten, Fertigungsmaterialkosten, Fertigungskosten, Herstellkosten usw.)
  - Einstandsgrößen (Wareneingangswert, Lagerzugangswert usw.)
  - Absatzgrößen (Warenumsatz, Kreditumsatz usw.)
  - Bestandsgrößen (Bestandswert an Stoffen, Zwischenprodukten oder Endprodukten, Anlagenbestandswert usw.)
  - Verrechnungsgrößen (Verrechnungspreise usw.)

Diese Schlüssel lassen sich in **drei verschiedenen Formen** zur Ermittlung der auf eine Kostenstelle entfallenden Kosten anwenden (vgl. SCHWEITZER/KÜPPER 2008, S. 130ff.):

(a) Kostenanteil = Schlüsselzahl · Schlüsseleinheitskosten

Die erste Form eines Kostenschlüssels eignet sich – wie im folgenden Beispiel ersichtlich – besonders für **Mengenschlüssel**.

Beispiel:

- Gesamtstromkosten der Periode: 200.000 EUR
- Gesamtverbrauch der Periode: 2.500.000 kWh
- Verbrauchsmenge (= Schlüsselzahl) der Kostenstelle A: 37.500 kWh

Schlüsseleinheitskosten: $\dfrac{200.000 \text{ EUR}}{2.500.000 \text{ kWh}} = 0{,}08 \text{ EUR/kWh}$

Kostenanteil der Kostenstelle A: 37.500 kWh · 0,08 EUR/kWh = 3.000 EUR

(b)   Kostenanteil = Schlüsselzahl · Zuschlagsprozentsatz

Die zweite Form des Schlüssels ist vor allem bei **Wertschlüsseln** zweckmäßig.

Beispiel:

- Urlaubslöhne der Periode: 150.000 EUR
- gesamte Lohnsumme der Periode: 2.000.000 EUR
- Lohnsumme (= Schlüsselzahl) der Kostenstelle A: 50.000 EUR

$$\text{Zuschlagsprozentsatz: } \frac{150.000 \text{ EUR}}{2.000.000 \text{ EUR}} = 7,5\,\%$$

Kostenanteil der Kostenstelle A: 50.000 EUR · 7,5 % = 3.740 EUR

(c)   Kostenanteil = Kostensumme · Anteilsprozentsatz

Die dritte Form der Gemeinkostenschlüsselung wird bevorzugt, wenn die **benutzten Größen für einige Zeit festliegen** (z.B. Raummaße), sodass von den Periodengemeinkosten unmittelbar auf den jeweiligen Kostenstellenanteil umgerechnet werden kann.

Beispiel:

- Raum von Kostenstelle A: 70.000 cbm
- gesamter umbauter Raum: 350.000 cbm
- Heizungskosten der Periode (= Kostensumme): 25.000 EUR

$$\text{Anteilsprozentsatz von Kostenstelle A: } \frac{70.000 \text{ cbm}}{350.000 \text{ cbm}} = 20\,\%$$

Kostenanteil der Kostenstelle A: 25.000 EUR · 20 % = 5.000 EUR

Die Verwendung von Gemeinkostenschlüsseln gilt lediglich als eine **Hilfsmaßnahme**, wenn eine direkte Kostenverteilung nicht möglich ist oder als unwirtschaftlich abgelehnt wird. Denn Kostenschlüssel bergen stets die Gefahr nicht verursachungsgerechter Gemeinkostenverteilung in sich. Um diese Gefahr in Grenzen zu halten, sind zwei sich ergänzende **Prinzipien für die Wahl von Kostenschlüsseln** formuliert worden:

- Das **Proportionalitätsprinzip** besagt, dass diejenige Schlüsselgröße zu wählen ist, zu welcher die Gemeinkosten (möglichst weit angenähert) proportional verlaufen. Anders ausgedrückt wird gefordert, dass zwischen Schlüsselgrößen einerseits und den die Kosten verursachenden Einflussgrößen andererseits eine Proportionalität besteht.
- Da sich das Proportionalitätsprinzip bei Existenz von Fixkosten nicht erfüllen lässt, gilt ein ergänzendes Prinzip (KOCH 1966): Das **Prinzip der minimalen Gemeinkostenstreuung**. Es besagt, dass solche Schlüssel zu wählen sind, bei denen für alternative Konstellationen der Kostendeterminanten die Schwankungen der (Gesamt-)Gemeinkosten am geringsten

sind. Denn nur dann ist sichergestellt, dass auch die anteiligen Gemeinkosten pro Kostenträger mit höchstmöglicher Genauigkeit bestimmt werden.

Zu (2)   Verrechnung innerbetrieblicher Leistungen:

Innerbetriebliche Leistungen sind dadurch charakterisiert, dass sie im Gegensatz zu den eigentlichen Absatzleistungen nicht direkt marktlich verwendet werden, sondern im Betrieb selbst Verwendung finden. Im Rahmen der Kostenstellenrechnung geht es im Wesentlichen darum, die Kosten innerbetrieblicher Leistungen zu erfassen und sie denjenigen Kostenstellen (im Einzelfall auch Kostenträgern) zuzurechnen, die diese Leistungen in Anspruch nehmen.

Die innerbetriebliche Leistungsverrechnung wird häufig auch als **Sekundärkostenrechnung** bezeichnet, weil sie erst im Anschluss an die Erfassung und Verteilung der **primären Kosten**, also der Kostengüter, die der Betrieb von außen bezogen hat, einsetzt und weil sie lediglich der Weiterverrechnung dieser **primären Kosten** dient. Erforderlich ist eine solche Sekundärkostenrechnung dabei immer dann, wenn zwischen verschiedenen Kostenstellen einer Unternehmung Leistungsbeziehungen bestehen, wenn also von einzelnen Kostenstellen Güter und Dienste in Anspruch genommen werden, die von anderen Kostenstellen erstellt worden sind. Der „Preis" für die Inanspruchnahme solcher innerbetrieblicher Leistungen wird entsprechend bestimmt durch die **Sekundärkosten** als deren monetärem Äquivalent.

Für die Verrechnung innerbetrieblicher Leistungen lassen sich prinzipiell **zwei Verfahrenskategorien** unterscheiden: sukzessive und simultane Verrechnungsverfahren.

Sukzessive Verfahren erfassen grundsätzlich nur **einseitige Leistungsbeziehungen** zwischen Kostenstellen. In diesem Fall, der auch dem BAB-Beispiel von zugrunde lag, lassen sich alle Kostenstellen eines Betriebes in eine solche Reihenfolge (Anordnung) bringen, dass stets nur nachgeordnete von vorgeordneten Kostenstellen Leistungen empfangen, aber niemals umgekehrt. Abb. 9.2 - 6 (entnommen aus KLOOCK/SIEBEN/SCHILDBACH/HOMBURG 2005, S. 128) verdeutlicht diesen Fall.

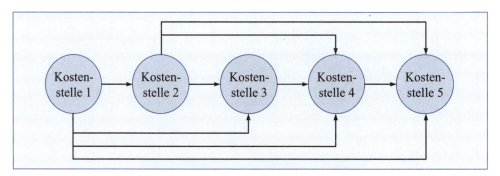

Abb. 9.2 - 6   Einseitige Leistungsbeziehungen zwischen Kostenstellen

Bestehen dagegen **wechselseitige Leistungsbeziehungen** zwischen einzelnen Kostenstellen, versorgen diese sich also, wie Abb. 9.2 - 7 verdeutlicht, gegenseitig mit innerbetrieblichen Leistungen, so kommen grundsätzlich nur **simultane Verrechnungsverfahren** zu einer exakten Lösung. Denn jede der wechselseitig abrechnenden Kostenstellen muss theoretisch jeweils auf ihre Belastung durch die anderen Kostenstellen „warten", bevor ihre gesamten Kosten bekannt sind und weiterverrechnet werden können. Sukzessive Verfahren können hier allenfalls

Näherungslösungen liefern, indem sie beispielsweise einfach auf die Abrechnung in einer Richtung verzichten. Abgesehen davon, dass ein solches Vorgehen nur bei relativ geringen Kostenbeträgen gerechtfertigt ist, vernachlässigen sukzessive Verfahren also die „**Interdependenz des innerbetrieblichen Leistungsaustausches**" (KILGER 1992), was eine theoretisch bedeutsame Einschränkung für die Anwendbarkeit dieser Verfahren bedeutet.

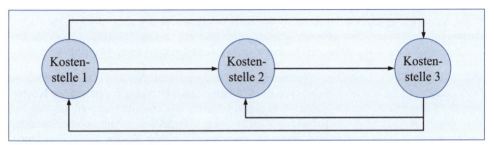

Abb. 9.2 - 7   Wechselseitige Leistungsbeziehungen zwischen Kostenstellen

Im Folgenden sei deshalb ein **simultaner Ansatz** zur Lösung des Problems innerbetrieblicher Leistungsverrechnung bei Bestehen gegenseitiger Leistungsbeziehungen zwischen einzelnen Kostenstellen vorgestellt. Ein solcher exakter Ansatz besteht dabei aus einem **System linearer Gleichungen**, in dem die gegenseitig ausgetauschten Leistungsmengen bekannt sind, die jeweiligen Preise hierfür und damit die Kostensätze der innerbetrieblichen Leistungen als Unbekannte auftreten. Die Zahl der Gleichungen entspricht der Menge der Kostenstellen, die in die Leistungsverrechnung einbezogen werden.

Ein einfaches **Beispiel zweier wechselseitig abrechnender (Hilfs-)Kostenstellen** möge den Grundgedanken des simultanen Ansatzes verdeutlichen (vgl. Abb. 9.2 - 8). Die angegebenen Beträge sind die primären Kosten der beiden Kostenstellen vor der gegenseitigen Abrechnung. Die ausgetauschten Leistungsmengen (als Koeffizient der Gesamtleistung) sind bekannt. Gesucht sind die an die Hauptkostenstellen jeweils weiter zu verrechnenden Kosten (X_i).

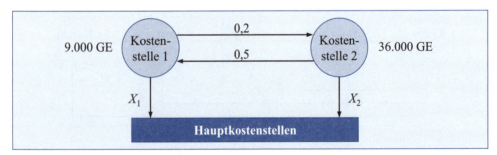

Abb. 9.2 - 8   Hilfskostenstellen mit einer wechselseitigen Leistungsbeziehung – schematische Darstellung

In einem ersten Rechenschritt werden die gesamten aufgenommenen Kosten einschließlich der primären Kosten der beiden (Hilfs-)Kostenstellen K_i ermittelt. Die Gleichungen hierfür lauten:

9.2 Betriebsabrechnung und Kalkulation   823

$K_1 = 9.000 + 0.5\,K_2$

$K_2 = 36.000 + 0.2\,K_1$

Aufgelöst ergibt sich für $K_1 = 30.000$ GE und für $K_2 = 42.000$ GE.

Anschließend ergeben sich die Kosten X_i, die letztendlich an die Hauptkostenstellen weiterverrechnet werden, indem von den Beträgen K_i die von den beiden Kostenstellen jeweils ab-
gegebenen Kosten abgezogen werden. Für X_1 resultiert 24.000 GE [$= 0.8 \cdot 30.000$ GE], für X_2
dagegen 21.000 GE [$= 0.5 \cdot 42.000$ GE]. Abb. 9.2 - 9 zeigt die innerbetriebliche Leistungsverrechnung für das Beispiel in der Darstellung mithilfe von Konten.

Kostenstelle 1			
Primäre Gemeinkosten	9.000	Abgabe an Kostenstelle 2	6.000
Belastung von Kostenstelle 2	21.000	X_1	**24.000**
K_1	**30.000**	K_1	30.000
Kostenstelle 2			
Primäre Gemeinkosten	36.000	Abgabe an Kostenstelle 1	21.000
Belastung von Kostenstelle 1	6.000	X_2	**21.000**
K_2	**42.000**	K_2	42.000

Abb. 9.2 - 9   Hilfskostenstellen mit einer wechselseitigen Leistungsbeziehung – Darstellung mithilfe von
                  Konten

9.2.1.4 Kostenträger-(ergebnis-)rechnung

Als letzte Stufe der Kostenrechnung verrechnet die Kostenträgerrechnung die in der Kostenstellenrechnung auf Fertigungshaupt-, Material-, Verwaltungs- und Vertriebsstellen weiter-
gewälzten Kosten auf die verschiedenen Kostenträger (Erzeugnisse) des Betriebs. Die Kostenträgerrechnung beantwortet demzufolge die Frage, **wofür welche Kosten in welcher Höhe in
der Abrechnungsperiode entstanden sind**.

Da es sich bei der Betriebsabrechnung um eine Periodenrechnung handelt, ist diese letzte Stufe der Kostenrechnung genauer als **Kostenträgerzeitrechnung** zu bezeichnen, um sie deutlich von der Kostenträgerstückrechnung, der Kalkulation (vgl. S. 847ff.) abzugrenzen. Letztere baut zwar auf der Kostenträgerzeitrechnung auf, ist aber ansonsten gänzlich anderer Natur.

Die Kostenträgerzeitrechnung wird, wenn die Ermittlung des **kurzfristigen Betriebserfolgs**
(gegliedert nach Produkten) im Vordergrund steht, regelmäßig um die Leistungsrechnung ergänzt, sodass man dann auch von einer **Kostenträgerergebnisrechnung** sprechen könnte.

Die Kostenträger-(ergebnis-)rechnung läuft in **drei Teilschritten** ab:

- **Verteilung der (Kostenträger-)Einzelkosten** aus der Kostenartenrechnung direkt auf die Kostenträger

- **Verteilung der (Kostenträger-)Gemeinkosten** mithilfe von möglichst verursachungsgerechten Schlüsselgrößen aus der Kostenstellenrechnung indirekt auf die Kostenträger

  Hierfür wird in der Regel ausgegangen von den Ergebnissen des Betriebsabrechnungsbogens und den dort ermittelten **Gemeinkostenzuschlagssätzen**. Andere, besonders in anlageintensiven Betrieben üblich gewordene Schlüsselgrößen der Kostenverteilung bilden die Laufzeiten der Maschinen. Die nach Kostenstellen differenziert erfassten Gemeinkosten werden pro in Anspruch genommene Maschinenstunde auf die Kostenträger verteilt (**Maschinenstundensatz-Verfahren**).

- Einbeziehung der nach Kostenträgern gegliederten Periodenleistungen und **Ermittlung des kurzfristigen Betriebserfolgs**

Für die Ermittlung des kurzfristigen Periodenerfolgs muss eine **gemeinsame Bezugsbasis** für die zuzurechnenden Periodenkosten und -leistungen gewählt werden, wobei **zwei unterschiedliche Vorgehensweise** zu unterscheiden sind:

- Beim **Umsatzkostenverfahren** stellen die in einer Abrechnungsperiode **verkauften Produkte** die gemeinsame Bezugsbasis für Kosten und Leistungen dar. Demnach wird der Betriebserfolg ermittelt, indem von den Umsatzerlösen der Periode einerseits die (vereinfachend gesamten, genau genommen anteiligen) Verwaltungskosten und die gesamten Vertriebskosten, andererseits aber nur die Herstellkosten der verkauften Produkte abgezogen werden. Das bedeutet, dass die Herstellkosten der Periode um die zu Herstellkosten bewerteten Bestandsveränderungen zu korrigieren sind.

- Nach dem **Gesamtkostenverfahren** sind für die Bezugsbasis die während der Abrechnungsperiode **erstellten Leistungen** maßgeblich. Hierzu zählen neben den Umsatzerlösen der verkauften Produkte Bestandserhöhungen (entsprechend reduzieren Bestandsminderungen die Leistungen der Periode) und Eigenleistungen bzw. -verbrauch. Davon werden die gesamten Herstell-, Verwaltungs- und Vertriebskosten der Abrechnungsperiode abgezogen (vgl. S. 807).

In Abb. 9.2 - 10 sind das Umsatz- sowie das Gesamtkostenverfahren anhand eines vereinfachten **Beispiels** gegenübergestellt. Dabei wird deutlich, dass die Herstellkosten der verkauften Produkte im Umsatzkostenverfahren genau der Summe aus Bestandsveränderungen und Herstellkosten der Produktion im Gesamtkostenverfahren entsprechen. Beide Verfahren führen also bei einer Betriebsabrechnung auf Vollkostenbasis grundsätzlich zu gleichen Ergebnissen. Sofern sie auf einer ausgebauten Kostenstellen- und Kostenträgerrechnung aufbauen (was speziell für das Gesamtkostenverfahren allerdings nicht typisch ist), haben sie auch im Wesentlichen den gleichen Aussagewert.

Aufbauend auf der detaillierteren Datenbasis, die auch Abb. 9.2 - 10 zugrunde liegt, zeigt Abb. 9.2 - 11 den Grundgedanken des **Umsatzkostenverfahrens** (mit vorgeschalteter Kostenarten- und Kostenstellenrechnung). Dabei wird vom System des Industrie-Kontenrahmens (IKR) ausgegangen, bei dem die Klasse 9 für die Betriebsbuchhaltung reserviert ist. Letztere ist im Beispiel mit der Finanzbuchhaltung durch Verwendung eines Übergangskontos verzahnt, bildet ansonsten aber abrechnungstechnisch eine in sich geschlossene Einheit (**Zweikreis-System**, vgl. S. 600).

9.2 Betriebsabrechnung und Kalkulation   825

Umsatzkostenverfahren		Gesamtkostenverfahren	
Umsatzerlöse	25.000	Umsatzerlöse	25.000
		+ Bestandserhöhungen bzw. – Bestandsminderungen	- 3.000
– Herstellkosten der in der Periode verkauften Produkte	- 14.800	– Herstellkosten der in der Periode erstellten Produkte	- 11.800
– Verwaltungs- und Vertriebskosten	- 2.500	– Verwaltungs- und Vertriebskosten	- 2.500
kurzfristiger Betriebserfolg	**7.700**	**kurzfristiger Betriebserfolg**	**7.700**

Abb. 9.2 - 10   Einfaches Beispiel zum Vergleich von Umsatz- und Gesamtkostenverfahren

Durch Verwendung eines Übergangskontos (90) werden die Anfangsbestände der Erzeugnisse von der Finanzbuchhaltung auf die Kostenträgerkonten (970, 971) übertragen. In gleicher Weise werden die Periodenerträge sowie die Periodenaufwendungen übernommen. Nach Abgrenzung der neutralen Erträge (92) werden die spezifischen Umsatzerlöse auf die Verkaufskonten (980, 981) übertragen. Auch von den Aufwendungen werden zunächst die neutralen Aufwendungen abgegrenzt (92), bevor sie nach Kostenarten differenziert von den Kostenartenkonten (940, 941, 942) übernommen werden. Vor der Weiterverrechnung der Kostenarten auf die Kostenstellen und -träger sind schließlich noch kalkulatorische Kosten (93) zu berücksichtigen. Während die Einzelkosten aus der Kostenartenrechnung direkt auf die Konten der Kostenträger gebucht werden, durchlaufen die Gemeinkosten zunächst noch die Kostenstellenrechnung, indem sie auf die einzelnen Kostenstellen verteilt werden (960 – 963). Im Beispiel wird kein Unterschied zwischen entstandenen (Istkosten) und verrechneten Stellenkosten (Normalkosten) gemacht, sodass die Kontengruppe (95) frei bleibt. Die Kostenstellenrechnung vereinfacht sich weiterhin dadurch, dass keine Hilfskostenstellen vorhanden sind. Die Fertigungs-, Material- und Verwaltungsstellen geben somit als Endkostenstellen ohne innerbetriebliche Leistungsverrechnung ihr Kosten an die Kostenträgerkonten ab, während die Vertriebsstellen buchhalterisch die Verkaufskonten belasten. Da es sich im Beispiel um einen einstufigen Herstellungsprozess handelt, gibt es keine halbfertigen Erzeugnisse, sodass die Abgänge von den Kostenträgerkonten direkt auf die Verkaufskonten gebucht werden können. Die Endbestände auf den Kostenträgerkonten werden für den Kontenausgleich auf das Übergangskonto (90) gebucht. Durch Saldierung der Verkaufskonten ergibt sich der (nach Produktarten oder -gruppen gegliederte) Umsatzerfolg und in der Summe der kurzfristige Betriebserfolg (99). Um letztlich zu einem geschlossenen Buchungskreislauf zu kommen, wird der kurzfristige Betriebserfolg (99) zusammen mit dem Saldo des kostenrechnerischen Ausgleichskontos (93) und dem neutralen Erfolg (92) auf das Übergangskonto gebucht, das somit ebenfalls ausgeglichen ist.

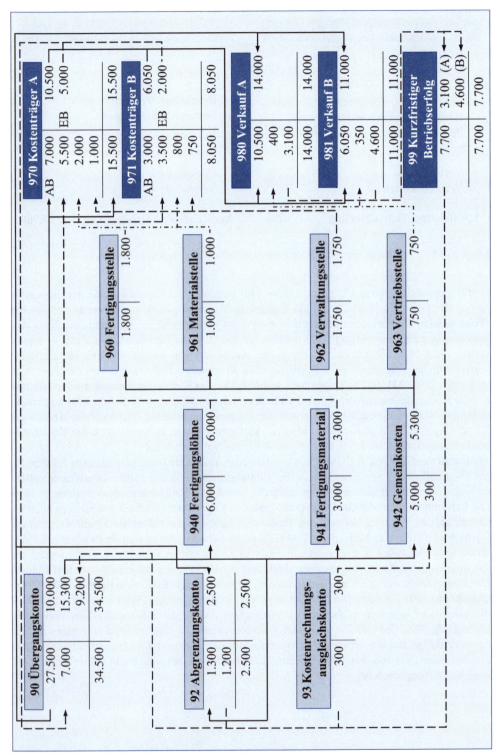

Abb. 9.2 - 11   Betriebsbuchhaltungskreislauf (Umsatzkostenverfahren auf Vollkostenbasis)

9.2 Betriebsabrechnung und Kalkulation   827

Fragen und Aufgaben zur Wiederholung (9.2.1: S. 807 – 826)

1. Skizzieren und erläutern Sie die Grundstruktur der periodischen Betriebsabrechnung auf Vollkostenbasis!

2. Was ist die Aufgabe der Kostenartenrechnung?

3. Nach welchen Kriterien lassen sich die Periodenkosten eines Betriebs gliedern? Inwieweit sollten obige Gliederungskriterien in der Kostenartenrechnung angewendet werden?

4. Beschreiben Sie alternative Methoden zur Erfassung von Materialverbrauchsmengen sowie die Wertansätze zur Bewertung des Verbrauchs!

5. Worin unterscheiden sich die Abschreibungen in pagatorischen und kalkulatorischen Rechnungen?

6. Nennen Sie die drei Determinanten für die Bemessung kalkulatorischer Abschreibungen!

7. Erklären Sie kurz die verschiedenen Abschreibungsmethoden!

8. Wie wird das betriebsnotwendige Kapital ermittelt, und wofür wird dieser Wert benötigt?

9. Kennzeichnen Sie die Funktion der Kostenstellenrechnung!

10. In welche Bereiche ist üblicherweise ein Kostenstellenplan untergliedert?

11. Nennen Sie die Aufgaben des BAB!

12. Welche Kosten werden im „kleinen" BAB auf die Kostenstellen verteilt, und wie erfolgt diese Verteilung?

13. Wann ist eine Kostenstellenumlage erforderlich, und welche Kosten werden hierbei umgelegt?

14. Welchem Zweck dienen Gemeinkostenzuschlagsätze?

15. Nennen Sie einige Bezugsgrößen für Gemeinkostenschlüssel, und skizzieren Sie die drei möglichen Formen von Kostenschlüsseln!

16. Welche Postulate enthalten das Proportionalitätsprinzip und das Prinzip der minimalen Gemeinkostenstreuung?

17. Was sind innerbetriebliche Leistungen und welche kostenrechnerischen Probleme entstehen durch sie?

18. Worin unterscheiden sich einseitige von wechselseitigen Leistungsbeziehungen, und welche Konsequenzen haben letztere für die innerbetriebliche Leistungsverrechnung?

19. Formulieren Sie allgemein das Gleichungssystem zur innerbetrieblichen Leistungsverrechnung zweier sich gegenseitig beliefernder Kostenstellen!

20. Welche Funktion hat die Kostenträgerzeitrechnung?

21. In welchen Teilschritten läuft die Kostenträger-(ergebnis-)rechnung ab?

22. Worin unterscheiden sich das Umsatz- und das Gesamtkostenverfahren?

23. Stellen Sie das System der Betriebsbuchhaltung am Beispiel des Industrie-Kontenrahmens (IKR) dar! Gehen sie dabei vom Umsatzkostenverfahren aus, und verwenden Sie ein buchungsmäßig möglichst geschlossenes Kontensystem!

9.2.2 Moderne Betriebsabrechnung auf Teilkostenbasis

9.2.2.1 Arten von Teilkostenrechnungen

Der dominierende Zweck der Kostenrechnung wird heute allgemein in der **Bereitstellung aussagefähiger Informationen** für

- die Fundierung unternehmungspolitischer Entscheidungen sowie für
- die Wirtschaftlichkeitskontrolle und Budgetierung

gesehen. Diese Aufgaben vermag aber eine traditionelle Vollkostenrechnung – worauf einleitend ausführlich eingegangen wurde (vgl. S. 800ff. und S. 807ff.) – nicht befriedigend zu erfüllen. Hierfür sind vielmehr **Teilkostenrechnungen** erforderlich, die wegen ihrer speziellen Eignung für dispositive Zwecke auch als „moderne" Systeme der Kostenrechnung bezeichnet werden.

Die grundsätzlichen Stufen der Betriebsabrechnung sind in Voll- und Teilkostenrechnungen im Wesentlichen identisch. Die entscheidenden Unterschiede zwischen beiden Systemen ergeben sich im Umfang der verrechneten Kosten. Während Vollkostenrechnungen alle Kosten vollständig auf die jeweiligen Bezugseinheiten zu verrechnen trachten, gilt für Teilkostenrechnungen der zentrale Grundsatz, dass nur die für den jeweils anstehenden kostenrechnerischen Zweck **relevanten Kosten zu verrechnen** sind (vgl. S. 802ff.). Welche Kosten in Teilkostenrechnungen dabei aber als relevante Kosten anzusehen sind, wird in den verschiedenen Teilkostenrechnungssystemen jedoch keineswegs einheitlich beantwortet. Entsprechend haben sich unterschiedliche Systeme der Teilkostenrechnung bzw. darauf aufbauender Betriebsabrechnungen auf Teilkostenbasis entwickelt.

Die **drei wichtigsten Arten von Teilkostenrechnungen** sollen im Folgenden kurz dargestellt und beurteilt werden:

- das System des (einfachen) Direct Costing,
- das System der stufenweisen Fixkostendeckung (Fixkostendeckungsrechnung),
- das System der relativen Einzelkostenrechnung (nach RIEBEL 1994).

9.2.2.2 Das System des Direct Costing

Aus den USA kommend fand das Direct Costing in Deutschland Anerkennung und praktische Verbreitung. Statt von Direct Costing wird in der deutschen Übersetzung auch von **Grenzkostenrechnung oder Proportionalkostenrechnung** gesprochen.

„**Direct**" soll bei der Kennzeichnung dieses Systems besagen, dass auf die Kostenträger nur solche Kosten weiterverrechnet werden, die direkt mit der Beschäftigung variieren. „Direct Costs" sind also **variable Kosten** und nicht, wie man irrtümlich meinen könnte, Einzelkosten (vgl. S. 803f.).

Das Direct Costing will speziell jene Mängel der Vollkostenrechnung vermeiden, die sich aus der fehlenden Aufspaltung der Kosten in fixe und variable Bestandteile und der damit verbundenen Zurechnung fixer Kosten auf die Kostenträger ergeben. Indem diese künstliche „**Proportionalisierung fixer Kosten" vermieden** wird, sollen bessere Kosteninformationen zur Fundierung für unternehmungspolitische Entscheidungen und zur Wirtschaftlichkeitskon-

9.2 Betriebsabrechnung und Kalkulation

trolle bereitgestellt werden. Insbesondere will das Direct Costing die Beziehungen zwischen Beschäftigung, Umsatz, Kosten und Gewinn transparenter darstellen, als dies bei Vollkostenrechnungen möglich ist.

Ein erstes Merkmal des Direct Costing ist demnach die Auflösung der Gesamtkosten nicht nur nach Einzel- und Gemeinkosten, sondern zusätzlich nach (beschäftigungs-)fixen und variablen Kostenbestandteilen. Dabei wird in der Regel von der Annahme eines linearen Gesamtkostenverlaufs ausgegangen, d.h. die **variablen Kosten** werden im System des Direct Costing **als proportionale Kosten interpretiert**.

Dass diese Annahme zumindest in ihrem Kern nicht unrealistisch ist, lässt sich produktionstheoretisch durchaus begründen (vgl. S. 280ff.). So kann etwa bei zeitlicher Anpassung und limitationaler Produktionsfunktion (vgl. S. 284ff.) ein linearer Kostenverlauf unterstellt werden. Bei intensitätsmäßiger Anpassung ist dies zwar am einzelnen Aggregat nicht der Fall, doch können hier kompensatorische Wirkungen auftreten, wenn eine Vielzahl von Aggregaten betrachtet wird, deren Leistungsquerschnitte nicht voll harmonisiert sind. Denn dann ist es nicht unwahrscheinlich, dass im Betriebsmittelbestand bei jedem Beschäftigungsgrad gleichzeitig progressive und degressive Elemente wirksam werden, die sich in ihrem Gesamteffekt ausgleichen, sodass die Gesamtkostenentwicklung sich relativ linear zur Produktionsmenge verhält.

Diese **Tendenz zur Linearität** wird aus praktischer Sicht noch dadurch verstärkt, dass die Analyse der Kostenentwicklung bei Beschäftigungsänderungen sich in den meisten Fällen auf bestimmte relevante Beschäftigungsintervalle beschränkt, die nicht die gesamte Spanne der Ausbringung von null bis zur Kapazitätsgrenze, sondern nur Teile hiervon umfassen. Innerhalb eines relativ kleinen Beschäftigungsintervalls spricht nämlich vieles dafür, dass die Gesamtkosten linear verlaufen, zumal gewisse Abweichungen von der Linearität hierbei im Allgemeinen kaum ins Gewicht fallen und vernachlässigt werden können.

Fallen im Einzelfall **progressive oder degressive Kostenverläufe** hingegen so stark ins Gewicht, dass sie nicht vernachlässigt werden können, so ist es im System des Direct Costing erforderlich, diese mithilfe buchtechnischer oder mathematischer Verfahren in ihre fixen und proportionalen Bestandteile zu zerlegen. Allerdings ist dabei zu beachten, dass dann für alternative Beschäftigungsgradspannen, die im Übrigen möglichst einen annähernd gleichmäßigen Progressions- oder Degressionsverlauf der Kostenkurve abdecken sollten, sich auch unterschiedliche Werte für die proportionalen und fixen Kosten ergeben. Dies ist bei starken Beschäftigungsschwankungen entsprechend zu berücksichtigen.

Die **Aufspaltung der Gesamtkosten** in fixe und variable Kosten erfolgt im System des Direct Costing in der Kostenartenrechnung. Die fixen Kosten „durchlaufen" die sich anschließende Kostenstellen- und Kostenträgerrechnung dann nicht. Nur die variablen (proportionalen) Kosten werden auf die Kostenträger verteilt, wobei die variablen Einzelkosten direkt und die variablen Gemeinkosten über Kostenschlüssel zugerechnet werden. Der Verzicht, die Fixkosten auf die Kostenträger zu verteilen, resultiert dabei aus der Überlegung, dass Fixkosten sich bei Variation der Produktmenge definitionsgemäß nicht verändern und insofern auch keine unmittelbare Kausalität zwischen fixen Kosten und einzelnen Kostenträgern bestehen kann. Dem Kostenverursachungsprinzip im strengen Sinne entsprechend sind **fixe Kosten als Betriebsbereitschaftskosten** nur der Gesamtheit der in einer Periode erstellten und/oder abgesetzten Produkte, allenfalls bestimmten Produktarten bzw. Produktgruppen, nicht jedoch einzelnen Kostenträgern, zuzurechnen.

Dadurch, dass in der Grenzkostenrechnung eine Fixkostenverteilung auf die Kostenträger vermieden wird, entfällt allerdings die Möglichkeit, den kurzfristigen Betriebserfolg – wie bei der Vollkostenrechnung – nach einzelnen Produkten oder Produktgruppen gegliedert zu ermitteln. Dafür können jedoch **nach Produkten differenzierte Deckungsbeiträge** ermittelt werden, die sich aus der Gegenüberstellung von kostenträgerbezogenen variablen Kosten und den ihnen zugeordneten Umsatzerlösen ergeben.

Diese Ermittlung von Deckungsbeiträgen ist charakteristisch für Teilkostenrechnungen, die daher auch häufig als **Deckungsbeitragsrechnungen** bezeichnet werden.

Der **kurzfristige Betriebserfolg** ergibt sich im System des Direct Costing nach der Ermittlung aller Periodendeckungsbeiträge im Gegensatz zur „traditionellen" Vollkostenrechnung schließlich dadurch, dass von der Summe der Deckungsbeiträge die gesamten fixen Kosten abgezogen werden. Abb. 9.2 - 12 verdeutlicht dies formal im Zusammenhang mit den übrigen, zuvor skizzierten Abrechnungsschritten.

Auf den ersten Blick könnte es scheinen, als ob der Betriebserfolg, ermittelt nach dem System des Direct Costing, stets genauso hoch sein wird wie auf der Basis der herkömmlichen Vollkostenrechnung. Das ist aber nur der Fall, wenn die Produktionsmenge mit der Absatzmenge der Periode übereinstimmt. Ergeben sich hingegen hier Unterschiede, führen beide Rechnungen nicht mehr zum gleichen Ergebnis.

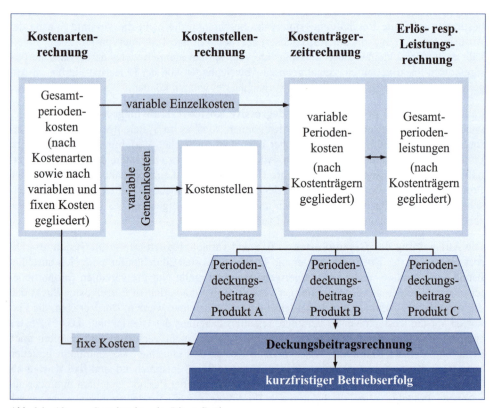

Abb. 9.2 - 12   Grundstruktur des Direct Costing

9.2 Betriebsabrechnung und Kalkulation 831

Dies hat seinen Grund darin, dass beim Direct Costing für die **Bewertung der Bestände** an Halb- und Fertigerzeugnissen nur die variablen (Herstell-)kosten angesetzt, nicht verkaufte Erzeugnisse also nur mit diesem Wertansatz aktiviert werden, was dazu führt, dass die variablen Kosten erst erfolgsbeeinflussend verbucht werden, wenn die Erzeugnisse abgesetzt werden. Demgegenüber werden die fixen Kosten stets jenen Perioden zugerechnet, in denen sie effektiv anfallen.

Zu erwähnen wäre noch als eine Besonderheit der typischerweise **retrograde Weg der Erfolgsermittlung** beim Direct Costing (aber auch der anderen Teilkostenrechnungen). Hierfür mag ein einfaches **Beispiel** genügen (vgl. Abb. 9.2 - 13).

Erzeugnis	A	B	C	D	E	F	G	Σ
Nettoerlös	3.000	3.500	4.750	3.650	5.000	2.000	3.250	25.150
− variable Erzeugniskosten (variable Herstellkosten)	2.300	2.825	2.575	1.550	3.200	700	1.500	14.650
= **Deckungsbeitrag absolut (Bruttoerfolg)**	**700**	**675**	**2.175**	**2.100**	**1.800**	**1.300**	**1.750**	**10.500**
Deckungsbeitrag relativ (in % des Nettoerlöses)	23,3%	19,3%	45,8%	57,5%	36,0%	65,0%	53,8%	41,7%
− Fixkosten pro Periode								9.700
= **Periodenergebnis (Nettoergebnis)**								**800**

Abb. 9.2 - 13   Retrograde Erfolgsermittlung im System des Direct Costing

Im Rahmen der Produktionsplanung wurde gezeigt, wie mithilfe von Deckungsspannen (stückbezogen) bzw. Deckungsbeiträgen (periodenbezogen) optimale Programmentscheidungen abgeleitet werden können (vgl. S. 294ff.). Eine Ergänzung hierzu liefert nun noch Abb. 9.2 - 13 insofern, als hier der Deckungsbeitrag in Prozent des Nettoerlöses (oder kurz: DBU) bestimmt wird. Die DBU-Kennziffer kann als eine spezielle **marketingorientierte Entscheidungshilfe** immer dann zur Bestimmung einer Rangordnung im Sortiment herangezogen werden, wenn die Produkte (zumindest lose) Substitutionsbeziehungen aufweisen und der Gesamtumsatz pro Periode wertmäßigen Beschränkungen unterliegt. Ist dies gegeben, so wird eine Erfolgserhöhung eintreten, wenn es gelingt, den Umsatzanteil der Erzeugnisse zu steigern, die eine relativ höhere DBU-Verhältniszahl aufweisen (vgl. auch S. 89ff. und S. 401).

Wenngleich das Direct Costing einige wesentliche Vorteile gegenüber der herkömmlichen Vollkostenrechnung aufweist, sind doch auch **wichtige Mängel** nicht zu übersehen (vgl. HUMMEL/MÄNNEL 1983, S. 42ff.):

- Die Beschäftigung wird als einzige Kosteneinflussgröße betrachtet und zur Basis für die Aufspaltung in fixe und variable Kosten verwendet.
- Häufig werden im Direct Costing Kosten als variabel eingestuft, obwohl sie zumindest auf kurze Sicht als beschäftigungsunabhängig anzusehen sind (z.B. Fertigungslöhne).
- Die Gleichsetzung variabler Kosten mit proportionalen Kosten ist nicht in jedem Fall haltbar.

- Die variablen Gemeinkosten werden auch beim Direct Costing über Kostenschlüssel verrechnet, sodass hier die gleichen Einwände wie bei der Vollkostenrechnung gelten.
- Der Fixkostenblock wird nicht weiter differenziert (z.B. nach seiner Abbaufähigkeit oder nach der Zurechenbarkeit auf spezielle Bezugsobjekte).

9.2.2.3 Das System der stufenweisen Fixkostendeckungsrechnung

Speziell dieser zuletzt genannte Einwand hat zu einer **Verfeinerung des Direct Costing** geführt, die in Deutschland von MELLEROWICZ (1977b) und AGTHE (1959) entwickelt wurde. Sie ist als stufenweise Fixkostendeckungsrechnung konzipiert, unterscheidet sich vom Direct Costing also insbesondere dadurch, dass der Fixkostenblock in mehrere Fixkostenschichten aufgespalten und in einer Deckungsrechnung differenziert erfasst wird.

Die Fixkostendeckungsrechnung, die vom Grundaufbau her dem Direct Costing ansonsten weitgehend entspricht, geht dabei von der (berechtigten) Annahme aus, dass es **unterschiedliche Kategorien von Fixkosten** gibt, die auch in unterschiedlicher Beziehung zu den Produkten des Betriebs stehen (z.B. Abschreibungskosten einer Maschine versus Lohnkosten für den Pförtner). Diese dürfen nach dem Konzept der Fixkostendeckungsrechnung daher auch nicht „in einen gemeinsamen Topf" geworfen werden.

Die als erforderlich angesehene Differenzierung verschiedener Fixkostenkategorien erfolgt nun hinsichtlich des Bezugsobjekts, für das sich die Fixkosten direkt als Einzelkosten erfassen lassen. Entsprechend wird unterschieden zwischen

- Fixkosten einzelner Erzeugnisarten,
- Fixkosten einzelner Erzeugnisgruppen,
- Fixkosten einzelner Kostenstellen,
- Fixkosten einzelner Betriebsbereiche und
- Fixkosten der Gesamtunternehmung,

die in ihrem Verhältnis zueinander eine Art **(Fixkosten-)Hierarchie** darstellen.

Ein **Beispiel** zum Verfahren der stufenweisen Fixkostendeckung enthält Abb. 9.2 - 14, die auf den Daten von Abb. 9.2 - 13 aufbaut.

Das Zahlenbeispiel verdeutlicht, wie – anders als im Direct Costing – die einzelnen Fixkostenkategorien stufenweise in die Kostenträgerzeitrechnung einbezogen werden (eine Berücksichtigung fixer Kosten in der Kostenträgerstückrechnung entfällt dagegen auch in der Fixkostendeckungsrechnung!). Dieser stufenweisen Fixkostenzurechnung entspricht die stufenweise Abdeckung der Fixkosten durch Erlöse respektive (in den unteren Schichten der Rechnung) durch Deckungsbeiträge, bis sich am Ende schließlich der Betriebserfolg ergibt.

Eine **kritische Würdigung** der Fixkostendeckungsrechnung muss an den Mängeln des Direct Costing ansetzen, die mit einer Ausnahme (nämlich des Einwandes der undifferenzierten Erfassung des Fixkostenblocks) auch für die stufenweise Fixkostendeckungsrechnung gelten.

Bereich	I					II		Σ
Erzeugnisgruppe	1		2			3		Σ
Erzeugnis	A	B	C	D	E	F	G	
Nettoerlös	3.000	3.500	4.750	3.650	5.000	2.000	3.250	25.150
– variable Erzeugniskosten	2.300	2.825	2.575	1.550	3.200	700	1.500	14.650
= **Deckungsbeitrag I**	**700**	**675**	**2.175**	**2.100**	**1.800**	**1.300**	**1.750**	**10.500**
– Erzeugnisfixkosten	–	175	375	100	–	750	200	1.600
= **Deckungsbeitrag II**	**700**	**500**	**1.800**	**2.000**	**1.800**	**550**	**1.550**	
	1.200		**5.600**			**2.100**		**8.900**
– Erzeugnisgruppenfixkosten	750		4.000			2.000		6.750
= **Deckungsbeitrag III**	**450**		**1.600**					
			2.050			**100**		**2.150**
– Bereichsfixkosten			1.000			50		1.050
= **Deckungsbeitrag IV**			**1.050**			**50**		**1.100**
– Unternehmensfixkosten								300
= **Periodenergebnis (Nettoerfolg)**								**800**

Abb. 9.2 - 14   Betriebsabrechnung nach dem Verfahren der stufenweisen Fixkostendeckung

9.2.2.4 Das System der relativen Einzelkostenrechnung

Im Direct Costing wie in der stufenweisen Fixkostendeckungsrechnung wird zwar darauf verzichtet, Fixkosten einzelnen Kostenträgereinheiten zuzurechnen. Aber dadurch, dass variable Stückkosten ermittelt werden, bleibt es erforderlich, die variablen Gemeinkosten mithilfe von Kostenschlüsseln auf die einzelnen Kostenträger zu verteilen.

Diese noch von der Vollkostenrechnung übernommene Vorgehensweise wird nun im System der relativen Einzelkostenrechnung in konsequenter **Beachtung des Verursachungsprinzips und des Prinzips der relevanten Kosten** abgelehnt. RIEBEL (1994), der diese Form der Deckungsbeitragsrechnung mit relativen Einzelkosten maßgeblich entwickelt hat, verzichtet nicht nur völlig auf die Proportionalisierung der fixen Kosten, sondern auch auf jegliche schlüsselmäßige Verteilung der Gemeinkosten.

Folgende **sechs Prinzipien** können als grundlegend für das RIEBELsche System der relativen Einzelkostenrechnung angesehen werden:

1. Nur solche Kosten und Leistungen sind einander gegenüberzustellen, die durch dieselbe identische Entscheidung verursacht worden sind (**Identitätsprinzip**).

2. Sämtliche Kosten sollen (sofern Wirtschaftlichkeitsgründe nicht dagegen sprechen) als **Einzelkosten** (ohne Schlüsselung) erfasst und ausgewiesen werden. Die Unterscheidung von Einzel- und Gemeinkosten kann dabei nicht absolut vorgenommen werden, sondern sie ist relativ, nämlich **abhängig von der jeweils betrachteten Bezugsgröße**. Als Bezugsgröße sind die Entscheidungen des Betriebes zu verwenden, die aufgrund ihres hierarchi-

schen Zusammenhangs ein gleichfalls hierarchisches System von Bezugsgrößen entstehen lassen. Sämtliche Kosten sind stets einer dieser Bezugsgrößen als Einzelkosten zuzurechnen, wobei die unterste Stelle in der jeweiligen Bezugsgrößenhierarchie, an der man die einzelnen Kosten gerade noch als Einzelkosten erfassen kann, maßgebend sein soll.

3. Sämtliche Kosten sind nach zweckabhängigen Merkmalen zu gliedern und in einer **Grundrechnung** (im Sinne einer kombinierten Kostenarten-, Kostenstellen-, Kostenträgerrechnung) zu erfassen. Als wichtigste **Gliederungsmerkmale** verwendet RIEBEL

   – den Ausgabencharakter (ausgabennahe, ausgabenferne, nicht ausgabenwirksame Kosten),
   – die Zurechenbarkeit auf Perioden (Monats-, Quartals- und Jahreseinzelkosten),
   – die Abhängigkeit der Kosten von wichtigen Einflussgrößen (Produktionsprogramm, Menge, Losgrößen etc.),
   – die Unterscheidung der Kosten in Leistungs- und Bereitschaftskosten.

4. Gefordert wird der völlige **Verzicht auf die Schlüsselung und Überwälzung (echter) Gemeinkosten und die Proportionalisierung von Fixkosten**, da hierdurch die Kostenstruktur der Unternehmung verschleiert und die Eignung der Kostenrechnung als Entscheidungsrechnung gemindert wird.

5. In speziellen Auswertungsrechnungen sind aus der Grundrechnung je nach Entscheidungsproblem oder Kontrollaufgabe geeignete Kosteninformationen gemäß dem Prinzip der relevanten Kosten abzuleiten. Es handelt sich dabei stets um **Deckungsbeiträge**, die definiert sind als Differenz zwischen den einer Entscheidung zurechenbaren (relevanten) Erlösen und Kosten.

6. Für nicht den Produkten bzw. Aufträgen zurechenbare Kosten und für den kalkulatorischen Betriebserfolg sind **Deckungsbudgets** zu bestimmen, die den einzelnen Unternehmensbereichen nach Maßgabe unternehmenspolitischer Gesichtspunkte vorgegeben werden.

Im dritten Grundsatz ist die **Grundrechnung** angesprochen, die ein fundamentaler Bestandteil des RIEBELschen Systems der relativen Einzelkostenrechnung ist. Sie soll für die Abrechnungsperiode **möglichst zweckneutral** die Kosten- und Erlösdaten sammeln, die dann die Grundlage für die Erstellung spezifischer Deckungsbeitragsrechnungen bilden. Abb. 9.2 - 15 verdeutlicht den **Aufbau einer solchen Grundrechnung** (ohne Erlöse) mit der für sie typischen Differenzierung der Kostenarten nach den verschiedenen Kostenkategorien.

9.2 Betriebsabrechnung und Kalkulation

		Zurechnungsobjekte							
		I	II	III	IV	V	VI	VII	
			Kostenstellen				Kostenträger		
		Hilfsstelle	Fertigungsstellen		Verwaltungsstelle	Vertriebsstelle	Erzeugnisarten		Σ
Kostenkategorien	**Kostenarten**	H	F₁	F₂	VW	V	P₁	P₂	Σ
1	Verkaufsprovision						20	10	30
2	Umsatzlizenz						5	15	20
3	Umsatzsteuer						8	5	13
4	Zölle						–	5	5
5	Ausgangsfrachten					80			80
6	Verpackungskosten					50			50
7	Auftragsabwicklungskosten					20			20
8	Materialverluste		10	15					25
9	Umrüstkosten		5	5					10
10	Rohstoffe	30					60	70	160
11	Energie						10	20	30
12	Lizenzen						5	7	12
13	Fertigungslöhne		10	80					90
14	Büromaterial		7	7					14
15	Miete					80			80
16	Gehälter				40	40			80
17	Miete				100				100
18	Vermögenssteuer								–
19	Werbekosten					20			20
20	Abschreibungen	10	20	30					60
21	Rückstellungen								–
Σ		40	52	137	140	290	108	132	899

Linke Kategorien-Gliederung (von außen nach innen):

- ausgabennahe Kosten – Perioden-Einzelkosten – Leistungskosten (= kurzfristig variable Kosten):
  - absatzbedingte Kosten: Umsatz-(Wert-)abhängige Kosten (1–4); von sonstigen Absatzfaktoren abhängige Kosten (5–7)
  - erzeugungsabhängige Kosten: von der Zahl der Lose abhängige Kosten (8–9); von der Größe der Lose abhängige Kosten (10–12)
- Bereitschaftskosten (= kurzfristig nicht variable Kosten): Monats-Einzelkosten (13–14); Quartals-Einzelkosten (15–16); Jahres-Einzelkosten (17–18)
- ausgabenferne Kosten – Perioden-Gemeinkosten – Jahres-Gemeinkosten (19–21)

Abb. 9.2 - 15   Grundrechnung im System der relativen Einzelkostenrechnung

Auch im RIEBELschen System dominiert die für Teilkostenrechnungen charakteristische **retrograde Ermittlung des Betriebserfolgs**, wobei rein formal Ähnlichkeiten mit der Fixkostendeckungsrechnung bestehen, Abb. 9.2 - 16 verdeutlicht dies in einer nochmaligen Modifizierung des Zahlenbeispiels von Abb. 9.2 - 15.

Zusammenfassend lässt sich die relative Einzelkostenrechnung und Deckungsbeitragsrechnung in der Version von RIEBEL als wohl konsequentestes System der modernen Kosten- und Leistungsrechnung kennzeichnen. Es erfüllt von der Konzeption her weitestgehend die theoretischen Anforderungen, die bei einer Verwendung der Kostenrechnung für dispositive Zwecke durch das Prinzip der relevanten Kosten zum Ausdruck gebracht werden (vgl. S. 802ff.).

Bereich	I					II		
Erzeugnisgruppe	1		2			3		Σ
Erzeugnis	A	B	C	D	E	F	G	
Bruttoerlös	3.150	3.725	5.000	3.750	5.500	2.150	3.450	26.725
– absatzabhängige variable Erzeugniseinzelkosten	150	225	250	100	500	150	200	1.575
= Nettoerlös	3.000	3.500	4.750	3.650	5.000	2.000	3.250	25.150
– erzeugnisabhängige variable Erzeugniseinzelkosten	1.100	1.875	2.250	600	2.000	250	800	8.875
= **Deckungsbeitrag I** (über die variablen Erzeugniseinzelkosten)	**1.900**	**1.625**	**2.500**	**3.050**	**3.000**	**1.750**	**2.450**	**16.275**
– fixe Erzeugniseinzelkosten	–	175	375	100	–	750	200	1.600
= **Deckungsbeitrag II**	**1.900** 3.350	**1.450**	**2.125** 8.075	**2.950**	**3.000**	**1.000** 3.250	**2.250**	**14.675**
– variable Erzeugnisgruppeneinzelkosten	1.750		1.875			750		4.375
= **Gruppen-DB I**	**1.600**		**6.200**			**2.500**		**10.300**
– fixe Erzeugnisgruppeneinzelkosten	750		4.000			2.000		6.750
= **Gruppen-DB II**	**850**		**2.200**			**500**		**3.550**
– variable Unternehmenseinzelkosten								1.400
= **Unternehmens-Deckungsbeitrag**								**2.150**
– fixe Unternehmenseinzelkosten								1.350
= **Periodenergebnis (Nettoerfolg)**								**800**

Abb. 9.2 - 16   Retrograde Erfolgsermittlung im System der relativen Einzelkostenrechnung

Fragen und Aufgaben zur Wiederholung (9.2.2: S. 828 – 836)

1. Worin unterscheiden sich Teilkostenrechnungssysteme von Vollkostenrechnungen?

2. Welche Ziele verfolgt das System des Direct Costing, und von welchen Annahmen geht es aus?

3. Welche Rolle spielt im Direct Costing die Kostenarten-, Kostenstellen- und Kostenträgerrechnung, und wie durchlaufen die einzelnen Kosten diese Rechnungen? Auf welcher Stufe erfolgt die Deckungsbeitragsrechnung, und was versteht man unter einem Deckungsbeitrag?

4. Inwiefern und wodurch können sich Unterschiede im Betriebsergebnis nach der Vollkostenrechnung und dem Direct Costing ergeben?

5. Skizzieren Sie den typischerweise retrograden Weg der Erfolgsermittlung im Direct Costing!

6. Welche Mängel weist das Direct Costing auf?

7. Wodurch unterscheidet sich die stufenweise Fixkostendeckungsrechnung vom Direct Costing?

9.2 Betriebsabrechnung und Kalkulation   837

8. Nennen Sie die verschiedenen Stufen der Fixkostenhierarchie in der stufenweisen Fixkostendeckungsrechnung!

9. Worin besteht das wesentlichste Merkmal der relativen Einzelkostenrechnung?

10. Skizzieren Sie die sechs grundlegenden Prinzipien des RIEBELschen Systems der relati-
    ven Einzelkostenrechnung!

11. Erläutern Sie, warum die Unterscheidung von Einzel- und Gemeinkosten nur relativ,
    d.h. nur abhängig von der jeweils betrachteten Bezugsgröße vorgenommen werden
    kann! Inwiefern kann aus dieser Erkenntnis das Konzept einer Einzelkostenrechnung
    abgeleitet werden?

12. Welche Funktionen hat die Grundrechnung im RIEBELschen System, und nach welchen
    Merkmalen ist sie gegliedert?

13. Beschreiben Sie das Konzept der Erfolgsermittlung im System der relativen Einzelkos-
    ten!

9.2.3 Verfahren der Kalkulation

9.2.3.1 Wesen und Aufgaben der Kalkulation

Die Kalkulation als **Kostenträgerstückrechnung** wird aus der Kostenträgerzeitrechnung abgeleitet. Inhaltlich erfolgt dabei lediglich eine **Umdimensionierung von Periodengrößen in
Stückgrößen**. Entsprechend sind Kalkulationen nichts anderes als eine besondere, auf die
einzelne Leistungseinheit des Betriebes bezogene Form der Auswertung des Zahlenmaterials
kalkulatorischer Erfolgsrechnungen.

Wegen dieser Einbettung der Kostenträgerstückrechnung in die periodische Betriebsabrechnung ist es auch nicht verwunderlich, wenn es genauso viele Kalkulationsformen wie Kostenrechnungssysteme gibt. **Unterschieden** werden können nämlich

- Voll- und Teilkostenkalkulationen sowie (in Kombination hiermit) und
- Nachkalkulationen (auf Ist- oder Normalkostenbasis) und Vorkalkulationen (auf Plankostenbasis).

Teilkostenkalkulationen erfassen nach dem Prinzip der relevanten Kosten nur die Kosten
pro Leistungseinheit (eines Auftrages), die dem einzelnen Produkt (dem einzelnen Auftrag)
direkt zurechenbar sind bzw. vom einzelnen Produkt (Auftrag) abhängig sind. **Vollkostenkalkulationen** dagegen verrechnen auch die fixen Kosten bzw. die Gemeinkosten auf die einzelnen Kostenträger, sind also dadurch gekennzeichnet, dass sie eine Proportionalisierung der
Fixkosten bzw. eine Schlüsselung der Gemeinkosten vornehmen. Die hierbei unvermeidbaren
Probleme und Gefahren einer nicht verursachungsgerechten, letztlich willkürlichen Kostenverteilung wurden an anderer Stelle bereits ausführlich dargelegt (vgl. S. 331ff.). Nur als ein
Beispiel erwähnt sei hier die für Vollkostenkalkulationen typische Gefahr, dass sich die Unternehmung in Zeiten der Unterbeschäftigung durch die steigenden Fixkostenanteile pro Stück
gleichsam „aus dem Markt kalkuliert".

Die **Nachkalkulation** auf der Basis von Istkosten zeigt an, wie viel die erstellten und/oder
abgesetzten Sach- oder Dienstleistungen „effektiv" gekostet haben. Die Nachkalkulation mithilfe des Zahlenmaterials einer Normalkostenrechnung ist demgegenüber weniger exakt, dafür verringert sich aber wegen der Kalkulation mit Durchschnittssätzen, die sich über einen

längeren Zeitraum nicht verändern, die Abrechnungsarbeit. Eine **Vorkalkulation** ist naturgemäß weder mithilfe der Istkosten- noch der Normalkostenrechnung möglich. Hierzu ist vielmehr eine spezielle Plankostenrechnung erforderlich. Teilweise wird in der Literatur allerdings in diesem Zusammenhang noch zwischen einer Vorkalkulation und einer **Plankalkulation** unterschieden (vgl. z.B. KILGER/PAMPEL/VIKAS 2007). Während erstere sich danach stets auf spezielle Einzelaufträge bezieht, hat die Plankalkulation Gültigkeit für alle Aufträge innerhalb der Planungsperiode (in der Regel ein Jahr).

Fragt man nun nach den **Aufgaben bzw. Zwecken der Kalkulation**, so sind diese abhängig von den genannten Kalkulationsformen. Im Prinzip bestehen hier die gleichen Zuordnungsrelationen, wie sie für die kalkulatorische Erfolgsrechnung (als dem der Kalkulation übergeordneten Rechnungszweig) abgeleitet wurden (vgl. S. 805):

- **Vollkostenkalkulationen** (vornehmlich auf Ist- und/oder Normalkostenbasis) finden ihre Aufgaben
    - in der konstatierenden Stückerfolgsrechnung (Ermittlung der Selbstkosten bzw. des Stückgewinns für abgeschlossene Aufträge),
    - in der Bestandsbewertung von Halb- und Fertigerzeugnissen für Zwecke des Jahresabschlusses sowie
    - in der Ermittlung kostenorientierter Angebotspreise bei öffentlichen Aufträgen.

- **Teilkostenkalkulationen** (wenn möglich auf Plankostenbasis) sind dagegen erforderlich
    - für alle Formen von Entscheidungsrechnungen, in denen die Kosten pro Mengeneinheit bzw. Deckungsspannen eine Rolle spielen, also z.B. für die Ermittlung kurzfristiger Preisuntergrenzen, für die Programmplanung u.v.a.m. (vgl. S. 800) sowie
    - für Zwecke der Wirtschaftlichkeitskontrolle und Budgetierung (wenn diese anhand von Stückgrößen und nicht anhand von Periodengrößen erfolgt; vgl. S. 847ff.).

Die in einer Voll- respektive Teilkostenkalkulation gewünschten Ergebnisse können im Wege einer progressiven oder retrograden Kalkulation gewonnen werden. Allerdings entspricht die **retrograde Kalkulation** mehr dem (markt- und beschäftigungsorientierten) Wesen der Teilkostenkalkulation, während für Vollkostenkalkulationen die **progressive Kalkulation** typisch ist. Abb. 9.2 - 17 deutet die unterschiedliche Vorgehensweise an (vgl. auch S. 334ff. zur Definition progressiver und retrograder Kalkulation sowie für das Beispiel einer hier nicht dargestellten progressiven Teilkostenkalkulation).

In Abb. 9.2 - 17 wird noch nicht konkret Bezug genommen auf einzelne **Kalkulationsverfahren**. Sie sollen aber nunmehr im Vordergrund der weiteren Betrachtung stehen. Dabei ist darauf hinzuweisen, dass sämtliche Kalkulationsverfahren sowohl für Voll- wie für Teilkostenkalkulationen (auf Plan-, Normal- und Istkostenbasis) und sowohl mit einem progressiven als auch retrograden Kalkulationsschema durchgeführt werden können. Wenn im Folgenden der **Typ der progressivem Vollkostenkalkulation (auf Istkostenbasis)** hervorgehoben wird, so vor allem deshalb, weil Vollkostenkalkulationen wegen der bei ihnen notwendigen Fixkostenproportionalisierung bzw. Gemeinkostenschlüsselung von der Problemstellung über Teilkostenkalkulationen hinausgehen, letztere also insoweit verfahrensmäßig in ersteren enthalten sind.

9.2 Betriebsabrechnung und Kalkulation

progressive Kalkulation		retrograde Kalkulation	
	Materialkosten pro ME		**Bruttoerlöse pro ME**
+	Fertigungskosten pro ME	–	Erlösschmälerung pro ME
=	**Herstellkosten pro ME**	=	**Nettoerlöse pro ME**
+	Verwaltungskosten pro ME	–	variable (Einzel-)kosten pro ME
=	**Herstellkosten* pro ME**	=	**Deckungsspanne**
+	Vertriebskosten pro ME		
=	**Selbstkosten pro ME**		

Abb. 9.2 - 17   Progressive Vollkosten- und retrograde Teilkostenkalkulation (* bilanzielle Wertkategorie bei Vollkostenrechnung)

Des Weiteren werden die zu kennzeichnenden Kalkulationsverfahren in erster Linie **auf industrielle Fertigungsprozesse ausgerichtet**. Spezielle Überlegungen ergeben sich im Handel, bei Banken und bei sonstigen Dienstleistungsunternehmen.

Abb. 9.2 - 18 gibt eine Übersicht über die **Hauptgruppen von Kalkulationsverfahren** wieder. Obgleich Kuppelkalkulationen systematisch zur Gruppe der Divisionskalkulationen zählen (sodass sich streng genommen nur zwei Gruppen von Kalkulationsverfahren, die Divisions- und die Zuschlagskalkulation unterscheiden lassen), ist die Kuppelkalkulation ihres besonderen Anwendungsbereiches wegen gesondert aufgeführt.

Abb. 9.2 - 18   Übersicht über die Kalkulationsverfahren

840   Neuntes Kapitel: Interne Unternehmungsrechnung

9.2.3.2 Divisionskalkulationen

Bei der Divisionskalkulation werden zur Ermittlung der **Selbstkosten pro Stück** (totale Stückkosten) k_T prinzipiell die Gesamtkosten K_T der Periode direkt auf die in dieser Periode erstellten Kostenträger M verteilt, also:

$$k_T = \frac{K_T}{M}$$ [9.2 - 3]

Möglich ist dies jedoch nur, wenn **homogene Leistungen** erstellt werden, die also völlig gleichartig sind (undifferenzierte Massenleistungen) oder zumindest durch Äquivalenzziffern kostenmäßig gleichwertig gemacht werden können (Sortenleistungen). Divisionskalkulationen sind demnach im Allgemeinen nur vor dem Hintergrund **undifferenzierter Massenprogramme** oder allenfalls geringfügig differenzierter Sortenprogramme anwendbar.

Die einzelnen Verfahren der Divisionskalkulation können vor allem nach **zwei Merkmalen** bezüglich der Kostenverteilung auf die Kostenträger differenziert werden:

- Verwendung von Kostengewichtungsfaktoren und
- Anzahl der Abrechnungsstufen.

Während mit dem ersten Merkmal die einfache Divisionskalkulation von der Äquivalenzziffernkalkulation abgehoben wird, führt das zweite Merkmal zur Unterscheidung zwischen der einstufigen und der mehrstufigen Divisionskalkulation. Durch Kombination der Merkmalsausprägungen ergeben sich also **vier verschiedene Kalkulationsverfahren** (vgl. Abb. 9.2 - 19).

	Kostenverteilung ohne Äquivalenzziffern	Kostenverteilung mit Äquivalenzziffern
Kostenverteilung in einer Abrechnungsstufe	(1) einstufige Divisionskalkulation	(3) einstufige Äquivalenzziffern-kalkulation
Kostenverteilung in mehreren Abrechnungsstufen	(2) mehrstufige Divisionskalkulation	(4) mehrstufige Äquivalenzziffern-kalkulation

Abb. 9.2 - 19   Übersicht über die Verfahren der Divisionskalkulation

Voraussetzung für die Anwendbarkeit der **einstufigen Verfahren der Divisionskalkulation** ist, dass

- keine Bestandsveränderungen an Halb- und Fertigerzeugnissen und/oder
- keine Mengenverluste (bzw. Mengengewinne) auf den einzelnen Produktionsstufen

auftreten. Sind diese Voraussetzungen nicht gegeben, so sind die **Verfahren der mehrstufigen Divisionskalkulation** durchzuführen. Eine einstufige Division der Gesamtkosten durch die gesamte (Absatz-)Leistungsmenge führt nämlich dann zu keinen aussagefähigen Ergebnissen. Letzteres ist damit zu erklären, dass die Gesamtperiodenkosten auch den Kostenanteil der Zwischenstufen mit enthalten und sich somit keine kostenverursachungsgerechte Beziehung zwischen der Absatzmenge und den gesamten Periodenkosten herstellen lässt.

9.2 Betriebsabrechnung und Kalkulation

Die **ein- und mehrstufige Divisionskalkulation ohne Verwendung von Äquivalenzziffern** setzt völlig homogene Massenleistungen voraus. Ist diese Voraussetzung nicht erfüllt, handelt es sich aber zumindest noch um Sortenleistungen, die sich nur geringfügig voneinander unterscheiden, wie z.B. Bier-, Zigaretten-, Tuch- oder Blechsorten, so werden die **ein- und mehrstufige Äquivalenzziffernkalkulation** anwendbar. Es handelt sich dabei ebenfalls um eine Divisionskalkulation, allerdings werden die nicht mehr völlig homogenen Leistungssorten vorher durch Kostengewichte bzw. Äquivalenzziffern gleichwertig gemacht, um sie zusammenfassen und den Gesamtperiodenkosten gegenüberstellen zu können.

Zu (1)   Einstufige Divisionskalkulation (ohne Verwendung von Äquivalenzziffern):

Die einstufige Divisionskalkulation ohne Verwendung von Äquivalenzziffern ist die einfachste Grundform. Die Selbstkosten pro Stück ergeben sich hier unmittelbar nach Formel [9.2 - 3].

Zu (2)   Mehrstufige Divisionskalkulation (ohne Verwendung von Äquivalenzziffern):

Das spezifische Vorgehen bei einer mehrstufigen Divisionskalkulation (ohne Verwendung von Äquivalenzziffern) (vgl. HUMMEL/MÄNNEL 1986, S. 270ff.) ist dadurch gekennzeichnet, dass die **Kosten der einzelnen Stufen**, wobei letztere sich an der Struktur des Leistungsprozesses respektive an den Lägern im Leistungsprozess orientieren, **sukzessive kalkuliert** werden.

Produktions-stufe n		1	2	3	4	5
Einsatzmenge der Stufe n	$[1] = [7]_{n-1}$	10.500 kg	9.000 kg	8.500 kg	8.800 kg	9.300 kg
Verarbeitungs-kosten der Stufe n	$[2]$	30.000 GE	24.000 GE	61.000 GE	52.800 GE	39.000 GE
Kosten der jeweiligen Vorstufe $n-1$	$[3] =$ $[7]_{n-1} \cdot [8]_{n-1}$	–	27.000 GE	51.000 GE	123.200 GE	186.000 GE
Gesamtkosten der Stufe n	$[4]$ $= [2] + [3]$	30.000 GE	51.000 GE	112.000 GE	176.000 GE	225.000 GE
Ausbringungs-menge der Stufe n	$[5]$	10.000 kg	8.500 kg	8.000 kg	8.800 kg	9.000 kg
Lageraufbau (-) / Lagerabbau (+)	$[6]$	- 1.000 kg	–	+ 800 kg	+ 500 kg	–
in die Weiter-verarbeitung gehende Menge	$[7]$ $= [5] + [6]$	9.000 kg	8.500 kg	8.800 kg	9.300 kg	–
Stückkosten bis Stufe n	$[8]$ $= [4] / [5]$	3 GE/kg	6 GE/kg	14 GE/kg	20 GE/kg	25 GE/kg

Abb. 9.2 - 20   Mehrstufige Divisionskalkulation (ohne Verwendung von Äquivalenzziffern)

Zunächst sind die Gesamtkosten der ersten Abrechnungsstufe zu ermitteln, um sie danach entsprechend der Leistungsmenge, die an die zweite Stufe tatsächlich abgegeben wird, weiterzuwälzen. Die Gesamtkosten der zweiten Stufe setzen sich demnach zusammen aus ihren spezifischen Stufenkosten und aus den Kosten der von der ersten Stufe übernommenen Leistungen. Dieser Sachverhalt gilt auch für alle weiteren Stufen, wobei sich die totalen Stückkosten jeder Stufe mittels Division der jeweiligen Stufengesamtkosten durch die jeweils hergestellte (Zwischen-)Leistungsmenge ergeben. Abb. 9.2 - 20 demonstriert dieses sukzessive Vorgehen an einem konkreten **Beispiel**.

Zu (3)   Einstufige Äquivalenzziffernkalkulation:

Bei der einstufigen Äquivalenzziffernkalkulation ergeben sich die Selbstkosten pro Stück, indem die Gesamtkosten durch die Menge der mittels **Äquivalenzziffern** auf eine „Einheitssorte" umgerechneten Sortenleistungen dividiert werden. Die so ermittelten Stückkosten der „Einheitssorte" werden danach – wiederum mithilfe der Äquivalenzziffern – in die Stückkosten der verschiedenen Sortenleistungen zurückverrechnet. Bezeichnet man mit Z_i die Äquivalenzziffern der Sorte i und mit x_i die Leistungsmenge der erstellten und abgesetzten Sorte i, so ergibt sich folgende einfache **Kalkulationsformel**:

$$k_T = \frac{K_T}{x_1 \cdot Z_1 + x_2 \cdot Z_2 + ... + x_i \cdot Z_i + ... + x_n \cdot Z_n} \cdot Z_i \qquad [9.2 - 4]$$

Ein **Zahlenbeispiel** zur einstufigen Äquivalenzziffernkalkulation ist in Abb. 9.2 - 21 wiedergegeben (vgl. HUMMEL/MÄNNEL 1986, S. 276ff.).

Sorten	Äquivalenz-ziffern	Produktions-mengen	Rechnungs-einheiten (RE)	Stückkosten	Gesamtkosten
	[1]	[2]	[3] = [1] · [2]	[4] = [1] · **200 GE/RE**	[5] = [2] · [4]
A	0,5 RE/Stück	800 Stück	400 RE	100 GE/Stück	80.000 GE
B	1,5 RE/Stück	600 Stück	900 RE	300 GE/Stück	180.000 GE
C	1,0 RE/Stück	500 Stück	500 RE	200 GE/Stück	100.000 GE
Summe			**1.800 RE**		**360.000 GE**
anteilige Kosten je Rechnungseinheit	$= \dfrac{\text{Gesamtkosten}}{\text{Summe Rechnungseinheiten}} = \dfrac{360.000\,\text{GE}}{1.800\,\text{RE}} = 200\,\text{GE/RE}$				

Abb. 9.2 - 21   Einstufige Äquivalenzziffernkalkulation

Zu (4)   Mehrstufige Äquivalenzziffernkalkulation:

Auch die einstufige Äquivalenzziffernkalkulation setzt wie die einstufige Divisionskalkulation ohne Verwendung von Äquivalenzziffern voraus, dass keine Bestandsveränderungen an Halb- und Fertigerzeugnissen und/oder keine Mengen Verluste bzw. -gewinne im Verlauf des Leistungsprozesses auftreten. Treten solche dagegen auf, ist eine **mehrstufige Äquivalenzziffernkalkulation** anzuwenden, die in entsprechender Modifikation des Schemas von Abb. 9.2 - 20 aufgebaut ist.

Das Zentralproblem der ein- oder mehrstufigen Äquivalenzziffernkalkulation ist die **Bildung geeigneter Äquivalenzziffern**, die als Verhältniszahlen die unterschiedliche Kostenbelastung

9.2 Betriebsabrechnung und Kalkulation 843

von Sortenleistungen zum Ausdruck bringen. Geeignet sind Äquivalenzziffern also dann, wenn sie kostenverursachungsgerecht angeben, in welchem Verhältnis die Stückkosten einer Sortenleistung zu den Stückkosten der – willkürlich – gewählten Einheitssorte mit der Äquivalenzziffer 1 stehen. Grundlage für die Bildung von Äquivalenzziffern sind dabei beispielsweise Informationen über den unterschiedlichen Materialverbrauch oder die unterschiedlichen Fertigungszeiten der einzelnen Sorten.

9.2.3.3 Zuschlagskalkulationen

Bei der Zuschlagskalkulation werden die Selbstkosten der Leistungseinheit bzw. eines Auftrags dadurch ermittelt, dass man die spezifischen Einzelkosten den Kostenträgern direkt zurechnet und die Gemeinkosten mithilfe geeigneter Zuschlags- oder Verrechnungssätze indirekt verteilt. Die Zuschlagskalkulation geht also im Gegensatz zur Divisionskalkulation von der **Trennung in Einzel- und Gemeinkosten aus**, was immer dann sinnvoll und notwendig ist, wenn es sich um eine Unternehmung mit breit gestreutem, differenziertem Leistungsprogramm handelt, das sich also aus heterogenen Serien- und Einzelleistungen(-produkten) zusammensetzt.

Im Hinblick auf die Feinheit der Gemeinkostenzuschläge können die folgenden **Verfahren** der Zuschlagskalkulation unterschieden werden (vgl. Abb. 9.2 - 18):

(1) die **summarische Zuschlagskalkulation** und

(2) die **nach Kostenstellen differenzierende Zuschlagskalkulation**.

Zu (1)   Summarische Zuschlagskalkulation:

Bei der summarischen Zuschlagskalkulation verzichtet man auf eine Kostenstellenbildung und verrechnet die **Gemeinkosten als einen geschlossenen Block** auf die Kostenträger. Der maßgebende **Zuschlagsprozentsatz** errechnet sich dabei in der einfachsten Version wie folgt:

$$\text{Zuschlagsprozentsatz} = \frac{\text{gesamte Gemeinkosten}}{\text{gesamte Einzelkosten}}$$

Die summarische Zuschlagskalkulation erscheint als ein sehr **pauschales Verfahren** allenfalls dann anwendbar, wenn der Anteil der Gemeinkosten an den Gesamtkosten verhältnismäßig gering ist.

Zu (2)   Nach Kostenstellen differenzierende Zuschlagskalkulation:

Exakter ist die Kalkulation – gemessen an den Maßstäben der Vollkostenrechnung – bei einer nach Kostenstellen differenzierenden Zuschlagskalkulation. Ausgangspunkt ist dabei in der Regel der BAB (vgl. S. 817), dessen **(Haupt-)Kostenstellengliederung** übernommen wird.

In der Praxis ist das in Abb. 9.2 - 22 dargestellte **Kalkulationsschema** (in Anlehnung an Schweitzer/Küpper 2008, S. 170) am meisten verbreitet. Es arbeitet mit vier Kostenbereichen, dem Material-, Fertigungs-, Verwaltungs- und Vertriebsbereich.

844   Neuntes Kapitel: Interne Unternehmungsrechnung

Die in den einzelnen Kostenstellen anfallenden Gemeinkosten werden traditionell mit **Zuschlagsprozentsätzen** auf die jeweiligen Einzelkosten (bei Material- und Fertigungskostenstellen) bzw. Herstellkosten (bei Verwaltungs- und Vertriebskostenstellen) verrechnet. Die Zuschlagsprozentsätze werden dabei dem BAB entnommen, wo sie sich aus der Relation der Periodengemeinkosten zu den Periodeneinzelkosten bzw. -herstellkosten ergeben.

Von der traditionellen Version abweichende **Verfeinerungen der Zuschlagskalkulation** beziehen sich vor allem auf die Bildung der Fertigungsgemeinkostenzuschläge. Denkbar ist eine gleichzeitige Verwendung mehrerer Bezugsgrößen, indem beispielsweise neben fertigungslohnabhängigen Gemeinkosten auch stück-, gewichts- und zeitabhängige Fertigungsgemeinkosten unterschieden werden. Eine mit zunehmender Anlageintensität der Betriebe und damit ständig steigenden Lohnzuschlagssätzen im Fertigungsbereich verbreitete Version der Zuschlagskalkulation ist das Rechnen mit Maschinenstunden (Maschinenstundensatzrechnung). Die Fertigungsgemeinkosten werden hier nicht auf die direkten Fertigungslöhne, sondern auf die Maschinenstunden bezogen. Das Ergebnis ist ein bestimmter Maschinenstundensatz. Bei der Kalkulation werden dann die Maschinenstunden gezählt, die ein Auftrag verbraucht, und aus der Multiplikation der Stundenzahl mit dem Gemeinkostensatz pro Maschinenstunde errechnet sich die Belastung eines Auftrags mit Fertigungsgemeinkosten.

Materialeinzelkosten	**Materialkosten**		**Gesamtkosten (Selbstkosten) pro ME**
+ Materialgemeinkosten			
+ Fertigungslohneinzelkosten I	**Fertigungs- kosten**	**Herstellkosten**	
+ Fertigungsgemeinkosten I			
+ Fertigungslohneinzelkosten II			
+ Fertigungsgemeinkosten II			
+ Fertigungslohneinzelkosten III			
+ Fertigungsgemeinkosten III			
+ (etwaige) Sondereinzelkosten der Fertigung			
+ Verwaltungsgemeinkosten			
+ Vertriebsgemeinkosten			
+ (etwaige) Sondereinzelkosten des Vertriebs			

Abb. 9.2 - 22   Kalkulationsschema einer nach Kostenstellen differenzierenden Zuschlagskalkulation

9.2.3.4 Kuppelkalkulationen

Die bisher dargestellten Kalkulationsverfahren gelten für Produkte, die produktionstechnisch ohne zwangsläufige Koppelung mit anderen Produkten hergestellt werden können. Daneben gibt es Produktionsprozesse, bei denen diese Koppelung gegeben ist. Man spricht hier von **Kuppelproduktion**. Beispiele findet man in der chemischen Industrie, bei der Herstellung von Erdölprodukten, in Sägewerken, Kokereien u.a.

Grundsätzlich gilt, dass bei Kuppelproduktion wegen der besonders engen Kostenverbundenheit zwischen den Kuppelprodukten eine willkürfreie Kalkulation der Herstellkosten einzelner Kuppelprodukte letztlich nicht realisierbar ist. Die in der Praxis vorherrschenden Verfahren sind damit ein besonders hervorstechendes Beispiel für „**Kalkulationswillkür**".

9.2 Betriebsabrechnung und Kalkulation

Zwei Verfahren sind speziell für die Kalkulation von Kuppelprodukten entwickelt worden: (vgl. KILGER/PAMPEL/VIKAS 2007):

(1) die **Restwertmethode** und

(2) die **Verteilungsmethode**.

Zu (1)   Restwertmethode:

Die Restwertmethode wird angewandt, wenn man die verschiedenen **Kuppelprodukte in ein Hauptprodukt sowie in Nebenprodukte zerlegen** kann. In einem solchen Fall werden die Nettoerlöse der Nebenprodukte von den gesamten Herstellkosten der Kuppelproduktion abgezogen. Die verbleibenden Restkosten gelten als durch das Hauptprodukt verursachte Herstellkosten und werden in der Regel durch Division mit der Menge des Hauptprodukts auf Stückgrößen umgerechnet. Mithilfe von Verwaltungs- und Vertriebsgemeinkostenzuschlagssätzen gelangt man dann schließlich zu den „Selbstkosten" pro Mengeneinheit des Hauptprodukts.

Zu (2)   Verteilungsmethode:

Die Verteilungsmethode findet ihre Anwendung, wenn eine Unterscheidung in Haupt- und Nebenprodukte nicht möglich ist. Man ermittelt dann eine Reihe von **Schlüsselgrößen (Äquivalenzziffern)**, die das Verhältnis der Kostenverteilung auf die Kuppelprodukte widerspiegeln.

Formal ist das **Vorgehen** (vgl. HUMMEL/MÄNNEL 1986, S. 307f.) das gleiche wie bei der Äquivalenzziffernkalkulation. Materiell besteht jedoch ein wesentlicher Unterschied darin, dass nicht die unterschiedliche Kostenverursachung als Maßgröße für die Bildung dieser Schlüsselgrößen in Frage kommt, sondern abgesehen von technischen Ersatzkriterien die Kostentragfähigkeit die entscheidende Rolle spielt: Die einzelnen Kuppelprodukte werden kostenmäßig im Verhältnis der mit ihren Marktpreisen (oder Erlösüberschüssen) gewichteten Mengen belastet (vgl. Abb. 9.2 - 23).

End-produkte	Produktions-mengen	Marktpreise der End-produkte	Rechnungs-einheiten (RE)	Gesamtkosten	Kosten je Leistungs-einheit
	[1]	[2]	[3] = [1] · [2]	[4] = [3] · **2,50 GE/RE**	[5] = [4] : [1]
A	50 kg	100 GE/kg	5.000 RE	12.500 GE	250 GE/kg
B	100 kg	140 GE/kg	14.000 RE	35.000 GE	350 GE/kg
Summe			**19.000 RE**	**47.500 GE**	

$$\text{anteilige Kosten je Rechnungseinheit} = \frac{\text{Gesamtkosten}}{\text{Summe Rechnungseinheiten}} = \frac{47.500\,\text{GE}}{19.000\,\text{RE}} = 2,50\,\text{GE/RE}$$

Abb. 9.2 - 23   Kuppelkalkulation nach der Verteilungsmethode

Vollkostenkalkulationen können das Problem der kostenverursachungsgerechten Verteilung der Kosten auf Kuppelprodukte theoretisch nicht zufrieden stellen lösen. **Teilkostenkalkula-**

846 Neuntes Kapitel: Interne Unternehmungsrechnung

tionen tragen dem Kostenverbund bei Kuppelproduktion dagegen dadurch Rechnung, dass sie Kuppelprodukte nur gemeinsam als **Kuppelproduktbündel** abrechnen.

Im Hinblick auf die Einhaltung des Kostenverursachungsprinzips sind **Vollkostenkalkulationen** aber **auch bei unverbundener Produktion generell problematisch**. Dies sei am Ende noch einmal ausdrücklich betont. Nur konsequente **Teilkostenkalkulationen** – etwa auf der Basis der RIEBELschen relativen Einzelkostenrechnung (vgl. S. 833ff.) – können daher theoretischen Ansprüchen voll genügen. Während sie stets eine dem Wesen des strengen Kostenverursachungsprinzips entsprechende **Grenzbetrachtung** durchführen, orientieren sich **Vollkostenkalkulationen** wegen der notwendigen Gemeinkostenschlüsselung und Fixkostenproportionalisierung zwangsläufig am **Durchschnittsprinzip**, indem die einzelnen Kostenträger mit den auf sie bei einer bestimmten Beschäftigungskonstellation durchschnittlich entfallenden Fixkosten respektive Gemeinkosten belastet werden. Auch das Kostenverursachungsprinzip kann bestenfalls somit im Durchschnitt gewahrt bleiben.

Fragen und Aufgaben zur Wiederholung (9.2.3: S. 837 – 846)

1. Charakterisieren Sie kurz die verschiedenen Kalkulationsformen!

2. Welche speziellen Aufgaben haben Vollkosten- und welche Teilkostenkalkulationen?

3. Skizzieren Sie die Schemata der progressiven und retrograden Kalkulation!

4. Geben Sie eine Übersicht über die verschiedenen Kalkulationsverfahren!

5. Nach welchem Prinzip sind Divisionskalkulationen aufgebaut, und inwieweit sind sie demnach anwendbar?

6. Wodurch unterscheidet sich die mehrstufige von der einstufigen Divisionskalkulation?

7. Welche Voraussetzungen müssen im Einzelnen für Divisionskalkulationen ohne Äquivalenzziffern erfüllt sein, und unter welchen Bedingungen ist die Äquivalenzziffernkalkulation anwendbar? Erläutern Sie das Prinzip der Äquivalenzziffernkalkulation sowie das Zentralproblem dieses Verfahrens!

8. Beschreiben Sie den Grundgedanken und die Anwendungsvoraussetzungen der Zuschlagskalkulation!

9. Skizzieren Sie das Schema einer nach Kostenstellen differenzierenden Zuschlagskalkulation!

10. Worin besteht die grundsätzliche Problematik von Kuppelkalkulationen?

11. Kennzeichnen Sie kurz die Restwert- und die Verteilungsmethode! Wie werden in Teilkostenkalkulationen Kuppelprodukte kalkuliert?

9.3 Plankostenrechnung

9.3.1 Aufgaben und Arten der Plankostenrechnung

Während im vorherigen Abschnitt „Betriebsabrechnung und Kalkulation" die Unterscheidung von Voll- und Teilkostenrechnung im Vordergrund stand, wird nunmehr mit der Plankostenrechnung die andere Dimension von Kostenrechnungssystemen in den Vordergrund geschoben.

Entstanden ist die Plankostenrechnung aus den erkannten **Mängeln der Ist- bzw. Normalkostenrechnung**. Diese lassen sich dabei in **zwei Thesen** zusammenfassen:

(1) Eine wirksame Kosten- respektive Wirtschaftlichkeitskontrolle kann nicht allein auf Basis einer Ist- oder Normalkostenrechnung erfolgen, denn diese Rechnungen bergen stets die **Gefahr** in sich, **„Schlendrian mit Schlendrian" zu vergleichen**.

(2) Zur Fundierung unternehmenspolitischer Entscheidungen eignen sich Ist- oder Normalkostenrechnungen insofern nur bedingt, als **Entscheidungen stets zukunftsbezogen** sind und die (ausschließliche) Orientierung an vergangenheitsorientierten Rechnungen leicht zu Fehldispositionen führen kann.

Mit diesen beiden Thesen sind auch zugleich die beiden **Hauptaufgaben** einer ausgebauten Plankostenrechnung umrissen:

- Wirtschaftlichkeitskontrolle und Budgetierung,
- rechnerische Fundierung unternehmenspolitischer Entscheidungen.

Beide Aufgaben sind – wie mehrfach erwähnt – zugleich das Hauptanwendungsgebiet für Teilkostenrechnungen. Damit lässt sich bereits an dieser Stelle die These aufstellen, dass für die genannten Zwecke letztlich nur eine Plankostenrechnung auf Teilkostenbasis oder – um den üblichen Begriff zu verwenden – eine **Grenzplankostenrechnung** in Frage kommen kann.

Je nach dem **Charakter der Plankosten** in einer Plankostenrechnung lassen sich Prognose-, Standard- und Zielkosten unterscheiden. Die Unterschiede liegen in den Mengen- und Preisansätzen bei der Planung:

- Standardkosten = Normmenge · Festpreis
- Prognosekosten = Prognosemenge · Prognosepreis
- Zielkosten = Zielmenge · Zielpreis

Prognosekosten sind sowohl im Hinblick auf die Mengen- als auch bezüglich der Preiskomponente künftig **erwartete Kosten**. Istkostenabweichungen gegenüber dem Prognoseansatz signalisieren also vornehmlich Voraussagefehler. Dagegen sind **Standardkosten** Ausdruck des Strebens nach einer bestimmten **Kostenwirtschaftlichkeit**. Standardkosten dienen – anders ausgedrückt – als Wirtschaftlichkeitsmaßstab, an dem die angefallenen Istkosten gemessen werden. Insofern ist eine Plankostenrechnung, soweit sie als **Instrument zur Wirtschaftlichkeitskontrolle** genutzt wird, stets eine **Standardkostenrechnung**.

Zielkosten haben große Ähnlichkeiten mit den Standardkosten. Unterschiede bestehen

- in der stärkeren **Marktorientierung** durch die Vorgabe von Zielpreisen (anstelle von Festpreisen in der Standardkostenrechnung, wodurch der Einfluss von Preisschwankungen aus der Kostenrechnung dort herausgehalten wird) und
- in ihrer typischerweise **retrograden Fragestellung** (Wie hoch dürfen die Kosten maximal sein, um bei angenommener Marktsituation bestimmte Gewinnziele realisieren zu können?).

Ebenso wie eine Ist- oder Normalkostenrechnung kann auch eine Plankostenrechnung als Periodenrechnung und als Stückrechnung gestaltet sein. **Besondere Merkmale** zeigen sich jedoch in dem typischen Ineinandergreifen von Kostenplanung und Kostenkontrolle.

- Die **Kostenplanung** erfolgt für die Planungsperiode (in der Regel ein Jahr). Dazu wird für alle Kostenstellen die Planbeschäftigung (gemessen etwa in produzierten Stückzahlen, gefahrenen Maschinenstunden u.Ä.) festgelegt und für die im Rahmen der Planbeschäftigung benötigten Produktionsfaktoren die Planpreise und Planmengen bestimmt. Im Wege einer Kostenstellen-/Kostenträgerrechnung werden dann die budgetierten Stellenkosten sowie die Kalkulationssätze ermittelt.
- Die **Kostenkontrolle** erfolgt in jeder Abrechnungsperiode (in der Regel ein Monat). Dazu werden die tatsächlich entstandenen Istkosten den Plankosten gegenübergestellt, um eventuelle Soll-Ist-Abweichungen festzustellen. Diese Kostenabweichungen sind in einem zweiten Schritt dann im Hinblick auf ihre Ursachen zu analysieren und dementsprechend in einzelne Teilabweichungen aufzuspalten. Dadurch werden sowohl eventuelle Verlustquellen einschließlich der hierfür Verantwortlichen sichtbar, als auch Impulse für anschließende Prozesse der Kostenplanung gegeben.

Bedeutsam ist sowohl im Rahmen der Kostenplanung wie bei der Kostenkontrolle die Art und der Umfang der einbezogenen Kosten. Hieraus leiten sich nämlich die verschiedenen Varianten der Plankostenrechnung ab. Obgleich eine Abgrenzung schwierig und wegen der notwendigen Pauschalität letztlich auch unpräzise ist, versucht Abb. 9.3 - 1 eine Unterscheidung zwischen hauptsächlichen **Varianten der Plankostenrechnung**, nämlich der Voll- und Grenzplankostenrechnung, der Standard-Einzelkostenrechnung und der Prozesskostenrechnung sowie der Zielkostenrechnung vorzunehmen.

- In der **Grenzplankostenrechnung** werden nur die variablen, leistungsmengenabhängigen Kosten geplant und kontrolliert, wobei im Zweifel die variablen (Kostenträger-)Gemeinkosten miteinbezogen werden.
- Werden die fixen, mengenunabhängigen Kosten in der Rechnung miteinbezogen, kann von einer **Vollplankostenrechnung** gesprochen werden. Obwohl nicht üblich, könnte eine alleinige Planung und Kontrolle der Fixkosten wegen deren Zeitabhängigkeit auch als **Zeitplankostenrechnung** bezeichnet werden.
- Wird die andere Achse der Kosteneinteilung betrachtet, und lediglich auf die Planung und Kontrolle der (Kostenträger-)Einzelkosten abgestellt, so liegt eine **Standard-Einzelkostenrechnung** vor.
- Das Konzept der **(Standard-)Prozesskostenrechnung** strebt betont die Durchleuchtung der Gemeinkostenbereiche von Fertigungsunternehmungen an. Dabei ergeben sich enge Berührungspunkte zur Standard-Einzelkostenrechnung, wenn sich die Perspektive von Fertigungsunternehmungen auf Dienstleistungsunternehmungen verschiebt.

- Die **Zielkostenrechnung** (*Target Costing*) schließlich integriert mit ihrer allerdings anders gelagerten, spezifischen Fragestellung speziell die Standard-Einzelkostenrechnung und die (Standard-)Prozesskostenrechnung.

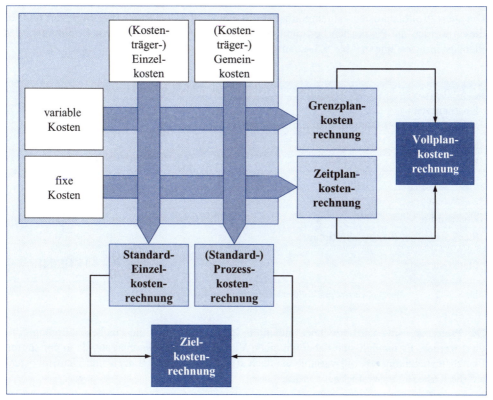

Abb. 9.3 - 1   Mögliche Abgrenzung von Varianten der Plankostenrechnung

9.3.2 Voll- und Grenzplankostenrechnung

In der Literatur zur Plankostenrechnung wird regelmäßig zwischen starrer und flexibler Plankostenrechnung unterschieden. Hauptmethode der **starren Plankostenrechnung** ist, dass man die Plankosten lediglich für eine einzige Beschäftigungskonstellation, die Planbeschäftigung, vorgibt, wohingegen **flexible Systeme der Plankostenrechnung** explizit bestimmte Kosteneinflussgrößen berücksichtigen, um die Ursachen für Kostenabweichungen differenzierter analysieren zu können. In den Grundversionen der flexiblen Plankostenrechnung wird allerdings lediglich für alternative Beschäftigungsgrade geplant.

Dargestellt werden demzufolge

(1) die **starre Vollplankostenrechnung**,
(2) die **(einfach-)flexible Vollplankostenrechnung** und

850   Neuntes Kapitel: Interne Unternehmungsrechnung

(3)   die **(einfach-)flexible Grenzplankostenrechnung**, bei welcher der Beschäftigungsgrad
      wegen der ausschließlichen Berücksichtigung von variablen Kosten keine Rolle spielt.

Zu (1)   Starre Vollplankostenrechnung:

Die starre Vollplankostenrechnung arbeitet mit einem **einzigen Beschäftigungsgrad** und für
diesen werden die Plankosten bestimmt. Sie bilden die Ausgangsgröße zur Bestimmung des
Plankostensatzes, wie in Abb. 9.3 - 2 anhand eines **Beispiels** dargestellt ist.

Kostenstelle: xy (Plan- bzw. Sollbeschäftigung 2.700 ME)	
Kostenarten *i* **(nach Einzel- und Gemeinkosten differenziert)**	**Planperiode: Juni 20..**
Kostenart 1	11.070 GE
Kostenart 2	2.350 GE
Kostenart 3	1.890 GE
...	...
Kostenart *n*	425 GE
Plankosten (bei Planbeschäftigung)	29.700 GE
Plankostensatz	$\dfrac{29.700\ GE}{2.700\ ME} = 11\ GE/ME$

Abb. 9.3 - 2   Beispiel zur starren Vollplankostenrechnung: Kostenplanung

Der **Plankostensatz** wird errechnet, indem die Plankosten durch die Planbeschäftigung dividiert werden. Es handelt sich dabei um einen Vollkosten-Verrechnungssatz, da in der starren
Plankostenrechnung sowohl variable als auch fixe Kosten (bzw. Einzel- und Gemeinkosten)
auf die Kostenträger verrechnet werden.

Um den bei Verwendung der Plankostenrechnung zur Wirtschaftlichkeitskontrolle **störenden
Einfluss von Preisschwankungen auszuschalten**, werden die Kostengüter üblicherweise mit
festen Verrechnungspreisen bewertet. Kostenabweichungen sind hier also stets Mengenab-
weichungen. Preisabweichungen, die bei Kostengütern gegenüber dem Planansatz auftreten,
werden entsprechend auf der Basis der Istkostenmengen berechnet und als neutraler Aufwand
bzw. Ertrag außerhalb der Kostenrechnung verbucht. Die periodische Kostenkontrolle selbst
vollzieht sich damit wie in Abb. 9.3 - 3 angedeutet.

Ausgehend von der in Abb. 9.3 - 2 zugrunde gelegten Planbeschäftigung von 2.700 ME und
Plankosten in Höhe von 29.700 GE, woraus sich der Plankostensatz von 11 GE/ME ergibt,
mögen sich die Istkosten in der Abrechnungsperiode auf 28.500 GE belaufen, die Istbeschäftigung habe nur den Wert 2.000 ME erreicht.

Bei der nun durchzuführenden Analyse der Abweichungen zwischen Ist- und Plankosten zeigen sich die Mängel der starren Plankostenrechnung:

• Die Differenz (ΔK_1) der Istkosten (K_i) und der Plankosten bei Soll- bzw. Planbeschäftigung
  (K_{ps}) hat wenig Aussagekraft, weil sich beide Kostenwerte auf unterschiedliche Beschäftigungsgrade beziehen und damit nicht unmittelbar vergleichbar sind.

- Die Differenz (ΔK_2) zwischen den Istkosten (K_i) und den verrechneten Plankosten bei Istbeschäftigung (K_{pi}), wobei sich letztere aus der Multiplikation der Istbeschäftigung mit dem Plankostensatz ergeben, ist ebenfalls wenig aussagefähig. Denn in der Regel enthalten die verrechneten Plankosten „künstlich" proportionalisierte Fixkosten, was bei Unterbeschäftigung ($M_i < M_s$) wegen des in Wirklichkeit steigenden Fixkostenanteils zu einer fehlerhaften Einschätzung der Kostenabweichungen führt.
- Diese Vermengung von beschäftigungsbedingten Veränderungen des Fixkostenanteils und sonstigen Kostenveränderungen, die auf einen unwirtschaftlichen Kostengüterverbrauch schließen lassen könnten, zeigten sich deutlich bei einer Umrechnung der Periodenwerte in Stückwerte. Der Istkostensatz beläuft sich im Beispiel auf 14,25 GE/ME [= 28.500 GE/2.000 ME], während der Plankostensatz lediglich 11 GE/ME beträgt. Die Kostendifferenz in Höhe von 3,25 GE/ME ergibt sich sowohl aus dem gestiegenen Fixkostenanteil pro Stück als auch aus sonstigen Kostengüterverbrauchsabweichungen.

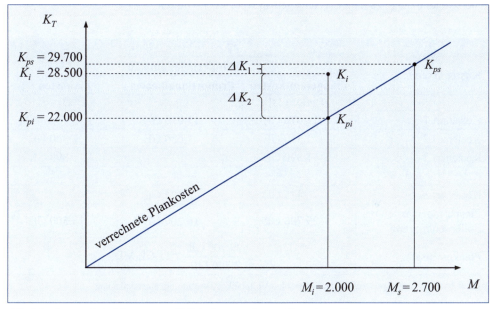

Abb. 9.3 - 3   Beispiel zur starren Vollplankostenrechnung: Kostenkontrolle

Als **Nachteil** der starren Plankostenrechnung ist also ihr Versagen anzusehen, die verschiedenen Ursachen für Kostenabweichungen aufzudecken. Dem steht als Vorteil die einfache und schnelle Handhabung bei der laufenden Abrechnung gegenüber.

Zu (2)   (Einfach-)flexible Vollplankostenrechnung:

Aus der Kritik der starren Plankostenrechnung ist die flexible Plankostenrechnung entstanden. Sie **berücksichtigt explizit bestimmte Kosteneinflussgrößen**, um die Ursachen für Kostenabweichungen differenzierter analysieren zu können.

Die flexible Vollplankostenrechnung kennt in ihrer üblichen **Grundversion** allerdings lediglich die Unterscheidung in beschäftigungsabhängige (= variable) und beschäftigungsunabhän-

852 Neuntes Kapitel: Interne Unternehmungsrechnung

gige (= fixe) Kosten. Exaktere Versionen (sie werden im Gegensatz zur einfach-flexiblen als **voll-flexible Plankostenrechnung** bezeichnet) berücksichtigen auch noch andere Kostendeterminanten, wie etwa die Auftragsgröße und -zusammensetzung (vgl. S. 268).

In der **einfach-flexiblen Plankostenrechnung** wird grundsätzlich von einem **linearen Gesamtkostenverlauf** ausgegangen, das heißt, dass die variablen Kosten pro Stück, die neben den fixen Kosten betrachtet werden, konstant sind. Ebenso wie in der starren Plankostenrechnung wird mit einem Vollkostenverrechnungssatz gerechnet. Im Gegensatz dazu wird bei der nachfolgend vorgestellten Grenzplankostenrechnung als Teilkostenrechnungssystem auf die Verrechnung fixer Kosten auf die Kostenträger verzichtet, sodass der Plankostensatz lediglich die variablen Kosten beinhaltet.

Um die **Vorgehensweise** der flexiblen Vollplankostenrechnung zu veranschaulichen, wird im Folgenden das **Zahlenbeispiel** der starren Plankostenrechnung entsprechend modifiziert fortgeführt (vgl. S. 850f.). Die Kostenplanung, die nunmehr zwischen fixen und variablen Kosten unterscheidet, möge zu dem Ergebnis gemäß Abb. 9.3 - 4 führen.

Kostenstelle: xy (Plan- bzw. Sollbeschäftigung 2.700 ME)			
Kostenarten *i*	**Planperiode: Juni 20..**		
	Plangesamtkosten	**Proportionalkosten**	**Fixkosten**
	[1] = [2] + [3]	[2]	[3]
Kostenart 1	11.070 GE	11.070 GE	–
Kostenart 2	2.350 GE	1.050 GE	1.300 GE
Kostenart 3	1.890 GE	–	1.890 GE
...	...	...	...
Kostenart *n*	425 GE	425 GE	–
Planperiodenkosten bei Sollbeschäftigung	29.700 GE	16.200 GE	13.500 GE
Plankostensatz	$\dfrac{29.700\ \text{GE}}{2.700\ \text{ME}} = 11\ \text{GE/ME}$		

Abb. 9.3 - 4   Beispiel zur (einfach-)flexiblen Vollplankostenrechnung: Kostenplanung

Kostenabweichungen gegenüber der Planung können in der (einfach-)flexiblen Kostenrechnung nun in Beschäftigungs- und Verbrauchsabweichungen zerlegt werden. **Beschäftigungsabweichungen** treten in der Plankostenrechnung bei der Verwendung einer Optimalbeschäftigung als Planbeschäftigung praktisch nur als Signal für das Unterschreiten dieser Planbeschäftigung auf. Bei Unterbeschäftigung gibt eine Beschäftigungsabweichung an, welche Fixkostenanteile als **Leerkosten** anfallen. Werden vorhandene Leistungskapazitäten, die fixe Kosten verursachen, nur zum Teil genutzt, entstehen für den ungenutzten Teil der Kapazität Leerkosten und – analog dazu – für den genutzten Anteil so genannte Nutzkosten. Abb. 9.3 - 5 stellt diesen Sachverhalt für das Zahlenbeispiel von Abb. 9.3 - 4 dar.

Bei der Planbeschäftigung (M_s) sind die Leerkosten naturgemäß gleich null, während die Fixkosten umgekehrt bei einer Istbeschäftigung von null vollständig Leerkosten darstellen. Die Diagonale OS gibt demnach für jede Istbeschäftigung (M_i) zwischen null und der Planbeschäftigung die Höhe der Nutzkosten an. Da die Fixkosten aber bei jeder Isbeschäftigung um die jeweiligen Leerkosten höher sind, können letztere als Indiz für den nicht genutzten Kostenanteil vorhandener Kapazitäten angesehen werden. Beschäftigungsabweichungen (*BA*) drücken sich also in der jeweiligen Höhe der Leerkosten aus.

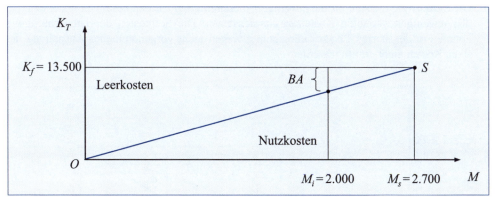

Abb. 9.3 - 5   Beispiel zur (einfach-)flexiblen Vollplankostenrechnung: Ermittlung von Beschäftigungsabweichungen

Leerkosten sind als Resultat von Beschäftigungsabweichungen ein Signal für unausgelastete Kapazitäten. Ihre konsequente Sichtbarmachung führt damit zugleich zu der Möglichkeit, solche Leerkosten durch gezielte Maßnahmen zu beseitigen und somit zu einer erhöhten Kostenwirtschaftlichkeit beizutragen. Die Verantwortlichkeit für Beschäftigungsabweichungen kann in den verschiedensten Bereichen liegen. So werden die für Betriebsmittel-, und Personalbeschaffung zuständigen Bereiche prinzipiell für die Schaffung zu hoher Kapazitäten, die für den Absatz oder die interne Beschäftigungssteuerung (Produktionsplanung) zuständigen Bereiche dagegen für die zu geringe Auslastung der vorhandenen Kapazitäten verantwortlich gemacht werden können. Wie das Beispiel schon zeigt, werden aber wegen der vielfältigen Interdependenzen eindeutige Verantwortungsbeziehungen nicht immer abzuleiten sein. Allerdings zeigen die Beispiele auch, dass Kostenstellen nur dann für Beschäftigungsabweichungen verantwortlich gemacht werden können, wenn sie auf die Kapazitätsschaffung bzw. -auslastung Einfluss nehmen können.

Die **Verbrauchsabweichung** ergibt sich als Restgröße der Kostenabweichung nach der Abspaltung der Beschäftigungskomponente. Sie ist ein Indiz dafür, ob die im Plan vorgegebene Kostenwirtschaftlichkeit im Hinblick auf den Mengenverbrauch an Kostengütern erreicht wurde. Positive Verbrauchsabweichungen weisen Kostenerhöhungen aus, die beispielsweise – unter Berücksichtigung der Istbeschäftigung – auf einen gegenüber dem Plansatz erhöhten Werkstoffverbrauch hindeuten. Auf Verbrauchsabweichungen rückführbare Kostenerhöhungen sind damit ein Signal für Unwirtschaftlichkeiten in den jeweiligen Kostenstellen. Auch für Verbrauchsabweichungen gilt, dass das Aufzeigen der dahinter erkennbaren Verlustquellen zu Möglichkeiten führt, diese durch entsprechende Maßnahmen abzustellen. Die Verantwortlichkeit für festgestellte Verbrauchsabweichungen wird dabei prinzipiell – im Gegensatz zu den Beschäftigungsabweichungen – bei den jeweiligen Kostenstellen liegen.

Die flexible Plankostenrechnung kennt nun **zwei Kostenverläufe**, die für das Beispiel in Abb. 9.3 - 6 verdeutlicht werden:

- Die **verrechneten Plankosten**, die denen der starren Plankostenrechnung entsprechen und sich aus der Multiplikation des Plankostensatzes mit der jeweiligen (Ist-)Beschäftigung ergeben. Die verrechneten Plankosten enthalten neben den variablen Kosten dabei die jeweiligen Nutzkosten als proportionalisierte Anteile der Fixkosten.
- Die **Sollkosten**, die sich für die jeweilige Istbeschäftigung aus den gesamten Fixkosten und den jeweiligen variablen Kosten zusammensetzen. Die Sollkosten der Istbeschäftigung konnten in der starren Plankostenrechnung wegen nicht vorgenommener Abspaltung der fixen Kosten nicht ermittelt werden.

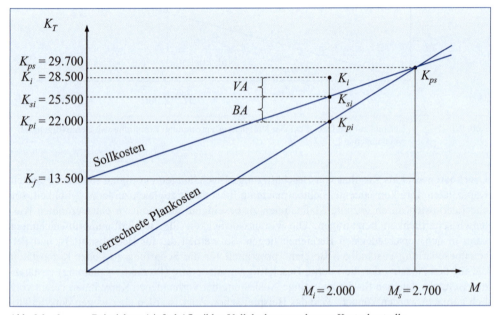

Abb. 9.3 - 6   Beispiel zur (einfach-)flexiblen Vollplankostenrechnung: Kostenkontrolle

Die Differenz zwischen den verrechneten Plankosten und den Sollkosten lässt die Beschäftigungsabweichungen (BA) erkennen, während die Differenz zwischen Istkosten und Sollkosten die Verbrauchsabweichungen (VA) ausdrückt. In Abb. 9.3 - 7 werden die Beschäftigungs-, die Verbrauchs- und die Gesamtabweichung zunächst sowohl als Periodenkosten als auch als Stückkosten allgemein ausgedrückt, bevor die Abweichungen für das Beispiel quantifiziert werden.

9.3 Plankostenrechnung

	Periodenkosten	Stückkosten
Beschäftigungs-abweichung **(BA)**	$BA = K_{si} - K_{pi}$ $BA = 25.500 - 22.000 = 3.500$ GE	$\dfrac{BA}{M_i} = \dfrac{K_{si} - K_{pi}}{M_i}$ $\dfrac{BA}{M_i} = \dfrac{3.500}{2.000} = 1,75$ GE/ME
Verbrauchs-abweichung **(VA)**	$VA = K_i - K_{si}$ $VA = 28.500 - 25.500 = 3.000$ GE	$\dfrac{VA}{M_i} = \dfrac{K_i - K_{si}}{M_i}$ $\dfrac{VA}{M_i} = \dfrac{3.000}{2.000} = 1,50$ GE/ME
Gesamt-abweichung **(GA)**	$GA = K_i - K_{pi}$ $GA = 28.500 - 22.000 = 6.500$ GE	$\dfrac{GA}{M_i} = \dfrac{K_i}{M_i} - \dfrac{K_{pi}}{M_i}$ $\dfrac{GA}{M_i} = 14,25 - 11 = 3,25$ GE/ME

mit: K_{si} = Sollkosten bei Istbeschäftigung; K_{pi} = verrechnete Plankosten bei Istbeschäftigung; K_{ps} = verrechnete Plankosten (= Sollkosten) bei Planbeschäftigung; K_i = Istkosten; M_i = Ist-Beschäftigung; M_s = Sollbeschäftigung

Abb. 9.3 - 7   Beispiel zur (einfach-)flexiblen Vollplankostenrechnung: Quantifizierung von Beschäftigungs-, Verbrauchs- und Gesamtabweichung

Zu (3)   (Einfach-)flexible Grenzplankostenrechnung:

Die Grenzplankostenrechnung unterscheidet sich von der flexiblen Vollplankostenrechnung dadurch, dass sie in konsequenter Anwendung des Prinzips der relevanten Kosten **keine Fixkosten proportionalisiert** und in den Plan-Kalkulationssatz nur die variablen Kosten aufnimmt. Der Plankostensatz beläuft sich in Fortführung des obigen Zahlenbeispiels demnach lediglich auf 6 GE/ME [= 16.200 GE/2.700 ME]. Da Plankalkulationssatz und variable Sollkosten somit identisch sind, stimmen verrechnete Plankosten und Sollkosten bei jeder (Ist-) Beschäftigung notwendigerweise ebenfalls überein.

Der „**Preis**" für diese konsequente Orientierung am Verursachungsprinzip ist jedoch, dass in der Grenzplankostenrechnung **keine Beschäftigungsabweichungen ausgewiesen** werden können. Kostenabweichungen sind in der einfach-flexiblen Grenzplankostenrechnung also stets Verbrauchsabweichungen (vgl. Abb. 9.3 - 8). Kann dies als Nachteil gegenüber der flexiblen Vollplankostenrechnung interpretiert werden, so gewinnt die Grenzplankostenrechnung an theoretischem Gehalt und praktischem Nutzen, wenn die Verbrauchsabweichungen stärker nach den verschiedenen Kosteneinflussgrößen aufgespalten werden können, wie das im System der voll-flexiblen Grenzplankostenrechnung möglich ist (vgl. KILGER/PAMPEL/ VIKAS 2007).

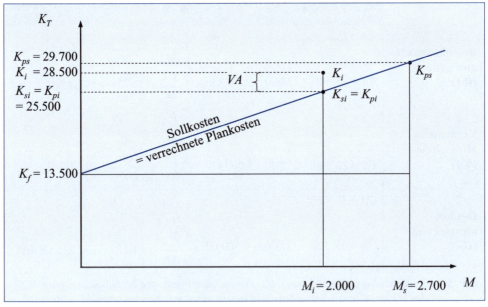

Abb. 9.3 - 8   Beispiel zur (einfach-)flexiblen Grenzplankostenrechnung: Kostenkontrolle

9.3.3 Prozesskosten- und Standard-Einzelkostenrechnung

Verändert man die kostenrechnerische Perspektive und betrachtet nicht mehr primär variable und fixe Kosten, sondern hebt die Differenzierung von Einzel- und Gemeinkosten hervor, lassen sich gemäß Abb. 9.3 - 1 die (Standard-)Prozesskostenrechnung sowie die Standard-Einzelkostenrechnung als Varianten der Plankostenrechnung unterscheiden.

Die **Prozesskostenrechnung** (*Activity-Based-Costing*) wird als eine Methode zur besseren Planung und Kontrolle insbesondere der so genannten Gemeinkostenbereiche (z.B. Forschung und Entwicklung, Beschaffung, Verwaltung u.a.) verstanden und gilt wegen des steigenden Anteils der indirekten Kosten an den Gesamtkosten als sinnvolle Ergänzung zu der oben dargestellten Voll- oder Grenzkostenrechnung der direkten Fertigungsbereiche (vgl. COOPER/KAPLAN 1988; HORVATH/MEYER 1989). **Merkmalsbestimmend** ist dabei

- eine **stärkere Aufgliederung der Gemeinkostenbetrachtungsweise** als sie in der traditionellen Kostenstellenrechnung der Fertigungsbetriebe üblich war und damit zusammenhängend
- ein Wechsel von der kostenstellenbezogenen Betrachtungsweise zu einer stärker **aktivitäts- oder arbeitsprozessbezogenen Sichtweise** auch der indirekten Leistungsbereiche.

Beides zusammen soll den Gemeinkostenblock im Unternehmen transparenter machen und insbesondere auch die Haupteinflussfaktoren der (Gemein-)Kostenentstehung – sie werden als **Kostentreiber** (*Cost Drivers*) bezeichnet – sichtbar werden lassen (vgl. HORVATH & PARTNER 1998; FRANZ 1990).

Die Prozesskostenrechnung ist als Vollkostenrechnung konzipiert. Im Gegensatz dazu wird bei der **Standard-Einzelkostenrechnung** betont auf eine Zurechnung nicht leistungsbezoge-

9.3 Plankostenrechnung

ner Gemeinkosten verzichtet. Ansonsten sind Unterschiede lediglich darin zu sehen, dass letztere für Dienstleistungsunternehmen, speziell hier für Banken konzipiert wurde, wo Fixkosten dominieren und variable Kosten kaum eine Rolle spielen (vgl. hierzu ausführlich FLECHSIG 1982; SCHIERENBECK 2003).

Im Folgenden soll daher unter Hervorhebung der Gemeinsamkeiten beider Rechnungsverfahren die prinzipielle Vorgehensweise einer **prozessorientierten Standard-Einzelkostenrechnung** dargestellt werden. Widersprüche zum eingangs postulierten Einsatzgebiet der Prozesskostenrechnung, nämlich den Gemeinkostenbereichen, entstehen insoweit nicht, als die dortigen Kostenträger-Gemeinkosten speziell aus der Sicht der zu kalkulierenden Arbeitsprozesse natürlich als direkte Kosten interpretiert werden können.

Das stufenweise Vorgehen für die Kalkulation von so genannten **Hauptprozessen**, die als (kostenstellenübergreifende) Aktivitätsbündel kostenrechnerisch jeweils als komplexe Leistungseinheit bewertet werden, zeigt Abb. 9.3 - 9. Für das Verständnis wichtig ist dabei, dass die Kalkulation der Standard-Kostensätze stets unter der Voraussetzung von vorgegebenen Zeit- und Mengenstandards erfolgt. Abweichungen hiervon werden erst in der späteren Kostenkontrolle als so genannte **Restkosten** erfasst und analysiert.

Ein konkretes **Zahlenbeispiel** möge die Vorgehensweise verdeutlichen. Analytisch geplant werden dabei nur die mengenbezogenen Personalleistungen; sollen die Standardkostensätze auch die Sachkosten enthalten, ist entsprechend vorzugehen. Bei geringem Gewicht dieser Kosten ist es im Regelfall jedoch üblich, sie einfach proportional zu den Personalkosten in den Teilprozessen zu verrechnen. Ähnlich wird in der Prozesskostenrechnung im Übrigen mit den so genannten leistungsmengenneutralen Kosten verfahren, die in der Regel im Zusammenhang mit der Wahrnehmung von Führungsaufgaben entstehen. Um die hiermit verbundene Gemeinkostenschlüsselproblematik zu vermeiden (vgl. S. 819ff.), sei hierauf jedoch im Einklang mit den Grundprinzipien der Standard-Einzelkostenrechnung verzichtet.

Für die Kalkulation der Standard-Personalkosten des Hauptprozesses „Materialbeschaffung" gilt einleitend die Annahme, dass in den einzelnen Kostenstellen feste Monatsgehälter gezahlt werden. Damit gelten als **Kostentreiber** die Arbeitszeiten, die pro Teilaktivität in den verschiedenen Stufen des Hauptprozesses anfallen. Demzufolge sind sowohl die **Einzelkostenzeitfaktoren** wie auch die **Standardzeiten** die maßgeblichen Komponenten des zu kalkulierenden Kostensatzes (vgl. Abb. 9.3 - 10).

Nur erwähnt sei abschließend, dass

- der errechnete Standard-Kostensatz durch arbeitsablauforganisatorische Maßnahmen ebenso beeinflusst werden kann wie durch die Änderung der Zeitvorgaben und/oder der Einzelkostenzeitfaktoren und ferner
- in den Fällen, in denen die produktive Gesamtkapazität der Kostenstellen durch entsprechende Arbeitsvorgänge nicht ausgelastet wird respektive die Zeitvorgaben durch „Schlendriane" nicht eingehalten werden, die tatsächlich entstehenden Kosten zwangsläufig höher sind als die Summe der mit Standardkosten verrechneten Kostenstellenaktivitäten. Sofern nicht die Preiskomponente den fixen Kosten entsprechende Differenzen verursacht, sind solche Abweichungen wiederum – wie schon im System der flexiblen Vollplankostenrechnung – als Beschäftigungsabweichungen bzw. als Leerkosten zu interpretieren.

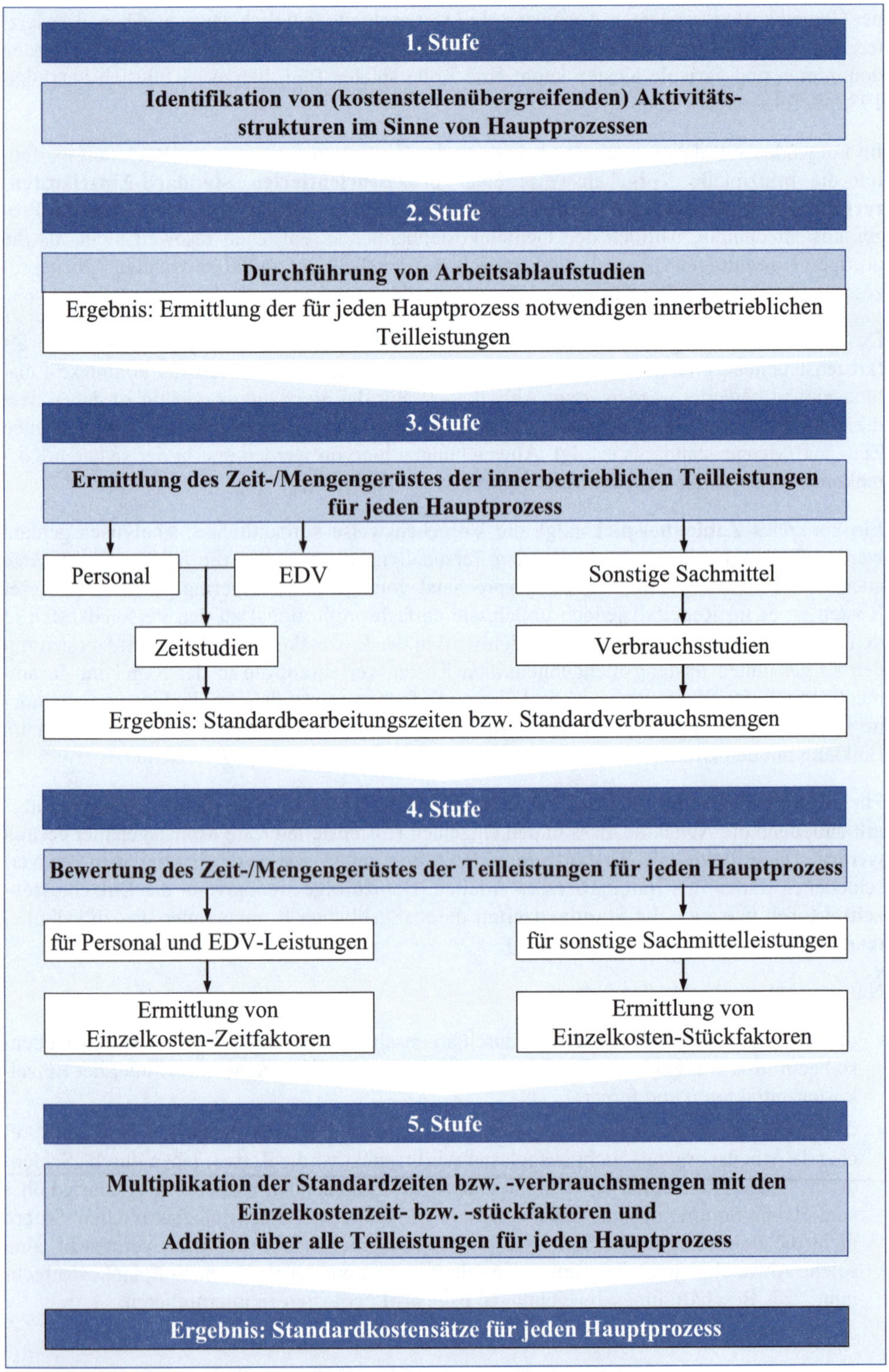

858   Neuntes Kapitel: Interne Unternehmungsrechnung

1. Stufe

Identifikation von (kostenstellenübergreifenden) Aktivitäts-strukturen im Sinne von Hauptprozessen

2. Stufe

Durchführung von Arbeitsablaufstudien

Ergebnis: Ermittlung der für jeden Hauptprozess notwendigen innerbetrieblichen Teilleistungen

3. Stufe

Ermittlung des Zeit-/Mengengerüstes der innerbetrieblichen Teilleistungen für jeden Hauptprozess

Personal	EDV		Sonstige Sachmittel

Zeitstudien		Verbrauchsstudien

Ergebnis: Standardbearbeitungszeiten bzw. Standardverbrauchsmengen

4. Stufe

Bewertung des Zeit-/Mengengerüstes der Teilleistungen für jeden Hauptprozess

für Personal und EDV-Leistungen	für sonstige Sachmittelleistungen

Ermittlung von Einzelkosten-Zeitfaktoren	Ermittlung von Einzelkosten-Stückfaktoren

5. Stufe

Multiplikation der Standardzeiten bzw. -verbrauchsmengen mit den Einzelkostenzeit- bzw. -stückfaktoren und Addition über alle Teilleistungen für jeden Hauptprozess

Ergebnis: Standardkostensätze für jeden Hauptprozess

Abb. 9.3 - 9   Vorgehensweise bei der Ermittlung von Standardkostensätzen

9.3 Plankostenrechnung

Speziell diese letzten Aussagen verdeutlichen noch einmal, dass sich in der flexiblen Plankostenrechnung auf der einen Seite und der (Standard-)Prozesskosten- bzw. Standard-Einzelkostenrechnung auf der anderen Seite nur verschiedene Sichtweisen des gleichen Anliegens, nämlich der **systematischen Kostenplanung und Kostenkontrolle**, ausdrücken.

Kostentreiber „Zeit pro Vorgang"			
Kostenstellen	**Einzelkosten Löhne pro Jahr**	**Mitarbeiter-zahl**	**Gesamtkapazität pro Jahr***	**Einzelkosten-zeitfaktor**
	[1]	[2]	[3] = 86.278,5 · [2]	[4] = [1] : [3]
Einkauf	425.000 GE	8,5	733.367,25 Min.	0,58 GE/Min.
Warenannahme	90.000 GE	2,5	215.696,25 Min.	0,42 GE/Min.
Qualitätsabteilung	215.000 GE	5,0	431.392,50 Min.	0,50 GE/Min.
Lager	105.000 GE	3,0	258.835,50 Min.	0,41 GE/Min.

* **Kapazität pro Mitarbeiter:** 250 Tage · 7,7 Std./Tag · 60 Min./Std. = 115.500 Min.

    365 Tage   – 17 % Ausfallzeit

– 115 Tage (Samstage, Sonntage, Feiertage)   – 10 % Verteilzeit

= 250 Tage   = 86.278,50 Min. / (Jahr · Mitarbeiter)

Hauptprozess „Materialbereitstellung"			
Tätigkeit bzw. (Teil-)Prozesse		**Standardzeitvor-gabe pro Vorgang bzw. (Teil-)Prozess**	**Einzelkosten-zeitfaktor**	**Standardkosten pro Vorgang bzw. (Teil-)Prozess**
		[1]	[2]	[3] = [1] · [2]
Arbeitsablaufstudie	Material einkaufen	Zeitstudie — 360 Min.	0,58 GE/Min.	208,80 GE
	Materiallieferung entgegennehmen	30 Min.	0,42 GE/Min.	12.60 GE
	Eingangsprüfung für Material durchführen	240 Min.	0,50 GE/Min.	120,00 GE
	Material einlagern und inventarisieren	40 Min.	0,41 GE/Min.	16,40 GE
Summe der Standard-Einzelkosten				**357,80 GE**

Abb. 9.3 - 10   Kalkulation der Standard-Einzelkosten „Personal" für den (Haupt-)Prozess „Material beschaffen"

9.3.4   Zielkostenrechnung

Die **Zielkostenrechnung** (*Target Costing*) als modernes umfassendes Kostenplanungs-, -steuerungs- und -kontrollinstrument lässt sich dadurch charakterisieren, dass sie

- den **Markt** in die Unternehmung zu tragen sucht,
- die Zielkosten **retrograd** bestimmt und
- das Ergebnis einer konsequenten Umsetzung des **Management by Objectives** (vgl. S. 180ff.) darstellt.

Das **primäre Anliegen** der Zielkostenrechnung ist es, den Bedürfnissen und Gegebenheiten des Marktes Rechnung zu tragen. Dies geschieht in zweierlei Hinsicht. Einerseits fließen die Präferenzen der potenziellen Käufer bereits bei der Produktplanung ein und andererseits wird die Konkurrenzsituation am Markt bei der Produktgestaltung explizit berücksichtigt. Kundenpräferenzen können beispielsweise mithilfe so genannter **Conjoint-Analysen** abgefragt werden (vgl. S. 336f.). Diese sind derart ausgestaltet, dass sich zum einen das bevorzugte **Produktprofil** und zum andern die **Zahlungsbereitschaft** der Konsumenten sowohl für einzelne Produktkomponenten als auch für das Gesamtprodukt ermitteln lassen. Für die Preisgestaltung der Unternehmung bzw. die zulässige Kostenstruktur ist neben dem Produktprofil und der Zahlungsbereitschaft der Konsumenten auch die potenzielle **Konkurrenzsituation** maßgebend, die gesondert zu erheben ist.

Aufgrund dieser Analysen können sowohl die konkrete technische Ausgestaltung der Produkte wie auch deren **potenzieller Verkaufspreis** geplant werden, sodass bereits im Vorfeld absehbar ist, wie hoch die Kosten im Sinne von Vollkosten höchstens sein dürfen, um ein bestimmtes Zielergebnis zu erwirtschaften. Aus dem Abgleich von Produkt-Zielkosten und Istkosten lässt sich schließlich auch die genaue Höhe des für ein solches Zielergebnis notwendigen **Kostensenkungsbedarfs** bestimmen.

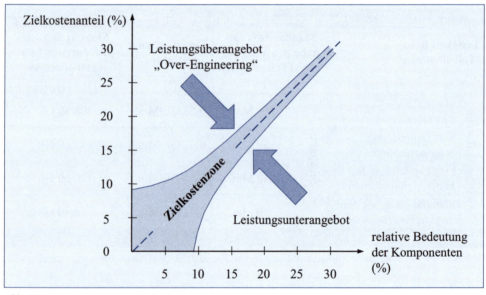

Abb. 9.3 - 11   Planung im Zielkostenkontrolldiagramm

Für die Frage bei welchen Produktkomponenten im Einzelnen etwaige Kosteneinsparmaßnahmen anzusetzen haben, wird dabei ein Verfahren angewendet, das als **Zielkostenspaltung** bezeichnet wird. Dabei werden Bedeutungsanteilswerte (stets aus Kundensicht) für die einzelnen Produktkomponenten ermittelt, die – mit den bereits ermittelten Produkt-Zielkosten multipliziert – die jeweiligen Komponenten-Zielkosten ergeben. Liegen die Istkosten dabei über dem Zielkosten-Wert, der für die jeweilige Komponente aus Kundensicht angebracht ist, liegt ein so genannter „Over-Engineering"-Effekt vor. Im umgekehrten Fall handelt es sich um ein Leistungsunterangebot. Anzustreben ist, dass die Leistungsmerkmale so gesteuert werden, dass sie im Bereich der Zielkostenzone zu liegen kommen, in der die Kosten der einzelnen Produktkomponenten mit den vom Kunden gewünschten und bewerteten Leistungsmerkmalen zusammenfallen (vgl. Abb. 9.3 - 11).

Das **Beispiel** in Abb. 9.3 - 12 soll die **Philosophie der Zielkostenrechnung** zusammenfassend verdeutlichen, wobei noch einmal zu betonen ist, dass eine Zielkostenrechnung – im Gegensatz zu den anderen Plankostenrechnungsarten – insbesondere auf solche Plankosten abstellt, deren Struktur und Höhe (noch) in hohem Maße gestaltbar sind, da die zugrunde liegenden Produktionsprozesse noch nicht (voll) implementiert sind.

Es sollen die **Zielkosten pro Periode** bestimmt und der Kostensenkungsbedarf insgesamt ermittelt werden. Beabsichtigt ist, dass das neue Produkt eine (Brutto-)Umsatzrentabilität von 20 % erwirtschaftet und zur Deckung der Overheadkosten mit 10.000 GE beiträgt. Aufgrund von Markterhebungen und Conjoint-Analysen möge mit einer Absatzmenge von 1.000 Einheiten zu einem (Ziel-)Preis von 100 GE gerechnet werden können. Somit belaufen sich die direkten Zielkosten des Umsatzes auf 70.000 GE. Innerbetriebliche Analysen haben ergeben, dass bei derzeitigem Produktionsstand die Istkosten insgesamt 85.000 GE betragen würden. Diese müssen nun um 15.000 GE gesenkt werden, wenn die formulierten Ziele – Umsatzrendite und Deckungsbedarf für die Overheadkosten – realisiert werden sollen.

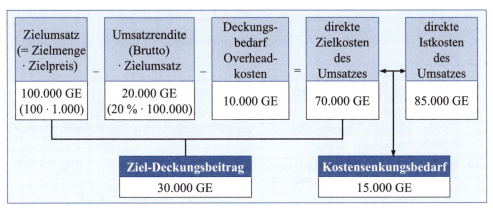

Abb. 9.3 - 12   Zielkosten und Kostensenkungsbedarf

Die ursprünglich in Japan für Industriebetriebe entwickelte Zielkostenrechnung ist prinzipiell auch im Dienstleistungssektor anwendbar, zumal sich dort die **Conjoint-Analyse** als eines der zentralen Instrumente der Zielkostenrechnung im Rahmen einer verstärkten Kundenorientierung bereits voll etabliert hat.

Fragen und Aufgaben zur Wiederholung (9.3: S. 847 – 861)

1. Welches sind die Hauptmängel der Ist- bzw. Normalkostenrechnung, und welche Aufgaben entstehen hieraus für die Plankostenrechnung?

2. Definieren Sie die Begriffe Standard- und Prognosekosten, und erläutern Sie ihre Eignung für die Aufgaben der Plankostenrechnung!

3. Charakterisieren Sie die Unterschiede und Gemeinsamkeiten der verschiedenen Varianten von Plan-(Standard)Kostenrechnungen!

4. Worin unterscheiden sich starre und flexible Plankostenrechnung? Nennen Sie alternative Kosteneinflussgrößen!

5. Wie wird in der starren Plankostenrechnung der Plan-Kalkulationssatz berechnet? Erläutern Sie die sich bei der Abweichungsanalyse zeigenden Mängel der starren Plankostenrechnung!

6. Was sind Beschäftigungs- und Verbrauchsabweichungen und wie entstehen diese?

7. Skizzieren und erklären Sie die verschiedenen Kostenverläufe und Kostenabweichungen in der flexiblen Vollplankostenrechnung!

8. Was unterscheidet die Grenzplankostenrechnung von der flexiblen Vollplankostenrechnung, und welche Vor- bzw. Nachteile sind damit verbunden?

9. Was ist das Hauptanliegen der Prozesskostenrechnung? Wo liegt ihr Haupteinsatzgebiet?

10. Welche konzeptionellen Unterschiede und Gemeinsamkeiten bestehen zwischen Prozesskostenrechnung und Standard-Einzelkostenrechnung?

11. Skizzieren Sie das stufenweise Vorgehen für die Kalkulation von Hauptprozessen bzw. innerbetrieblichen Leistungsbündeln in der prozessorientierten Standard-Einzelkostenrechnung!

12. Was sind die Einzelkostenfaktoren und von welchen „Kostentreibern" wird bei ihrer Verwendung implizit ausgegangen?

13. Erläutern Sie die grundsätzliche Vorgehensweise der Zielkostenrechnung!

Abkürzungsverzeichnis

A	Annuität
a.o.	außerordentlich
ABS	Asset Backed Securities
abzügl.	abzüglich
AF	Abzinsungsfaktor
AG	Aktiengesellschaft
AICPA	American Institute of Certified Public Accountants
AktG	Gesetz über Aktiengesellschaften
aktual.	aktualisiert
ARC	Accounting Regulatory Committee
ASQ	Administrative Science Quarterly
Aufl.	Auflage
BA	Beschäftigungsabweichung
BAV	Bundesaufsichtsamt für das Versicherungswesen
Bd.	Band
Bde.	Bände
BDI	Bundesverband der Deutschen Industrie e.V.
BetrVG	Betriebsverfassungsgesetz
BewG	Bewertungsgesetz
BFuP	Betriebswirtschaftliche Forschung und Praxis
BGA	Bundesverband für den Groß- und Außenhandel e.V.
BGB	Bürgerliches Gesetzbuch
BilMoG	Bilanzrechtsmodernisierungsgesetz
BilMoG-RefE	Referentenentwurf des Gesetzes zur Modernisierung des Bilanzrechts
BilReG	Bilanzechtsreformgesetz
BiRiLiG	Bilanzrichtliniengesetz
BMJ	Bundesministerium der Justiz
bspw.	beispielsweise
BVR	Betriebsvermögensrentabilität
BWL	Betriebswirtschaftslehre
bzgl.	bezüglich
CAD	Computer Aided Design
CAM	Computer Aided Manufacturing
CAP	Computer Aided Planning
CAPM	Capital Asset Pricing Model
CAQ	Computer Aided Quality Assurance
cbm	Kubikmeter
CF-GKR	Cashflow-Gesamtkapitalrentabilität
CFROA	Cash Flow Return on Assets
CFROCE	Cash Flow Return on Capital Employed
CFROIC	Cash Flow Return on Invested Capital
CIM	Computer Integrated Manufacturing
CIS	Computergestütztes Management-Informations-System
CPM	Critical Path Method
CPU	Central Processing Unit
CSR	Corporate Social Responsibility
DATEV	Datenverarbeitung und Dienstleistung für den steuerberatenden Beruf eG, Nürnberg
DB	Der Betrieb
db	Deckungsbeitrag pro Stück (Deckungsspanne)

DB	Deckungsbeitrag pro Periode
DBU	Deckungsbeitrag zu Umsatz bzw. Grenzumsatzrentabilität
DBW	Die Betriebswirtschaft
DCF	Discounted Cashflow
DCGK	Deutsche Corporate Governance Kodex
Diss.	Dissertation
DM	Deutsche Mark
Doppik	Doppelte Buchführung in Konten
DRS	Deutsche Rechnungslegungsstandards
DRSC	Deutsches Rechnungslegungs Standards Committee
DSR	Deutscher Standardisierungsrat
DV	Durchführungsverordnung
e.V.	eingetragener Verein
EBIT	Earnings before Interest and Taxes
EBITDA	Earnings before Interest, Taxes, Depreciation and Amortization
EBITDA-GKR	EBITDA-Gesamtkapitalrentabilität
EDV	Elektronische Datenverarbeitung
EFRAG	European Financial Reporting Advisory Group
EG	Europäische Gemeinschaft
EGHGB	Einführungsgesetz zum Handelsgesetzbuch
EHUG	Gesetzes über elektronische Handelsregister und Genossenschaftsregister sowie das Unternehmensregister
EK	Eigenkapital
EKQ	Eigenkapitalquote
EKR	Eigenkapitalrentabilität
EnergieSt	Energiesteuer
ErbSt	Erbschaftsteuer
ERP	Enterprise Resource Planning
ERP	European Recovery Program
erw.	erweiterte
ESt	Einkommensteuer
EStG	Einkommensteuergesetz
ESVG	Europäisches System Volkswirtschaftlicher Gesamtrechnungen
EU	Europäische Union
EUR	Euro
EURIBOR	Euro Interbank Offered Rate
evtl.	eventuell
EW	Ertragswert
EWR	Europäischer Wirtschaftsraum
FA	Frühest möglicher Starttermin
FAP	Freier Anfangspuffer
FAR	Finanzanlagenrentabilität
FE	Frühest möglicher Endtermin
FE	Faktorverbrauch
FEP	Freier Endpuffer
FER	Fachempfehlungen zur Rechnungslegung (Schweiz)
FIFO	first in - first out
FK	Fremdkapital
FKQ	Fremdkapitalquote
FKU	Fixe Kosten zu Umsatz
FKZ	Fremdkapitalzinssatz
FP	Freier Puffer
FRP	Freier Rückwärtiger Puffer
FuE	Forschung und Entwicklung
FZ	Frühest möglicher Zeitpunkt

G	Gesetz
GAAP	Generally Accepted Accounting Principles
GE	Geldeinheiten
GewSt	Gewerbesteuer
GewSt	Gewerbesteuer
GG	Grundgesetz
ggfs.	gegebenenfalls
ggü.	gegenüber
GK	Gesamtkapital
GKR	Gemeinschafts-Kontenrahmen
GKR	Gesamtkapitalrentabilität
GKV	Gesamtkostenverfahren
GmbH	Gesellschaft mit beschränkter Haftung
GmbHG	Gesetz betreffend die Gesellschaften mit beschränkter Haftung
GoB	Grundsätze ordnungsmäßiger Buchführung
GP	Gesamtpuffer
GrESt	Grunderwerbsteuer
GRS	Grenzrate der Substitution
GrSt	Grundsteuer
GuV	Gewinn- und Verlustrechnung
GWG	geringwertiges Wirtschaftsgut
HBR	Harvard Business Review
HDE	Hauptverband des deutschen Einzelhandels
HGB	Handelsgesetzbuch
HIFO	highest in - first out
i.d.F.	in der Fassung
i.d.R.	in der Regel
IAS	International Accounting Standards
IASB	International Accounting Standards Board
IASC	International Accounting Standards Committee
IASCF	IASC Foundation
ICMA	International Capital Market Association
IDW	Institut der Wirtschaftsprüfer
IFAC	International Federation of Accountants
IFRIC	International Financial Reporting Interpretation Committee
IFRS	International Financial Reporting Standards
IKR	Industrie-Kontenrahmen
IOSCO	International Organization of Securities Commissions
ISMA	International Securities Market Association
IT	Informationstechnologie
KapCoRiLiG	Kapitalgesellschaften- und Co-Richtlinie-Gesetz
KE	Kapitaleinsatz
K_f	Fixe Kosten
kfm.	kaufmännisch
KfW	Kreditanstalt für Wiederaufbau
KG	Kommanditgesellschaft
KGaA	Kommanditgesellschaft auf Aktien
KGV	Kurs-Gewinn-Verhältnis
KMU	kleine und mittlere Unternehmen
KonTraG	Gesetz zur Kontrolle und Transparenz im Unternehmensbereich
KPI	Key Performance Indicator
KraftSt	Kraftfahrzeugsteuer
KSt	Körperschaftsteuer
KU	Kapitalumschlag
k_v	variable Kosten pro Stück

kWh	Kilowattstunde
L	Liquidationserlös
LIBOR	London Interbank Offered Rate
LIFO	last in - first out
LOFO	lowest in - first out
LuL	Lieferungen und Leistungen
M	Menge
MbD	Management by Delegation
MbE	Management by Exception
MbO	Management by Objectives
MbS	Management by System
ME	Mengeneinheiten
MinÖlSt	Mineralölsteuer
MIS	Management-Informationssystem
MitbestG	Mitbestimmungsgesetz
MKL-Funktion	Mengen-Kosten-Leistungsfunktion
MoMiG	Gesetz zur Modernisierung des GmbH-Rechts und zur Bekämpfung von Missbräuchen
MPM	Metra Potential Method
MWh	Megawattstunde
Nachdr.	Nachdruck
NOPAT	Net Operating Profit after Taxes
NPV	Net Present Value
n. St.	nach Steuern
NYSE	New York Stock Exchange
OHG	Offene Handelsgesellschaft
OR	Operations Research
p	Preis pro Stück
p.a.	per annum
PAngV	Preisangabenverordnung
PERT	Program Evaluation and Review Technique
PPS	Computer Aided Production Planning and Steering
PR	Public Relations
PreisLS	Leitsätze für die Preisermittlung auf Grund von Selbstkosten
PreisV	Preisverordnung
PublG	Publizitätsgesetz
RBF	Rentenbarwertfaktor
REFA	Reichsausschuss für Arbeitszeitermittlung
ROA	Return on Assets
ROCE	Return on Capital Employed
ROE	Return on Equity
ROFA	Return on Financial Assets
ROIC	Return on Invested Capital
RRG	Rechnungslegungs- und Revisionsgesetz
RW	Restwert
SA	Spätest erlaubter Starttermin
SE	Spätest zulässiger Endtermin
SE	Societas Europaea
SEC	Securities and Exchange Commission
SGF	strategisches Geschäftsfeld
SIC	Standing Interpretations Committee
SKR	Standardkontenrahmen
SME	Small and Medium-sized Entities
SolZ	Solidaritätszuschlag
StromSt	Stromsteuer

SZ	Spätest erlaubter Zeitpunkt
TLE	technische Leistungseinheit
TransPuG	Gesetz zur weiteren Reform des Aktien- und Bilanzrechts, zur Transparenz und Publizität
U	Umsatz bzw. Erlöse pro Periode
u.a.	unter anderem/anderen
u.ä.	und Ähnliche/s
u.a.m.	und andere/s mehr
überarb.	überarbeitete
UGB	Unternehmensgesetzbuch (Österreich)
UKV	Umsatzkostenverfahren
UmwG	Umwandlungsgesetz
UP	Unabhängiger Puffer
UR	Umsatzrentabilität
US	United States
USA	United States of America
USD	US-Dollar
US-GAAP	United States-Generally Accepted Accounting Principles
USt	Umsatzsteuer
UStG	Umsatzsteuergesetz
usw.	und so weiter
u.U.	unter Umständen
UW	Unternehmenswert
V	Verschuldungsgrad
v. St.	vor Steuern
VA	Verbrauchsabweichung
verb.	verbesserte
VersBiRiLiG	Versicherungsbilanzrichtlinien-Gesetz
VOFI	Vollständiger Finanzplan
vollst.	vollständig
VorstOG	Vorstandsvergütungs-Offenlegungsgesetz
VVaG	Versicherungsvereine auf Gegenseitigkeit
VWL	Volkswirtschaftslehre
WACC	Weighted-Average Cost of Capital
WGF	Wiedergewinnungsfaktor
WpHG	Wertpapierhandelsgesetz
WPK	Wirtschaftsprüferkammer
WWW	World Wide Web
z.B.	zum Beispiel
ZBAF	Zerobond-Abzinsfaktor
ZE	Zeiteinheit
ZfB	Zeitschrift für Betriebswirtschaft
ZfbF	Zeitschrift für betriebswirtschaftliche Forschung
ZfgSt	Zeitschrift für die gesamte Staatswissenschaft
ZfhF	Zeitschrift für handelswissenschaftliche Forschung
ZfHH	Zeitschrift für Handelswissenschaft und Handelspraxis
ZfO	Zeitschrift für Organisation
ZKL-Funktion	Zeit-Kosten-Leistungsfunktion

Literaturverzeichnis

Literaturhinweise zur Einleitung: Wirtschaften und Wirtschaftswissenschaften

BEA, F.X./FRIEDL, B./SCHWEITZER, M. (Hrsg.): Allgemeine Betriebswirtschaftslehre, Bd. 1: Grundfragen, 9. Aufl., Stuttgart 2004, Bd. 2: Führung, 9. Aufl., Stuttgart 2005, Bd. 3: Leistungsprozess, 9. Aufl., Stuttgart 2006.

BELLINGER, B.: Geschichte der Betriebswirtschaftslehre, Stuttgart 1967.

BERNHOLZ, P./BREYER, F.: Grundlagen der Politischen Ökonomie, Band 1: Theorie der Wirtschaftssysteme, 3., vollst. überarb. Aufl., Tübingen 1993, Band 2: Ökonomische Theorie der Politik, 3., vollst. überarb. Aufl., Tübingen 1994.

BITZ, M.: Übungen in Betriebswirtschaftslehre. Prüfungsaufgaben und -klausuren, 6., verb. Aufl., München 2003.

BITZ, M./DOMSCH, M./EWERT, R./WAGNER, F.W. (Hrsg.): Vahlens Kompendium der Betriebswirtschaftslehre, Bd. 1 und 2, 5., völlig überarb. Aufl., München 2005.

BORNER, S.: Einführung in die Volkswirtschaftslehre, 8. Aufl., Zürich 1996.

BROCKHOFF, K.: Geschichte der Betriebswirtschaftslehre. Kommentierte Meilensteine und Originaltexte, 2., durchges. Aufl., Wiesbaden 2002.

BUSSE VON COLBE, W./LASSMANN, G.: Betriebswirtschaftstheorie, Bd. 1: Grundlagen, Produktions- und Kostentheorie, 5., durchges. Aufl., Berlin/Heidelberg/New York 1991, Bd. 2: Absatztheorie, 4., verb. u. erw. Aufl., Berlin/Heidelberg/New York 1992, Bd. 3: Investitionstheorie, 3., durchges. Aufl., Berlin/Heidelberg/New York 1990.

CASSEL, G.: Theoretische Sozialökonomie, reprographischer Nachdr. der 5. Aufl., (Leipzig 1932), Darmstadt 1968.

CHMIELEWICZ, K.: Forschungskonzeptionen der Wirtschaftswissenschaft, 3. Aufl., Stuttgart 1994.

CORSTEN, H./REISS, M. (Hrsg.): Betriebswirtschaftslehre, 4., vollst. überarb. u. wesentl. erw. Aufl., München, Wien 2008.

DIEDERICH, H.: Allgemeine Betriebswirtschaftslehre, 7., überarb. Aufl., Stuttgart 1992.

DOMSCHKE, W./SCHOLL, A.: Grundlagen der Betriebswirtschaftslehre. Eine Einführung aus entscheidungsorientierter Sicht, 3., verb. Aufl., Berlin/Heidelberg/New York 2005.

DUBS, R./EULER, D./RÜEGG-STÜRM, J./WYSS, CHR.E. (Hrsg.): Einführung in die Managementlehre, Bern 2004.

ENGELS, W.: Betriebswirtschaftliche Bewertungslehre im Lichte der Entscheidungstheorie, Köln/Opladen 1972.

FISCHER, G.: Allgemeine Betriebswirtschaftslehre, 9., erw. Aufl., unter Mitarbeit von E. GAUGLER, Heidelberg 1964.

GÄFGEN, G.: Theorie der wirtschaftlichen Entscheidung, 3., erw. und erg. Aufl., Tübingen 1974.

GAUGLER, E.: Hundert Jahre Betriebswirtschaftslehre, in: FBS-Schriftenreihe, Band 53, Mannheim 1998.

GROB, H.L.: Fallstudien zur Betriebswirtschaftslehre, Düsseldorf 1994

GUTENBERG, E.: Grundlagen der Betriebswirtschaftslehre, Bd. l: Die Produktion, 24., unveränd. Aufl., Berlin/Heidelberg,/New York 1983, Bd. 2: Der Absatz, 17. Aufl., Berlin/Heidelberg/New York 1984, Bd. 3: Die Finanzen, 8. Aufl., Berlin/Heidelberg/New York 1980.

GUTENBERG, E.: Einführung in die Betriebswirtschaftslehre, Nachdr., Wiesbaden 1990.

HANSSMANN, F.: Quantitative Betriebswirtschaftslehre. Lehrbuch der modellgestützten Unternehmensplanung, 4., unwesent. veränd. Aufl., München 1995.

HEINEN, E.: Betriebswirtschaftliche Kostenlehre, Kostentheorie und Kostenentscheidungen, 6., verb. u. erw. Aufl., Wiesbaden 1983.

HEINEN, E.: Einführung in die Betriebswirtschaftslehre, Nachdr. d. 9., verb. Aufl., Wiesbaden 1992.

HEINEN, E. (Hrsg.): Industriebetriebslehre. Entscheidungen im Industriebetrieb, 9., vollst. überarb. u. erw. Aufl., Wiesbaden 1991a.

HEINEN, E. (Hrsg.): Industriebetriebslehre – Arbeitsbuch, Fragen und Aufgaben, Antworten und Lösungen, 2. Aufl., Wiesbaden 1991b.

HELMSTÄDTER, E.: Wirtschaftstheorie, Bd. 1: Mikroökonomische Theorie, 4., verb. Aufl., München 1991, Bd. 2: Makroökonomische Theorie, 3., überarb. Aufl., München 1986.

HÖRSCHGEN, H.: Grundbegriffe der Betriebswirtschaftslehre, 2 Teile in 1 Bd., 3., durchges. Aufl., Stuttgart 1992.

ILLETSCHKO, L.L./LOITLSBERGER, E.: Empirische Betriebswirtschaftslehre, Wiesbaden 1963.

JUNG, H.: Arbeits- und Übungsbuch Allgemeine Betriebswirtschaftslehre, 2., völlig überarb. Aufl., München/Wien 2003.

JUNG, H.: Allgemeine Betriebswirtschaftslehre, 10., überarb. Aufl., München/Wien 2006.

KALVERAM, W.: Der christliche Gedanke in der Wirtschaft, Köln 1949.

KALVERAM, W.: Industriebetriebslehre, 8. Aufl., Wiesbaden 1972.

KERN, W.: Industriebetriebslehre. Grundlagen einer Lehre von der Erzeugungswirtschaft, 3. Aufl., Stuttgart 1980.

KILGUS, E.: Grundlagen der Unternehmungsführung im Gewerbe, 5. Aufl., Muri b. Bern 1991.

KOCH, H.: Betriebswirtschaftslehre als Wissenschaft vom Handeln, Tübingen 1975.

KÖHLER, R.: Theoretische Systeme der Betriebswirtschaftslehre im Lichte der neueren Wissenschaftslogik, Stuttgart 1966.

KÖHLER, R./KÜPPER, H.-U./PFINGSTEN, A. (Hrsg.): Handwörterbuch der Betriebswirtschaft (HWB), Reihe Enzyklopädie der Betriebswirtschaftslehre (EdBWL) Bd. 1, 6., vollst. neu gest. Aufl., Stuttgart 2007.

KOSIOL, E.: Die Unternehmung als wirtschaftliches Aktionszentrum, 4., rev. u. erg. Aufl., Reinbek bei Hamburg 1972b.

KOSIOL, E.: Bausteine der Betriebswirtschaftslehre. Eine Sammlung ausgewählter Abhandlungen, Aufsätze und Vorträge, Bd. 1: Methodologie, Grundlagen und Organisation, Berlin 1974, Bd. 2: Rechnungswesen, Berlin 1973.

LECHNER, K./EGGER, A./SCHAUER, R.: Einführung in die Allgemeine Betriebswirtschaftslehre, 23., überarb. Aufl., Wien 2006.

LEIPOLD, H.: Wirtschafts- und Gesellschaftssysteme im Vergleich. Grundzüge einer Theorie der Wirtschaftssysteme , 5., bearb. Aufl., Stuttgart 1988.

LINGENFELDER, M. (Hrsg.): 100 Jahre Betriebswirtschaftslehre in Deutschland, München 1999.

LÖFFELHOLZ, J.: Repetitorium der Betriebswirtschaftslehre, Nachdr. d. 6. Aufl., Wiesbaden 1989.

MANKIW, N.G.: Principles of Macroeconomics, 4. Aufl., Harvard University 2007.

MELLEROWICZ, K.: Allgemeine Betriebswirtschaftslehre, Bd. 1: Begriff, Gliederung und Methode der BWL, 14. Aufl., Stuttgart 1973, Bd. 2: Theorie der Produktion, 13. Aufl., Stuttgart 1970, Bd. 3: Die Anwendung der Theorie der Produktion, Beschaffung, Fertigung & Vertrieb, 13. Aufl., Stuttgart 1971a, Bd. 4: Die Anwendung der Theorie der Produktion, Verwaltung und Leitung, 12. Aufl., Stuttgart 1968, Bd. 5: Die betrieblichen sozialen Funktionen, Stuttgart 1971b.

MERTENS, P./PLÖTZENEDER, H.D.: Programmierte Einführung in die Betriebswirtschaftslehre, Bd. 1: Institutionslehre, 11. Aufl., Wiesbaden 2001, Bd. 2: Entscheidungslehre, 2. Aufl., Wiesbaden 1975a, Bd. 3: Entscheidungen in den Funktionalbereichen, 2. Aufl., Wiesbaden 1975b, Bd. 4: Lernziele, Adressaten, Validierung, Zwischentest-Lösungen, 2. Aufl., Wiesbaden 1975c.

MOXTER, A.: Methodologische Grundfragen der Betriebswirtschaftslehre, Köln/Opladen 1957.

MÜLHAUPT, L.: Einführung in die Betriebswirtschaftslehre der Banken. Struktur und Grundprobleme des Bankbetriebs und des Bankwesens in der Bundesrepublik Deutschland, 3., überarb. Aufl., Wiesbaden 1980.

MÜLLER, J.H./PETERS, H.: Einführung in die Volkswirtschaftslehre, 12. Aufl., Herne/Berlin 1991.

MÜLLER-MERBACH, H.: Einführung in die Betriebswirtschaftslehre, 3. Aufl., München 1998.

MYRDAL, G.: Das politische Element in der nationalökonomischen Doktrinbildung, Berlin 1932.

Literaturverzeichnis 871

NEUS, W.: Einführung in die Betriebswirtschaftslehre aus institutionenökonomischer Sicht, 3. Aufl., Tübingen 2007.

NICKLISCH, H.: Die Betriebswirtschaft, 7. Aufl. der „Wirtschaftlichen Betriebslehre", Stuttgart 1972.

PETERS, S./BRÜHL, R./STELLING, J.N.: Betriebswirtschaftslehre. Einführung, 11., überarb. u. erw. Aufl., München, Wien 2002.

PFOHL, H.-CHR. (Hrsg.): Betriebswirtschaftslehre der Mittel- und Kleinbetriebe. Größenspezifische Probleme und Möglichkeiten zu ihrer Lösung, 4. Aufl., Berlin 2006.

PICOT, A./REICHWALD, R./WIGAND, R.T.: Die grenzenlose Unternehmung. Information, Organisation und Management, 5., aktual. Aufl., Wiesbaden 2003.

PLEITNER, H.J. (Hrsg.): Aspekte einer Managementlehre für kleinere Unternehmen, Berlin 1986.

RAFFÉE, H.: Grundprobleme der Betriebswirtschaftslehre im Grundstudium der Wirtschaftswissenschaft, Göttingen 1974.

RIEGER, W.: Einführung in die Privatwirtschaftslehre, 3. Aufl., Erlangen 1964.

RÖSSLE, K.: Allgemeine Betriebswirtschaftslehre, 5. Aufl., Stuttgart 1956.

SAMUELSON, P.A./NORDHAUS, W.D.: Volkswirtschaftslehre. Das internationale Standardwerk der Makro- und Mikroökonomie, 3., aktual. Aufl., Landsberg 2007.

SCHÄFER, E.: Die Unternehmung. Einführung in die Betriebswirtschaftslehre, Nachdr. d. 10. Aufl., Wiesbaden 1991.

SCHANZ, G.: Betriebswirtschaftslehre als Sozialwissenschaft. Eine Einführung, Stuttgart/Berlin/Köln/Mainz 1979.

SCHMALEN, H.: Grundlagen und Probleme der Betriebswirtschaft, 12. Aufl., Köln 2002.

SCHMALENBACH, E.: Die Privatwirtschaftslehre als Kunstlehre, in: ZfhF, 6. Jg. (1911/1912), S. 304ff.

SCHMALENBACH, E.: Kapital, Kredit und Zins in betriebswirtschaftlicher Beleuchtung, 4. Aufl., bearb. von R. BAUER, Köln/Opladen 1961, 1. Aufl., Leipzig 1933.

SCHMIDT, R.-B.: Wirtschaftslehre der Unternehmung, Bd. 1: Grundlagen und Zielsetzung, 2., überarb. Aufl., Stuttgart 1977, Bd. 2: Zielerreichung, Stuttgart 1973, Bd. 3: Erfolgsverwendung, Stuttgart 1978.

SCHNEIDER, D.: Geschichte betriebswirtschaftlicher Theorie, 2. Aufl., München 1985.

SCHNEIDER, D.: Betriebswirtschaftslehre, Bd. 1: Grundlagen, 2., verb. u. erg. Aufl., München/Wien 1995, Bd. 2: Rechnungswesen, 2., vollst. überarb. Aufl., München/Wien 1996, Bd. 3: Theorie der Unternehmung, München/Wien 1997, Bd. 4: Geschichte und Methoden der Wirtschaftswissenschaft, München/Wien 2001.

SEISCHAB, H.: Betriebswirtschaftliche Grundbegriffe, Stuttgart 1961.

SEISCHAB, H./SCHWANTAG, K. (Hrsg.): Handwörterbuch der Betriebswirtschaft, 3. Aufl., Bd. 1: Abandon – Filmversicherung, Stuttgart 1956, Bd. 2: Finanzausgleich – Kreditversicherung, Stuttgart 1958, Bd. 3: Kreditwürdigkeitsprüfung – Teilwert, Stuttgart 1960, Bd. 4: Teilzahlungsgeschäft – Zwischenhandel, Stuttgart 1962.

SEYFFERT, R.: Über Begriff, Aufgaben und Entwicklung der Betriebswirtschaftslehre, 6. Aufl., Stuttgart 1971.

STEPHAN, A./FISCHER, E.O.: Betriebswirtschaftliche Optimierung. Einführung in die quantitative Betriebswirtschaftslehre, 7. Aufl., München/Wien 2001.

SZYPERSKY, N.: Zur Problematik der quantitativen Terminologie der Betriebswirtschaftslehre, Berlin 1962.

THOMMEN, J.-P./ACHLEITNER, A.-K.: Allgemeine Betriebswirtschaftslehre. Umfassende Einführung aus managementorientierter Sicht, 5., überarb. u. erw. Aufl., Wiesbaden 2006.

THOMMEN, J.-P./ACHLEITNER, A.-K.: Allgemeine Betriebswirtschaftslehre. Arbeitsbuch. Repetitionsfragen – Aufgaben – Lösungen, 5., überarb. Aufl., Wiesbaden 2007.

ULRICH, H.: Die Unternehmung als produktives soziales System, 2. Aufl., Bern/Stuttgart 1970.

VARIAN, H.R.: Intermediate Microeconomics. A Modern Approach, 7. Aufl., New York 2006.

VON HAYEK, F.A.: Die Verfassung der Freiheit, Tübingen 1983.

872 Literaturverzeichnis

WEITZ, B.O.: Bedeutende Ökonomen, München/Wien 2008

WITTE, H.: Allgemeine Betriebswirtschaftslehre. Lebensphasen des Unternehmens und betriebliche Funktionen, 2., völlig überarb. Aufl., München/Wien 2007.

WITTMANN, W.: Betriebswirtschaftslehre. Ein einführendes Lehrbuch, Bd. I: Grundlagen, Elemente, Instrumente, Tübingen 1982, Bd. II: Beschaffung, Produktion, Absatz, Investition, Finanzierung, Tübingen 1985.

WÖHE, G./DÖRING, U.: Einführung in die allgemeine Betriebswirtschaftslehre, 23., vollst. neubearb. Aufl., München 2008.

WÖHE, G./KAISER, H./DÖRING, U.: Übungsbuch zur „Einführung in die Allgemeine Betriebswirtschaftslehre", 12., vollst. überarb. Aufl., München 2008.

WOLL, A.: Volkswirtschaftslehre, 15., vollst. überarb. Aufl., München 2007.

Literaturhinweise zum Ersten Kapitel:

Betriebe und Haushalte als Träger des arbeitsteiligen Wirtschaftsprozesses

CASTAN, E.: Typologie der Betriebe, Stuttgart 1963.

DEPPE, H.-D.: Betriebswirtschaftliche Grundlagen der Geldwirtschaft, Band 1: Einführung und Zahlungsverkehr, Stuttgart 1973.

GALBRAITH, J.K.: Die moderne Industriegesellschaft, München 1968.

GUTENBERG, E.: Grundlagen der Betriebswirtschaftslehre, Bd. 1: Die Produktion, 24. unveränd. Aufl., Berlin/Heidelberg/New York 1983.

KIRSCH, W. et al.: Die Wirtschaft. Einführung in die Volks- und Betriebswirtschaftslehre, Wiesbaden 1975.

KOCH, H. (Hrsg.): Neuere Entwicklungen in der Unternehmenstheorie. E. GUTENBERG zum 85. Geburtstag, Wiesbaden 1983.

KOSIOL, E.: Die Unternehmung als wirtschaftliches Aktionszentrum, 4., rev. u. erg. Aufl., Reinbek bei Hamburg 1972b.

KUSSMAUL, H.: Betriebswirtschaftslehre für Existenzgründer. Grundlagen mit Fallbeispielen und Fragen der Existenzgründungspraxis, 6., vollst. überarb. u. erw., München/Wien 2008.

LEHMANN, M.R.: Allgemeine Betriebswirtschaftslehre, 3. Aufl., Wiesbaden 1956.

MELLEROWICZ, K.: Betriebswirtschaftslehre der Industrie, Bd. 1: Grundfragen und Führungsprobleme industrieller Betriebe, 7. Aufl., Freiburg. i. Br. 1981a, Bd. 2: Die Funktionen des Industriebetriebes, 7. Aufl., Freiburg. i. Br. 1981b.

REICHARD, CH.: Betriebswirtschaftslehre der öffentlichen Verwaltung, 2., völlig neubearb. Aufl., Berlin/New York 1987.

SCHEFFLER, W.: Besteuerung von Unternehmen I. Ertrags-, Substanz- und Verkehrsteuern, 9. Aufl., Stuttgart 2006a.

SCHNEIDER, E.: Volkswirtschaft und Betriebswirtschaft, Tübingen 1964.

SCHNEIDER, E.: Einführung in die Wirtschaftstheorie, Teil 1: Theorie des Wirtschaftskreislaufs, 14., verb. Aufl., Tübingen 1969.

SMITH, A.: Der Wohlstand der Nationen − Eine Untersuchung seiner Natur und seiner Ursachen, London 1789, aus dem Englischen übertragen von H.C. RECKTENWALD, 11. Aufl., München 2005.

THOM, N./RITZ, A.: Public Management. Innovative Konzepte zur Führung im öffentlichen Sektor, 3., vollst. überarb. Aufl., Wiesbaden 2006.

Literaturverzeichnis 873

Literaturhinweise zum Zweiten Kapitel: Typologie der Unternehmungen

ANSOFF, I.: Strategies for Diversification, in: HBR, 35. Jg. (1957), September-Oktober, S. 113 – 124.

BACKHAUS, K./BÜSCHKEN, J./VOETH, M.: Internationales Marketing, 5., überarb. Aufl., Stuttgart 2003.

BEHRENS, K.C.: Allgemeine Standortbestimmungslehre, 2. Aufl., Köln/Opladen 1971.

BLEICHER, K./HERMANN, R.: Joint-Venture-Management, Zürich 1991.

BRENKEN, D.: Strategische Unternehmensführung und Ökologie, Bergisch-Gladbach 1988.

BUSSMANN, K.F.: Kartelle und Konzerne, Stuttgart 1963.

GROCHLA, E.: Betriebsverband und Verbandbetrieb, Berlin 1959.

HEGEMANN, J./QUERBACH, T.: Umwandlungsrecht. Grundlagen und Steuern, Wiesbaden 2007.

HUNGENBERG, H.: Strategisches Management in Unternehmen: Ziele, Prozesse, Verfahren, Wiesbaden 2004.

HUNGENBERG, H./MEFFERT, J. (Hrsg.): Handbuch Strategisches Management, 2. Aufl., Wiesbaden 2005.

JACOB, H.: Zur Standortwahl der Unternehmung, 3., durchges. Aufl., Wiesbaden 1976.

JACOB, H. (Hrsg.): Industriebetriebslehre. Handbuch für Studium und Prüfung, 4. Aufl., Wiesbaden 1990a.

KOSIOL, E.: Die Unternehmung als wirtschaftliches Aktionszentrum, 4., rev. u. erg. Aufl., Reinbek bei Hamburg 1972b.

KÜPPER, W.: Standortentscheidungsprozesse transnationaler industrieller Großunternehmen, in: LÜCK, W./TROMMSDORFF, V. (Hrsg.): Internationalisierung der Unternehmung als Problem der Betriebswirtschaftslehre, Berlin 1982, S. 439 – 461.

KUTSCHKER, M./SCHMID, ST.: Internationales Management, 6., überarb. u. aktual. Aufl., München/Wien 2008.

LIEFMANN, R.: Kartelle, Konzerne und Trusts, 8. Aufl., Stuttgart 1930.

LITFIN, P.M.: Unternehmensform nach Maß. Wirtschaftlich – Handelsrechtlich – Steuerlich, 3., überarb. u. aktual. Aufl., Stuttgart 1994.

LOHMANN, M.: Einführung in die Betriebswirtschaftslehre, 4., neubearb. Aufl., Tübingen 1964.

LÜCK, W./TROMMSDORFF, V. (Hrsg.): Internationalisierung der Unternehmung als Problem der Betriebswirtschaftslehre, Berlin 1982.

MEFFERT, H./BOLZ, J.: Internationales Marketing-Management, 3., überarb. u. erw. Aufl., Stuttgart 1998.

MEISSNER, H.G./GERBER, S.: Die Auslandsinvestition als Entscheidungsproblem, in: BFuP, 32. Jg. (1980), Heft 3, S. 217 – 228.

MELLEROWICZ, K.: Allgemeine Betriebswirtschaftslehre, Bd. 4: Die Anwendung der Theorie der Produktion, Verwaltung und Leitung, 12. Aufl., Stuttgart 1968.

PAUSENBERGER, E. (Hrsg.): Internationales Management, Stuttgart 1981.

PERLITZ, M.: Internationales Management. Grundwissen der Ökonomik, 5., bearb. Aufl., Stuttgart 2004.

SCHÄFER, E.: Der Industriebetrieb, 2., erw. Aufl., Wiesbaden 1979.

SCHNEELOCH, D.: Rechtsformwahl und Rechtsformwechsel mittelständischer Unternehmen. Auswahlkriterien, Steuerplanung und Gestaltungsempfehlungen, 2., völlig neubearb. Aufl., Stuttgart 2006.

SCHOPPE, S.G. (Hrsg.): Kompendium der internationalen Betriebswirtschaftslehre, 4., vollst. überarb. Aufl., München/Wien 1998.

SCHUBERT, W./KÜTING, K.: Unternehmenszusammenschlüsse, München 1981.

STEHLE, H./STEHLE, A.: Die rechtlichen und steuerlichen Wesensmerkmale der verschiedenen Gesellschaftsformen. Vergleichende Tabellen, 19., überarb. Aufl., Stuttgart 2005.

TESCH, P.: Die Bestimmungsgründe des internationalen Handels und der Direktinvestition, Berlin 1980.

WELGE, M.K./HOLTBRÜGGE, D.: Internationales Management. Theorien, Funktionen, Fallstudien, 4., überarb. u. erw. Aufl., Stuttgart 2006.

WIDMANN, S./MAYER, R.: Umwandlungsrecht, Bd. 1 – 8, Bonn 2006.

WÖHE, G./DÖRING, U.: Einführung in die allgemeine Betriebswirtschaftslehre, 23., vollst. neubearb. Aufl., München 2008.

WÖHE, G./KAISER, H./DÖRING, U.: Übungsbuch zur „Einführung in die Allgemeine Betriebswirtschaftslehre", 12., vollst. überarb. Aufl., München 2008.

ZINK. G.: Zur Systematik der bankbetrieblichen Standortfaktoren, in: ÖBA, 19. Jg. (1971), Nr. 1, S. 19 – 31.

Literaturhinweise zum Dritten Kapitel: Unternehmungsziele

ATKINSON, J.W.: A Theory of Achievement Motivation, New York 1974.

BASSEN, A./JASTRAM, S./ MEYER, K.: Corporate Social Responsibility. Eine Begriffserläuterung, in: Zeitschrift für Wirtschafts- und Unternehmensethik, 6. Jg. (2005), Heft 2, S. 231 – 236.

BERTHEL, J.: Zielorientierte Unternehmungssteuerung. Die Formulierung operationaler Zielsysteme, Stuttgart 1978.

BERLE, A.A./MEANS, G.: The Modern Corporation and Private Property, New York 1932.

BIDLINGMAIER, J.: Zielkonflikte und Zielkompromisse im unternehmerischen Entscheidungsprozess, Wiesbaden 1968.

BIDLINGMAIER, J.: Unternehmerziele und Unternehmerstrategien, 2. Aufl., Wiesbaden 1973.

BLEICHER, K.: Normatives Management. Politik, Verfassung und Philosophie des Unternehmens, Frankfurt a.M. 1994.

CHMIELEWICZ, K. et al.: Die Mitbestimmung im Aufsichtsrat und Vorstand, in: DBW, 57. Jg. (1977), S. 105ff.

COENENBERG, A.G.: Jahresabschluss und Jahresabschlussanalyse. Grundfragen der Bilanzierung nach betriebswirtschaftlichen, handelsrechtlichen, steuerrechtlichen und internationalen Grundsätzen, 20. Aufl., Landsberg 2005a.

CYERT, R.M./MARCH, J.G.: A Behavioural Theory of the Firm, Englewood Cliffs 1963.

DEGES, F.: Die Beschäftigung mit den Unternehmerzielen in der Literatur der alten und neuen Betriebswirtschaftslehre bis 1966, Schriften zur Geschichte der Betriebswirtschaftslehre, hrsg. v. F. KLEIN-BLENKERS, Köln 1993.

DYLLICK, T.: Ökologisch bewusstes Management, Bern 1996.

EUROPÄISCHE KOMMISSION (Hrsg.): Europäische Rahmenbedingungen für die soziale Verantwortung der Unternehmen. Grünbuch, Luxemburg: Amt für amtliche Veröffentlichungen der Europäischen Gemeinschaften, COM (2001) 336 final, Brüssel 2001.

HAUSCHILDT, J.: Entscheidungsziele, Zielbildung in innovativen Entscheidungsprozessen, Tübingen 1977.

HECKHAUSEN, H.: The Anatomy of Achievement Motivation, New York 1967.

HEINEN, E.: Grundlagen betriebswirtschaftlicher Entscheidungen. Das Zielsystem der Unternehmung, 3. Aufl., Wiesbaden 1976.

KIRCHGEORG, M.: Ökologieorientiertes Unternehmensverhalten – Typologien und Erklärungsansätze auf empirischer Grundlage, Wiesbaden 1990.

KIRSCH, W.: Entscheidungsprozesse, Bd. 2: Informationsverarbeitungstheorie des Entscheidungsverhaltens, Wiesbaden 1971a.

MARCH, J.G./SIMON, H.A.: Organisation und Individuum. Menschliches Verhalten in Organisationen, Wiesbaden 1977.

MASLOW, A.H.: Motivation and Personality, 2. Aufl., New York 1970.

MCCLELLAND, D.C.: Motivating Economic Achievement, New York 1969.

Literaturverzeichnis 875

MEFFERT, H./KIRCHGEORG, M.: Marktorientiertes Umweltmanagement, 3., überarb. u. erw. Aufl., Stuttgart 1998.

PICOT, A.: Betriebswirtschaftliche Umweltbeziehungen und Umweltinformationen, Berlin 1977.

RAPPAPORT, A.: Creating Shareholder Value, New York 1998.

SCHALTEGGER, S./STURM, A.: Öko-Effizienz durch Öko-Controlling, Zürich/Stuttgart 1995.

SCHIERENBECK, H.: Ertragsorientiertes Bankmanagement, Bd. 1: Grundlagen, Marktzinsmethode und Rentabilitäts-Controlling, 8. Aufl., Wiesbaden 2003.

SCHIERENBECK, H./LISTER, M.: Value Controlling: Grundlagen Wertorientierter Unternehmensführung, 2. Aufl., München/Wien 2002.

SCHMIDT, R.-B.: Wirtschaftslehre der Unternehmung, Bd. 1: Grundlagen und Zielsetzung, 2., überarb. Aufl., Stuttgart 1977.

SCHMIDT-SUDHOFF, U.: Unternehmerziele und unternehmerisches Zielsystem, Wiesbaden 1967.

SCHWARZ, P./PURTSCHERT, R./GIROUD, CH./SCHAUER, R.: Das Freiburger Management-Modell für Nonprofit-Organisationen, 5., erg. u. aktual. Aufl., Bern/Stuttgart/Wien 2005.

SEIDEL, E./MENN, H.: Ökologisch orientierte Betriebswirtschaft, Stuttgart 1988.

SEIDEL, E./STREBEL, H.: Umwelt und Ökonomie, Wiesbaden 1991.

STEWART, G.B.: The Quest for Value: A Guide for Senior Managers, New York 1991

ULLRICH, K.V.: Gesellschaftsbezogene Unternehmensphilosophie. Veröffentlichung der Stiftung Gesellschaft und Unternehmen, Heft 8, Köln 1977.

WAGNER, G.R.: Betriebswirtschaftliche Umweltökonomie, Stuttgart 1997.

WAGNER, G.R. (Hrsg.): Unternehmung und ökologische Umwelt, München 1990.

WAGNER, G.R. (Hrsg.): Betriebswirtschaft und Umweltschutz, Stuttgart 1993.

WILD, J.: Grundlagen der Unternehmungsplanung, 4. Aufl., Reinbek bei Hamburg 1982.

Literaturhinweise zum Vierten Kapitel: Unternehmungsführung

4.1 Hauptfunktionen des Managements

ADAM, D./BACKHAUS, K./THONEMANN, U.W./VOETH, M.: Allgemeine Betriebswirtschaftslehre - Koordination betrieblicher Entscheidungen. Die Fallstudie Peter Pollmann, 3., verb. Aufl., Berlin/Heidelberg/New York 2004.

BLAKE, R.R./MOUTON, J.S.: Verhaltenspsychologie im Betrieb. Der Schlüssel zur Spitzenleistung, Neuaufl., Düsseldorf 1986.

BLEICHER, K.: Das Konzept: Integriertes Management, 6. Aufl., Frankfurt a.M. 2001.

BÜHNER, R.: Betriebswirtschaftliche Organisationslehre, 10., bearb. Aufl., München/Wien 2004.

COENENBERG, A.G./SALFELD, R.: Wertorientierte Unternehmensführung. Vom Strategieentwurf zur Implementierung, 2., überarb. Aufl., Stuttgart 2007.

DRUCKER, P.F.: Die Praxis des Managements, 7. Aufl., Düsseldorf 1998.

DRUCKER, P.F.: Was ist Management? Das Beste aus 50 Jahren, Berlin 2002.

GÄLWEILER, A.: Unternehmensplanung. Grundlagen und Praxis, Neuausg. bearb. u. erg. v. U. Schwaninger, Frankfurt a.M./New York 1986.

GOMEZ, P.: Modelle und Methoden des systemorientierten Managements. Eine Einführung für Führungskräfte und Studenten der Betriebswirtschaft, Bern/Stuttgart 1981.

GOMEZ, P./ZIMMERMANN, T.: Unternehmensorganisation. Profile, Dynamik, Methodik, 4. Aufl., Frankfurt a.M. 1999.

GROCHLA, E.: Unternehmungsorganisation, 9. Aufl., Reinbek bei Hamburg 1983.

GUTENBERG, E.: Unternehmensführung. Organisation und Entscheidungen, Wiesbaden 1962.

HÄUSLER, J.: Grundfragen der Betriebsführung. Eine Analyse der Führungsproblematik in Wissenschaft und Praxis, Wiesbaden 1966.

HINTERHUBER, H.H.: Wettbewerbsstrategie, 2., völlig neubearb. Aufl., Berlin/New York 1990.

HINTERHUBER, H.H.: Strategische Unternehmensführung, Bd. 1: Strategisches Denken, 6., neubearb. u. erw. Aufl., Berlin/New York 1996, Bd. 2: Strategisches Handeln. Direktiven, Organisation, Umsetzung, Unternehmungskultur, strategische Führungskompetenz, 6., vollst. neubearb. Aufl., Berlin/New York 1997.

KIESER, A./REBER, G./WUNDERER, R. (Hrsg.): Handwörterbuch der Führung (HWFü), 2., neubearb. u. erw. Aufl., Stuttgart 1995.

KIRSCH, W./ESSER, W.-M./GABELE, E.: Theoretische Perspektiven des geplanten organisatorischen Wandels, München 1978.

KOSIOL, E.: Organisation der Unternehmung, 2. Aufl., Wiesbaden 1976a.

MALIK, F.: Management. Das A und O des Handwerks, Frankfurt a.M./New York 2007.

MALIK, F.: Strategie des Managements komplexer Systeme. Ein Beitrag zur Management-Kybernetik evolutionärer Systeme, 9., unveränd. Aufl., Bern/Stuttgart 2006a.

MALIK, F.: Führen, Leisten, Leben. Wirksames Management für eine neue Zeit, Frankfurt a.M./New York 2006b.

MELLEROWICZ, K.: Unternehmenspolitik, Bd. 1: Grundlagen, 3. Aufl., Freiburg. i. Br. 1976, Bd. 2: Funktionsbezogene Teilpolitiken, 3. Aufl., Freiburg. i. Br. 1977, Bd. 3: Operative Teilpolitiken und Konzernführung, 4. Aufl., Stuttgart 1978.

MINTZBERG, H.: The Nature of Managerial Work, New York u.a. 1973.

MÜLLER-STEWENS, G./LECHNER, CHR.: Strategisches Management. Wie strategische Initiativen zum Wandel führen, 3., aktual. Aufl., Stuttgart 2005.

PICOT, A./REICHWALD, R./WIGAND, R.T.: Die grenzenlose Unternehmung. Information, Organisation und Management, 5., aktual. Aufl., Wiesbaden 2003.

RÜEGG-STÜRM, J.: Das neue St. Galler Management-Modell. Grundkategorien einer integrierten Managementlehre: Der HSG-Ansatz, 4. Nachdruck der 2., durchges. und korr. Aufl., Bern 2003.

SCHMIDT, G.: Methoden und Techniken der Organisation, Schriftenreihe Organisation, Band 1, 13. Aufl., Gießen 2003.

SCHMIDT, G.: Organisatorische Grundbegriffe, ibo Schriftenreihe, Band 3, 13. Aufl., Gießen 2006.

SCHREYÖGG, G./VON WERDER, A. (Hrsg.): Handwörterbuch Unternehmensführung und Organisation (HWO), Reihe Enzyklopädie der Betriebswirtschaftslehre (EdBWL) Bd. 2, 4., völlig neu bearb. Aufl., Stuttgart 2004.

STAEHLE, W.H.: Organisation und Führung sozio-technischer Systeme, Stuttgart 1973.

STAEHLE, W.H.: Management. Eine verhaltenswissenschaftliche Perspektive, 8. Aufl., München 1999.

SZYPERSKY, N./WINAND, U.: Grundbegriffe der Unternehmensplanung, Stuttgart 1980.

TANNENBAUM, R./SCHMIDT, W:. How to choose a leadership pattern, in: HBR, 36. Jg. (1958), S. 95ff.

ULRICH, H.: Unternehmungspolitik, 3. Aufl., Bern/Stuttgart 1990.

ULRICH, P./FLURI, E.: Management. Eine konzentrierte Einführung, 7., verb. Aufl., Stuttgart 1995.

WILD, J.: Grundlagen der Unternehmungsplanung, 4. Aufl., Reinbek bei Hamburg 1982.

WUNDERER, R.: Führung und Zusammenarbeit: eine unternehmerische Führungslehre, 6., überarb. und erw. Aufl., Neuwied 2006.

WUNDERER, R./GRUNDWALD, W.: Führungslehre, Bd. 1: Grundlagen der Führung, Bd. 2: Kooperative Führung, unter Mitarbeit von P. MOLDENHAUER, Berlin/New York 1984.

4.2 Elemente und Strukturen von Managementsystemen

AGTHE, K.: Strategie und Wachstum der Unternehmung. Praxis der langfristigen Planung, Baden-Baden/Bad Homburg 1972.

ALBACH. H.: Strategische Unternehmensplanung bei erhöhter Unsicherheit, in: ZfB, 48. Jg. (1978), S. 702ff.

ALBACH, H.: Beiträge zur Unternehmensplanung, USW-Schriften für Führungskräfte, Universitätsseminar der Wirtschaft, Bd. 2, 3. Aufl., Wiesbaden 1979.

ANSOFF, I.: Management-Strategie, München 1966.

ARGYRIS, C.: Understanding Organizational Behaviour, London 1960.

BEA, F.X./GÖBEL, E.: Organisation. Theorie und Gestaltung, 3., neubearb. Aufl., Stuttgart 2006.

BECKER, M.: Personalentwicklung. Bildung, Förderung und Organisationsentwicklung in Theorie und Praxis, 4., aktual. u. überarb. Aufl., Stuttgart 2005.

BERTHEL, J.: Betriebliche Informationssysteme, Stuttgart 1975.

BERTHEL, J./BECKER, F.G.: Personal-Management. Grundzüge für Konzeptionen betrieblicher Personalarbeit, 8., überarb. u. erw. Aufl., Stuttgart 2007.

BLEICHER, K.: Organisation. Strategien – Stukturen – Kulturen, 2., überarb. Aufl., Wiesbaden 1991.

BLEICHER, K.: Das Konzept: Integriertes Management, 6. Aufl., Frankfurt a.M. 2001.

BRUHN, M.: Marketing. Grundlagen für Studium und Praxis, 8., überarb. Aufl., Wiesbaden 2007a.

BUNDESVERBAND DEUTSCHER UNTERNEHMENSBERATER BDU E. V. (Hrsg.): Controlling, Leitfaden für Controllingpraxis und Unternehmensberatung, 2. Aufl., Berlin 1990.

CORSTEN, H./CORSTEN, H./GÖSSINGER, R.: Projektmanagement. Einführung, 2. Aufl., München/Wien 2008.

CYERT, R.M./MARCH, J.G.: A Behavioural Theory of the Firm, Englewood Cliffs 1963.

DUNST, K.H.: Portfolio Management. Konzeption für die strategische Unternehmensplanung, 2., verb. Aufl., Berlin/New York 1982.

FRESE, E.: Grundlagen der Organisation. Entscheidungsorientiertes Konzept der Organisationsgestaltung, 9. Aufl., Wiesbaden 2005.

GAUGLER, E./OECHSLER, W.A./WEBER, W. (Hrsg.): Handwörterbuch des Personalwesens (HWP), Reihe Enzyklopädie der Betriebswirtschaftslehre (EdBWL) Bd. 5, 3., überarb. u. erg. Aufl., Stuttgart 2004.

GROB, H.L./REEPMEYER, J.-A.: Einführung in die EDV, 4. Aufl., München 1996.

GROCHLA, E.: Betriebliche Planung und Informationssysteme, Reinbek bei Hamburg 1975.

GROCHLA, E.: Grundlagen der organisatorischen Gestaltung, Stuttgart 1982.

GROCHLA, E.: Unternehmungsorganisation, 9. Aufl., Reinbek bei Hamburg 1983.

HAHN, D./HUNGENBERG, H.: PuK – Wertorientierte Controllingkonzepte. Planung und Kontrolle, Planungs- und Kontrollsysteme – Planungs- und Kontrollrechnung. Controllingkonzepte, 6., vollst. überarb. u. erw. Aufl., Wiesbaden 2001.

HAMMER, R.: Unternehmensplanung. Lehrbuch der Planung und strategischen Unternehmensführung, 7. Aufl., München/Wien 1998.

HANSEN, H.R./NEUMANN, G.: Wirtschaftsinformatik 1. Grundlagen und Anwendungen, 9., völlig neu bearb. Aufl., Stuttgart 2005.

HANSEN, H.R./NEUMANN, G.: Arbeitsbuch Wirtschaftsinformatik. IT-Lexikon, Aufgaben, Lösungen, 7., völlig neubearb. u. stark erw. Aufl., Stuttgart 2007.

HANSSMANN, F.: Die Rolle von Entscheidungsmodellen in der strategischen Planung, in: MÜLLER-MERBACH, H. (Hrsg.): Quantitative Ansätze in der Betriebswirtschaftslehre, München 1978.

HAX, H./LAUX, H.: Flexible Planung – Verfahrensregeln und Entscheidungsmodelle für die Planung bei Ungewissheit, in: ZfbF, 24. Jg. (1972), S. 318ff.

HEDLEY, B.: Strategy and the „business portfolio", in: Longe Range Planning, 10. Jg. (1977), S. 9 – 15.

HEINRICH, L.J./LEHNER, F.: Informationsmanagement. Planung, Überwachung und Steuerung der Informationsinfrastruktur, 8., vollst. überarb. u. erg. Aufl., München/Wien 2005.

HILL, W./FEHLBAUM, R./ULRICH, P.: Organisationslehre 1: Ziele, Instrumente und Bedingungen der Organisation sozialer Systeme, 5., überarb. Aufl., Bern/Stuttgart 1994.

HILL, W./FEHLBAUM, R./ULRICH, P.: Organisationslehre 2: Theoretische Ansätze und praktische Methoden der Organisation sozialer Systeme, 5., verb. Aufl., Bern/Stuttgart 1998.

HILL, W.: Unternehmensplanung, 2. Aufl., Stuttgart 1971.

HÖHN, R.: Stellenbeschreibung und Führungsanweisung. Die organisatorische Aufgabe moderner Unternehmensführung, 10., unveränd. Aufl., Bad Harzburg 1979.

Höhn, R./Böhme, G.: Führungsbrevier der Wirtschaft, 11. Aufl., Bad Harzburg 1983.

HOPE, J./FRASER, R.: Beyond Budgeting. How Managers Can Break Free from the Annual Performance Trap, Harvard Business School 2003.

HORVÁTH, P.: Controlling, 10., vollst. überarb. Aufl., München 2006.

JUNG, H.: Arbeits- und Übungsbuch Personalwirtschaft, München/Wien 2003.

JUNG, H.: Controlling, 2., überarb. u. aktual. Aufl., München/Wien 2007.

JUNG, H.: Personalwirtschaft, 8., aktual. u. überarb. Aufl., München/Wien 2008.

KAPLAN, R.S./NORTON, D.P.: The Balanced Scorecard, Translating Strategy into Action, Harvard Business School 1996b.

KAPLAN, R.S./NORTON, D.P.: Using the Balanced Scorecard as a Strategic Management System, in: HBR, 74. Jg. (1996a), S. 75 - 85.

KAPLAN, R.S./NORTON, D.P.: Balanced Scorecard: Strategien erfolgreich umsetzen, aus dem Amerikanischen von Horváth, P., Stuttgart 1997.

KEMPER, H.-G./MEHANNA, W./UNGER, C.: Business Intelligence. Grundlagen und praktische Anwendungen, 2., erg. Aufl., Wiesbaden 2006.

KIESER, A.: Organisationstheoretische Ansätze, München 1981.

KIESER, A./WALGENBACH, P.: Organisation, 5., überarb. Aufl., Stuttgart 2007.

KIRSCH, W.: Betriebswirtschaftslehre: Systeme, Entscheidungen, Methoden, Wiesbaden 1974.

KIRSCH, W.: Entscheidungsprozesse, Bd. 1: Verhaltenswissenschaftliche Ansätze der Entscheidungstheorie, Wiesbaden 1970, Bd. 2: Informationsverarbeitungstheorie des Entscheidungsverhaltens, Wiesbaden 1971a, Bd. 3: Entscheidungen in Organisationen, Wiesbaden 1971b.

KOCH, H.: Aufbau der Unternehmensplanung, Wiesbaden 1977.

KORMANN, B.: Vierzehn Maßnahmen zur Abwehr von Manipulationen in Planungs- und Kontrollsystemen, in: DB, 27. Jg. (1974), S. 1633ff. u. S. 1683ff.

KOSIOL, E.: Leistungsgerechte Entlohnung, 2., überarb. u. erw. Aufl., Wiesbaden 1962.

KOSIOL, E.: Organisation der Unternehmung, 2. Aufl., Wiesbaden 1976a.

KRCMAR, H.: Informationsmanagement, 4., überarb. u. erw. Aufl., Berlin/Heidelberg/New York 2005.

KRÜGER, W.: Macht in der Unternehmung. Elemente und Strukturen, Stuttgart 1976.

KRÜGER, W.: Organisation der Unternehmung, 3.verb. Aufl., Stuttgart 1994.

LACHNIT, L.: Controllingkonzeption für Unternehmen mit Projektleistungsqualität, Wiesbaden 1994.

LANTER, N.: Beziehungsdynamik im Controlling, Bern/Stuttgart/Wien 1996.

LAUX, H./LIERMANN, F.: Grundlagen der Organisation. Die Steuerung von Entscheidungen als Grundproblem der Betriebswirtschaftslehre, 6. Aufl., Berlin/Heidelberg/New York 2005.

LEUMANN, P: Die Matrix-Organisation, Bern/Stuttgart 1979.

LIKERT, R.: Die integrierte Führungs- und Organisationsstruktur, Frankfurt a.M./New York 1975.

LINK, J.: Führungssysteme. Strategische Herausforderung für Organisation, Controlling und Personalwesen, 2., überarb. u. erw. Aufl., München 2004.

MARCH, J.G./SIMON, H.A.: Organisation und Individuum. Menschliches Verhalten in Organisationen, Wiesbaden 1977.

MCGREGOR, D.: The Human Side of Enterprise, New York 1960.

MEFFERT, H.: Informationssysteme, Tübingen 1975.

MERTENS, P./GRIESE, J.: Integrierte Informationsverarbeitung 2. Planungs- und Kontrollsysteme in der Industrie, 9., vollst. überarb. Aufl., Wiesbaden 2002.

MERTENS, P.: Integrierte Informationsverarbeitung 1. Operative Systeme in der Industrie, 16., überarb. Aufl., Wiesbaden 2007.

ODIORNE, G.S.: Management by Objectives, München 1973.

Literaturverzeichnis

OESTERLE, H./BRENNER, W./HILBER, K.: Unternehmensführung und Informationssystem. Der Ansatz des St. Galler Informationssystem-Managements, 2., durchges. Aufl., Stuttgart 1992.

PFOHL, H.-CHR./STÖLZLE, W.: Planung und Kontrolle. Konzeption, Gestaltung, Implementierung, 2. neubearb. Aufl., München 1997.

PREISSLER, P.R.: Controlling. Lehrbuch und Intensivkurs, 13., vollst. überarb. u. erw. Aufl., München/Wien 2008.

PUGH, D.S. et al.: Dimensions of Organisational Structure, in: ASQ, 13. Jg. (1968), S. 65ff.

ROSENKRANZ, F.: Modell- und computergestützte Planung, 2., verb. Aufl., Berlin/Heidelberg/New York 2006.

SCHANZ, G.: Organisationsgestaltung, 2., neubearb. u. erw. Aufl., München 1994.

SCHIERENBECK, H./ARNSFELD, T.: Leistungsorientierte Vergütungssysteme in Banken, WWZ-Forschungsbericht 1/96, Basel 1996.

SCHIERENBECK, H./LISTER, M.: Value Controlling: Grundlagen Wertorientierter Unternehmensführung, 2. Aufl., München/Wien 2002.

SCHMALENBACH, E.: Pretiale Wirtschaftslenkung, Bd. II: Pretiale Lenkung des Betriebes, Bremen 1948.

SCHMIDT, G.: Grundlagen der Aufbauorganisation, Schriftenreihe Organisation, Band 5, 4., überarb. u. erw. Aufl., Gießen 2000.

SCHMIDT, G.: Methoden und Techniken der Organisation, Schriftenreihe Organisation, Band 1, 13. Aufl., Gießen 2003.

SCHMIDT, G.: Organisatorische Grundbegriffe, ibo Schriftenreihe, Band 3, 13. Aufl., Gießen 2006.

SCHMIDT, R.-B.: Wirtschaftslehre der Unternehmung, Bd. 2: Zielerreichung, Stuttgart 1973.

SCHREYÖGG, G./VON WERDER, A. (Hrsg.): Handwörterbuch Unternehmensführung und Organisation (HWO), Reihe Enzyklopädie der Betriebswirtschaftslehre (EdBWL) Bd. 2, 4., völlig neu bearb. Aufl., Stuttgart 2004.

SCHWARZ, H.: Betriebsorganisation als Führungsaufgabe, 9. Aufl., München 1983.

SEIDEL, E.: Betriebliche Führungsformen. Geschichte, Konzept, Hypothesen, Forschung, Stuttgart 1978.

SERFLING, K.: Controlling, 2., überarb. u. erw. Aufl., Stuttgart 1992.

SPRENGER, R.K.: Mythos Motivation – Wege aus einer Sackgasse, 17. Aufl., Frankfurt a.M./New York 2002.

STAEHLE, W.H.: Kennzahlen und Kennzahlensysteme als Mittel der Organisation und Führung von Unternehmen, Wiesbaden 1969.

STAEHLE, W.H.: Management. Eine verhaltenswissenschaftliche Perspektive, 8., von P. CONRAD u. J. SYDOW überarb. Aufl., München 1999.

STAHLKNECHT, P./HASENKAMP, U.: Einführung in die Wirtschaftsinformatik, 11., vollst. überarb. Aufl., Berlin/Heidelberg/New York 2005.

STAMM, M.: Erfolgsfaktoren für's Controlling, Gauting 1991.

STEINLE, C.: Führung. Grundlagen, Prozesse und Modelle der Führung in der Unternehmung, Stuttgart 1978.

STEINMANN, H./SCHREYÖGG, G.: Management. Grundlagen der Unternehmensführung. Konzepte – Funktionen – Fallstudien, unter Mitarbeit von J. KOCH, 6., vollst. überarb. Aufl., Wiesbaden 2005.

ULRICH, P./FLURI, E.: Management. Eine konzentrierte Einführung, 7., verb. Aufl., Stuttgart 1995.

VON ROSENSTIEL, L.: Motivation im Betrieb, 10. Aufl., München 2001.

WEBER, J./SCHÄFFER, U.: Einführung in das Controlling, 11., vollst. überarb. Aufl., Stuttgart 2006.

WEBER, M.: Wirtschaft und Gesellschaft. Grundriß der verstehenden Soziologie, 5., rev. Aufl., Tübingen 1980.

WELSCH, G.A.: Budgetierung. Profit-Planning and Control, Englewood Cliffs 1957.

880   Literaturverzeichnis

WILD, J.: Management-Konzeption und Unternehmensverfassung, in: SCHMIDT, R.-B. (Hrsg.): Probleme der Unternehmensverfassung, Gedanken zum 70. Geburtstag von M. LOHMANN, Tübingen 1971.

WILD, J.: Grundlagen der Unternehmungsplanung, 4. Aufl., Reinbek bei Hamburg 1982.

WITTE, TH.: Heuristisches Planen, Wiesbaden 1979.

WITTMANN, W.: Unternehmung und unvollkommene Information, Köln/Opladen 1959.

4.3 Management-Techniken

ADAM, D.: Planung und Entscheidung. Modelle – Ziele – Methoden. Mit Fallstudien und Lösungen, 4., vollst. überarb. u. wesentl. erw. Aufl., Wiesbaden 1996.

ALBACH, H.: Informationsgewinnung durch strukturierte Gruppenbefragungen – Die Delphi-Methode, in: ZfB, 40. Jg. (1970), Ergänzungsheft, S. 11ff.

ALTROGGE, G.: Netzplantechnik, 3. Aufl., München 1996b.

BACKHAUS, K./ERICHSON, B./PLINKE, W./WEIBER, R.: Multivariate Analysemethoden. Eine anwendungsorientierte Einführung, 11., überarb. Aufl., Berlin/Heidelberg/New York 2006.

BAMBERG, G./BAUR, F./KRAPP, M.: Arbeitsbuch zur betriebswirtschaftlichen Entscheidungslehre, 2., überarb. Aufl., München 2007.

BAMBERG, G./BAUR, F./KRAPP, M.: Statistik, 14., korr. Aufl., München/Wien 2008a.

BAMBERG, G./BAUR, F./KRAPP, M.: Statistik-Arbeitsbuch. Übungsaufgaben – Fallstudien – Lösungen, 8., überarb. Aufl., München/Wien 2008b.

BAMBERG, G./COENENBERG, A.G./KRAPP, M.: Betriebswirtschaftliche Entscheidungslehre, 14., überarb. Aufl., München 2008.

BARNETT, W.: Making Game Theory Work in Practice, in: Wall Street Journal, 13.2.1995.

BERENS, W./DELFMANN, W./SCHMITTING, W.: Quantitative Planung. Grundlagen, Fallstudien, Lösungen, 4., überarb. u. erw. Aufl., Stuttgart 2004.

BERNINGHAUS, S.K./EHRHART, K.-M./GÜTH, W.: Strategische Spiele, 2., überarb. u. erw. Aufl., Berlin/Heidelberg/New York 2006.

BIALAS, M./PAULSEN, W./STENTZEL, M./WOHLLEBEN, H.-D.: Techniken der Präsentation, 6., völlig neu bearb. Auflage, Gießen 2005.

BITZ, M.: Entscheidungstheorie, München 1981.

BLEYMÜLLER, J./GEHLERT, G./GÜLICHER, H.: Statistik für Wirtschaftswissenschaftler, 14., überarb. Aufl., München 2004.

BLOHM, H./LÜDER, K./SCHAEFER, CHR.: Investition. Schwachstellen im Investitionsbereich des Industriebetriebes und Wege zu ihrer Beseitigung, 9. Aufl., München 2006.

BÜCHI, R.: Entscheidungstabellen, Gießen 1976.

BÜHLMANN, H./LOEFFEL, H./NIEVERGELT, E.: Einführung in die Theorie und Praxis der Entscheidung bei Unsicherheit, 2. Aufl., Berlin 1969.

CLARK, C.H.: Brainstorming. Methoden der Zusammenarbeit und Ideenfindung, 4. Aufl., München 1972.

COCHRAN, W.G.: Stichprobenverfahren, Berlin 1972.

DINKELBACH, W.: Entscheidungsmodelle, Berlin/New York 1982.

DIXIT, A.K./NALEBUFF, B.J.: Spieltheorie für Einsteiger. Strategisches Know-how für Gewinner, aus dem amerikanischen Englisch übertragen von CH. SCHÜTTE, Stuttgart 1997.

DOMSCHKE, W./DREXL, A.: Einführung in Operations Research, 7., überarb. Aufl., Berlin/Heidelberg/New York 2007.

DOMSCHKE, W./DREXL, A./KLEIN, R./SCHOLL, A./VOSS, S.: Übungen und Fallbeispiele zum Operations Research, 6., verb. Aufl., Berlin/Heidelberg/New York 2007.

ELBEN, W.: Entscheidungstabellentechnik, Berlin 1973.

FINK, A./SCHLAKE, O./SIEBE, A.: Wie Sie mit Szenarien die Zukunft vorausdenken, in: Havard Business Manager 2/2000, S. 34 – 47.

Literaturverzeichnis 881

FINK, A./SCHLAKE, O./SIEBE, A.: Erfolg durch Szenario-Management. Prinzip und Werkzeuge der strategischen Vorausschau, 2. Aufl., Frankfurt a.M. 2001.

FULTON, C.: Produktivitätssteigerung durch Wertanalyse, Frankfurt a.M. 1973.

GARDNER, R.: Games for business and Economics, New York 1995.

GORDON, W.J.J.: Synectics, New York 1961.

GROSSE-OETRINGHAUS, W.F.: Praktische Projektgestaltung mit Netzplantechnik, 2. Aufl., Gießen 1979.

GUHSE, S.: Liquiditätsprognose auf der Grundlage von Phasenfolgen mit Hilfe von EDVA, Mannheim 1967.

HANSSMANN, F.: Einführung in die Systemforschung. Methodik der modellgestützten Entscheidungs- vorbereitung, 4. Aufl., München 1993.

HÖHN, R.: Stellenbeschreibung und Führungsanweisung. Die organisatorische Aufgabe moderner Un- ternehmensführung, 10., unveränd. Aufl., Bad Harzburg 1979.

HOLLER, M.J./ILLING, G.: Einführung in die Spieltheorie, 6., überarb. Aufl., Berlin/Heidelberg/New York 2006.

JANTSCH, E.: Technological Forecasting in Perspective, Paris 1967.

JOST, P.: Strategisches Konfliktmanagement in Organisationen. Eine spieltheoretische Einführung, 2., durchges. u. erw. Aufl., Wiesbaden 1999.

KOREIMANN, D.S.: Systemanalyse, Berlin 1972.

LAUX, H.: Entscheidungstheorie, 7., überarb. u. erw. Aufl., Berlin/Heidelberg/New York 2007.

LAY, R.: Dialektik für Manager. Methoden des erfolgreichen Angriffs und der Abwehr, 20. Aufl., München 2003.

LEHNEIS, A.: Langfristige Unternehmensplanung bei unsicheren Erwartungen, Neuwied 1971.

LEONTIEF, W.: Über Planungstechniken in der modernen Wirtschaft, in: HASELOFF, O.W. (Hrsg.): Planung und Entscheidung, Berlin 1970.

LEWANDOWSKI, R.: Prognose- und Informationssysteme, Bd. 1, Berlin 1974.

MARTINO, J.P.: Technological Forecasting for Decision Making, 2. Aufl., New York 1983.

MERTENS, P.: Simulation, 2., überarb. Aufl., Stuttgart 1982.

MÜLLER-MERBACH, H.: Risikoanalyse, in: Management-Enzyklopädie, Bd. 5, München 1971, S. 176 – 183.

MÜLLER-MERBACH, H.: Operations Research. Methoden und Modelle der Optimalplanung, 3. Aufl., Berlin, Frankfurt a.M. 1973.

NEUBÜRGER, K.: Risikobeurteilung bei strategischen Unternehmungsentscheidungen. Grundlagen ei- nes Risiko-Chancen-Kalküls, Stuttgart 1980.

NEUMANN, J.V./MORGENSTERN, O.: Theory of games and economic behavior, Princeton 1944.

O'MEARA, J.T.: Selecting Profitable Products, in: HBR, 39. Jg. (1961), S. 83ff.

RECKTENWALD, H.C. (Hrsg.): Nutzen-Kosten-Analyse und Programmbudget – Grundlage staatlicher Entscheidung und Planung, Tübingen 1971.

REICHARD, CH.: Betriebswirtschaftslehre der öffentlichen Verwaltung, 2., völlig neubearb. Aufl., Ber- lin/New York 1987.

ROGGE, H.-J.: Methoden und Modelle der Prognose aus absatzwirtschaftlicher Sicht, Berlin 1972.

ROHRBACH, B.: Techniken des Lösens von Innovationsproblemen, in: JACOB, H. (Hrsg.): Rationeller Einsatz der Marketinginstrumente, Schriften zur Unternehmensführung, Bd. 17, Wiesbaden 1973.

SCHMALENBACH, E.: Kostenrechnung und Preispolitik, 8. Aufl., Köln/Opladen 1963.

SCHMIDT, G.: Methoden und Techniken der Organisation, Schriftenreihe Organisation, Band 1, 13. Aufl., Gießen 2003.

SCHMIDT, R.-B.: Wirtschaftslehre der Unternehmung, Bd. 2: Zielerreichung, Stuttgart 1973.

SCHNEEWEISS, H.: Ökonometrie, 4., überarb. Aufl., Heidelberg 1990.

SCHNEIDER, D.: Informations- und Entscheidungstheorie, München/Wien 1995a.

SCHWARZE, J.: Projektmanagement mit Netzplantechnik, 9., überarb. Aufl., Herne/Berlin 2006a.

SCHWARZE, J.: Übungen zur Netzplantechnik, 4., überarb. Aufl., Herne/Berlin 2006b.

SIEBEN, G./SCHILDBACH, T.: Betriebswirtschaftliche Entscheidungstheorie, 4., durchges. Aufl. Tübingen,/Düsseldorf 1994.

STAEHLE, W.H.: Kennzahlen und Kennzahlensysteme als Mittel der Organisation und Führung von Unternehmen, Wiesbaden 1969.

TÖPFER, A.: Planungs- und Kontrollsysteme industrieller Unternehmungen, Berlin 1976.

TUCKER, S.A.: Einführung in die Break-Even-Analyse, München 1973.

VÖLKER, R.: Der Nutzen der Spieltheorie für die Managementpraxis, in: Die Unternehmung, 52. Jg. (1998), Heft 5/6, S. 349 – 359.

WEINBERG, P.: Betriebswirtschaftliche Logik. Symbolisierung logischer Strukturen in betriebswirtschaftlichen Theorieansätzen, Wiesbaden 1971.

WILD, J.: Product Management, München 1972.

WITTE, E./KLEIN, H.: Finanzplanung der Unternehmung, Prognose und Disposition, 3. Aufl., Wiesbaden 1983.

ZANGEMEISTER, C.: Nutzwertanalyse in der Systemtechnik, 4. Aufl., Berlin 1976.

ZWICKY, F.: Entdecken, Erfinden, Forschen im morphologischen Weltbild, München 1971.

Literaturhinweise zum Fünften Kapitel: Betriebliche Leistungsprozesse

5.1 Güterwirtschaftliches Gleichgewicht im Leistungsprozess

GUTENBERG, E.: Grundlagen der Betriebswirtschaftslehre, Bd. 1: Die Produktion, 24., unveränd. Aufl., Berlin/Heidelberg/New York 1983.

KOSIOL, E.: Die Unternehmung als wirtschaftliches Aktionszentrum, 4., rev. u. erg. Aufl., Reinbek bei Hamburg 1972b.

5.2 Bereitstellungsplanung

ADAM, D.: Produktions-Management, Nachdruck der 9. Aufl., Wiesbaden 2001.

BECKER, J./ROSEMANN, M.: Logistik und CIM. Die effiziente Material- und Informationsflußgestaltung im Industrieunternehmen, Berlin/Heidelberg/New York 1993.

BUSSE VON COLBE, W.: Bereitstellungsplanung, in: JACOB, H. (Hrsg.): Industriebetriebslehre, Handbuch für Studium und Prüfung, 4., überarb. und erw. Aufl., Wiesbaden 1990.

FUNKE, H./BLOHM, H.: Allgemeine Grundzüge des Industriebetriebes, 2., neubearb. Aufl., Essen 1969.

GROCHLA, E.: Grundlagen der Materialwirtschaft. Das materialwirtschaftliche Optimum im Betrieb, unveränd. Nachdruck der 3., gründl. durchges. Aufl., Wiesbaden 1992.

GÜNTHER, H.-O./TEMPELMEIER, H.: Produktion und Logistik, 6., verb. Aufl., Berlin/Heidelberg/New York 2005.

GÜNTHER, H.-O./TEMPELMEIER, H.: Übungsbuch Produktion und Logistik, 5., verb. Aufl., Berlin/Heidelberg/New York 2006.

GUTENBERG, E.: Grundlagen der Betriebswirtschaftslehre, Bd. 1: Die Produktion, 24., unveränd. Aufl., Berlin/Heidelberg/New York 1983.

JACOB, H. (Hrsg.): Industriebetriebslehre. Handbuch für Studium und Prüfung, 4. Aufl., Wiesbaden 1990.

HEINEN, E. (Hrsg.): Industriebetriebslehre. Entscheidungen im Industriebetrieb, 9., vollst. überarb. u. erw. Aufl., Wiesbaden 1991a.

HEINEN, E. (Hrsg.): Industriebetriebslehre – Arbeitsbuch, Fragen und Aufgaben, Antworten und Lösungen, 2. Aufl., Wiesbaden 1991b.

Literaturverzeichnis 883

JUNG, H.: Arbeits- und Übungsbuch Personalwirtschaft, München/Wien 2003.

JUNG, H.: Personalwirtschaft, 8., aktual. u. überarb. Aufl., München/Wien 2008.

KERN, W./SCHRÖDER, H.-H.: Konzept, Methode und Probleme der Wertanalyse, in: WISU, 7. Jg. (1978), S. 375ff. u. S. 425ff.

KIESER, A./KUBICEK, H.: Organisation, 2., neubearb. Aufl., Berlin 1983.

KLUCK, D.: Materialwirtschaft und Logistik. Lehrbuch mit Beispielen und Kontrollfragen, 3., überarb. Aufl., Stuttgart 2008.

KROEBER-RIEL, W:. Beschaffung und Lagerung. Betriebswirtschaftliche Grundfragen der Materialwirtschaft, Wiesbaden 1966.

MELZER-RIDINGER, R.: Materialwirtschaft und Einkauf. Beschaffungsmanagement, 5., unveränd. Aufl., München/Wien 2008.

PACK, L.: Optimale Bestellmenge und optimale Losgröße, 2. Aufl., Wiesbaden 1964.

REFA Bundesverband e.V. Verband für Arbeitsgestaltung, Betriebsorganisation und Unternehmensentwicklung: Methodenlehre des Arbeitsstudiums 1, 2, 3 und Methodenlehre der Betriebsorganisation, München 1988.

RIEBEL, P.: Die Elastizität des Betriebes. Eine produktions- und marktwirtschaftliche Untersuchung, Köln/Opladen 1954.

SCHIECK, A.: Internationale Logistik. Objekte, Prozesse und Infrastrukturen grenzüberschreitender Güterströme, München/Wien 2008.

SCHULTE, G.: Material- und Logistikmanagement, 2., wesentl. erw. u. verb. Aufl., München/Wien 2001.

STAHLMANN, W.: Umweltorientierte Materialwirtschaft, Wiesbaden 1988.

STREITFERDT, L.: Die Produktionsfaktoren und ihre Bereitstellung, in: MÜLLER, W./KRINK, J. (Hrsg.): Rationelle Betriebswirtschaft (Loseblattsammlung), Darmstadt o.J.

TEMPELMEIER, H.: Material-Logistik. Modelle und Algorithmen für die Produktionsplanung und -steuerung in Advanced Planning-Systemen, 6., neu bearb. Aufl., Berlin/Heidelberg/New York 2006.

VAZSONYI, A.: Die Planungsrechnung in Wirtschaft und Industrie, Wien/München 1962.

WAGNER, H.: Die Bestimmungsfaktoren der menschlichen Arbeitsleistung im Betrieb, Wiesbaden 1966.

WILDEMANN, H.: Das Just-in-Time-Konzept. Produktion und Zulieferung auf Abruf, 5. Aufl., München 2001.

5.3 Produktionsplanung

ADAM, D.: Arbeitsbuch zur Produktionspolitik mit Lösungen, 4., durchges. Aufl., Wiesbaden 1987.

ADAM, D.: Produktionsdurchführungsplanung, in: JACOB, H. (Hrsg.): Industriebetriebslehre, 4. Aufl., Wiesbaden 1990, S. 673 – 918.

ADAM, D.: Produktions-Management, Nachdruck der 9. Aufl., Wiesbaden 2001.

BECKER, J.: CIM-lntegrationsmodell, Berlin/Heidelberg/New York 1991.

BELLMANN, K./HIMPEL, F.: Fallstudien zum Produktionsmanagement, Wiesbaden 2006.

BLOECH, J./BOGASCHEWSKY, R./GÖTZE, U./ROLAND, F.: Einführung in die Produktion, unter Mitarbeit von A. DAUB und U. BUSCHER, 5., überarb. Aufl., Berlin/Heidelberg/New York 2004.

BRINK, H.J.: Zur Planung des optimalen Fertigungsprogramms, Berlin 1969.

BUSSE VON COLBE, W./LASSMANN, G.: Betriebswirtschaftstheorie, Bd. 1: Grundlagen, Produktions- und Kostentheorie, 5. durchges. Aufl., Berlin/Heidelberg/New York 1991.

CHMIELEWICZ, K.: Grundlagen der industriellen Produktgestaltung, Berlin 1968.

CORSTEN, H.: Produktionswirtschaft. Einführung in das industrielle Produktionsmanagement, 11., vollst. überarb. Aufl., München/Wien 2007a.

CORSTEN, H.: Übungsbuch zur Produktionswirtschaft, 3., vollst. überarb. u. wesentl. erw. Aufl., München/Wien 2007b.

CORSTEN, H./GÖSSINGER, R.: Einführung in das Supply Chain Management, 2. Aufl., München/Wien 2007.

DOMSCHKE, W./SCHOLL, A./VOSS, S.: Produktionsplanung. Ablauforganisatorische Aspekte, 2. Aufl., Berlin/Heidelberg/New York 1997.

GÜNTHER, H.-O./TEMPELMEIER, H.: Produktion und Logistik, 6., verb. Aufl., Berlin/Heidelberg/New York 2005.

GÜNTHER, H.-O./TEMPELMEIER, H.: Übungsbuch Produktion und Logistik, 5., verb. Aufl., Berlin/Heidelberg/New York 2006.

GUTENBERG, E.: Grundlagen der Betriebswirtschaftslehre, Bd. 1: Die Produktion, 24., unveränd. Aufl., Berlin/Heidelberg/New York 1983.

HEINEN, E. (Hrsg.): Industriebetriebslehre. Entscheidungen im Industriebetrieb, 9., vollst. überarb. u. erw. Aufl., Wiesbaden 1991a.

HEINEN, E. (Hrsg.): Industriebetriebslehre – Arbeitsbuch, Fragen und Aufgaben, Antworten und Lösungen, 2. Aufl., Wiesbaden 1991b.

HELBERG, P.: PPS als CIM-Baustein, Gestaltung der Produktionsplanung und -steuerung für computerintegrierte Produktion, Berlin 1987.

HOITSCH, H.-J.: Produktionswirtschaft. Grundlagen einer industriellen Betriebswirtschaftslehre, 2., völlig überarb. u. erw. Aufl., München 1993.

JACOB, H.: Die Planung des Produktions- und des Absatzprogrammes, in: JACOB, H. (Hrsg.): Industriebetriebslehre in programmierter Form, Bd. 2, Wiesbaden 1972, S. 39ff.

KIENER, ST./MAIER-SCHEUBECK, N./OBERMAIER, R./WEISS, M.: Produktions-Management. Grundlagen der Produktionsplanung und -steuerung, 8., vollst. überarb. u. erw. Aufl., München/Wien 2003.

LEONTIEF, W.: Studies in the Structure of the American Economy. Theoretical and empirical explorations in input-output-analysis, New York/Oxford. 1976.

MELLEROWICZ, K.: Allgemeine Betriebswirtschaftslehre, Bd. 4: Die Anwendung der Theorie der Produktion, Verwaltung und Leitung , 12. Aufl., Stuttgart 1968.

MELZER-RIDINGER, R.: Supply Chain Management. Prozess- und unternehmensübergreifendes Management von Qualität, Kosten und Liefertreue, München/Wien 2007.

RIEPER, B.: Entscheidungsmodelle zur integrierten Absatz- und Produktionsprogrammplanung für ein Mehrproduktunternehmen, Wiesbaden 1973.

SCHEER, A.-W.: CIM – Computer Integrated Manufacturing. Der computergesteuerte Industriebetrieb, 4. Aufl., Berlin/Heidelberg/New York 1990.

SCHIEMENZ, B.: Betriebskybernetik, Stuttgart 1982.

SCHWARZE, J.: Einführung in die Wirtschaftsinformatik, 5. Aufl., Herne/Berlin 2000.

SCHWEITZER, M./KÜPPER, H.-U.: Produktions- und Kostentheorie. Grundlagen – Anwendungen, 2., vollst. überarb. u. erw. Aufl., Wiesbaden 1997.

STEFFEN, R./SCHIMMELPFENG, K.: Produktions- und Kostentheorie, 4. Aufl., Stuttgart 2002.

STEVEN, M.: Produktionstheorie, Wiesbaden 1998.

VAHRENKAMP, R.: Logistik. Management und Strategien, 6., überarb. u. erw. Aufl., München/Wien 2007.

VON KORTZFLEISCH, G.: Betriebswirtschaftliche Arbeitsvorbereitung, Berlin 1962.

VON ZWEHL, W.: Kostentheoretische Analyse des Modells der optimalen Bestellmenge, Wiesbaden 1973.

5.4 Marketingplanung

AHLERT, D.: Absatzförderung durch Absatzkredite an Abnehmer. Theorie und Praxis der Absatzkreditpolitik, Wiesbaden 1972.

AHLERT, D.: Distributionspolitik. Das Management des Absatzkanals, 3., überarb. Aufl., Stuttgart/Jena 1996.

Literaturverzeichnis 885

AHLERT, D./KENNING, P.: Handelsmarketing. Grundlagen der marktorientierten Führung von Handelsbetrieben, Berlin/Heidelberg/New York 2007.

BACKHAUS, K./BÜSCHKEN, J./VOETH, M.: Internationales Marketing, 5., überarb. Aufl., Stuttgart 2003.

BACKHAUS, K./BÜSCHKEN, J./WEIBER, R.: Industriegütermarketing – Übungsfälle und Lösungen, München 1998.

BACKHAUS, K./ERICHSON, B./PLINKE, W./WEIBER, R.: Multivariate Analysemethoden. Eine anwendungsorientierte Einführung, 11., überarb. Aufl., Berlin/Heidelberg/New York 2006.

BACKHAUS, K./VOETH, M.: Industriegütermarketing, 8., vollst. neu bearb. Aufl., München 2007.

BECKER, J.: Marketing-Konzeption. Grundlagen des ziel-strategischen und operativen Marketing-Managements, 8., überarb. u. erw. Aufl., München 2006.

BELZ, CHR.: Spannung Marke. Markenführung für komplexe Unternehmen, Wiesbaden 2006.

BELZ, CHR./SCHÖGEL, M./TOMCZAK, T. (Hrsg.): Innovation Driven Marketing. Vom Trend zur innovativen Marketinglösung, Wiesbaden 2007.

BEREKOVEN, L./ECKERT, W./ELLENRIEDER, P.: Marktforschung. Methodische Grundlagen und praktische Anwendung, 11., überarb. Aufl., Wiesbaden 2006.

BIDLINGMAIER, J.: Marketing (2 Bde.), 9. Aufl., Reinbeck bei Hamburg 1982.

BRANDT, K.: Preistheorie, Ludwigshafen 1960.

BRUHN, M.: Marketing für Nonprofit-Organisationen. Grundlagen – Konzepte – Instrumente, Stuttgart 2005.

BRUHN, M.: Integrierte Unternehmens- und Markenkommunikation. Strategische Planung und operative Umsetzung, 4., überarb. u. aktual. Auflage, Stuttgart 2006.

BRUHN, M.: Marketing. Grundlagen für Studium und Praxis, 8., überarb. Aufl., Wiesbaden 2007a.

BRUHN, M.: Kommunikationspolitik. Systematischer Einsatz der Kommunikation für Unternehmen, 4., überarb. Aufl., München 2007b.

BRUHN, M.: Relationship Marketing. Das Management von Kundenbeziehungen, 2., überarb. Aufl., München 2008a.

Bruhn, M.: Qualitätsmanagement für Dienstleistungen. Grundlagen, Konzepte, Methoden, 7., überarb. u. erw. Aufl., Berlin/Heidelberg/New York 2008b.

BRUHN, M. (Hrsg.): Handbuch Markenführung. Kompendium zum erfolgreichen Markenmanagement. Strategien, Instrumente, Erfahrungen, 3 Bände, Wiesbaden 2004.

BRUHN, M./HADWICH, K.: Produkt- und Servicemanagement, München 2006.

BUSSE VON COLBE, W./LASSMANN, G.: Betriebswirtschaftstheorie, Bd. 2: Absatztheorie, 4., verb. u. erw. Aufl., Berlin/Heidelberg/New York 1992.

COURNOT, A.A.: Recherches sur les Principes Mathématiques de la Théorie des Richesses, Paris 1838.

DALLMER, H. (Hrsg.): Das Handbuch Direct Marketing & More, 8., völlig überarb. Aufl., Wiesbaden 2002.

DILLER, H.: Preispolitik, 3., überarb. Aufl., Stuttgart/Berlin/Köln 2000.

DORFMANN, R./STEINER, P.O.: Optimal Advertising und Optimal Quality, in: AER, 44. Jg. (1954), S. 826ff.

ESCH, F.R.: Strategie und Technik der Markenführung, 5., vollst. überarb. u. erw. Aufl., München 2008.

GUTENBERG, E.: Grundlagen der Betriebswirtschaftslehre, Bd. 2: Der Absatz, 17. Aufl., Berlin/Heidelberg/New York 1984.

HAUSCHILDT, J.: Innovationsmanagement, 2., vollst. überarb. u. erw. Aufl., München/Wien 1997.

HILKE, W.: Dynamische Preispolitik. Grundlagen, Problemstellungen, Lösungsansätze, Wiesbaden 1978.

HILL, W.: Marketing, 2 Bde., 6. Aufl., Bern/Stuttgart 1988.

HOMBURG, CHR./DAUM, D.: Marktorientiertes Kostenmanagement: Kosteneffizienz und Kundennähe verbinden, Frankfurt a.M. 1997.

HOMBURG, CHR./KROHMER, H.: Marketingmanagement. Strategie – Instrumente – Umsetzung – Unternehmensführung, 2., überarb. u. erw. Aufl., Wiesbaden 2006.

JACOB, H.: Preispolitik, 2. Aufl., Wiesbaden 1971.

KOTLER, P./KELLER, K.L./BLIEMEL, F.: Marketing-Management. Strategien für wertschaffendes Handeln, 12., aktual. Aufl., München 2007.

KRELLE, W.: Preistheorie, Teil 1: Monopol- und Oligopoltheorie, Teil 2: Theorie des Polypols, des bilateralen Monopols (Aushandlungstheorie), Theorie mehrstufiger Märkte, gesamtwirtschaftliche Optimalitätsbedingungen. Spieltheoretischer Anhang, 2. Aufl., Tübingen 1976.

KROEBER-RIEL, W./ESCH, F.R.: Strategie und Technik der Werbung. Verhaltenswissenschaftliche Ansätze, 6., überarb. u. erw. Aufl., Stuttgart 2004.

KROEBER-RIEL, W./WEINBERG, P.: Konsumentenverhalten, 7., aktual. u. erg. Aufl., München 2003.

MCCARTHY, E.J.: Basic marketing: a managerial approach, Homewood/IL 1960.

MEFFERT, H.: Marketingforschung und Käuferverhalten, 2. Aufl., Wiesbaden 1992.

MEFFERT, H.: Marketing. Grundlagen marktorientierter Unternehmensführung, 9. Aufl., Wiesbaden 2000.

MEFFERT, H.: Marketing-Arbeitsbuch. Aufgaben, Fallstudien, Lösungen, 8. Aufl., Wiesbaden 2001.

MEFFERT, H./BOLZ, J.: Internationales Marketing-Management, 3., überarb. u. erw. Aufl., Stuttgart 1998.

MEFFERT, H./BRUHN, M.: Dienstleistungsmarketing, 5. Aufl., Wiesbaden 2006.

MEFFERT, H./BURMANN, CHR./KIRCHGEORG M: Marketing. Grundlagen marktorientierter Unternehmensführung. Konzepte – Instrumente - Praxisbeispiele, 10., vollst. überarb. u. erw. Aufl., Wiesbaden 2008.

MÜLLER-HAGEDORN, L.: Handelsmarketing, 4. Aufl., Stuttgart 2005.

NIESCHLAG, R./DICHTL, E./HÖRSCHGEN, H.: Marketing, 19. Aufl., Berlin 2002.

O'MEARA, J.T.: Selecting Profitable Products, in: HBR, 39. Jg. (1961), S. 83ff.

PECK, H./PAYNE, A./CHRISTOPHER, M./CLARK, M.: Relationship Marketing. Strategy and Implementation, Oxford 1999.

PURTSCHERT, R.: Marketing für Verbände und weitere Nonprofit-Organisationen, 2. Aufl., Bern/Stuttgart/Wien 2005.

RUNIA, P./WAHL, F./GEYER, O./THEWISSEN, CHR.: Marketing. eine prozess- und praxisorientierte Einführung, 2., überarb. u. erw. Aufl., München/Wien 2007.

SIMON, H.: Preismanagement. Analyse, Strategie, Umsetzung, 2. Aufl., Wiesbaden 1992.

Literaturhinweise zum Sechsten Kapitel: Betriebliche Finanzprozesse

6.1 Komponenten und Grundmaximen betrieblicher Finanzprozesse

BREALEY, R.A./MYERS, ST.C./ALLEN, F.: Principles of Corporate Finance, 9. Aufl., Boston u.a. 2008.

DEPPE, H.-D.: Betriebswirtschaftliche Grundlagen der Geldwirtschaft, Band 1: Einführung und Zahlungsverkehr, Stuttgart 1973.

DJANANI, C./BRÄHLER, G./LÖSEL, C.: Ertragsteuern, 2., überarb. u. aktual. Aufl., Frankfurt a.M. 2006.

GERKE, W./STEINER, M. (Hrsg.): Handwörterbuch des Bank- und Finanzwesen (HWF), Reihe Enzyklopädie der Betriebswirtschaftslehre (EdBWL) Bd. 6, 3., völlig überarb. u. erw. Aufl., Stuttgart 2001.

GUTENBERG, E.: Grundlagen der Betriebswirtschaftslehre, Bd. 3: Die Finanzen, 8. Aufl., Berlin/Heidelberg/New York 1980.

HEINEN, E.: Das Kapital in der betriebswirtschaftlichen Kostentheorie. Möglichkeiten und Grenzen einer produktions- und kostentheoretischen Analyse des Kapitalverbrauchs, Wiesbaden 1966.

Literaturverzeichnis 887

KAPPLER, E./REHKUGLER, H:. Kapitalwirtschaft, in: HEINEN, E. (Hrsg.): Industriebetriebslehre. Entscheidungen im Industriebetrieb, Nachdruck der 9., vollst. überarb. u. erw. Aufl., Wiesbaden 1991, S. 897ff.

KUSSMAUL, H.: Betriebswirtschaftliche Steuerlehre, 4. Aufl., München 2006.

LOISTL, O.: Unternehmensbesteuerung, Stuttgart/Berlin/Köln/Mainz 1980.

PERRIDON, L./STEINER, M.: Finanzwirtschaft der Unternehmung, 14. Aufl., München 2007.

ROSS, ST.A./WESTERFIELD, R.W./JAFFE, J./JORDAN, B.D.: Modern Financial Management, 8. Aufl., Boston u.a. 2008.

SCHEFFLER, W.: Besteuerung von Unternehmen I. Ertrags-, Substanz- und Verkehrsteuern, 9. Aufl., Stuttgart 2006a.

SCHIERENBECK, H.: Unternehmungsfinanzen und Konjunktur, Stuttgart 1980a.

SCHMALENBACH, E.: Kapital, Kredit und Zins in betriebswirtschaftlicher Beleuchtung, 4. Aufl., bearb. von R. Bauer, Köln/Opladen 1961, 1. Aufl., Leipzig 1933.

SCHNEELOCH, D.: Betriebswirtschaftliche Steuerlehre, Band 1: Besteuerung, 5., vollst. neu bearb. Aufl., München 2008.

SCHNEIDER, D.: Investition, Finanzierung und Besteuerung. Lehrbuch der Investitions-, Finanzierungs- und Ungewissheitstheorie, 7., vollst. überarb. u. erw. Aufl., Wiesbaden 1992.

SEELBACH, H.: Determinanten des Kapitalbedarfs, in: BÜSCHGEN, H.E. (Hrsg.): Handwörterbuch der Finanzwirtschaft, Stuttgart 1976, Sp. 973 – 987.

WITTE, E./KLEIN, H.: Finanzplanung der Unternehmung, Prognose und Disposition, 3. Aufl., Wiesbaden 1983.

6.2 Investitionskalküle

ADAM, D.: Investitionscontrolling, 3. Aufl., München/Wien 2000.

ADAM, D./BRAUCKSCHULZE, U.: Probleme der Kapitalbudgetierung mit Hilfe der Schnittpunktlösung nach DEAN, Münster 1984.

ALBACH, H.: Investition und Liquidität, Wiesbaden 1962.

ALTROGGE, G.: Investition, 4., vollst. überarb. u. erw. Aufl., München 1996a.

BALLWIESER, W.: Unternehmensbewertung. Prozeß, Methoden und Probleme, Stuttgart 2004.

BERANEK, W.: Analysis for Financial Decisions, Homewood (Ill.) 1963.

BIEG, H./KUSSMAUL, H.: Investitions- und Finanzierungsmanagement, Bd. I: Investition, Bd. II: Finanzierung, Bd. III: Finanzwirtschaftliche Entscheidungen, München 2000.

BIEG, H./KUSSMAUL, H./WASCHBUSCH, G.: Investitionsmanagement in Übungen, München 2006.

BIERGANS, E.: Investitionsrechnung. Moderne Verfahren und ihre Anwendung in der Praxis, Nürnberg 1973.

BITZ, M./EWERT, J./TERSTEGE, U.: Investition. Multimediale Einführung in finanzmathematische Entscheidungskonzepte, Wiesbaden 2002.

BLEIS, CHR.: Grundlagen Investition und Finanzierung, München/Wien 2006.

BLOHM, H./LÜDER, K./SCHAEFER, CHR.: Investition. Schwachstellen im Investitionsbereich des Industriebetriebes und Wege zu ihrer Beseitigung, 9. Aufl., München 2006.

BLUMENTRATH, U.: Investitions- und Finanzplanung mit dem Ziel der Endwertmaximierung, Wiesbaden 1969.

BORN, K.: Überleitung von der Discounted-Cash-flow-Methode (DCF-Methode) zur Ertragswertmethode bei der Unternehmensbewertung, in: Der Betrieb 38/1996, S. 1885ff.

BORN, K.: Unternehmensanalyse und Unternehmensbewertung, Düsseldorf 1995.

BREALEY, R.A./MYERS, ST.C./ALLEN, F.: Principles of Corporate Finance, 9. Aufl., Boston u.a. 2008.

BREUER, W.: Investition II. Entscheidungen bei Risiko, 2. Aufl., Wiesbaden 2001.

BREUER, W.: Investition I. Entscheidungen bei Sicherheit, 3., aktual. Aufl., Wiesbaden 2007.

BUSSE VON COLBE, W.: Der Zukunftserfolg. Die Ermittlung des künftigen Unternehmenserfolgs und seine Bedeutung für die Bewertung von Industrieunternehmen, Wiesbaden 1957.

COPELAND, C./COPELAND, TH.E./ANTIKAROV, V.: Real Options, Revised Edition: A Practitioner's Guide, New York 2003.

COPELAND, TH.E./WESTON, J.F./SHASTRI, K.: Financial Theory and Corporate Policy, 4. Aufl., Boston u.a. 2005.

DAMODARAN, A.: Investment Valuation, Tools and Techniques for Determining the Value of Any Asset, 2. Aufl., New York 2002.

DÄUMLER, K.-D.: Grundlagen der Investitions- und Wirtschaftlichkeitsrechnung, mit Beispielen, Fragen und Aufgaben, Antworten und Lösungen, Test-Klausur, finanzmathematische Tabellen, 10. Aufl., Herne/Berlin 2000.

DEAN, J.: Capital budgeting, 8. Aufl., New York 1969.

DRUKARCZYK, J./SCHÜLER, A.: Unternehmensbewertung, 5., überarb. u. erw. Aufl., München 2007.

DRUKARCZYK, J./ERNST, D. (Hrsg.): Branchenorientierte Unternehmensbewertung, 2., überarb. u. erw. Aufl., München 2007.

EAYRS, W.E./ERNST, D./PREXL, S.: Corporate Finance Training. Planung, Bewertung und Finanzierung von Unternehmen, Stuttgart 2007.

ELTON, E.J./GRUBER, M.J./BROWN, ST.J./GOETZMANN, W.N.: Modern Portfolio Theory and Investment Analysis, 7. Aufl., Hoboken (NJ) 2006.

ENGELEITER, H.J.: Unternehmensbewertung, Stuttgart 1970.

FÖRSTNER, K./HENN, R.: Dynamische Produktionstheorie und Lineare Programmierung, Meisenheim am Glan 1957.

FRANKE, G./HAX, H.: Finanzwirtschaft des Unternehmens und Kapitalmarkt, 5. Aufl., Berlin 2004.

FRISCHMUTH, G.: Daten als Grundlage für Investitionsentscheidungen, Berlin 1969.

GERKE, W./BANK, M.: Finanzierung. Grundlagen für Investitions und Finanzierungsentscheidungen in Unternehmen, 2., überarb. u. erw. Aufl., Stuttgart 2003.

GORDON, M.J.: The Investment, Financing, and Valuation of the Corporation, Homewood 1962.

GÖTZE, U.: Investitionsrechnung. Modelle und Analysen zur Beurteilung von Investitionsvorhaben, 5., überarb. Aufl., Berlin/Heidelberg/New York 2006.

GRINBLATT, M./TITMAN, SH.: Financial Markets and Corporate Strategy, 2. Aufl., New York 2001.

GROB, H.L.: Investitionsrechnung mit vollständigen Finanzplänen, München 1989.

GROB, H.L.: Einführung in die Investitionsrechnung. Eine Fallstudiengeschichte, 5., vollst. überarb. u. erw. Aufl., München 2006.

HAMADA, R.: The Effect of a Firm's Capital Structure on the Systematic Risk of Common Stocks, in: Journal of Finance, 27. Jg. (1972), S. 435 – 452.

HAX, H.: Investitions- und Finanzplanung mit Hilfe der linearen Programmierung, in: ZfbF, 16. Jg. (1964), S. 430ff.

HEINHOLD, M.: Investitionsrechnung. Studienbuch, 8. Aufl., München/Wien 1999.

HELBLING, C.: Unternehmensbewertung und Steuern, 9. Aufl., Düsseldorf 1998.

HERING, TH.: Investitionstheorie, 2. Aufl., München 2003.

HERING, TH.: Unternehmensbewertung, 2., vollst. überarb. u. stark erw. Aufl., München/Wien 2006.

HERTZ, D.B.: Risk Analysis in Capital Investment, in: HBR, 42. Jg. (1964), Nr. 1, S. 95ff.

HIELSCHER, U.: Investmentanalyse, 3. Aufl., München/Wien 1999.

HIRSHLEIFER, J.: Investment, Interest and Capital, Englewood Cliffs (NJ) 1970.

HOMMEL, M./DEHMEL, I.: Unternehmensbewertung case by case, 3., überarb. u. erw. Aufl., Frankfurt a.M. 2008.

INSELBAG, I./KAUFOLD, H.: Two DCF Approaches for Valuing Companies under Alternative Financing Strategies (And How to Choose Between Them), in: Journal of Applied Corporate Finance, 10. Jg. (1997), S. 114 – 122.

Literaturverzeichnis

JACOB, H.: Die Methoden zur Ermittlung des Gesamtwertes einer Unternehmung, in: ZfB, 30. Jg. (1960), S. 131ff. u. S. 209ff.

JACOB, H.: Investitionsplanung auf der Grundlage linearer Optimierung, in: ZfB, 32. Jg. (1962), S. 651ff.

JACOB, H.: Neuere Entwicklungen in der Investitionsrechnung, in: ZfB, 34. Jg. (1964), S. 487 – 507.

JACOB, H./VOIGT, K.-I.: Investitionsrechnung. Mit Aufgaben und Übungen, 5., überarb. u. erw. Aufl., Wiesbaden 1997.

JAENSCH, G.: Wert und Preis der ganzen Unternehmung, Köln/Opladen 1966.

KÄFER, K.: Investitionsrechnungen, 4., verb. Aufl., Zürich 1974a.

KOLLER, T./GOEDHART, M./WESSELS, D.: Valuation – Measuring and Managing the Value of Companies, 4. Aufl., Hoboken (NJ) 2005.

KRUSCHWITZ, L.: Finanzierung und Investition, 4. Aufl., München/Wien 2004.

KRUSCHWITZ, L.: Investitionsrechnung, 11., aktual. u. erw. Aufl., München/Wien 2007.

KRUSCHWITZ, L./DECKER, R.O.A./RÖHRS, M.: Übungsbuch zur Betrieblichen Finanzwirtschaft, 6. Aufl., München/Wien 2002.

KRUSCHWITZ, L./LÖFFLER, A.: Discounted Cash Flow: A Theory of the Valuation of Firms, Hoboken (NJ) 2005.

KÜPPER, W./KNOOP, P.: Investitionsplanung, in: MÜLLER, W./KRINK, J. (Hrsg.): Rationelle Betriebswirtschaft (Loseblattsammlung), Darmstadt o.J.

LAUX, H.: Flexible Investitionsplanung. Einführung in die Theorie der sequentiellen Entscheidungen bei Unsicherheit, Wiesbaden 1971.

LINTNER, J.: The Valuation of Risk Assets and the Selection of Risky Investments in Stock Portfolios and Capital Budgets, in: Review of Economics and Statistics, 47, 1965, S. 13 – 37.

LODERER, C. et al.: Handbuch der Bewertung, 3., erw. Aufl., Zürich 2005.

MARKOWITZ, H.M.: Portfolio Selection, in: Journal of Finance, 29. Jg. (1952), S. 77 – 92.

MARKOWITZ, H.M.: Portfolio Selection, Efficient Diversification of Investments, New York 1959.

MARUSEV, A.W.: Das Marktzinsmodell in der bankbetrieblichen Einzelgeschäftskalkulation, in: Schriftenreihe des Instituts für Kreditwesen der Westfälischen Wilhelms-Universität Münster, hrsg. v. H. SCHIERENBECK, Bd. 40, Frankfurt a.M. 1990.

MATSCHKE, M.J.: Der Entscheidungswert der Unternehmung, Wiesbaden 1975.

MOSSIN, J.: Equilibrium in a Capital Asset Market, in: Econometrica 34, 1966, S. 768 – 783.

MOXTER, A.: Grundsätze ordnungsmäßiger Unternehmensbewertung, Nachdr. d. 2., vollst. umgearb. Aufl., Wiesbaden 1994.

OLFERT, K./REICHEL, CHR.: Investition, Reihe: Kompendium der praktischen Betriebswirtschaft, 10., aktual. u. verb. Aufl., Ludwigshafen 2006.

PERRIDON, L./STEINER, M.: Finanzwirtschaft der Unternehmung, 14. Aufl., München 2007.

PREINREICH, G.A.D.: Replacement in the Theory of the Firm, in: Metroeconomica, 5. Jg. (1953), S. 68ff.

RAPPAPORT, A.: Creating Shareholder Value, New York 1998.

REHKUGLER, H.: Grundzüge der Finanzwirtschaft, München/Wien 2007.

ROLFES, B.: Marktzinsorientierte Investitionsrechnung, in: ZfB, 63. Jg. (1993), S. 691 – 712.

ROLFES, B.: Marktzinsorientierte Investitionsrechnung. Einführung in die klassische Investitionstheorie und Grundlagen marktorientierter Investitionsentscheidungen, 3. Aufl., München/Wien 2003.

SCHÄFER, D./KRUSCHWITZ, L./SCHWAKE, M.: Studienbuch Finanzierung und Investition, 2., überarb. u. erw. Aufl., München/Wien 1998.

SCHIERENBECK, H.: Ertragsorientiertes Bankmanagement, Bd. 1: Grundlagen, Marktzinsmethode und Rentabilitäts-Controlling, 8. Aufl., Wiesbaden 2003.

SCHIERENBECK, H./LISTER, M.: Value Controlling: Grundlagen Wertorientierter Unternehmensführung, 2. Aufl., München/Wien 2002.

SCHIERENBECK, H./LISTER, M./KIRMSSE, ST.: Ertragsorientiertes Bankmanagement, Bd. 2: Risiko-Controlling und integrierte Rendite-/Risikosteuerung, 9., vollst. überarb. u. erw. Aufl., Wiesbaden 2008.

SCHMALENBACH, E.: Pretiale Wirtschaftslenkung, Bd. II: Pretiale Lenkung des Betriebes, Bremen 1948.

SCHMALENBACH, E.: Die Beteiligungsfinanzierung, 9., verb. Aufl., Köln/Opladen 1966.

SCHMIDT, R.-B.: Unternehmungsinvestitionen. Strukturen, Entscheidungen, Kalküle, 4. Aufl., Köln/Opladen 1984.

SCHMIDT, R.-H./TERBERGER, E.: Grundzüge der Investitions- und Finanzierungstheorie, 4., aktual. Aufl., Wiesbaden 1997.

SCHNEIDER, D.: Investition, Finanzierung und Besteuerung. Lehrbuch der Investitions-, Finanzierungs- und Ungewissheitstheorie, 7., vollst. überarb. u. erw. Aufl., Wiesbaden 1992.

SCHULTE, K.W:. Wirtschaftlichkeitsrechnung, 4. Aufl., Würzburg/Wien 1986.

SCHWEIM, J.: Integrierte Unternehmensplanung, Bielefeld 1969.

SEICHT, G.: Investition und Finanzierung. Theoretische Grundlagen und praktische Gestaltung, 9., durchges. u. erw. Aufl., Wien 1997.

SHARPE, W.F.: A Simplified Model for Portfolio Analysis, in: Management Science 1962/63, S. 277 – 294.

SHARPE, W.F.: Capital Asset Prices; A Theory of Market Equilibrium under Conditions of Risk, in: Journal of Science, Sept. 1964, S. 425 – 442.

SIEBEN, G.: Der Substanzwert der Unternehmung, Wiesbaden 1963.

SPREMANN, K.: Portfoliomanagement, 3., überarb. u. aktual. Aufl. München/Wien 2006.

SPREMANN, K.: Finance, 3., korr. und erw. Aufl., München/Wien 2007.

SPREMANN, K.: Wirtschaft, Investition und Finanzierung, 6. Aufl., München/Wien 2008.

STEINER, J.: Gewinnsteuern in Partialmodellen für Investitionsentscheidungen. Barwert und Endwert als Instrumente zur Steuerwirkungsanalyse, Betriebswirtschaftliche Studien, Bd. 40, Berlin 1980.

STEINER, M./ BRUNS, CHR.: Wertpapiermanagement. Professionelle Wertpapieranalyse und Portfoliostrukturierung, 9., überarb. u. erw. Aufl., Stuttgart 2007.

SWOBODA, P.: Die simultane Planung von Rationalisierungs- und Erweiterungsinvestitionen und von Produktionsprogrammen, in: ZfB, 35. Jg. (1965), S. 148ff.

VOLKART, R.: Shareholder Value & Corporate Valuation, Zürich 1998.

VOLKART, R.: Unternehmensbewertung und Akquisitionen, Zürich 1999.

VOLKART, R.: Corporate Finance. Grundlagen von Finanzierung und Investition, 3., überarb. u. erw. Aufl., Zürich 2007.

VON KORTZFLEISCH, G.: Die Grundlagen der Finanzplanung, Berlin 1957.

WEINGARTNER, H.M.: Mathematical Programming and the Analysis of Capital Budgeting Problems, Englewood Cliffs (N.J.) 1963.

ZIMMERMANN, G.: Investitionsrechnung. Fallorientierte Einführung, München/Wien 2000.

6.3 Finanzierung und Finanzierungsrechnungen

ALLERKAMP, F.: Tilgungsplanung. Analyse und Gestaltung unternehmerischer Definanzierungsentscheidungen, Frankfurt a.M. 1983.

BANK, M./GERKE, W.: Finanzierung II. Grundlegende Theorien, Modelle und Konzepte der neoklassischen Finanzierungstheorie, Stuttgart 2005.

BAUMOL, W.J.: The transactions demand for cash: An inventory theoretic approach, in: QJE, 66. Jg. (1952), S. 545 – 556.

BIEG, H./KUSSMAUL, H./WASCHBUSCH, G.: Finanzierungsmanagement in Übungen, München 2007.

BIEG, H./KUSSMAUL, H.: Investitions- und Finanzierungsmanagement, Bd. I: Investition, Bd. II: Finanzierung, Bd. III: Finanzwirtschaftliche Entscheidungen, München 2000.

Literaturverzeichnis

BISCHOFF, W.: Cash Flow und Working Capital, Wiesbaden 1972.

BREALEY, R.A./MYERS, ST.C./ALLEN, F.: Principles of Corporate Finance, 9. Aufl., Boston u.a. 2008.

BÜSCHGEN, H.E.: Grundlagen betrieblicher Finanzwirtschaft. Unternehmensfinanzierung, 3., neubearb. Aufl., Frankfurt a.M. 1991.

CHMIELEWICZ, K.: Betriebliche Finanzwirtschaft, Bd. 1 u. 2, Berlin 1976.

COPELAND, TH.E./WESTON, J.F./SHASTRI, K.: Financial Theory and Corporate Policy, 4. Aufl., Boston u.a. 2005.

DÄUMLER, K.-D.: Betriebliche Finanzwirtschaft mit Fragen und Aufgaben, Antworten und Lösungen, Tests und Tabellen, 7. Aufl., Herne/Berlin 1997.

DEPPE, H.-D.: Betriebswirtschaftliche Grundlagen der Geldwirtschaft, Band 1: Einführung und Zahlungsverkehr, Stuttgart 1973.

DEUTSCH, P.: Grundfragen der Finanzierung, 2. neubearb. u. erw. Aufl., Wiesbaden 1967.

DIEHL, U./LOISTL, O./REHKUGLER, H.: Effiziente Kapitalmarktkommunikation, Stuttgart 1998.

DONALDSON, G.: Corporate Debt Capacity – A Study of Corporate Debt Policy and the Determination of Coproate Debt Capacity, Boston (Mass.) 1961.

DONALDSON, G.: Strategy for Financial Mobility, Boston (Mass.) 1969.

DRUKARCZYK, J.: Finanzierung. Eine Einführung in sechs Fallstudien, 10., völlig neu bearb. Aufl., Stuttgart 2008.

EILENBERGER, G.: Finanzierungsentscheidungen multinationaler Unternehmungen, 2., vollst. überarb. u. erw. Aufl., Heidelberg 1987.

FISCHER, O.: Finanzwirtschaft der Unternehmung, Bd. 1: Daten und Alternativen der Finanzwirtschaft, Tübingen/Düsseldorf 1977, Bd. 2: Finanzielle Planung und Entscheidungsprozess, Neuaufl, Tübingen/Düsseldorf 1993.

GERKE, W./BANK, M.: Finanzierung. Grundlagen für Investitions und Finanzierungsentscheidungen in Unternehmen, 2., überarb. u. erw. Aufl., Stuttgart 2003.

GRINBLATT, M./TITMAN, SH.: Financial Markets and Corporate Strategy, 2. Aufl., New York 2001.

GRUNWALD, E./GRUNWALD, ST.: Bonitätsanalyse im Firmenkundengeschäft. Handbuch Risikomanagement und Rating, 3., überarb. Aufl., Stuttgart 2008.

HAGENMÜLLER, K.F./ECKSTEIN, W. (Hrsg.): Leasing-Handbuch für die betriebliche Praxis, 6., neubearb. Aufl., Frankfurt a.M. 1992.

HAHN, O.: Finanzwirtschaft, 2., überarb. Aufl., Landsberg 1983.

HARTMANN-WENDELS, T.: Dividendenpolitik bei asymmetrischer Information, Wiesbaden 1986.

HAUSCHILDT, J./SACHS, G./WITTE, E.: Finanzplanung und Finanzkontrolle, München 1981.

HEIDORN, TH.: Finanzmathematik in der Bankpraxis, 3., überarb. Aufl., Wiesbaden 2000.

JENSEN, M.C./MECKLING, W.H.: Theory of the Firm: Managerial Behavior, Agency Costs und Ownership Structure, in: Journal of Financial Economics, 3. Jg. (1976), S. 305 – 360.

JESCH, T.A.: Private-Equity-Beteiligungen. Wirtschaftliche, rechtliche und steuerliche Rahmenbedingungen aus Investorensicht, Wiesbaden 2004.

KOSIOL, E.: Anlagenrechnung. Theorie und Praxis der Abschreibungen, 2. Aufl., Wiesbaden 1955.

KRUSCHWITZ, L.: Finanzierung und Investition, 4. Aufl., München/Wien 2004.

KÜRSTEN, W.: Finanzkontrakte und Risikoanreizproblem. Mißverständnisse im informationsökonomischen Ansatz der Finanztheorie, Wiesbaden 1994.

LAUX, H.: Risikoteilung, Anreiz und Kapitalmarkt, Berlin u.a. 1998.

LAUX, H.: Wertorientierte Unternehmenssteuerung und Kapitalmarkt. Fundierung finanzwirtschaftlicher Entscheidungskriterien und (Anreize für) deren Umsetzung, 2., vollst. neu bearb. Aufl., Berlin/Heidelberg/New York 2006.

LOHMANN, M.: Abschreibungen, was sie sind und was sie nicht sind, in: Der Wirtschaftsprüfer (1949), S. 256ff.

LÜCKE, W.: Finanzplanung und Finanzkontrolle, Wiesbaden 1965.

MAIR, W.: Die reale Kurs- und Rentabilitätsrechnung. Theorie und 100 Beispiele, Wien 1972.

MATSCHKE, M.J.: Finanzierung der Unternehmung, Herne/Berlin 1991.

MILLER, M.H./MODIGLIANI, F.: Dividend Policy, Growth, and the Valuation of Shares, in: The Journal of Business, 34. Jg. (1961), S. 411 – 433.

MILLER, M.H./ORR, D.: A model for the demand for money by firms, in: QJE, 80. Jg. (1966), S. 413 – 435.

MILLER, M.H./ORR, D.: The Demand for Money by Firms: Extensions of Analytic Results, in: Journal of Finance, 23. Jg. (1968), S. S. 735 – 759.

MODIGLIANI, F./MILLER, M.H.: The Cost of Capital, Corporation Finance and the Theory of Investment, in: American Economic Review, 48. Jg. (1958), S. 261 – 297.

MODIGLIANI, F./MILLER, M.H.: Corporate Income Taxes and the Cost of Capital: A Correction, in: American Economic Review, 53. Jg. (1963), S. 433 – 443.

MYERS, ST.C.: The Capital Structure Puzzle, in: Journal of Finance, 39. Jg. (1984), S. 575 – 592.

MYERS, ST.C./MAILUF, N.S.: Corporate Financing and Investment Decisions when Firms Have Information Investors Do Not Have, in: Journal of Finanical Economics, 13. Jg. (1984), S. 187 – 222.

PERNSTEINER, H./ANDESSNER, R.: Finanzmanagement kompakt, 2., überarb. Aufl., Wien 2007.

PERRIDON, L./STEINER, M.: Finanzwirtschaft der Unternehmung, 14. Aufl., München 2007.

REHKUGLER, H.: Grundzüge der Finanzwirtschaft, München/Wien 2007.

RUCHTI, H.: Die Abschreibung – ihre grundsätzliche Bedeutung als Aufwandsfaktor, Ertragsfaktor, Finanzierungsfaktor, Stuttgart 1953.

RUCHTI, H.: Die Bedeutung der Abschreibung für den Betrieb, Berlin 1942.

RUDOLPH, B.: Unternehmensfinanzierung und Kapitalmarkt, Tübingen 2006.

SCHEFCZYK, M.: Finanzieren mit Venture Capital und Private Equity. Grundlagen für Investoren, Finanzintermediäre, Unternehmer und Wissenschaftler, 2., überarb. u. aktual. Aufl., Stuttgart 2006.

SCHIERENBECK, H./HÖLSCHER, R.: BankAssurance – Institutionelle Grundlagen der Bank- und Versicherungsbetriebslehre, 4. Aufl., Stuttgart 1998.

SCHIERENBECK, H.: Effektivzinskalküle, in: DBW, 44. Jg. (1984b), S. 99ff.

SCHNEIDER, D.: Investition, Finanzierung und Besteuerung. Lehrbuch der Investitions-, Finanzierungs- und Ungewissheitstheorie, 7., vollst. überarb. u. erw. Aufl., Wiesbaden 1992.

SMTIH, J.K./SMITH, R.L.: Entrepreneurial Finance, Boston u.a. 2004.

SEICHT, G.: Investition und Finanzierung. Theoretische Grundlagen und praktische Gestaltung, 9., durchges. u. erw. Aufl., Wien 1997.

SOLOMON, E.: The Theory of Financial Management, New York, London 1963.

SPITTLER, H.-J: Leasing für die Praxis, 6., erw. Aufl., Köln 2002.

SPREMANN, K.: Asymmetrische Information, in: ZfB, 60. Jg. (1990), S. 561 – 586.

SPREMANN, K./GANTENBEIN, P.: Zinsen, Anleihen, Kredite, 4., korr. u. erw. Aufl., München/Wien 2007.

SPREMANN, K.: Wirtschaft, Investition und Finanzierung, 6. Aufl., München/Wien 2008.

STANDOP, D.: Optimale Unternehmensfinanzierung, Berlin 1975.

SÜCHTING, J.: Finanzmanagement. Theorie und Politik der Unternehmensfinanzierung, 6., vollst. überarb. u. erw. Aufl., Wiesbaden 1995.

SWOBODA, P.: Finanzierungstheorie, Würzburg/Wien 1973.

TIROLE, J.: The Theory of Finance, Princeton/Oxford 2006.

URNIK, S./SCHUSCHNIG, T.: Investitionsmanagement – Finanzmanagement – Bilanzanalyse, Wien 2007.

VOLKART, R.: Corporate Finance. Grundlagen von Finanzierung und Investition, 3., überarb. u. erw. Aufl., Zürich 2007.

VORMBAUM, H:. Finanzierung der Betriebe, 9., aktual. Aufl., Wiesbaden 1995.

WALDMANN, J.: Optimale Unternehmensfinanzierung, Wiesbaden 1972.

Literaturverzeichnis   893

WEITNAUER, W.: Handbuch Venture Capital. Von der Innovation zum Börsengang, 3., überarb. Aufl., München 2007.

WITTE, E.: Die Liquiditätspolitik der Unternehmung, Tübingen 1963.

WITTE, E./KLEIN, H.: Finanzplanung der Unternehmung, Prognose und Disposition, 3. Aufl., Wiesbaden 1983.

WÖHE, G./BILSTEIN, J.: Grundzüge der Unternehmensfinanzierung, 9., überarb. u. erw. Aufl., München 2002.

Literaturhinweise zum Siebten Kapitel:
Grundbegriffe und Systematik des Rechnungswesens

BÄHR, G./FISCHER-WINKELMANN, W.F./LIST, ST.: Buchführung und Jahresabschluss, 9., überarb. Aufl., Wiesbaden 2006.

BECHTEL, W./BRINK, A.: Einführung in die moderne Finanzbuchführung. Grundlagen der Buchungs- und Abschlusstechnik und Grundzüge der EDV-Buchführung, 9. Aufl., München/Wien 2007.

BUNDESVERBAND DER DEUTSCHEN INDUSTRIE E. V. (Hrsg.): Industrie-Kontenrahmen (IKR), Neufassung 1986 in Anpassung an das BiRiLiG, Bergisch-Gladbach 1986.

CHMIELEWICZ, K.: Integrierte Finanz- und Erfolgsplanung, Stuttgart 1972.

CHMIELEWICZ, K.: Betriebliches Rechnungswesen, Bd. 1: Finanzrechnung und Bilanz, 3. Aufl., Reinbek bei Hamburg 1982a, Bd. 2: Erfolgsrechnung, 2. Aufl., Reinbek bei Hamburg 1982b.

COENENBERG, A.G.: Jahresabschluss und Jahresabschlussanalyse. Grundfragen der Bilanzierung nach betriebswirtschaftlichen, handelsrechtlichen, steuerrechtlichen und internationalen Grundsätzen, 20. Aufl., Landsberg 2005a.

COENENBERG, A.G.: Jahresabschluss und Jahresabschlussanalyse. Betriebswirtschaftliche, handels- und steuerrechtliche Grundlagen, Aufgaben und Lösungen, 12. Aufl., Landsberg 2005b.

CONENBERG, A.G./HALLER, A./MATTNER, G./SCHULTZE, W.: Einführung in das Rechnungswesen. Grundzüge der Buchführung und Bilanzierung, 2. Aufl., Stuttgart 2007.

DELLMANN, K.: Kapitalfluss- und Finanzierungsrechnung, in: Handbuch des Jahresabschlusses in Einzeldarstellungen, hrsg. v. K. VON WYSOCKI u. J. SCHULZE-OSTERLOH, Köln 1990.

DÖRING, U./BUCHHOLZ, R.: Buchhaltung und Jahresabschluss mit Aufgaben und Lösungen, 9., vollst. neu bearb. u. erw. Aufl., Berlin 2005.

EILENBERGER, G.: Betriebliches Rechnungswesen, 7. Aufl., München, Wien 1995.

EISELE, W.: Technik des betrieblichen Rechnungswesens, 7., völlig überarb. u. erw. Aufl., München 2002.

ENGELHARDT, W.H. / RAFFÉE, H./WISCHERMANN, B.: Grundzüge der doppelten Buchhaltung, 7., aktual. Aufl., Wiesbaden 2006.

HAHN, H./WIKENS, K.: Buchhaltung und Bilanz. Teil A: Grundlagen der Buchhaltung, Einführung am Beispiel der Industriebuchführung, 7., aktual. und überarb. Aufl., München/Wien 2007, Teil B: Bilanzierung, 2., neubearb. Aufl., Mün-chen/Wien 2000a, Teil C: Lösungen, 2., überbearb. Aufl., München/Wien 2000b.

HAUSCHILDT, J.: Organisation der finanziellen Unternehmensführung. Eine empirische Untersuchung, Stuttgart 1970.

HEINHOLD, M.: Buchführung in Fallbeispielen, 10., überarb. Aufl., Stuttgart 2006.

KÄFER, K.: Kapitalflussrechnungen, 2. Aufl., Stuttgart 1984.

KOCH, H.: Integrierte Unternehmensplanung, Wiesbaden 1983.

KOSIOL, E.: Buchhaltung als Erfolgs-, Bestands- und Finanzrechnung, Berlin 1977.

KÜPPER, H.-U./WAGENHOFER, A. (Hrsg.): Handwörterbuch Unternehmensrechnung und Controlling (HWU), Reihe Enzyklopädie der Betriebswirtschaftslehre (EdBWL) Bd. 3, 4., vollst. neu gest. Aufl., Stuttgart 2002.

LINDELAUB, H.: Pagatorische Buchhaltung, Wiesbaden 1966.

QUICK, R./WURL, H.-J.: Doppelte Buchführung. Grundlagen – Übungsaufgaben – Lösungen, Wiesbaden 2006.

SCHÖNFELD, H.-M.: Grundlagen des Rechnungswesens, 2. Aufl., Stuttgart 1969.

SIEGWART, H.: Das betriebswirtschaftliche Rechnungswesen als Führungsinstrument, 3., überarb. u. erw. Aufl., Stuttgart 1994.

ULRICH, H./HILL, W./KUNZ, B.: Brevier des Rechnungswesens. 8., unveränd. Aufl., Bern/Stuttgart 1994.

VON WYSOCKI, K.: Kameralistisches Rechnungswesen, Stuttgart 1965.

VORMBAUM, H.: Grundlagen des betrieblichen Rechnungswesens, Stuttgart 1977a.

WEBER, J./WEISSENBERGER, B.E.: Einführung in das Rechnungswesen. Bilanzierung und Kostenrechnung, 7., überarb. u. erw. Aufl., Stuttgart 2006.

WEILENMANN, P.: Grundlagen des betriebswirtschaftlichen Rechnungswesens, 5. Aufl., Zürich 1990.

WEILENMANN, P.: Kapitalflussrechnung in der Praxis, 2. Aufl., Zürich 1992.

WÖHE, G./KUSSMAUL, H.: Grundzüge der Buchführung und Bilanztechnik, 6., völlig überarb. Aufl., München 2008.

Literaturhinweise zum Achten Kapitel: Externe Unternehmungsrechnung

8.1 Grundlagen der Bilanzierung

ADLER, H./DÜRING, W./SCHMALTZ, K.: Rechnungslegung und Prüfung der Unternehmen. Kommentar zum HGB, AktG, GmbHG, PublG nach den Vorschriften des Bilanzrichtliniengesetzes, Gesamtwerk in 8 Teilbänden und Ergänzungsband, 6. Aufl., Stuttgart 2007.

AUER, K.V.: International harmonisierte Rechnungslegungsstandards aus Sicht der Aktionäre – Vergleich von EG-Richtlinie, US-GAAP und IAS, 2., überarb. u. erw. Aufl. Wiesbaden 1999.

BAETGE, J.: Möglichkeiten der Objektivierung des Jahreserfolgs, 2. Aufl., Düsseldorf 1980.

BAETGE, J./KIRSCH, H.-J./THIELE, ST.: Bilanzanalyse, 2., vollst. überarb. u. erw. Aufl., Düsseldorf 2004a.

BAETGE, J./KIRSCH, H.-J./THIELE, ST.: Konzernbilanzen, 7., überarb. Aufl., Düsseldorf 2004b.

BAETGE, J./KIRSCH, H.-J./THIELE, ST.: Übungsbuch Konzernbilanzen. Aufgaben und Fallstudien mit Lösungen, 3., wesentl. überarb. u. erw. Aufl., Düsseldorf 2006.

BAETGE, J./KIRSCH, H.-J./THIELE, ST.: Bilanzen, 9., aktual. Aufl., Düsseldorf 2007a.

BAETGE, J./KIRSCH, H.-J./THIELE, ST.: Übungsbuch Bilanzen und Bilanzanalyse. Aufgaben und Fallstudien mit Lösungen, 3., wesentl. überarb. u. erw. Aufl., Düsseldorf 2007b.

BIEG, H./KUSSMAUL, H.: Externes Rechnungswesen, 4., völlig überarb. u. erw. Aufl., München/Wien 2006.

BITZ, M./SCHNEELOCH, F./WITTSTOCK, W.: Der Jahresabschluß. Rechtsvorschriften, Analyse, Politik, 4., überarb. u. erw. Aufl., München 2003.

BRÖNNER, H./BARCIS, H.P.: Die Bilanz nach Handels- und Steuerrecht, 9. Aufl., Stuttgart 1991.

BUCHHOLZ, R.: Internationale Rechnungslegung. Die wesentlichen Vorschriften nach IFRS und HGB – mit Aufgaben und Lösungen, 6., völlig neu bearb. Aufl., Berlin 2007.

BUSSE VON COLBE, W./ORDELHEIDE, D./GEBHARDT, G./PELLENS, B.: Konzernabschlüsse. Rechnungslegung nach betriebswirtschaftlichen Grundsätzen sowie nach Vorschriften des HGB und der IAS/IFRS, 8., überarb. Aufl., Wiesbaden 2006.

CHMIELEWICZ, K.: Betriebliches Rechnungswesen, Bd. 1: Finanzrechnung und Bilanz, 3. Aufl., Reinbek bei Hamburg 1982a, Bd. 2: Erfolgsrechnung, 2. Aufl., Reinbek bei Hamburg 1982b.

COENENBERG, A.G.: Jahresabschluss und Jahresabschlussanalyse. Grundfragen der Bilanzierung nach betriebswirtschaftlichen, handelsrechtlichen, steuerrechtlichen und internationalen Grundsätzen, 20. Aufl., Landsberg 2005a.

Literaturverzeichnis

COENENBERG, A.G.: Jahresabschluss und Jahresabschlussanalyse. Betriebswirtschaftliche, handels- und steuerrechtliche Grundlagen, Aufgaben und Lösungen, 12. Aufl., Landsberg 2005b.

CONENBERG, A.G./HALLER, A./MATTNER, G./SCHULTZE, W.: Einführung in das Rechnungswesen. Grundzüge der Buchführung und Bilanzierung, 2. Aufl., Stuttgart 2007.

FRICK, W.: Bilanzierung nach dem Unternehmensgesetz, 8., aktual. Aufl., Heidelberg 2007.

GLAUM, M./MANDLER, U.: Rechnungslegung auf globalen Kapitalmärkten – HGB, IAS und US-GAAP, Wiesbaden 1996.

GRÄFER, H./SCHELD, G.A.: Grundzüge der Konzernrechnungslegung, 10., neu bearb. u. erw. Aufl., Berlin 2007.

HAX, K.: Die Substanzerhaltung der Betriebe, Köln/Opladen 1957.

HEINEN, E.: Handelsbilanzen, 12. Aufl., Wiesbaden 1986.

JACOBS, O.H./SCHREIBER, U.: Betriebliche Kapital- und Substanzerhaltung in Zeiten steigender Preise, Stuttgart 1979.

KÄFER, K.: Die Bilanz als Zukunftsrechnung, 3., verb. u. erg. Aufl., Zürich 1976.

KOSIOL, E.: Pagatorische Bilanz. Die Bewegungsbilanz als Grundlage einer integrativ verbundenen Erfolgs-, Bestands- und Finanzrechnung, Berlin 1976b.

KÜPPER, H.-U./WAGENHOFER, A. (Hrsg.): Handwörterbuch Unternehmensrechnung und Controlling (HWU), Reihe Enzyklopädie der Betriebswirtschaftslehre (EdBWL) Bd. 3, 4., vollst. neu gest. Aufl., Stuttgart 2002.

KÜTING, K./WEBER, C.-P.: Die Bilanzanalyse. Beurteilung von Abschlüssen nach HGB und IFRS, 8., grundl. überarb. Aufl., Stuttgart 2006.

KÜTING, K./WEBER, C.-P.: Der Konzernabschluss. Praxis der Konzernrechnungslegung nach HGB und IFRS, 11., überarb. Aufl., Stuttgart 2008.

LACHNIT, L.: Zeitraumbilanzen. Ein Instrument der Rechnungslegung, Unternehmensanalyse und Unternehmenssteuerung, Berlin 1972.

LE COUTRE, W.: Grundzüge der Bilanzkunde. Eine totale Bilanzlehre, Teil 1, 4. Aufl., Wolfenbüttel 1949.

LEFFSON, U.: Die Grundsätze ordnungsmäßiger Buchführung, 7., rev. u. erw. Aufl., Düsseldorf 1987.

MEYER, C.: Konsolidierte Zeitraum-Bilanzen. Ihre Verwendung zur finanziellen Führung von Konzernen, Stuttgart 1969.

MOXTER, A.: Betriebswirtschaftliche Gewinnermittlung, Tübingen 1986.

MOXTER, A.: Bilanzlehre, Bd. 1: Einführung in die Bilanztheorie, Nachdr. d. 3. Aufl., Wiesbaden 1991a, Bd. 2: Einführung in das neue Bilanzrecht, Nachdr. d. 3. Aufl., Wiesbaden 1991b.

MÜNSTERMANN, H.: Einführung in die Dynamische Bilanz, Köln/Opladen 1957.

NICKLISCH, H.: Die Betriebswirtschaft, 7. Aufl., Stuttgart 1932.

PELLENS, B./FÜLBIER, R.U./GASSEN, J./SELLHORN, TH.: Internationale Rechnungslegung. IFRS 1 bis 8, IAS 1 bis 41, IFRIC-Interpretationen, Standardentwürfe. Mit Beispielen, Aufgaben und Fallstudie, 7., überarb. u. erw. Aufl., Stuttgart 2008.

RIEGER, W.: Schmalenbachs dynamische Bilanz. Eine kritische Untersuchung, 2. Aufl., Stuttgart et al. 1954.

SCHEFFLER, W.: Besteuerung von Unternehmen II. Steuerbilanz und Vermögensaufstellung, 4., neu bearb. Aufl., Stuttgart 2006b.

SCHERRER, G.: Konzernrechnungslegung nach HGB und IFRS. Kapitalmarktorientierte und nicht kapitalmarktorientierte Unternehmen, 2., vollst. überarb. u. erw. Aufl., München 2007.

SCHMALENBACH, E.: Dynamische Bilanz, unveränd. Nachdr. d. 13., verb. u. erw. Aufl., Köln/Opladen 1988.

SCHMIDT, F.: Die organische Tageswertbilanz, 3. Aufl, Leipzig 1929.

SCHNEIDER, D.: Bilanztheorien, neuere Ansätze, in: KOSIOL, E. (Hrsg.): Handwörterbuch des Rechnungswesens, Stuttgart 1970, Sp. 260ff.

SCHWEITZER, M.: Struktur und Funktion der Bilanz, Berlin 1972.

SEICHT, G.: Die kapitaltheoretische Bilanz und die Entwicklung der Bilanztheorien, Berlin 1970.

SIMON, H.V.: Die Bilanzen der Aktiengesellschaften und der Kommanditgesellschaften auf Aktien, Berlin 1886.

SOMMERFELD, H.: Eudynamische Bilanz, in: BOTT, K. (Hrsg.): Lexikon des kaufmännischen Rechnungswesens, Band II, 2. Aufl., Stuttgart 1955, Sp. 980 – 985.

STÜTZEL, W.: Bemerkungen zur Bilanztheorie, in: ZfB, 37. Jg. (1967), S. 314 – 340.

WAGENHOFER, A./EWERT, R.: Externe Unternehmensrechnung, 2., überarb. u. erw. Aufl., Berlin/Heidelberg/New York 2007.

WALB, W.: Die Finanzwirtschaftliche Bilanz, 3. Aufl., Wiesbaden 1966.

WEBER, J./WEISSENBERGER, B.E.: Einführung in das Rechnungswesen. Bilanzierung und Kostenrechnung, 7., überarb. u. erw. Aufl., Stuttgart 2006.

WÖHE, G./KUSSMAUL, H.: Grundzüge der Buchführung und Bilanztechnik, 6., völlig überarb. Aufl., München 2008.

8.2 Der Jahresabschluss nach HGB und IFRS

ADLER, H./DÜRING, W./SCHMALTZ, K.: Rechnungslegung und Prüfung der Unternehmen. Kommentar zum HGB, AktG, GmbHG, PublG nach den Vorschriften des Bilanzrichtliniengesetzes, Gesamtwerk in 8 Teilbänden und Ergänzungsband, 6. Aufl., Stuttgart 2007.

BAETGE, J./KIRSCH, H.-J./THIELE, ST.: Bilanzanalyse, 2., vollst. überarb. u. erw. Aufl., Düsseldorf 2004a.

BAETGE, J./KIRSCH, H.-J./THIELE, ST.: Konzernbilanzen, 7., überarb. Aufl., Düsseldorf 2004b.

BAETGE, J./KIRSCH, H.-J./THIELE, ST.: Übungsbuch Konzernbilanzen. Aufgaben und Fallstudien mit Lösungen, 3., wesentl. überarb. u. erw. Aufl., Düsseldorf 2006.

BAETGE, J./KIRSCH, H.-J./THIELE, ST.: Bilanzen, 9., aktual. Aufl., Düsseldorf 2007a.

BAETGE, J./KIRSCH, H.-J./THIELE, ST.: Übungsbuch Bilanzen und Bilanzanalyse. Aufgaben und Fallstudien mit Lösungen, 3., wesentl. überarb. u. erw. Aufl., Düsseldorf 2007b.

BALLWIESER, W.: IFRS-Rechnungslegung-Konzept. Regeln und Wirkungen, München 2006.

BUCHHOLZ, R.: Internationale Rechnungslegung. Die wesentlichen Vorschriften nach IFRS und HGB – mit Aufgaben und Lösungen, 6., völlig neu bearb. Aufl., Berlin 2007.

BUCHHOLZ, R.: Grundzüge des Jahresabschlusses nach HGB und IFRS. Mit Aufgaben und Lösungen, 4., aktual. u. überarb. Aufl., Berlin 2008.

BUSSE VON COLBE, W./ORDELHEIDE, D./GEBHARDT, G./PELLENS, B.: Konzernabschlüsse. Rechnungslegung nach betriebswirtschaftlichen Grundsätzen sowie nach Vorschriften des HGB und der IAS/IFRS, 8., überarb. Aufl., Wiesbaden 2006.

CASTAN, E.: Rechnungslegung der Unternehmung, 3., neubearb. Aufl., München 1990.

COENENBERG, A.G.: Jahresabschluss und Jahresabschlussanalyse. Grundfragen der Bilanzierung nach betriebswirtschaftlichen, handelsrechtlichen, steuerrechtlichen und internationalen Grundsätzen, 20. Aufl., Landsberg 2005a.

COENENBERG, A.G.: Jahresabschluss und Jahresabschlussanalyse. Betriebswirtschaftliche, handels- und steuerrechtliche Grundlagen, Aufgaben und Lösungen, 12. Aufl., Landsberg 2005b.

CONENBERG, A.G./HALLER, A./MATTNER, G./SCHULTZE, W.: Einführung in das Rechnungswesen. Grundzüge der Buchführung und Bilanzierung, 2. Aufl., Stuttgart 2007.

DREGER, K.M.: Der Konzernabschluss. Grundsätze ordnungsmäßiger Konsolidierung, Wiesbaden 1969.

FEDERMANN, R.: Bilanzierung nach Handelsrecht und Steuerrecht: Gemeinsamkeiten, Unterschiede und Abhängigkeiten von Handels- und Steuerbilanz unter Berücksichtigung internationaler Rechnungslegungsstandards, 11., neu bearb. u. erw. Aufl., München 2000.

GRÄFER, H./SCHELD, G.A.: Grundzüge der Konzernrechnungslegung. Mit Fragen, Aufgaben und Lösungen, 10., neu bearb. u. erw. Aufl., Berlin 2007.

HEINEN, E.: Handelsbilanzen, 12. Aufl., Wiesbaden 1986.

Literaturverzeichnis 897

KIRSCH, H.: Einführung in die internationale Rechnungslegung nach IFRS. Grundzüge der IFRS, Anwendung im Konzernabschluss, Folgerung für den Einzelabschluss, 3., wesentl. überarb. u. erw. Aufl., Herne/Berlin 2006.

KPMG DEUTSCHE TREUHAND-GESELLSCHAFT AG (Hrsg.): IFRS visuell. Die IFRS in strukturierten Übersichten, 3., aktual. u. überarb. Aufl., Stuttgart 2008.

KÜTING, K./WEBER, C.-P.: Konzernmanagement. Rechnungswesen und Controlling, Stuttgart 1993.

KÜTING, K./WEBER, C.-P.: Die Bilanzanalyse. Beurteilung von Abschlüssen nach HGB und IFRS, 8., grundl. überarb. Aufl., Stuttgart 2006.

KÜTING, K./WEBER, C.-P.: Der Konzernabschluss. Praxis der Konzernrechnungslegung nach HGB und IFRS, 11., überarb. Aufl., Stuttgart 2008.

LEFFSON, U.: Die Grundsätze ordnungsmäßiger Buchführung, 7., rev. u. erw. Aufl., Düsseldorf 1987.

PEEMÖLLER, V.H.: Management Auditing. Unternehmensführung und betriebliches Prüfungswesen, Berlin, München 1978.

PELLENS, B./FÜLBIER, R.U./GASSEN, J./SELLHORN, TH.: Internationale Rechnungslegung. IFRS 1 bis 8, IAS 1 bis 41, IFRIC-Interpretationen, Standardentwürfe. Mit Beispielen, Aufgaben und Fallstudie, 7., überarb. u. erw. Aufl., Stuttgart 2008.

SCHERRER, G.: Konzernrechnungslegung nach HGB und IFRS. Kapitalmarktorientierte und nicht kapitalmarktorientierte Unternehmen, 2., vollst. überarb. u. erw. Aufl., München 2007.

SCHIERENBECK, H.: Beteiligungsentscheidungen – Betriebswirtschaftliche Grundlagen des Erwerbs und der Veräußerung von Unternehmensbeteiligungen, Berlin 1973.

SCHIERENBECK, H.: Der Pyramideneffekt im verschachtelten Konzern, in: DBW, 40. Jg. (1980b), S. 249ff.

SCHILDBACH, TH.: Der Konzernabschluss nach HGB, IFRS und US-GAAP, 7., überarb. Aufl., München/Wien 2008.

WÖHE, G.: Die Handels- und Steuerbilanz. Betriebswirtschaftliche, handelsrechtliche und steuerrechtliche Grundsätze der Bilanzierung, 5., aktual. u. erw. Aufl., München 2005.

ZIMMERMANN, J./WERNER, J.R.: Einführung in die Bilanzierung nach IFRS, München 2008.

8.3 Bilanzanalyse und Bilanzpolitik

AICPA (Hrsg.): Improving Business Reporting – A Customer Focus (The Jenkins Report), 1994, im Internet abrufbar unter: http://accounting.rutgers.edu/raw/aicpa/business/main.htm (Stand: 12.04.2008).

BAETGE, J.: Empirische Methoden zur Früherkennung von Unternehmenskrisen, in: Reihe: Nordrhein-Westfälische Akademie der Wissenschaften Düsseldorf – Vorträge: Geisteswissenschaften, Paderborn 1998.

BAETGE, J./KIRSCH, H.-J./THIELE, ST.: Bilanzanalyse, 2., vollst. überarb. u. erw. Aufl., Düsseldorf 2004a.

BAETGE, J./KIRSCH, H.-J./THIELE, ST.: Bilanzen, 9., aktual. Aufl., Düsseldorf 2007a.

BAETGE, J./KIRSCH, H.-J./THIELE, ST.: Übungsbuch Bilanzen und Bilanzanalyse. Aufgaben und Fallstudien mit Lösungen, 3., wesentl. überarb. u. erw. Aufl., Düsseldorf 2007b.

BÖRNER, D./KRAWITZ, N.: Steuerbilanzpolitik, 2. Aufl., Herne/Berlin 1991.

BORN, K.: Bilanzanalyse International. Deutsche und ausländische Jahresabschlüsse lesen und beurteilen, 3., aktual. u. überarb. Aufl., Stuttgart 2008.

BUCHNER, R.: Grundzüge der Finanzanalyse, München 1981.

BURGER, A.: Jahresabschlussanalyse, München, Wien 1995.

COENENBERG, A.G.: Jahresabschluss und Jahresabschlussanalyse. Grundfragen der Bilanzierung nach betriebswirtschaftlichen, handelsrechtlichen, steuerrechtlichen und internationalen Grundsätzen, 20. Aufl., Landsberg 2005a.

COENENBERG, A.G.: Jahresabschluss und Jahresabschlussanalyse. Betriebswirtschaftliche, handels- und steuerrechtliche Grundlagen, Aufgaben und Lösungen, 12. Aufl., Landsberg 2005b.

DIPIAZZA, S.A.JR./ECCLES, R.G.: Building Public Trust: The Future of Corporate Reporting, New York 2002.

ECCLES, H. et al.: The ValueReporting™ Revolution. Moving Beyond The Earnings Game, New York et al. 2001.

FASB (Hrsg.): Improving Business Reporting: Insights into Enhancing Voluntary Disclosures, 2001, im Internet abrufbar unter: http://72.3.243.42/brrp/BRRP2.PDF (Stand: 12.04.2008).

FEDERMANN, R.: Bilanzierung nach Handelsrecht und Steuerrecht: Gemeinsamkeiten, Unterschiede und Abhängigkeiten von Handels- und Steuerbilanz unter Berücksichtigung internationaler Rechnungslegungsstandards, 11., neu bearb. u. erw. Aufl., München 2000.

FREIDANK, C.-CHR./MEYER, H.: Die Sozialbilanz als Ergänzung der handelsrechtlichen Jahresabschlussrechnung, in: CORSTEN, H. et al. (Hrsg.): Die soziale Dimension der Unternehmung, Berlin 1991.

GRUNWALD, E./GRUNWALD, ST.: Bonitätsanalyse im Firmenkundengeschäft. Handbuch Risikomanagement und Rating, 3., überarb. Aufl., Stuttgart 2008.

HARDER, U.: Bilanzpolitik, Wiesbaden 1962.

HÄRLE, D.: Finanzierungsregeln und ihre Problematik, Wiesbaden 1961.

HELBLING, C.: Bilanz- und Erfolgsanalyse, 10. Aufl., Bern, Stuttgart 1997.

HILKE, W.: Bilanzpolitik – mit Aufgaben und Lösungen, 5. Aufl., Wiesbaden 1999.

JUESTEN, W./VON VILLIEZ, CHR.: Cash Flow und Unternehmensbeurteilung. Ermöglicht die Cash-flow-Rechnung eine Schnell-Analyse?, 6. Aufl., Berlin 1992.

KANDLBINDER, H.K.: Die Gewinn- und Verlustrechnung in der unternehmerischen Wirtschaft, München 1973.

KOSIOL, E.: Buchhaltung als Erfolgs-, Bestands- und Finanzrechnung, Berlin 1977.

KÜTING, K./WEBER, C.-P.: Die Bilanzanalyse. Beurteilung von Abschlüssen nach HGB und IFRS, 8., grundl. überarb. Aufl., Stuttgart 2006.

LANGGUTH, H.: Kapitalmarktorientiertes Wertmanagement. Unternehmensbewertung, Unternehmenssteuerung und Berichterstattung, München 2008.

LEFFSON, U.: Bilanzanalyse, 3., verb. Aufl., Stuttgart 1984.

LÜCK, W.: Rechnungslegung nach Handels- und Steuerrecht, 12. Aufl., Bonn 2004.

LÜCKE, W.: Bilanzstrategie und Bilanztaktik, in: DB, 24. Jg. (1969), S. 2285ff.

MEYER, C.: Betriebswirtschaftliche Kennzahlen und Kennzahlensysteme, 2., erw. u. überarb. Aufl., Stuttgart 1994.

PERRIDON, L./STEINER, M.: Finanzwirtschaft der Unternehmung, 14. Aufl., München 2007.

REHKUGLER, H./PODDIG, TH.: Bilanzanalyse, 4. Aufl., München 1998.

REHKUGLER, H./ZIMMERMANN, H.G.: Neuronale Netze in der Ökonomie, Grundlagen und finanzwirtschaftliche Anwendungen, München 1994.

RÜCKLE, D.: Normative Theorie der Steuerbilanzpolitik, Wien 1983.

SCHNEELOCH, D.: Betriebswirtschaftliche Steuerlehre, Band 1: Besteuerung, 5., vollst. neu bearb. Aufl., München 2008.

SEIDEL, E./CLAUSEN, J./SEIFEN, E.K.: Umweltkennzahlen, München 1998.

SIEGWART, H.: Der Cash-flow als finanz- und vertragswirtschaftliche Lenkungsgröße, 3. Aufl., Stuttgart 1993.

SIEGWART, H.: Das betriebswirtschaftliche Rechnungswesen als Führungsinstrument, 3., überarb. u. erw. Aufl., Stuttgart 1994.

STAEHLE, W.H.: Kennzahlen und Kennzahlensysteme als Mittel der Organisation und Führung von Unternehmen, Wiesbaden 1969.

VOGLER, G./MATTES, H.: Theorie und Praxis der Bilanzanalyse, 2. Aufl., Berlin 1976.

VON WYSOCKI, K.: Sozialbilanzen, Stuttgart 1981.

WAGENHOFER, A./EWERT, R.: Externe Unternehmensrechnung, 2., überarb. u. erw. Aufl., Berlin/Heidelberg/New York 2007.

Literaturverzeichnis

WEHRHEIM, M./SCHMITZ, TH.: Jahresabschlussanalyse. Instrumente, Bilanzpolitik, Kennzahlen, 2., überarb. Aufl., Stuttgart 2005

WIEDEMANN, A.: Die Passivseite als Erfolgsquelle, Zinsmanagement in Unternehmen, Wiesbaden 1998.

WÖHE, G.: Bilanzierung und Bilanzpolitik. Betriebswirtschaftlich – Handelsrechtlich – Steuerrechtlich. Mit einer Einführung in die verrechnungstechnischen Grundlagen, unter Mitarb. v. U. DÖRING, 9. Aufl., München 1997.

WÖHE, G.: Die Handels- und Steuerbilanz. Betriebswirtschaftliche, handelsrechtliche und steuerrechtliche Grundsätze der Bilanzierung, 5., aktual. u. erw. Aufl., München 2005.

Literaturhinweise zum Neunten Kapitel: Interne Unternehmungsrechnung

9.1 Aufgaben und Systeme der internen Unternehmungsrechnung

CHMIELEWICZ, K.: Betriebliches Rechnungswesen, Bd. 1: Finanzrechnung und Bilanz, 3. Aufl., Reinbek bei Hamburg 1982a, Bd. 2: Erfolgsrechnung, 2. Aufl., Reinbek bei Hamburg 1982b.

COENENBERG, A.G.: Kostenrechnung und Kostenanalyse, 5., überarb. u. erw. Aufl., Landsberg am Lech 2003a.

COENENBERG, A.G.: Kostenrechnung und Kostenanalyse. Aufgaben und Lösungen, 3., überarb. u. erw. Aufl., Landsberg am Lech 2003b.

DÄUMLER, K.-D./GRABE, J.: Kostenrechnung 1: Grundlagen mit Fragen und Aufgaben, Antworten und Lösungen, 8. Aufl., Herne/Berlin 2000.

ERNST, CHR./RIEGLER, CHR./SCHENK, G.: Übungen zur Internen Unternehmensrechnung, 3., überarb. Aufl., Berlin/Heidelberg/New York 2007.

EWERT, R./WAGENHOFER, A.: Interne Unternehmensrechnung, 7., überarb. Aufl., Berlin/Heidelberg/New York 2008.

FREIDANK, C.-CHR.: Kostenrechnung. Einführung in die begrifflichen, theoretischen, verrechnungstechnischen sowie planungs- und kontrollorientierten Grundlagen des innerbetrieblichen Rechnungswesens, 8., überarb. u. erw. Aufl., München/Wien 2008.

FREIDANK, C.-CHR./FISCHBACH, S.: Übungen zur Kostenrechnung, 6., überarb. u. erg. Aufl., München/Wien 2007.

GÖTZE, U.: Kostenrechnung und Kostenmanagement, 4., verb. Aufl., Berlin/Heidelberg/New York 2007.

HABERSTOCK, L.: Kostenrechnung I. Einführung mit Fragen, Aufgaben, einer Fallstudie und Lösungen, bearb. v. V. BREITHECKER, 12. Aufl., Wiesbaden 2005.

HOITSCH, H.-J./LINGNAU, V.: Kosten- und Erlösrechnung. Eine controllingorientierte Einführung, 6., überarb. Aufl., Berlin/Heidelberg/New York 2007.

HUMMEL, S./MÄNNEL, W.: Kostenrechnung 1. Grundlagen, Aufbau und Anwendung, 4., völlig neubearb. u. erw. Aufl., Wiesbaden 1986.

KILGER, W.: Kurzfristige Erfolgsrechnung, Wiesbaden 1962.

KILGER, W.: Einführung in die Kostenrechnung, Nachdr. d. 3. Aufl., Wiesbaden 1992.

KOCH, H.: Grundprobleme der Kostenrechnung, Köln/Opladen 1966.

KOSIOL, E.: Kosten- und Leistungsrechnung, Berlin 1979.

KÜPPER, H.-U./FRIEDL, G./PEDELL, B.: Übungsbuch zur Kosten- und Erlösrechnung, 4., überarb. u. erw. Aufl., München 2004.

KÜPPER, H.-U./WAGENHOFER, A. (Hrsg.): Handwörterbuch Unternehmensrechnung und Controlling (HWU), Reihe Enzyklopädie der Betriebswirtschaftslehre (EdBWL) Bd. 3, 4., vollst. neu gest. Aufl., Stuttgart 2002.

SCHWEITZER, M./KÜPPER, H.-U.: Systeme der Kosten- und Erlösrechnung, 9., überarb. u. erw. Aufl., München 2008.

SEICHT, G.: Moderne Kosten- und Leistungsrechnung. Grundlagen und praktische Gestaltung, 10., aktual. u. wesentl. erw. Aufl., Wien 2001.

ZIMMERMANN, G.: Grundzüge der Kostenrechnung. Arbeitsbuch, 7. Aufl., München 1999.

ZIMMERMANN, G.: Grundzüge der Kostenrechnung, 8., überarb. und erw. Aufl., München 2001.

9.2 Betriebsabrechnung und Kalkulation

AGTHE, K.: Stufenweise Fixkostendeckung im System des Direct Costing, in: ZfB, 29. Jg. (1959), S. 404ff.

BÖHM, H.-H./WILLE, F.: Deckungsbeitragsrechnung, Grenzpreisrechnung und Optimierung, 6. Aufl., München 1977.

COENENBERG, A.G.: Kostenrechnung und Kostenanalyse, 5., überarb. u. erw. Aufl., Landsberg am Lech 2003a.

COENENBERG, A.G.: Kostenrechnung und Kostenanalyse. Aufgaben und Lösungen, 3., überarb. u. erw. Aufl., Landsberg am Lech 2003b.

DÄUMLER, K../GRABE, J.: Kostenrechnung 2: Deckungsbeitragsrechnung mit Fragen und Aufgaben, Antworten und Lösungen, Tests und Tabellen, 6. Aufl., Herne/Berlin 1997.

ERNST, CHR./RIEGLER, CHR./SCHENK, G.: Übungen zur Internen Unternehmensrechnung, 3., überarb. Aufl., Berlin/Heidelberg/New York 2007.

EWERT, R./WAGENHOFER, A.: Interne Unternehmensrechnung, 7., überarb. Aufl., Berlin/Heidelberg/New York 2008.

GAYDOUL, P./HORVÁTH, P/SCHÄFER, H.-T.: Deckungsbeitragsrechnung – eine programmierte Unterweisung, Wiesbaden 1977.

GÖTZE, U.: Kostenrechnung und Kostenmanagement, 4., verb. Aufl., Berlin/Heidelberg/New York 2007.

HABERSTOCK, L.: Kostenrechnung I. Einführung mit Fragen, Aufgaben, einer Fallstudie und Lösungen, bearb. v. V. BREITHECKER, 12. Aufl., Wiesbaden 2005.

HUMMEL, S./MÄNNEL, W.: Kostenrechnung 2. Moderne Verfahren und Systeme, 3. Aufl., Wiesbaden 1983.

HUMMEL, S./MÄNNEL, W.: Kostenrechnung 1. Grundlagen, Aufbau und Anwendung, 4., völlig neubearb. u. erw. Aufl., Wiesbaden 1986.

JÓRASZ, W.: Kosten- und Leistungsrechnung. Lehrbuch mit Aufgaben und Lösungen, 4., überarb. Aufl., Stuttgart 2008.

KILGER, W.: Einführung in die Kostenrechnung, Nachdr. d. 3. Aufl., Wiesbaden 1992.

KILGER, W./PAMPEL, J./VIKAS, K.: Flexible Plankostenrechnung und Deckungsbeitragsrechnung, 12., vollst. überarb. Aufl., Wiesbaden 2007.

KLOOCK, J./SIEBEN, G./SCHILDBACH, TH./HOMBURG, C.: Kosten- und Leistungsrechnung, 9., aktual. u. erw. Aufl., Stuttgart 2005.

KOCH, H.: Grundprobleme der Kostenrechnung, Köln/Opladen 1966.

KOSIOL, E.: Kostenrechnung und Kalkulation, 2. Aufl., Berlin/New York 1972a.

KÜPPER, H.-U./FRIEDL, G./PEDELL, B.: Übungsbuch zur Kosten- und Erlösrechnung, 4., überarb. u. erw. Aufl., München 2004.

LAYER, M.: Möglichkeiten und Grenzen der Anwendbarkeit der Deckungsbeitragsrechnung im Rechnungswesen der Unternehmung, Berlin 1967.

MELLEROWICZ, K.: Neuzeitliche Kalkulationsverfahren, 6., neubearb. Aufl., Freiburg. i. Br. 1977.

RIEBEL, P.: Einzelkosten- und Deckungsbeitragsrechnung. Grundfragen einer markt- und entscheidungsorientierten Unternehmensrechnung, 7., überarb. u. wesentl. erw. Aufl., Wiesbaden 1994.

SCHWEITZER, M./KÜPPER, H.-U.: Systeme der Kosten- und Erlösrechnung, 9., überarb. u. erw. Aufl., München 2008.

VORMBAUM, H.: Kalkulationsarten und Kalkulationsverfahren, 4. Aufl., Stuttgart 1977b.

ZIMMERMANN, G.: Grundzüge der Kostenrechnung. Arbeitsbuch, 7. Aufl., München 1999.

Literaturverzeichnis 901

ZIMMERMANN, G.: Grundzüge der Kostenrechnung, 8., überarb. und erw. Aufl., München 2001.

9.3 Plankostenrechnung

AGTHE, K.: Die Abweichungen in der Plankostenrechnung. Ihre Ermittlung, Analyse und Verrechnung, Freiburg. i. Br. 1958.

BURGER, A.: Kostenmanagement, 3. Aufl., München, Wien 1999.

COENENBERG, A.G./FISCHER, T.M.: Prozesskostenrechnung − Strategische Neuorientierung in der Kostenrechnung, in: DBW, 51. Jg. (1991), S. 21 − 38.

COENENBERG, A.G.: Kostenrechnung und Kostenanalyse, 5., überarb. u. erw. Aufl., Landsberg am Lech 2003a.

COENENBERG, A.G.: Kostenrechnung und Kostenanalyse. Aufgaben und Lösungen, 3., überarb. u. erw. Aufl., Landsberg am Lech 2003b.

COOPER, R./KAPLAN, R.S.: Measure Costs Right: Make the Right Decisions, in: HBR, 66. Jg. (1988), Nr. 5, S. 96 − 103.

DÄUMLER, K./GRABE, J.: Kostenrechnung 3: Plankostenrechnung mit Fragen und Aufgaben, Antworten und Lösungen, 6. Aufl., Herne/Berlin 1998.

ERNST, CHR./RIEGLER, CHR./SCHENK, G.: Übungen zur Internen Unternehmensrechnung, 3., überarb. Aufl., Berlin/Heidelberg/New York 2007.

EWERT, R./WAGENHOFER, A.: Interne Unternehmensrechnung, 7., überarb. Aufl., Berlin/Heidelberg/New York 2008.

FLECHSIG, R.: Kundenkalkulation in Banken, Schriftenreihe des Instituts für Kreditwesen der Westfälischen Wilhelms-Universität Münster, hrsg. v. H. SCHIERENBECK, Bd. 24, Frankfurt a.M. 1982.

FRANZ, K.P.: Die Prozesskostenrechnung im Vergleich mit der flexiblen Plankostenrechnung und der Deckungsbeitragsrechnung, in: HORVÁTH, P. (Hrsg.): Strategieunterstützung durch das Controlling: Revolution im Rechnungswesen?, Stuttgart 1990.

GÖTZE, U.: Kostenrechnung und Kostenmanagement, 4., verb. Aufl., Berlin/Heidelberg/New York 2007.

HABERSTOCK, L.: Kostenrechnung II. (Grenz-)Plankostenrechnungmit Fragen, Aufgaben und Lösungen, 9., neu bearb. Aufl., Wiesbaden 2004.

HORVÁTH, P./MEYER, R.: Prozesskostenrechnung − Der neue Weg zu mehr Kostentransparenz und wirkungsvolleren Unternehmensstrategien, in: Controlling, 1. Jg. (1989), Nr. 4, S. 214 − 219.

HORVÁTH & PARTNER (Hrsg.): Prozesskostenmanagement, 2. Aufl., München 1998.

HUMMEL, S./MÄNNEL, W.: Kostenrechnung 2. Moderne Verfahren und Systeme, 3. Aufl., Wiesbaden 1983.

JÓRASZ, W.: Kosten- und Leistungsrechnung. Lehrbuch mit Aufgaben und Lösungen, 4., überarb. Aufl., Stuttgart 2008.

KÄFER, K.: Standardkostenrechnung, 2. Aufl., Stuttgart 1964.

KAPLAN, R.S./ANDERSON, ST.R.: Time-Driven Actvity-Based Costing: a simpler and more powerful path to higher profits, Boston (Mass.) 2007.

KILGER, W./PAMPEL, J./VIKAS, K.: Flexible Plankostenrechnung und Deckungsbeitragsrechnung, 12., vollst. überarb. Aufl., Wiesbaden 2007.

KREMIN-BUCH, B.: Strategisches Kostenmanagement. Grundlagen und moderne Instrumente. Mit Fallstudien, 4., überarb. Aufl., Wiesbaden 2007.

MELLEROWICZ, K.: Planung und Plankostenrechnung, Bd. 1: Betriebliche Planung, 3., überarb., Aufl., Freiburg. i. Br. 1979, Bd. 2: Plankostenrechnung, Freiburg. i. Br. 1973.

REMER, D.: Einführen der Prozesskostenrechnung. Grundlagen, Methodik, Einführung und Anwendung der verursachungsgerechten Gemeinkostenzurechnung, 2., überarb. u. erw. Aufl., Stuttgart 2005.

SCHIERENBECK, H.: Ertragsorientiertes Bankmanagement, Bd. 1: Grundlagen, Marktzinsmethode und Rentabilitäts-Controlling, 8. Aufl., Wiesbaden 2003.

SCHIERENBECK, H.: Kostenmanagement für Banken, in: Neuere Entwicklungen im Kostenmanagement, hrsg. v. K. DELLMANN u. K.P. FRANZ, Bern/Stuttgart/Wien 1993.

SCHWEITZER, M./KÜPPER, H.-U.: Systeme der Kosten- und Erlösrechnung, 9., überarb. u. erw. Aufl., München 2008.

WILDE, H.: Plan- und Prozesskostenrechnung, München/Wien 2004.

Stichwortverzeichnis

6-b Rücklagen 658
(μ,σ)-Prinzip 447ff., 455f.

A

ABC-Analyse 251f., 348
Abgabenorientierung (Standortfaktoren) 56
Abgeltungsteuer 38, 381, 566
Abgrenzung der Sache nach, Grundsatz der
    630ff.
Abgrenzung der Zeit nach, Grundsatz der 630ff.
Ablauforganisation 124f.
Ablaufplanung
–, Dilemma der 264
–, zeitliche 262ff.
Ablaufspolitik 11
Abnutzung, technische (Betriebsmittel) 244f.
Absatz 67, 233
Absatzkanal 352f.
Absatzkredit 305, 350
Absatzkreditpolitik 348ff.
Absatzlager 233
Absatzmarkt 302f.
Absatzmittlerverhalten 310f.
Absatzmöglichkeiten, Informationen über 308
Absatzorientierung (Standortfaktoren) 56
Absatzplanung 302ff.
Absatzpotenzial 308f.
Absatzvolumen 309f., 349
Abschöpfungspreispolitik 339
Abschreibung 656, 684ff., 704ff., 812ff.
– von geringwertigen Wirtschaftsgütern 686
Abschreibungsmethoden 812ff.
–, arithmetisch-degressive 813
–, degressive 813
–, digitale 813
–, geometrisch degressive 812
–, lineare 812
–, nach deutschem Steuerrecht zulässige 686
–, progressive 813
Abschreibungsintensität 780
Abschreibungssumme 812
Abschreibungszeitraum 812
Abteilungsbildung 124, 135
Abweichungsanalyse 122
Abzinsungsfaktor 409
Abzinsungsfaktoren, Tabelle der 411
Accrual Accounting 589
Accrual Principle 640ff., 646f.
Acid Test-Regel 793
Acid Test Ratio 786
Activity Based Costing 856

Adressatenkreis der Rechnungslegung 644f.,
    737
AG & Co. KG 36ff.
Agency-Kosten 561f.
Aggregate 242ff.
Agio 497, 657, 753
AIDA-Schema 356
Akkord
–, gemischter 174
–, proportionaler 174
–, reiner 174
Akkordlohn 173f.
Akkordlohnsystem 174
Akkreditiv 517
Aktien
–, junge 497
–, Arten von 494f.
Aktiengesellschaft (AG), 36ff., 493
Aktienrückkauf 494, 500f.
Aktivierte Eigenleistungen 665, 729f., 770
Aktivierung (Bilanzierung)
–, Ansatzkriterien (IFRS) 689ff.
–, Ansatzverbote (HGB) 616ff., 672ff.
–, Ansatzwahlrechte (HGB) 616ff., 672ff.,
    749ff.
Aktualität
– von Informationen 166
– von Zielen 105
Akzeptkredit 512, 516
Allgemeine Kostenstelle 815
Allgemeintypen 35
Alternativensuche als Planungsphase 117
Altersstruktur (Produkt-/Sortimentspolitik) 348
A-Material 251
Amortisation des gebundenen Kapitals 394f.
Amortisationsdauer 405f., 417f.
Amortisationsrechnung 386
–, dynamische 389, 417f.
–, statische 389, 404ff.
Analogieverfahren 190
Analyse-Synthese-Konzept 124
Analysetechniken 190
Anderskosten 604
Anfangsbestand (Konto) 590ff.
Angebotskurve 25
Angebotsmonopol 325
Angebotsoligopol 325
Angebotsüberhang 25f., 302
Angloamerikanische Bilanzierungspraxis 641ff.
Anhang
–, Konzern- (HGB, IFRS) 667, 669, 715f.

- nach HGB 623ff., 667ff.
- nach IFRS 710ff.
Anlagendeckungsgrade 781, 785
Anlagengitter 655f.
Anlagenintensität 781, 784
Anlagespiegel 655f.
Anlagevermögen 603, 609, 650ff., 672ff.,
   675ff., 751, 767
Anleihe 504ff., 658, 703, 766
Annuitätenmethode 389, 406, 413f.
Annuitätentilgung 538f.
Anpassungsformen, produktionstechnische
   (Produktionsaufteilungsplanung) 280
-, intensitätsmäßige (Gutenberg-
   Produktionsfunktion) 280, 286
-, kombinierte zeitliche/intensitätsmäßige
   (Gutenberg-Produktionsfunktion) 288f.
-, kombinierte zeitliche/intensitätsmäßige/
   quantitative (Gutenberg-Produktionsfunktion) 288, 290f.
-, kombinierte zeitliche/quantitative (Gutenberg-Produktionsfunktion) 288f.
-, partielle (ertragsgesetzliche Produktionsfunktion) 281, 283ff.
-, quantitative 280
-, selektive 280
-, totale (ertragsgesetzliche Produktionsfunktion) 280ff.
-, Typen von 288
-, zeitliche (Gutenberg-Produktionsfunktion)
   280, 286
Anpassungsprozess bei Optimalverhalten 287ff.
Anreiz-Beitrags-Theorie 71
Anreizfaktoren 171
Anreizsystem 170ff.
Ansatzvorschriften (Bilanzierung)
- nach HGB 616ff., 672ff., 749ff.
- nach IFRS 689ff.
Anschaffungskosten 655f., 676, 679ff., 690ff.,
   727f., 751
Anschaffungswertprinzip 613, 632, 722, 741
Anschlussinvestition 418
Anspruchsgruppen 74, 76
Anstalt, öffentlich-rechtliche 36
Antizipative Aktiva 656
Anwendungsprogramm (Software) 169
Anzahlungen 651, 656, 658, 702f., 764ff., 782
Äquivalenzziffern 840ff.
Äquivalenzziffernkalkulation
-, einstufige 842
-, mehrstufige 842f.
Arbeitsbedingungen, objektive (Arbeits-
   produktivität) 238f.
Arbeitsbewertung, Methoden der 172f.
Arbeitseinkommen 27f.

Arbeitsgemeinschaften 58
Arbeitsleistung 26ff., 233
Arbeitsorganisation, Modelle der 242
Arbeitsorientierung (Standortfaktoren) 56
Arbeitsproduktivität 237ff.
Arbeitsstättenzählung 45
Arbeitsteilung 21f., 47, 123, 135f.
- in den Wirtschaftswissenschaften 7ff.
Arbeitswertigkeit 173
Arbitragegewinn 434
Arbitrageprozess (Modigliani/Miller-These)
   556f.
Argumentationstechniken 190
Art-Mengen-Wert-Verhältnis 251f.
Asset-Backed-Securities-(ABS-)Transaktion
   492
- Zweckgesellschaft 492, 523
Asset-Liability-Approach (IFRS) 697
Assoziierte Unternehmen 701f., 706, 721ff.
At Fair Value through Profit or Loss 692ff.
Aufbauorganisation 124f.
Auflagenhöhe 50
Aufsichtsrat 39f., 83
Auftragsgrößenplanung 262f.
Auftragszeit 239f.
Aufwand 5f., 603f.
-, außergewöhnlicher 604
- im Einzelabschluss (HGB) 661ff.
- im Einzelabschluss (IFRS) 704ff.
- im Konzernabschluss (HGB, IFRS) 729ff.
-, neutraler 604
-, periodenfremder 604
-, zweckfremder 604
Aufwandsantizipation 743, 759
Aufwands-Ertrags-Relationen 779f.
Aufwandskonto 590ff.
Aufwandsrückstellungen 658
Aufwandsstruktur 779
Aufwendungen 5, 603f.
-, außergewöhnliche 604
- für Ingangsetzung und Erweiterung des
   Geschäftsbetriebs 655, 674
- im Einzelabschluss (HGB) 661ff.
- im Einzelabschluss (IFRS) 704ff.
- im Konzernabschluss (HGB, IFRS) 729ff.
-, neutrale 604
-, periodenfremde 604
-, zweckfremde 604
Ausbeutungsprozesse 7
Ausbringung 235
Ausführungszeit 239
Ausgabekonto 590ff.
Ausgabe 603ff.
-, kapitalbindende 365ff.
-, kapitalentziehende 365ff.

Stichwortverzeichnis 905

Ausgleichsgesetz der Planung 150
Ausgleichsposten 719ff.
Auskunftssystem 168
Auslandsdiversifikation 52
Auslandsniederlassung 54f.
Auslastung, kritische 396f.
Ausschüttung, Determinanten der optimalen
  554f., 563ff.
Ausschüttungsbemessungsfunktion des
  Jahresabschlusses 625, 642, 645f.
Ausschüttungspolitik 564
Ausschüttungssperre 642ff., 657, 674f., 741,
  753
Aussonderung des Außerordentlichen,
  Grundsatz der 633
Außenbeitrag 29
Außenfinanzierung 491f., 492ff.
Außenhandelstheorie (Makroökonomie) 10
Außerordentliches Ergebnis 97, 666, 707,
  768ff.
Automatisierung 248f.
Automatisierungsgrad des Informationssystems
  168
Autonome Finanzierung (DCF-Verfahren) 467,
  483
Autonomieprinzip 30
Autoritärer Führungsstil 128ff.
Available for Sale Financial Assets (IFRS) 693,
  701f., 704, 706, 718
Avalkredit 512, 517

B

Balanced Scorecard 159
Bankkredit 510
Bankruptcy Costs 560
Barakkreditiv 517
Barmittel 594, 656, 703, 708ff., 763
Barwert
– berechnet durch die Konstruktion vom
  Marktzinsgeschäften (Marktzinsmodell) 434
– berechnet mit Abzinsungsfaktoren 409
– berechnet mit Zerobond-Abzinsungsfaktoren
  (Marktzinsmodell) 435
– der ausstehenden Zahlungsströme
  (IFRS-Wertansatz) 691
– einer ewigen Rente 413, 484, 556
– einer ewigen Rente mit Wachstum 413, 484
– einer Rente 412f.
Basis-Lösung (Simplex-Algorithmus) 222
Basiszins 474
Baukastensystem (Materialbedarfsplanung) 254
B.A.U.M.-Ehrenkodex 87
Baumol-Modell 569f.
Bayes-Regel 220, 447

BAV-Kreditleitfaden 794
Bedürfnis 3, 71ff.
Bedürfnisbefriedigung 4, 82
Befragung 312
Befundrechnung 811
Belegschaftsaktie 498
Belegungszeit 245
Benchmark (Vergleichsgröße) 161
Beobachtung 312
Bereitstellungskosten 236f.
Bereitstellungsplanung 236ff.
Berichtssystem 169
Beschäftigungsabweichung 852ff.
Beschäftigungsschwelle, kritische (Preistheorie)
  336
Beschäftigungstheorie (Makroökonomie) 10
Beschaffung 67, 237ff.
Beschaffungs-(Bestell-)mengenoptimierung
  255
Beschaffungskosten 237, 257
Beschaffungsvollzug 255ff.
Beschaffungszeit 258f.
Best practice-(Konkurrenz-)Unternehmen 102
Bestandsbewertung 831
Bestandsgröße, finanzielle 365f., 602ff.
Bestandskonto 589
Bestandsphänomen 124f.
Bestandsveränderungen 612, 665, 705f., 729f.,
  770ff.
Bestätigungsgrad von Informationen 166
Bestellmenge, Modell der optimalen 255ff., 569
Beta-Faktor 460
Beteiligungsfinanzierung 490, 492ff.
Beteiligungsquote 60
Beteiligungsstammbaum 61 731f.
Betriebe 26f., 30ff.
–, Bestimmungsfaktoren 29f.
–, Merkmale 29f.
Betriebsabrechnung 588, 799ff., 807ff.
– auf Teilkostenbasis 828ff.
– auf Vollkostenbasis 807ff.
Betriebsabrechnungsbogen (BAB) 815ff., 843f.
Betriebserfolg
–, kurzfristiger 799, 805, 807f., 823ff., 830
–, retrograde Ermittlung des 831
Betriebsergebnis 79, 665f., 769f.
Betriebsergebnis-Marge 778
Betriebsfähigkeit (Betriebsmittel) 244f.
Betriebsfremdes Ergebnis 770
Betriebsgrößenplanung 262ff.
Betriebskosten 394.
Betriebsmittel 233
–, Abnutzungsgrad der 244
–, Betriebsfähigkeit der 244f.
–, Ersatzbedarf an 243

–, Erweiterungsbedarf an 243
–, Grad der Modernität der 244
–, Grad der verfahrenstechnischen
  Entsprechung 249
–, Kapazität der 246
–, Kosten 812
–, Neubedarf an 243
–, Planung der Wartung und Instandhaltung
  von 243
–, technische Eignung der 245
–, technischer Leistungsstand der 244
Betriebsmittelbedarfsplanung 243
Betriebsmittelbereitstellungsplanung 243ff.
Betriebsmittelbeschaffungsplanung 243
Betriebsmitteleinsatz 243
Betriebsmittelkosten 812f.
Betriebsmittelproduktivität 243
Betriebsmittelausführungszeit 245
Betriebsmittelrüstzeit 245
Betriebsstoffe 233
Betriebsverfassungsgesetz 84
Betriebsvergleich (Kennzahlen) 791f.
Betriebsvermögen
–, notwendiges 81, 764
–, gewillkürtes 674
Betriebsvermögensrentabilität (BVR) 81,
Betriebswirtschaftslehre 9, 11ff.
–, Allgemeine 11f.
– als Kunstlehre 11
–, Besondere 11f.
Bewertung von Vermögenswerten
  und Schulden
– nach HGB 644, 675ff.
– nach IFRS 644, 691ff.
Bewertung als Planungsphase 119
Bewegungsbilanz 593, 611f.
Bewertungstechniken 190
Bewertungsvereinfachungsverfahren 681
Bewilligungsfunktion der Budgetierung 159
Beyond Budgeting, Konzept des 161
Beziehungszahlen (Kennzahlen) 775
Bezugsrecht 497ff.
BGB-Gesellschaft 36, 40
Big Cash Balance Approach 580
Bilanz 602
– als Kräftespeicher 615
–, Aufgaben der 615
–, Bewegungs- 593, 611f.
–, Grundaufbau der 609, 650ff.
–, Handels- (HGB) 612, 650ff.
–, Handelsbilanz II 719, 728
–, IFRS- 699ff.
–, kompensierte 80
–, Konzern- (HGB, IFRS) 713ff.

–, Plan- (Totalmodell der Wirtschaftlichkeits-
  rechnung) 388
–, Sozial- 612, 754f.
–, Steuer- 612, 772
–, Total- 613
–, Umwelt- 755f.
–, Veränderungs- 593
–, Zeitraum- 612
Bilanzanalyse 737ff., 761ff.
–, Konzernspezifika 747, 765
Bilanzarten 609ff.
Bilanzauffassungen 613ff.
–, dynamische 613ff., 658
–, klassische 613ff.
–, neuere Ansätze 614
–, organische 614f.
–, statische 613f., 658
Bilanzgewinn 658, 754
Bilanzgleichung 609
Bilanzgliederung 622
–, nach HGB 651ff.
–, nach IFRS 700ff.
Bilanzidentität, Prinzip der 631
Bilanzierung
–, Ansatzkriterien (IFRS) 689ff.
–, Ansatzverbote (HGB) 616ff., 672ff.
–, Ansatzwahlrechte (HGB) 616ff., 672ff.,
  749ff.
–, Aufgaben 643f.
–, Grundsätze (IFRS) 635ff., 639ff., 689ff.
–, Grundsätze ordnungsmäßiger (HGB) 616,
  622, 628ff., 646f., 650ff.
–, Konzern- (HGB, IFRS) 713ff.
Bilanzierungsfähigkeit (HGB) 672f.
Bilanzierungshilfe 645, 659, 674
Bilanzierungspflichten (HGB) 616ff., 672ff.
Bilanzierungspraxis, angloamerikanische vs.
  kontinentaleuropäische 641ff.
Bilanzierungsvorschriften, größenabhängige
  623ff.
Bilanzkennzahlen 774ff.
Bilanzkonto 590f.
Bilanzkontinuität, Grundsatz der 633
Bilanzkurs 500
Bilanzpolitik 737ff., 740ff.
Bilanzrechtsreformgesetz 624, 647, 669
Bilanzrechtsmodernisierungsgesetz, Referen-
  tenentwurf zum (BilMoG-RefE) 617ff., 647,
  650ff., 671, 672ff., 675ff., 713ff., 720ff.,
  744, 749ff., 765
Bilanzregel, goldene 793
Bilanzstichtag 747
Bilanztheoretische Auffassungen 613ff.
Bilanztheorie 613ff.
Bilanzverlust 658, 754

Bilanzvermögen 602
Bilanzvorlagetermin 747
Binäre Codierung 165
Bindestrich-Controlling 180
B-Material 252
Bonding 562
Bonität 502
Bonus- und Rabattpolitik 348ff.
Börsenpreis 677
Bottom-up-Planungsverfahren 148
Brachzeit 245
Brainstorming 190
Brainstorming-Prozess 191
Branchengliederung von Unternehmungen 44
Break-Even Analyse (Gewinnschwellen-
analyse) 190, 335f., 402
Brutto-Gewinn 79f., 778
Bruttogewinnfunktion (Marketing) 318
Bruttogewinnzuschlag 332ff.
Bruttoinlandsprodukt 27ff.
Brutto-Methode (Unternehmensbewertung)
472, 480ff.
Bruttonationaleinkommen 27ff.
Bruttoprinzip 661, 666
Bruttosozialprodukt 27
Brutto-Umsatzmarge 778
Brutto-Umsatzrentabilität 778
Brutto-Unternehmungswert 472, 481
Buchführung 588f.
Buchführungsvorschriften 618, 622ff.
Buchhalterische Systeme 588ff.
Buchhaltermethode 398
Buchhaltung 588f.
–, doppelte 588ff.
–, einfache 588f.
–, kameralistische 588
–, Konten der 590ff.
Buchkredit 512
Buchungssatz 589ff.
Buchwertmethode 721ff.
Budgetierung 800ff., 828ff.
–, Funktionen der 158f.
–, Kapital- 426
–, Prinzip der 158ff.
Budgetlinie (Marketing) 318f.
Budgets
–, Arten von 159
–, Koordination durch 136
Budgetsysteme 159
Bürokratisierung 123
Bundesanzeiger, elektronischer 617, 619, 623f.
Business Angels 493

C

Capital Asset Pricing Model (CAPM) 102,
458ff.
Capital Employed 81, 767, 777, 782
Capital Market Line 458ff.
Case Law 634f., 642
Cash Burn Rate 788
Cash Cows 154
Cashflow
– als Maßstab der Ertragskraft 773f.
– aus Finanzierungstätigkeit 594ff.
– aus Investitionstätigkeit 594ff.
– aus laufender Geschäftstätigkeit
(Umsatzüberschuss) 594ff., 788f.
–, freier 466, 482
– in den DCF-Verfahren der Wirtschaftlichkeitsrechnung 462ff.
– in den DCF-Verfahren der Unternehmensbewertung 480ff.
– in den dynamischen Kalkülen der Wirt-
schaftlichkeitsrechnung 407
– in der statischen Amortisationsrechnung 405
–, operativer 79
Cashflow-Finanzierung 490f., 526ff.
Cashflow-Gesamtkapitalrentabilität (CF-GKR)
81
Cash Flow Return on Assets (CFROA) 81
Cash Flow Statement 593ff., 624, 645, 708ff.,
716
Cashflow-Umsatzrentabilität 778
Cash Generating Unit (Konzernrechnungs-
legung) 723
Cash Ratio 786
Central Processing Unit (CPU) 168
Check-list-Verfahren 190
Clean Surplus-Bedingung (IFRS) 695f., 697f.,
704
C-Material 252
Code Law 642f.
Codierung, binäre 165
Commercial Papers 491, 512, 515f.
Computational Management Science 188
Computer Aided
– Design (CAD) 266
– Integrated Manufacturing (CIM) 266
– Manufacturing (CAM) 266
– Planning (CAP) 266
– Production Planning and Steering (PPS) 266
– Quality Assurance (CAQ) 266
Computergestütztes Management-Informations-
System (CIS) 168
Conjoint Analyse 337, 860f.
Control-Konzept (Konzernrechnungslegung)
714
Controller, Aufgaben des 178

Controlling 177ff.
–, Bindestrich- 180
Controlling-Philosophie 129f., 178f.
Controlling-System 177ff.
Controlling-Zyklus 179
Controlling-spezifische Fachfunktionen 179
Convertible Floating Rate Note 508
Corporate Citizenship 12, 76f.
Corporate Governance 12, 76f., 671f., 756
Corporate Governance Kodex, deutscher 77, 672
Corporate Identity 360
Corporate Responsibility 12, 76f.
Corporate Social Responsibility 12, 76f.
Cost Driver 856
Cost Income Ratio 780
Country Club Management 128
Cournot-Optimum 327f.
Covenants (Sicherungsklauseln) 504, 506, 562, 565
CPM 202ff.
Creative Accounting 738
Credit Spread 502
Critical Path Method (CPM) 202ff.
Current Ratio 786
Current Ratio-Regel 793

D

Darstellungstechniken 190
Data Warehouse-Konzept 169
Datenbank 169
DBU (Deckungsbeitrag zu Umsatz) 89f., 401, 778, 831
DCF-(Discounted Cash Flow-)Methoden
– der Wirtschaftlichkeitsrechnung 464ff.
– der Unternehmensbewertung 480ff.
– im Rahmen der IFRS 723
Dean-Modell 426f.
Deckungsbeitrag 90, 297ff., 333ff., 830ff.
– Ziel- 861
Deckungsbeitragsrechnung 830
Deckungsbeitragsstruktur (Produkt-/Sortimentspolitik) 348
Deckungsbeitrag zu Umsatz (DBU) 89f., 401, 778, 831
Deckungsbudget 834
Deckungsspanne 90, 294ff., 401, 831, 839
– in der retrograden Kalkulation 334f.
–, absolute 295f.
–, relative 297ff.
–, relative Brutto- 298ff.
Deferral Principle 697
Delegation, Entscheidungs- 143
Delkredererisiko 492

Delkredereversicherung 503, 522
Delphi-Methode 190
Desinvestition 526
Desinvestitionsplanung 379, 382
Deutsche Rechnungslegungsstandards (DRS) 627f.
Deutscher Standardisierungsrat (DSR) 627
Deutsches Rechnungslegungs Standards Committee e.V. (DRSC) 627, 634
Dienstleistungsmarketing 307
Dienstleistungsunternehmung 44
Differentialrechnung 220
Differenzinvestition 418ff., 424f.
Dilemma der Ablaufplanung 264
Direct-Costing 828ff.
Direktinvestition im Ausland 55
Direkt-Marketing 358f.
Disagio (Effektivzinsrechnung) 536ff., 542f.
Disagio (Rechnungslegung) 656, 674, 685f., 759, 763
Discounted Cash Flow (DCF)-Methoden
– der Wirtschaftlichkeitsrechnung 464ff.
– der Unternehmensbewertung 480ff.
– im Rahmen der IFRS 723
Diskontkredit 512.
Diskontsatz 515
Disposition 122f.
Distribution, physische 353ff.
Distributionsmix 305
Distributionspolitik 304ff., 351ff.
Distributionspolitische Entscheidungen 351ff.
Divergierende Prozesse (Verfahrenstypen) 249
Diversifikation 52, 345f.
Diversifikationseffekt (Portfoliotheorie) 455
Diversifikationsstrategien 52
Dividendenausgleichsrücklagen 743
Dividendenplanung 379, 382
Dividendenpolitik 564ff.
– Irrelevanz der 564
Dividendenstabilität 743
Divisionskalkulation 840ff.
–, einstufige 841ff.
–, mehrstufige 841ff.
Dogs 154f.
Dokumentationsfunktion des Rechnungswesens 587
Dokumentation, Grundsätze der 629f.
Dokumentenakkreditiv 517
Dominanz der strategischen Planung 150ff.
Doppelbesteuerung 566
Doppelgesellschaft 36ff.
Doppelwährungsanleihe 509
Doppik (System der Doppelten Buchführung) 589, 629, 758
Dreiviertelmehrheitsbeteiligung 60

Stichwortverzeichnis 909

Drohverlustrückstellungen 658
Drop-Lock Floating Rate Note 508
Duration 541f.
Durchführungsverordnung 144
Durchschnittsmethode 681ff.
Durchschnittsproduktivität (Produktions-
    faktoren) 275ff.
Durchschnittsrentabilität, zeitliche 415
Durchsetzbarkeit von Zielen 105
Durchsetzung von Entscheidungen im
    Managementprozess 121
Durchsetzung, Mittel zur 121

E

Earnings before Interest and Taxes (EBIT) 79,
    94, 767f., 777
Earnings before Interest, Taxes, Depreciation
    and Amortization (EBITDA) 79, 768
Earnings before Taxes (EBT) 767f.
Earnings Management 738
EBIT (Earnings before Interest and Taxes) 79,
    94, 767f., 777
EBITDA (Earnings before Interest, Taxes,
    Amortization and Depreciation) 79, 768
EBITDA-Marge 89, 778
EBIT-Marge 778
EBT (Earnings before Taxes) 767f.
Economic Value Added (EVA®) 80
Effektenlombard 514
Effektivverschuldung 766, 788, 793
Effektivkostensatz 544
Effektivzins 535ff.
–, dynamischer 541ff.
– im Kreditgeschäft in der Europäischen
    Union 552
– nach ISMA/ICMA 552ff.
– nach Preisangabeverordnung (PAngV)
    552ff.
–, statischer 539f.
Effektivzinskalküle 535ff.
Effektivzinsrechnung 535ff.
Effizienzgrenze (Portfoliotheorie) 455, 457
Eichhörnchen-Prinzip 580
Eigenbetrieb 36
Eigenkapital 609, 657, 673, 690, 703, 752f.,
    764f.
–, bilanzielles 602f.
–, Merkmale des 368
Eigenkapitalfinanzierung 490f.
Eigenkapitalkostensatz 457, 466, 485, 487ff.,
    490, 555ff.
– bei vollständiger Eigenfinanzierung 467,
    483f.

– in den traditionellen Ansätze der Unter-
    nehmungsbewertung 474ff.
–, kapitalmarkttheoretische Herleitung 454ff.
–, Unlevering des 484
Eigenkapitalrentabilität (EKR) 81, 98ff.
–, Werttreiber der 101ff.
Eigenkapitalspiegel 715ff.
Eigenkapitalveränderungsrechnung 698, 707f.,
    716, 768
Eigenleistungen, aktivierte 665, 729f., 770
Eigenmittelprogramm 525
Eignung, individuelle (Arbeitsproduktivität)
    238, 240f.
Ein-/Ausgabeperipherie (Hardware) 169
Einbeziehungsverbot 718
Einführungsphase (Lebenszykluskonzept) 151
Einheitliche Leitung 714
Einheitstheorie 717
Eingliederungsbeteiligung 60
Einkommensteuer 380f., 465
Einkreissystem 600
Einlagen, ausstehende 764
Einliniensystem 138f.
Einnahme 603ff.
–, kapitalfreisetzende 365ff.
–, kapitalzuführende 365ff.
Einnahmekonto 590ff.
Einnahmeüberschuss 405
Einsatzgüter 4
Einsatzlager 258
Einsatzsynchrone Anlieferung, Prinzip
    der (Materialbereitstellung) 251
Eintrittswahrscheinlichkeiten 217
Einzelabschluss
– nach HGB 616ff., 628ff., 641ff., 650ff.
– nach IFRS 633ff., 641ff., 689ff.
Einzelakkord 174
Einzelbeschaffung im Bedarfsfall, Prinzip
    der (Materialbereitstellung) 251
Einzelfertigung 48, 242
Einzelfirma
–, Beteiligungsfinanzierung 493
–, Merkmale der 37f.
Einzelkaufleute 621ff.
Einzelkosten 679f., 692, 803f., 824
Einzelkostenrechnung, relative 833ff.
Einzelkostenstückfaktor 858.
Einzelkostenzeitfaktor 857f.
Einzelsteuerung (Wirtschaftspolitik) 11
Einzelveräußerungspreis 677ff., 691
Einzelwertfeststellung 681
EKR-Werttreiber 101f.
Elastische Planung 157f.
Elastizität der Betriebsmittel 247
Elastizität der Organisation 123

Endbestand (Konto) 590f.
Endorsement 647
Energieorientierung (Standortfaktoren) 56
Energiesteuer 380f.
Engpass 294ff.
Enterprise Resource Planning-(ERP-)Systeme 169
Entity-Methoden (Unternehmensbewertung) 472, 480ff.
Entlohnung 171
Entnahmeerwartungen (Unternehmungsbewertung) 480
Entscheidung
–, Finanzierungs- 378, 391, 534
–, Führungs- 51, 101
– im Managementprozess 120
–, Nutzungsdauer- (Wirtschaftlichkeitsrechnung) 391f., 396ff., 419ff.
–, Programm- (Wirtschaftlichkeitsrechnung) 390f., 425ff.
–, Vorteilhaftigkeits- (Wirtschaftlichkeitsrechnung) 390f.
–, Wahl- (Wirtschaftlichkeitsrechnung) 390f.
Entscheidungsbaumanalysetechnik 158, 190, 451f.
Entscheidungsdelegation 143ff.
Entscheidungsregeln bei Ungewissheit 190, 217ff., 447ff.
Entscheidungstabellentechnik 190, 214ff.
Entscheidungstechniken 190
Entscheidungstypen 120f.
Entwicklungsprognose 313
Equity-Methode
–, Kapitalkonsolidierung 720, 723f., 724f.
–, Unternehmensbewertung 472, 481ff.
Erbschaftsteuer 380f.
Ereignisknotennetzplan 203
Erfahrungskurve, Konzept der 151ff.
Erfolgsbegriff 78ff.
Erfolgsbereinigung 771ff.
Erfolgsbeteiligung 175
Erfolgsbeteiligungssysteme 175f.
Erfolgsgrößen 80f.
Erfolgskonsolidierung 726ff.
Erfolgskonto 590ff.
Erfolgspotenziale, strategische 154
Erfolgsmessung nach IFRS 695ff.
Erfolgsrechnung 592
– im Konzernabschluss (HGB, IFRS) 729ff.
–, kalkulatorische 799f., 805, 807
– im Einzelabschluss (HGB) 661ff.
– im Einzelabschluss (IFRS) 704ff.
Erfolgssaldo 592
Erfolgsspaltung 767ff.
Erfolgsziele 78, 235, 237, 265

Erfüllungsbetrag (IFRS-Wertansatz) 691
Ergänzungsinvestition 418f.
Ergänzungsrechnungen zum Jahresabschluss 754ff.
Ergebnis
–, außerordentliches 97, 666, 707, 768ff.
–, Betriebs- 79, 665f., 769f.
–, betriebsfremdes 770
– der betrieblichen Tätigkeit 705ff.
– der gewöhnlichen Geschäftstätigkeit 666, 768
–, Finanz- 769f.
–, Perioden- 705ff.
–, sonstiges 665, 705
Ergebnisentstehung 776f.
Ergebniskontrolle 122
Ergebnisstruktur, Kennzahlen zur 780
Ergebnisverwendung 601, 623, 666, 776f.
Erhebungstechniken 190
Erleichterungen bei den Bilanzierungsvorschriften, größenabhängige 623ff.
Erlösplanung (Marketing) 321
Ermessensspielräume, Nutzung von (Bilanzpolitik) 670, 710, 750f.
ERP-Kreditprogramme 524
ERP-(Enterprise Resource Planning-) Systeme169
Ersatzinvestition 374
Ersatzinvestitionsproblem, Lösung des 398ff.
Erstbewertung 691ff.
Erstkonsolidierung 722ff.
Ertrag 5f., 79, 603f.
Erträge 603f.
– im Einzelabschluss (HGB) 661ff.
– im Einzelabschluss (IFRS) 704ff.
– im Konzernabschluss (HGB, IFRS) 729ff.
Ertragsfunktion 275ff.
–, s-förmige 275f.
Ertragsgebirge 273
Ertragskonto 590ff.
Ertragskraft 773
Ertragslage 775ff.
Ertragsstruktur, Kennzahlen zur 779
Ertragswertmethode 472, 474f.
Erwartungswert (μ) 447, 474
Erweiterungsinvestition 374
Erwerbsmethode 720ff.
Erwerbswirtschaftliches Prinzip 30
Erzeugungshauptstoffe 249
EURIBOR 508
Euronotes 491, 512, 515f.
Europa AG 36, 40f.
EVA® 80
Eventmarketing 305, 361
Eventualentscheidung 158

Eventualschulden 659, 711, 724
Eventualverbindlichkeiten 517
Ewige Floating Rate Note 508
Ewige Rente, Barwert einer 413, 484, 556
Ewige Rente mit konstantem Wachstum,
  Barwert einer 413, 484
Existenzbedingungen der Unternehmung 72f.
Experiment 312
Exponentieller Zinssatz 548
Export 28, 54f.
Exportkreditversicherung 504
Extrapolationsverfahren, statistische 190, 211ff.
Extremumprinzip 5

F

Fachfunktionen des Managements 126
Fachfunktionen, controlling-spezifische 179
Factoring 492, 518ff.
–, Funktionen des 516ff.
–, Kosten des 522.
Fair Presentation, Grundsatz der 635f., 642ff.,
  700f.
Fair Value (Rechnungslegung) 643, 647, 670,
  677ff., 690ff., 718, 722, 765
Feedbackkoordination 136
Fehlbetrag, finanzieller 573ff.
Fehlmengenkosten 237
Fertige Erzeugnisse 656, 665, 677, 691f., 702,
  770
Fertigungsbetrieb 44
Fertigungsorganisation, Modelle der 241
Fertigungsstellen 815
Festbewertung 681
FIFO-Verfahren 681ff.
Financial Distress Costs 560
Financial Engineering 102
Financial Leasing 492, 518ff.
–, Vertragstypen des 519
Financial Leverage 94ff., 102, 557, 733ff.
Financial Leverage-Formel 95
Finanzanlagen 632, 655f., 677, 685f., 693f.,
  701f., 710, 767, 784
Finanzanlagenintensität 781, 784
Finanzanlagenrentabilität (FAR) 81
Finanzbedarf 369f.
Finanzbudget 572
Finanzergebnis 769f.
Finanzielle Mobilität 576ff.
–, Beurteilung der 578
–, Quellen der 578
Finanzielle Ströme, Kreislauf der 366
Finanzielle Verbindlichkeiten 693f., 766
Finanzielle Vermögenswerte 692f., 702
Finanzielles Gleichgewicht 376ff.

–, Komponenten des 376
Finanzierung 376ff., 391
– aus Abschreibungen 491, 526ff.
– aus Gewinnen 491, 526ff.
– aus Rückstellungen 491, 526, 530f.
– aus Vermögensumschichtung 491, 526, 531
–, autonome (DCF-Verfahren) 467, 483
–, inkongruente (Marktzinsmodell) 442f.
–, kapitalstrukturkongruente (Marktzinsmodell) 440ff.
–, Mezzanine- 490, 494, 496, 505ff.
–, Überschuss- 490ff., 526ff.
–, wertorientierte (DCF-Verfahren) 465, 482
Finanzierungsentscheidung 391, 534
Finanzierungserfolg (Marktzinsmodell) 440ff.
Finanzierungsformen 490ff.
Finanzierungskennzahlen 780ff.
Finanzierungskosten 391, 410, 426ff., 440ff.,
  534ff.
Finanzierungsmodelle 534ff.
Finanzierungsplanung 379
Finanzierungstheorie, neoinstitutionalistische
  561
Finanzierungsregeln 506, 793
–, vertikale 793
–, horizontale 793
Finanzierungsreserve 575
Finanzierungszahlungsreihe 392
Finanzinvestition 373f.
Finanzkonto 590ff.
Finanzkraft 789
Finanzplan 378ff., 568f., 571ff.
Finanzpolitik 379, 382
Finanzpolitische Ziele der Bilanzpolitik 740ff.
Finanzprozess 233f., 365ff.
Finanzrechnung 592f.
Finanztheorie (Makroökonomie) 10
Finanzverbindlichkeiten 80f., 766, 782
Finanzziele 78
Firmenwert 475f., 651, 675, 701, 725
Fixkosten 89, 283, 332ff., 802ff., 828ff.
–, Proportionalisierung von 269, 692, 828ff.,
  838, 846
Fixkostenbelastung des Umsatzes (FKU) 90ff.
Fixkostendeckungsrechnung, stufenweise 828,
  832ff.
Fixkostenkategorien 832
Fixkostenproportionalisierung 269, 692, 828ff.,
  838, 846
Flexible Planung 157f.
Fließfertigung 248
Floating Rate Note 508f.
Flow Chart(-ing) 162f., 190, 191
Flussdiagrammtechnik 161ff., 190, 191
Flüssige Mittel 573, 656, 703, 763

Folgebewertung 693ff., 725
Folgebilanzierung 723ff.
Folgeinvestition 374
Folgekonsolidierung 722ff.
Forderungen 656, 702, 763
Forderungsausfallrisiko 492
Forderungsintensität 781, 785
Forderungsumschlag 781, 787
Forderungsverkauf 492, 521
Formalisierung der Organisationsstruktur 144ff.
Formalziele 78ff.
Forschungs- und Entwicklungsbericht 670
Fortführungswert der Unternehmung
– DCF-Verfahren 484
– Ertragswertmethode 474
– Substanzwertmethode 475f.
Fortschreibungsmethode 811
Fragebogentechnik 190
Framework (IFRS) 634ff.
Franchising 54f.
Free Cash Flow (Freier Cashflow)
– in den DCF-Verfahren der Wirtschaftlichkeitsrechnung 462ff.
– in den DCF-Verfahren der Unternehmensbewertung 480ff.
Freie Rücklagen 752f.
Freier Cashflow
– in den DCF-Verfahren der Wirtschaftlichkeitsrechnung 462ff.
– in den DCF-Verfahren der Unternehmensbewertung 480ff.
Fremd-Controlling 128
Fremdeigentumsvermögen 603
Fremdkapital 609, 650ff., 672ff., 675ff., 689ff., 703f., 765ff.
–, Merkmale des 368
–, unverzinsliches 764, 767, 782
–, verzinsliches 764, 767, 782
Fremdkapitalfinanzierung 490f.
Fremdkapitalkosten 490, 555ff., 692
–, Aktivierung von 692
Fremdkapitalkostensatz 101f., 465, 490, 502, 555ff.
Fremdkapitalquote 94, 98f., 101f., 781
FuE-Intensität 780
Führung 114, 126ff.
–, Produktivitäts-/Leistungsaspekt der 127
–, Zufriedenheitsaspekt der 127
Führungsentscheidungen, echte 120f.
Führungsprinzipien, konstitutive 170f.
Führungsstile 128f.
–, Rahmenbedingungen für 130
Führungssystem 170ff.
Fungibilität von Wertpapieren 493, 505, 511
Funktionendiagramme 190

Fusion 60, 498

G

GAP-Analyse 151
Garantie 345
Gearing 782
Gebrauchsgüter 4
Gebundenes Kapital 767
Gebundenes Netto-Vermögen 767
Gefangenendilemma 226
Gegenstromverfahren (Planungsverfahren) 148f.
Geistes- und Sozialwissenschaften 7
Geld
–, Funktionen von 22ff.
– als allgemeines Tauschmittel (Zahlungsmittel) 24
– als Recheneinheit 23
Geld- und Kapitalmarkt 431ff.
Geldtheorie (Makroökonomie) 10
Geldakkord 174
Geldbedarf 369f.
Geldflussrechnung 593ff.
Geldkredit 512
Geldstrom 26f.
Geldwirtschaft 22ff.
Geleistete Anzahlungen 656
Gemeineigentum, Prinzip des 31
Gemeinkosten 679f., 692, 804, 811, 814ff., 829, 856
–, echte 804
–, unechte 804
Gemeinkostenschlüsselung 804, 807f., 819f., 838, 846, 857
Gemeinkostenstreuung, Prinzip der minimalen 820
Gemeinkostenverteilung 816ff.
Gemeinkostenzuschlagssatz 818, 843
Gemeinschaftskontenrahmen (GKR) 598ff., 809f.
Gemeinschaftsunternehmen 59, 701f., 721ff.
General Law of Replacement 422
Genossenschaft 36ff.
Genussschein 495f.
Geringwertige Wirtschaftsgüter (GWG) 686
Gesamtkapitalgrößen 766f.
Gesamtkapitalrentabilität (GKR) 81ff., 777
Gesamtkapitalkostenminimierung 555ff.
Gesamtkosten 269ff., 281ff.
Gesamtkostenfunktion (ertragsgesetzliche Produktionsfunktion) 272ff.
Gesamtkostenfunktion (Gutenberg-Produktionsfunktion) 278ff., 284ff.

Gesamtkostenverfahren 661, 705ff., 768ff., 824f.
Gesamtleistung 755, 770
Gesamtvermögensgrößen 766f.
Gesamtwirtschaftliche Güter- und Geldströme 26ff.
Geschäftsfeld, strategisches 152
Geschäftsfeld-/Ressourcenportfolio 153
Geschäfts- oder Firmenwert 475f., 651, 675, 701, 725
Geschäftssegmente (Segmentberichterstattung) 710ff., 715ff.
Geschäftsvorfall 591
Geschäftswert 475f.
Geschäftswertabschreibung 472, 477
–, Methoden der befristeten 477
–, Methoden der unbefristeten 477
Gesellschaft bürgerlichen Rechts (BGB-Gesellschaft) 36ff.
Gesellschaft mit beschränkter Haftung (GmbH) 36ff., 493
Gesetz zur Kontrolle und Transparenz im Unternehmensbereich (KonTraG) 627, 670
Gesetzliche Rücklage 657, 702, 752f.
Gewerbeertragsteuer 380f., 465
Gewerbesteuer 380f.
Gewillkürtes Betriebsvermögen 674
Gewinn 79, 592
Gewinn- und Verlustrechnung (GuV)
–, Gliederung nach HGB 661ff.
–, Gliederung nach IFRS 704ff.
– im Einzelabschluss (HGB) 661ff.
– im Einzelabschluss (IFRS) 704ff.
– im Konzernabschluss (HGB, IFRS) 729ff.
Gewinnausschüttung 377, 526f., 563ff.
Gewinnbeteiligung 175
Gewinnbeteiligungssysteme 175
Gewinneinbehaltung 382, 563ff.
Gewinnmaximierung 7
Gewinnregulierung (Bilanzpolitik) 596, 743
Gewinnrücklagen 657, 702, 764
Gewinnschuldverschreibung 506
Gewinnschwellenanalyse (Break-Even Analyse) 93, 190, 335f., 402
Gewinnsteuern in der Wirtschaftlichkeitsrechnung 464ff.
Gewinnungsbetrieb 44
Gewinnvergleichsrechnung 389, 393, 400ff.
Gewinnverwendung 657f., 752
Gewinnvortrag 657
Gewinnzuschlag 332ff.
Gezeichnetes Kapital 657, 764
Girokonto 513
Gläubigerrecht 501
Gläubigerschutz 613, 642ff.

Gleichgewicht
–, finanzielles 376.
–, güterwirtschaftliches 233ff.
–, organisatorisches 123
Gleichgewichtsmenge 25
Gleichgewichtspreis 25, 328f.
Gleichgewichtsrentabilität, strukturelle 102
Gleichordnungskonzern 62
Gliederung der Bilanz 622
–, nach HGB 651ff.
–, nach IFRS 700ff.
Gliederung der Gewinn- und Verlustrechnung (GuV)
–, nach HGB 661ff.
–, nach IFRS 704ff.
Gliederungstiefe und -breite des Stellengefüges 138ff.
Gliederungszahlen (Kennzahlen) 775
GmbH & Co. KG 36f.
Going Concern-Prinzip 629, 635, 640, 646, 690
Goldene Bilanzregel 793
Goodwill 475f., 651, 675, 701, 725
Gordon Growth Model (Unternehmungsbewertung) 104, 487f.
Gozinto-Methode 254f.
Gratisaktie 499f.
Grenzbruttogewinn (Marketing) 318f.
Grenzkosten 269ff., 281ff., 315f., 327ff.
Grenzkostenfunktion (Gutenberg-Produktionsfunktion) 284ff.
Grenzkostenrechnung 828
Grenzplankostenrechnung 848ff., 855f.
Grenzproduktivität (Produktionsfaktoren) 275ff.
Grenzrate der Substitution 274
Grenzumsatz 315, 327ff.
Grenzumsatzrentabilität 89f., 401, 778, 831
Größenklassen von Unternehmungen
– für die Befreiung vom Konzernabschluss 626
– gemäß EU 46f.
– gemäß HGB 46, 620ff.
– gemäß Publizitätsgesetz 46, 620ff.
Großunternehmen nach Publizitätsgesetz 620ff.
Grunderwerbsteuer 380f.
Grundkapital 657
Grundkonten 591
Grundkosten 604
Grundprinzipien, marktwirtschaftliche 26
Grundrechnung 834f.
Grundsätze
– ordnungsmäßiger Buchführung und Bilanzierung 616, 622, 628ff., 646f., 650ff.
–, ökologische Unternehmens- 76ff.

Grundschema der erweiterten ROI-Analyse 100f.
Grundsteuer 380f.
Grundstoffe 249
Gruppenakkord 174
Gütekriterien für Informationen 166
Gutenberg-Produktionsfunktion 278ff., 284ff.
Güter 4
–, freie 4f.
–, immaterielle 4
–, materielle 4
Güteraustauschverhältnis 23
Güterknappheit 3ff.
Güterstrom 26f.
Güterwirtschaftliches Gleichgewicht 233ff.

H

Hackordnung (Kapitalstrukturentscheidung) 562
Haftungsvermögen 603
Halb- und Fertigerzeugnisse 233
Handels-(Waren-)kredit 512
Handelsbilanz (HGB) 612, 650ff.
Handelsbilanz II 719, 728
Handelsgesetzbuch (HGB), Vorschriften des 616ff.
Handelsmarketing 307
Handelsspanne 351ff.
Handwerksbetrieb 47
Hardware 168
Harzburger Modell 181
Hauptkostenstelle 815
Hauptprodukt (Kuppelproduktion) 845
Hauptprozess (Prozesskostenrechnung) 857
Hauptspeicher (Hardware) 168
Haushalte, private 28
Haushaltstheorie (Mikroökonomie) 10
Held for Trading Financial Assets (IFRS) 692, 702, 706
Held to Maturity Financial Assets (IFRS) 693f., 701
Hermes-Kreditversicherungsgesellschaft 504
Herstellungskosten 655f., 676, 679ff., 690ff., 727f., 751, 769
Herstellungsintensität 780
Hierarchisierung der Organisationsstruktur 136f.
Hierarchiebenen 142
HIFO-Verfahren 681ff.
Hilfskostenstelle 815
Hilfsstoffe 249
Holding 731ff.
Homemade Dividends 564
Homemade Leverage 557

Homogenitätsgrad der Produkte 48f.

I

IASC Foundation (IASCF) 625
IAS-Richtlinie 624f., 713
Idealtypen 35
IFRS
– -Rahmenwerk (Framework) 634ff.
– -Rechnungslegungsgrundsätze 635, 639ff.
– -Rechnungslegungssystem 633ff.
Immaterielle Vermögensgegenstände 475, 651, 655, 673, 701, 758, 767
Immaterielles Vermögen, Intensität des 781, 784
Impairment (Werthaltigkeit) 694, 706, 723
Impairment Test (Werthaltigkeitstest) 723ff.
Imparitätsprinzip 632, 646, 677f., 682
Imponderable Faktoren 384
Import 28f.
Impoverished Management 128
Improvement Project 638f., 644
Index-Modell 458ff.
Indexzahlen (Kennzahlen) 775
Indikatormethode 190
Individualprogramm 50
Individualtypen 35
Indossament 495
Industrieanleihe 505f.
Industriebetrieb 12, 47ff.
–, technisch-ökonomische Struktur 47ff.
Industriekontenrahmen (IKR) 598ff.
Industrieobligation 505f.
Industrieschuldverschreibung 505f.
Industrieunternehmung 12, 47ff.
Information 165
–, unvollkommene 6
Informationen
–, Arten von 169
–, Gütekriterien für 166
– über Absatzmöglichkeiten 309f.
– über die interne Unternehmenssituation 312f.
– über volkswirtschaftliche Rahmenbedingungen 309
Informationsangebot 166
Informationsasymmetrie 561ff.
Informationsbedarf 166
Informationsbeschaffung 167
Informationsfluss, Formalisierung des 144
Informationsfunktion des Jahresabschlusses 625, 642ff.
Informationsgehalt von Informationen 166
Informationsnachfrage 166
Informationsprozess 166ff.

Stichwortverzeichnis 915

Informationsspeicherung 167
Informationssystem 164ff.
Informationstheorie 165
Informationsübermittlung 167f.
Informationsverarbeitung 167ff.
Ingangsetzung und Erweiterung des Geschäfts-
  betriebs, Aufwendungen für 655, 674
Ingenieurformel (Ersatzentscheidung) 398
Inhaberaktie 495
Innenfinanzierung 490f., 526ff.
Innenfinanzierungsgrad 789f.
Innenumsatzerlöse 729f.
Innerer Wert 497
Inputgüter 4
Input-Outputanalyse 190
Insolvenzprognose 794
Instanzen 105, 113, 135ff.
Instanzenwege 125
Instrumentalfunktion der Unternehmung 71
Integration, vertikale 50
Integrationsgrad des Informationssystems 168
Intensität des Immateriellen Vermögens 781,
  784
Intensitätskennzahlen 781, 784f.
Interessentheorie 717, 723
International Accounting Standards (IAS) 636f.
International Accounting Standards Board
  (IASB) 624ff., 634
International Accounting Standards Committee
  (IASC) 634
International Financial Reporting Interpretation
  Committee (IFRIC) 639
International Financial Reporting Standards
  (IFRS) 636ff.
Internationalisierungsstrategie 54f.
Interne Zinsfußmethode (Effektivzinskalküle)
  541ff.
– bei unterjährigen Zahlungen 546ff.
Interne Zinsfußmethode (Wirtschaftlichkeits-
  rechnung) 389, 408, 414ff.
Interner Zinsfuß 414ff, 541ff., 546ff.
Interpolation, lineare 415f.
Interpretations (IFRS) 635ff.
Interviewtechnik 190
Inventar 617f.
Inventur 622, 630
Inventurmethode 811
Invested Capital 81, 767, 777, 782
Investition 373ff., 391
–, alternative Begriffsauffassungen 375
–, Anschluss- 418
–, Differenz- 418ff.
–, Ergänzungs- 418f.
–, Nachfolge- 418

Investitions- und Finanzierungsprogramm,
  optimales 425ff.
Investitions-/Finanzierungs-/Produktions-
  modelle 386
Investitions-/Finanzierungsmodelle 386, 534.
Investitions-/Produktionsmodelle 386
Investitionsbudget, optimales 427
Investitionsdeckungsgrad 790
Investitionserfolg (Marktzinsmodell)
–, barwertiger 433ff.
–, Periodisierung 438ff.
Investitionsgüter 307
Investitionsgüter-Marketing 307
Investitionsintensität 790
Investitionskalküle 384ff.
Investitionskennzahlen 780ff.
Investitionskette 420, 451
Investitionsobjekte 374f.
Investitionsplanung 379, 382
Investitionsrate 789f.
Investitionsrechnung 384ff.
–, Einsatz der 390f.
–, Funktionen der 391
–, Kategorien von 386
–, Verfahren der 386
Investitionsrentabilität 406
Investitionsrisiko 406
Investitionsrückfluss 409
Investitionswirkungen 384
Investitionszahlungsreihe 392
Investitionsziele 384f.
Investitionszulage 525
Investitionszuschuss 525
Investorenrendite (Total Shareholder Return)
  564, 792
Investor Relations 756
Irrelevanz
– der Dividendenpolitik 564
– der Kapitalstrukturpolitik 555ff.
Iso-Gewinnkurve (Marketing) 318f.
Iso-Gewinnlinie 222
Isoquante (Ausbringungsniveau) 273f., 282
Istkostenrechnung 801ff., 809ff.

J

Jahresabschluss
–, Ausschüttungsbemessungsfunktion 625,
  642, 645f.
–, Ergänzungsrechnungen 754ff.
– nach HGB (Einzelabschluss) 616ff., 628ff.,
  641ff., 650ff.
– nach IFRS (Einzelabschluss) 633ff., 641ff.,
  689ff.
–, Informationsfunktion 625, 642ff.

–, Konzern- (HGB) 623ff., 669
–, Konzern- (IFRS) 702, 713ff.
–, Offenlegung 616ff.
–, Präsentation 746, 752ff.
–, Zahlungsbemessungsfunktion 625, 642, 645f.
Jahresfehlbetrag 657, 666, 769
Jahresüberschuss 657, 666, 768f.
Job Enlargement 242
Job Enrichment 242
Job Rotation 242
Joint Venture 54f., 59, 701f., 721ff.
Just-in-Time-Lieferung 251
Just-in-Time-Produktion 102

K

Kalkulation 587, 800ff., 807ff., 837ff.
– auf Teilkostenbasis 837f.
– auf Vollkostenbasis 837f.
– des Angebotspreises 332ff., 838
–, progressive 334f., 838f.
–, retrograde 334f., 838f., 811
Kalkulationsverfahren, Übersicht über die 839
Kalkulationszinsfuß (Wirtschaftlichkeitsrechnung) 389, 394ff., 408ff., 474ff.
Kalkulatorische Rechnungen 588
Kanäle 169
Kapazität eines Betriebsmittels 246f.
Kapazitätsbedarf (Programmplanung) 300
Kapazitätsbereitstellung (Programmplanung) 300
Kapazitätsengpass 295ff.
Kapazitätserweiterungseffekt 527ff.
Kapazitätsmultiplikator 529
Kapital 365, 369f., 602ff.
–, betriebsnotwendiges 81, 814
–, genehmigtes 499
–, gezeichnetes 497
Kapitalangebotskurve (Dean-Modell) 427
Kapitalanteilsmethode 721ff.
Kapitalaufrechnungsdifferenz 719ff.
Kapitalbedarf 366f., 373ff.
–, Hauptdeterminanten des 369
Kapitalbedarfsplanung 379f.
Kapitalbindung 67, 371ff.
Kapitalbindungsdauer 99, 371ff.
Kapitalbindungsdifferenzen 423ff.
Kapitalbindungsverlauf 394f.
Kapitalbudgetierung 426
Kapitaldienst 539
Kapitaleinsatz, durchschnittlicher 394f., 403
Kapitaleinsatzdifferenz (Wirtschaftlichkeitsrechnung) 401, 404
Kapitalentziehung 67

Kapitalentzug, Planung des 379
Kapitalerhaltung 741f.
Kapitalerhöhung
– aus Gesellschaftsmitteln 499f.
–, bedingte 498
–, Formen der 496
– gegen Einlagen 497
–, ordentliche 497
Kapitalerhöhungsreserven 575
Kapitalflusskennzahlen 781, 788ff.
Kapitalflussrechnung 593ff., 624, 645, 708ff., 716
Kapitalfonds 368
Kapitalfondsplanung 379f.
Kapitalfreisetzung 67, 531
Kapitalfreisetzungseffekt 527f.
Kapitalgesellschaft 36ff.
–, Größenklassen nach HGB
–, Rechnungslegungsvorschriften 618ff.
– und Co-Richtlinie-Gesetz (KapCo-RiLiG) 620
Kapitalgrößen 764ff.
Kapitalhebel 94
Kapitalisierungszinssatz 473f., 480
Kapitalkonsolidierung 719ff.
Kapitalkonto 590ff.
Kapitalkosten(satz) 104, 481, 490, 555ff., 756, 814
– als Weighted-Average Cost of Capital (WACC) 79f., 465ff., 482f., 560f., 783
– bei vollständiger Eigenfinanzierung 467, 483f.
– im Marktzinsmodell der Investitionsrechnung 431ff., 436
– in den DCF-Verfahren der Unternehmensbewertung 480ff.
– in den DCF-Verfahren der Wirtschaftlichkeitsrechnung 465ff.
– in den dynamischen Verfahren der Wirtschaftlichkeitsrechnung 408ff.
– in den statischen Verfahren der Wirtschaftlichkeitsrechnung 389, 394ff.
– in den traditionellen Ansätze der Unternehmensbewertung 474ff.
– kapitalmarkttheoretische Herleitung risikoadjustierter 454ff.
–, Unlevering/Levering 484
Kapitalkostenkonzept (Kapitalstrukturmodelle) 556ff.
Kapitalmarkt, vollkommener 431, 559
Kapitalmarktgleichgewicht 458
Kapitalmarktlinie 458ff.
Kapitalmarktorientierte Rechnungslegung 636
Kapitalmarktorientierte Unternehmung 621, 625, 711, 716

Stichwortverzeichnis 917

Kapitalmarkttheorie 454ff.
Kapitalnachfragekurve (Dean-Modell) 427
Kapitalnachweisrechnung, nominale 613
Kapitalnutzungsvolumen 536ff.
Kapitalrentabilitätskennzahlen 81
Kapitalrücklagen 657, 702, 753, 764
Kapitalstruktur 102, 534f.
–, optimale 559ff
–, Ziel- (WACC-Ansatz) 465, 482f.
Kapitalstrukturpolitik 559ff.
–, Irrelevanz der 555ff.
Kapitalstrukturkennzahlen 95, 781, 782f.
Kapitalstrukturmodelle 534, 554ff.
Kapitalstrukturnormen 377, 793ff.
Kapitalstrukturregeln 534
Kapitalstrukturrisiko 559, 733ff.
Kapitalumschlag 99ff., 404, 732f., 781, 787
Kapitalwert 408ff.
– berechnet durch die Konstruktion vom
  Marktzinsgeschäften (Marktzinsmodell) 434
– berechnet mit Abzinsungsfaktoren 409
– berechnet mit Zerobond-Abzinsungsfaktoren
  (Marktzinsmodell) 435
–, Periodisierung des (Marktzinsmodell) 438ff.
Kapitalwertkurven 412
–, sich schneidende 423f.
Kapitalwertmethode 386, 408ff.
Kapitalzuführung 67
Kartell 58f.
Kassenbestand, optimaler 569ff.
Kassenhaltungsmodelle 569ff.
Kassenmittelintensität 781, 785
Käufermarkt 302
Käuferverhalten 310f.
–, Forschungsansätze des 311
Kaufmann 616ff.
Kaufpreisallokation (Konzernrechnungslegung)
  722
Kausalprognose 313
Kennzahlen 774ff.
–, Anlagendeckungsgrade 781, 785
–, Aufwands- und Ertragsrelationen 775, 780
–, formaler Aufbau 775
– im ROI-Kennzahlenschema 100ff.
–, Kapitalfluss- 781, 788ff.
–, Kapitalrentabilitäten 80f., 775, 776ff.
–, Liquiditätsgrade 781, 785f.
–, mitarbeiterbezogene Kostenrelationen 775,
  778f.
–, Mitarbeiterrelationen 775, 778f.
– nach Rating-Klassen 795
–, Produktivitätskennzahlen 775, 778f.
–, Umsatzrentabilitäten 99ff., 775, 778
–, Umschlagskoeffizienten 781, 786f.
– zur Aufwandsstruktur 794

– zur Bonitätsbeurteilung 775, 779
– zur Ergebnisstruktur 775, 780
– zur Ertragslage 775ff.
– zur Ertragsstruktur 775, 779
– zur Finanzierung 781
– zur Investition 781, 780ff.
– zur Kapitalstruktur 95, 782ff.
– zur Liquidität 781, 785f.
– zur Vermögensstruktur 781, 784f.
Kennzahlenanalyse 97ff.
Kennzahlenbeziehungen 97ff.
Kennzahlennormwerte 792ff.
Kennzahlenschema 101
Kennzahlensystem 98ff., 190
Kennzahlenvergleiche 790ff.
Key Performance Indicators (KPI) 161
Key Resource Strategy 580
KG 36ff., 493
KGaA 36
Klarheit, Grundsatz der 630f., 650
Klassifikation der Wirtschaftszweige 44f.
Kleine und mittlere Unternehmen (KMU) 46f.,
  554, 647f., 673f.
Kleinserienfertigung 249
KMU (Kleine und mittlere Unternehmen) 46f.,
  554, 647f., 673f.
Koalitionstheorie 71
Komitologieverfahren 647
Kommanditgesellschaft (KG) 36ff., 493
Kommanditgesellschaft auf Aktien (KGaA)
  36ff.
Kommunikation 167
Kommunikationsinstrumente 355ff.
Kommunikationsmix 305
Kommunikationspolitik 304ff., 319, 355
Kompetenzabgrenzung 137ff.
Kompetenzverteilung 143 ff.
Komplementaritätsstrategie 87
Konditionenpolitik 348ff.
Konflikte zwischen Ökonomie und Ökologie
  76f.
Kongruenzprinzip
– in der Rechnungslegung 695f., 697f., 704
– bei der Entscheidungsdelegation 143
Konjunkturtheorie (Makroökonomie) 10
Konkurrenz
–, atomistische 325
–, heterogene 326
–, homogene 326
–, monopolistische 325
–, polypolistische 325
Konkurrenzanalyse 311
Konkurrenzgefahr 476f.
Konkurrenzvergleich (Kennzahlen) 791f.
Konkurskosten 560

Konsistenz von Zielen 105
Konsolidierter Jahresabschluss (Konzern-
rechnungslegung)
– nach HGB 623ff., 669
– nach IFRS 702, 713ff.
Konsolidierung (Entscheidungstabellentechnik)
216
Konsolidierung
– der Innenumsatzerlöse 729f.
–, Erfolgs- 726ff.
–, Erst- 722ff.
–, Folge- 722ff.
–, Kapital- 720, 723f., 724f.
–, Schulden- 725ff.
–, Teil- 721
–, Voll- 721
–, Zwischenerfolgs- 726ff.
Konsolidierungskreis 717f.
Konsortium 58f.
Konsum
–, privater 28f.
–, staatlicher 28f.
Konsumausgaben 27
Konsumgüter 4, 27, 307
Konsumgüter-Marketing 307
Konten der Buchhaltung 590
Kontenklasse 598ff.
Kontenplan 597f.
Kontenrahmen 597f.
Kontinentaleuropäische Bilanzierungspraxis
641ff.
Kontokorrentkredit 512f.
KonTraG 77
Kontrahierungsmix 305
Kontrahierungspolitik 304f., 319
Kontrolle
– der Wirtschaftlichkeit 800
– im Managementprozess 122
–, Kosten- 848
–, Typen der 122
Kontrollfunktion der Budgetierung 159
Kontrollsystem 147ff.
Konvergierende Prozesse (Verfahrenstypen)
249
Konzentration 58ff.
Konzept
– der ewigen Rente 413, 484, 556
– der ewigen Rente mit Wachstum 413, 484
– der rollenden Planung 156f.
Konzern 62
Konzernabschluss 50f.
Konzernabschlussrichtlinie 625, 713
Konzernanhang 667, 669, 715f.
Konzernanschaffungskosten 727f.
Konzernbilanz 713ff.

Konzernherstellungskosten 727f.
Konzernlagebericht 715f.
Konzernrechnungslegung
–, Bilanzierungs- und Bewertungsvorschriften
718f.
–, Elemente 715f.
–, Grundsätze 717
–, Konsolidierung 719ff.
–, Konsolidierungskreis 717f.
– nach HGB 623ff., 669
– nach IFRS 702, 713ff.
Konzernspezifika bei der Bilanzanalyse 747,
765
Kooperation 58f.
Kooperativer Führungsstil 128
Koordination 136ff.
Koordinationsfunktion der Budgetierung 158
Koordinationsinstrumente 136f.
Koordinieren als Managementfunktion 122ff.
Körperschaft
–, öffentlich-rechtliche 36
–, privatrechtliche 36ff.
Körperschaftsteuer 38, 380f., 465, 527
Körperschaftsteuerliches Anrechnungs-
verfahren 527
Korrekturverfahren 445ff.
Korrelationskoeffizient (ρ) 455
Kosten 5f., 267ff., 603ff.
–, Anders- 604
–, beschäftigungsabhängige 269
–, bestellfixe 255ff.
–, degressive 269
–, dispositionsabhängige 267ff., 802
–, dispositionsunabhängige 267ff., 802
–, Einzel- 803f., 824
–, fixe 89, 267, 802ff., 828ff.
–, Gemein- 804, 811, 814ff., 829, 856
–, kalkulatorische 604
–, Lenkungsfunktion von 803ff.
–, lineare 329f., 829
–, primäre 809, 821f.
– pro Beschäftigungszeiteinheit 269ff.
–, progressive 269
–, proportionale 269, 335
–, regressive 269
–, relevante 267, 295ff., 394, 802ff., 828ff.
–, sekundäre 809, 821f.
–, sprungfixe 287
–, variable 89, 267f., 802ff., 809, 828ff., 849
–, Verrechnungsfunktion von 804f.
–, Zusatz- 604
Kostenarten 809ff.
Kostenartenrechnung 809ff.
Kostendeterminanten (Produktionsplanung)
267ff.

Stichwortverzeichnis 919

Kostenfunktion
–, lineare 329f.
–, s-förmige 289, 329
Kostenintensität 779
Kostenkategorien (Produktionsplanung) 267ff.
Kostenkonto 590ff.
Kostenkontrolle 848
Kostenminimale Faktorkombination (ertrags-
    gesetzliche Produktionsfunktion) 282
Kostenmodell (IFRS) 693f.
Kosten-Nutzenanalyse 190, 407
Kostenplanung 848
Kostenrechnung 799ff.
Kostenrechnungssysteme 800ff.
Kostensenkungsbedarf 860f.
Kostenstellen 815f.
–, Arten von 819
Kostenstelleneinteilung 815f.
Kostenstelleneinzelkosten 819
Kostenstellengemeinkosten 819
Kostenstellenplan 815
Kostenstellenrechnung 814ff.
Kostenstellenumlage 817f.
Kostensteuern 393
Kostenträger-(ergebnis-)rechnung 808, 823ff.
Kostenträgerstückrechnung 823ff., 832, 837
Kostenträgerzeitrechnung 823ff., 830, 832, 837
Kostentragfähigkeitsprinzip 803
Kostentreiber 856
Kosten- und Leistungsrechnung 799
Kostenvergleichsrechnung 233ff., 389, 393f.
Kostenverläufe 269f., 284, 829
Kostenverursachung, Prinzip der 803
Kräftespeicher, Bilanz als 615
Kraftfahrzeugsteuer 380f.
Kreativitätstechniken 190f.
Kreditfinanzierung 491, 501ff., 535
–, kurz- und mittelfristige 491, 512ff.
–, langfristige 491, 504ff.
Kreditformen 504ff.
Kreditkondition 502
Kreditlaufzeit, durchschnittliche 537ff.
Kreditleihe 512, 516
Kreditmerkmale 505
Kreditsicherheit 504f.
Kreditversicherung 503
Kreditorenumschlag 781, 787
Kreditwürdigkeit, Pflege der 745
Kreditwürdigkeitsprüfung 795f.
Kreuzpreiselastizität 325f.
Krisenstrategie 199
Kriterium der höchsten Wahrscheinlichkeit
    218ff., 447
Kriterium des maximalen Erwartungswertes
    218ff., 447

Kritische Auslastung 396f.
Kritische Werte, Verfahren der 445f.
Kritischer Pfad (Netzplantechnik) 204ff.
Kritischer Zinssatz (Wirtschaftlichkeits-
    rechnung) 424f.
Kundenanzahlung 512
Kundendienst 345
Kundenstruktur (Produkt-/Sortimentspolitik)
    348
Kundenziel 781, 787
Kuppelkalkulation 839, 844ff.
Kuppelproduktbündel 846
Kuppelproduktion 844ff.
Kurs-Gewinn-Verhältnis (KGV) 103f., 501
Kurswert einer Unternehmung 103, 486

L

Lagebericht
– nach HGB 622ff., 669ff.
– nach IFRS 700
–, Konzern- (HGB, IFRS) 715f.
Lagerabgangsgeschwindigkeit 256ff.
Lagerausstattung, Planung der 258f.
Lagerdauer 781, 787
Lagerhaltung (Distribution) 354
Lagerkosten 237, 256f.
Lagerstandort, Planung des 259
Lagerumschlag 781, 787
Laissez-faire Führungsstil 128
Latente Steuern 659f., 674, 702f.
Leasing 492, 518ff.
Lebenszyklushypothese 152f., 346ff.
Lebenszykluskonzept 152f.
Leerkosten 680, 853ff.
Leistungen 5f., 603f.
Leistungsanreize 240
Leistungsbeziehungen, innerbetriebliche 821
Leistungsdokumentation 146
Leistungskonto 590ff.
Leistungsmotivation 240f.
Leistungsprogramm 49
Leistungsprogrammtyp 50, 249
Leistungsprozess 67, 233ff.
Leistungsverrechnung
–, innerbetriebliche 821f.
–, simultane Verfahren der 821f.
–, sukzessive Verfahren der 821
Leistungswille, subjektiver
    (Arbeitsproduktivität) 238, 240f.
Leistungsziele 78, 235
Leitungsspanne 142f.
Leitungssystem 137ff.
Lenkungsfunktion von Kosten 804
Lenkungsszenarien 200

Leontief-Produktionsfunktion 277
Leverage
–, Financial 94ff., 102, 557, 733ff.
– -Formel 95
–, Homemade 557
–, Operating 89ff., 100, 401
Leverage-Effekt 89ff.
–, finanzieller 94ff., 102, 557, 733ff.
–, operativer 89ff., 100, 401
LIBOR 516
Lieferantenkredit 512f.
Lieferantenziel 781, 787
Lieferungsbedingungen 351
Lieferungs- und Zahlungskonditionspolitik
348ff.
LIFO-Verfahren 681ff.
Lineare Optimierungsmodelle 190, 220ff.
Lineare Programmierung 220ff.
Linearer Zinssatz 547f.
Liquidationswert 476
Liquide Mittel 763
– Fonds in der Kapitalflussrechnung 594,
708ff.
– Position des Umlaufvermögens 656, 703,
763
Liquidität 74, 376ff., 568ff.
Liquiditätsdimension (finanzielles Gleich-
gewicht) 376f.
Liquiditätsengpass 568, 573f.
Liquiditätsgrade 781, 785f.
Liquiditätskennzahlen 781, 785f.
Liquiditätsnormen 793
Liquiditätspolitik 379
Liquiditätspolitische Anpassung, Prinzipien
der 579f.
Liquiditätspostulat 379, 568, 571
Liquiditäts-Rentabilitätskalkül 569
Liquiditätsreserve 575ff.
Liquiditätssaldo 592
Liquiditätssicherung 571, 573ff.
Liquiditätssteuerung 568ff.
–, Kriterien der 568f.
–, Modelle der 569f.
–, situative 379
Lizenzen (Immaterielle Vermögensgegen-
stände) 4, 651, 701, 758
Lizenzvergabe 54f.
LOFO-Verfahren 682f.
Logistik
–, Beschaffungs 259
–, logistischer Vertrieb 351ff.
Lohmann-Ruchti-Effekt 528f.
Lohnformdifferenzierung 173
Lohnpolitik, betriebliche 172
Lombardkredit 514f.

Losgrößenformel 256
Lower-Management 113f.
Lücke, strategische 151

M

Macaulay Duration 541f.
Machtverteilung in der Unternehmung 71, 105
Maintenance Leasing 519
Makroökonomie 10
Management
–, Begriff und Merkmale des 113f.
–, Ebenen des 113f.
–, Hauptfunktionen des 113f.
–, Personalfunktion des 127
Management-by-Delegation 181ff.
Management-by-Exception 144, 181ff.
Management-by-Konzepte 180ff.
Management-by-Objectives 181ff., 859
Management-by-Systems 181ff.
Management-Development, System des 176
Management-Informations-Systeme 168, 179
Managementprozess 114ff.
Managementspirale 127
Managementsystem 67, 132ff.
–, Bestandteile des 132ff.
–, bürokratisch-administratives 132f.
–, innovativ-strategieorientiertes 132f.
Management-Techniken 188ff.
Managementzyklus 114f.
Managerial Grid 127f.
Manipulation 161ff.
Manipulationsabwehr
–, Maßnahmen zur 164
–, Prinzip der 161ff.
Manipulationshypothesen (Bilanzpolitik) 772
Marginalanalyse (Mathematische
Entscheidungsmodelle) 220
Markenpolitik 304, 345
Marketing 302ff.
– als Denkstil 302ff.
–, Einsatzbereiche des 304ff.
– für Nonprofit-Organisationen 306
–, kommerzielles 306
–, nicht-kommerzielles 306
Marketing-Budget 314ff., 356f.
Marketing-Forschung 308
Marketinginstrumente 304ff.
Marketing-Konzeption 303f.
Marketingmix 303ff., 313ff.
Marketingplanung 236, 302ff.
Marketingziele 303f.
Market-to-book-Ratio 103f., 557
Marking to Market 690
Marking to Model 690

Markowitz-Modell 455ff.
Markt
–, Begriff des 24f.
–, unvollkommener 324f.
–, vollkommener 324f.
Marktanteil 154, 309, 325
Marktarten 24
Marktattraktivitäts-/
    Wettbewerbsstärkenportfolio 153
Marktausweitung 303
Märkte, Arten von 24, 324f.
Markterschließung 302f.
Markterweiterung 303
Markterweiterungsstrategien 51f.
Marktformenschema, morphologisches 325
Marktforschung 308ff.
Marktkommunikation 355ff.
Marktlebenszyklus-/
    Produktlebenszyklusportfolio 153
Marktorientierung (Marketing) 302, 321
Marktportfolio 458ff.
Marktpotenzial 308ff.
Marktsegment 313
Marktsicherung 303
Marktvolumen 309f.
Marktwachstums-/Marktanteilsportfolio 153ff.
Marktwert
–, Fair Value (Rechnungslegung) 643, 647,
    670, 677ff., 690ff., 718, 722, 765
– der Unternehmung als Brutto-Unter-
    nehmungswert 472, 480ff., 486, 556ff.
– des Eigenkapitals als Netto-Unter-
    nehmungswert 80, 103f., 472, 481ff., 556ff.,
    743
– des Fremdkapitals 80, 481f., 556ff.
– eines festverzinslichen Wertpapiers
    bzw. einer Anleihe 541, 550ff.
–, Kennzahlen zur Kapitalstruktur 782f.
– pro Aktie 103f., 501
–, Ziel-Kapitalstruktur (WACC-Ansatz) 465,
    482f.
Marktwert-Buchwert-Verhältnis 103f., 557
Marktwertkonzept (Kapitalstrukturmodelle)
    556ff.
Marktwirtschaftliche Grundprinzipien 26
Marktwirtschaftliches Ordnungssystem 21
Marktzinsmethode in der Bankkalkulation 431
Marktzinsmodell der Investitionsrechnung 386,
    407, 431ff.
Marktzinssätze (Marktzinsmodell) 433
Maschinenstundensatz-Verfahren 824
Maslow'sche Bedürfnispyramide 72f.
Massenprogramm 50
Maßgeblichkeitsprinzip 612, 645, 658, 674f.,
    678, 744, 752, 765

Matching Principle 646, 697, 707
Material 249
Materialbedarf 250ff.
–, Planung des 253ff.
Materialbedarfsmenge 254
Materialbereitstellungsplanung 255ff.
–, programmgebundene 254f.
–, verbrauchsgebundene 254f.
Materialbereitstellungsprinzipien 250ff.
Materialbeschaffungsplanung 255ff.
Materialbeschaffungsvollzugsplanung 257f.
Materialeigenschaften 253
Materialintensität 780
Materialkosten 810
Materialnormen 253
Materialorientierung (Standortfaktoren) 56
Materialstellen 815
Materialverbrauch, Bewertung des 811
Materialvielfalt 253
Materialvorratshaltung, Planung der 253ff.
Matrixorganisation 141f.
Maximalkapazität (Betriebsmittel) 246f.
Maximumprinzip 5
Mechanisierung 248f.
Mediaselektion 357
Mediawerbung 305, 355ff.
Medium Term Notes 491, 512, 515f.
Mehrfachunterstellung 139
Mehrheitsbeteiligung 60
Mehrliniensystem 138f.
Meldebestand 258f.
Mengen-Kosten-Leistungsfunktion (Gutenberg-
    Produktionsfunktion) 284ff.
Mengenreaktion 25
Mengenschlüssel 819f.
Methode der kleinsten Quadrate 212f.
Methode Jordt-Gscheidle 190
„Methode 653" 190
Methoden- und Modellbank 169
Metra Potential Method (MPM) 202ff.
Mezzanine-Finanzierung 490, 494, 496, 505ff.
Middle of the Road Management 128
Middle-Management 113f.
Mikroökonomie 10
Miller/Orr-Modell 570f.
Minderheitsanteile 707f.
Minderheitsbeteiligung 60
Mindestkapazität (Betriebsmittel) 246
Minimal-Ebenen-Prinzip (Entscheidungs-
    delegation) 143f.
Minimalkostenkombination (ertragsgesetzliche
    Produktionsfunktion) 282
Mini-Max Floating Rate Note 508
Minimax-Kriterium 218f., 227
Minimax-Risiko-Kriterium 218f.

Minimumprinzip 5
Minimumsektor 150
Minimum-Varianz-Portfolio 457
Mitarbeiterrelationen 775, 778f.
Mitbestimmung in der Unternehmung 75, 83f.
Mitbestimmungsgesetz 75, 83f.
Mittelentscheidung 105f.
Mittelherkunft 593f.
Mittelstandsprogramm 525
Mittelverwendung 593f.
Mittelwertmethode 472, 476f.
Mobilitätsstatus, finanzieller 576ff.
Modified Duration 542
Modigliani/Miller-These 555ff.
Monetäres Umlaufvermögen 763
Monitoring 562
Monopol 325
–, bilaterales 325
Monopolfall (preistheoretische Modelle) 327ff.
Montan-Mitbestimmungsgesetz 84
Monte-Carlo-Simulation 450
Morphologische Methode 190
Motivationsfunktion der Budgetierung 159
Motivationskonzept 170ff.
Motivationstheorie 127ff.
Motive menschlichen Verhaltens 72ff., 170ff.,
    240
MPM 202ff.
Multimediakommunikation 355ff.
Multiplikatoren (Unternehmensbewertung) 386,
    472, 485ff.
–, Börsen- 487
–, Brutto-Unternehmungswert- 486
–, finanzielle 486
–, Netto-Unternehmungswert- 486
–, operative 486
–, Transaktions- 487
Mutterunternehmung 61f.

N

Nachfinanzierungsprämisse 543
Nachfolgeinvestition 418
Nachfrage
–, elastische 323f.
–, unelastische 323f.
Nachfragekurve 25
Nachfragemonopol 325
Nachfrageoligopol 325
Nachfrageüberhang 25f., 302
Nachhaltige Entwicklung 88
Nachkalkulation 837
Nachricht 165
Nachtragsbericht 670
Namensaktie 495

–, vinkulierte 495
Nash-Gleichgewicht 227
Nationaleinkommen 27ff.
Nebenkostenstelle 815
Nebenleistungen (Produktpolitik) 345
Nebenprodukt (Kuppelproduktion) 845
Nennwert 496f.
Nennwertaktie 496
Net Assets 81, 767, 777
Net Operating Assets 79, 81, 764
Net Operating Profit after Taxes (NOPAT) 79,
    466, 482
Net Present Value 408ff., 466ff.
– berechnet durch die Konstruktion vom
    Marktzinsgeschäften (Marktzinsmodell) 434
– berechnet mit Abzinsungsfaktoren 409
– berechnet mit Zerobond-Abzinsungsfaktoren
    (Marktzinsmodell) 435
– berechnet nach den DCF-Verfahren 466ff.
–, Periodisierung des (Marktzinsmodell) 438ff.
Netto-Finanzverbindlichkeiten 81, 766, 782
Nettogewinnfunktion (Marketing) 318
Netto-Investitionsrendite 417, 436f., 440
Netto-Methode (Unternehmensbewertung) 472,
    481ff.
Nettonationaleinkommen 27
Nettosozialprodukt 27
Netto-Umlaufvermögen 786
– operatives 80, 764, 776
Netto-Umsatzrentabilität 778
Netto-Unternehmungswert 472, 479ff.
Netzplantechnik 190, 202ff.
Neubewertung 694f., 698, 703, 721ff.
Neubewertungsmodell (IFRS) 694ff.
Neufinanzierung 376
Neuinvestition 374
Neutralität, Grundsatz der 640
New Public Management 32
Nicht-finanzielle Verbindlichkeiten 766
Nicht-finanzielle Vermögenswerte 691ff., 764
Niederstwertprinzip 632, 677f., 751
Niveausteuerung (Wirtschaftspolitik) 11
Nominale Kapitalnachweisrechnung 613
Nominalgewinn 741f.
Nominalgüter 4
Nominalkapital 497
NOPAT (Net Operating Profit after Taxes) 79,
    466, 482
Normalbeschäftigung 680
Normalformel (traditionelle Unternehmens-
    bewertung) 472ff.
Normalgewinn 478
Normalkostenrechnung 801f., 847f.
Normalleistung 173
Normwerte von Bilanzkennzahlen 792ff.

Stichwortverzeichnis 923

Nullkupon-Anleihe 433f.
Nutzkosten 853f.
Nutzungsdauer
–, kapitalwertmaximale 423
–, optimale 419ff.
Nutzungsdauerentscheidung (Wirtschaftlich-
keitsrechnung) 391, 396ff., 419ff.
Nutzungszeit 245

O

Objektsteuern 380f.
Obligation 505f.
Offene Handelsgesellschaft (OHG) 36ff., 493
Offene Rücklagen 741f., 752f.
Offenlegungspflichten 617ff., 623ff., 645
Öffentliche Betriebe und Verwaltungen,
Merkmale 30ff.
Öffentlichkeitsarbeit 359f.
Öffentlich-rechtliche
– Körperschaft 36
– Rechtsformen 36
Ökologie und Ökonomie, Konflikt zwischen
86f.
Ökologische Aspekte des Wirtschaftens 85ff.
Ökologische Strategien 86ff.
Ökologische Unternehmungsführung 85ff.
Ökologische Unternehmungsgrundsätz 87
Ökologische Unternehmungsziele 85ff.
Ökonometrische Modelle 190
Ökonomische Unternehmungsziele 85ff.
Ökonomisches Prinzip 5ff.
Oligopol, bilaterales 325
Oligopolfall (preistheoretische Modelle) 326
Omelettenproblem 217ff.
Operating Leasing 492, 518f.
Operating Leverage 89ff., 100, 401
Operating Return on Invested Capital (ROIC)
81
Operationalisierung von Zielen 107
Operationalität von Zielen 105
Operationalitätsprinzip (Entscheidungs-
delegation) 144
Operations Research 188
Operative Planung 150
Operativer Cashflow 79
Optimalkapazität (Betriebsmittel) 246f.
Optimum
– der Ergiebigkeit menschlicher Arbeit 241
–, materialwirtschaftliches 250
–, verfahrenstechnisches 247f.
Optionsanleihe 490, 506f.
Ordnung von Zielen 105
Ordnungspolitik 11
Ordnungssystem, marktwirtschaftliches 21ff.

Organigramm 144
Organisation 122ff.
–, Matrix- 141f.
–, Stab-Linien- 140
Organisationsinterne Märkte, Koordination
durch 136
Organisationskongruenz bei Zielen 105
Organisationskultur, Koordination durch 136
Organisationsprozess 125f.
Organisationsstruktur 134ff.
–, divisionale 134f.
–, Einflussgrößen der 146
–, Formalisierung der 144ff.
–, funktionale 134f.
–, Hierarchisierung der 137f.
Organisationssystem 133ff., 147
Organisationstheorie, Ansätze der 133, 141
Organisationszyklus 125f.
Organisatorisches Gleichgewicht 123
Organisationspyramide 142
Organprinzip 31
Organschaft 32
Outputgüter 4
Overriding Principle 640, 646

P

Pachtvermögen 603
Packungsgestaltung 344
Pagatorische Rechnungen 588
Panel 312
Parallelprozesse (Verfahrenstypen) 249
Parkinson-Phänomen 211
Partialmodelle (Wirtschaftlichkeitsrechnung)
388
Partizipationsschein 496
Partizipativer Führungsstil 128ff.
Passivierung (Bilanzierung)
–, Ansatzkriterien (IFRS) 689ff.
–, Ansatzverbote (HGB) 616ff., 672ff.
–, Ansatzwahlrechte (HGB) 616ff., 672ff.,
749ff.
Passivtausch 499
Patente (Immaterielle Vermögensgegenstände)
4, 651, 701, 758
Payback-Dauer (Amortisationsdauer) 405f.,
417f.
Pecking-Order-Theorie 562
Penetrationspreispolitik 339
Pensionsrückstellungen 530f.
Percentage of Completion Method
(Teilgewinnrealisierung) 646, 697, 705
Per Soll an Haben (Buchungssatz) 589
Periodenabgrenzung, Grundsatz der 613ff., 625,
629, 635, 640, 645f., 657, 665, 696f.

Periodenergebnis 705ff.
Periodengerechte Erfolgsermittlung 613ff., 625,
629, 635, 640, 645f., 657, 665, 696f.
Periodenkostenvergleich 394
Periodenvergleich (Kennzahlen) 791
Periodisierung des Kapitalwerts
–, kapitalbindungsproportionale 438
–, rückflussproportionale 439f.
–, zeitproportionale 439f.
Peripheriegeräte (Hardware) 168
Persönlicher Dialog 359
Personal-(Führungs-)System 170ff.
Personalbedarfsplanung 177, 237
Personalbereitstellungsplanung 238ff.
Personalbeschaffungsplanung 237
Personaleinsatzplanung 238
Personalentwicklungssystem 170ff.
Personalfunktion des Managements 126
Personalintensität 780
Personalkosten 811
Personengesellschaften 36ff., 621ff.
Personensteuern 380f.
PERT 202f.
Pfad, kritischer (Netzplantechnik) 204ff.
Physiologische Motive 72f.
Pivotelement 224
Pivotspalte 224
Pivotzeile 224
Plan
–, Dimension eines 148
–, Tiefe eines 148
–, Umfang eines 148
–, zeitliche Reichweite eines 148
Planalternativen, elastische 157
Planbilanz (Totalmodell der Wirtschaftlich-
keitsrechnung) 388
Planerfüllung, Prinzip der zentralen 31
Plankalkulationssatz 855
Plankosten, verrechnete 851, 854ff.
Plankostenrechnung 801ff., 838, 847ff.
–, Aufgaben der 847
–, flexible 849ff.
–, Grenz- 855f., 849
–, starre 849ff..
–, Varianten der 848f.
–, Voll- 849ff.
Planung 116
–, Absatz- 302ff., 308ff.
–, Ausgleichsgesetz der 151
–, Begriff der 116
–, Bereitstellungs- 237ff.
–, Betriebsmittelbereitstellungs- 243ff.
–, elastische 149, 157ff.
–, flexible 149, 157ff.
–, Kosten- 848

–, Marketing- 236, 302ff.
–, Materialbereitstellungs- 255ff.
–, Merkmale der 119
–, operative 150ff.
–, Personalbereitstellungs- 238ff.
–, Produktions- 236, 262ff.
–, revolvierende 149, 156ff.
–, strategische 149ff.
Planungs- und Kontrollsystem 147ff., 156f.,
179
Planungsautonomie 26
Planungsfunktion der Budgetierung 158
Planungsphasen im Managementprozess 116ff.
Planungssystem 147ff.
Planungsverfahren
–, Gegenstrom- 148f.
–, progressive 148
–, retrograde 148
Portfolio-Matrix 153ff.
Portfoliotechnik 152ff.
Portfoliotheorie 455f.
Potenzialfaktoren 4, 249
PR-Maßnahmen 355ff.
Präferenzmatrix 193f.
Präferenzpolitik 316ff., 319, 341ff.
Praktikermethode (Unternehmensbewertung)
476
Prämienlohn 173ff.
Prämienlohnsystem 175
Prämienpreispolitk 337f.
Prämissenkontrolle 122
Präsentationstechnik 190
Preis
–, gewinnmaximaler 314ff., 324
–, umsatzmaximaler 315f.
Preis-Absatzfunktion 314ff., 321ff.
–, dynamische 322
–, geknickte 331
–, individuelle 330f.
–, psychologische 322
Preisbestimmung 332ff.
–, konkurrenz- und branchenorientierte 337
–, kostenorientierte 332ff.
–, nachfrage- und beschäftigungsorientierte
334ff.
–, nutzenorientiert 336f.
Preisdifferenzierungspolitik 338
Preiselastizität der Nachfrage 322ff.
Preisentscheidungen, Anlässe für 321
Preismechanismus 25f., 328
Preispolitik 314, 321f., 326ff.
–, Abschöpfungs- 339
– auf oligopolistisch strukturierten Märkten
227
– bei atomistischer Konkurrenz 326ff.

Stichwortverzeichnis 925

- bei monopolistischer Angebotsstruktur 326ff.
- bei monopolistischer Konkurrenz 326ff.
- bei polypolistischer Konkurrenz 326ff.
-, dynamische, nicht-lineare 339f.
-, dynamische Strategiekonzepte 337, 339f.
-, lebenszyklusabhängig 339
-, optimale 314
-, Penetrations- 339
-, Prämien- und Promotions- 337f.
-, Preisdifferenzierungspolitik 338
-, Preispolitischer Ausgleich 338
-, Scimming Pricing 339
-, statische Strategiekonzepte 337f.
Preispolitische Strategie 335, 337ff.
Preispolitischer Ausgleich 338
Preisreaktion 25
Preisschwelle, kritische (Preistheorie) 336
Preistheoretische Modelle 326
Preistheorie (Mikroökonomie) 10
Preistheorie, klassische 324
Preistreppe 350
Preisuntergrenze
-, kostenorientierte 333
-, kurzfristige 333f.
-, langfristige 333
Preisvariation, selektive 349
Pressearbeit 359
Pretiale Lenkung 136
Price/Earnings Ratio 103f., 501
Primärforschung 312
Primärgrundsätze der IFRS 635ff., 639ff.
Primärkosten 809, 821f.
Prinzipal-Agenten-Theorie (Finanzierung) 561f.
Prinzip
-, Autonomie- 30
- der Budgetierung 158
- der Dominanz der strategischen Planung 150ff.
- der Einheit der Auftragserteilung 139
- der einsatzsynchronen Anlieferung (Materialbereitstellung) 251
- der Einzelbeschaffung im Bedarfsfall (Materialbereitstellung) 251
- der Manipulationsabwehr 161ff.
- der Mehrfachunterstellung 139
- der minimalen Gemeinkostenstreuung 820f.
- der plandeterminierten Leistungserstellung 31
- der Planerfüllung 31
- der revolvierenden Planung 156ff.
- der Vorratshaltung (Materialbereitstellung) 251
- der Wirtschaftlichkeit 30
- des finanziellen Gleichgewichts 30

- des Gemeineigentums 31
- des kürzesten Weges 139
- des Management-by-Exception (Entscheidungsdelegation) 143f.
- des minimalen Prognosebedarfs 156
- des Privateigentums 30
-, erwerbswirtschaftliches 30
- flexibler und elastischer Planung 157f.
-, ökonomisches 5ff.
Prinzipien der Materialbereitstellung 250f.
Prinzipien liquiditätspolitischer Anpassung 579f.
Private Beteiligungsfinanzierung (Private Equity) 494
Private Equity 494
Private Equity-Gesellschaft 494
Private Limited Company (Ltd.) 36, 40f.
Problem der unvollkommenen Information 6
Problemanalyse als Planungsphase 116
Problemrelevanz von Informationen 166
Produktbewertungsanalyse 346f.
Produktdifferenzierung 343
Produkteliminierung 342, 343
Produktgestaltung 342ff.
Produktinnovation 342f.
Produktion 67
Produktions- und Importabgaben 27, 29
Produktionsablaufplanung, zeitliche 263f.
Produktionsaufteilungsplanung 262f., 271ff.
- bei limitationaler Produktionsfunktion 284ff.
- bei substitutionaler Produktionsfunktion 280ff.
Produktionsbetrieb 21
Produktionsdurchführungsplanung 262ff.
Produktionsfaktoren 233
Produktionsfaktormengen 271
Produktionsfunktion 271ff., 280ff.
-, ertragsgesetzliche 272ff.
-, Gutenberg- 242ff., 278, 284ff.
-, inhomogene 272
-, Leontief- 277
-, limitationale 272ff.
-, linear-homogene 272
-, substitutionale 272ff.
-, überlinear-homogene 272
-, unterlinear-homogene 272
Produktionsgüter 4
Produktionskoeffizient, technischer 277
Produktionskonto 28
Produktionsplanung 236, 262ff.
Produktionspolitik, Teilpläne betrieblicher 262ff.
Produktionsprogrammplanung 262ff., 294ff.
Produktionsprozess 262, 233

Produktionstechnische Anpassung, Typen der
    287f.
Produktionsteilpläne 263ff.
–, Interdependenzen zwischen den 265
Produktionstheorie 272
Produktionstiefe 50
Produktionstyp 50, 249
Produktionsverteilungsplanung, zeitliche 262ff.
Produktivität 6, 236
–, Arbeits- 237ff.
–, Betriebsmittel- 243
–, Durchschnitts- (Produktionsfaktoren) 275
–, Grenz- (Produktionsfaktoren) 275ff.
Produktivitätskennzahlen 775, 779
Produktivitäts-/Leistungsaspekt der Führung
    127
Produkt-Lebenszyklus 151f., 339
Produktlinie 342
Produktmanagement 141
Produkt-Markt-Kombination 152
Produktmix 305
Produktneuplanung 342ff.
Produktpolitik 304ff., 339, 345
Produktqualität 305, 343
Produkt-Status-Analyse 190
Produktvariation 305, 343
Prognose
– als Planungsphase 117
–, Informationsgehalt der 118
–, Sicherheitsgrad der 118
Prognosebedarf, Prinzip des minimalen 156
Prognosekosten 847
Prognosekostenrechnung 801
Prognosequalität 118
Prognosetechniken 118, 190
Prognosemethoden 313
–, extrapolierende 190, 212f.
Program Evaluation and Review Technique
    (PERT) 202f.
Programmbereinigung 342
Programme, Koordination durch 136f.
Programmentscheidung (Wirtschaftlichkeits-
    rechnung) 391, 425ff.
Programmgestaltung, optimale (Produkt-/
    Sortimentspolitik) 342
Programmierung, lineare 220ff.
Programmplanung
–, Konstellationen der 295
– mit Kapazitätsengpass 296ff.
– ohne Kapazitätsengpass 295f.
–, operative 294ff.
Programmstrukturanalyse 346ff.
Programmtyp 48f., 249
Programmvariation 342
Progressive Planung 148

Prohibitivpreis 315
Projektablaufprobleme, Lösung von 202ff.
Projektion 313
Projektmanagement 141
Prolongation (Finanzierung) 376
Promotionspreispolitik 337f.
Proportionalitätsprinzip 820
Proportionalkostenrechnung 828
Prozessanordnung (Einfluss auf den Kapital-
    bedarf) 370ff.
Prozessgeschwindigkeit (Einfluss auf den
    Kapitalbedarf) 370ff.
Prozesskostenrechnung 848f., 856ff.
Prozessphänomen 124
Prozesstypen der produktionstechnischen
    Anpassung 287ff.
Prüfungspflicht 619, 623ff.
Public Relations 355ff.
Publikumsgesellschaften 626ff.
Publizität 740
–, aktive 745
–, passive 745f.
Publizitätsgesetz 46, 621ff.
Publizitätspolitische Ziele der Bilanzpolitk
    745ff.
Puffer
–, freier Anfangs- (FAP) 205ff.
–, freier End- (PEP) 205ff.
–, Gesamt- (GP) 205ff.
–, unabhängiger (UP) 205ff.
Pufferzeiten (Netzplantechnik) 204ff.
Punktbewertungsverfahren 58, 190, 192ff.
Pyramideneffekt im Konzern 731ff.

Q

Qualifizierter Vermögenswert 692
Querschnittsanalyse 190
Question Marks 154f.
Quick Ratio 786
Quotenaktie 495f.
Quotenkonsolidierung 720ff.

R

Rabatt- und Bonuspolitik 348ff.
Rahmenbedingungen, volkswirtschaftliche
    308f.
Rahmenwerk (IFRS) 634ff.
Ratentilgung 535
Rating
–, externes 502
–, internes 502
Rating-Klassen nach Standard & Poor's (S&P)
    und Moody's 503
Rating-Verfahren 794f.

Rationalisierung, finanzielle 102
Rationalisierungsinvestition 374
Rationalisierungsmaßnahmen 531, 575
Reale Zinsfußmethode (Effektivzinskalküle) 543ff.
Realisationsprinzip 632, 646, 697, 726
Realgewinn 741f.
Realgüter 4
Realgüterstrom 26ff.
Realtypen 35
Realinvestition 373f.
Realistik von Zielen 105
Realoptionsansatz 454
Realsteuern 380f.
Rechenschaft, Grundsätze der 629ff.
Rechnungsabgrenzungsposten 656, 673, 702ff., 763ff.
Rechnungslegung
–, Funktionen der 642ff.
–, Rechtsquellen zur 616ff.
Rechnungslegungspolitik 743f., 745, 749ff.
Rechnungslegungsstandards, Deutsche (DRS) 627f.
Rechnungslegungsvorschriften
– nach HGB (Einzelabschluss) 616ff., 650ff.
– nach HGB (Konzernabschluss) 623ff., 669
– nach IFRS (Einzelabschluss) 624ff., 633ff., 689ff.
– nach IFRS (Konzernabschluss) 702, 713ff.
Rechnungssystem, dreiteiliges 590ff.
Rechnungswesen 587ff.
–, Aufgaben des 587
–, Begriff des 505
–, Gliederung des 587f.
–, Hauptbereiche des 588
–, volkswirtschaftliches 27ff.
Rechtsformen der Unternehmung 36ff.
–, Merkmale von 37
Rechtsformwechsel 43
Rechtsquellen zur Rechnungslegung 616ff.
Rechtssysteme 642f.
Redundanztest (Entscheidungstabellentechnik) 216
REFA-Studien 174, 239
Regeln, organisatorische 143f.
Regiebetrieb 36
Regressionsanalyse 190
Reifephase (Lebenszykluskonzept) 152
Reingewinn 79, 94
Reinvermögen 589, 603
Rekursionsprinzip 158, 454
Relevanzbäume (Pattern) 190
Relevanz-Prinzip 701
Rembourskredit 516

Renditeforderung der Eigenkapitalgeber 80, 102, 377, 395, 428ff., 463f., 556ff., 562, 792
Rentabilität 74, 378
– Ziel- 102
Rentabilitätsdimension (finanzielles Gleichgewicht) 377
Rentabilitätsfunktion (Effektivzinskalküle) 545
Rentabilitätskennzahlen 81, 733ff., 775ff.
Rentabilitäts-Leverage-Effekt der Verschuldung 94ff., 102, 557, 733ff.
Rentabilitätsnormen 792ff.
Rentabilitätsrechnung 389, 393, 403f.
Rentabilitäts-/Risikohebel (Pyramideneffekt im Konzern) 733ff.
Rente, Barwert einer 412f.
Rentenbarwertfaktor 412f.
Rentenbarwertfaktoren, Tabelle der 411
Repertoirebreite 50
Repetierfaktoren 4
Reproduktionswert 475
Reservenhaltung 158
Reservierungskosten 237
Restkosten 845
Restwert der Unternehmung (Unternehmensbewertung) 474f.
Restwertmethode 845
Retrograde Methode (Rückrechnung) 811
Retrograde Planung 148
Return on Assets (ROA) 81
Return on Capital Employed (ROCE) 81, 777
Return on Equity (ROE) 81
Return on Financial Assets (ROFA) 81
Return on Invested Capital (ROIC) 81, 777
Return on Investment 101
Revenue-Expense-Approach (IFRS) 696f.
Revolvierende Planung 156ff.
Revolving-Systeme 510f.
Rezept (Materialbedarfsplanung) 254
Rhythmendiagramm eines Planungs- und Kontrollsystems 156
Richtigkeit, Grundsatz der 630f.
Riebelsches System der relativen Einzelkostenrechnung 833ff., 846
Risiko
–, systematisches 460f.
–, unsystematisches 460f.
Risikoanalyse 119, 190, 450ff.
Risikoaversion 449f.
Risiko-Chancen-Kalkül 190
Risiko-Chancenprofil eines Investitionsvorhabens 450
Risikoeinschätzung (Rechnungslegung) 644
Risiko-Erwartungswertkriterium, kombiniertes 447ff.

Risikofreier Zinssatz (Capital Asset Pricing
   Model) 458f., 484
Risikokapital (Venture Capital) 493f.
Risikomanagementbericht 670
Risikoneigung 6
Risikopräferenzfunktion 449
Risikopräferenzkurve 450
Risikoprämie (Capital Asset Pricing Model)
   458f.
Risikostreuung (Portfoliotheorie) 456f.
R-Material 252
Roh-, Hilfs- und Betriebsstoffe 656, 665, 677,
   702
Rohstoffe 233
ROI (Return on Investment)-Analyse 100ff.
ROI-Kennzahlenschema 100f., 404
Rollback-Verfahren 158, 453
Rollende Planung 156f.
Rücklagen 499
–, 6-b 658
–, Dividendenausgleichs- 743
–, freie 752f.
–   für eigene Aktien 753
–   für eigene Anteile 657
–, gesetzliche 657, 702, 752f.
–, Gewinn- 657, 702, 764
–, Kapital- 657, 702, 753, 764
–, offene 741f., 752f.
–, satzungsmäßige 657, 703, 752f.
–, stille 641f., 646, 695, 743ff., 772
Rückstellungen 658, 673f., 703f., 751, 765f.
Rückwärtsintegration 50
Rüstzeit 239

S

Sachanlagen 655f., 701, 767
Sachanlagenintensität 781, 785
Sacheinlage 497
Sachleistungsunternehmung 44
Sachsteuern 380f.
Sachziele 78ff.
Saisonbetrieb 747
Saldierungsverbot 660
Sale-and-Lease-Back-Verfahren 492
Sales Promotion 355ff.
Sammelbewertung 681ff.
Sarbanes-Oxley-Act 77
Sättigungs-/Rückgangsphase (Lebenszyklus-
   konzept) 152
Sättigungsmenge 315
Satzungsmäßige Rücklagen 657, 703, 752f.
Scenario-Writing 190
Schachtelprinzip 156
Schätzung des Steuerbilanzgewinns 772

Scheck-Wechsel-Tauschverfahren 517
Scheinerfolg 615, 633, 667, 741, 771
Schema der erweiterten ROI-Analyse 100f.
Schubladenpläne 158
Schulden 609, 650ff., 672ff., 675ff., 689ff.,
   703f., 765ff.
Schuldenkonsolidierung 725ff.
Schuldenkonto 590ff.
Schuldentilgungskraft 788
Schuldscheindarlehen 510
Schuldverschreibung 505f.
Schwellenpreis (Preistheorie) 331
Scoring-Modell 58, 190, 192ff., 346
Screening 562
Security Market Line 459
Segmentberichterstattung 710ff., 715ff.
Sekundärforschung 312
Sekundärgrundsätze der IFRS 635ff., 639ff.
Sekundärkosten 821
Selbstabstimmung, Koordination durch 136f.
Selbstständigkeit
–, rechtliche 58
–, wirtschaftliche 59
Selbstfinanzierung 491, 526f.
–, Determinanten der optimalen 554f., 563ff.
–, offene 526
–, stille 526
–, temporäre 526
Selbstkosten 332f., 838f.
Selbstverwirklichungsbedürfnisse 72f.
Self-Controlling 129, 178
Self-Selection 562
Sensibilitätsanalyse (Punktbewertungs-
   verfahren) 193, 197f.
Sensitivitätsanalyse 445f.
Serienprogramm 50
S-förmige Ertragsfunktion 275f.
–   Kostenverläufe bei s-förmiger Ertrags-
   funktion 283f.
S-förmige Kostenfunktion 289, 329
S-förmige Umsatzreaktionsfunktion 317f.
Shareholder 103, 636, 642
Shareholder Value 103f., 464, 480
–   -Ansatz 103f., 462ff., 483
–   -Treiber 104, 483, 487f.
Sicherheitsäquivalente 446
Sicherheitsbedürfnisse 72f.
Sicherheitskoeffizient 402
Sicherheitsstreben 6
Sicherungsklauseln (Covenants) 504, 506, 562,
   565
Signal 165
Signaling 562
Simplex-Algorithmus 220ff.
Simulationsmodelle 190

Stichwortverzeichnis 929

Simultanmodelle (Wirtschaftlichkeitsrechnung) 385ff.
Simultanplanung des Produktionsprogramms 265
–, totale 149
Single-Index-Modell 458
Situativer Führungsstil 128
Skonto 513
Skontrationsmethode 811
S-Material 252
Snob-Effekt (Marketing) 322
Social Costs 7
Societas Europaea (SE) 36, 40
Software 169
Solawechsel 512f.
Soll an Haben 589
Soll-Ist-Vergleich 122
Soll-Ist-Vergleich (Kennzahlen) 791ff.
Sollkosten 854ff.
Sollzinssatzmethode 386, 389
Sonderposten mit Rücklagenanteil 658, 674, 752, 764f.
Sondervermögen 36
Sonstiges Ergebnis 665, 705
S-O-R-Modelle 311
Sortenprogramm 50, 249
Sortimentsbereinigung 345f.
Sortimentsbreite 50f., 250, 342
Sortimentserweiterung 345f.
Sortimentsoptimierung (Materialbedarfs-planung) 253f.
Sortimentsplanung 342ff.
Sortimentspolitik 342ff.
Sortimentstiefe 50f., 342
Sortimentsverbund 51, 299
Sozialbilanz 612, 754f.
Soziale Bedürfnisse 72f.
Soziale Unternehmungsziele 73
Sozialinvestition 374
Sozialprodukt 27
Spartenorganisation 134f.
Sperrminderheitsbeteiligung 60
Spezialisierung (artmäßige Arbeitsteilung) 133ff.
Spieltheorie 225ff.
–, Modelle der 190, 225ff.
–, Vorteile und Grenzen der 227f.
Sponsoring 355ff.
S-R-Modelle 311
Stable Growth Dividend Discount Model (Unternehmensbewertung) 104, 487f.
Stab-Linien-Organisation 140
Stabstelle 140
Staffelform 661
Stakeholder 74, 76f., 636, 642

Stammaktie 495
Stammkapital 657
Standardabweichung (σ) 447
Standard-Einzelkostenrechnung 856ff.
Standardkosten 847
Standardkostenrechnung 801, 847f.
Standard-Prozesskostenrechnung 848f., 856
Standard Setter-Gremien 627
Standardverbrauchsmenge 858
Standardzeit 857f.
Standing Interpretations Committee (SIC) 639
Standortbedingungen 57
Standortentscheidungen 55ff., 354f.
Standortfaktoren 56ff., 354
Standortwahl 55ff., 354f.
Stars 154
Statement of Cash Fows 593ff., 624, 645, 708ff., 716
Statischer Effektivzinssatz (Effektivzins-kalküle) 536ff.
Stecknadelbeispiel von Adam Smith 22
Steering Committees 625
Stellenbeschreibung 144, 190
Stellenbildung 121
Stellengefüge, Gliederungstiefe- und -breite des 137f.
Stetige Verzinsung 548
Stetigkeit, Grundsatz der 632f.
Steuerarten, Übersicht über 380ff.
Steuerbilanz 612, 772
Steuerbilanzgewinn, Schätzung des 772
Steuerersparnis 530, 744
Steuerkredit, zinsloser 744
Steuerlastminimierung 743f.
Steuern in der Wirtschaftlichkeitsrechnung 464ff.
Steuern
–, direkte 28, 380ff.
–, indirekte 28, 380ff.
–, latente Steuern 659f., 674, 702f.
Steuerplanung 379ff.
Steuerquote 103
Steuerstundung 645, 744
Steuerverschiebung 645, 744
Stichprobenverfahren 190
Stiftung 36
Stille Gesellschaft 36ff.
Stille Reserven bzw. Rücklagen 641f., 646, 695, 743ff., 772
Stille Verpflichtungen 646
Stimmrechtsvorzugsaktie 495
Straßenfertigung 248f.
Strategieentwicklung 199f.
Strategien
–, ökologische 85ff.

–, preispolitische 337ff.
Strategische Lücke 151
Strategische Planung 150, 152
Strategische Planung, Verfahren der 149ff.
Strategisches Geschäftsfeld (SGF) 152ff.
Stromgröße, finanzielle 365ff., 602ff.
Stromsteuer 380
Strukturen von Leitungssystemen 138f.
Strukturformalisierung 144
Strukturkennzahlen 779f.
Struktursteuerung (Wirtschaftspolitik) 11
Stückaktie 496
Stückkosten 269ff., 283f., 332f.
Stückkostenvergleich 394
Stückliste 254
Stücklohn 174
Stückzinsen 554
Stuttgarter Verfahren 478f.
Substanzwert
– als Fortführungswert 475f.
– als Liquidationswert 476
Substanzwertmethode 472f., 475f.
Substitution (Finanzierung) 376
Substitution
–, Grenzrate der (GRS) 274
–, periphere (Produktionsfaktoren) 272ff.
Substitutionslücke 326
Subventionen 523ff.
–, direkte Kapitalzuschüsse 525
–, Eigenmittelprogramme 525
–, ERP-Mittel 524
–, Investitionszulagen und Investitions-
   zuschüsse 525
–, Mittelstandsprogramm 525
–, steuerliche Behandlung 525
Subventionsfinanzierung 491, 523ff.
Subventionsorientierung (Standortfaktoren) 56
Sukzessivplanung des Produktionsprogramms
   294
Sustainable Development-Konzept 88
SWOT-Analyse 151
Synektik 190
System, marktwirtschaftliches 21ff.
Systemanalyse 190
Systemprogramm (Software) 169
Szenariofeld 199
Szenariomanagement 198
Szenariotechnik 198ff.

T

Tabelle der Abzinsungs- und Rentenbarwert-
   faktoren 411
Tageswert (IFRS-Wertansatz) 690f.
Task Management 128

Tauschwirtschaft 22
Team Management 128
Technizität 6
Teilamortisationsvertrag (Financial Leasing)
   519
Teilgewinnrealisierung 646, 697, 705
Teilkonsolidierung 721
Teilkostenkalkulation 837f.
Teilkostenrechnung 802, 828ff., 847
–, Arten der 828
Teilpläne 147
Teilreproduktionswert 475
Teilwert 676f.
Teilwertvermutung 676f.
Telefonmarketing 359
Theorie X und Y 170f.
Thesaurierung 377, 752f.
Tilgung, endfällige 537f.
Tilgungsfreijahre 535
Tilgungsmodalitäten 535
Tilgungsplanung 379, 382
Tilgungstermine 535
Tochtergesellschaft 54f.
Tochterunternehmung 61, 625ff., 701f., 706,
   713ff.
Top-Management 113f.
Top-to-down-Planungsverfahren 148
Totalanalyse (Mathematische Entscheidungs-
   modelle) 220
Totalbilanz 613
Totalerfolg 613
Totalmodelle (Wirtschaftlichkeitsrechnung)
   388f.
Total Shareholder Return (Investorenrendite)
   564, 792
Trade-off-Theorie (zur optimalen
   Verschuldung) 559
Traditionelle These der optimalen
   Verschuldung 561
Training on/off the Job 176
Transferkosten 569
Transformation (Finanzierung) 376
Transitorische Rechnungsabgrenzungsposten
   656, 673, 703f.
Transparenz von Zielen 105
Transportkosten 259, 352
Transportmittel 354
Transportweg 354
Trendextrapolation, lineare 212f.
Triffinscher Koeffizient 325f.
True and Fair View, Prinzip des 635f., 642ff.,
   690, 700f., 717
Typen
–, Allgemein- 35
–, Arten von 35

Stichwortverzeichnis 931

–, eindimensionale 35
–, Ideal- 35
–, Individual- 35
–, mehrdimensionale 35
–, Real- 35
Typenbereinigung (Produktionsprogramm) 253f.
Typenbildung 35ff.
Typologie der Unternehmen 35ff.

U

Überdividende 496
Übergewinn 472ff.
Übergewinnabgeltung, Methode der 472, 477ff.
Überorganisation 123
Überpari-Emission 497
Überprüfbarkeit von Informationen 166
Überprüfbarkeit von Zielen 105
Überschussfinanzierung 490ff., 526ff.
U-Material 252
Umfinanzierung 376, 499
Umkehrwechsel 512, 517
Umlaufintensität 781, 784
Umlaufvermögen 603, 609, 650ff., 672ff., 675ff., 751, 763f.
–, monetäres 763, 766
–, Netto- 405, 593, 781, 786
–, operatives Netto- 79, 466, 482, 764, 773, 776, 782
Umsatzerlöse 64, 665, 705ff., 770
Umsatzkostenverfahren 661, 707, 769ff., 824ff.
Umsatzmaximum 315
Umsatzmultiplikator (Pyramideneffekt im Konzern) 731ff.
Umsatzreaktionsfunktion, s-förmige (Marketing) 317f.
Umsatzrentabilität (UR) 99ff., 775, 778
Umsatzsteuer 380f.
Umsatzstruktur (Produkt-/Sortimentspolitik) 348
Umsatzüberschuss 594ff., 788f.
Umschlagskoeffizienten 781, 786f.
Umstellungsinvestition 374
Umtauschrecht 498
Umwandlung (Rechtsform) 42f.
Umweltbilanz 755f.
Umweltschutzgesetze 85
Unfertige Erzeugnisse 656, 665, 677, 702, 705f., 729, 770
Ungewisse Verbindlichkeiten, Rückstellungen für 658
Ungewissheit, Entscheidungsregeln bei 190, 217ff., 447ff.

Unsicherheit bei Wirtschaftlichkeitsrechnungen 445ff.
Unsicherheitsspielraum (Wirtschaftlichkeitsrechnung) 445
Unternehmen
–, assoziierte 701f., 706, 721ff.
–, Gemeinschafts- 59, 701f., 721ff.
–, verbundene 58ff.
Unternehmensanalyse, interne 312f.
Unternehmensberichterstattung 574ff.
Unternehmensbewertung 385f., 390f., 471ff.
–, Adjusted Present Value-Ansatz 482
–, Anlässe 471f.
–, Determinaten 480
–, Flow-to-Equity-Ansatz 484, 487f.
–, Funktionen 390f., 471f.
–, moderne 390ff., 472, 479ff.
–, objektive 390f., 392, 471f.
–, relative (mithilfe von Multiplikatoren) 485
–, subjektive 392, 471f.
–, Total Cash Flow-Ansatz 480f.
–, traditionelle 390ff., 472ff.
–, Veräußerungserlös 482, 684
–, Verfahren 390ff., 471ff.
–, WACC-Ansatz 482
Unternehmensform 36ff.
Unternehmensfortführung, Grundsatz der 629, 635, 640, 646, 690
Unternehmensgrößenklassen
– für die Befreiung vom Konzernabschluss 626
– nach EU 46f.
– nach HGB 46, 620ff.
– nach PublG 46, 620ff.
Unternehmenskategorien nach HGB 620ff.
Unternehmensleistung 665
Unternehmensphilosophie 72, 75
Unternehmensplanung, hierarchische 147ff.
Unternehmenssituation, Informationen über 309ff.
Unternehmensstandort 55ff.
Unternehmenstheorie (Mikroökonomie) 10
Unternehmensträger 71
Unternehmensverbände 58f.
Unternehmensverbindung 58ff.
Unternehmenszusammenschluss 59ff., 498f.
Unternehmung 29ff., 30
–, emissionsfähige 492f.
–, Existenzbedingungen der 74
–, Instrumentalfunktion der 71
–, internationale 52ff.
–, kapitalmarktorientierte 621, 625, 711, 716
–, kleine und mittlere (KMU) 46f., 554, 647f., 673f.
–, lokale 52

–, Merkmale der 30ff.
–, multinationale 52ff.
–, Mutter- 61f.
–, nationale 52f.
–, nicht-emissionsfähige 493f.
–, öffentliche 36
–, personenbezogene 36
–, private 36
–, regionale 52
–, Tochter- 61f.
–, Typen der 35ff.
Unternehmungsrechnung, Hauptaufgaben
der 799
–, externe 607ff.
–, externe 797ff.
Unternehmungswert
–, Brutto- 472, 481
–, Netto- 472, 479ff.
– -maximierung 555ff.
Unternehmungsziele 71ff.
–, Entstehung von 71ff.
–, ökologische 85ff.
–, ökonomische 77ff.
–, soziale 82ff.
Unterordnungskonzern 62
Unterorganisation 123
Unterpari-Emission 497
US-GAAP (United States Generally Accepted
Accounting Principles) 634, 641f.
Usancen der Zinstagezählung 552

V

Value at Risk 449
Value Reporting 756f.
Venture Capital 493f.
Venture Capital-Fond 524
Venture Capital-Gesellschaft 493f., 562
Veränderungsbilanz 593
Verantwortungsbereiche, organisatorische
118ff., 159
Verarbeitungsbetrieb 44
Verbrauchsbewertung 811
Veräußerungserlös 421, 482, 684
Veräußerungswert 691 (IFRS-Wertansatz)
Verbindlichkeiten 609, 650ff., 672ff., 675ff.,
689ff., 703f., 765ff.
Verbrauchsabweichung 852ff.
Verbrauchsfolgeverfahren 681ff.
Verbrauchsfunktion
–, ökonomische (Gutenberg-
Produktionsfunktion) 278f.
–, technische (Gutenberg-Produktionsfunktion)
279
Verbrauchsgüter 4

Verbrauchsmengenerfassung 811
Verbrauchsstruktur von Materialien 251ff.
Verbrauchsteuern 380f.
Verbundeffekte (Programm-/Sortimentspolitik)
51, 346
Verbund, wirtschaftlicher 58ff.
Verdichtung (Entscheidungstabellentechnik)
216
Veredelungsbetrieb 44
Verfahren kritischer Werte (Sensitivitäts-
analyse) 446f.
Verfahren, technische 248f.
Verfahrens-/Verhaltenskontrolle 122
Verfahrenstypen
–, organisationstechnische 248
–, vergenztechnische 248
Verfallrendite 506, 541, 554
Verflechtung, kapitalmäßige 60
Vergleichbarkeit, Postulat der 629
Vergleichsgröße (Benchmark) 161
Vergütungsbericht 671
Verhaltensgitter 128
Verhaltensrisiken 561
Verhältniszahlen 775ff.
Verhandlungstechnik 190
Verkäufermarkt 302
Verkaufsförderung 305f., 355ff.
Verkaufsorgane 305
Verkehrsorientierung (Standortfaktoren) 56
Verkehrsteuern 380f.
Verlustantizipation, Prinzip der 632
Verlustvortrag 657
Vermögen 368f., 602ff.
–, betriebsnotwendiges 81, 603, 764, 814
–, neutrales 603
–, potenzielles 603
Vermögensendwert (VOFI) 427ff.
Vermögensendwertmethode 386, 389
Vermögensgegenstände 650ff., 672ff., 675ff.,
689ff., 764ff.
Vermögensgrößen 763f.
Vermögensintensität 781, 784
Vermögenskategorien 603
Vermögenskonto 590f.
Vermögensmaximierung, firmeneigene 556
Vermögensmessung 689ff.
Vermögensreserve 575
Vermögensstrukturkennzahlen 785
Vermögensteuer 478
Vermögensvergleich 589
Vermögenswerte
–, finanzielle 692f., 702
–, nicht-finanzielle 691ff., 764
Vernünftige kaufmännische Beurteilung 644,
670, 677ff., 687, 751

Verrechnungsfunktion von Kosten 804f.
Verschmelzung 60
Verschuldung, Modelle der optimalen 554ff.
Verschuldungsgrad 781
–, dynamischer 788, 793
– im Konzern 733ff.
–, optimaler 555ff., 560
–, statischer 94, 782, 793
Verschuldungspotenzial 531, 534, 575, 579
Verschuldungsrisiko 96
Versicherungsverein auf Gegenseitigkeit
    (VvaG) 36ff.
Verteilungsmethode 845
Verteilungstheorie (Mikroökonomie) 10
Verteilzeit 239
Vertrieb
–, akquisitorischer 352f.
–, physischer bzw. logistischer 353ff.
Vertriebsintensität 780
Vertriebskosten 352
Vertriebskostenstelle 844
Vertriebspolitik 304ff., 351ff.
Vertriebspolitische Entscheidungen 351ff.
Vertriebsstellen 815
Verwaltung, öffentliche 29
Verwaltungskostenstelle 814
Verwaltungsrat, monistischer 40
Verweilzeitverteilungen 190
VOFI 388, 427ff.
VOFI-Rendite 430
Volkseinkommen 27ff.
Volkswirtschaftliche Gesamtrechnung 27ff.
Volkswirtschaftslehre 9ff.
Volkswirtschaftstheorie 10
Vollamortisationsvertrag (Financial Leasing)
    519
Vollkommener Kapitalmarkt 559
Vollkonsolidierung 721
Vollkostenkalkulation 837f.
Vollkostenrechnung 802ff., 807ff., 828ff.
Vollplankostenrechnung 849ff.
–, fexible (einfach-) 851ff.
–, starre 850f.
Vollreproduktionswert 475
Vollständiger Finanzplan (VOFI) 388, 427ff.
Vollständigkeit, Grundsatz der 630f.
Vollständigkeitstest (Entscheidungstabellen-
    technik) 216
Vollständigkeit von Zielen 105
Vorratsintensität 781, 785
Vorauskoordination 136
Vorausleistungen 673
Vorgabezeit 239
Vorgangsknoten-Netzplan (MPM) 203
Vorgangspfeil-Netzplan (CPM) 203

Vorkalkulation 837f.
Vorräte 656, 702, 763
Vorratshaltung, Prinzip der (Material-
    bereitstellung) 251
Vorratsmenge, Planung der 258f.
Vorratsoptimierung 258
Vorratspolitik 258
Vorratssicherung 258
Vorsicht, Grundsatz der 633, 642ff.
Vorwärtsintegration 50
Vorzugsaktie 496
–, kumulative 496
–, limitierte 496
–, prioritätische 496
–, stimmrechtslose 496

W

WACC (Weighted-Average Cost of Capital)
    79f., 465ff., 482f., 560f., 783
Wachstum 74
Wachstumsphase (Lebenszykluskonzept) 152
Wachstumstheorie (Makroökonomie) 10
Wahrheit, Grundsatz der 630f.
Wahrscheinlichkeit von Informationen 166
Wahrscheinlichkeitsverteilung 448, 447
Währungs-Swap 509f.
Wandelanleihe 506
Wandelschuldverschreibung 490, 498, 506
Waren 4, 656, 702
Warenforderungen 763
Warengruppe 342
Warenlombard 514f.
Wechselkredit 512
Wechsellombard 514
Weighted-Average Cost of Capital (WACC)
    79f., 465 ff.
Weisungen, persönliche, Koordination durch
    136
Weisungsbefugnisse
–, disziplinarische 139
–, funktionale 139
Weisungsbeziehungen, Struktur der 138ff.
Weltabschlussprinzip 718
Werbeerfolgskontrolle 355ff.
Werbeetat 355ff.
Werbemittel 355ff.
Werbeobjekt 355ff.
Werbeplanung 355ff.
Werbeträger 355ff.
Werbeziel 355ff.
Werbung 305f., 355ff.
Werkstattfertigung 248f.
Werkstoffe 233, 249
Wertanalyse 190, 192ff.

Wertbegriffe
- nach HGB 675ff.
- nach IFRS 690ff.
Wertberichtigungen 673
Wertermittlungsmethoden 681ff.
Werthaltigkeit 694, 706, 723
Werthaltigkeitstest 723ff.
Wertherabsetzungen (Abschreibungen) 656, 684ff., 704ff.
Wertheraufsetzungen (Zuschreibungen) 656, 684ff.
Wertorientierte Finanzierung (DCF-Verfahren) 465, 482
Wertorientierte Unternehmensberichterstattung 756f.
Wertorientierte Unternehmensführung 80, 160, 462ff., 471, 756
Wertpapiere 656, 701f., 763
Wertpapiermarktlinie 459ff.
Wertpapierportfolio 456
-, effizientes 456f.
-, optimales 457
Wertreduktionen, erfolgsneutrale (Neubewertung) 694f., 698, 703, 721ff.
Wertschätzungsbedürfnisse 72f.
Wertschlüssel 819f.
Wertschöpfung pro Mitarbeiter 238
Wertschöpfungsrechnung 754f.
Wertsteigerungen, erfolgsneutrale (Neubewertung) 694f., 698, 703, 721ff.
Wertsynthese 119
Werttreiber
- der Eigenkapitalrentabilität 101ff.
- des Unternehmenswerts 485
- des Unternehmenswerts gemäß Kurs-Gewinn-Verhältnis 487f.
Wesentlichkeit, Postulat der 629
What-if-Simulation 450
Widerspruchstest (Entscheidungstabellen-technik) 216
Wiederanlageprämisse 431, 541
Wiederbeschaffungspreis 811f.
Wiederbeschaffungswert 615, 677, 813
Wiedergewinnungsfaktor 413
Willensbildung in der Unternehmung 83
Willkürfreiheit, Grundsatz der 631
Window-Dressing 738, 745
Wirtschaften
-, Begriff des 3ff.
-, ökologische Aspekte des 76ff.
Wirtschaftlichkeit 6, 78
-, Prinzip der 30
Wirtschaftlichkeitskontrolle 799ff., 828, 838, 847

Wirtschaftlichkeitsrechnung 190, 385ff., 393ff., 464ff., 588
-, Anforderungen 462ff.
-, dynamische Kalküle 388f., 407ff.
-, Funktionen 391
-, Partialmodelle 388
-, Simultanmodelle 385ff.
-, statische Kalküle 388, 393ff.
-, Sukzessivansätze 385ff.
-, Totalmodelle 388
- unter Einbezug von Gewinnsteuern 464ff.
-, unter Sicherheit 393ff.
-, unter Unsicherheit 445ff., 464ff.
-, Verfahren 393ff.
Wirtschaftsbericht 670
Wirtschaftseinheiten 29ff.
Wirtschaftsgüter, Arten von 4
Wirtschaftskreislauf 26ff.
-, einfacher 26f.
-, erweiteter 26ff.
Wirtschaftsphilosophie 8f.
Wirtschaftspolitik
-, staatliche 10ff.
-, Ziele der 11
Wirtschaftsprozess der Unternehmung 65ff.
Wirtschaftstechnologie 9
Wirtschaftstheorie 8
Wirtschaftswissenschaft 7ff.
Wirtschaftszweige, Klassifikation der 44f.
Wohlstandsfaktoren 3
Working Capital 786
-, Operating 80, 764, 776
- Ratio 781, 786

Y

Yield Management 339
Yield to Maturity 506, 541, 554

Z

Zahlungsbedingungen 351
Zahlungsbemessungsfunktion des Jahresabschlusses 625, 642, 645f.
Zahlungsbewegung 573
Zahlungskraft 573
Zahlungskraftreserve 575
Zahlungsmitteläquivalente 594, 656, 703, 708ff., 763
Zahlungsmittelfonds (Kapitalflussrechnung) 594, 708ff.
Zahlungsströme, Systematisierung der 365
Zeitakkord 174
Zeit-Kosten-Leistungsfunktion (Gutenberg-Produktionsfunktion) 284ff.
Zielkostenspaltung 860

Stichwortverzeichnis 935

Zeitlohn 173
Zeitplankostenrechnung 848
Zeitraumbilanz 612
Zeitvergleich (Kennzahlen) 791
Zeitwert, beizulegender (Fair Value) 647, 670, 677ff., 690ff., 718, 722
Zeitwertprinzip 613, 642f.
Zentraleinheit (Hardware) 168
Zentralisierung/Dezentralisierung, geographische 52ff.
Zerobond 433f., 508
Zerobond-Abzinsfaktor 433f.
Zielanalyse 107
Zielbeziehungen, Arten von 107
Zielbildung als Planungsphase 116
Zielbildung in der Unternehmung 71ff.
Zielbündel, wirtschaftspolitisches 11
Zieldurchsetzung 109
Zielentscheidung (-selektion) 108
Zielindifferenzen 107
Ziel-Kapitalstruktur (wertorientierte Finanzierung) 465, 482f.
Zielkomplementaritäten 107
Zielkostenspaltung 860
Zielkonkurrenzen (-konflikte) 107
Zielkonzeption der Unternehmung 77f.
Zielkosten 847f., 859ff.
Zielkostenrechnung 848f., 859
Zielordnung 107
Zielplankostenrechnung 848
Zielplanung, Prozessstufen der 106ff.
Zielplanungsprozess, formale Struktur des 104ff.
Zielprioritäten 107
Zielprüfung auf Realisierbarkeit 109
Zielsuche 107
Zielsystem 102, 104ff.
–, Anforderungen an ein 104f.
–, Planung eines 104ff.
Zielüberprüfung und -revision 109
Zinsänderungsrisiko 442, 444, 510, 542
Zinsdeckungsrate 781, 788f.
Zinseszinsrechnung, exponentielle 551
Zinsfestschreibung 535
Zinsfuß
–, interner 414ff., 548
–, realer 544

Zinsfußmethode
–, Interne (Effektivzinskalküle) 541ff.
–, Interne (Wirtschaftlichkeitsrechnung) 386, 389, 408, 414ff., 425f.
–, Reale (Effektivzinskalküle) 543ff.
Zinssatz
–, exponentieller 548f.
–, kritischer 424
–, linearer 547f.
–, risikofreier (Capital Asset Pricing Model) 458ff.
–, stetiger 548
Zinsstrukturkurve 432f.
Zinsswap 509f.
Zinstagezählung 551
Zinsteiler 514
Zinstermine 535
Zinszahl 514
Zirkelproblem in der Planung, logisches 149
Zirkularitätsproblem (DCF-Verfahren) 484
Zufriedenheitsaspekt der Führung 127
Zukunftserfolgswertmethode 474
Zusammenschluss
–, horizontaler 62
–, vertikaler 62
Zusatzkosten 604
Zusatzleistungen (Value Added Services) 345
Zuschlagskalkulation 692, 839, 843f.
–, differenzierende 843f.
–, summarische 843
Zuschlagssatz 818
Zuschreibungen 656, 684ff.
Zuwachsanleihen 508
Zweckaufwand 604
Zweck-Mittel-Beziehungen von Zielen 107
Zweigniederlassungsbericht 670
Zweikreissystem 600, 824
Zwei-Sektoren-Modell der Wirtschaft 26f.
Zwei-Wertpapierfall 455ff.
Zwischenerfolg 726f.
Zwischenerfolgskonsolidierung 726ff.
Innenumsatzerlöse 729f.
Schuldenkonsolidierung 725ff.
Zwischengewinn/-verlust, eliminierungspflichtiger 726f.
Zwischenlager 233

economag.

Wissenschaftsmagazin für
Betriebs- und Volkswirtschaftslehre

www.economag.de

Der Oldenbourg Wissenschaftsverlag veröffentlicht monatlich ein neues Online-Magazin für Studierende: economag. Das Wissenschaftsmagazin für Betriebs- und Volkswirtschaftslehre.

Über den Tellerrand schauen

Das Magazin ist kostenfrei und bietet den Studierenden zitierfähige wissenschaftliche Beiträge für ihre Seminar- und Abschlussarbeiten - geschrieben von Hochschulprofessoren und Experten aus der Praxis. Darüber hinaus gibt das Magazin den Lesern nicht nur hilfreiche wissenschaftliche Beiträge an die Hand, es lädt auch dazu ein, zu schmökern und parallel zum Studium über den eigenen Tellerrand zu schauen.

Tipps rund um das Studium

Deswegen werden im Magazin neben den wissenschaftlichen Beiträgen auch Themen behandelt, die auf der aktuellen Agenda der Studierenden stehen: Tipps rund um das Studium und das Bewerben sowie Interviews mit Berufseinsteigern und Managern.

**Kostenfreies Abonnement unter
www.economag.de**

Oldenbourg

Das Original:
Wirtschaftswissen komplett

Artur Woll
Wirtschaftslexikon
10., vollständig neubearbeitete Auflage 2008
863 S. | gebunden
€ 29,80 | ISBN 978-3-486-25492-1

Der Name »Woll« sagt bereits alles über dieses Lexikon. Das Wollsche Wirtschaftslexikon erfüllt das verbreitete Bedürfnis nach zuverlässiger Wirtschaftsinformation in vorbildlicher Weise. Längst ist der »Woll« das Standardlexikon im Ausbildungsbereich. Es umfasst die Kernbereiche Betriebswirtschaftslehre, Volkswirtschaftslehre und die Grundlagen der Statistik, aber auch die wirtschaftlich bedeutsamen Teile der Rechtswissenschaft. Besonderer Wert wurde auf eine möglichst knappe, jedoch zuverlässige Stichwortabhandlung gelegt.

Das Wirtschaftslexikon eignet sich nicht nur für den akademischen Gebrauch, sondern richtet sich auch an Praktiker in Wirtschaft und Verwaltung.

Prof. Dr. Dr. h. c. mult. Artur Woll lehrt Volkswirtschaftslehre an der Universität Siegen.

Oldenbourg

150 Jahre
Wissen für die Zukunft
Oldenbourg Verlag

Bestellen Sie in Ihrer Fachbuchhandlung oder direkt bei uns: Tel: 089/45051-248, Fax: 089/45051-333
verkauf@oldenbourg.de

Für Studierende und Praktiker

Carl-Christian Freidank
Kostenrechnung
Einführung in die begrifflichen, theoretischen, verrechnungstechnischen sowie planungs- und kontrollorientierten Grundlagen des innerbetrieblichen Rechnungswesens sowie ein Überblick über Konzepte des Kostenmanagements
8., überarb. und erw. Aufl. 2008. XXVI, 452 S., gb.
€ 34,80
ISBN 978-3-486-58176-8

Die behandelten Themenbereiche und Prüfungsaufgaben decken den elementaren Lehrstoff ab, der an Universitäten, Fachhochschulen, Berufsakademien sowie Verwaltungs- und Wirtschaftsakademien im Diplom-, Bachelor- und Masterstudiengang vermittelt wird. Darüber hinaus, spricht das exzellent didaktisch gestaltete Buch, auch Praktiker des Rechnungswesens an (z.B. Controller, interne Revisoren, Wirtschaftsprüfer und Steuerberater, Mitarbeiter in der Kostenrechnung, Unternehmensberater), die ihre Kenntnisse auf diesen Gebieten auffrischen, vertiefen und testen wollen. Schließlich ist das Lehrbuch in besonderem Maße für die Vorbereitung auf die Examina des wirtschaftsprüfenden bzw. steuerberatenden Berufes geeignet.

Das Grundlagenwerk für jedes betriebswirtschaftlich orientierte Studium, das Handbuch für den Praktiker!

Außerdem erhältlich:
Carl-Christian Freidank, Sven Fischbach
Übungen zur Kostenrechnung
6., überarb. und ergänzte Aufl. 2007. Br.
€ 27,80, ISBN 978-3-486-58120-1

StB Prof. Dr. habil. Carl-Christian Freidank lehrt Betriebswirtschaftslehre, insbesondere Revisions- und Treuhandwesen, am Institut für Wirtschaftsprüfung und Steuerwesen der Universität Hamburg.

Oldenbourg